Das große deutsche Balladenbuch

Das große deutsche Balladenbuch

Herausgegeben von
Beate Pinkerneil

Umschlagbild: Moritz von Schwind, Erlkönig
Archiv für Kunst und Geschichte, Berlin

© 1978 Athenäum Verlag GmbH, Königstein/Ts.
Neuausgabe 1995, Beltz Athenäum Verlag, Weinheim
Alle Rechte vorbehalten
Umschlaggestaltung: Bayerl & Ost, Frankfurt am Main
Druck und Bindung: Druckhaus »Thomas Müntzer«, Bad Langensalza
Printed in Germany
ISBN 3-89547-708-7

Inhalt

Vorwort VII
Nachbemerkung zur Neuauflage XIII
Abkürzungen XV
Verzeichnis der Autoren und ihrer Balladen XV
Die Balladen 1
Worterklärungen 879
Alphabetisches Verzeichnis der Autoren 890
Alphabetisches Verzeichnis der Balladenüberschriften und Balladenanfänge 893

Vorwort

In Versen, überschrieben „Gedicht von Zeit und Erinnerung", eines Schriftstellers der Gegenwart stehen die lapidaren Sätze: „die Zeit der Balladen ist vorbei / der großen Formen / der Manifeste (das kennen wir) / Memphis zerfiel / Warschau wurde zerstört / Gleiwitz brannte unterm Schnee / die Zeit erstarrt / in unaufhörlicher Bewegung und nichts ist / was nicht war und sein wird/". So widersprüchlich wie diese Zeilen ist die Sache, die in ihnen verhandelt wird. Wir haben es ja häufig, gerade im letzten Jahrzehnt, erlebt, daß die Proklamation des Todes einer bestimmten literarischen Form und Tradition nichts weiter ist als der hilflose Versuch, ihr stetes und zähes Fortleben nicht wahrzunehmen, zu überdecken oder gar unkenntlich zu machen. Wie es zu keinem Augenblick der Geschichte literarischer Produktion zutraf, daß das Erzählen an sein Ende gekommen war, ebensowenig hat es sich je als zutreffend erwiesen, vom Aussterben der höchst eigenwilligen poetischen Form, der Ballade, zu reden. Auch nicht in unserer unmittelbaren Gegenwart. Zwar ist ihre über sieben Jahrhunderte während Entwicklung von einem Wechselspiel zwischen langanhaltenden, teilweise euphorischen Blütezeiten und Phasen literarischer Stagnation gekennzeichnet – wie übrigens auch parallel von einer Abfolge gänzlich widerstrebender Haltungen ihr gegenüber auf Seiten der literarischen Öffentlichkeit und des allgemeinen Publikums. Zu keinem Zeitpunkt jedoch war die Ballade gänzlich außer Kurs gesetzt. Eine Zeitlang wurde über sie das Verdikt gesprochen, sie sei ein typisch nationales, teilweise nationalistisches Genre, dessen Grundzüge in einer unkritischen Heldenverehrung, einer tendenziösen Wiedererweckung nationaler Kämpfe und Aktionen, durchdrungen von vaterländischem Pathos, bestünden. Kurz: sie sei die gesellschaftlich affirmative Gattung par excellence. Wie häufig zu beobachten, wurde auch hier das Kind mit dem Bade ausgeschüttet: die gesamte Gattung geriet in Mißkredit, indem einzelne Beispiele wie die heldischen Balladen der von Strachwitz, F. Dahn, Avenarius, von Strauß und Torney, B. von Münchhausen, A. Miegel und anderer verabsolutiert wurden. Daß eine solche typologisch-ahistorische Betrachtungsweise der Breite historischer Variationen, die sich gerade in dieser Gedichtform exemplarisch zeigen, nicht gerecht wird, liegt auf der Hand. Ebenso offenkundig ist, daß die Ballade von alters her zu einem zwiespältigen Verhalten ihr gegenüber herausgefordert hat: Nüchtern-neutral verhielten sich die Rezipienten selten oder nie. Vielmehr schwankten die Haltungen bis in die jüngste Gegenwart zwischen Vertrautheit und Fremdheit, Anziehung und Abstoßung, Identifikation und Berührungsangst, begeisterter Zustimmung und schroffer Kritik. Die solchermaßen in der Entwicklungs- und Wirkungsgeschichte der Ballade zu Tage tretenden Spannungen sind im Kern nichts weiter als Ausdruck und Konsequenz der in ihr selbst angelegten widersprüchlichen Merkmale und Eigenschaften.
Was macht nun die Besonderheit dieser Spielart lyrischer Poesie aus? Wodurch unterscheidet sie sich von deren übrigen zahlreichen Formen? Ein kurzer Blick auf ihre Entstehungsgeschichte und historische Entfaltung mag das Dickicht unterschiedlichster Betrachtungen und Stellungnahmen ein wenig aufhellen.
Der Name „Ballade", abgeleitet vom spätlateinischen „ballare" („tanzen") bezeichnet ein Lied, zu dem getanzt wird. Es hat seinen Ursprung in der romanischen Welt, in der Provence und in Nordfrankreich, verbreitet sich nach England und Schottland ebenso wie nach Skandinavien, vor allem nach Dänemark, wo Aufzeichnungen sogenannter Tanzballaden seit dem frühen 16. Jahrhundert existieren. Ihren geschichtlichen Standort hat die Ballade im Kontext europäischer Nationalliteraturen (vgl. provencalisch: „ballada", frz.: „ballade", ital.: „ballata", engl.: „ballad" etc.). In Deutschland entsteht sie gegen Ende des 13. Jahrhunderts im Zusammenhang mit tiefgreifenden gesellschaftlichen Veränderungen, mit der Ablösung der höfisch-feudalen Kultur durch städtisch-bürgerliche Lebensverhältnisse. Ihre früheste Gestalt ist die *Volksballade* des späten Mittelalters, die Querverbindungen zum germanischen Heldenlied enthält; zwar keine direkten, sondern vermittelte Beziehungen, wobei die historischen Zwischenstufen aufgrund der jüngsten Forschung wohl in der sog.

Heldenballade des 9. bis 12. Jahrhunderts, auch Heldenzeitlied genannt, gesehen werden müssen. Handelt dieses vornehmlich von heroisch-kämpferischen Lebens- und Vorstellungstraditionen ritterlich-aristokratischer Kultur und wurde es von Spielleuten und Sängern an Fürstenhöfen vorgetragen, so markiert die Volksballade eine neue Stufe der literarisch-kulturellen Entwicklung.

Wie ihr Name andeutet, ist sie nicht-höfische Poesie. Positiv: Ihre bewußte Öffnung auf das heranwachsende bürgerlich-städtische Publikum bestimmt wesentlich ihre Inhalte und poetischen Strukturen. Deutlicher als in der vorangegangenen Dichtung beeinflussen hier Geschmack und Erwartungshorizont breiter Volksschichten den Erzählstoff und die Erzählform. In welcher Weise, zeigt das am Anfang unserer Anthologie stehende Beispiel des „Jüngeren Hildebrandsliedes". Zwar nimmt dieses Bezug auf das althochdeutsche Heldenlied aus dem 9. Jahrhundert, das den dramatischen Kampf zwischen Hildebrand und Hadubrand, Vater und Sohn, zum Thema hat, jedoch mit einer bezeichnenden inhaltlichen Abweichung. Die jüngere Fassung tradiert nicht mehr das altgermanische, tragisch-heroische Gesetzes- und Schicksalsdenken, dem sich Hildebrand unterwirft, indem er seinen Sohn tötet, sondern ersetzt dieses durch den undramatischen Vorgang der Verständigung und Versöhnung zwischen Vater und Sohn. Mit anderen Worten: ritterlich-aristokratische Verhaltensnormen verlieren ihre gesellschaftliche Geltung. Sie unterliegen dem fortschreitenden Prozeß der „Verbürgerlichung", den die Volksballaden zum Ausdruck bringen.

Hiermit ist ein weiterer Grundzug dieser Erzähllieder verknüpft: ihre Volkstümlichkeit und Popularität. Dem Rezitator bzw. Sänger kam es darauf an, breite Wirksamkeit beim Publikum zu erlangen. Wie war das am ehesten möglich? Durch den Vortrag spannender, „unerhörter" Geschehnisse und Begebenheiten, deren Motivation und Auflösung erst nach und nach zum Vorschein kamen, somit den Hörer bis zum Schluß in Bann hielten. Solches Vorgehen schloß naturgemäß neben den stofflichen bestimmte formal-stilistische Rücksichten ein: die Strophen- und Reimform sowie den Refrain als strukturierendes, einzelne Aussagen zusammenfassendes und verdichtendes Moment. Die Vielfalt der in den Volksballaden von individuellen, wenngleich anonymen Verfassern behandelten fesselnden Themen trug daneben zu einer kontinuierlichen, mündlichen Überlieferung bei, zu einem Eindringen in die verschiedensten Volksschichten; ablesbar sowohl daran, daß einzelne Volksballaden im Lauf der Jahrhunderte immer mehr „zersungen" wurden, wobei bisweilen nur noch knappe, unverbundene Handlungsrelikte übrig blieben – wie bei den Erzählungen von „Graf und Nonne", der „Frau von Weißenburg", dem „Bremberger" – als auch an der Langlebigkeit bestimmter Fabeln, die sich bis in die jüngste Gegenwart erhalten haben, wie die „Königskinder", „Der Wassermann" oder der „Tannhäuser".

Überblickt man die Volksballaden in ihrer Blütezeit zwischen dem 13. und 16. Jahrhundert, so fällt der nicht geringe Anteil an zeitgemäßen Themen und Konflikten des gesellschaftlichen Lebens auf, die veranschaulicht werden: Kindesmord, Unschuld und Verführung, Treue und Verrat, ständische Herrschaft und Unterwerfung, soziale Not und Erniedrigung, religiöse Gegensätze zwischen Juden und Christen, Recht- und Gesetzlosigkeit sowie soziale Vergehen aller Art. Die Schilderung derartiger Ereignisse geschieht zumeist doppelbödig: indem festgestellt wird, „was der Fall ist", wird indirekt darauf hingewiesen, „was der Fall sein sollte". Hieraus resultiert der häufig moralisierende, einzelne soziale Verhaltensweisen anprangernde Tenor jener Erzähllieder. Er rückt die Volksballaden in die Nähe verwandter literarischer Kommunikationsformen, die parallel entstehen: Zeitungslied, Bänkelsang, Moritat und Romanze. Die drei ersten unterscheiden sich von den Volksballaden durch ihre Betonung greller, effektvoller Kontraste, wobei die literarische Qualität immer zweitrangiger wird, die Romanze dagegen durch ihre bewußte Artistik und Gelehrsamkeit. Sah der Zeitungsinger seine Funktion darin, auf öffentlichen Plätzen nach Art eines fahrenden Sängers die neuesten Nachrichten („gereimte Zeitungen") – politische Ereignisse, spektakuläre Tagesgeschehnisse wie Mord, Überfall, Räubereien, Hinrichtungen, Naturkatastrophen oder tragische Liebesgeschichten – dem Volk mund- und marktgerecht zu offerieren, so entfiel die Aktualität seiner Nachrichtenübermittlung, als sich im 17. Jahrhundert periodisch erscheinende gedruckte Zeitungen allmählich durchsetzten. Den Zeitungssänger löste der Bänkelsänger ab, benannt nach den zu ihm gehörenden Requisiten: Bänkel (kleine Bank, Podest), Zeigestock und illustrierende Bilder. Auch ihm ging es darum, den Hörer für seine gesungenen Berichte einzunehmen, ihn zu erschüttern und mitzureißen. So ist es nicht verwunderlich, daß in der Fülle solcher Flugblatt- und Gebrauchsliteratur Sujets von Verbrechen und Mord, von moralisierendem Pathos durchzogen, vorherrschten. Moritaten als Erschütterung und Schauder erregende „Mordgeschichten" nahmen beträchtlichen Aufschwung. Fanden sie ihr Publikum vor allem in den nicht-gebildeten Schichten, so wandte sich die thematisch auf die Moritat bezogene komische Romanze an die gelehrten Kreise und Zirkel. Nach spanischen (Luis de Góngora, 1561–1627) und französischen (François Auguste Paradis de Moncrif, 1687–1770) Vorbildern angelegt, wurden die in den Moritaten besungenen Greueltaten hier stilisiert und teils mit ironisch-parodistischen, teils mit ernsthaft-belehrenden Pointen und Sentenzen versehen.

Das kunstvolle Spiel mit Grauen, Unheil und tragischen individuellen Konflikten unter Einsatz ästhetischer Mittel wie Ironie, Parodie und grotesker Komik zum Zweck der Entfremdung und Distanzierung vom Dargestellten entsprach der aufgeklärten, geselligen Kultur des Zeitalters. Ein Musterbeispiel dieser Art unterhaltender Darstellungskunst, die das Erzählte in der Schwebe zwischen burlesker Einfältigkeit und feierlicher Ernsthaftigkeit hält, ist die in unsere Sammlung aufgenommene Romanze „Marianne" von Gleim aus dem Jahr 1756.

Sie steht am Anfang einer zweiten, größeren Entwicklungsperiode, die mit dem Begriff der *Kunstballade* umschrieben wird. Wenngleich dieser Name auf einen entschiedenen Gegensatz zur Volksballade hindeutet, so ist doch folgendes im Auge zu behalten: die im letzten Dritte! des 18. Jahrhunderts entstehende Kunstballade lebt in den ersten Jahrzehnten ihres Aufschwungs von wichtigen Elementen der Volksballadentradition, d. h. einer volkstümlichen Ursprünglichkeit, Spontaneität und Naivität, wie das prominente Beispiel von Bürgers „Lenore" (1774) zeigt. Die vor allem durch die komische Romanze gebildete Kluft zwischen Kunst und Natur, artistischer Distanz und einfühlendem Pathos wird in der Kunstballade überwunden durch das Mittel symbolischer Gestaltung. Zwar nimmt Bürger vertraute Elemente der Volksballaden auf – so ihren liedhaften, rezitativen Grundton, Reim, Lautmalereien, refrainartige Wiederholungen, dialogischen Erzählablauf und ihre dramatische Handlungszuspitzung; was jedoch in solcher Verarbeitung entsteht, ist etwas gänzlich Neues, leitet eine innovative und für die Folgezeit maßgebliche Phase der Balladenproduktion ein. So verwendet Bürger nicht, wie ein Teil seiner Vorgänger, historische Versatzstücke und formelhafte Requisiten. Vielmehr ist er auf Zeitnähe, Individualisierung und symbolische Durchdringung der einzelnen Vorgänge bedacht. Dies verdeutlicht ein kurzer Blick auf die „Lenore". Das dramatische Geschehen spielt hier in der unmittelbaren Vergangenheit: der aus dem 7jährigen Krieg nicht heimgekehrte Geliebte stürzt Lenore in leidenschaftliche Verzweiflung, läßt sie mit sich, ihrer Umgebung, Gott und dem Schicksal hadern und schließlich zerfallen. Die atemlose Handlung gipfelt in einem symbolischen Geisterritt Lenores mit dem toten Geliebten, der sie ins Grab entführt, damit von ihrer Qual erlöst.

Sowohl von seinen Zeitgenossen als auch nachfolgenden Balladendichtern wurde Bürgers künstlerische Leistung der Erneuerung volkstümlicher Poesie emphatisch gefeiert. Im Zusammenhang mit gleichzeitigen Bestrebungen kam es zu einem Prozeß produktiver Aneignung und Neuformung der älteren Balladenkunst. Entscheidende Impulse gingen von Herders Sammlung „Stimmen der Völker in Liedern" (1778/79) aus, seiner Rezeption und Verbreitung englisch-schottischer Balladen, wie sie in der Anthologie des Bischofs Thomas Percy aus dem Jahr 1765 vorlagen. Herder hatte Goethe bereits in den 70er Jahren zu Aufzeichnungen von Volksballaden angeregt. Es folgten in den nächsten Jahrzehnten mehrere, umfangreiche Sammlungen wie die „Romanzen und Balladen der Deutschen" (1799/1800) von C. F. Waitz, „Des Knaben Wunderhorn" (1806–1808) von A. von Arnim und Cl. Brentano und schließlich die „Alten hoch- und niederdeutschen Volkslieder" (1844) von Uhland; sie alle Zeugnisse eines kontinuierlichen Fortlebens der älteren Kunstform. Mehr

noch: in der Auseinandersetzung mit der Geschichtlichkeit dieser Gattung bildete sich ihre erstaunliche Wandlungsfähigkeit aus. Sie ist ein Grund dafür, daß sich die Ballade nicht – trotz aller Versuche – ins Korsett einsinniger, formgesetzlicher Definitionen einzwängen läßt. Ihr Grenzgängertum zwischen Lyrik, Epik und Dramatik bleibt für sie bestimmend, die jeweilige Komposition und Mischung jener formalen Elemente macht ihr Ästhetisch-Allgemeines aus, und zwar im Zusammenhang mit dem jeweilig Historisch-Besonderen, das sich aus den thematisierten Motiven, Stoffen und Handlungen ergibt. Das heißt: die Ballade lebt *vor* der Trennung in einzelne poetische Gattungen. Charakteristisch bleibt ihr synthetisierendes Vermögen. Dies hatte Goethe bei seinen häufig zitierten Ausführungen über den Balladendichter im Blick, über den er schrieb: „er kann lyrisch, episch, dramatisch beginnen, nach Belieben die Formen wechseln, fortfahren, zum Ende hineilen oder es weit hinausschieben. Der Refrain, das Wiederkehren eben desselben Schlußklanges, gibt dieser Dichtart den entschieden lyrischen Charakter." Er fährt fort: „Übrigens ließe sich an einer Auswahl solcher Gedichte die ganze Poetik gar wohl vortragen, weil hier die Elemente noch nicht getrennt, sondern wie in einem lebendigen Ur-Ei zusammen sind, das nur bebrütet werden darf, um als herrlichstes Phänomen auf Goldflügeln in die Lüfte zu steigen."
Die grundsätzliche Dynamik und Offenheit dieser Gedichtform ist Merkmal auch der Goetheschen und Schillerschen Balladen. Goethes früheste Schöpfungen wie das „Heidenröslein", „Das Veilchen" und „Der König in Thule" sind stärker als seine späteren Balladen von volkstümlich-lyrischen Zügen geprägt und durch Betonung ihres rhapsodisch-rezitativen Charakters dem Volkslied innerlich verwandt. Gleichwohl zielen auch sie wie die Balladen vom Fischer, Erlkönig und Sänger auf ein modellhaftes und symbolisches Erfassen individueller Charaktere und naturmagischer Kräfte. Der hier gewonnene Spielraum wird in den balladischen Gedichten der klassischen Periode (das Balladenjahr 1797 gibt Zeugnis von der mehrjährigen produktiven Zusammenarbeit Goethes und Schillers) erweitert. Eine zunehmende Realienfülle bei zunehmend künstlerisch-reflektierter Gestaltung macht sich bemerkbar: magische, religiöse und mythologische Themen werden ebenso behandelt wie solche aus der heidnischen Welt der Antike, dem christlichen Mittelalter und der indischen Religion. Was Goethe als zur Ballade wesentlich hinzugehörend betont hatte, ihren „prägnanten Gegenstand", dieser ist es, der in den großen Schillerschen Balladen dominiert, und zwar in einer charakteristischen Mischung novellistischer und gleichzeitig philosophisch-gedanklicher Fundierung und Pointierung. „Die Kraniche des Ibykus", „Der Ring des Polykrates" und „Die Bürgschaft" veranschaulichen diese Tendenz zu novellistischer Dramatik. Generell betrachtet tritt die Ballade bei Schiller als überwiegend pragmatische Gattung in Erscheinung; will sagen: sie enthält straffe Handlungsdisziplin, ist auf markante Entscheidungspunkte konzentriert, wobei das Handeln der jeweiligen Personen Züge zeithistorischer Repräsentativität und normativer Verallgemeinerungsfähigkeit gewinnt.
Nicht so in der romantischen Kunstballade. Diese vermeidet grelle Kontraste und Effekte, bevorzugt liedhaft-rhythmische Darstellungsweisen und ist von einer schlichten Natur-Metaphorik durchzogen. Ihre Nähe zum Volkslied verleiht ihr einen entschieden lyrischen Grundton. Ihm entspricht eine Rückbesinnung auf vergangene Zeitalter, auf die mittelalterliche Welt der Ritter und Helden, auf Figuren aus überlieferten Sagen, Legenden, Märchen und Fabeln, die nicht etwa aus historischer Distanz vergegenwärtigt werden, sondern wie nahtlos ins Reich romantischer Poesie überführt werden, in der jeglicher Zeitenabstand überwunden scheint. Wie die Balladen Brentanos und Eichendorffs faktische Wirklichkeit poetisieren, so entzeitlichen sie vergangene Lebensformen mittels ästhetischer Verklärung. An die Stelle sich entwickelnder balladischer Vorgänge treten situativ verdichtete, allegorische Innerlichkeitsbilder, personalisiert in den typischen Figuren von Fischern, Meerjungfern, Elfen, Feen, Hirten, Einsiedlern, Rittern, Grafen u. ä. Ein deutlicherer Zug zur Historisierung macht sich dagegen innerhalb der Schwäbischen Spätromantik bemerkbar: bei Uhland, Kerner und Schwab. Zwar bildet auch hier die mittelalterliche Welt den maßgeblichen Fluchtpunkt, jedoch wird die geschichtliche Vergangenheit gegenwärtigen Zwecken dienstbar gemacht. Das durch die Freiheitskriege erstarkende nationale Bewußtsein sucht

seine politisch-nationale Identität anhand geschichtlichen Heldentums. Der Staufenkaiser Barbarossa, die Heroen der Karlssage, Mut und Tapferkeit der mittelalterlichen Kreuzzugsritter – sie alle haben ihren Beitrag zur Festigung staatlichen Selbstbewußtseins zu leisten. Eine gewisse Sonderstellung innerhalb dieser Entwicklung nimmt Mörike ein. Äußerlich gesehen assimiliert er naturmagische und märchenhafte Motive aus der romantisch-volkstümlichen Poesie, doch gewinnen sie bei ihm einen neuen Stellenwert, wie in den Balladen „Die traurige Krönung", „Die Geister am Mummelsee" und „Die schlimme Greth und der Königssohn". Indem er jene Motive distanziert und in teilweise humoristischer Brechung verarbeitet, erreicht er ihre inhaltliche Entschärfung, eine Entdämonisierung vormals bedrohlicher, übersinnlicher Kräfte.

Es ließe sich nun der Entwicklungsweg der deutschsprachigen Balladendichtung bis in die unmittelbare Gegenwart verfolgen; damit würden mehrfach unternommene Versuche fortgesetzt, ihre gesamte Geschichte mittels typologischer Kriterien zu ordnen und überschaubar zu machen. Solchen Richtungsweisern zu folgen, schien mir nur bis zu einem bestimmten Stadium der historischen Entfaltung dieses Genres sinnvoll. Aus zwei Gründen: Die Ursprünge und Anfänge der Volksballaden nachzuzeichnen war notwendig, um ihre Zusammenhänge sowohl mit älteren poetischen Gattungen als auch parallel sich herausbildenden literarischen Gebrauchsformen einsichtig zu machen sowie ihre schließliche Ablösung und Eigenentwicklung. Sodann war der wichtige und folgenreiche Neueinsatz der Balladenkunst im letzten Drittel des 18. Jahrhunderts aufzuzeigen, da er im Kontext mit einer wiedererwachten Sensibilität für volkstümliche Traditionen zur breiten Reihe der Kunstballaden führte. Auf diesem Weg ließen sich einige prinzipielle und charakteristische Merkmale beider Balladenformen herausschälen, die bis in die Spätromantik hinein unterschiedlichste Wirkungen zeitigten. Spätestens ab diesem Zeitpunkt jedoch nimmt die historische Variationsbreite der Gattung derart zu, führt zu so heterogenen, eigenwilligen und individualistischen Ausprägungen, daß ein genaues Verfolgen aller einzelnen Filiationen und Stränge den Rahmen dieses Vorworts bei weitem sprengen würde.

So bescheide ich mich mit dem Hinweis, daß einerseits die Vielzahl der erstmals in einer solchen Anthologie vertretenen Autoren, andererseits die Zusammenstellung von bekannten und weniger geläufigen Balladen ein und desselben Verfassers zu folgendem anregen könnte: die historische Verlaufsgeschichte der Ballade neu zu überdenken unter Verzicht auf so verführerische Einteilungen wie die in Helden-, Ritter-, Geister-, Gespenster-, Natur-, Schicksals-, Ideen-, Legendenballaden u. ä., verleiten sie doch zu literarhistorischen Verallgemeinerungen, die die konkrete Bedeutung und den besonderen zeitgeschichtlichen Stellenwert dominanter Stileigentümlichkeiten eher verdecken denn entschlüsseln.

Wichtig erschien mir darüber hinaus, Versäumnisse der früheren Sammlungen auszugleichen. So wird dort die gesamte Balladentradition gesellschaftlichen Engagements, die zu einem Teil politisch hellsichtige Beobachtungen, Stellungnahmen und Diagnosen zu Tage gefördert hat, unverhältnismäßig schmal repräsentiert. Und doch gehören in diese Entwicklungslinie bedeutende Autoren. Nicht nur Chamisso, Heine, Hoffmann von Fallersleben, Grün, Freiligrath, Glassbrenner, Dingelstedt, Prutz, Herwegh, Weerth, Pfau, sondern gleichermaßen Spitteler, Hauptmann, Holz, Wedekind, Thoma, Morgenstern, Karl Kraus, Ehrenstein, Mühsam, Zech, Rudolf Leonhard, Ringelnatz, Schwitters, Georg Kaiser, Klabund, Weinheber, Becher bis hin zu Brecht, Mehring, Kästner, Huchel, Arendt, Fürnberg und vielen anderen.

Was daneben bisher entschieden zu kurz gekommen ist: Veranschaulichung dessen, daß die moderne Ballade keineswegs mit Brecht und einigen wenigen Nachfahren aufgehört hat zu existieren. Zwar kennt das 20. Jahrhundert nicht die förmliche Balladomanie des 19. Jahrhunderts, doch zeigt es beachtliche Hervorbringungen dieses Genres. Allein die expressionistischen Balladen einer Lasker-Schüler, eines Hardekopf, Heym, van Hoddis, Ehrenstein, Lichtenstein, Trakl, Blass, Werfel und Goll zeigen eine bemerkenswerte Vielfalt und Spannung gegensätzlichster Stoffe und Darstellungsarten. Sie schöpfen aus den verschiedensten Quellen: dem Alten und Neuen Testament, den christlichen Legenden, der Geschichte vergangener Jahrhunderte – wobei Höhepunkte revolutionärer Entwicklungen wie die Französische Revolution häufig aufgegriffen werden – dem unmittelbaren Zeitgeschehen eines Ersten Weltkrieges, klagen gesellschaftliche Verbrechen, soziales Elend, Krankheit und Verfall auf das schärfste an. Die Auseinandersetzung mit der Gegenwart von Geschichte, Gesellschaft, Staat und Politik wird sodann bei Brecht das maßgebliche Thema. Unverkennbar werden bei ihm ältere Gattungen wie die Moritat, der Bänkelsang, die Legende und Chronik nicht nur wiederbelebt, sondern zu einer neuen ästhetischen Verbindlichkeit und Gültigkeit geführt, indem ihre balladische Grundstruktur auf das deutlichste herausgearbeitet wird; abzulesen etwa an der „Modernen Legende", der „Karsamstagslegende", der „Moritat vom Reichstagsbrand" oder dem „Kinderkreuzzug". Die im Fall Brechts besonders breite Zusammenstellung belegt, daß dieser zu Recht als der maßgebliche Erneuerer moderner Balladenkunst angesehen wird. Die von ihm ausgehenden Anstöße, die Ballade als Form und Instrument unverstellter Zeitkritik und Zeitanalyse sowie geschichtlicher Aktualisierung zu gebrauchen, haben ihre Wirkung bis in die jüngste Gegenwart nicht verfehlt. Das zeigen beispielsweise die Texte – bei all ihrer Verschiedenartigkeit – von Guttenbrunner, Kreisler, Wiens, Kipphardt, Jandl, Reinig, Grass, Hacks, Bienek, Rühmkorf, Bayer, Degenhardt, Novak, v. Törne u. a.

Insgesamt habe ich besonderes Gewicht darauf gelegt, die formalästhetische und thematische Bandbreite der Balladen des 20. Jahrhunderts mit möglichst charakteristischen und repräsentativen Beispielen zu Wort kommen zu lassen. Wenn einige bedeutende Lyriker dabei nicht auftauchen, wie etwa Benn, Celan oder Eich, so liegt dies schlicht daran, daß die Tradition der Ballade von ihnen nicht gepflegt wurde.

Die soweit wie möglich repräsentative Auswahl von Texten des 20. Jahrhunderts dokumentiert darüber hinaus, daß die Ballade sich teilweise neuer, experimenteller ästhetischer Techniken bedient und weithin auf konventionelle metrische und strophische Bindungen sowie feste Reim- und Versmaße verzichtet. Daß es nicht immer leicht war, strenge Abgrenzungen zum modernen Erzählgedicht, zum politischen Lied bzw. Chanson vorzunehmen, liegt auf der Hand. Dennoch habe ich dies versucht, wenngleich mir in einzelnen Fällen Grenzüberschreitungen sinnvoll und notwendig schienen; weisen diese doch nicht zuletzt darauf hin, daß die Ballade ein ästhetisch vielschichtiges Genre ist, deren dynamischer, auf Veränderung gerichteter Charakter ihr wesentlichstes Element geblieben ist.

*

Zur Reihenfolge der Autoren und ihrer Balladen: Dem Prinzip der Chronologie wurde weitestgehend Rechnung getragen, da eine nach literarischen Epochen oder gar inhaltlich-thematischen Gesichtspunkten (etwa der Art: Natur, Heldentum, Schicksal etc.) verfahrende Gliederung stets etwas Vages und Willkürliches an sich hat. Im Fall der älteren Volksballaden, bei denen die Entstehungs- bzw. Überlieferungsdaten nicht immer exakt ermittelt werden konnten, bin ich im wesentlichen der Anordnung innerhalb der im „Verzeichnis der Autoren und ihrer Balladen" genannten Sammlungen gefolgt. So ließ sich nicht vermeiden, daß hier und da historisch frühere Texte an späterer Stelle erscheinen.

Sowohl bei der Aufeinanderfolge einzelner Autoren wie auch einzelner Balladen wurden dann behutsame Gruppierungen vorgenommen, wenn es sachlich geboten schien; d. h. Verfasser mit verwandten oder auch deutlich von einander beeinflußten literarischen Tendenzen wurden zusammengerückt, wenn die jeweiligen Geburtsdaten nur geringfügig auseinanderklafften; für Balladen eines Verfassers mit unterschiedlichen Entstehungs- und Erscheinungsdaten gilt entsprechendes: in solchen Fällen wurden inhaltlich-thematische Zuordnungen vorgenommen. Eine deutliche Abweichung indessen vom insgesamt locker gehandhabten Prinzip der Chronologie war unumgänglich. Sie betrifft die beiden am Schluß der Sammlung stehenden Balladen von Rainer Kirsch. Da sein Gedichtband während der Drucklegung dieses Buches erschien, konnten sie nur noch ans Ende gesetzt werden. Beide

Texte jedoch, die aus den Jahren 1966 und 1968 stammen, tragen durch ihre Qualität zur Abrundung des Bildes der neuesten Balladendichtung bei.

Schreibweise und Zeichensetzung der Balladen vergangener Jahrhunderte wurden mit Ausnahme der Volksballaden, deren Sprachstand unverändert blieb, modernisiert, ohne jedoch dabei symptomatische Eigenwilligkeiten in Orthographie und Interpunktion einzuebnen. Solche geringen, der leichteren Lesbarkeit dienenden Eingriffe sind im Quellennachweis mit der geläufigen Bezeichnung „nach" angegeben; wo es lautet „aus" wurden die Textvorlagen unverändert übernommen. In einem Anhang „Worterklärungen" wurden einige Lese- und Verständnishilfen gegeben; vor allem knappe Erläuterungen zur antiken Mythologie, literarischen Werken und Figuren sowie geschichtlichen Ereignissen. Der Band schließt mit einem alphabetischen Autorenregister sowie einem alphabetischen Verzeichnis aller Balladenanfänge und -überschriften.

Allen Verlagen, Autoren und Rechteinhabern sei für ihre freundliche Genehmigung zum Abdruck der Texte gedankt.

Kronberg, im Juli 1978

Beate Pinkerneil

Nachbemerkung zur Neuauflage

Im November 1976 wurde dem Poeten und Sänger Wolf Biermann nach einem Konzert in Köln die DDR-Staatsbürgerschaft entzogen. Es begann der Exodus prominenter Schriftsteller und Künstler, die Ost-West-Konfrontation verschärfte sich. Der härtere Kurs wirkte sich auf meine im Entstehen begriffene Balladenanthologie aus. Der damalige Chef des Ostberliner Aufbau-Verlags, Fritz Voigt, dem ich eine stattliche Liste von DDR-Autoren mit der Bitte um Abdruckgenehmigung geschickt hatte, reagierte zunächst nicht schriftlich, sondern telefonisch: ob ein „gewisser Liedermacher" (der Name war naturgemäß indiziert) ebenfalls im Band vorgesehen sei, wollte er wissen. Ohne Zögern bejahte ich seine Frage, worauf er mich ziemlich schroff vor die Alternative stellte, entweder auf „jenen" zu verzichten oder auf alle übrigen seiner Autoren. Selbstverständlich dürfte ich im Vorwort das Fehlen des „gewissen Liedermachers" weder erwähnen noch kommentieren, auch das sei stillschweigende Bedingung für die Gewährung der Abdruckrechte.

Einer also gegen alle; Biermann gegen alle vorgesehenen DDR-Poeten, darunter Weinert, Becher, Arendt, Fürnberg, Volker Braun u. a. Ich entschied mich – unter Zensurbedingungen – für diese und gegen Biermann (dessen umfängliches lyrisches Testament „Nachlaß I" kurz nach seiner Ausbürgerung bei Kiepenheuer & Witsch erschienen war). Aus mehreren Erwägungen: etliche der DDR-Autoren waren bei uns im Westen schwer zugänglich, ihre Gedichte teilweise prägnante Zeugnisse der Auseinandersetzung mit Gesellschaft, Staat und Politik; außerdem gab es darunter einige, die ältere balladische Formen wie Moritat, Bänkelsang, Legende, ästhetisch wiederbelebten und mir für die moderne Ballade repräsentativ erschienen. Daß die meisten zudem in den vorliegenden Balladensammlungen nicht vorkamen, sprach ebenfalls für die getroffene Auswahl.

Das Fehlen Wolf Biermanns wurde übrigens seinerzeit von der Kritik nicht moniert. Mit einer Ausnahme: der damalige FAZ-Rezensent Rolf Schneider prangerte dies als Skandalon an, obwohl gerade der DDR-Schriftsteller Schneider sich den Mangel unschwer hätte erklären können; es sei denn, sein politischer Realitätssinn wäre kurzzeitig blockiert gewesen. Die Leser jedenfalls nahmen keinen Anstoß daran, auf Biermann verzichten zu müssen. Der Band wurde seit Erscheinen im Herbst 1978 zu einer Standard-Anthologie.

Einige Jahre lang vergriffen, wird die Anthologie jetzt wegen kontinuierlicher Nachfrage beim Buchhandel und auf Wunsch des Verlags Beltz Athenäum wieder aufgelegt. Sie erscheint als im wesentlichen unveränderter Nachdruck der Erstausgabe 1978, eine Aktualisierung bis ins Jahr 1995 hätte markante Einschnitte ins Gesamtkonzept, d. h. andere Gewichtungen und Proportionen, erfordert.

Hinzugefügt wurden im Anhang Balladen und Lieder von Wolf Biermann und Günter Kunert, für dessen Texte seinerzeit die Abdruckrechte ebenfalls und kommentarlos verweigert wurden. Kunert lebte zwar noch in der DDR, stand aber als Dissident unter Verdikt. Daß Wolf Biermann in Breite erscheint (mit dreizehn Gedichten, von 1962–1991), ist nicht nur ein Akt nachgetragener Gerechtigkeit. Biermann ist, in der Nachfolge seines großen Lehrmeisters Brecht, der maßgebliche Erneuerer der Ballade im 20. Jahrhundert. Er hat ihre überlieferten, teils erstarrten Formen gesprengt und die Ballade ästhetisch wie politisch rehabilitiert. Er hat damit ein kleines Kunststück zustande gebracht: die Gattung nicht nur vor ihrem Verschwinden aus der zeitgenössischen Lyrik bewahrt, sondern auch etwas von ihrer ursprünglichen (übrigens auch moralischen) Sprengkraft zurückerobert.

Köln, im Juni 1995

Beate Pinkerneil

Abkürzungen

BLV: Bibliothek des Literarischen Vereins Stuttgart, 1843 ff.

DLD: Deutsche Literaturdenkmale des 18. [seit 1894: des 18. und 19.] Jahrhunderts, begründet v. B. Seuffert, Verlag Gebr. Henninger, Heilbronn 1881 ff., ab Bd. 29: Göschen'sche Verlagshandlung, Stuttgart.

DLE: Deutsche Literatur. Sammlung literarischer Kunst- und Kulturdenkmäler in Entwicklungsreihen, hsg. v. H. Kindermann, Philipp Reclam Verlag, Leipzig 1928 ff.

DNL: Deutsche National-Literatur, hsg. v. J. Kürschner, Verlag von W. Spemann, Berlin 1882 ff.

NBK: Nationalbibliothek der deutschen Klassiker in 100 Bänden, Hildburghausen und New York, o. J.

Verzeichnis der Autoren und ihrer Balladen

Volksballaden
Das jüngere Hildebrandslied	1
Der edle Moringer	3
Tannhäuser	6
Der Bremberger	7
Frau von Weißenburg	8
Der Herr von Falkenstein	10
Königskinder	11
Der Wassermann	13
Der grausame Bruder	14
Graf Friedrich	15
Der hübsche Schreiber	17
Graf und Nonne	18
Der Spielmannssohn	18
Die Kindesmörderin	19
Liebesprobe	19
Das hungernde Kind	21

Nach: Balladen, hsg. v. J. Meier, Leipzig 1935/36 (DLE, Reihe: Das deutsche Volkslied, Bd. 1 und Bd. 2).

Das Lied vom eifersüchtigen Knaben	21
Das Mädchen und die Haselstaude	22

Nach: Johann Gottfried Herder, Stimmen der Völker in Liedern, Leipzig 1778/79.

Großmutter Schlangenköchin	22
Das Feuerbesprechen	23
Der Tod und das Mädchen im Blumengarten	24

Verzeichnis der Autoren und ihrer Balladen

Der Rattenfänger von Hameln 25
Lindenschmid 26
Der unschuldige Tod des jungen Knaben 28
Drei Schwestern: Glaube, Liebe, Hoffnung 29
Die Judentochter 29
Laß rauschen, Lieb, laß rauschen 30
Hans Steutlinger 30
Höllisches Recht 30
Wo's schneiet rote Rosen, da regnet's Tränen drein 31
Der Pfalzgraf 32
Der Star und das Badwännelein 33
Die Prager Schlacht 36
Ein Wahrheitslied 36

Nach: Des Knaben Wunderhorn, gesammelt von A. v. Arnim und Cl. Brentano, 3 Bde., Charlottenburg 1845 und Berlin 1846.

Johann Wilhelm Ludwig Gleim   1719–1803
Marianne 37
Philaidilis 40
Siegeslied nach der Schlacht bei Prag, den 6. Mai 1757 41

Nach: Sämtliche Werke, hsg. v. W. Körte, Halberstadt 1811.

Gottlieb Konrad Pfeffel   1736–1809
Die Wahl 42
Die Aufklärung 42

Nach: Poetische Versuche, Leipzig o. J.

Christian Friedrich Daniel Schubart   1739–1791
Der kalte Michel 43

Nach: Sämtliche Gedichte, Frankfurt/Main 1825.

Matthias Claudius   1740–1815
Phidile 44
Die Geschichte von Goliath und David, in Reime bracht 45

Nach: Sämtliche Werke, Winkler-Verlag, München 1968.

Leopold Friedrich Günther von Goeckingk   1748–1828
Das Wunderhemde 46

Nach: Gedichte, Leipzig 1782.

Ludwig Christoph Heinrich Hölty   1748–1776
Adelstan und Röschen 48
Die Nonne 49
Ballade 50

Nach: Sämtliche Werke, hsg. v. W. Michael, Weimar 1914.

Johann Martin Miller   1750–1814
Ritter Richard 51

Nach: Der Göttinger Dichterbund, hsg. v. A. Sauer, Stuttgart o. J. (DLN, Bd. 50, 1. Abt.).

Verzeichnis der Autoren und ihrer Balladen

Friedrich Leopold Graf zu Stolberg 1750–1819
- Romanze 52
- Die Büßende 53
- Schön Klärchen 56

Nach: Der Göttinger Dichterbund, hsg. v. A. Sauer, Stuttgart o. J. (DNL, Bd. 50, 2. Abt.).

Johann Heinrich Voss 1751–1826
- Der Freier 59
- Die Spinnerin 60

Nach: Der Göttinger Dichterbund, 1. Teil, hsg. v. A. Sauer, Berlin o. J. (DNL, Bd. 49).

Gottfried August Bürger 1747–1794
- Lenore 61
- Die Weiber von Weinsberg 64
- Das Lied vom braven Mann 65
- Die Entführung, oder Ritter Karl von Eichenhorst und Fräulein Gertrude von Hochburg 67
- Des Pfarrers Tochter von Taubenhain 71
- Der Kaiser und der Abt 75
- Die Schatzgräber 79

Nach: Sämtliche Werke, hsg. v. W. von Wurzbach, Leipzig o. J. [1902].

Johann Gottfried Herder 1744–1803
- Wilhelms Geist 79
- Das Mädchen am Ufer 80
- Ulrich und Ännchen 81
- Erlkönigs Tochter 82
- Edward 83

Nach: Sämtliche Werke, hsg. v. B. Suphan, Bd. 25, Berlin 1885.

Jakob Michael Reinhold Lenz 1751–1792
- Die Liebe auf dem Lande 84
- Piramus und Thisbe 85

Nach: Werke und Schriften, hsg. v. B. Titel und H. Haug, Henry Goverts Verlag, Stuttgart 1966.

Johann Wolfgang Goethe 1749–1832
- Heidenröslein 86
- Das Veilchen 87
- Der König in Thule 87
- Der untreue Knabe 87
- Klaggesang von der edlen Frauen des Asan Aga 88
- Vor Gericht 90
- Der Fischer 90
- Erlkönig 91
- Der Sänger 92
- Der Schatzgräber 92
- Legende 93
- Die Braut von Korinth 94
- Der Gott und die Bajadere 96
- Der Zauberlehrling 98
- Der Müllerin Verrat 99
- Die Spinnerin 100
- Der Rattenfänger 100
- Ritter Kurts Brautfahrt 101
- Hochzeitlied 101

    Wirkung in die Ferne 103
    Johanna Sebus 103
    Der getreue Eckart 105
    Der Totentanz 106
    Die wandelnde Glocke 107
    Ballade 107
    Siebenschläfer 109
    Paria 111

Nach: Gedenkausgabe der Werke, Briefe und Gespräche, hsg. v. E. Beutler, Artemis Verlag, Zürich 1950 ff., 2. Aufl. Zürich 1961 ff. – Goethes Werke, Hamburger Ausgabe in 14 Bänden, hsg. v. E. Trunz, Christian Wegner Verlag, Hamburg 1948 ff.

Friedrich Schiller   1759–1805
    Eine Leichenphantasie 113
    Die Kindsmörderin 115
    Die Schlacht 117
    Graf Eberhard der Greiner von Württemberg 119
    Das verschleierte Bild zu Sais 120
    Die Teilung der Erde 122
    Der Ring des Polykrates 122
    Die Kraniche des Ibykus 125
    Der Taucher 127
    Der Handschuh 130
    Ritter Toggenburg.. 131
    Der Gang nach dem Eisenhammer 132
    Das Mädchen aus der Fremde 135
    Die Bürgschaft 135
    Der Kampf mit dem Drachen 138
    Hero und Leander 141
    Kassandra 144
    Das Siegesfest 145
    Der Graf von Habsburg... 147
    Der Alpenjäger 150

Nach: Werke, Nationalausgabe, hsg. v. J. Petersen und G. Fricke, Verlag Hermann Böhlaus Nachfolger, Weimar 1943 ff. – Sämtliche Werke, hsg. v. G. Fricke und H. G. Göpfert, Carl Hanser Verlag, 3. Aufl., München 1962.

Friedrich Matthisson   1761–1831
    Romanze 150

Nach: Gedichte, hsg. v. G. Bölsing, Tübingen 1912 (BLV, Bd. 257).

Friederike Brun   1765–1835
    Die sieben Hügel 151

Nach: Gedichte, hsg. v. F. Matthisson, Zürich 1798.

Johann Peter Hebel   1760–1826
    Die Rose 152

Nach: Werke, hsg. v. E. Meckel, Insel Verlag, Frankfurt/Main 1968.

Carl Philipp Conz   1762–1827
    Des Ritters Herz 153

Nach: Anthologie aus den Gedichten, Hildburghausen o. J. (NBK, Bd. 32).

August Wilhelm Schlegel   1767–1845
    Die Warnung 154
Nach: Sämtliche Werke, hsg. v. E. Böcking, Leipzig 1846.

Novalis (Friedrich von Hardenberg)   1772–1801
    Ich weiß nicht was 156
Nach: Schriften, hsg. v. P. Kluckhohn und R. Samuel, W. Kohlhammer Verlag, Stuttgart 1960.

Heinrich von Kleist   1777–1811
    Zwei Legenden nach Hans Sachs. Der Welt Lauf 156
Nach: Werke, hsg. v. E. Schmidt, Leipzig 1904 ff.

Friedrich Freiherr de la Motte Fouqué   1777–1843
    Nach der Schlacht bei Lützen 158
    Lied 159
Nach: Werke, hsg. v. W. Ziesemer, Berlin o. J.

Clemens Brentano   1778–1842
    Auf dem Rhein 160
    Ein Ritter an dem Rheine ritt 161
    Lureley 161
    Es ging verirrt im Walde 163
    Die grünen Blätter sind gefallen 164
    Hermann des treuen Gottschalks Sohn 165
    Ich träumte hinab in das dunkle Tal 166
    Ich kenn' ein Haus, ein Freudenhaus 169
    Die Gottesmauer 170
    Weihnacht 171
Nach: Werke, hsg. v. W. Frühwald, B. Gajek und F. Kemp, Carl Hanser Verlag, München 1968.

Caroline von Günderode   1780–1806
    Der Gefangene und der Sänger 173
Nach: Gesammelte Dichtungen, hsg. v. E. Salomon, Drei Masken Verlag, München 1923.

Friedrich Gottlob Wetzel   1780–1819
    Das Wunderbild 174
    Der Spielmann 175
Nach: Ausgewählte Gedichte, Hildburghausen o. J. (NBK, Bd. 100).

Achim von Arnim   1781–1831
    Der König ohne Volk 175
    Frühlingsnacht 176
    Der Förster 177
    Getrennte Liebe 178
    Guter Rat kommt über Nacht 179
Nach: Werke, hsg. v. R. Steig, Leipzig o. J.

Adelbert von Chamisso   1781–1838
    Die Sonne bringt es an den Tag 180
    Der Bettler und sein Hund 181

Ein Lied von der Weibertreue 182
Das Gebet der Witwe 184
Aus: Deutsche Volkssagen
    Das Riesenspielzeug 184
    Die versunkene Burg 185
    Die Weiber von Winsperg 187
    Der rechte Barbier 188
Nach: Werke, hsg. v. M. Sydow, Berlin o. J. [1907].

Bettina von Arnim 1785–1859
    Das Lied vom Hemdelein 189
Nach: Sämtliche Werke, hsg. v. W. Oehlke, Berlin 1922.

Joseph Freiherr von Eichendorff 1788–1857
    Kaiser Albrechts Tod 189
    Die Hochzeitsnacht 190
    Waldgespräch 191
    Der Reitersmann 191
    Der verirrte Jäger 193
    Die späte Hochzeit 193
    Letzte Heimkehr 193
    Der Schatzgräber 194
    Die Riesen 194
    Die verlorene Braut 194
    Der Kehraus 196
    Vom heiligen Eremiten Wilhelm 196
    Die Jungfrau und der Ritter 197
    Donna Alda 197
Nach: Werke, hsg. v. W. Rasch, Carl Hanser Verlag, München 1977.

Max von Schenkendorf 1783–1817
    Das Bild in Gelnhausen 198
Nach: Sämtliche Gedichte, Berlin 1837.

Ernst Moritz Arndt 1769–1860
    Der König von Burgund 198
    Ballade 200
    Das Lied vom Schill 201
    Harald Schönhaar 202
Nach: Gedichte. Vollständige Sammlung, Berlin 1860.

Justinus Kerner 1786–1862
    Die traurige Hochzeit 204
    Der Geiger zu Gmünd 205
    Die Mühle steht stille 206
Nach: Sämtliche poetische Werke, hsg. v. J. Gaismaier, Leipzig o. J. [1906].

Ludwig Uhland 1787–1862
    Das Schloß am Meere 207
    Vom treuen Walther 208
    Klein Roland 208
    Der Wirtin Töchterlein 210
    Die Rache 211

Taillefer 211
Graf Eberstein 213
Des Sängers Fluch 214
Schwäbische Kunde 215
Die Schlacht bei Reutlingen 216
Bertran de Born 218
Ver sacrum 219
Merlin der Wilde 221
Das Glück von Edenhall 222
Lerchenkrieg 223
Nach: Werke, hsg. v. L. Fränkel, Leipzig o. J. [1893].

Theodor Körner 1791–1813
Lützows wilde Jagd 224
Harras, der kühne Springer 225
Nach: Werke, hsg. v. A. Stern, Stuttgart o. J. (DNL, Bd. 152).

Wilhelm Müller 1794–1827
Der Glockengruß zu Breslau 226
Die dürre Linde 228
Nach: Gedichte, hsg. v. J. T. Hatfield, Berlin 1906 (DLD, Bd. 137).

Friedrich Rückert 1788–1866
Vom Büblein, das überall mitgenommen hat sein wollen 228
Chidher 230
Liebesromanze von Fräulein Luft und Junker Duft 230
Barbarossa 231
Napoleons Sonnenwende 232
Der Künstler und sein Publikum 233
Jusuf und Suleicha 233
Der Krämer von Ispahan 234
Die drei Gesellen 235
Nach: Gesammelte poetische Werke, Frankfurt/Main 1882.

Joseph Christian Freiherr von Zedlitz 1790–1862
Wilhelm Tell 235
Nach: Gedichte, Stuttgart 1859.

Franz Grillparzer 1791–1872
Die wahre Tugend 236
Rudolf und Ottokar 236
Nach: Sämtliche Werke, hsg. v. P. Frank und K. Pörnbacher, Carl Hanser Verlag, 2. Aufl., München 1969.

Gustav Schwab 1792–1850
Der Reiter und der Bodensee 239
Das Gewitter 240
Nach: Gedichte, Stuttgart 1828.

August Graf von Platen 1796–1835
Pyramus und Thisbe 241
Der Pilgrim vor St. Just 243

Das Grab im Busento 244
Harmosan 244
Luca Signorelli 245
Aus: Polenlieder
    Wiegenlied einer polnischen Mutter 245
Romanze für den Berliner Musenalmanach 246
Die Gründung Karthagos 247

Nach: Sämtliche Werke, hsg. v. M. Koch und E. Petzet, Leipzig o. J.

Annette von Droste-Hülshoff   1797–1848
Der Geierpfiff 249
Das Fräulein von Rodenschild 251
Der Mutter Wiederkehr 252
Der Schloßelf 254
Vorgeschichte (Second sight) 256
Das Fegefeuer des westfälischen Adels 258
Der Tod des Erzbischofs Engelbert von Köln 259
Der Knabe im Moor 262
Der Heidemann 263
Junge Liebe 264
Neujahrsnacht 264
Der Strandwächter am deutschen Meere und sein Neffe vom Lande 265
Die Vergeltung 267
Der Fundator 269
Die Schwestern 271
Der Spiritus familiaris des Roßtäuschers 273

Nach: Sämtliche Werke, hsg. v. Cl. Heselhaus, Carl Hanser Verlag, München 1952.

Karl Immermann   1796–1840
Wiege und Traum 282
Die Schleichhändler 284
Der Student von Prag 284

Nach: Werke, hsg. v. H. Maync, Leipzig 1906.

Christian Friedrich Scherenberg   1798–1881
Das Köhlerhaus 286
Die Exekution 287

Nach: Gedichte, Berlin 1853.

Willibald Alexis   1798–1871
Der späte Gast 289

Nach: Balladen, Berlin 1836.

August Kopisch   1799–1853
Die Heinzelmännchen 290
Zollfreiheit 291

Nach: Gesammelte Werke, hsg. v. C. Bötticher, Berlin 1856.

Wilhelm Hauff   1802–1827
Hans Huttens Ende 292
Jesuitenbeichte 293

Nach: Sämtliche Werke, hsg. v. H. Fischer, Stuttgart o. J. [1893].

Nikolaus Lenau 1802–1850
    Der Polenflüchtling 294
    Die drei Indianer 295
    Marie und Wilhelm 296
    Die Waldkapelle 297
    Warnung im Traume 299
    Der traurige Mönch 300
    Vision 301
    Die Drei 302
    Anna 302
Nach: Sämtliche Werke und Briefe, hsg. v. E. Castle, Leipzig 1910 ff.

Karl Simrock 1802–1876
    Der Rattenfänger 307
Nach: Ausgewählte Gedichte, Hildburghausen o. J. (NBK, Bd. 78).

Johann Nepomuk Vogl 1802–1866
    Heinrich der Vogler 308
    Der Meistertrunk 309
Nach: Balladen, Romanzen, Sagen und Legenden, Wien 1846.

Eduard Mörike 1804–1875
    Die traurige Krönung 310
    Die Geister am Mummelsee 311
    Aus: Schiffer- und Nixenmärchen
        Vom Sieben-Nixen-Chor 311
        Zwei Liebchen 312
        Der Zauberleuchtturm 313
    Jung Volkers Lied 314
    Abschied 314
    Die schlimme Greth und der Königssohn 315
    Schön-Rohtraut 317
    Der Feuerreiter 317
    Der Schatten 318
    Die Tochter der Heide 319
Nach: Werke, hsg. v. H. Maync, Leipzig o. J.

Wilhelm Wackernagel 1806–1869
    Spielmannslohn 319
Nach: Gedichte, Basel 1873.

Heinrich Heine 1797–1856
    Im süßen Traum bei stiller Nacht 320
    Die Grenadiere 321
    Belsatzar 322
    Ich weiß nicht, was soll es bedeuten 322
    Der Abend kommt gezogen 323
    Die Wallfahrt nach Kevlaar 323
    Die Nacht am Strande 324
    Donna Clara 326
    Traum und Leben 327
    Es war ein alter König 327

Der Tannhäuser 328
Ein Weib 331
Ritter Olaf 331
Begegnung 332
König Harald Harfagar 332
Pfalzgräfin Jutta 333
Rhampsenit 333
Der weiße Elefant 334
Schelm von Bergen 336
Schlachtfeld bei Hastings 337
Karl I. 339
Die Audienz 339
Kobes I. 340
Jammertal 342

Nach: Sämtliche Schriften, hsg. v. K. Briegleb, Carl Hanser Verlag, München 1976.

August Heinrich Hoffmann von Fallersleben 1798–1874
Hunde und Katzen 343

Nach: Anthologie aus den Gedichten, Hildburghausen o. J. (NBK, Bd. 78).

Mißheirat 344
Der polizeiliche Gegenbeweis 344

Nach: Gedichte und Lieder, hsg. v. H. Wendebourg und A. Gerbert, Hoffmann und Campe Verlag, Hamburg 1974.

Anastasius Grün 1806–1876
Botenart 345
Heinrich Frauenlob 345
Der Deserteur 346

Nach: Sämtliche Werke, hsg. v. A. Schlossar, Max Hesses Verlag, Leipzig o. J.

Ferdinand Freiligrath 1810–1876
Barbarossas erstes Erwachen 347
Prinz Eugen, der edle Ritter 348
Im Irrenhause 349
Aus dem schlesischen Gebirge 351
Das Lied vom Hemde 352
Die Trompete von Vionville 353

Nach: Werke, hsg. v. P. Zaunert, Leipzig o. J.

Adolf Glassbrenner 1810–1876
Wert des Lebens 354
Das Märchen vom Reichtum und der Not 354
St.! 355

Nach: Der politisierende Eckensteher, hsg. v. J. Hermand, Philipp Reclam Verlag, Stuttgart 1969.

Friedrich von Sallet 1812–1843
Zwei tragikomische Geschichten 355
Anekdote und Auslegung 356

Nach: Gesammelte Gedichte, Königsberg 1843.

Franz Dingelstedt 1814–1881
    Aus: Nachtwächters Weltgang
        Jüngstens ist im Hoftheater 356
Nach: Lieder eines kosmopolitischen Nachtwächters, Hoffmann und Campe Verlag, 2. Aufl., Hamburg 1842.

Robert Prutz 1816–1872
    Das bleiche Kind 357
    Der Renegat 358
    Hutten 359
Nach: Anthologie aus den Gedichten, Hildburghausen o. J. (NBK, 5. Suppl. Bd.).

Georg Herwegh 1817–1875
    Parabel 360
    Der sterbende Republikaner 361
    Barbarossas letztes Erwachen 362
    Vom armen Jakob und von der kranken Lise 363
    Ultimatum 364
    Ballade vom verlornen König 364
Nach: Werke, hsg. v. H. Tardel, Berlin o. J.

Georg Weerth 1822–1856
    Erst achtzehn Jahr 365
    Aus: Lieder aus Lancashire
        Es war ein armer Schneider 367
        Die hundert Männer von Haswell 367
        Herüber zog eine schwarze Nacht 368
        Das ist das Haus am schwarzen Moor 368
    Herr Joseph und Frau Potiphar 369
Nach: Werke, hsg. v. B. Kaiser, Aufbau-Verlag, 3. Aufl., Berlin und Weimar 1974.

Ludwig Pfau 1821–1894
    Der Leineweber 370
    Lied vom Drohnenkönig 371
Nach: Gedichte, 4. Aufl., Stuttgart 1889.

Herrmann Kurz 1813–1873
    Ostern 1525 371
Nach: Gesammelte Werke, hsg. v. P. Heyse, Stuttgart 1874.

Gottfried Kinkel 1815–1882
    Scipio 373
Nach: Gedichte, 6. Aufl., Stuttgart 1857.

Adolf Friedrich Graf von Schack 1815–1894
    Das Bahrrecht 373
Nach: Gesammelte Werke, Stuttgart 1897.

Fritz Reuter 1810–1874
    Adjüs, Herr Leutnant 374
Nach: Gesammelte Werke und Briefe, hsg. v. K. Batt, Karl Wachholtz Verlag, Neumünster 1967.

Klaus Groth   1819–1899
    He wak 375
Aus: Sämtliche Werke, hsg. v. J. Braak und R. Mehlem, Christian Wolff Verlag, Flensburg o. J.

Friedrich Hebbel   1813–1863
    Das Kind am Brunnen 376
    's ist Mitternacht 376
    Die heilige Drei 377
    Der Zauberhain 378
    Herr und Knecht 379
    Vater und Sohn 380
Nach: Werke, hsg. v. F. Zinkernagel, Leipzig o. J.

Otto Ludwig   1813–1865
    Das Lied von der Bernauerin 381
Nach: Werke, hsg. v. A. Eloesser, Berlin o. J.

Gustav Freytag   1816–1895
    Die Granitschale 382
    Albrecht Dürer 383
Nach: Gesammelte Werke, Verlag S. Hirzel, Leipzig 1896.

Emanuel Geibel   1815–1884
    Des Woiewoden Tochter 384
    Friedrich Rotbart 385
    Tannhäuser 386
    Der reiche Mann von Köln 387
    Bothwell 388
    Die Goldgräber 388
Nach: Werke, hsg. v. R. Schacht, Leipzig o. J. [1915].

Conrad Ferdinand Meyer   1825–1898
    Napoleon im Kreml 390
    König Etzels Schwert 391
    Die Söhne Haruns 391
    Mit zwei Worten 392
    Der Tod und Frau Laura 392
    Jung Tirel 393
    La blanche Nef 394
    Der gleitende Purpur 395
    Die Füße im Feuer 395
    Die Rose von Newport 397
    Vercingetorix 398
    Das Bild der Mutter 399
    Liebeszauber 401
    Lutherlied 402
    Aus: Huttens letzte Tage
        Abfahrt 403
Nach: Sämtliche Werke, hsg. v. H. Zeller und A. Zäch, Benteli Verlag, Bern 1963.

Theodor Storm   1817–1888
    Weihnachtabend 404
    In Bulemanns Haus 404

Tannkönig 405
Geschwisterblut 406
Walpurgisnacht 407
Nach: Sämtliche Werke, hsg. v. A. Köster, Insel Verlag, Leipzig 1923.

Gottfried Keller   1819–1890
Schlafwandel 408
Das Köhlerweib ist trunken 409
Der Taugenichts 410
Der Schöngeist 411
Poetentod 412
Aroleid 413
Der Narr des Grafen von Zimmern 414
Jung gewohnt, alt getan 415
Am Ufer des Stromes 416
Das große Schillerfest 417
Ballade vom dürren König 418
Nach: Werke, hsg. v. J. Keller, Atlantis Verlag, Zürich 1951.

Theodor Fontane   1819–1898
Berliner Republikaner 420
Der blinde König 420
Der alte Zieten 421
Maria und Bothwell 421
Der Tag von Hemmingstedt 422
Sir Walter Raleighs letzte Nacht 425
Johanna Gray 428
Archibald Douglas 429
Der letzte York 431
Lied des James Monmouth 432
Jung-Musgrave und Lady Barnard 432
Prinz Louis Ferdinand 434
Gorm Grymme 435
Der 6. November 1632 435
Die Brück' am Tay 436
John Maynard 438
Jan Bart 439
Herr von Ribbeck auf Ribbeck im Havelland 440
Fire, but don't hurt the flag! 441
Die Balinesenfrauen auf Lombok 442
Nach: Sämtliche Werke, Bd. XX: Balladen und Gedichte, hsg. v. E. Groß und K. Schreinert, Nymphenburger Verlagshandlung, München 1962.

Moritz Graf von Strachwitz   1822–1847
Ein Märchen 442
Ein anderer Orpheus 444
Das Herz von Douglas 445
Nach: Gedichte, hsg. v. K. Weinhold, 8. Aufl., Breslau 1891.

Hermann Lingg   1820–1905
Attilas Schwert 446
Nach: Gedichte, hsg. v. E. Geibel, 2. Aufl., Stuttgart 1855.

Moritz Hartmann 1821–1872
    Die Lampe 447
Nach: Gesammelte Werke, hsg. v. L. Bamberger und W. Vollmer, Stuttgart 1874.

Joseph Victor von Scheffel 1826–1886
    Der Ichthyosaurus 447
    Nadowessische Totenklage 448
Nach: Werke, hsg. v. F. Panzer, Leipzig o. J.

Paul Heyse 1830–1914
    Novelle 448
    Odysseus 449
Nach: Gesammelte Werke, Berlin 1895.

Wilhelm Raabe 1831–1910
    Königseid 450
    Der Hagedorn 451
Nach: Sämtliche Werke, hsg. v. K. Hoppe. Bd. 20, Göttingen 1968.

Wilhelm Busch 1832–1908
    Der alte Narr 452
    Querkopf 452
    Der Asket 452
    Verwunschen 453
    Der gütige Wandrer 453
Nach: Gesamtausgabe, hsg. v. F. Bohne, Vollmer Verlag, Wiesbaden o. J.

Ferdinand von Saar 1833–1906
    Das letzte Kind 454
Nach: Gedichte, 2. Aufl., Heidelberg 1888.

Felix Dahn 1834–1912
    Jung Sigurd 454
    Gotenzug 455
Nach: Sämtliche Werke, Verlag von Breitkopf und Härtel, Leipzig 1898.

Detlev von Liliencron 1844–1909
    Die Kapelle zum finstern Stern 455
    Wer weiß wo 456
    Die Attacke 457
    Der Heidebrand 458
    Trutz, Blanke Hans 459
    Hochsommer im Walde 460
    Una ex hisce morieris 461
    Pidder Lüng 462
    Das Genie bricht sich Bahn 463
    Der Mörder 464
    Die Zwillingsgeschwister 465
    Der Hunger und die Liebe 467
Nach: Gesammelte Werke, Verlag Schuster & Loeffler, Berlin 1911.

Friedrich Nietzsche 1844–1900
    Rein zur Höh, rein zu Tal 468
    Ludwig der Fünfzehnte 468
    Im Gefängnis 469
Nach: Gesammelte Werke, Musarion Verlag, München 1922.

Carl Spitteler 1845–1924
    Die Ballade vom lyrischen Wolf 469
    Die tote Erde 470
    Der Wanderer 470
    Die Blütenfee 471
    Der Ketzer 472
Aus: Gesammelte Werke, Artemis Verlag, Zürich 1945.

Max Nordau 1849–1923
    Heine-Denkmal auf Korfu 473
Aus: Jüdisches Schicksal in deutschen Gedichten, hsg. v. S. Kaznelson, Jüdischer Verlag, Berlin 1959

Ernst von Wildenbruch 1845–1909
    Huldigung der schlesischen Stände vor König Friedrich II. von Preußen in Breslau 1741   475
Aus: Ausgewählte Werke, Berlin 1919.

Emil von Schönaich-Carolath 1852–1908
    Legende 475
Aus: Gedichte, Leipzig 1907.

Gustav Falke 1853–1916
    Die Schnitterin 476
Aus: Gesammelte Dichtungen, Alfred Janssen Verlag, Hamburg und Berlin 1912.

Ferdinand Avenarius 1856–1923
    Der goldene Tod 477
    Die Pest 478
Nach: Stimmen und Bilder, Verlag Georg D. W. Callwey, München o. J.

Otto Ernst 1862–1925
    Nis Randers 478
    Hartnäckige Liebe 479
Nach: Gesammelte Werke, L. Staackmann Verlag, Leipzig o. J.

Gerhart Hauptmann 1862–1946
    Ahasver 480
    Der Wächter 481
    Legende 482
Nach: Sämtliche Werke, hsg. v. H.-E. Hass, Propyläen Verlag, Frankfurt/Main 1964.

Arno Holz 1863–1929
    Moderne Großstadtballade 483
    Deutsche Literaturballade 487

Een Boot is noch buten! 488
So Einer war auch Er! 489
Ein Abschied 489
Aus: Werke, hsg. v. W. Emrich und Anita Holz, Hermann Luchterhand Verlag, Neuwied 1961 ff.

Karl Henckell 1864–1929
Frau Finkenstein an ihre Tochter Eva 490
Majestätsbeleidigung 491
Aus: Gesammelte Werke, J. Michael Müller Verlag, München 1921.

Richard Dehmel 1863–1920
Die Glocke im Meer 492
Die Magd 492
Der Rächer 493
Anno Domini 1812 494
Vogel Greif 494
Aus: Gesammelte Werke, S. Fischer Verlag, Berlin 1913.

Otto Julius Bierbaum 1865–1910
Der patriotische Holländer 495
Erzählung 497
Aus: Gedichte, Verlag Georg Müller, München 1913.

Ricarda Huch 1864–1947
Saul 498
Aus: Gesammelte Werke, hsg. v. W. Emrich, Verlag Kiepenheuer & Witsch, Köln 1971.

Stefan George 1868–1933
Aus: Sänge eines fahrenden Spielmanns
Ein edelkind sah vom balkon 500
Sporenwache 500
Das Lied 501
Aus: Werke, Helmut Küpper vormals Georg Bondi Verlag, München und Düsseldorf 1958.[1]

Frank Wedekind 1864–1918
Das arme Mädchen 502
Das Lied vom armen Kind 503
Brigitte B. 504
Die Hunde 504
Der Zoologe von Berlin 505
Der Tantenmörder 506
Aus: Prosa, Dramen, Verse, Albert Langen / Georg Müller Verlag, 2. Aufl., München 1960.

Ludwig Thoma 1867–1921
Das Abenteuer des Gymnasiallehrers 506
Bülows Ende 508
Rühmlicher Tod 508
Gräßliches Unglück 509
Lehrhaftes Gedicht 510
Aus: Gesammelte Werke, R. Piper & Co. Verlag, München 1956.

Franz Karl Ginzkey 1871–1963
    Ballade vom Vergeltsgott 510
Aus: Ausgewählte Werke, Verlag Kremayr & Scheriau, Wien 1960.

Christian Morgenstern 1871–1914
    Der Gingganz 511
    Der Lattenzaun 511
    Der Walfafisch oder Das Überwasser 512
    Palmström wird Staatsbürger 512
    Lebens-Lauf 513
    Der Glaube 514
    Drei Hasen 514
Aus: Gesammelte Werke in einem Band, hsg. v. M. Morgenstern, R. Piper & Co. Verlag, 12. Aufl., München 1976.

Karl Kraus 1874–1936
    Der Bauer, der Hund und der Soldat 515
    Krieg 516
    Die Ballade vom Papagei 516
    Die veränderte Lage 517
    Kärntnerstraße 518
Aus: Worte in Versen, hsg. v. H. Fischer, Kösel Verlag, München 1959.[2]

Margarete Susman 1874–1966
    Adams erste Nächte 519
Aus: Aus sich wandelnder Zeit, Diana Verlag, Zürich 1953.

Else Lasker-Schüler 1869–1945
    Ballade (Aus den sauerländischen Bergen) 520
    Abraham und Isaak 521
    Hagar und Ismael 521
    Joseph wird verkauft 522
    Abigail 522
Aus: Gesammelte Werke, hsg. v. F. Kemp, Kösel Verlag, München 1959.

Richard Schaukal 1874–1942
    Der vorwitzige Engel 523
    Traurige Mär 524
Aus: Gedichte, Georg Müller Verlag, München 1918.

Hugo von Hofmannsthal 1874–1929
    Großmutter und Enkel 524
    Ballade vom kranken Kind 525
Aus: Gesammelte Werke, hsg. v. H. Steiner, Fischer Verlag, Frankfurt/Main 1952.

Rainer Maria Rilke 1875–1926
    Karl der Zwölfte von Schweden reitet in der Ukraine 525
    Absaloms Abfall 527
    Sankt Christofferus 527
Aus: Sämtliche Werke, hsg. v. E. Zinn, Insel Verlag, Frankfurt/Main 1975.

Hermann Hesse 1877–1962
  Lied auf der Landstraße 528
  Ballade vom Klassiker 529
  Psychologie 530
Aus: Gedichte, Suhrkamp Verlag, Frankfurt/Main 1977.

Robert Walser 1878–1956
  Knabenliebe 530
  Ritterromantik 531
Aus: Das Gesamtwerk in 12 Bden., hsg. v. J. Greven, Suhrkamp Verlag, Zürich u. Frankfurt/Main 1978.

Lulu von Strauß und Torney 1873–1956
  Des Braunschweigers Ende 531
  Lady Lindsays Page 532
  „Schiff ahoi!" 533
  Ahasver 534
Aus: Reif steht die Saat, Eugen Diederichs Verlag, Jena 1935.

Börries Freiherr von Münchhausen 1874–1945
  Hunnenzug 536
  Jenseits 537
  Die Glocke von Hadamar 537
  Ballade vom Brennesselbusch 538
Aus: Das Balladenbuch, Deutsche Verlagsanstalt, Stuttgart 1950.

Agnes Miegel 1879–1964
  Die Nibelungen 540
  Die Mär vom Ritter Manuel 541
  Rembrandt 543
  Anna Bullen 544
Aus: Gesammelte Balladen, Eugen Diederichs Verlag, Düsseldorf 1953.

Ferdinand Hardekopf 1876–1954
  Ballade 545
  Wallonisches Lied 545
Aus: Gesammelte Dichtungen, hsg. v. E. Moor-Wittenbach, Verlag Die Arche, Peter Schifferli, Zürich 1963.

Ernst Stadler 1883–1914
  Gethsemane 545
Aus: Dichtungen, Verlag Heinrich Ellermann, Hamburg o. J. (jetzt München).

Georg Heym 1887–1912
  Louis Capet 547
  Robespierre 547
Aus: Dichtungen und Schriften, hsg. v. K. L. Schneider, Verlag Heinrich Ellermann, Hamburg 1964 (jetzt München).

Jakob van Hoddis 1887–1942
    Couplet 548
    Der Todesengel 548
Aus: Weltende, hsg. v. P. Pörtner, Verlag Die Arche, Peter Schifferli, Zürich 1958.

Albert Ehrenstein 1886–1950
    Seemannslied 550
    Quallade 550
    Die Zeitschrift geht ein 551
Aus: Gedichte und Prosa, hsg. v. K. Otten, Hermann Luchterhand Verlag, Neuwied 1961.

Alfred Lichtenstein 1889–1914
    Man hat mich glücklich eingesperrt 552
Aus: Gesammelte Gedichte, Verlag Die Arche, Peter Schifferli, Zürich 1962.

Georg Trakl 1887–1914
    Die junge Magd 552
    Ballade (Ein Narre schrieb drei Zeichen) 554
    Ballade (Es klagt ein Herz) 555
    Melusine 555
Aus: Dichtungen und Briefe, hsg. v. W. Killy und H. Szklenar, Otto Müller Verlag, Salzburg 1969.

Ernst Blass 1890–1939
    Der Nervenschwache 556
Aus: Die Straßen komme ich entlang geweht, Verlag Richard Weissbach, Heidelberg 1912.[3]

Erich Mühsam 1878–1934
    Moses 556
    Kleiner Roman 557
    Der Revoluzzer 557
Mit freundlicher Genehmigung des Verlages Volk und Welt, Berlin.

Paul Zech 1881–1946
    Die Ballade von den Brückenbauern 558
    Die Ballade von den Kesselheizern 558
    Die Ballade von den Glasbläsern 559
Aus: Rotes Herz der Erde, Arbeiterjugend-Verlag, Berlin 1929.

Oskar Kanehl 1888–1929
    Karriere 560
Aus: Straße frei, Verlag Der Spartakusbund, Berlin 1928.

Rudolf Leonhard 1889–1953
    Frauenballade 561
    Arbeitslosen-Ballade 562
    Ballade von den Kindern 562
    Emigrantenballade 563
Aus: Ausgewählte Werke, Verlag der Nation, Berlin 1961 ff.

Franz Theodor Csokor 1885–1969
    Aus: Historische Balladen
        Kain 564
        Barrabas 565
Aus: Immer ist Anfang, Österreichische Verlagsanstalt, Innsbruck 1952.

Gerrit Engelke 1890–1918
    Wirbal (Mit dem Blutspeer) 566
    Legende 567
Aus: Das Gesamtwerk, hsg. v. H. Blome, Paul List Verlag, München 1960.

Franz Werfel 1890–1945
    Jesus und der Äser-Weg 567
    Panther-Ballade 569
    Ballade von der Krankheit 570
    Ballade vom Winterfrost 570
    Eine Prager Ballade 572
Aus: Das lyrische Werk, hsg. v. A. D. Klarmann, S. Fischer Verlag, Frankfurt/Main 1967.

René Schickele 1883–1940
    Der Gottesfreund aus dem Oberland 573
Aus: Werke, hsg. v. H. Kesten, Verlag Kiepenheuer & Witsch, Köln 1959.

Ivan Goll 1891–1950
    Osterlied 574
    Ballade von einem Traum auf der Flucht 574
    Ohneland zieht in den Krieg 575
    Johann Ohneland trotzt dem Sturm 575
    Johann Ohneland singt die Ballade von allen Müttern 576
Aus: Dichtungen, hsg. v. C. Goll, Hermann Luchterhand Verlag, Darmstadt 1960.

Joachim Ringelnatz 1883–1934
    Auf hohem Gerüste 577
    Ein männlicher Briefmark 577
    Das Turngedicht am Pferd 577
    Die Weihnachtsfeier des Seemanns Kuttel Daddeldu 579
    Das Kartenspiel 580
    Letzter Ritt 581
    Morsche Fäden 582
Aus: und auf einmal steht es neben dir, Gesammelte Gedichte, Karl H. Henssel Verlag, Berlin 1950.[4]

Hans Arp 1887–1966
    Könige vor der Sintflut 582
Aus: Gesammelte Gedichte II, Verlag die Arche, Peter Schifferli, Zürich 1952.
    Wie ungeheuere Fliegen 583
Aus: Gesammelte Gedichte, Limes Verlag, Wiesbaden 1963ff.

Hugo Ball 1886–1927
    Legende 584
Aus: Gesammelte Gedichte, Verlag Die Arche, Peter Schifferli, Zürich 1963.

Verzeichnis der Autoren und ihrer Balladen

Kurt Schwitters 1887–1948
- A. M. 585
- Vergänglichkeit 585
- Der Zigarette Ende 586
- Prinzessin Tyril 586
- Große Liebe 587
- Die Nixe 587

Aus: Das literarische Werk, hsg. v. F. Lach, DUMONT Buchverlag, Köln 1973.

Richard Huelsenbeck 1892–1974
- Dada Gedicht II 589

Aus: Phantastische Gebete, Verlag Die Arche, Peter Schifferli, Zürich 1960.

Oskar Loerke 1884–1941
- Das schlimme Märchenschloß 590

Aus: Gedichte und Prosa, hsg. v. P. Suhrkamp, Suhrkamp Verlag, Frankfurt/Main 1958.

Max Herrmann-Neisse 1886–1941
- Weihnachtslied 590

Aus: Erinnerung und Exil, Oprecht Verlag, Zürich 1946.
- Ballade 591

Aus: Lied der Einsamkeit, Albert Langen / Georg Müller Verlag, München 1961.[5]

Georg Kaiser 1878–1945
- Ballade von Cäsars Ende 592
- Der Enkel 593

Aus: Stücke, Erzählungen, Aufsätze, Gedichte, Verlag Kiepenheuer & Witsch, Köln 1966.

Max Mell 1882–1971
- Ballade vom Sommer 594

Aus: Prosa, Dramen, Verse, Albert Langen / Georg Müller Verlag, München 1962.[6]

Georg Britting 1891–1964
- Salome 595
- Der bethlehemitische Kindermord 596

Aus: Gedichte, Nymphenburger Verlagshandlung, München 1957.

Josef Weinheber 1892–1945
- Ballade vom kleinen Mann 596
- Auferstehung 599

Aus: Gedichte, hsg. v. F. Sacher, Hoffmann und Campe Verlag, Hamburg 1966.

Werner Bergengruen 1892–1964
- Ballade vom Wind 599
- Tarandone 601

Aus: Die heile Welt, Verlag die Arche, Peter Schifferli, Zürich 1952.
- Die Hirten 603

Aus: Figur und Schatten, Verlag Die Arche, Peter Schifferli, Zürich 1958

Hans Leip 1893–1983
    Lied im Schutt 603
Aus: Die Hafenorgel, Verlag Die Brigantine, Hamburg 1973.

Peter Gan 1894–1974
    Ballade von der Soldatenmarie 605
Aus: Das alte Spiel, Atlantis Verlag, Zürich 1965.

Gertrud Kolmar 1894–1943
    Charlotte Corday 607
    Der Girondist 607
    Dantons Ende 608
    Rue Saint Honoré 609
Aus: Das lyrische Werk, Kösel-Verlag, München 1960.

Albin Zollinger 1895–1941
    Die Königin 611
    Ballade vom chinesischen Maler 611
Aus: Gedichte, Rasch & Co. Verlag, Zürich 1933.

Klabund (Alfred Henschke) 1890–1928
    Vater ist auch dabei 612
Aus: Chansons, Streit- und Leidgedichte, Phaidon-Verlag, Wien 1930.
    Die Wirtschafterin 613
    Die Ballade von den Hofsängern 613
    Pogrom 613
    Die Ballade des Vergessens 614
Aus: Die Harfenjule, Rowohlt Verlag, Reinbek 1978.

Kurt Tucholsky 1890–1935
    Berliner Gerüchte 616
    Der alte Fontane 617
    Frohe Erwartung 618
    Kolonne 619
    Wilhelm von Abfundien 619
    Der Hosenschnüffler 620
    Psychoanalyse 621
    Ballade 622
    Eine kleine Geburt 623
Aus: Gesammelte Werke, © 1960 by Rowohlt Verlag GmbH, Reinbek

Erich Weinert 1890–1953
    Ballade von der Zivilisation 624
    Dicht am Nationalhelden vorbei 625
    Die Ballade vom großen Zechpreller 626
    Bei Dichters 629
    Oberlehrers Sonntagnachmittag 630
    Bayreuth 631
    Geographie 631
Aus: Gesammelte Gedichte, Aufbau-Verlag, Berlin und Weimar 1970 ff.

Johannes R. Becher 1891–1958
- Die Glücksjagd 632
- Ballade vom Mann, dem es immer besser ging 634
- Spanische Inquisition 635
- Ballade von der großen Rechnung 636
- Ballade vom Lügenberg 639
- Ballade von der Kleeblatt-Division 640
- Hitlers kleine Friedenschronik oder Wofür Hitler Krieg führt ... 641
- Bauernballade 643

Aus: Gesammelte Werke, Aufbau-Verlag, Berlin und Weimar 1966 ff.

Hermann Kesten geb. 1900
- Das arme Opfer 644

Aus: Ich bin der ich bin, R. Piper & Co. Verlag, München 1974.

Bertolt Brecht 1898–1956
- Moderne Legende 644
- Karsamstagslegende 645
- Legende vom toten Soldaten 645
- Von den Sündern in der Hölle 647
- Ballade vom Tod der Anna Gewölkegesicht 647
- Ballade von den Abenteurern 648
- Von des Cortez Leuten 649
- Ballade von der Freundschaft 650
- Ballade von der Hanna Cash 652
- Ballade vom Mazeppa 654
- Von der Kindesmörderin Marie Farrar 655
- Zu Potsdam unter den Eichen 657
- Ballade von der Billigung der Welt 658
- Die drei Soldaten und die Reichen 661
- Die drei Soldaten und die Justiz 662
- Ballade vom Tropfen auf den heißen Stein 664
- Die Moritat vom Reichstagsbrand 664
- Ballade vom 30. Juni 666
- Ballade von den Osseger Witwen 668
- Legende von der Entstehung des Buches Taoteking 668
- Kinderkreuzzug 670
- Der anachronistische Zug oder Freiheit und Democracy 674

Aus: Gesammelte Werke, Suhrkamp Verlag, Frankfurt/Main 1967.

Walter Mehring 1896–1981
- Die Ballade vom Highwayman auf der Hounslowheide 676
- Ritualmärchen von den zwei Judenkindern 676
- Mirakel des Heiligen Bürokratius 677
- Denn: Aller Anfang ist schwer 678
- Standbild an einer Grenze 678

Aus: Großes Ketzerbrevier, Deutscher Taschenbuch Verlag, München 1975.[7]

Eugen Roth 1895–1976
- Die guten Bekannten 679
- Sage 680

Aus: Sämtliche Werke, Carl Hanser Verlag, München 1977.

Theodor Kramer 1897–1958
    Der Heimgekehrte 681
Aus: Die Gaunerzinke, Rütten & Loening Verlag, Frankfurt/Main 1929.
    Abschaffung 681
Aus: Einer bezeugt es..., hsg. v. E. Chvojka, Stiasny Verlag, Graz 1960.

Erich Kästner 1899–1974
    Sachliche Romanze 682
    Verzweiflung Nr. 1 683
    Maskenball im Hochgebirge 683
    Primaner in Uniform 684
    Die Ballade vom Mißtrauen 684
    Das Führerproblem, genetisch betrachtet 685
    Die Ballade vom Herrn Steinherz 685
    Die Ballade vom Nachahmungstrieb 686
    Die deutsche Einheitspartei 687
    Hamlets Geist 688
    Kurzgefaßter Lebenslauf 689
Aus: Gesammelte Schriften, Atrium Verlag, Zürich 1959.

Robert Gilbert 1900–1978
    Die Geschichte der Dreizehn 690
    Grimmige Märchen 691
Aus: Mich hat kein Esel im Galopp verloren, R. Piper & Co. Verlag, München 1972.

Carl Zuckmayer 1896–1977
    Die drei Eisheiligen 691
    Alabama-Lied 692
Aus: Werkausgabe, Fischer Taschenbuch Verlag, Frankfurt/Main 1976.

Alexander Lernet-Holenia 1897–1976
    Der bethlehemitische Kindermord 692
Aus: Die goldene Horde, Paul Zsolnay Verlag, Wien 1964.

Manfred Hausmann 1898–1986
    Märchen 694
    Die Königin und der Gärtner 695
Aus: Gedichte, S. Fischer Verlag, Frankfurt/Main 1949.

Emil Barth 1900–1958
    Ballade um zwölf 696
Aus: Gesammelte Werke, hsg. v. F. N. Mennemeier, Limes Verlag, Wiesbaden 1960.

Nelly Sachs 1891–1970
    Ein totes Kind spricht 696
Aus: Die Gedichte der Nelly Sachs, Suhrkamp Verlag, Frankfurt/M. 1961 und 1971.

Marie Luise Kaschnitz 1901–1974
    Semele 697
    Die Ehegatten 698
    Die drei Wanderer 700
Aus: Gedichte, Verlag Claassen und Goverts, Hamburg 1947.

   Die Kinder dieser Welt 703
   Hiroshima 704
Aus: Neue Gedichte, Claassen Verlag, Hamburg 1957.
   Im Sturm 705
   Dreimal 705
Aus: Überallnie, Claassen Verlag, Hamburg 1965.

Peter Huchel   1903–1981
   Letzte Fahrt 706
Aus: Die Sternenreuse, R. Piper &Co. Verlag, München 1967.
   Dezember 1942 707
   Soldatenfriedhof 708
Aus: Chausseen, Chausseen, S. Fischer Verlag, Frankfurt/Main 1963.

Martin Kessel   geb. 1901
   Der folgsame Heini 708
Aus: Gesammelte Gedichte, Rowohlt Verlag, Hamburg 1951.

Walter Steinbach   1902–1947
   Ballade vom toten Landstreicher 709
   Städte-Ballade 709
Aus: Worte der Zeit, hsg. v. R. Schwachhofer, Mitteldeutscher Verlag, Halle (Saale) 1956.

Erich Arendt   1903–1988
   Bergwindballade 710
   Ballade von der Selbsthilfe 712
   Der Dorfteich 714
   Die Hütte vom einfachen Leben und Sterben 717
Aus: Aus fünf Jahrzehnten, VEB Hinstorff Verlag, Rostock 1968.

Walter Bauer   1904–1976
   Ballade vom jungen erschossenen Arbeiter 718
Aus: Lebenslauf, Verlag Kurt Desch, München 1975.

Horst Lange   1904–1971
   Marschieren 720
Aus: Gedichte aus zwanzig Jahren, R. Piper & Co. Verlag, München 1948.

Rose Ausländer   1907–1988
   Das Einmaleins 720
   Gericht 721
Aus: Gesammelte Gedichte, hsg. v. H.E. Käufer und B. Mosblech, Literarischer Verlag Helmut Braun, Köln 1977.[8]

Mascha Kaléko 1907–1975
    Deutschland, ein Kindermärchen 721
Aus: Verse für Zeitgenossen, Verlag Eremiten-Presse, Düsseldorf 1978.

Wolfgang Weyrauch 1904–1980
    Der Wind geht ums Haus 724
    Ruine in Lübeck 724
    Die Wiederholung 725
Aus: Gesang um nicht zu sterben, Rowohlt Verlag, Hamburg 1956.
    Die schwarze Köchin 726
Aus: Die Spur, Walter Verlag, Olten 1963.

Bernt von Heiseler 1907–1969
    Ballade vom Goldstück 726
Aus: Gedichte, Kleines Theater, Michael Beckstein Verlag, München o. J.
    Der Pfeil 727
Aus: Gedichte , Verlag G. Bertelsmann, Gütersloh 1957.

Albrecht Goes geb. 1908
    Chronik 728
Aus: Lichtschatten du, S. Fischer Verlag, Frankfurt/Main 1978.

Louis Fürnberg 1909–1957
    Courths-Mahleriana 729
    Ein alt-neues Weihnachtslied 730
    Leben und Sterben F. K.s. 731
Aus: Gesammelte Werke, Aufbau-Verlag, Berlin und Weimar 1964/65.

Hans Adler geb. 1910
    Vorstadtballade 732
Aus: Bänkelbuch, hsg. v. E. Singer, E. P. Tal & Co. Verlag, Leipzig 1920.

Fridolin Tschudi 1912–1966
    Der Versuch der alten Damen 733
    Ballade vom traurigen Ehepaar 733
Aus: Ausgewählte Verse, Sanssouci Verlag, Zürich 1966.[9]

Fritz Graßhoff geb. 1913
    Kawenz oder Das Objekt im Grab 734
Aus: Die große Halunkenpostille, 8. Aufl., Deutscher Taschenbuch Verlag, München 1972.
    Des Heizers Traum 735
    Piepels Ende 736
Aus: Graßhoffs unverblümtes Lieder- und Lästerbuch, Verlag Kiepenheuer & Witsch, Köln 1965.[10]

Jürgen Rausch geb. 1910
    Aus: Fabeln
        Am Weihnachtsabend 738
Aus: Gedichte, Verlagsgemeinschaft Ernst Klett-J. G. Cotta'sche Buchhandlung, Stuttgart 1978.

Gertrud Fussenegger geb. 1912
    Die Ache 739
Aus: Widerstand gegen Wetterhähne, Deutsche Verlags-Anstalt, Stuttgart 1974.

Rudolf Hagelstange 1912–1984
    Funeral Home 741
Aus: Lied der Jahre, Insel Verlag, Frankfurt/Main 1961.

Hans Egon Holthusen geb. 1913
    Ein Mann der Tat 743
    Ballade nach Shakespeare 744
Aus: Labyrinthische Jahre, R. Piper & Co. Verlag, München 1952.

Stephan Hermlin geb. 1915
    Ballade vom Land der ungesprochenen Worte 745
    Ballade von der Königin Bitterkeit 745
Aus: Gedichte und Prosa, Verlag Klaus Wagenbach, Berlin 1965.
    Ballade von der Überwindung der Einsamkeit in den Großen Städten 747
    Ballade von den alten und den neuen Worten 748
    Ballade von den Geliebten in den Großen Städten 750
Aus: Die Städte, Bechtle Verlag, München 1966.[11]

Karl Krolow geb. 1915
    Ballade 752
    Matrosen-Ballade 752
Aus: Gesammelte Gedichte, Suhrkamp Verlag, Frankfurt/Main 1965.

Christine Busta 1915–1987
    Mutter im Krieg 753
Aus: Der Regenbaum, Herder Verlag, Wien 1951.

Silja Walter geb. 1919
    Biblische Ballade 753
Aus: Gesammelte Gedichte, 2. Aufl., Verlag Die Arche Peter Schifferli, Zürich 1972.

Johannes Bobrowski 1917–1965
    Bericht 755
    Dorfmusik 755
    Die Tomsker Straße 756
Aus: Schattenland Ströme, Deutsche Verlags-Anstalt, Stuttgart 1962.

Rainer Brambach 1917–1983
    Paul 757
    Grimm 757
Aus: Wirf eine Münze auf, Diogenes Verlag, Zürich 1977.[12]

Michael Guttenbrunner geb. 1919
    15. Juli 1927 758
    20. Juli 1944 758
Aus: Der Abstieg, Verlag Günther Neske, Pfullingen 1975.

Erich Fried 1921–1988
    Kinder 758
Aus: Deutschland, Austrian P.E.N., London 1944.
    Landstreicher 759
Aus: Gedichte, Claassen Verlag, Hamburg 1958.
    Märchenende 759
Aus: Befreiung von der Flucht, Claassen Verlag, Hamburg 1968.
    Tiefer Trunk 759
Aus: und Vietnam und, Verlag Klaus Wagenbach, Berlin 1966.
    Zwei schreien 760
Aus: Anfechtungen, Verlag Klaus Wagenbach, Berlin 1967.
    Die Retter 761
Aus: Die Beine der größeren Lügen, Verlag Klaus Wagenbach, Berlin 1969.

Kurt Marti geb. 1921
    der dieb 761
Aus: gedichte am rand, 3. Aufl., Verlag Arthur Niggli, Teufenar 1974.
    sie war eine schwer geprüfte frau 762
    Der ungebetene Hochzeitsgast 762
Aus: Leichenreden, Hermann Luchterhand Verlag, Darmstadt 1969.[13]

Georg Kreisler geb. 1922
    Frau Schmidt 763
    Philosophie 764
Aus: Zwei alte Tanten tanzen Tango, 8. Aufl., Deutscher Taschenbuch Verlag, München 1976.
    Der Kapitän 766
    Herberts blaue Augen 766
Aus: Ich weiß nicht, was soll ich bedeuten, Artemis Verlag, Zürich 1973.

Paul Wiens geb. 1922
    Ballade vom Hans Kohlhas 767
    Hagel oder flug in die Freiheit mit untauglichen mitteln 769
    Halber abschied 770
Aus: Vier Linien aus meiner Hand, Verlag Philipp Reclam jun., Leipzig 1972.

Heinar Kipphardt 1922–1982
    Auschwitz (1953) 771
Aus: Angelsbrucker Notizen, C. Bertelsmann Verlag, München 1977.[14]

Erika Burkart geb. 1922
    Das unendliche Spiel 771
Aus: Die weichenden Ufer, Artemis Verlag, Zürich 1967.

Helmut Heißenbüttel geb. 1921
    eine einfache Geschichte 772
Aus: Das Textbuch, Hermann Luchterhand Verlag, Neuwied 1967.[15]

Hans Carl Artmann geb. 1921
    corporal, mein corporälchen 774
Aus: ein lilienweißer brief aus lincolnshire, hsg. v. g. bisinger, Suhrkamp Verlag, Frankfurt/Main 1969.

drei mohren stehn im felde 775
ein volksfest mit lampionen 775
aldonza, von gnomen gefangen 776
Aus: Aus meiner Botanisiertrommel, Residenz Verlag, Salzburg 1975.

Ernst Jandl   geb. 1925
  die sieben Schwaben 777
  besuch von auswärts 781
  der gang zur stadt 783
Aus: Dingfest, Hermann Luchterhand Verlag, Darmstadt 1973.[16]

Walter Höllerer   geb. 1922
  Abendschau 783
  Kinderlied für Florian gegen Wut zu singen 785
Aus: Systeme, Literarisches Colloquium, Berlin 1969.

Herbert Asmodi   geb. 1923
  Andenken 785
Aus: Jokers Gala, R. Piper & Co. Verlag, München 1975.

Wolfgang Bächler   geb. 1925
  Ballade von den schlaflosen Nächten 786
Aus: Die Erde bebt noch, © by Bechtle in der F.A. Herbig Verlagsbuchhandlung GmbH, München.
  Die wartende Frau 789
Aus: Gedichte aus 30 Jahren, S. Fischer Verlag, Frankfurt/Main 1976.

Arnim Juhre   geb. 1925
  Die Ballade danach 790
  Josephslegende 790
Aus: Die Hundeflöte, Wolfgang Fietkau Verlag, Berlin 1962.

Heinz Piontek   geb. 1925
  Die Verstreuten 791
Aus: Wassermarken. Gedichte, Bechtle Verlag, Eßlingen 1957.

Ingeborg Bachmann   1926–1973
  Das Spiel ist aus 792
Aus: Werke, hsg. v. Ch. Koschel, I. v. Weidenbaum, Cl. Münster, R. Piper & Co. Verlag, München 1978.

Christa Reinig   geb. 1926
  Der henker 793
  Die prüfung des lächlers 794
  Die ballade vom blutigen Bomme 794
  Des Dichters Geist 796
Aus: Die Steine von Finisterre, Verlag Eremiten-Presse, Stierstadt 1969 (jetzt Düsseldorf).

Günter Grass   geb. 1927
  Die Ballade von der schwarzen Wolke 796

  Inventar oder die Ballade von der zerbrochenen Vase 798
  Racine läßt sein Wappen ändern 798
  Adornos Zunge 799
Aus: Gesammelte Gedichte, Hermann Luchterhand Verlag, Darmstadt 1971.[17]

Günter Bruno Fuchs   1928–1977
  Ballade vom Warten 800
  Veteranenlied 800
  Müllerballade 801
Aus: Das Lesebuch des Günter Bruno Fuchs, Carl Hanser Verlag, München 1970.

Peter Hacks   geb. 1928
  Englische Eröffnung 802
  Scipio 803
Aus: Historien und Romanzen, Aufbau Verlag Berlin und Weimar 1985.

Hans Magnus Enzensberger   geb. 1929
  Das wirkliche Messer 803
Aus: Gedichte 1955–1970, Suhrkamp Verlag, Frankfurt/Main 1971.
  C. R. D. (1809–1882) 804
  E. G. de la S. (1928–1967) 807
Aus: Mausoleum, Suhrkamp Verlag, Frankfurt/Main 1975.

Wolfang Hädecke   geb. 1929
  Unser kleiner Herr Rimbaud 808
Aus: Leuchtspur im Schnee, Carl Hanser Verlag, München 1963.

Heiner Müller   geb. 1929
  L. E. oder Das Loch im Strumpf 809
Aus: Geschichten aus der Produktion 1, Rotbuch Verlag, Berlin 1975.

Horst Bienek   geb. 1930
  Bericht 810
  Bergwerkstraße 810
Aus: Gleiwitzer Kindheit, Carl Hanser Verlag, München 1976.

Peter Rühmkorf   geb. 1929
  Wiegen- oder Aufklärelied 813
  Mit unsern geretteten Hälsen 813
  Alles-für-die-Nix-Lied 813
Aus: Gesammelte Gedichte, Rowohlt Verlag, Reinbek 1976.

Karl Alfred Wolken   geb. 1929
  Ballade an Bord 814
  Ballade vom begrabenen Zweifel 815
Aus: Halblaute Einfahrt, Deutsche Verlags-Anstalt, Stuttgart 1960.

Adolf Endler   geb. 1930
  Ballade vom Zionskirchplatz 816
  Das letzte Zimmer 817
Aus: Nackt mit Brille, Verlag Klaus Wagenbach, Berlin 1975.

Gerhard Rühm   geb. 1930
    ballade 818
Aus: Fenster, Rowohlt Verlag, Reinbek 1968.
    verlier nicht den kopf aus liebe 819
Aus: Die Wiener Gruppe, hsg. v. G. Rühm, Rowohlt Verlag, Reinbek 1967.

Konrad Bayer   1932–1964
    moritat vom tätowierten mädchen 820
    schöne welt 821
Aus: Das Gesamtwerk, hsg. v. G. Rühm, Rowohlt Taschenbuch Verlag, Reinbek 1977.[18]

Franz Josef Degenhardt   geb. 1931
    Tonio Schiavo 822
    Wenn der Senator erzählt 823
    Väterchen Franz 825
    Ein schönes Lied 826
Aus: Spiel nicht mit den Schmuddelkindern, Hoffmann und Campe Verlag, Hamburg 1967.[19]

Dieter Süverkrüp   geb. 1934
    Western-Ballade 828
    Kirschen auf Sahne 828
Aus: Da habt Ihr es!, Hoffmann und Campe Verlag, Hamburg 1968.

Ror Wolf (Raoul Tranchirer)   geb. 1932
    mein famili 830
    die folgen großer kälte 831
Aus: mein famili, Suhrkamp Verlag, Frankfurt/Main 1971.

Horst Bingel   geb. 1933
    Sonnenaufgang 833
Aus: Wir suchen Hitler, Scherz Verlag, München 1965.

Reiner Kunze   geb. 1933
    Die Bringer Beethovens 834
Aus: Sensible Wege, Rowohlt Taschenbuch Verlag, 4. Aufl., Reinbek 1977.

Sarah Kirsch   geb. 1935
    Legende über Lilja 836
Aus: Landaufenthalt, Verlag Langewiesche-Brandt, Ebenhausen 1969/1977.
    Märchen im Schrank 837
    Ich wollte meinen König töten 838
    Er erzählt mir ohne Absicht im Winter 838
Aus: Zaubersprüche, Verlag Langewiesche-Brandt, Ebenhausen 1974.

Karl Mickel   geb. 1935
    Das Kindlein am Himmelstor 839
    An M. 839
Aus: Vita nova mea, Rowohlt Verlag, Reinbek 1967.[20]

Christoph Meckel geb. 1935
    Ballade von Hiobs Misthaufen 840
Aus: Bei Lebzeiten zu singen, Verlag Klaus Wagenbach, Berlin 1967.
    Ballade von den großen Stunden der Kindheit 841
    Ballade vom Lauf der Welt 842
Aus: Werkauswahl, hsg. v. W. Unverhau, Nymphenburger Verlagshandlung, München 1971.[21]

Helga M. Novak geb. 1935
    als alles schon vorüber war 843
    Ballade von der reisenden Anna 844
    Kassina im Exil 845
    an einem deutschen Wintertag 845
    Ballade vom twöfalten Schock 845
Aus: Ballade von der reisenden Anna, Hermann Luchterhand Verlag, Neuwied 1965.

Volker Braun geb. 1939
    Moritat vom wolfsburger Stempler 847
Aus: Vorläufiges, Suhrkamp Verlag, Frankfurt/Main 1966.
    Der sechzehnjährige Lehrer Manuel Ascunce 847
Aus: Gedichte, Verlag Philipp Reclam jun., 2. Aufl., Leipzig 1976.

Volker von Törne geb. 1934
    Kleine Moritat 848
    Ballade vom braven Mann 849
    Lied von den apokalyptischen Reitern 849
Aus: Wolfspelz, Verlag Klaus Wagenbach, Berlin 1968.

Kurt Bartsch geb. 1937
    Hochzeit 850
Aus: Die Lachmaschine, Verlag Klaus Wagenbach, Berlin 1971.

Nicolas Born geb. 1937
    Da hat er gelernt was Krieg ist sagt er 850
Aus: Gedichte 1967–1978, Rowohlt Verlag, Reinbek 1978.

Jochen Lobe geb. 1937
    Ballade mit Fahrrad + VW 853
Aus: Augenaudienz, Rowohlt Taschenbuch Verlag, Reinbek 1978.

Beat Brechbühl geb. 1939
    Die Ballade vom Sporttoto 854
Aus: Der geschlagene Hund pißt an die Säulen des Tempels, Diogenes Verlag, Zürich 1972.

Peter Handke geb. 1942
    Frankensteins Monsters Monster Frankenstein 855
Aus: Die Innenwelt der Außenwelt der Innenwelt, Suhrkamp Verlag, Frankfurt/Main 1969.

F(riedrich) C(hristian) Delius geb. 1943
    Moritat auf Helmut Hortens Angst und Ende 856
Aus: Ein Bankier auf der Flucht, Rotbuch Verlag, Berlin 1975.

Frank Geerk geb. 1946
    Verheißung 857
Aus: Notwehr, Verlag Kiepenheuer & Witsch, Köln 1975.

André Heller geb. 1946
    die ersten zehn jahre der e. p. 858
Aus: „sie nennen mich den messerwerfer", Fischer Taschenbuch Verlag, Frankfurt/Main 1974.

Rainer Kirsch geb. 1934
    Auszog das Fürchten zu lernen 858
    Ballade 860
Aus: Auszog das Fürchten zu lernen, Rowohlt Verlag, Reinbek 1978.

Anhang

Günter Kunert geb. 1929
    Ballade von der großen Pulververschwörung 861
    Vom verirrten Sohn 861
Aus: Unter diesem Himmel, Verlag Neues Leben, Berlin 1955.
    Der Bunkermensch von Calais 862
    Als ich ein Baum war 863
Aus: Das kreuzbrave Liederbuch, Aufbau Verlag, Berlin 1961.

Wolf Biermann geb. 1936
    Berlin, du deutsche deutsche Frau 864
    Warte nicht auf bessre Zeiten 864
    Ballade auf den Dichter François Villon 865
    Bilanzballade im dreißigsten Jahr 867
    Großes Gebet der alten Kommunistin Oma Meume in Hamburg 868
    Die Stasi-Ballade 869
    Lied von den bleibenden Werten 870
    Steine-Lied 871
    Ballade vom preußischen Ikarus 872
    Deutsches Miserere 873
    Pardon 874
    Dideldumm 875
    Nur wer sich ändert, bleibt sich treu 878
Aus: Alle Lieder, Verlag Kiepenheuer & Witsch, Köln 1991.

Die im Inhaltsverzeichnis angegebenen Quellenvermerke entsprechen in einigen Fällen nicht mehr den jetzigen rechtlichen Gegebenheiten, daher nachfolgend die Anmerkungen zu diesen Literaturangaben:

Sämtliche Rechte der Texte, die in Ausgaben der Verlags AG Die Arche, Zürich, erschienen sind, liegen bei Arche Verlag AG, Zürich-Hamburg.

1 Alle Rechte jetzt bei Klett-Cotta, Stuttgart (Stefan George, Sämtliche Werke in 18 Bänden)
2 Alle Rechte jetzt beim Suhrkamp Verlag (Gedichte, st 1319, Frankfurt am Main 1989)
3 © Thomas B. Schumann, 50354 Hürth
4 © 1994 by Diogenes Verlag AG Zürich (Joachim Ringelnatz, Und auf einmal steht es neben dir)
5 © by Langen Müller in der F.A. Herbig Verlagsbuchhandlung GmbH, München
6 © by Langen Müller in der F.A. Herbig Verlagsbuchhandlung GmbH, München
7 © by Langen Müller in der F.A. Herbig Verlagsbuchhandlung GmbH, München
8 Alle Rechte jetzt S. Fischer Verlag GmbH, Frankfurt am Main
9 Alle Rechte jetzt bei Carl Hanser Verlag, München
10 © by Fritz Graßhoff
11 © by Bechtle in der F.A. Herbig Verlagsbuchhandlung, München
12 © 1989 by Diogenes Verlag AG Zürich (Rainer Brambach, Heiterkeit im Garten. Das gesamte Werk)
13 © 1969, 1989 Luchterhand Literaturverlag GmbH, Frankfurt am Main
14 © 1990 by Rowohlt Verlag GmbH, Reinbek (Heinar Kipphardt, Gesammelte Werke)
15 Alle Rechte jetzt bei Klett-Cotta, Stuttgart (Helmut Heißenbüttel, Textbücher 1-6, 1980)
16 © 1969, 1989 Luchterhand Literaturverlag GmbH, Frankfurt am Main
17 Alle Rechte jetzt bei Steidl Verlag, Göttingen (Günter Grass, Gedichte und Kurzprosa, Studienausgabe Band 11, 1994)
18 Alle Rechte jetzt bei ÖBV-Klett-Cotta, Wien (Konrad Bayer, Sämtliche Werke, 1985)
19 © 1979 C. Bertelsmann Verlag GmbH, München (Kommt an den Tisch unter Pflaumenbäumen. Alle Lieder von Franz Josef Degenhardt). Die musikalischen Nutzungsrechte liegen beim Autor.
20 © Aufbau-Verlag Berlin und Weimar 1966
21 Nymphenburger in der F.A. Herbig Verlagsbuchhandlung GmbH, München 1971

Volksballaden

Das jüngere Hildebrandslied

„Ich wil zu Land ausreiten", / sprach sich Meister Hiltebrant,
„Der mir die Weg tet weisen / gen Bern wol in die Land,
Die seind mir unkund gewesen / vil manchen lieben Tag:
In zwei und dreißig Jaren / Fraw Utten ich nie gesach."

„Wilt du zu Land ausreiten", / sprach sich Herzog Abelung,
„Was begegent dir auf der Heiden? / Ein schneller Degen jung.
Was begegent dir auf der Marke? / Der jung Herr Alebrant;
Ja, rittest du selbzwölfte, / von im wurdest angerant."

„Ja, rennet er mich ane / in seinem Ubermut,
Ich zerhaw im seinen grünen Schild, / es tut im nimmer gut,
Ich zerhaw im sein Brinne / mit einem Schirmenschlag,
Und daß er seiner Mutter / ein ganz Jar zu klagen hat."

„Das solt du nicht entun", / sprach sich Herr Dieterich,
„Wann der jung Herr Alebrant / der ist mir von Herzen lieb;
Du solt im freundlich zusprechen / wol durch den Willen mein,
Daß er dich wöl lassen reiten, / als lieb als ich im mag sein."

Do er zum Rosengarten ausreit / wol in des Berners Marke,
Do kam er in große Arbeit / von einem Helden starke,
Von einem Helden junge / da ward er angerant:
„Nun sag an, du vil Alter, / was suchst in meines Vatters Land?

Du fürst dein Harnisch lauter und rain, / recht wie du seist eins Königs Kind,
Du wilt mich jungen Helden / mit gesehenden Augen machen blind;
Du soltest da heimen bleiben / und haben gut Hausgemach
Ob einer heißen Glute." / Der Alte lachet und sprach:

„Sölt ich da heimen bleiben / und haben gut Hausgemach?
Mir ist bei allen meinen Tagen / zu raisen aufgesatzt,
Zu raisen und zu fechten / bis auf mein Hinefart,
Das sag ich dir vil Jungen, / darumb grawet mir mein Bart."

„Dein Bart will ich dir ausraufen, / das sag ich dir vil alten Man,
Daß dir dein rosenfarbes Plut / uber dein Wangen muß abgan;
Dein Harnisch und dein grünen Schild / must du mir hie aufgeben,
Darzue must mein Gefangner sein, / wilt du behalten dein Leben."

„Mein Harnisch und mein grüner Schild, / die teten mich dick ernern,
Ich traw Christ vom Himel wol, / ich wil mich dein erweren."
Sie ließen von den Worten, / sie zugen zwei scharpfe Schwert,
Und was die zwen Helden begerten, / des wurden die zwen gewert.

Ich weiß nit, wie der Junge / dem Alten gab einen Schlag,
Daß sich der alte Hiltebrant / von Herzen sere erschrack.
Er sprang hinter sich zu rucke / wol siben Klafter weit:
„Nun sag an, du vil Junger, / den Streich lernet dich ein Weib!"

„Sölt ich von Weibern lernen, / das wer mir immer ein Schand,
Ich hab vil Ritter und Knechte / in meines Vatters Land,
Ich hab vil Ritter und Grafen / an meines Vatters Hof,
Und was ich nit gelernet hab, / das lerne ich aber noch."

Er erwüscht in bei der Mitte, / da er an dem schwechsten was,
Er schwang in hinder sich zu rucke / wol in das grüne Gras:
„Nun sag mir, du vil Junger, / dein Beichtvater wil ich wesen:
Bist du ein junger Wölfinger, / von mir magst du genesen.

Wer sich an alte Kessel reibt, / der empfahet gern Rame,
Also geschicht dir, vil Jungen, / wol von mir alten Manne;
Dein Beicht solt du hie aufgeben / auf diser Heiden grün,
Das sag ich dir vil eben, / du junger Helde kün."

„Du sagst mir vil von Wölfen, / die laufen in dem Holz:
Ich bin ein edler Degen / aus Krichenlanden stolz,
Mein Mutter die heißt Fraw Utte, / ein gewaltige Herzogin,
So ist der Hiltebrant der alte / der liebste Vater mein."

„Heißt dein Mutter Fraw Utte, / ein gewaltige Herzogin,
So bin ich Hiltebrant der alte, / der liebste Vatter dein."
Er schloß im auf sein gulden Helm / und kust in an seinen Mund:
„Nun müß es Gott gelobet sein, / wir seind noch beid gesund."

„Ach, Vater, liebster Vater, / die Wunden, die ich dir hab geschlagen,
Die wolt ich dreimal lieber / in meinem Haubte tragen."
„Nun schweig, du lieber Sune: / der Wunden wirt gut Rat,
Seid daß uns Got all beide / zusammen gefüget hat."

Das weret von der None / biß zu der Vesperzeit,
Biß daß der jung Her Alebrant / gen Bern einhin reit.
Was fürt er an seinem Helme? / Von Gold ein Krenzelein.
Was fürt er an der Seiten? / Den liebsten Vater sein.

Er fürt in mit im in seinen Sal / und satzt in oben an den Tisch,
Er pot im Essen und Trinken, / das daucht sein Mutter unbillich:
„Ach Sune, lieber Sune, / ist der Eren nicht zu vil,
Daß du mir ein gefangen Man / setzst oben an den Tisch?"

„Nun schweige, liebe Mutter, / ich will dir newe Meer sagen:
Er kam mir auf der Heide / und het mich nahent erschlagen;
Und höre, liebe Mutter, / kein Gefangner sol er sein:
Es ist Hiltebrant der alte, / der liebste Vater mein.

Ach Mutter, liebe Mutter mein, / nun beut im Zucht und Eer!"
Do hub sie auf und schenket ein / und trug ims selber her;
Was het er in seinem Munde? / Von Gold ein Fingerlein,
Das ließ er inn Becher sinken / der liebsten Frawen sein.

[Schirmenschlag: Fechterschlag. – wann: denn. – raisen: auf Kriegsfahrten ziehen.
– ernern: erretten. – Wölfinger: Name des Geschlechts Hildebrands. – Rame: Ruß.]

Der edle Moringer

Wolt ir horen fremde Mer,
Die vor Zeiten und ee geschach,
Von dem edlen Moringer,
Wie er zu seiner Frauen sprach
Des Nachtes, do er bei ir lag;
Er umbfieng die zarten Fraue sein,
Der spilenden Freud er mit ir pflag.

Er sprach: „Herzliebe Frawe,
Vernempt die Rede mein furwar,
Aller Eren ich euch vertraw,
Wolt ir mein beiten süben Jar?
Abenteur sind mir bekant.
Nun gebt mir Urlaub, zarte Frawe,
Wan ich wül in Sant Thomas Land."

Do sprach die Fraw gar trawriglich,
Ser betrübet war ir Mut:
„Saget, edler Ritter reich,
Wem bevelcht ir ewer Gut,
Das saget mir durch den Wüllen mein,
Wem bevelhet ir Land und Leut,
Wer sol nun mein treuer Pfleger sein?"

„Das thu ich, herzenliebe Frawe:
Manicher werder Dienstman,
die von euch haben Gut und Ere,
Die sollen euch wesen undertan
In treuen, als ir ie gewart.
Nun gebt mir Urlaub, zarte Frawe,
Ich wül Got volbringen sein Fart.

Im Glauben wül ich nit wenken,
Herzliebe Frawe zart,
Zum besten solt ir mein bedenken;
Ich bin auf der Hinefart,
Seit ich ach das gelopt han,
So gebt mir Urlaub, zart Frawe,
Ich wüls nit underwegen lon.

Got gesegen euch, edle Frawe,
In also tugenthaften Mut,
Aller Eren ich euch wol trawe,
Got hab uns in seiner Hut
Und wol auch uns beholfen sein,
Sant Thomas, der vil edel Here,
Der tue uns seiner Hilfe Schein."

Und do der edel Moringer
Des Morgens aus seinem Bette gieng,
Do begegenet im sein Kamerer,
Das Gewand er von im empfieng.
Ein Beckin mit Wasser bracht man dar,
Do nam er auf sein weisse Hand
Und wusch sein liechte Augen klar.

Er sprach: „Kamerer, traut Gesind,
Du allerliebster Diener mein,
Ob ich die Tugend an dir fünd,
Daß du pflegest der Frawen mein?
Ich bevilch dir s' nun süben Jar;
Kum ich immer ham zu Land,
Reichlich ich dich begab zwar."

Do sprach der Kamerer tügentlich:
„Edler Ritter, es deucht mich gut,
Ir belüpt her haim bei ewrem Reich:
Die Frawen tragen kurzen Mut.
Vernempt mich recht, was ich euch sag,
Daß ich der Frawen eben pflig
Nit lenger dan süben Tag."

Und do dem edlen Moringer
Die fremd Red ward bekant,
Er gieng hin in großer Schwer,
Do er den Jungen von Neufen fand.
Da er in zum ersten anesach,
Und wie der edel Moringer
Gar zichtiklich zu im sprach.

Er sprach: „Junger Her von Nifen,
Ir allerliebster Diener mein,
Ich büt euch also tugentlichen,
Daß ir pfleget der Frawen mein;
Ich bevilche euch s' an der Stat,
Als Got seine lieben Mutter tet,
Do er an das Creutz trat."

Do dem jungen Herren von Nifen
Dise Abenteur ward bekant:
„Al euer Sorg last euch entschleißen
Und ziecht in Sant Thomas Land.
Gelaubt ach sicherleichen furwar
Daß ich euer Frawen pflig,
Und weret ir aus dreißig Jar."

Do dem edlen Moringer
Die gute Red ward bekant,
Vergangen was im Leid und Schwer;
Er zoch in Sant Thomas Land.
Die Abenteur sagt man furwar,
Daß was der edel Moringer
Williglich aus süben Jar.

Do der edel Moringer
In einem Garten lag und schlief,
Dem Ritter traumet also schwer;
Ein Engel vom Himel im auf rieft:
„Entwache, Moringer, es ist Zeit:
Kumbstu heint nit zu Land,
Der Jung von Nifen nimbt dein Weib."

Do rauft der edel Moringer
Vor Laid aus sein grawen Bart:
„Mir ist laid und also schwer;
Ach Got, daß ich ie geboren ward,
Sol ich also geschaiden sein
Von Land und von meinen Leuten;
So rewet mich die Frawe mein."

Er sprach: „Sant Thomas, edler Herr,
Sei dür geklagt alles mein Laid,
Daß mich mein Fraw wil scheiden von Eer,
Die ich hab bracht zu Wirdikeit.
Ach ich elender betrübter Man,
Nun bin ich fer in fremden Landen;
Got mags wol understan."

Do der edel Moringer
Also auf zu Gotte rieft,
Im was laid und also schwer;
In seinen Sorgen er wüder entschlief.
Do er erwachet, er west nit, wo er was,
Wie der edel Moringer
Da haim vor seiner Mulen saß.

„Nun dank ich Maria und irem Kind,
Das sie mir haben geholfen her,
Das ich mein Mül so schöne find
Nach al meines Herzen Beger."
Doch was er gar ain traurig Man,
Do er in sein Mülen gieng
Und in niemand erkennen kan.

Er sprach: „Mülner, traut Gesind,
Waist auf der Burg nit newe Mer,
Ob ich die Tugend an dir find,
Ich armer ellender Bilger?"
„Abenteur der wais ich vil,
Wie des edlen Moringers Fraw
Den von Nifen heint nemen wil.

Man spricht, der edel Moringer,
Der sei in fremden Landen tot,
Das ist mir laid und also schwer,
Got wol im helfen aus aller Not,
Got gnad dem liebsten Herren mein,
Von dem ich hab groß Gut und Eer,
Got trest die liebe Seele sein."

Do sprach der edel Moringer,
Do er was also ain traurig Man:
„Ach Got, nun hulfstu mir ach her,
Nun raut mir, wie greif ich es an,
Daß ich in mein Burg hinein kem
Und von disem Hofgesind
An meinem Leib kain Schaden nem."

Do gieng der edel Moringer
An sein aigen Burgetor,
Er klopfet an mit großem Schwer.
Der Torwart sprach: „Wer ist hie vor?"
„Sag an, Höld, der Frawen dein,
Es ist hie niden vor der Burg
Ein ellender Bilgerein.

Nun bin ich heut fern gegangen,
Daß ich also müd worden bin;
Tus durch Got, saum dich nit lange:
Als in die Burg stet al mein Sin.
Ich büt des Almusen also ser
Durch Got und Sant Thomas willen
Und durch des edlen Möringers Seel."

Der Torwart tet nach seim Gebot,
Er gieng zu der edlen Frawen sein,
Er sprach: „Edle Frawe, bei Got,
Hie niden stet ein Bilgerein,
Er büt des Almusen also seer
Durch Got und Sant Thomas willen
Und durch des edlen Moringers Seel."

Do nun die Fraw das erhort
Von dem armen Bilgerein,
Si sprach: „Nun schleus auf die Pfort
Und laus in zu mir herein,
Schleus im auf der Burge Tor;
Durch Got und Sant Thomas wüllen
Güb ich im zu essen ein gantz Jar."

Do der selbige Torwart
Hin schied von der edlen Frawen sein,
Der edel Moringer ward
Gelassen in die Burg hinein:
„Ich dank dür, Herre Jhesu Crist,
Deiner Milte und deiner Güte,
Daß mir mein Burg geöffnet ist."

Do der edel Moringer
In sein aigen Burg eingieng,
Im was laid und also schwer,
Daß in ie kain Man enpfieng.
Er satzt sich nider auf ain Bank;
Wie dem edlen Moringer
Ein klaine Weil ward zu lank!

Hinacht gegen der Abentstunde
Die Braut solt zu dem Bette gan.
Was die Herren an in besunnen,
Do redet der beste Dienstman:
„Mein Her Moringer het die Jebe,
Daß kein Gast auf seiner Burg entschlief,
Er sang dan vor ain Hofelied."

Das erhört der jung Her von Nifen,
Der dan Breutigang solt sein:
„Höret auf mit Lauten und mit Pfeifen,
Her Gast, singet mir ain Liedlein;
Gefelt es dan den Leuten wol,
So glaubt auch sicherlich furwar,
Eerlich ich euch begaben sol."

„Ein langes Schweigen hab ich bedacht,
So wül ich aber singen als ee,
Darzu haben mich die schön Frawen bracht,
Die mögen mir wol helfen mee,
So pit ich dich, du junger Man,
Rich mich an der alten Braut
Und schlach mit Sumerlaten an.

Was ich schaff, so bin ich alt,
Davon so junget si nit vil;
Daß mir mein Bart ist so graw gestalt,
Des si ain Jungen haben wül.
Vor was ich Her, nun bin ich Knecht,
Des ist mir auf düser Hochzeit
Ain alte Schüssel worden recht."

Do die Frawe nun das erhort,
Betriebt waren ir Augen klar;
Zuhand ain guldin Becher zart,
Den satzt si dem Bilgrain dar,
Darein schenkt man den klaren Wein,
Darein der edel Moringer
Von rotem Gold senkt sein Fingerlein.

Das zoch er ab von seiner Hende,
Es was lauter und auch klar,
Alles sein Laid wolt sich wenden,
Und was ich sing, das ist war.
Er warf es in den Becher drat,
Da mit im sein allerliebste Fraw
Zum erstenmal gemähelt ward.

[beiten: warten. – Jebe: Gewohnheit. – Sumerlaten:
Rute. – drat: schnell. – peren: schlagen.]

Er sprach: „Weinschenk, trauter Gesell,
Du allerliebster Diener mein,
Wiltu tun, und was ich wül,
So trag das fur die Frawen dein.
Ich gelob dir nun sicherlich,
Würd mein Ding immer besser,
Wol wil ich dich machen reich."

„Ja", sprach der Weinschenk tugendlich,
„Ir liebster Bilgrain, all zuhand."
Er trug in fur die Frawen reich,
Er gab ir den Becher in die Hand:
„Ach Frawe, liebste Frawe fein,
Das lasset euch nit verschmachen,
Es sendet euch der Bilgerein."

Do des edlen Ritters Frawe
Das Fingerlein im Becher sach,
Si begund es eben schawen;
Nun mugt ir heren, wie si sprach:
„Mein Her der Moringer ist hie!"
Auf stund die Fraw gar zuchtiklich
Und füel für in auf ire Knüe.

„Seid mir wilkum, mein lieber Her,
Wann ir seid alles Laides vol;
Wo seid ir gewesen so lang und fer?
Ir sollent euch gehaben wol;
Lasset euer Trauren sein
Und gedenkt euch kaines Laides:
Noch hab ich die Ere mein.

Die hab ich gehalten also vest,
Edler Her, gar sicherlich;
Das dunket mich das aller best,
Auch dank ich Got von Himelreich.
Ob ich wol Unrecht hab getan,
Zerbrochen mein frawlich Gelüpt,
Da sölt ir mich vermauren lan."

Do dem jungen Herren von Nifen
Dise Abenteuer ward bekant,
Al sein Freud ward im entschlifen;
Er gieng, da er sein Herren fand:
„Herre, liebster Herre mein,
Gebrochen hab ich Trew und Aide,
Darumb schlacht mir ab das Haubt mein."

Do sprach der edel Moringer:
„Her von Nifen, es sol nit sein,
Vergest ain Tail der ewern Schwer,
Und habet euch die Tochter mein
Und lasset mir die alten Braut:
Mit der kan ich mich wol verrichten,
Ich wül ir selber peren ir Haut."

Tannhäuser

Nun wil ichs aber heben an
Von dem Danheuser zu singen
Und was er hat Wunders getan
Mit seiner Fraw Vernußinnen.

Danheuser was ein Ritter gut,
Wann er wolt Wunder schawen,
Er wolt in Fraw Venus Berg
Zu andern schönen Frawen.

„Herr Danheuser, ir seid mir lieb,
Daran solt ir mir gedenken:
Ir habt mir einen Aid geschworen,
Ir wölt von mir nit wenken."

„Fraw Venus, das enhab ich nit,
Ich wil das widersprechen,
Wann redt das iemand mer dan ir,
Got helf mirs an im rechen."

„Herr Danheuser, wie redt ir nun,
Ir solt bei mir beleiben,
Ich will euch mein Gespilen geben
Zu einem steten Weibe."

„Und nem ich nun ein ander Weib,
Ich hab in meinem Sinne,
So müst ich in der Helle Glut
Auch ewiklich verbrinnen."

„Ir sagt mir vil von der Helle Glut
Und habt es nie entpfunden:
Gedenkt an meinen roten Mund,
Der lachet zu allen Stunden."

„Was hilfet mich ewer roter Mund,
Er ist mir gar unmere;
Nun gebt mir Urlaub, Frewlein zart,
Durch aller Frawen Ere."

„Herr Danheuser, wölt ir Urlaub han,
In wil euch keinen geben;
Nun beleibent, edler Danheuser,
Und fristet ewer Leben."

„Mein Leben das ist worden krank,
Ich mag nit lenger bleiben,
Nun gebt mir Urlaub, Frewlein zart,
Von ewrem stolzen Leibe."

„Herr Danheuser, nit redet also,
Ir tut euch nit wol besinnen,
So geen wir in ein Kemerlein
Und spilen der edlen Minnen."

„Gebrauch ich nun ein fremdes Weib,
Ich hab in meinem Sinne:
Fraw Venus, edle Frawe zart,
Ir seid ein Teufelinne."

„Herr Danheuser, was redt ir nun,
Daß ir mich günnet schelten;
Nun solt ihr lenger hierinne sein,
Ir müstent sein dick entgelten."

„Fraw Venus, und das wil ich nit,
Ich mag nit lenger bleiben;
Maria, Mutter, reine Maid,
Nun hilf mir von den Weiben!"

„Herr Danheuser, ir solt Urlaub han,
Mein Lob das solt ir preisen,
Wo ir do in dem Land umbfart;
Nembt Urlaub von dem Greisen."

Do schied er wider aus dem Berg
In Jamer und in Rewen:
„Ich wil gen Rom wol in die Stat
Auf eines Babstes Trawen.

Nun far ich frölich auf die Ban,
Got müß sein immer walten,
Zu einem Babst, der heist Urban,
Ob er mich möcht behalten.

Ach Babst, lieber Herre mein,
Ich klag euch meine Sunde,
Die ich mein Tag begangen hab,
Als ich euchs wil verkünden.

Ich bin gewesen auch ein Jar
Bei Venus einer Frawen,
So wölt ich Beicht und Buß entpfahen,
Ob ich möcht Got anschawen."

Der Babst het ein Steblein in der Hand,
Das was sich also dürre:
„Als wenig es begrünen mag,
Kumpst du zu Gottes Hulde!"

„Nun solt ich leben nur ein Jar,
Ein Jar auf diser Erden,
So wölt ich Beicht und Buß entpfahen
Und Gottes Trost erwerben."

Do zog er wider aus der Stat
In Jammer und in Leiden:
„Maria, Mutter, reine Maid,
Muß ich nun von dir scheiden?"

Er zog do wider in den Berg
Und ewiklich on Ende:
„Ich wil zu Venus, meiner Frawen zart,
Wo mich Got wil hin senden."

„Seid Got wilkumen, Danheuser,
Ich hab ewer lang entporen.
Seid wilkumen, mein lieber Herr,
Zu einem Bulen auserkoren."

Das weret bis an den dritten Tag,
Der Stab hub an zu grünen,
Der Babst schicket aus in alle Land,
Wo der Danheuser wer hin kumen.

Do was er wider in den Berg
Und het sein Lieb erkoren,
Des must der vierte Babst Urban
Auch ewiklich sein verloren.

[unmere: unwert. – In wil: ich will nicht. – dick: sehr.]

Der Bremberger

Ik hebbe gewaket eine winterlange Nacht,
Darto heft mi ein schön Junkfröuwlin gebracht
Mit eren schneewitten Brüsten,
Dat möchte dem Helde gelüsten.

Er Brüste weren witt und süverlik,
Daran so lede de Held sinen Flit
Unde alle sine Sinne,
Mit der Schönsten wolde he van hinne.

Ik quam in einen Boemgarden gahn,
Dar vand ik dre schöne Junkfröuwlin stahn,
Se breken alle dre Rosen to einem Kranz
To einem Avenddanz.

De eine de mi dat Krenzelin bot,
Van bleker Farve so was it rot,
Van Gold so was it rike,
Van Perlen süverlike.

De valschen Kleffer schlöten einen Rat,
Dat Brunenberch gefangen ward,
Gefangen up frier Straten,
In ein Torn ward he gelaten.

Darin satt he wol söven Jahr,
Sin Kopp ward witt, sin Bart wart grauw,
Sin Mot begund em tobreken,
Neen Wort konde he mehr spreken.

Se leden Brunenberch up einen Disch,
Se reten en recht wo einen Visch,
Se nemen em ut sin Herte,
Dat dede dem Helde grot Schmerte.

Se nemen em ut sin iunge Herte fin
Recht so einen wilden Schwin,
Vorweldent in einem Peper,
Se gevent der Schönsten to eten.

„Wat isset, dat ik gegeten hebb,
Dat mi so wol geschmecket heft?"
„Dat is Brunenbergers Herte;
Dat dede dem Helde grot Schmerte."

„Is dat Brunenbergers iunge Herte fin,
So schenke mi den kolen Win,
Schenket in unde gevet mi drinken,
Min Herte wil mi vorsinken.

So neme ik dit up mine leste Henfart,
Dat ik Brunenberges sin nicht schüldich wart,
Denn reine küsche Leve,
Dat konde uns nemand vorbeden."

Den ersten Drapen den se drank,
Er Herte in dusent Stücke sprank;
Berät, Herr Christ, du reine,
Mit diner Gnad alleine.

[quam: kam. – Kleffer: Verräter. – Brunnenberch: Bremberg. – neen: kein. – vorweldent: aufgekocht.]

Frau von Weißenburg

Ich will euch aber singen, / sing euch ein schönes Lied
Von der Frawen von Weißenburg, / die iren Herren verriet.

Sie tet ein Brieflein schreiben / so ferr in frembde Land
Zu irem Bulen Friderich, / auf daß er kem zuhand.

Do im die Botschaft kame, / den Brief er uberlas:
Do wurden ihm sein Wangen / von heißen Zähern naß.

Er sprach zu seinem Knechte: / „Nun sattel uns die Pferd:
Zu der Weißenburg wöllen wir reiten, / dahin hab ich gut Recht."

Do sie zu der Weißenburg kamen / unter das hohe Haus,
Do stund die edle Frawe, / sach zu einem Fenster aus:

„Ich grüß euch, edle Frawe, / wünsch euch ein guten Tag;
Wo ist ewr edler Herre, / dem ich zu dienen pflag?"

„Ir sollet mich nicht melden, / so wil ichs euch wol sagen:
Er rit gestern so spate / mit seinen Winden aus jagen."

Er sprach zu seinem Knechte: / „Sattel uns bald die Pferd:
Zu der Grünbach wil ich reiten, / ist mir wol Reitens wert."

Da sie zu der Grünbach kamen / unter ein Linden grün,
Do hielt der edel Herre / mit seinen Winden kün.

„Got grüß euch, edler Herre, / geb euch ein guten Tag;
Ir solt nit lenger leben / denn disen halben Tag."

„Sol ich nit lenger leben / denn disen halben Tag,
So klag ichs Gott vom Himel, / der alle Ding vermag."

Er sprach zu seinem Knechte: / „Spann auf dein Armprust schnell
Und scheuß den edlen Herren / durch seinen Hals und Käl."

„Warumb sol ich in schießen, / hat er mir nichts getan?
Das muß er heut genießen, / der gut from Edelman."

Ir Bul gedacht im Herzen: / „Wee mir hie und auch dort;
Es bringt mir Leid und Schmerzen, / würd ich stiften das Mord."

Doch tet ihn uberwinden / der Frawen Lieb so groß,
Daß er mit seinen Henden / unschuldig Blut vergoß.

Er zog aus seiner Scheiden / ein Messer von Gold so rot
Und stach den edlen Herren / unter der Linden zu Tod.

Er sprach zu seinem Knechte: / „Nun sattel uns die Pferd:
Zu der Weißenburg wöllen wir reiten, / dahin haben wir gut Recht."

„Wölt ihr zu der Weißenburg reiten, / und habt dohin gut Recht,
So bit ich euch, edler Herre, / dingt euch ein andern Knecht."

Do er zu der Weißenburg kame / unter das hohe Haus,
Do stund die falsche Frawe, / sach zu einem Laden aus.

„Ich grüß euch, falsche Frawe, / wünsch euch ein guten Tag:
Ewer Will der ist ergangen, / ewer edler Herr ist tot."

„Ist nun mein Will ergangen, / mein edler Herr ist tot,
Bitt ich euch, Bulen Friderich, / zeigt mir das Potenbrot."

Er zog aus seiner Scheide / ein Messer von Blut so rot:
„Nu schawet, falsche Frawe, / dis ist das Potenbrot."

Was zoch sie von der Hende? / Von Gold ein Fingerlein.
„Dis traget, Bule Friderich, / wol durch den Willen mein."

Er nam dasselbige Fingerlein / in sein schneeweiße Hand,
Er warf es an die Mauren, / daß es inn Graben sprang:

„Was sol mir, Fraw, ewr Fingerlein? / Ich mag sein doch nit tragen:
Wann ich es an tet schawen, / so hett mein Herz groß Klage."

Sie wand ir schneeweiß Hende, / rauft aus ir gelbkraus Har:
Do lag ir edler Herre / zu der Grünbach auf der Bar.

Das merk ein bider Weibe, / hüt sich vor solichem Fall,
Dardurch ir Seel und Leibe / dort kommen würd in Qual.

Der weis Man tut verkünden: / Bedenk die letzten Ding,
Du wirst ewig nit sünden, / auf daß dir dort geling.

Hett diese Fraw ir Ehre / und auch das End bedacht,
Sie hett iren Herren / zu seinem Tod nit bracht.

Das Schloß heißt Weißenburge: / da schenkt man külen Wein,
Do muß die falsche Frawe / ires Herrn Verräterin sein.

[Dahin hab ich gut Recht: der Weg ist Reitens wert. – Fingerlein: Ring.]

Der Herr von Falkenstein

Es reit der Herr von Falkenstein
Wohl über ein breite Haide.
Was sieht er an dem Wege stehn?
Ein Maidel mit weißem Kleide.

„Wohin, wonaus, du schöne Magd,
Was machen ihr hier alleine?
Wollen ihr die Nacht mein Schlafbule sein,
So reiten ihr mit mir heime."

„Mit euch heimreiten, das tu ich nicht,
Kann euch doch nicht erkennen."
„Ich bin der Herr von Falkenstein,
Und tu mich selber nennen."

„Seid ihr Herr von Falkenstein,
Derselbe edle Herre,
So will ich euch beten um 'en Gefangnen mein,
Den will ich haben zur Ehe."

„Den Gefangnen mein, den geb ich dir nicht,
Im Turn muß er verfaulen;
Zu Falkenstein steht ein tiefer Turn,
Wohl zwischen zwo hohen Mauern."

„Steht zu Falkenstein ein tiefer Turn,
Wohl zwischen zwei hohen Mauern,
So will ich an die Mauern stehn
Und will ihm helfen trauern."

Sie ging den Turn wohl um und wieder um:
„Feinslieb, bist du darinnen?
Und wenn ich dich nicht sehen kann,
So komm ich von meinen Sinnen."

Sie ging den Turn wohl um und wieder um,
Den Turn wollt sie aufschließen:
„Und wenn die Nacht ein Jahr lang wär,
Keine Stund tät mich verdrießen.

Ei, dürft ich scharfe Messer tragen,
Wie unsers Herrn sein Knechten,
So tät ich mi'm Herrn von Falkenstein
Um meinen Herzliebsten fechten."

„Mit einer Jungfrau fecht ich nicht,
Das wär mir immer ein Schande;
Ich will dir deinen Gefangenen geben,
Zieh mit ihm aus dem Lande."

„Wohl aus dem Land da zieh ich nicht,
Hab niemand was gestohlen,
Und wenn ich was hab liegen lahn,
So darf ich's wieder holen."

[Nach Goethes Sammlung Elsässischer Volkslieder. – Die Ballade entstammt dem 14. Jh.]

Königskinder

Et wassen twee Künigeskinner,
De hadden eenander so leef,
De konnen ton anner nich kummen:
Dat Water was vil to breed.

„Leef Herte, kanst du der nich swemmen?
Leef Herte, so swemme to mi!
Ik will di twe Keskes upsteken,
Un de söllt löchten to di!"

Dat horde ne falske Nunne
Up ere Slopkammer, o we!
Se dey de Keskes utdömpen:
Leef Herte bleef in de See.

Et was up en Sundage Morgen,
De Lüde wören alle so fro;
Nich so de Künigesdochter,
De Augen de seten ehr to.

„O Moder", säde se, „Moder,
Mine Augen doht mi der so we;
Mag ik der nich gohn spatzeren
An de Kant von de ruskende See?"

„O Dochter", säde se, „Dochter,
Allene kanst du der nich gohn;
Weck up dine jüngste Süster,
Und de sall met di gohn."

„Mine allerjüngste Süster
Is noch so'n unnüsel Kind,
Se plücket wol alle de Blömkes,
De an de Seekante sind.

„Un plückt se auk men de wilden
Un lätt de tammen stohn,
So segget doch alle de Lüde:
Dat het dat Künigskind dohn!"

„O Moder", sede se, „Moder,
Mine Augen daht mi der so we;
Mag ik der nich gohn spatzeren
An de Kant von de ruskende See?"

„O Dochter", sede se, „Dochter,
Allene sast du der nich gohn;
Weck up dinen jüngsten Broder,
Un de sall met di gohn."

„Min allerjüngsten Broder
Is noch so'n unnüsel Kind,
He schütt wull alle de Vügel,
De up de Seekante sind.

Und schütt he auk men de wilden
Un lätt de tammen gohn,
So segget doch alle Lüde:
Dat het dat Künigskind dohn.

O Moder", sede se, „Moder,
Min Herte doht mi der so we,
Laet andere gohn tor Kerken,
Ik bed' an de ruskende See!"

Da sat de Künigsdochter
Up 't Hoefd ere goldene Kron,
Se stack up eren Finger
En Rink von Demanten so schon.

De Moder genk to de Kerken,
De Dochter genk en de Seekant,
Se genk der so lange spatzeren,
Bes se enen Fisker fand.

„O Fisker, leeveste Fisker,
Ji könnt verdeenen grot Lohn:
Settet jue Netkes to Water,
Fisket mi den Künigessohn!"

11

He sette sin Netkes to Water,
De Lotkes sünken to Grund,
He fiskde und fiskde so lange,
De Künigssohn wurde sin Fund.

Do nam de Künigesdochter
Von Hoefd ere goldene Kron:
„Sü do, woledele Fisker,
Dat is ju verdeende Lohn."

Se trock von eren Finger
Den Rink von Demanten so schon:
„Sü do, woledele Fisker,
Dat is ju verdeende Lohn."

Se namm in ere blanke Arme
Den Künigssohn, o we!
Se sprank met em in de Wellen:
„O Vader un Moder, ade!"

[Nach der handschriftlichen Aufzeichnung der Annette von Droste-Hülshoff in westfälischer Mundart. – Bereits im 15. Jh. entstanden. – Keskes: Kerzen. – utdömpen: auslöschen. – ruskende: rauschende. – Süster: Schwester. – unnüsel: einfältig. – sast: sollst. – men: nur. – Hoefd: Haupt. – jue Netkes: eure Netze. – trock : zog.]

Es waren zwei Königskinder,
Die hatten einander so lieb,
Sie konnten zusammen nicht kommen:
Das Wasser war viel zu tief.

„O Liebster, kannst du nicht schwimmen?
So schwimme doch her zu mir!
Drei Kerzen will ich dir anzünden,
Die sollen leuchten dir."

Da saß eine falsche Nonne,
Die tat, als wenn sie schlief,
Sie tat die Kerzen ausblasen:
Der Jüngling ertrank so tief.

Ein Fischer wohl fischte lange,
Bis er den Toten fand:
„Nun sieh da, du liebliche Jungfrau,
Hast hier deinen Königssohn."

Sie nahm ihn in ihre Arme
Und küßte ihm den bleichen Mund;
Es mußt' ihr das Herzlein brechen,
Sie sank in den Tod zur Stund'.

[Spätere verkürzte und allgemein verbreitete Fassung.]

Der Wassermann

Es freit' ein wilder Wassermann,
Von dem Berge bis über die See,
Er freit' um die Königin von Engelland,
Um die schöne Dorothee.

Er ließ eine Brück' von Golde bau'n,
Von dem Berge bis über die See,
Darauf sie sollte spazieren gehn,
Die schöne Dorothee.

Die ging die Brücke wohl auf und ab,
Von dem Berge bis über die See,
Bis daß er sie in das Wasser nahm,
Die schöne Dorothee.

Im Wasser lebte sie sieben Jahr,
Von dem Berge bis über die See,
Bis daß sie sieben junge Söhne gebar,
Die schöne Dorothee.

Und als sie an der Wiege stand,
Von dem Berge bis über die See,
Da hörte sie die Glocken von Engelland,
Die schöne Dorothee.

Sie frug den wilden Wassermann,
Von dem Berge bis über die See,
Ob sie könnt' nach Eng'land in die Kirche gehn,
Die schöne Dorothee.

„Willst du nach Eng'land in die Kirche gehn,
Von dem Berge bis über die See,
So mußt du deine sieben jungen Söhne mitnehmen,
Du schöne Dorothee."

Und als sie in die Kirche kam,
Von dem Berge bis über die See,
Da neigte sich alles, was in der Kirche war,
Vor der schönen Dorothee.

„Ach Leute, liebe Leute mein,
Warum neigt ihr euch alle vor mir?
Ich bin ja nur das wilde, wilde Wasserweib,
Ich arme Dorothee."

Und als sie aus der Kirche kam,
Von dem Berge bis über die See,
Da stand der wilde, wilde Wassermann
Wohl in der Kirchentür.

„Willst du mit mir ins Wasser gehn,
Von dem Berge bis über die See,
Oder willst du hier lieber auf dem Kirchhof bleiben,
Du schöne Dorothee?"

„Eh ich mit dir ins Wasser geh',
Von dem Berge bis über die See,
Viel lieber will ich hier auf dem Kirchhof bleiben,
Ich arme Dorothee."

[wild: nicht zur Welt der Menschen gehörend.]

Er zog ein Schwert aus seiner Scheid',
Von dem Berge bis über die See,
Und stach nach dem wilden, wilden Wasserweib,
Nach der schönen Dorothee.

Und wo ein Tropfen Blut hinsprang,
Von dem Berge bis über die See,
Da stand alle Morgen ein Engel und sang
Von der schönen Dorothee.

Der grausame Bruder

Es ritt ein Jägersmann über die Heid',
Er wollte Graf Holsteins Schwester frei'n.

„Meine Schwester Annchristine die krigst du ja [nicht,
Denn sie ist von Adel, das bist du ja nicht."

„Und ist sie von Adel so hübsch und so fein,
So hat sie doch ein klein Kindelein."

„Musje Jäger, das mustu gelogen sein,
Meine Schwester Annchristine ist Jungfer fein."

„Sollen alle meine Worte gelogen sein,
So laßt die Christine 'mal kommen herein."

Da schickte Graf Hans Annchristine einen Boten,
Sie soll kommen zu Pferde und nicht zu Wagen.

Und als der Annchristine die Botschaft kam,
Sie soll gleich kommen zu Pferde heran:

„Was schickt mir mein Bruder einen so schlechten
Ich soll gleich kommen zu Pferde heran? [Boten?

Sonst schickte er mir einen silbernen Wagen,
Die Pferde, die waren mit Golde beschlagen.

So lange mir her mein seiden Wickelband,
Darin ich will wickeln meinen jungen Triafant.

Ich wickel' ihn heut' und gar zu gern,
Ich wickel' ihn heut' und nimmermehr.

Und langet mir her mein Beutelein fein,
Damit ich kann lohnen die Mägdelein mein.

Ich lohne sie heut' und gar zu gern,
Ich lohne sie heut' und nimmermehr.

Und langet mir her meinen weißen Rock,
Drin will ich mich schnüren, als wär' ich eine
Annchristine wohl zu Pferde sprang,   [Pupp'."
Ihr güldn krauses Haar lang nieder hangt.

Sie reit't wohl über Berg und Tal,
Ihr Bruder schon aus dem Fenster sah.

„Musje Jäger, das mustu gelogen sein,
Meine Schwester Annchristine ist Jungfer fein."

„Sollen alle meine Worte gelogen sein,
So laßt die Annchristine auf den Tanzboden h'rein."

Graf Hans der machte wohl nun einen Tanz,
Der Tanz der dauerte sieben Stunden lang.

„Musje Jäger, das mustu gelogen sein,
Meine Schwester Annchristine ist Jungfer fein."

„Sollen alle meine Worte gelogen sein,
So laßt uns mal zücken den Schnürband fein."

Und als sie nun den Schnürband zückten,
Die weiße Milch sprang ihr aus den Brüsten.

„Ich habe getrunken den rheinischen Wein,
Das zog mir in die Brüste hinein."

„Und hast du getrunken den rheinischen Wein,
Das zieht doch nicht in die Brüste hinein.

Annchristine, willst du die Rute schmecken,
Oder soll ich dich mit dem Schwerte durchstechen?"

„Viel lieber will ich die Rute schmecken,
Eh' du mich sollst mit dem Schwerte durchstechen."

Er schlug sie so sehre, er schlug sie so lang,
Bis Leber und Lunge aus dem Leibe ihr sprang.

„Halt ein, halt ein, lieber Bruder mein,
Prinz Friedrich von Engelland ist Schwager dein."

„Ach Schwester, hätt'st du mir das eher gesagt,
So hätte ich dich nicht zu Tode geplagt.

Und kannst du noch bis morgen leben,
So will ich dir ganz Schweden geben.

Und kannst du leben noch einen Tag,
So will ich dich führen nach Engelland."

„Ich kann nicht mehr leben eine halbe Stund,
Wollt'st du mich auch führen nach Engelland.

Ich kann nicht mehr bis morgen leben,
Wollt'st du mir auch ganz Schweden geben."

Es dauerte wohl bis an den dritten Tag,
Prinz Friedrich von Engelland geritten kam:

„Guten Tag, guten Tag, lieber Schwager mein,
Wo hast du die Herzallerliebste mein?"

„Dein' Herzallerliebste ist krank gewesen,
Und sie wird nun und nimmer genesen."

„Sie haben mir unterwegs erzählt,
Du hättest sie selber zu Tode gequält."

„Setz' dich nieder, setz' dich nieder an diesen Tisch,
Es sollen gleich kommen gebratene Fisch."

„Gebratene Fische, die eß' ich nicht gern,
Noch früher sollst du den Tod schmecken lern'n.

Lege dich, lege dich nur auf den Tisch,
Wir wollen dich hauen wie gebratene Fisch,

Daß jedes Stück nicht größer sei,
Als wie ein kleiner Fisch mag sein."

Sie legten den Grafen wohl auf den Tisch,
Sie hauten ihn klein wie einen Fisch.

Annchristine die ward getragen zu Grabe,
Graf Hans den fraßen Krähen und Raben.

Graf Friedrich

Graf Fridrich wolt ausreiten
Mit seinen Edelleuten,
Wolt holen sein eheliche Braut,
Die ihm zu der Ehe ward vertraut.

Als er mit seinem hellen Hauf
Ritt einen hohen Berg hinauf,
An einem kleinen engen Weg
Kam er auf einen schmalen Steg.

In dem Getreng dem Grafen wert
Schoß aus der Scheid sein langes Schwert,
Verwundet ihm sein liebe Braut
Mit großem Schmerz, seins Herzen Traut.

Das Blut ihr auf die Erden schoß,
Des nam sie einen Schräcken groß;
Graf Friderich der ward Unmuts voll,
Sein liebe Braut er tröstet wol.

Aus zog er bald sein Hemmet weiß,
Truckt ihrs in die Wunden mit Fleiß:
Das Hemmet wurd mit Blut so rot,
Als ob mans draus gewaschen hat.

Er gab ihr gar sehr freundliche Wort,
Kein Mann nie größere Klag erhört,
Die von eim Mannsbilde kam,
Als von dem Grafen lobesan.

„Graf Fridrich, edler Herre,
Ich bitt euch gar sehre:
Sprecht ihr zu ewerm Hofgesind,
Daß sie nicht reiten so geschwind.

Sprecht ihr zu ewren Leuten,
Daß sie gemachsam reiten:
Ich leid großen Schmerzen und große Klag,
Und daß ich nimmer reiten mag."

Graf Fridrich ruft seinen Herren:
„Ihr solt nicht reiten so sehre:
Mein liebe Braut ist mir verwundt.
O reicher Gott, mach mirs gesund!"

Graf Fridrich zu seim Hof einreit,
Sein Mutter ihm entgegenschreit:
„Bis Gott willkomm, du Sohne mein,
Und all die mit dir kommen sein.

Wie ist dein liebe Braut so bleich,
Als ob sie ein Kindlein hab gezeugt;
Wie ist sie also inniglich,
Als ob sie eins Kindlein schwanger sei."

„Ei schweig, mein Mütterlein, stille
Und tus durch meinetwillen;
Sie ist kindshalben nicht ungsund,
Sie ist bis auf den Tod verwundt."

Da es nun was die rechte Zeit,
Ein köstlich Würtschaft ward bereit,
Mit aller Sach versehen wol,
Wie eins Fürsten Hochzeit sein soll.

Man setzt die Braut zu Tische,
Man gab ihr Wildbret und Fische,
Und schenkt ihr ein den besten Wein:
Die Braut die mocht nicht frölich sein.

Sie mocht weder trinken noch essen,
Ihrs Unmuts kont sie nicht vergessen,
Sie sprach: „Ich wolt, es wer die Zeit,
Daß mir das Bettlein wurd bereit."

Das hört die ubel Schwiger,
Sie redt gar bald hinwider:
„Hab ich das mein Tag nie gehört,
Daß ein Jungfraw zu Bett begehrt."

„Ei, schweig, mein Mütterlein, stille,
Hab daran kein Unwillen:
Sie redt es nicht aus falschem Grund,
Sie ist totkrank zu dieser Stund."

Man leuchtet der Braut zu Bette,
(Vor Unmut sie nichts redte)
Mit brennenden Kerzen und Fackeln gut:
Sie war traurig und ungemut.

Man leuchtet der Gräfin schlafen
Mit Rittern und mit Grafen,
Mit Rittern und mit Reutern,
Mit lauter Edelleuten.

„Graf Fridrich, edler Herre,
So bitt ich euch so sehre,
Ihr wolt tun nach dem Willen mein:
Laßt mich die Nacht ein Jungfraw sein.

Nur diese Nacht alleine,
Die andern fürbaß keine;
Wo mir Gott will das Leben gan,
Bin ich fürbaß euch undertan."

„O allerliebste Gmahle mein,
Der Bitt solt du gewehret sein;
Mein Schatz, mein Trost, mein schönes Lieb,
Ob deinem Schmerzen ich mich betrüb.

Du auserwöhlte Käyserin,
Nun muß Gott ewig klaget sein,
Soltest durch mich leiden Pein,
Des muß ich ewig trostlos sein.

Du herziges Lieb, mein höchster Hort,
Ich bitt dich, hör mich nur ein Wort:
Hab ich dich tötlich wund erkent,
Verzeih mir das vor deinem End."

„Ach allerliebster Gmahl und Herr,
Bekümmert euch nicht so sehr:
Es sei euch alles verziehen schon,
Nichts Arges habt ihr mir geton."

Sie kehrt sich gegen der Wende
Und nam ein seliges Ende,
In Gott endt sie ihr Leben fein
Und blieb ein Jungfraw keusch und rein.

Zu Morgens wolt sie haben
Ihr Vatter reichlich begaben,
Da war sie schon verschieden
In Gottes Namen und Friden.

Ihr Vatter fragt all Umbständ,
Wie sie genommen hätt ein End.
Graf Friderich sprach: „Ich armer Mann
Bin, Gott seis klagt, selbst schuldig dran."

Der Braut Vatter sprach in Unmut:
„Hast du verröhrt ihr junges Blut,
So mustu auch darumb aufgeben
Durch meine Hand dein junges Leben."

In dem so zog er aus sein Schwert,
Erstach den edlen Grafen wert
Mit großem Schmerzen durch seinen Leib,
Daß er tot auf der Erden bleib.

Man band ihn an ein hohes Roß,
Man schleift ihn durch das tiefe Moß,
Darinn man seinen Leib begrub;
Kürzlich zu blühen er anhub.

Es stund bis an den dritten Tag,
Da wuchsen drei Lilgen auf seinem Grab,
Darauf da stund geschrieben,
Er wer bei Gott geblieben.

Ein Stimm vom Himmel gieng herab,
Man solt ihn nemen aus dem Grab:
Der schuldig wer an seinem Tod,
Der müßt drum leiden ewig Not.

Man grub ihn wider aus dem Moß,
Man führt ihn auf sein festes Schloß,
Zu seiner Braut man ihn begrub,
Sein lieblich Farb sich erhub.

Er war am dritten Tag schon tot:
Noch blühet er als ein Rosen rot
Under seinem Angesicht fürwar,
Sein ganzer Leib war weiß und klar.

Ein groß Wunder auch da geschah,
Das mancher Mensch glaubhaftig sah:
Sein Lieb er mit Armen umfing,
Ein Red aus seinem Munde ging

Und sprach: „Gott sei gebenedeit,
Der geb uns heut die ewig Freud;
Seit ich bei meinem Bulen bin,
Fahr ich aus dieser Welt dahin.

Mit leuchtem und geringem Mut
Laß ich hinder mir mein unschuldig Blut.
Ich fahr aus dieser Welt dahin:
Aus Not ich nun erlöset bin."

[Hauf: bewaffnete Schar. – verröhrt: vergossen. – Moß: Moor. – leuchtem: leichtem.]

Der hübsche Schreiner

Es war einmal ein Zimmergesell,
War gar ein junges Blut,
Er baute dem jungen Markgrafen ein Haus,
Fünfhundertsechs Läden daran.

Und wie das Haus gebauet war,
Legt er sich drunter und schlief.
Da kam des jungen Markgrafen sein Weib,
Zum zweiten-, zum drittenmal rief:

„Steh auf, steh auf, gut Zimmergesell,
Denn es ist an der Zeit,
Wenn dir beliebt, bei mir zu schlafen
An meinem schneeweißen Leib."

„Ach nein, ach nein, Markgräfin, nein,
Das wär uns beiden ein Schand.
Und wenn es der junge Markgraf erführ,
Wir müßten beid aus dem Land."

Und da der beiden Wille geschah,
Sie meinten, sie wären allein,
Da kam die älteste Kammermagd,
Zum Schlüsselloch schaut sie hinein.

„Ach Herr, ach edler Herre mein,
Groß Wunder an euerem Weib!
Der Zimmergesell tut schlafen
An ihrem schneeweißen Leib."

„Und schläft es nun der Zimmergesell
An ihrem schneeweißen Leib,
Einen Galgen will ich ihm bauen
Zu Basel wohl an dem Rhein."

Man führt den jungen Zimmergesell
Aufs Rathaus wohl in der Stadt,
Sein Redel tät man ihm sprechen:
Gehenket muß er sein.

Da sprach der Burgemeister:
„Wir wollen ihn leben lan:
Ist keiner unter uns allen,
Der nicht hätt das getan."

Was zog er aus dem Sacke?
Fünfhundert Goldgulden so rot:
„Zieh hin, zieh hin, gut Zimmergesell,
Darum kauf Wein und Brot!

Und wenn du das Geld verzehret hast,
So komm du wieder zu mir,
So will ich dir lassen geben
Den besten Malvasier."

[Nach Goethes Sammlung Elsässischer Volkslieder. Die Ballade stammt aus dem frühen 16. Jh. – Redel: lies „Urdel": Urteil.]

Graf und Nonne

Ich steh' auf einem hohen Berg,
Seh' 'nunter ins tiefe Tal;
Da sah ich ein Schifflein schweben,
Darin drei Grafen saß'n.

Der allerjüngst', der drunter war,
Die in dem Schifflein saß'n,
Der gebot seiner Liebe zu trinken
Aus einem venedischen Glas.

„Was gibst mir lang zu trinken,
Was schenkst du mir lang' ein?
Ich will jetzt in ein Kloster gehen,
Will Gottes Dienerin sein."

„Willst du jetzt in ein Kloster gehen,
Willst Gottes Dienrin sein,
So geh in Gottes Namen,
Deinsgleichen gibt's noch mehr."

Und als es war um Mitternacht,
Dem jung Graf träumt's so schwer,
Daß sein herzallerliebster Schatz
Ins Kloster gezogen wär'.

„Auf, Knecht, steh auf und tummle dich,
Sattl' unser beide Pferd,
Wir wollen reiten, 'sei Tag oder Nacht,
Die Lieb' ist reitenswert."

Und da sie vor jenes Kloster kamen,
Wohl vor das hohe Tor,
Fragt' er nach jüngster Nonnen,
Die in dem Kloster war.

Das Nünngen kam gegangen
In einem schneeweißen Kleid,
Ihr Härl war abgeschnitten,
Ihr roter Mund war bleich.

Der Knab, er setzt' sich nieder,
Er saß auf einem Stein,
Er weint' die hellen Tränen,
Brach ihm sein Herz entzwei.

So soll's den stolzen Knaben gehn,
Die trachten nach großem Gut:
Nimm einer ein schwarzbraun Maidelein,
Wie's ihm gefallen tut.

[Nach Goethes Sammlung Elsässischer Volkslieder, 1771.]

Der Spielmannssohn

Als ich ein kleiner Knabe war,
Da lag ich in der Wiegen,
Als ich ein wenig größer war,
Ging ich auf freier Straßen.

Da begegnet' mir des Königs Töchterlein,
Ging auch auf freier Straßen:
„Komm herein, komm herein, kleiner Spielmannssohn,
Spiel mir eine kleine Weise!"

Es währte kaum eine Viertelstund,
Der König kam gegangen:
„Du Schelm, du Dieb, kleiner Spielmannssohn!
Was tust du bei meiner Tochter?
In Frankreich ist ein Galgen gebaut,
Da sollst du Schelm dran hangen."

Es währte kaum drei Tage lang,
Die Leiter mußt' ich steigen:
„Ach, gebt mir meine Geige her,
Ich will ein wenig drauf streichen."

Ich strich wohl hin, ich strich wohl her,
Ich strich auf allen vier Saiten,
Ich spielt' einen hübschen Totengesang,
Der König fing an zu weinen:

„Komm herunter, komm herunter, kleiner Spielmannssohn,
Meine Tochter soll dir werden.
In Österreich ist ein Schloß gebaut,
Da sollst du König werden."

Die Kindesmörderin

„Joseph, lieber Joseph, was hast du gedacht,
Daß du die schön' Nanerl ins Unglück gebracht!

Joseph, lieber Joseph, mit mir ist's bald aus,
Und wird mich bald führen zum Schandtor hinaus.

Zu dem Schandtor h'naus auf den grünen Platz,
Da wirst du bald sehen, was Lieb' hat gemacht.

Richter, lieber Richter, richt' nur fein geschwind,
Ich will ja gern sterben, daß ich komm' zu meinem Kind.

Joseph, lieber Joseph, reich' mir deine Hand,
Ich will dir verzeihn, das ist Gott wohl bekannt!"

Der Fähnrich kam geritten und schwenkt' seine Fahn':
„Halt mit der schönen Nanerl, ich bringe Pardon!"

„Fähnrich, lieber Fähnrich, sie ist schon tot.
Gut' Nacht, mein schön Nanerl, dein' Seel' ist bei Gott!"

Liebesprobe

Es stand eine Linde in diesem Tal,
War oben breit und unten schmal.

Darunter zwei Verliebte saßen,
Die in der Liebe sich ganz vergaßen.

„Schönster Schatz, wir müssen auseinander,
Sieben Jahr muß ich noch wandern."

„Mußt du noch sieben Jahr wandern,
So liebt mein Herz keinen andern."

Sie ging wol in den Garten,
Feinsliebchen zu erwarten.

Sie setzte sich unterm grünen Baum:
Ein Reiter kam geritten fein.

„Guten Tag, du Hübsche, du Feine,
Was tust du hier alleine?

Ist dir dein Vater oder Mutter gram,
Oder hast du heimlich einen Mann?"

„Mein Vater und Mutter ist mir nicht gram,
Heimlich habe ich nicht einen Mann.

Gestern warens drei Wochen über sieben Jahr,
Daß mein Feinsliebchen Abschied nahm."

„Gestern bin ich geritten durch eine Stadt,
Da dein Feinsliebchen Hochzeit hat.

Was tust du ihm wohl wünschen,
Wenn ich zurück tät reiten?"

„Ich tu ihm wünschen das Beste,
So viel der Baum trägt Äste.

Ich tu ihm wünschen zum Zeitvertreib
Ein ehr- und tugendsames Weib.

Ich tu ihm wünschen eine tausendgute Nacht,
Weil er so schlecht an mich gedacht."

Was zog er von seinem Finger?
Einen Ring von Gold und Silber.

Er schmiß den Ring auf ihren Schoß,
Sie weinte, daß das Ringlein floß.

Was zog er aus seiner Tasche?
Ein Tuch schneeweiß gewaschen.

„Trockne ab, trockne ab deine Äugelein:
Übers Jahr sollst du mein eigen sein.

Mein eigen sollst du werden
Allhier auf dieser Erden."

Er nahm wol ab seinen breiten Hut,
Daran sie ihn erkennen tut.

„Ach Schätzchen, was vexirest du mich
Und machest mir mein Herz so schwer?"

„Ich wollte dich versuchen,
Ob du tätst schwören oder fluchen.

Hätt'st du ein' Schwur oder Fluch getan,
Von Stund an wär ich geritten davon."

Das hungernde Kind

„Mutter, ach Mutter, es hungert mich,
Gib mir Brot, sonst sterbe ich."
„Warte nur, mein liebes Kind,
Morgen wollen wir ackern geschwind."
Als das Feld geackert war,
Schreit das Kind noch immerdar.

„Mutter, ach Mutter, es hungert mich,
Gib mir Brot, sonst sterbe ich."
„Warte nur, mein liebes Kind,
Morgen wollen wir säen geschwind."
Als das Feld geegget war,
Schreit das Kind noch immerdar.

„Mutter, ach Mutter, es hungert mich,
Gib mir Brot, sonst sterbe ich."
„Warte nur, mein liebes Kind,
Morgen wollen wir eggen geschwind."
Als das Feld geegget war,
Schreit das Kind noch immerdar.

„Mutter, ach Mutter, es hungert mich,
Gib mir Brot, sonst sterbe ich."
„Warte nur, mein liebes Kind,
Morgen wollen wir jäten geschwind."
Als das Feld gejätet war,
Schreit das Kind noch immerdar.

„Mutter, ach Mutter, es hungert mich,
Gib mir Brot, sonst sterbe ich."
„Warte nur, mein liebes Kind,
Morgen wollen wir schneiden geschwind."
Als das Feld geschnitten war,
Schreit das Kind noch immerdar.

„Mutter, ach Mutter, es hungert mich,
Gib mir Brot, sonst sterbe ich."
„Warte nur, mein liebes Kind,
Morgen wollen wir dreschen geschwind."
Als das Korn gedroschen war,
Schreit das Kind noch immerdar.

„Mutter, ach Mutter, es hungert mich,
Gib mir Brot, sonst sterbe ich."
„Warte nur, mein liebes Kind,
Morgen wollen wir mahlen geschwind."
Als das Korn gemahlen war,
Schreit das Kind noch immerdar.

„Mutter, ach Mutter, es hungert mich,
Gib mir Brot, sonst sterbe ich."
„Warte nur, mein liebes Kind,
Morgen wollen wir backen geschwind."
Als das Brot gebacken war,
Leit das Kind auf der Totenbahr.

Das Lied vom eifersüchtigen Knaben

Es stehen drei Stern' am Himmel,
Die geben der Lieb' ihren Schein.
„Gott grüß euch, schönes Jungfräulein,
Wo bind' ich mein Rösselein hin?"

„Nimm du es, dein Rößlein, beim Zügel, beim
Bind's an den Feigenbaum.   [Zaum,
Setz dich ein kleine Weil nieder,
Und mach mir ein kleine Kurzweil."

„Ich kann und mag nicht sitzen,
Mag auch nicht lustig sein,
Mein Herz ist mir betrübet,
Feinslieb von wegen dein."

Was zog er aus der Taschen?
Ein Messer, war scharf und spitz;
Er stach's seiner Lieben durchs Herze;
Das rote Blut gegen ihn spritzt.

Und da er's wieder heraußer zog,
Von Blut war es so rot.
„Ach, reicher Gott vom Himmel,
Wie bitter wird mir der Tod!"

Was zog er ihr abe vom Finger?
Ein rotes Goldringelein.
Er warf's in flüssig Wasser;
Es gab seinen klaren Schein.

„Schwimm hin, schwimm her, Goldringelein!
Bis an den tiefen See!
Mein Feinslieb ist mir gestorben;
Jetzt hab ich kein Feinslieb mehr."

So geht's, wenn ein Maidel zwei Knaben lieb hat,
Tut wunderselten gut;
Das haben wir beid' erfahren,
Was falsche Liebe tut.

Das Mädchen und die Haselstaude

Es wollt ein Mädchen Rosenbrechen gehn
Wohl in die grüne Heide.
Was fand sie da am Wege stehn?
Eine Hasel, die war grüne.

„Guten Tag, guten Tag, liebe Hasel mein,
Warum bist du so grüne?"
„Hab Dank, hab Dank, wackres Mägdelein,
Warum bist du so schöne?"

„Warum daß ich so schöne bin,
Das will ich dir wohl sagen:
Ich eß' weiß Brot, trink kühlen Wein,
Davon bin ich so schöne."

„Ißt du weiß Brot, trinkst kühlen Wein,
Und bist davon so schöne:
So fällt alle Morgen kühler Tau auf mich,
Davon bin ich so grüne."

„So fällt alle Morgen kühler Tau auf dich,
Und bist davon so grüne?
Wenn aber ein Mädchen ihren Kranz verliert,
Nimmer kriegt sie ihn wieder."

„Wenn aber ein Mädchen ihren Kranz will behalten,
Zu Hause muß sie bleiben,
Darf nicht auf alle Narrentänz' gehn;
Die Narrentänz' muß sie meiden."

„Hab Dank, hab Dank, liebe Hasel mein,
Daß du mir das gesaget,
Hätt' mich sonst heut auf'n Narrentanz bereit'
Zu Hause will ich bleiben."

Großmutter Schlangenköchin

Maria, wo bist du zur Stube gewesen?
Maria, mein einziges Kind!

Ich bin bei meiner Großmutter gewesen,
Ach weh! Frau Mutter, wie weh!

Was hat sie dir dann zu essen gegeben?
Maria, mein einziges Kind!

Sie hat mir gebackne Fischlein gegeben,
Ach weh! Frau Mutter, wie weh!

Wo hat sie dir dann das Fischlein gefangen?
Maria, mein einziges Kind!

Sie hat es in ihrem Krautgärtlein gefangen,
Ach weh! Frau Mutter, wie weh!

Womit hat sie dann das Fischlein gefangen?
Maria, mein einziges Kind!

Sie hat es mit Stecken und Ruten gefangen,
Ach weh! Frau Mutter, wie weh!

Wo ist dann das Übrige vom Fischlein hinkommen?
Maria, mein einziges Kind!

Sie hats ihrem schwarzbraunen Hündlein gegeben,
Ach weh! Frau Mutter, wie weh!

Wo ist dann das schwarzbraune Hündlein [hinkommen?
Maria, mein einziges Kind!

Es ist in tausend Stücke zersprungen,
Ach weh! Frau Mutter, wie weh!

Maria, wo soll ich dein Bettlein hin machen?
Maria, mein einziges Kind!

Du sollst mir's auf den Kirchhof machen,
Ach weh! Frau Mutter, wie weh!

Das Feuerbesprechen

Zigeuner sieben von Reitern gebracht,
Gerichtet verurteilt in einer Nacht,
Sie klagen um ihre Unschuld laut,
Ein Jud hätt ihnen den Kelch vertraut.

Die Ratsherrn sprechen das Leben leicht ab,
Sie brachen dem sechsten schon den Stab,
Der siebent', ihr König, sprach da mit Ruh:
„Ich hör wohl in Lüften den Vögeln zu!

Ihr sollt mir nicht sengen ein Härlein vom Kleid,
Bald krähet der rote Hahn so weit!"
Da bricht die Flamme wohl über, wohl aus,
Aus allen vier Ecken der Stadt so kraus.

Der rote Hahn auf die Spitze gesteckt,
Er kräht, wie jener, der Petrum erweckt,
Die Herren erwachen aus Sünden Schlaf,
Gedenke der Unschuld, der harten Straf.

Die Herren sie sprechen zum Manne mit Flehn,
Er möge besprechen das feurige Wehn,
Er möge halten den feurigen Wind,
Sein Leben sie wollten ihm schenken geschwind.

Den Todesstab da entreißt er gleich,
Den Herren damit gibt Backenstreich,
Er ruft: „Was gießet ihr schuldlos Blut?
Wie wollet ihr löschen die höllische Glut?

Das Kindlein vom Stahle die Funken gern zieht,
Der Fromme im Steine das Feuer wohl sieht,
Was spielt ihr mit Dingen, die schneidig und spitz,
Der rote Hahn wohl unter euch sitzt."

Jetzt spricht er: „Willkommen du feuriger Gast,
Nichts greife weiter, als was du hast,
Das sag ich dir, Feuer, zu deiner Buß,
Im Namen Christi, des Blut hier auch floß.

Ich sage dir, Feuer, bei Gottes Kraft,
Die alles tut und alles schafft,
Du wollest also stille stehn,
Wie Christus wollt im Jordan stehn.

Ich sag' dir, Feuer, behalt dein Flamm',
Wie einst Maria, die heilige Dam',
Hielt Jungfrauschaft so keusch und rein,
So stelle Flamm deine Reinigung ein."

Da flog der rote Hahn hinweg,
Da nahm der Wind den andern Weg,
Das Feuer sank in sich zusamm',
Der Wundermann ging fort durch die Flamm'.

Der Tod und das Mädchen im Blumengarten

Es ging ein Mägdlein zarte
Früh in der Morgenstund
In einen Blumengarten,
Frisch, fröhlich und gesund;
Der Blümlein es viel brechen wollt,
Daraus ein Kranz zu machen,
Von Silber und von Gold.

Da kam herzu geschlichen
Ein gar erschrecklich Mann,
Die Farb war ihm verblichen,
Kein Kleider hatt er àn,
Er hatt kein Fleisch, kein Blut, kein Haar,
Es war an ihm verdorret
Sein Haut und Flechsen gar.

Gar häßlich tät er sehen,
Scheußlich war sein Gesicht,
Er weiset seine Zähne
Und tat noch einen Schritt
Wohl zu dem Mägdlein zart,
Das schier für großen Ängsten,
Des grimmen Todes ward.

„Nun schick dich Mägdlein, schick dich,
Du mußt mit mir an Tanz!
Ich will dir bald aufsetzen
Ein wunderschönen Kranz,
Der wird dir nicht gebunden sein
Von wohlriechenden Kräutern
Und zarten Blümelein.

Den Kranz, den ich aufsetze,
Der heißt die Sterblichkeit;
Du wirst nicht sein die letzte,
Die ihn trägt auf dem Haupt;
Wie viel allhie geboren sein,
Die müssen mit mir tanzen
Wohl um das Kränzelein.

Der Würmer in der Erde
Ist eine große Zahl,
Die werden dir verzehren
Dein Schönheit allzumal,
Sie werden deine Blümlein sein,
Das Gold und auch die Perlen,
Silber und Edelstein.

Willst du mich gerne kennen
Und wissen, wer ich sei?
So hör mein Namen nennen,
Will dir ihn sagen frei:
Der grimme Tod werd ich genannt,
Und bin in allen Landen,
Gar weit und breit bekannt.

Die Sense ist mein Wappen,
Das ich mit Rechte führ,
Damit tu ich anklopfen
Jedem an seine Tür,
Und wenn sein Zeit ist kommen schon,
Spät, früh, und in der Mitten,
's hilft nichts, er muß davon."

Das Mägdlein voller Schmerzen,
Voll bittrer Angst und Not,
Bekümmert tief im Herzen,
Bat: „Ach, du lieber Tod,
Wollst eilen nicht so sehr mit mir,
Mich armes Mägdlein zarte
Laß länger leben hier!

Ich will dich reich begaben,
Mein Vater hat viel Gold,
Und was du nur willst haben
Das all du nehmen sollt.
Nur lasse du das Leben mir,
Mein allerbeste Schätze
Die will ich geben dir."

„Kein Schatz sollt du mir geben,
Kein Gold noch Edelstein,
Ich nehm dir nur das Leben,
Du zartes Mägdelein,
Du mußt mit mir an meinen Tanz,
Daran noch kommt manch Tausend,
Bis daß der Reihn wird ganz."

„O Tod, laß mich beim Leben,
Nimm all mein Hausgesind!
Mein Vater wird dir's geben,
Wenn er mich lebend find't,
Ich bin sein einzig's Töchterlein,
Er würde mich nicht geben
Um tausend Gulden fein."

„Dein Vater will ich holen
Und will ihn finden wohl
Mit seinem Hausgesinde,
Weiß, wenn ich kommen soll,
Jetzund nehm ich nur dich allein:
O zartes Mägdlein junge,
Du mußt an meinen Reihen."

„Erbarm dich meiner Jugend",
Sprach sie mit großer Klag,
„Will mich in aller Tugend
Üben mein Lebetag.
Nimm mich nicht gleich dahin jetzund,
Spar mich noch eine Weile,
Schon mich noch etlich Stund!"

Drauf sprach der Tod: „Mitnichten,
Ich kehr mich nicht daran,
Es hilft allhier kein Bitten,
Ich nehme Frau und Mann.
Die Kinderlein zieh ich herfür,
Ein jedes muß mir folgen,
Wenn ich klopf an die Tür."

Er nahm sie in der Mitten,
Da sie am schwächsten was,
Es half bei ihm kein Bitten,
Er warf sie in das Gras
Und rührte an ihr junges Herz:
Da liegt das Mägdlein zarte
Voll bittrer Angst und Schmerz.

Ihr Farb tat sie verwandeln,
Ihr Äuglein sie verkehrt,
Von einer Seit zur andern
Warf sie sich auf der Erd,
All Wollust ihr vergangen war,
Kein Blümlein mehr wollt holen
Wohl aus dem grünen Gras.

Der Rattenfänger von Hameln

Wer ist der bunte Mann im Bilde?
Er führet Böses wohl im Schilde;
Er pfeift so wild und so bedacht;
Ich hätt mein Kind ihm nicht gebracht!

In Hameln fochten Mäus und Ratzen
Bei hellem Tage mit den Katzen,
Es war viel Not, der Rat bedacht,
Wie andre Kunst zuweg gebracht.

Da fand sich ein der Wundermann,
Mit bunten Kleidern angetan,
Pfiff Ratz und Mäus zusamm' ohn Zahl,
Ersäuft sie in der Weser all.

Der Rat will ihm dafür nicht geben,
Was ihm ward zugesagt so eben,
Sie meinten, das ging gar zu leicht
Und wär wohl gar ein Teufelsstreich.

Wie hart er auch den Rat besprochen,
Sie dräuten seinem bösen Pochen,
Er konnt zuletzt vor der Gemein'
Nur auf dem Dorfe sicher sein.

Die Stadt von solcher Not befreiet
Im großen Dankfest sich erfreuet,
Im Betstuhl saßen alle Leut,
Es läuten alle Glocken weit.

Die Kinder spielten in den Gassen,
Der Wundermann durchzog die Straßen,
Er kam und pfiff zusamm' geschwind
Wohl auf ein hundert schöne Kind.

Der Hirt sie sah zur Weser gehen,
Und keiner hat sie je gesehen,
Verloren sind sie an dem Tag
Zu ihrer Eltern Weh und Klag.

Im Strome schweben Irrlicht nieder,
Die Kindlein frischen drin die Glieder,
Dann pfeifet er sie wieder ein,
Für seine Kunst bezahlt zu sein.

Ihr Leute, wenn ihr Gift wollt legen,
So hütet doch die Kinder gegen,
Das Gift ist selbst der Teufel wohl,
Der uns die lieben Kinder stohl.

Lindenschmid

Es ist nicht lange, daß es geschah,
Daß man den Lindenschmid reiten sah
Auf einem hohen Rosse.
Er reitet den Rheinstrom auf und ab,
Er hat ihn gar wohl genossen.

„Frisch her, ihr lieben Gesellen mein!
Es muß jetzt nur gewaget sein,
Wagen das tut gewinnen.
Wir wollen reiten Tag und Nacht,
Bis wir die Beute gewinnen."

Dem Markgraf von Baden kam neue Mär,
Wie man ihm ins Geleit gefallen wär,
Das tät ihn sehr verdrießen.
Wie bald er Junker Kasparn schrieb,
Er sollt ihm ein Reislein dienen.

Junker Kaspar zog'n Bäuerlein eine Kappen an,
Er schickte ihn allzeit vorne daran
Wohl auf die freie Straßen,
Ob er den edlen Lindenschmid find:
Denselben sollt er verraten.

Das Bäuerlein schiffet über den Rhein,
Er kehret zu Frankental ins Wirtshaus ein:
„Wirt, haben wir nichts zu essen?
Es kommen drei Wagen, sind wohl beladen,
Von Frankfurt aus der Messen."

Der Wirt der sprach dem Bäuerlein zu:
„Ja, Wein und Brot hab ich genug!
Im Stalle da stehen drei Rosse,
Die sind des edlen Lindenschmids,
Er nährt sich auf freier Straßen."

Das Bäuerlein gedacht in seinem Mut:
Die Sache wird eins wohl noch werden gut,
Den Feind hab ich vernommen.
Alsbald er Junker Kasparn schrieb,
Daß er sollt eilends kommen.

Der Lindenschmid hätt einen Sohn,
Der sollt den Rossen das Futter tun;
Den Haber tät er schwingen:
„Steht auf, herzlieber Vater mein!
Ich hör die Harnische klingen."

Der Lindenschmid lag hinterm Tisch und schlief,
Sein Sohn der tät so manchen Rief,
Der Schlaf hatt ihn bezwungen:
„Steht auf, herzliebster Vater mein!
Der Verräter ist schon gekommen."

Junker Kaspar zu der Stuben eintrat,
Der Lindenschmid von Herzen sehr erschrak.
„Lindenschmid, gib dich gefangen!
Zu Baden an den Galgen hoch
Daran sollst du bald hangen."

Der Lindenschmid war ein freier Reitersmann,
Wie bald er zu der Klingen sprang:
„Wir wollen erst ritterlich fechten!"
Es waren der Bluthund allzuviel,
Sie schlugen ihn zu der Erden.

„Kann und mag es dann nicht anders sein,
So bitt ich um den liebsten Sohn mein,
Auch um meinen Reitersjungen;
Haben sie jemanden Leids getan,
Dazu hab ich sie gezwungen."

Junker Kaspar der sprach Nein dazu:
„Das Kalb muß entgelten der Kuh;
Es soll dir nicht gelingen.
Zu Baden in der werten Stadt
Muß ihm sein Haupt abspringen."

Sie wurden alle drei nach Baden gebracht,
Sie saßen nicht länger als eine Nacht;
Wohl zu derselben Stunde
Da ward der Lindenschmid gericht',
Sein Sohn und Reitersjunge.

Der unschuldige Tod des jungen Knaben

Es liegt ein Schloß in Österreich,
Das ist ganz wohl gebauet
Von Silber und von rotem Gold,
Mit Marmorstein gemauert.

Darinnen liegt ein junger Knab'
Auf seinen Hals gefangen
Wohl vierzig Klafter unter der Erd'
Bei Ottern und bei Schlangen.

Sein Vater kam von Rosenberg
Wohl vor den Turm gegangen:
„Ach Sohne, liebster Sohne mein,
Wie hart liegst du gefangen!"

„Ach Vater, liebster Vater mein,
So hart lieg ich gefangen
Wohl vierzig Klafter unter der Erd'
Bei Ottern und bei Schlangen."

Sein Vater zu dem Herrn hinging,
Sprach: „Gebt mir los den Gefangnen,
Dreihundert Gulden geben wir
Wohl für des Knaben Leben."

„Dreihundert Gulden die helfen euch nicht,
Der Knabe der muß sterben;
Er trägt von Gold eine Kett' am Hals,
Die bringt ihn um sein Leben."

„Trägt er von Gold eine Kett' am Hals
Die hat er nicht gestohlen;
Hat ihm ein zart' Jungfrau verehrt,
Dabei sie ihn erzogen."

Man bracht' den Knaben aus dem Turm,
Gab ihm die Sakramente:
„Hilf, reicher Christ vom Himmel hoch,
Es geht mit mir am Ende."

Man bracht' ihn zum Gericht hinaus,
Die Leiter muß er steigen:
„Ach Meister, liebster Meister mein,
Laß mir eine kleine Weile!"

„Eine kleine Weile laß ich dir nicht,
Du möchtest mir entrinnen.
Langt mir ein seiden Tüchlein her,
Daß ich seine Augen verbinde."

„Ach, meine Augen verbinde mir nicht,
Ich muß die Welt anschauen;
Ich seh sie heut und nimmermehr
Mit meinen schwarzbraunen Augen."

Sein Vater beim Gerichte stand,
Sein Herz wollt ihm zerbrechen:
„Ach Sohne, liebster Sohne mein,
Deinen Tod will ich schon rächen."

„Ach Vater, liebster Vater mein,
Meinen Tod sollt ihr nicht rächen,
Brächt meiner Seele schwere Pein;
Um Unschuld will ich sterben."

„Es ist nicht um das Leben mein,
Noch um mein stolzen Leibe,
Es ist um meine Frau Mutter daheim,
Die weinet also sehre."

Es stund kaum an den dritten Tag,
Ein Engel kam vom Himmel,
Sprach: „Nehmt ihn vom Gerichte ab,
Sonst wird die Stadt versinken."

Es währet kaum ein halbes Jahr,
Der Tod der ward gerochen:
Es wurden auf dreihundert Mann
Des Knaben wegen erstochen.

Wer ist's, der uns das Liedlein sang?
So frei ist es gesungen:
Das haben getan drei Jungfräulein
Zu Wien im Österreiche.

Drei Schwestern: Glaube, Liebe, Hoffnung

Es wollt ein Jäger jagen
Dort wohl vor jenem Holz.
Was begegnet ihm auf der Heiden?
Drei Fräulein hübsch und stolz.

Das ein das hieß Frau Glaube,
Das ander Frau Liebe,
Hoffnung des dritten Name,
Des Jäger's wollt es sein.

Er nahm sie in der Mitte,
Sprach: „Hoffnung, nit von mir laß!"
Schwenkt's hinter sich zurücke
Wohl auf sein hohes Roß.

Er führt sie gar behende
Wohl durch das grüne Gras,
Behielt's bis an sein Ende.
Nicht hat's ihn gereuet das.

Hoffnung macht nicht zu Schanden
Im Glauben fest an Gott,
Dem Nächsten geht zu Handen
Die Liebe in der Not.

Hoffnung, Lieb und Glaube,
Die schönen Schwestern drei:
Wenn ich die Lieb anschaue,
Die größt', sag ich, sie sei.

Die Judentochter

Es war auch eine Jüdin,
Ein wunderschönes Weib,
Sie hatt auch eine Tochter,
Ihr Haar war ihr geflochten,
Zum Tanz war sie bereit.

„Ach Mutter, liebste Mutter,
Mein Kopf tut mir so weh!
Laß mich ein kleines Weilchen
Spazieren auf grüner Heide,
Eh wir zum Tanze gehn."

„Ach Tochter, liebste Tochter,
Das kann fürwahr nicht sein!
Was sagen da die Leute,
Wollt'st du auf grüner Heide
Allein spazieren gehn!"

Die Mutter schwang den Mantel,
Die Tochter tat 'nen Sprung,
Sprang in ein enge Gasse,
Allwo ein Schreiber saße:
Dem Schreiber sprang sie zu.

„Ach Schreiber, liebster Schreiber,
Mein Herz tut mir so weh!
Laß mich ein kleines Weilchen
Ja ruhn an deiner Seite,
Bis daß es wird vergehn."

„Ach Jüdin, liebste Jüdin,
Das kann fürwahr nicht sein!
Hättst du dich lassen taufen,
Ein Ringlein wollt ich dir kaufen,
Sollt'st mir die Liebste sein."

„Ach Schreiber, liebster Schreiber,
Schreib meiner Mutter 'nen Brief,
Schreib mich und dich zusammen,
Schreib ihr in Gottes Namen,
Eine Christin wollt ich sein!"

„Ach Jüdin, liebste Jüdin,
Das kann fürwahr nicht sein!
Das wär mir eine Schande
Im ganzen Christenlande,
Wollt ich 'ne Jüdin frein."

Die Tochter schwang den Mantel
Und dreht sich nach dem See:
„Ade, mein Vater und Mutter,
Ade, du stolzer Schreiber!
Ich seh euch nimmermehr."

Laß rauschen, Lieb, laß rauschen

Ich hört ein Sichlein rauschen,
Wohl rauschen durch das Korn,
Ich hört ein Mägdlein klagen,
Sie hätt ihr Lieb verlorn.

Ich hört ein Hirschlein rauschen,
Wohl rauschen durch den Wald,
Ich hört mein Lieb sich klagen:
„Die Lieb verrauscht so bald."

„Laß rauschen, Lieb, laß rauschen!
Ich acht nicht wie es geh;
Ich hab mir ein Buhlen worben
In Veiel und grünem Klee."

„Hast du ein Buhlen worben
In Veiel und grünem Klee,
So steh ich hier alleine,
Tut meinem Herzen weh."

Hans Steutlinger

Was wollen wir singen und heben an?
Von einem Hans Steutlinger;
Hat aus dem Adel geheiratet,
Hat geheirat' ein adlige Frau.

„Ei Knechte, lieber Knechte mein,
Sattel mir und dir zwei Pferd!
Gen Freiburg wollen wir reiten,
Gen Offenburg haben wir guten Weg.

Und da ich in Freiburg eine kam
Vor's jungen Herrn Friedrich sein Haus,
Da schaute der junge Herr Friedrich
Zum obern Fenster heraus."

„Hans Steutlinger, lieber Hans Steutlinger,
Kommt zu mir jetzt herein,
Steigt ab jetzt von eurem Sattel,
Helft essen die wildesten Schwein!"

„Vom Sattel will ich wohl steigen,
Will treten auch zu euch hinein,
Wenn ihr mir wollet verheißen,
Daß ich kein Gefangner mehr sei."

Sie gaben dem Hans Steutlinger gute Wort,
Bis sie ihn brachten oben an Tisch:
„Ei iß und trink, Hans Steutlinger!
Dein Leben wird nimmermehr frisch."

„Wie kann ich essen und trinken,
Wie kann ich nur fröhlich sein?
Mein Herz möcht mir versinken
Beim Met und beim kühlesten Wein."

„Hans Steutlinger, wem vermacht ihr euer Weib?"
„Ich vermach sie dem lieben Herrn Friederich,
Dem vermach ich ihren untreuen Leib,
Der sieht sie viel lieber weder ich."

„Hans Steutlinger, lieber Hans Steutlinger,
Wem vermacht ihr eure Kind?"
„Ich vermach sie dem lieben Gott selber,
Der weiß am besten, wem sie sind."

„Hans Steutlinger, lieber Hans Steutlinger,
Wem vermachet ihr euer Gut?"
„Ich vermach's den armen Leuten,
Die Reichen haben selber genug."

Höllisches Recht

Es trieb ein Hirt in Wald hinein,
Er hört ein kleines Kindlein schrein.

„Ich hör dich rufen und seh dich nicht,
Ich hör, daß du ein Kindlein bist."

„Ich bin in hohlen Baum gesteckt
Und mit eichenen Rütlein zugedeckt.

Ach Hirtlein, nimm mich mit zu Haus!
Mein Mutter hat Hochzeit zu Haus."

Als er das Kind zur Tür 'nein bracht,
Da fing es bald zu reden an:

‚Grüß Gott, grüß Gott, ihr Hochzeitgäst,
Dieweil die Braut mein Mutter ist!"

„Wie soll ich denn dein Mutter sein,
Ich trage ja ein Kränzelein?"

„Trägst du ein Kränzlein rosenrot,
Du hast ja schon drei Kinder tot.

Das erste hast ins Wasser getrag'n,
Das ander hast in Mist vergrab'n,

Das dritt in hohlen Baum gesteckt
Und mit eichenen Rütlein zugedeckt."

Ach wie kann das möglich sein!
Kam der Teufel zum Fenster hinein

Und nahm sie bei ihrer schneeweißen Hand,
Er tat mit ihr den Ehrentanz;

Er schenkt ihr einen Hochzeitswein
Und führt sie in die höllische Pein.

Wo's schneiet rote Rosen, da regnet's Tränen drein

„Wohl heute noch und morgen
Da bleibe ich bei dir,
Wenn aber kommt der dritte Tag,
So muß ich fort von hier."

„Wann kommst du aber wieder,
Herzallerliebster mein,
Und brichst die roten Rosen
Und trinkst den kühlen Wein?"

„Wenn's schneiet rote Rosen,
Wenn's regnet kühlen Wein;
So lang sollst du noch harren,
Herzallerliebste mein!"

Ging sie ins Vaters Gärtelein,
Legt nieder sich, schlief ein;
Da träumet ihr ein Träumelein,
Wie's regnet kühlen Wein.

Und als sie da erwachte,
Da war es lauter nichts,
Da blühten wohl die Rosen
Und blühten über sie.

Ein Haus tät sie sich bauen
Von lauter grünem Klee,
Tät aus zum Himmel schauen
Wohl nach dem Rosenschnee.

Mit gelb Wachs tät sie's decken,
Mit gelber Lilie rein,
Daß sie sich könnt verstecken,
Wenn's regnet kühlen Wein.

Und als das Haus gebauet war,
Trank sie den Herrgotts Wein;
Ein Rosenkränzlein in der Hand
Schlief sie darinnen ein.

Der Knabe kehrt zurücke,
Geht zu dem Garten ein,
Trägt einen Kranz von Rosen
Und einen Becher Wein.

Hat mit dem Fuß gestoßen
Wohl an das Hügelein,
Er fiel, da schneit es Rosen,
Da regnet's kühlen Wein.

Der Pfalzgraf

Es reitet die Gräfin weit über das Feld
Mit ihrem gelbhaarigen Töchterlein fein,
Sie reiten wohl in des Pfalzgrafen sein Zelt
Und wollen fein fröhlich und lustig sein.

Frau Gräfin, was jagt ihr so früh schon hinaus?
O reitet mit eurem Feinliebchen nach Haus!
Der Pfalzgraf kommt selber gleich zu euch hinab,
Sie tragen ihn morgen hinunter ins Grab.

Es hat ihn eine Kugel so tödlich verwund't,
Da starb er sogleich in der nämlichen Stund',
Da schickt er dem Fräulein ein Ringelein fein,
Soll seiner beim Scheiden noch eingedenk sein.

„Hat dich, o Pfalzgraf, die Kugel getroffen,
Wär ich viel lieber im Neckar ersoffen;
Trägt man den Liebsten zum Kirchhof herein,
Steig ich wohl mit ihm ins Brautbett hinein.

Will reichen ihm meinen jungfräulichen Kranz,
Will sterben und scheiden von Gütern und Glanz;
Lieb Mutter, setz du mir den Kranz in das Haar,
Auf daß ich schön ruhen kann auf der Bahr!

Steck mir an den Finger das Ringlein fein,
Es mit mir soll liegen ins Grab hinein;
Ein schneeweißes Hemdelein zieh du mir an,
Auf daß ich kann schlafen bei meinem Mann!

Auf Töchterleins Grab sollst legen ein Stein,
Drauf sollen die Worte geschrieben sein:
Hier ruhet der Pfalzgraf und seine Braut,
Da hat man den beiden das Brautbett gebaut."

Der Star und das Badwännelein

Herr Konrad war ein müder Mann,
Er band sein Roß am Wirtshaus an.

Das Mägdlein sprach: „Steig ab, steig ab!"
Ihre Äuglein schwankten auf und ab.

„Ach Jungfer, liebste Jungfer mein,
Schenk mir ein Becher kühlen Wein!"

„Ach Herre, lieber Herre mein!
Ich bring ein Becher kühlen Wein.

Trink ab, trink ab, du roter Mund,
Trink aus den Becher auf den Grund!"

„Frau Wirtin, liebe Frau Wirtin mein,
Ist dies fürwahr euer Töchterlein?"

„Mein Töchterlein ist sie nicht fürwahr,
Sie ist mein Magd für immerdar."

„Wollt ihr mir sie leihen auf eine Nacht,
So will ich euch geben des Goldes Macht."

„Wollt ihr mir geben des Goldes Macht,
Will ich sie euch leihen auf eine Nacht.

Nun richt dem Herrn ein Fußbad an
Mit Rosmarin und Majoran!"

Sie ging in Garten und brach das Kraut,
Da sprach der Star: „O weh, du Braut!

In dem Badwännelein ist sie hergetragen,
Darin muß sie ihm die Füße zwagen.

Der Vater starb in Leid und Not,
Die Mutter grämt sich schier zu Tod.

O weh, du Braut, du Findelkind!
Weißt nicht wo Vater und Mutter sind."

Da trug sie das Badwännelein
Wohl in des Herrn Schlafkämmerlein.

Sie fühlt hinein, ob's nit zu warm,
Und weint dazu, daß Gott erbarm!

„Ach meine Braut, was weinst du dann?
Bin ich dir nicht gut für einen Mann?"

„Du bist mir gut für einen Mann,
Ich wein über was der Star mir sang.

Ich war im Garten und brach das Kraut,
Da sang der Star: O weh, du Braut!

In dem Badwännelein ist sie hergetragen,
Darin muß sie ihm die Füße zwagen.

Der Vater starb in Leid und Not,
Die Mutter grämt sich schier zu Tod.

O weh, du Braut, du Findelkind!
Weißt nicht wo Vater und Mutter sind."

Da sah der Herr das Badwännelein an,
Da war das burgundische Wappen dran.

„Das ist meines Herrn Vaters Schild allein;
Wie kommt dies Wännlein ins Wirtshaus herein?"

Da sang der Vogel am Fensterladen:
„In dem Badwännelein ist sie hergetragen.

O weh, du Braut, du Findelkind!
Weißt nicht wo Vater und Mutter sind."

Herr Konrad sah an ihren Hals,
Da hatte sie ein Muttermal.

„Grüß Gott, grüß Gott, mein Schwesterlein!
Dein Vater ist König an dem Rhein.

Christina heißt deine Mutter,
Konrad dein Zwillingsbruder."

Da knieten sie nieder auf ihre Knie
Und dankten Gott bis morgens früh,

Daß er sie hielt von Sünden rein
Durch den Star und das Badwännelein.

Und als zu Morgen kräht der Hahn,
Frau Wirtin fängt zu rufen an:

„Steh auf, steh auf, du junge Braut,
Kehr deiner Frau die Stube aus!"

„Sie ist fürwahr keine junge Braut,
Sie kehrt der Wirtin die Stube nicht aus.

Herein, Frau Wirtin, nur herein,
Nun bringt uns einen Morgenwein!"

Und als die Wirtin zur Stube eintrat,
Herr Konrad sie gefraget hat:

„Woher habt ihr das Jungfräulein?
Sie ist eines Königs Töchterlein."

Die Wirtin ward bleich als die Wand,
Der Star verriet da ihre Schand:

„In einem Lustgarten im grünen Gras
Das Kind in dem Badwännelein saß;

Da hat die bös Zigeunerin
Gestohlen das zarte Kindelin."

Herr Konrad war so gar entrüst',
Sein Schwert er durch ihre Ohrlein spießt.

Er bat sein Schwesterlein um einen Kuß,
Ihr Mündelein reicht sie ihm mit Lust.

Er führt sie bei der schneeweißen Hand
Und hob sie auf den Sattel bald.

Das Wännelein trug sie auf dem Schoß,
Da ritt er vor der Frau Mutter Schloß.

Und als er in das Tor eintritt,
Die Mutter ihm entgegen schritt.

„Ach Sohne, liebster Sohne mein,
Was bringst du für eine Braut herein?

Sie führt das Wännelein ja zur Hand,
Als ob sie mit einem Kinde gang."

„Es ist fürwahr keine junge Braut,
Es ist euer Tochter Gertraut."

Und als sie von dem Sattel sprang,
Die Mutter in ein Ohnmacht sank.

Und als sie wieder zu Sinnen kam,
Ihr Tochter sie in die Arme nahm.

„Laß sie sich's eine Freude sein:
Ich bin Gertraut, ihr Töchterlein.

Heut sind es fürwahr achtzehn Jahr,
Daß ich der Frau Mutter gestohlen war,

Und ward getragen übern Rhein
In diesem kleinen Badwännelein."

Und als sie sprach, da kam der Star
Und sang die Sach ganz offenbar,

Und sang: „O weh, mein Ohr tut weh!
Ich will keine Kinder stehlen mehr."

„Ach Goldschmied, lieber Goldschmied mein,
Nun schmiede mir ein Gitterlein,

Schmied mirs wohl vor das Badwännlein!
Das soll des Staren Wohnung sein."

Die Prager Schlacht

Als die Preußen marschierten vor Prag,
Vor Prag, die schöne Stadt.
Sie haben ein Lager geschlagen,
Mit Pulver und mit Blei ward's betragen,
Kanonen wurden drauf geführt,
Schwerin hat sie da kommandiert.

Drauf ging es ins Schießen dicht,
Doch alle Kugeln treffen nicht.
„Nehmt's Bajonett, Schwerin nimmt die Fahne,
Kinder mir nach, ich zeig euch die Bahne.
Von tausend kommen wohl hundert durch,
Herr Gott du bist eine feste Burg."

Drauf rückte Prinz Heinrich heran,
Wohl mit achtzigtausend Mann:
„Meine ganze Armee wollt ich drum geben,
Wenn mein Schwerin noch wär am Leben!"
O, ist das nicht eine große Not,
Schwerin ist geschossen tot!

Schwerin liegt unter der Fahne still,
Ein jeder zuerst es ihm sagen will:
Wache, der Sieg, der Sieg ist nun deine,
Höre, wir rufen, du schläfst nur alleine,
Victoria, Victoria, Victoria,
König von Preußen ist schon da!

Der schicket schon einen Trompeter hinein:
Ob sie Prag wollten geben ein?
Oder ob sie's sollten einschießen?
Die Bürger ließen sich's nicht verdrießen,
Sie wollten die Stadt nicht geben ein,
Es sollte und müßte geschossen sein.

Wer hat dies Liedlein denn erdacht?
Es haben's drei Husaren gemacht,
Unter Seydlitz seind sie gewesen,
Und auch bei Prag selbst mitgewesen;
Victoria, Victoria, Victoria,
König von Preußen ist schon da!

Ein Wahrheitslied

Als Gott der Herr geboren war,
Da war es kalt,
Was sieht Maria am Wege stehn?
Ein' Feigenbaum.
Maria laß du die Feigen noch stehn,
Wir haben noch dreißig Meilen zu gehn,
Es wird uns spät.

Und als Maria ins Städtlein kam
Vor eine Tür,
Da sprach sie zu dem Bäuerlein:
Behalt uns hier
Wohl um das kleine Kindelein,
Es möcht dich wahrlich sonst gereun,
Die Nacht ist kalt.

Der Bauer sprach von Herzen ja,
Geht in den Stall!
Als nun die halbe Mitternacht kam,
Stand auf der Mann;
Wo seid ihr denn, ihr armen Leut?
Daß ihr noch nicht erfroren seid,
Das wundert mich.

Der Bauer ging da wieder ins Haus
Wohl aus der Scheuer:
Steh auf mein Weib, mein liebes Weib,
Und mach ein Feuer,
Und mach ein gutes Feuerlein,
Daß diese armen Leutelein
Erwärmen sich.

Und als Maria ins Haus hin kam,
Da war sie froh,
Joseph der war ein frommer Mann,
Sein Säcklein holt;
Er nimmt heraus ein Kesselein,
Das Kind tät ein bißchen Schnee hinein,
Und das sei Mehl.

Es tat ein wenig Eis hinein,
Und das sei Zucker,
Es tat ein wenig Wasser drein,
Und das sei Milch;
Sie hingen den Kessel übern Herd
An einen Haken, ohn Beschwerd
Das Müslein kocht.

Ein Löffel schnitzt der fromme Mann
Von einem Span,
Der ward von lauter Elfenbein
Und Diamant;
Maria gab dem Kind den Brei,
Da sah man, daß es Jesus sei,
Unter seinen Augen.

Johann Wilhelm Ludwig Gleim
1719–1803

Marianne

Traurige und betrübte Folgen der schändlichen Eifersucht, wie auch heilsamer Unterricht, daß Eltern, die ihre Kinder lieben, sie zu keiner Heirat zwingen, sondern ihnen ihren freien Willen lassen sollen; enthalten in der Geschichte Herrn Isaac Veltens, der sich am 11. April 1756 zu Berlin eigenhändig umgebracht, nachdem er seine getreue Ehegattin Marianne und derselben unschuldigen Liebhaber jämmerlich ermordet.

Die Eh' ist für uns arme Sünder
  Ein Marterstand;
Drum, Eltern! zwingt doch keine Kinder
  In's Eheband!
Es hilft zum höchsten Glück der Liebe
  Kein Rittergut,
Es helfen zarte, gleiche Triebe
  Und frisches Blut!

Dies wußte Fräulein Marianne
  So gut als ich;
Dem schönsten, jüngsten, treusten Manne
  Ergab sie sich.
„Mama", sprach sie, „ich bin zum Freien
  Nicht mehr zu jung;
Und, einem Manne mich zu weihen,
  Schon klug genug!"

„Ich kann's nun länger nicht verhehlen
  In meinem Sinn,
Mama, daß ich von Grund der Seelen
  Verliebet bin!"

Verliebt? in wen? – „Ich will ihn nennen,
  Ich will, allein
Sie müssen ihn nicht hassen können,
  Und gnädig sein.

Versprechen Sie mir das, Mamachen!
  Sein Sie so gut,
Dann weiß ich ja, daß mein Papachen
  Es auch gleich tut!
Leander! – – Ach! Sie wollen schelten,
  Ich seh' es schon!"
Leander, Kind? o, nein! Herr Velten
  Sei Schwiegersohn!

Ja, ja! Herrn Velten sollst du nehmen,
  Denn der hat Geld,
Und du mußt dich zu dem bequemen,
  Was mir gefällt.
Wie können junge Mädchen wissen,
  Was nützlich ist?
Die meisten sind erpicht auf's Küssen,
  Wie du auch bist.

„Herrn Velten soll ich? Ach, ich Arme!
    Was soll mir der?
Ach, daß der Himmel sich erbarme,
    Was soll mir der?" –
Es schwillt von Millionen Tränen
    Ihr schön Gesicht;
Und tausend Mal sagt sie mit Stöhnen:
    „Ich will ihn nicht!"

Du willst ihn nicht? Ich muß nur lachen,
    Sagt die Mama,
Wir wollen dir den Willen machen,
    Ich und Papa!
Man schleppt sie fort in einen Wagen,
    Hält sie vermummt;
Man bittet sie, noch ja zu sagen,
    Und sie verstummt.

Sie sieht nach einer kurzen Reise
    Sich eingesperrt,
Wo, nach beliebter alter Weise,
    Die Nonne plärrt.
Da soll sie beten und nicht lieben;
    Allein sie weint,
Sie weint, und will sich tot betrüben
    Um ihren Freund.

Einst aber geht, mit schwarzer Lüge,
    Mama zu ihr:
Kind, sagt sie, kennst du wohl die Züge
    Des Schreibens hier?
Der ew'ge Treue dir geschworen,
    Hat sie verfehlt;
Leander ist für dich verloren,
    Er ist vermählt.

Schnell rollt in einem goldnen Wagen
    Herr Velten her;
Auch kommt ein Mann mit weißem Kragen
    Von ungefähr!
Gequälet wird, von Jung und Alten,
    Das arme Kind,
Und die Verlöbnis wird gehalten,
    Ach, wie geschwind!

Nun freu't ein Haufen Anverwandten
    Sich auf den Tanz;
Nun binden Mütter, Nichten, Tanten
    Am Myrtenkranz!
Nun schickt sich zu drei wilden Tagen
    Das ganze Haus;
Und Priester gehn mit leerem Magen
    Zum Hochzeitsschmaus!

Nur für die Braut ist keine Freude
    Und keine Lust;
Sie quält sich mit geheimen Leide
    Tief in der Brust!
Betrübt hört sie des Priesters Segen;
    Sieht Velten an,
Und seufzt bei lauten Herzensschlägen:
    „Ach, welch ein Mann!"

Am Abend mehret sich ihr Jammer
    Und ihre Pein;
Denn, ach! sie soll nun in die Kammer
    Mit ihm hinein!
Wie man ein Lamm zur Schlachtbank führet,
    So führt man sie.
„Seht", spricht Mama, „wie sie sich zieret,
    Die Närrin die!"

Jedoch sie war am frühen Morgen
    Nun eine Frau!
Sie teilte nun des Mannes Sorgen,
    War nun genau,
Ihm seine Wirtschaft recht zu führen,
    So Tag, als Nacht,
Und keinen Heller zu verlieren
    War sie bedacht!

Ach, aber ach! geheime Schmerzen
    Verzehren sie;
Leander herrscht in ihrem Herzen,
    So spät, als früh!
„Wie mag er sich um mich nicht kränken!
    Lebt er wohl noch?"
Sie will nicht mehr an ihn gedenken,
    Und tut es doch.

Oft sitzt sie unter einer Linde,
    Und spricht mit sich:
„Ach, an ihn denken, das ist Sünde,
    Und die tu' ich!
Könnt' ich sie meiden, nicht mehr wissen
    Im fünften Jahr,
Daß, ach! Leander meinen Küssen
    Einst lieber war!"

Von so schwermütigen Gedanken
    Wird sie geplagt;
Sie schränkt in heil'ger Ehe Schranken
    Sich ein und klagt.
Einst, als sie sich dem Gram ergibet
    Und einsam sitzt,
Und ihrem Ehmann, den sie liebet,
    Mit Spinnen nützt,

Da tritt er in ihr stilles Zimmer
  Vergnügt hinein,
Und bittet sie: doch nur nicht immer
  Betrübt zu sein!
Ihm folgt ein Kaufmann, der Juwelen
  Und Perlen trägt,
Und der im Innersten der Seelen
  Betrübnis hegt.

„Kind", spricht er, „kauf dir von den Waren,
  Was dir gefällt;
Wir dürfen ja nicht immer sparen,
  Sieh, hier ist Geld!"
Er gibt ihr Taler, ungezählet,
  Und pfeift und lacht,
Und geht, weil ihm ein Braten fehlet,
  Fort auf die Jagd.

Nun steht mit zitternden Gebärden
  Der Kaufmann da,
Voll Furcht, von der gehaßt zu werden,
  Die ihn jetzt sah;
Weil, statt der Rosen seiner Wangen,
  Ein langer Bart
Herabhing, und wie sie vergangen,
  Gesehen ward!

Die Augen, niederwärts geschlagen,
  Sieht sie ihn an;
„Was habt ihr", fängt sie an zu fragen,
  „Mein lieber Mann?"
Er zeigt ihr seine Waren, schweiget,
  Und spricht kein Wort;
Doch geht, so oft er ihr was zeiget,
  Ein Seufzer fort.

„Warum", denkt sie, „ist er betrübet?
  Er jammert mich!
Sein Gram ist groß; gewiß, er liebet
  Und seufzt, wie ich."
Sie fragt ihn: „Was für stille Schmerzen
  Erduldet ihr?
Ist Liebesgram in eurem Herzen,
  So sagt es mir!"

„Der Gram, mit welchem ich mich quäle,
  Verzehret mich,
Madam! er bleibt in meiner Seele
  Wohl ewiglich!
Ein einzig Kleinod war auf Erden,
  Das wünscht' ich mir;
Dadurch der Glücklichste zu werden,
  Das wünscht' ich mir!

Ich bat zu Gott, es mir zu geben
  Zum Eigentum;
Mein Hab und Gut und selbst mein Leben
  Bot ich darum!
Mein einz'ger Wunsch und meine Freude
  War, es zu sehn!
Wie war es meiner Augen Weide,
  Wie war's so schön!

Ach, aber ach! in tausend Stücken
  Zerriß der Schmerz,
Der nicht mit Worten auszudrücken
  Mein armes Herz!
Verzweiflung, Treue, Glück und Ehre
  Bestritt mein Haupt,
Als ich vernahm: das Kleinod wäre
  Mir weggeraubt!"

„Was für ein Kleinod? darf ich's wissen?
  Welch Kleinod kann
Euch so betrüben? – darf ich's wissen,
  Mein lieber Mann?
Ich dächt', euch wäre Leben lieber,
  Als Stein und Gold;
Mich wundert, daß ihr euch darüber
  Totgrämen wollt."

„Madam, was von entfernten Mohren
  Der Geiz sich holt,
Ist Kleinigkeit! Was ich verloren
  Ersetzt kein Gold;
Es war mir teurer als mein Leben,
  Und Gut und Geld!
Ach! was hätt' ich darum gegeben! –
  Die ganze Welt!

Einst malt' ich mir aus dem Gedächtnis
  Das werte Bild,
Des Himmels einziges Vermächtnis,
  Das Kummer stillt." –
„Ein Bild ist es, darum ihr klaget?
  O zeigt es mir!"
Er zieht es aus dem Busen, saget:
  „Hier ist es, hier!"

Sie nimmt es hin, er sieht's mit Freuden
  In ihrer Hand;
Es war gehüllt in Gold und Seiden;
  Auswendig stand:
„Von meinen zärtlich treuen Tränen
  Entstand ein Bach!
Und floß auf dieses Bild der Schönen!
  Ach, Himmel, ach!"

Sie macht es auf – – Allein erblasset,
   Vom Schreck erfüllt,
Fällt sie in Ohnmacht, denn sie fasset
   Ihr eigen Bild.
„Ach, Marianne! Marianne!
   Ach, stirb doch nicht!
Ach, sieh mich, Engel; ach ermanne
   Dein blaß Gesicht."

Erweckt vom Schalle dieser Worte,
   Kommt sie zu sich.
„Freund", spricht sie, „flieh von diesem Orte!
   Freund, meide mich!
Ein andrer Mann", sagt die Getreue,
   „Hat meine Hand;
Entferne dich, denn meine Treue
   Hält ihm Bestand!"

Er eilt, gehorsam dem Befehle,
   Urplötzlich fort.
„Ach!" seufzt er, „ach, geliebte Seele,
   Nur noch ein Wort!
Ich sterb' um dich!" Er faßt im Gehen
   Die Hand ihr an;
Zum letzten Mal will er sie sehen,
   Da kommt der Mann!

„Stirb", sagt er, „Räuber meiner Ehre,
   Mit tausend Schmerz!"
Er tobt und stößt mit Mordgewehre
   Durch beider Herz.
Leander stirbt, und Marianne
   Seufzt: „Himmel, ich
Verdient' es nicht!" Sie spricht zum Manne:
   „Du jammerst mich!"

Der Mann hat keine frohe Stunde;
   Des Nachts erscheint
Das treue Weib, zeigt ihre Wunde
   Dem Mann' und weint!
Ein klägliches Gewinsel irret
   Um ihn herum;
Ihn reut die Tat, er wird verwirret,
   Er bringt sich um!

Bei'm Hören dieser Mordgeschichte
   Sieht jeder Mann
Mit liebreich freundlichem Gesichte
   Sein Weibchen an,
Und denkt: „Wenn ich's einmal so fände,
   So dächt' ich: Nun,
Sie geben sich ja nur die Hände,
   Das laß sie tun!"

Philaidilis

Philaidilis, die jüngste
Schülerin der Grazien,
Achtete sich die geringste
Von den schönen Sterblichen!

Demut lehrte sie, zum Tempel
Ihrer Gottheit täglich gehn;
Aller Tugenden Exempel,
War sie wohl so gut als schön!

Gern sah sie in jene Welten,
Diese Welt war ihr voll Schmerz:
In den Spiegel sah sie selten,
Oft und schärfer in ihr Herz!

Sie beschließt, dem Erdgetümmel
Zu entfliehn in sich hinein,
Um auf Erden und im Himmel
Eine Heilige zu sein.

Ihren Anzug, ihr Geschmeide
Teilet sie den Armen aus;
Ihr Gespräch und ihre Freude
Ist der nahe Klosterschmaus!

Dichter sangen ihr Gesänge,
Schäfern hieß sie Lalage;
Liebesgötter eine Menge
Hüpften um die Grazie;

Seufzten, winkten, klagten, flehten,
Hielten ihre Hände fest;
Ihre Seufzerchen verwehten
Nicht im Norde, nicht im West!

Tief in sich hineingekehret
War umsonst die Schöne schön!
Musen blieben ungehöret,
Liebesgötter ungesehn.

Fest dem schrecklichen Entschlusse,
Nimmt sie nun die neue Tracht;
Und mit einem Liebeskusse
War die Heilige gemacht.

Paternoster gut zu beten,
Lernte keine so geschwind;
Schwestern und Gewissensräten
Folgte nun das gute Kind.

Saß auf ihrer kleinen Zelle
Stets vor einem Totenkopf;
Dennoch drohn ihr mit der Hölle
Pater Zipf und Pater Zopf.

Prüfen, frömmer sie zu wissen,
Immerhin das gute Herz,
Nicht mit Puppen oder Küssen,
Nicht mit Zucker oder Scherz.

Ohne Stolz auf ihre Stärke,
Vorbereitet kommen sie,
Mit Empfehlung guter Werke,
Jener spät und dieser früh!

Einst an einem Sommermorgen,
Desto fleißiger zu sein
In den frommen Seelensorgen,
Traten sie zugleich herein.

Hingeworfen auf den Knien
Liegen Patres, liegt auch sie;
Ihrer Wangen Rosen blühen
Schöner diesen Morgen früh.

Das Gebet wird angefangen;
Pater Zipf und Pater Zopf
Finden ihre Rosenwangen
Schöner als den Totenkopf.

Plötzlich aber stört ein Schimmer
Ihr Gebet, sie stürzen auf: –
Amor steht in ihrem Zimmer,
Patres setzen sich in Lauf,

Machen Lärmen; Schwestern kommen,
Stutzen, sehn den Sieger stehn
Auf dem Altar ihrer Frommen;
Aber sie wird nicht gesehn.

Eine schleierhelle Wolke
Hatte sie der Zell' entführt,
Wunderbar dem blöden Volke,
Welches keine Schönheit rührt!

Siegeslied nach der Schlacht bei Prag, den 6. Mai 1757

Victoria! mit uns ist Gott,
   Der stolze Feind liegt da!
Er liegt, gerecht ist unser Gott,
   Er liegt, Victoria!

Zwar unser Vater ist nicht mehr,
   Jedoch er starb ein Held,
Und sieht nun unser Siegesheer,
   Vom hohen Sternenzelt.

Er ging voran, der edle Greis!
   Voll Gott und Vaterland.
Sein alter Kopf war kaum so weiß,
   Als tapfer seine Hand.

Mit jugendlicher Heldenkraft
   Ergriff sie eine Fahn,
Hielt sie empor an ihrem Schaft,
   Daß wir sie alle sahn;

Und sagte: „Kinder, Berg hinan,
   Auf Schanzen und Geschütz!"
Wir folgten alle, Mann vor Mann,
   Geschwinder wie der Blitz.

Ach! aber unser Vater fiel,
   Die Fahne sank auf ihn.
Ha! welch glorreiches Lebensziel,
   Glückseliger Schwerin!

Dein Friederich hat dich beweint,
   Indem er uns gebot;
Wir aber stürzten in den Feind,
   Zu rächen deinen Tod.

Du, Heinrich, warest ein Soldat,
   Du fochtest königlich!
Wir sahen alle, Tat vor Tat,
   Du junger Löw', auf dich!

Der Pommer und der Märker stritt,
   Mit rechtem Christen Mut.
Rot ward sein Schwert, auf jeden Schritt
   Floß dick Pandurenblut.

Aus sieben Schanzen jagten wir
   Die Mützen von dem Bär.
Da, Friedrich, ging dein Grenadier
   Auf Leichen hoch einher.

Dacht, in dem mörderischen Kampf,
   Gott, Vaterland und Dich,
Sah, tief in schwarzem Rauch und Dampf,
   Dich seinen Friederich.

Und zitterte, ward feuerrot,
   Im kriegrischen Gesicht,
Er zitterte vor Deinem Tod,
   Vor seinem aber nicht.

Verachtete die Kugelsaat,
    Der Stücke Donnerton,
Stritt wütender, tat Heldentat,
    Bis Deine Feinde flohn.

Nun dankt Er Gott für seine Macht,
    Und singt: Victoria!
Und alles Blut aus dieser Schlacht
    Fließt nach Theresia.

Und weigert sie auf diesen Tag,
    Den Frieden vorzuziehn;
So stürme, Friedrich, erst ihr Prag,
    Und dann führ uns nach Wien.

Gottlieb Konrad Pfeffel
1736–1809

Die Wahl

Graf Hunerich, ein deutscher Mann,
Hielt sich und seinem Weib,
Frau Hedwig, einen Schloßkaplan
Zum frommen Zeitvertreib.

Der Mönch vergaß beim leckern Tisch
Des Grafen sein Brevier;
Aß auch am Freitag selten Fisch.
Trank lieber Wein als Bier.

Einst weckt ihn was um Mitternacht;
Da stand mit stillem Grimm,
Gehörnt, in schwefelgelber Tracht,
Fürst Luzifer vor ihm.

Wähl, sprach er, unter dreien eins:
Ermorde Hunerich,
Entehr' sein Weib, sauf dich voll Weins,
Sonst hol' ich morgen dich.

Er wählt die Flasche, treibt berauscht
Mit Hedwig frevle Lust,
Und stößt dem Mann, der sie belauscht,
Ein Messer in die Brust.

Die Aufklärung

Auf seiner langen Wanderschaft
Durch halb Europa sah und hörte
Ein Löwe viel von Wissenschaft
Und Kunst. Als er nach Hause kehrte,
Erhob das treue Volk zum Lohn
Für das, was er in fremden Landen
Als Kriegsgefangner ausgestanden,
Ihn auf den väterlichen Thron.
Er glaubte – hier wird mancher lachen –
Er müsse bei der Nation
Sich nur durch Wohltun Ehre machen,
Und faßte den Entschluß, sein Reich,
Dem großen Kaiser Peter gleich,
Durch Künste zu zivilisieren.
Frohlockend lobte der Senat
Den schönen Plan; auch bei den Tieren
Will nur ein Ochs deliberieren,
Wenn der Monarch gesprochen hat,
Und damals saßen diese Herren,
Die gern dem Licht das Tor versperren,
Noch nicht in dem geheimen Rat.
Der König ließ durch sein Mandat
Die Kandidaten aller Stufen
Gar huldreich zum Concurs berufen.
Zuerst erschien ein großer Bär,
Der aufrecht vor den Thron sich pflanzte,
Und bald ins Kreuz bald in die Quer
Auf polnisch und kosakisch tanzte.
Mit Jauchzen ward der Postulant
Zum Doktor seiner Kunst ernannt.
Jetzt nahte sich dem Königsstuhle
Die Nachtigall. Kaum spielte sie
Ihr Lied voll Geist und Melodie,
So übergab man ihr die Schule
Der Tonkunst und der Poesie.
Das Lehramt der Philosophie

Ward einem Affen aufgetragen;
Sein allumfassendes Genie
Glich einem bodenlosen Magen;
Er wußte das Warum und Wie
Von jedem Dinge. Kurz zu sagen,
Er diente vormals in Paris
Bei einem Enzyklopädisten,
Der keine Müh sich dauern ließ
Mit seiner Kunst ihn auszurüsten,
Nun war der Unterricht im Gang.
Schon ward es aller Orten helle:
Schon wechselten Konzert und Bälle
Am Hof; das Licht der Wahrheit drang
In jeden Kopf; bei allen Tieren
Verschwanden Vorurteil und Wahn;
Sogar die Schöpse fingen an
Von Zeit und Raum zu disputieren.

Indessen fand der Großsultan
Das Volk nicht um ein Härchen besser;
Der Fuchs war stets ein Hühnerfresser
Und von des Wolfes Mörderzahn
Ward, nach wie vor, das Schaf zerrissen;
Nur daß er oft in frechen Schlüssen
Bewies, er habe recht getan.
So ging es bald im ganzen Lande,
Und konnte nicht wohl anders gehn.
Ha! rief der Schach, zu meiner Schande
Bekenn' ich, daß ich falsch gesehn.
Den Irrtum hab ich zwar vertrieben,
Allein die Laster sind geblieben.
Anstatt in meiner Monarchie
Gelehrte Bürger ziehn zu wollen,
Hätt' ich vor allen Dingen sie
Zu *guten* Bürgern machen sollen.

Christian Friedrich Daniel Schubart
1739–1791

Der kalte Michel

War einst ein deutscher Junker
    Im prächtigen Paris;
Er wollt' sein Geld in Ehren,
Und mit Geschmack verzehren
    In Frankreichs Paradies.

Auf einmal blieb der Wechsel
    Ihm allzulange aus.
Er schrieb zwar viel naive
Und wohlgesetzte Briefe,
    Doch keiner kam von Haus.

Des Franzmanns Komplimente –
    Die waren jetzt nicht groß;
Nur die mit vollen Händen
Ihr deutsches Geld verschwenden,
    Sieht gerne der Franzos.

Da war der Junker traurig,
    Und hängt das Mäulchen schief.
Es äugelt ihm itzunder
Vergeblich der Burgunder,
    Er will nur Geld und Brief.

Einst schaut er zu dem Fenster
    Mit dunkelm Blick hinaus;
Schon träumt er von Pistolen,
Von Mord und Teufelholen:
    Da kam sein Knecht von Haus.

Gleich schrie er: „Guter Michel,
    O komm doch 'rauf zu mir!"
Der Michel sprach: „Ihr Gnaden!
Ein Schöpplein könnt' nicht schaden;
    Ich weiß kein Wirtshaus hier."

Der Kerl war nun im Zimmer;
    Der Junker fragt: „Was Neu's?"
Doch Michel setzt sich nieder,
Labt erst mit Wein die Glieder,
    Dann sagt er, was er weiß.

„Ei, denkt doch, gnäd'ger Herre!
    Der Rabe ist verreckt.
Er hatte wenig Futter,
Auf einmal fraß er Luder,
    Bis er davon verreckt."

„Wer gab ihm so viel Luder?"
   Fragt Junker schon gerührt.
„Ha! euers Vaters Pferde –
Ihr wißt's, von großem Werte,
   Die waren halt krepiert."

„Was, meines Vaters Pferde?"
   „Ha! 's ist ja schon bekannt!
Ihr Gnaden, muß nur sagen,
Vom vielen Wassertragen
   Verreckten sie beim Brand."

„Was sagst von einem Brande?"
   „Hm! ja in euerm Haus.
'S ist eben kein Mirakel;
Denn, spielt man mit der Fackel,
   So kommt gleich Feuer aus."

„Ach Gott! mein Schloß verbrannte?"
   „Ihr Gnaden sagt es gleich.
Mit Fackeln und mit Kerzen
Ist wahrlich nicht zu scherzen,
   Wie bei der Mutter Leich'."

„Wie, Michel, meine Mutter?" –
   „Ja freilich, sie ist tot!
Sie hat sich halt bekümmert,
Und Kümmernis verschlimmert
   Das Blut, und bringt den Tod."

„Wer hat sie denn bekümmert?"
   „Ihr Vater, wie man sagt.
Der hat vor sieben Wochen
Halt das Genick gebrochen,
   Und zwar auf einer Jagd."

Der Junker sich an Schädel
   Mit beiden Fäusten schlug –
„Wär' ich doch nie geboren! –
Ha! alles ist verloren! –
   Verdammter Hund, genug!"

„Ist nicht so arg, sprach Michel,
   Was braucht's des Lärmens da?
Ich schwömm', bei meiner Ehre,
Gleich itzo auf dem Meere
   Fort nach Amerika."

Und mir nichts, dir nichts, plötzlich –
   Floh er mit ihm davon.
Europa bleibt zurücke,
Sie machen bald ihr Glücke
   Beim großen Washington.

Matthias Claudius
1740–1815

Phidile

Ich war erst sechzehn Sommer alt,
   Unschuldig und nichts weiter,
Und kannte nichts als unsern Wald,
   Als Blumen, Gras, und Kräuter.

Da kam ein fremder Jüngling her;
   Ich hatt ihn nicht verschrieben,
Und wußte nicht wohin noch her;
   Der kam und sprach von Lieben.

Er hatte schönes langes Haar
   Um seinen Nacken wehen;
Und einen Nacken, als das war,
   Hab ich noch nie gesehen.

Sein Auge, himmelblau und klar!
   Schien freundlich was zu flehen;
So blau und freundlich, als das war,
   Hab ich noch keins gesehen.

Und sein Gesicht, wie Milch und Blut!
   Ich hab's nie so gesehen;
Auch, was er sagte, war sehr gut,
   Nur konnt ich's nicht verstehen.

Er ging mir allenthalben nach,
   Und drückte mir die Hände,
Und sagte immer Oh und Ach,
   Und küßte sie behende.

Ich sah ihn einmal freundlich an,
  Und fragte, was er meinte;
Da fiel der junge schöne Mann
  Mir um den Hals, und weinte.

Das hatte niemand noch getan;
  Doch war's mir nicht zuwider,
Und meine beiden Augen sahn
  In meinen Busen nieder.

Ich sagt ihm nicht ein einzig Wort,
  Als ob ich's übelnähme,
Kein einzigs, und – er floh fort;
  Wenn er doch wiederkäme!

Die Geschichte von Goliath und David, in Reime bracht

War einst ein Riese Goliath
  Gar ein gefährlich Mann!
Er hatte Tressen auf dem Hut
  Mit einem Klunker dran,
Und einen Rock von Drap d'argent
Und alles so nach advenant.

An seinen Schnurrbart sah man nur
  Mit Gräsen und mit Graus,
Und dabei sah er von Natur
  Pur wie der – aus.
Sein Sarras war, man glaubt es kaum,
So groß schier als ein Weberbaum.

Er hatte Knochen wie ein Gaul,
  Und eine freche Stirn,
Und ein entsetzlich großes Maul,
  Und nur ein kleines Hirn;
Gab jedem einen Rippenstoß,
Und flunkerte und prahlte groß.

So kam er alle Tage her,
  Und sprach Israel Hohn.
„Wer ist der Mann? Wer wagt's mit mir?
  Sei Vater oder Sohn,
Er komme her der Lumpenhund,
Ich bax'n nieder auf den Grund."

Da kam in seinem Schäferrock
  Ein Jüngling zart und fein;
Er hatte nichts als seinen Stock,
  Als Schleuder und den Stein,
Und sprach: „Du hast viel Stolz und Wehr,
Ich komm im Namen Gottes her."

Und damit schleudert' er auf ihn,
  Und traf die Stirne gar;
Da fiel der große Esel hin
  So lang und dick er war.
Und David haut' in guter Ruh
Ihm nun den Kopf noch ab dazu.

Trau nicht auf deinen Tressenhut,
  Noch auf den Klunker dran!
Ein großes Maul es auch nicht tut:
  Das lern vom langen Mann;
Und von dem kleinen lerne wohl:
Wie man mit Ehren fechten soll.

[Drap d'argent: Goldtuch. – advenant: hier: passend. – Sarras: Säbel mit schwerer Klinge.]

Leopold Friedrich Günther von Goeckingk
1748–1828

Das Wunderhemde

In alten Zeiten ritt ein Ritter,
Conrad von Reizenstein,
Nach Anspach; aber ein Gewitter
Trieb ihn nach Heilgenbein;
Hier kehrt er in der goldnen Zitter
Auf ein paar Stunden ein.

Und gegenüber saß ein Mädchen,
Schön, wie einst Galathee;
Sie spann auf ihrem bunten Rädchen,
Flachs, weißer als der Schnee,
Und sah nur immer auf ihr Fädchen,
Und niemals in die Höh.

„Herr Wirt, was ist das für ein Mädchen,
Die in der Tür da spinnt?" –
Die da? ist unsers Kirchners Käthchen,
Und meiner Tochter Kind;
Glaubt's keiner, was mit jeden Fädchen
Das Ding für Geld gewinnt!

„So?" sagte Conrad, „nun das heiß' ich
Auch spinnen," – ging hinaus
Und hin zu ihr. „Ei, noch so fleißig?
Du spinnst ja wie ein Daus!" –
Man muß wohl; denn ein Schocker dreißig
Zupft man nicht gleich heraus!

„Hm," fiel ihr jener in die Rede,
„Wenn dir's an Geld gebricht" –
Je, das nicht, doch für eine jede
Ist dieser Flachs nur nicht!
Und röter ward, als sie dies blöde
Herlispelt', ihr Gesicht.

Dies hört' ihr Vater auf der Diele
Gelassen erst mit an.
Doch, dacht' er, es ist Zeit, ich spiele
Nur bald den dritten Mann;
Denn schlimmer Ritter gibt es viele,
Und Käthchen wächst heran.

Der Herr wird nach dem Flachs wohl fragen,
Sprach unser Kirchner; zwar
Klingt das, was ich davon kann sagen,
Wohl freilich wunderbar,
Doch soll der Kirchturm mich erschlagen,
Ist nur ein Wort nicht wahr!

Beim heil'gen Stephan! In ganz Sachsen,
Ja, in ganz Deutschland wohl,
Muß solcher Flachs, wie der, nicht wachsen,
Wer's anders red't, (hier schwoll
Sein Kinn ihm) den will ich beflachsen,
Daß er dran denken soll.

Er wächst sonst nirgend, als zur Seite
Der Kirche hier; ja, ja,
Was liegen auch für fromme Leute,
Exempli gratia
Nur Weiber, die den Kranz als Bräute
Mit Ehren trugen, da!

Dem Flachs, vom Grabe dieser Frommen,
(Der Name Heilgenbein
Ist drum davon auch hergenommen)
Darf keine, die zum Schein
Nur Jungfer ist, zu nahe kommen,
Sonst muß sie Zeter schrein.

Drum wird im Dorfe manches Mädchen,
Die nur ihn sieht, schon bleich;
Denn rührt Eins von dem Flachs ein Blättchen
Nur an, so brennt es gleich
Wie Feuer; aber hier mein Käthchen
Spinnt sich daran noch reich.

Für eine solche Stiege Linnen
Kauf' ich das beste Pferd.
Ihr denkt wohl: Ist der Kerl bei Sinnen?
Allein die Stieg' ist's wert;
Denn es ist eine Kraft darinnen –
Wie Feuer und wie Schwert!

Zieht eine Braut am Hochzeittage
Ein Hemde davon an,
Und ist nicht Jungfer: Höllenplage
Fühlt sie am Leibe dann,
Und jeder Floh im Ehrgelage
Setzt an die Braut sich an.

Doch – Käthchen! daß dich Gott bewahre! –
Ist sie noch, wie ein Lamm,
Voll Unschuld an dem Traualtare,
So wird dem Bräutigam
Sie treu bis an die Totenbahre,
Und jeder Floh ihr gram. –

„He da!" rief Conrad einer Dirne
Von fern' zu, und empor
Hielt' er ein Goldstück; „Komm! und zwirne
Drei Faden Garn hievor!" –
Das Mädchen runzelte die Stirne,
Und hatt' ein taubes Ohr.

Doch Conrad hin und zog's herüber
Zum Spinnerocken, nahm
Des Mädchens Hand, und wischte drüber
Mit Flachs her; – wundersam! –
Da schrie die Dirne, daß man's über
Zehn Häuser weg vernahm.

„Nein, Mann! ihr sagtet keine Lüge!
Laßt von dem Linnen mir
Für Geld nur eine halbe Stiege." –
Und fort trug Conrad, schier
So froh, sie, als nach einem Siege
Den Dank aus dem Turnier.

„Ach Ursel! wenn ich dich nun hätte,"
Seufzt' unser Reizenstein,
„Dich Preis der Fräulein! deren Kette
Schon lang' ich trug mit Pein!
Dich, ohne Floh, in meinem Bette –
Wie glücklich würd' ich sein!"

Und sie erhört' ihn. Endlich rückte
Der Hochzeittag heran,
An dem er früh das Hemd' ihr schickte,
Das Käthchen für sie spann.
Drauf kam der Ritter selbst, und blickte
Neugierig Urseln an.

Doch grad und schlank wie eine Lanze,
Voll Unschuld wie ein Kind,
Stand sie in ihrem Myrtenkranze.
Ach! aber, wie geschwind
Verschwand der Nebel! denn beim Tanze
War Reizenstein nicht blind.

Urplötzlich stand erblaßt der Ritter
Wie eine Säule da,
Als durch des Busenflores Gitter
Ein andres Hemd' er sah.
„Ist das mein Hemde?" fragt' er bitter,
„Liebt ihr mich so? Ha ha!" –

Ich zog es, schwör' ich hoch und teuer,
Heut' an; im Augenblick
Brannt's aber auf der Haut wie Feuer. –

„Ei," sprach, mit Wut im Blick,
Der Ritter, „welch' ein Abenteuer!
So gebt mir's nur zurück!"

Sie ging und bracht' es ihm; mit Zittern
Nahm Conrad ihr es ab,
Und riß den Kranz von Myrt' und Flittern
Von ihrem Haupt' herab,
Und rief: „Laß hier nicht lang dich wittern,
Sonst findest du dein Grab!"

Der Ritter hätte mehr gesprochen,
Nur Scham und Geifer band
Die Zung' ihm; doch er ward gerochen:
Ein junger Sohn gestand
Nach etwa fünfunddreißig Wochen,
Was Ursel nicht bekannt.

Und Conrad wagt die große Waage
Beherzt zum zweiten Mal,
Doch glücklicher war, nach der Sage
Der Chronik, seine Wahl;
Die Braut trug an dem Hochzeittage
Das Hemd' ohn' alle Qual.

Sie trieb die Flöhe, wie wir lesen,
(So, wie einst Rabener
Die Witzling' und die Narr'n zu Dresden)
In Herden vor sich her;
Ist von zwölf Kindern zwar genesen,
Doch Vater war nur Er.

Ach, seufzt' er diesen zu, beim Scheiden,
„Reibt euch damit! – Ihr kennt
Dies Hemde doch? – wenn ihr den Leiden
Des Vaters Lind'rung gönnt!" –
Die Fräulein rieben sich mit Freuden,
Und keine schrie: Es brennt!

„Ich dank' euch, Töchter! Jede schütze
Sich ferner, wie zuvor!" –
Drauf küßt' er sie, zog seine Mütze
Gelassen über's Ohr,
Und fuhr zu Gottes Wolkensitze
Als freier Geist empor.

Das Hemde kam in unsern Tagen
An Bastel Reizenstein;
Sie, die als Braut es auch getragen,
Doch nicht mit Ursels Pein,
Legt' dieses Kleinod in den Wagen,
Auf Reisen, selbst mit ein.

Allein, wer ist, der auf der Reise
Noch nichts vergessen hat?
So blieb auch sonderbarer Weise
Dies Hemd in**stadt;
„Mit Willen!" zischt der Spötter leise,
Doch spott' er nur sich satt!

Zur Ehre meiner Landsmänninnen
Sei laut es hiermit kund:
Daß drei von ihnen, mit dem Linnen
Die Hände fast sich wund
Gerieben; sind indes von innen
Und außen noch gesund.

[Exempli gratia: zum Beispiel.]

Ludwig Christoph Heinrich Hölty
1748–1776

Adelstan und Röschen

Der schöne Maienmond begann
    Und alles wurde froh;
Als Ritter Veit von Adelstan
    Der Königsstadt entfloh.
Von Geigern und Kastraten fern
    Und vom Redoutentanz,
Vertauscht' er seinen goldnen Stern
    Mit einem Schäferkranz.

Der Schoß der Au', der Wiesenklee,
    Verlieh ihm süßre Rast
Als Himmelbett und Kanapee
    Im fürstlichen Palast.
Er irrte täglich durch den Hain,
    Mit einer Brust voll Ruh,
Und sah dem Spiel und sah dem Reihn
    Der Dörferinnen zu;

Sah unter niederm Hüttendach
    Der Schäfermädchen Preis;
Und plötzlich schlug sein Herzensschlag
    Wohl noch einmal so heiß.
Sie wurden drauf gar bald vertraut;
    Was Wunder doch! er war
Ein Mann von Welt und wohlgebaut,
    Und Röschen achtzehn Jahr.

Sie gab, durch manchen Tränenguß
    Erweichet, ihm Gehör;
Zuerst bekam er einen Kuß,
    Zuletzt noch etwas mehr.
Itzt wurde nach des Hofes Brauch
    Sein Busen plötzlich lau;
Er saß nicht mehr am Schlehenstrauch
    Mit Röschen auf der Au.

Des Dorfes und des Mädchens satt,
    Warf er sich auf sein Roß,
Flog wieder in die Königsstadt
    Und in sein Marmorschloß.
Hier taumelt' er von Ball zu Ball,
    Vergaß der Rasenbank,
Wo beim Getön der Nachtigall
    Sein Mädchen ihn umschlang.

Und Röschen, das auf Wiesengrün
    Im Haselschatten saß,
Sah Mann und Roß vorüberfliehn
    Und wurde totenblaß.
Mein Adelstan! Ich armes Blut! –
    Er sah und hörte nicht,
Und drückte sich den Reisehut
    Nur tiefer ins Gesicht.

Sie zupft', auf ihren Hirtenstab
    Gelehnt, am Busenband,
Bis er dem Roß die Sporen gab
    Und ihrem Aug' entschwand;
Und schluchzt' und warf sich in das Gras,
    Verbarg sich im Gesträuch,
Weint' ihren schönen Busen naß
    Und ihre Wangen bleich.

Kein Tanz, kein Spiel behagt ihr mehr,
    Kein Abendrot, kein West;
Das Dörfchen dünkt ihr freudenleer,
    Die Flur ein Otternnest.
Ein melancholisch Heimchen zirpt
    Vor ihrer Kammertür;
Das Leichhuhn schreit. Ach Gott! sie stirbt,
    Des Dorfes beste Zier!

Die dumpfe Totenglocke schallt
  Drauf in das Dorf. Man bringt
Den Sarg daher; der Küster wallt
  Der Bahre vor und singt.
Der Pfarrer hält ihr den Sermon
  Und wünscht dem Schatten Ruh,
Der diesem Jammertal entflohn,
  Und klagt und weint dazu.

Man pflanzt ein Kreuz, mit Flittergold
  Bekränzet, auf ihr Grab;
Und auf den frischen Hügel rollt
  So manche Trän' herab.
Es wurde Nacht. Ein düstrer Flor
  Bedeckte Tal und Höhn;
Auch kam der liebe Mond hervor
  Und leuchtete so schön.

Vernehmt nun, wie's dem Ritter ging!
  Der Ritter lag auf Flaum,
Um welchen Gold und Seide hing,
  Und hatte manchen Traum.
Er zittert auf. Mit blauem Licht
  Wird sein Gemach erfüllt,
Ein Mädchen tritt ihm vors Gesicht,
  Ins Leichentuch verhüllt.

Ach, Röschen ist's, das arme Kind,
  Das Adelstan berückt!
Die Rosen ihrer Wangen sind
  Vom Tode weggepflückt.
Sie legt die eine kalte Hand
  Dem Ritter auf das Kinn,
Und hält ihr moderndes Gewand
  Ihm mit der andern hin;

Blickt drauf den ehrvergeßnen Mann,
  Den Schauer überschleicht,
Dreimal mit hohlen Augen an,
  Und wimmert und entweicht.
Sie zeigte, wann es zwölfe schlug,
  Itzt alle Nächte sich,
Verhüllet in ein Totentuch,
  Und wimmert' und entwich.

Der Ritter fiel in kurzer Zeit
  Drob in Melancholei
Und ward, verzehrt von Traurigkeit,
  Des Todes Konterfei.
Mit einem Dolch bewaffnet, floh
  Er aus der Stadt und lief
Zum Gottesacker hin, allwo
  Das arme Röschen schlief;

Wankt an die frische Gruft, den Dolch
  Dem Herzen zugekehrt,
Und sank. Folg'! ruft ein Teufel, folg'!
  Und seine Seel' entfährt.
Der Dolch ging mitten durch das Herz,
  Entsetzlich anzuschaun!
Die Augen starrten himmelwärts
  Und blickten Furcht und Graun.

Sein Grab ragt an der Kirchhofmaur,
  Der Landmann, der es sieht,
Wenn's Abend wird, fühlt kalten Schaur
  Und schlägt ein Kreuz und flieht.
Auch pflegt er, bis die Hahnen krähn,
  Den Blutdolch in der Brust,
Mit glühnden Augen umzugehn,
  Wie männiglich bewußt.

Die Nonne

Es liebt' in Welschland irgendwo
  Ein schöner junger Ritter
Ein Mädchen, das der Welt entfloh,
  Trotz Klostertor und Gitter;
Sprach viel von seiner Liebespein,
  Und schwur, auf seinen Knien,
Sie aus dem Kerker zu befrein,
  Und stets für sie zu glühen.

„Bei diesem Muttergottesbild,
  Bei diesem Jesuskinde,
Das ihre Mutterarme füllt,
  Schwör' ich's dir, o Belinde!

Dir ist mein ganzes Herz geweiht,
  So lang ich Odem habe,
Bei meiner Seelen Seligkeit!
  Dich lieb' ich bis zum Grabe."

Was glaubt ein armes Mädchen nicht,
  Zumal in einer Zelle?
Ach! sie vergaß der Nonnenpflicht,
  Des Himmels und der Hölle.
Die, von den Engeln angeschaut,
  Sich ihrem Jesu weihte,
Die reine schöne Gottesbraut,
  Ward eines Frevlers Beute.

Drauf wurde, wie die Männer sind,
 Sein Herz von Stund' an lauer,
Er überließ das arme Kind
 Auf ewig ihrer Trauer.
Vergaß der alten Zärtlichkeit,
 Und aller seiner Eide,
Und flog, im bunten Galakleid,
 Nach neuer Augenweide.

Begann mit andern Weibern Reihn,
 Im kerzenhellen Saale,
Gab andern Weibern Schmeichelein,
 Beim lauten Traubenmahle.
Und rühmte sich des Minneglücks
 Bei seiner schönen Nonne,
Und jedes Kusses, jedes Blicks,
 Und jeder andern Wonne.

Die Nonne, voll von welscher Wut,
 Entglüht' in ihrem Mute,
Und sann auf nichts als Dolch und Blut,
 Und schwamm in lauter Blute.
Sie dingte plötzlich eine Schar
 Von wilden Meuchelmördern,
Den Mann, der treulos worden war,
 Ins Totenreich zu fördern.

Die bohren manches Mörderschwert
 In seine schwarze Seele.
Sein schwarzer, falscher Geist entfährt,
 Wie Schwefeldampf der Höhle.
Er wimmert durch die Luft, wo sein
 Ein Krallenteufel harret.
Drauf ward sein blutendes Gebein
 In eine Gruft verscharret.

Die Nonne flog, wie Nacht begann,
 Zur kleinen Dorfkapelle,
Und riß den wunden Rittersmann
 Aus seiner Ruhestelle.
Riß ihm das Bubenherz heraus,
 Recht ihren Zorn zu büßen,
Und trat es, daß das Gotteshaus
 Erschallte, mit den Füßen.

Ihr Geist soll, wie die Sagen gehn,
 In dieser Kirche weilen,
Und, bis im Dorf die Hahnen krähn,
 Bald wimmern, und bald heulen.
Sobald der Zeiger zwölfe schlägt,
 Rauscht sie, an Grabsteinwänden,
Aus einer Gruft empor, und trägt
 Ein blutend Herz in Händen.

Die tiefen, hohlen Augen sprühn
 Ein düsterrotes Feuer,
Und glühn, wie Schwefelflammen glühn,
 Durch ihren weißen Schleier.
Sie gafft auf das zerrißne Herz,
 Mit wilder Rachgebärde,
Und hebt es dreimal himmelwärts,
 Und wirft es auf die Erde.

Und rollt die Augen, voller Wut,
 Die eine Hölle blicken,
Und schüttelt aus dem Schleier Blut,
 Und stampft das Herz in Stücken.
Ein dunkler Totenflimmer macht
 Indes die Fenster helle.
Der Wächter, der das Dorf bewacht,
 Sah's in der Landkapelle.

Ballade

Ich träumt, ich war ein Vögelein,
 Und flog auf ihren Schoß,
Und zupft ihr, um nicht laß zu sein,
 Die Busenschleifen los.
Und flog, mit gaukelhaftem Flug,
 Dann auf die weiße Hand,
Dann wieder auf das Busentuch,
 Und pickt am roten Band.

Dann schwebt ich auf ihr blondes Haar,
 Und zwitscherte vor Lust,
Und ruhte, wann ich müde war,
 An ihrer weißen Brust.

Kein Veilchenbett im Paradies
 Geht diesem Lager vor.
Wie schlief sichs da so süß, so süß
 Auf ihres Busens Flor!

Sie spielte, wie ich tiefer sank,
 Mit leisem Fingerschlag,
Der mir durch Leib und Leben drang,
 Den frohen Schlummrer wach.
Sah mich so wunderfreundlich an,
 Und bot den Mund mir dar,
Daß ich es nicht beschreiben kann,
 Wie froh, wie froh ich war.

Da trippelt ich auf einem Bein,
  Und hatte so mein Spiel,
Und spielt ihr mit dem Flügelein
  Die rote Wange kühl.
Doch, ach, kein Erdenglück besteht,
  Es sei Tag, oder Nacht!
Schnell war mein süßer Traum verweht,
  Und ich war aufgewacht.

Johann Martin Miller
1750–1814

Ritter Richard

Der Ritter Richard sah einmal
  Das Fräulein Adelgund,
Und herzlich tat er seine Qual
  Ihr unter Tränen kund;

Und wurde bald erhört. Es sprach
  Die Lieb' aus ihrem Blick,
Sie sahen sich an jedem Tag,
  Und täglich wuchs ihr Glück.

Doch schneller schwand es, als der Strahl
  Vom falben Abendlicht;
Hienieden dau'rt kein Glück, zumal
  Das Glück der Liebe nicht.

Er soll in Krieg, er wappnet sich,
  Gibt ihr den Scheidekuß;
Und sie umarmt ihn inniglich
  Mit einem Tränenguß.

Doch trocknen, wie ein jeder weiß,
  Der Mädchen Tränen bald;
Ihr Busen, eben noch so heiß,
  Ward augenblicklich kalt.

Ein schöngeputzter Edelmann,
  Herr Robert jung und fein,
Sah sie mit Liebesblicken an,
  Und nahm sie jählings ein.

Zwar hatt' er, wie ihr Richard, nicht
  Ein Herz ohn' allen Trug,
Doch lieblich war sein Angesicht,
  Und das ist Mädchen g'nug.

Bald, schrieb ihr Richard, bin ich dein,
  Ich komm', o Teure, schon;
Sie aber las, und lachte sein,
  Und sprach ihm bittern Hohn;

Und flog zu ihrem Robert hin,
  Und sprach: Bin ich dir wert,
So laß die Trauung uns vollziehn,
  Eh' uns ein andrer stört.

Kein Augenblick ward da gespart,
  Man fuhr hinaus aufs Land,
Und gleich der zweite Morgen ward
  Zum Trauungstag ernannt.

Indessen kömmt, mit Ruhm bekränzt,
  Der Ritter Richard an;
Sein Busen pocht, sein Auge glänzt,
  Das Fräulein zu empfahn.

Ach, was er da vernimmt! Die ist
  Des Ritter Roberts Braut,
Und, eh' der zweite Tag verfließt,
  Wird sie ihm angetraut.

Er flucht und betet, springt aufs Roß,
  Und rennt im wilden Trab
Vor Fräulein Adelgundens Schloß,
  Und hastig springt er ab;

Und will im ersten Augenblick
  Die falsche Dirne sehn:
Doch höhnisch weist man ihn zurück,
  Und läßt ihn staunend stehn.

Gott! ruft er rasend, welch ein Lohn!
    Und stampft, und knirscht, und lacht,
Und eilt mit seinem Roß davon
    Und tobt die ganze Nacht.

Die Dirn' indessen lachte sein
    Mit ihrem Bräutigam,
Und hüllt' ins Brautgewand sich ein,
    Sobald der Morgen kam.

Ein frischgeflochtner Blumenkranz
    Umschlang ihr blondes Haar,
Und alles ging, in Prunk und Glanz,
    Mit ihnen zum Altar.

Des Priesters Stimme schallte schon,
    Sie sprachen beid' ihr Ja.
Gott segn' euch! – Fluch euch! hallt' ein Ton
    Und flugs war Richard da;

Und stieß das Schwert mit einem Stoß
    Ins Herz dem Bräutigam,
Daß quellend sich sein Blut ergoß
    Und schwarz am Altar schwamm;

Und mit der andern Hand ergriff
    Er ungestüm das Weib,
Und stieß das Schwert, noch rauchend, tief
    Ihr in den falschen Leib.

Dann warf er neben sich das Schwert,
    Und knirscht' in wilder Wut,
Den Blick gen Himmel hingekehrt,
    Und stampft' in ihrem Blut.

Dann floh er weg; der Haufen sah
    Ihn unbeweglich fliehn,
In tiefem Schweigen stand er da,
    Und ließ den Mörder ziehn.

Die beiden lagen ausgestreckt
    Und röchelten nicht mehr;
Ihr Blumenkranz mit Blut befleckt,
    Sein Aug' empfindungsleer.

Drauf ward ein doppelt Grab gemacht.
    Ein feierlicher Zug
Kam um die stille Mitternacht,
    Der die Erschlagnen trug.

Erst senkte man beim Fackelschein,
    Der blasse Leuchtung gab,
Den toten Ritter Robert ein,
    Dann ging's zu ihrem Grab.

Und – Gott im Himmel – Richard riß
    Sich wütend aus der Gruft,
Und sank, indem er sich durchstieß,
    Mit Schreien in die Kluft.

Die Träger flohen alsofort
    Zum Kirchhoftor hinaus,
Und jetzo noch ist dieser Ort
    Dem ganzen Land ein Graus.

Um tiefe Mitternacht erscheint
    Das Fräulein hier im Flor,
Und ringt die bleichen Händ' und weint,
    Und Robert steigt empor;

Und hinter ihm hebt wild und stumm
    Sich Richard aus dem Grab,
Und beide sinken wiederum
    Mit Zeterschrei hinab.

Friedrich Leopold Graf zu Stolberg
1750–1819

Romanze

In der Väter Halle ruhte
Ritter Rudolfs Heldenarm!
Rudolf, den die Schlacht erfreute,
Rudolf, welchen Frankreich scheute,
Und der Sarazenen Schwarm.

Er, der letzte seines Stammes,
Weinte seiner Söhne Fall;
Zwischen moosbewachs'nen Mauern
Tönte seiner Klage Trauern
In der Zellen Widerhall.

Agnes mit den goldnen Locken
War des Greises Trost und Stab.
Sanft wie Tauben, weiß wie Schwäne,
Küßte sie des Vaters Träne
Von den grauen Wimpern ab.

Ach! sie weinte selbst im stillen,
Wenn der Mond ins Fenster schien;
Albrecht mit der offnen Stirne
Brannte für die edle Dirne,
Und die Dirne liebte ihn.

Aber Horst, der hundert Krieger
Unterhielt im eignen Sold,
Rühmte seines Stammes Ahnen,
Prangte mit erfochtnen Fahnen,
Und der Vater war ihm hold.

Einst beim freien Mahle küßte
Albrecht ihre weiche Hand;
Ihre sanften Augen strebten
Ihn zu strafen, ach! da bebten
Tränen auf das Busenband.

Horst entbrannte, blickte seitwärts
Auf sein schweres Mordgewehr;
Auf des Ritters Wange glühten
Zorn und Liebe, Funken sprühten
Aus den Augen wild umher.

Drohend warf er seinen Handschuh
In der Agnes keuschen Schoß:
Albrecht, nimm! Zu dieser Stunde
Harr' ich dein im Mühlengrunde!
Kaum gesagt, schon flog sein Roß.

Albrecht nahm das Fehdezeichen
Ruhig, und bestieg sein Roß;
Freute sich des Mädchens Zähre,
Die der Lieb' und ihm zur Ehre
Aus dem blauen Auge floß.

Rötlich schimmerte die Rüstung
In der Abendsonne Strahl;
Von den Hufen ihrer Pferde
Tönte weit umher die Erde,
Und die Hirsche flohn ins Tal.

Auf des Söllers Gitter lehnte
Die betäubte Agnes sich,
Sah die blanken Speere blinken,
Sah den edlen Albrecht sinken –
Sank wie Albrecht, und erblich.

Bang' von leiser Ahndung spornte
Horst sein schaumbedecktes Pferd;
Höret nun des Hauses Jammer,
Eilet in der Schönen Kammer,
Starrt und stürzt sich in sein Schwert.

Rudolf nahm die kalte Tochter
In den väterlichen Arm;
Hielt sie so zween lange Tage,
Tränenlos und ohne Klage,
Und verschied im stummen Harm.

Die Büßende

Hört, ihr lieben deutschen Frauen,
Die ihr in der Blüte seid,
Eine Mär' aus alter Zeit,
Die ich selbst nicht ohne Grauen
Euren Ohren kann vertrauen;
Denn mit Schrecken sollt ihr schauen,
Wie ein Ritter sonder Glimpf
Rächte seines Bettes Schimpf.

In den alten Biederzeiten,
Da noch Keuschheit Sitte war,
Und ein Weib nicht um ein Haar
Durft' aus ihrem Wege gleiten,

Kam ein Rittersmann von weiten,
Der zum Kaiser sollte reiten,
Von Navarras Fürst gesandt,
In das heil'ge deutsche Land.

Einst, da Strom und Nachtwind brauste,
Und sein Roß ermüdet war,
Ward er eine Burg gewahr,
Wo ein deutscher Ritter hauste,
Dessen Hof der Sturm durchsauste,
Und der Ulmen Haupt zerzauste;
Freudig führte er sein Roß
An das hochgetürmte Schloß.

Laut klopft' er ans Tor, es klappen
Ihm die Zähn', er war erstarrt,
Denn der Winterfrost war hart.
Bald erschienen edle Knappen,
Forschten nach des Fremdlings Wappen,
Hielten seinen treuen Rappen,
Führten dann bei Fackelschein
Ihn in den Palast hinein.

Herzlich, nach der Deutschen Weise,
Ging auf ihn der Deutsche zu:
„Komm, geneuß bei mir der Ruh,
Nach der schweren Winterreise,
Und erfrische dich mit Speise.
Sieh, es glänzt von Reif und Eise
Dir das Haupthaar und der Bart;
Auch ist deine Hand erstarrt."

Bei der krummen Hörner Schalle,
Führt' er den erfrornen Mann,
Einen Windelsteig hinan,
In die kerzenvolle Halle.
Seine Väter standen alle
Aus gegossenem Metalle,
Schöngewappnet ohne Zahl,
In dem ungeheuren Saal.

Hier heißt er das Mahl bereiten,
Und schon sitzen sie am Tisch;
Unsre Helden trinken frisch,
Aus Pokalen und aus breiten
Tummlern, nach dem Brauch der Zeiten;
Rheinwein und Tokayer gleiten
In die Kehlen glatt hinein,
Welscher und Burgunder Wein.

Aber mitten in der Freude
Öffnet eine Türe sich.
Stumm und langsam feierlich,
Kömmt ein Weib in schwarzem Kleide,
Ohne Gold, Geschmuck und Seide,
Abgehärmt von bitterm Leide,
Mit geschornem Haupte, schön
Wie der blasse Mond zu sehn.

Grauen überfiel und Beben
Den Navarrer, er ward blaß,
Ihm entsank ein Doppelglas,
Und er zweifelte, ob Leben
Wär' im Weibe, ob sie schweben,
Senken oder sich erheben
Würde, ein Gespenst der Nacht,
Das dem Arm des Grabes lacht.

Aber näher kam sie ihnen,
Setzte nun sich an den Tisch,
Aß zween Bissen Brot und Fisch.
Und sie schellte; da erschienen,
Mit des Mitleids trüben Mienen,
Knappen, ihrer Frau zu dienen.
Einem winkt sie, er versteht
Ihren Jammerblick, und geht.

Und schon hält er in der Linken
Einen Schädel, spült ihn rein,
Gießet Wasser dann hinein,
Hält's ihr schweigend dar zu trinken.
Ach! sie läßt die Augen sinken,
Sieht den nassen Schädel blinken,
Starret vor sich, trinkt ihn aus,
Setzt ihn hin, und wankt hinaus.

„Ich beschwöre dich, zu sagen",
Hub der fremde Ritter an,
„Was hat dir dies Weib getan?
Wie kannst du mit diesen Plagen
So sie martern? wie ertragen
Ihrer Tränen stumme Klagen?
Sie ist schön, wie Engel sind,
Und geduldig, wie ein Kind."

„Fremdling, sie ist schön! Ich baute
Auf die Schönheit all mein Glück,
Weidete an ihrem Blick,
Wenn sie bei der sanften Laute
Fromm und liebend auf mich schaute!
Ach! mein ganzes Herz vertraute
Ich ihr ohne Zweifeln an,
War ein hochbeglückter Mann!

Ihre schönen Augen logen!
Wer ergründet Weibessinn?
Ihre Liebe war dahin,
Einem Buben zugeflogen,
Den ich in der Burg erzogen!
Lange hat sie mich betrogen;
Meines Herzens Lieb' und Treu
Blieb sich immer gleich und neu!

Als ich einst von frohen Siegen
Unvermutet kam zurück;
Ach! da sah mein erster Blick,
Der sie fand, nach langen Kriegen,
Sie in meinem Bette liegen
Mit dem Ehebrecher! Schmiegen
Tät er wie ein Lindwurm sich,
Doch ihn traf der Todesstich!

Aber sie fiel mir zu Füßen,
Flehend: „Herr, erbarme dich
Meiner, und erwürge mich!
Laß mich mein Verbrechen büßen!
Sieh, das Eisen möcht' ich küssen,
Das da soll mein Blut vergießen,
Und mich bald in jener Welt
Meinem Trauten zugesellt!"

In dem Augenblick gedachte
Ich in meinem Zorne doch
Ihrer armen Seele noch,
Und das Bild der Höllen brachte
Schrecken in mein Herz; doch wachte
Meine Rache noch, und fachte
Meines Zornes Glut; ich sprach:
„Büßen sollst du meine Schmach:

Aber nicht mit deinem Leben!
Denn was hätt' ich deß Gewinn,
So du führst zum Teufel hin?
Nein, mit Tränen, Flehn und Beben,
Magst du nach dem Heile streben,
Ob dir wolle Gott vergeben;
Aber Jammer, Angst und Not
Geb' ich dir bis an den Tod!"

Da tät ich ihr Haupt bescheren,
Nahm ihr Gold und Edelstein,
Hüllte sie in Trauer ein,
Ungerührt von ihren Zähren.
Welche Schmerzen sie verzehren,
Magst du von ihr selber hören.
Fasse dich, und folge mir
Hier durch diese Seitentür."

Und er führt' ihn eine lange,
Steile, dunkle Trepp' hinab.
„Ach! du führst mich in ein Grab!"
Rief der Ritter, und ward bange. –
„Graut dir schon vor diesem Gange?
Aber horch dem leisen Klange
Einer Laute! Bei dem Klang
Singt sie ihren Bußgesang."

„Halt! nun sind wir an der Schwelle!"
Rief der Deutsche, stieß ans Schloß.
Rasselnd sprang die Feder los,
Und sie sahn sie in der Zelle.
Von den Augen stürzt die helle,
Gottgeweihte Tränenquelle,
Fließet aus zerknirschtem Sinn
Auf das offne Psalmbuch hin.

„Ach! wie ist ihr Schicksal bitter!"
Ruft der Gast, und geht hinein.
Stracks führt' ihn an einen Schrein
Der gestrenge deutsche Ritter.
Wie getroffen vom Gewitter,
Sieht er hinter einem Gitter,
O, wer hätte das geglaubt?
Ein Gerippe sonder Haupt.

Als der Fremdling sich ermannte,
Sprach der Deutsche: „Sieh den Mann,
Der dies Weib hier liebgewann,
Erst für sie im Stillen brannte,
Dann sein Feuer ihr bekannte,
Den sie ihren Trauten nannte,
Der mit seiner Freveltat
Mir mein Bett beschimpfet hat!"

„Das ist nun ihr größtes Leiden,
Daß sie ihren Ehemann,
Der solch Leid ihr angetan,
Muß beständig um sich leiden!
Jenes Anblick gab ihr Freuden
Sonst, nun möcht' sie gern ihn meiden!
Doch sie sieht ihn, und beim Mahl
Ist sein Schädel ihr Pokal."

Ehe sie das Weib verlassen,
Wünscht der Fremdling ihr Geduld
Und Erlassung ihrer Schuld.
Sie antwortete gelassen,
Mit gesenktem Blick, und blassen
Lippen: „Ritter, nicht zu fassen,
Ist mit Worten mein Vergehn!
Deiner Magd ist recht geschehn!"

Freundlich wünschte sie den Rittern
Gute Nacht. Sie gehen fort
Aus dem jammervollen Ort.
Bilder ihrer Angst erschüttern
Den Navarrer, sie verbittern
Ihm den dunkeln Weg, es zittern
Seine Kniee, banger Schweiß
Überläuft ihn, kalt wie Eis.

Endlich kömmt er in ein Zimmer.
Bang' und kummervoll durchwacht
Er die lange Winternacht.
Ach! er sah ihr Bildnis immer,
Wie sie bei der Lampe Schimmer
Spielte, sang und weinte. Nimmer
Ward wohl je ein Weib gesehn,
Das so elend war und schön.

Bei der goldnen Morgenröte,
Tät er seine Rüstung an,
Ging hinein zum deutschen Mann,
Nahm ihn bei der Hand, und flehte,
Daß er, eh der Gram sie töte,
Aus dem Jammer sie errette;
Sprach es, schwang sich auf sein Roß,
Und verließ das alte Schloß.

Jahre währten ihre Leiden;
Ihre helle Träne sank
Täglich in den bittern Trank.
Abgestorben allen Freuden,
Tät sie jedes Labsal meiden,
Tät an ihrem Gram sich weiden,
Sang den frommen Bußgesang
Täglich bei der Laute Klang.

Endlich rührt' ihr leises Stöhnen
Und ihr demutvoller Schmerz
Des gestrengen Mannes Herz.
Wer vermag sich zu den Tönen
Leiser Klage zu gewöhnen?
Rührender bewegen Tränen
Einer stummen Dulderin
Jeden felsenharten Sinn.

Sieh, er ließ sein rasches Dräuen,
Ihr die ganze Lebenszeit
Anzufügen solches Leid,
Sich aus Herzensgrunde reuen,
Nahm sie in sein Bett von neuen,
Tät sich weidlich mit ihr freuen,
Zeugte Söhne, stark von Art,
Töchter, wie die Mutter, zart.

Unsre Frauen zu belehren,
Hab' ich solches kund gemacht,
Und in saubre Reimlein bracht;
Auch die Herrchen zu bekehren,
Die der Weiblein Herz betören,
Und sich täglich bei uns mehren.
Tausend Schädel, die wir sehn,
Sollten auf dem Schenktisch stehn.

Schön Klärchen

Schön lächelt der Mond uns aus himmlischem Zelt,
Süß duftet im Taue gebadet das Feld,
Und lieblich ertönt in der Laube
Des Lieds und des Bechers vereinigter Klang,
Und süß an der Quelle der Nachtigall Sang,
Und lieblich das Girren der Taube.

So schön und so lieblich und honigsüß ist
Ein rosiges Mädchen, das freundlich uns küßt:
Wir schmelzen, wie Wachs an der Sonne,
An ihren feuchtschimmernden Augen dahin;
Es badet in zaubernden Fluten der Sinn,
Und schwimmet von Wonne zu Wonne.

Wohl schwimmt er bei Tage, wohl schwimmt er bei Nacht,
Im Meere des Traumes; doch wenn er erwacht,
Empfangen ihn steinichte Küsten:
Die Lüfte sind schneidend, der Himmel ist grau,
Die Auen, gebadet in duftendem Tau,
Verwandeln sich plötzlich in Wüsten.

O wär' es uns möglich, den seidenen Traum,
Noch wenn er schon flöhe, zu haschen beim Saum,
Und am Ufer des Lethe zu liegen,
Wo Freuden, der sengenden Wahrheit zum Hohn,
Im Schatten des Wahnes, auf wankendem Mohn,
Mit lächelnden Amorn sich wiegen!

Doch bist du noch glücklich, wenn Weisheit dich weckt,
Eh' schnell aus dem Traume dein Mädchen dich schreckt
Mit falschem und höhnischem Lachen:
Der Elende schüttelt die Locken, und sieht,
Wie mit dem Verführten sein Mädchen entflieht
Mit luftigen Wagen und Drachen.

Du scheinst mir zu sagen: Wo gaukelst du hin,
Im luftigen Wagen, mit luftigem Sinn,
Bei täuschender Irrwische Klarheit? –
So? Ward ich getäuschet? Komm, setze dich hier
In den Schatten der kühligen Linde zu mir!
Und höre die Stimme der Wahrheit!

So arm und so schön, wie ein Blümchen im Feld,
Saß Klärchen am Bache; da sah sie ein Held,
Und führte sie mit sich von dannen.
Wohl führt' er sie heim in sein väterlich Schloß;
Sie lag ihm im Arme, sie saß ihm im Schoß;
Die Jahre, wie Tage, verrannen.

In Klärchens Umarmung vergaß er die Welt,
Für Klärchen nur lebte der stattliche Held,
Entsagte Turnieren und Schlachten.
Wohl jagt' er im Felde; doch jagte sie mit:
Auf einem getigerten Spanier ritt
Schön Klärchen mit ihm auf die Jagden.

Drei dänische Doggen, so schnell und so leicht,
Als über die Ähren der Abendwind streicht,
Durcheilten mit ihnen die Felder;
Sie packten beim Ohre den Keuler, kein Reh
Entrann und kein Hirsch; so weiß, wie der Schnee,
Durchflogen sie bellend die Wälder.

Bei Hunden ist Treue! Das lernt' ich von dir,
Mein mächtiger Roland, du redliches Tier!
Und von Fancy, der zottichten Kleinen.
Wie Kraniche wachsam, und treuer als Gold,
Sind Roland und Fancy, sind schmeichelnd mir hold;
Denn Hunde sind gut, wie sie scheinen.

Sie hatten selbander drei Jahre gelebt;
Es hatte die Liebe die Stunden gewebt,
Von schöneren Faden als Seide.
Wenn Liebe sich setzt an den Webstuhl der Zeit,
So webt sie dem Leben ein himmlisches Kleid,
Von morgenrotschimmernder Freude!

Nun kam zu dem Liebeberauschten ein Mann,
Des Ritters Vertrauter von Kindesblüt' an,
Und selber ein stattlicher Ritter:
Schön wallte vom Helme sein goldenes Haar;
Süß war er den Mädchen wie Rosenduft, war
Im Kampfe wie Sturm und Gewitter.

Sein freute sich herzlich der glückliche Mann;
Auch blickte gar freundlich Schön Klärchen ihn an,
Wohl sittsam in Züchten und Ehren.
Doch bebte der sittsame freundliche Blick
Vom Glanze des Ritters geblendet zurück,
Um lüsterner wiederzukehren.

Sie liebten, und hatten's selbander kein Hehl.
Oft fand sie der Ritter; doch sah er nicht scheel,
Wenn sie scherzten, und scherzte mit beiden.
Von Tage zu Tage ward leiser ihr Gruß,
Verstohlner ihr Blick, und geheimer ihr Kuß;
Und sie naschten gefährliche Freuden.

Die Liebenden hatten schon zweimal den Tag
Des Abschieds vertändelt; das dritte Mal sprach
Der Traute zum Mädchenbesieger:
Zum Zeichen der Brüderschaft fodre von mir
All', was dich gelüstet; so geb' ich es dir,
So wahr ich ein ehrlicher Krieger!

Schön Klärchen vernahm es, ward rot und ward blaß,
Ward blaß und ward rot; zerbrechlich wie Glas,
Hing schon ihre Treu' an ein Härchen.
Wohl riß sie das hangende Härchen entzwei,
Und winkte dem Buhlen; der foderte frei
Vom staunenden Ritter Schön Klärchen.

Des stutzte der Ritter; doch faßt' er sich bald,
Und traute Schön Klärchen: „Wie kann ich Gewalt
An Klärchen, die frei ist, verüben?
Ist's Klärchen zufrieden, so scheide von hier,
Und führe von hinnen Schön Klärchen mit dir!
Wie könnt' ich Schön Klärchen betrüben?"

Drauf wandt' er gar freundlich zu Klärchen sich hin:
„Was sagst du, Schön Klärchen? Wie steht dir der Sinn?
Willst du mit dem Ritter mich fliehen?"
Schön Klärchen errötete nicht mehr, und sprach
Mit eiserner Stirne: „Wohl zieh' ich ihm nach,
So du mich von hinnen läßt ziehen!"

Es lief ihm wie Regen den Nacken hinab
Ein Schauer des Todes; ihn stützte der Stab,
Sonst wär' er zur Erde gesunken:
Er wankte, und sank in den Lehnstuhl zurück,
Mit bebenden Lippen, mit starrendem Blick.
Ins Grab wär' er lieber gesunken!

Wohl auf den getigerten Spanier schwang
Schön Klärchen sich freudig, und neben ihr sang
Der Ritter ihr Lieder und Märchen.
Doch ehe sie beide die Burg aus dem Blick
Verloren, da wandte sich sehnend zurück,
Mit schweigenden Blicken Schön Klärchen.

Das wurmte den Ritter: „Was ist dir, mein Kind?
Mein goldiges Klärchen! O sage geschwind,
Mein Klärchen, mein einziges Leben!" –
„Ach, soll ich's gestehen, Herzliebster? Mein Blick
Sah forschend umsonst nach den Hunden zurück!
O hätt' er die Hund' uns gegeben!

Geh', bitt' um die Hunde!" – Das daucht' ihm gar schwer:
Er furchte den Ritter, doch Klärchen noch mehr;
Ritt hin und begehrte die Doggen.
„Auch diese verlangst du? Was sollen sie mir!
Wofern sie dir folgen, gehören sie dir!
Sie kennen dich, magst sie nur locken!" –

Er lockte; sie schüttelten freundlich das Ohr,
Und sprangen mit wedelnden Schwänzen empor,
Und umliefen ihn bellend im Kreise.
Da ging er zur Pforte; sie liefen zurück.
Er lockte gar freundlich; sie blieben zurück
Beim Herren, nach hündischer Weise.

Da sprach er: „Mir bleiben die Hunde! Sag' an,
Wenn Schön Klärchen dich fragt, was die Hunde getan,
Daß diese getreu mir verblieben!
Zwar ward mir die Freude an allem vergällt;
Doch gäb' ich nicht hin für die Schätze der Welt
Die Hunde, die treu mir verblieben!"

Johann Heinrich Voss
1751–1826

Der Freier

Das Mägdlein, braun von Aug' und Haar,
Kam über Feld gegangen;
Die Abendröte schien so klar,
Und Nachtigallen sangen.
Ich sah und hörte sie allein.
Dalderi daldera, das Mägdelein
Soll mein Herzliebchen sein!

Ein Röckchen trug sie, dünn und kurz,
Und leichtgeschnürt ihr Mieder;
Es weht' ihr Haar, es weht' ihr Schurz
Im Weste hin und wieder;
Die Strümpfe schienen weiß und fein.
Dalderi daldera, das Mägdelein
Soll mein Herzliebchen sein!

Die bunte Kuh, gelockt mit Gras,
Kam her vom Anger trabend;
Und als das Mägdlein melkend saß,
Da bot ich guten Abend,
Und sah durchs Busentuch hinein.
Dalderi daldera, das Mägdelein
Soll mein Herzliebchen sein!

Sie nickte mir mit holdem Gruß;
Da ward mir wohl und bange,
Und herzhaft drückt' ich einen Kuß
Auf ihre rote Wange,
So rot, so rot wie Abendschein.
Dalderi, daldera, das Mägdelein
Soll mein Herzliebchen sein!

Ich half ihr über Steg und Zaun
Die Milch zu Hause bringen,
Und gegen Ungetüm und Graun
Ein Schäferliedchen singen;
Denn dunkel war's im Buchenhain.
Dalderi daldera, das Mägdelein
Soll mein Herzliebchen sein!

Die Mutter schalt: So spät bei Nacht?
Da stand sie ach! so schämig.
Sacht, sprach ich, gute Mutter, sacht!
Das Töchterlein, das nehm' ich!
Nur freundlich, Mutter, willigt ein!
Dalderi daldera, das Mägdelein
Soll mein Herzliebchen sein!

Die Spinnerin

Ich saß und spann vor meiner Tür:
Da kam ein junger Mann gegangen.
Sein braunes Auge lachte mir,
Und röter glühten seine Wangen.
Ich sah vom Rocken auf, und sann,
Und saß verschämt, und spann und spann.

Gar freundlich bot er guten Tag,
Und trat mit holder Scheu mir näher.
Mir ward so angst; der Faden brach;
Das Herz im Busen schlug mir höher.
Betroffen knüpft' ich wieder an,
Und saß verschämt, und spann und spann.

Liebkosend drückt' er mir die Hand,
Und schwur, daß keine Hand ihr gleiche,
Die schönste nicht im ganzen Land,
An Schwanenweiß' undRünd' und Weiche.
Wie sehr dies Lob mein Herz gewann;
Ich saß verschämt, und spann und spann.

Er lehnt' auf meinen Stuhl den Arm,
Und rühmte sehr das feine Fädchen.
Sein naher Mund, so rot und warm,
Wie zärtlich haucht' er: Süßes Mädchen!
Wie blickte mich sein Auge an!
Ich saß verschämt, und spann und spann.

Indes an meiner Wange her
Sein schönes Angesicht sich bückte,
Begegnet' ihm von ohngefähr
Mein Haupt, das sanft im Spinnen nickte;
Da küßte mich der schöne Mann.
Ich saß verschämt, und spann und spann.

Mit großem Ernst verwies ich's ihm;
Doch ward er kühner stets und freier,
Umarmte mich voll Ungestüm,
Und küßte mich so rot wie Feuer.
O sagt mir, Schwestern, sagt mir an:
War's möglich, daß ich weiter spann?

Gottfried August Bürger
1747–1794

Lenore

Lenore fuhr ums Morgenrot
Empor aus schweren Träumen:
„Bist untreu, Wilhelm, oder tot?
Wie lange willst du säumen?"
Er war mit König Friedrichs Macht
Gezogen in die Prager Schlacht,
Und hatte nicht geschrieben,
Ob er gesund geblieben.

Der König und die Kaiserin,
Des langen Haders müde,
Erweichten ihren harten Sinn
Und machten endlich Friede;
Und jedes Heer, mit Sing und Sang,
Mit Paukenschlag und Kling und Klang,
Geschmückt mit grünen Reisern,
Zog heim zu seinen Häusern.

Und überall, allüberall
Auf Wegen und auf Stegen,
Zog alt und jung dem Jubelschall
Der Kommenden entgegen.
Gottlob! rief Kind und Gattin laut,
Willkommen! manche frohe Braut.
Ach! aber für Lenoren
War Gruß und Kuß verloren.

Sie frug den Zug wohl auf und ab
Und frug nach allen Namen;
Doch keiner war, der Kundschaft gab,
Von allen, so da kamen.
Als nun das Heer vorüber war,
Zerraufte sie ihr Rabenhaar
Und warf sich hin zur Erde
Mit wütiger Gebärde.

Die Mutter lief wohl hin zu ihr: –
„Ach, daß sich Gott erbarme!
Du trautes Kind, was ist mit dir?" –
Und schloß sie in die Arme. –
„O Mutter, Mutter! hin ist hin!
Nun fahre Welt und alles hin!
Bei Gott ist kein Erbarmen.
O weh, o weh mir Armen!" –

„Hilf Gott, hilf! Sieh uns gnädig an!
Kind, bet' ein Vaterunser!
Was Gott tut, das ist wohlgetan.
Gott, Gott erbarmt sich unser!" –
„O Mutter, Mutter! Eitler Wahn!
Gott hat an mir nicht wohlgetan!
Was half, was half mein Beten?
Nun ist's nicht mehr vonnöten." –

„Hilf Gott, hilf! Wer den Vater kennt,
Der weiß, er hilft den Kindern.
Das hochgelobte Sakrament
Wird deinen Jammer lindern." –
„O Mutter, Mutter! was mich brennt,
Das lindert mir kein Sakrament!
Kein Sakrament mag Leben
Den Toten wiedergeben." –

„Hör, Kind! Wie, wenn der falsche Mann
Im fernen Ungerlande
Sich seines Glaubens abgetan
Zum neuen Ehebande?
Laß fahren, Kind, sein Herz dahin!
Er hat es nimmermehr Gewinn!
Wann Seel' und Leib sich trennen,
Wird ihn sein Meineid brennen." –

„O Mutter, Mutter! Hin ist hin!
Verloren ist verloren!
Der Tod, der Tod ist mein Gewinn!
O wär' ich nie geboren!
Lisch aus, mein Licht, auf ewig aus!
Stirb hin, stirb hin in Nacht und Graus!
Bei Gott ist kein Erbarmen.
O weh, o weh mir Armen!" –

„Hilf Gott, hilf! Geh nicht ins Gericht
Mit deinem armen Kinde!
Sie weiß nicht, was die Zunge spricht.
Behalt ihr nicht die Sünde!
Ach, Kind, vergiß dein irdisch Leid,
Und denk an Gott und Seligkeit!
So wird doch deiner Seelen
Der Bräutigam nicht fehlen." –

„O Mutter! Was ist Seligkeit?
O Mutter! Was ist Hölle?
Bei ihm, bei ihm ist Seligkeit,
Und ohne Wilhelm Hölle! –
Lisch aus, mein Licht, auf ewig aus!
Stirb hin, stirb hin in Nacht und Graus!
Ohn' ihn mag ich auf Erden,
Mag dort nicht selig werden." – – –

So wütete Verzweifelung
Ihr in Gehirn und Adern,
Sie fuhr mit Gottes Vorsehung
Vermessen fort zu hadern;
Zerschlug den Busen und zerrang
Die Hand bis Sonnenuntergang,
Bis auf am Himmelsbogen
Die goldnen Sterne zogen.

Und außen, horch! ging's trapp, trapp, trapp,
Als wie von Rosseshufen;
Und klirrend stieg ein Reiter ab,
An des Geländers Stufen;
Und horch! und horch! den Pfortenring
Ganz lose, leise, klinglingling!
Dann kamen durch die Pforte
Vernehmlich diese Worte:

„Holla, Holla! Tu auf, mein Kind!
Schläfst, Liebchen, oder wachst du?
Wie bist noch gegen mich gesinnt?
Und weinest oder lachst du?" –
„Ach, Wilhelm, du? – So spät bei Nacht? –
Geweinet hab' ich und gewacht;
Ach, großes Leid erlitten!
Wo kommst du hergeritten?"

Wir satteln nur um Mitternacht.
Weit ritt ich her von Böhmen.
Ich habe spät mich aufgemacht,
Und will dich mit mir nehmen." –
„Ach, Wilhelm, erst herein geschwind!
Den Hagedorn durchsaust der Wind,
Herein, in meinen Armen,
Herzliebster, zu erwarmen!" –

„Laß sausen durch den Hagedorn,
Laß sausen, Kind, laß sausen!
Der Rappe scharrt; es klirrt der Sporn,
Ich darf allhier nicht hausen.
Komm, schürze, spring und schwinge dich
Auf meinen Rappen hinter mich!
Muß heut noch hundert Meilen
Mit dir ins Brautbett eilen." –

„Ach! wolltest hundert Meilen noch
Mich heut ins Brautbett tragen?
Und horch! es brummt die Glocke noch,
Die elf schon angeschlagen." –
„Sieh hin, sieh her! der Mond scheint hell.
Wir und die Toten reiten schnell.
Ich bringe dich, zur Wette,
Noch heut ins Hochzeitsbette." –

„Sag an, wo ist dein Kämmerlein?
Wo? Wie dein Hochzeitbettchen?" –
„Weit, weit von hier! – Still, kühl und klein! –
Sechs Bretter und zwei Brettchen!" –
„Hat's Raum für mich?" – „Für dich und mich!
Komm, schürze, spring und schwinge dich!
Die Hochzeitgäste hoffen;
Die Kammer steht uns offen." –

Schön Liebchen schürzte, sprang und schwang
Sich auf das Roß behende;
Wohl um den trauten Reiter schlang
Sie ihre Lilienhände;
Und hurre hurre, hopp hopp hopp!
Ging's fort mit sausendem Galopp,
Daß Roß und Reiter schnoben
Und Kies und Funken stoben.

Zur rechten und zur linken Hand,
Vorbei vor ihren Blicken,
Wie flogen Anger, Heid' und Land!
Wie donnerten die Brücken! –
„Graut Liebchen auch? – Der Mond scheint hell!
Hurra! die Toten reiten schnell!
Graut Liebchen auch vor Toten?" –
„Ach nein! – Doch laß die Toten!" –

Was klang dort für Gesang und Klang?
Was flatterten die Raben? –
Horch, Glockenklang! Horch, Totensang:
„Laßt uns den Leib begraben!"
Und näher zog ein Leichenzug,
Der Sarg und Totenbahre trug.
Das Lied war zu vergleichen
Dem Unkenruf in Teichen.

„Nach Mitternacht begrabt den Leib
Mit Klang und Sang und Klage!
Jetzt führ' ich heim mein junges Weib.
Mit, mit zum Brautgelage!
Komm, Küster, hier! Komm mit dem Chor,
Und gurgle mir das Brautlied vor!
Komm, Pfaff', und sprich den Segen,
Eh' wir zu Bett uns legen!" –

Still Klang und Sang. – Die Bahre schwand. –
Gehorsam seinen Rufen,
Kam's, hurre hurre! nachgerannt,
Hart hinters Rappen Hufen.
Und immer weiter, hopp hopp hopp!
Ging's fort in sausendem Galopp,
Daß Roß und Reiter schnoben,
Und Kies und Funken stoben.

Wie flogen rechts, wie flogen links
Gebirge, Bäum' und Hecken!
Wie flogen links und rechts und links
Die Dörfer, Städt' und Flecken! –
„Graut Liebchen auch? – Der Mond scheint hell!
Hurra! die Toten reiten schnell!
Graut Liebchen auch vor Toten?" –
„Ach! Laß sie ruhn, die Toten!" –

Sieh da! sieh da! Am Hochgericht
Tanzt um des Rades Spindel,
Halb sichtbarlich bei Mondenlicht,
Ein lustiges Gesindel. –
„Sasa! Gesindel, hier! Komm hier!
Gesindel, komm und folge mir!
Tanz uns den Hochzeitreigen,
Wann wir zu Bette steigen!" –

Und das Gesindel, husch husch husch!
Kam hinten nachgeprasselt,
Wie Wirbelwind am Haselbusch
Durch dürre Blätter rasselt.
Und weiter, weiter, hopp hopp hopp!
Ging's fort in sausendem Galopp
Daß Roß und Reiter schnoben,
Und Kies und Funken stoben.

Wie flog, was rund der Mond beschien,
Wie flog es in die Ferne!
Wie flogen oben überhin
Der Himmel und die Sterne! –
„Graut Liebchen auch? – Der Mond scheint hell!
Hurra! die Toten reiten schnell!
Graut Liebchen auch vor Toten?" –
„O weh! Laß ruhn die Toten!" – – –

„Rapp'! Rapp'! Mich dünkt, der Hahn schon
Bald wird der Sand verrinnen –   [ruft. –
Rapp'! Rapp'! Ich wittre Morgenluft –
Rapp'! Tummle dich von hinnen! –
Vollbracht, vollbracht ist unser Lauf!
Das Hochzeitbette tut sich auf!
Die Toten reiten schnelle!
Wir sind, wir sind zur Stelle." – – –

Rasch auf ein eisern Gittertor
Ging's mit verhängtem Zügel.
Mit schwanker Gert' ein Schlag davor
Zersprengte Schloß und Riegel.
Die Flügel flogen klirrend auf,
Und über Gräber ging der Lauf.
Es blinkten Leichensteine
Rundum im Mondenscheine.

Ha sieh! Ha sieh! Im Augenblick,
Huhu! ein gräßlich Wunder!
Des Reiters Koller, Stück für Stück,
Fiel ab wie mürber Zunder.
Zum Schädel, ohne Zopf und Schopf,
Zum nackten Schädel ward sein Kopf;
Sein Körper zum Gerippe,
Mit Stundenglas und Hippe.

Hoch bäumte sich, wild schnob der Rapp',
Und sprühte Feuerfunken;
Und hui! war's unter ihr hinab
Verschwunden und versunken.
Geheul! Geheul aus hoher Luft,
Gewinsel kam aus tiefer Gruft.
Lenorens Herz mit Beben
Rang zwischen Tod und Leben.

Nun tanzten wohl bei Mondenglanz,
Rundum herum im Kreise,
Die Geister einen Kettentanz,
Und heulten diese Weise:
„Geduld! Geduld! Wenn's Herz auch bricht!
Mit Gott im Himmel hadre nicht!
Des Leibes bist du ledig;
Gott sei der Seele gnädig!"

Die Weiber von Weinsberg

Wer sagt mir an, wo Weinsberg liegt?
Soll sein ein wackres Städtchen,
Soll haben, fromm und klug, gewiegt,
Viel Weiberchen und Mädchen.
Kömmt mir einmal das Freien ein,
So werd' ich eins aus Weinsberg frein.

Einsmals der Kaiser Konrad war
Dem guten Städtlein böse
Und rückt' heran mit Kriegesschar
Und Reisigengetöse,
Umlagert' es mit Roß und Mann
Und schoß und rannte drauf und dran.

Und als das Städtlein widerstand
Trotz allen seinen Nöten,
Da ließ er, hoch von Grimm entbrannt,
Den Herold 'nein trompeten:
Ihr Schurken, komm ich 'nein, so wißt,
Soll hängen, was die Wand bepißt.

Drob, als er den Avis also
Hinein trompeten lassen,
Gab's lautes Zetermordio
Zu Haus und auf den Gassen.
Das Brot war teuer in der Stadt;
Doch teurer noch war guter Rat.

„O weh, mir armem Korydon!
O weh mir! die Pastores
Schrien: „Kyrie Eleison!
Wir gehn, wir gehn kapores!
O weh, mir armem Korydon!
Es juckt mir an der Kehle schon."

Doch wann's Matthä'am letzten ist,
Trotz Raten, Tun und Beten,
So rettet oft noch Weiberlist
Aus Ängsten und aus Nöten.
Denn Pfaffentrug und Weiberlist
Gehn über alles, wie ihr wißt.

Ein junges Weibchen lobesan,
Seit gestern erst getrauet,
Gibt einen klugen Einfall an,
Der alles Volk erbauet;
Den ihr, sofern ihr anders wollt,
Belachen und beklatschen sollt.

Zur Zeit der stillen Mitternacht
Die schönste Ambassade
Von Weibern sich ins Lager macht
Und bettelt dort um Gnade.
Sie bettelt sanft, sie bettelt süß,
Erhält doch aber nichts, als dies:

„Die Weiber sollten Abzug han
Mit ihren besten Schätzen,
Was übrig bliebe, wollte man
Zerhauen und zerfetzen."
Mit der Kapitulation
Schleicht die Gesandtschaft trüb davon.

Drauf, als der Morgen bricht hervor,
Gebt Achtung! Was geschiehet?
Es öffnet sich das nächste Tor,
Und jedes Weibchen ziehet,
Mit ihrem Männchen schwer im Sack,
So wahr ich lebe! huckepack. –

Manch Hofschranz suchte zwar sofort
Das Kniffchen zu vereiteln;
Doch Konrad sprach: „Ein Kaiserwort
Soll man nicht drehn noch deuteln.
Ha bravo!" rief er, „bravo so!
Meint' unsre Frau es auch nur so!"

Er gab Pardon und ein Bankett,
Den Schönen zu gefallen.
Da ward gegeigt, da ward trompet't,
Und durchgetanzt mit allen,
Wie mit der Burgemeisterin,
So mit der Besenbinderin.

Ei! sagt mir doch, wo Weinsberg liegt?
Ist gar ein wackres Städtchen.
Hat, treu und fromm und klug, gewiegt,
Viel Weiberchen und Mädchen.
Ich muß, kömmt mir das Freien ein,
Fürwahr! muß eins aus Weinsberg frein.

[Avis: Ansicht, Bericht. – Ambassade: Abordnung, Gesandtschaft.]

Gottfried August Bürger

Das Lied vom braven Mann

    Hoch klingt das Lied vom braven Mann,
Wie Orgelton und Glockenklang.
Wer hohen Muts sich rühmen kann,
Den lohnt nicht Gold, den lohnt Gesang.
Gottlob! daß ich singen und preisen kann:
Zu singen und preisen den braven Mann.

    Der Tauwind kam vom Mittagsmeer,
Und schnob durch Welschland, trüb und feucht.
Die Wolken flogen vor ihm her,
Wie wann der Wolf die Herde scheucht.
Er fegte die Felder; zerbrach den Forst!
Auf Seen und Strömen das Grundeis borst.

    Am Hochgebirge schmolz der Schnee;
Der Sturz von tausend Wassern scholl;
Das Wiesental begrub ein See;
Des Landes Heerstrom wuchs und schwoll;
Hoch rollten die Wogen, entlang ihr Gleis,
Und rollten gewaltige Felsen Eis.

    Auf Pfeilern und auf Bogen schwer,
Aus Quaderstein von unten auf,
Lag eine Brücke drüber her;
Und mitten stand ein Häuschen drauf.
Hier wohnte der Zöllner, mit Weib und Kind. –
„O Zöllner! O Zöllner! Entfleuch geschwind!"

    Es dröhnt' und dröhnte dumpf heran,
Laut heulten Sturm und Wog' ums Haus.
Der Zöllner sprang zum Dach hinan
Und blickt' in den Tumult hinaus. –
„Barmherziger Himmel! Erbarme dich!
Verloren! Verloren! Wer rettet mich?" –

    Die Schollen rollten, Schuß auf Schuß,
Von beiden Ufern, hier und dort,
Von beiden Ufern riß der Fluß
Die Pfeiler samt den Bogen fort.
Der bebende Zöllner, mit Weib und Kind,
Er heulte noch lauter als Strom und Wind.

    Die Schollen rollten, Stoß auf Stoß,
An beiden Enden, hier und dort,
Zerborsten und zertrümmert, schoß
Ein Pfeiler nach dem andern fort.
Bald nahte der Mitte der Umsturz sich. –
„Barmherziger Himmel! Erbarme dich!" –

    Hoch auf dem fernen Ufer stand
Ein Schwarm von Gaffern, groß und klein;
Und jeder schrie und rang die Hand,
Doch mochte niemand Retter sein.
Der bebende Zöllner, mit Weib und Kind,
Durchheulte nach Rettung den Strom und Wind. –

    Wann klingst du, Lied vom braven Mann,
Wie Orgelton und Glockenklang?
Wohlan! So nenn' ihn, nenn' ihn dann!
Wann nennst du ihn, mein schönster Sang?
Bald nahet der Mitte der Umsturz sich.
O braver Mann! braver Mann! zeige dich!

    Rasch galoppiert ein Graf hervor,
Auf hohem Roß ein edler Graf.
Was hielt des Grafen Hand empor?
Ein Beutel war es, voll und straff. –
„Zweihundert Pistolen sind zugesagt
Dem, welcher die Rettung der Armen wagt."

    Wer ist der Brave? Ist's der Graf?
Sag an, mein braver Sang, sag an!
Der Graf, beim höchsten Gott! war brav!
Doch weiß ich einen bravern Mann. –
O braver Mann! braver Mann! zeige dich!
Schon naht das Verderben sich fürchterlich. –

    Und immer höher schwoll die Flut;
Und immer lauter schnob der Wind;
Und immer tiefer sank der Mut. –
O Retter! Retter! Komm geschwind! –
Stets Pfeiler bei Pfeiler zerborst und brach.
Laut krachten und stürzten die Bogen nach.

    „Hallo! Hallo! Frisch auf gewagt!"
Hoch hielt der Graf den Preis empor.
Ein jeder hört's, doch jeder zagt,
Aus Tausenden tritt keiner vor.
Vergebens durchheulte, mit Weib und Kind,
Der Zöllner nach Rettung den Strom und Wind. –

    Sieh, schlecht und recht, ein Bauersmann
Am Wanderstabe schritt daher,
Mit grobem Kittel angetan,
An Wuchs und Antlitz hoch und hehr.
Er hörte den Grafen, vernahm sein Wort,
Und schaute das nahe Verderben dort.

    Und kühn in Gottes Namen sprang
Er in den nächsten Fischerkahn;
Trotz Wirbel, Sturm und Wogendrang
Kam der Erretter glücklich an:
Doch wehe! der Nachen war allzuklein,
Der Retter von allen zugleich zu sein.

Und dreimal zwang er seinen Kahn,
Trotz Wirbel, Sturm und Wogendrang;
Und dreimal kam er glücklich an,
Bis ihm die Rettung ganz gelang.
Kaum kamen die letzten in sichern Port,
So rollte das letzte Getrümmer fort. –

Wer ist, wer ist der brave Mann?
Sag an, sag an, mein braver Sang!
Der Bauer wagt' ein Leben dran:
Doch tat er's wohl um Goldesklang?
Denn spendete nimmer der Graf sein Gut,
So wagte der Bauer vielleicht kein Blut. –

„Hier", rief der Graf, „mein wackrer Freund!
Hier ist dein Preis! Komm her! Nimm hin!" –
Sag an, war das nicht brav gemeint? –
Bei Gott! der Graf trug hohen Sinn. –
Doch höher und himmlischer, wahrlich! schlug
Das Herz, das der Bauer im Kittel trug.

„Mein Leben ist für Gold nicht feil.
Arm bin ich zwar, doch ess' ich satt.
Dem Zöllner werd' Eu'r Gold zuteil,
Der Hab' und Gut verloren hat!"
So rief er, mit herzlichem Biederton,
Und wandte den Rücken und ging davon. –

Hoch klingst du, Lied vom braven Mann,
Wie Orgelton und Glockenklang!
Wer solchen Muts sich rühmen kann,
Den lohnt kein Gold, den lohnt Gesang.
Gottlob! daß ich singen und preisen kann,
Unsterblich zu preisen den braven Mann.

Die Entführung, oder Ritter Karl von Eichenhorst und Fräulein Gertrude von Hochburg

„Knapp', sattle mir mein Dänenroß,
Daß ich mir Ruh' erreite!
Es wird mir hier zu eng im Schloß;
Ich will und muß ins Weite!" –
So rief der Ritter Karl in Hast,
Voll Angst und Ahndung, sonder Rast.
Es schien ihn fast zu plagen,
Als hätt' er wen erschlagen.

Er sprengte, daß es Funken stob,
Hinunter von dem Hofe;
Und als er kaum den Blick erhob,
Sieh da! Gertudens Zofe!

Zusammenschrak der Rittersmann!
Es packt' ihn, wie mit Krallen, an
Und schüttelt ihn, wie Fieber,
Hinüber und herüber.

„Gott grüß' Euch, edler junger Herr!
Gott geb' Euch Heil und Frieden!
Mein armes Fräulein hat mich her
Zum letztenmal beschieden.
Verloren ist Euch Trudchens Hand!
Dem Junker Plump von Pommerland
Hat sie, vor allen Ohren,
Ihr Vater zugeschworen.

‚Mord! – flucht' er laut, bei Schwert und Spieß, –
Wo Karl dir noch gelüstet,
So sollst du tief ins Burgverließ,
Wo Molch und Unke nistet.
Nicht rasten will ich Tag und Nacht,
Bis daß ich nieder ihn gemacht,
Das Herz ihm ausgerissen,
Und das dir nachgeschmissen.'

Jetzt in der Kammer zagt die Braut
Und zuckt vor Herzenswehen,
Und ächzet tief und weinet laut,
Und wünschet zu vergehen.
Ach! Gott der Herr muß ihrer Pein,
Bald muß und wird er gnädig sein.
Hört Ihr zur Trauer läuten,
So wißt Ihr's auszudeuten. –

‚Geh, meld' ihm, daß ich sterben muß –
Rief sie mit tausend Zähren –
Geh, bring ihm ach! den letzten Gruß,
Den er von mir wird hören!
Geh, unter Gottes Schutz, und bring'
Von mir ihm diesen goldnen Ring
Und dieses Wehrgehenke,
Wobei er mein gedenke!"' –

Zu Ohren braust' ihm, wie ein Meer,
Die Schreckenspost der Dirne.
Die Berge wankten um ihn her.
Es flirrt' ihm vor der Stirne.
Doch jach, wie Windeswirbel fährt,
Und rührig Laub und Staub empört,
Ward seiner Lebensgeister
Verzweiflungsmut nun Meister.

„Gottslohn! Gottslohn! du treue Magd,
Kann ich's dir nicht bezahlen.
Gottslohn! daß du mir's angesagt,
Zu hunderttausend Malen,
Bis wohlgemut und tummle dich!
Flugs tummle dich zurück und sprich:
Wär's auch aus tausend Ketten,
So wollt' ich sie erretten!

Bis wohlgemut und tummle dich!
Flugs tummle dich von hinnen!
Ha! Riesen, gegen Hieb und Stich,
Wollt' ich sie abgewinnen.
Sprich: Mitternachts, bei Sternenschein,
Wollt' ich vor ihrem Fenster sein,
Mir geh' es, wie es gehe!
Wohl, oder ewig wehe!

Risch auf und fort!" – Wie Sporen trieb
Des Ritters Wort die Dirne.
Tief holt' er wieder Luft und rieb
Sich's klar vor Aug' und Stirne.
Dann schwenkt' er hin und her sein Roß,
Daß ihm der Schweiß vom Buge floß,
Bis er sich Rat ersonnen
Und den Entschluß gewonnen.

Drauf ließ er heim sein Silberhorn
Vom Dach und Zinnen schallen.
Herangesprengt, durch Korn und Dorn,
Kam stracks ein Heer Vasallen.
Draus zog er Mann bei Mann hervor,
Und raunt' ihm heimlich Ding ins Ohr: –
„Wohlauf! Wohlan! Seid fertig
Und meines Horns gewärtig!" –

Als nun die Nacht Gebirg und Tal
Vermummt in Rabenschatten,
Und Hochburgs Lampen überall
Schon ausgeflimmert hatten,
Und alles tief entschlafen war;
Doch nur das Fräulein immerdar,
Voll Fieberangst, noch wachte
Und seinen Ritter dachte:

Da horch! Ein süßer Liebeston
Kam leis' empor geflogen.
„Ho, Trudchen, ho! Da bin ich schon!
Risch auf! Dich angezogen!
Ich, ich, dein Ritter, rufe dir;
Geschwind, geschwind herab zu mir!
Schon wartet dein die Leiter.
Mein Klepper bringt dich weiter." –

„Ach nein, du Herzens-Karl, ach nein!
Still, daß ich nichts mehr höre!
Entränn' ich, ach! mit dir allein,
Dann wehe meiner Ehre!
Nur noch ein letzter Liebeskuß
Sei, Liebster, dein und mein Genuß,
Eh' ich im Totenkleide
Auf ewig von dir scheide." –

„Ha, Kind! Auf meine Rittertreu'
Kannst du die Erde bauen.
Du kannst, beim Himmel! froh und frei
Mir Ehr' und Leib vertrauen.
Risch geht's nach meiner Mutter fort.
Das Sakrament vereint uns dort.
Komm, komm! Du bist geborgen.
Laß Gott und mich nur sorgen!" –

„Mein Vater! – Ach! Ein Reichsbaron! –
So stolz von Ehrenstamme! –
Laß ab! Laß ab! Wie beb' ich schon
Vor seines Zornes Flamme!
Nicht rasten wird er Tag und Nacht,
Bis daß er nieder dich gemacht.
Das Herz dir ausgerissen
Und das mir vorgeschmissen." –

„Ha, Kind! Sei nur erst sattelfest,
So ist mir nicht mehr bange. –
Dann steht uns offen Ost und West. –
O zaudre nicht zu lange!
Horch, Liebchen, horch! – Was rührte sich? –
Um Gottes willen! tummle dich!
Komm, komm! Die Nacht hat Ohren;
Sonst sind wir ganz verloren." –

Das Fräulein zagte – stand – und stand –
Es graust' ihr durch die Glieder. –
Da griff er nach der Schwanenhand,
Und zog sie flink hernieder.
Ach! Was ein Herzen, Mund und Brust,
Mit Rang und Drang, voll Angst und Lust,
Belauschten jetzt die Sterne
Aus hoher Himmelsferne! –

Er nahm sein Lieb, mit einem Schwung,
Und schwang's auf den Polacken.
Hui! saß er selber auf und schlung
Sein Heerhorn um den Nacken.
Der Ritter hinten, Trudchen vorn.
Den Dänen trieb des Ritters Sporn;
Die Peitsche den Polacken;
Und Hochburg blieb im Nacken.

Ach! leise hört die Mitternacht!
Kein Wörtchen ging verloren.
Im nächsten Bett war aufgewacht
Ein Paar Verräterohren.
Des Fräuleins Sittenmeisterin,
Voll Gier nach schnödem Goldgewinn,
Sprang hurtig auf, die Taten
Dem Alten zu verraten.

„Hallo! Hallo! Herr Reichsbaron! –
Hervor aus Bett und Kammer! –
Eu'r Fräulein Trudchen ist entflohn,
Entflohn zu Schand' und Jammer!
Schon reitet Karl von Eichenhorst,
Und jagt mit ihr durch Feld und Forst.
Geschwind! Ihr dürft nicht weilen,
Wollt Ihr sie noch ereilen."

Hui auf der Freiherr, hui heraus,
Bewehrte sich zum Streite,
Und donnerte durch Hof und Haus
Und weckte seine Leute. –
„Heraus, mein Sohn von Pommerland!
Sitz' auf! Nimm Lanz' und Schwert zur Hand!
Die Braut ist dir gestohlen;
Fort, fort! sie einzuholen!" –

Rasch ritt das Paar im Zwielicht schon,
Da horch! – ein dumpfes Rufen –
Und horch! – erscholl ein Donnerton,
Von Hochburgs Pferdehufen;
Und wild kam Plump, den Zaum verhängt,
Weit, weit voran, dahergesprengt,
Und ließ, zu Trudchens Grausen,
Vorbei die Lanze sausen. –

„Halt an! halt an! du Ehrendieb!
Mit deiner losen Beute.
Herbei vor meinen Klingenhieb!
Dann raube wieder Bräute!
Halt an, verlaufne Buhlerin,
Daß neben deinen Schurken hin
Dich meine Rache strecke,
Und Schimpf und Schand' euch decke!" –

„Das leugst du, Plump von Pommerland,
Bei Gott und Ritterehre!
Herab! Herab! daß Schwert und Hand
Dich andre Sitten lehre. –
Halt, Trudchen, halt den Dänen an! –
Herunter, Junker Grobian,
Herunter von der Mähre,
Daß ich dich Sitte lehre!" –

Ach! Trudchen, wie voll Angst und Not!
Sah hoch die Säbel schwingen.
Hell funkelten im Morgenrot
Die Damaszener Klingen.
Von Kling und Klang, von Ach und Krach
Ward rund umher das Echo wach.
Von ihrer Fersen Stampfen
Begann der Grund zu dampfen.

Wie Wetter schlug des Liebsten Schwert
Den Ungeschliffnen nieder.
Gertrudens Held blieb unversehrt
Und Plump erstand nicht wieder. –
Nun weh, o weh! Erbarm' es Gott!
Kam fürchterlich, Galopp und Trott,
Als Karl kaum ausgetritten,
Der Nachtrab angeritten. –

Trara! Trara! durch Flur und Wald
Ließ Karl sein Horn nun schallen.
Sieh da! Hervor vom Hinterhalt,
Hopp! hopp! sein Heer Vasallen. –
„Nun halt, Baron, und hör' ein Wort!
Schau auf! Erblickst du jene dort?
Die sind zum Schlagen fertig,
Und meines Winks gewärtig.

Halt an! Halt an! Und hör' ein Wort,
Damit dich nichts gereue!
Dein Kind gab längst mir Treu' und Wort,
Und ich ihm Wort und Treue.
Willst du zerreißen Herz und Herz?
Soll dich ihr Blut, soll dich ihr Schmerz
Vor Gott und Welt verklagen?
Wohlan! so laß uns schlagen!

Noch halt! Bei Gott beschwör' ich dich!
Bevor's dein Herz gereuet.
In Ehr' und Züchten hab' ich mich
Dem Fräulein stets geweihet.
Gib – Vater! – gib mir Trudchens Hand! –
Der Himmel gab mir Gold und Land.
Mein Ritterruhm und Adel,
Gottlob! trotzt jedem Tadel." –

Ach! Trudchen, wie voll Angst und Not!
Verblüht' in Todesblässe.
Vor Zorn der Freiherr heiß und rot,
Glich einer Feueresse. –
Und Trudchen warf sich auf den Grund;
Sie rang die schönen Hände wund,
Und suchte blaß, mit Tränen,
Den Eifer zu versöhnen.

„O Vater, habt Barmherzigkeit
Mit Euerm armen Kinde!
Verzeih' Euch, wie Ihr uns verzeiht,
Der Himmel auch die Sünde!
Glaubt, bester Vater, diese Flucht,
Ich hätte nimmer sie versucht,
Wenn vor des Junkers Bette
Mich nicht geekelt hätte. –

Wie oft habt Ihr, auf Knie und Hand,
Gewiegt mich und getragen!
Wie oft: du Herzenskind! genannt!
Du Trost in alten Tagen!
O Vater, Vater! Denkt zurück!
Ermordet nicht mein ganzes Glück!
Ihr tötet sonst daneben
Auch Eures Kindes Leben." –

Der Freiherr warf sein Haupt herum,
Und wies den grausen Nacken.
Der Freiherr rieb, wie taub und stumm,
Die dunkelrauhen Backen. –
Vor Wehmut brach ihm Herz und Blick;
Doch schlang er stolz den Strom zurück,
Um nicht durch Vatertränen
Den Rittersinn zu höhnen. –

Bald sanken Zorn und Ungestüm.
Das Vaterherz wuchs über.
Von hellen Zähren strömten ihm
Die stolzen Augen über. –
Er hob sein Kind vom Boden auf,
Er ließ der Herzensflut den Lauf,
Und wollte schier vergehen
Vor wundersüßen Wehen. –

„Nun wohl! Verzeih' mir Gott die Schuld,
So wie ich dir verzeihe!
Empfange meine Vaterhuld,
Empfange sie aufs neue!
In Gottes Namen, sei es drum! –
Hier wandt' er sich zum Ritter um, –
Da! Nimm sie meinetwegen
Und meinen ganzen Segen!

Komm, nimm sie hin, und sei mein Sohn,
Wie ich dein Vater werde!
Vergeben und vergessen schon
Ist jegliche Beschwerde.
Dein Vater, einst mein Ehrenfeind,
Der's nimmer hold mit mir gemeint,
Tat vieles mir zu Hohne.
Ihn haßt' ich noch im Sohne.

Mach's wieder gut! Mach's gut, mein Sohn,
An mir und meinem Kinde!
Auf daß ich meiner Güte Lohn
In deiner Güte finde.
So segne dann, der auf uns sieht,
Euch segne Gott, von Glied zu Glied!
Auf! Wechselt Ring' und Hände!
Und hiermit Lied am Ende!" –

Des Pfarrers Tochter von Taubenhain

Im Garten des Pfarrers von Taubenhain
Geht's irre bei Nacht in der Laube.
Da flüstert und stöhnt's so ängstiglich;
Da rasselt, da flattert und sträubet es sich,
Wie gegen den Falken die Taube.

Es schleicht ein Flämmchen am Unkenteich,
Das flimmert und flammert so traurig.
Da ist ein Plätzchen, da wächst kein Gras;
Das wird vom Tau und vom Regen nicht naß;
Da wehen die Lüftchen so schaurig. –

Des Pfarrers Tochter von Taubenhain
War schuldlos wie ein Täubchen.
Das Mädel war jung, war lieblich und fein,
Viel ritten der Freier nach Taubenhain
Und wünschten Rosetten zum Weibchen. –

Von drüben herüber, von drüben herab,
Dort jenseits des Baches vom Hügel,
Blinkt stattlich ein Schloß auf das Dörfchen im Tal,
Die Mauern wie Silber, die Dächer wie Stahl,
Die Fenster wie brennende Spiegel.

Da trieb es der Junker von Falkenstein
In Hüll' und in Füll' und in Freude.
Dem Jüngferchen lacht' in die Augen das Schloß,
Ihr lacht' in das Herzchen der Junker zu Roß,
Im funkelnden Jägergeschmeide. –

Er schrieb ihr ein Briefchen auf Seidenpapier,
Umrändelt mit goldenen Kanten.
Er schickt' ihr sein Bildnis, so lachend und hold,
Versteckt in ein Herzchen von Perlen und Gold;
Dabei war ein Ring mit Demanten. –

„Laß du sie nur reiten und fahren und gehn!
Laß du sie sich werben zuschanden!
Rosettchen, dir ist wohl was Bessers beschert.
Ich achte des stattlichsten Ritters dich wert,
Beliehen mit Leuten und Landen.

Ich hab' ein gut Wörtchen zu kosen mit dir;
Das muß ich dir heimlich vertrauen.
Drauf hätt' ich gern heimlich erwünschten Bescheid.
Lieb Mädel, um Mitternacht bin ich nicht weit;
Sei wacker und laß dir nicht grauen!

Heut Mitternacht horch auf den Wachtelgesang
Im Weizenfeld hinter dem Garten.
Ein Nachtigallmännchen wird locken die Braut
Mit lieblichem tief aufflötenden Laut;
Sei wacker und laß mich nicht warten!" –

Er kam in Mantel und Kappe vermummt,
Er kam um die Mitternachtstunde,
Er schlich, umgürtet mit Waffen und Wehr,
So leise, so lose, wie Nebel, einher
Und stillte mit Brocken die Hunde.

Er schlug der Wachtel hellgellenden Schlag,
Im Weizenfeld hinter dem Garten.
Dann lockte das Nachtigallmännchen die Braut
Mit lieblichem tief aufflötenden Laut;
Und Röschen, ach! – ließ ihn nicht warten. –

Er wußte sein Wörtchen so traulich und süß
In Ohr und Herz ihr zu girren! –
Ach, Liebender Glauben ist willig und zahm!
Er sparte kein Locken, die schüchterne Scham
Zu seinem Gelüste zu kirren.

Er schwur sich bei allem, was heilig und hehr,
Auf ewig zu ihrem Getreuen.
Und als sie sich sträubte, und als er sie zog,
Vermaß er sich teuer, vermaß er sich hoch:
„Lieb Mädel, es soll dich nicht reuen!"

Er zog sie zur Laube, so düster und still,
Von blühenden Bohnen umdüftet.
Da pocht' ihr das Herzchen; da schwoll ihr die Brust;
Da wurde vom glühenden Hauche der Lust
Die Unschuld zu Tode vergiftet. – – –

Bald, als auf duftendem Bohnenbeet
Die rötlichen Blumen verblühten,
Da wurde dem Mädel so übel und weh;
Da bleichten die rosichten Wangen zu Schnee;
Die funkelnden Augen verglühten.

Und als die Schote nun allgemach
Sich dehnt' in die Breit' und Länge;
Als Erdbeer' und Kirsche sich rötet' und schwoll,
Da wurde dem Mädel das Brüstchen zu voll,
Das seidene Röckchen zu enge.

Und als die Sichel zu Felde ging,
Hub's an sich zu regen und strecken.
Und als der Herbstwind über die Flur
Und über die Stoppel des Habers fuhr,
Da konnte sie's nicht mehr verstecken.

Der Vater, ein harter und zorniger Mann,
Schalt laut die arme Rosette:
„Hast du dir erbuhlt für die Wiege das Kind,
So hebe dich mir aus den Augen geschwind
Und schaff' auch den Mann dir ins Bette!"

Er schlang ihr fliegendes Haar um die Faust;
Er hieb sie mit knotigen Riemen.
Er hieb, das schallte so schrecklich und laut!
Er hieb ihr die samtene Lilienhaut
Voll schwellender blutiger Striemen.

Er stieß sie hinaus in der finstersten Nacht
Bei eisigem Regen und Winden.
Sie klimmt' am dornigen Felsen empor,
Und tappte sich fort bis an Falkensteins Tor,
Dem Liebsten ihr Leid zu verkünden. –

„O weh mir, daß du mich zur Mutter gemacht,
Bevor du mich machtest zum Weibe!
Sieh her! Sieh her! Mit Jammer und Hohn
Trag' ich dafür nun den schmerzlichen Lohn
An meinem zerschlagenen Leibe!"

Sie warf sich ihm bitterlich schluchzend ans Herz;
Sie bat, sie beschwur ihn mit Zähren:
„O mach' es nun gut, was du übel gemacht!
Bist du es; der so mich in Schande gebracht,
So bring' auch mich wieder zu Ehren!" –

„Arm Närrchen", versetzt' er, „das tut mir ja leid!
Wir wollen's am Alten schon rächen.
Erst gib dich zufrieden und harre bei mir!
Ich will dich schon hegen und pflegen allhier.
Dann wollen wir's ferner besprechen." –

„Ach, hier ist kein Säumen, kein Pflegen, noch Ruh'n!
Das bringt mich nicht wieder zu Ehren.
Hast du einst treulich geschworen der Braut,
So laß auch an Gottes Altare nun laut
Vor Priester und Zeugen es hören!"

„Ho, Närrchen, so hab' ich es nimmer gemeint!
Wie kann ich zum Weibe dich nehmen?
Ich bin ja entsprossen aus adligem Blut.
Nur Gleiches zu Gleichem gesellet sich gut;
Sonst müßte mein Stamm sich ja schämen.

Lieb Närrchen, ich halte dir's, wie ich's gemeint:
Mein Liebchen sollst immerdar bleiben.
Und wenn dir mein wackerer Jäger gefällt,
So laß' ich's mir kosten ein gutes Stück Geld.
Dann können wir's ferner noch treiben." –

„Daß Gott dich! – du schändlicher, bübischer Mann! –
Daß Gott dich zur Hölle verdamme! –
Entehr' ich als Gattin dein adliges Blut,
Warum denn, o Bösewicht, war ich einst gut
Für deine unehrliche Flamme? –

So geh dann und nimm dir ein adliges Weib! –
Das Blättchen soll schrecklich sich wenden!
Gott siehet und höret und richtet uns recht.
So müsse dereinst dein niedrigster Knecht
Das adlige Bette dir schänden!

Dann fühle, Verräter, dann fühle, wie's tut,
An Ehr' und an Glück zu verzweifeln!
Dann stoß' an die Mauer die schändliche Stirn
Und jag' eine Kugel dir fluchend durchs Hirn!
Dann, Teufel, dann fahre zu Teufeln!" –

Sie riß sich zusammen, sie raffte sich auf,
Sie rannte verzweifelnd von hinnen,
Mit blutigen Füßen, durch Distel und Dorn,
Durch Moor und Geröhricht, vor Jammer und Zorn
Zerrüttet an allen fünf Sinnen.

„Wohin nun, wohin, o barmherziger Gott,
Wohin nun auf Erden mich wenden?" –
Sie rannte, verzweifelnd an Ehr' und an Glück,
Und kam in den Garten der Heimat zurück,
Ihr klägliches Leben zu enden.

Sie taumelt', an Händen und Füßen verklomt,
Sie kroch zur unseligen Laube;
Und jach durchzuckte sie Weh auf Weh,
Auf ärmlichem Lager, bestreuet mit Schnee,
Von Reisicht und rasselndem Laube.

Es wand ihr ein Knäbchen sich weinend vom Schoß,
Bei wildem unsäglichem Schmerze.
Und als das Knäbchen geboren war,
Da riß sie die silberne Nadel vom Haar,
Und stieß sie dem Knaben ins Herze.

Erst, als sie vollendet die blutige Tat,
Mußt', ach! ihr Wahnsinn sich enden.
Kalt wehten Entsetzen und Grausen sie an. –
„O Jesu, mein Heiland, was hab' ich getan?"
Sie wand sich das Bast von den Händen.

Sie kratzte mit blutigen Nägeln ein Grab
Am schilfigen Unkengestade.
„Da ruh du, mein Armes, da ruh nun in Gott,
Geborgen auf immer vor Elend und Spott! –
Mich hacken die Raben vom Rade!"

Das ist das Flämmchen am Unkenteich;
Das flimmert und flammert so traurig.
Das ist das Plätzchen, da wächst kein Gras;
Das wird vom Tau und vom Regen nicht naß!
Da wehen die Lüftchen so schaurig!

Hoch hinter dem Garten vom Rabenstein,
Hoch über dem Steine vom Rade
Blickt, hohl und düster, ein Schädel herab,
Das ist ihr Schädel, der blicket aufs Grab,
Drei Spannen lang an dem Gestade.

Allnächtlich herunter vom Rabenstein,
Allnächtlich herunter vom Rade
Huscht bleich und molkicht ein Schattengesicht,
Will löschen das Flämmchen, und kann es doch nicht,
Und wimmert am Unkengestade.

[verklomt: vor Kälte steif, erstarrt. – Bast: Haut. – molkicht: trübe.]

Der Kaiser und der Abt

Ich will euch erzählen ein Märchen gar schnurrig:
Es war 'mal ein Kaiser; der Kaiser war kurrig;
Auch war 'mal ein Abt, ein gar stattlicher Herr;
Nur schade! sein Schäfer war klüger als er.

Dem Kaiser ward's sauer in Hitz' und in Kälte:
Oft schlief er bepanzert im Kriegesgezelte;
Oft hatt' er kaum Wasser zu Schwarzbrot und Wurst;
Und öfter noch litt er gar Hunger und Durst.

Das Pfäfflein, das wußte sich besser zu hegen,
Und weidlich am Tisch und im Bette zu pflegen.
Wie Vollmond glänzte sein feistes Gesicht.
Drei Männer umspannten den Schmerbauch ihm nicht.

Drob suchte der Kaiser am Pfäfflein oft Hader.
Einst ritt er mit reisigem Kriegesgeschwader
In brennender Hitze des Sommers vorbei.
Das Pfäfflein spazierte vor seiner Abtei.

„Ha", dachte der Kaiser, „zur glücklichen Stunde!"
Und grüßte das Pfäfflein mit höhnischem Munde:
„Knecht Gottes, wie geht's dir? Mir deucht wohl ganz recht,
Das Beten und Fasten bekomme nicht schlecht.

Doch deucht mir daneben, Euch plage viel Weile.
Ihr dankt mir's wohl, wenn ich Euch Arbeit erteile,
Man rühmet, Ihr wäret der pfiffigste Mann,
Ihr höret das Gräschen fast wachsen, sagt man.

So geb' ich denn Euren zwei tüchtigen Backen
Zur Kurzweil drei artige Nüsse zu knacken.
Drei Monden von nun an bestimm' ich zur Zeit.
Dann will ich auf diese drei Fragen Bescheid.

Zum ersten: Wann hoch ich im fürstlichen Rate
Zu Throne mich zeige im Kaiserornate,
Dann sollt Ihr mir sagen, ein treuer Wardein,
Wieviel ich wohl wert bis zum Heller mag sein?

Zum zweiten sollt Ihr mir berechnen und sagen,
Wie bald ich zu Rosse die Welt mag umjagen?
Um keine Minute zu wenig und viel!
Ich weiß, der Bescheid darauf ist Euch nur Spiel.

Zum dritten noch sollst du, o Preis der Prälaten,
Aufs Härchen mir meine Gedanken verraten.
Die will ich dann treulich bekennen: allein
Es soll auch kein Titelchen Wahres dran sein.

Und könnt Ihr mir diese drei Fragen nicht lösen,
So seid Ihr die längste Zeit Abt hier gewesen!
So laß' ich Euch führen zu Esel durchs Land,
Verkehrt, statt des Zaumes den Schwanz in der Hand." –

Drauf trabte der Kaiser mit Lachen von hinnen.
Das Pfäfflein zerriß und zerspliß sich mit Sinnen.
Kein armer Verbrecher fühlt mehr Schwulität,
Der vor hochnotpeinlichem Halsgericht steht.

Er schickte nach ein, zwei, drei, vier Un'vers'täten,
Er fragte bei ein, zwei, drei, vier Fakultäten,
Er zahlte Gebühren und Sportuln vollauf:
Doch löste kein Doktor die Fragen ihm auf.

Schnell wuchsen bei herzlichem Zagen und Pochen
Die Stunden zu Tagen, die Tage zu Wochen,
Die Wochen zu Monden; schon kam der Termin!
Ihm ward's vor den Augen bald gelb und bald grün.

Nun sucht' er, ein bleicher hohlwangiger Werther,
In Wäldern und Feldern die einsamsten Örter.
Da traf ihn, auf selten betretener Bahn,
Hans Bendix, sein Schäfer, am Felsenhang an.

„Herr Abt", sprach Hans Bendix, „was mögt Ihr euch grämen?
Ihr schwindet ja wahrlich dahin wie ein Schemen.
Maria und Joseph! wie hotzelt Ihr ein!
Mein Sixchen! Es muß Euch was angetan sein." –

„Ach, guter Hans Bendix, so muß sich's wohl schicken.
Der Kaiser will gern mir am Zeuge was flicken,
Und hat mir drei Nüss' auf die Zähne gepackt,
Die schwerlich Beelzebub selber wohl knackt.

Zum ersten: Wann hoch er im fürstlichen Rate
Zu Throne sich zeiget im Kaiserornate,
Dann soll ich ihm sagen, ein treuer Wardein,
Wieviel er wohl wert bis zum Heller mag sein?

Zum zweiten soll ich ihm berechnen und sagen:
Wie bald er zu Rosse die Welt mag umjagen?
Um keine Minute zu wenig und viel!
Er meint, der Bescheid darauf wäre nur Spiel.

Zum dritten, ich ärmster von allen Prälaten,
Soll ich ihm gar seine Gedanken erraten;
Die will er mir treulich bekennen; allein
Es soll auch kein Titelchen Wahres dran sein.

Und kann ich ihm diese drei Fragen nicht lösen,
So bin ich die längste Zeit Abt hier gewesen;
So läßt er mich führen zu Esel durchs Land,
Verkehrt, statt des Zaumes den Schwanz in der Hand." –

„Nichts weiter?" erwidert Hans Bendix mit Lachen,
„Herr, gebt Euch zufrieden! das will ich schon machen.
Nur borgt mir Eu'r Käppchen, Eu'r Kreuzchen und Kleid;
So will ich schon geben den rechten Bescheid.

Versteh' ich gleich nichts von lateinischen Brocken,
So weiß ich den Hund doch vom Ofen zu locken.
Was ihr euch, Gelehrte, für Geld nicht erwerbt,
Das hab' ich von meiner Frau Mutter geerbt."

Da sprang wie ein Böcklein der Abt vor Behagen.
Mit Käppchen und Kreuzchen, mit Mantel und Kragen
Ward stattlich Hans Bendix zum Abte geschmückt
Und hurtig zum Kaiser nach Hofe geschickt.

Hier thronte der Kaiser im fürstlichen Rate,
Hoch prangt' er, mit Zepter und Kron' im Ornate:
„Nun sagt mir, Herr Abt, als ein treuer Wardein,
Wieviel ich itzt wert, bis zum Heller, mag sein?" –

„Für dreißig Reichsgulden ward Christus verschachert,
Drum gäb' ich, so sehr Ihr auch pocht und prachert,
Für Euch keinen Deut mehr als zwanzig und neun,
Denn einen müßt Ihr doch wohl minder wert sein." –

„Hum", sagte der Kaiser, „der Grund läßt sich hören
Und mag den durchlauchtigen Stolz wohl bekehren.
Nie hätt' ich, bei meiner hochfürstlichen Ehr'!
Geglaubet, daß so spottwohlfeil ich wär'.

Nun aber sollst du mir berechnen und sagen:
Wie bald ich zu Rosse die Welt mag umjagen?
Um keine Minute zu wenig und viel!
Ist dir der Bescheid darauf auch nur ein Spiel?"

„Herr, wenn mit der Sonn' Ihr früh sattelt und reitet,
Und stets sie in einerlei Tempo begleitet,
So setz' ich mein Kreuz und mein Käppchen daran,
In zweimal zwölf Stunden ist alles getan." –

„Ha", lachte der Kaiser, „vortrefflicher Haber!
Ihr füttert die Pferde mit Wenn und mit Aber.
Der Mann, der das Wenn und das Aber erdacht,
Hat sicher aus Häckerling Gold schon gemacht.

Nun aber zum dritten, nun nimm dich zusammen!
Sonst muß ich dich dennoch zum Esel verdammen.
Was denk' ich, das falsch ist? das bringe heraus!
Nur bleib mir mit Wenn und mit Aber zu Haus!" –

„Ihr denket, ich sei der Herr Abt von St. Gallen" –
„Ganz recht! Und das kann von der Wahrheit nicht fallen." –
„Sein Diener, Herr Kaiser! Euch trüget Eu'r Sinn:
Denn wißt, daß ich Bendix, sein Schäfer, nur bin!" –

„Was Henker! Du bist nicht der Abt von St. Gallen?"
Rief hurtig, als wär' er vom Himmel gefallen,
Der Kaiser mit frohem Erstaunen darein;
„Wohlan denn, so sollst du von nun an es sein!

Ich will dich belehnen mit Ring und mit Stabe.
Dein Vorfahr besteige den Esel und trabe!
Und lerne fortan erst quid iuris verstehn!
Denn wenn man will ernten, so muß man auch sä'n."

„Mit Gunsten, Herr Kaiser! Das laß nur hübsch bleiben!
Ich kann ja nicht lesen, noch rechnen und schreiben;
Auch weiß ich kein sterbendes Wörtchen Latein.
Was Hänschen versäumet, holt Hans nicht mehr ein." –

„Ach, guter Hans Bendix, das ist ja recht schade!
Erbitte dir demnach ein' andere Gnade!
Sehr hat mich ergötzet dein lustiger Schwank:
Drum soll dich auch wieder ergötzen mein Dank." –

„Herr Kaiser, groß hab' ich so eben nichts nötig:
Doch seid Ihr im Ernst mir zu Gnaden erbötig,
So will ich mir bitten zum ehrlichen Lohn
Für meinen hochwürdigen Herren Pardon." –

„Ha bravo! Du trägst, wie ich merke, Geselle,
Das Herz, wie den Kopf, auf der richtigen Stelle.
Drum sei der Pardon ihm in Gnaden gewährt,
Und obenein dir ein Panisbrief beschert:

Wir lassen dem Abt von St. Gallen entbieten:
Hans Bendix soll ihm nicht die Schafe mehr hüten.
Der Abt soll sein pflegen, nach unserm Gebot,
Umsonst, bis an seinen sanftseligen Tod."

[Kurrig, ndt.: leicht reizbar. – Wardein: Prüfer des Wertgehalts in Münzämtern. – Werther: Anspielung auf Goethes gleichnamigen Roman. – prachern: betteln. – quid iuris: was recht ist.]

Die Schatzgräber

Ein Winzer, der am Tode lag,
Rief seine Kinder an und sprach:
„In unserm Weinberg liegt ein Schatz.
Grabt nur darnach!" – „An welchem Platz?" –
Schrie alles laut den Vater an.
„Grabt nur!" . . O weh'! da starb der Mann.

Kaum war der Alte beigeschafft,
So grub man nach aus Leibeskraft.
Mit Hacke, Karst und Spaten ward
Der Weinberg um und um gescharrt.
Da war kein Kloß, der ruhig blieb;
Man warf die Erde gar durch's Sieb
Und zog die Harken kreuz und quer
Nach jedem Steinchen hin und her.
Allein, da ward kein Schatz verspürt,
Und jeder hielt sich angeführt.

Doch kaum erschien das nächste Jahr,
So nahm man mit Erstaunen wahr,
Daß jede Rebe dreifach trug.
Da wurden erst die Söhne klug,
Und gruben nun Jahr ein Jahr aus
Des Schatzes immer mehr heraus.

Johann Gottfried Herder
1744–1803

Wilhelms Geist

Da kam ein Geist zu Marg'reths Tür
  Mit manchem Weh und Ach
Und drückt am Schloß und kehrt am Schloß
  Und ächzte traurig nach.

„Ist dies mein Vater Philipp?
  Od'r ist mein Bruder Johann?
Oder ist's mein Treulieb Wilhelm
  Aus Schottland kommen an?"

„'s ist nicht dein Vater Philipp,
  Ist nicht dein Bruder Johann.
Es ist dein Treulieb Wilhelm
  Aus Schottland kommen an!

O Marg'reth süß! o Marg'reth teur,
  Ich bitt' dich, sprich zu mir,
Gib mir mein' Hand und Pfand, Marg'reth,
  Die ich gegeben dir."

„Dein' Hand und Pfand geb' ich dir nicht,
  's wird nimmer dein Gewinn,
Bis daß du kommst in mein Gemach
  Und küßt mein' Mund und Kinn."

„Wenn ich soll komm'n in dein Gemach,
  Ich bin kein Erdenmann,
Und soll ich küssen deinen Rosenmund,
  Dein Leb'n so ist's nicht lang!

O Marg'reth süß! o Marg'reth teur,
    Ich bitt' dich, sprich zu mir,
Gib mir mein' Hand und Pfand, Marg'reth,
    Als ich's gegeben dir."

„Dein' Hand und Pfand geb' ich dir nicht,
    Wird nimmer dein Gewinn!
Bis du mich führst den Kirchhof hin
    Und gibst mir Trauering."

„Begrab'n auf einem Kirchhof schon
    Lieg' ich fern überm Meer,
's ist nur mein Geist, Marg'reth,
    Der hier zu dir kommt her."

Sie strecket aus ihr' Lilienhand,
    Noch, was sie kann, zu tun:
„Hast Hand und Pfand da, Wilhelm,
    Gott deinem Geist mach' Ruhn!"

Nun hatt' sie geworfen ihr Kleider an,
    Ein Stück bis nieder aufs Knie.
Die lebenslange Winternacht
    Dem Leichnam folget sie.

„Ist da noch Raum zu Haupten, Wilhelm?
    Oder Raum zu Fuße dir?
Oder Raum zu deiner Seite, Wilhelm,
    Wo ein ich schlüpf zu dir?"

„Da ist kein Raum zu Haupt mir, Marg'reth,
    Kein Raum zu Füßen all!
Da ist kein Raum zur Seit mir, Marg'reth,
    Mein Sarg ist eng und schmal.

Denn auf und kräht der rote Hahn
    Und auf und kräht der Grau'.
Ist Zeit! ist Zeit! mein Marg'reth teur,
    Daß du nun von mir schaust."

Nicht mehr der Geist zu Marg'reth sprach,
    Aber noch mit Ach und Pein
Verschwand er in ein'n Nebel hin
    Und ließ sie all' allein.

„O bleib, mein ein' Treuliebe! bleib!
    Dein' Marg'reth ruft dir nach."
Da schwand ihr Antlitz! sank ihr Leib!
    Erblaßt ihr Auge brach.

Das Mädchen am Ufer

Die See war wild im Heulen
Der Sturm, er stöhnt mit Müh,
Da saß das Mädchen weinend,
Am harten Fels saß sie,
Weit über Meeres Brüllen
Warf Seufzer sie und Blick;
Nicht konnt's ihr Seufzer stillen,
Der matt ihr kam zurück.

„Ein Jahr nun hin und drüber!
Ein Jahr voll bitterm Weh!
O warum gingst du, Lieber,
Und trautest dich der See?
Hör auf, hör auf zu toben,
O Sturm, und gönn' ihm Ruh!
Hier in der Brust das Toben,
Ach! wütet mehr als du.

Der Kaufmann schätzegierig,
Verzweifelnd flucht er dir;
Was ist Verlieren Schätze,
Zu dem, was ich verlier'?
Und würfst du ihn auf Küsten
Von Gold und Demant schwer;
Ein' Reich're kann er finden,
Ein' Treu're nimmermehr."

So seufzend, weinend lag sie,
Erharrend ihn zu sehn.
In jeden Sturm floß Seufzen,
In jede Wog' ein Trän';
Als schnell auf weißen Wellen
Ein blasser Leichnam schwamm,
Tod sank auf ihn das Mädchen,
Es war – ihr Bräutigam.

Ulrich und Ännchen

Es ritt einst Ulrich spazieren aus,
Er ritt wohl vor lieb Ännchens Haus:
Lieb Ännch'n, willt mit in grünen Wald?
Ich will dir lernen den Vogelsang.

Sie gingen wohl mit einander fort;
Sie kamen an eine Hasel dort;
Sie kamen ein Fleckchen weiter hin;
Sie kamen auf eine Wiese grün.

Er führte sie ins grüne Gras,
Er bat, lieb Ännchen niedersaß,
Er legt' seinen Kopf in ihren Schoß,
Mit heißen Tränen sie ihn begoß.

„Ach Ännchen, liebes Ännchen mein,
Warum weinst du denn so sehr um ein'n?
Weinst irgend um deines Vaters Gut?
Oder weinest um dein junges Blut?

Oder bin ich dir nicht schön genug?
„Ich weine nicht um meines Vaters Gut,
Ich wein auch nicht um mein junges Blut,
Und, Ulrich, bist mir auch schön genug.

Da droben auf jener Tannen,
Elf Jungfraun sah ich hangen."
„Ach Ännchen, liebes Ännchen mein,
Wie bald sollst du die zwölfte sein!"

„Soll ich denn nun die zwölfte sein?
Ich bitt, ihr wollt mir drei Schrei verleihn."
Den ersten Schrei und den sie tat,
Sie rufte ihren Vater an.

Den andern Schrei und den sie tat,
Sie ruft ihren lieben Herr Gott an.
Den dritten Schrei und den sie tat,
Sie ruft ihren jüngsten Bruder an.

Ihr Bruder saß beim roten kühlen Wein,
Der Schall der fuhr zum Fenster hinein:
„Höret ihr, Brüder alle,
Meine Schwester schreit aus dem Walde.

Ach Ulrich, lieber Ulrich mein,
Wo hast du die jüngste Schwester mein?"
„Dort droben auf jener Linde,
Schwarzbraune Seide tut sie spinnen."

„Warum sind deine Schuh so blutrot?"

„Warum sollten sie nicht blutrot sein?
Ich schoß ein Turteltäubelein."

„Das Turteltäublein, das du erschoßt,
Das trug meine Mutter unter ihrer Brust."

Lieb Ännchen kam ins tiefe Grab,
Schwager Ulrich auf das hohe Rad,
Um Ännchen sungen die Engelein,
Um Ulrich schrien die Raben klein.

Erlkönigs Tochter

Herr Oluf reitet spät und weit,
Zu bieten auf seine Hochzeitleut';

Da tanzen die Elfen auf grünem Land',
Erlkönigs Tochter reicht ihm die Hand.

„Willkommen, Herr Oluf, was eilst von hier?
Tritt her in den Reihen und tanz' mit mir."

„Ich darf nicht tanzen, nicht tanzen ich mag,
Frühmorgen ist mein Hochzeittag."

„Hör an, Herr Oluf, tritt tanzen mit mir,
Zwei güldne Sporne schenk ich dir.

Ein Hemd von Seide so weiß und fein,
Meine Mutter bleicht's mit Mondenschein."

„Ich darf nicht tanzen, nicht tanzen ich mag,
Frühmorgen ist mein Hochzeittag."

„Hör an, Herr Oluf, tritt tanzen mit mir,
Einen Haufen Goldes schenk ich dir."

„Einen Haufen Goldes nähm ich wohl;
Doch tanzen ich nicht darf noch soll."

„Und willt, Herr Oluf, nicht tanzen mit mir;
Soll Seuch und Krankheit folgen dir."

Sie tät einen Schlag ihm auf sein Herz,
Noch nimmer fühlt' er solchen Schmerz.

Sie hob ihn bleichend auf sein Pferd,
„Reit heim nun zu dein'm Fräulein wert."

Und als er kam vor Hauses Tür,
Seine Mutter zitternd stand dafür.

„Hör an, mein Sohn, sag an mir gleich,
Wie ist dein' Farbe blaß und bleich?"

„Und sollt sie nicht sein blaß und bleich,
Ich traf in Erlenkönigs Reich."

„Hör an, mein Sohn, so lieb und traut,
Was soll ich nun sagen deiner Braut?"

„Sagt ihr, ich sei im Wald zur Stund,
Zu proben da mein Pferd und Hund."

Frühmorgen und als es Tag kaum war,
Da kam die Braut mit der Hochzeitschar.

Sie schenkten Met, sie schenkten Wein;
„Wo ist Herr Oluf, der Bräutgam mein?"

„Herr Oluf, er ritt' in Wald zur Stund,
Er probt allda sein Pferd und Hund."

Die Braut hob auf den Scharlach rot,
Da lag Herr Oluf und er war tot.

Edward

Dein Schwert, wie ist's von Blut so rot?
   Edward, Edward!
Dein Schwert, wie ist's von Blut so rot,
   Und gehst so traurig her? – O!
O ich hab geschlagen meinen Geier tot,
   Mutter, Mutter!
O ich hab geschlagen meinen Geier tot,
   Und keinen hab ich wie er – O!

Dein's Geiers Blut ist nicht so rot,
   Edward, Edward!
Dein's Geiers Blut ist nicht so rot,
   Mein Sohn, bekenn mir frei – O!
O ich hab geschlagen mein Rotroß tot,
   Mutter, Mutter!
O ich hab geschlagen mein Rotroß tot,
   Und 's war so stolz und treu – O!

Dein Roß war alt und hast's nicht not,
   Edward, Edward!
Dein Roß war alt und hast's nicht not,
   Dich drückt ein ander Schmerz – O!
O ich hab geschlagen meinen Vater tot,
   Mutter, Mutter!
O ich hab geschlagen meinen Vater tot,
   Und weh, weh ist mein Herz – O!

Und was für Buße willt du nun tun?
   Edward, Edward!
Und was für Buße willt du nun tun?
   Mein Sohn, bekenn mir mehr – O!
Auf Erden soll mein Fuß nicht ruhn,
   Mutter, Mutter!
Auf Erden soll mein Fuß nicht ruhn,
   Will gehn fern übers Meer – O!

Und was soll werden dein Hof und Hall?
   Edward, Edward!
Und was soll werden dein Hof und Hall?
   So herrlich sonst und schön – O!
Ich laß es stehn, bis es sink' und fall',
   Mutter, Mutter!
Ich laß es stehn, bis es sink' und fall',
   Mag nie es wieder sehn – O!

Und was soll werden dein Weib und Kind?
   Edward, Edward!
Und was soll werden dein Weib und Kind,
   Wann du gehst über Meer? – O!
Die Welt ist groß, laß sie betteln drin,
   Mutter, Mutter!

Die Welt ist groß, laß sie betteln drin,
    Ich seh sie nimmermehr – O!
Und was willt du lassen deiner Mutter teur?
    Edward, Edward!
Und was willt du lassen deiner Mutter teur?
    Mein Sohn, das sage mir – O!
Fluch will ich Euch lassen und höllisch Feur,
    Mutter, Mutter!
Fluch will ich Euch lassen und höllisch Feur,
    Denn ihr, ihr rietet's mir! – O!

Jakob Michael Reinhold Lenz
1751–1792

Die Liebe auf dem Lande

Ein wohlgenährter Kandidat
Der nie noch einen Fehltritt tat,
Und den verbotnen Liebestrieb
In lauter Predigten verschrieb,
Kehrt' einst bei einem Pfarrer ein,
Den Sonntag sein Gehülf' zu sein.
Der hatt' ein Kind, zwar still und bleich
Von Kummer krank, doch Engeln gleich
Sie hielt im halberloschnen Blick
Noch Flammen ohne Maß zurück,
All itzt in Andacht eingehüllt,
Schön wie ein marmorn Heiligenbild.
War nicht umsonst so still und schwach,
Verlaßne Liebe trug sie nach.
In ihrer kleinen Kammer hoch
Sie stets an der Erinnrung sog
An ihrem Brotschrank an der Wand
Er immer, immer vor ihr stand,
Und wenn ein Schlaf sie übernahm
Im Traum er immer wieder kam.
Für ihn sie noch ihr Härlein stutzt,
Sich, wenn sie ganz allein ist, putzt,
All ihre Schürzen anprobiert
Und ihre schönen Lätzchen schnürt,
Und von dem Spiegel nur allein
Verlangt er soll ein Schmeichler sein.
Kam aber etwas Fremd's ins Haus
So zog sie gleich den Schnürleib aus,
Tat sich so schlecht und häuslich an,
Es übersah sie jedermann.
Zum Unglück unserm Pfaffen allein
Der Lilie Nachtglanz leuchtet ein,
Obschon sie matt am Stengel hing.
Früh eh er in die Kirche ging
Er sehr eräschert zu ihr trat
Und sie – um ein Glas Wasser bat –

Denn laut er auf der Kanzel schreit
Man hört ihn auf dem Kirchhof weit
Und macht solch einen derben Schluß
Daß Alt und Jung noch weinen muß,
Und der Gemeinde Sympathie
Ergriff zu allerletzt auch sie –
's ging jeder wie gegeißelt fort –
Der Kandidat ward Pfarr am Ort.

Ob's nun die Dankbarkeit ihm tat,
Ein's Tags er in ihr Zimmer trat,
Sehr holde Jungfrau, sagt er ihr,
Ihr schickt Euch übel nicht zu mir.
Ihr seid voll Tugend und Verstand,
Ihr habt mein Herz, da nehmt die Hand –
Sie sehr erschrocken auf den Tod
Ward endlich wieder einmal rot,
„Ach lieber Herr – – mein Vater – ich –
Ihr findet Bessere als mich
Ich bin zu jung – ich bin zu alt –"
Der Vater kroch hinzu und schalt,
Und kündigt' Stund' und Tag und Mann
Ihr mit gefaltnen Händen an.
Wer malet diesen Kalchas mir
Und dieses Opfers Blumenzier,
Wie's vorm Altar am Hochzeittag
In seiner Mutter Brautkleid lag,
Wie's unters Vaters Segenshand
Mehr litt als es sich selbst gestand;
Wie's dumpf, nur ahndend seine Pflicht
Entzog den Qualen sein Gesicht,
Und tausend Nattern in der Brust
Zum Dienste ging verhaßter Lust.

Ach Männer, Männer seid nicht stolz
Als wärt nur ihr das grüne Holz,

Der Weiber Güt' und Duldsamkeit
Ist grenzenlos wie Ewigkeit.
Sie fand an ihrem Manne nun
All seinem Reden, seinem Tun
An seiner plumpen Narrheit gar
Noch was das liebenswürdig war
Sie dreht' und rieb so lang dran ab,
Bis sie ihm doch ein Ansehn gab,
Und wenn's ihr unerträglich kam
Nahm sie's als Zucht – für ihren Gram.

Ihr einzig Gut auf dieser Welt
Der Engel noch für Sünde hält.
Dem Mann gelind, sich selber scharf
Sie – Gott – nicht einmal weinen darf,
Sie kommt und bringt ihr Auge klar
Als sein geraubtes Gut ihm dar,
Und wenn er schilt und brummt und knirrt
Ihr leichter um das Herze wird,
Doch wenn er freundlich herzt und küßt
Für Unruh' sie des Todes ist.

Denn immer, immer, immer doch
Schwebt ihr das Bild an Wänden noch,
Von einem Menschen, welcher kam
Und ihr als Kind das Herze nahm.
Fast ausgelöscht ist sein Gesicht,
Doch seiner Worte Kraft noch nicht
Und jener Stunden Seligkeit
Ach jener Träume Würklichkeit
Die, angeboren jedermann,
Kein Mensch sich würklich machen kann.

Piramus und Thisbe

Der junge Piramus in Babel
Hatt' in der Wand
Sich nach und nach mit einer heißen Gabel
Ein Loch gebrannt.

Hart an der Wand da schlief sein Liebchen,
Die Thisbe hieß
Und ihr Papa auf ihrem Stübchen
Verderben ließ.

Die Liebe geht so wie Gespenster
Durch Holz und Stein.
Sie machten sich ein kleines Fenster
Für ihre Pein.

Da hieß es: liebst du mich? da schallte:
Wie lieb' ich dich!
Sie küßten stundenlang die Spalte
Und meinten sich.

Geraumer ward sie jede Stunde
Und mancher Kuß
Erreichte schon von Thisbens Munde
Herrn Piramus.

In einer Nacht, da Mond und Sterne
Vom Himmel sahn,
Da hätten sie die Wand so gerne
Beiseits getan.

Ach Thisbe! weint er, sie zurücke
Ach Piramus!
Besteht denn unser ganzes Glücke
In einem Kuß!

Sie sprach, ich will mit einer Gabe
Als wär' ich fromm,
Hinaus bei Nacht zu Nini Grabe,
Alsdann so komm!

Dies darf mir der Papa nicht wehren,
Dann spude dich.
Du wirst mich eifrig beten hören,
Und tröste mich.

Ein Mann ein Wort! Auf einem Beine
Sprang er für Lust:
Auf morgen nacht da küß' ich deine
Geliebte Brust.

Sie, Opferkuchen bei sich habend,
Trippt durch den Hain,
Schneeweiß gekleid't, den andern Abend
Im Mondenschein.

Da fährt ein Löwe aus den Hecken,
Ganz ungewohnt,
Er brüllt so laut: sie wird vor Schrecken
Bleich wie der Mond.

Ha, zitternd warf sie mit dem Schleier
Den Korb ins Gras
Und lief, indem das Ungeheuer
Die Kuchen aß.

Kaum war es fort, so mißt ein Knabe
Mit leichtem Schritt
Denselben Weg zu Nini Grabe
Der rückwärts tritt,

Als hätt' ein Donner ihn erschossen.
Den Löwen weit –
Und weiß im Grase hingegossen
Der Thisbe Kleid. –

Plump fällt er hin im Mondenlichte:
So fällt vom Sturm
Mit unbeholfenem Gewichte
Ein alter Turm.

O Thisbe, so bewegen leise
Die Lippen sich,
O Thisbe, zu des Löwen Speise
Da schick' ich mich.

Zu hören meine treuen Schwüre
Warst du gewohnt;
Sei Zeuge wie ich sie vollführe,
Du falscher Mond!

Die kalte Hand fuhr nach dem Degen
Und dann durchs Herz.
Der Mond fing an sich zu bewegen
Für Leid und Schmerz.

Ihn suchte Zephir zu erfrischen,
Umsonst bemüht.
Die Vögel sangen aus den Büschen
Sein Totenlied.

Schnell rauschte Thisbe durch die Blätter
Und sah das Gras,
Wie unter einem Donnerwetter,
Von Purpur naß.

O Gott, wie pochte da so heftig
Ihr kleines Herz!
Das braune Haupthaar ward geschäftig,
Stieg himmelwärts.

Sie flog – hier zieht, ihr blassen Musen,
Den Vorhang zu!
Dahinter ruht sie, Stahl im Busen:
O herbe Ruh!

Der Mond vergaß sie zu bescheinen,
Vor Schrecken blind.
Der Himmel selbst fing an zu weinen
Als wie ein Kind.

Man sagt vom Löwen, sein Gewissen
Hab' ihn erschröckt,
Er habe sich zu ihren Füßen
Lang hingestreckt.

O nehmt, was euch sein Beispiel lehret,
Ihr Alten, wahr!
Nehmt euch in acht, ihr Alten! störet
Kein liebend Paar.

Johann Wolfgang Goethe
1749–1832

Heidenröslein

Sah ein Knab ein Röslein stehn,
Röslein auf der Heiden,
War so jung und morgenschön,
Lief er schnell, es nah zu sehn,
Sah's mit vielen Freuden.
Röslein, Röslein, Röslein rot,
Röslein auf der Heiden.

Knabe sprach: Ich breche dich,
Röslein auf der Heiden!
Röslein sprach: Ich steche dich,
Daß du ewig denkst an mich,
Und ich will's nicht leiden.
Röslein, Röslein, Röslein rot,
Röslein auf der Heiden.

Und der wilde Knabe brach
's Röslein auf der Heiden;
Röslein wehrte sich und stach,
Half ihm doch kein Weh und Ach,
Mußt' es eben leiden.
Röslein, Röslein, Röslein rot,
Röslein auf der Heiden.

Das Veilchen

Ein Veilchen auf der Wiese stand,
Gebückt in sich und unbekannt,
Es war ein herzig's Veilchen.
Da kam eine junge Schäferin
Mit leichtem Schritt und munterm Sinn
Daher, daher,
Die Wiese her, und sang.

Ach! denkt das Veilchen, wär' ich nur
Die schönste Blume der Natur,
Ach, nur ein kleines Weilchen,
Bis mich das Liebchen abgepflückt
Und an dem Busen matt gedrückt!
Ach nur, ach nur
Ein Viertelstündchen lang!

Ach, aber ach! Das Mädchen kam
Und nicht in acht das Veilchen nahm,
Ertrat's, das arme Veilchen.
Und sank und starb und freut sich noch:
Und sterb' ich denn, so sterb ich doch
Durch sie, durch sie,
Zu ihren Füßen doch!

Der König in Thule

Es war ein König in Thule
Gar treu bis an das Grab,
Dem sterbend seine Buhle
Einen goldnen Becher gab.

Es ging ihm nichts darüber,
Er leert' ihn jeden Schmaus;
Die Augen gingen ihm über,
Sooft er trank daraus.

Und als er kam zu sterben,
Zählt' er seine Städt' im Reich,
Gönnt' alles seinem Erben,
Den Becher nicht zugleich.

Er saß beim Königsmahle,
Die Ritter um ihn her,
Auf hohem Vätersaale
Dort auf dem Schloß am Meer.

Dort stand der alte Zecher,
Trank letzte Lebensglut
Und warf den heilgen Becher
Hinunter in die Flut.

Er sah ihn stürzen, trinken
Und sinken tief ins Meer.
Die Augen täten ihm sinken;
Trank nie einen Tropfen mehr.

Der untreue Knabe

Es war ein Buhle frech genung,
War erst aus Frankreich kommen,
Der hat ein armes Mädel jung
Gar oft in Arm genommen,
Und liebgekost und liebgeherzt,
Als Bräutigam herumgescherzt,
Und endlich sie verlassen.

Das braune Mädel das erfuhr,
Vergingen ihr die Sinnen,
Sie lacht' und weint' und bet't' und schwur;
So fuhr die Seel von hinnen.
Die Stund, da sie verschieden war,
Wird bang dem Buben, graust sein Haar,
Es treibt ihn fort zu Pferde.

Er gab die Sporen kreuz und quer
Und ritt auf alle Seiten,
Herüber, hinüber, hin und her,
Kann keine Ruh erreiten;
Reit't sieben Tag und sieben Nacht;
Es blitzt und donnert, stürmt und kracht,
Die Fluten reißen über.

Und reit't in Blitz und Wetterschein
Gemäuerwerk entgegen,
Bindt's Pferd hauß' an und kriecht hinein
Und duckt sich vor dem Regen.
Und wie er tappt, und wie er fühlt,
Sich unter ihm die Erd erwühlt;
Er stürzt wohl hundert Klafter.

Und als er sich ermannt vom Schlag,
Sieht er drei Lichtlein schleichen,
Er rafft sich auf und krabbelt nach,
Die Lichtlein ferne weichen,
Irrführen ihn die Quer und Läng,
Trepp auf, Trepp ab, durch enge Gäng,
Verfallne wüste Keller.

Auf einmal steht er hoch im Saal,
Sieht sitzen hundert Gäste,
Hohläugig grinsen allzumal
Und winken ihm zu Feste.
Er sieht sein Schätzel untenan
Mit weißen Tüchern angetan,
Die wend't sich –

Klaggesang von der edlen Frauen des Asan Aga

Was ist Weißes dort am grünen Walde?
Ist es Schnee wohl oder sind es Schwäne?
Wär es Schnee, er wäre weggeschmolzen;
Wärens Schwäne, wären weggeflogen.
Ist kein Schnee nicht, es sind keine Schwäne,
's ist der Glanz der Zelten Asan Aga.
Niederliegt er drin an seiner Wunde;
Ihn besucht die Mutter und die Schwester,
Schamhaft säumt sein Weib, zu ihm zu kommen.

Als nun seine Wunde linder wurde,
Ließ er seinem treuen Weibe sagen:
„Harre mein nicht mehr an meinem Hofe,
Nicht am Hofe und nicht bei den Meinen."

Als die Frau dies harte Wort vernommen,
Stand die Treue starr und voller Schmerzen,
Hört der Pferde Stampfen vor der Türe,
Und es deucht ihr, Asan käm, ihr Gatte,
Springt zum Turme, sich herab zu stürzen.
Ängstlich folgen ihr zwei liebe Töchter,
Rufen nach ihr, weinend bittre Tränen:
„Sind nicht unsers Vaters Asan Rosse,
Ist dein Bruder Pintorowich kommen!"

Und es kehret die Gemahlin Asans,
Schlingt die Arme jammernd um den Bruder:
„Sieh die Schmach, o Bruder, deiner Schwester!
Mich verstoßen, Mutter dieser fünfe!"

Schweigt der Bruder, ziehet aus der Tasche,
Eingehüllet in hochrote Seide,
Ausgefertiget den Brief der Scheidung,
Daß sie kehre zu der Mutter Wohnung,
Frei sich einem andern zu ergeben.

Als die Frau den Trauer-Scheidbrief sahe,
Küßte sie der beiden Knaben Stirne,
Küßt' die Wangen ihrer beiden Mädchen.
Aber ach! vom Säugling in der Wiege
Kann sie sich im bittern Schmerz nicht reißen!

Reißt sie los der ungestüme Bruder,
Hebt sie auf das muntre Roß behende,
Und so eilt er mit der bangen Frauen
Grad nach seines Vaters hoher Wohnung.

Kurze Zeit wars, noch nicht sieben Tage;
Kurze Zeit gnug; von viel großen Herren
Unsre Frau in ihrer Witwen-Trauer,
Unsre Frau zum Weib begehret wurde.

Und der größte war Imoskis Kadi;
Und die Frau bat weinend ihren Bruder:
„Ich beschwöre dich bei deinem Leben,
Gib mich keinem andern mehr zur Frauen,
Daß das Wiedersehen meiner lieben
Armen Kinder mir das Herz nicht breche!"

Ihre Reden achtet nicht der Bruder,
Fest, Imoskis Kadi sie zu trauen.
Doch die Gute bittet ihn unendlich:
„Schicke wenigstens ein Blatt, o Bruder,
Mit den Worten zu Imoskis Kadi:
Dich begrüßt die junge Wittib freundlich,
Und läßt durch dies Blatt dich höchlich bitten,
Daß, wenn dich die Suaten herbegleiten,
Du mir einen langen Schleier bringest,
Daß ich mich vor Asans Haus verhülle,
Meine lieben Waisen nicht erblicke."

Kaum ersah der Kadi dieses Schreiben,
Als er seine Suaten alle sammelt,
Und zum Wege nach der Braut sich rüstet,
Mit den Schleier, den sie heischte, tragend.

Glücklich kamen sie zur Fürstin Hause,
Glücklich sie mit ihr vom Hause wieder.
Aber als die Asans Wohnung nahten,
Sahn die Kinder oben ab die Mutter,
Riefen: „Komm zu deiner Halle wieder!
Iß das Abendbrot mit deinen Kindern!"
Traurig hört' es die Gemahlin Asans,
Kehrete sich zu der Suaten Fürsten:
„Laß doch, laß die Suaten und die Pferde
Halten wenig vor der Lieben Türe,
Daß ich meine Kleinen noch beschenke."

Und sie hielten vor der Lieben Türe,
Und den armen Kindern gab sie Gaben;

Gab den Knaben goldgestickte Stiefel,
Gab den Mädchen lange reiche Kleider,
Und dem Säugling, hülflos in der Wiege,
Gab sie für die Zukunft auch ein Röckchen.

Das beiseit sah Vater Asan Aga,
Rief gar traurig seinen lieben Kindern:
„Kehrt zu mir, ihr lieben armen Kleinen;
Eurer Mutter Brust ist Eisen worden,
Fest verschlossen, kann nicht Mitleid fühlen."

Wie das hörte die Gemahlin Asans,
Stürzt' sie bleich den Boden schütternd nieder,
Und die Seel entfloh dem bangen Busen,
Als sie ihre Kinder vor sich fliehn sah.

Vor Gericht

Von wem ich es habe, das sag' ich euch nicht,
Das Kind in meinem Leib. –
Pfui! speit ihr aus: die Hure da! –
Bin doch ein ehrlich Weib.

Mit wem ich mich traute, das sag ich euch nicht.
Mein Schatz ist lieb und gut,
Trägt er eine goldene Kett am Hals,
Trägt er einen strohernen Hut.

Soll Spott und Hohn getragen sein,
Trag ich allein den Hohn.
Ich kenn ihn wohl, er kennt mich wohl,
Und Gott weiß auch davon.

Herr Pfarrer und Herr Amtmann ihr,
Ich bitte, laßt mich in Ruh!
Es ist mein Kind, es bleibt mein Kind,
Ihr gebt mir ja nichts dazu.

Der Fischer

Das Wasser rauscht', das Wasser schwoll,
Ein Fischer saß daran,
Sah nach dem Angel ruhevoll,
Kühl bis ans Herz hinan.
Und wie er sitzt und wie er lauscht,
Teilt sich die Flut empor;
Aus dem bewegten Wasser rauscht
Ein feuchtes Weib hervor.

Sie sang zu ihm, sie sprach zu ihm:
„Was lockst du meine Brut
Mit Menschenwitz und Menschenlist
Hinauf in Todesglut?
Ach wüßtest du, wie's Fischlein ist
So wohlig auf dem Grund,
Du stiegst herunter, wie du bist,
Und würdest erst gesund.

Labt sich die liebe Sonne nicht,
Der Mond sich nicht im Meer?
Kehrt wellenatmend ihr Gesicht
Nicht doppelt schöner her?
Lockt dich der tiefe Himmel nicht,
Das feuchtverklärte Blau?
Lockt dich dein eigen Angesicht
Nicht her in ewgen Tau?"

Das Wasser rauscht', das Wasser schwoll,
Netzt' ihm den nackten Fuß;
Sein Herz wuchs ihm so sehnsuchtsvoll,
Wie bei der Liebsten Gruß.
Sie sprach zu ihm, sie sang zu ihm;
Da wars um ihn geschehn:
Halb zog sie ihn, halb sank er hin,
Und ward nicht mehr gesehn.

Erlkönig

Wer reitet so spät durch Nacht und Wind?
Es ist der Vater mit seinem Kind;
Er hat den Knaben wohl in dem Arm,
Er faßt ihn sicher, er hält ihn warm.

Mein Sohn, was birgst du so bang dein Gesicht? –
Siehst, Vater, du den Erlkönig nicht?
Den Erlenkönig mit Kron und Schweif?
Mein Sohn, es ist ein Nebelstreif. –

„Du liebes Kind, komm, geh mit mir!
Gar schöne Spiele spiel' ich mit dir;
Manch bunte Blumen sind an dem Strand,
Meine Mutter hat manch gülden Gewand."

Mein Vater, mein Vater, und hörest du nicht,
Was Erlenkönig mir leise verspricht? –
Sei ruhig, bleibe ruhig, mein Kind;
In dürren Blättern säuselt der Wind. –

„Willst, feiner Knabe, du mit mir gehn?
Meine Töchter sollen dich warten schön;
Meine Töchter führen den nächtlichen Reihn
Und wiegen und tanzen und singen dich ein."

Mein Vater, mein Vater, und siehst du nicht dort
Erlkönigs Töchter am düstern Ort? –
Mein Sohn, mein Sohn, ich seh es genau:
Es scheinen die alten Weiden so grau. –

„Ich liebe dich, mich reizt deine schöne Gestalt;
Und bist du nicht willig, so brauch ich Gewalt."
Mein Vater, mein Vater, jetzt faßt er mich an!
Erlkönig hat mir ein Leids getan! –

Dem Vater grauset's, er reitet geschwind,
Er hält in den Armen das ächzende Kind,
Erreicht den Hof mit Mühe und Not;
In seinen Armen das Kind war tot.

Der Sänger

„Was hör' ich draußen vor dem Tor,
Was auf der Brücke schallen?
Laß den Gesang vor unserm Ohr
Im Saale widerhallen!"
Der König sprach's, der Page lief;
Der Knabe kam, der König rief:
„Laßt mir herein den Alten!"

„Gegrüßet seid mir, edle Herrn,
Gegrüßt ihr, schöne Damen!
Welch reicher Himmel! Stern bei Stern!
Wer kennet ihre Namen?
Im Saal voll Pracht und Herrlichkeit
Schließt, Augen, euch; hier ist nicht Zeit,
Sich staunend zu ergetzen."

Der Sänger drückt' die Augen ein
Und schlug in vollen Tönen;
Die Ritter schauten mutig drein
Und in den Schoß die Schönen.
Der König, dem das Lied gefiel,
Ließ, ihn zu ehren für sein Spiel,
Eine goldne Kette holen.

„Die goldne Kette gib mir nicht,
Die Kette gib den Rittern,
Vor deren kühnem Angesicht
Der Feinde Lanzen splittern!
Gib sie dem Kanzler, den du hast,
Und laß ihn noch die goldne Last
Zu andern Lasten tragen!

Ich singe, wie der Vogel singt,
Der in den Zweigen wohnet;
Das Lied, das aus der Kehle dringt,
Ist Lohn, der reichlich lohnet.
Doch darf ich bitten, bitt' ich eins:
Laß mir den besten Becher Weins
In purem Golde reichen!"

Er setzt' ihn an, er trank ihn aus:
„O Trank voll süßer Labe!
O wohl dem hochbeglückten Haus,
Wo das ist kleine Gabe!
Ergeht's Euch wohl, so denkt an mich,
Und danket Gott so warm, als ich
Für diesen Trunk Euch danke."

Der Schatzgräber

Arm am Beutel, krank am Herzen,
Schleppt' ich meine langen Tage.
Armut ist die größte Plage,
Reichtum ist das höchste Gut!
Und zu enden meine Schmerzen,
Ging ich, einen Schatz zu graben.
„Meine Seele sollst du haben!"
Schrieb ich hin mit eignem Blut.

Und so zog ich Kreis' um Kreise,
Stellte wunderbare Flammen,
Kraut und Knochenwerk zusammen:
Die Beschwörung war vollbracht.
Und auf die gelernte Weise
Grub ich nach dem alten Schatze
Auf dem angezeigten Platze;
Schwarz und stürmisch war die Nacht.

Und ich sah ein Licht von weiten,
Und es kam gleich einem Sterne
Hinten aus der fernsten Ferne,
Eben als es zwölfe schlug.
Und da galt kein Vorbereiten.
Heller ward's mit einem Male
Von dem Glanz der vollen Schale,
Die ein schöner Knabe trug.

Holde Augen sah ich blinken
Unter dichtem Blumenkranze;
In des Trankes Himmelsglanze
Trat er in den Kreis herein.
Und er hieß mich freundlich trinken;
Und ich dacht': es kann der Knabe
Mit der schönen lichten Gabe
Wahrlich nicht der Böse sein.

„Trinke Mut des reinen Lebens!
Dann verstehst du die Belehrung,
Kommst mit ängstlicher Beschwörung
Nicht zurück an diesen Ort.
Grabe hier nicht mehr vergebens!
Tages Arbeit, abends Gäste!
Saure Wochen, frohe Feste!
Sei dein künftig Zauberwort."

Legende

Als noch, verkannt und sehr gering,
Unser Herr auf der Erde ging,
Und viele Jünger sich zu ihm fanden,
Die sehr selten sein Wort verstanden,
Liebt er sich gar über die Maßen,
Seinen Hof zu halten auf der Straßen,
Weil unter des Himmels Angesicht
Man immer besser und freier spricht.
Er ließ sie da die höchsten Lehren
Aus seinem heiligen Munde hören;
Besonders durch Gleichnis und Exempel
Macht' er einen jeden Markt zum Tempel.

So schlendert er in Geistes Ruh
Mit ihnen einst einem Städtchen zu,
Sah etwas blinken auf der Straß,
Das ein zerbrochen Hufeisen was.
Er sagte zu Sankt Peter drauf:
„Heb doch einmal das Eisen auf!"
Sankt Peter war nicht aufgeräumt,
Er hatte so eben im Gehen geträumt,
So was vom Regiment der Welt,
Was einem jeden wohlgefällt:
Denn im Kopf hat das keine Schranken;
Das waren so seine liebsten Gedanken.
Nun war der Fund ihm viel zu klein,
Hätte müssen Kron und Szepter sein;
Aber wie sollt er seinen Rücken
Nach einem halben Hufeisen bücken?
Er also sich zur Seite kehrt
Und tut, als hätt er's nicht gehört.

Der Herr nach seiner Langmut, drauf
Hebt selber das Hufeisen auf,
Und tut auch weiter nicht dergleichen.
Als sie nun bald die Stadt erreichen,
Geht er vor eines Schmiedes Tür,
Nimmt von dem Mann drei Pfennig dafür.
Und als sie über den Markt nun gehen,
Sieht er daselbst schöne Kirschen stehen,
Kauft ihrer so wenig oder so viel,
Als man für einen Dreier geben will,
Die er sodann nach seiner Art
Ruhig im Ärmel aufbewahrt.

Nun ging's zum andern Tor hinaus,
Durch Wies und Felder ohne Haus,
Auch war der Weg von Bäumen bloß;
Die Sonne schien, die Hitz war groß,
So daß man viel an solcher Stätt
Für einen Trunk Wasser gegeben hätt.
Der Herr geht immer voraus vor allen,
Läßt unversehens eine Kirsche fallen.
Sankt Peter war gleich dahinter her,
Als wenn es ein goldner Apfel wär;
Das Beerlein schmeckte seinem Gaum.
Der Herr nach einem kleinen Raum
Ein ander Kirschlein zur Erde schickt,
Wornach Sankt Peter schnell sich bückt.
So läßt der Herr ihn seinen Rücken
Gar vielmal nach den Kirschen bücken.
Das dauert eine ganze Zeit.
Dann sprach der Herr mit Heiterkeit:
„Tätst du zur rechten Zeit dich regen,
Hättst du's bequemer haben mögen.
Wer geringe Ding wenig acht't,
Sich um geringere Mühe macht."

Die Braut von Korinth

Nach Korinthus von Athen gezogen
Kam ein Jüngling, dort noch unbekannt.
Einen Bürger hofft' er sich gewogen;
Beide Väter waren gastverwandt,
Hatten frühe schon
Töchterchen und Sohn
Braut und Bräutigam voraus genannt.

Aber wird er auch willkommen scheinen,
Wenn er teuer nicht die Gunst erkauft?
Er ist noch ein Heide mit den Seinen,
Und sie sind schon Christen und getauft.
Keimt ein Glaube neu,
Wird oft Lieb' und Treu'
Wie ein böses Unkraut ausgerauft.

Und schon lag das ganze Haus im stillen,
Vater, Töchter, nur die Mutter wacht;
Sie empfängt den Gast mit bestem Willen,
Gleich ins Prunkgemach wird er gebracht.
Wein und Essen prangt,
Eh' er es verlangt:
So versorgend wünscht sie gute Nacht.

Aber bei dem wohlbestellten Essen
Wird die Lust der Speise nicht erregt;
Müdigkeit läßt Speis' und Trank vergessen,
Daß er angekleidet sich aufs Bette legt;
Und er schlummert fast,
Als ein seltner Gast
Sich zur offnen Tür herein bewegt.

Denn er sieht, bei seiner Lampe Schimmer
Tritt, mit weißem Schleier und Gewand,
Sittsam still ein Mädchen in das Zimmer,
Um die Stirn ein schwarz- und goldnes Band.
Wie sie ihn erblickt,
Hebt sie, die erschrickt,
Mit Erstaunen eine weiße Hand.

„Bin ich", rief sie aus, „so fremd im Hause,
Daß ich von dem Gaste nichts vernahm?
Ach, so hält man mich in meiner Klause!
Und nun überfällt mich hier die Scham.
Ruhe nur so fort
Auf dem Lager dort
Und ich gehe schnell, so wie ich kam."

„Bleibe, schönes Mädchen!" ruft der Knabe,
Rafft von seinem Lager sich geschwind:
„Hier ist Ceres', hier ist Bacchus' Gabe,
Und du bringst den Amor, liebes Kind!
Bist vor Schrecken blaß!
Liebe, komm und laß,
Laß uns sehn, wie froh die Götter sind."

„Ferne bleib', o Jüngling, bleibe stehen!
Ich gehöre nicht den Freuden an.
Schon der letzte Schritt ist, ach! geschehen
Durch der guten Mutter kranken Wahn,
Die genesend schwur:
Jugend und Natur
Sei dem Himmel künftig untertan.

Und der alten Götter bunt Gewimmel
Hat sogleich das stille Haus geleert.
Unsichtbar wird Einer nur im Himmel,
Und ein Heiland wird am Kreuz verehrt;
Opfer fallen hier,
Weder Lamm noch Stier,
Aber Menschenopfer unerhört."

Und er fragt und wäget alle Worte,
Deren keines seinem Geist entgeht.
Ist es möglich, daß am stillen Orte
Die geliebte Braut hier vor mir steht?
„Sei die Meine nur!
Unsrer Väter Schwur
Hat vom Himmel Segen uns erfleht."

„Mich erhältst du nicht, du gute Seele!
Meiner zweiten Schwester gönnt man dich.
Wenn ich mich in stiller Klause quäle,
Ach! in ihren Armen denk' an mich,
Die an dich nur denkt,
Die sich liebend kränkt;
In die Erde bald verbirgt sie sich."

„Nein! bei dieser Flamme sei's geschworen,
Gütig zeigt sie Hymen uns voraus;
Bist der Freude nicht und mir verloren,
Kommst mit mir in meines Vaters Haus.
Liebchen, bleibe hier!
Feire gleich mit mir
Unerwartet unsern Hochzeitschmaus."

Und schon wechseln sie der Treue Zeichen:
Golden reicht sie ihm die Kette dar,
Und er will ihr eine Schale reichen,
Silbern, künstlich, wie nicht eine war.
„Die ist nicht für mich;
Doch, ich bitte dich,
Eine Locke gib von deinem Haar."

Eben schlug die dumpfe Geisterstunde,
Und nun schien es ihr erst wohl zu sein.
Gierig schlürfte sie mit blassem Munde
Nun den dunkel blutgefärbten Wein.
Doch vom Weizenbrot,
Das er freundlich bot,
Nahm sie nicht den kleinsten Bissen ein.

Und dem Jünglich reichte sie die Schale,
Der, wie sie, nun hastig lüstern trank.
Liebe fordert er beim stillen Mahle;
Ach, sein armes Herz war liebekrank.
Doch sie widersteht,
Wie er immer fleht,
Bis er weinend auf das Bette sank.

Und sie kommt und wirft sich zu ihm nieder:
„Ach, wie ungern seh' ich dich gequält!
Aber, ach! berührst du meine Glieder,
Fühlst du schaudernd, was ich dir verhehlt.
Wie der Schnee so weiß,
Aber kalt wie Eis
Ist das Liebchen, das du dir erwählt."

Heftig faßt er sie mit starken Armen,
Von der Liebe Jugendkraft durchmannt:
„Hoffe doch, bei mir noch zu erwarmen,
Wärst du selbst mir aus dem Grab gesandt!
Wechselhauch und Kuß!
Liebesüberfluß!
Brennst du nicht und fühlest mich entbrannt?"

Liebe schließet fester sie zusammen,
Tränen mischen sich in ihre Lust;
Gierig saugt sie seines Mundes Flammen,
Eins ist nur im andern sich bewußt.
Seine Liebeswut
Wärmt ihr starres Blut,
Doch es schlägt kein Herz in ihrer Brust.

Unterdessen schleichet auf dem Gange
Häuslich spät die Mutter noch vorbei,
Horchet an der Tür und horchet lange,
Welch ein sonderbarer Ton es sei:
Klag- und Wonnelaut
Bräutigams und Braut
Und des Liebestammelns Raserei.

Unbeweglich bleibt sie an der Türe,
Weil sie erst sich überzeugen muß,
Und sie hört die höchsten Liebesschwüre,
Lieb- und Schmeichelworte mit Verdruß:
„Still! der Hahn erwacht!"
„Aber morgen nacht
Bist du wieder da?" – und Kuß auf Kuß.

Länger hält die Mutter nicht das Zürnen,
Öffnet das bekannte Schloß geschwind:
„Gibt es hier im Hause solche Dirnen,
Die dem Fremden gleich zu Willen sind?"
So zur Tür hinein.
Bei der Lampe Schein
Sieht sie – Gott! sie sieht ihr eigen Kind.

Und der Jüngling will im ersten Schrecken
Mit des Mädchens eignem Schleierflor,
Mit dem Teppich die Geliebte decken;
Doch sie windet gleich sich selbst hervor.
Wie mit Geists Gewalt
Hebet die Gestalt
Lang und langsam sich im Bett empor.

„Mutter! Mutter!" spricht sie hohle Worte,
„So mißgönnt Ihr mir die schöne Nacht!
Ihr vertreibt mich von dem warmen Orte.
Bin ich zur Verzweiflung nur erwacht?
Ist's Euch nicht genug,
Daß ins Leichentuch,
Daß Ihr früh mich in das Grab gebracht?

Aber aus der schwerbedeckten Enge
Treibet mich ein eigenes Gericht.
Eurer Priester summende Gesänge
Und ihr Segen haben kein Gewicht;
Salz und Wasser kühlt
Nicht, wo Jugend fühlt;
Ach, die Erde kühlt die Liebe nicht!

Dieser Jüngling war mir erst versprochen,
Als noch Venus' heitrer Tempel stand.
Mutter, habt Ihr doch das Wort gebrochen,
Weil ein fremd, ein falsch Gelübd' Euch band!
Doch kein Gott erhört,
Wenn die Mutter schwört,
Zu versagen ihrer Tochter Hand.

Aus dem Grabe werd' ich ausgetrieben,
Noch zu suchen das vermißte Gut,
Noch den schon verlornen Mann zu lieben
Und zu saugen seines Herzens Blut.
Ist's um den geschehn,
Muß nach andern gehn,
Und das junge Volk erliegt der Wut.

Schöner Jüngling! kannst nicht länger leben;
Du versiechest nun an diesem Ort.
Meine Kette hab' ich dir gegeben;
Deine Locke nehm' ich mit mir fort.
Sieh sie an genau!
Morgen bist du grau,
Und nur braun erscheinst du wieder dort.

Höre, Mutter, nun die letzte Bitte:
Einen Scheiterhaufen schichte du;
Öffne meine bange, kleine Hütte,
Bring' in Flammen Liebende zur Ruh'!
Wenn der Funke sprüht,
Wenn die Asche glüht,
Eilen wir den alten Göttern zu."

Der Gott und die Bajadere
Indische Legende

Mahadöh, der Herr der Erde,
Kommt herab zum sechsten Mal,
Daß er unsersgleichen werde,
Mit zu fühlen Freud' und Qual.
Er bequemt sich, hier zu wohnen,
Läßt sich alles selbst geschehn.
Soll er strafen oder schonen,
Muß er Menschen menschlich sehn.
Und hat er die Stadt sich als Wandrer betrachtet,
Die Großen belauert, auf Kleine geachtet,
Verläßt er sie abends, um weiter zu gehn.

Als er nun hinausgegangen,
Wo die letzten Häuser sind,
Sieht er mit gemalten Wangen
Ein verlornes schönes Kind.
„Grüß' dich, Jungfrau!" – „Dank der Ehre!
Wart', ich komme gleich hinaus." –
„Und wer bist du?" – „Bajadere,
Und dies ist der Liebe Haus."
Sie rührt sich, die Zimbeln zum Tanze zu schlagen,
Sie weiß sich so lieblich im Kreise zu tragen,
Sie neigt sich und biegt sich und reicht ihm den Strauß.

Schmeichelnd zieht sie ihn zur Schwelle,
Lebhaft ihn ins Haus hinein.
„Schöner Fremdling, lampenhelle
Soll sogleich die Hütte sein.
Bist du müd', ich will dich laben,
Lindern deiner Füße Schmerz.
Was du willst, das sollst du haben,
Ruhe, Freuden oder Scherz."
Sie lindert geschäftig geheuchelte Leiden.
Der Göttliche lächelt; er siehet mit Freuden
Durch tiefes Verderben ein menschliches Herz.

Und er fordert Sklavendienste;
Immer heitrer wird sie nur,
Und des Mädchens frühe Künste
Werden nach und nach Natur.
Und so stellet auf die Blüte
Bald und bald die Frucht sich ein;

Ist Gehorsam im Gemüte,
Wird nicht fern die Liebe sein.
Aber sie schärfer und schärfer zu prüfen,
Wählet der Kenner der Höhen und Tiefen
Lust und Entsetzen und grimmige Pein.

Und er küßt die bunten Wangen,
Und sie fühlt der Liebe Qual,
Und das Mädchen steht gefangen,
Und sie weint zum ersten Mal;
Sinkt zu seinen Füßen nieder,
Nicht um Wollust noch Gewinst,
Ach, und die gelenken Glieder,
Sie versagen allen Dienst.
Und so zu des Lagers vergnüglicher Feier
Bereiten den dunklen, behaglichen Schleier
Die nächtlichen Stunden, das schöne Gespinst.

Spät entschlummert unter Scherzen,
Früh erwacht nach kurzer Rast,
Findet sie an ihrem Herzen
Tot den vielgeliebten Gast.
Schreiend stürzt sie auf ihn nieder;
Aber nicht erweckt sie ihn,
Und man trägt die starren Glieder
Bald zur Flammengrube hin.
Sie höret die Priester, die Totengesänge,
Sie raset und rennet und teilet die Menge.
„Wer bist du? was drängt zu der Grube dich hin?"

Bei der Bahre stürzt sie nieder,
Ihr Geschrei durchdringt die Luft:
„Meinen Gatten will ich wieder!
Und ich such' ihn in der Gruft.
Soll zu Asche mir zerfallen
Dieser Glieder Götterpracht?
Mein! er war es, mein vor allen!
Ach, nur Eine süße Nacht!"
Es singen die Priester: „Wir tragen die Alten,
Nach langem Ermatten und spätem Erkalten,
Wir tragen die Jugend, noch eh' sie's gedacht.

Höre deiner Priester Lehre:
Dieser war dein Gatte nicht.
Lebst du doch als Bajadere,
Und so hast du keine Pflicht.
Nur dem Körper folgt der Schatten
In das stille Totenreich;
Nur die Gattin folgt dem Gatten:
Das ist Pflicht und Ruhm zugleich.
Ertöne, Drommete, zu heiliger Klage!
O nehmet, ihr Götter! die Zierde der Tage,
O nehmet den Jüngling in Flammen zu euch!"

So das Chor, das ohn' Erbarmen
Mehret ihres Herzens Not;
Und mit ausgestreckten Armen
Springt sie in den heißen Tod.
Doch der Götterjüngling hebet
Aus der Flamme sich empor,
Und in seinen Armen schwebet
Die Geliebte mit hervor.
Es freut sich die Gottheit der reuigen Sünder;
Unsterbliche heben verlorene Kinder
Mit feurigen Armen zum Himmel empor.

Der Zauberlehrling

Hat der alte Hexenmeister
Sich doch einmal wegbegeben!
Und nun sollen seine Geister
Auch nach meinem Willen leben!
Seine Wort' und Werke
Merkt' ich und den Brauch,
Und mit Geistesstärke
Tu' ich Wunder auch.

    Walle! walle
    Manche Strecke,
    Daß, zum Zwecke,
    Wasser fließe
    Und mit reichem, vollem Schwalle
    Zu dem Bade sich ergieße.

Und nun komm, du alter Besen!
Nimm die schlechten Lumpenhüllen!
Bist schon lange Knecht gewesen;
Nun erfülle meinen Willen!
Auf zwei Beinen stehe,
Oben sei ein Kopf,
Eile nun und gehe
Mit dem Wassertopf!

    Walle! walle
    Manche Strecke,
    Daß, zum Zwecke,
    Wasser fließe
    Und mit reichem, vollem Schwalle
    Zu dem Bade sich ergieße.

Seht, er läuft zum Ufer nieder;
Wahrlich! ist schon an dem Flusse,
Und mit Blitzesschnelle wieder
Ist er hier mit raschem Gusse.
Schon zum zweiten Male!
Wie das Becken schwillt!
Wie sich jede Schale
Voll mit Wasser füllt!

    Stehe! stehe!
    Denn wir haben
    Deiner Gaben
    Vollgemessen! –
    Ach, ich merk' es! Wehe! wehe!
    Hab' ich doch das Wort vergessen!

Ach, das Wort, worauf am Ende
Er das wird, was er gewesen.
Ach, er läuft und bringt behende!
Wärst du doch der alte Besen!
Immer neue Güsse
Bringt er schnell herein,
Ach! und hundert Flüsse
Stürzen auf mich ein.

    Nein, nicht länger
    Kann ich's lassen;
    Will ihn fassen.
    Das ist Tücke!
    Ach! nun wird mir immer bänger!
    Welche Miene! welche Blicke!

O, du Ausgeburt der Hölle!
Soll das ganze Haus ersaufen?
Seh' ich über jede Schwelle
Doch schon Wasserströme laufen.
Ein verruchter Besen,
Der nicht hören will!
Stock, der du gewesen,
Steh doch wieder still!

    Willst's am Ende
    Gar nicht lassen?
    Will dich fassen,
    Will dich halten,
    Und das alte Holz behende
    Mit dem scharfen Beile spalten.

Seht, da kommt er schleppend wieder!
Wie ich mich nun auf dich werfe,
Gleich, o Kobold, liegst du nieder;
Krachend trifft die glatte Schärfe!
Wahrlich, brav getroffen!
Seht, er ist entzwei!
Und nun kann ich hoffen,
Und ich atme frei!

 Wehe! wehe!
 Beide Teile
 Stehn in Eile
 Schon als Knechte
 Völlig fertig in die Höhe!
 Helft mir, ach! ihr hohen Mächte!

Und sie laufen! Naß und nässer
Wird's im Saal und auf den Stufen.
Welch entsetzliches Gewässer!
Herr und Meister! hör' mich rufen! –
Ach, da kommt der Meister!
Herr, die Not ist groß!
Die ich rief, die Geister,
Werd' ich nun nicht los.

 „In die Ecke,
 Besen! Besen!
 Seid's gewesen!
 Denn als Geister
 Ruft euch nur, zu diesem Zwecke,
 Erst hervor der alte Meister."

Der Müllerin Verrat

Woher der Freund so früh und schnelle,
Da kaum der Tag im Osten graut?
Hat er sich in der Waldkapelle,
So kalt und frisch es ist, erbaut?
Es starret ihm der Bach entgegen;
Mag er mit Willen barfuß gehn?
Was flucht er seinen Morgensegen
Durch die beschneiten wilden Höhn?

Ach, wohl! Er kommt vom warmen Bette,
Wo er sich andern Spaß versprach;
Und wenn er nicht den Mantel hätte,
Wie schrecklich wäre seine Schmach!
Es hat ihn jener Schalk betrogen
Und ihm den Bündel abgepackt;
Der arme Freund ist ausgezogen,
Und fast, wie Adam, bloß und nackt.

Warum auch schlich er diese Wege
Nach einem solchen Äpfelpaar,
Das freilich schön im Mühlgehege,
So wie im Paradiese, war.
Er wird den Scherz nicht leicht erneuen;
Er drückte schnell sich aus dem Haus
Und bricht auf einmal nun, im Freien,
In bittre laute Klagen aus.

„Ich las in ihren Feuerblicken
Nicht eine Silbe von Verrat;
Sie schien mit mir sich zu entzücken,
Und sann auf solche schwarze Tat!
Konnt' ich in ihren Armen träumen,
Wie meuchlerisch der Busen schlug?
Sie hieß den holden Amor säumen,
Und günstig war er uns genug.

Sich meiner Liebe zu erfreuen!
Der Nacht, die nie ein Ende nahm!
Und erst die Mutter anzuschreien,
Nun eben als der Morgen kam!
Da drang ein Dutzend Anverwandten
Herein, ein wahrer Menschenstrom;
Da kamen Vettern, guckten Tanten,
Es kam ein Bruder und ein Ohm.

Das war ein Toben, war ein Wüten!
Ein jeder schien ein andres Tier.
Sie forderten des Mädchens Blüten
Mit schrecklichem Geschrei von mir. –
Was dringt ihr alle wie von Sinnen
Auf den unschuld'gen Jüngling ein?
Denn solche Schätze zu gewinnen,
Da muß man viel behender sein.

Weiß Amor seinem schönen Spiele
Doch immer zeitig nachzugehn.
Er läßt fürwahr nicht in der Mühle
Die Blumen sechzehn Jahre stehn. –
Sie raubten nun das Kleiderbündel,
Und wollten auch den Mantel noch.
Wie nur so viel verflucht Gesindel
Im engen Hause sich verkroch!

Nun sprang ich auf und tobt' und fluchte,
Gewiß, durch alle durchzugehn.
Ich sah noch einmal die Verruchte,
Und ach! sie war noch immer schön.
Sie alle wichen meinem Grimme;
Es flog noch manches wilde Wort;
Da macht' ich mich, mit Donnerstimme,
Noch endlich aus der Höhle fort.

Man soll euch Mädchen auf dem Lande,
Wie Mädchen aus den Städten, fliehn.
So lasset doch den Fraun von Stande
Die Lust, die Diener auszuziehn!
Doch seid ihr auch von den Geübten
Und kennt ihr keine zarte Pflicht,
So ändert immer die Geliebten,
Doch sie verraten müßt ihr nicht."

So singt er in der Winterstunde,
Wo nicht ein armes Hälmchen grünt.
Ich lache seiner tiefen Wunde;
Denn wirklich ist sie wohlverdient.
So geh' es jedem, der am Tage
Sein edles Liebchen frech betriegt,
Und Nachts, mit allzu kühner Wage,
Zu Amors falscher Mühle kriecht.

Die Spinnerin

Als ich still und ruhig spann,
Ohne nur zu stocken,
Trat ein schöner junger Mann
Nahe mir zum Rocken.

Lobte, was zu loben war,
Sollte das was schaden?
Mein dem Flachse gleiches Haar,
Und den gleichen Faden.

Ruhig war er nicht dabei,
Ließ es nicht beim alten;
Und der Faden riß entzwei,
Den ich lang' erhalten.

Und des Flachses Stein-Gewicht
Gab noch viele Zahlen;
Aber, ach, ich konnte nicht
Mehr mit ihnen prahlen.

Als ich sie zum Weber trug,
Fühlt' ich was sich regen,
Und mein armes Herze schlug
Mit geschwindern Schlägen.

Nun, beim heißen Sonnenstich,
Bring' ich's auf die Bleiche,
Und mit Mühe bück' ich mich
Nach dem nächsten Teiche.

Was ich in dem Kämmerlein
Still und fein gesponnen,
Kommt – wie kann es anders sein? –
Endlich an die Sonnen.

Der Rattenfänger

Ich bin der wohlbekannte Sänger,
Der vielgereiste Rattenfänger,
Den diese altberühmte Stadt
Gewiß besonders nötig hat.
Und wären's Ratten noch so viele,
Und wären Wiesel mit im Spiele;
Von allen säubr' ich diesen Ort,
Sie müssen miteinander fort.

Dann ist der gut gelaunte Sänger
Mitunter auch ein Kinderfänger,
Der selbst die wildesten bezwingt,
Wenn er die goldnen Märchen singt.
Und wären Knaben noch so trutzig,
Und wären Mädchen noch so stutzig,
In meine Saiten greif' ich ein,
Sie müssen alle hinterdrein.

Dann ist der vielgewandte Sänger
Gelegentlich ein Mädchenfänger;
In keinem Städtchen langt er an,
Wo er's nicht mancher angetan.
Und wären Mädchen noch so blöde,
Und wären Weiber noch so spröde;
Doch allen wird so liebebang
Bei Zaubersaiten und Gesang.

(Von Anfang.)

Ritter Kurts Brautfahrt

Mit des Bräutigams Behagen
Schwingt sich Ritter Kurt auf's Roß;
Zu der Trauung soll's ihn tragen,
Auf der edlen Liebsten Schloß,
Als am öden Felsenorte
Drohend sich ein Gegner naht;
Ohne Zögern, ohne Worte
Schreiten sie zu rascher Tat.

Lange schwankt des Kampfes Welle,
Bis sich Kurt im Siege freut;
Er entfernt sich von der Stelle,
Überwinder und gebläut.
Aber was er bald gewahret
In des Busches Zitterschein!
Mit dem Säugling still gepaaret
Schleicht ein Liebchen durch den Hain.

Und sie winkt ihm auf das Plätzchen:
„Lieber Herr, nicht so geschwind!
Habt Ihr nichts an Euer Schätzchen,
Habt Ihr nichts für Euer Kind?"
Ihn durchglühet süße Flamme,
Daß er nicht vorbei begehrt,
Und er findet nun die Amme,
Wie die Jungfrau, liebenswert.

Doch er hört die Diener blasen,
Denket nun der hohen Braut,
Und nun wird auf seinen Straßen
Jahresfest und Markt so laut,
Und er wählet in den Buden
Manches Pfand zu Lieb' und Huld;
Aber ach! da kommen Juden
Mit dem Schein vertagter Schuld.

Und nun halten die Gerichte
Den behenden Ritter auf.
O verteufelte Geschichte!
Heldenhafter Lebenslauf!
Soll ich heute mich gedulden?
Die Verlegenheit ist groß.
Widersacher, Weiber, Schulden,
Ach! kein Ritter wird sie los.

Hochzeitlied

Wir singen und sagen vom Grafen so gern,
Der hier in dem Schlosse gehauset,
Da, wo ihr den Enkel des seligen Herrn,
Den heute vermählten, beschmauset.
Nun hatte sich jener im heiligen Krieg
Zu Ehren gestritten durch mannigen Sieg,
Und als er zu Hause vom Rösselein stieg,
Da fand er sein Schlösselein oben;
Doch Diener und Habe zerstoben.

Da bist du nun, Gräflein, da bist du zu Haus,
Das Heimische findest du schlimmer!
Zum Fenster, da ziehen die Winde hinaus,
Sie kommen durch alle die Zimmer.
Was wäre zu tun in der herbstlichen Nacht?
So hab ich doch manche noch schlimmer vollbracht,
Der Morgen hat alles wohl besser gemacht.
Drum rasch bei der mondlichen Helle
Ins Bett, in das Stroh, ins Gestelle.

Und als er im willigen Schlummer so lag,
Bewegt es sich unter dem Bette.
Die Ratte, die raschle, so lange sie mag!
Ja, wenn sie ein Bröselein hätte!
Doch siehe! da stehet ein winziger Wicht,
Ein Zwerglein so zierlich mit Ampelenlicht,
Mit Rednergebärden und Sprechergewicht,
Zum Fuß des ermüdeten Grafen,
Der, schläft er nicht, möcht' er doch schlafen.

„Wir haben uns Feste hier oben erlaubt,
Seitdem du die Zimmer verlassen,
Und weil wir dich weit in der Ferne geglaubt,
So dachten wir eben zu prassen.
Und wenn du vergönnest, und wenn dir nicht graut,
So schmausen die Zwerge, behaglich und laut,
Zu Ehren der reichen, der niedlichen Braut."
Der Graf im Behagen des Traumes:
„Bedienet euch immer des Raumes!"

Da kommen drei Reiter, sie reiten hervor,
Die unter dem Bette gehalten;
Dann folget ein singendes, klingendes Chor
Possierlicher, kleiner Gestalten;
Und Wagen auf Wagen mit allem Gerät,
Daß einem so Hören und Sehen vergeht,
Wie's nur in den Schlössern der Könige steht;
Zuletzt auf vergoldetem Wagen
Die Braut und die Gäste getragen.

So rennet nun alles in vollem Galopp
Und kürt sich im Saale sein Plätzchen;
Zum Drehen und Walzen und lustigen Hopp
Erkieset sich jeder ein Schätzchen.
Da pfeift es und geigt es und klinget und klirrt,
Da ringelt's und schleift es und rauschet und wirrt,
Da pispert's und knistert's und flüstert's und schwirrt;
Das Gräflein, es blicket hinüber,
Es dünkt ihn, als läg' er im Fieber.

Nun dappelt's und rappelt's und klappert's im Saal
Von Bänken und Stühlen und Tischen,
Da will nun ein jeder am festlichen Mahl
Sich neben dem Liebchen erfrischen;
Sie tragen die Würste, die Schinken so klein
Und Braten und Fisch und Geflügel herein;
Es kreiset beständig der köstliche Wein.
Das toset und koset so lange,
Verschwindet zuletzt im Gesange. –

Und sollen wir singen, was weiter geschehn,
So schweige das Toben und Tosen!
Denn was er, so artig, im Kleinen gesehn,
Erfuhr er, genoß er im Großen.
Trompeten und klingender, singender Schall,
Und Wagen und Reiter und bräutlicher Schwall,
Sie kommen und zeigen und neigen sich all',
Unzählige, selige Leute.
So ging es und geht es noch heute.

Wirkung in die Ferne

Die Königin steht im hohen Saal,
Da brennen der Kerzen so viele;
Sie spricht zum Pagen: „Du läufst einmal
Und holst mir den Beutel zum Spiele.
Er liegt zur Hand
Auf meines Tisches Rand."
Der Knabe, der eilt so behende,
War bald an Schlosses Ende.

Und neben der Königin schlürft zur Stund'
Sorbet die schönste der Frauen.
Da brach ihr die Tasse so hart an dem Mund,
Es war ein Greuel zu schauen.
Verlegenheit! Scham!
Ums Prachtkleid ist's getan!
Sie eilt und fliegt so behende
Entgegen des Schlosses Ende.

Der Knabe zurück zu laufen kam
Entgegen der Schönen in Schmerzen,
Es wußt' es niemand, doch beide zusamm',
Sie hegten einander im Herzen;
Und o des Glücks,
Des günst'gen Geschicks!
Sie warfen mit Brust sich zu Brüsten
Und herzten und küßten nach Lüsten.

Doch endlich beide sich reißen los;
Sie eilt in ihre Gemächer;
Der Page drängt sich zur Königin groß
Durch alle die Degen und Fächer.
Die Fürstin entdeckt
Das Westchen befleckt:
Für sie war nichts unerreichbar,
Der Königin von Saba vergleichbar.

Und sie die Hofmeisterin rufen läßt:
„Wir kamen doch neulich zu Streite,
Und Ihr behauptetet steif und fest,
Nicht reiche der Geist in die Weite;
Die Gegenwart nur,
Die lasse wohl Spur;
Doch niemand wirk' in die Ferne,
Sogar nicht die himmlischen Sterne.

Nun seht! Soeben ward mir zur Seit'
Der geistige Süßtrank verschüttet,
Und gleich darauf hat er dort hinten so weit
Dem Knaben die Weste zerrüttet. –
Besorg' dir sie neu!
Und weil ich mich freu',
Daß sie mir zum Beweise gegolten,
Ich zahl' sie! sonst wirst du gescholten."

Johanna Sebus

Zum Andenken der siebzehnjährigen Schönen Guten aus dem Dorfe Brienen, die am 13. Januar 1809 bei dem Eisgange des Rheins und dem großen Bruche des Dammes von Cleverham Hilfe reichend unterging.

Der Damm zerreißt, das Feld erbraust,
Die Fluten spülen, die Fläche saust.
„Ich trage dich, Mutter, durch die Flut,
Noch reicht sie nicht hoch, ich wate gut." –

„Auch uns bedenke, bedrängt, wie wir sind,
Die Hausgenossin, drei arme Kind!
Die schwache Frau! . . . Du gehst davon!" –
Sie trägt die Mutter durchs Wasser schon.
„Zum Bühle, da rettet euch! harret derweil;
Gleich kehr ich zurück, uns allen ist Heil.
Zum Bühl ist's noch trocken und wenige Schritt';
Doch nehmt auch mir meine Ziege mit!"

   Der Damm zerschmilzt, das Feld erbraust,
    Die Fluten wühlen, die Fläche saust.
Sie setzt die Mutter auf sichres Land,
Schön Suschen, gleich wieder zur Flut gewandt.
„Wohin? Wohin? Die Breite schwoll;
Des Wassers ist hüben und drüben voll.
Verwegen ins Tiefe willst du hinein!" –
„Sie sollen und müssen gerettet sein!"

   Der Damm verschwindet, die Welle braust,
    Eine Meereswoge, sie schwankt und saust.
Schön Suschen schreitet gewohnten Steg,
Umströmt auch gleitet sie nicht vom Weg,
Erreicht den Bühl und die Nachbarin;
Doch der und den Kindern kein Gewinn!

   Der Damm verschwand, ein Meer erbraust's,
    Den kleinen Hügel im Kreis umsaust's.
Da gähnet und wirbelt der schäumende Schlund
Und ziehet die Frau mit den Kindern zu Grund;
Das Horn der Ziege faßt das ein',
So sollten sie alle verloren sein!
Schön Suschen steht noch strack und gut:
Wer rettet das junge, das edelste Blut!
Schön Suschen steht noch wie ein Stern;
Doch alle Werber sind alle fern.
Rings um sie her ist Wasserbahn,
Kein Schifflein schwimmet zu ihr heran.
Noch einmal blickt sie zum Himmel hinauf,
Da nehmen die schmeichelnden Fluten sie auf.

   Kein Damm, kein Feld! Nur hier und dort
    Bezeichnet ein Baum, ein Turn den Ort.
Bedeckt ist alles mit Wasserschwall;
Doch Suschens Bild schwebt überall. –
Das Wasser sinkt, das Land erscheint,
Und überall wird schön Suschen beweint. –
Und dem sei, wer's nicht singt und sagt,
Im Leben und Tod nicht nachgefragt!

Der getreue Eckart

„O wären wir weiter, o wär' ich zu Haus!
Sie kommen; da kommt schon der nächtliche Graus;
Sie sind's, die unholdigen Schwestern.
Sie streifen heran, und sie finden uns hier,
Sie trinken das mühsam geholte, das Bier,
Und lassen nur leer uns die Krüge."

So sprechen die Kinder und drücken sich schnell;
Da zeigt sich vor ihnen ein alter Gesell:
„Nur stille, Kind! Kinderlein, stille!
Die Hulden, sie kommen von durstiger Jagd,
Und laßt ihr sie trinken, wie's jeder behagt,
Dann sind sie euch hold, die Unholden."

Gesagt, so geschehn! und da naht sich der Graus
Und siehet so grau und so schattenhaft aus,
Doch schlürft es und schlampft es aufs beste.
Das Bier ist verschwunden, die Krüge sind leer;
Nun saust es und braust es, das wütige Heer,
Ins weite Getal und Gebirge.

Die Kinderlein ängstlich gen Hause so schnell,
Gesellt sich zu ihnen der fromme Gesell:
„Ihr Püppchen, nur seid mir nicht traurig." –
„Wir kriegen nun Schelten und Streich' bis aufs Blut." –
„Nein, keineswegs, alles geht herrlich und gut,
Nur schweiget und horchet wie Mäuslein.

Und der es euch anrät, und der es befiehlt,
Er ist es, der gern mit den Kindelein spielt,
Der alte Getreue, der Eckart.
Vom Wundermann hat man euch immer erzählt,
Nur hat die Bestätigung jedem gefehlt;
Die habt ihr nun köstlich in Händen."

Sie kommen nach Hause, sie setzen den Krug
Ein jedes den Eltern bescheiden genug
Und harren der Schläg' und der Schelten.
Doch siehe, man kostet: ein herrliches Bier!
Man trinkt in die Runde schon dreimal und vier,
Und noch nimmt der Krug nicht ein Ende.

Das Wunder, es dauert zum morgenden Tag.
Doch fraget, wer immer zu fragen vermag:
„Wie ist's mit den Krügen ergangen?"
Die Mäuslein, sie lächeln, im stillen ergetzt;
Sie stammeln und stottern und schwatzen zuletzt,
Und gleich sind vertrocknet die Krüge.

Und wenn euch, ihr Kinder, mit treuem Gesicht
Ein Vater, ein Lehrer, ein Aldermann spricht,
So horchet und folget ihm pünktlich!
Und liegt auch das Zünglein in peinlicher Hut,
Verplaudern ist schädlich, verschweigen ist gut;
Dann füllt sich das Bier in den Krügen.

Der Totentanz

Der Türmer, der schaut zu Mitten der Nacht
Hinab auf die Gräber in Lage;
Der Mond, der hat alles ins Helle gebracht;
Der Kirchhof, er liegt wie am Tage.
Da regt sich ein Grab und ein anderes dann:
Sie kommen hervor, ein Weib da, ein Mann,
In weißen und schleppenden Hemden.

Das reckt nun, es will sich ergetzen sogleich,
Die Knöchel zur Runde, zum Kranze,
So arm und so jung, und so alt und so reich;
Doch hindern die Schleppen am Tanze.
Und weil hier die Scham nun nicht weiter gebeut,
Sie schütteln sich alle, da liegen zerstreut
Die Hemdelein über den Hügeln.

Nun hebt sich der Schenkel, nun wackelt das Bein,
Gebärden da gibt es vertrackte;
Dann klippert's und klappert's mitunter hinein,
Als schlüg' man die Hölzlein zum Takte.
Das kommt nun dem Türmer so lächerlich vor;
Da raunt ihm der Schalk, der Versucher, ins Ohr:
Geh! hole dir einen der Laken.

Getan wie gedacht! und er flüchtet sich schnell
Nun hinter geheiligte Türen.
Der Mond, und noch immer er scheinet so hell
Zum Tanz, den sie schauderlich führen.
Doch endlich verlieret sich dieser und der,
Schleicht eins nach dem andern gekleidet einher,
Und, husch, ist es unter dem Rasen.

Nur einer, der trippelt und stolpert zuletzt
Und tappet und grapst an den Grüften;
Doch hat kein Geselle so schwer ihn verletzt,
Er wittert das Tuch in den Lüften.
Er rüttelt die Turmtür, sie schlägt ihn zurück,
Geziert und gesegnet, dem Türmer zum Glück,
Sie blinkt von metallenen Kreuzen.

Das Hemd muß er haben, da rastet er nicht,
Da gilt auch kein langes Besinnen,
Den gotischen Zierat ergreift nun der Wicht
Und klettert von Zinne zu Zinnen.

Nun ist's um den armen, den Türmer getan!
Es ruckt sich von Schnörkel zu Schnörkel hinan,
Langbeinigen Spinnen vergleichbar.

Der Türmer erbleichet, der Türmer erbebt,
Gern gäb er ihn wieder, den Laken.
Da häkelt – jetzt hat er am längsten gelebt –
Den Zipfel ein eiserner Zacken.
Schon trübet der Mond sich verschwindenden Scheins,
Die Glocke, sie donnert ein mächtiges Eins,
Und unten zerschellt das Gerippe.

Die wandelnde Glocke

Es war ein Kind, das wollte nie
Zur Kirche sich bequemen,
Und sonntags fand es stets ein Wie,
Den Weg ins Feld zu nehmen.

Die Mutter sprach: „Die Glocke tönt,
Und so ist dir's befohlen,
Und hast du dich nicht hingewöhnt,
Sie kommt und wird dich holen."

Das Kind, es denkt: die Glocke hängt
Da droben auf dem Stuhle.
Schon hat's den Weg ins Feld gelenkt,
Als lief' es aus der Schule.

Die Glocke, Glocke tönt nicht mehr,
Die Mutter hat gefackelt.
Doch welch ein Schrecken! Hinterher
Die Glocke kommt gewackelt.

Sie wackelt schnell, man glaubt es kaum;
Das arme Kind im Schrecken,
Es läuft, es kommt als wie im Traum;
Die Glocke wird es decken.

Doch nimmt es richtig seinen Husch,
Und mit gewandter Schnelle
Eilt es durch Anger, Feld und Busch
Zur Kirche, zur Kapelle.

Und jeden Sonn- und Feiertag
Gedenkt es an den Schaden,
Läßt durch den ersten Glockenschlag
Nicht in Person sich laden.

Ballade

„Herein, o du Guter! du Alter, herein!
Hier unten im Saale, da sind wir allein,
Wir wollen die Pforte verschließen.
Die Mutter, sie betet, der Vater im Hain
Ist gangen, die Wölfe zu schießen.
O sing uns ein Märchen, o sing es uns oft,
Daß ich und der Bruder es lerne,
Wir haben schon längst einen Sänger gehofft,
Die Kinder, sie hören es gerne."

„Im nächtlichen Schrecken, im feindlichen Graus
Verläßt er das hohe, das herrliche Haus.
Die Schätze, die hat er vergraben.
Der Graf nun so eilig zum Pförtchen hinaus,
Was mag er im Arme denn haben?

Was birget er unter dem Mantel geschwind?
Was trägt er so rasch in die Ferne?
Ein Töchterlein ist es, da schläft nun das Kind." –
Die Kinder, sie hören es gerne.

„Nun hellt sich der Morgen, die Welt ist so weit,
In Tälern und Wäldern die Wohnung bereit,
In Dörfern erquickt man den Sänger.
So schreitet und heischt er undenkliche Zeit,
Der Bart wächst ihm länger und länger;
Doch wächst in dem Arme das liebliche Kind,
Wie unter dem glücklichsten Sterne,
Geschützt in dem Mantel vor Regen und Wind." –
Die Kinder, sie hören es gerne.

„Und immer sind weiter die Jahre gerückt,
Der Mantel entfärbt sich, der Mantel zerstückt,
Er könnte sie länger nicht fassen.
Der Vater, er schaut sie, wie ist er beglückt!
Er kann sich für Freude nicht lassen;
So schön und so edel erscheint sie zugleich,
Entsprossen aus tüchtigem Kerne,
Wie macht sie den Vater, den teuren, so reich!" –
Die Kinder, sie hören es gerne.

„Da reitet ein fürstlicher Ritter heran,
Sie recket die Hand aus, der Gabe zu nahn,
Almosen will er nicht geben.
Er fasset das Händchen so kräftiglich an:
‚Die will ich‘, so ruft er, ‚aufs Leben!'
‚Erkennst du‘, erwidert der Alte, ‚den Schatz,
Erhebst du zur Fürstin sie gerne;
Sie sei dir verlobet auf grünendem Platz.'" –
Die Kinder, sie hören es gerne.

„Sie segnet der Priester am heiligen Ort,
Mit Lust und mit Unlust nun ziehet sie fort,
Sie möchte vom Vater nicht scheiden.
Der Alte, er wandelt nun hier und bald dort,
Er träget in Freuden sein Leiden.
So hab' ich mir Jahre die Tochter gedacht,
Die Enkelein wohl in der Ferne;
Sie segn' ich bei Tage, sie segn' ich bei Nacht." –
Die Kinder, sie hören es gerne.

Er segnet die Kinder; da poltert's am Tor,
Der Vater, da ist er! Sie springen hervor,
Sie können den Alten nicht bergen –
„Was lockst du die Kinder! du Bettler! du Tor!
Ergreift ihn, ihr eisernen Schergen!
Zum tiefsten Verlies den Verwegenen fort!'
Die Mutter vernimmt's in der Ferne,
Sie eilet, sie bittet mit schmeichelndem Wort –
Die Kinder, sie hören es gerne.

Die Schergen, sie lassen den Würdigen stehn,
Und Mutter und Kinder, sie bitten so schön;
Der fürstliche Stolze verbeißet
Die grimmige Wut, ihn entrüstet das Flehn,
Bis endlich sein Schweigen zerreißet:
„Du niedrige Brut! du vom Bettlergeschlecht!
Verfinsterung fürstlicher Sterne!
Ihr bringt mir Verderben! Geschieht mir doch recht..." –
Die Kinder, sie hören's nicht gerne.

Noch stehet der Alte mit herrlichem Blick,
Die eisernen Schergen, sie treten zurück,
Es wächst nur das Toben und Wüten:
„Schon lange verflucht' ich mein eh'liches Glück,
Das sind nun die Früchte der Blüten!
Man leugnete stets, und man leugnet mit Recht,
Daß je sich der Adel erlerne,
Die Bettlerin zeugte mir Bettlergeschlecht." –
Die Kinder, sie hören's nicht gerne.

„Und wenn euch der Gatte, der Vater verstößt,
Die heiligsten Bande verwegentlich löst,
So kommt zu dem Vater, dem Ahnen!
Der Bettler vermag, so ergraut und entblößt,
Euch herrliche Wege zu bahnen.
Die Burg, die ist meine! Du hast sie geraubt,
Mich trieb dein Geschlecht in die Ferne;
Wohl bin ich mit köstlichen Siegeln beglaubt!" –
Die Kinder, sie hören es gerne.

„Rechtmäßiger König, er kehret zurück,
Den Treuen verleiht er entwendetes Glück,
Ich löse die Siegel der Schätze."
So rufet der Alte mit freundlichem Blick:
„Euch künd' ich die milden Gesetze.
Erhole dich, Sohn! Es entwickelt sich gut,
Heut einen sich selige Sterne,
Die Fürstin, sie zeugte dir fürstliches Blut." –
Die Kinder, sie hören es gerne.

Siebenschläfer

Sechs Begünstigte des Hofes
Fliehen vor des Kaisers Grimme,
Der als Gott sich läßt verehren,
Doch als Gott sich nicht bewähret:
Denn ihn hindert eine Fliege,
Guter Bissen sich zu freuen.
Seine Diener scheuchen wedelnd,
Nicht verjagen sie die Fliege.
Sie umschwärmt ihn, sticht und irret
Und verwirrt die ganze Tafel,
Kehret wieder wie des hämischen
Fliegengottes Abgesandter.

„Nun", so sagen sich die Knaben,
„Sollt' ein Flieglein Gott verhindern?
Sollt' ein Gott auch trinken, speisen,
Wie wir andern? Nein, der Eine,
Der die Sonn' erschuf, den Mond auch,

Und der Sterne Glut uns wölbte,
Dieser ist's, wir fliehn!" – Die zarten
Leicht beschuht-, beputzten Knaben
Nimmt ein Schäfer auf, verbirgt sie
Und sich selbst in Felsenhöhle.
Schäfershund, er will nicht weichen,
Weggescheucht, den Fuß zerschmettert,
Drängt er sich an seinen Herren
Und gesellt sich zum Verborgnen,
Zu den Lieblingen des Schlafes.

Und der Fürst, dem sie entflohen,
Liebentrüstet, sinnt auf Strafen,
Weiset ab so Schwert als Feuer,
In die Höhle sie mit Ziegeln
Und mit Kalk sie läßt vermauern.

Aber jene schlafen immer,
Und der Engel, ihr Beschützer,
Sagt vor Gottes Thron berichtend:
„So zur Rechten, so zur Linken
Hab' ich immer sie gewendet,
Daß die schönen jungen Glieder
Nicht des Moders Qualm verletze.
Spalten riß ich in die Felsen,
Daß die Sonne steigend, sinkend
Junge Wangen frisch erneute.
Und so liegen sie beseligt."
Auch, auf heilen Vorderpfoten,
Schläft das Hündlein süßen Schlummer.

Jahre fliehen, Jahre kommen,
Wachen endlich auf die Knaben,
Und die Mauer, die vermorschte,
Altershalben ist gefallen.
Und Jamblika sagt, der Schöne,
Ausgebildete vor allen,
Als der Schäfer fürchtend zaudert:
„Lauf' ich hin! und hol' euch Speise,
Leben wag' ich und das Goldstück!" –

Ephesus, gar manches Jahr schon,
Ehrt die Lehre des Propheten
Jesus. (Friede sei dem Guten!)

Und er lief, da war der Tore
Wart' und Turm und alles anders.
Doch zum nächsten Bäckerladen
Wandt' er sich nach Brot in Eile. –
„Schelm!" so rief der Bäcker, „hast du,
Jüngling, einen Schatz gefunden!
Gib mir, dich verrät das Goldstück,
Mir die Hälfte zum Versöhnen!"

Und sie hadern. – Vor den König
Kommt der Handel; auch der König
Will nur teilen wie der Bäcker.

Nun betätigt sich das Wunder
Nach und nach aus hundert Zeichen.
An dem selbsterbauten Palast
Weiß er sich sein Recht zu sichern.
Denn ein Pfeiler durchgegraben
Führt zu scharfbenamsten Schätzen.
Gleich versammeln sich Geschlechter,
Ihre Sippschaft zu beweisen.
Und als Ururvater prangend
Steht Jamblikas Jugendfülle.

Wie von Ahnherrn hört er sprechen
Hier von seinem Sohn und Enkeln.
Der Urenkel Schar umgibt ihn,
Als ein Volk von tapfern Männern,
Ihn, den jüngsten, zu verehren.
Und ein Merkmal übers andre
Dringt sich auf, Beweis vollendend;
Sich und den Gefährten hat er
Die Persönlichkeit bestätigt.

Nun zur Höhle kehrt er wieder,
Volk und König ihn geleiten. –
Nicht zum König, nicht zum Volke
Kehrt der Auserwählte wieder:
Denn die Sieben, die von lang her –
Achte waren's mit dem Hunde –
Sich von aller Welt gesondert,
Gabriels geheim Vermögen
Hat, gemäß dem Willen Gottes,
Sie dem Paradies geeignet,
Und die Höhle schien vermauert.

Paria
Des Paria Gebet

Großer Brahma, Herr der Mächte,
Alles ist von deinem Samen,
Und so bist du der Gerechte!
Hast du denn allein die Brahmen,
Nur die Rajahs und die Reichen,
Hast du sie allein geschaffen?
Oder bist auch du's, der Affen
Werden ließ und unseresgleichen?

Edel sind wir nicht zu nennen:
Denn das Schlechte, das gehört uns,
Und was andre tödlich kennen,
Das alleine, das vermehrt uns.
Mag dies für die Menschen gelten,
Mögen sie uns doch verachten;
Aber du, du sollst uns achten,
Denn du könntest alle schelten.

Also, Herr, nach diesem Flehen,
Segne mich zu deinem Kinde;
Oder eines laß entstehen,
Das auch mich mit dir verbinde!
Denn du hast den Bajaderen
Eine Göttin selbst erhoben;
Auch wir andern, dich zu loben,
Wollen solch ein Wunder hören.

Legende

Wasser holen geht die reine
Schöne Frau des hohen Brahmen,
Des verehrten, fehlerlosen,
Ernstester Gerechtigkeit.
Täglich von dem heiligen Flusse
Holt sie köstlichstes Erquicken –
Aber wo ist Krug und Eimer?
Sie bedarf derselben nicht.
Seligem Herzen, frommen Händen
Ballt sich die bewegte Welle
Herrlich zu kristallner Kugel;
Diese trägt sie, frohen Busens,
Reiner Sitte, holden Wandelns,
Vor den Gatten in das Haus.

Heute kommt die morgendliche
Im Gebet zu Ganges' Fluten,
Beugt sich zu der klaren Fläche –
Plötzlich überraschend spiegelt
Aus des höchsten Himmels Breiten
Über ihr vorübereilend
Allerlieblichste Gestalt
Hehren Jünglings, den des Gottes
Uranfänglich-schönes Denken
Aus dem ew'gen Busen schuf;
Solchen schauend, fühlt ergriffen
Von verwirrenden Gefühlen
Sie das innere tiefste Leben,

Will verharren in dem Anschaun,
Weist es weg, da kehrt es wieder,
Und verworren strebt sie flutwärts,
Mit unsicrer Hand zu schöpfen;
Aber ach! sie schöpft nicht mehr!
Denn des Wassers heilige Welle
Scheint zu fliehn, sich zu entfernen,
Sie erblickt nur hohler Wirbel
Grause Tiefen unter sich.

Arme sinken, Tritte straucheln,
Ist's denn auch der Pfad nach Hause?
Soll sie zaudern? soll sie fliehen?
Will sie denken, wo Gedanke,
Rat und Hilfe gleich versagt? –
Und so tritt sie vor den Gatten;
Er erblickt sie, Blick ist Urteil,
Hohen Sinns ergreift das Schwert er,
Schleppt sie zu dem Totenhügel,
Wo Verbrecher büßend bluten.
Wüßte sie zu widerstreben?
Wüßte sie sich zu entschuld'gen,
Schuldig, keiner Schuld bewußt?

Und er kehrt mit blutigem Schwerte
Sinnend zu der stillen Wohnung;
Da entgegnet ihm der Sohn:
„Wessen Blut ist's? Vater! Vater!"

„Der Verbrecherin!" – „Mitnichten!
Denn es starret nicht am Schwerte
Wie verbrecherische Tropfen,
Fließt wie aus der Wunde frisch.
Mutter! Mutter! tritt heraus her!
Ungerecht war nie der Vater,
Sage, was er jetzt verübt." –
„Schweige! Schweige! 's ist das ihre!" –
„Wessen ist es?" – „Schweige! Schweige!" –
„Wäre meiner Mutter Blut!!!
Was geschehen? was verschuldet?
Her das Schwert! ergriffen hab' ich's;
Deine Gattin magst du töten,
Aber meine Mutter nicht!
In die Flammen folgt die Gattin
Ihrem einzig Angetrauten,
Seiner einzig teuren Mutter
In das Schwert der treue Sohn."

„Halt', o halte!" rief der Vater,
„Noch ist Raum, enteil', enteile!
Füge Haupt dem Rumpfe wieder,
Du berührest mit dem Schwerte,
Und lebendig folgt sie dir."

Eilend, atemlos erblickt er
Staunend zweier Frauen Körper
Überkreuzt, und so die Häupter:
Welch Entsetzen! welche Wahl!
Dann der Mutter Haupt erfaßt er,
Küßt es nicht, das tot erblaßte;
Auf des nächsten Rumpfes Lücke
Setzt er's eilig, mit dem Schwerte
Segnet er das fromme Werk.

Aufersteht ein Riesenbildnis. –
Von der Mutter teuren Lippen,
Göttlich-unverändert-süßen,
Tönt das grausenvolle Wort:
„Sohn, o Sohn! welch Übereilen!
Deiner Mutter Leichnam dorten,
Neben ihm das freche Haupt
Der Verbrecherin, des Opfers
Waltender Gerechtigkeit!
Mich nun hast du ihrem Körper
Eingeimpft auf ewige Tage:
Weisen Wollens, wilden Handelns
Werd' ich unter Göttern sein.
Ja, des Himmelsknaben Bildnis
Webt so schön vor Stirn und Auge –
Senkt sich's in das Herz herunter,
Regt es tolle Wutbegier.

Immer wird es wiederkehren,
Immer steigen, immer sinken,
Sich verdüstern, sich verklären,
So hat Brahma dies gewollt.
Er gebot ja buntem Fittich,
Klarem Antlitz, schlanken Gliedern,
Göttlich-einzigem Erscheinen,
Mich zu prüfen, zu verführen;
Denn von oben kommt Verführung,
Wenn's den Göttern so beliebt.
Und so soll ich, die Brahmane,
Mit dem Haupt im Himmel weilend,
Fühlen, Paria, dieser Erde
Niederziehende Gewalt.

Sohn, ich sende dich dem Vater!
Tröste! – Nicht ein traurig Büßen,
Stumpfes Harren, stolz Verdienen
Halt' euch in der Wildnis fest;
Wandert aus durch alle Welten,
Wandelt hin durch alle Zeiten
Und verkündet auch Geringstem:
Daß ihn Brahma droben hört!

Ihm ist keiner der Geringste –
Wer sich mit gelähmten Gliedern,
Sich mit wild zerstörtem Geiste,
Düster, ohne Hilf' und Rettung,
Sei er Brahma, sei er Paria,
Mit dem Blick nach oben kehrt,
Wird's empfinden, wird's erfahren:
Dort erglühen tausend Augen,
Ruhend lauschen tausend Ohren,
Denen nichts verborgen bleibt.

Heb' ich mich zu seinem Throne,
Schaut er mich, die Grausenhafte,
Die er gräßlich umgeschaffen,
Muß er ewig mich bejammern,
Euch zugute komme das.
Und ich werd' ihn freundlich mahnen,
Und ich werd' ihm wütend sagen,
Wie es mir der Sinn gebietet,
Wie es mir im Busen schwellet.
Was ich denke, was ich fühle –
Ein Geheimnis bleibe das."

Dank des Paria

Großer Brahma! nun erkenn' ich,
Daß du Schöpfer bist der Welten!
Dich als meinen Herrscher nenn' ich,
Denn du lässest alle gelten.
Und verschließest auch dem Letzten
Keines von den tausend Ohren;
Uns, die tief Herabgesetzten,
Alle hast du neu geboren.

Wendet euch zu dieser Frauen,
Die der Schmerz zur Göttin wandelt!
Nun beharr' ich, anzuschauen
Den, der einzig wirkt und handelt.

Friedrich Schiller
1759–1805

Eine Leichenphantasie

Mit erstorbnem Scheinen
Steht der Mond auf totenstillen Hainen,
   Seufzend streicht der Nachtgeist durch die Luft –
     Nebelwolken schauern,
     Sterne trauern
   Bleich herab, wie Lampen in der Gruft.
Gleich Gespenstern, stumm und hohl und hager,
   Zieht in schwarzem Totenpompe dort
Ein Gewimmel nach dem Leichenlager
   Unterm Schauerflor der Grabnacht fort.

Zitternd an der Krücke
Wer mit düsterm, rückgesunknem Blicke,
   Ausgegossen in ein heulend Ach,
Schwer geneckt vom eisernen Geschicke,
   Schwankt dem stummgetragnen Sarge nach?
Floß es „Vater" von des Jünglings Lippe?
   Nasse Schauer schauern fürchterlich
Durch sein gramgeschmolzenes Gerippe,
   Seine Silberhaare bäumen sich. –

Aufgerissen seine Feuerwunde!
   Durch die Seele Höllenschmerz!
„Vater" floß es von des Jünglings Munde,
   „Sohn" gelispelt hat das Vaterherz.
Eiskalt, eiskalt liegt er hier im Tuche,
   Und dein Traum, so golden einst, so süß!
Süß und golden, Vater, dir zum Fluche!
Eiskalt, eiskalt liegt er hier im Tuche,
   Deine Wonne und dein Paradies!

Mild, wie umweht von Elysiumslüften,
    Wie aus Auroras Umarmung geschlüpft,
Himmlisch umgürtet mit rosichten Düften,
    Florens Sohn über das Blumenfeld hüpft,
Flog er einher auf den lachenden Wiesen,
    Nachgespiegelt von silberner Flut,
Wollustflammen entsprühten den Küssen,
    Jagten die Mädchen in liebende Glut.

Mutig sprang er im Gewühle der Menschen,
    Wie auf Gebirgen ein jugendlich Reh;
Himmelum flog er in schweifenden Wünschen,
    Hoch wie die Adler in wolkichter Höh;
Stolz, wie die Rosse sich sträuben und schäumen,
    Werfen im Sturme die Mähnen umher,
Königlich wider den Zügel sich bäumen,
    Trat er vor Sklaven und Fürsten daher.

Heiter wie Frühlingstag schwand ihm das Leben,
    Floh ihm vorüber in Hesperus' Glanz,
Klagen ertränkt' er im Golde der Reben,
    Schmerzen verhüpft' er im wirbelnden Tanz,
Welten schliefen im herrlichen Jungen,
    Ha! wenn er einsten zum Manne gereift –
Freue dich, Vater – im herrlichen Jungen
    Wenn einst die schlafenden Keime gereift!

Nein doch, Vater – Horch! die Kirchhoftüre brauset,
    Und die ehrnen Angel klirren auf –
Wie's hinein ins Grabgewölbe grauset! –
    Nein doch, laß den Tränen ihren Lauf!
Geh, du Holder, geh im Pfad der Sonne
    Freudig weiter der Vollendung zu,
Lösche nun den edeln Durst nach Wonne,
    Gramentbundner, in Walhallas Ruh!

Wiedersehen – himmlischer Gedanke! –
    Wiedersehen dort an Edens Tor!
Horch! der Sarg versinkt mit dumpfigem Geschwanke,
    Wimmernd schnurrt das Totenseil empor!
Da wir trunken um einander rollten,
    Lippen schwiegen und das Auge sprach –
Haltet! haltet! – da wir boshaft grollten –
    Aber Tränen stürzten wärmer nach – –

Mit erstorbnem Scheinen
Steht der Mond auf totenstillen Hainen,
    Seufzend streicht der Nachtgeist durch die Luft.
        Nebelwolken schauern,
          Sterne trauern
    Bleich herab, wie Lampen in der Gruft.

Dumpfig schollert's überm Sarg zum Hügel –
  O, um Erdballs Schätze nur noch einen Blick! –
Starr und ewig schließt des Grabes Riegel,
Dumpfer – dumpfer schollert's überm Sarg zum Hügel,
  Nimmer gibt das Grab zurück.

Die Kindsmörderin

Horch – die Glocken weinen dumpf zusammen,
  Und der Zeiger hat vollbracht den Lauf.
Nun, so sei's denn! – Nun, in Gottes Namen!
  Grabgefährten, brecht zum Richtplatz auf.
Nimm, o Welt, die letzten Abschiedsküsse,
  Diese Tränen nimm, o Welt, noch hin!
Deine Gifte – o sie schmecken süße! –
  Wir sind quitt, du Herzvergifterin.

Fahret wohl, ihr Freuden dieser Sonne,
  Gegen schwarzen Moder umgetauscht!
Fahre wohl, du Rosenzeit voll Wonne,
  Die so oft das Mädchen lustberauscht!
Fahret wohl, ihr goldgewebten Träume,
  Paradieseskinder-Phantasien!
Weh! sie starben schon im Morgenkeime,
  Ewig nimmer an das Licht zu blühn.

Schön geschmückt mit rosenroten Schleifen,
  Deckte mich der Unschuld Schwanenkleid,
In der blonden Locken loses Schweifen
  Waren junge Rosen eingestreut.
Wehe! – die Geopferte der Hölle
  Schmückt noch itzt das weißlichte Gewand,
Aber ach! – der Rosenschleifen Stelle
  Nahm ein schwarzes Totenband.

Weinet um mich, die ihr nie gefallen,
  Denen noch der Unschuld Lilien blühn,
Denen zu dem weichen Busenwallen
  Heldenstärke die Natur verliehn!
Wehe! – menschlich hat dies Herz empfunden! –
  Und Empfindung soll mein Richtschwert sein! –
Weh! vom Arm des falschen Manns umwunden,
  Schlief Louisens Tugend ein.

Ach vielleicht umflattert eine andre,
  Mein vergessen, dieses Schlangenherz,
Überfließt, wenn ich zum Grabe wandre,
  An dem Putztisch in verliebten Scherz?
Spielt vielleicht mit seines Mädchens Locke?
  Schlingt den Kuß, den sie entgegenbringt?
Wenn, verspritzt auf diesem Todesblocke,
  Hoch mein Blut vom Rumpfe springt.

Joseph! Joseph! auf entfernte Meilen
    Folge dir Louisens Totenchor,
Und des Glockenturmes dumpfes Heulen
    Schlage schrecklich mahnend an dein Ohr –
Wenn von eines Mädchens weichem Munde
    Dir der Liebe sanft Gelispel quillt,
Bohr es plötzlich eine Höllenwunde
    In der Wollust Rosenbild!

Ha Verräter! nicht Louisens Schmerzen?
    Nicht des Weibes Schande, harter Mann?
Nicht das Knäblein unter meinem Herzen?
    Nicht was Löw und Tiger milden kann?
Seine Segel fliegen stolz vom Lande,
    Meine Augen zittern dunkel nach,
Um die Mädchen an der *Seine* Strande
    Winselt er sein falsches Ach! – –

Und das Kindlein – in der Mutter Schoße
    Lag es da in süßer, goldner Ruh,
In dem Reiz der jungen Morgenrose
    Lachte mir der holde Kleine zu,
Tödlichlieblich sprach aus allen Zügen
    Des geliebten Schelmen Konterfei;
Den beklommnen Mutterbusen wiegen
    Liebe und – Verräterei.

„Weib, wo ist mein Vater?" lallte
    Seiner Unschuld stumme Donnersprach,
„Weib, wo ist dein Gatte?" hallte
    Jeder Winkel meines Herzens nach –
Weh, umsonst wirst, Waise, du ihn suchen,
    Der vielleicht schon andre Kinder herzt,
Wirst der Stunde unsrer Wollust fluchen,
    Wenn dich einst der Name Bastard schwärzt.

Deine Mutter – o im Busen Hölle! –
    Einsam sitzt sie in dem All der Welt,
Durstet ewig an der Freudenquelle,
    Die dein Anblick fürchterlich vergällt.
Ach, in jedem Laut von dir erwachet
    Toter Wonne Qualerinnerung,
Jeder deiner holden Blicke fachet
    Die unsterbliche Verzweifelung.

Hölle, Hölle, wo ich dich vermisse,
    Hölle, wo mein Auge dich erblickt,
Eumenidenruten deine Küsse,
    Die von *seinen* Lippen mich entzückt!
Seine Eide donnern aus dem Grabe wieder,
    Ewig, ewig würgt sein Meineid fort,
Ewig – hier umstrickte mich die Hyder –
    Und vollendet war der Mord –

Joseph! Joseph! auf entfernte Meilen
 Jage dir der grimme Schatten nach,
Mög mit kalten Armen dich ereilen,
 Donnre dich aus Wonneträumen wach;
Im Geflimmer sanfter Sterne zucke
 Dir des Kindes grasser Sterbeblick,
Es begegne dir im blutgen Schmucke,
 Geißle dich vom Paradies zurück.

Seht, da lag es – lag im warmen Blute,
 Das noch kurz im Mutterherzen sprang,
Hingemetzelt mit Erinnysmute,
 Wie ein Veilchen unter Sensenklang; – –
Schröcklich pocht schon des Gerichtes Bote,
 Schröcklicher mein Herz!
Freudig eilt' ich, in dem kalten Tode
 Auszulöschen meinen Flammenschmerz.

Joseph! Gott im Himmel kann verzeihen,
 Dir verzeiht die Sünderin.
Meinen Groll will ich der Erde weihen,
 Schlage, Flamme, durch den Holzstoß hin –
Glücklich! Glücklich! Seine Briefe lodern,
 Seine Erde frißt ein siegend Feur,
Seine Küsse! – wie sie hochauflodern! –
 Was auf Erden war mir einst so teur?

Trauet nicht den Rosen eurer Jugend,
 Trauet, Schwestern, Männerschwüren nie!
Schönheit war die Falle meiner Tugend,
 Auf der Richtstatt hier verfluch ich sie! –
Zähren? Zähren in des Würgers Blicken?
 Schnell die Binde um mein Angesicht!
Henker, kannst du keine Lilie knicken?
 Bleicher Henker, zittre nicht! – – –

Die Schlacht

Schwer und dumpfig,
 Eine Wetterwolke,
Durch die grüne Ebne schwankt der Marsch.
 Zum wilden eisernen Würfelspiel
Streckt sich unabsehlich das Gefilde.
 Blicke kriechen niederwärts,
An die Rippen pocht das Männerherz,
 Vorüber an hohlen Totengesichtern
Niederjagt die Front der Major:
 Halt!
Und Regimenter fesselt das starre Kommando.

Lautlos steht die Front.

Prächtig im glühenden Morgenrot
Was blitzt dort her vom Gebirge?
Seht ihr des Feindes Fahnen wehn?
Wir sehn des Feindes Fahnen wehn,
Gott mit euch, Weib und Kinder!
Lustig! hört ihr den Gesang?
Trommelwirbel, Pfeifenklang
Schmettert durch die Glieder;
Wie braust es fort im schönen, wilden Takt!
Und braust durch Mark und Bein.

    Gott befohlen, Brüder!
    In einer andern Welt wieder!

Schon fleugt es fort wie Wetterleucht,
Dumpf brüllt der Donner schon dort,
Die Wimper zuckt, hier kracht er laut,
Die Losung braust von Heer zu Heer –
Laß brausen in Gottes Namen fort,
Freier schon atmet die Brust.

    Der Tod ist los – schon wogt sich der Kampf,
    Eisern im wolkigen Pulverdampf,
    Eisern fallen die Würfel.

Nah umarmen die Heere sich;
Fertig! heult's von P'loton zu P'loton;
Auf die Kniee geworfen
Feu'rn die Vordern, viele stehen nicht mehr auf,
Lücken reißt die streifende Kartätsche,
Auf Vormanns Rumpfe springt der Hintermann,
Verwüstung rechts und links und um und um,
Bataillone niederwälzt der Tod.

    Die Sonne löscht aus – heiß brennt die Schlacht,
    Schwarz brütet auf dem Heer die Nacht –
    Gott befohlen, Brüder!
    In einer andern Welt wieder!

Hoch spritzt an den Nacken das Blut,
Lebende wechseln mit Toten, der Fuß
Strauchelt über den Leichnamen –
„Und auch du, Franz?" – „Grüße mein Lottchen, Freund!"
Wilder immer wütet der Streit;
„Grüßen will ich" – Gott! Kameraden, seht!
Hinter uns wie die Kartätsche springt! –
„Grüßen will ich dein Lottchen, Freund!
Schlummre sanft! wo die Kugelsaat
Regnet, stürz' ich Verlaßner hinein."

    Hieher, dorthin schwankt die Schlacht –
    Finstrer brütet auf dem Heer die Nacht –
    Gott befohlen, Brüder!
    In einer andern Welt wieder!

Horch! was strampft im Galopp vorbei?
　　Die Adjutanten fliegen,
Dragoner rasseln in den Feind,
　　Und seine Donner ruhen.
Viktoria, Brüder!
　　Schrecken reißt die feigen Glieder,
Und seine Fahne sinkt. –
Entschieden ist die scharfe Schlacht,
Der Tag blickt siegend durch die Nacht!
　　Horch! Trommelwirbel, Pfeifenklang
　　Stimmen schon Triumphgesang!
Lebt wohl, ihr gebliebenen Brüder!
In einer andern Welt wieder!

Graf Eberhard der Greiner von Württemberg
Kriegslied

Ihr – ihr dort außen in der Welt,
　　Die Nasen eingespannt!
Auch manchen Mann, auch manchen Held,
Im Frieden gut und stark im Feld,
　　Gebar das Schwabenland.

Prahlt nur mit Karl und Eduard,
　　Mit Friedrich, Ludewig!
Karl, Friedrich, Ludwig, Eduard
Ist uns der Graf, der Eberhard,
　　Ein Wettersturm im Krieg.

Und auch sein Bub, der Ulerich,
　　War gern, wo's eisern klang;
Des Grafen Bub, der Ulerich,
Kein Fußbreit rückwärts zog er sich,
　　Wenn's drauf und drunter sprang.

Die Reutlinger, auf unsern Glanz
　　Erbittert, kochten Gift
Und buhlten um den Siegeskranz
Und wagten manchen Schwertertanz
　　Und gürteten die Hüft'.

Er griff sie an – und siegte nicht
　　Und kam gepantscht nach Haus;
Der Vater schnitt ein falsch Gesicht,
Der junge Kriegsmann floh das Licht,
　　Und Tränen drangen 'raus.

Das wurmt ihn – Ha! ihr Schurken, wart!
　　Und trug's in seinem Kopf.
Auswetzen, bei des Vaters Bart!
Auswetzen wollt' er diese Schart'
　　Mit manchem Städtlerschopf.

Und Fehd' entbrannte bald darauf,
　　Und zogen Roß und Mann
Bei Döffingen mit hellem Hauf,
Und heller ging's dem Junker auf,
　　Und hurra! heiß ging's an.

Und unsers Heeres Losungswort
　　War die verlorne Schlacht;
Das riß uns wie die Windsbraut fort
Und schmiß uns tief in Blut und Mord
　　Und in die Lanzennacht.

Der junge Graf voll Löwengrimm
　　Schwung seinen Heldenstab,
Wild vor ihm ging das Ungestüm,
Geheul und Winseln hinter ihm
　　Und um ihn her das Grab.

Doch weh! ach weh! ein Säbelhieb
　　Sunk schwer auf sein Genick.
Schnell um ihn her der Helden Trieb,
Umsonst! umsonst! erstarret blieb
　　Und sterbend brach sein Blick.

Bestürzung hemmt des Sieges Bahn,
　　Laut weinte Feind und Freund –
Hoch führt der Graf die Reiter an:
Mein Sohn ist wie ein andrer Mann!
　　Marsch, Kinder! In den Feind!

Und Lanzen sausen feuriger,
　　Die Rache spornt sie all,
Rasch über Leichen ging's daher,
Die Städtler laufen kreuz und quer
　　Durch Wald und Berg und Tal.

Und zogen wir mit Hörnerklang
    Ins Lager froh zurück,
Und Weib und Kind im Rundgesang
Beim Walzer und beim Becherklang
    Lustfeiern unser Glück.

Doch unser Graf – was tät er itzt?
    Vor ihm der tote Sohn,
Allein in seinem Zelte sitzt
Der Graf, und eine Träne blitzt
    Im Aug' auf seinen Sohn.

Drum hangen wir so treu und warm
    Am Grafen, unserm Herrn.
Allein ist er ein Heldenschwarm,
Der Donner rast in seinem Arm,
    Er ist des Landes Stern.

Drum ihr dort außen in der Welt,
    Die Nasen eingespannt!
Auch manchen Mann, auch manchen Held,
Im Frieden gut und stark im Feld,
    Gebar das Schwabenland.

Das verschleierte Bild zu Sais

Ein Jüngling, den des Wissens heißer Durst
Nach Sais in Ägypten trieb, der Priester
Geheime Weisheit zu erlernen, hatte
Schon manchen Grad mit schnellem Geist durcheilt,
Stets riß ihn seine Forschbegierde weiter,
Und kaum besänftigte der Hierophant
Den ungeduldig Strebenden. „Was hab ich,
Wenn ich nicht alles habe," sprach der Jüngling,
„Gibt's etwa hier ein Weniger und Mehr?

Ist deine Wahrheit wie der Sinne Glück,
Nur eine Summe, die man größer, kleiner
Besitzen kann und immer doch besitzt?
Ist sie nicht eine einzge, ungeteilte?
Nimm einen Ton aus einer Harmonie,
Nimm eine Farbe aus dem Regenbogen,
Und alles, was dir bleibt, ist nichts, so lang
Das schöne All der Töne fehlt und Farben."

Indem sie einst so sprachen, standen sie
In einer einsamen Rotonde still,
Wo ein verschleiert Bild von Riesengröße
Dem Jüngling in die Augen fiel. Verwundert
Blickt er den Führer an und spricht: „Was ist's,
Das hinter diesem Schleier sich verbirgt?" –
„Die Wahrheit," ist die Antwort. – „Wie?" ruft jener,
„Nach Wahrheit streb ich ja allein, und diese
Gerade ist es, die man mir verhüllt?"

„Das mache mit der Gottheit aus," versetzt
Der Hierophant. „Kein Sterblicher, sagt sie,
Rückt diesen Schleier, bis ich selbst ihn hebe.
Und wer mit ungeweihter, schuldger Hand
Den heiligen, verbotnen früher hebt,
Der, spricht die Gottheit –" „Nun? –" „Der *sieht* die Wahrheit."
„Ein seltsamer Orakelspruch! Du selbst,
Du hättest also niemals ihn gehoben?"
„Ich? Wahrlich nicht! Und war auch nie dazu

Versucht." – „Das fass ich nicht. Wenn von der Wahrheit
Nur diese dünne Scheidewand mich trennte –"
„Und ein Gesetz," fällt ihm sein Führer ein.
„Gewichtiger, mein Sohn, als du es meinst,
Ist dieser dünne Flor – für deine Hand
Zwar leicht, doch zentnerschwer für dein Gewissen."

Der Jüngling ging gedankenvoll nach Hause.
Ihm raubt des Wissens brennende Begier
Den Schlaf, er wälzt sich glühend auf dem Lager
Und rafft sich auf um Mitternacht. Zum Tempel
Führt unfreiwillig ihn der scheue Tritt.
Leicht ward es ihm, die Mauer zu ersteigen,
Und mitten in das Innre der Rotonde
Trägt ein beherzter Sprung den Wagenden.

Hier steht er nun, und grauenvoll umfängt
Den Einsamen die lebenlose Stille,
Die nur der Tritte hohler Widerhall
In den geheimen Grüften unterbricht.
Von oben durch der Kuppel Öffnung wirft
Der Mond den bleichen, silberblauen Schein,
Und furchtbar wie ein gegenwärtger Gott
Erglänzt durch des Gewölbes Finsternisse
In ihrem langen Schleier die Gestalt.

Er tritt hinan mit ungewissem Schritt,
Schon will die freche Hand das Heilige berühren,
Da zuckt es heiß und kühl durch sein Gebein
Und stößt ihn weg mit unsichtbarem Arme.
Unglücklicher, was willst du tun? so ruft
In seinem Innern eine treue Stimme.
Versuchen den Allheiligen willst du?
Kein Sterblicher, sprach des Orakels Mund,
Rückt diesen Schleier, bis ich selbst ihn hebe.
Doch setzte nicht derselbe Mund hinzu:
Wer diesen Schleier hebt, soll Wahrheit schauen?
„Sei hinter ihm, was will! Ich heb' ihn auf."
(Er ruft's mit lauter Stimm.) „Ich will sie schauen." Schauen!
Gellt ihm ein langes Echo spottend nach.

Er spricht's und hat den Schleier aufgedeckt.
Nun, fragt ihr, und was zeigte sich ihm hier?
Ich weiß es nicht. Besinnungslos und bleich,
So fanden ihn am andern Tag die Priester
Am Fußgestell der Isis ausgestreckt.
Was er allda gesehen und erfahren,
Hat seine Zunge nie bekannt. Auf ewig
War seines Lebens Heiterkeit dahin,
Ihn riß ein tiefer Gram zum frühen Grabe.
„Weh dem," dies war sein warnungsvolles Wort,
Wenn ungestüme Frager in ihn drangen,
„Weh dem, der zu der Wahrheit geht durch Schuld,
Sie wird ihm nimmermehr erfreulich sein."

Die Teilung der Erde

„Nehmt hin die Welt!" rief Zeus von seinen Höhen
    Den Menschen zu. „Nehmt, sie soll euer sein!
Euch schenk ich sie zum Erb und ewgen Lehen,
    Doch teilt euch brüderlich darein."

Da eilt', was Hände hat, sich einzurichten,
    Es regte sich geschäftig jung und alt.
Der Ackermann griff nach des Feldes Früchten,
    Der Junker birschte durch den Wald.

Der Kaufmann nimmt, was seine Speicher fassen,
    Der Abt wählt sich den edeln Firnewein,
Der König sperrt' die Brücken und die Straßen
    Und sprach: „Der Zehente ist mein."

Ganz spät, nachdem die Teilung längst geschehen,
    Naht der Poet, er kam aus weiter Fern';
Ach! da war überall nichts mehr zu sehen,
    Und alles hatte seinen Herrn!

„Weh mir! so soll denn ich allein von allen
    Vergessen sein, ich, dein getreuster Sohn?"
So ließ er laut der Klage Ruf erschallen
    Und warf sich hin vor Jovis Thron.

„Wenn du im Land der Träume dich verweilet",
    Versetzt der Gott, „so hadre nicht mit mir.
Wo warst du denn, als man die Welt geteilet?"
    „Ich war", sprach der Poet, „bei dir.

Mein Auge hing an deinem Angesichte,
    An deines Himmels Harmonie mein Ohr –
Verzeih dem Geiste, der, von deinem Lichte
    Berauscht, das Irdische verlor!"

„Was tun?" spricht Zeus, „die Welt ist weggegeben,
    Der Herbst, die Jagd, der Markt ist nicht mehr mein.
Willst du in meinem Himmel mit mir leben,
    So oft du kommst, er soll dir offen sein."

Der Ring des Polykrates

Er stand auf seines Daches Zinnen,
Er schaute mit vergnügten Sinnen
Auf das beherrschte Samos hin.
„Dies alles ist mir untertänig,"
Begann er zu Ägyptens König,
„Gestehe, daß ich glücklich bin."

„Du hast der Götter Gunst erfahren!
Die vormals deinesgleichen waren,
Sie zwingt jetzt deines Szepters Macht.
Doch einer lebt noch, sie zu rächen,
Dich kann ein Mund nicht glücklich sprechen,
So lang des Feindes Auge wacht."

Und eh der König noch geendet,
Da stellt sich, von Milet gesendet,
Ein Bote dem Tyrannen dar:
„Laß, Herr! des Opfers Düfte steigen,
Und mit des Lorbeers muntern Zweigen
Bekränze dir dein festlich Haar.

Getroffen sank dein Feind vom Speere,
Mich sendet mit der frohen Märe
Dein treuer Feldherr Polydor –"
Und nimmt aus einem schwarzen Becken,
Noch blutig, zu der beiden Schrecken,
Ein wohlbekanntes Haupt hervor.

Der König tritt zurück mit Grauen.
„Doch warn ich dich, dem Glück zu trauen,"
Versetzt er mit besorgtem Blick.
„Bedenk', auf ungetreuen Wellen,
Wie leicht kann sie der Sturm zerschellen,
Schwimmt deiner Flotte zweifelnd Glück."

Und eh er noch das Wort gesprochen,
Hat ihn der Jubel unterbrochen,
Der von der Reede jauchzend schallt.
Mit fremden Schätzen reich beladen,
Kehrt zu den heimischen Gestaden
Der Schiffe mastenreicher Wald.

Der königliche Gast erstaunet:
„Dein Glück ist heute gut gelaunet,
Doch fürchte seinen Unbestand.
Der Kreter waffenkund'ge Scharen
Bedräuen dich mit Kriegsgefahren;
Schon nahe sind sie diesem Strand."

Und eh ihm noch das Wort entfallen,
Da sieht man's von den Schiffen wallen,
Und tausend Stimmen rufen: „Sieg!
Von Feindesnot sind wir befreiet,
Die Kreter hat der Sturm zerstreuet,
Vorbei, geendet ist der Krieg!"

Das hört der Gastfreund mit Entsetzen:
„Fürwahr, ich muß dich glücklich schätzen,
Doch," spricht er, „zittr ich für dein Heil.
Mir grauet vor der Götter Neide,
Des Lebens ungemischte Freude
Ward keinem Irdischen zuteil.

Auch mir ist alles wohlgeraten,
Bei allen meinen Herrschertaten
Begleitet mich des Himmels Huld,
Doch hatt ich einen teuren Erben,
Den nahm mir Gott, ich sah ihn sterben,
Dem Glück bezahlt' ich meine Schuld.

Drum, willst du dich vor Leid bewahren,
So flehe zu den Unsichtbaren,
Daß sie zum Glück den Schmerz verleihn.
Noch keinen sah ich fröhlich enden,
Auf den mit immer vollen Händen
Die Götter ihre Gaben streun.

Und wenn's die Götter nicht gewähren,
So acht auf eines Freundes Lehren
Und rufe selbst das Unglück her,
Und was von allen deinen Schätzen
Dein Herz am höchsten mag ergötzen,
Das nimm und wirf's in dieses Meer!"

Und jener spricht, von Furcht beweget:
„Von allem, was die Insel heget,
Ist dieser Ring mein höchstes Gut.
Ihn will ich den Erinnen weihen,
Ob sie mein Glück mir dann verzeihen."
Und wirft das Kleinod in die Flut.

Und bei des nächsten Morgens Lichte,
Da tritt mit fröhlichem Gesichte
Ein Fischer vor den Fürsten hin:
„Herr, diesen Fisch hab ich gefangen,
Wie keiner noch ins Netz gegangen,
Dir zum Geschenke bring ich ihn."

Und als der Koch den Fisch zerteilet,
Kommt er bestürzt herbeigeeilet
Und ruft mit hocherstauntem Blick:
„Sieh, Herr, den Ring, den du getragen,
Ihn fand ich in des Fisches Magen,
O, ohne Grenzen ist dein Glück!"

Hier wendet sich der Gast mit Grausen:
„So kann ich hier nicht ferner hausen,
Mein Freund kannst du nicht weiter sein.
Die Götter wollen dein Verderben,
Fort eil ich, nicht mit dir zu sterben."
Und sprach's und schiffte schnell sich ein.

Die Kraniche des Ibykus

Zum Kampf der Wagen und Gesänge,
Der auf Korinthus' Landesenge
Der Griechen Stämme froh vereint,
Zog Ibykus, der Götterfreund.
Ihm schenkte des Gesanges Gabe,
Der Lieder süßen Mund Apoll;
So wandert' er, an leichtem Stabe,
Aus Rhegium, des Gottes voll.

Schon winkt auf hohem Bergesrücken
Akrokorinth des Wandrers Blicken,
Und in Poseidons Fichtenhain
Tritt er mit frommem Schauder ein.
Nichts regt sich um ihn her, nur Schwärme
Von Kranichen begleiten ihn,
Die fernhin nach des Südens Wärme
In graulichtem Geschwader ziehn.

„Seid mir gegrüßt, befreundte Scharen!
Die mir zur See Begleiter waren,
Zum guten Zeichen nehm ich euch,
Mein Los, es ist dem euren gleich.
Von fernher kommen wir gezogen
Und flehen um ein wirtlich Dach.
Sei uns der Gastliche gewogen,
Der von dem Fremdling wehrt die Schmach!"

Und munter fördert er die Schritte
Und sieht sich in des Waldes Mitte,
Da sperren auf gedrangem Steg
Zwei Mörder plötzlich seinen Weg.
Zum Kampfe muß er sich bereiten,
Doch bald ermattet sinkt die Hand,
Sie hat der Leier zarte Saiten,
Doch nie des Bogens Kraft gespannt.

Er ruft die Menschen an, die Götter,
Sein Flehen dringt zu keinem Retter;
Wie weit er auch die Stimme schickt,
Nichts Lebendes wird hier erblickt.
„So muß ich hier verlassen sterben,
Auf fremdem Boden, unbeweint,
Durch böser Buben Hand verderben,
Wo auch kein Rächer mir erscheint!"

Und schwer getroffen sinkt er nieder,
Da rauscht der Kraniche Gefieder,
Er hört, schon kann er nicht mehr sehn,
Die nahen Stimmen furchtbar krähn.
„Von euch, ihr Kraniche dort oben!
Wenn keine andre Stimme spricht,
Sei meines Mordes Klag erhoben!"
Er ruft es, und sein Auge bricht.

Der nackte Leichnam wird gefunden,
Und bald, obgleich entstellt von Wunden,
Erkennt der Gastfreund in Korinth
Die Züge, die ihm teuer sind.
„Und muß ich so dich wiederfinden,
Und hoffte mit der Fichte Kranz
Des Sängers Schläfe zu umwinden,
Bestrahlt von seines Ruhmes Glanz!"

Und jammernd hören's alle Gäste,
Versammelt bei Poseidons Feste,
Ganz Griechenland ergreift der Schmerz,
Verloren hat ihn jedes Herz.
Und stürmend drängt sich zum Prytanen
Das Volk, es fordert seine Wut,
Zu rächen des Erschlagnen Manen,
Zu sühnen mit des Mörders Blut.

Doch wo die Spur, die aus der Menge,
Der Völker flutendem Gedränge,
Gelocket von der Spiele Pracht,
Den schwarzen Täter kenntlich macht?
Sind's Räuber, die ihn feig erschlagen?
Tat's neidisch ein verborgner Feind?
Nur Helios vermag's zu sagen,
Der alles Irdische bescheint.

Er geht vielleicht mit frechem Schritte
Jetzt eben durch der Griechen Mitte,
Und während ihn die Rache sucht,
Genießt er seines Frevels Frucht,
Auf ihres eignen Tempels Schwelle
Trotzt er vielleicht den Göttern, mengt
Sich dreist in jene Menschenwelle,
Die dort sich zum Theater drängt.

Denn Bank an Bank gedränget sitzen,
Es brechen fast der Bühne Stützen,
Herbeigeströmt von fern und nah,
Der Griechen Völker wartend da,
Dumpfbrausend wie des Meeres Wogen;
Von Menschen wimmelnd, wächst der Bau
In weiter stets geschweiftem Bogen
Hinauf bis in des Himmels Blau.

Wer zählt die Völker, nennt die Namen,
Die gastlich hier zusammen kamen?
Von Theseus' Stadt, von Aulis Strand,
Von Phokis, vom Spartanerland,
Von Asiens entlegner Küste,
Von allen Inseln kamen sie
Und horchen von dem Schaugerüste
Des Chores grauser Melodie,

Der streng und ernst, nach alter Sitte,
Mit langsam abgemeßnem Schritte
Hervortritt aus dem Hintergrund,
Umwandelnd des Theaters Rund.
So schreiten keine irdschen Weiber,
Die zeugete kein sterblich Haus!
Es steigt das Riesenmaß der Leiber
Hoch über menschliches hinaus.

Ein schwarzer Mantel schlägt die Lenden,
Sie schwingen in entfleischten Händen
Der Fackel düsterrote Glut,
In ihren Wangen fließt kein Blut,
Und wo die Haare lieblich flattern,
Um Menschenstirnen freundlich wehn,
Da sieht man Schlangen hier und Nattern
Die giftgeschwollnen Bäuche blähn.

Und schauerlich gedreht im Kreise
Beginnen sie des Hymnus Weise,
Der durch das Herz zerreißend dringt,
Die Bande um den Frevler schlingt.
Besinnungraubend, herzbetörend
Schallt der Erinnyen Gesang,
Er schallt, des Hörers Mark verzehrend,
Und duldet nicht der Leier Klang:

„Wohl dem, der frei von Schuld und Fehle
Bewahrt die kindlich reine Seele!
Ihm dürfen wir nicht rächend nahn,
Er wandelt frei des Lebens Bahn.
Doch wehe, wehe, wer verstohlen
Des Mordes schwere Tat vollbracht,
Wir heften uns an seine Sohlen,
Das furchtbare Geschlecht der Nacht.

Und glaubt er fliehend zu entspringen,
Geflügelt sind wir da, die Schlingen
Ihm werfend um den flüchtgen Fuß,
Daß er zu Boden fallen muß.
So jagen wir ihn, ohn Ermatten,
Versöhnen kann uns keine Reu,
Ihn fort und fort bis zu den Schatten
Und geben ihn auch dort nicht frei."

So singend tanzen sie den Reigen,
Und Stille wie des Todes Schweigen
Liegt überm ganzen Hause schwer,
Als ob die Gottheit nahe wär.
Und feierlich, nach alter Sitte
Umwandelnd des Theaters Rund
Mit langsam abgemeßnem Schritte,
Verschwinden sie im Hintergrund.

Und zwischen Trug und Wahrheit schwebet
Noch zweifelnd jede Brust und bebet
Und huldiget der furchtbarn Macht,
Die richtend im Verborgnen wacht,
Die unerforschlich, unergründet
Des Schicksals dunkeln Knäuel flicht,
Dem tiefen Herzen sich verkündet,
Doch fliehet vor dem Sonnenlicht.

Da hört man auf den höchsten Stufen
Auf einmal eine Stimme rufen:
„Sieh da! Sieh da, Timotheus,
Die Kraniche des Ibykus!" –
Und finster plötzlich wird der Himmel,
Und über dem Theater hin
Sieht man in schwärzlichtem Gewimmel
Ein Kranichheer vorüberziehn.

„Des Ibykus!" – Der teure Name
Rührt jede Brust mit neuem Grame,
Und wie im Meere Well auf Well,
So läuft's von Mund zu Munde schnell:
„Des Ibykus, den wir beweinen,
Den eine Mörderhand erschlug!
Was ist's mit dem? Was kann er meinen?
Was ist's mit diesem Kranichzug?"

Und lauter immer wird die Frage,
Und ahnend fliegt's mit Blitzesschlage
Durch alle Herzen: „Gebet acht!
Das ist der Eumeniden Macht!
Der fromme Dichter wird gerochen,
Der Mörder bietet selbst sich dar!
Ergreift ihn, der das Wort gesprochen,
Und ihn, an den's gerichtet war."

Doch dem war kaum das Wort entfahren,
Möcht er's im Busen gern bewahren;
Umsonst, der schreckenbleiche Mund
Macht schnell die Schuldbewußten kund.
Man reißt und schleppt sie vor den Richter,
Die Szene wird zum Tribunal,
Und es gestehn die Bösewichter,
Getroffen von der Rache Strahl.

Der Taucher

„Wer wagt es, Rittersmann oder Knapp,
Zu tauchen in diesen Schlund?
Einen goldnen Becher werf ich hinab,
Verschlungen schon hat ihn der schwarze Mund.
Wer mir den Becher kann wieder zeigen,
Er mag ihn behalten, er ist sein eigen."

Der König spricht es und wirft von der Höh
Der Klippe, die schroff und steil
Hinaushängt in die unendliche See,
Den Becher in der Charybde Geheul.
„Wer ist der Beherzte, ich frage wieder,
Zu tauchen in diese Tiefe nieder?"

Und die Ritter, die Knappen um ihn her
Vernehmens und schweigen still,
Sehen hinab in das wilde Meer,
Und keiner den Becher gewinnen will.
Und der König zum drittenmal wieder fraget:
„Ist keiner, der sich hinunterwaget?"

Doch alles noch stumm bleibt wie zuvor,
Und ein Edelknecht, sanft und keck,
Tritt aus der Knappen zagendem Chor,
Und den Gürtel wirft er, den Mantel weg,
Und alle die Männer umher und Frauen
Auf den herrlichen Jüngling verwundert schauen.

Und wie er tritt an des Felsen Hang
Und blickt in den Schlund hinab,
Die Wasser, die sie hinunterschlang,
Die Charybde jetzt brüllend wiedergab,
Und wie mit des fernen Donners Getose
Entstürzen sie schäumend dem finstern Schoße.

Und es wallet und siedet und brauset und zischt,
Wie wenn Wasser mit Feuer sich mengt,
Bis zum Himmel spritzet der dampfende Gischt,
Und Flut auf Flut sich ohn Ende drängt,
Und will sich nimmer erschöpfen und leeren,
Als wollte das Meer noch ein Meer gebären.

Doch endlich, da legt sich die wilde Gewalt,
Und schwarz aus dem weißen Schaum
Klafft hinunter ein gähnender Spalt,
Grundlos, als gings in den Höllenraum,
Und reißend sieht man die brandenden Wogen
Hinab in den strudelnden Trichter gezogen.

Jetzt schnell, eh die Brandung wiederkehrt,
Der Jüngling sich Gott befiehlt,
Und – ein Schrei des Entsetzens wird rings gehört,
Und schon hat ihn der Wirbel hinweggespült,
Und geheimnisvoll über dem kühnen Schwimmer
Schließt sich der Rachen, er zeigt sich nimmer.

Und stille wirds über dem Wasserschlund,
In der Tiefe nur brauset es hohl,
Und bebend hört man von Mund zu Mund:
„Hochherziger Jüngling, fahre wohl!"
Und hohler und hohler hört mans heulen,
Und es harrt noch mit bangem, mit schrecklichem Weilen.

Und wärfst du die Krone selber hinein
Und sprächst: Wer mir bringet die Kron,
Er soll sie tragen und König sein,
Mich gelüstete nicht nach dem teuren Lohn.
Was die heulende Tiefe da unten verhehle,
Das erzählt keine lebende glückliche Seele.

Wohl manches Fahrzeug, vom Strudel gefaßt,
Schoß gäh in die Tiefe hinab,
Doch zerschmettert nur rangen sich Kiel und Mast
Hervor aus dem alles verschlingenden Grab. –
Und heller und heller wie Sturmes Sausen
Hört mans näher und immer näher brausen.

Und es wallet und siedet und brauset und zischt,
Wie wenn Wasser mit Feuer sich mengt,
Bis zum Himmel spritzet der dampfende Gischt,
Und Well auf Well sich ohn Ende drängt,
Und wie mit des fernen Donners Getose,
Entstürzt es brüllend dem finstern Schoße.

Und sieh! aus dem finster flutenden Schoß
Da hebet sichs schwanenweiß,
Und ein Arm und ein glänzender Nacken wird bloß,
Und es rudert mit Kraft und mit emsigem Fleiß,
Und er ists, und hoch in seiner Linken
Schwingt er den Becher mit freudigem Winken.

Und atmete lang und atmete tief
Und begrüßte das himmlische Licht.
Mit Frohlocken es einer dem andern rief:
„Er lebt! Er ist da! Es behielt ihn nicht!
Aus dem Grab, aus der strudelnden Wasserhöhle
Hat der Brave gerettet die lebende Seele"

Und er kommt, es umringt ihn die jubelnde Schar,
Zu des Königs Füßen er sinkt,
Den Becher reicht er ihm knieend dar,
Und der König der lieblichen Tochter winkt,
Die füllt ihn mit funkelndem Wein bis zum Rande,
Und der Jüngling sich also zum König wandte:

„Lang lebe der König! Es freue sich,
Wer da atmet im rosigten Licht!
Da unten aber ists fürchterlich,
Und der Mensch versuche die Götter nicht
Und begehre nimmer und nimmer zu schauen,
Was sie gnädig bedecken mit Nacht und Grauen.

Es riß mich hinunter blitzesschnell,
Da stürzt' mir aus felsigtem Schacht
Wildflutend entgegen ein reißender Quell,
Mich packte des Doppelstroms wütende Macht,
Und wie einen Kreisel mit schwindelndem Drehen
Trieb michs um, ich konnte nicht widerstehen.

Da zeigte mir Gott, zu dem ich rief
In der höchsten schrecklichen Not,
Aus der Tiefe ragend ein Felsenriff,
Das erfaßt' ich behend und entrann dem Tod,
Und da hing auch der Becher an spitzen Korallen,
Sonst wär er ins Bodenlose gefallen.

Denn unter mir lags noch, bergetief,
In purpurner Finsternis da,
Und obs hier dem Ohre gleich ewig schlief,
Das Auge mit Schaudern hinuntersah,
Wie's von Salamandern und Molchen und Drachen
Sich regt' in dem furchtbaren Höllenrachen.

Schwarz wimmelten da, in grausem Gemisch,
Zu scheußlichen Klumpen geballt,
Der stachlichte Roche, der Klippenfisch,
Des Hammers greuliche Ungestalt,
Und dräuend wies mir die grimmigen Zähne
Der entsetzliche Hai, des Meeres Hyäne.

Und da hing ich und wars mir mit Grausen bewußt,
Von der menschlichen Hülfe so weit,
Unter Larven die einzige fühlende Brust,
Allein in der gräßlichen Einsamkeit,
Tief unter dem Schall der menschlichen Rede
Bei den Ungeheuern der traurigen Öde.

Und schaudernd dacht ichs, da krochs heran,
Regte hundert Gelenke zugleich,
Will schnappen nach mir; in des Schreckens Wahn
Laß ich los der Koralle umklammerten Zweig,
Gleich faßt mich der Strudel mit rasendem Toben,
Doch es war mir zum Heil, er riß mich nach oben."

Der König darob sich verwundert schier
Und spricht: „Der Becher ist dein,
Und diesen Ring noch bestimm ich dir,
Geschmückt mit dem köstlichsten Edelgestein,
Versuchst dus noch einmal und bringst mir Kunde,
Was du sahst auf des Meeres tiefunterstem Grunde."

Das hörte die Tochter mit weichem Gefühl,
Und mit schmeichelndem Munde sie fleht:
„Laßt, Vater, genug sein das grausame Spiel,
Er hat Euch bestanden, was keiner besteht,
Und könnt Ihr des Herzens Gelüsten nicht zähmen,
So mögen die Ritter den Knappen beschämen."

Drauf der König greift nach dem Becher schnell,
In den Strudel ihn schleudert hinein:
„Und schaffst du den Becher mir wieder zur Stell,
So sollst du der trefflichste Ritter mir sein
Und sollst sie als Ehgemahl heut noch umarmen,
Die jetzt für dich bittet mit zartem Erbarmen."

Da ergreifts ihm die Seele mit Himmelsgewalt,
Und es blitzt aus den Augen ihm kühn,
Und er siehet erröten die schöne Gestalt
Und sieht sie erbleichen und sinken hin,
Da treibts ihn, den köstlichen Preis zu erwerben,
Und stürzt hinunter auf Leben und Sterben.

Wohl hört man die Brandung, wohl kehrt sie zurück,
Sie verkündigt der donnernde Schall,
Da bückt sichs hinunter mit liebendem Blick,
Es kommen, es kommen die Wasser all,
Sie rauschen herauf, sie rauschen nieder,
Den Jüngling bringt keines wieder.

Der Handschuh

Vor seinem Löwengarten,
Das Kampfspiel zu erwarten,
Saß König Franz,
Und um ihn die Großen der Krone,
Und rings auf hohem Balkone
Die Damen in schönem Kranz.

Und wie er winkt mit dem Finger,
Auf tut sich der weite Zwinger,
Und hinein mit bedächtigem Schritt
Ein Löwe tritt,
Und sieht sich stumm
Rings um,
Mit langem Gähnen,
Und schüttelt die Mähnen,
Und streckt die Glieder,
Und legt sich nieder.

Und der König winkt wieder,
Da öffnet sich behend
Ein zweites Tor,
Daraus rennt
Mit wildem Sprunge
Ein Tiger hervor,
Wie der den Löwen erschaut,
Brüllt er laut,
Schlägt mit dem Schweif
Einen furchtbaren Reif,
Und recket die Zunge,
Und im Kreise scheu
Umgeht er den Leu
Grimmig schnurrend,
Drauf streckt er sich murrend
Zur Seite nieder.

Und der König winkt wieder,
Da speit das doppelt geöffnete Haus
Zwei Leoparden auf einmal aus,
Die stürzen mit mutiger Kampfbegier
Auf das Tigertier,
Das packt sie mit seinen grimmigen Tatzen,
Und der Leu mit Gebrüll
Richtet sich auf, da wirds still,
Und herum im Kreis,
Von Mordsucht heiß,
Lagern sich die greulichen Katzen.

Da fällt von des Altans Rand
Ein Handschuh von schöner Hand
Zwischen den Tiger und den Leun
Mitten hinein.

Und zu Ritter Delorges spottenderweis
Wendet sich Fräulein Kunigund:
„Herr Ritter, ist Eure Lieb so heiß,
Wie Ihr mirs schwört zu jeder Stund,
Ei, so hebt mir den Handschuh auf."

Und der Ritter in schnellem Lauf
Steigt hinab in den furchtbaren Zwinger
Mit festem Schritte,
Und aus der Ungeheuer Mitte
Nimmt er den Handschuh mit keckem Finger.

Und mit Erstaunen und mit Grauen
Sehens die Ritter und Edelfrauen,
Und gelassen bringt er den Handschuh zurück.
Da schallt ihm sein Lob aus jedem Munde,
Aber mit zärtlichem Liebesblick –
Er verheißt ihm sein nahes Glück –
Empfängt ihn Fräulein Kunigunde.
Und er wirft ihr den Handschuh ins Gesicht:
„Den Dank, Dame, begehr ich nicht",
Und verläßt sie zur selben Stunde.

Ritter Toggenburg

„Ritter, treue Schwesterliebe
  Widmet Euch dies Herz,
Fordert keine andre Liebe,
  Denn es macht mir Schmerz.
Ruhig mag ich Euch erscheinen,
  Ruhig gehen sehn.
Eurer Augen stilles Weinen
  Kann ich nicht verstehn."

Und er hörts mit stummem Harme,
  Reißt sich blutend los,
Preßt sie heftig in die Arme,
  Schwingt sich auf sein Roß,
Schickt zu seinen Mannen allen
  In dem Lande Schweiz,
Nach dem Heilgen Grab sie wallen,
  Auf der Brust das Kreuz.

Große Taten dort geschehen
  Durch der Helden Arm,
Ihres Helmes Büsche wehen
  In der Feinde Schwarm,
Und des Toggenburgers Name
  Schreckt den Muselmann,
Doch das Herz von seinem Grame
  Nich genesen kann.

Und ein Jahr hat ers getragen,
  Trägts nicht länger mehr,
Ruhe kann er nicht erjagen
  Und verläßt das Heer,
Sieht ein Schiff an Joppes Strande,
  Das die Segel bläht,
Schiffet heim zum teuren Lande,
  Wo ihr Atem weht.

Und an ihres Schlosses Pforte
  Klopft der Pilger an;
Ach! und mit dem Donnerworte
  Wird sie aufgetan:
„Die Ihr suchet, trägt den Schleier,
  Ist des Himmels Braut,
Gestern war des Tages Feier,
  Der sie Gott getraut."

Da verlässet er auf immer
  Seiner Väter Schloß,
Seine Waffen sieht er nimmer
  Noch sein treues Roß,
Von der Toggenburg hernieder
  Steigt er unbekannt,
Denn es deckt die edeln Glieder
  Härenes Gewand.

Und erbaut sich eine Hütte
    Jener Gegend nah,
Wo das Kloster aus der Mitte
    Düstrer Linden sah;
Harrend von des Morgens Lichte
    Bis zu Abends Schein
Stille Hoffnung im Gesichte,
    Saß er da allein.

Blickte nach dem Kloster drüben,
    Blickte stundenlang
Nach dem Fenster seiner Lieben,
    Bis das Fenster klang,
Bis die Liebliche sich zeigte,
    Bis das teure Bild
Sich ins Tal herunterneigte
    Ruhig, engelmild.

Und dann legt' er froh sich nieder,
    Schlief getröstet ein,
Still sich freuend, wenn es wieder
    Morgen würde sein.
Und so saß er viele Tage,
    Saß viel Jahre lang,
Harrend ohne Schmerz und Klage,
    Bis das Fenster klang,

Bis die Liebliche sich zeigte,
    Bis das teure Bild
Sich ins Tal herunter neigte,
    Ruhig, engelmild.
Und so saß er, eine Leiche,
    Eines Morgens da,
Nach dem Fenster noch das bleiche,
    Stille Antlitz sah.

Der Gang nach dem Eisenhammer

Ein frommer Knecht war Fridolin
Und in der Furcht des Herrn
Ergeben der Gebieterin,
Der Gräfin von Savern.
Sie war so sanft, sie war so gut,
Doch auch der Launen Übermut
Hätt er geeifert zu erfüllen,
Mit Freudigkeit, um Gottes willen.

Früh von des Tages erstem Schein,
Bis spät die Vesper schlug,
Lebt' er nur ihrem Dienst allein,
Tat nimmer sich genug.
Und sprach die Dame: „Mach dirs leicht!"
Da wurd ihm gleich das Auge feucht,
Und meinte seiner Pflicht zu fehlen,
Durft er sich nicht im Dienste quälen.

Drum vor dem ganzen Dienertroß
Die Gräfin ihn erhob,
Aus ihrem schönen Munde floß
Sein unerschöpftes Lob.
Sie hielt ihn nicht als ihren Knecht,
Es gab sein Herz ihm Kindesrecht,
Ihr klares Auge mit Vergnügen
Hing an den wohlgestalten Zügen.

Darob entbrennt in Roberts Brust,
Des Jägers, giftger Groll,
Dem längst von böser Schadenlust
Die schwarze Seele schwoll.
Und trat zum Grafen, rasch zur Tat
Und offen des Verführers Rat,
Als einst vom Jagen heim sie kamen,
Streut' ihm ins Herz des Argwohns Samen:

„Wie seid Ihr glücklich, edler Graf,"
Hub er voll Arglist an,
„Euch raubet nicht den goldnen Schlaf
Des Zweifels giftger Zahn.
Denn Ihr besitzt ein edles Weib,
Es gürtet Scham den keuschen Leib,
Die fromme Treue zu berücken,
Wird nimmer dem Versucher glücken."

Da rollt der Graf die finstern Brau'n:
„Was redst du mir, Gesell?
Werd ich auf Weibestugend baun,
Beweglich wie die Well?
Leicht locket sie des Schmeichlers Mund,
Mein Glaube steht auf festerm Grund,
Vom Weib des Grafen von Saverne
Bleibt', hoff ich, der Versucher ferne."

Der andre spricht: „So denkt Ihr recht.
Nur Euren Spott verdient
Der Tor, der, ein geborner Knecht,
Ein solches sich erkühnt
Und zu der Frau, die ihm gebeut,
Erhebt der Wünsche Lüsternheit." –
„Was?" fällt ihm jener ein und bebet,
„Redst du von einem, der da lebet?"

„Ja doch, was aller Mund erfüllt,
Das bärg sich meinem Herrn?
Doch, weil Ihrs denn mit Fleiß verhüllt,
So unterdrück ichs gern." –
„Du bist des Todes, Bube, sprich!"
Ruft jener streng und fürchterlich.
„Wer hebt das Aug zu Kunigonden?"
„Nun ja, ich spreche von dem Blonden.

Er ist nicht häßlich von Gestalt,"
Fährt er mit Arglist fort,
Indems den Grafen heiß und kalt
Durchrieselt bei dem Wort.
„Ists möglich, Herr? Ihr saht es nie,
Wie er nur Augen hat für sie?
Bei Tafel Eurer selbst nicht achtet,
An ihren Stuhl gefesselt schmachtet?

Seht da die Verse, die er schrieb
Und seine Glut gesteht" –
„Gesteht!" – „Und sie um Gegenlieb,
Der freche Bube!" fleht.
Die gnädge Gräfin, sanft und weich,
Aus Mitleid wohl verbarg sies Euch,
Mich reuet jetzt, daß mirs entfahren,
Denn, Herr, was habt Ihr zu befahren?"

Da ritt in seines Zornes Wut
Der Graf ins nahe Holz,
Wo ihm in hoher Öfen Glut
Die Eisenstufe schmolz.
Hier nährten früh und spat den Brand
Die Knechte mit geschäfter Hand,
Der Funke sprüht, die Bälge blasen,
Als gält es, Felsen zu verglasen.

Des Wassers und des Feuers Kraft
Verbündet sieht man hier,
Das Mühlrad, von der Flut gerafft,
Umwälzt sich für und für.
Die Werke klappern Nacht und Tag,
Im Takte pocht der Hämmer Schlag,
Und bildsam von den mächtgen Streichen
Muß selbst das Eisen sich erweichen.

Und zweien Knechten winket er,
Bedeutet sie und sagt:
„Den ersten, den ich sende her,
Und der euch also fragt:
‚Habt ihr befolgt des Herren Wort?'
Den werft mir in die Hölle dort,
Daß er zu Asche gleich vergehe
Und ihn mein Aug nicht weiter sehe."

Des freut sich das entmenschte Paar
Mit roher Henkerslust,
Denn fühllos wie das Eisen war
Das Herz in ihrer Brust.
Und frischer mit der Bälge Hauch
Erhitzen sie des Ofens Bauch
Und schicken sich mit Mordverlangen,
Das Todesopfer zu empfangen.

Drauf Robert zum Gesellen spricht
Mit falschem Heuchelschein:
„Frisch auf, Gesell, und säume nicht,
Der Herr begehret dein."
Der Herr, der spricht zu Fridolin:
„Mußt gleich zum Eisenhammer hin
Und frage mir die Knechte dorten,
Ob sie getan nach meinen Worten."

Und jener spricht: „Es soll geschehn",
Und macht sich flugs bereit.
Doch sinnend bleibt er plötzlich stehn:
„Ob sie mir nichts gebeut?"
Und vor die Gräfin stellt er sich:
„Hinaus zum Hammer schickt man mich,
So sag, was kann ich dir verrichten?
Denn dir gehören meine Pflichten."

Darauf die Dame von Savern
Versetzt mit sanftem Ton:
„Die heilge Messe hört ich gern,
Doch liegt mir krank der Sohn.
So gehe denn, mein Kind, und sprich
In Andacht ein Gebet für mich,
Und denkst du reuig deiner Sünden,
So laß auch mich die Gnade finden."

Und froh der vielwillkommnen Pflicht
Macht er im Flug sich auf,
Hat noch des Dorfes Ende nicht
Erreicht im schnellen Lauf,
Da tönt ihm von dem Glockenstrang
Hellschlagend des Geläutes Klang,
Das alle Sünder, hochbegnadet,
Zum Sakramente festlich ladet.

„Dem lieben Gotte weich nicht aus,
Findst du ihn auf dem Weg!" –
Er sprichts und tritt ins Gotteshaus,
Kein Laut ist hier noch reg.
Denn um die Ernte wars, und heiß
Im Felde glüht der Schnitter Fleiß,
Kein Chorgehilfe war erschienen,
Die Messe kundig zu bedienen.

Entschlossen ist er alsobald
Und macht den Sakristan.
„Das," spricht er, „ist kein Aufenthalt,
Was fördert himmelan."
Die Stola und das Zingulum
Hängt er dem Priester dienend um,
Bereitet hurtig die Gefäße,
Geheiliget zum Dienst der Messe.

Und als er dies mit Fleiß getan,
Tritt er als Ministrant
Dem Priester zum Altar voran,
Das Meßbuch in der Hand,
Und knieet rechts und knieet links
Und ist gewärtig jedes Winks,
Und als des Sanktus Worte kamen,
Da schellt er dreimal bei dem Namen.

Drauf als der Priester fromm sich neigt
Und, zum Altar gewandt,
Den Gott, den gegenwärtigen, zeigt
In hocherhabner Hand,
Da kündet es der Sakristan
Mit hellem Glöcklein klingend an,
Und alles kniet und schlägt die Brüste,
Sich fromm bekreuzend vor dem Christe.

So übt er jedes pünktlich aus
Mit schnell gewandtem Sinn,
Was Brauch ist in dem Gotteshaus,
Er hat es alles inn,
Und wird nicht müde bis zum Schluß,
Bis beim Vobiscum Dominus
Der Priester zur Gemein sich wendet,
Die heilge Handlung segnend endet.

Da stellt er jedes wiederum
In Ordnung säuberlich,
Erst reinigt er das Heiligtum,
Und dann entfernt er sich
Und eilt in des Gewissens Ruh
Den Eisenhütten heiter zu,
Spricht unterwegs, die Zahl zu füllen,
Zwölf Paternoster noch im stillen.

Und als er rauchen sieht den Schlot
Und sieht die Knechte stehn,
Da ruft er: „Was der Graf gebot,
Ihr Knechte, ists geschehn?"
Und grinsend zerren sie den Mund
Und deuten in des Ofens Schlund:
„Der ist besorgt und aufgehoben,
Der Graf wird seine Diener loben."

Die Antwort bringt er seinem Herrn
In schnellem Lauf zurück.
Als der ihn kommen sieht von fern,
Kaum traut er seinem Blick:
„Unglücklicher! wo kommst du her?"
„Vom Eisenhammer." – „Nimmermehr!
So hast du dich im Lauf verspätet?"
„Herr, nur so lang, bis ich gebetet.

Denn als von Eurem Angesicht
Ich heute ging, verzeiht,
Da fragt ich erst, nach meiner Pflicht,
Bei der, die mir gebeut.
Die Messe, Herr, befahl sie mir
Zu hören, gern gehorcht ich ihr
Und sprach der Rosenkränze viere
Für Euer Heil und für das ihre."

In tiefes Staunen sinket hier
Der Graf, entsetzet sich:
„Und welche Antwort wurde dir
Am Eisenhammer? Sprich!"
„Herr, dunkel war der Rede Sinn,
Zum Ofen wies man lachend hin:
‚Der ist besorgt und aufgehoben,
Der Graf wird seine Diener loben.'"

„Und Robert?" fällt der Graf ihm ein,
Es überläuft ihn kalt,
„Sollt er dir nicht begegnet sein?
Ich sandt ihn doch zum Wald."
„Herr, nicht im Wald, nicht in der Flur
Fand ich von Robert eine Spur." –
„Nun," ruft der Graf und steht vernichtet,
„Gott selbst im Himmel hat gerichtet!"

Und gütig, wie er nie gepflegt,
Nimmt er des Dieners Hand,
Bringt ihn der Gattin, tiefbewegt,
Die nichts davon verstand:
„Dies Kind, kein Engel ist so rein,
Laßts Eurer Huld empfohlen sein!
Wie schlimm wir auch beraten waren,
Mit dem ist Gott und seine Scharen."

Das Mädchen aus der Fremde

In einem Tal bei armen Hirten
Erschien mit jedem jungen Jahr,
Sobald die ersten Lerchen schwirrten,
Ein Mädchen, schön und wunderbar.

Sie war nicht in dem Tal geboren,
Man wußte nicht, woher sie kam;
Und schnell war ihre Spur verloren,
Sobald das Mädchen Abschied nahm.

Beseligend war ihre Nähe,
Und alle Herzen wurden weit;
Doch eine Würde, eine Höhe
Entfernte die Vertraulichkeit.

Sie brachte Blumen mit und Früchte,
Gereift auf einer andern Flur,
In einem andern Sonnenlichte,
In einer glücklichern Natur.

Und teilte jedem eine Gabe,
Dem Früchte, jenem Blumen aus;
Der Jüngling und der Greis am Stabe,
Ein jeder ging beschenkt nach Haus.

Willkommen waren alle Gäste;
Doch nahte sich ein liebend Paar,
Dem reichte sie der Gaben beste,
Der Blumen allerschönste dar.

Die Bürgschaft

Zu Dionys, dem Tyrannen, schlich
Damon, den Dolch im Gewande;
Ihn schlugen die Häscher in Bande.
„Was wolltest du mit dem Dolche, sprich!"
Entgegnet ihm finster der Wüterich.
„Die Stadt vom Tyrannen befreien!"
„Das sollst du am Kreuze bereuen."

„Ich bin," spricht jener, „zu sterben bereit
Und bitte nicht um mein Leben,
Doch willst du Gnade mir geben,
Ich flehe dich um drei Tage Zeit,
Bis ich die Schwester dem Gatten gefreit,
Ich lasse den Freund dir als Bürgen,
Ihn magst du, entrinn ich, erwürgen."

Da lächelt der König mit arger List
Und spricht nach kurzem Bedenken:
„Drei Tage will ich dir schenken.
Doch wisse! Wenn sie verstrichen, die Frist,
Eh du zurück mir gegeben bist,
So muß er statt deiner erblassen,
Doch dir ist die Strafe erlassen."

Und er kommt zum Freunde: „Der König gebeut,
Daß ich am Kreuz mit dem Leben
Bezahle das frevelnde Streben,
Doch will er mir gönnen drei Tage Zeit,
Bis ich die Schwester dem Gatten gefreit,
So bleib du dem König zum Pfande,
Bis ich komme, zu lösen die Bande."

Und schweigend umarmt ihn der treue Freund
Und liefert sich aus dem Tyrannen,
Der andere ziehet von dannen.
Und ehe das dritte Morgenrot scheint,
Hat er schnell mit dem Gatten die Schwester vereint,
Eilt heim mit sorgender Seele,
Damit er die Frist nicht verfehle.

Da gießt unendlicher Regen herab,
Von den Bergen stürzen die Quellen,
Und die Bäche, die Ströme schwellen.
Und er kommt ans Ufer mit wanderndem Stab,
Da reißet die Brücke der Strudel hinab,
Und donnernd sprengen die Wogen
Des Gewölbes krachenden Bogen.

Und trostlos irrt er an Ufers Rand,
Wie weit er auch spähet und blicket
Und die Stimme, die rufende, schicket,
Da stößet kein Nachen vom sichern Strand,
Der ihn setze an das gewünschte Land,
Kein Schiffer lenket die Fähre,
Und der wilde Strom wird zum Meere.

Da sinkt er ans Ufer und weint und fleht,
Die Hände zum Zeus erhoben:
„O hemme des Stromes Toben!
Es eilen die Stunden, im Mittag steht
Die Sonne, und wenn sie niedergeht
Und ich kann die Stadt nicht erreichen,
So muß der Freund mir erbleichen."

Doch wachsend erneut sich des Stromes Wut
Und Welle auf Welle zerrinnet,
Und Stunde an Stunde entrinnet.
Da treibt ihn die Angst, da faßt er sich Mut
Und wirft sich hinein in die brausende Flut
Und teilt mit gewaltigen Armen
Den Strom, und ein Gott hat Erbarmen.

Und gewinnt das Ufer und eilet fort
Und danket dem rettenden Gotte,
Da stürzet die raubende Rotte
Hervor aus des Waldes nächtlichem Ort,
Den Pfad ihm sperrend, und schnaubet Mord
Und hemmet des Wanderers Eile
Mit drohend geschwungener Keule.

„Was wollt ihr?" ruft er für Schrecken bleich,
„Ich habe nichts als mein Leben,
Das muß ich dem Könige geben!"
Und entreißt die Keule dem nächsten gleich:
„Um des Freundes willen erbarmet euch!"
Und drei mit gewaltigen Streichen
Erlegt er, die andern entweichen.

Und die Sonne versendet glühenden Brand,
Und von der unendlichen Mühe
Ermattet sinken die Kniee.
„O hast du mich gnädig aus Räubershand,
Aus dem Strom mich gerettet ans heilige Land,
Und soll hier verschmachtend verderben,
Und der Freund mir, der liebende, sterben!"

Und horch! da sprudelt es silberhell,
Ganz nahe, wie rieselndes Rauschen,
Und stille hält er zu lauschen,
Und sieh, aus dem Felsen, geschwätzig, schnell,
Springt murmelnd hervor ein lebendiger Quell,
Und freudig bückt er sich nieder
Und erfrischet die brennenden Glieder.

Und die Sonne blickt durch der Zweige Grün
Und malt auf den glänzenden Matten
Der Bäume gigantische Schatten;
Und zwei Wanderer sieht er die Straße ziehn,
Will eilenden Laufes vorüberfliehn,
Da hört er die Worte sie sagen:
„Jetzt wird er ans Kreuz geschlagen."

Und die Angst beflügelt den eilenden Fuß,
Ihn jagen der Sorge Qualen,
Da schimmern in Abendrots Strahlen
Von ferne die Zinnen von Syrakus,
Und entgegen kommt ihm Philostratus,
Des Hauses redlicher Hüter,
Der erkennet entsetzt den Gebieter:

„Zurück! du rettest den Freund nicht mehr,
So rette das eigene Leben!
Den Tod erleidet er eben.
Von Stunde zu Stunde gewartet' er
Mit hoffender Seele der Wiederkehr,
Ihm konnte den mutigen Glauben
Der Hohn des Tyrannen nicht rauben."

„Und ist es zu spät, und kann ich ihm nicht
Ein Retter willkommen erscheinen,
So soll mich der Tod ihm vereinen.
Des rühme der blutge Tyrann sich nicht,
Daß der Freund dem Freunde gebrochen die Pflicht,
Er schlachte der Opfer zweie
Und glaube an Liebe und Treue."

Und die Sonne geht unter, da steht er am Tor
Und sieht das Kreuz schon erhöhet,
Das die Menge gaffend umstehet,
An dem Seile schon zieht man den Freund empor,
Da zertrennt er gewaltig den dichten Chor:
„Mich, Henker!" ruft er, „erwürget!
Da bin ich, für den er gebürget!"

Und Erstaunen ergreifet das Volk umher,
In den Armen liegen sich beide
Und weinen vor Schmerzen und Freude.
Da sieht man kein Auge tränenleer,
Und zum Könige bringt man die Wundermär,
Der fühlt ein menschliches Rühren,
Läßt schnell vor den Thron sie führen.

Und blicket sie lange verwundert an.
Drauf spricht er: „Es ist euch gelungen,
Ihr habt das Herz mir bezwungen,
Und die Treue, sie ist doch kein leerer Wahn,
So nehmet auch mich zum Genossen an,
Ich sei, gewährt mir die Bitte,
In eurem Bunde der Dritte."

Der Kampf mit dem Drachen

Was rennt das Volk, was wälzt sich dort
Die langen Gassen brausend fort?
Stürzt Rhodus unter Feuers Flammen?
Es rottet sich im Sturm zusammen,
Und einen Ritter, hoch zu Roß,
Gewahr ich aus dem Menschentroß,
Und hinter ihm, welch Abenteuer!
Bringt man geschleppt ein Ungeheuer,
Ein Drache scheint es von Gestalt,
Mit weitem Krokodilesrachen,
Und alles blickt verwundert bald
Den Ritter an und bald den Drachen.

Und tausend Stimmen werden laut:
„Das ist der Lindwurm, kommt und schaut!
Der Hirt und Herden uns verschlungen,
Das ist der Held, der ihn bezwungen!
Viel andre zogen vor ihm aus,
Zu wagen den gewaltgen Strauß,
Doch keinen sah man wiederkehren,
Den kühnen Ritter soll man ehren!"
Und nach dem Kloster geht der Zug,
Wo Sankt Johanns des Täufers Orden,
Die Ritter des Spitals, im Flug
Zu Rate sind versammelt worden.

Und vor den edeln Meister tritt
Der Jüngling mit bescheidnem Schritt,
Nachdrängt das Volk, mit wildem Rufen,
Erfüllend des Geländers Stufen.
Und jener nimmt das Wort und spricht:
„Ich hab erfüllt die Ritterpflicht.
Der Drache, der das Land verödet,
Er liegt von meiner Hand getötet,
Frei ist dem Wanderer der Weg,
Der Hirte treibe ins Gefilde,
Froh walle auf dem Felsensteg
Der Pilger zu dem Gnadenbilde."

Doch strenge blickt der Fürst ihn an
Und spricht: „Du hast als Held getan,
Der Mut ists, der den Ritter ehret,
Du hast den kühnen Geist bewähret.
Doch sprich! Was ist die erste Pflicht
Des Ritters, der für Christum ficht,
Sich schmücket mit des Kreuzes Zeichen?"
Und alle rings herum erbleichen.
Doch er, mit edelm Anstand, spricht,
Indem er sich errötend neiget:
„Gehorsam ist die erste Pflicht,
Die ihn des Schmuckes würdig zeiget."

„Und diese Pflicht, mein Sohn," versetzt
Der Meister, „hast du frech verletzt,
Den Kampf, den das Gesetz versaget,
Hast du mit frevlem Mut gewaget!" –
„Herr, richte, wenn du alles weißt,"
Spricht jener mit gesetztem Geist,
„Denn des Gesetzes Sinn und Willen
Vermeint ich treulich zu erfüllen.
Nicht unbedachtsam zog ich hin,
Das Ungeheuer zu bekriegen,
Durch List und kluggewandten Sinn
Versucht ichs, in dem Kampf zu siegen.

Fünf unsers Ordens waren schon,
Die Zierden der Religion,
Des kühnen Mutes Opfer worden,
Da wehrtest du den Kampf dem Orden.
Doch an dem Herzen nagte mir
Der Unmut und die Streitbegier,
Ja selbst im Traum der stillen Nächte
Fand ich mich keuchend im Gefechte,
Und wenn der Morgen dämmernd kam
Und Kunde gab von neuen Plagen,
Da faßte mich ein wilder Gram,
Und ich beschloß, es frisch zu wagen.

Und zu mir selber sprach ich dann:
Was schmückt den Jüngling, ehrt den Mann,
Was leisteten die tapfern Helden,
Von denen uns die Lieder melden?
Die zu der Götter Glanz und Ruhm
Erhub das blinde Heidentum?
Sie reinigten von Ungeheuern
Die Welt in kühnen Abenteuern,
Begegneten im Kampf dem Leun
Und rangen mit dem Minotauren,
Die armen Opfer zu befrein,
Und ließen sich das Blut nicht dauren.

Ist nur der Sarazen es wert,
Daß ihn bekämpft des Christen Schwert?
Bekriegt er nur die falschen Götter?
Gesandt ist er der Welt zum Retter,
Von jeder Not und jedem Harm
Befreien soll sein starker Arm,
Doch seinen Mut muß Weisheit leiten,
Und List muß mit der Stärke streiten.
So sprach ich oft und zog allein,
Des Raubtiers Fährte zu erkunden,
Da flößte mir der Geist es ein,
Froh rief ich aus: Ich habs gefunden!

Und trat zu dir und sprach dies Wort:
‚Mich zieht es nach der Heimat fort.'
Du, Herr willfahrtest meinen Bitten,
Und glücklich war das Meer durchschnitten.
Kaum stieg ich aus am heimschen Strand,
Gleich ließ ich durch des Künstlers Hand,
Getreu den wohlbemerkten Zügen,
Ein Drachenbild zusammenfügen.
Auf kurzen Füßen wird die Last
Des langen Leibes aufgetürmet,
Ein schuppigt Panzerhemd umfaßt
Den Rücken, den es furchtbar schirmet.

Lang strecket sich der Hals hervor,
Und gräßlich wie ein Höllentor,
Als schnapp' es gierig nach der Beute,
Eröffnet sich des Rachens Weite,
Und aus dem schwarzen Schlunde dräun
Der Zähne stacheligte Reihn,
Die Zunge gleicht des Schwertes Spitze,
Die kleinen Augen sprühen Blitze,
In einer Schlange endigt sich
Des Rückens ungeheure Länge,
Rollt um sich selber fürchterlich,
Daß es um Mann und Roß sich schlänge.

Und alles bild ich nach genau
Und kleid es in ein scheußlich Grau
Halb Wurm erschiens, halb Molch und Drache,
Gezeuget in der giftgen Lache.
Und als das Bild vollendet war,
Erwähl ich mir ein Doggenpaar,
Gewaltig, schnell, von flinken Läufen,
Gewohnt, den wilden Ur zu greifen.
Die hetz ich auf den Lindwurm an,
Erhitze sie zu wildem Grimme,
Zu fassen ihn mit scharfem Zahn,
Und lenke sie mit meiner Stimme.

Und wo des Bauches weiches Vlies
Den scharfen Bissen Blöße ließ,
Da reiz ich sie, den Wurm zu packen,
Die spitzen Zähne einzuhacken.
Ich selbst, bewaffnet mit Geschoß,
Besteige mein arabisch Roß,
Von adeliger Zucht entstammet,
Und als ich seinen Zorn entflammet,
Rasch auf den Drachen spreng ichs los
Und stachl es mit den scharfen Sporen
Und werfe zielend mein Geschoß,
Als wollt ich die Gestalt durchbohren.

Ob auch das Roß sich grauend bäumt
Und knirscht und in den Zügel schäumt,
Und meine Doggen ängstlich stöhnen,
Nicht rast ich, bis sie sich gewöhnen.
So üb ichs aus mit Emsigkeit,
Bis dreimal sich der Mond erneut,
Und als sie jedes recht begriffen,
Führ ich sie her auf schnellen Schiffen.
Der dritte Morgen ist es nun,
Daß mirs gelungen, hier zu landen,
Den Gliedern gönnt ich kaum zu ruhn,
Bis ich das große Werk bestanden.

Denn heiß erregte mir das Herz
Des Landes frisch erneuter Schmerz,
Zerrissen fand man jüngst die Hirten,
Die nach dem Sumpfe sich verirrten,
Und ich beschließe rasch die Tat,
Nur von dem Herzen nehm ich Rat.
Flugs unterricht ich meine Knappen,
Besteige den versuchten Rappen,
Und von dem edeln Doggenpaar
Begleitet, auf geheimen Wegen,
Wo meiner Tat kein Zeuge war,
Reit ich dem Feinde frisch entgegen.

Das Kirchlein kennst du, Herr, das hoch
Auf eines Felsenberges Joch,
Der weit die Insel überschauet,
Des Meisters kühner Geist erbauet.
Verächtlich scheint es, arm und klein,
Doch ein Mirakel schließt es ein,
Die Mutter mit dem Jesusknaben,
Den die drei Könige begaben.
Auf dreimal dreißig Stufen steigt
Der Pilgrim nach der steilen Höhe,
Doch hat er schwindelnd sie erreicht,
Erquickt ihn seines Heilands Nähe.

Tief in den Fels, auf dem es hängt,
Ist eine Grotte eingesprengt,
Vom Tau des nahen Moors befeuchtet,
Wohin des Himmels Strahl nicht leuchtet,
Hier hausete der Wurm und lag,
Den Raub erspähend, Nacht und Tag.
So hielt er wie der Höllendrache
Am Fuß des Gotteshauses Wache,
Und kam der Pilgrim hergewallt
Und lenkte in die Unglücksstraße,
Hervorbrach aus dem Hinterhalt
Der Feind und trug ihn fort zum Fraße.

Den Felsen stieg ich jetzt hinan,
Eh ich den schweren Strauß begann,
Hin kniet ich vor dem Christuskinde
Und reinigte mein Herz von Sünde,
Drauf gürt ich mir im Heiligtum
Den blanken Schmuck der Waffen um,
Bewehre mit dem Spieß die Rechte,
Und nieder steig ich zum Gefechte.
Zurücke bleibt der Knappen Troß,
Ich gebe scheidend die Befehle
Und schwinge mich behend aufs Roß,
Und Gott empfehl ich meine Seele.

Kaum seh ich mich im ebnen Plan,
Flugs schlagen meine Doggen an,
Und bang beginnt das Roß zu keuchen
Und bäumet sich und will nicht weichen,
Denn nahe liegt, zum Knäul geballt,
Des Feindes scheußliche Gestalt
Und sonnet sich auf warmem Grunde.
Auf jagen ihn die flinken Hunde,
Doch wenden sie sich pfeilgeschwind,
Als es den Rachen gähnend teilet
Und von sich haucht den giftgen Wind
Und winselnd wie der Schakal heulet.

Doch schnell erfrisch ich ihren Mut,
Sie fassen ihren Feind mit Wut,
Indem ich nach des Tieres Lende
Aus starker Faust den Speer versende,
Doch machtlos wie ein dünner Stab
Prallt er vom Schuppenpanzer ab,
Und eh ich meinen Wurf erneuet,
Da bäumet sich mein Roß und scheuet
An seinem Basiliskenblick
Und seines Atems giftgem Wehen,
Und mit Entsetzen springts zurück,
Und jetzo wars um mich geschehen –

Da schwing ich mich behend vom Roß,
Schnell ist des Schwertes Schneide bloß,
Doch alle Streiche sind verloren,
Den Felsenharnisch zu durchbohren,
Und wütend mit des Schweifes Kraft
Hat es zur Erde mich gerafft,
Schon seh ich seinen Rachen gähnen,
Es haut nach mir mit grimmen Zähnen,
Als meine Hunde wutentbrannt
An seinen Bauch mit grimmgen Bissen
Sich warfen, daß es heulend stand,
Von ungeheurem Schmerz zerrissen.

Und eh es ihren Bissen sich
Entwindet, rasch erheb ich mich,
Erspähe mir des Feindes Blöße
Und stoße tief ihm ins Gekröse
Nachbohrend bis ans Heft den Stahl,
Schwarzquellend springt des Blutes Strahl,
Hin sinkt es und begräbt im Falle
Mich mit des Leibes Riesenballe,
Daß schnell die Sinne mir vergehn.
Und als ich neugestärkt erwache,
Seh ich die Knappen um mich stehn,
Und tot im Blute liegt der Drache." –

Des Beifalls lang gehemmte Lust
Befreit jetzt aller Hörer Brust,
Sowie der Ritter dies gesprochen,
Und zehnfach am Gewölb gebrochen
Wälzt der vermischten Stimmen Schall
Sich brausend fort im Widerhall,
Laut fordern selbst des Ordens Söhne,
Daß man die Heldenstirne kröne,
Und dankbar im Triumphgepräng
Will ihn das Volk dem Volke zeigen,
Da faltet seine Stirne streng
Der Meister und gebietet Schweigen.

Und spricht: „Den Drachen, der dies Land
Verheert, schlugst du mit tapfrer Hand,
Ein Gott bist du dem Volke worden,
Ein Feind kommst du zurück dem Orden,
Und einen schlimmern Wurm gebar
Dein Herz, als dieser Drache war.
Die Schlange, die das Herz vergiftet,
Die Zwietracht und Verderben stiftet,
Das ist der widerspenstge Geist,
Der gegen Zucht sich frech empöret,
Der Ordnung heilig Band zerreißt,
Denn der ists, der die Welt zerstöret.

Mut zeiget auch der Mameluck,
Gehorsam ist des Christen Schmuck;
Denn wo der Herr in seiner Größe
Gewandelt hat in Knechtes Blöße,
Da stifteten, auf heilgem Grund,
Die Väter dieses Ordens Bund,
Der Pflichten schwerste zu erfüllen:
Zu bändigen den eignen Willen!
Dich hat der eitle Ruhm bewegt,
Drum wende dich aus meinen Blicken,
Denn wer des Herren Joch nicht trägt,
Darf sich mit seinem Kreuz nicht schmücken."

Da bricht die Menge tobend aus,
Gewaltger Sturm bewegt das Haus,
Um Gnade flehen alle Brüder,
Doch schweigend blickt der Jüngling nieder,
Still legt er von sich das Gewand
Und küßt des Meisters strenge Hand
Und geht. Der folgt ihm mit dem Blicke,
Dann ruft er liebend ihn zurücke
Und spricht: „Umarme mich, mein Sohn!
Dir ist der härtre Kampf gelungen.
Nimm dieses Kreuz: Es ist der Lohn
Der Demut, die sich selbst bezwungen."

Hero und Leander

Seht ihr dort die altergrauen
Schlösser sich entgegen schauen,
Leuchtend in der Sonne Gold,
Wo der Hellespont die Wellen
Brausend durch der Dardanellen
Hohe Felsenpforte rollt?
Hört ihr jene Brandung stürmen,
Die sich an den Felsen bricht?
Asien riß sie von Europen
Doch die Liebe schreckt sie nicht.

Heros und Leanders Herzen
Rührte mit dem Pfeil der Schmerzen
Amors heilge Göttermacht.
Hero, schön wie Hebe blühend,
Er, durch die Gebirge ziehend
Rüstig, im Geräusch der Jagd.
Doch der Väter feindlich Zürnen
Trennte das verbundne Paar,
Und die süße Frucht der Liebe
Hing am Abgrund der Gefahr.

Dort auf Sestos' Felsenturme,
Den mit ewgem Wogensturme
Schäumend schlägt der Hellespont,
Saß die Jungfrau, einsam grauend,
Nach Abydos' Küste schauend,
Wo der Heißgeliebte wohnt.
Ach, zu dem entfernten Strande
Baut sich keiner Brücke Steg,
Und kein Fahrzeug stößt vom Ufer,
Doch die Liebe fand den Weg.

Aus des Labyrinthes Pfaden
Leitet sie mit sicherm Faden,
Auch den Blöden macht sie klug,
Beugt ins Joch die wilden Tiere,
Spannt die feuersprühnden Stiere
An den diamantnen Pflug.
Selbst der Styx, der neunfach fließet,
Schließt die wagende nicht aus;
Mächtig raubt sie das Geliebte
Aus des Pluto finsterm Haus.

Auch durch des Gewässers Fluten
Mit der Sehnsucht feurgen Gluten
Stachelt sie Leanders Mut.
Wenn des Tages heller Schimmer
Bleichet, stürzt der kühne Schwimmer
In des Pontus finstre Flut,
Teilt mit starkem Arm die Woge,
Strebend nach dem teuren Strand,
Wo auf hohem Söller leuchtend
Winkt der Fackel heller Brand.

Und in weichen Liebesarmen
Darf der Glückliche erwarmen
Von der schwer bestandnen Fahrt,
Und den Götterlohn empfangen,
Den in seligem Umfangen
Ihm die Liebe aufgespart,
Bis den Säumenden Aurora
Aus der Wonne Träumen weckt
Und ins kalte Bett des Meeres
Aus dem Schoß der Liebe schreckt.

Und so flohen dreißig Sonnen
Schnell, im Raub verstohlner Wonnen,
Dem beglückten Paar dahin,
Wie der Brautnacht süße Freuden,
Die die Götter selbst beneiden,
Ewig jung und ewig grün.
Der hat nie das Glück gekostet,
Der die Frucht des Himmels nicht
Raubend an des Höllenflusses
Schauervollem Rande bricht.

Hesper und Aurora zogen
Wechselnd auf dem Himmelsbogen,
Doch die Glücklichen, sie sahn
Nicht den Schmuck der Blätter fallen,
Nicht aus Nords beeisten Hallen
Den ergrimmten Winter nahn.
Freudig sahen sie des Tages
Immer kürzern, kürzern Kreis;
Für das längre Glück der Nächte
Dankten sie betört dem Zeus.

Und es gleichte schon die Waage
An dem Himmel Näcth und Tage,
Und die holde Jungfrau stand
Harrend auf dem Felsenschlosse,
Sah hinab die Sonnenrosse
Fliehen an des Himmels Rand.
Und das Meer lag still und eben,
Einem reinen Spiegel gleich,
Keines Windes leises Weben
Regte das kristallne Reich.

Lustige Delphinenscharen
Scherzten in dem silberklaren
Reinen Element umher,
Und in schwärzlich grauen Zügen
Aus dem Meergrund aufgestiegen
Kam der Tethys buntes Heer.
Sie, die einzigen, bezeugten
Den verstohlnen Liebesbund;
Aber ihnen schloß auf ewig
Hekate den stummen Mund.

Und sie freute sich des schönen
Meeres, und mit Schmeicheltönen
Sprach sie zu dem Element:
„Schöner Gott, du solltest trügen?
Nein, den Frevler straf ich Lügen,
Der dich falsch und treulos nennt.
Falsch ist das Geschlecht der Menschen,
Grausam ist des Vaters Herz,
Aber du bist mild und gütig,
Und dich rührt der Liebe Schmerz.

In den öden Felsenmauern
Müßt ich freudlos einsam trauern
Und verblühn in ewgem Harm,
Doch du trägst auf deinem Rücken
Ohne Nachen, ohne Brücken,
Mir den Freund in meinen Arm.
Grauenvoll ist deine Tiefe,
Furchtbar deiner Wogen Flut,
Aber dich erfleht die Liebe,
Dich bezwingt der Heldenmut.

Denn auch dich, den Gott der Wogen,
Rührte Eros' mächtger Bogen,
Als des goldnen Widders Flug
Helle, mit dem Bruder fliehend,
Schön in Jugendfülle blühend,
Über deine Tiefe trug.
Schnell von ihrem Reiz besieget
Griffst du aus dem finstern Schlund,
Zogst sie von des Widders Rücken
Nieder in den Meeresgrund.

Eine Göttin mit dem Gotte,
In der tiefen Wassergrotte
Lebt sie jetzt unsterblich fort,
Hilfreich der verfolgten Liebe
Zähmt sie deine wilden Triebe,
Führt den Schiffer in den Port.
Schöne Helle! holde Göttin!
Selige, dich fleh ich an:
Bring auch heute den Geliebten
Mir auf der gewohnten Bahn!"

Und schon dunkelten die Fluten,
Und sie ließ der Fackel Gluten
Von dem hohen Söller wehn.
Leitend in den öden Reichen
Sollte das vertraute Zeichen
Der geliebte Wandrer sehn.
Und es saust und dröhnt von ferne,
Finster kräuselt sich das Meer,
Und es löscht das Licht der Sterne,
Und es naht gewitterschwer.

Auf des Pontus weite Fläche
Legt sich Nacht, und Wetterbäche
Stürzen aus der Wolken Schoß,
Blitze zucken in den Lüften,
Und aus ihren Felsengrüften
Werden alle Stürme los,
Wühlen ungeheure Schlünde
In den weiten Wasserschlund,
Gähnend wie ein Höllenrachen
Öffnet sich des Meeres Grund.

„Wehe! Weh mir!" ruft die Arme
Jammernd, „Großer Zeus, erbarme!
Ach! Was wagt' ich zu erflehn!
Wenn die Götter mich erhören,
Wenn er sich den falschen Meeren
Preisgab in des Sturmes Wehn!
Alle meergewohnten Vögel
Ziehen heim in eilger Flucht,
Alle sturmerprobten Schiffe
Bergen sich in sichrer Bucht.

Ach gewiß, der Unverzagte
Unternahm das oft Gewagte,
Denn ihn trieb ein mächtger Gott.
Er gelobte mirs beim Scheiden
Mit der Liebe heilgen Eiden,
Ihn entbindet nur der Tod.
Ach! in diesem Augenblicke
Ringt er mit des Sturmes Wut,
Und hinab in ihre Schlünde
Reißt ihn die empörte Flut.

Falscher Pontus, deine Stille
War nur des Verrates Hülle,
Einem Spiegel warst du gleich,
Tückisch ruhten deine Wogen,
Bis du ihn heraus betrogen
In dein falsches Lügenreich.
Jetzt in deines Stromes Mitte,
Da die Rückkehr sich verschloß,
Lässest du auf den Verratnen
Alle deine Schrecken los."

Und es wächst des Sturmes Toben,
Hoch zu Bergen aufgehoben
Schwillt das Meer, die Brandung bricht
Schäumend sich am Fuß der Klippen,
Selbst das Schiff mit Eichenrippen
Nahte unzerschmettert nicht.
Und im Wind erlischt die Fackel,
Die des Pfades Leuchte war,
Schrecken bietet das Gewässer,
Schrecken auch die Landung dar.

Und sie fleht zur Aphrodite,
Daß sie dem Orkan gebiete,
Sänftige der Wellen Zorn,
Und gelobt den strengen Winden
Reiche Opfer anzuzünden,
Einen Stier mit goldnem Horn.
Alle Göttinnen der Tiefe,
Alle Götter in der Höh
Fleht sie, lindernd Öl zu gießen
In die sturmbewegte See.

„Höre meinen Ruf erschallen,
Steig aus deinen grünen Hallen,
Selige Leukothea!
Die der Schiffer in dem öden
Wellenreich, in Sturmesnöten
Rettend oft erscheinen sah.
Reich ihm deinen heilgen Schleier,
Der, geheimnisvoll gewebt,
Die ihn tragen, unverletzlich
Aus dem Grab der Fluten hebt."

Und die wilden Winde schweigen,
Hell an Himmels Rande steigen
Eos' Pferde in die Höh.
Friedlich in dem alten Bette
Fließt das Meer in Spiegelglätte,
Heiter lächeln Luft und See.
Sanfter brechen sich die Wellen
An des Ufers Felsenwand,
Und sie schwemmen, ruhig spielend,
Einen Leichnam an den Strand.

Ja, er ists, der, auch entseelet,
Seinem heilgen Schwur nicht fehlet!
Schnellen Blicks erkennt sie ihn,
Keine Klage läßt sie schallen,
Keine Träne sieht man fallen,
Kalt, verzweifelnd starrt sie hin.
Trostlos in die öde Tiefe
Blickt sie, in des Äthers Licht,
Und ein edles Feuer rötet
Das erbleichte Angesicht.

„Ich erkenn euch, ernste Mächte,
Strenge treibt ihr eure Rechte,
Furchtbar, unerbittlich ein.
Früh schon ist mein Lauf beschlossen,
Doch das Glück hab ich genossen,
Und das schönste Los war mein.
Lebend hab ich deinem Tempel
Mich geweiht als Priesterin,
Dir ein freudig Opfer sterb ich,
Venus, große Königin!"

Und mit fliegendem Gewande
Schwingt sie von des Turmes Rande
In die Meerflut sich hinab.
Hoch in seinen Flutenreichen
Wälzt der Gott die heilgen Leichen,
Und er selber ist ihr Grab.
Und mit seinem Raub zufrieden
Zieht er freudig fort und gießt
Aus der unerschöpften Urne
Seinen Strom, der ewig fließt.

Kassandra

Freude war in Trojas Hallen,
Eh die hohe Feste fiel,
Jubelhymnen hört man schallen
In der Saiten goldnes Spiel.
Alle Hände ruhen müde
Von dem tränenvollen Streit,
Weil der herrliche Pelide
Priams schöne Tochter freit.

Und geschmückt mit Lorbeerreisern,
Festlich wallet Schar auf Schar
Nach der Götter heilgen Häusern,
Zu des Thymbriers Altar.
Dumpferbrausend durch die Gassen
Wälzt sich die bacchantische Lust,
Und in ihrem Schmerz verlassen
War nur eine traurge Brust.

Freudlos in der Freude Fülle,
Ungesellig und allein,
Wandelte Kassandra stille
In Apollos Lorbeerhain.
In des Waldes tiefste Gründe
Flüchtete die Seherin,
Und sie warf die Priesterbinde
Zu der Erde zürnend hin:

„Alles ist der Freude offen,
Alle Herzen sind beglückt,
Und die alten Eltern hoffen,
Und die Schwester steht geschmückt.
Ich allein muß einsam trauern,
Denn mich flieht der süße Wahn,
Und geflügelt diesen Mauern
Seh ich das Verderben nahn.

Eine Fackel seh ich glühen,
Aber nicht in Hymens Hand,
Nach den Wolken seh ichs ziehen,
Aber nicht wie Opferbrand.
Feste seh ich froh bereiten,
Doch im ahnungsvollen Geist
Hör ich schon des Gottes Schreiten,
Der sie jammervoll zerreißt.

Und sie schelten meine Klagen,
Und sie höhnen meinen Schmerz.
Einsam in die Wüste tragen
Muß ich mein gequältes Herz,
Von den Glücklichen gemieden
Und den Fröhlichen ein Spott!
Schweres hast du mir beschieden,
Pythischer, du arger Gott!

Dein Orakel zu verkünden,
Warum warfest du mich hin
In die Stadt der ewig Blinden
Mit dem aufgeschloßnen Sinn?
Warum gabst du mir zu sehen,
Was ich doch nicht wenden kann?
Das Verhängte muß geschehen,
Das Gefürchtete muß nahn.

Frommts, den Schleier aufzuheben,
Wo das nahe Schrecknis droht?
Nur der Irrtum ist das Leben,
Und das Wissen ist der Tod.
Nimm, o nimm die traurge Klarheit,
Mir vom Aug den blutgen Schein!
Schrecklich ist es, deiner Wahrheit
Sterbliches Gefäß zu sein.

Meine Blindheit gib mir wieder
Und den fröhlich dunkeln Sinn,
Nimmer sang ich freudge Lieder,
Seit ich deine Stimme bin.
Zukunft hast du mir gegeben,
Doch du nahmst den Augenblick,
Nahmst der Stunde fröhlich Leben,
Nimm dein falsch Geschenk zurück!

Nimmer mit dem Schmuck der Bräute
Kränzt ich mir das duftge Haar,
Seit ich deinem Dienst mich weihte
An dem traurigen Altar.
Meine Jugend war nur Weinen,
Und ich kannte nur den Schmerz,
Jede herbe Not der Meinen
Schlug an mein empfindend Herz.

Fröhlich seh ich die Gespielen,
Alles um mich lebt und liebt
In der Jugend Lustgefühlen,
Mir nur ist das Herz getrübt.
Mir erscheint der Lenz vergebens,
Der die Erde festlich schmückt,
Wer erfreute sich des Lebens,
Der in seine Tiefen blickt!

Selig preis ich Polyxenen
In des Herzens trunknem Wahn,
Denn den besten der Hellenen
Hofft sie bräutlich zu umfahn.
Stolz ist ihre Brust gehoben,
Ihre Wonne faßt sie kaum,
Nicht euch Himmlische dort oben
Neidet sie in ihrem Traum.

Und auch ich hab ihn gesehen,
Den das Herz verlangend wählt,
Seine schönen Blicke flehen,
Von der Liebe Glut beseelt.
Gerne möcht ich mit dem Gatten
In die heimsche Wohnung ziehn,
Doch es tritt ein stygscher Schatten
Nächtlich zwischen mich und ihn.

Ihre bleichen Larven alle
Sendet mir Proserpina,
Wo ich wandre, wo ich walle,
Stehen mir die Geister da.
In der Jugend frohe Spiele
Drängen sie sich grausend ein,
Ein entsetzliches Gewühle,
Nimmer kann ich fröhlich sein.

Und den Mordstahl seh ich blinken
Und das Mörderauge glühn,
Nicht zur Rechten, nicht zur Linken
Kann ich vor dem Schrecknis fliehn,
Nicht die Blicke darf ich wenden,
Wissend, schauend, unverwandt
Muß ich mein Geschick vollenden,
Fallend in dem fremden Land." –

Und noch hallen ihre Worte,
Horch! da dringt verworrner Ton
Fernher aus des Tempels Pforte,
Tot lag Thetis' großer Sohn!
Eris schüttelt ihre Schlangen,
Alle Götter fliehn davon,
Und des Donners Wolken hangen
Schwer herab auf Ilion.

Das Siegesfest

Priams Feste war gesunken,
Troja lag in Schutt und Staub,
Und die Griechen, siegestrunken,
Reich beladen mit dem Raub,
Saßen auf den hohen Schiffen
Längs des Hellespontos Strand,
Auf der frohen Fahrt begriffen
Nach dem schönen Griechenland.
  Stimmet an die frohen Lieder!
  Denn dem väterlichen Herd
  Sind die Schiffe zugekehrt,
  Und zur Heimat geht es wieder.

Und in langen Reihen, klagend,
Saß der Trojerinnen Schar,
Schmerzvoll an die Brüste schlagend,
Bleich, mit aufgelöstem Haar.
In das wilde Fest der Freuden
Mischten sie den Wehgesang,
Weinend um das eigne Leiden
In des Reiches Untergang.
    Lebe wohl, geliebter Boden!
    Von der süßen Heimat fern
    Folgen wir dem fremden Herrn.
    Ach, wie glücklich sind die Toten!

Und den hohen Göttern zündet
Kalchas jetzt das Opfer an;
Pallas, die die Städte gründet
Und zertrümmert, ruft er an
Und Neptun, der um die Länder
Seinen Wogengürtel schlingt,
Und den Zeus, den Schreckensender,
Der die Ägis grausend schwingt.
    Ausgestritten, ausgerungen
    Ist der lange, schwere Streit,
    Ausgefüllt der Kreis der Zeit
    Und die große Stadt bezwungen.

Atreus' Sohn, der Fürst der Scharen,
Übersah der Völker Zahl,
Die mit ihm gezogen waren
Einst in des Skamanders Tal.
Und des Kummers finstre Wolke
Zog sich um des Königs Blick:
Von dem hergeführten Volke
Bracht' er wen'ge nur zurück.
    Drum erhebe frohe Lieder,
    Wer die Heimat wieder sieht,
    Wem noch frisch das Leben blüht!
    Denn nicht alle kehren wieder.

Alle nicht, die wieder kehren,
Mögen sich des Heimzugs freun,
An den häuslichen Altären
Kann der Mord bereitet sein.
Mancher fiel durch Freundesstücke,
Den die blut'ge Schlacht verfehlt!
Sprach's Ulyß mit Warnungsblicke,
Von Athenens Geist beseelt.
    Glücklich, wem der Gattin Treue
    Rein und keusch das Haus bewahrt!
    Denn das Weib ist falscher Art,
    Und die Arge liebt das Neue.

Und des frisch erkämpften Weibes
Freut sich der Atrid und strickt
Um den Reiz des schönen Leibes
Seine Arme hochbeglückt.
Böses Werk muß untergehen,
Rache folgt der Freveltat;
Denn gerecht in Himmelshöhen
Waltet des Kroniden Rat.
    Böses muß mit Bösem enden;
    An dem frevelnden Geschlecht
    Rächet Zeus das Gastesrecht,
    Wägend mit gerechten Händen.

Wohl dem Glücklichen mag's ziemen,
Ruft Oileus' tapfrer Sohn,
Die Regierenden zu rühmen
Auf dem hohen Himmelsthron!
Ohne Wahl verteilt die Gaben,
Ohne Billigkeit das Glück;
Denn Patroklus liegt begraben,
Und Thersites kommt zurück!
    Weil das Glück aus seiner Tonnen
    Die Geschicke blind verstreut,
    Freue sich und jauchze heut,
    Wer das Lebenslos gewonnen!

Ja, der Krieg verschlingt die Besten!
Ewig werde dein gedacht,
Bruder, bei der Griechen Festen,
Der ein Turm war in der Schlacht.
Da der Griechen Schiffe brannten,
War in deinem Arm das Heil;
Doch dem Schlauen, Vielgewandten
Ward der schöne Preis zu teil.
    Friede deinen heil'gen Resten!
    Nicht der Feind hat dich entrafft:
    Ajax fiel durch Ajax' Kraft.
    Ach, der Zorn verderbt die Besten!

Dem Erzeuger jetzt, dem großen,
Gießt Neoptolem des Weins:
Unter allen ird'schen Losen,
Hoher Vater, preis' ich deins.
Von des Lebens Gütern allen
Ist der Ruhm das höchste doch;
Wenn der Leib in Staub zerfallen,
Lebt der große Name noch.
    Tapfrer, deines Ruhmes Schimmer
    Wird unsterblich sein im Lied;
    Denn das ird'sche Leben flieht,
    Und die Toten dauern immer.

Wenn des Liedes Stimmen schweigen
Von dem überwundnen Mann,
So will ich für Hektorn zeugen,
Hub der Sohn des Tydeus an;
Der für seine Hausaltäre
Kämpfend, ein Beschirmer, fiel –
Krönt den Sieger größre Ehre,
Ehret ihn das schönre Ziel!
   Der für seine Hausaltäre
   Kämpfend sank, ein Schirm und Hort,
   Auch in Feindes Munde fort
   Lebt ihm seines Namens Ehre.

Nestor jetzt, der alte Zecher,
Der drei Menschenalter sah,
Reicht den laubumkränzten Becher
Der betränten Hekuba:
Trink ihn aus, den Trank der Labe,
Und vergiß den großen Schmerz!
Wundervoll ist Bacchus' Gabe,
Balsam fürs zerrißne Herz.
   Trink ihn aus, den Trank der Labe,
   Und vergiß den großen Schmerz!
   Balsam fürs zerrißne Herz,
   Wundervoll ist Bacchus' Gabe.

Denn auch Niobe, dem schweren
Zorn der Himmlischen ein Ziel,
Kostete die Frucht der Ähren
Und bezwang das Schmerzgefühl.
Denn so lang die Lebensquelle
Schäumet an der Lippen Rand,
Ist der Schmerz in Lethes Welle
Tief versenkt und festgebannt!
   Denn so lang die Lebensquelle
   An der Lippen Rande schäumt,
   Ist der Jammer weggeträumt,
   Fortgespült in Lethes Welle.

Und von ihrem Gott ergriffen,
Hub sich jetzt die Seherin,
Blickte von den hohen Schiffen
Nach dem Rauch der Heimat hin:
Rauch ist alles ird'sche Wesen;
Wie des Dampfes Säule weht,
Schwinden alle Erdengrößen,
Nur die Götter bleiben stet.
   Um das Roß des Reiters schweben,
   Um das Schiff die Sorgen her;
   Morgen können wir's nicht mehr,
   Darum laßt uns heute leben!

Der Graf von Habsburg

Zu Aachen in seiner Kaiserpracht,
   Im altertümlichen Saale,
Saß König Rudolfs heilige Macht
   Beim festlichen Krönungsmahle.
Die Speisen trug der Pfalzgraf des Rheins,
Es schenkte der Böhme des perlenden Weins,
   Und alle die Wähler, die sieben,
Wie der Sterne Chor um die Sonne sich stellt,
Umstanden geschäftig den Herrscher der Welt,
   Die Würde des Amtes zu üben.

Und rings erfüllte den hohen Balkon
   Das Volk in freudgem Gedränge,
Laut mischte sich in der Posaunen Ton
   Das jauchzende Rufen der Menge.
Denn geendigt nach langem verderblichen Streit
War die kaiserlose, die schreckliche Zeit,
   Und ein Richter war wieder auf Erden.
Nicht blind mehr waltet der eiserne Speer,
Nicht fürchtet der Schwache, der Friedliche mehr,
   Des Mächtigen Beute zu werden.

Und der Kaiser ergreift den goldnen Pokal
  Und spricht mit zufriedenen Blicken:
„Wohl glänzet das Fest, wohl pranget das Mahl,
  Mein königlich Herz zu entzücken;
Doch den Sänger vermiß ich, den Bringer der Lust,
Der mit süßem Klang mir bewege die Brust
  Und mit göttlich erhabenen Lehren.
So hab ichs gehalten von Jugend an,
Und was ich als Ritter gepflegt und getan,
  Nicht will ichs als Kaiser entbehren."

Und sieh! in der Fürsten umgebenden Kreis
  Trat der Sänger im langen Talare,
Ihm glänzte die Locke silberweiß,
  Gebleicht von der Fülle der Jahre.
„Süßer Wohllaut schläft in der Saiten Gold,
Der Sänger singt von der Minne Sold,
  Er preiset das Höchste, das Beste,
Was das Herz sich wünscht, was der Sinn begehrt,
Doch sage, was ist des Kaisers wert
  An seinem herrlichsten Feste?"

„Nicht gebieten werd ich dem Sänger," spricht
  Der Herrscher mit lächelndem Munde,
„Er steht in des größeren Herren Pflicht,
  Er gehorcht der gebietenden Stunde:
Wie in den Lüften der Sturmwind saust,
Man weiß nicht, von wannen er kommt und braust,
  Wie der Quell aus verborgenen Tiefen,
Wo des Sängers Lied aus dem Innern schallt
Und wecket der dunkeln Gefühle Gewalt,
  Die im Herzen wunderbar schliefen."

Und der Sänger rasch in die Saiten fällt
  Und beginnt sie mächtig zu schlagen:
„Aufs Weidwerk hinaus ritt ein edler Held,
  Den flüchtigen Gemsbock zu jagen.
Ihm folgte der Knapp mit dem Jägergeschoß,
Und als er auf seinem stattlichen Roß
  In eine Au kommt geritten,
Ein Glöcklein hört er erklingen fern,
Ein Priester wars mit dem Leib des Herrn,
  Voran kam der Meßner geschritten.

Und der Graf zur Erde sich neiget hin,
  Das Haupt mit Demut entblößet,
Zu verehren mit gläubigem Christensinn,
  Was alle Menschen erlöset.
Ein Bächlein aber rauschte durchs Feld,
Von des Gießbachs reißenden Fluten geschwellt,
  Das hemmte der Wanderer Tritte.
Und beiseit legt jener das Sakrament,
Von den Füßen zieht er die Schuhe behend,
  Damit er das Bächlein durchschritte.

‚Was schaffst du?' redet der Graf ihn an,
　　Der ihn verwundert betrachtet.
‚Herr, ich walle zu dem sterbenden Mann,
　　Der nach der Himmelskost schmachtet.
Und da ich mich nahe des Baches Steg,
Da hat ihn der strömende Gießbach hinweg
　　Im Strudel der Wellen gerissen.
Drum daß dem Lechzenden werde sein Heil,
So will ich das Wässerlein jetzt in Eil
　　Durchwaten mit nackenden Füßen.'

Da setzt ihn der Graf auf sein ritterlich Pferd
　　Und reicht ihm die prächtigen Zäume,
Daß er labe den Kranken, der sein begehrt,
　　Und die heilige Pflicht nicht versäume.
Und er selber auf seines Knappen Tier
Vergnüget noch weiter des Jagens Begier,
　　Der andre die Reise vollführet,
Und am nächsten Morgen, mit dankendem Blick,
Da bringt er dem Grafen sein Roß zurück,
　　Bescheiden am Zügel geführet.

‚Nicht wolle das Gott,' rief mit Demutsinn
　　Der Graf, ‚daß zum Streiten und Jagen
Das Roß ich beschritte fürderhin,
　　Das meinen Schöpfer getragen!
Und magst dus nicht haben zu eignem Gewinst,
So bleib es gewidmet dem göttlichen Dienst,
　　Denn ich hab es dem ja gegeben,
Von dem ich Ehre und irdisches Gut
Zu Lehen trage und Leib und Blut
　　Und Seele und Atem und Leben.'

‚So mög Euch Gott, der allmächtige Hort,
　　Der das Flehen der Schwachen erhöret,
Zu Ehren Euch bringen hier und dort,
　　So wie Ihr jetzt ihn geehret.
Ihr seid ein mächtiger Graf, bekannt
Durch ritterlich Walten im Schweizerland,
　　Euch blühn sechs liebliche Töchter.
So mögen sie', rief er begeistert aus,
‚Sechs Kronen Euch bringen in Euer Haus
　　Und glänzen die spätsten Geschlechter!'"

Und mit sinnendem Haupt saß der Kaiser da,
　　Als dächt er vergangener Zeiten,
Jetzt, da er dem Sänger ins Auge sah,
　　Da ergreift ihn der Worte Bedeuten.
Die Züge des Priesters erkennt er schnell
Und verbirgt der Tränen stürzenden Quell
　　In des Mantels purpurnen Falten.
Und alles blickte den Kaiser an
Und erkannte den Grafen, der das getan,
　　Und verehrte das göttliche Walten.

Der Alpenjäger

Willst du nicht das Lämmlein hüten?
  Lämmlein ist so fromm und sanft,
Nährt sich von des Grases Blüten,
  Spielend an des Baches Ranft.
„Mutter, Mutter, laß mich gehen
Jagen nach des Berges Höhen!"

Willst du nicht die Herde locken
  Mit des Hornes munterm Klang?
Lieblich tönt der Schall der Glocken
  In des Waldes Lustgesang.
„Mutter, Mutter, laß mich gehen
Schweifen auf den wilden Höhen!"

Willst du nicht der Blümlein warten,
  Die im Beete freundlich stehn?
Draußen ladet dich kein Garten;
  Wild ist's auf den wilden Höhn!
„Laß die Blümlein, laß sie blühen!
Mutter, Mutter, laß mich ziehen!"

Und der Knabe ging zu jagen,
  Und es treibt und reißt ihn fort,
Rastlos fort mit blindem Wagen
  An des Berges finstern Ort;
Vor ihm her mit Windesschnelle
Flieht die zitternde Gazelle.

Auf der Felsen nackte Rippen
  Klettert sie mit leichtem Schwung,
Durch den Riß gespaltner Klippen
  Trägt sie der gewagte Sprung;
Aber hinter ihr verwogen
Folgt er mit dem Todesbogen.

Jetzo auf den schroffen Zinken
  Hängt sie, auf dem höchsten Grat,
Wo die Felsen jäh versinken
  Und verschwunden ist der Pfad –
Unter sich die steile Höhe,
Hinter sich des Feindes Nähe.

Mit des Jammers stummen Blicken
  Fleht sie zu dem harten Mann,
Fleht umsonst, denn loszudrücken
  Legt er schon den Bogen an;
Plötzlich aus der Felsenspalte
Tritt der Geist, der Bergesalte.

Und mit seinen Götterhänden
  Schützt er das gequälte Tier.
„Mußt du Tod und Jammer senden",
  Ruft er, „bis herauf zu mir?
Raum für alle hat die Erde;
Was verfolgst du meine Herde?"

Friedrich Matthisson
1761–1831

Romanze

Ein Fräulein klagt' im finstern Turm
  Am Seegestad' erbaut.
Es rauscht' und heulte Wog' und Sturm
  In ihres Jammers Laut.

Rosalia von Montanvert
  Hieß manchem Troubadour
Und einem ganzen Ritterheer
  Die Krone der Natur.

Doch ehe noch ihr Herz die Macht
  Der süßen Minn' empfand,
Erlag der Vater in der Schlacht
  Am Sarazenenstrand.

Der Ohm, ein Ritter Manfry, ward
  Zum Schirmvogt ihr bestellt;
Dem lacht' ins Herz, wie Felsen hart,
  Des Fräuleins Gut und Geld.

Bald überall im Lande ging
   Die Trauerkund' umher:
„Des Todes kalte Nacht umfing
   Die Rose Montanvert."

Ein schwarzes Totenfähnlein wallt
   Hoch auf des Fräuleins Burg;
Die dumpfe Leichenglocke schallt
   Drei Tag' und Nächt' hindurch.

Auf ewig hin, auf ewig tot,
   O Rose Montanvert!
Nun milderst du der Witwe Not,
   Der Waise Schmerz nicht mehr.

So klagt' einmütig Alt und Jung,
   Den Blick von Tränen schwer,
Vom Frührot bis zur Dämmerung,
   Die Rose Montanvert.

Der Ohm in einem Turm sie barg
   Erfüllt mit Moderduft.
Drauf senkte man den leeren Sarg
   Wohl in der Väter Gruft.

Das Fräulein horchte, still und bang,
   Der Priester Litanei'n;
Trüb' in des Kerkers Gitter drang
   Der Fackeln roter Schein.

Sie ahnte schaudernd ihr Geschick,
   Ihr ward so dumpf und schwer;
Im Todesgraun erstarb ihr Blick,
   Sie sank und war nicht mehr.

Des Turms Ruinen an der See
   Sind heute noch zu schaun.
Den Wandrer faßt in ihrer Näh'
   Ein wundersames Graun.

   Auch mancher Hirt verkündet euch,
      Daß er, bei Nacht, allda
   Oft, einer Silberwolke gleich,
      Das Fräulein schweben sah.

Friederike Brun
1765–1835

Die sieben Hügel

   Auf grüner grüner Heide
     Stehn sieben Hügelein.
Es flüstern Wind' im schaurigen Tal,
Es tanzen Elfen auf mondlichem Strahl.
     Singt, Mädlein, auf grüner Heide,
     Singt: Leide! Leide! Leide!

   Im tiefen Wiesengrunde
     Glänzt fern ein Weiher hell.
Es klagen Unken aus tiefem Moor,
Es steigen Gebilde so dunstig empor.
     Singt, Mädlein, auf grüner Heide,
     Singt: Leide! Leide! Leide!

   Hier war vor grauen Jahren
     Ein König, reich und groß.
Er war gezogen in Krieg und Schlacht,
Hatt' nicht der sieben Töchterlein dacht.
     Singt, Mädlein, auf grüner Heide,
     Singt: Leide! Leide! Leide!

   Die sieben Jungfraun wallten
     Im hohen Buchenhain.
Es rauschte das Meer mit nichtigem Schaum,
Es sauste der Sturm im luftigen Baum.
     Singt, Mädlein, auf grüner Heide,
     Singt: Leide! Leide! Leide!

Es schwellen weiße Segel
Vom Kulla-Felsen her.
Ach! Starno kömmt, der wilde Held.
O König! Wie hast du dein Haus bestellt?
  Singt, Mädlein, auf grüner Heide,
  Singt: Leide! Leide! Leide!

Ans weiße Sandgestade
Steigt schnell das Kriegesheer.
Die Jungfrau'n fliehen Berg ab und an,
Verfolgt von Reiter, von Roß und Mann.
  Singt, Mädlein, auf grüner Heide,
  Singt: Leide! Leide! Leide!

„Wir fah'n euch schnell und sicher,
Ihr weißen Vögelein,
Zu Spott und Hohn, wir fangen euch aus;
Der Vater kann finden das leere Haus!"
  Singt, Mädlein, auf grüner Heide,
  Singt: Leide! Leide! Leide!

Wie Blätter vor dem Sturme
Entfloh der Mägdlein Schar;
Doch dicht am wehenden Schleierlein,
Verfolgten die Reiter sie hinter drein.
  Singt, Mädlein, auf grüner Heide,
  Singt: Leide! Leide! Leide!

Da glänzt im Abendstrahle
Der kühle Weiher hell;
Drein hüpften die Mägdlein leicht und schön,
Und wurden nimmermehr gesehn.
  Singt, Mädlein, auf grüner Heide,
  Singt: Leide! Leide! Leide!

Auf grüner grüner Heide
Stehn sieben Hügelein.
Dort ruh'n die Jungfrau'n im kühlen Moos,
Dort klagen die Vöglein im Maigesproß.
  Singt, Mädlein, auf grüner Heide,
  Singt: Leide! Leide! Leide!

Johann Peter Hebel
1760–1826

Die Rose
Beim Tode eines jungen Mädchens

Im Garten sah ich frisch und schön
die aufgeblühte Rose stehn;
und wer sie sah und wer sie fand,
gleich mir entzücket vor ihr stand.

Der Gärtner kam in raschem Gang;
da ward mir für die Rose bang.
Ich stand und sah, wie plötzlich – ach!
des Gärtners Hand die Rose brach.

„Du harter Mann, was machest du?"
rief ich dem Gärtner zürnend zu;
„die Rose, die so herrlich stand,
bricht ohn Erbarmen deine Hand!"

„Der Sturm könnt sie entblättern hier",
sprach drauf der Gärtner mild zu mir.
„Für sie, die *hier* gefährdet stand,
weiß ich ein sichres, beßres Land.

In jenes Land versetz ich sie;
denn dort erreicht der Sturm sie nie.
Wirst du sie einst dort wiedersehn,
so blüht sie hundertmal so schön!"

Carl Philipp Conz
1762–1827

Des Ritters Herz

Zu der heil'gen Heerfahrt mahnen
    Ludwig's Boten weit umher;
Nach dem Osten wehn die Fahnen,
    Winkt der Krieger Schild und Speer.
Aus den Erkern sehn die Frauen,
    Lichte Augen sind getrübt;
An den Seufzern kann man schauen,
    Was geliebet wird und liebt.

Seiner Dame naht ein Ritter
    An der Gartenmauer sich;
Aus dem stillen Fenstergitter
    Blickt sie nieder tugendlich.
„Hat mein Lied dir süß geklungen,"
    Ruft er, hold gebeugt das Knie;
„Hab' ich deine Huld errungen,
    O vergiß mich ewig nie!

Eine Bitte! Nicht versagen
    Wird die Bitte deine Hand.
Nur ein Zeichen laß mich tragen,
    Deiner Gunst ein Unterpfand!
Daß es mich zur Schlacht begleite,
    Als ein heilig Weihegut,
Mich begeist're, wenn ich streite,
    Mit des Mannsinns höchster Glut!"

Und das köstlichste Geschmeide,
    Eine Lock' aus ihrem Haar,
Schön in Perlen und in Seide
    Eingefaßt, reicht sie ihm dar:
Nimm dies Denkmal schöner Stunden,
    Nimm's auf Leben oder Tod!
Was die Liebe zart gebunden,
    Trennet nimmer rauhe Not!

Traurig-freudig mit den Scharen
    Eilt er in das heil'ge Land,
Dürstend nach des Kriegs Gefahren,
    Auf dem Helm das teure Pfand.
Wo die kühnsten Banner wallen,
    Weht sein Helmbusch hoch daher;
Viel der Sarazenen fallen
    Unter seinem starken Speer.

Eine Feste zu befreien
    Aus der wilden Syrer Hand,
Kommen jetzt der Franken Reihen
    Mit dem Ritter angerannt.
Schon erstiegen sind die Wälle;
    Auf der Zinne steht der Held,
Als, gezückt mit Blitzesschnelle,
    Giftiges Geschoß ihn fällt.

Und er ruft herbei den lieben
    Knappen, nah' der letzten Not:
„Meine Augen," sagt er, »trüben
    Schon, umdämmert, sich dem Tod.
Eile, nimm die heil'ge Binde
    Mir vom Helme, nimm mein Herz,
Wenn ich tot bin, und umwinde
    Mit dem Schmuck das treue Herz.

Meiner Dame dies Vermächtnis
    Bringe heimlich deine Hand!
Gib zu ewigem Gedächtnis
    Wohl verwahrt ihr dieses Pfand!
Schwöre, meinen letzten Willen,
    Wenn ich je dich treu erfand,
Deinem Freunde zu erfüllen,
    Schwör' ihm's an des Todes Rand!

Sag' ihr: Wo der Herr gelitten,
    Uns von Sünden zu befrei'n,
Hab' ich ehrlich auch gestritten,
    Freudig bis zur letzten Pein.
In des Krieges schwülen Stunden
    War Begeist'rung mir ihr Bild,
Hat gelabt mir manche Wunden,
    Mich mit Trost im Tod erfüllt."

Und der wackre Speergeselle,
    Als er sah den Ritter tot:
Weinend tut er, doch mit Schnelle,
    Jetzt, was Schwur und Treu' gebot.
Fort von des Orontes Strande,
    Eilt er mit dem teuren Hort,
Durch die weiten Meer' und Lande
    Nach der Heimat süßem Ort.

Jetzt dem Schloß der Dame nahe,
    Fest des Eides eingedenk,
Sinnt er, daß geheim empfahe
    Sie des toten Herrn Geschenk:
Und er reicht der Dienerinnen
    Jüngsten das geweihte Pfand.
Wo er Treue will gewinnen,
    Hat Verrat sein Netz gespannt.

Schwur und Eide sind verloren,
    Und verloren Geld und Gut;
Selbst die Wände haben Ohren,
    Hält die Eifersucht die Hut.
Ach! im Kerker muß er büßen
    Seine Treu' in herber Not,
Der Ertappte; Tränen fließen
    Auf sein hartes Botenbrot.

Bald der Herr zu frohem Mahle
    Ladet rings die Ritter ein;
Festlich blinken die Pokale,
    und der Tisch von Speis' und Wein.
In dem Becher kreist die Freude,
    Und Getümmel herrscht im Saal.
Auch geheilt vom kranken Leide
    Scheint das adlige Gemahl.

Schnell sich jetzt die Tür erschließet,
    Und ein Harfner tritt hervor,
Singend er die Gäste grüßet,
    Und es lauschet jedes Ohr;
Und er singet von dem Streiter,
    Der, als er zu sterben kam,
Noch sein Herz, im Tode heiter,
    Treu vermachte seiner Dam'!

Als jetzt Klang und Sang verklungen,
    Rasch den wallenden Talar
Hinter sich zurück geschwungen,
    Ein Gefäße zeigt er dar,
Naht der Frau mit ernstem Gange,
    Und der Schloßherr ruft entbrannt:
„Nimm, verräterische Schlange!
    Nimm, dies ist dein Buhlerpfand!"

Alle Gäste stehn erschrocken:
    Als zerstückelt sie das Herz
Schauet und den Schmuck der Locken,
    Überfällt sie jäher Schmerz:
Von dem Stuhle sinkt sie nieder,
    Und es bricht ihr Herz die Qual:
Nimmer, ach! erstand sie wieder,
    Und Entsetzen füllt den Saal.

August Wilhelm Schlegel
1767–1845

Die Warnung

Es tritt ein Wandersmann herfür
An eines Dorfes Schenke,
Er setzt sich vor des Hauses Tür
Im Schatten auf die Bänke;
Legt sein Bündel neben sich,
Bittet den Wirt bescheidentlich,
Mit einem Trunk ihn zu laben.

Da zechen an dem nächsten Tisch
Zwei wilde rohe Buben.
Heda, Herr Wirt! und gebt uns frisch
Was kauzt ihr in den Stuben?
Diese Nacht so durchgeschwärmt,
Heute von morgens früh gelärmt!
Wir wollen nicht nüchtern werden.

Ha, Bruder, war das nicht ein Spaß,
Es geht mir nichts darüber.
Und lieb' ich schon das volle Glas,
Hab' ich doch Unfug lieber.
Ach wie wird verwundert sein
All die werte Christengemein!
Wie wird der Pfaffe nicht toben!

Da draußen erst den Nepomuk
Mit seinen sieben Sternen,
Ich schob ihn an den Rand zuruck,
Bald muß er schwimmen lernen,
Schüttert was, so plumpt er 'nein,
Rudert wohl mit dem Jesulein,
Den hält der Narr in den Armen.

Alsdann hinunter längs dem Tal
Der Wallfahrt Stationen,
Die dreizehn Steine allzumal
Mit Christi Passionen,
So beschmiert, verziert auf's Fest,
Daß das Lachen kein einz'ger läßt,
Wenn sie zum Beten da knieen.

Der Andre sprach: Wenn's Prahlen gilt,
So steh' ich alle Wetten.
Der Schnurrbart am Marienbild,
Und dann die Kron' aus Kletten,
Die ich ihm zu Nacht beschert,
Sind wohl deine Geschichten wert,
Und es ist noch nicht das beste.

Dort auf dem Fels am hohen Kreuz,
Statt Christi leid'ger Fratze,
Hängt nun – o in der Seel erfreut's! –
Des Nachbars tote Katze.
Wenn sie nun auf ihrer Bahn
Ziehn die Stufen zur Kirch' hinan,
Das wird was Erbauliches werden.

Der Wandersmann schaut ernst und still,
Da sie die Red' erhuben.
Sie achten erst nicht, was er will,
In ihrem Rausch, die Buben.
Beide riefen dann zugleich:
Kümmert euch, Duckmäuser, um euch!
Was soll das Gaffen und Horchen?

Der Wandersmann sagt nicht ein Wort,
Und schaut nur unbeweglich,
Und ihnen wurde fort und fort
Sein Blick mehr unerträglich.
Wenn ihr nicht die Frechheit laßt,
Sagten sie, solchen Heuchler-Gast,
Den muß man mit Schlägen verjagen.

Mich schlägt ein Andrer wohl als ihr,
Ihr mögt kein Haar mir kränken.
Ich bin auf kurze Frist nur hier,
Doch sollt ihr mein gedenken.
Junges Blut hat Frevelmut:
Tut nicht ferner, so wie ihr tut,
Und laßt bei Zeiten euch warnen.

Sonst schließt ihr einen Bund der Treu
Mit Judas falscher Rotte:
Den Heiland kreuzigt ihr auf's neu
Mit solchem kecken Spotte. –
Ja doch, da geschäh' ihm recht,
Weil sich der einfältige Knecht
Das erstemal kreuzigen lassen. –

Ich weiß gewiß, ihr sprächt nicht so,
Wärt ihr einst mitgegangen;
Ihr hättet nicht, der Qualen froh,
Am Kreuz ihn sehen hangen,
Wie aus bittern Wunden quoll,
Aller Lieb' und Erbarmung voll,
Sein heilig göttliches Leben.

Wie um ihn, ewig hoffnungslos,
Die Freund' und Mutter standen,
Und er im Busen trug ihr Los,
Bei grimmen Todesbanden;
Neigt sein Haupt in Finsternis,
Durch die Himmel geschieht ein Riß,
Und innerlich schauert die Erde. –

Ei seht, der macht uns glauben gar,
Er wär' dabei gewesen.
Was er erzählt, kann man fürwahr
In alten Tröstern lesen.
Sagt uns doch, wie alt ihr seid,
Daß ihr sah't, was vor ew'ger Zeit
Und nimmer vielleicht ist geschehen? –

Ich bin nicht alt, ich bin nicht jung,
Mein Leben ist kein Leben.
Wie rastlos kreist der Sonnen Schwung,
Muß ich hier unten schweben.
Greiser wird das Haar mir nicht,
Nicht gerunzelter mein Gesicht,
Das niemals lachet noch weinet.

Ich war wie ihr von frechem Mut
In meinen ersten Tagen.
An mir tat keine Lehre gut,
Kein Warnen half noch Sagen.
Als der Hohenpriester Amt
Heuchlerisch nun den Christ verdammt,
Da wollt' ich mein Mütchen auch kühlen.

Und als mit schwerer Kreuzeslast
Zum Tor ihn schleppt die Menge,
Da hatt' ich vor den andern Hast,
Und stieß ihn im Gedränge.
Matt und lechzend, ohne Schrei'n,
Wollt' er rasten auf einem Stein,
Da schlug ich ihn mit den Fäusten.

Geh, rief ich, Jesus! fort mit dir!
Zum Tod dich endlich schicke!
Der Heiland sah sich um nach mir,
Und sprach mit stillem Blicke:
Ich zwar gehe bald zur Ruh,
Aber wandern sollst nun du,
Und warten, bis ich komme.

Dies Wort, dies Wort, dies Eine Wort
War Heil mir und Verderben.
Es schirmt mich vor der Seele Mord,
Doch wehrt's mein leiblich Sterben.
Und mich treibt's von Land zu Land,
Und bin manchem zum Grau'n bekannt,
Der ewige wandernde Jude.

Der Fremdling sprach es alles aus
Mit unbewegter Miene,
Doch brennend durch die Stirn heraus
Ein blutrot Kreuz erschiene.
Als die Zwei das Zeichen sahn,
Fällt sie an der Verzweiflung Wahn,
Sie glaubten sich schon in der Hölle.

  Und eh sie Seel' und Leibeskraft
  Und Sinne wiederfunden,
  Hat er sein Bündel aufgerafft,
  Und ist schon weit verschwunden.
  An des letzten Hügels Rand,
  Sehn sie noch, den Stab in der Hand,
  Die irre Gestalt hinwanken.

Novalis (Friedrich von Hardenberg)
1772–1801

Ich weiß nicht was

Jüngst als Lisettchen im Fenster saß,
Da kam Herr Filidor
Und küßte sie,
Umschlang ihr weiches, weißes Knie;
Und sagt ihr was ins Ohr,
Ich weiß nicht was.

Dann gingen beide fort, er und sie,
Und lagerten sich hier
Im hohen Gras
Und triebens frei in Scherz und Spaß;
Er spielte viel mit ihr,
Ich weiß nicht wie.

Zum Spiele hatt er viel Genie,
Er triebs gar mancherlei,
Bald so, bald so,
Da wars das gute Mädel froh,
Doch seufzte sie dabei,
Ich weiß nicht wie?

Das Ding behagt dem Herren baß
Oft gings *da capo* an?
Doch hieß es drauf,
Nach manchem, manchem Mondenlauf,
Er hab ihr was getan;
Ich weiß nicht was.

Heinrich von Kleist
1777–1811

Legende nach Hans Sachs

Der Welt Lauf

Der Herr und Petrus oft, in ihrer Liebe beide,
Begegneten im Streite sich,
Wenn von der Menschen Heil die Rede war;
Und dieser nannte zwar die Gnade Gottes groß,
Doch wär er Herr der Welt, meint' er,

Würd er sich ihrer mehr erbarmen.
Da trat, zu einer Zeit, als längst, in beider Herzen,
Der Streit vergessen schien, und just,
Um welcher Ursach weiß ich nicht,
Der Himmel oben auch voll Wolken hing,
Der Sanktus mißgestimmt, den Heiland an, und sprach:
„Herr, laß, auf eine Handvoll Zeit,
Mich, aus dem Himmelreich, auf Erden niederfahren,
Daß ich des Unmuts, der mich griff,
Vergeß und mich einmal, von Sorgen frei, ergötze,
Weil es jetzt grad vor Fastnacht ist."
Der Herr, des Streits noch sinnig eingedenk,
Spricht: „Gut; acht Tag geb ich dir Zeit,
Der Feier, die mir dort beginnt, dich beizumischen;
Jedoch, sobald das Fest vorbei,
Kommst du mir zur gesetzten Stunde wieder."
Acht volle Tage doch, zwei Wochen schon, und mehr,
Ein abgezählter Mond vergeht,
Bevor der Sankt zum Himmel wiederkehrt.
„Ei, Petre", spricht der Herr, „wo weiltest du so lange?
Gefiel's auch nieden dir so wohl?"
Der Sanktus, mit noch schwerem Kopfe, spricht:
„Ach, Herr! Das war ein Jubel unten –!
Der Himmel selbst beseliget nicht besser.
Die Ernte, reich, du weißt, wie keine je gewesen,
Gab alles was das Herz nur wünscht,
Getreide, weiß und süß, Most, sag ich dir, wie Honig,
Fleisch fett, dem Speck gleich, von der Brust des Rindes;
Kurz, von der Erde jeglichem Erzeugnis
Zum Brechen alle Tafeln voll.
Da ließ ich's, schier, zu wohl mir sein,
Und hätte bald des Himmels gar vergessen."
Der Herr erwidert: „Gut! Doch Petre sag mir an,
Bei soviel Segen, den ich ausgeschüttet,
Hat man auch dankbar mein gedacht?
Sahst du die Kirchen auch von Menschen voll?" –
Der Sankt, bestürzt hierauf, nachdem er sich besonnen,
„O Herr", spricht er, „bei meiner Liebe,
Den ganzen Fastmond durch, wo ich mich hingewendet,
Nicht deinen Namen hört ich nennen.
Ein einzger Mann saß murmelnd in der Kirche:
Der aber war ein Wucherer,
Und hatte Korn, im Herbst erstanden,
Für Mäus und Ratzen hungrig aufgeschüttet." –
„Wohlan denn", spricht der Herr, und läßt die Rede fallen,
„Petre, so geh; und künftges Jahr
Kannst du die Fastnacht wiederum besuchen."
Doch diesmal war das Fest des Herrn kaum eingeläutet,
Da kömmt der Sanktus schleichend schon zurück.
Der Herr begegnet ihm am Himmelstor und ruft:
„Ei, Petre! Sieh! Warum so traurig?
Hat's dir auf Erden denn danieden nicht gefallen?"
„Ach, Herr", versetzt der Sankt, „seit ich sie nicht gesehn,

Hat sich die Erde ganz verändert.
Da ist's kurzweilig nicht mehr, wie vordem,
Rings sieht das Auge nichts, als Not und Jammer.
Die Ernte, ascheweiß versengt auf allen Feldern,
Gab für den Hunger nicht, um Brot zu backen,
Viel wen'ger Kuchen, für die Lust, und Stritzeln.
Und weil der Herbstwind früh der Berge Hang durchreift,
War auch an Wein und Most nicht zu gedenken.
Da dacht ich: was auch sollst du hier?
Und kehrt ins Himmelreich nur wieder heim." –
„So!" spricht der Herr. „Fürwahr! Das tut mir leid!
Doch, sag mir an: gedacht man mein?"
„Herr, ob man dein gedacht? – Die Wahrheit dir zu sagen,
Als ich durch eine Hauptstadt kam,
Fand ich, zur Zeit der Mitternacht,
Vom Altarkerzenglanz, durch die Portäle strahlend,
Dir alle Märkt und Straßen hell;
Die Glöckner zogen, daß die Stränge rissen;
Hoch an den Säulen hingen Knaben,
Und hielten ihre Mützen in der Hand.
Kein Mensch, versichr' ich dich, im Weichbild rings zu sehn,
Als einer nur, der eine Schar
Lastträger keuchend von dem Hafen führte:
Der aber war ein Wucherer,
Und häufte Korn auf lächelnd, fern erkauft,
Um von des Landes Hunger sich zu mästen."
„Nun denn, o Petre", spricht der Herr,
„Erschaust du jetzo doch den Lauf der Welt!
Jetzt siehst du doch was du jüngsthin nicht glauben wolltest,
Daß Güter nicht das Gut des Menschen sind;
Daß mir ihr Heil am Herzen liegt wie dir:
Und daß ich, wenn ich sie mit Not zuweilen plage,
Mich, meiner Liebe treu und meiner Sendung,
Nur ihrer höh'ren Not erbarme."

Friedrich Freiherr de la Motte Fouqué
1777–1843

Nach der Schlacht bei Lützen

Wer reitet so frisch und singt so hell
    Dem rühmlichen Kampf entgegen?
    Die Krieger, die kenn' ich als keck und schnell,
    Vor keiner Gefahr verlegen;
    Das ist meine reitende Jägerschar,
    Die so kühn und freudig bei Lützen war.

Hurra, hurra! so riefen sie laut,
    Und rasch in den Feind geritten,
    Den Tod gegrüßt, wie die blühende Braut,
    Gejauchzt in der Waffen Mitten;
    Dann wieder geruhig den ganzen Tag
    Geschaut in der Kugeln Hagelschlag.

Was hat ein Held, ein russischer Mann,
    Von euch, ihr Jäger, gesprochen?
    Der auch seitdem mit blutigem Bann
    Am stolzen Feind sich gerochen; –
    „Gegrüßt", sprach der, „meine Jäger mir,
    Bei Lützen fochtet wie Engel ihr!"

Und Gott hat der jungen fröhlichen Schar
    Auch schützende Engel gesendet,
    Und vielen die finstre Todesgefahr
    Vom blühenden Haupte gewendet.
    Ihr strittet vergnügt im lächelnden Mai
    Und lächelt meist alle noch frisch dabei.

Frisch auf, du rüstige Jägerschwadron,
    Hilf ferner dem Könige siegen;
    Der Feind, er staunet, er stutzet schon,
    Bald wird er nun ganz erliegen.
    Dann herzen euch Mutter und Schwester und Braut,
    Und wir preisen den gütigen Herrgott laut!

Lied

Es flog ein muntres Vögelein
    Im Sonnenschein,
Und sang, daß alles widerhallt:
    „Der Wald, der Wald,
    Der ganze Wald ist mein!"

Da kam ein Vogelsteller fein,
    Und fing es ein,
Und trug es mit sich stumm und kalt
    Fort aus dem Wald,
    Als wär' es rechtlich sein.

Nahm eine Schöne zart und rein
    Das Vögelein,
Und vor der lieblichen Gestalt
    Vergaß es Wald
    Und Luft und Sonnenschein.

Ein seidner Faden stark und fein
    Hielt ihm das Bein.
Und sucht es Freiheit auch und Wald,
    Der zög' es bald
    Zum Fenster doch herein.

Clemens Brentano
1778–1842

Auf dem Rhein

Ein Fischer saß im Kahne,
Ihm war das Herz so schwer
Sein Lieb war ihm gestorben,
Das glaubt er nimmermehr.

Und bis die Sternlein blinken,
Und bis zum Mondenschein
Harrt er sein Lieb zu fahren
Wohl auf dem tiefen Rhein.

Da kömmt sie bleich geschlichen,
Und schwebet in den Kahn
Und schwanket in den Knieen,
Hat nur ein Hemdlein an.

Sie schwimmen auf den Wellen
Hinab in tiefer Ruh',
Da zittert sie, und wanket,
Feinsliebchen, frierest du?

Dein Hemdlein spielt im Winde,
Das Schifflein treibt so schnell,
Hüll' dich in meinen Mantel,
Die Nacht ist kühl und hell.

Stumm streckt sie nach den Bergen
Die weißen Arme aus,
Und lächelt, da der Vollmond
Aus Wolken blickt heraus.

Und nickt den alten Türmen,
Und will den Sternenschein
Mit ihren starren Händlein
Erfassen in dem Rhein.

O halte dich doch stille,
Herzallerliebstes Gut!
Dein Hemdlein spielt im Winde,
Und reißt dich in die Flut.

Da fliegen große Städte,
An ihrem Kahn vorbei,
Und in den Städten klingen
Wohl Glocken mancherlei.

Da kniet das Mägdlein nieder,
Und faltet seine Händ'
Aus seinen hellen Augen
Ein tiefes Feuer brennt.

Feinsliebchen bet' hübsch stille,
Schwank' nit so hin und her,
Der Kahn möcht' uns versinken,
Der Wirbel reißt so sehr.

In einem Nonnenkloster
Da singen Stimmen fein,
Und aus dem Kirchenfenster
Bricht her der Kerzenschein.

Da singt Feinslieb gar helle,
Die Metten in dem Kahn,
Und sieht dabei mit Tränen
Den Fischerknaben an.

Da singt der Knab' gar traurig
Die Metten in dem Kahn
Und sieht dazu Feinsliebchen
Mit stummen Blicken an.

Und rot und immer röter
Wird nun die tiefe Flut,
Und bleich und immer bleicher
Feinsliebchen werden tut.

Der Mond ist schon zerronnen
Kein Sternlein mehr zu sehn,
Und auch dem lieben Mägdlein
Die Augen schon vergehn.

Lieb Mägdlein, guten Morgen,
Lieb Mägdlein gute Nacht!
Warum willst du nun schlafen,
Da schon der Tag erwacht?

Die Türme blinken sonnig,
Es rauscht der grüne Wald,
Vor wildentbrannten Weisen,
Der Vogelsang erschallt.

Da will er sie erwecken,
Daß sie die Freude hör',
Er schaut zu ihr hinüber,
Und findet sie nicht mehr.

Ein Schwälblein strich vorüber,
Und netzte seine Brust,
Woher, wohin geflogen,
Das hat kein Mensch gewußt.

Der Knabe liegt im Kahne
Läßt alles Rudern sein,
Und treibet weiter, weiter
Bis in die See hinein.

Ich schwamm im Meeresschiffe
Aus fremder Welt einher,
Und dacht' an Lieb und Leben,
Und sehnte mich so sehr.

Ein Schwälblein flog vorüber,
Der Kahn schwamm still einher,
Der Fischer sang dies Liedchen,
Als ob ich's selber wär'.

Ein Ritter an dem Rheine ritt
In dunkler Nacht dahin,
Ein Ritterlein, das reitet mit
Und fragt: wohin dein Sinn?

Mein Sinn, der steht nach Minnen,
Ich hab' mich rumgeschlagen,
Und konnt' doch nichts gewinnen,
Und mußt' das Leben wagen.

Ei hast du nicht die Ehr' davon?
Die Ehr' ist hohes Gut –
Ich hätt' die liebe Zeit davon,
Die Ehr' ist mir kein Gut. –

Mein Blut ist hingeflossen
Rot zu der Erde nieder,
So warm ich es vergossen,
Gibt mir's die Ehr' nicht wieder.

Da sprach das kleine Ritterlein:
Daß Gott sich dein erbarm'!
Du mußt ein schlechter Ritter sein,
Weil deine Ehr' so arm. –

Ich will nun mit dir rechten,
Weil du nicht ehrst die Ehre;
Mein Ehr' will ich verfechten,
Setz deine nur zur Wehre.

Des Ritters Unwill war sehr groß,
Drum er vom Rosse sprang,
Auch machet sich der kleine los
Und sich zur Erde schwang. –

Da fühlt sich der Geselle
Von hinten fest umwinden,
Es ist die Nacht nicht helle,
Sie streiten wie die Blinden.

Und sinken beide in den Klee –
Ei sprich! wer hat gesiegt!
Der Ritter ohne Ach und Weh –
Bei einer Jungfrau liegt.

Ei hast du nicht die Ehr' davon?
Die Ehr' ist hohes Gut –
Ich hätt' die liebe Zeit davon,
Die Ehr' ist mir kein Gut. –

Lureley

Zu Bacharach am Rheine,
Wohnt eine Zauberin,
Die war so schön und feine
Und riß viel Herzen hin,

Und machte viel zuschanden
Der Männer rings umher,
Aus ihren Liebesbanden
War keine Rettung mehr.

Der Bischof ließ sie laden
Vor geistliche Gewalt,
Und mußte sie begnaden,
So schön war ihr' Gestalt.

Er sprach zu ihr gerühret,
„Du arme Lore Lay.
Wer hat dich dann verführet
Zu böser Zauberei."

„Herr Bischof laßt mich sterben,
Ich bin des Lebens müd,
Weil jeder muß verderben
Der meine Augen sieht.

Die Augen sind zwei Flammen,
Mein Arm ein Zauberstab,
O schickt mich in die Flammen,
O brechet mir den Stab."

„Den Stab kann ich nicht brechen,
Du schöne Lore Lay,
Ich müßte dann zerbrechen,
Mein eigen Herz entzwei.

Ich kann dich nicht verdammen,
Bis du mir erst bekennt
Warum in deinen Flammen
Mein eignes Herz schon brennt."

„Herr Bischof mit mir Armen
Treibt nicht so bösen Spott,
Und bittet um Erbarmen
Für mich den lieben Gott,

Ich darf nicht länger leben,
Ich lieb' kein Leben mehr,
Den Tod sollt ihr mir geben,
Drum kam ich zu euch her.

Ein Mann hat mich betrogen,
Hat sich von mir gewandt,
Ist fort von mir gezogen
Fort in ein andres Land.

Die Blicke sanft und wilde,
Die Wangen rot und weiß,
Die Worte still und milde,
Die sind mein Zauberkreis.

Ich selbst muß drin verderben,
Das Herz tut mir so weh,
Vor Jammer möcht' ich sterben,
Wenn ich zum Spiegel seh.

Drum laßt mein Recht mich finden,
Mich sterben, wie ein Christ,
Denn alles muß verschwinden
Weil er mir treulos ist."

Drei Ritter ließ er holen:
„Bringt sie ins Kloster hin,
Geh Lore! Gott befohlen,
Sei dein berückter Sinn.

Du sollst ein Nönnchen werden,
Ein Nönnchen schwarz und weiß.
Bereite dich auf Erden
Zum Tod mit Gottes Preis."

Zum Kloster sie nun ritten
Die Ritter alle drei,
Und traurig in der Mitten
Die schöne Lore Lay.

„O Ritter laßt mich gehen,
Auf diesen Felsen groß,
Ich will noch einmal sehen,
Nach meines Buhlen Schloß,

Ich will noch einmal sehen
Wohl in den tiefen Rhein,
Und dann ins Kloster gehen,
Und Gottes Jungfrau sein."

Der Felsen ist so jähe,
So steil ist seine Wand,
Sie klimmen in die Höhe,
Da tritt sie an den Rand,

Und sprach: „Willkomm, da wehet
Ein Segel auf dem Rhein,
Der in dem Schifflein stehet,
Der soll mein Liebster sein.

Mein Herz wird mir so munter,
Er muß der Liebste sein",
Da lehnt sie sich hinunter
Und stürzet in den Rhein.

Es fuhr mit Kreuz und Fahne
Das Schifflein an das Land,
Der Bischof saß im Kahne,
Sie hat ihn wohl erkannt.

Daß er das Schwert gelassen,
Dem Zauber zu entgehn,
Daß er zum Kreuz tät fassen,
Das konnt' sie nicht verstehn.

Wer hat dies Lied gesungen
Ein Priester auf dem Rhein
Und immer hat's geklungen,
Vom hohen Felsenstein

    Lureley
    Lureley
    Lureley.
Als wären es meiner drei!

Es ging verirrt im Walde
Ein Königstöchterlein
Laut weint sie, daß es schallte
Tief in den Wald hinein.

An meiner Krone blinken,
Smaragd und auch Rubin,
Um einmal nur zu trinken,
Gäb' ich sie gerne hin.

Da schwebt zu ihrem Haupte
Ein edler Falke bald,
Der ihr die Krone raubte
Und tiefer flog zum Wald.

Sie folgt ihm, hoch in Lüften
Trägt er die Krone hell
Bis wo in dunklen Klüften
Erbraust ein kühler Quell.

O Falke Luftgeselle
Nimm hin die Krone mein,
So kühl als diese Quelle
Mag keine Krone sein.

Es braust so wonnig unten
Tief in der Felsen Schoß,
Von Schatten still umwunden,
Ruht sie auf weichem Moos,

Die Locken aufgewunden
Die zarten Glieder bloß,
Erkühlt sie sich da unten
Tief in der Felsen Schoß.

Sie ließ sich an den Zweigen
Hinab ins kühle Bad,
Bald will sie rückwärts steigen,
Doch zeiget sich kein Pfad,

Sie streckt wohl nach den Zweigen,
Mit Macht die Arme hin,
Doch keiner will sich neigen,
Zur Königstochter hin.

Wer kann heraus mich heben,
Weint da die holde Magd,
Gern wollte ich ihm geben,
Mein Ringlein von Schmaragd,

Wie sie die Hände ringet
Das schöne Ringelein
Ihr von dem Finger springet,
Tief in den Quell hinein.

Sie sucht und findet in Klippen
Ein Horn von Gold so rein,
Und setzt es an die Lippen,
Es schallt zum Wald hinein.

Die Felsen laut erklingen,
Und laut von Stein zu Stein
Die muntern Töne springen,
Ums Königstöchterlein.

Die Zweige sich auch neigen
Der edle Falke wiegt,
Sich fröhlich auf den Zweigen
Die er hinunter biegt.

Dann hört sie Worte schallen,
Wer bläst auf meinem Horn,
Das gestern mir gefallen
Hinab zum Felsenborn.

Wer hütet mich vor Schande,
Weint laut das Töchterlein,
Wer gibt mir die Gewande,
Wer schützt die Ehre mein,

Mich liebte einst ein Knabe
Der Züchten wohl verstand,
O daß ich ihn nicht habe,
Er gäb' mir mein Gewand.

Die Augen zugebunden,
Der Knabe vor ihr stand
Der Knabe ist gefunden
Er reicht ihr das Gewand.

Verloren ist die Krone,
Und auch das Fingerlein,
Ohn' Ringlein und ohn' Krone,
Muß sie das Kleinod sein.

Da ruhte der Geselle
Wohl bald in ihrem Schoß,
Im Herzen ward's ihm helle
O mach die Binde los.

In ihr Gewand geschwinde
Hüllt sich das holde Kind,
Dann löst sie ihm die Binde,
Läßt nicht die Liebe blind.

Da schallt es in den Buchen
Da hallt es am Gestein,
Der König kommt zu suchen,
Das Königstöchterlein.

Nun rege deine Hände,
Spricht da das Töchterlein,
Wenn uns der König fände
Müßt' es gestorben sein.

Der Falke nahm die Krone,
Der Quell das Fingerlein,
Der Jäger nimmt zum Lohne
Das Königstöchterlein.

Es nahm der Jagdgeselle
Sein Horn und sein Geschoß
Und trug die Jungfrau schnelle
Zum hohen Felsenschloß.

Auf Felsen hoch ich wohne,
Der Falke und die Braut
Am Turme hängt die Krone
Sein Nest hineingebaut.

Die grünen Blätter sind gefallen,
Die Schwalben fortgezogen sind,
Da will zu seiner Heimat wallen
Ein armes elternloses Kind.

Als Führer auf der weiten Reise,
Fliegt vor ihm her ein Schmetterling,
Ihr Bündelchen trägt selbst die Waise
Ihr Hab und Gut ist gar gering.

Und wie sie durch die Wälder gingen,
Der Schmetterling zum Kinde spricht,
„Um meinen Lohn ist noch zu dingen,
Den kleinen Freund vergesse nicht.

Ich werde nicht mehr lange leben,
Und möchte mich noch einmal freun,
Zur Heimat will ich mit dir schweben
Doch gib mir erst ein Blümelein."

Das Kind sprach: „Keines ist zu sehen,
Doch ist in meinem Vaterland
Ein schöner Garten darin stehen,
Der süßen Blumen allerhand.

Ein Engel gehet in dem Garten,
Der gibt dir sicher doppelt Lohn,
O wolle bis zur Heimat warten,
Ich irre, wenn du mir entflohn.

Der Engel, der den Lohn dir zahle,
Ist meine Mutter, ich sein Kind,
Er wohnt in einem stillen Tale,
O laß uns eilen, fort, geschwind."

Der Führer hebt die bunten Schwingen,
Der kleine Wandrer folgt ihm schnell,
Er spricht „hörst du die Vöglein singen,
Im Garten singen sie so hell,

Ich atme schon die Blumendüfte,
O lieber Führer eile schnell",
„Ich fühle nur die kalten Lüfte",
Sprach da der bunte Reis'gesell.

„Kannst du nicht bald den Lohn mir geben?
Die kühlen Lüfte tun mir weh,
Ich werde nicht mehr lange leben,
Ich sterb' eh' ich den Garten seh'."

„So nehme alles, was ich habe"
Sprach weinend da das arme Kind.
„Von jenem Engel alle Gabe,
Die welken Rosenblätter sind."

Der Führer starb, und in den Rosen,
Weiht ihm das Kind ein frommes Grab
Schon hört es nah des Stromes Tosen,
Und steiget zu dem Tal hinab.

So freudig an der Heimat Schwellen
Ruft es, „o Mutter höre mich
O führ' mich zu dir durch die Wellen,
Zum süßen Garten führe mich.

Mein bunter Führer ist gestorben,
Da Freude floh und Sonnenschein,
Zum Lohn' hat er ein Grab erworben,
Wohl in den welken Rosen dein."

Die Mutter höret nicht sein Klagen,
Da ward dem Kinde Mut verliehn,
Die Wellen es hinüber tragen,
Es eilet zu dem Garten hin.

Die Blumen all die Kelche neigen
Und gießen still die Liebe aus,
Die Mutter will sich nirgend zeigen,
Im Garten nicht, und nicht im Haus.

„O Vaterland im Frühlingsscheine!
O Jugend liebste Mutter mein!
Dein Kind die Liebe ist alleine,
O wollet nicht verloren sein!"

Da sprach ein Vöglein von dem Baume,
„Gott grüß' dich, bist du wieder hier,
Es denkt mir dunkel wie im Traume,
Du trugst einst treue Lieb' zu mir.

Im Maie, da du hier geboren,
Da lernte ich ein Lied von dir,
Ist Mai und Jugend auch verloren,
Dein süßes Lied, das bleibet mir."

Da fing das Vöglein an zu singen,
„Der Frühling blüht, der Sommer glüht,
Die Liebesblumen süß entspringen,
Der Zweig ist müd, die Frucht ihn zieht,

Die Liebe kehrt zur Heimat wieder,
Zur Fremde sie getrieben ward,
Es sinkt der Herbst zur Erde nieder,
Die Lieb' erstarrt im Winter hart."

Und wie das Vöglein freundlich singet,
Wie hier das Kind im Frühling sang,
Der Winter wohl zur Wahrheit bringet,
Des Kinds prophetischen Gesang.

Es starb das Kind wohl bei den Rosen,
Wo es der Frühlingsschein erzog,
Die Mutter hat es hart verstoßen,
Das Vöglein zu ihm niederflog.

Und deckte es mit welken Blüten,
Aus alter treuer Liebe zu,
Dem Vöglein woll' es Gott vergüten,
Es sang dem Kinde in die Ruh'.

„O Vaterland im Frühlingsscheine!
O Jugend harte Mutter sein!
Dein Kind die Liebe ich beweine,
Sein einz'ger Freund – ein Vöglein!"

Hermann des treuen Gottschalks Sohn

Von Köllen war ein Edelknecht
Um Kundschaft ausgegangen
Sein Vater lag durch Engelbrecht
Den Bischof hart gefangen.

Er sucht durchs Land wohl manchen Tag
Er sucht in schweren Sorgen,
Sein Liebchen ihm im Sinne lag,
Der hätt' er es verborgen.

Gar traurig er am Bronnen lag
In Busch und grünen Hecken,
Da hört er schallen Hufesschlag,
Und eilt sich zu verstecken.

Er sah wohl einen frohen Mann
Zum Born sein Rößlein lenken
Ein andrer ritt betrübt heran,
Der tät die Augen senken.

O froher Mann der eine sprach
Was mag dich nur erfreuen
Betrübter Mann der Frohe sprach
Gott woll' dir Trost verleihen.

Herr Gottschalk der getreue Mann
Geht frei in unsren Landen
Durch wunderbare Hülf' entrann
Er aus des Bischofs Banden.

Er hatte eine kleine Maus
Im Kerker zahm gezogen,
Sie ging als Gastfreund ein und aus,
Und war dem Herrn gewogen.

Die harte Rinde, die sie nagt
Tränkt er im Lampenöle
Und wenn er Lebewohl gesagt
Kehrt sie nach ihrer Höhle.

Und wenn er traurig niederkniet
Und singt den Morgensegen
So tönt ihm auch ihr frommes Lied
Aus ihrem Haus entgegen.

Doch einst sein treuer Freund entlief
Und wollte nicht mehr kehren
Und wie Herr Gottschalk lockt' und rief,
Das Mäuslein wollt' nicht hören.

Bei Mittagsbrot und Abendbrot
Blieb unbenagt die Rinde:
Er grub nach ihr, ob mausetot,
Er wohl die Treue finde.

Und in der Erde eingescharrt
Fand Meißel er und Feilen,
Womit er seine Bande hart
Gar leichtlich konnt' zerteilen.

Nun geht er frei, der fromme Mann
Und wird sein Schwert bald rühren,
Ihm schließen sich die Freunde an,
Das soll der Bischof spüren.

Der andre sprach mein Schwesterlein,
Das liegt gar hart gefangen
Und selbst das treue Mäuslein dein
Könnt' nicht zu ihr gelangen.

Der falsche Knecht, die Liebe brach
In ihres Herzens Kammer,
Ihm stiegen die Gesellen nach
Das Leid und böser Jammer.

Ein Freund des Bischofs sie belog
Herr Herrmann sei erschlagen
Der heimlich gegen Arle zog,
Den Vater zu erfragen.

Da ging ihr alle Hoffnung aus
Die Schmerzen sie bezwangen
Und legten in ein festes Haus
Auf ewig sie gefangen.

Des Schlosses Dach ist himmelblau,
Die Mauren grüne Wellen,
Die Graben breit, sind Flur und Au
Die Fenster Flüss' und Quellen.

Am Fels, wo wild der Rhein zerschellt
Wo bös die Schiffe stranden,
Dort ewig sie gefangen hält
Der Schlund in kühlen Banden.

Da sprach zu ihm der frohe Mann,
Laß uns zu Gottschalk reiten,
Da treffen wir den Sohn auch an,
Den Bischof zu bestreiten.

Und da sie aus dem Walde schon
Trat wieder zu der Quelle
Herrmann des frommen Gottschalk Sohn
Der traurige Geselle.

Streit' wohl, streit' wohl, o Vater mein,
Streit wohl, und stirb in Ehren,
Ich hab' verloren das Mäuslein mein,
Es will mir nicht mehr kehren.

Mich soll wie dich o Vater mein,
Verlorne Liebe retten,
Mein Schwert, es muß die Feile sein
Und lösen meine Ketten,

Da eilt er zu dem Wasserschloß
Wo bös die Schiffe stranden
Und macht sich mit dem Schwerde los
Aus seines Kerkers Banden.

Und stürzt hinab ins kühle Haus
Wo Liebchen liegt gefangen,
O Liebchen breit' die Arme aus
Ihn treulich zu empfangen.

Und läg' gefangen im kühlen Haus
Die mich so hart betrogen,
Sie hätte, eh' dies Lied noch aus
Mich auch hinabgezogen.

Ich träumte hinab in das dunkle Tal
Auf engen Felsenstufen
Und hab' mein Liebchen ohne Zahl
Bald hier, bald da gerufen.
Treulieb, Treulieb ist verloren!

Mein lieber Hirt nun sage mir,
Hast du Treulieb gesehen,
Sie wollte zu den Lämmern hier,
Und dann zum Brunnen gehen,
Treulieb, Treulieb ist verloren!

Treulieb in meinem Schoße saß
Dort oben an den Klippen
Und weil die Wangen ihr so blaß,
So küßt' ich ihre Lippen.
Treulieb, Treulieb ist verloren!

Ich blies die Flöte, ich flocht den Kranz
Ich ging ihr Blumen zu pflücken,
Ich wollte sie zum Abendtanz,
Als meine Buhle schmücken.
Treulieb, Treulieb ist verloren!

Da hört sie ein schallendes Jägerhorn
Da tät sie die Öhrlein stellen
Und schwang sich hinüber durch Distel und Dorn
Und folgte dem Waldgesellen.
Treulieb, Treulieb ist verloren!

Ich träumte hinab in den dunklen Wald
Auf engen Felsenstufen
Und habe mein Liebchen, daß es schallt
Bald hier, bald da gerufen.
Treulieb, Treulieb ist verloren!

Mein lieber Jäger nun sage mir
Hast du mein Lieb gesehen,
Sie wollte in das Waldrevier
Zu Hirsch und Rehen gehen.
Treulieb, Treulieb ist verloren!

Treulieb lag heut in meinem Arm
Im Schatten kühler Eichen
Wir herzten uns, es ward ihr warm,
Sie ging ins Bad zu steigen.
Treulieb, Treulieb ist verloren!

Der Mühlbursch hell ein Liedlein pfiff
Da tauchte Treulieb unter,
Und tauchte auf, sprang in sein Schiff,
Ohn' Hemd doch frisch und munter.
Treulieb, Treulieb ist verloren!

Ich träumte hin an Mühlbachs Rand
Auf engen Felsenstufen
Und habe in schallender Klippenwand
Mein Liebchen oft gerufen.
Treulieb, Treulieb ist verloren!

Nun lieber Müller nun sage mir
Hast du mein Lieb gesehen
Ich gab ihr Korn sie wollte hier
Bei dir zur Mühle gehen.
Treulieb, Treulieb ist verloren!

Treulieb ist heut auf weichem Pfühl
In meinem Arm entschlafen,
Es klang die Schelle es klappte die Mühl',
Das Auffüllen hab' ich verschlafen.
Treulieb, Treulieb ist verloren!

Und als mich morgens die Reuter geweckt
Die hier vorbei gezogen
Hat sie der Trompeter in Mantel gesteckt
Und mich um sie betrogen.
Treulieb, Treulieb ist verloren!

Ich träumte hin auf der Reuter Zug
In Staub erkannt' ich die Hufen
Und wo das Herz mir lauter schlug
Hab' Treulieb ich gerufen.
Treulieb, Treulieb ist verloren!

Mein lieber Reuter willst du mir
Wo Liebchen ist wohl sagen,
Ich weiß sie hat geholfen dir
Dein Zeltlein aufzuschlagen.
Treulieb, Treulieb ist verloren!

Treulieb bei mir im Zelte lag,
Das Pulfer hat sie gerochen
Die ganze Nacht, doch früh am Tag
Da ist sie aufgebrochen.
Treulieb, Treulieb ist verloren!

Es zog der Bettelstudent vorbei
Und spielte auf der Leier
Sie guckt hinaus, was es wohl sei
Und folgt dem neuen Freier.
Treulieb, Treulieb ist verloren!

Ich träumte, ich folg' der Leier Klang
Hinab viel Felsenstufen
Und habe auf dem bittren Gang,
Mein Liebchen noch oft gerufen.
Treulieb, Treulieb ist verloren!

Mein lieber Schüler sage mir
Hast du Treulieb gesehen
Sie wollt', ich weiß es wohl, bei dir
Zur Singeschule gehen.
Treulieb, Treulieb ist verloren!

Treulieb fraß mit mir auf einmal
Wohl Bettelbrot zwei Pfunde
Den Wein den sie dem Reuter stahl
Trank ich aus ihrem Munde.
Treulieb, Treulieb ist verloren!

Doch als ich an der Schmiede stand
Ums Abendbrot zu singen
Viel größre Freude sie empfand
An kräft'gem Hammerschwingen.
Treulieb, Treulieb ist verloren!

Mein lieber Meister wohlgestalt
Sprach sie zum ruß'gen Mohren
Beschlag mich lieber warm als kalt
Viel Eisen hab' ich verloren.
Treulieb, Treulieb ist verloren!

Ich träumt' zur Schmiede den schwarzen Gang
Hinab so viele Stufen
Und lauter als der Hammer klang
Hab' ich Treulieb gerufen.
Treulieb, Treulieb ist verloren!

Der Meister sprach sie hat der Knecht
Der Knecht, sie hat der Bube
Der Bube wies mich dann zurecht,
Zu Todengräbers Stube.
Treulieb, Treulieb ist verloren!

Ich träumt' hinab ins Totental
Wohl tausend dunkle Stufen
Und hab' mein Lieb wohl tausendmal
Mit bittrer Angst gerufen.
Treulieb, Treulieb ist verloren!

Mein Todengräber nun sage mir
Hast du mein Lieb gesehen,
Auf ihrer Mutter Grab allhier
Wollt' sie die Blumen säen.
Treulieb, Treulieb ist verloren!

Treulieb lag bei mir manche Nacht
Und sang mir freche Lieder
Und wenn ich ein Fräulein zu Grab gebracht
Da stahl sie ihr den Mieder.
Treulieb, Treulieb ist verloren!

Sie stiehlt der Braut den Jungfernkranz
Die schwarzen Todenschuhe
Die zieht sie an und ging zum Tanz,
Und nimmt den Leichen die Ruhe.
Treulieb, Treulieb ist verloren!

Und als sie nach goldnen Ringen sucht
Und in den Sarg tät langen,
Der tote Jude der tief verflucht
Hat zärtlich sie umfangen.
Treulieb, Treulieb ist verloren!

Wo ist des toten Juden Grab,
Wo ruht der böse Bube
Der Totengräber zur Antwort gab
Geh nach der Schindergrube.
Treulieb, Treulieb ist verloren!

Ich träumte zum dunklen Galgen hin
Hinauf viel tausend Stufen
Und hab' mein Lieb mit wildem Sinn
Wie Raben und Geier gerufen.
Treulieb, Treulieb ist verloren!

Nun toder Jude sage mir
Hast du Treulieb gesehen,
Sie wollte ganz allein zu dir
Um dich zu taufen gehen.
Treulieb, Treulieb ist verloren!

Sie lag bei mir zur zwölften Stund,
Und hat mir's nicht gedanket
Es heulte zum Mond des Schinders Hund
Der Gehenkte im Galgen schwanket.
Treulieb, Treulieb ist verloren!

Da läßt sie die edle vertrauliche Gruft
Und stiehlt mir meine Geschmeider
Und steigt herauf zu dem luftigen Schuft,
Auf der dünnen Galgenleiter.
Treulieb, Treulieb ist verloren!

Ich träumte hinauf ins leere Schloß
Wohl auf der Leiter Stufen
Und habe auf jeder Galgenspross'
Nach meinem Lieb gerufen.
Treulieb, Treulieb ist verloren!

Nun sag' mir mein gehenkter Schuft
Hast du Treulieb gesehen,
Sie schöpfte hier wohl frische Luft
Und wollte um sich sehen.
Treulieb, Treulieb ist verloren!

Sie hat mit mir im Mondenschein
Ein Stündchen sich geschaukelt,
Da hob sich Lärm und wildes Schrein
Da kam es heran gegaukelt.
Treulieb, Treulieb ist verloren!

Zuerst der Hexen Troß voran
Auf Gabeln und auf Besen,
Und dann der Meister Urian
Der hat sie sich erlesen.
Treulieb, Treulieb ist verloren!

Er faßt die Jungfer sich aufs Korn
Mit angenehmen Sitten
Sie faßt den Teufel bei dem Horn
Zum Blocksberg sie dann ritten.
Treulieb, Treulieb ist verloren!

Ich träumte hinauf die steile Höh'
Auf engen Felsenstufen,
Und hab' mit Ach und hab' mit Weh
Nach meinem Liebchen gerufen.
Treulieb, Treulieb ist verloren!

Nun lieber Teufel sage mir
Hast du Treulieb gesehen
Sie kam allein herauf zu dir,
Dich kämpfend zu bestehen.
Treulieb, Treulieb ist verloren!

Treulieb sie küßte mich unterm Schwanz,
Ich war ihr wohlgewogen,
Doch hat sie mir beim wilden Tanz
Ein Ohr schier abgelogen.
Treulieb, Treulieb ist verloren!

Geh nimm sie wieder da sitzet sie,
Auf einem Katzendrecke,
Bist du Treulieb ich laut aufschrie,
Als ich das Luder entdecke.
Treulieb, Treulieb ist verloren!

Mein lieb Treulieb, nun sage mir
Hast du Treulieb gesehen
Sie soll nun mir in dir allhier
Wahrhaftiglich bestehen.
Treulieb, Treulieb ist verloren!

Treulieb, Treulieb sie sitzt allhie
Auf mir dem falschen Schwure.
Treulieb ist Dichterphantasie
Und ich bin deine Hure.
Treulieb, Treulieb ist verloren!

Ich kenn' ein Haus, ein Freudenhaus,
Es hat geschminkte Wangen,
Es hängt ein bunter Kranz heraus,
Drin liegt der Tod gefangen.

In meinem Mantel trag' ich hin
Biskuit und süße Weine,
Der Himmel weiß wohl, wer ich bin,
Die Welt schimpft, was ich scheine.

Die eine liest mir in der Hand
Sie will mein Unglück lesen,
Die andre malt mich an die Wand,
Und nennt mich holdes Wesen.

Die dritte weiß sich flink zu drehn
Es schwindeln mir die Sinne
Und jede dieser bösen Feen
Sucht, wie sie mich umspinne.

Doch dorten auf den Arm gelehnt
Sitzt eine stumm und weinet,
Sie hat sich längst mit Gott versöhnt,
Und sitzet doch und weinet.

Was will sie noch in diesem Haus,
Sie muß den Spott erleiden,
Es zischt der freche Chor sie aus,
Du kannst uns doch nicht meiden.

Sie schweigt und weint und trägt den Hohn
Den schweren Büßerorden.
Man zuckt die Achseln, kennt sie schon,
Sie ist zur Närrin worden.

Doch ich berühr' um sie allein
Die himmelschreinde Schwelle,
Bei ihr, tret' ich zum Saal herein,
Ist meine feste Stelle.

Sie achtet's nicht, sie blickt nicht auf,
Wenn alle tanzend fliegen,
Seh' ich mit stetem Tränenlauf
Das bleiche Haupt sie wiegen,

So hundert Tage ohne Ruh'
Sah ich sie wanken, weinen
Und sprach, o Weib, welch Kind wiegst du?
Will denn kein Schlaf erscheinen?

Du hast dem Leid genug getan,
Gib mir's, ich will dir's tragen.
Da schrie ihr Blick mich schneidend an,
Doch konnt ihr Mund nichts sagen,

Und neulich nachts, um Mitternacht,
Kam ich mit meiner Laute,
Die Pforte hat sie aufgemacht,
Die noch am Fenster schaute.

Sie zieht mich in den Garten fort,
Sitzt auf ein Hüglein nieder,
Gibt keinen Blick und gibt kein Wort,
Und weinet stille wieder.

Zu ihren Füßen saß ich hin,
Und ehrte ihren Kummer,
Da hat mir Gott ein Lied verliehn,
Ich sang sie in den Schlummer.

Ich sang so kindlich, sang so fromm,
Ach säng' ich je so wieder!
O Ruhe komm, ach Friede komm,
Küß ihre Augenlider!

Und da sie schlief, da stieg so hold
Ein Kindlein aus dem Hügel,
Trug einen Kranz von Flittergold
Und einen Taschenspiegel,

Und brach ein Zweiglein Rosmarin,
Das ihm am Herzen grünet,
Und legt' es auf die Mutter hin,
Und sprach: Gott ist versühnet.

Und wo den Rosmarin es brach,
Da bluteten zwei Wunden,
Und als es kaum die Worte sprach,
Ist es vor mir verschwunden.

Die Mutter ist nicht mehr erwacht
Noch schläft sie in dem Garten,
Ich steh' und sing' die ganze Nacht,
Kann wohl den Tag erwarten,

Da ruft mich Zucht und Ehr' und Pflicht
Aus diesem Haus der Sünde,
Doch von der Mutter lass' ich nicht
Ob ihrem armen Kinde.

Es winkt zurück, wenn ich will gehn,
Sitzt an des Hügels Schwelle,
Und kann nicht aus dem Spiegel sehn,
Sein Flitterkranz glänzt helle.

Es brach das Haus, der Kranz fiel ab,
Fiel auf den Sarg der Frauen,
Ich blieb getreu, tät bei dem Grab
Mir eine Hütte bauen.

Und daß die Schuld nicht mehr erwacht,
Will ich da ewig singen,
Bis Jesus richtend bricht die Nacht,
Bis die Posaunen klingen.

Oft mit dem Kind in Sturm und Wind,
Sing' ich auf meinen Knieen,
O Jesus! du gemordet Kind
Du hast ja auch verziehen!

Ein Tröpflein deines Blutes nur
Laß auf die Mutter fallen,
Das macht uns rein und klar und pur,
Daß wir zum Lichte wallen.

Die Gottesmauer

Draus vor Schleswig an der Pforte
Wohnen armer Leute viel.
Ach! des Feindes wilder Horde
Werden sie das erste Ziel.
Waffenstillstand ist gekündet;
Dänen ziehen aus zur Nacht;
Russen, Schweden sind verbündet,
Brechen ein mit wilder Macht.

Draus vor Schleswig, weit vor allen
Liegt ein Hüttlein ausgesetzt.

Draus vor Schleswig in der Hütte
Singt ein frommes Mütterlein:
„Herr, in deinen Schoß ich schütte
Alle meine Sorg' und Pein!"
Doch ihr Enkel, ohn' Vertrauen,
Zwanzigjährig, neuster Zeit,
Hat, den Bräutigam zu schauen,
Seine Lampe nicht bereit.

Draus vor Schleswig in der Hütte
Singt das fromme Mütterlein.

„Eine Mauer um uns baue!"
Singt das fromme Mütterlein:
„Daß dem Feinde vor uns graue,
Nimm in deine Burg uns ein!"
„Mutter", spricht der Weltgesinnte,
„Eine Mauer uns ums Haus
Kriegt fürwahr nicht so geschwinde
Euer lieber Gott heraus!"

„Eine Mauer um uns baue!"
Singt das fromme Mütterlein.

„Enkel, fest ist mein Vertrauen,
Wenn's dem lieben Gott gefällt,
Kann Er uns die Mauer bauen,
Was Er will, ist wohl bestellt."
Trommeln rumdidum rings prasseln;
Die Trompeten schmettern drein;
Rosse wiehern, Wagen rasseln;
Ach, nun bricht der Feind herein!

„Eine Mauer um uns baue!"
Singt das fromme Mütterlein.

Rings in alle Hütten brechen
Schwed' und Russe mit Geschrei,
Fluchen, lärmen, toben, zechen,
Doch dies Haus gehn sie vorbei.
Und der Enkel spricht in Sorgen:
„Mutter, uns verrät das Lied!"
Aber sieh! das Heer von Morgen
Bis zur Nacht vorüberzieht.

„Eine Mauer um uns baue!"
Singt das fromme Mütterlein.

Und am Abend tobt der Winter,
Um die Fenster stürmt der Nord.
„Schließt die Laden, liebe Kinder!"
Spricht die Alte, und singt fort.
Aber mit den Flocken fliegen
Nur Kosakenpulke 'ran;
Rings in allen Hütten liegen
Sechzig, auch wohl achtzig Mann.

„Eine Mauer um uns baue!"
Singt das fromme Mütterlein.

„Eine Mauer um uns baue!"
Singt sie fort die ganze Nacht.
Morgens wird es still: „O schaue,
Enkel, was der Nachbar macht!"
Auf nach innen geht die Türe;
Nimmer käm' er sonst heraus:
Daß er Gottes Allmacht spüre,
Liegt der Schnee wohl haushoch draus.

„Eine Mauer um uns baue!"
Sang das fromme Mütterlein.

„Ja! der Herr kann Mauern bauen!
Liebe, gute Mutter, komm,
Gottes Wunder anzuschauen!"
Spricht der Enkel und ward fromm.
Achtzehnhundertvierzehn war es,
Als der Herr die Mauer baut';

In der fünften Nacht des Jahres
Hat's dem Feind davor gegraut.

„Eine Mauer um uns baue!"
Sang das fromme Mütterlein.

Weihnacht

Eine Rose hat geblühet
Also süß, geheimnisreich,
Daß selbst Gott für sie erglühet,
Und geworden Menschen gleich.

Keuschheit, Innigkeit und Demut
Schmückten sie mit Farb und Duft,
Daß ihr Reiz mit frommer Wehmut
Bis zum Throne Gottes ruft.

Also hat ihr Duft gezogen,
Daß den Stärksten sie bezwang,
Daß ihr an das Herz geflogen
Ist der Held, um den sie rang.

Daß, der erste und der letzte,
Des allmächt'gen Gottes Sohn
In den Schoß der Rose setzte
Aus dem Himmel seinen Thron.

Wie das Einhorn kömmt gesprungen
Gern zu reiner Jungfraun Schoß
Und sein Haupt, das nie bezwungen
Beuget aller Wildheit bloß,

So ihr inniges Verlangen
Zog den Helden in das Land,
Und sie band, den sie gefangen,
Mit der Liebe stärkstem Band.

Lieblich hat sie ihn empfangen,
Ach er grüßte so vertraut!
Und sie hat ihn süß umfangen,
Wie den Bräutigam die Braut,

Führt ihn ein zum Heiligtume,
In des Herzens Kämmerlein,
Wo mit ihm die reine Blume
Mutterselig war allein.

Wo sie den Geliebten legte
In ein Bettlein keusch und rein,
Und ihm, den sie lieblich pflegte,
Schenkte süßen Balsam ein,

Daß der ganz von Lieb' Berauschte
Schlummernd dort neun Monde lag
Und sein eignes Herz belauschte
In des Mutterherzens Schlag.

Und als nun der Held erwachte,
O da war der Starke lind!
Der da Erd' und Himmel machte,
War ein kleines, süßes Kind.

Den Unfaßlichen die Rose
Bindet fest in Tüchlein ein,
Wiegt ihn spielend ein im Schoße,
Legt ihn in ein Krippelein.

Und durch Demut führt die Holde
Den Allmächt'gen nah und fern,
Hin und wieder, wo sie wollte,
Führt den Herrn die Magd des Herrn,

Bringt zum Tempel den Geliebten,
Setzt ihn auf ein Eselein,
Führt ihn fern bis in Ägypten,
Und er folgt dem Mütterlein,

Flüchtet durch die dürre Wüste
Ihren Schöpfer vor Gefahr,
Und es nähren ihre Brüste
Ihren Gott, den sie gebar.

Führet ihren Gott zurücke
An der treuen Mutterhand,
Als erlosch des Feindes Tücke,
In sein ird'sches Vaterland.

Führt zu seines Tempels Hallen
Den Allmächtigen, ein Kind,
Lehrt ihn die Gebete lallen,
Die ihm selbst gebetet sind.

Und als sie im Tempel lehrend
Den Vermißten wiederfand,
Folgt er ihre Mahnung ehrend
Wie ein Kind am Gängelband.

Wie geschah dem Gottessohne
Als der edlen Rose Duft
Bis zum hohen Himmelsthrone
Aus den Erdendornen ruft,

Ganz in Liebe er erglühte
Los er sich vom Vater wand,
Sprang zur wundersüßen Blüte,
Die da in den Dornen stand.

Hat die Dornen wohl empfunden,
Ward wohl selbst ein Röslein rot,
Blutete, von Dorn umwunden,
Aus fünf Rosen sich zu tot.

Und empfangen von der Rose
Süß nach weiblicher Natur
Folgt allein er dem Gekose
Ihres lieben Willens nur.

Und als ihn die Süße, Holde
Schloß im keuschen Herzen ein,
Wo sie nur ihn haben wollte,
Trank er also süßen Wein,

Daß der Gottheit unermessen
Und der Engel lichte Pracht
Er im Mutterschoß vergessen,
Wenn die Jungfrau niederlacht,

Und mit lieblicher Geberde
Hüllt sie in ein Knechtsgewand
Den, der Himmel schuf und Erde,
Liebe zwingt zu niederm Stand.

Zwinget in dem Sklavenkleide
Ihn so manches bittre Jahr,
Daß er tue, daß er leide,
Was er nicht gewöhnet war.

Und als nun im Todeskleide
Er ins Elend trat heraus,
Daß das Lamm in Dornen weide,
Brach es laut in Tränen aus.

Fühlte gleich die Dornen stechen
Nach des Rosenbettleins Ruh'
Und es war, als wollt' er sprechen:
Ach! wie komme ich dazu?

Und Maria lächelt freudig
Dem gefangnen Königssohn,
Mit dir lieb' ich, mit dir leid' ich,
Doch du kommst mir nicht davon!

Gott sei Preis, daß fest gebunden
Ich durch Liebe dich, o Held!
Hat dich Liebe überwunden,
So besieg' mir nun die Welt!

Eh' dein Vater zu der Rechten
Dich, o Sohn! erhöhen soll,
Werd' erst Gnade seinen Knechten,
Denn er hieß mich gnadenvoll!

Adam und all seine Kinder
Mußt du erst vom Zorn befrein,
Dann magst du, o Trost der Sünder
Wieder bei dem Vater sein.

Und daß dieser nicht dem Sohne,
Und der Sohn sein selber nicht
Zu der Sünder Heil verschone,
Ging die Liebe ins Gericht.

Und es gab das Kind der Rose
All sein Blut so rosenrot,
Fiel aus seiner Mutter Schoße
In die Dornen, in den Tod.

Ach die Sünder kosten teuer
Kosten Schmerzen ihn genug,
Bis er aus des Zornes Feuer
Sie ins Bad der Gnade trug.

Und wer nun hier in der Rose
Fein das süße Kindlein sieht,
Dank' daß aus der Jungfrau Schoße
Ihm auch ist das Heil erblüht!

Hab' dies Weihnachtslied gesungen
Von dem süßen Rosenkind,
Bin von Dornen so umschlungen,
Daß ich wund und krank und blind.

Ist drum nicht dies Lied gelungen
Mag es sein, weil wie ein Kind
In den Dornbusch ich gedrungen,
Daß ich dir ein Sträußlein bind'.

Hab' nur Dornen mir gesammelt,
Geb' dir all die Rosen hin,
O vergib dem Schmerz der stammelt,
Laß mich scheinen, was ich bin.

Caroline von Günderode
1780–1806

Der Gefangene und der Sänger

Ich wallte mit leichtem und lustigem Sinn
Und singend am Kerker vorüber:
Da schallt aus der Tiefe, da schallt aus dem Turm
Mir Stimme des Freundes herüber. –

„Ach Sänger! verweile, mich tröstet dein Lied,
Es steigt zum Gefangnen herunter,
Ihm macht es gesellig die einsame Zeit,
Das krankende Herz ihm gesunder."

Ich horchte der Stimme, gehorchte ihr bald,
Zum Kerker hin wandt' ich die Schritte,
Gern sprach ich die freundlichsten Worte hinab,
Begegnete jeglicher Bitte.

Da war dem Gefangenen freier der Sinn,
Gesellig die einsamen Stunden. –
„Gern gäb ich dir Lieber!" so rief er: „die Hand,
Doch ist sie von Banden umwunden.

Gern käm' ich Geliebter! gern käm' ich herauf
Am Herzen dich treulich zu herzen;
Doch trennen mich Mauern und Riegel von dir,
O fühl' des Gefangenen Schmerzen.

Es ziehet mich mancherlei Sehnsucht zu dir;
Doch Ketten umfangen mein Leben,
Drum gehe mein Lieber und laß mich allein,
Ich Armer ich kann dir nichts geben." –

Da ward mir so weich und so weh ums Herz,
Ich konnte den Lieben nicht lassen.
Am Kerker nun lausch' ich von Frührotes Schein
Bis abends die Farben erblassen.

Und harren dort werd' ich die Jahre hindurch,
Und sollt' ich drob selber erblassen.
Es ist mir so weich und so sehnend ums Herz
Ich kann den Geliebten nicht lassen.

Friedrich Gottlob Wetzel
1780–1819

Das Wunderbild

Vom Himmel war ein Bild gefallen,
　Gleich als die Sonne hell und klar,
Kein Meister forscht es aus von allen,
　Aus welchem Stoff das Bildnis war;
Des Goldes Glanz, der Edelsteine,
Erlosch an dieses Bildes Scheine.

Und wie die Wundermär' erklungen,
　Da macht alsbald sich Hauf bei Hauf,
Aus allen Landen, allen Zungen,
　Den selt'nen Schatz zu heben auf;
Doch keinem will der Fund gelingen,
Ob auch viel Tausend suchen gingen.

Ein Knabe saß bei seinen Schafen,
　Ein Knabe schön wie Engel sind,
Ein's Tages war das Kind entschlafen,
　Erwacht am kühlen Abendwind,
Und wie es aufsteht von der Erde,
Fehlt ihm das liebste Lamm der Herde.

Der Knabe weint, das Lamm zu missen,
　Sucht auf den Bergen weit und breit,
Und – plötzlich liegt vor seinen Füßen
　Das Bild der ew'gen Herrlichkeit,
Das Kind, es bleibt verwundert stehen,
Und steht und kann nicht weiter gehen.

Da will das Bild lebendig werden,
　Es küßt des Knaben Angesicht,
Und sieh', von nun an ist auf Erden
　Des Kindes Bleiben länger nicht.
Kein Auge sah hinfort den Knaben,
Und niemand weiß, wo er begraben.

Der Spielmann

Es steht ein Spielmann vor der Tür:
    Ruft ihn herein zum Feste!
Er tritt wohl in den Saal herfür,
    Und grüßt die muntern Gäste:
Kennt ihr das Lied vom Rotbart nicht?
Spricht er mit ernstem Angesicht,
    Das Lied will ich euch singen.

Der Kaiser kam an einen Fluß,
    Im heil'gen Krieg gezogen,
Sein Heer wagt nicht hinein den Fuß,
    Er stürzt sich in die Wogen,
Da sank er in der Rüstung schwer,
Es führt ein Schiff den Leichnam her,
    Zum Land der Väter über.

Und wie der Sarg, darin er ruht,
    Berührt den teuren Boden,
Da regt sich drinnen neue Glut
    Und frischer Lebensodem;
Der Träger Schar erschrocken flieht,
Und als man nach dem Sarge sieht,
    Der Leichnam ist verschwunden.

Auf einem Berg, wie Sage geht,
    In Thürings güld'ner Auen,
Da ist des Kaisers Majestät
    In einer Kluft zu schauen.
Sein Bart durchwuchs den steinern Tisch,
Sein Angesicht ist rot und frisch,
    Das Aug' im Traum geschlossen.

Und nun vernehmt ein teures Wort,
    Bewahrt's in Herzens Grunde,
Ein grauer Spielmann hört' es dort
    Aus Kaisers eig'nem Munde:
Wenn siebenhundert Jahr vorbei,
Dann lassen mich die Geister frei,
    Mein Volk auf's neu' zu grüßen.

Als Spielmann zieh' ich dann umher,
    Mich soll kein Aug' entdecken,
Ich singe manche gute Mär',
    Den alten Geist zu wecken.
Durch Liedes Kraft und Gottes Hand
Erbau' ich neu das Vaterland,
    Eine Burg auf ew'ge Zeiten.

Und wenn das edle Werk vollbracht,
    Nimm dann den Lebensmüden,
O Erd', in deine kühle Nacht,
    Und gib ihm endlich Frieden!
Doch meinem Volk, dem gib mein Schwert,
Im heil'gen Kriege wohl bewährt,
    Zu neuen heil'gen Kriegen.

Der Spielmann hebt den Römer auf,
    Und reicht ihn allen Gästen:
Nehmt hin, das ist mein Geist! wohlauf,
    Und denket mein im Besten!
Und alle seh'n, indem er spricht,
Verwandelt leuchten sein Gesicht,
    Und flugs war er von hinnen.

Achim von Arnim
1781–1831

Der König ohne Volk

Ein König auf dem Throne
Mit seinem Szepter von Gold
Den Rat oft schlug zum Hohne,
War keinem Menschen hold.

Den Hunden an dem Tische
Der Rat die Teller hält,
Er füttert gut die Fische,
Sein Volk in Hunger fällt.

Sein Völkchen war beritten,
Er ärgert sie so baß,
Daß alle sind fortgeritten,
Da ward der König blaß.

Er konnte sie nicht halten,
Sein ganzes Volk ritt fort,
Er konnt' allein nun walten
An seinem Hundeort.

„Wenn mir die Hunde bleiben,
So bin ich dennoch reich,
Die Zeit mir zu vertreiben,
Das andre gilt mir gleich."

Die Hunde, schlecht bedienet,
Die wurden falsch und wild,
Und als er sich erkühnet,
Zerrissen sie sein Schild;

Zerrissen seinen Mantel,
Da stand er nackt und bloß,
Da sah man bei dem Handel,
Er hätt' einen Buckel groß.

Du mußt die Lehre fassen,
Mein edler Fürstensohn,
Wen schon die Besten verlassen,
Der sitzt nicht fest auf dem Thron.

Frühlingsnacht

Geraubet war ihm das Fräulein sein,
Er sucht es in Morgen und Abend,
Er sucht es in Sonn- und Mondenschein
Auf glänzendem Rosse trabend:
    „Wohin, wohin, mein wildes Herz?"
    So ruft er, es sausen die Wälder von Schmerz.

Er suchet in seinen Gedanken auf
Die Blicke voll Lust und voll Liebe
Und drücket die Augen fest zu im Lauf,
Taucht Sonne ins Wasser so trübe;
    Wie weit, wie weit bringt Frühlingstag
    Das weite Land, wie's keiner vermag.

Er lernet der Sprachen Mannigfalt,
Zu fragen nach ihr in allen,
Er lernet auch eine, die keinem schallt,
Der stummen Blumen Gefallen:
    Woher, woher der deutende Strauß?
    Er fiel zum Fenster des Turmes hinaus!

„O Schicksal, du spielest mit Blumen bunt,
Sie will in die Arme mich fassen!"
Da drückt er die Blumen an seinen Mund
Und kann sich selber kaum fassen:
    Wozu, wozu nun alle der Schmerz,
    Sie sinket im Mondenschein an sein Herz!

Und als der Mond den Bogen hell
Spannt über dem Turme und zielet
Und schießet die silbernen Pfeile schnell
In Augen, die brennend gefühlet:
    Wie weit, wie weit bringt Liebesnacht
    Zwei liebende Herzen in einer Nacht!

Er spannet die Arme zum Turme aus:
„O fülle die Arme, du Liebe,
Wie du mir versprochen im bunten Strauß."
Sie hört es und folget dem Triebe:
    Woher, woher? Vom Turme herab
    Sie stürzt in die Arme ihm – beider Grab!

Am Morgen, da fliegen zwei Lerchen auf,
Die überfliegen einander,
Wohin, wohin der schnelle Lauf?
Sie singen es jubelnd einander:
    Warum, warum viel liebe Not?
    Aus Armen der Nacht steigt Morgenrot.

Der Förster

Die Eichen klüften auf vom Frost,
Die Wölfe heulend weichen,
Jetzt sucht nur Not im Walde Trost,
Jetzt, Förster, laß dein Schleichen.

Die Diebeswagen krachten fort,
Du hast sie nicht gehöret,
Der Wilddieb schoß vor deiner Pfort',
Du hast ihn nicht gestöret.

Was hieltest du so lange Rast
In deines Weibes Armen?
Hast große Diebe nicht gefaßt,
Mit kleinen hab Erbarmen.

Der Oberförster kommt nun bald,
Den soll dein Eifer blenden:
Ein Weib keucht fernhin durch den Wald,
Die willst du tobend pfänden!

Sieh rings, wie mancher Baum erstarrt
Zum Himmel hebt die Ärme;
Dich füllt, die Erd' ist eingescharrt,
Vom Leichenschmaus die Wärme.

Der Schnee glänzt wie ein Leichentuch
Im letzten Abendschimmern,
Kein Vogel wagt sich auf zum Flug,
Schneenadeln einzeln flimmern.

Die Glocken schallen kaum noch her,
Die ersten Sterne zittern,
Zusammenfrieren Land und Meer
Zu eines Kerkers Gittern.

Die Alte saß in Frostes Haft
Beim kranken Enkelkinde,
Schnell sucht sie Holz mit letzter Kraft,
Daß sie's noch lebend finde.

Noch trägt sie, als er halt! ihr schreit,
Ein Reisbund auf dem Rücken,
Sie fleht um diese Kleinigkeit:
Und muß sich vor ihm bücken.

Er stößt sie nieder mit dem Bund
Und droht mit Straf' und Klagen,
Sie tut die grimme Not ihm kund,
Er soll' die Nachbarn fragen.

„Die trocknen Zweige brach der Wind,
Ich hab sie nicht gebrochen,
Gar krank liegt heim mein Enkelkind,
Kann ihm nichts Warmes kochen.

Das Mädchen habt Ihr wohl gesehn,
Als sie ist eingesegnet,
Sie ist so fromm, so wunderschön,
Wie keiner Ihr begegnet."

Der Förster lacht: „So schick sie her,
Die Schöne kann ich wärmen,
Ja trüg' sie Kloben fort so schwer,
Ich wollte drum nicht lärmen.

Du laß das Reisbund und als Pfand
Die dick bepelzte Mütze,
Die trägst du nur aus Unverstand,
Die treibt zum Kopf die Hitze."

Die Alte droht: „Werd' nimmer warm,
Wenn mir das Kind erfrieret,
Werd' leichenkalt in Weibesarm,
Kein Feuer dir gebühret.

Dein Winter sei die Ofenglut,
Dein Atem kaltes Fieber,
Beim Weine starre dir das Blut,
Als ging' der Tod vorüber!"

Die Augen blitzen ihr beim Wort,
Er wagt sie nicht zu schlagen,
Es überrieselt ihn sofort
Wie Fluches Strom in Sagen.

Er kehrt nach Hause zum Kamin
Und reiches Feuer findet,
Doch mag das Feuer knisternd ziehn,
Der Fluch die Wärme bindet.

Von ihm die Flamm' sich wendet ab,
Als ob ein Sturm sie treibe,
Sein Federbett ist kaltes Grab,
Ihm friert der Wein im Leibe.

Des Försters Herz von Eis zersprang,
Sein Blut war ihm gefroren,
Indessen rings in Feuers Drang
Ihm Hab' und Haus verloren.

Ein Kuß der Frau durchschauert ihn,
Er hört ein Totenläuten,
Der Alten Kind ihm da erschien
Und sprach: „Mußt dich bereiten."

Getrennte Liebe

Zwei schöne, liebe Kinder,
Die hatten sich so lieb,
Daß eines dem andern im Winter
Mit Singen die Zeit vertrieb,
Diesseit und jenseit am Wasserfall
Höret ihr immer den Doppelschall.

Der Winter bauet Brücken,
Sie beide hat vereint,
Und jedes mit frohem Entzücken
Die Brücke nun ewig meint;
Diesseit und jenseit am Wasserfall
Wohnen die Eltern getrennt im Tal.

Der Frühling ist gekommen,
Das Eis will nun aufgehn,
Da werden sie beide beklommen,
Die laulichen Winde wehn;
Diesseit und jenseit am Wasserfall
Stürzen die Bäche mit wildem Schall.

Was hilft der helle Bogen,
Womit der Fall entzückt,
Von ihnen so liebreich erzogen,
Zum erstenmal bunt geschmückt;
Diesseit und jenseit am Wasserfall
Höret sie klagen getrennt im Tal.

Die Vögel über fliegen,
Die Kinder traurig stehn,
Und müssen sich einsam begnügen
Einander von fern zu sehn;
Diesseit und jenseit am Wasserfall
Kreuzen die Schwalben mit lautem Schall.

Sie möchten zusammen mit Singen,
So wie der Vögel Brut,
Den himmlischen Frühling verbringen,
Das Scheiden so wehe tut;
Diesseit und jenseit am Wasserfall
Sehn sie sich endlich zum letztenmal.

Der Knabe kriegt zur Freude
Ein Röckchen wie ein Mann,
Das Mädchen ein Kleidchen von Seide,
Nun gehet die Schule an;
Diesseit und jenseit am Wasserfall
Gehn sie zum Kloster bei Glockenschall.

Sie sahn sich lang' nicht wieder,
Sie kannten sich nicht mehr,
Das Mädchen mit vollem Mieder,
Der Knabe ein Mönch schon wär';
Diesseit und jenseit am Wasserfall
Kamen und riefen sie sich im Tal.

Das Mädchen ruft so helle,
Der Knabe singt so tief;
Verstehn sich endlich doch schnelle,
Als alles im Hause schlief;
Diesseit und jenseit am Wasserfall
Springen im Mondschein die Fische all'.

Froh in der nächtgen Frische,
Sie kühlen sich im Fluß,
Sie können nicht schwimmen wie Fische,
Und suchen sich doch zum Kuß;
Diesseit und jenseit am Wasserfall
Reißen die Strudel sie fort mit Schall.

Die Eltern hören singen
Und schaun aus hohem Haus,
Zwei Schwäne im Sternenschein ringen
Zum Dampfe des Falls hinaus;
Diesseit und jenseit am Wasserfall
Hören sie Echo mit lautem Schall.

Die Schwäne herrlich sangen
Ihr letztes schönstes Lied,
Und leuchtende Wölkchen hangen,
Manch Engelein niedersieht;
Diesseit und jenseit am Wasserfall
Schwebet wie Blüte ein süßer Schall.

Der Mond sieht aus dem Bette
Des glatten Falls empor,
Die Nacht mit der Blumenkette
Erhebet zu sich dies Chor;
Diesseit und jenseit am Wasserfall
Grünt es von Tränen nun überall.

Guter Rat kommt über Nacht

Über den Knüppeldamm, durchs Knochenfeld
Bei der wüsten Kirche, fahren vorbei
Sieben Bauern nachts mit trunknem Geschrei,
Klatschen mit Peitschen und klappern in der Tasche mit Geld,
Kommen vom Markt und rühmen einander die Zeit,
Galt doch der Scheffel Roggen drei Taler heut.

An der Mauer des Kirchhofs steht da ein Weib,
Bleich von Gesicht, sie trägt ein schimmerndes Hemd,
Eine frostige Tracht und hier in den Marken so fremd;
Peitscht doch der erste der Bauern ihr höhnend den Leib.
„Nehmt mich lieber ein Stündlein für Gotteslohn mit!"
Bittet die Frau den ersten, der fährt noch im Schritt.

„Gott, der schläft jetzt", spricht der Bauer in Ruh',
„Denn wie käm's sonst, Bauern gewinnen so viel:
Sind doch gottlos, trunken, ergeben dem Spiel,
Und die Armen, die geben das Geld uns dazu,
Gottslohn machte noch keinen reicher, gib acht,
Sieh dein Heil ab, wenn der Teufel erwacht."

Laut belacht er sein Wort und treibet die Pferd',
Fünf der andern folgen im zuckelnden Trab,
Nur der letzte noch zögert und schaut auf ein Grab,
Das da stehet geöffnet in Kirchhofs Erd';
Hört, das Weiblein spricht zu dem langsamen Knecht:
„Nehmet mich auf, denn Gott wird jedem gerecht."

„Gott ist gnädig", so spricht er, „steige nur auf,
Rede, erzähle, bin nachts nicht gerne allein,
Zitterst so, kriech in die leeren Säcke hinein,
Säcke des Korns, das ich heute führte zum Kauf,
Glaubst du, die Preise steigen noch höher im Jahr,
So verkauf ich nicht mehr, jetzt sage mir wahr."

„Tor, der du harrst auf Unglück der andern", sie spricht,
„Stehest du nicht in derselben strafenden Hand?
Wisse: es nahen bald reichere Zeiten dem Land,
Wisse: es keimet der Roggen so reichlich und dicht,
Aus der Fremde zu Schiff zieht Vorrat hier ein,
Anderthalb Taler wird bald der Preis nur sein."

„Wunderding brauchet der Zeichen", saget der Mann,
„Und Propheten, die wollen geprüfet erst sein;
So zu lügen, das stehet Euch wahrlich nicht fein,
Denn ich diente Euch gern, nicht führt' ich Euch an!"
Doch das Weiblein ihm sagt: „Ich gebe ein Zeichen Euch gern,
Fahret nur rasch zu dem ersten Bauer dort fern.

Sicher Ihr denkt, der lebe noch frisch so wie Ihr,
Denn er hält noch die Zügel der Pferde so fest,
Gott schläft *nimmer!* Wir sind auf Erden nur Gäst',
Jener schläft und erwachet nimmermehr hier;
Sehet nur zu, ich stehe am schmerzlichen Ziel,
Hier am Galgen, da hänget mein süßer Gespiel."

Also das Weiblein entspringt dem Wagen des Manns,
Und er jagt, daß die Funken hell stieben vom Huf,
Hin zum ersten mit fluchendem, gellenden Ruf:
„Bruder wach auf, du fährst an den Galgen an, Hans!"
Doch den ersten erweckt nicht der Ruf, nicht der Knall,
Und sein Wagen erkracht, schwankt über im Fall.

Nicht erwachet der Bauer, was jener auch treibt,
Rüttelt ihn, schüttelt ihn, spritzet mit Wasser ihn an,
Nicht erwachet der leise noch atmende Mann,
Sondern erstarrt und erkaltet, so kräftig er reibt,
Und der letzte erzählt nun, was *ihm* dies Weiblein gesagt,
Keiner nach *ihr* hat umzusehen gewagt.

Adelbert von Chamisso
1781–1838

Die Sonne bringt es an den Tag

Gemächlich in der Werkstatt saß
Zum Frühtrunk Meister Nikolas,
Die junge Hausfrau schenkt' ihm ein,
Es war im heitern Sonnenschein. –
    Die Sonne bringt es an den Tag.

Die Sonne blinkt von der Schale Rand,
Malt zitternde Kringeln an die Wand,
Und wie den Schein er ins Auge faßt,
So spricht er für sich, indem er erblaßt:
    „Du bringst es doch nicht an den Tag." –

„Wer nicht? was nicht?" die Frau fragt gleich,
„Was stierst du so an? was wirst du so bleich?"
Und er darauf: „Sei still, nur still!
Ich's doch nicht sagen kann noch will.
    Die Sonne bringt's nicht an den Tag."

Die Frau nur dringender forscht und fragt,
Mit Schmeicheln ihn und Hadern plagt,
Mit süßem und mit bitterm Wort;
Sie fragt und plagt ihn fort und fort:
    „Was bringt die Sonne nicht an den Tag?"

„Nein, nimmermehr!" – „Du sagst es mir noch." –
„Ich sag es nicht." – „Du sagst es mir doch." –
Da ward zuletzt er müd und schwach
Und gab der Ungestümen nach. –
    Die Sonne bringt es an den Tag.

„Auf der Wanderschaft, 's sind zwanzig Jahr,
Da traf es mich einst gar sonderbar;
Ich hatt nicht Geld, nicht Ranzen, noch Schuh,
War hungrig und durstig und zornig dazu. –
    Die Sonne bringt's nicht an den Tag.

Da kam mir just ein Jud in die Quer,
Ringsher war's still und menschenleer;
‚Du hilfst mir, Hund, aus meiner Not!
Den Beutel her, sonst schlag ich dich tot!"
    Die Sonne bringt's nicht an den Tag.

Und er: ‚Vergieße nicht mein Blut,
Acht Pfennige sind mein ganzes Gut!'
Ich glaubt ihm nicht und fiel ihn an;
Er war ein alter, schwacher Mann –
    Die Sonne bringt's nicht an den Tag.

So rücklings lag er blutend da;
Sein brechendes Aug in die Sonne sah;
Noch hob er zuckend die Hand empor,
Noch schrie er röchelnd mir ins Ohr:
    ‚Die Sonne bringt es an den Tag!'

Ich macht ihn schnell noch vollends stumm
Und kehrt ihm die Taschen um und um:
Acht Pfenn'ge, das war das ganze Geld.
Ich scharrt ihn ein auf selbigem Feld –
    Die Sonne bringt's nicht an den Tag.

Dann zog ich weit und weiter hinaus,
Kam hier ins Land, bin jetzt zu Haus. –
Du weißt nun meine Heimlichkeit,
So halte den Mund und sei gescheit!
    Die Sonne bringt's nicht an den Tag.

Wann aber sie so flimmernd scheint,
Ich merk es wohl, was sie da meint,
Wie sie sich müht und sich erbost, –
Du, schau nicht hin und sei getrost:
    Sie bringt es doch nicht an den Tag."

So hatte die Sonn eine Zunge nun,
Der Frauen Zungen ja nimmer ruhn. –
„Gevatterin, um Jesus Christ!
Laßt Euch nicht merken, was Ihr nun wißt!" –
    Nun bringt's die Sonne an den Tag.

Die Raben ziehen krächzend zumal
Nach dem Hochgericht, zu halten ihr Mahl.
Wen flechten sie aufs Rad zur Stund?
Was hat er getan? wie ward es kund?
    Die Sonne bracht es an den Tag.

Der Bettler und sein Hund

Drei Taler erlegen für meinen Hund!
So schlage das Wetter mich gleich in den Grund!
Was denken die Herren von der Polizei?
Was soll nun wieder die Schinderei?

Ich bin ein alter, ein kranker Mann,
Der keinen Groschen verdienen kann;
Ich habe nicht Geld, ich habe nicht Brot,
Ich lebe ja nur von Hunger und Not.

Und wann ich erkrankt und wann ich verarmt,
Wer hat sich da noch meiner erbarmt?
Wer hat, wann ich auf Gottes Welt
Allein mich fand, zu mir sich gesellt?

Wer hat mich geliebt, wann ich mich gehärmt?
Wer, wann ich fror, hat mich gewärmt?
Wer hat mit mir, wann ich hungrig gemurrt,
Getrost gehungert und nicht geknurrt?

Es geht zur Neige mit uns zwein,
Es muß, mein Tier, geschieden sein;
Du bist, wie ich, nun alt und krank;
Ich soll dich ersäufen, das ist der Dank!

Das ist der Dank, das ist der Lohn!
Dir geht's wie manchem Erdensohn.
Zum Teufel! ich war bei mancher Schlacht;
Den Henker hab ich noch nicht gemacht.

Das ist der Strick, das ist der Stein,
Das ist das Wasser – es muß ja sein.
Komm her, du Köter, und sieh mich nicht an,
Noch nur ein Fußstoß, so ist es getan!

Wie er in die Schlinge den Hals ihm gesteckt,
Hat wedelnd der Hund die Hand ihm geleckt;
Da zog er die Schlinge sogleich zurück
Und warf sie schnell um sein eigen Genick.

Und tat einen Fluch, gar schauderhaft,
Und raffte zusammen die letzte Kraft
Und stürzt' in die Flut sich, die tönend stieg,
Im Kreise sich zog und über ihm schwieg.

Wohl sprang der Hund zur Rettung hinzu,
Wohl heult' er die Schiffer aus ihrer Ruh,
Wohl zog er sie winselnd und zerrend her;
Wie sie ihn fanden, da war er nicht mehr.

Er ward verscharret in stiller Stund,
Es folgt' ihm winselnd nur der Hund;
Der hat, wo den Leib die Erde deckt,
Sich hingestreckt und ist da verreckt.

Ein Lied von der Weibertreue

> S'il est un conte usé, commun et rebattu,
> C'est celui qu'en ces vers j'accomode à ma guise.
> *Lafontaine*

Sie haben zwei Tote zur Ruhe gebracht;
Der Hauptmann fiel in rühmlicher Schlacht,
Mit Ehren ward er beigesetzt;
Und der, den jüngst er wacker gehetzt,
    Der Räuber hängt am Galgen.

Da hält die Wacht als Schildergast
Ein junger Landsknecht, verdrießlich fast;
Die Nacht ist kalt, er flucht und friert,
Und wird ihm geraubt, der den Galgen ziert,
    So muß für ihn er hangen.

Im Grabgewölb bei des Hauptmanns Leib
Verweilt verzweiflungsvoll sein Weib;
Sie hat geschworen in bittrer Not,
Für ihn zu sterben den Hungertod,
    Die Amme zur Gesellschaft.

Die Amme spricht: „Gebieterin!
Ich habe geschworen nach Eurem Sinn;
Beklagt und lobt den sel'gen Herrn!
Da stimm ich mit ein von Herzen gern;
    Doch plagt mich sehr der Hunger.

Er war, so alt er war, gar gut,
Nicht eifersüchtig, von sanftem Mut.
Ach, edle Frau, Ihr findet zwar
Den zweiten nicht, wie der erste war;
    Doch plagt mich sehr der Hunger.

Euch war's, es ist mir wohl bewußt,
Ein harter Schlag, ein großer Verlust;
Doch seid Ihr noch schön, doch seid Ihr noch jung
Und könntet noch haben der Freude genung;
    Es plagt mich sehr der Hunger."

Die Amme so; und stumm beharrt
Die edle Frau, im Schmerz erstarrt;
Erloschen scheint der Augen Licht;
Sie klaget nicht, sie weinet nicht;
    Es plagt sie sehr der Hunger.

Und draußen bläst der Wind gar scharf;
Der Landsknecht läuft, so weit er darf,
Indem er sich zu erwärmen sucht;
Und wie er läuft, und wie er flucht,
    So sieht ein Licht er schimmern.

Von wannen mag der Schimmer sein?
Er schleicht hinzu, er tritt hinein:
„Gegrüßet mir, ihr edle Fraun;
Wie muß ich hier im Grabe schaun
    So hoher Schönheit Schimmer!"

So staunend er; und stumm beharrt
Die edle Frau, im Schmerz erstarrt;
Erloschen scheint der Augen Licht,
Sie klaget nicht, sie weinet nicht;
    Es plagt sie sehr der Hunger.

Die Amme drauf: „Das seht Ihr ja,
Wir trauern um den Toten da;
Wir haben geschworen in bittrer Not,
Für ihn zu sterben den Hungertod;
    Es plagt mich sehr der Hunger."

Drauf er: „Das ist nicht wohlgetan
Und hilft zu nichts dem toten Mann.
So schön! so jung! Ihr seid nicht klug,
Es hat die Welt der Freude genug;
    Entsetzlich nagt der Hunger!

Ich sage nur, ihr Frauen sollt
Mich essen sehn, dann tun, was ihr wollt.
Hier hab ich Brot, hier hab ich Wurst,
Hier eine Flasche für den Durst;
    Es plagt auch mich der Hunger."

Und wie er tut, was er gesagt,
Und ihm so wohl das Essen behagt,
Da sinkt der Alten ganz der Mut:
„Ach! edle Frau, das schmeckt so gut!
    Und ach, mich plagt der Hunger!"

Drauf er: „So eßt, ich habe für zwei
Genug, und habe genug für drei;
Ich esse sonst allein für vier;
So eßt und trinkt getrost mit mir!
    Das hilft schon für den Hunger."

Die Amme versucht auf gutes Glück
Ein Stückchen erst und dann ein Stück;
Sie sieht der Herrin ins Angesicht;
Sie klaget nicht, sie weinet nicht;
    Es plagt sie sehr der Hunger.

„Ach, edle Frau, das schmeckt so gut!
Ihr wißt schon, wie der Hunger tut;
Was hat davon Euer Herr Gemahl?
Es sei genug für dieses Mal!
    Entsetzlich nagt der Hunger."

Er tritt zu ihr: „Versucht es nur!"
Sie aber spricht: „Mein Schwur! mein Schwur!"
Und stößt ihn dennoch nicht zurück;
Sie nimmt ein Stückchen und dann ein Stück:
    Das hilft denn für den Hunger.

Er fällt vor ihr auf seine Knie:
„Ich sah ein schöneres Weib noch nie,
Nur sollt Ihr hinfort mir klüger sein!
Nun muß ich gehen. Gedenket mein!
    Ich komme morgen wieder.

Nichts da von Lebensüberdruß!"
Er spricht's und raubt ihr einen Kuß
Und stürzt hinaus, er ist schon fort;
Die Alte ruft: „So halt auch Wort,
    Du lieber, lieber Landsknecht!"

Und ferner spricht sie zu der Frau:
„Bedenk ich, Herrin, die Sache genau,
Er hat es gar nicht schlecht gemacht
Und uns auf guten Weg gebracht,
    Der liebe, liebe Landsknecht!"

Sie sagt nicht nein, sie sagt nicht ja;
Sie steht betroffen, errötend da,
Gibt ihren Tränen freien Lauf
Und seufzet leis eratmend auf:
    „Du lieber, lieber Landsknecht!"

Der Landsknecht aber verwundert sich sehr;
Er steht vor dem Galgen, und der steht leer.
„Blitz Hagel! Das war mein Henkersschmaus!
Den Platz da füll ich morgen noch aus,
    Ich armer, armer Landsknecht!"

Er läuft zurück: „Nun schafft auch Rat!
Sonst muß ich hangen, ich kam zu spat."
Sie fragen ihn aus; wie er alles gesagt,
Da weint die edle Frau und klagt:
    „Du armer, lieber Landsknecht!"

Die Alte spricht: „Geduld! Geduld!
Ich wasch ihn rein von aller Schuld;
Er hat uns errettet, das wißt Ihr doch?
Versteht mich, Frau! Was zaudern wir noch?
    Du lieber, lieber Landsknecht!

Man hat ihm seinen Toten geraubt:
Wir haben auch einen; wenn Ihr es erlaubt,
Gebt ihm den unsern, gebt Euren Schatz!
Der füllt wie einer seinen Platz.
    Du lieber, lieber Landsknecht!

Und wer betrachtet's scharf genug,
Daß er entdecke den Betrug?
Frisch angefaßt und schnell ans Werk!
Daß keiner dort den Mangel merk!
    Du lieber, lieber Landsknecht!"

Wie er die Hand an den Toten legt,
Da ruft der Landsknecht tief bewegt:
„Mein Hauptmann! Was? du bist es fürwahr!
Nun bring ich dich an den Galgen gar!
    Du lieber, guter Hauptmann!"

Die Frau versetzt: „Was zauderst du?
Geschwind! sonst kommen noch Leute dazu;
Geschwind! ich helfe, was ich kann;
Geschwind! geschwind du lieber Mann!
    Du lieber, lieber Landsknecht!"

Und er darauf: „Es geht nicht an;
Dem Räuber fehlt ein Vorderzahn."
Da nimmt sie selber einen Stein
Und schlägt den Zahn dem Toten ein:
    Du lieber, lieber Landsknecht!

So schleifen hinaus ihn alle drei
Und hängen ihn an den Galgen frei;
Und streift nun der Wind die Heide entlang,
So geben die Knochen gar guten Klang
    Zum Lied von der Weibertreue.

Das Gebet der Witwe
Nach Martin Luther

Die Alte wacht und betet allein
In später Nacht bei der Lampe Schein:
„Laß unsern gnädigen Herrn, o Herr!
Recht lange leben, ich bitte dich sehr.
    Die Not lehrt beten."

Der gnädige Herr, der sie belauscht,
Vermeint nicht anders, sie sei berauscht;
Er tritt höchstselbst in das ärmliche Haus
Und fragt gemütlich das Mütterchen aus:
    „Wie lehrt Not beten?"

„Acht Kühe, Herr, die waren mein Gut;
Ihr Herr Großvater sog unser Blut,
Der nahm die beste der Kühe für sich
Und kümmerte sich nicht weiter um mich.
    Die Not lehrt beten.

Ich flucht ihm, Herr, so war ich betört,
Bis Gott, mich zu strafen, mich doch erhört;
Er starb; zum Regimente kam
Ihr Vater, der zwei der Kühe mir nahm.
    Die Not lehrt beten.

Dem flucht ich arg auch ebenfalls,
Und wie mein Fluch war, brach er den Hals:
Da kamen höchst Sie selbst an das Reich
Und nahmen vier der Kühe mir gleich.
    Die Not lehrt beten.

Kommt Dero Sohn noch erst dazu,
Nimmt der gewiß mir die letzte Kuh –
Laß unsern gnädigen Herrn, o Herr!
Recht lange leben, ich bitte dich sehr.
    Die Not lehrt beten."

Das Riesenspielzeug

Burg Niedeck ist im Elsaß der Sage wohlbekannt,
Die Höhe, wo vorzeiten die Burg der Riesen stand;
Sie selbst ist nun verfallen, die Stätte wüst und leer;
Du fragest nach den Riesen, du findest sie nicht mehr.

Einst kam das Riesenfräulein aus jener Burg hervor,
Erging sich sonder Wartung und spielend vor dem Tor
Und stieg hinab den Abhang bis in das Tal hinein,
Neugierig zu erkunden, wie's unten möchte sein.

Mit wen'gen raschen Schritten durchkreuzte sie den Wald,
Erreichte gegen Haslach das Land der Menschen bald,
Und Städte dort und Dörfer und das bestellte Feld
Erschienen ihren Augen gar eine fremde Welt.

Wie jetzt zu ihren Füßen sie spähend niederschaut,
Bemerkt sie einen Bauer, der seinen Acker baut;
Es kriecht das kleine Wesen einher so sonderbar,
Es glitzert in der Sonne der Pflug so blank und klar.

„Ei! artig Spielding!" ruft sie, „das nehm ich mit nach Haus."
Sie knieet nieder, spreitet behend ihr Tüchlein aus
Und feget mit den Händen, was da sich alles regt,
Zu Haufen in ein Tüchlein, das sie zusammenschlägt;

Und eilt mit freud'gen Sprüngen – man weiß, wie Kinder sind –
Zur Burg hinan und suchet den Vater auf geschwind:
„Ei Vater, lieber Vater, ein Spielding wunderschön!
So allerliebstes sah ich noch nie auf unsern Höhn."

Der Alte saß am Tische und trank den kühlen Wein,
Er schaut sie an behaglich, er fragt das Töchterlein:
„Was Zappeliges bringst du in deinem Tuch herbei?
Du hüpfest ja vor Freuden; laß sehen, was es sei!"

Sie spreitet aus das Tüchlein und fängt behutsam an,
Den Bauer aufzustellen, den Pflug und das Gespann;
Wie alles auf dem Tische sie zierlich aufgebaut,
So klatscht sie in die Hände und springt und jubelt laut.

Der Alte wird gar ernsthaft und wiegt sein Haupt und spricht:
„Was hast du angerichtet? das ist kein Spielzeug nicht!
Wo du es hergenommen, da trag es wieder hin!
Der Bauer ist kein Spielzeug, was kommt dir in den Sinn!

Sollst gleich und ohne Murren erfüllen mein Gebot;
Denn wäre nicht der Bauer, so hättest du kein Brot;
Es sprießt der Stamm der Riesen aus Bauernmark hervor;
Der Bauer ist kein Spielzeug, da sei uns Gott davor!"

Burg Niedeck ist im Elsaß der Sage wohl bekannt
Die Höhe, wo vorzeiten die Burg der Riesen stand;
Sie selbst ist nun verfallen, die Stätte wüst und leer;
Und fragst du nach den Riesen, du findest sie nicht mehr.

Die versunkene Burg

Es ragt, umkrönt von Türmen, empor aus dunklem Forst
Ein steiler, luft'ger Felsen, das ist der Raubherrn Horst,
Und wie aus blauen Lüften der Aar auf seinen Fang,
So schießen sie auf Beute von dort das Tal entlang.

Drei Brüder sind's, auf Straßen zu Roß in blankem Stahl,
In Hermelin und Purpur daheim im Rittersaal,
In Blut und Lust und Sünden, in Stolz und Üppigkeit,
So schwelgen sie und prassen, gefürchtet weit und breit.

Und ihre freche Buhle weiß nicht, wie Hunger tut;
Sie prunkt in Gold und Seide und tritt aus Frevelmut
Die heil'ge Gottesgabe verächtlich in den Kot,
Sie geht einher auf Schuhen von feinem Weizenbrot.

Der Wächter hat gerufen: „Auf, Ritter, auf! zu Roß!
Von Reisigen erscheinet ein staubumwölkter Troß;
Das sind die fremden Kaufherrn, das ist der reiche Zug,
Die führen wenig Eisen, doch rotes Gold genug." –

„Vergeßt nicht eure Buhle", ruft ihnen nach die Maid,
„Schafft Gold und Edelsteine, schafft funkelndes Geschmeid,
Versorgt mit Singevögeln aufs neu den Rosenhag,
Daß sich an ihrem Zwitschern mein Ohr erfreuen mag!"

Und bald mit Jubel ziehen sie wieder Burg hinan,
Vor ihnen die Gefangnen, gebunden Mann für Mann. –
„Wir bringen dir die Vögel, die du begehret hast,
Im Rosenhag zu zwitschern, und Goldes manche Last."

Der Rosenhag: tief öffnet und eng sich eine Gruft,
Das Burgverlies, es steiget empor der Leichen Duft;
Tief unten gähnt der Abgrund, ein jäher Felsenspalt;
Kein andrer Ausgang führet aus diesem Aufenthalt.

Da galt es zu verhungern. Der Angstruf, welcher drang
Aus diesem Schreckensschlunde, das war der Vogelsang;
Und wenn hinab sich stürzte, am Felsen sich zerschlug
Verzweiflungsvoll ein Opfer, das war der Vogelflug.

Sie stießen nun die Armen hinab in diesen Graus:
Da rief ein Greis, ein Priester, noch händeringend aus:
„Weh über euch, ihr Toren! die ihr verblendet seid,
Einst werden solche Werke mehr euch denn uns noch leid!"

Da rief ein Ritter grimmig: „Nun – Blutschuld, Sinnenlust?
Ich bin der eignen Werke vollkommen mir bewußt;
Ich will darüber brüten, bei meinem teuren Eid!
Bis zu dem Weltgerichte, sie werden mir nicht leid."

Da rief der andre höhnend: „Du willst der Rabe sein?
Die Sorg um meine Werke sowie die Lust ist mein;
Ich selber will sie tragen, bei meinem teuren Eid!
Bis zu dem Jüngsten Tage, sie werden mir nicht leid."

Da rief der dritte lachend: „Hinunter in den Schlund!
Als Nachtigall zu singen, der hier gebellt als Hund!
Ich trage meine Werke, bei meinem teuren Eid!
Bis an den Tag der Tage, sie werden mir nicht leid."

Wie frevelnd ihren Lippen das schnelle Wort entflohn,
Entgegnet aus der Tiefe ein Wehgeschrei dem Hohn,
Und „Amen!" ruft die Buhle, die höllisch gellend lacht;
Da schallt und rollt der Donner, der Felsen wankt und kracht.

Und jene kreischt verwandelt, es rauscht der Flügelschlag,
Sie schwingt sich in die Lüfte, verfinstert wird der Tag;
Die Erde flammensprühend eröffnet ihren Mund,
Und wie die Burg versunken, so ebnet sich der Grund.

Du forschest nach der Stätte, wo einst die stolze stand?
Du fragest nach dem Namen, wie jene sonst benannt? –
Vergebliches Beginnen! Es waltet das Gericht;
Vergessen und verschollen! die Sage weiß es nicht.

Die Weiber von Winsperg

Der erste Hohenstaufen, der König Konrad, lag
Mit Heeresmacht vor Winsperg seit manchem langen Tag;
Der Welfe war geschlagen, noch wehrte sich das Nest,
Die unverzagten Städter, die hielten es noch fest.

Der Hunger kam, der Hunger! das ist ein scharfer Dorn;
Nun suchten sie die Gnade, nun fanden sie den Zorn.
„Ihr habt mir hier erschlagen gar manchen Degen wert,
Und öffnet ihr die Tore, so trifft euch doch das Schwert."

Da sind die Weiber kommen: „Und muß es also sein,
Gewährt uns freien Abzug! wir sind vom Blute rein."
Da hat sich vor den Armen des Helden Zorn gekühlt,
Da hat ein sanft Erbarmen im Herzen er gefühlt.

„Die Weiber mögen abziehn, und jede habe frei,
Was sie vermag zu tragen und ihr das Liebste sei!
Laßt ziehn mit ihrer Bürde sie ungehindert fort,
Das ist des Königs Meinung, das ist des Königs Wort."

Und als der frühe Morgen im Osten kaum gegraut,
Da hat ein seltnes Schauspiel vom Lager man geschaut;
Es öffnet leise, leise sich das bedrängte Tor,
Es schwankt ein Zug von Weibern mit schwerem Schritt hervor.

Tief beugt die Last sie nieder, die auf dem Nacken ruht,
Sie tragen ihre Eh'herrn, das ist ihr liebstes Gut.
„Halt an die argen Weiber!" ruft drohend mancher Wicht –
Der Kanzler spricht bedeutsam: „Das war die Meinung nicht."

Da hat, wie er's vernommen, der fromme Herr gelacht:
„Und war es nicht die Meinung, sie haben's gut gemacht;
Gesprochen ist gesprochen, das Königswort besteht,
Und zwar von keinem Kanzler zerdeutelt und zerdreht."

So ward das Gold der Krone wohl rein und unentweiht.
Die Sage schallt herüber aus halbvergeßner Zeit.
Im Jahr elfhundertvierzig, wie ich's verzeichnet fand,
Galt Königswort noch heilig im deutschen Vaterland.

Der rechte Barbier

„Und soll ich nach Philisterart
   Mir Kinn und Wange putzen,
So will ich meinen langen Bart
   Den letzten Tag noch nutzen.
Ja, ärgerlich, wie ich nun bin,
Vor meinem Groll, vor meinem Kinn
   Soll mancher noch erzittern!

Holla! Herr Wirt, mein Pferd! macht fort!
   Ihm wird der Hafer frommen.
Habt Ihr Barbierer hier im Ort?
   Laßt gleich den rechten kommen.
Waldaus, waldein, verfluchtes Land!
Ich ritt die kreuz und quer und fand
   Doch nirgends noch den rechten.

Tritt her, Bartputzer, aufgeschaut!
   Du sollst den Bart mir kratzen;
Doch kitzlig sehr ist meine Haut,
   Ich biete hundert Batzen;
Nur, machst du nicht die Sache gut,
Und fließt ein einz'ges Tröpflein Blut –
   Fährt dir mein Dolch ins Herze."

Das spitze, kalte Eisen sah
   Man auf dem Tische blitzen,
Und dem verwünschten Ding gar nah
   Auf seinem Schemel sitzen
Den grimm'gen, schwarzbehaarten Mann
Im schwarzen kurzen Wams, woran
   Noch schwärzre Troddeln hingen.

Dem Meister wird's zu grausig fast,
   Er will die Messer wetzen,
Er sieht den Dolch, er sieht den Gast,
   Es packt ihn das Entsetzen;
Er zittert wie das Espenlaub,
Er macht sich plötzlich aus dem Staub
   Und sendet den Gesellen.

„Einhundert Batzen mein Gebot,
   Falls du die Kunst besitzest;
Doch, merk es dir, dich stech ich tot,
   So du die Haut mir ritzest."
Und der Gesell: „Den Teufel auch!
Das ist des Landes nicht der Brauch."
   Er läuft und schickt den Jungen.

„Bist du der Rechte, kleiner Molch?
   Frisch auf! fang an zu schaben;
Hier ist das Geld, hier ist der Dolch,
   Das beides ist zu haben!
Und schneidest, ritzest du mich bloß,
So geb ich dir den Gnadenstoß;
   Du wärest nicht der erste."

Der Junge denkt der Batzen, druckst
   Nicht lang und ruft verwegen:
„Nur still gesessen! nicht gemuckst!
   Gott geb Euch seinen Segen!"
Er seift ihn ein ganz unverdutzt,
Er wetzt, er stutzt, er kratzt, er putzt:
   „Gottlob! nun seid Ihr fertig." –

„Nimm, kleiner Knirps, dein Geld nur hin;
   Du bist ein wahrer Teufel!
Kein andrer mochte den Gewinn,
   Du hegtest keinen Zweifel;
Es kam das Zittern dich nicht an,
Und wenn ein Tröpflein Blutes rann,
   So stach ich dich doch nieder." –

„Ei! guter Herr, so stand es nicht,
   Ich hielt Euch an der Kehle;
Verzucktet Ihr nur das Gesicht
   Und ging der Schnitt mir fehle,
So ließ ich Euch dazu nicht Zeit;
Entschlossen war ich und bereit,
   Die Kehl Euch abzuschneiden." –

„So, so! ein ganz verwünschter Spaß!"
   Dem Herrn ward's unbehäglich;
Er wurd auf einmal leichenblaß
   Und zitterte nachträglich:
„So, so! das hatt ich nicht bedacht,
Doch hat es Gott noch gut gemacht;
   Ich will's mir aber merken."

Bettina von Arnim
1785–1859

[Das Lied vom Hemdelein]

Die Sonne stand wohl auf
Des Morgens um halber vier.
Sie zog ihr Hemdlein aus
Und hängt es an die Tür.

Herfür trat sie an Strom
Und bad't sich ganz darein,
Am ganzen Leibe schön
Wie eine Perle fein.

Alsdann ging sie von danne
Wohl über Berg und Tal,
Bis daß sie endlich kame
An einen hellgrünen Wald.

Im Wald da floß ein Bächelein,
Das hat gesehen
Ein weiß und rot schön Jungfräulein
Ganz ohne Röcklein stehen.

Da kam ein junger Knab',
Der sprach: „Ei wohl fürwahr,
Du tust dein Hemdlein ab
Beim hellen lichten Tag."

„Mein Hemdlein kann ich lassen,
Ich war ja ganz allein.
Wenn du willt mit mir spaßen,
Nehm' ich mein Hemdelein."

„Dein Leben will ich dir nehmen",
So sprach der junge Knab',
„Du sollt mir nimmer buhlen
Wohl mit dem jungen Tag.

Ich halt' dich mit den Händen,
Drück' tot dein Herzelein,
Daß du magst nimmer wenden
Die Augen zum klaren Schein."

Als dies die Sonne tat schauen,
Da eilt' sie schnell davon
Wohl über Berg' und Täler,
Bis sie nach Hause kam.

Sie hängt ihr Hemdelein ab,
Sie hängt ihr Hemdelein um,
Daß wenn mein junger Buhler kommt,
Mich nimmer bringet um.

Nun liegt die Sach' ganz klar am Tag,
Die Welt ist Nebels voll,
Kein Kraut, kein Wein geraten mag,
Die Jungfern wissen's wohl.

Joseph Freiherr von Eichendorff
1788–1857

Kaiser Albrechts Tod

Lebewohl noch schnell zu sagen,
Da der Tag zu graun begann,
Trat noch einmal Kaiser Albrecht
In den stillen Frauensaal.

Und er fand dort die Gemahlin,
Die in bittrem Kummer saß,
Heiß verweint im Morgenstrahle,
Nahm sie herzlich noch in Arm.

„Zieh nur heute nicht von dannen,
Denn so blutrot ist der Tag
Überm Walde aufgegangen,
Und zum Sterben ist mir bang."

„Fern schon wehen meine Fahnen,
Aus dem Tal ruft Hörnerklang,
Deine Lieb wird Gott bewahren,
Wenn die Feldschlacht draußen rast."

Und es legte Helm und Panzer
Schnell nun Kaiser Albrecht an,
Stieg dann freudig auf den Rappen,
Funkelnd hoch im Morgenglanz.

Von dem Schloß, von der Altane,
Weint sie lang hinaus ins Land,
Grüßt die Ziehnden in dem Tale
Noch viel tausend tausendmal.

Wie sie nun hinunter kamen
Tiefer in den dunklen Wald,
Traten aus dem Wald Gedanken
Seltsam Kaiser Albrecht an.

Jetzo erst so ganz empfand er
Ihrer Worte tiefe Kraft,
Ihre Treu, das holde Bangen,
Ihres süßen Leibs Gestalt.

Und die Tränen linde drangen,
Und so gar betrübt er sann,
Da die Vögel lustig sangen,
Schloß und Berg versunken war.

„Wie so wunderschön die Matte!
Ists doch, als ob Wald und Bach
Mir hier Liebes wollten sagen,
Alles doch so unbekannt!

Mögen weiter ziehn die andern,
Freudig grüßt von fern ihr Klang,
Ich will hier ein wenig rasten,
Denn so schwül wird dieser Tag."

Kaiser Albrecht! Kaiser Albrecht!
Bleib zu dieser Stunde wach!
Stimmen gehen in dem Walde,
Näher schleicht schon der Verrat.

„Schönes Schloß, vielheitre Tage –
Schlummernd Rauschen, Vogelsang –
Wolken, über mir gegangen –
Schöner grüner Wiesenplan –"

Und dort hat ihn überfallen
Böser Ritter dunkle Schar,
Herzog Johann wars von Schwaben,
Der sein eigner Neffe gar.

Ferne wohl die Hörner klangen,
Irrend durch die Waldesnacht, –
Euer Herre ist erschlagen
Auf dem grünen Wiesenplan!

Die Hochzeitsnacht

Nachts durch die stille Runde
Rauschte des Rheines Lauf,
Ein Schifflein zog im Grunde,
Ein Ritter stand darauf.

Die Blicke irre schweifen
Von seines Schiffes Rand,
Ein blutigroter Streifen
Sich um das Haupt ihm wand.

Der sprach: „Da oben stehet
Ein Schlößlein überm Rhein,
Die an dem Fenster stehet:
Das ist die Liebste mein.

Sie hat mir Treu versprochen,
Bis ich gekommen sei,
Sie hat die Treu gebrochen,
Und alles ist vorbei."

Viel Hochzeitleute drehen
Sich oben laut und bunt,
Sie bleibet einsam stehen,
Und lauschet in den Grund.

Und wie sie tanzen munter
Und Schiff und Schiffer schwand,
Stieg sie vom Schloß herunter,
Bis sie im Garten stand.

Die Spielleut musizierten,
Sie sann gar mancherlei,
Die Töne sie so rührten,
Als müßt das Herz entzwei.

Da trat ihr Bräutgam süße
Zu ihr aus stiller Nacht,
So freundlich er sie grüßte,
Daß ihr das Herze lacht.

Er sprach: „Was willst du weinen,
Weil alle fröhlich sein?
Die Stern so helle scheinen,
So lustig geht der Rhein.

Das Kränzlein in den Haaren
Steht dir so wunderfein,
Wir wollen etwas fahren
Hinunter auf dem Rhein."

Zum Kahn folgt' sie behende,
Setzt' sich ganz vorne hin,
Er setzt' sich an das Ende
Und ließ das Schifflein ziehn.

Sie sprach: „Die Töne kommen
Verworren durch den Wind,
Die Fenster sind verglommen,
Wir fahren so geschwind.

Was sind das für so lange
Gebirge weit und breit?
Mir wird auf einmal bange
In dieser Einsamkeit!

Und fremde Leute stehen
Auf mancher Felsenwand,
Und stehen still und sehen
So schwindlig übern Rand." –

Der Bräutgam schien so traurig
Und sprach kein einzig Wort,
Schaut' in die Wellen schaurig
Und rudert' immerfort.

Sie sprach: „Schon seh ich Streifen
So rot im Morgen stehn,
Und Stimmen hör ich schweifen,
Vom Ufer Hähne krähn.

Du siehst so still und wilde,
So bleich wird dein Gesicht,
Mir graut vor deinem Bilde –
Du bist mein Bräutgam nicht!" –

Da stand er auf – das Sausen
Hielt an in Flut und Wald –
Es rührt mit Lust und Grausen
Das Herz ihr die Gestalt.

Und wie mit steinern Armen
Hob er sie auf voll Lust,
Drückt ihren schönen, warmen
Leib an die eisge Brust. –

Licht wurden Wald und Höhen,
Der Morgen schien blutrot,
Das Schifflein sah man gehen,
Die schöne Braut drin tot.

Waldgespräch

Es ist schon spät, es wird schon kalt,
Was reitst du einsam durch den Wald?
Der Wald ist lang, du bist allein,
Du schöne Braut! Ich führ dich heim!

„Groß ist der Männer Trug und List,
Vor Schmerz mein Herz gebrochen ist,
Wohl irrt das Waldhorn her und hin,
O flieh! Du weißt nicht, wer ich bin."

So reich geschmückt ist Roß und Weib,
So wunderschön der junge Leib,
Jetzt kenn ich dich – Gott steh mir bei!
Du bist die Hexe Lorelei.

„Du kennst mich wohl – von hohem Stein
Schaut still mein Schloß tief in den Rhein.
Es ist schon spät, es wird schon kalt,
Kommst nimmermehr aus diesem Wald!"

Der Reitersmann

Hoch über den stillen Höhen
Stand in dem Wald ein Haus.
Dort wars so einsam zu sehen
Weit übern Wald hinaus.

Drin saß ein Mädchen am Rocken
Den ganzen Abend lang,
Der wurden die Augen nicht trocken,
Sie spann und sann und sang:

„Mein Liebster, der war ein Reiter,
Dem schwur ich Treu bis in Tod,
Der zog über Land und weiter,
Zu Krieges Lust und Not.

Und als ein Jahr war vergangen,
Und wieder blühte das Land,
Da stand ich voller Verlangen
Hoch an des Waldes Rand.

Und zwischen den Bergesbogen,
Wohl über den grünen Plan
Kam mancher Reiter gezogen,
Der meine kam nicht mit an.

Und zwischen den Bergesbogen,
Wohl über den grünen Plan,
Ein Jägersmann kam geflogen,
Der sah mich so mutig an.

So lieblich die Sonne schiene,
Das Waldhorn scholl weit und breit,
Da führt' er mich in das Grüne,
Das war eine schöne Zeit! –

Der hat so lieblich gelogen
Mich aus der Treue heraus,
Der Falsche hat mich betrogen,
Zog weit in die Welt hinaus."

Sie konnte nicht weiter singen,
Vor bitterem Schmerz und Leid,
Die Augen ihr übergingen
In ihrer Einsamkeit.

Die Muhme, die saß beim Feuer
Und wärmte sich am Kamin,
Es flackert' und sprüht' das Feuer,
Hell über die Stube es schien.

Sie sprach: „Ein Kränzlein in Haaren,
Das stünde dir heut gar schön,
Willst draußen auf dem See nicht fahren?
Hohe Blumen am Ufer dort stehn."

Ich kann nicht holen die Blumen,
Im Hemdlein weiß am Teich
Ein Mädchen hütet die Blumen,
Die sieht so totenbleich.

„Und hoch auf des Sees Weite,
Wenn alles finster und still,
Da rudern zwei stille Leute, –
Der eine dich haben will."

Sie schauen wie alte Bekannte,
Still, ewig stille sie sind,
Doch einmal der eine sich wandte,
Da faßt' mich ein eiskalter Wind. –

Mir ist zu wehe zum Weinen –
Die Uhr so gleichförmig tickt,
Das Rädlein, das schnurrt so in einem,
Mir ist, als wär ich verrückt. –

Ach Gott! wann wird sich doch röten
Die fröhliche Morgenstund!
Ich möchte hinausgehn und beten,
Und beten aus Herzensgrund!

So bleich schon werden die Sterne,
Es rührt sich stärker der Wald,
Schon krähen die Hähne von ferne,
Mich friert, es wird so kalt!

Ach, Muhme! was ist Euch geschehen?
Die Nase wird Euch so lang,
Die Augen sich seltsam verdrehen –
Wie wird mir vor Euch so bang! –

Und wie sie so grauenvoll klagte,
Klopfts draußen ans Fensterlein,
Ein Mann aus der Finsternis ragte,
Schaut' still in die Stube herein.

Die Haare wild umgehangen,
Von blutigen Tropfen naß,
Zwei blutige Streifen sich schlangen,
Wie Kränzlein, ums Antlitz blaß.

Es grüßt' sie so fürchterlich heiter,
Seine Braut wohl heißet er sie,
Da kannt sie mit Schaudern den Reiter,
Fällt nieder auf ihre Knie.

Er zielt' mit dem Rohre durchs Gitter
Auf die schneeweiße Brust hin;
„Ach, wie ist das Sterben so bitter,
Erbarm dich, weil ich so jung noch bin!" –

Stumm blieb sein steinerner Wille,
Es blitzte so rosenrot,
Da wurd es auf einmal stille
Im Walde und Haus und Hof. –

Frühmorgens da lag so schaurig
Verfallen im Walde das Haus,
Ein Waldvöglein sang so traurig,
Flog fort über den See hinaus.

Der verirrte Jäger

„Ich hab gesehn ein Hirschlein schlank
Im Waldesgrunde stehn,
Nun ist mir draußen weh und bang,
Muß ewig nach ihm gehn.

Frischauf, ihr Waldgesellen mein!
Ins Horn, ins Horn frischauf!
Das lockt so hell, das lockt so fein,
Aurora tut sich auf!"

Das Hirschlein führt den Jägersmann
In grüner Waldesnacht,
Talunter schwindelnd und bergan,
Zu nie gesehner Pracht.

„Wie rauscht schon abendlich der Wald,
Die Brust mir schaurig schwellt!
Die Freunde fern, der Wind so kalt,
So tief und weit die Welt!"

Es lockt so tief, es lockt so fein
Durchs dunkelgrüne Haus,
Der Jäger irrt und irrt allein,
Find't nimmermehr heraus. –

Die späte Hochzeit

Der Mond ging unter – jetzt ists Zeit. –
Der Bräutgam steigt vom Roß,
Er hat so lange schon gefreit –
Da tut sich auf das Schloß,
Und in der Halle sitzt die Braut
Auf diamantnem Sitz,
Von ihrem Schmuck tuts durch den Bau
Ein'n langen roten Blitz. –

Blass' Knaben warten schweigend auf,
Still' Gäste stehn herum,
Da richt't die Braut sich langsam auf,
So hoch und bleich und stumm.
Sie schlägt zurück ihr Goldgewand,
Da schauert ihn vor Lust,
Sie langt mit kalter, weißer Hand
Das Herz ihm aus der Brust.

Letzte Heimkehr

Der Wintermorgen glänzt so klar,
Ein Wandrer kommt von ferne,
Ihn schüttelt Frost, es starrt sein Haar,
Ihm log die schöne Ferne,
Nun endlich will er rasten hier,
Er klopft an seines Vaters Tür.

Doch tot sind, die sonst aufgetan,
Verwandelt Hof und Habe,
Und fremde Leute sehn ihn an,
Als käm er aus dem Grabe;
Ihn schauert tief im Herzensgrund,
Ins Feld eilt er zur selben Stund.

Da sang kein Vöglein weit und breit,
Er lehnt' an einem Baume,
Der schöne Garten lag verschneit,
Es war ihm wie im Traume,
Und wie die Morgenglocke klingt,
Im stillen Feld er niedersinkt.

Und als er aufsteht vom Gebet,
Nicht weiß, wohin sich wenden,
Ein schöner Jüngling bei ihm steht,
Faßt mild ihn bei den Händen:
„Komm mit, sollst ruhn nach kurzem Gang." –
Er folgt, ihn rührt der Stimme Klang.

Nun durch die Bergeseinsamkeit
Sie wie zum Himmel steigen,
Kein Glockenklang mehr reicht so weit,
Sie sehn im öden Schweigen
Die Länder hinter sich verblühn,
Schon Sterne durch die Wipfel glühn.

Der Führer jetzt die Fackel sacht
Erhebt und schweigend schreitet,
Bei ihrem Schein die stille Nacht
Gleichwie ein Dom sich weitet,
Wo unsichtbare Hände baun –
Den Wandrer faßt ein heimlich Graun.

Er sprach: Was bringt der Wind herauf
So fremden Laut getragen,
Als hört ich ferner Ströme Lauf,
Dazwischen Glocken schlagen?
„Das ist des Nachtgesanges Wehn,
Sie loben Gott in stillen Höhn."

Der Wandrer drauf: Ich kann nicht mehr –
Ists Morgen, der so blendet?
Was leuchten dort für Länder her? –
Sein Freund die Fackel wendet:
„Nun ruh zum letzten Male aus,
Wenn du erwachst, sind wir zu Haus."

Der Schatzgräber

Wenn alle Wälder schliefen,
Er an zu graben hub,
Rastlos in Berges Tiefen
Nach einem Schatz er grub.

Die Engel Gottes sangen
Derweil in stiller Nacht,
Wie rote Augen drangen
Metalle aus dem Schacht.

„Und wirst doch mein!" und grimmer
Wühlt er und wühlt hinab,
Da stürzen Steine und Trümmer
Über dem Narren herab.

Hohnlachen wild erschallte
Aus der verfallnen Kluft,
Der Engelsang verhallte
Wehmütig in der Luft.

Die Riesen

Hoch über blauen Bergen
Da steht ein schönes Schloß,
Das hütet von Gezwergen
Ein wunderlicher Troß.

Da ist ein Lautenschlagen
Und Singen insgemein,
Die Lüfte es vertragen
Weit in das Land hinein.

Und wenn die Länder schweigen,
Funkelnd im Abendtau,
Soll manchmal dort sich zeigen
Eine wunderschöne Frau.

Da schworen alle Riesen,
Zu holen sie als Braut,
Mit Leitern da und Spießen
Sie stapften gleich durchs Kraut.

Da krachte manche Leiter,
Sie wunderten sich sehr:
Die Wildnis wuchs, je weiter
Je höher rings umher.

Sie waren recht bei Stimme
Und zankten um ihren Schatz,
Und fluchten in großem Grimme,
Und fanden nicht den Platz.

Und bei dem Lärm sie stunden
In Wolken bis an die Knie,
Das Schloß, das war verschwunden,
Und wußten gar nicht wie. –

Aber wie ein Regenbogen
Glänzts drüben durch die Luft,
Sie hatt indes gezogen
Neue Gärten in den Duft.

Die verlorene Braut

Vater und Kind gestorben
Ruhten im Grabe tief,
Die Mutter hatt' erworben
Seitdem ein ander Lieb.

Da droben auf dem Schlosse
Da schallt das Hochzeitsfest,
Da lachts und wiehern Rosse,
Durchs Grün ziehn bunte Gäst.

Die Braut schaut' ins Gefilde
Noch einmal vom Altan,
Es sah so ernst und milde
Sie da der Abend an.

Rings waren schon verdunkelt
Die Täler und der Rhein,
In ihrem Brautschmuck funkelt
Nur noch der Abendschein.

Sie hörte Glocken gehen
Im weiten, tiefen Tal,
Es bracht der Lüfte Wehen
Fern übern Wald den Schall.

Sie dacht: „O falscher Abend!
Wen das bedeuten mag?
Wen läuten sie zu Grabe
An meinem Hochzeitstag?"

Sie hört' im Garten rauschen
Die Brunnen immerdar,
Und durch der Wälder Rauschen
Ein Singen wunderbar.

Sie sprach: „Wie wirres Klingen
Kommt durch die Einsamkeit,
Das Lied wohl hört ich singen
In alter, schöner Zeit."

Es klang, als wollt sie's rufen
Und grüßen tausendmal –
So stieg sie von den Stufen,
So kühle rauscht' das Tal.

So zwischen Weingehängen
Stieg sinnend sie ins Land
Hinunter zu den Klängen,
Bis sie im Walde stand.

Dort ging sie, wie in Träumen,
Im weiten, stillen Rund,
Das Lied klang in den Bäumen,
Von Quellen rauscht' der Grund. –

Derweil von Mund zu Munde
Durchs Haus, erst heimlich sacht,
Und lauter geht die Kunde:
Die Braut irrt in der Nacht!

Der Bräutgam tät erbleichen,
Er hört im Tal das Lied,
Ein dunkelrotes Zeichen
Ihm von der Stirne glüht.

Und Tanz und Jubel enden,
Er und die Gäst im Saal,
Windlichter in den Händen,
Sich stürzen in das Tal.

Da schweifen rote Scheine,
Schall nun und Rosseshuf,
Es hallen die Gesteine
Rings von verworrnem Ruf.

Doch einsam irrt die Fraue
Im Walde schön und bleich,
Die Nacht hat tiefes Grauen,
Das ist von Sternen so reich.

Und als sie war gelanget
Zum allerstillsten Grund,
Ein Kind am Felsenhange
Dort freundlich lächelnd stund.

Das trug in seinen Locken
Einen weißen Rosenkranz,
Sie schaut' es an erschrocken
Beim irren Mondesglanz.

„Solch' Augen hat das meine,
Ach meines bist du nicht,
Das ruht ja unterm Steine,
Den niemand mehr zerbricht.

Ich weiß nicht, was mir grauset,
Blick nicht so fremd auf mich!
Ich wollt, ich wär zu Hause." –
„Nach Hause führ ich dich."

Sie gehn nun miteinander,
So trübe weht der Wind,
Die Fraue sprach im Wandern:
„Ich weiß nicht, wo wir sind.

Wen tragen sie beim Scheine
Der Fackeln durch die Schluft?
O Gott, der stürzt' vom Steine
Sich tot in dieser Kluft!"

Das Kind sagt: „Den sie tragen,
Dein Bräutgam heute war,
Er hat meinen Vater erschlagen,
's ist diese Stund ein Jahr.

Wir alle müssen's büßen,
Bald wird es besser sein,
Der Vater läßt dich grüßen,
Mein liebes Mütterlein."

Ihr schauert's durch die Glieder:
„Du bist mein totes Kind!
Wie funkeln die Sterne nieder,
Jetzt weiß ich, wo wir sind." –

Da löst' sie Kranz und Spangen,
Und über ihr Angesicht
Perlen und Tränen rannen,
Man unterschied sie nicht.

Und über die Schultern nieder
Rollten die Locken sacht,
Verdunkelnd Augen und Glieder,
Wie eine prächtige Nacht.

Ums Kind den Arm geschlagen,
Sank sie ins Gras hinein –
Dort hatten sie erschlagen
Den Vater im Gestein.

Die Hochzeitsgäste riefen
Im Walde auf und ab,
Die Gründe alle schliefen,
Nur Echo Antwort gab.

Und als sich leis erhoben
Der erste Morgenduft,
Hörten die Hirten droben
Ein Singen in stiller Luft.

Der Kehraus

Es fiedeln die Geigen,
Da tritt in den Reigen
Ein seltsamer Gast,
Kennt keiner den Dürren,
Galant aus dem Schwirren
Die Braut er sich faßt.

Hebt an, sich zu schwenken
In allen Gelenken.
Das Fräulein im Kranz:
„Euch knacken die Beine –"
„Bald rasseln auch deine,
Frisch auf, spielt zum Tanz!"

Die Spröde hinterm Fächer,
Der Zecher vom Becher,
Der Dichter so lind,
Muß auch mit zum Tanze,
Daß die Lorbeern vom Kranze
Fliegen im Wind.

So schnurret der Reigen
Zum Saal 'raus ins Schweigen
Der prächtigen Nacht,
Die Klänge verwehen,
Die Hähne schon krähen,
Da verstieben sie sacht. –

So gings schon vor Zeiten
Und geht es noch heute,
Und hörest du hell
Aufspielen zum Reigen,
Wer weiß, wem sie geigen –
Hüt dich, Gesell!

Vom heiligen Eremiten Wilhelm

Von Jerusalem die Warten
Lagen schon in rotem Duft,
Stand der Patriarch im Garten,
Glockenklang ging durch die Luft.

Kommt ein Pilger da gezogen,
Tritt zu ihm im Abendrot,
Bleich, von strupp'gem Haar umflogen,
Bettelt um ein Stücklein Brot.

Kommst aus Frankreich, frommer Pilger,
Hör der Heimat Laut so gern!
Kennst du dort den Grafen Wilhelm,
Meinen vor'gen Landesherrn?

„Kenn ihn wohl, er hat geschrieben
Feur'ge Schrift mit blut'ger Hand,
Hat aus Frankreich dich vertrieben,
Und dein Kloster liegt verbrannt."

Gott im Himmel, sollt dich kennen,
Wie du so den Blick gewandt,
Bist Graf Wilhelm der Ardennen –
„Also ward ich sonst genannt."

O mein lieber Herr, am Grabe
Stehen beid als Sünder wir –
Haus und Garten, was ich habe,
Nehmt es hin und rastet hier!

„Bet für mich, ich darf nicht rasten,
Denn ohn Rasten geht die Zeit,
Hart mit Geißeln, Wachen, Fasten
Lieg ich mit der Höll in Streit.

Kron und Land ließ ich den Erben,
Muß mit stürmender Gewalt
Mir ein andres Reich erwerben." –
Und so schritt er fort zum Wald.

Die Jungfrau und der Ritter

Eine Jungfrau wandert' einsam
In dem wunderschönen Frankreich,
Gen Paris sie wollte ziehen,
Wo die Eltern ihrer harrten;
Von den Ihren abgekommen,
Hatt sie sich verirrt im Walde,
Lehnte sich an eine Eiche,
Andre Wandrer abzuwarten.

Kam ein Ritter da geritten,
Gleichfalls gen Paris er trabte.
„Wenn es Euch beliebt, Herr Ritter,
Nehmt mich mit aus diesem Walde." –
„Herzlich gerne, schöne Herrin!"
Und, ihr höflich aufzuwarten,
Sprang der Ritter von dem Rosse,
Hob hinauf sie, in den Sattel
Drauf sich selber zu ihr schwingend.

Aber als sie so im Walde
Einsam ritten, da begann er
Ihr verliebt den Hof zu machen.
„Hüt dich, Ritter, sei nicht schändlich,
Ein Todkranker war mein Vater
Und verpestet meine Mutter,
Siech und elend müßt verschmachten,
Wer mich frevelhaft berührte." –
Und der Ritter schwieg erblassend.
Aber in Paris am Tore
Still in sich die Jungfrau lachte.

„Warum lacht Ihr, schöne Herrin?" –
„Über den feigen Ritter lach ich,
Der sein Mädchen hat im Freien
Und nichts macht als Redensarten!"

Voller Scham sprach da der Ritter:
„Kehrt noch einmal um zum Walde,
Habe draußen was vergessen."
Doch die schlaue Jungfrau sagte:
„Nimmer kehr ich um, und tät ichs,
Keiner doch wagts, mir zu nahen,
Denn ich bin die Tochter Frankreichs,
Und der König ist mein Vater,
Und wer meinen Leib berührte,
Müßts mit seinem Kopf bezahlen."

Donna Alda

In Paris saß Donna Alda,
Rolands Braut, im hohen Saal
Und mit ihr dreihundert Damen,
Ihrer Gespielinnen Schar;
Alle waren gleich beschuhet,
Alle trugen gleich Gewand,
Aßen rund um eine Tafel
Von demselben Brot zumal,
Donna Alda ausgenommen,
Weil sie ihre Herrin war.
Hundert spannen goldne Fäden,
Hundert woben Tepp'che zart;
Hundert aber musizierten,
Sie zu trösten mit Gesang.

Donna Alda war entschlummert
Bei der Instrumente Klang,
Plötzlich fuhr sie auf, lautschreiend,
Daß mans hört' bis in die Stadt.

Zu ihr sprachen da die Jungfraun:
„Wer tat Euch was Schlimmes an? –"
„Einen Traum hatt ich, ihr Mädchen,
Der mir großen Schrecken gab:
Einsam im Gebirge stand ich,
Durch die Öde flog ein Falk,
Hinterdrein ein junger Adler,
Drängend ihn in wilder Jagd,
So geängstigt stürzt' der Falke
Flüchtend sich in mein Gewand,
Doch der Aar mit seinen Fängen
Hatt ihn zornig schon umkrallt,
Riß den Falken mir in Stücke,
Streut' die Federn übern Plan."

Drauf zu der erschrocknen Herrin
Eins der Kammerfräulein sprach:
„Diesen Traum will ich Euch deuten:
Euer Bräutgam ist der Falk,
Der sich übers Meer verflogen,
Eure Schönheit ist der Aar,
Der den wilden Edelfalken
Sich im Flug gefangen hat,
Und das Hochgebirg die Kirche,
Wo man traut Euch am Altar. –"
„Reichlich wohl will ich dirs lohnen,
Liebes Mädchen, sprichst du wahr."

Kam ein Brief am andern Morgen,
Drin mit Blut geschrieben war,
Daß ihr Roland war gefallen
In der Schlacht von Roncesval.

Max von Schenkendorf
1783–1817

Das Bild in Gelnhausen

Zu Gelnhausen an der Mauer
Steht ein steinern altes Haupt,
Einsam in dem Haus der Trauer
Das der Efeu grün umlaubt.

Und das Haupt, es scheint zu sprechen:
Starb die ganze deutsche Welt?
Will kein Mann die Unbill rächen,
Bis der Erde Bau zerfällt?

Und das Haupt, es scheint zu grüßen
Fragend uns halb streng, halb mild;
Laßt es uns in Demut küssen,
Das ist Kaiser Friedrichs Bild.

Herrlich hat sein Schloß gestanden
Hier vor langer, ferner Zeit,
Als er nach den Morgenlanden
Zog in Gottes heil'gem Streit.

Rotbart, wie so fest gebunden
Hält ein Zauber dich gebannt?
Fließt hier Blut aus offnen Wunden
Sind das Tränen an der Wand?

Alter Herr, ich kann dir melden
Reiches, schönes Freudenwort.
Schau, dort zieh'n viel tausend Helden
In die Schlachten Gottes fort.

Und die Welschen sind geschlagen,
Und es siegt das heil'ge Kreuz,
Wieder kehrt aus deinen Tagen
Lebensfülle, Lebensreiz.

Magst nun dich zur Ruhe legen,
Altes stolzes Kaiserhaupt,
Deine Kraft, dein Waffensegen
Wird uns nimmermehr geraubt! –

Ernst Moritz Arndt
1769–1860

Der König von Burgund

Es reit't mit stolzem Prangen
Der König von Burgund,
Da kommt ein Knab gegangen
Und grüßt mit süßem Mund.

Er spricht: Gott grüß dich König,
Du Schöner von Burgund!
Mach' deine Feinde wenig,
Dich groß zu jeder Stund!

Er spricht: Gott lenk' dir König
Zu mir den hohen Sinn,
Der ich an Taten wenig,
Doch groß an Treue bin.

Der König spricht zum Knaben:
Was willst du in dem Krieg,
Wo Geier nur und Raben
Erfreut der blut'ge Sieg?

Was wagst du, holder Knabe,
An Jahren jung und zart?
Das Feld wird dir zum Grabe,
Der Weg ist dir zu hart.

Geh mit den feinen Füßen
Zurück ins Blumental,
Und horche dort dem süßen
Gesang der Nachtigall.

Pfleg' mit den feinen Händen
Den blüh'nden Rosenstock,
Und netz' des Linnens Enden
Für einen Schäferrock.

O König, zart von Leibe
Ist meine Jugend wohl;
Doch sie nicht von dir treibe,
Sie fühlt sich Mutes voll.

Wohl viele Tausend sitzen,
So stolz um dich zu Roß,
Viel tausend Schwerter blitzen
Und Köcher voll Geschoß;

Doch von den allen keiner
Ist mehr dir zugetan,
Als ich, hinfort dein kleiner
Dir dienender Kumpan;

Doch von den allen keinen
Bekümmert so dein Streit,
Als deinen zarten Kleinen,
Der dir den Gruß entbeut.

O Knabe, deine Rede
Klingt wohl an Tugend reich,
Doch wiß, die harte Fehde
Macht rote Wangen bleich;

Die schönen blauen Augen
Versöhnen keinen Feind,
Denn die da Schwerter brauchen,
Sind feindlich auch gemeint.

O Herr, klingt meine Rede
An Mut und Tugend reich,
So wiß, in deiner Fehde
Tut mir's kein Knappe gleich.

Laß sich den Schein entfärben,
Der diese Wangen schmückt,
Ja, laß mich für dich sterben,
So dünk' ich mich beglückt.

O Knab, soll ich dich nehmen,
So melde, ob du kannst,
Womit zur Zeit der Schemen
Du mir die Sorgen bannst;

Womit im Brand der Sonne
Du mir die Schläfe kühlst
Und für der Träume Wonne
Mich sanft in Schlummer spielst.

Herr König zwar geringe
Ist meiner Gaben Los,
Doch macht zu jedem Dinge
Die fromme Treue groß.

Ich kann die Laute schlagen,
Ich kann das Harfenspiel,
Womit seit manchen Tagen
Ich vielen wohl gefiel.

Auch kann ich lustig singen
Und zwitschern munter drein,
Wie auf den leichten Schwingen
Die Frühlingsvögelein.

Auch kann ich künstlich tanzen
Auf meinen Füßen flink
Durch Schwerter und durch Lanzen
Und in dem Reigenring.

Auch weiß ich Wundermären
Aus alter grauer Zeit,
Die Sorgen wegzukehren
Stracks durch Geschwätzigkeit.

Auch richt' ich schnelle Falken
Zum Vogelsange zu,
Und von den Mareschallen
Hast keinen flinkern du.

Der König nimmt den Knaben
Und kleidet ihn in Stahl
Und läßt ihn bei sich traben
In Sonn- und Mondenstrahl.

Er muß sein Schwert ihm tragen,
Ihm zäumen früh sein Roß,
Ist ihm in wenig Tagen
Der Liebst' im ganzen Troß.

Er muß beim Mal ihm singen
Zum goldnen Harfenspiel
Und oft von alten Dingen
Erzählen lang und viel.

Und wann von seinen Braven
Ein jeder heimwärts geht,
Dann muß der Knabe schlafen
Zunächst an seinem Bett.

So zieht er als Begleiter
Des Zuges mit hinab,
Da kommt die Lust der Streiter,
Des Feindes Vordertrab.

Im Glanz der Waffen sprengen
Die Reisigen voran,
Und Heldenherzen drängen
Sich frisch zum Kampf heran;

Und König Rudolfs Rechte
Stößt manches tapfre Herz
Hinab zur Nacht der Nächte
Im kühnen Lanzenscherz;

Und Mütter müssen weinen
Und Bräute jung und hold
Den Tag, der zu bescheinen
Die Toten aufwärts rollt.

Da faßt ein starker Reiter
Den König mit dem Speer,
Zersprengt den Schild in Scheiter,
Zersplittert seine Wehr;

Trifft ihn mit stolzem Grimme –
Das Feld ist Königsgrab –
Und ohne Hauch und Stimme
Stürzt er vom Roß hinab.

Erbleichend hält der Knabe
Und spannet das Geschoß.
„Nimm letzte Liebesgabe."
Er schießt den Mann vom Roß.

Wirft dann mit heißen Tränen
Sich auf des Königs Leib,
Und offenbart in Tönen
Des Jammers laut das Weib;

Reißt von den goldnen Locken
Des Helmes Decke schnell,
Damit das Blut zu stocken,
Das rinnt vom Panzer hell;

Reißt mit den blutigen Händen
Des Hemdes weißes Lein,
Die Treue zu vollenden,
Von seines Busens Schrein.

Doch sieh! des Königs Wangen
Färbt neues Lebensrot –
Sein Atem lag gefangen,
Die Kraft war nimmer tot.

Und sieh! mit frohem Beben
Sieht er des Weibes Trug,
Das Lieb' auf Tod und Leben
Für ihn in Schlachten trug;

Und faßt sie gar behende
Und drückt sie an sein Herz,
Und ruft: Hier, Treue, ende
Dein banger süßer Schmerz!

Und wärst in Bettlerhütten
Die kleinste Magd im Land,
Du bist durch Mut und Sitten
Mit Königsglanz verwandt.

Mein König – stammelt leise
Das holdverschämte Weib –
Vergib mir meine Weise,
Mir hinfort gnädig bleib!

Nicht in der Bettlerhütte
Wuchs deine Magd heran,
Wohl aus der Fürsten Mitte
Erköre sie ein Mann.

Mein Vater heißt Graf Walter,
Wohnt im Ardennerwald;
Doch zog mein junges Alter
Der Liebe Allgewalt.

Du weißt, wie ich gedienet,
Wozu bei Tag und Nacht
Sich Liebesmut erkühnet
In wilder Knabentracht.

Ich weiß es, es soll wissen
Das ganze Männerheer –
Du schläfst auf deinem Kissen
Hinfort nicht einsam mehr.

In deinen süßen Armen,
Du süße Königin,
Laß ewig mich erwarmen
Im frommen Liebessinn.

Die mir das Roß gezäumet
Und nach dem Sattel sprang,
Nun bei mir schläft und träumet
All all mein Lebenlang.

Ballade

Und die Sonne machte den weiten Ritt
Um die Welt,
Und die Sternlein sprachen: wir reisen mit
Um die Welt;
Und die Sonne, sie schalt sie: ihr bleibt zu Haus,
Denn ich brenn' euch die goldnen Äuglein aus
Bei dem feurigen Ritt um die Welt.

Und die Sternlein gingen zum lieben Mond
In der Nacht,
Und sie sprachen: du, der auf Wolken thront
In der Nacht,
Laß uns wandeln mit dir, denn dein milder Schein
Er verbrennet uns nimmer die Äugelein.
Und er nahm sie, Gesellen der Nacht.

Nun willkommen, Sternlein und lieber Mond,
In der Nacht!
Ihr verstehet, was still in dem Herzen wohnt
In der Nacht.
Kommt und zündet die himmlischen Lichter an,
Das ich lustig mitschwärmen und spielen kann
In den freundlichen Spielen der Nacht.

Das Lied vom Schill

Es zog aus Berlin ein tapferer Held,
Er führte sechshundert Reiter ins Feld,
Sechshundert Reiter mit redlichem Mut,
Die dürsteten alle Franzosenblut.

Auch zogen mit Reitern und Rossen im Schritt
Wohl tausend der tapfersten Schützen mit.
Ihr Schützen, gesegn' euch Gott jeglichen Schuß,
Durch welchen ein Franzmann erblassen muß!

So zieht der tapfre, der mutige Schill,
Der mit den Franzosen schlagen sich will;
Ihn sendet kein Kaiser, kein König aus,
Ihn sendet die Freiheit, das Vaterland aus.

Bei Dodendorf färbten die Männer gut
Das Magdeburger Land mit französischem Blut,
Zweitausend zerhieben die Säbel blank,
Die übrigen machten die Beine lang.

Drauf stürmten sie Dömitz, das feste Haus,
Und jagten die Schelmenfranzosen heraus,
Dann zogen sie lustig ins Pommerland ein,
Da soll kein Franzose sein Kiwi! mehr schrei'n.

Auf Stralsund stürmte der reisige Zug —
O Franzosen, verständet ihr Vogelflug!
O wüchsen euch Federn und Flügel geschwind!
Es nahet der Schill und er reitet wie Wind.

Er reitet wie Wetter hinein in die Stadt,
Die der Wallenstein weiland belagert hat,
Wo der Zwölfte Karolus im Tore schlief.
Jetzt liegen ihre Mauren und Türme tief.

O weh euch, Franzosen! jetzt seid ihr tot,
Ihr färbet die Säbel der Reiter rot,
Die Reiter, sie fühlen das deutsche Blut,
Franzosen zu säbeln, das deucht ihnen gut.

O Schill! o Schill! du tapferer Held!
Was sind dir für bübische Netze gestellt!
Viele ziehen zu Lande, es schleichet vom Meer
Der Däne, die tückische Schlange, daher.

O Schill! o Schill! du tapferer Held!
Was sprengst du nicht mit den Reitern ins Feld?
Was schließest in Mauren die Tapferkeit ein?
In Stralsund, da sollst du begraben sein.

O Stralsund, du trauriges Stralesund!
In dir geht das tapferste Herz zu Grund,
Eine Kugel durchbohret das treueste Herz,
Und Buben, sie treiben mit Helden Scherz.

Da schreiet ein frecher Franzosenmund:
„Man soll ihn begraben wie einen Hund,
Wie einen Schelm, der an Galgen und Rad
Schon fütterte Krähen und Raben satt."

So trugen sie ihn ohne Sang und Klang,
Ohne Pfeifenspiel und ohne Trommelklang,
Ohne Kanonenmusik und Flintengruß,
Womit man die Tapfern begraben muß.

Sie schnitten den Kopf von dem Rumpf ihm ab
Und warfen den Leib in ein schlechtes Grab.
Da schläft er nun bis an den jüngsten Tag,
Wo Gott ihn zu Freuden erwecken mag.

Da schläft der fromme, der tapfre Held,
Ihm ward kein Stein zum Gedächtnis gestellt;
Doch hat er auch keinen Ehrenstein,
Sein Name wird nimmer vergessen sein.

Denn zäumet ein Reiter sein schnelles Pferd
Und schwinget ein Reiter sein blankes Schwert,
So rufet er immer: Herr Schill! Herr Schill!
Ich an den Franzosen euch rächen will.

Harald Schönhaar

In der Freude der Hallen zechte
Frode, König von Hadaland,
Ida, die Schöne, deckt' ihm die rechte,
Kämpfer deckten die linke Hand;
Hell zum Becher die Skalden sangen
Odins Reisen und Ragnars Krieg,
Als mit Brausen die Pforten klangen
Und die Stufen ein Mann erstieg.

Stattlich tritt er mit zücht'gem Reigen
Zu dem Stuhle der Fürstin hin,
Und die Stimmen der Skalden schweigen
Und es staunet der Männer Sinn;
Um die mächtigen Schultern fließen
Locken schimmernd wie Sonnenschein
Und die blitzenden Augen schießen
Furcht in tapfere Herzen ein.

Und es reicht von dem Sitz der Alte
Ihm den Becher, den goldnen, zu,
Daß er das Mahl mit den Kämpfern halte,
Neigt er und winkt er ihm freundlich zu;
Doch der Jüngling mit fester Rede
Zu dem König der Inseln spricht:
Nicht zum Spiele und nicht zur Fehde,
Zu dem Becher auch komm' ich nicht.

Um die Schöne ich komme werben,
Um die Fürstin, die Tochter dein,
Harald heiß' ich, von Odins Erben
Nicht der letzte im Schlachtenreih'n,
Harald Schönhaar, der Sohn des Grafen,
See mir Heimat und Himmel Dach –
Rede: soll ich bei Ida schlafen?
Soll sie schmücken ihr Brautgemach?

Nein! bei Ida nicht sollst du schlafen,
Stelle tiefer den stolzen Mut;
Tausend Streuner sich nennen Grafen,
Tausend Knechte sich Odins Blut:
In der Herrschaft der weiten Lande,
In dem Szepter und in dem Schwert
Gib von himmlischen Ahnen Pfande,
Geh, und weise dich Odins wert!

Und der Jüngling mit edlem Zorne
Rennet hinnen im schnellen Lauf,
Bläst die Seinen mit hellem Horne
Risch aus Bergen und Tälern auf,
Und er schwöret und läßt sie schwören,
Herrscher will er der Länder sein
Oder frühe mit blut'gen Ehren
Geh'n zur Freude Walhallas ein.

Und so zückt er das scharfe Eisen
Und so bäumt er den starken Speer,
Und die Monden und Jahre reisen,
Und es schwillet ihm Macht und Heer,
Riesen schlägt er und schlimme Zwerge,
Überwindet der Zaubrer List,
Bis er König der höchsten Berge,
König der Küsten und Inseln ist.

Und nun fliegt er mit süßem Triebe
Hin zur Feste, wo Ida sitzt,
Und er rufet: Tu auf mir, Liebe!
Harald ruft, der das Land besitzt.
Und sie öffnet der starken Mauer
Eisentore dem Helden weit,
Doch die Augen umhüllet Trauer
Und die Glieder ein schwarzes Kleid.

Und er staunet – doch sie in Freuden
Bricht von Eichen den grünen Kranz,
Drückt ihm züchtig und hold bescheiden
Auf die Locken den Ehrenglanz,
Heißt ihn lieblich vom Becher trinken,
Den sie füllet mit goldnem Wein,
Und die freundlichen Augen winken
Auf ihn, leuchtend wie Sonnenschein.

Dann, als Harald mit lieben Händen
Will die Liebliche zu sich zieh'n,
Sieht er zornig den Leib sie wenden
Und zum ragenden Söller flieh'n;
Nach sich zieht sie empor die Stufen,
Flammend wirft sie hinab den Blick;
Harald, spricht sie, die Geister rufen,
Harald, weiche! zurück! zurück!

Was wir heischten, du hast's erfüllet,
Und ich flocht dir des Stolzes Lohn,
Odins Enkel ist groß enthüllet,
Herrsche lange, du Odinssohn!
Doch mein Vater und liebe Brüder
Liegen stumm durch dein grimmes Schwert,
Und sie laden mich: komm hernieder!
Zeig' auch du dich der Ahnen wert!

Hör' ich nicht sie in Winden wehen?
Brausen in Wellen nicht überlaut?
O ihr Götter in Himmelshöhen,
Nehmt mich! empfanget mich, Haralds Braut!
Fahr wohl, Sonne am blauen Bogen!
Nimmer färbst du den Tag mir rot –
Und sie springt in die wilden Wogen,
In den brausenden Heldentod.

Und der König erfaßt die Schöne,
Wie die Flut sie ans Ufer bringt,
Und er suchet umsonst die Töne,
Welche Leben und Liebe klingt,
Und er schlingt um den Leib die Rechte,
Hält ihn trauernd im bittern Harm,
Und zwölf stumme und finstre Nächte
Macht ihn Feuer und Schlaf nicht warm.

Dann gebeut er das Grab zu graben,
Senkt die herrliche Leiche drein,
Schmückt es glänzend mit Siegesgaben,
Türmt es hoch zum Gebirg von Stein,
Daß es stehe in langen Zeiten
Als ein Denkmal der Zärtlichkeit,
Woran Liebende traurig deuten
Alles Schönen Vergänglichkeit.

Justinus Kerner
1786–1862

Die traurige Hochzeit

Zu Augsburg in dem hohen Saal
Herr Fugger hielt sein Hochzeitsmahl.

Kunigunde hieß die junge Braut,
Saß krank und bleich, gab keinen Laut.

Zwölf goldne Becher gingen herum,
Nichts trank Herr Fugger, so bleich und stumm.

Zwölf Blumenkörbe bot man umher,
Die Braut verlangte kein Blümlein mehr.

Zwölf Harfner lockten zum Fackeltanz,
Die Fackeln gaben so matten Glanz.

Die Gäste tanzten in langen Reih'n,
Zwo weiße Gestalten hinterdrein.

Die Gäste tanzten zum Saal hinaus,
Sie tanzten und tanzten wohl aus dem Haus.

Die Saiten der Harfen sprangen zumal,
Stumm schlichen die Harfner sich aus dem Saal.

Im Saale vernahm man keinen Laut,
Tot saßen im Dunkel Bräut'gam und Braut.

Der Geiger zu Gmünd

Einst ein Kirchlein sondergleichen,
Noch ein Stein von ihm steht da,
Baute Gmünd der sangesreichen
Heiligen Cäcilia.

Lilien von Silber glänzten
Ob der Heilgen mondenklar,
Hell wie Morgenrot bekränzten
Goldne Rosen den Altar.

Schuh, aus reinem Gold geschlagen,
Und von Silber hell ein Kleid
Hat die Heilige getragen:
Denn da wars noch gute Zeit,

Zeit, wo überm fernen Meere,
Nicht nur in der Heimat Land,
Man der Gmündschen Künstler Ehre
Hell in Gold und Silber fand.

Und der fremden Pilger wallten
Zu Cäcilias Kirchlein viel;
Ungesehn woher, erschallten
Drin Gesang und Orgelspiel.

Einst ein Geiger kam gegangen,
Ach, den drückte große Not,
Matte Beine, bleiche Wangen,
Und im Sack kein Geld, kein Brot.

Vor dem Bild hat er gesungen
Und gespielet all sein Leid,
Hat der Heilgen Herz durchdrungen:
Horch! melodisch rauscht ihr Kleid!

Lächelnd bückt das Bild sich nieder
Aus der lebenlosen Ruh,
Wirft dem armen Sohn der Lieder
Hin den rechten goldnen Schuh.

Nach des nächsten Goldschmieds Hause
Eilt er, ganz vom Glück berauscht,
Singt und träumt vom besten Schmause,
Wenn der Schuh um Geld vertauscht.

Aber kaum den Schuh ersehen,
Führt der Goldschmied rauhen Ton,
Und zum Richter wird mit Schmähen
Wild geschleppt des Liedes Sohn.

Bald ist der Prozeß geschlichtet,
Allen ist es offenbar,
Daß das Wunder nur erdichtet,
Er der frechste Räuber war.

Weh! du armer Sohn der Lieder
Sangest wohl den letzten Sang!
An dem Galgen auf und nieder
Sollst, ein Vogel, fliegen bang.

Hell ein Glöcklein hört man schallen,
Und man sieht den schwarzen Zug
Mit dir zu der Stätte wallen,
Wo beginnen soll dein Flug.

Bußgesänge hört man singen
Nonnen und der Mönche Chor,
Aber hell auch hört man dringen
Geigentöne draus hervor.

Seine Geige mitzuführen,
War des Geigers letzte Bitt.
„Wo so viele musizieren,
Musizier ich Geiger mit!"

An Cäcilias Kapelle
Jetzt der Zug vorüberkam,
Nach des offnen Kirchleins Schwelle
Geigt er recht in tiefem Gram.

Und wer kurz ihn noch gehasset,
Seufzt: „Das arme Geigerlein!"
„Eins noch bitt ich", singt er, „lasset
Mich zur Heilgen noch hinein!"

Man gewährt ihm; vor dem Bilde
Geigt er abermals sein Leid,
Und er rührt die Himmlischmilde:
Horch! melodisch rauscht ihr Kleid!

Lächelnd bückt das Bild sich nieder
Aus der lebenlosen Ruh,
Wirft dem armen Sohn der Lieder
Hin den zweiten goldnen Schuh.

Voll Erstaunen steht die Menge,
Und es sieht nun jeder Christ,
Wie der Mann der Volksgesänge
Selbst der Heilgen teuer ist.

Schön geschmückt mit Bändern, Kränzen,
Wohl gestärkt mit Geld und Wein,
Führen sie zu Sang und Tänzen
In das Rathaus ihn hinein.

Alle Unbill wird vergessen,
Schön zum Fest erhellt das Haus,
Und der Geiger ist gesessen
Obenan beim lustgen Schmaus.

Aber als sie voll vom Weine,
Nimmt er seine Schuh zur Hand,
Wandert so im Mondenscheine
Lustig in ein andres Land.

Seitdem wird in Gmünd empfangen
Liebreich jedes Geigerlein,
Kommt es noch so arm gegangen –
Und es muß getanzet sein.

Die Mühle steht stille

Herr Irrwing reitet nachts durchs Tal der Mühle,
Ein Lichtstrahl folgt ihm und ein Windhauch kühle.
Herr Irrwing denkt: das ist des Mondes Licht;
Da haucht es hohl: „Der Mondstrahl redet nicht!"
Die Mühle steht stille.

Herr Irrwing denkt: das ist des Baches Tönen!
Da haucht es hohl: „Vom Bach aus Blut und Tränen!"
Herr Irrwing spornt sein Roß zu schnellem Lauf,
Doch plötzlich geht ihm innres Schauen auf.
Die Mühle steht stille.

„Das ist nicht Mondenstrahl, nicht Baches Wogen,
Gespenstig kömmt ein Weib mir nachgeflogen,
Vom Leichentuch getragen, bleich und wund,
Ein kalter Hauch entströmet ihrem Mund."
Die Mühle steht stille.

Herr Irrwing läßt dem scheuen Roß die Zügel,
Der Geist doch auf des Leichentuches Flügel
Ereilt ihn bald und hauchet in die Luft:
„Schnell wie kein Vogel fliegt ein Geist der Gruft."
Die Mühle steht stille.

Und wie Herr Irrwing schaut, sieht er gespalten
Des Geistes Haupt, er siehet in den kalten,
Gespenst'gen Schädel, tief bis auf den Grund,
Da haucht also des Geistes kalter Mund:
Die Mühle steht stille.

„Schau, diese Spalte, draus entfloh mein Leben,
Sie hat mein Mann, John Mulling, mir gegeben,
Der Müller dort, den Sarg schlug selbst er zu
Und sprach: ‚Ein Schlag gab ihr die ew'ge Ruh'!"
Die Mühle steht stille.

„Nun irr' ich ungerochnes Weib als Schatte,
Johannens jüngern Leib umfängt mein Gatte,
Die trägt den Goldkranz mein im Haare dicht,
Der trinkt er zu mein röm'sches Glas so licht.
Die Mühle steht stille.

„Die schläft im Bette mein, hat all' mein Habe,
Hungrig mein Knäblein weint auf meinem Grabe.
Herr Irrwing! daß Ihr meinen Worten glaubt,
Werft Euren Goldring mir ins offne Haupt!"
Die Mühle steht stille.

Herr Irrwing spricht: „In Jesu Christi Namen
Werf' ich den Goldring mein ins Haupt dir, Amen!"
Er wirft den Goldring in der Spalte Blut,
Zu klappt der Schädel laut, der Wurf war gut.
Die Mühle steht stille.

Der Geist verschwindet, aus löscht alle Helle,
Ein kalter Graus Herrn Irrwing packt zur Stelle,
Er braucht zu spornen nicht sein weißes Roß,
Von selber rennt es vor des Richters Schloß.
Die Mühle steht stille.

„Herr Richter, spricht er, eine Bitt' ich habe,
Kommt auf den Kirchhof mit zu Elsbeths Grabe!"
Sie graben lange da, sie graben tief,
Bis zu dem Sarge, drin Frau Elsbeth schlief.
Die Mühle steht stille.

Sie brechen auf den Deckel, daß es schallte,
Da liegt die Leiche mit des Schädels Spalte,
Herr Irrwing spricht: „So war's!" und plötzlich rollt
Hell aus der Spalte Irrwings Ring von Gold.
Die Mühle steht stille.

Was sammeln sich die Raben dort in Banden?
John Mulling hat die blut'ge Tat gestanden:
Hoch auf dem Berge bleichet sein Gebein,
Frau Elsbeth ging in Gottes Himmel ein.
Die Mühle steht stille.

Ludwig Uhland
1787–1862

Das Schloß am Meere

„Hast du das Schloß gesehen,
Das hohe Schloß am Meer?
Golden und rosig wehen
Die Wolken drüber her.

„Es möchte sich niederneigen
In die spiegelklare Flut,
Es möchte streben und steigen
In der Abendwolken Glut." –

„Wohl hab' ich es gesehen,
Das hohe Schloß am Meer
Und den Mond darüber stehen
Und Nebel weit umher." –

„Der Wind und des Meeres Wallen,
Gaben sie frischen Klang?
Vernahmst du aus hohen Hallen
Saiten und Festgesang?" –

„Die Winde, die Wogen alle
Lagen in tiefer Ruh';
Einem Klagelied aus der Halle
Hört' ich mit Tränen zu." –

„Sahest du oben gehen
Den König und sein Gemahl,
Der roten Mäntel Wehen,
Der goldnen Kronen Strahl?

„Führten sie nicht mit Wonne
Eine schöne Jungfrau dar,
Herrlich wie eine Sonne,
Strahlend im goldnen Haar?" –

„Wohl sah ich die Eltern beide,
Ohne der Kronen Licht,
Im schwarzen Trauerkleide –
Die Jungfrau sah ich nicht."

Vom treuen Walther

Der treue Walther ritt vorbei
An unsrer Frau' Kapelle;
Da kniete gar in tiefer Reu'
Ein Mägdlein an der Schwelle:
„Halt' an, halt' an, mein Walther traut!
Kennst du nicht mehr der Stimme Laut,
Die du so gerne hörtest?" –

„Wen seh' ich hier? Die falsche Maid,
Ach, weiland, ach, die Meine.
Wo ließest du dein seiden Kleid,
Wo Gold und Edelsteine?" –
„O daß ich von der Treue ließ!
Verloren ist mein Paradies,
Bei dir nur find' ich's wieder."

Er hub zu Roß das schöne Weib,
Er trug ein sanft Erbarmen;
Sie schlang sich fest um seinen Leib
Mit weißen, weichen Armen:
„Ach, Walther traut, mein liebend Herz,
Es schlägt an kaltes, starres Erz,
Es klopft nicht an dem deinen."

Sie ritten ein in Walthers Schloß,
Das Schloß war öd' und stille.
Sie band den Helm dem Ritter los;
Hin war der Schönheit Fülle:
„Die Wangen bleich, die Augen trüb',
Sie sind dein Schmuck, du treues Lieb!
Du warst mir nie so lieblich."

Die Rüstung löst die fromme Maid
Dem Herrn, den sie betrübet:
„Was seh' ich? Ach, ein schwarzes Kleid!
Wer starb, den du geliebet?" –
„Die Liebste mein betraur' ich sehr,
Die ich auf Erden nimmermehr,
Noch überm Grabe finde."

Sie sinkt zu seinen Füßen hin
Mit ausgestreckten Armen:
„Da lieg' ich arme Büßerin,
Dich fleh' ich um Erbarmen.
Erhebe mich zu neuer Lust!
Laß mich an deiner treuen Brust
Von allem Leid genesen!" –

„Steh' auf, steh' auf, du armes Kind!
Ich kann dich nicht erheben;
Die Arme mir verschlossen sind,
Die Brust ist ohne Leben.
Sei traurig stets, wie ich es bin!
Die Lieb' ist hin, die Lieb' ist hin
Und kehret niemals wieder."

Klein Roland

Frau Bertha saß in der Felsenkluft,
Sie klagt' ihr bitt'res Los;
Klein Roland spielt' in freier Luft,
Des Klage war nicht groß.

„O König Karl, mein Bruder hehr,
O daß ich floh von dir!
Um Liebe ließ ich Pracht und Ehr',
Nun zürnst du schrecklich mir.

O Milon, mein Gemahl so süß,
Die Flut verschlang mir dich.
Die ich um Liebe alles ließ,
Nun läßt die Liebe mich.

Klein Roland, du mein teures Kind,
Nun Ehr' und Liebe mir,
Klein Roland, komm herein geschwind!
Mein Trost kommt all von dir.

Klein Roland, geh zur Stadt hinab,
Zu bitten um Speis' und Trank;
Und wer dir gibt eine kleine Gab',
Dem wünsche Gottes Dank!"

Der König Karl zur Tafel saß
Im goldnen Rittersaal;
Die Diener liefen ohn' Unterlaß
Mit Schüssel und Pokal.

Von Flöten, Saitenspiel, Gesang
Ward jedes Herz erfreut,
Doch reichte nicht der helle Klang
Zu Berthas Einsamkeit.

Und draußen in des Hofes Kreis,
Da saßen der Bettler viel;
Die labten sich an Trank und Speis'
Mehr, als am Saitenspiel.

Der König schaut in ihr Gedräng'
Wohl durch die offne Tür,
Da drückt sich durch die dichte Meng'
Ein feiner Knab' herfür.

Des Knaben Kleid ist wunderbar,
Vierfarb zusammengestückt,
Doch weilt er nicht bei der Bettlerschar,
Herauf zum Saal er blickt.

Herein zum Saal klein Roland tritt,
Als wär's sein eigen Haus,
Er hebt eine Schüssel von Tisches Mitt'
Und trägt sie stumm hinaus.

Der König denkt: „Was muß ich sehn?
Das ist ein sondrer Brauch."
Doch weil er's ruhig läßt geschehn,
So lassen's die andern auch.

Es stund nur an eine kleine Weil',
Klein Roland kehrt in den Saal:
Er tritt zum König hin mit Eil'
Und faßt seinen Goldpokal.

„Heida! halt' an, du kecker Wicht!"
Der König ruft es laut:
Klein Roland läßt den Becher nicht,
Zum König auf er schaut.

Der König erst gar finster sah,
Doch lachen mußt' er bald:
„Du trittst in die goldne Halle da
Wie in den grünen Wald;

Du nimmst die Schüssel von Königs Tisch,
Wie man Äpfel bricht vom Baum;
Du holst wie aus dem Bronnen frisch
Meines roten Weines Schaum." –

„Die Bäu'rin schöpft aus dem Bronnen frisch,
Die bricht die Äpfel vom Baum:
Meiner Mutter ziemet Wildbret und Fisch,
Ihr roten Weines Schaum." –

„Ist deine Mutter so edle Dam',
Wie du berühmst, mein Kind,
So hat sie wohl ein Schloß lustsam
Und stattlich Hofgesind'?

Sag' an, wer ist denn ihr Truchseß?
Sag' an, wer ist ihr Schenk?" –
„Meine rechte Hand ist ihr Truchseß,
Meine linke, die ist ihr Schenk." –

„Sag' an, wer sind die Wächter treu?" –
„Meine Augen blau allstund'." –
„Sag' an, wer ist ihr Sänger frei?" –
„Der ist mein roter Mund." –

„Die Dam' hat wack're Diener, traun,
Doch liebt sie sondre Livrei,
Wie Regenbogen anzuschaun,
Mit Farben mancherlei." –

„Ich hab' bezwungen der Knaben acht
Von jedem Viertel der Stadt:
Die haben mir als Zins gebracht
Vierfältig Tuch zur Wat." –

„Die Dame hat nach meinem Sinn
Den besten Diener der Welt.
Sie ist wohl Bettlerkönigin,
Die offne Tafel hält?

So edle Dame darf nicht fern
Von meinem Hofe sein:
Wohlauf, drei Damen! auf, drei Herrn!
Führt sie zu mir herein!"

Klein Roland trägt den Becher flink
Hinaus zum Prunkgemach;
Drei Damen auf des Königs Wink,
Drei Ritter folgen nach.

Es stund nur an eine kleine Weil'
(Der König schaut in die Fern'):
Da kehren schon zurück mit Eil'
Die Damen und die Herrn.

Der König ruft mit einemmal:
„Hilf Himmel! seh' ich recht?
Ich hab' verspottet im offnen Saal
Mein eigenes Geschlecht!

Hilf Himmel! Schwester Bertha, bleich,
Im grauen Pilgergewand;
Hilf Himmel! in meinem Prunksaal reich
Den Bettelstab in der Hand!"

Frau Bertha fällt zu Füßen ihm,
Das bleiche Frauenbild.
Da regt sich plötzlich der alte Grimm,
Er blickt sie an so wild.

[Wat, mhd.: Gewand, Kleid.]

Frau Bertha senkt die Augen schnell,
Kein Wort zu reden sich traut;
Klein Roland hebt die Augen hell,
Den Öhm begrüßt er laut.

Da spricht der König in mildem Ton:
„Steh' auf, du Schwester mein,
Um diesen, deinen lieben Sohn,
Soll dir verziehen sein."

Frau Bertha hebt sich freudenvoll:
„Lieb Bruder mein, wohlan!
Klein Roland dir vergelten soll,
Was du mir Gut's getan;

Soll werden seinem König gleich
Ein hohes Heldenbild,
Soll führen die Farb' von manchem Reich
In seinem Banner und Schild,

Soll greifen in manches Königs Tisch
Mit seiner freien Hand,
Soll bringen zu Heil und Ehre frisch
Sein seufzend Mutterland."

Der Wirtin Töchterlein

Es zogen drei Bursche wohl über den Rhein,
Bei einer Frau Wirtin, da kehrten sie ein:

„Frau Wirtin, hat Sie gut Bier und Wein?
Wo hat Sie Ihr schönes Töchterlein?" –

„Mein Bier und Wein ist frisch und klar,
Mein Töchterlein liegt auf der Totenbahr'."

Und als sie traten zur Kammer hinein,
Da lag sie in einem schwarzen Schrein.

Der erste, der schlug den Schleier zurück
Und schaute sie an mit traurigem Blick:

„Ach, lebtest du noch, du schöne Maid!
Ich würde dich lieben von dieser Zeit."

Der zweite deckte den Schleier zu
Und kehrte sich ab und weinte dazu:

„Ach, daß du liegst auf der Totenbahr'!
Ich hab' dich geliebet so manches Jahr."

Der dritte hub ihn wieder sogleich
Und küßte sie an den Mund so bleich:

„Dich liebt' ich immer, dich lieb' ich noch heut'
Und werde dich lieben in Ewigkeit."

Die Rache

Der Knecht hat erstochen den edeln Herrn,
Der Knecht wär' selber ein Ritter gern.
Er hat ihn erstochen im dunkeln Hain
Und den Leib versenket im tiefen Rhein;
Hat angeleget die Rüstung blank,
Auf des Herren Roß sich geschwungen frank.
Und als er sprengen will über die Brück',
Da stutzet das Roß und bäumt sich zurück,
Und als er die güldnen Sporen ihm gab,
Da schleudert's ihn wild in den Strom hinab.
Mit Arm, mit Fuß er rudert und ringt:
Der schwere Panzer ihn niederzwingt.

Taillefer

Normannenherzog Wilhelm sprach einmal:
„Wer singet in meinem Hof und in meinem Saal?
Wer singet vom Morgen bis in die späte Nacht
So lieblich, daß mir das Herz im Leibe lacht?"

„Das ist der Taillefer, der so gerne singt
Im Hofe, wann er das Rad am Brunnen schwingt,
Im Saale, wann er das Feuer schüret und facht,
Wann er abends sich legt und wann er morgens erwacht."

Der Herzog sprach: „Ich hab' einen guten Knecht,
Den Taillefer; der dienet mir fromm und recht;
Er treibt mein Rad und schüret mein Feuer gut
Und singet so hell: das höhet mir den Mut."

Da sprach der Taillefer: „Und wär' ich frei,
Viel besser wollt' ich dienen und singen dabei.
Wie wollt' ich dienen dem Herzog hoch zu Pferd!
Wie wollt' ich singen und klingen mit Schild und mit Schwert!"

Nicht lange, so ritt der Taillefer ins Gefild'
Auf einem hohen Pferde mit Schwert und mit Schild.
Des Herzogs Schwester schaute vom Turm ins Feld;
Sie sprach: „Dort reitet bei Gott ein stattlicher Held."

Und als er ritt vorüber an Fräuleins Turm,
Da sang er bald wie ein Lüftlein, bald wie ein Sturm.
Sie sprach: „Der singet, das ist eine herrliche Lust:
Es zittert der Turm, und es zittert mein Herz in der Brust."

Der Herzog Wilhelm fuhr wohl über das Meer,
Er fuhr nach Engelland mit gewaltigem Heer.
Er sprang vom Schiffe; da fiel er auf die Hand:
„Hei!", rief er, „ich fass' und ergreif' dich, Engelland!"

Als nun das Normannenheer zum Sturme schritt,
Der edle Taillefer vor den Herzog ritt:
„Manch Jährlein hab' ich gesungen und Feuer geschürt,
Manch Jährlein gesungen und Schwert und Lanze gerührt.

Und hab' ich Euch gedient und gesungen zu Dank,
Zuerst als ein Knecht und dann als ein Ritter frank,
So laßt mich das entgelten am heutigen Tag:
Vergönnet mir auf die Feinde den ersten Schlag!"

Der Taillefer ritt vor allem Normannenheer
Auf einem hohen Pferde mit Schwert und mit Speer;
Er sang so herrlich, das klang über Hastingsfeld;
Von Roland sang er und manchem frommen Held.

Und als das Rolandslied wie ein Sturm erscholl,
Da wallete manch Panier, manch Herze schwoll,
Da brannten Ritter und Mannen von hohem Mut:
Der Taillefer sang und schürte das Feuer gut.

Dann sprengt' er hinein und führte den ersten Stoß,
Davon ein englischer Ritter zur Erde schoß;
Dann schwang er das Schwert und führte den ersten Schlag,
Davon ein englischer Ritter am Boden lag.

Normannen sahen's, die harrten nicht allzu lang':
Sie brachen herein mit Geschrei und mit Schilderklang.
Hei! sausende Pfeile, klirrender Schwerterschlag!
Bis Harald fiel und sein trotziges Heer erlag.

Herr Wilhelm steckte sein Banner aufs blutige Feld,
Inmitten der Toten spannt' er sein Gezelt:
Da saß er am Mahle, den goldnen Pokal in der Hand,
Auf dem Haupte die Königskrone von Engelland:

„Mein tapf'rer Taillefer, komm, trink' mir Bescheid!
Du hast mir viel gesungen in Lieb' und in Leid:
Doch heut' im Hastingsfelde dein Sang und dein Klang,
Der tönet mir in den Ohren mein Leben lang."

Graf Eberstein

Zu Speier im Saale, da hebt sich ein Klingen,
Mit Fackeln und Kerzen ein Tanzen und Springen,
    Graf Eberstein
    Führet den Reih'n
Mit des Kaisers holdseligem Töchterlein.

Und als er sie schwingt nun im luftigen Reigen,
Da flüstert sie leise (sie kann's nicht verschweigen):
    „Graf Eberstein,
    Hüte dich fein!
Heut' nacht wird dein Schlößlein gefährdet sein."

„Ei!" denket der Graf, „Euer kaiserlich' Gnaden,
So habt ihr mich darum zum Tanze geladen?"
    Er sucht sein Roß,
    Läßt seinen Troß
Und jagt nach seinem gefährdeten Schloß.

Um Ebersteins Feste, da wimmelt's von Streitern,
Sie schleichen im Nebel mit Haken und Leitern.
    Graf Eberstein
    Grüßet sie fein,
Er wirft sie vom Wall in die Gräben hinein.

Als nun der Herr Kaiser am Morgen gekommen,
Da meint er, es seie die Burg schon genommen.
    Doch auf dem Wall
    Tanzen mit Schall
Der Graf und seine Gewappneten all':

„Herr Kaiser, beschleicht Ihr ein andermal Schlösser,
Tut's not, Ihr versteht aufs Tanzen Euch besser.
    Euer Töchterlein
    Tanzet so fein,
Dem soll meine Feste geöffnet sein."

Im Schlosse des Grafen, da hebt sich ein Klingen,
Mit Fackeln und Kerzen ein Tanzen und Springen:
    Graf Eberstein
    Führet den Reih'n
Mit des Kaisers holdseligem Töchterlein.

Und als er sie schwingt nun im bräutlichen Reigen,
Da flüstert er leise (nicht kann er's verschweigen):
    „Schön Jungfräulein,
    Hüte dich fein!
Heut' nacht wird ein Schlößlein gefährdet sein."

Des Sängers Fluch

Es stand in alten Zeiten ein Schloß so hoch und her,
Weit glänzt' es über die Lande bis an das blaue Meer,
Und rings von duft'gen Gärten ein blütenreicher Kranz,
Drin sprangen frische Brunnen in Regenbogenglanz.

Dort saß ein stolzer König, an Land und Siegen reich,
Er saß auf seinem Throne so finster und so bleich;
Denn was er sinnt, ist Schrecken, und was er blickt, ist Wut,
Und was er spricht, ist Geißel, und was er schreibt, ist Blut.

Einst zog nach diesem Schlosse ein edles Sängerpaar,
Der ein' in goldnen Locken, der andre grau von Haar;
Der Alte mit der Harfe, der saß auf schmuckem Roß,
Es schritt ihm frisch zur Seite der blühende Genoß.

Der Alte sprach zum Jungen: „Nun sei bereit, mein Sohn!
Denk' unsrer tiefsten Lieder, stimm' an den vollsten Ton!
Nimm alle Kraft zusammen, die Lust und auch den Schmerz!
Es gilt uns heut', zu rühren des Königs steinern Herz."

Schon stehn die beiden Sänger im hohen Säulensaal,
Und auf dem Throne sitzen der König und sein Gemahl;
Der König furchtbar prächtig wie blut'ger Nordlichtschein,
Die Königin süß und milde, als blickte Vollmond drein.

Da schlug der Greis die Saiten, er schlug sie wundervoll,
Daß reicher, immer reicher der Klang zum Ohre schwoll,
Dann strömte himmlisch helle des Jünglings Stimme vor,
Des Alten Sang dazwischen wie dumpfer Geisterchor.

Sie singen von Lenz und Liebe, von sel'ger, goldner Zeit,
Von Freiheit, Männerwürde, von Treu' und Heiligkeit;
Sie singen von allem Süßen, was Menschenbrust durchbebt,
Sie singen von allem Hohen, was Menschenherz erhebt.

Die Höflingsschar im Kreise verlernet jeden Spott,
Des Königs trotz'ge Krieger, sie beugen sich vor Gott,
Die Königin, zerflossen in Wehmut und in Lust,
Sie wirft den Sängern nieder die Rose von ihrer Brust.

„Ihr habt mein Volk verführet, verlockt ihr nun mein Weib?"
Der König schreit es wütend, er bebt am ganzen Leib.
Er wirft sein Schwert, das blitzend des Jünglings Brust durchdringt,
Draus statt der goldnen Lieder ein Blutstrahl hochauf springt.

Und wie vom Sturm zerstoben ist all der Hörer Schwarm,
Der Jüngling hat verröchelt in seines Meisters Arm,
Der schlägt um ihn den Mantel und setzt ihn auf das Roß,
Er bind't ihn aufrecht feste, verläßt mit ihm das Schloß.

Doch vor dem hohen Tore, da hält der Sängergreis,
Da faßt er seine Harfe, sie, aller Harfen Preis,
An einer Marmorsäule, da hat er sie zerschellt,
Dann ruft er, daß es schaurig durch Schloß und Gärten gellt:

„Weh' euch, ihr stolzen Hallen! Nie töne süßer Klang
Durch eure Räume wieder, nie Saite noch Gesang,
Nein! Seufzer nur und Stöhnen und scheuer Sklavenschritt,
Bis euch zu Schutt und Moder der Rachegeist zertritt!

Weh' euch, ihr duft'gen Gärten im holden Maienlicht!
Euch zeig' ich dieses Toten entstelltes Angesicht,
Daß ihr darob verdorret, daß jeder Quell versiegt,
Daß ihr in künft'gen Tagen versteint, verödet liegt.

Weh' dir, verruchter Mörder, du Fluch des Sängertums!
Umsonst sei all dein Ringen nach Kränzen blut'gen Ruhms,
Dein Name sei vergessen, in ew'ge Nacht getaucht,
Sei, wie ein letztes Röcheln, in leere Luft verhaucht!"

Der Alte hat's gerufen, der Himmel hat's gehört,
Die Mauern liegen nieder, die Hallen sind zerstört,
Noch *eine* hohe Säule zeugt von verschwund'ner Pracht:
Auch diese, schon geborsten, kann stürzen über Nacht.

Und rings statt duft'ger Gärten ein ödes Heideland,
Kein Baum verstreuet Schatten, kein Quell durchdringt den Sand,
Des Königs Namen meldet kein Lied, kein Heldenbuch;
Versunken und vergessen! Das ist des Sängers Fluch.

Schwäbische Kunde

Als Kaiser Rotbart lobesam
Zum heil'gen Land gezogen kam,
Da mußt' er mit dem frommen Heer
Durch ein Gebirge wüst und leer.
Daselbst erhub sich große Not,
Viel Steine gab's und wenig Brot,
Und mancher deutsche Reitersmann
Hat dort den Trunk sich abgetan;
Den Pferden war's so schwach im Magen,
Fast mußt' der Reiter die Mähre tragen.
Nun war ein Herr aus Schwabenland,
Von hohem Wuchs und starker Hand,
Des Rößlein war so krank und schwach,
Er zog es nur am Zaume nach,
Er hätt' es nimmer aufgegeben,
Und kostet's ihn das eigne Leben.
So blieb er bald ein gutes Stück
Hinter dem Heereszug zurück;
Da sprengten plötzlich in die Quer'
Fünfzig türkische Reiter daher;

Die huben an, auf ihn zu schießen,
Nach ihm zu werfen mit den Spießen.
Der wack're Schwabe forcht' sich nit,
Ging seines Weges Schritt vor Schritt,
Ließ sich den Schild mit Pfeilen spicken
Und tät nur spöttisch um sich blicken,
Bis einer, dem die Zeit zu lang,
Auf ihn den krummen Säbel schwang.
Da wallt dem Deutschen auch sein Blut,
Er trifft des Türken Pferd so gut,
Er haut ihm ab mit einem Streich
Die beiden Vorderfüß' zugleich.
Als er das Tier zu Fall gebracht,
Da faßt er erst sein Schwert mit Macht,
Er schwingt es auf des Reiters Kopf,
Haut durch bis auf den Sattelknopf,
Haut auch den Sattel noch zu Stücken
Und tief noch in des Pferdes Rücken;
Zur Rechten sieht man wie zur Linken
Einen halben Türken heruntersinken.
Da packt die andern kalter Graus,
Sie fliehen in alle Welt hinaus,
Und jedem ist's, als würd' ihm mitten
Durch Kopf und Leib hindurchgeschnitten.
Drauf kam des Wegs 'ne Christenschar,
Die auch zurückgeblieben war,
Die sahen nun mit gutem Bedacht,
Was Arbeit unser Held gemacht.
Von denen hat's der Kaiser vernommen.
Der ließ den Schwaben vor sich kommen,
Er sprach: „Sag' an, mein Ritter wert!
Wer hat dich solche Streich' gelehrt?"
Der Held bedacht' sich nicht zu lang':
„Die Streiche sind bei uns im Schwang';
Sie sind bekannt im ganzen Reiche,
Man nennt sie halt nur Schwabenstreiche."

[abgetan: abgewöhnt.]

Die Schlacht bei Reutlingen

Zu Achalm auf dem Felsen, da haust manch kühner Aar,
Graf Ulrich, Sohn des Greiners, mit seiner Ritterschar;
Wild rauschen ihre Flüge um Reutlingen, die Stadt:
Bald scheint sie zu erliegen, vom heißen Drange matt.

Doch plötzlich einst erheben die Städter sich zu Nacht;
Ins Urachtal hinüber sind sie mit großer Macht.
Bald steigt von Dorf und Mühle die Flamme blutig rot;
Die Herden weggetrieben, die Hirten liegen tot.

Herr Ulrich hat's vernommen, er ruft im grimmen Zorn:
„In eure Stadt soll kommen kein Huf und auch kein Horn."
Da sputen sich die Ritter, sie wappnen sich in Stahl,
Sie heischen ihre Rosse, sie reiten stracks zu Tal.

Ein Kirchlein stehet drunten, Sankt Leonhard geweiht;
Dabei ein grüner Anger, der scheint bequem zum Streit.
Sie springen von den Pferden, sie ziehen stolze Reih'n,
Die langen Spieße starren: wohlauf! wer wagt sich drein?

Schon ziehn vom Urachtale die Städter fern herbei,
Man hört der Männer Jauchzen, der Herden wild Geschrei;
Man sieht sie fürder schreiten, ein wohl gerüstet Heer:
Wie flattern stolz die Banner! wie blitzen Schwert und Speer!

Nun schließ' dich fest zusammen, du ritterliche Schar!
Wohl hast du nicht geahnet so dräuende Gefahr.
Die übermächt'gen Rotten, sie stürmen an mit Schwall:
Die Ritter stehn und starren wie Fels und Mauerwall.

Zu Reutlingen am Zwinger, da ist ein altes Tor,
Längst wob mit dichten Ranken der Efen sich davor:
Man hatt' es schier vergessen: nun kracht's mit einmal auf,
Und aus dem Zwinger stürzet gedrängt ein Bürgerhauf'.

Den Rittern in den Rücken fällt er mit grauser Wut:
Heut' will der Städter baden im heißen Ritterblut.
Wie haben da die Gerber so meisterlich gegerbt!
Wie haben da die Färber so purpurrot gefärbt!

Heut' nimmt man nicht gefangen: heut' geht es auf den Tod:
Heut' spritzt das Blut wie Regen, der Anger blümt sich rot.
Stets drängender umschlossen und wütender bestürmt,
Ist rings von Bruderleichen die Ritterschar umtürmt.

Das Fähnlein ist verloren, Herr Ulrich blutet stark;
Die noch am Leben blieben, sind müde bis ins Mark.
Da haschen sie nach Rossen und schwingen sich darauf,
Sie hauen durch, sie kommen zur festen Burg hinauf.

„Ach Allm –", stöhnt' einst ein Ritter: ihn traf des Mörders Stoß;
„Allmächt'ger!" wollt' er rufen: man hieß davon das Schloß.
Herr Ulrich sinkt vom Sattel, halbtot, voll Blut und Qualm:
Hätt' nicht das Schloß den Namen, dann hieß' es jetzt Achalm.

Wohl kommt am andern Morgen zu Reutlingen ans Tor
Manch trauervoller Knappe, der seinen Herrn verlor.
Dort auf dem Rathaus liegen die Toten all' gereiht:
Man führt dahin die Knechte mit sicherem Geleit.

Dort liegen mehr denn sechzig, so blutig und so bleich;
Nicht jeder Knapp' erkennet den toten Herrn sogleich.
Dann wird ein jeder Leichnam von treuen Dieners Hand
Gewaschen und gekleidet in weißes Grabgewand.

Auf Bahren und auf Wagen, getragen und geführt,
Mit Eichenlaub bekränzet, wie's Helden wohl gebührt,
So geht es nach dem Tore, die alte Stadt entlang;
Dumpf tönet von den Türmen der Totenglocken Klang.

Götz Weißenheim eröffnet den langen Leichenzug:
Er war es, der im Streite des Grafen Banner trug;
Er hatt' es nicht gelassen, bis er erschlagen war,
Drum mag er würdig führen auch noch die tote Schar.

Drei edle Grafen folgen, bewährt in Schildesamt,
Von Tübingen, von Zollern, vom Schwarzenberg entstammt.
O Zollern, deine Leiche umschwebt ein lichter Kranz:
Sahst du vielleicht noch sterbend dein Haus im künft'gen Glanz?

Von Sachsenheim zween Ritter, der Vater und der Sohn,
Die liegen still beisammen in Lilien und in Mohn:
Auf ihrer Stammburg wandelt von alters her ein Geist,
Der längst mit Klaggebärden auf schweres Unheil weist.

Einst war ein Herr von Lustnau vom Scheintod auferwacht:
Er kehrt' im Leichentuche zu seiner Frau bei Nacht;
Davon man sein Geschlechte die Toten hieß zum Scherz.
Hier bringt man ihrer einen: den traf der Tod ins Herz.

Das Lied, es folgt nicht weiter: des Jammers ist genug.
Will jemand alle wissen, die man von dannen trug:
Dort auf den Rathausfenstern, in Farben bunt und klar,
Stellt jeden Ritters Name und Wappenschild sich dar.

Als nun von seinen Wunden Graf Ulrich ausgeheilt,
Da reitet er nach Stuttgart: er hat nicht sehr geeilt.
Er trifft den alten Vater allein am Mittagsmahl:
Ein frostiger Willkommen; kein Wort ertönt im Saal.

Dem Vater gegenüber sitzt Ulrich an den Tisch:
Er schlägt die Augen nieder; man bringt ihm Wein und Fisch;
Da faßt der Greis ein Messer und spricht kein Wort dabei
Und schneidet zwischen beiden das Tafeltuch entzwei.

Bertran de Born

Droben auf dem schroffen Steine
Raucht in Trümmern Autafort,
Und der Burgherr steht gefesselt
Vor des Königs Zelte dort:
„Kamst du, der mit Schwert und Liedern
Aufruhr trug von Ort zu Ort,
Der die Kinder aufgewiegelt
Gegen ihres Vaters Wort?

Steht vor mir, der sich gerühmet
In vermeß'ner Prahlerei,
Daß ihm nie mehr als die Hälfte
Seines Geistes nötig sei?
Nun der halbe dich nicht rettet,
Ruf' den ganzen doch herbei,
Daß er neu dein Schloß dir baue
Deine Ketten brech' entzwei!" –

„Wie du sagst, mein Herr und König,
Steht vor dir Bertran de Born,
Der mit einem Lied entflammte
Perigord und Ventadorn,
Der dem mächtigen Gebieter
Stets im Auge war ein Dorn,
Dem zu Liebe Königskinder
Trugen ihres Vaters Zorn.

Deine Tochter saß im Saale
Festlich, eines Herzogs Braut,
Und da sang vor ihr mein Bote,
Dem ein Lied ich anvertraut,
Sang, was einst ihr Stolz gewesen,
Ihres Dichters Sehnsuchtlaut,
Bis ihr leuchtend Brautgeschmeide
Ganz von Tränen war betaut.

Aus des Ölbaums Schlummerschatten
Fuhr dein bester Sohn empor,
Als mit zorn'gen Schlachtgesängen
Ich bestürmen ließ sein Ohr;
Schnell war ihm das Roß gegürtet,
Und ich trug das Banner vor,
Jenem Todespfeil entgegen,
Der ihn traf vor Montforts Tor.

Blutend lag er mir im Arme;
Nicht der scharfe, kalte Stahl,
Daß er sterb' in deinem Fluche,
Das war seines Sterbens Qual.
Strecken wollt' er dir die Rechte
Über Meer, Gebirg' und Tal;
Als er deine nicht erreichet,
Drückt' er meine noch einmal.

Da, wie Autafort dort oben,
Ward gebrochen meine Kraft;
Nicht die ganze, nicht die halbe
Blieb mir, Saite nicht, noch Schaft.
Leicht hast du den Arm gebunden,
Seit der Geist mir liegt in Haft;
Nur zu einem Trauerliede
Hat er sich noch aufgerafft."

Und der König senkt die Stirne:
„Meinen Sohn hast du verführt,
Hast der Tochter Herz verzaubert,
Hast auch meines nun gerührt:
Nimm die Hand, du Freund des Toten!
Die, verzeihend, ihm gebührt.
Weg die Fesseln! Deines Geistes
Hab' ich einen Hauch verspürt."

Ver sacrum

Als die Latiner aus Lavinium
Nicht mehr dem Sturm der Feinde hielten stand,
Da hoben sie zu ihrem Heiligtum,
Dem Speer des Mavors, flehend, Blick und Hand.

Da sprach der Priester, der die Lanze trug:
»Euch künd' ich, statt des Gottes, der euch grollt:
Nicht wird er senden günst'gen Vogelflug,
Wenn ihr ihm nicht den Weihefrühling zollt."

„Ihm sei der Frühling heilig!" rief das Heer –
„Und was der Frühling bringt, sei ihm gebracht!"
Da rauschten Fittige, da klang der Speer,
Da ward geworfen der Etrusker Macht.

Und jene zogen heim mit Siegesruf,
Und wo sie jauchzten, ward die Gegend grün,
Feldblumen sproßten unter jedem Huf,
Wo Speere streiften, sah man Bäum' erblühn.

Doch vor der Heimat Toren, am Altar,
Da harrten schon zum festlichen Empfang
Die Frauen und der Jungfraun helle Schar,
Bekränzt mit Blüte, welche heut entsprang.

Als nun verrauscht der freudige Willkomm,
Da trat der Priester auf den Hügel, stieß
In's Gras den heil'gen Schaft, verneigte fromm
Sein Haupt und sprach vor allem Volke dies:

„Heil dir, der Sieg uns gab in Todesgraus!
Was wir gelobten, das erfüllen wir.
Die Arme breit' ich auf dies Land hinaus
Und weihe diesen vollen Frühling dir!

Was jene Trift, die herdenreiche, trug,
Das Lamm, das Zicklein flamme deinem Herd!
Das junge Rind erwachse nicht dem Pflug,
Und für den Zügel nicht das mut'ge Pferd!

Und was in jenen Blütegärten reift,
Was aus der Saat, der grünenden, gedeiht,
Es werde nicht von Menschenhand gestreift:
Dir sei es Alles, Alles dir geweiht!"

Schon lag die Menge, schweigend, auf den Knien,
Der gottgeweihte Frühling schwieg umher,
So leuchtend, wie kein Frühling je erschien,
Ein heil'ger Schauer waltet' ahnungschwer.

Und weiter sprach der Priester: »Schon gefreit
Wähnt ihr die Häupter, das Gelübd' vollbracht?
Vergaßt ihr ganz der Satzung alter Zeit?
Habt ihr, was ihr gelobt, nicht vorbedacht?

Der Blüten Duft, die Saat im heitern Licht,
Die Trift, von neugeborner Zucht belebt,
Sind sie ein Frühling, wenn die Jugend nicht,
Die menschliche, durch sie den Reigen webt?

Mehr, als die Lämmer, sind dem Gotte wert
Die Jungfraun in der Jugend erstem Kranz;
Mehr, als der Füllen auch, hat er begehrt
Der Jünglinge im ersten Waffenglanz.

O nicht umsonst, ihr Söhne, waret ihr
Im Kampfe so von Gotteskraft durchglüht!
O nicht umsonst, ihr Töchter, fanden wir,
Rückkehrend, euch so wundervoll erblüht!

Ein Volk hast du vom Fall erlöst, o Mars!
Von Schmach der Knechtschaft hieltest du es rein,
Und willst dafür die Jugend *eines* Jahrs;
Nimm sie! sie ist dir heilig, sie ist dein."

Und wieder warf das Volk sich auf den Grund,
Nur die Geweihten standen noch umher,
Von Schönheit leuchtend, wenn auch bleich der Mund,
Und heil'ger Schauer lag auf allen schwer.

Noch lag die Menge, schweigend wie das Grab,
Dem Gotte zitternd, den sie erst beschwor,
Da fuhr aus blauer Luft ein Strahl herab
Und traf den Speer und flammt' auf ihm empor.

Der Priester hob dahin sein Angesicht,
Ihm wallte glänzend Bart und Silberhaar;
Das Auge strahlend von dem Himmelslicht,
Verkündet' er, was ihm eröffnet war:

„Nicht läßt der Gott von seinem heil'gen Raub,
Doch will er nicht den Tod, er will die Kraft;
Nicht will er einen Frühling, welk und taub,
Nein, einen Fühling, welcher treibt im Saft.

Aus der Latiner alten Mauern soll
Dem Kriegsgott eine neue Pflanzung gehn;
Aus diesem Lenz, in kräft'ger Keime voll,
Wird eine große Zukunft ihm erstehn.

Drum wähle jeder Jüngling sich die Braut,
Mit Blumen sind die Locken schon bekränzt,
Die Jungfrau folge dem, dem sie vertraut;
So zieht dahin, wo euer Stern erglänzt!

Die Körner, deren Halme jetzt noch grün,
Sie nehmet mit zur Aussaat in der Fern',
Und von den Bäumen, welche jetzt noch blühn,
Bewahret euch den Schößling und den Kern!

Der junge Stier pflüg' euer Neubruchland,
Auf eure Weiden führt das muntre Lamm,
Das rasche Füllen spring' an eurer Hand,
Für künft'ge Schlachten ein gesunder Stamm!

Denn Schlacht und Sturm ist euch vorausgezeigt,
Das ist ja dieses starken Gottes Recht,
Der selbst in eure Mitte niedersteigt,
Zu zeugen eurer Könige Geschlecht.

In eurem Tempel haften wird sein Speer,
Da schlagen ihn die Feldherrn schütternd an,
Wann sie ausfahren über Land und Meer
Und um den Erdkreis ziehn die Siegesbahn.

Ihr habt vernommen, was dem Gott gefällt,
Geht hin, bereitet euch, gehorchet still!
Ihr seid das Saatkorn einer neuen Welt;
Das ist der Weihefrühling, den er will."

[Ver sacrum: heiliger Frühling, Weihefrühling]

Merlin der Wilde
An Karl Mayer

Du sendest, Freund, mir Lieder
Voll frischer Waldeslust,
Du regtest gerne wieder
Auch mir die Dichterbrust;
Du zeigst an schatt'ger Halde
Mir den beschilften See,
Du lockest aus dem Walde
Zum Bad ein scheues Reh:

Ob einem alten Buche
Bring' ich die Stunden hin,
Doch fürchte nicht, ich suche
Mir trockne Blüten drin!
Durch seine Zeilen windet
Ein grüner Pfad sich weit
Ins Feld hinaus und schwindet
In Waldeseinsamkeit.

Da sitzt Merlin der Wilde
Am See auf moos'gem Stein
Und starrt nach seinem Bilde
Im dunkeln Widerschein;
Er sieht, wie er gealtet
Im trüben Weltgewühl:
Hier in der Wildnis waltet
Ihm neuer Kraft Gefühl.

Vom Grün, das um ihn tauet,
Ist ihm der Blick gestärkt,
Daß er Vergang'nes schauet
Und Künftiges ermerkt;
Der Wald in nächt'ger Stunde
Hat um sein Ohr gerauscht,
Daß es in seinem Grunde
Den Geist der Welt erlauscht.

Das Wild, das um ihn weilet,
Dem stillen Gaste zahm,
Es schrickt empor, enteilet,
Weil es ein Horn vernahm.
Von raschem Jägertrosse
Wird er hinweggeführt.
Fern zu des Königs Schlosse,
Der längst nach ihm gespürt:

„Gesegnet sei der Morgen,
Der dich ins Haus mir bringt,
Den Mann, der, uns verborgen,
Den Tieren Weisheit singt!
Wohl möchten wir erfahren,
Was jene Sprüche wert,
Die dich seit manchen Jahren
Der Waldesschatten lehrt.

Nicht um den Lauf der Sterne
Heb' ich zu fragen an:
Am Kleinen prüft' ich gerne,
Wie es um dich getan.
Du kommst in dieser Frühe
Mir ein Geruf'ner her;
Du lösest ohne Mühe,
Wovon das Haupt mir schwer:

Dort, wo die Linden düstern,
Vernahm ich diese Nacht
Ein Plaudern und ein Flüstern,
Wie wenn die Liebe wacht.
Die Stimmen zu erkunden,
Lauscht' ich hinab vom Wall,
Doch, wähnt' ich sie gefunden,
So schlug die Nachtigall.

Nun frag' ich dich, o Meister,
Wer bei den Linden war:
Dir machen deine Geister
Geheimes offenbar.
Dir singt's der Vögel Kehle,
Die Blätter säuseln's dir.
Sprich ohne Scheu, verhehle
Nichts, was du schauest, mir!"

Der König steht umgeben
Von seinem Hofgesind';
Zu Morgen grüßt' ihn eben
Sein rosenblühend Kind.
Merlin, der unerschrocken
Den Kreis gemustert hat,
Nimmt aus der Jungfrau Locken
Ein zartes Lindenblatt:

„Laß mich dies Blatt dir reichen,
Lies, Herr, was es dir sagt!
Wem nicht an solchem Zeichen
Genug, der sei befragt,
Ob er in Königshallen
Je Blätter regnen sah;
Wo Lindenblätter fallen,
Da ist die Linde nah'.

Du hast, o Herr, am Kleinen
Mein Wissen heut' erprobt;
Mög' es dir so erscheinen,
Daß man es billig lobt!
Löst' ich aus einem Laube
Dein Rätsel dir so bald,
Viel größ're löst, das glaube!
Der dichtbelaubte Wald."

Der König steht und schweiget,
Die Tochter glüht von Scham.
Der stolze Seher steiget
Hinab, von wo er kam.
Ein Hirsch, den wohl er kennet,
Harrt vor der Brücke sein
Und nimmt ihn auf und rennet
Durch Feld und Strom waldein.

Versunken lag im Moose
Merlin, doch tönte lang'
Aus einer Waldkluft Schoße
Noch seiner Stimme Klang.
Auch dort ist längst nun Friede;
Ich aber zweifle nicht,
Daß, Freund, aus deinem Liede
Merlin der Wilde spricht.

Das Glück von Edenhall

Von Edenhall der junge Lord
Läßt schmettern Festtrommetenschall,
Er hebt sich an des Tisches Bord
Und ruft in trunk'ner Gäste Schwall:
„Nun her mit dem Glücke von Edenhall!"

Der Schenk vernimmt ungern den Spruch,
Des Hauses ältester Vasall,
Nimmt zögernd aus dem seidnen Tuch
Das hohe Trinkglas von Kristall;
Sie nennen's das Glück von Edenhall.

Darauf der Lord: „Dem Glas zum Preis
Schenk' Roten ein aus Portugal!"
Mit Händezittern gießt der Greis:
Und purpurn Licht wird überall;
Es strahlt aus dem Glücke von Edenhall.

Da spricht der Lord und schwingt's dabei:
„Dies Glas von leuchtendem Kristall
Gab meinem Ahn am Quell die Fei;
Drein schrieb sie: ‚Kommt dies Glas zu Fall,
Fahr' wohl dann, o Glück von Edenhall!'

Ein Kelchglas ward zum Los mit Fug
Dem freud'gen Stamm von Edenhall;
Wir schlürfen gern in vollem Zug,
Wir läuten gern mit lautem Schall,
Stoßt an mit dem Glücke von Edenhall!"

Erst klingt es milde, tief und voll,
Gleich dem Gesang der Nachtigall,
Dann wie des Waldstroms laut Geroll,
Zuletzt erdröhnt wie Donnerhall
Das herrliche Glück von Edenhall.

„Zum Horte nimmt ein kühn Geschlecht
Sich den zerbrechlichen Kristall;
Er dauert länger schon, als recht,
Stoßt an! Mit diesem kräft'gen Prall
Versuch' ich das Glück von Edenhall."

Und als das Trinkglas gellend springt,
Springt das Gewölb' mit jähem Knall,
Und aus dem Riß die Flamme dringt;
Die Gäste sind zerstoben all'
Mit dem brechenden Glücke von Edenhall.

Einstürmt der Feind, mit Brand und Mord,
Der in der Nacht erstieg den Wall,
Vom Schwerte fällt der junge Lord,
Hält in der Hand noch den Kristall,
Das zersprungene Glück von Edenhall.

Am Morgen irrt der Schenk allein,
Der Greis, in der zerstörten Hall',
Er sucht des Herrn verbrannt Gebein,
Er sucht im grausen Trümmerfall
Die Scherben des Glücks von Edenhall.

„Die Steinwand", spricht er, „springt zu Stück,
Die hohe Säule muß zu Fall,
Glas ist der Erde Stolz und Glück,
In Splitter fällt der Erdenball
Einst gleich dem Glücke von Edenhall."

Lerchenkrieg

„Lerchen sind wir, freie Lerchen,
Wiegen uns im Sonnenschein,
Steigen auf aus grünen Saaten,
Tauchen in den Himmel ein."

Tausend Lerchen schwebten singend
Ob dem weiten, eb'nen Ries,
Daß ihr heller Ruf die Menschen
Nicht im Hause bleiben ließ.

Aus der Burg vom Wallersteine
Ritt der Graf mit seinem Sohn,
Will für ihn die goldnen Sporen
Holen an des Kaisers Thron,

Freut sich bei dem Lerchenwirbel
Schon der reichen Vogelbrut,
Doch dem Junker ihm zur Seite
Hüpft das Herz von Rittermut.

Aus der Stadt mit grauen Türmen,
Aus der Reichsstadt finst'rem Tor
In den goldnen Sonntagsmorgen
Wandelt alt und jung hervor.

Und der junge Rottenmeister
Führt zum Garten seine Braut,
Pflücket ihr das erste Veilchen
Bei der Lerchen Jubellaut.

Diese lieben Lenzestage,
Ach, sie waren schnell verblüht,
Und die schönen Sommermonde
Waren auch so bald verglüht.

„Lerchen sind wir, freie Lerchen.
Nicht mehr lieblich ist es hier;
Singen ist uns hier verleidet:
Wandern, wandern wollen wir."

Abendlich im Herbstesnebel
Ziehn die Bürger aus dem Tor,
Breiten, richten still die Garne,
Lauschen mit gespanntem Ohr.

Horch! es rauscht, die Lerchen kommen,
Horch! es rauscht, ein mächt'ger Flug:
Waffenklirrend in die Garne
Sprengt und stampft ein reis'ger Zug.

Ruft der alte Graf vom Rosse:
„Hilf, Maria, reine Magd!
Hilf den Bürgerfrevel strafen,
Der uns stört die Vogeljagd!"

Ruft der junge Rottenmeister:
„Schwert vom Leder! Spieß herbei!
Lerchen darf ein jeder fangen:
Kleine Vögel, die sind frei."

Als der graue Morgen dämmert,
Liegt der Junker tot im Feld;
Über ihm, aufs Schwert sich stützend,
Grimmig, stumm, der greise Held.

Zum erschlag'nen Rottenmeister
Beugt sich dort sein junges Weib;
Mit den aufgelösten Locken
Deckt sie seinen blut'gen Leib.

Und noch einmal, eh' sie ziehen,
Steigen tausend Lerchen an,
Flattern in der Morgensonne,
Schmettern, wie sie nie getan:

„Lerchen sind wir, freie Lerchen,
Fliegen über Land und Flut;
Die uns fangen, würgen wollten,
Liegen hier in ihrem Blut."

[Ries: Landstrich an der bayrisch-württenbergischen Grenze, Gegenstand des Streites zwischen der Stadt Nördlingen und den Grafen von Öttingen (Wallerstein). – Rottenmeister: Führer einer Gruppe von fünfzig Reitern.]

Theodor Körner
1791–1813

Lützows wilde Jagd

Was glänzt dort vom Walde im Sonnenschein?
Hör's näher und näher brausen.
Es zieht sich herunter in düsteren Reihn,
Und gellende Hörner schallen darein,
Und erfüllen die Seele mit Grausen.
Und wenn ihr die schwarzen Gesellen fragt:
Das ist Lützows wilde verwegene Jagd.

Was zieht dort rasch durch den finstern Wald
Und streift von Bergen zu Bergen?
Es legt sich in nächtlichen Hinterhalt;
Das Hurra jauchzt, und die Büchse knallt,
Es fallen die fränkischen Schergen.
Und wenn ihr die schwarzen Jäger fragt:
Das ist Lützows wilde verwegene Jagd.

Wo die Reben dort glühen, dort braus't der Rhein,
Der Wütrich geborgen sich meinte,
Da naht es schnell mit Gewitterschein,
Und wirft sich mit rüst'gen Armen hinein,
Und springt ans Ufer der Feinde.
Und wenn ihr die schwarzen Schwimmer fragt:
Das ist Lützows wilde verwegene Jagd.

Was braus't dort im Tale die laute Schlacht,
Was schlagen die Schwerter zusammen?
Wildherzige Reiter schlagen die Schlacht,
Und der Funke der Freiheit ist glühend erwacht
Und lodert in blutigen Flammen.
Und wenn ihr die schwarzen Reiter fragt:
Das ist Lützows wilde verwegene Jagd.

Wer scheidet dort röchelnd vom Sonnenlicht,
Unter winselnde Feinde gebettet?
Es zuckt der Tod auf dem Angesicht,
Doch die wackern Herzen erzittern nicht;
Das Vaterland ist ja gerettet!
Und wenn ihr die schwarzen Gefallnen fragt:
Das war Lützows wilde verwegene Jagd.

Die wilde Jagd und die deutsche Jagd
Auf Henkersblut und Tyrannen! –
Drum, die ihr uns liebt, nicht geweint und geklagt!
Das Land ist ja frei, und der Morgen tagt,
Wenn wir's auch nur sterbend gewannen!
Und von Enkeln zu Enkeln sei's nachgesagt:
Das war Lützows wilde verwegene Jagd.

Harras, der kühne Springer

Noch harrte im heimlichen Dämmerlicht
Die Welt dem Morgen entgegen,
Noch erwachte die Erde vom Schlummer nicht,
Da begann sich's im Tale zu regen.
Und es klingt herauf wie Stimmengewirr,
Wie flüchtiger Hufschlag und Waffengeklirr,
Und tief aus dem Wald zum Gefechte
Sprengt ein Fähnlein gewappneter Knechte.

Und vorbei mit wildem Ruf fliegt der Troß,
Wie Brausen des Sturms und Gewitter,
Und voran auf feurig schnaubendem Roß
Der Harras, der mutige Ritter.
Sie jagen, als gält' es dem Kampf um die Welt,
Auf heimlichen Wegen durch Flur und Feld,
Den Gegner noch heut zu erreichen
Und die feindliche Burg zu besteigen.

So stürmen sie fort in des Waldes Nacht
Durch den fröhlich aufglühenden Morgen;
Doch mit ihm ist auch das Verderben erwacht,
Es lauert nicht länger verborgen:
Denn plötzlich bricht aus dem Hinterhalt
Der Feind mit doppelt stärk'rer Gewalt,
Das Hifthorn ruft furchtbar zum Streite,
Und die Schwerter entfliegen der Scheide.

Wie der Wald dumpf donnernd widerklingt
Von ihren gewaltigen Streichen!
Die Schwerter klirren, der Helmbusch winkt,
Und die schnaubenden Rosse steigen.
Aus tausend Wunden strömt schon das Blut –
Sie achten's nicht in des Kampfes Glut,
Und keiner will sich ergeben;
Denn Freiheit gilt's oder Leben.

Doch dem Häuflein des Ritters wankt endlich die Kraft,
Der Übermacht muß es erliegen,
Das Schwert hat die meisten hinweggerafft;
Die Feinde, die mächtigen, siegen.
Unbezwingbar nur, eine Felsenburg,
Kämpft Harras noch und schlägt sich durch,
Und sein Roß trägt den mutigen Streiter
Durch die Schwerter der feindlichen Reiter.

Und er jagt zurück durch des Waldes Nacht,
Jagt irrend durch Flur und Gehege;
Denn flüchtig hat er des Weges nicht acht,
Er verfehlt die kundigen Stege.

Da hört er die Feinde hinter sich drein,
Schnell lenkt er tief in den Forst hinein,
Und zwischen den Zweigen wird's helle,
Und er sprengt zu der lichteren Stelle.

Da hält er auf steiler Felsenwand,
Hört unten die Wogen brausen.
Er steht an des Zschopautals schwindelndem Rand
Und blickt hinunter mit Grausen.
Aber drüben auf waldigen Bergeshöhn
Sieht er seine schimmernde Feste stehn;
Sie blickt ihm freundlich entgegen,
Und sein Herz pocht in lauteren Schlägen.

Ihm ist's, als ob's ihn hinüberrief',
Doch fehlen ihm Schwingen und Flügel,
Und der Abgrund, wohl fünfzig Klaftern tief,
Schreckt das Roß, es schäumt in die Zügel;
Und mit Schaudern denkt er's und blickt hinab,
Und vor sich und hinter sich sieht er sein Grab;
Er hört, wie von allen Seiten
Ihn die feindlichen Scharen umreiten.

Noch sinnt er, ob Tod aus Feindes Hand,
Ob Tod in den Wogen er wähle.
Dann sprengt er vor an die Felsenwand
Und befiehlt dem Herrn seine Seele;
Und näher schon hört er der Feinde Troß –
Aber scheu vor dem Abgrund bäumt sich das Roß;
Doch er spornt's, daß die Fersen bluten,
Und er setzt hinab in die Fluten.

Und der kühne, gräßliche Sprung gelingt,
Ihn beschützen höh're Gewalten;
Wenn auch das Roß zerschmettert versinkt,
Der Ritter ist wohl erhalten;
Und er teilt die Wogen mit kräftiger Hand,
Und die Seinen stehn an des Ufers Rand
Und begrüßen freudig den Schwimmer. –
Gott verläßt den Mutigen nimmer.

Wilhelm Müller
1794–1827

Der Glockenguß zu Breslau

War einst ein Glockengießer
Zu Breslau in der Stadt,
Ein ehrenwerter Meister,
Gewandt in Rat und Tat.

Er hatte schon gegossen
Viel Glocken, gelb und weiß,
Für Kirchen und Kapellen
Zu Gottes Lob und Preis.

Und seine Glocken klangen
So voll, so hell, so rein:
Er goß auch Lieb' und Glauben
Mit in die Form hinein.

Doch aller Glocken Krone,
Die er gegossen hat,
Das ist die Sünderglocke
Zu Breslau in der Stadt.

Im Magdalenenturme
Da hängt das Meisterstück,
Rief schon manch starres Herze
Zu seinem Gott zurück.

Wie hat der gute Meister
So treu das Werk bedacht!
Wie hat er seine Hände
Gerührt bei Tag und Nacht!

Und als die Stunde kommen,
Daß alles fertig war,
Die Form ist eingemauert,
Die Speise gut und gar:

Da ruft er seinen Buben
Zur Feuerwacht herein:
Ich lass' auf kurze Weile
Beim Kessel dich allein.

Will mich mit einem Trunke
Noch stärken zu dem Guß;
Das gibt der zähen Speise
Erst einen vollen Fluß.

Doch hüte dich, und rühre
Den Hahn mir nimmer an:
Sonst wär' es um dein Leben,
Fürwitziger, getan!

Der Bube steht am Kessel,
Schaut in die Glut hinein:
Das wogt und wallt und wirbelt,
Und will entfesselt sein.

Und zischt ihm in die Ohren,
Und zuckt ihm durch den Sinn,
Und zieht an allen Fingern
Ihn nach dem Hahne hin.

Er fühlt ihn in den Händen,
Er hat ihn umgedreht:
Da wird ihm angst und bange,
Er weiß nicht, was er tät.

Und läuft hinaus zum Meister,
Die Schuld ihm zu gestehn,
Will seine Knie' umfassen
Und ihn um Gnade flehn.

Doch wie der nur vernommen
Des Knaben erstes Wort,
Da reißt die kluge Rechte
Der jähe Zorn ihm fort.

Er stößt sein scharfes Messer
Dem Buben in die Brust,
Dann stürzt er nach dem Kessel,
Sein selber nicht bewußt.

Vielleicht, daß er noch retten,
Den Strom noch hemmen kann: –
Doch sieh, der Guß ist fertig,
Es fehlt kein Tropfen dran.

Da eilt er, abzuräumen,
Und sieht, und will's nicht sehn,
Ganz ohne Fleck und Makel
Die Glocke vor sich stehn.

Der Knabe liegt am Boden,
Er schaut sein Werk nicht mehr.
Ach, Meister, wilder Meister,
Du stießest gar zu sehr!

Er stellt sich dem Gerichte,
Er klagt sich selber an:
Es tut den Richtern wehe
Wohl um den wackern Mann.

Doch kann ihn keiner retten,
Und Blut will wieder Blut:
Er hört sein Todesurteil
Mit ungebeugtem Mut.

Und als der Tag gekommen,
Daß man ihn führt hinaus,
Da wird ihm angeboten
Der letzte Gnadenschmaus.

Ich dank' euch, spricht der Meister,
Ihr Herren lieb und wert,
Doch eine andre Gnade,
Mein Herz von euch begehrt.

Laßt mich nur einmal hören
Der neuen Glocke Klang!
Ich hab' sie ja bereitet:
Möcht' wissen, ob's gelang.

Die Bitte ward gewähret,
Sie schien den Herrn gering,
Die Glocke ward geläutet,
Als er zum Tode ging.

Der Meister hört' sie klingen,
So voll, so hell, so rein:
Die Augen gehn ihm über,
Es muß vor Freude sein.

Und seine Blicke leuchten,
Als wären sie verklärt:
Er hatt' in ihrem Klange
Wohl mehr als Klang gehört.

Hat auch geneigt den Nacken
Zum Streich voll Zuversicht;
Und was der Tod versprochen,
Das bricht das Leben nicht.

Das ist der Glocken Krone,
Die er gegossen hat,
Die Magdalenenglocke
Zu Breslau in der Stadt.

Die ward zur Sünderglocke
Seit jenem Tag geweiht:
Weiß nicht, ob's anders worden
In dieser neuen Zeit.

Die dürre Linde

„Bis unter den grünen Lindenbaum,
Herzliebste, geh' mit mir!
Und wenn er junge Blätter treibt,
Kehr' ich zurück zu dir!"

Sie reichten beide Hände sich,
Sie reichten sich den Mund;
Er weinte sich die Augen rot,
Sie weint' ihr Herze wund.

Und er schritt in den Wald hinein;
Sie schlich von Baum zu Baum,
Und lehnte sich an jeden Stamm
Und dacht', es wär' ein Traum.

Da braust der Sturm, da saust der Wald,
Da fallen die Blätter ab,
Und unter der grünen Linde lag's
Hoch wie ein neues Grab.

Der Wintersturm zerweht es nicht,
Es kommen die Wasser und gehn,
Und unter der Linde das hohe Grab,
Das müssen sie lassen stehn.

Und junge Blätter treibt der Wald –
Und grünt die Linde nicht? –
Das Mägdlein in den Garten geht
Und Maienblumen bricht.

„Dort von dem grünen Lindenbaum
Da fielen die Blätter ab,
Dort unter dem dürren Lindenbaum
Da liegt ein hohes Grab.

Komm, Schwester, hilf mir Blumen streun,
Ich weiß, wem's Grab gehört.
Die edle Treue darinnen liegt,
Ist schöner Blumen wert.

Und wenn mein Herz im Lenze bricht,
Legt mich in dieses Grab,
Dann treibt die Linde frisches Laub,
Das wehen die Winde nicht ab."

Friedrich Rückert
1788–1866

Vom Büblein, das überall mitgenommen hat sein wollen

Denk an! das Büblein ist einmal
Spazieren gangen im Wiesental;
Da wurd's müd' gar sehr,
Und sagt': Ich kann nicht mehr;
Wenn nur was käme
Und mich mitnähme!

Da ist das Bächlein geflossen kommen,
Und hat's Büblein mitgenommen;
Das Büblein hat sich aufs Bächlein gesetzt,
Und hat gesagt: So gefällt mir's jetzt.

    Aber was meinst du? Das Bächlein war kalt,
    Das hat das Büblein gespürt gar bald;
    Es hat's gefroren gar sehr,
    Es sagt': ich kann nicht mehr;
      Wenn nur was käme
      Und mich mitnähme!
Da ist das Schifflein geschwommen kommen,
Und hat's Büblein mitgenommen;
Das Büblein hat sich aufs Schifflein gesetzt,
Und hat gesagt: da gefällt mir's jetzt.

    Aber siehst du? das Schifflein war schmal,
    Das Büblein denkt: da fall' ich einmal;
    Da fürcht es sich gar sehr,
    Und sagt: Ich mag nicht mehr;
      Wenn nur was käme
      Und mich mitnähme!
Da ist die Schnecke gekrochen gekommen,
Und hat's Büblein mitgenommen;
Das Büblein hat sich ins Schneckenhäuslein gesetzt,
Und hat gesagt: da gefällt mir's jetzt.

    Aber denk! die Schnecke war kein Gaul,
    Sie war im Kriechen gar zu faul;
    Dem Büblein ging's langsam zu sehr;
    Es sagt: Ich mag nicht mehr;
      Wenn nur was käme
      Und mich mitnähme!
Da ist der Reiter geritten gekommen,
Der hat's Büblein mitgenommen;
Das Büblein hat sich hinten aufs Pferd gesetzt,
Und hat gesagt: So gefällt mir's jetzt.

    Aber gib acht! das ging wie der Wind,
    Es ging dem Büblein gar zu geschwind;
    Es hopst drauf hin und her,
    Und schreit: Ich kann nicht mehr;
      Wenn nur was käme
      Und mich mitnähme!
Da ist ein Baum ihm ins Haar gekommen,
Und hat das Büblein mitgenommen;
Er hat's gehängt an einen Ast gar hoch,
Dort hängt das Büblein und zappelt noch.

      Das Kind fragt:
    Ist denn das Büblein gestorben?
        Antwort:
    Nein! es zappelt ja noch!
    Morgen gehn wir 'naus und tun's 'runter.

Chidher

Chidher, der ewig junge sprach:
  Ich fuhr an einer Stadt vorbei,
  Ein Mann im Garten Früchte brach;
  Ich fragte, seit wann die Stadt hier sei?
  Er sprach, und pflückte die Früchte fort:
  Die Stadt steht ewig an diesem Ort,
  Und wird so stehen ewig fort.
    Und aber nach fünfhundert Jahren
    Kam ich desselbigen Weg's gefahren.

Da fand ich keine Spur der Stadt;
  Ein einsamer Schäfer blies die Schalmei,
  Die Herde weidete Laub und Blatt;
  Ich fragte: wie lang' ist die Stadt vorbei?
  Er sprach, und blies auf dem Rohre fort;
  Das eine wächst, wenn das andre dorrt;
  Das ist mein ewiger Weideort.
    Und aber nach fünfhundert Jahren
    Kam ich desselbigen Weg's gefahren.

Da fand ich ein Meer, das Wellen schlug,
  Ein Schiffer warf die Netze frei,
  Und als er ruhte vom schweren Zug,
  Fragt' ich, seit wann das Meer hier sei?
  Er sprach, und lachte meinem Wort:
  So lang' als schäumen die Wellen dort,
  Fischt man und fischt man in diesem Port.
    Und aber nach fünfhundert Jahren
    Kam ich desselbigen Weg's gefahren.

Da fand ich einen waldigen Raum,
  Und einen Mann in der Siedelei,
  Er fällte mit der Axt den Baum;
  Ich fragte, wie alt der Wald hier sei?
  Er sprach: der Wald ist ein ewiger Hort;
  Schon ewig wohn' ich an diesem Ort,
  Und ewig wachsen die Bäum' hier fort.
    Und aber nach fünfhundert Jahren
    Kam ich desselbigen Weg's gefahren.

Da fand ich eine Stadt, und laut
  Erschallte der Markt vom Volksgeschrei.
  Ich fragte: seit wann ist die Stadt erbaut?
  Wohin ist Wald und Meer und Schalmei?
  Sie schrien, und hörten nicht mein Wort:
  So ging es ewig an diesem Ort,
  Und wird so gehen ewig fort.
    Und aber nach fünfhundert Jahren
    Will ich desselbigen Weges fahren.

Liebesromanze von Fräulein Luft und Junker Duft

Es kam das zarte Fräulein Luft
  Vom Himmel her entstiegen,
  Und sah in Blumenwiegen
  Den zarten Knaben liegen,
  Den zarten Knaben Duft.

Es sah das zarte Fräulein Luft
  So hold und so verschwiegen
  Die Blättlein her sich schmiegen,
  Sich um das Kind her biegen
  So zierlich abgestuft.

Da rief das zarte Fräulein Luft,
  Und ließ sein Stimmlein fliegen:
  Zu dir komm' ich gestiegen;
  Wie lange willst du liegen
  In deiner stummen Gruft?

Da sprach der zarte Knabe Duft,
  Der bis daher geschwiegen;
  Still blieb er dabei liegen
  In seinen sanften Wiegen,
  Und sprach: Wer ist's, der ruft?

„Ich bin das edle Fräulein Luft,
  Es sei dir nicht verschwiegen;
  Ich, die kann gehn und fliegen
  Und mich auf Flügeln wiegen,
  Ich bin's, mein Junker Duft."

Da lächelte der Knabe Duft,
  Und blieb nicht ruhig liegen
  In seinen engen Wiegen;
  Sein Haupt tät er vorbiegen:
  Was willst du, Fräulein Luft?

„Ich will, o süßer Junker Duft,
  Aus deinen engen Wiegen
  Will ich dich lehren fliegen,
  Und Flügel sollst du kriegen
Wie ich, das Fräulein Luft."

Da lächelte der lose Duft
  So fein und hold-verschwiegen:
  Ich habe längst vom Fliegen
  Geträumt, vom Flügelkriegen,
In meiner stillen Gruft.

Voll Lüsternheit der Knabe Duft
  War seinen blum'gen Wiegen
  Mit halbem Leib entstiegen;
  Es dachte schon zu siegen,
Das list'ge Fräulein Luft.

Da duckte doch der kleine Schuft
  Zurück sich in die Wiegen,
  Sich tiefer drein zu schmiegen:
  Und willst du mich betrügen,
O holdes Fräulein Luft?

In meiner engen stillen Gruft
  Konnt' ich so ruhig liegen,
  Mich sanft auf Blättlein wiegen;
  Wohin soll ich nun fliegen
Mit dir, o Fräulein Luft?

„Durch Feld und Wald, durch Berg und
  Wo schöne Schätze liegen,   [Kluft,
  Die Brünnlein nie versiegen;
  Dahin nun sollst du fliegen
Mit mir, o Junker Duft,

Da sollst du, holder Junker Duft,
  Zum Himmel hoch gestiegen,
  Zu sehn, zu hören kriegen,
  Was ewig hier verschwiegen
Dir blieb' in deiner Gruft.

So folge mir, die dich beruft,
  Und laß dein furchtsam Schmiegen;
  Sonst muß ich weiter fliegen
  Und du mußt ewig liegen
In deiner Gruft, o Duft!"

Hold schmeichelte das Fräulein Luft
  Und ließ ein Seufzen fliegen:
  „Ich will dich nicht betrügen;
  O komm aus deinen Wiegen,
Sonst sterb' ich, süßer Duft!"

Doch sträubte sich der Knabe Duft,
  Da ging es an ein Kriegen;
  Es stritten um die Wiegen,
  Darin er wollte liegen,
Sich Duft und Fräulein Luft.

Da wehrte noch der kleine Schuft
  So streng sich und gediegen;
  Er mußte doch erliegen,
  Es wußt' ihn zu besiegen
Das starke Fräulein Luft.

Im Blättlein hoch und tief gestuft
  Wie er sich mochte schmiegen,
  Sie wußte sich zu biegen,
  Und ihn hervor zu kriegen
Aus der geheimen Schluft.

Da faßte sich ein Herz der Duft:
  Nun lebet wohl, ihr Wiegen!
  Sollt' ich im Kuß versiegen,
  Keck will ich jetzt mich schmiegen
An meine Freundin Luft.

Ihn küßt' und nahm in Arm die Luft,
  Stolz war sie auf ihr Siegen;
  Doch traurig mußten liegen
  Die Blättlein, deren Wiegen
Entnommen war der Duft.

    Hinflogen freudig Duft und Luft;
      Und es ist uns verschwiegen,
      Ob sie zum Himmel stiegen,
      Ob noch zusammen fliegen
    Durch Feld und Wald und Kluft.

Barbarossa

Der alte Barbarossa,
Der Kaiser Friederich,
Im unterird'schen Schlosse
Hält er verzaubert sich.

Er ist niemals gestorben,
Er lebt darin noch jetzt;
Er hat im Schloß verborgen
Zum Schlaf sich hingesetzt.

Er hat hinabgenommen
Des Reiches Herrlichkeit,
Und wird einst wiederkommen
Mit ihr, zu seiner Zeit.

Der Stuhl ist elfenbeinern,
Darauf der Kaiser sitzt;
Der Tisch ist marmelsteinern,
Worauf sein Haupt er stützt.

Sein Bart ist nicht von Flachse,
Er ist von Feuersglut,
Ist durch den Tisch gewachsen,
Worauf sein Kinn ausruht.

Er nickt als wie im Traume,
Sein Aug' halb offen zwinkt;
Und je nach langem Raume
Er einem Knaben winkt.

Er spricht im Schlaf zum Knaben:
Geh' hin vor's Schloß, o Zwerg,
Und sieh, ob noch die Raben
Herfliegen um den Berg.

Und wenn die alten Raben
Noch fliegen immerdar,
So muß ich auch noch schlafen
Verzaubert hundert Jahr.

Napoleons Sonnenwende

An dem Tag der Sonnenwende,
Wo die Sonn' am höchsten steht,
Und von dannen ihrem Ende
Rasch entgegen niedergeht:

Trat, nicht achtend auf das Zeichen,
Das am Himmel vor ihm stand,
Mit dem Heer aus hundert Reichen
Jener an des Niemens Rand.

Franzenkaiser Bonaparte,
Hat dir nicht der Geist gesagt,
Welches Schicksal deiner warte,
Wenn du diesen Schritt gewagt?

An des Ruhmes letztem Rande
Bist du eben angelangt;
Drüben wohnt für dich die Schande,
Wenn dein Stolz danach verlangt.

Krösus in den alten Zeiten,
Als er das Orakel frug,
Ob er übern Halys schreiten
Sollte mit des Heeres Zug;

Hat ihn das Geschick betrogen,
Mit zweideut'gem Göttermund,
Sprechend: Jenseit Halys Wogen
Richtest du die Macht zu Grund.

Und als er's in's Werk gerichtet,
Ward er es zu spät gewahr
Daß er eine Macht vernichtet,
Doch daß es die seine war.

Wohnt ein Gott denn auch im Norden,
Der mit dunklem Doppelsinn,
Bonapart', an Niemens Borden
Hat berücket deinen Sinn?

Um den Hochmut zu betören,
Braucht es Göttersprüche nicht;
Wollet ihr den Stolzen hören,
Wie er selbst sein Schicksal spricht?

Zu den ungezählten Scharen,
Die, gehoffter Beute froh,
Um ihn her versammelt waren,
Sprach der Franzenkaiser so:

Krieger, hier seid ihr berufen
Zu der großen Laufbahn Schluß;
Denn es muß von seinen Stufen
Steigen Rußlands Genius. –

Und umrauscht vom Waffenschalle
Seines Heeres, hört er nicht,
Wie ihm wird vom Widerhalle
Nachgesprochen, was er spricht:

Ja, es muß von seinen Stufen
Steigen Rußlands Genius;
Und ihr alle, her berufen,
Seid es, die er schlachten muß.

Aber als mit Roß und Wagen
Nun der ungeheure Zug
Über'n Niemen war getragen,
Der die Last mit Seufzen trug;

Richtet' er aus seinen Wogen
Langsam sich mit Schütteln auf;
Und derweil sie vorwärts zogen,
Überzählt' er ihren Lauf.

Und nachdem er ausgezählet,
Sprach mit dumpfem Rauschen er:
Hat mir nicht die Kraft gefehlet,
Um zu tragen solch ein Heer?

Sollt' ich doch auf meinem Rücken
Tragen es zum zweiten Mal,
Würde rettungslos zerdrücken
Mich die ungeheure Zahl.

Solchen Schaden zu verhindern,
Bitt ich dich, o Russenschwert,
Diese Überzahl zu mindern,
Bis sie hierher wiederkehrt.

Also sprach der Strom mit Tücke;
Damals sah, von Ahnung schwer,
Manches Aug auf ihn zurücke,
Das ihn lebend sah nicht mehr;

Manches Ohr auch laut und leiser
Hörte, was sein Rauschen sprach:
Nur der taube Franzenkaiser
Jagte seinem Sturze nach.

Und er sah den Fluß nicht wieder,
Als bis er, von Moskows Brand,
Bettlerlumpen um die Glieder,
Trat allein an seinen Rand;

Da, als er in schlechtem Nachen
Überfuhr mit Scham und Hast,
Hört' er wohl den Flußgott lachen,
Weil ihm ward so leicht die Last.

Der Künstler und sein Publikum

Der Stumme sprach zum Blinden:
Mir würd' ein Gefall'n geschehn,
Könnt' ich den Harfner finden;
Hast du ihn nicht gesehn?
Ich selber mache so vieles
Mir nicht aus Harfenton,
Doch wünscht' ich sehr, er spiel' es
Für meinen tauben Sohn.

Der Blinde sprach: So eben
Hab' ich den Mann gesehn:
Mein lahmer Läufer daneben
Soll ihn zu holen gehn.
Da lief der lahme Läufer,
Wie man Befehl ihm gab,
Schnell lief er nach dem Harfner
Die Straßen auf und ab.

Der Harfner kam gegangen,
Und machte seinen Gruß;
Er hatte keine Arme,
Und spielte mit dem Fuß.
Er spielte, daß vor Entzücken
Der Taube war ganz Ohr,
Der Blind' ihn maß mit Blicken,
Der Stumme jauchzt' empor.

Der Lahme ließ zum Tanze
Sich an, und sprang mit Macht.
Beisammen blieb die ganze
Gesellschaft bis in die Nacht.
Und als sie nun sich schieden,
War mit des Harfners Kunst
Das Publikum zufrieden,
Und er mit dessen Gunst.

Jusuf und Suleicha

Lange her ist's, daß Suleicha,
Jung und schön und reich und üppig,
Joseph, ihren keuschen Sklaven,
Wollte ziehn in ihre Arme,

Denen er den Kerker vorzog.
Er indes ist aus dem Kerker
Zu Ägyptens Thron gestiegen,
Jung und schön ist er geblieben,

Reich geworden, nur nicht üppig;
Sie aus ihren Hochpalästen
In der Armut niedre Hütte,
Alt, demütig eingezogen.
Alles Glück hat sie verlassen,
Nur nicht Joseph's Angedenken,
Wenn das ist ein Glück zu nennen,
Was sie an verlornen Glückes
Träume noch in Träumen mahnet.
Doch die Blume der Entsagung
Ist aus ihrer Liebe Schmerzen,
Wie aus Rosen eine Lilie,
Hell und glänzend aufgegangen.
In der Liebe Koran heißt es:
„Die Entsagung bringt Erhörung,
Die Erniedrigung Erhöhung,
Die Verstoßung Lustvereinung."
Gabriel von Gottes Throne
Bringt die Urkund' ausgefertigt,
Von den werten Schreiberengeln,
Blumenschrift auf Gold geschrieben,
Von den Zeugen unterzeichnet,
Von dem Richter selbst besiegelt,
Daß der Ehebund im Himmel
Ist geschlossen, und auf Erden
Joseph die Suleicha freiet.
Feierlich im Hochzeitzuge
Wird die Braut zu ihres Gatten
Haus geführt, die schnellverjüngte,
Jünger als sie jung gewesen,

Weil die Liebe sie verjüngt,
Schöner als sie schön gewesen,
Weil die Demut sie verschönte,
Reicher, als da sie so reich war,
Weil die Frömmigkeit mit reicherm
Als Juwelenschmuck sie schmückte.
Ihrer harrt der ungeduld'ge
Bräutigam im Brautgemache,
Doch sie beugt die schönen Glieder
Erst, in Andacht sich versenkend,
Zum Gebet, und macht es lange.
Joseph spricht: „Bist du Suleicha,
Die Suleicha, deren Inbrunst
Mir zerriß den Saum des Hemdes?"
„Die Suleicha", spricht Suleicha,
„Bin ich nicht, ich bin die andre;
Jene war die sehnsuchtreiche,
Und ich bin die reichersehnte."
Aber Joseph, der nun alle
Sehnsucht fühlt, die sie einst fühlte,
Wie er will zu sich herüber
Ziehn die säumende, zerreißt er
Heftig ihr den Saum des Hemdes.
Gabriel (im Brautgemache
War er mit dabei) sprach lächelnd:
„Hemd und Hemde, ausgeglichen
Ist die Rechnung, und die Sühne
Gegenseitig. Gott befohlen!"
Rief's und ging, und schloß die Kammer
Leise zu mit Himmelsdufte.

Der Krämer von Ispahan

In Ispahan, ein Zoll, ein neuer,
Ist auferlegt der Krämerschaft;
Ein Krämer aber meint, die Steuer
Geh' über seines Beutels Kraft.

Er zählte, rechnet' und verglich es,
Dann macht er rasch sich auf den Weg
Dahin, wo eben öffentliches
Gehör erteilt der Beglerbeg.

Er drängt sich durch die dichten Gassen:
Herr, ich entrichte nicht den Zoll.
„So mußt du diese Stadt verlassen",
Erwidert jener ruhevoll.

Herr, hier kann ich den Zoll nicht geben,
Und wohin soll ich in der Welt?
„Nach Schiras oder Kaschan eben,
Wo es am besten dir gefällt."

In Schiras ist dein jüngrer Bruder,
Der Krämer wagt das kühne Wort,
In Kaschan ist dein Neff' am Ruder;
Was kann ich hoffen da und dort?

„So magst du dich nach Hofe wenden,
Und klagen, Unrecht tu man dir."
Am Hofe hat die Macht in Händen
Dein ältrer Bruder, der Wesir.

„So geh' zur Höll', und laß dein Äffen!"
Der Krämer spricht: Dort ist vielleicht
Dein Vater selig anzutreffen;
Wie schwer ist's, daß man euch entweicht!

„So geh' mit Gott, ich will's bedenken,
Daß auf mein ganz Geschlecht nicht fällt
Der Vorwurf: dich am Recht zu kränken
In dieser und in jener Welt."

Die drei Gesellen

Es waren drei Gesellen,
Die stritten widern Feind
Und täten stets sich stellen
In jedem Kampf vereint.
Der ein' ein Österreicher,
Der andr' ein Preuße hieß,
Davon sein Land mit gleicher
Gewalt ein jeder pries.
Woher war denn der dritte?
Nicht her von Öst'reichs Flur,
Auch nicht von Preußens Sitte,
Von Deutschland war er nur.

Und als die drei einst wieder
Standen im Kampf vereint,
Da warf in ihre Glieder
Kartätschensaat der Feind;
Da fielen alle dreie
Auf einen Schlag zugleich.
Der eine rief mit Schreie:
Hoch lebe Österreich!
Der andre, sich entfärbend,
Rief: Preußen lebe hoch!
Der dritte, ruhig sterbend,
Was rief der dritte doch?

Er rief: Deutschland soll leben! –
Da hörten es die zwei,
Wie rechts und links daneben
Sie sanken nah dabei;
Da richteten im Sinken
Sich beide nach ihm hin,
Zur Rechten und zur Linken,
Und lehnten sich an ihn.
Da rief der in der Mitten
Noch einmal: Deutschland hoch!
Und beide mit dem dritten
Riefen's, und lauter noch.

Da ging ein Todesengel
Im Kampfgewühl vorbei
Mit einem Palmenstengel,
Und liegen sah die drei.
Er sah auf ihrem Munde
Die Spur des Wortes noch,
Wie sie im Todesbunde
Gerufen: Deutschland hoch!
Da schlug er seine Flügel
Um alle drei zugleich
Und trug zum höchsten Hügel
Sie auf in Gottes Reich.

Joseph Christian Freiherr von Zedlitz
1790–1862

Wilhelm Tell

„Sprich, Vater, warum wir die dunkle Nacht
Im Walde, tief in den Tannen durchwacht?"
„Mein Kind, wer sich rüstet zu guter Jagd,
Muß zu Holze ziehn, bevor es tagt."

„Dort, Vater, ein Reh aus dem Busche bricht!
Du siehst es, und Du erlegst es nicht?"
„Ein Reh ist eine geringe Beut';
Wohl edler Wild erjag' ich heut'!"

„Dort stürzt aus dem Dickicht der Hirsch in Hast; –
Nun, Vater, frisch Deinen Pfeil gefaßt!"
„Laß ziehen den Hirsch, ihm geschieht kein Leid;
Wohl edler Wild erjag' ich heut'!"

„Mein Vater, ob unserem Haupte, schwer,
Zieht drohend ein Gewitter her!
Mir wird so bang' – laß heim uns gehn!"
„Mein Sohn, lern' im Gewitter stehn!"

„Sieh dort, her jagend auf stolzem Roß,
Den Landvogt reiten, noch fern sein Troß."
„Still, Knab'! so Gott Dir helfen mag! –
Landvogt, dies war Dein letzter Tag! –"

„Um Gott, mein Vater, was hast Du getan?
Du hast erschlagen den vornehmen Mann!"
„Wer ein Mann ist, verteidigt sein gutes Recht,
Der Feige nur ist der Tyrannen Knecht!"

Franz Grillparzer
1791–1872

Die wahre Tugend

Es lebt einmal in niedrer Hütte
Ein Klausner im Ardennerwald,
Von dessen Ruhm und strenger Sitte
Ringsum das ganze Land erschallt'.

Er betete bei Nacht und Tage,
Sein Mahl bestand aus schlechtem Brot,
Er rettete, so geht die Sage,
Gar oft das Land aus Pest und Not.

Einst, als ein Frost aus rauhen Lüften
Sich niedersenkt' auf die Natur,
Drückt Mißwachs die erstorbnen Triften,
Und Mangel jede Kreatur.

Und auch des Eremiten Schwelle
Verschont der grause Hunger nicht,
Er grinst auch in die enge Zelle
Mit abgezehrtem Angesicht.

Der Alte lenkt nach jenen Hütten,
Die ihn gepflegt, den matten Lauf,
Doch plötzlich hält in seinen Schritten
Ihn Hunger und Ermattung auf.

Von Froste starren seine Glieder,
An eine nahe Eiche lehnt
Er seinen Leib und stürzet nieder
Und ächzet an der Erd und stöhnt.

Doch sieh! Mit gräßlicher Gebärde
Naht nun ein Weib, hört sein Geschrei,
Erblickt den Armen auf der Erde
Und eilet schnell zu Hilf herbei.

Der Alte stöhnt: Ach, hab Erbarmen!
Nur einen kleinen Bissen Brot!
Es ist der letzte, in mir Armen
Wühlt schon der martervollste Tod.

Ich, Armer, sollte Brot dir geben?
Ruft sie, von herben Tränen schwer
Rollt hier ihr Blick, bei meinem Leben!
Ich habe nur dies Stückchen mehr.

Mit diesem will ich mich noch laben,
Das Totenmahl soll es mir sein. –
Doch, Alter, nein, du sollst es haben,
Hier, Lieber! Nimm es, es sei dein!

Ihr Busen pocht in lauten Schlägen,
Und mit verzweiflungsvollem Sinn
Schreit sie: Ach, gib mir deinen Segen,
Hier ist das Brot, ach, nimm es hin!

Er nimmts und nässet es mit Tränen,
Ich Sünder soll dich segnen? – dich?
O, rufet er mit leisem Stöhnen,
Weib, du bist heiliger als ich!

Rudolf und Ottokar

I

Im ersiegten Ungarlager
Steht der Böhmen hoher König,
Seines Landes Hort und Säule,
Fürst Přemisl Ottokar.

Hoch empor das Haupt geworfen,
Steht er da im blanken Harnisch,
Schwarz, vom unbehelmten Scheitel,
Wallt herab sein dunkles Haar.

Und mit aufgespannten Sinnen
Sieht die Flucht er seiner Feinde,
Hört den Jubel er der Seinen,
Fühlt er das Gefühl des Siegs.

Da kommt Rudolf angeschritten,
Der von Habsburg, Schenk des Königs,
Seinen Degen in der Scheide,
Einen zweiten in der Hand.

Und zu seines Königs Füßen
Legt er hin die blanke Waffe,
Sprechend: „nimm dies Siegeszeichen,
Nimm des Ungarkönigs Schwert!

Auf der Flucht hat ers verloren
Und was ihm dies Schwert gewonnen,
Öst'reich und die Mark von Steier
Ist jetzt dein, wie dieses Schwert."

Rasch darnach mit beiden Händen
Greift der Fürst und hälts und jubelnd
Ruft er aus: „mein Feind im Staube!
Wem dank ich dies höchste Glück?"

„*Wem?*" versetzt der Graf von Habsburg,
Hebt die Hand und mit dem Finger,
Noch gepanzert aus dem Treffen,
Zeigt er in die Höh und spricht:

„*Ihm*, der herrschet ob den Herrschern,
Der gewältigt die Gewaltgen,
Dem das Glück des Böhmenkönigs,
Was des Ungarkönigs Glück."

Und der stolze Fürst der Böhmen
Schüttert leis in sich zusammen,
Sieht auf ihn jetzt, der gesprochen,
Jetzt aufs Schwert in seiner Hand.

Und mit einem Blick zum Himmel
Sinkt er nieder auf die Knie,
Legt das Schwert aus seinen Händen
Und die Hände auf die Brust.

Tief gesenkt das Haupt zur Erde
Kniet er auf dem Siegesfelde,
Nah bei ihm der Graf von Habsburg,
Weiter weg sein ganzes Heer.

II

„Ruhm und Sieg!" rufts durch die Stille,
Und auf schwarz gewaltgem Rosse
Sprengt heran, in wilden Sätzen,
Zawisch, Herr von Rosenberg.

„Ruhm und Sieg!" ruft er noch einmal,
Springt vom Roß und vor dem König,
Der erstanden vom Gebete,
Wirft er tief sich neigend hin.

„Deine Feinde mögen knieen,
Um Erbarmen, Schonung flehend,
Du, o Herr, steh fest und aufrecht,
Fest und aufrecht, wie dein Glück!

Öst'reich huldigt dir und Steier
Und mit Böhmen und mit Mähren
Eint es sich zum Strahlenkranze
Um die Scheitel deiner Macht.

Wer mag gegen dich bestehen?
Staunend beugt sich dir der Weltteil,
Der seit Karol Magnus Zeiten
Noch kein Reich wie deins gesehn.

Eins nur fehlte deinem Glücke,
Eins, o König, du bist erblos,
Und dein Reich, mit dir geboren,
Sinkt mit dir in eine Gruft.

Doch auch das soll nicht mehr fehlen!
König Bela bietet Friede
Und, samt Öst'reichs weitem Erbe,
Seiner schönen Nichte Hand.

Nimm sie an! Statt Margarethens,
Alternd deiner Kraft gesellet,
Stehe blühend Kunigunde,
Frucht versprechend durch ihr Blühn.

Ich sah sie auf meinen Zügen,
Schöneres ward nie gesehen,
Und, wie sie von dir gesprochen –
Herr! beglücke dich und uns!"

Da schilt zornig der von Habsburg:
„Mag es Ungarns König wagen,
Einer Gattin rechtem Gatten
Anzubieten neuen Bund?

Hat den Ruf er nicht vernommen,
Der die Krone nennt der Frauen,
Böhmens Fürstin, Margaretha,
Abbild aller Huld und Zucht?"

Soll ich, Herr! des Ungarn Boten,
Die so freventlich gesprochen,
Heimwärts senden, schmachbeladen,
Wie ihr Antrag, ihr Empfang?"

Und er schweigt und alle schweigen,
Doch der König, aufgerichtet,
Wendet ab sich ohne Antwort,
Schreitet stumm nach seinem Zelt.

An dem Eingang steht er stille,
Winkt rückblickend mit dem Finger,
Zawisch folgt, dem Wink gehorsam,
Und die Decken fallen zu.

Still wirds um das Zelt; die Menge
Eilt zur Ruhe, nur Herr Rudolf
Liegt am Eingang hingeworfen,
In die Hand das Haupt gestützt.

Und die Sonne geht zur Rüste,
Abgelegt die Strahlenkrone,
Ruht sie scheidend auf den Bergen,
Sinkt dann tiefer und erlischt.

Da springt auf der Graf von Habsburg,
Blickt noch einmal nach der Sonne,
Dann zurück zum Zelt des Königs
Und geht schweigend durch die Nacht.

III

In der Kammer sitzt die Fürstin,
Bei den Zofen, Margaretha,
Spinnend, sie, die Kinderlose
Garn, zum Kleid für arme Kinder.

Und sie schafft und spinnet emsig,
Als wär vieles zu gewinnen,
Mehr als Wohltuns stille Freude,
Waisendank und Gotteslohn.

„Fördert euch", mahnt sie die Mägde,
„Daß wir unser Werk vollenden.
Kehrt mein Herr von seinem Zuge,
Gibt es anderlei zu tun."

„Kommt er bald?" die Mägde fragen.
„Briefe hab ich nicht", versetzt sie,
„Krieg gönnt Weile nicht zu schreiben,
Doch ich rechnete mirs aus:

Sieben Tage bis zur Grenze,
Dort steht Bela mit dem Heere,
Dann – ich weiß es wohl, der Rasche
Kriegt nicht lang und trifft mit Macht.

Doch geh eine auf die Gassen,
Mancher hat im Volk wohl Kunde
Von dem Kriege, von dem Heere,
Sichres hören wir vielleicht.

Eben jetzt, horch! tönen Stimmen,
Laute Stimmen vor den Pforten.
Ach! er naht wohl schon, der König!
Schnell hinab und sagt mirs an!"

Hin zur Türe eilt die Zofe;
Da eröffnen sich die Flügel
Und herein mit Stab und Inful
Tritt der Bischof Adalbert.

„Naht mein Gatte?" ruft die Fürstin.
„Ja, er naht, allein vorerst noch",
Spricht der Hirte, „harrt ein wenig,
Hört sein Wort aus meinem Mund.

Nicht mehr duldets sein Gewissen,
Daß mit Euch, so die Gelübde
Einst getan im Trierkloster,
Er verharr im Eheband;

Drum zur Macht der heilgen Kirche,
Die da bindet und da löset,
Ob das Ärgernis sie sühne,
Hat er flehend sich gewandt.

Und die Kirche hat gelöset,
Was mit Sünde war gebunden,
Gibt Euch wieder dem Gelübde,
Ihm die Freiheit neuer Wahl.

Und schon naht er, ihm zur Seite
Kunigunde, Belas Nichte,
Des erlauchten Ungarkönigs,
Weicht in Frieden, denn Ihr müßt!"

Längst geendet hat der Redner,
Und die Fürstin steht und horcht noch.
Jetzt neigt sie das Haupt und schweigend
Geht sie leis der Türe zu.

Nach der Klinke sucht sie lange;
Um zu öffnen eilt die Zofe,
Da, ins Aug der Herrin blickend,
Sieht sie es in Tränen schwimmen.

IV

Horch, Trommeten, Trommeln schallen.
„Hoch der König! Heil dem Sieger!
Heil der Braut, der Ungarntochter!
Kunigunde, Ottokar!"

Und durch Pragas weite Gassen
Wälzt sich schallend das Gepränge,
Ottokarn, den Herrn, umgebend
Hoch zu Roß mit seiner Braut.

Auf tun sich des Schlosses Pforten,
Auf die Säle, die Gemächer.
In der Väter alte Hallen
Tritt der Sohn – der alte nicht!

Freude glühend blickt er um sich.
Auf dem Thron, der ihm bereitet,
Sitzt er neben Kunigunden,
Freude glühend so wie er.

Still ist es nun erst geworden,
Und der Fürst steht auf zu reden;
Da Trommetenklang von neuem,
Pferdgestampf in lautem Hof.

Öst'reichs Ständ und die von Steier
Sind gezogen durch die Pforten,
Bringend ihres Landes Huldgung
Ihres Landes neuem Herrn.

Auf des Schlosses breiten Stiegen
Schallen nahend ihre Tritte;
Jetzt, gelangt vors Aug des Königs,
Kniet ihr Führer und beginnt;

Doch zum Spruch kann er nicht kommen,
Denn betäubend rufts von außen:
„Heil dem König, Böhmens König!
Heil dem *Kaiser* Ottokar!"

Kaiser? Alles steht und lauschet,
Klar wird bald des Rätsels Deutung,
Denn von Deutschlands Wahlvereine
Treten Abgesandte ein.

Und – Des heilgen römschen Reiches,
Deutschen Volks, gemeine Fürsten
Rufen, lautet ihre Botschaft,
Böhmens Herrn auf Deutschlands Thron.

Da faßt Jubel alle Böhmen:
„Heil dem König! Heil dem Kaiser!"
Und der Fürst springt auf vom Sitze
Und steht da und schaut und sinnt.

Tiefes Schweigen herrscht im Saale,
Endlich spricht der Wahlgesandte:
„Welche Antwort mag ich bringen
Denen, die mich hergesandt?"

Und gewandt zu seinem Kanzler
Spricht der Fürst: „Bedeutet diese,
Daß sie harren, bis uns gut dünkt
Zu entscheiden ihr Gesuch.

Deutschland war uns oft entgegen,
Auch so groß sind unsre Reiche,
Fast zu groß für *einen* Lenker;
Doch vielleicht – er harre nur."

Gustav Schwab
1792–1850

Der Reiter und der Bodensee

Der Reiter reitet durchs helle Tal,
Auf Schneefeld schimmert der Sonne Strahl.

Er trabet im Schweiß durch den kalten Schnee,
Er will noch heut an den Bodensee;

Noch heut mit dem Pferd in den sichern Kahn,
Will drüben landen vor Nacht noch an.

Auf schlimmem Weg, über Dorn und Stein,
Er braust auf rüstigem Roß feldein.

Aus den Bergen heraus, ins ebene Land,
Da sieht er den Schnee sich dehnen wie Sand.

Weit hinter ihm schwinden Dorf und Stadt,
Der Weg wird eben, die Bahn wird glatt.

In weiter Fläche kein Bühl, kein Haus.
Die Bäume gingen, die Felsen aus;

So flieget er hin eine Meil', und zwei,
Er hört in den Lüften der Schneegans Schrei;

Es flattert das Wasserhuhn empor,
Nicht anderen Laut vernimmt sein Ohr;

Keinen Wandersmann sein Auge schaut,
Der ihm den rechten Pfad vertraut.

Fort gehts, wie auf Samt, auf dem weichen Schnee,
Wann rauscht das Wasser, wann glänzt der See?

Da bricht der Abend, der frühe, herein:
Von Lichtern blinket ein ferner Schein.

Es hebt aus dem Nebel sich Baum an Baum,
Und Hügel schließen den weiten Raum.

Er spürt auf dem Boden Stein und Dorn,
Dem Rosse gibt er den scharfen Sporn.

Und Hunde bellen empor am Pferd,
Und es winkt im Dorf ihm der warme Herd.

„Willkommen am Fenster, Mägdelein,
An den See, an den See, wie weit mags sein?"

Die Maid, sie staunet den Reiter an:
„Der See liegt hinter dir und der Kahn,

Und deckt' ihn die Rinde von Eis nicht zu,
Ich spräch', aus dem Nachen stiegest du."

Der Fremde schaudert, er atmet schwer:
„Dort hinten die Eb'ne, die ritt ich her!"

Da recket die Magd die Arm' in die Höh':
„Herr Gott! so rittest du über den See:

An den Schlund, an die Tiefe bodenlos,
Hat gepocht des rasenden Hufes Stoß!

Und unter dir zürnten die Wasser nicht?
Nicht krachte hinunter die Rinde dicht?

Und du wardst nicht die Speise der stummen Brut?
Der hungrigen Hecht' in der kalten Flut?"

Sie rufet das Dorf herbei zu der Mär',
Es stellen die Knaben sich um ihn her;

Die Mütter, die Greise, sie sammeln sich:
„Glückseliger Mann, ja, segne du dich!

Herein zum Ofen, zum dampfenden Tisch,
Brich mit uns das Brot und iß vom Fisch!"

Der Reiter erstarrt auf seinem Pferd,
Er hat nur das erste Wort gehört.

Es stocket sein Herz, es sträubt sich sein Haar,
Dicht hinter ihm grinst noch die grause Gefahr.

Es siehet sein Blick nur den gräßlichen Schlund,
Sein Geist versinkt in den schwarzen Grund.

Im Ohr ihm donnerts, wie krachend Eis,
Wie die Well' umrieselt ihn kalter Schweiß.

Da seufzt er, da sinkt er vom Roß herab,
Da ward ihm am Ufer ein trocken Grab.

Das Gewitter

Urahne, Großmutter, Mutter und Kind
In dumpfer Stube beisammen sind;
Es spielet das Kind, die Mutter sich schmückt,
Großmutter spinnet, Urahne gebückt
Sitzt hinter dem Ofen im Pfühl –
Wie wehen die Lüfte so schwül!

Das Kind spricht: „Morgen ist's Feiertag,
Wie will ich spielen im grünen Hag,
Wie will ich springen durch Tal und Höh'n,
Wie will ich pflücken viel Blumen schön;
Dem Anger, dem bin ich hold!" –
Hört ihr's, wie der Donner grollt?

Die Mutter spricht: „Morgen ist's Feiertag,
Da halten wir alle fröhlich Gelag,
Ich selber, ich rüste mein Feierkleid;
Das Leben, es hat auch Lust nach Leid,
Dann scheint die Sonne wie Gold!" –
Hört ihr's, wie der Donner grollt?

Großmutter spricht: „Morgen ist's Feiertag,
Großmutter hat keinen Feiertag,
Sie kochet das Mahl, sie spinnet das Kleid,
Das Leben ist Sorg' und viel Arbeit;
Wohl dem, der tat, was er sollt!" –
Hört ihr's, wie der Donner grollt?

Urahne spricht: „Morgen ist's Feiertag,
Am liebsten morgen ich sterben mag:
Ich kann nicht singen und scherzen mehr,
Ich kann nicht sorgen und schaffen schwer,
Was tu' ich noch auf der Welt?" –
Seht ihr, wie der Blitz dort fällt?

Sie hören's nicht, sie sehen's nicht,
Es flammet die Stube wie lauter Licht:
Urahne, Großmutter, Mutter und Kind
Vom Strahl miteinander getroffen sind,
Vier Leben endet ein Schlag –
Und morgen ist's Feiertag.

August Graf von Platen
1796–1835

Pyramus und Thisbe

Seht ihr dort das Denkmal, das bemooste,
Und die dunkle halbverloschne Schrift?
Zarte Treue mußt' hier blutig sinken,
Und zwei Liebende birgt das Geklüft.

Die Zypresse breitet ihre Zweige
Wehmutsäuselnd über diesen Stein,
Traurig fließt der stille Bach vorüber
Bei des Mondes blassem Leichenschein.

Aphroditen war der Hain geheiligt,
Und es stieg ein heitrer Opferduft
Vom geweihten Altar auf zum Himmel
In die reine, nektartrunk'ne Luft.

Aber jetzo – Eulen hört man klagen,
Und der Uhu hütet seine Brut
In des Tempels längstverfallner Halle,
Die auf goldnen Säulen einst geruht.

Seit man treuer Liebe so gelohnet,
Ward er unbesucht der Zeiten Raub,
Und mit Pyramus und Thisbe sanken
Cyprias Altäre in den Staub.

Eros hatte beider Herz verwundet,
Er, dem jeder Sterbliche erliegt,
Ach! kein ehrner Panzer kann mehr schützen,
Wenn dem Bogen schnell der Pfeil entfliegt.

Aber wehe! Ihre Häuser trennte
Schon seit langer, seit geraumer Zeit,
Eh' sie beide noch das Licht erblickten,
Ein verderblich nie gehemmter Streit.

Nachbarlich zwar stand der Väter Wohnung,
Eine Pforte war's, die sie verschloß;
Doch die Mauer schied sie von einander,
Aber Liebe, was ist ihr zu groß!

Sklavenketten kann sie mutig reißen,
Über Meere leitet sie den Steg,
Durch des Feuers Flammen kann sie brechen,
Durch die Erde bahnt sie sich den Weg.

Und auch diese Liebenden erfanden
Wagend sich den kühnen Ausweg bald,
Durch die Mauer, die sie grausam trennte,
Bohrten sie sich einen weiten Spalt.

Und ihr Herz erleichtert sich durch Worte,
Wenn die Nacht die Hemisphär' umhüllt,
Aber ach, ihr sehnlichstes Verlangen
Ward durch kalte Worte nicht gestillt.

„Teures Mädchen!" sprach zu der Geliebten
Einst der Jüngling, „Thisbe, sollen wir
Unsres Lebens Blütenzeit vertrauern
In den öden Kerkermauern hier?

Soll uns kein Elysium entgrünen,
Wie es andern Erdensöhnen lacht?
Sollen wir uns langsam hier verzehren,
Von des Vaters Falkenblick bewacht?" –

„Schöner Jüngling! trübe Zukunftsbilder",
Sprach das Mädchen, „zeigst du meinem Blick,
Sage, sprich, was sollen wir beginnen?"
Der Geliebte gibt ihr drauf zurück:

„Heute, wenn den goldnen Feuerwagen
Luna durch des Himmels Räume treibt,
Laß uns aus der Väter Haus entweichen,
Wo uns keine, keine Hoffnung bleibt!

Kennst du Gnidias granitnen Tempel
In der Götter schönem Zedernwald?
Nahe dran türmt sich ein hoher Felsen,
Wo das Echo dreimal widerhallt.

Eine Höhle wirst du dort ersehen,
Tief gefurchet in den rauhen Stein
Und den Eingang mit Gesträuch verwachsen,
Dort, geliebtes Mädchen, harre mein!"

Und es kömmt die Nacht herangezogen,
Und mit Dunkel deckt sie das Gefild,
Thisbe schließt schon hinter sich die Pforte,
In ein weißliches Gewand gehüllt.

Da ergreifen sie geheime Schauer,
Trübes Ahnden säumet um sie her,
Dunkle Bilder ziehen ihr vorüber,
Und sie fühlt das bange Herz so schwer.

Aber dennoch fördert sie die Schritte,
Sie gelangt bis zu der Höhle Tor;
Horch! da regt sich's in den düstern Zweigen,
Und ein Rauschen dringt zu ihrem Ohr.

Und sie glaubt den Jüngling zu vernehmen,
Aber weh! was wird sie bald gewahr!
Furchtbar brüllend schreitet nun ein Löwe,
Der nach Raub begierig, auf sie dar.

Und sie eilt bis zu des Tempels Säulen,
Doch der Schleier fällt hinweg im Fliehn,
Den ergreift mit blutbefleckten Klauen
Nun das Tier und legt ihn wieder hin.

Aber kaum ist es hinweggegangen,
Kömmt der Jüngling schon mit heiterm Mut;
Doch im Gras sieht er den Schleier liegen,
Halb zerrissen und bespritzt mit Blut!

„O entsetzlich!" ruft er aus verzweifelnd,
„Weh! der Orkus hat sie mir geraubt!
Ach, ein wildes Tier hat sie zerrissen,
Wehe, wehe über dieses Haupt!

Ach, ich stürzte selbst sie ins Verderben,
Gab ihr selbst den letzten Todesstreich,
Lockte sie vor diese Unglückshöhle –
Welcher Schmerz ist noch dem meinen gleich

O verschwindet, alle meine Sinne,
Trockne aus, verderblicher Verstand!
Ach, sie stieg in's kalte Grab hinunter,
Und ich selber gab ihr noch die Hand.

O ihr Götter, ihr allew'gen Mächte,
Die ihr thront auf des Olympus Höhn,
Kann euch denn kein irdisch Leiden rühren,
Könnt ihr dieses ohne Tränen sehn? –

Und auch du, der Liebe zarte Göttin,
Der hier dieses Heiligtum erbaut,
Du verrätst uns an den Gott der Hölle,
Der wir beide kindlich uns vertraut!

Aber itzt – – was soll mir dieses Leben!
Seine Lust verschließt die Unterwelt,
Sie allein kann sie mir wiedergeben,
Sie allein ist's, die mir Trost enthält.

Alles Schöne ist für mich verschwunden,
Traurig ist die Erde um und um,
Ach, vor wenig, noch vor wenig Stunden
Glaubt' ich hier mich im Elysium –

Dort, dort unten werd' ich's wiederfinden,
Jenes Glück, das schnell mich hier verließ,
Darum fort von dieser Erde Gründen,
Dort, dort unten blüht mein Paradies!" –

Und nachdem er dieses Wort gesprochen,
Bohrt er sich das Eisen durch das Herz.
Thisbe hört von ferne seine Stimme,
Und sie kömmt und findet ihn – o Schmerz!

„Pyramus!" so ruft sie durch die Lüfte,
„So ist dieses treuer Liebe Lohn?
Ach! es bergen ihn Plutonos Grüfte,
Nimmer hört er meiner Stimme Ton!

Meine Klagen gibt das Echo wieder,
Dreimal hör' ich jedes Schmerzenswort,
Aber er, er kehrt mir nimmer wieder,
Ach, Aurora nahm ihn mit sich fort!"

Und vom Haupte reißt sie sich die Haare,
Windet sich in des Geliebten Blut,
Und umarmt ihn noch einmal und stürzt sich
Kühnen Muts dann in die nahe Flut.

Von den Fischern an des Teiches Gründen
Ward der Jungfrau Leiche bald entdeckt,
Ausgeworfen von den raschen Wellen
Lag sie da, am Ufer ausgestreckt. –

Und die Fischer gruben in den Felsen
Bei des Phöbus Morgenstrahl ein Grab,
Und sie senkten unter Schmerzgesängen
Traurig beide Liebende hinab. –

Seht! so mußte zarte Treue sinken
Hier an diesem felsichten Geklüft,
Darum, seht, das Denkmal, das bemooste,
Und die dunkle, halbverloschne Schrift. – –

Der Pilgrim vor St. Just

Nacht ist's und Stürme sausen für und für,
Hispanische Mönche, schließt mir auf die Tür!

Laßt hier mich ruhn, bis Glockenton mich weckt,
Der zum Gebet euch in die Kirche schreckt!

Bereitet mir, was euer Haus vermag,
Ein Ordenskleid und einen Sarkophag!

Gönnt mir die kleine Zelle, weiht mich ein,
Mehr als die Hälfte dieser Welt war mein.

Das Haupt, das nun der Schere sich bequemt,
Mit mancher Krone ward's bediademt.

Die Schulter, die der Kutte nun sich bückt,
Hat kaiserlicher Hermelin geschmückt.

Nun bin ich vor dem Tod den Toten gleich,
Und fall' in Trümmer, wie das alte Reich.

Das Grab im Busento

Nächtlich am Busento lispeln, bei Cosenza, dumpfe Lieder,
Aus den Wassern schallt es Antwort, und in Wirbeln klingt es wider!

Und den Fluß hinauf, hinunter, ziehn die Schatten tapfrer Goten,
Die den Alarich beweinen, ihres Volkes besten Toten.

Allzu früh und fern der Heimat mußten hier sie ihn begraben,
Während noch die Jugendlocken seine Schulter blond umgaben.

Und am Ufer des Busento reihten sie sich um die Wette,
Um die Strömung abzuleiten, gruben sie ein frisches Bette.

In der wogenleeren Höhlung wühlten sie empor die Erde,
Senkten tief hinein den Leichnam, mit der Rüstung, auf dem Pferde.

Deckten dann mit Erde wieder ihn und seine stolze Habe,
Daß die hohen Stromgewächse wüchsen aus dem Heldengrabe.

Abgelenkt zum zweiten Male, ward der Fluß herbeigezogen
Mächtig in ihr altes Bette schäumten die Busentowogen.

Und es sang ein Chor von Männern: „Schlaf' in deinen Heldenehren!
Keines Römers schnöde Habsucht soll dir je dein Grab versehren!"

Sangen's, und die Lobgesänge tönten fort im Gotenheere;
Wälze sie, Busentowelle, wälze sie von Meer zu Meere!

Harmosan

Schon war gesunken in den Staub der Sassaniden alter Thron,
Es plündert Mosleminenhand das schätzereiche Ktesiphon:
Schon langt am Oxus Omar an, nach manchem durchgekämpften Tag,
Wo Chosru's Enkel Jesdegerd auf Leichen eine Leiche lag.

Und als die Beute mustern ging Medina's Fürst auf weitem Plan,
Ward ein Satrap vor ihn geführt, er hieß mit Namen Harmosan;
Der letzte, der im Hochgebirg dem kühnen Feind sich widersetzt;
Doch ach, die sonst so tapfre Hand trug eine schwere Kette jetzt!

Und Omar blickt ihn finster an und spricht: „Erkennst du nun, wie sehr
Vergeblich ist vor unserm Gott der Götzendiener Gegenwehr?"
Und Harmosan erwidert ihm: „In deinen Händen ist die Macht;
Wer einem Sieger widerspricht, der widerspricht mit Unbedacht.

Nur eine Bitte wag' ich noch, abwägend dein Geschick und meins:
Drei Tage focht ich ohne Trunk, laß reichen einen Becher Weins!"
Und auf des Feldherrn leisen Wink steht ihm sogleich ein Trunk bereit;
Doch Harmosan befürchtet Gift, und zaudert eine kleine Zeit.

„Was zagst du?" ruft der Sarazen, „nie täuscht ein Moslem seinen Gast,
Nicht eher sollst du sterben, Freund, als bis du dies getrunken hast!"
Da greift der Perser nach dem Glas, und statt zu trinken, schleudert hart
Zu Boden er's auf einen Stein mit rascher Geistesgegenwart.

Und Omar's Mannen stürzen schon mit blankem Schwert auf ihn heran,
Zu strafen ob der Hinterlist den allzu schlauen Harmosan;
Doch wehrt der Feldherr ihnen ab und spricht sodann: „Er lebe fort!
Wenn was auf Erden heilig ist, so ist es eines Helden Wort."

Luca Signorelli

Die Abendstille kam herbei,
Der Meister folgt dem allgemeinen Triebe;
Verlassend seine Staffelei,
Blickt er das Bild noch einmal an mit Liebe.

Da pocht es voll Tumult am Haus,
Und ehe Luca fähig ist zu fragen,
Ruft einer seiner Schüler aus:
„Dein einziger Sohn, o Meister, ist erschlagen!

In holder Blüte sank dahin
Der schönste Jüngling, den die Welt erblickte:
Es war die Schönheit sein Ruin,
Die oft in Liebeshändel ihn verstrickte.

Vor eines Nebenbuhlers Kraft
Sank er zu Boden, fast in unsrer Mitte;
Ihn trägt bereits die Brüderschaft
Zur Totenkirche, wie es heischt die Sitte."

Und Luca spricht: „O mein Geschick!
So lebt' ich denn, so strebt' ich denn vergebens?
Zunichte macht ein Augenblick
Die ganze Folge meines reichen Lebens!

Was half es, daß in Farb' und Licht
Als Meister ich Cortonas Volk entzückte,
Mit meinem jüngsten Weltgericht
Orvietos hohe Tempelhallen schmückte?

Nicht Ruhm und nicht der Menschen Gunst
Beschützte mich und nicht des Geistes Feuer:
Nun ruf' ich erst, geliebte Kunst,
Nun ruf' ich dich, du warst mir nie so teuer!"

Er spricht's, und seinen Schmerz verrät
Kein andres Wort. Rasch eilt er zur Kapelle,
Indem er noch das Malgerät
Den Schülern reicht, und diese folgen schnelle.

Zur Kirche tritt der Greis hinein,
Wo seine Bilder ihm entgegentreten,
Und bei der ewigen Lampe Schein
Sieht er den Sohn, um den die Mönche beten.

Nicht klagt er oder stöhnt und schreit,
Kein Seufzer wird zum leeren Spiel des Windes.
Er setzt sich hin und konterfeit
Den schönen Leib des vielgeliebten Kindes.

Und als er ihn so Zug für Zug
Gebildet, spricht er gegen seine Knaben
„Der Morgen graut, es ist genug,
Die Priester mögen meinen Sohn begraben."

Wiegenlied einer polnischen Mutter

Schlaf ein, du weißt ja nicht, o Herz,
Warum du weinst;
Schlaf ein, ich will den wahren Schmerz
Dich lehren einst.

Schlaf ein, o Herz, was kümmert dich
Der Feinde Sieg?
Dein Vater fiel für dich und mich
Im Heldenkrieg.

Dich wird erziehn dereinst der Zar
Zur Sklaverei:
Doch als ich dich, o Kind, gebar,
War Polen frei.

O weh des Fluchs, der, teures Land,
Dich jetzt ergreift!
Es wird bereits durch Polenhand
Die Stadt geschleift.

Mit Schaufeln naht dem Wall sich schon
Der Männer Gang;
Sie murmeln sacht, mit halbem Ton
Den Rachgesang.

O großer Gott, mißhöre nicht
Den leisen Chor,
Und rufe laut vor dein Gericht
Den Würger vor!

Es zehre Krieg und Pestilenz
An seinem Reich,
Ihm scheine freudenlos der Lenz,
Die Rose bleich!

Das eigne Weib gewähre nie
Ihm sein Gesuch,
Und aus dem Bett verjage sie
Der Blutgeruch!

Und wenn sich je sein falscher Mund
Verzieht und lacht,
Tu' ihm der Geist die Waisen kund,
Die er gemacht!

Und träumt er sich ein leichtes Ziel
Auf glatter Bahn,
So denk' er, wie sein Vater fiel
Und wie sein Ahn!

Und stirbt er auch, empfind' er doch
Der Hölle Graus:
Meineidigen wächst der Finger noch
Zum Grab heraus.

Was wir begehrten, war ja nur,
Was uns gehört,
Was jener Mann sogar beschwur,
Der uns zerstört.

Gott gab, so rühmt er, ihm das Reich,
Das kühn er lenkt;
O, hätte Gott ihm auch zugleich
Ein Herz geschenkt!

Und du, o Säugling, atme leis
Im Schoß der Schmach,
Ahm aber einst im Männerkreis
Dem Vater nach!

Du werdest noch der Stolz der Fraun,
Des Landes Zier,
Um einst die Tatzen abzuhaun
Dem Tigertier!

Schlaf ein, du weißt ja nicht, o Herz,
Warum du weinst;
Schlaf ein, ich will den wahren Schmerz
Dich lehren einst!

Romanze für den Berliner Musenalmanach

Walpurgishexen tanzen
Den Brocken um und um,
Ich singe noch Romanzen
Und weiß doch nicht, warum?

Es ward ein großes Liebeln
Vollführt nach altem Brauch,
Der Recke kaute Zwiebeln,
Die Maid verzehrte Lauch.

Es ward ein großes Minnen
Von einem Paar getan;
Er sprach: „Du kommst von Sinnen!"
Sie sprach: „Was liegt daran?"

Er sprach: „O Turteltaube,
In meinem Herzen kracht's!"
Sie sprach: „So komm zur Laube,
Zur Laube komm des Nachts."

Er eilt hinab zum Garten,
Im trauten Mondenschein,
Dann fängt er an zu warten,
Und schlummert schlafend ein.

Sie kommt und will gewähren,
Doch fühlt sie bald ein Grau'n,
Es tropfen hundert Zähren
Von ihren Augenbrau'n.

Es wuchern hundert Warzen
Auf ihrem kleinen Kinn,
Und als die Schuhe knarzen,
Da nebelt ihr's im Sinn.

Kupido, jener Schütze,
Tut seine Tücken kund,
Sie fällt in eine Pfütze,
Die in dem Garten stund.

Der Ritter hört ein Plätscheln
Und denkt sich: Coeur ist Trumpf.
Er kommt und will sie tätscheln,
Und sinkt mit ihr zu Sumpf.

Und als Auroras Trense
Die blonden Hengste weckt,
Da schwingt der Tod die Sense
Und jenes Paar verreckt.

Ein Fischer kommt mit Netzen
Und fischt sie ohne Haß,
Er will sie noch benetzen,
Doch waren beide naß.

Ein Fischer kommt mit Hamen
Und fischt sie ohne Kunst,
Er forscht nach ihren Namen,
Doch forscht er ach! umsunst!

Er schaut die toten Leibchen
Mit Jammer an und spricht:
„Das eine scheint ein Weibchen,
Das andre scheint es nicht."

Da gräbt er auf dem Hügel
Ein Grab für diese zwei,
Drauf nimmt er sie beim Flügel,
Und scharrt und spricht dabei:

„So geht's, wenn man den Schädel
Mit eitler Minne schminkt,
Und wenn ein junges Mädel
In eine Pfütze sinkt!"

Nun ruhn die zwei Kadaver
An einem schmalen Rain,
Und mitten wächst Papaver
Und oben rauscht ein Hain.

Nun ruhn die beiden Äser
Bei Sonnenschein und Sturm,
Und oben lispeln Gräser,
Und unten speist ein Wurm.

Doch geh'n sie itzt selbander
Im Mondenlicht so mild,
Er scheint ein Salamander
Und sie ein Froschgebild.

Es murmeln dann die Kröten,
Indes die Spinne spinnt,
Und Nachtigallen flöten,
Wie deutsche Minne minnt.

Die Gründung Karthagos

Vor der Goldbegier des Bruders,
Der nach ihren Schätzen schnaubt,
Der in ihres Gatten Busen
Sein verruchtes Schwert getaucht,
Flieht hinweg die schöne Dido
Aus Sidonischen Heimatau'n,
Nimmt mit sich gehäufte Schätze,
Nimmt mit sich des Gatten Staub,
Dem gelobt sie stete Treue,
Wie es ziemt den höchsten Frau'n;
Denn der wahren Witwe Liebe
Gleicht dem Lieben einer Braut.
Edle folgen ihr und Knechte,
Als sie lös't den Ankertau,
Segeln auf den hohen Schiffen
Durch das tiefe Wogenblau,
Bis an afrikanischer Küste
Landen alle voll Vertrau'n.
Dido läßt an sichrer Felsbucht
Mächtig eine Stadt erbau'n:
Axt an Axt erklingt am Ufer,
Stein um Stein wird ausgehau'n.
Bald beschirmen stolze Mauern
Tempel, Hafen, Hütt' und Haus;
Drauf als Königin beherrschte

Dido diesen stolzen Raum.
Doch der Ruf von ihrer Schönheit
Breitet seine Flügel aus:
König Jarbas wohnt benachbart,
Tapferer Männer Oberhaupt;
Dieser bietet seine Hand ihr,
Ja, die Drohung macht er laut:
„Wenn die Königin sich weigert,
Meiner Kraft sich anzutrau'n,
Wehe jener Stadt, sie möchte
Dann verschwinden wie ein Traum."
Zitternd hört es ganz Karthago,
Weil er mächtig überaus,
Und des Volks ergraute Väter
Treten vor der Fürstin auf,
Flehn sie, jenen Bund zu schließen,
Hinzugeben nicht dem Raub
Diese Laren, diese Tempel,
Die sie liebend selbst gebaut!
Aber ihr im tiefen Busen
Steigt ein böser Geist herauf,
Ob sie freveln soll am Gatten,
Ob sie, jeder Bitte taub,
Freveln soll an ihrem Volke,
Das an ihre Liebe glaubt?
Doch in einer solchen Seele
Ist ein Zweifel wie ein Hauch:
Nur das Große kann sie denken,
Nur das Große führt sie aus.
Einen Holzstoß, wie zum Opfer,
Läßt die Königin erbau'n,
Läßt um ihn das Volk versammeln,
Tritt hervor und steigt hinauf:
„Lebe wohl, o mein Karthago,
Nicht die Feinde sollst du schau'n,
Blühn empor in goldner Freiheit,
Nicht vergehn in Schutt und Graus:
O Sichäus, breite deine
Schattenarme nach mir aus!"
Diese hohen Worte sprechend,
Faßt ein Schwert sie ohne Grau'n,
Stößt es durch den schönsten Busen,
Den die Sonne durfte schau'n.
Und im Aschenkrug gesammelt
Ward sofort der edle Staub,
Ward im Tempel selbst bestattet,
Ward bekränzt mit Siegeslaub.
König Jarbas zog von dannen,
Störte nicht Karthagos Bau:
Jenen seegewaltigen Freistaat
Gründete so die größte Frau.

Annette von Droste-Hülshoff
1797–1848

Der Geierpfiff

„Nun still – Du an den Dohnenschlag!
Du links an den gespaltnen Baum!
Und hier der faule Fetzer mag
Sich lagern an der Klippe Saum:
Da seht fein offen übers Land
Die Kutsche ihr heranspazieren;
Und Rieder dort, der Höllenbrand,
Mag in den Steinbruch sich postieren!

Dann aufgepaßt mit Aug und Ohr,
Und bei dem ersten Räderhall
Den Eulenschrei! und tritt hervor
Die Fracht, dann wiederholt den Schall:
Doch naht Gefahr – Patrouillen gehn, –
Seht ihr die Landdragoner streifen,
Dann dreimal, wie von Riffeshöhn,
Laßt ihr den Lämmergeier pfeifen.

Nun, Rieder, noch ein Wort zu dir:
Mit Recht heißt du der Höllenbrand;
Kein Stückchen – ich verbitt es mir –
Wie neulich mit der kalten Hand!"
Der Hauptmann spricht es; durch den Kreis
Ein Rauschen geht und feines Schwirren,
Als sie die Büchsen schultern leis
Und in den Gurt die Messer klirren.

Seltsamer Troß! hier Riesenbau
Und hiebgespaltnes Angesicht,
Und dort ein Bübchen wie 'ne Frau,
Ein zierliches Spelunkenlicht;
Der drüben an dem Scheitelhaar
So sachte streift den blanken Fänger,
Schaut aus den blauen Augen gar
Wie ein verarmter Minnesänger.

's ist lichter Tag! die Bande scheut
Vor keiner Stunde – alles gleich;
Es ist die rote Bande, weit
Verschrien, gefürchtet in dem Reich;
Das Knäbchen kauert unterm Stier
Und betet, raschelt es im Walde,
Und manches Weib verschließt die Tür,
Schreit nur ein Kuckuck an der Halde.

Die Posten haben sich zerstreut,
Und in die Hütte schlüpft der Troß –
Wildhüters Obdach zu der Zeit,
Als jene Trümmer war ein Schloß:
Wie Ritter vor der Ahnengruft,
Fühlt sich der Räuber stolz gehoben
Am Schutte, dran ein gleicher Schuft
Vor Jahren einst den Brand geschoben.

Und als der letzte Schritt verhallt,
Der letzte Zweig zurück␣gerauscht,
Da wird es einsam in dem Wald,
Wo überm Ast die Sonne lauscht;
Und als es drinnen noch geklirrt
Und noch ein Weilchen sich geschoben,
Da still es in der Hütte ward,
Vom wilden Weingerank umwoben.

Der scheue Vogel setzt sich kühn
Aufs Dach und wiegt sein glänzend Haupt,
Und summend durch der Reben Grün
Die wilde Biene Honig raubt;
Nur leise wie der Hauch im Tann,
Wie Weste durch die Halme streifen,
Hört drinnen leise, leise man
Vorsichtig an den Messern schleifen. –

*

Ja, lieblich ist des Berges Maid
In ihrer festen Glieder Pracht,
In ihrer blanken Fröhlichkeit
Und ihrer Zöpfe Rabennacht;
Siehst du sie brechen durchs Genist
Der Brombeerranken, frisch, gedrungen,
Du denkst, die Centifolie ist
Vor Übermut vom Stiel gesprungen.

Nun steht sie still und schaut sich um –
Allüberall nur Baum an Baum;
Ja, irre zieht im Walde um
Des Berges Maid und glaubt es kaum;
Noch zwei Minuten, wo sie sann,
Pulsieren ließ die heißen Glieder –
Behende wie ein Marder dann
Schlüpft keck sie in den Steinbruch nieder.

Am Eingang steht ein Felsenblock,
Wo das Geschiebe überhängt;
Der Efeu schüttelt sein Gelock,
Zur grünen Laube vorgedrängt,
Da unterm Dache lagert sie,
Behaglich lehnend an dem Steine,
Und denkt: ich sitze wahrlich wie
Ein Heil'genbildchen in dem Schreine!

Ihr ist so warm, der Zöpfe Paar
Sie löset mit der runden Hand,
Und nieder rauscht ihr schwarzes Haar
Wie Rabenfittiches Gewand.
Ei! denkt sie, bin ich doch allein!
Auf springt das Spangenpaar am Mieder;
Doch unbeweglich gleich dem Stein
Steht hinterm Block der wilde Rieder:

Er sieht sie nicht, nur ihren Fuß,
Der tändelnd schaukelt wie ein Schiff,
Zuweilen treibt des Windes Gruß
Auch eine Locke um das Riff,
Doch ihres heißen Odems Zug,
Samumes Hauch, glaubt er zu fühlen;
Verlorne Laute, wie im Flug
Lockvögel, um das Ohr ihm spielen.

So weich die Luft und badewarm.
Berauschend Thymianes Duft,
Sie lehnt sich, dehnt sich, ihren Arm,
Den vollen, streckt sie aus der Kluft,
Schließt dann ihr glänzend Augenpaar –
Nicht schlafen, ruhn nur eine Stunde –
So dämmert sie, und die Gefahr
Wächst von Sekunde zu Sekunde.

Nun alles still – sie hat gewacht –
Doch hinterm Steine wirds belebt,
Und seine Büchse sachte, sacht
Der Rieder von der Schulter hebt,
Lehnt an die Klippe ihren Lauf,
Dann lockert er der Messer Klingen,
Hebt nun den Fuß – was hält ihn auf?
Ein Schrei scheint aus der Luft zu dringen!

Ha, das Signal! – er ballt die Faust –
Und wiederum des Geiers Pfiff
Ihm schrillend in die Ohren saust –
Noch zögert knirschend er am Riff –
Zum drittenmal – und sein Gewehr
Hat er gefaßt – hinan die Klippe!
Daß bröckelnd Kies und Sand umher
Nachkollern von dem Steingerippe.

Und auch das Mädchen fährt empor:
„Ei, ist so locker das Gestein?"
Und langsam, gähnend tritt hervor
Sie aus dem falschen Heil'genschrein,
Hebt ihrer Augen feuchtes Glühn,
Will nach dem Sonnenstande schauen,
Da sieht sie einen Geier ziehn
Mit einem Lamm in seinen Klauen.

Und schnell gefaßt, der Wildnis Kind,
Tritt sie entgegen seinem Flug:
Der kam daher, wo Menschen sind,
Das ist der Bergesmaid genug.
Doch still! war das nicht Stimmenton
Und Räderknarren? still! sie lauscht –
Und wirklich, durch die Nadeln schon
Die schwere Kutsche ächzt und rauscht.

„He, Mädchen!" ruft es aus dem Schlag,
Mit feinem Knicks tritt sie heran,
„Zeig uns zum Dorf die Wege nach,
Wir fuhren irre in dem Tann!"
„Herr" spricht sie lachend, „nehmt mich auf,
Auch ich bin irr und führ Euch doch." –
„Nun wohl, du schmuckes Kind, steig auf,
Nur frisch hinauf, du zögerst noch?"

„Herr, was ich weiß, ist nur gering,
Doch führt es Euch zu Menschen hin,
Und das ist schon ein köstlich Ding
Im Wald, mit Räuberhorden drin:
Seht, einen Weih am Bergeskamm
Sah steigen ich aus jenen Gründen,
Der in den Fängen trug ein Lamm;
Dort muß sich eine Herde finden." –

Am Abend steht des Forstes Held
Und flucht die Steine warm und kalt;
Der Wechsler freut sich, daß sein Geld
Er klug gesteuert durch den Wald:
Und nur die gute, franke Maid
Nicht ahnet in der Träume Walten,
Daß über sie so gnädig heut
Der Himmel seinen Schild gehalten.

Das Fräulein von Rodenschild

Sind denn so schwül die Nächt im April?
Oder ist so siedend jungfräulich Blut?
Sie schließt die Wimper, sie liegt so still
Und horcht des Herzens pochender Flut.
„O, will es denn nimmer und nimmer tagen?
O, will denn nicht endlich die Stunde schlagen?
Ich wache, und selbst der Seiger ruht!

„Doch horch! es summt, eins, zwei und drei –
Noch immer fort? – sechs, sieben und acht,
Elf, zwölf – o Himmel, war das ein Schrei?
Doch nein, Gesang steigt über der Wacht,
Nun wird mirs klar, mit frommem Munde
Begrüßt das Hausgesinde die Stunde,
Anbrach die hochheilige Osternacht."

Seitab das Fräulein die Kissen stößt
Und wie eine Hinde vom Lager setzt,
Sie hat des Mieders Schleifen gelöst,
Ins Häubchen drängt sie die Locken jetzt
Dann leise das Fenster öffnend, leise,
Horcht sie der mählich schwellenden Weise,
Vom wimmernden Schrei der Eule durchsetzt.

O dunkel die Nacht! und schaurig der Wind!
Die Fahnen wirbeln am knarrenden Tor –
Da tritt aus der Halle das Hausgesind
Mit Blendlaternen und einzeln vor.
Der Pförtner dehnet sich, halb schon träumend,
Am Dochte zupft der Jäger säumend,
Und wie ein Oger gähnet der Mohr.

Was ist? – wie das auseinander schnellt!
In Reihen ordnen die Männer sich,
Und eine Wacht vor die Dirnen stellt
Die graue Zofe sich ehrbarlich.
„Ward ich gesehn an des Vorhangs Lücke?
Doch nein, zum Balkone starren die Blicke,
Nun langsam wenden die Häupter sich.

O weh meine Augen! bin ich verrückt?
Was gleitet entlang das Treppengeländ?
Hab ich nicht so aus dem Spiegel geblickt?
Das sind meine Glieder – welch ein Geblend!
Nun hebt es die Hände, wie Zwirnes Flocken,
Das ist mein Strich über Stirn und Locken!
Weh, bin ich toll, oder nahet mein End?"

Das Fräulein erbleicht und wieder erglüht,
Das Fräulein wendet die Blicke nicht,
Und leise rührend die Stufen zieht

Am Steingeländ das Nebengesicht,
In seiner Rechten trägt es die Lampe,
Ihr Flämmchen zittert über der Rampe,
Verdämmernd, blau, wie ein Elfenlicht.

Nun schwebt es unter dem Sternendom,
Nachtwandlern gleich in Traumes Geleit,
Nun durch die Reihen zieht das Phantom,
Und jeder tritt einen Schritt zur Seit. –
Nun lautlos gleitets über die Schwelle –
Nun wieder drinnen erscheint die Helle,
Hinauf sich windend die Stiegen breit.

Das Fräulein hört das Gemurmel nicht,
Sieht nicht die Blicke, stier und verscheucht,
Fest folgt ihr Auge dem bläulichen Licht,
Wie dunstig über die Scheiben es streicht.
– Nun ists im Saale – nun im Archive –
Nun steht es still an der Nische Tiefe –
Nun matter, matter – ha! es erbleicht!

„Du sollst mir stehen! ich will dich fahn!"
Und wie ein Aal die beherzte Maid
Durch Nacht und Krümmen schlüpft ihre Bahn,
Hier droht ein Stoß, dort häkelt das Kleid,
Leis tritt sie, leise, o Geistersinne
Sind scharf! daß nicht das Gesicht entrinne!
Ja, mutig ist sie, bei meinem Eid!

Ein dunkler Rahmen, Archives Tor,
– Ha, Schloß und Riegel! – sie steht gebannt,
Sacht, sacht das Auge und dann das Ohr
Drückt zögernd sie an der Spalte Rand,
Tiefdunkel drinnen – doch einem Rauschen
Der Pergamente glaubt sie zu lauschen
Und einem Streichen entlang der Wand.

So niederkämpfend des Herzens Schlag,
Hält sie den Odem, sie lauscht, sie neigt –
Was dämmert ihr zur Seite gemach?
Ein Glühwurmleuchten – es schwillt, es steigt,
Und Arm an Arme, auf Schrittes Weite,
Lehnt das Gespenst an der Pforte Breite,
Gleich ihr zur Nachbarspalte gebeugt.

Sie fährt zurück – das Gebilde auch –
Dann tritt sie näher – so die Gestalt –
Nun stehen die beiden, Auge in Aug,
Und bohren sich an mit Vampires Gewalt.
Das gleiche Häubchen decket die Locken,
Das gleiche Linnen, wie Schnees Flocken,
Gleich ordnungslos um die Glieder wallt.

Langsam das Fräulein die Rechte streckt,
Und langsam, wie aus der Spiegelwand,
Sich Linie um Linie entgegen reckt
Mit gleichem Rubine die gleiche Hand;
Nun rührt sichs – die Lebendige spüret,
Als ob ein Luftzug schneidend sie rühret,
Der Schemen dämmert – zerrinnt – entschwand. –

Und wo im Saale der Reihen fliegt,
Da siehst ein Mädchen du, schön und wild,
– Vor Jahren hats eine Weile gesiecht –
Das stets in den Handschuh die Rechte hüllt.
Man sagt, kalt sei sie wie Eises Flimmer,
Doch lustig die Maid, sie hieß ja immer:
„Das tolle Fräulein von Rodenschild."

Der Mutter Wiederkehr

Du frägst mich immer von neuem, Marie,
Warum ich mein Heimatland,
Die alten lieben Gebilde flieh,
Dem Herzen doch eingebrannt?
Nichts soll das Weib dem Manne verhehlen,
Und nichts dem treuen Weibe der Mann,
Drum setz dich her, ich will erzählen,
Doch abwärts sitze, schau mich nicht an.

Bei meinen Eltern ich war – ein Kind,
Ein Kind und dessen nicht froh,
Im Hause wehte ein drückender Wind,
Der ehliche Friede floh,
Nicht Zank noch Scheltwort durfte ich hören,
Doch wie ein Fels auf allen es lag;
Sahn wir von Reisen den Vater kehren,
Das war uns Kindern ein trauriger Tag.

Ein Kaufmann, ernst, sein strenges Gemüt
Verbittert durch manchen Verlust,
Und meine Mutter, die war so müd,
So keuchend ging ihre Brust!
Noch seh ich, wie sie, die Augen gerötet,
Ein Bild der still verhärmten Geduld,
An unserm Bettchen gekniet und gebetet.
Gewiß, meine Mutter war frei von Schuld!

Doch trieb der Vater sich um – vielleicht
In London oder in Wien –
Dann lebten wir auf und atmeten leicht
Und schossen wie Kressen so grün.
Durch lustige Schwänke machte uns lachen
Der gute Mesner, dürr und ergraut,
Der dann uns alle sollte bewachen,
Denn meiner Mutter ward nichts vertraut.

Da schickte der Himmel ein schweres Leid,
Sie schlich so lange umher,
Und härmte sich sachte ins Sterbekleid,
Wir machten das Scheiden ihr schwer!
Wir waren wie irre Vögel im Haine,
Zu früh entflattert dem treuen Nest,
Bald tobten wir toll über Blöcke und Steine
Und duckten bald, in den Winkel gepreßt.

Dem alten Manne ward kalt und heiß,
Dem würdigen Sakristan,
Sah er besudelt mit Staub und Schweiß
Und glühend wie Öfen uns nahn;
Doch traten wir in die verödete Kammer
Und sahn das Schemelchen am Klavier,
Dann strömte der unbändige Jammer,
Und nach der Mutter wimmerten wir.

Am sechsten Abend nachdem sie fort
– Wir kauerten am Kamin,
Der Alte lehnte am Simse dort
Und sah die Kohlen verglühn,
Wir sprachen nicht, uns war beklommen –
Da leis im Vorsaal dröhnte die Tür,
Und schlurfende Schritte hörten wir kommen.
Mein Brüderchen rief: „Die Mutter ist hier!"

Still, stille nur! – wir horchten all,
Zusammengedrängt und bang,
Wir hörten deutlich der Tritte Hall
Die knarrende Diel entlang,
Genau wir hörten rücken die Stühle,
Am Schranke klirren den Schlüsselbund
Und dann das schwere Krachen der Diele,
Als es vom Stuhle trat an den Grund.

Mein junges Blut in den Adern stand,
Ich sah den Alten wie Stein
Sich klammern an des Gesimses Rand,
Da langsam trat es herein.
O Gott, ich sah meine Mutter, Marie!
Marie, ich sah meine Mutter gehn,
Im schlichten Kleide, wie morgens frühe
Sie kam, nach ihren zwei Knaben zu sehn!

Fest war ihr Blick zum Grunde gewandt,
So schwankte sie durch den Saal,
Den Schlüsselbund in der bleichen Hand,
Die Augen trüb wie Opal;
Sie hob den Arm, wir hörtens pfeifen,
Ganz wie ein Schlüssel im Schlosse sich dreht
Und ins Kloset dann sahn wir sie streifen,
Drin unser Geld und Silbergerät.

Du denkst wohl, daß keines Odems Hauch
Die schaurige Öde brach,
Und still wars im Klosette auch,
Noch lange lauschten wir nach.
Da sah ich zusammen den Alten fallen,
Und seine Schläfe schlug an den Stein,
Da ließen wir unser Geschrei erschallen,
Da stürzten unsere Diener herein.

*

Du sagst mir nichts, doch zweifl' ich nicht,
Du schüttelst dein Haupt, Marie,
Ein Greis – zwei Kinder – im Dämmerlicht –
Da waltet die Phantasie!
Was wollte ich um dein Lächeln geben,
Um deine Zweifel, du gute Frau,
Doch wieder sag ichs: bei meinem Leben!
Marie, wir sahen und hörten genau!

Am Morgen kehrte der Vater heim,
Verstimmt und müde gehetzt,
Und war er nimmer ein Honigseim,
So war er ein Wermut jetzt.
Auch waren es wohl bedenkliche Worte,
Die er gesprochen zum alten Mann;
Denn laut sie haderten an der Pforte
Und schieden in tiefer Empörung dann.

Nun ward durchstöbert das ganze Haus,
Ein jeder gefragt, gequält,
Die Beutel gewogen, geschüttet aus,
Die Silberbestecke gezählt,
Ob alles richtig, versperrt die Zimmer,
Nichts konnte dem Manne genügen doch:
Bis abends zählte und wog er immer
Und meinte, der Schade finde sich noch.

Als nun die Dämmerung brach herein,
Ohne Mutter und Sakristan,
Wir kauerten auf dem staubigen Stein
Und gähnten die Flamme an.
Verstimmt der Vater, am langen Tische,
Wühlt' in Papieren, schob und rückt',
Wir duckten an unserm Kamin, wie Fische,
Wenn drauf das Auge des Reihers drückt.

Da, horch! – die Türe dröhnte am Gang,
Ein schlurfender Schritt darauf
Sich schleppte die knarrende Diel entlang.
Der Vater horchte – stand auf –
Und wieder hörten wir rücken die Stühle,
Am Schranke klirren den Schlüsselbund,
Und wieder das schwere Krachen der Diele,
Als es vom Stuhle trat an den Grund.

Er stand, den Leib vornüber gebeugt,
Wie Jäger auf Wildes Spur,
Nicht Furcht noch Rührung sein Auge zeigt',
Man sah, er lauerte nur.
Und wieder sah ich, die mich geboren,
Verbannt, verstoßen vom heiligen Grund,
O, nimmer hab ich das Bild verloren,
Es folgt mir noch in der Todesstund!

Und *er?* – hat keine Wimper geregt
Und keine Muskel gezuckt,
Der Stuhl, auf den seine Hand gelegt,
Nur einmal leise geruckt.
Ihr folgend mit den stechenden Blicken
Wandt er sich langsam, wie sie schritt,
Doch als er sie ans Klosett sah drücken,
Da zuckte er auf, als wolle er mit.

Und „Arnold!" riefs aus dem Geldverließ,
– Er beugte vornüber, weit –
Und wieder „Arnold!" so klagend süß,
– Er legte die Feder beiseit –
Zum dritten Mal, wie die blutige Trauer,
„Arnold!" – den Meerschaumkopf im Nu
Erfaßt' er, schleudert' ihn gegen die Mauer,
Schritt ins Klosett und riegelte zu.

Wir aber stürzten in wilder Hast
Hinaus an das Abendrot,
Wir hatten uns bei den Händen gefaßt
Und weinten uns schier zu Tod.
Die ganze Nacht hat die Lampe geglommen,
Geknattert im Saal des Kamines Rost,
Und als der dritte Abend gekommen,
Da setzte der Vater sich auf die Post.

Ich habe ihm nicht Lebewohl gesagt
Und nicht seine Hand geküßt,
Doch heißt es, daß er in dieser Nacht
Am Bettchen gestanden ist.
Und bei des nächsten Morgens Erglühen
Das erste, was meine Augen sahn,
Das war an unserem Lager knieen
Den tief erschütterten Sakristan.

Dem ward in der Früh ein Brief gebracht,
Und dann ein Schlüsselchen noch:
„Ich will nicht lesen", hat er gedacht
Und zögerte, las dann doch
Den Brief, in letzter Stunde geschrieben
Von meines unglücklichen Vaters Hand,
Der fest im Herzen mir ist geblieben,
Obwohl mein Bruder ihn einst verbrannt.

„Was mich betroffen, das sag ich nicht,
Eh dorre die Zunge aus!
Doch ist es ein bitter, ein schwer Gericht
Und treibt mich von Hof und Haus.
In dem Klosette, da sind gelegen
Papiere, Wechsel, Briefe dabei.
Dir will ich auf deine Seele legen
Meine zwei Buben; denn du bist treu.

Du weißt es, wie ich auch noch so früh,
So hart den Bruder verlor,
Und hätte ich dich nicht, meine Marie,
Dann wär ich ein armer Tor! –
Ach Gott, was hab ich nicht all geschrieben,
Aufrufe, Briefe, in meiner Not!
Umsonst doch alles, umsonst geblieben.
Ob er mag leben? – vermutlich tot!

Sorg nicht um mich; was ich bedarf,
Des hab ich genügend noch,
Und forsch auch nimmer – ich warne scharf –
Nach mir, es tröge dich doch.
Sei ruhig, Mann, ich will nicht töten
Den Leib, der vieles noch muß bestehn,
Doch laß meine armen Kinderchen beten;
Denn sehr bedarf ich der Unschuld Flehn."

Und im Klosette gefunden ward
Ein richtiges Testament,
Und alle Papiere nach Kaufmannsart
Geordnet und wohl benennt.
Und wir? – in der Fremde ließ man uns pflegen,
Da waren wir eben, wie Buben sind,
Doch mit den Jahren, da muß sichs regen,
Bin ich doch jetzt sein einziges Kind!

*

Nie brachte wieder auf sein Geschick
Die gute Marie den Mann,
Der seines Lebens einziges Glück
In ihrer Liebe gewann.
So mild und schonend bot sie die Hände,
Bracht ihm so manches blühende Kind,
Daß von der ehrlichen Stirn am Ende
Die düstern Falten gewichen sind.

Wohl führt' nach Jahren einmal sein Weg
Ihn dicht zur Heimat hinan,
Da ließ er halten am Mühlensteg
Und schaute die Türme sich an.
Die Händ gefaltet, schien er zu beten,
Ein Wink – die Kutsche rasselte fort;
Doch nimmer hat er den Ort betreten,
Und keinen Trunk Wasser nahm er dort.

Der Schloßelf

In monderhellten Weihers Glanz
Liegt brütend wie ein Wasserdrach
Das Schloß mit seinem Zackenkranz,
Mit Zinnenmoos und Schuppendach.
Die alten Eichen stehn von fern,
Respektvoll flüsternd mit den Wellen,
Wie eine graue Garde gern
Sich mag um graue Herrscher stellen.

Am Tore schwenkt, ein Steinkoloß,
Der Bannerherr die Kreuzesfahn,
Und kurbettierend schnaubt sein Roß
Jahrhunderte schon himmelan;
Und neben ihm, ein Tantalus,
Lechzt seit Jahrhunderten sein Dogge
Gesenkten Halses nach dem Fluß,
Im dürren Schlunde Mooses Flocke.

Ob längst die Mitternacht verklang,
Im Schlosse bleibt es immer wach;
Streiflichter gleiten rasch entlang
Den Korridor und das Gemach.
Zuweilen durch des Hofes Raum
Ein hüpfendes Laternchen ziehet;
Dann horcht der Wandrer, der am Saum
Des Weihers in den Binsen knieet.

„Ave Maria! stärke sie!
Und hilf ihr über diese Nacht!"
Ein frommer Bauer ists, der früh
Sich auf die Wallfahrt hat gemacht.
Wohl weiß er, was der Lichterglanz
Mag seiner gnäd'gen Frau bedeuten;
Und eifrig läßt den Rosenkranz
Er durch die schwiel'gen Finger gleiten.

Doch durch sein christliches Gebet
Manch Heidennebel schwankt und raucht;
Ob wirklich, wie die Sage geht,
Der Elf sich in den Weiher taucht,
So oft dem gräflichen Geschlecht
Der erste Sprosse wird geboren?
Der Bauer glaubt es nimmer recht,
Noch minder hätt er es verschworen.

Scheu blickt er auf – die Nacht ist klar
Und gänzlich nicht gespensterhaft,
Gleich drüben an dem Pappelpaar
Zählt man die Zweige längs dem Schaft;
Doch stille! In dem Eichenrund –
Sind das nicht Tritte? – Kindestritte?
Er hört, wie an dem harten Grund
Sich wiegen, kurz und stramm, die Schritte.

Still! still! es raschelt übern Rain
Wie eine Hinde, die im Tau,
Beherzt gemacht vom Mondenschein,
Vorsichtig äset längs der Au.
Der Bauer stutzt – die Nacht ist licht,
Die Blätter glänzen an dem Hagen,
Und dennoch – dennoch sieht er nicht,
Wen auf ihn zu die Schritte tragen.

Da, langsam knarrend, tut sich auf
Das schwere Heck zur rechten Hand,
Und, wieder langsam knarrend, drauf
Versinkt es in die grüne Wand.
Der Bauer ist ein frommer Christ;
Er schlägt behend des Kreuzes Zeichen:
„Und wenn du auch der Teufel bist,
Du mußt mir auf der Wallfahrt weichen!"

Da, hui! streifts ihn, federweich,
Da, hui! raschelts in dem Grün,
Da, hui! zischt es in den Teich,
Daß bläulich Schilf und Binsen glühn;
Und wie ein knisterndes Geschoß
Fährt an den Grund ein bläulich Feuer
Im Augenblicke, wo vom Schloß
Ein Schrei verzittert überm Weiher.

Der Alte hat sich vorgebeugt,
Ihm ist, als schimmre, wie durch Glas,
Ein Kindesleib, phosphorisch, feucht
Und dämmernd, wie verlöschend Gas;
Ein Arm zerrinnt, ein Aug verglimmt –
Lag denn ein Glühwurm in den Binsen?
Ein langes Fadenhaar verschwimmt,
Am Ende scheinens Wasserlinsen!

Der Bauer starrt, hinab, hinauf,
Bald in den Teich, bald in die Nacht;
Da klirrt ein Fenster drüben auf,
Und eine Stimme ruft mit Macht:
„Nur schnell gesattelt! schnell zur Stadt!
Gebt dem Polacken Gert und Sporen!
Viktoria! soeben hat
Die Gräfin einen Sohn geboren!"

[kurbettieren: Galoppübung, Bogensprung.]

Vorgeschichte (Second sight)

Kennst du die Blassen im Heideland,
Mit blonden flächsenen Haaren?
Mit Augen so klar, wie an Weihers Rand
Die Blitze der Welle fahren?
O, sprich ein Gebet, inbrünstig, echt,
Für die Seher der Nacht, das gequälte Geschlecht.

So klar die Lüfte, am Äther rein
Träumt nicht die zarteste Flocke,
Der Vollmond lagert den blauen Schein
Auf des schlafenden Freiherrn Locke,
Hernieder bohrend in kalter Kraft
Die Vampirzunge, des Strahles Schaft.

Der Schläfer stöhnt, ein Traum voll Not
Scheint seine Sinne zu quälen,
Es zuckt die Wimper, ein leises Rot
Will über die Wange sich stehlen;
Schau, wie er woget und rudert und fährt,
Wie einer, so gegen den Strom sich wehrt.

Nun zuckt er auf – ob ihm geträumt,
Nicht kann er sich dessen entsinnen –
Ihn fröstelt, fröstelt, ob's drinnen schäumt,
Wie Fluten zum Strudel rinnen;
Was ihn geängstet, er weiß es auch:
Es war des Mondes giftiger Hauch.

O Fluch der Heide, gleich Ahasver
Unterm Nachtgestirne zu kreisen!
Wenn seiner Strahlen züngelndes Meer
Aufbohret der Seele Schleusen,
Und der Prophet, ein verzweifelnd Wild,
Kämpft gegen das mählich steigende Bild.

Im Mantel schaudernd mißt das Parkett
Der Freiherr die Läng und Breite,
Und wo am Boden ein Schimmer steht,
Weitaus er beuget zur Seite,
Er hat einen Willen und hat eine Kraft,
Die sollen nicht liegen in Blutes Haft.

Es will ihn krallen, es saugt ihn an,
Wo Glanz die Scheiben umgleitet,
Doch langsam weichend, Spann um Spann,
Wie ein wunder Edelhirsch schreitet,
In immer engerem Kreis gehetzt,
Des Lagers Pfosten ergreift er zuletzt.

Da steht er keuchend, sinnt und sinnt,
Die müde Seele zu laben,
Denkt an sein liebes, einziges Kind,
Seinen zarten, schwächlichen Knaben,
Ob dessen Leben des Vaters Gebet
Wie eine zitternde Flamme steht.

Hat er des Kleinen Stammbaum doch
Gestellt an des Lagers Ende,
Nach dem Abendkusse und Segen noch
Drüber brünstig zu falten die Hände;
Im Monde flimmernd das Pergament
Zeigt Schild an Schilder, schier ohne End.

Rechtsab des eigenen Blutes Gezweig,
Die alten freiherrlichen Wappen,
Drei Rosen im Silberfelde bleich,
Zwei Wölfe schildhaltende Knappen,
Wo Ros an Rose sich breitet und blüht,
Wie überm Fürsten der Baldachin glüht.

Und links der milden Mutter Geschlecht,
Der Frommen in Grabeszellen,
Wo Pfeil an Pfeile, wie im Gefecht,
Durch blaue Lüfte sich schnellen.
Der Freiherr seufzt, die Stirn gesenkt,
Und – steht am Fenster, bevor er's denkt.

Gefangen! gefangen im kalten Strahl!
In dem Nebelnetze gefangen!
Und fest gedrückt an der Scheib Oval,
Wie Tropfen am Glase hangen,
Verfallen sein klares Nixenaug
Der Heidequal in des Mondes Hauch.

Welch ein Gewimmel! – er muß es sehn,
Ein Gemurmel! – er muß es hören,
Wie eine Säule, so muß er stehn,
Kann sich nicht regen noch kehren.
Es summt im Hofe ein dunkler Hauf,
Und einzelne Laute dringen hinauf.

Hei! eine Fackel! sie tanzt umher,
Sich neigend, steigend in Bogen,
Und nickend, zündend, ein Flammenheer
Hat den weiten Estrich umzogen.
All schwarze Gestalten im Trauerflor,
Die Fackeln schwingen und halten empor.

Und alle gereihet am Mauerrand,
Der Freiherr kennet sie alle;
Der hat ihm so oft die Büchse gespannt,
Der pflegte die Ross' im Stalle,
Und der so lustig die Flasche leert,
Den hat er siebenzehn Jahre genährt.

Nun auch der würdige Kastellan,
Die breite Pleureuse am Hute,
Den sieht er langsam, schlurfend nahn,
Wie eine gebrochene Rute;
Noch deckt das Pflaster die dürre Hand,
Versengt erst gestern an Herdes Brand.

Ha, nun das Roß! aus des Stalles Tür,
In schwarzem Behang und Flore;
O, ist's Achill, das getreue Tier?
Oder ist's seines Knaben Medore?
Er starret, starrt und sieht nun auch,
Wie es hinkt, vernagelt nach altem Brauch.

Entlang der Mauer das Musikchor,
In Krepp gehüllt die Posaunen,
Haucht prüfend leise Kadenzen hervor,
Wie träumende Winde raunen;
Dann alles still. O Angst! o Qual!
Es tritt der Sarg aus des Schlosses Portal.

Wie prahlen die Wappen, farbig grell
Am schwarzen Sammet der Decke.
Ha! Ros an Rose, der Todesquell
Hat gespritzet blutige Flecke!
Der Freiherr klammert das Gitter an:
„Die andre Seite!" stöhnet er dann.

Da langsam wenden die Träger, blank
Mit dem Monde die Schilder kosen.
„O", – seufzt der Freiherr – „Gott sei Dank!
Kein Pfeil, kein Pfeil, nur Rosen!"
Dann hat er die Lampe still entfacht
Und schreibt sein Testament in der Nacht.

[second sight: Zweites Gesicht, Sehergabe. – Pleureuse: Trauerschleier, Trauerbinde: – Kastellan: Schloß-
verwalter.]

Das Fegefeuer des westfälischen Adels

Wo der selige Himmel, das wissen wir nicht,
Und nicht, wo der greuliche Höllenschlund,
Ob auch die Wolke zittert im Licht,
Ob siedet und qualmet Vulkanes Mund;
Doch wo die westfälischen Edeln müssen
Sich sauber brennen ihr rostig Gewissen,
Das wissen wir alle, das ward uns kund.

Grau war die Nacht, nicht öde und schwer,
Ein Aschenschleier hing in der Luft;
Der Wanderbursche schritt flink einher,
Mit Wollust saugend den Heimatduft;
O bald, bald wird er schauen sein Eigen,
Schon sieht am Lutterberge er steigen,
Sich leise schattend, die schwarze Kluft.

Er richtet sich, wie Trompetenstoß
Ein Holla ho! seiner Brust entsteigt –
Was ihm im Nacken? ein schnaubend Roß,
An seiner Schulter es rasselt, keucht,
Ein Rappe – grünliche Funken irren
Über die Flanken, die knistern und knirren,
Wie wenn man den murrenden Kater streicht.

„Jesus Maria!" – er setzt seitab,
Da langt vom Sattel es überzwerch –
Ein eherner Griff, und in wüstem Trab
Wie Wind und Wirbel zum Lutterberg!
An seinem Ohre hört er es raunen
Dumpf und hohl, wie gedämpfte Posaunen,
So an ihm raunt der gespenstige Scherg:

„Johannes Deweth! ich kenne dich!
Johann! du bist uns verfallen heut!
Bei deinem Heile, nicht lach noch sprich,
Und rühre nicht an, was man dir beut;
Vom Brote nur magst du brechen in Frieden,
Ewiges Heil ward dem Brote beschieden,
Als Christus in froner Nacht es geweiht!" –

Ob mehr gesprochen, man weiß es nicht,
Da seine Sinne der Bursche verlor,
Und spät erst hebt er sein bleiches Gesicht
Vom Estrich einer Halle empor;
Um ihn Gesumme, Geschwirr, Gemunkel,
Von tausend Flämmchen ein mattes Gefunkel
Und drüber schwimmend ein Nebelflor.

Er reibt die Augen, er schwankt voran;
An hundert Tischen, die Halle entlang,
All edle Geschlechter, so Mann an Mann;
Es rühren die Gläser sich sonder Klang,
Es regen die Messer sich sonder Klirren,
Wechselnde Reden summen und schwirren
Wie Glockengeläut, ein wirrer Gesang.

Ob jedem Haupte des Wappens Glast,
Das langsam schwellende Tropfen speit,
Und wenn sie fallen, dann zuckt der Gast
Und drängt sich einen Moment zur Seit;
Und lauter, lauter dann wird das Rauschen,
Wie Stürme die zornigen Seufzer tauschen,
Und wirrer summet das Glockengeläut.

Strack steht Johann wie ein Lanzenknecht,
Nicht möchte der gleißenden Wand er traun,
Noch wäre der glimmende Sitz ihm recht,
Wo rutschen die Knappen mit zuckenden Braun.
Da muß, o Himmel, wer sollt es denken!
Den frommen Herrn, den Friedrich von Brenken,
Den alten stattlichen Ritter, er schaun.

„Mein Heiland, mach ihn der Sünden bar!"
Der Jüngling seufzet in schwerem Leid;
Er hat ihm gedienet ein ganzes Jahr;
Doch ungern kredenzt er den Becher ihm heut;
Bei jedem Schlucke sieht er ihn schüttern,
Ein blaues Wölkchen dem Schlund erzittern,
Wie wenn auf Kohlen man Weihrauch streut.

O manche Gestalt noch dämmert ihm auf,
Dort sitzt sein Pate, der Metternich,
Und eben durch den wimmelnden Hauf
Johann von Spiegel, der Schenke, strich;
Prälaten auch, je viere und viere,
Sie blättern und rispeln im grauen Breviere
Und zuckend krümmen die Finger sich.

Und unten im Saale, da knöcheln frisch
Schaumburger Grafen um Leut und Land,
Graf Simon schüttelt den Becher risch
Und reibt mitunter die knisternde Hand;
Ein Knappe nahet, er surret leise –
Ha, welches Gesumse im weiten Kreise,
Wie hundert Schwärme an Klippenrand!

„Geschwind den Sessel, den Humpen wert,
Den schleichenden Wolf geschwinde herbei!"
Horch wie es draußen rasselt und fährt!
Barhaupt stehet die Massonei,
Hundert Lanzen drängen nach binnen,
Hundert Lanzen, und mitten darinnen
Der Asseburger, der blutige Weih!

Und als ihm alles entgegen zieht,
Da spricht Johannes ein Stoßgebet:
Dann risch hinein! sein Ärmel sprüht,
Ein Funken über die Finger ihm geht.
Voran – da „sieben" schwirren die Lüfte,
„Sieben, sieben, sieben", die Klüfte,
„In sieben Wochen, Johann Deweth!"

Der sinkt auf schwellenden Rasen hin
Und schüttelt gegen den Mond die Hand,
Drei Finger, die bröckeln und stäuben hin,
Zu Asch und Knöchelchen abgebrannt.
Er rafft sich auf, er rennt, er schießet,
Und, ach, die Vaterklause begrüßet
Ein grauer Mann, von keinem gekannt,

Der nimmer lächelt, nur des Gebets
Mag pflegen drüben im Klosterchor,
Denn „sieben, sieben", flüstert es stets
Und „sieben Wochen" ihm in das Ohr.
Und als die siebente Woche verronnen,
Da ist er versiegt wie ein dürrer Bronnen –
Gott hebe die arme Seele empor!

Der Tod des Erzbischofs Engelbert von Köln

1.

Der Anger dampft, es kocht die Ruhr,
Im scharfen Ost die Halme pfeifen,
Da trabt es sachte durch die Flur,
Da taucht es auf wie Nebelstreifen,
Da nieder rauscht es in den Fluß,
Und stemmend gen der Wellen Guß
Es fliegt der Bug, die Hufe greifen.

Ein Schnauben noch, ein Satz, und frei
Das Roß schwingt seine nassen Flanken,
Und wieder eins, und wieder zwei,
Bis fünfundzwanzig stehn wie Schranken:
Voran, voran durch Heid und Wald,
Und wo sich wüst das Dickicht ballt,
Da brechen knisternd sie die Ranken.

Am Eichenstamm, im Überwind,
Um einen Ast den Arm geschlungen,
Der Isenburger steht und sinnt
Und naget an Erinnerungen.
Ob er vernimmt, was durchs Gezweig
Ihm Rinkerad, der Ritter bleich,
Raunt leise wie mit Vögelzungen?

„Graf", flüstert es, „Graf, haltet dicht,
Mich dünkt, als woll es Euch betören;
Bei Christi Blute, laßt uns nicht
Heim wie gepeitschte Hunde kehren!
Wer hat gefesselt Eure Hand,
Den freien Stegreif Euch verrannt?" –
Der Isenburg scheint nicht zu hören.

„Graf", flüstert es, „wer war der Mann,
Dem zu dem Kreuz die Rose paßte?
Wer machte Euren Schwäher dann
In seinem eignen Land zum Gaste?
Und, Graf, wer höhnte Euer Recht,
Wer stempelt' Euch zum Pfaffenknecht?" –
Der Isenburg biegt an dem Aste.

„Und wer, wer hat Euch zuerkannt,
Im härnen Sünderhemd zu stehen,
Die Schandekerz in Eurer Hand,
Und alte Vetteln anzuflehen
Um Kyrie und Litanei!?" –
Da krachend bricht der Ast entzwei
Und wirbelt in des Sturmes Wehen.

Spricht Isenburg: „Mein guter Fant,
Und meinst du denn, ich sei begraben?
O laß mich nur in meiner Hand –
Doch ruhig, still, ich höre traben!"
Sie stehen lauschend, vorgebeugt:
Durch das Gezweig der Helmbusch steigt
Und flattert drüber gleich dem Raben.

2.

Wie dämmerschaurig ist der Wald
An neblichten Novembertagen,
Wie wunderlich die Wildnis hallt
Von Astgestöhn und Windesklagen!
„Horch, Knabe, war das Waffenklang?" –
„Nein, gnäd'ger Herr! ein Vogelsang,
Von Sturmesflügeln hergetragen." –

Fort trabt der mächtige Prälat,
Der kühne Erzbischof von Köllen,
Er, den der Kaiser sich zum Rat
Und Reichsverweser mochte stellen,
Die ehrne Hand der Klerisei –
Zwei Edelknaben, Reis'ger zwei
Und noch drei Äbte als Gesellen.

Gelassen trabt er fort, im Traum
Von eines Wunderdomes Schöne,
Auf seines Rosses Hals den Zaum,
Er streicht ihm sanft die dichte Mähne,
Die Windesodem senkt und schwellt;
Es schaudert, wenn ein Tropfen fällt
Von Ast und Laub, des Nebels Träne.

Schon schwindelnd steigt das Kirchenschiff,
Schon bilden sich die krausen Zacken –
Da, horch, ein Pfiff und hui, ein Griff,

Ein Helmbusch hier, ein Arm im Nacken!
Wie Schwarzwildrudel bricht's heran,
Die Äbte fliehn wie Spreu, und dann
Mit Reisigen sich Reis'ge packen.

Ha, schnöder Strauß! zwei gegen zehn!
Doch hat der Fürst sich losgerungen,
Er peitscht sein Tier, und mit Gestöhn
Hat's übern Hohlweg sich geschwungen;
Die Gerte pfeift – „Weh, Rinkerad!" –
Vom Rosse gleitet der Prälat
Und ist ins Dickicht dann gedrungen.

„Hussa, hussa, erschlagt den Hund,
Den stolzen Hund!" und eine Meute
Fährt's in den Wald, es schließt ein Rund,
Dann vor- und rückwärts und zur Seite;
Die Zweige krachen – ha, es naht –
Am Buchenstamm steht der Prälat
Wie ein gestellter Eber heute.

Er blickt verzweifelnd auf sein Schwert,
Er löst die kurze breite Klinge,
Dann prüfend untern Mantel fährt
Die Linke nach dem Panzerringe;
Und nun wohlan, er ist bereit,
Ja, männlich focht der Priester heut,
Sein Streich war eine Flammenschwinge.

Das schwirrt und klingelt durch den Wald,
Die Blätter stäuben von den Eichen,
Und über Arm und Schädel bald
Blutrote Rinnen tröpfeln, schleichen;
Entwaffnet der Prälat noch ringt,
Der starke Mann, da zischend dringt
Ein falscher Dolch ihm in die Weichen.

Ruft Isenburg: „Es ist genug,
Es ist zuviel!" und greift die Zügel;
Noch sah er, wie ein Knecht ihn schlug,
Und riß den Wicht am Haar vom Bügel.
„Es ist zuviel, hinweg, geschwind!"
Fort sind sie, und ein Wirbelwind
Fegt ihnen nach wie Eulenflügel. – –

Des Sturmes Odem ist verrauscht,
Die Tropfen glänzen an dem Laube,
Und über Blutes Lachen lauscht
Aus hohem Loch des Spechtes Haube;
Was knistert nieder von der Höh
Und schleppt sich wie ein krankes Reh?
Ach, armer Knabe, wunde Taube!

„Mein gnädiger, mein lieber Herr,
So mußten dich die Mörder packen?
Mein frommer, o mein Heiliger!"
Das Tüchlein zerrt er sich vom Nacken,
Er drückt es auf die Wunde dort
Und hier und drüben, immerfort,
Ach, Wund an Wund und blut'ge Zacken!

„Ho, holla ho!" Dann beugt er sich
Und späht, ob noch der Odem rege;
War's nicht, als wenn ein Seufzer schlich,
Als wenn ein Finger sich bewege? –
„Ho, holla ho!" – „Hallo, hoho!"
Schallt's wiederum, des war er froh:
„Sind unsre Reuter allewege!"

3.

Zu Köln am Rheine kniet ein Weib
Am Rabensteine unterm Rade,
Und überm Rade liegt ein Leib,
An dem sich weiden Kräh und Made;
Zerbrochen ist sein Wappenschild,
Mit Trümmern seine Burg gefüllt,
Die Seele steht bei Gottes Gnade.

Den Leib des Fürsten hüllt der Rauch
Von Ampeln und von Weihrauchschwelen –
Um seinen qualmt der Moderhauch,
Und Hagel peitscht der Rippen Höhlen;
Im Dome steigt ein Trauerchor,
Und ein Tedeum stieg empor
Bei seiner Qual aus tausend Kehlen.

Und wenn das Rad der Bürger sieht,
Dann läßt er rasch sein Rößlein traben,
Doch eine bleiche Frau, die kniet
Und scheucht mit ihrem Tuch die Raben:
Um sie mied er die Schlinge nicht,
Er war ihr Held, er war ihr Licht –
Und, ach! der Vater ihrer Knaben!

Der Knabe im Moor

O schaurig ist's übers Moor zu gehn,
Wenn es wimmelt vom Heiderauche,
Sich wie Phantome die Dünste drehn
Und die Ranke häkelt am Strauche,
Unter jedem Tritte ein Quellchen springt,
Wenn aus der Spalte es zischt und singt,
O schaurig ist's übers Moor zu gehn,
Wenn das Röhricht knistert im Hauche!

Fest hält die Fibel das zitternde Kind
Und rennt, als ob man es jage;
Hohl über die Fläche sauset der Wind –
Was raschelt drüben am Hage?
Das ist der gespenstische Gräberknecht,
Der dem Meister die besten Torfe verzecht;
Hu, hu, es bricht wie ein irres Rind!
Hinducket das Knäblein zage.

Vom Ufer starret Gestumpf hervor,
Unheimlich nicket die Föhre,
Der Knabe rennt, gespannt das Ohr,
Durch Riesenhalme wie Speere;
Und wie es rieselt und knittert darin!
Das ist die unselige Spinnerin,
Das ist die gebannte Spinnlenor',
Die den Haspel dreht im Geröhre!

Voran, voran! nur immer im Lauf,
Voran, als woll es ihn holen!
Vor seinem Fuße brodelt es auf,
Es pfeift ihm unter den Sohlen
Wie eine gespenstige Melodei;
Das ist der Geigemann ungetreu,
Das ist der diebische Fiedler Knauf,
Der den Hochzeitheller gestohlen!

Da birst das Moor, ein Seufzer geht
Hervor aus der klaffenden Höhle;
Weh, weh, da ruft die verdammte Margret:
„Ho, ho, meine arme Seele!"
Der Knabe springt wie ein wundes Reh;
Wär nicht Schutzengel in seiner Näh,
Seine bleichenden Knöchelchen fände spät
Ein Gräber im Moorgeschwele.

Da mählich gründet der Boden sich,
Und drüben, neben der Weide,
Die Lampe flimmert so heimatlich,
Der Knabe steht an der Scheide.
Tief atmet er auf, zum Moor zurück
Noch immer wirft er den scheuen Blick:
Ja, im Geröhre war's fürchterlich,
O schaurig war's in der Heide!

Der Heidemann

„Geht, Kinder, nicht zu weit ins Bruch,
Die Sonne sinkt, schon surrt den Flug
Die Biene matter, schlafgehemmt,
Am Grunde schwimmt ein blasses Tuch,
Der Heidemann kömmt!" –

Die Knaben spielen fort am Raine,
Sie rupfen Gräser, schnellen Steine,
Sie plätschern in des Teiches Rinne,
Erhaschen die Phalän' am Ried
Und freun sich, wenn die Wasserspinne
Langbeinig in die Binsen flieht.

„Ihr Kinder, legt euch nicht ins Gras! –
Seht, wo noch grad die Biene saß,
Wie weißer Rauch die Glocken füllt.
Scheu aus dem Busche glotzt der Has,
Der Heidemann schwillt!" –

Kaum hebt ihr schweres Haupt die Schmele
Noch aus dem Dunst, in seine Höhle
Schiebt sich der Käfer, und am Halme
Die träge Motte höher kreucht,
Sich flüchtend vor dem feuchten Qualme,
Der unter ihre Flügel steigt.

„Ihr Kinder, haltet euch bei Haus!
Lauft ja nicht in das Bruch hinaus;
Seht, wie bereits der Dorn ergraut,
Die Drossel ächzt zum Nest hinaus,
Der Heidemann braut!" –

Man sieht des Hirten Pfeife glimmen
Und vor ihm her die Herde schwimmen,
Wie Proteus seine Robbenscharen
Heimschwemmt im grauen Ozean.
Am Dach die Schwalben zwitschernd fahren,
Und melancholisch kräht der Hahn.

„Ihr Kinder, bleibt am Hofe dicht!
Seht, wie die feuchte Nebelschicht
Schon an des Pförtchens Klinke reicht;
Am Grunde schwimmt ein falsches Licht,
Der Heidemann steigt!" –

Nun strecken nur der Föhren Wipfel
Noch aus dem Dunste grüne Gipfel,
Wie übern Schnee Wacholderbüsche;
Ein leises Brodeln quillt im Moor,
Ein schwaches Schrillen, ein Gezische
Dringt aus der Niederung hervor.

„Ihr Kinder kommt, kommt schnell herein!
Das Irrlicht zündet seinen Schein,
Die Kröte schwillt, die Schlang' im Ried;
Jetzt ist's unheimlich draußen sein,
Der Heidemann zieht!" –

Nun sinkt die letzte Nadel, rauchend
Zergeht die Fichte, langsam tauchend
Steigt Nebelschemen aus dem Moore,
Mit Hünenschritten gleitet's fort;
Ein irres Leuchten zuckt im Rohre,
Der Krötenchor beginnt am Bord.

Und plötzlich scheint ein schwaches Glühen
Des Hünen Glieder zu durchziehen;
Es siedet auf, es färbt die Wellen,
Der Nord, der Nord entzündet sich –
Glutpfeile, Feuerspeere schnellen,
Der Horizont ein Lavastrich!

„Gott gnad uns! wie es zuckt und dräut,
Wie's schwelet an der Dünenscheid!
Ihr Kinder, faltet eure Händ,
Das bringt uns Pest und teure Zeit –
Der Heidemann brennt!" –

Junge Liebe

Über dem Brünnlein nicket der Zweig,
Waldvögel zwitschern und flöten,
Wild Anemon und Schlehdorn bleich
Am Abendstrahle sich röten,
Und ein Mädchen mit blondem Haar
Beugt über der glitzernden Welle,
Schlankes Mädchen, kaum fünfzehn Jahr,
Mit dem Auge der scheuen Gazelle.

Ringelblumen blättert sie ab:
„Liebt er? – liebt er mich nimmer?"
Und wenn „liebt" das Orakel gab,
Um ihr Antlitz gleitet ein Schimmer:
„Liebt er nicht" – o Grimm und Graus!
Daß der Himmel den Blüten gnade!
Gras und Blumen, den ganzen Strauß,
Wirft sie zürnend in die Kaskade.

Gleitet dann in die Kräuter lind,
Ihr Auge wird ernst und sinnend;
Frommer Eltern heftiges Kind,
Nur Minne nehmend und minnend,
Kannte sie nie ein anderes Band
Als des Blutes, die schüchterne Hinde;
Und nun einer, der nicht verwandt –
Ist das nicht eine schwere Sünde?

Mutlos seufzet sie niederwärts,
In argem Schämen und Grämen,
Will zuletzt ihr verstocktes Herz
Recht ernstlich in Frage nehmen.
Abenteuer sinnet sie aus:
Wenn das Haus nun stände in Flammen,
Und um Hilfe riefen heraus
Der Karl und die Mutter zusammen?

Plötzlich ein Perlenregen dicht
Stürzt ihr glänzend aus beiden Augen,
In die Kräuter gedrückt ihr Gesicht,
Wie das Blut der Erde zu saugen,
Ruft sie schluchzend: „Ja, ja, ja!"
Ihre kleinen Hände sich ringen,
„Retten, retten würd ich Mama,
Und zum Karl in die Flamme springen!"

Neujahrsnacht

Im grauen Schneegestöber blassen
Die Formen, es zerfließt der Raum,
Laternen schwimmen durch die Gassen,
Und leise knistert es im Flaum;
Schon naht des Jahres letzte Stunde,
Und drüben, wo der matte Schein
Haucht aus den Fenstern der Rotunde,
Dort ziehn die frommen Beter ein.

Wie zu dem Richter der Bedrängte,
Ob dessen Haupt die Waage neigt,
Noch einmal schleicht, eh der verhängte,
Der schwere Tag im Osten steigt,

Noch einmal faltet seine Hände
Um milden Spruch, so knien sie dort,
Still gläubig, daß ihr Flehen wende
Des Jahres ernstes Losungswort.

Ich sehe unter meinem Fenster
Sie gleiten durch den Nebelrauch,
Verhüllt und lautlos wie Gespenster,
Vor ihrer Lippe flirrt der Hauch;
Ein blasser Kreis zu ihren Füßen
Zieht über den verschneiten Grund,
Lichtfunken blitzen auf und schießen
Um der Laterne dunstig Rund.

Was mögen sie im Herzen tragen,
Wie manche Hoffnung, still bewacht!
Wie mag es unterm Vließe schlagen
So heiß in dieser kalten Nacht!
Fort keuchen sie, als möge fallen
Der Hammer, eh sie sich gebeugt,
Bevor sie an des Thrones Hallen
Die letzte Bittschrift eingereicht.

Dort hör ich eine Angel rauschen,
Vernehmlich wird des Kindes Schrein,
Und die Gestalt – sie scheint zu lauschen,
Dann fürder schwimmt der Lampe Schein;
Noch einmal steigt sie, läßt die Schimmer
Verzittern an des Fensters Rand,
Gewiß, sie trägt ein Frauenzimmer
Und einer Mutter fromme Hand!

Nun stampft es rüstig durch die Gasse,
Die Decke kracht vom schweren Tritt,
Der Krämer schleppt die Sündenmasse
Der bösen Zahler keuchend mit;
Und hinter ihm wie eine Docke
Ein armes Kind im Flitterstaat,
Mit seidnem Fähnchen, seidner Locke,
Huscht frierend durch den engen Pfad.

Ha, Schellenklingeln längs der Stiege!
Glutaugen richtend in die Höh,
'ne kolossale Feuerfliege,
Rauscht die Karosse durch den Schnee;
Und Dämpfe qualmen auf und schlagen
Zurück vom Wirbel des Gespanns;
Ja, schwere Bürde trägt der Wagen,
Die Wünsche eines reichen Manns!

Und hinter ihm ein Licht so schwankend,
Der Träger tritt so sachte auf,
Nun lehnt er an der Mauer, wankend,
Sein hohler Husten schallt hinauf;
Er öffnet der Laterne Reifen,
Es zupfen Finger lang und fahl
Am Dochte, Odemzüge pfeifen, –
Du, Armer, kniest zum letztenmal.

Dann Licht an Lichtern längs der Mauer,
Wie Meteore irr geschart,
Ein krankes Weib in tiefer Trauer,
Husaren mit bereiftem Bart,
In Filz und Kittel stämm'ge Bauern,
Den Rosenkranz in starrer Faust,
Und Mädchen, die wie Falken lauern,
Von Mantels Fittichen umsaust.

Wie oft hab ich als Kind im Spiele
Gelauscht den Funken im Papier,
Der Sternchen zitterndem Gewühle,
Und: „Kirchengänger!" sagten wir;
So seh ich's wimmeln um die Wette
Und löschen, wo der Pfad sich eint,
Nachzügler noch, dann grau die Stätte,
Nur einsam die Rotunde scheint.

Und mählich schwellen Orgelklänge
Wie Heroldsrufe an mein Ohr:
Knie nieder, Lässiger, und dränge
Auch deines Herzens Wunsch hervor!
„Du, dem Jahrtausende verrollen
Sekundengleich, erhalte mir
Ein mutig Herz, ein redlich Wollen
Und Fassung an des Grabes Tür."

Da, horch! – es summt durch Wind und Schloßen,
Gott gnade uns, hin ist das Jahr!
Im Schneegestäub wie Schnee zerflossen,
Zukünftiges wird offenbar;
Von allen Türmen um die Wette
Der Hämmer Schläge, daß es schallt,
Und mit dem letzten ist die Stätte
Gelichtet für den neuen Wald.

Der Strandwächter am deutschen Meere und sein Neffe vom Lande
(Am deutschen Dichtermeere)

„Sieben Nächte stand ich am Riff
Und hörte die Woge zerschellen,
Taucht kein Segel, kein irres Schiff?
Schon dunkelt's über den Wellen.

Nimm das Nachtrohr, Neffe vom Land!
Ich will in die Matte mich strecken,
Dröhnt ein Schuß oder flackert ein Brand,
Dann zieh an der Schnur, mich zu wecken." –

„Schöner Platz, an der Luke hier,
Für einen unschuld'gen Privaten!
Drunten die See, das wüste Getier,
Das Haie speit und Piraten.
Von der Seeschlang wütigem Kampf
Auch hat man Neues vernommen,
Weiß der Himmel, ob nicht per Dampf
Ins deutsche Meer sie gekommen?

„Ist's doch jetzt eine Wunderzeit,
Wo Gletscher brennen wie Essen,
Weiber turnieren im Männerkleid
Und Knaben die Rute vergessen.
Jeder Wurm entfaltet sein Licht
Und jeder Narr seine Kappe,
Also, Seele, wundre dich nicht,
Wenn heute du stehst an der Klappe.

„Vetter! ein Segel, ein Segel fürwahr,
Ein Boot mit flatternden Streifen,
Lichterchen dann, eine schwimmende Schar,
Die unter den Flanken ihm schweifen!
Schau, nun schleichen sie alle seitab,
Nun wechseln sie hüben und drüben –"
„'s ist eine Fischerflotte, mein Knab,
Sind nur Leute, die fischen im Trüben!" –

„Wie das Wasser kräuselt und rennt,
Und wie die Kämme ihm flittern!
Vetter, ob wohl die Düne brennt?
Ich höre das Seegras knittern." –
„Dünste, mein Junge, nur Phosphorlicht,
Vermoderte Quallen und Schnecken,
Laß sie leuchten, sie zünden nicht,
Und morgen sind's grünliche Flecken." –

„Dort kein Räuber? kein Feuer hier?
Ich hätt es für beides genommen.
Wetter! ist doch die Welle mir
Schier über den Tubus geschwommen.
Welch ein Leben, so angerannt
Auf nackter Düne zu wohnen!
Und die schnarchenden Robben am Strand,
Man meint, es seien Kanonen!

„Schläft der Alte in gutem Mut
Und läßt mich allein mit dem Spuke,
Und mir ist, als steige die Flut
Und bäume sich gegen die Luke.
Wahrlich, Vetter, es schäumt und schwemmt,
Es brüllt um der Klippe Zinken!" –
„Ruhig, mein Junge, die Springflut kömmt,
Laß sie steigen, sie wird schon sinken." –

„Gut dann, gut, Ihr wißt es auf's best,
Ihr müßt die Sache verstehen.
Hab ich doch nie solch bedenkliches Nest
Wie diese Baracke gesehen.
Und die Wolken schleifen so schwer,
Als schleppten sie Stürme in Säcken,
Jene dort mit dem fackelnden Speer,
Scheint gar 'ne Posaune zu strecken.

„Was! sie dröhnt? welch greulicher Schall!
Die Welle bäumt sich entgegen
Tosend und schwarz der ringelnde Wall
Will an den Trichter sich legen;
Ha, es knallt – es flattert und streut –
Wo wars? wo ist es gewesen?
Wind und Schaum! – was hab ich doch heut
Von der Wasserhose gelesen?

„Aber dort, – ein Segel in See,
Ist's aus der Welle gestiegen?
Grad entgegen der sausenden Bö
Scheint's über die Brandung zu fliegen.
Vetter, schnell von der Matte herab!
Ein Schiff gegen Winde und Wellen!" –
„Gib das Nachtrohr, Knabe, – seitab!
Ich will an die Luke mich stellen.

„Gnad uns Gott, am Deck zerstreut,
Umhuscht von gespenstigen Lichtern,
Welche Augen, so hohl und weit,
In den fahlen, verlebten Gesichtern!
Hörtest vom Geisterschiffe du nicht,
Von den westlichen Todesladern?
Moderne Larve ihr Angesicht,
Und Schwefel statt Blut in den Adern.

„Mag die ehrliche deutsche See
Vom Schleim der Molluske sich röten,
Springflut brausen, zischen die Bö
Und die Wasserhose trompeten,
Drunten, drunten ist's klar und licht,
Wie droben die Wellen gebaren.
Mögen wir nur vor dem fremden Gezücht,
Vor dem Geisterjanhagel uns wahren!"

Die Vergeltung

1.

Der Kapitän steht an der Spiere,
Das Fernrohr in gebräunter Hand,
Dem schwarzgelockten Passagiere
Hat er den Rücken zugewandt.
Nach einem Wolkenstreif in Sinnen
Die beiden wie zwei Pfeiler sehn,
Der Fremde spricht: „Was braut da drinnen?" –
„Der Teufel", brummt der Kapitän.

Da hebt von morschen Balkens Trümmer
Ein Kranker seine feuchte Stirn,
Des Äthers Blau, der See Geflimmer,
Ach, alles quält sein fiebernd Hirn!
Er läßt die Blicke, schwer und düster,
Entlängs dem harten Pfühle gehn,
Die eingegrabnen Worte liest er:
„*Batavia. Fünfhundertzehn.*"

Die Wolke steigt, zur Mittagsstunde
Das Schiff ächzt auf der Wellen Höhn.
Gezisch, Geheul aus wüstem Grunde,
Die Bohlen weichen mit Gestöhn.
„Jesus, Marie! wir sind verloren!"
Vom Mast geschleudert der Matros',
Ein dumpfer Krach in aller Ohren,
Und langsam löst der Bau sich los.

Noch liegt der Kranke am Verdecke,
Um seinen Balken fest geklemmt,
Da kommt die Flut, und eine Strecke
Wird er ins wüste Meer geschwemmt.
Was nicht gelang der Kräfte Sporne,
Das leistet ihm der starre Krampf,
Und wie ein Narwal mit dem Horne
Schießt fort er durch der Wellen Dampf.

Wie lange so? – er weiß es nimmer,
Dann trifft ein Strahl des Auges Ball,
Und langsam schwimmt er mit der Trümmer
Auf ödem glitzerndem Kristall.
Das Schiff! – die Mannschaft! – sie versanken.
Doch nein, dort auf der Wasserbahn,
Dort sieht den Passagier er schwanken
In einer Kiste morschem Kahn.

Armsel'ge Lade! sie wird sinken,
Er strengt die heisre Stimme an:
„Nur grade! Freund, du drückst zur Linken!"
Und immer näher schwankt's heran,

Und immer näher treibt die Trümmer,
Wie ein verwehtes Möwennest;
„Courage!" ruft der kranke Schwimmer,
„Mich dünkt, ich sehe Land im West!"

Nun rühren sich der Fähren Ende,
Er sieht des fremden Auges Blitz,
Da plötzlich fühlt er starke Hände,
Fühlt wütend sich gezerrt vom Sitz.
„Barmherzigkeit! ich kann nicht kämpfen."
Er klammert dort, er klemmt sich hier;
Ein heisrer Schrei, den Wellen dämpfen,
Am Balken schwimmt der Passagier.

Dann hat er kräftig sich geschwungen
Und schaukelt durch das öde Blau,
Er sieht das Land wie Dämmerungen
Enttauchen und zergehn in Grau.
Noch lange ist er so geschwommen,
Umflattert von der Möwe Schrei,
Dann hat ein Schiff ihn aufgenommen,
Viktoria! nun ist er frei!

2.

Drei kurze Monde sind verronnen,
Und die Fregatte liegt am Strand,
Wo mittags sich die Robben sonnen,
Und Bursche klettern übern Rand,
Den Mädchen ist's ein Abenteuer,
Es zu erschaun vom fernen Riff,
Denn noch zerstört ist nicht geheuer
Das greuliche Korsarenschiff.

Und vor der Stadt, da ist ein Waten,
Ein Wühlen durch das Kiesgeschrill,
Da die verrufenen Piraten
Ein jeder sterben sehen will.
Aus Strandgebälken, morsch, zertrümmert,
Hat man den Galgen, dicht am Meer,
In wüster Eile aufgezimmert.
Dort dräut er von der Düne her!

Welch ein Getümmel an den Schranken! –
„Da kommt der Frei – der Hessel jetzt –
Da bringen sie den schwarzen Franken,
Der hat geleugnet bis zuletzt." –
„Schiffbrüchig sei er hergeschwommen",
Höhnt eine Alte, „ei, wie kühn!
Doch keiner sprach zu seinem Frommen,
Die ganze Bande gegen ihn."

Der Passagier, am Galgen stehend,
Hohläugig, mit zerbrochnem Mut,
Zu jedem Räuber flüstert flehend:
„Was tat dir mein unschuldig Blut?
Barmherzigkeit! – so muß ich sterben
Durch des Gesindels Lügenwort,
O, mög die Seele euch verderben!"
Da zieht ihn schon der Scherge fort.

Er sieht die Menge wogend spalten –
Er hört das Summen im Gewühl –
Nun weiß er, daß des Himmels Walten
Nur seiner Pfaffen Gaukelspiel!
Und als er in des Hohnes Stolze
Will starren nach den Ätherhöhn,
Da liest er an des Galgens Holze:
„*Batavia. Fünfhundertzehn.*"

[Spiere: großer Balken, Mast. – Pfühl: Kissen.]

Der Fundator

Im Westen schwimmt ein falber Strich,
Der Abendstern entzündet sich
Grad überm Sankt Georg am Tore;
Schwer haucht der Dunst vom nahen Moore.
Schlaftrunkne Schwäne kreisen sacht
Ums Eiland, wo die graue Wacht
Sich hebt aus Wasserbins' und Rohre.

Auf ihrem Dach die Fledermaus,
Sie schaukelt sich, sie breitet aus
Den Rippenschirm des Schwingenflosses
Und, mit dem Schwirren des Geschosses,
Entlang den Teich, hinauf, hinab,
Dann klammert sie am Fensterstab
Und blinzt in das Gemach des Schlosses.

Ein weit Gelaß, im Sammetstaat,
Wo einst der mächtige Prälat
Des Hauses Chronik hat geschrieben.
Frisch ist der Baldachin geblieben,
Der güldne Tisch, an dem er saß,
Und seine Seelenmesse las
Man heut in der Kapelle drüben.

Heut sind es grade hundert Jahr,
Seit er gelegen auf der Bahr
Mit seinem Kreuz und Silberstabe.
Die ew'ge Lamp an seinem Grabe
Hat heute hundert Jahr gebrannt.
In seinem Sessel an der Wand
Sitzt heut ein schlichter alter Knabe.

Des Hauses Diener, Sigismund,
Harrt hier der Herrschaft, Stund auf Stund;
Schon kam die Nacht mit ihren Flören,
Oft glaubt die Kutsche er zu hören,
Ihr Quitschern in des Weges Kies,
Er richtet sich – doch nein – es blies
Der Abendwind nur durch die Föhren.

's ist eine Dämmernacht, genau
Gemacht für Alp und weiße Frau.
Dem Junkerlein ward es zu lange,
Dort schläft es hinterm Damasthange.
Die Chronik hält der Alte noch
Und blättert fort im Finstern, doch
Im Ohre summt es gleich Gesange:

„So hab ich dieses Schloß erbaut,
Ihm mein Erworbnes anvertraut
Zu des Geschlechtes Nutz und Walten;
Ein neuer Stamm sprießt aus dem alten,
Gott segne ihn! Gott mach ihn groß –"
Der Alte horcht, das Buch vom Schoß
Schiebt sacht er in der Lade Spalten.

Nein – durch das Fenster ein und aus
Zog schrillend nur die Fledermaus;
Nun schießt sie fort. – Der Alte lehnet
Am Simse. Wie der Teich sich dehnet
Ums Eiland, wo der Warte Rund
Sich tief schattiert im matten Grund.
Das Röhricht knirrt, die Unke stöhnet.

Dort, denkt der Greis, dort hat gewacht
Der alte Kirchenfürst, wenn Nacht
Sich auf den Weiher hat ergossen.
Dort hat den Reiher er geschossen
Und zugeschaut des Schlosses Bau,
Sein weiß Habit, sein Auge grau
Lugt' drüben an den Fenstersprossen.

Wie scheint der Mond so kümmerlich!
– Er birgt wohl hinterm Tanne sich –
Schaut nicht der Turm wie 'ne Laterne,
Verhauchend, dunstig, aus der Ferne!
Wie steigt der blaue Duft im Rohr
Und rollt sich am Gesims empor!
Wie seltsam blinken heut die Sterne!

Doch ha! – er blinzt, er spannt das Aug,
Denn dicht und dichter schwillt der Rauch,
Als ob ein Docht sich langsam fache,
Entzündet sich im Turmgemache
Wie Mondenschein ein graues Licht,
Und dennoch – dennoch – las er nicht,
Nicht Neumond heut im Almanache?

Was ist das? – deutlich, nur getrübt
Vom Dunst, der hin und wieder schiebt,
Ein Tisch, ein Licht in Turmes Mitten,
Und nun – nun kömmt es hergeschritten,
Ganz wie ein Schatten an der Wand,
Es hebt den Arm, es regt die Hand, –
Nun ist es an den Tisch geglitten.

Und nieder sitzt es, langsam, steif –
Was in der Hand? – ein weißer Streif! –
Nun zieht es etwas aus der Scheiden
Und fingert mit den Händen beiden,
Ein Ding, – ein Stäbchen ungefähr, –
Dran fährt es langsam hin und her,
Es scheint die Feder anzuschneiden.

Der Diener blinzt und blinzt hinaus:
Der Schemen schwankt und bleichet aus,
Noch sieht er es die Feder tunken,
Da drüber gleitet es wie Funken,
Und in demselbigen Moment
Ist alles in das Element
Der spurlos finstern Nacht versunken.

Noch immer steht der Sigismund,
Noch starrt er nach der Warte Rund,
Ihn dünkt, des Weihers Flächen rauschen,
Weit beugt er übern Sims, zu lauschen;
Ein Ruder! – nein, die Schwäne ziehn!
Grad hört er längs dem Ufergrün
Sie sacht ihr tiefes Schnarchen tauschen.

Er schließt das Fenster. – „Licht, o Licht!"
Doch mag das Junkerlein er nicht
So plötzlich aus dem Schlafe fassen,
Noch minder es im Saale lassen.
Sacht schiebt er sich dem Sessel ein,
Zieht sein korallnes Nösterlein,
– Was klingelt drüben an den Tassen? –

Nein – eine Fliege schnurrt im Glas!
Dem Alten wird die Stirne naß;
Die Möbeln stehn wie Totenmale,
Es regt und rüttelt sich im Saale,
Allmählich weicht die Tür zurück,
Und in demselben Augenblick
Schlägt an die Dogge im Portale.

Der Alte drückt sich dicht zuhauf,
Er lauscht mit Doppelsinnen auf,
– Ja! am Parkett ein leises Streichen,
Wie Wiesel nach der Stiege schleichen –
Und immer härter, Tapp an Tapp,
Wie mit Sandalen, auf und ab,
Es kömmt – es naht – er hört es keuchen –

    Sein Sessel knackt! – ihm schwimmt das Hirn –
    Ein Odem, dicht an seiner Stirn!
    Da fährt er auf und wild zurücke,
    Errafft das Kind mit blindem Glücke
    Und stürzt den Korridor entlang.
    O, Gott sei Dank! ein Licht im Gang,
    Die Kutsche rasselt auf die Brücke!

[Fundator: Stifter, Gründer. – Nösterlein: pater noster, Rosenkranz.]

Die Schwestern

1.

Sacht pocht der Käfer im morschen Schrein,
Der Mond steht über den Fichten.
„Jesus Maria, wo mag sie sein!
Hin will meine Angst mich richten.
Helene, Helene, was ließ ich dich gehn
Allein zur Stadt mit den Hunden,
Du armes Kind, das sterbend mir
Auf die Seele die Mutter gebunden!"

Und wieder rennt Gertrude den Weg
Hinauf bis über die Steige.
Hier ist ein Tobel – sie lauscht am Steg,
Ein Strauch – sie rüttelt am Zweige.
Da drunten summet es elf im Turm,
Gertrude kniet an der Halde:
„Du armes Blut, du verlassener Wurm!
Wo magst du irren im Walde!"

Und zitternd löst sie den Rosenkranz
Von ihres Gürtels Gehänge,
Ihr Auge starret in trübem Glanz,
Ob es die Dämmerung sprenge.
„Ave Maria – ein Licht, ein Licht!
Sie kommt, 's ist ihre Laterne!
– Ach Gott, es ist nur ein Hirtenfeu'r,
Jetzt wirft es flatternde Sterne.

„Vater unser, der du im Himmel bist,
Geheiliget werde dein Name" –
Es rauscht am Hange, „Heiliger Christ!"
Es bricht und knistert im Brahme,
Und drüber streckt sich ein schlanker Hals,
Zwei glänzende Augen starren.
„Ach Gott, es ist eine Hinde nur,
Jetzt setzt sie über die Farren."

Gertrude klimmt die Halde hinauf,
Sie steht an des Raines Mitte.
Da – täuscht ihr Ohr? – ein flüchtiger Lauf,
Behend galoppierende Tritte –
Und um sie springt es in wüstem Kreis
Und funkelt mit freud'gem Gestöhne.
„Fidel, Fidel!" so flüstert sie leis,
Dann ruft sie schluchzend: „Helene!"

„Helene!" schallt es am Felsenhang,
„Helen'!" von des Waldes Kante,
Es war ein einsamer, trauriger Klang,
Den heimwärts die Echo sandte.
Wo drunten im Tobel das Mühlrad wacht,
Die staubigen Knecht' an der Wanne,
Die haben gehorcht die ganze Nacht
Auf das irre Gespenst im Tanne.

Sie hörten sein Rufen von Stund zu Stund,
Sahn seiner Laterne Geflimmer
Und schlugen ein Kreuz auf Brust und Mund,
Zog über den Tobel der Schimmer.
Und als die Müllerin Reisig las
Frühmorgens an Waldes Saume,
Da fand sie die arme Gertrud im Gras,
Die ängstlich zuckte im Traume.

2.

Wie rollt in den Gassen das Marktgebraus!
Welch ein Getümmel, Geblitze!
Hanswurst schaut über die Bude hinaus
Und winkt mit der klingelnden Mütze;
Karossen rasseln, der Trinker jucht,
Und Mädchen schrein im Gedränge,
Drehorgeln pfeifen, der Kärrner flucht,
O Babels würdige Klänge!

Da tritt ein Weib aus der Ladentür,
Eine schlichte Frau von den Flühen,
Die stieß an den klingenden Harlekin schier
Und hat nicht gelacht noch geschrieen.
Ihr mattes Auge sucht auf dem Grund,
Als habe sie etwas verloren,
Und hinter ihr trabt ein zottiger Hund,
Verdutzt, mit hängenden Ohren.

„Zurück, Verwegne! siehst du denn nicht
Den Wagen, die schnaubenden Braunen?"
Schon dampfen die Nüstern ihr am Gesicht,
Da fährt sie zurück mit Staunen
Und ist noch über die Rinne grad
Mit raschem Sprunge gewichen,
Als an die Schürze das klirrende Rad
In wirbelndem Schwunge gestrichen.

Noch ein Moment – sie taumelt, erbleicht,
Und dann ein plötzlich Erglühen, –
O schau, wie durch das Gewühl sie keucht
Mit Armen und Händen und Knieen!
Sie rudert, sie windet sich – Stoß auf Stoß,
Scheltworte und Flüche wie Schloßen –
Das Fürtuch reißt, dann flattert es los
Und ist in die Rinne geflossen.

Nun steht sie vor einem stattlichen Haus,
Ohne Schuh, besudelt mit Kote;
Dort hält die Karosse, dort schnauben aus
Die Braunen und rauchen wie Schlote.
Der Schlag ist offen, und eben sieht
Sie im Portale verschwinden
Eines Kleides Falte, die purpurn glüht,
Und den Schleier, segelnd in Winden.

„Ach!" flüstert Gertrude, „was hab ich gemacht?
Ich bin wohl verrückt geworden!
Kein Trost bei Tag, keine Ruh bei Nacht,
Das kann die Sinne schon morden."
Da poltert es schreiend die Stiegen hinab,
Ein Fußtritt aus dem Portale,
Und wimmernd rollt von der Rampe herab
Ihr Hund, der zottige, fahle.

„Ja", seufzt Gertrude, „nun ist es klar,
Ich bin eine Irre leider!"
Erglühend streicht sie zurück ihr Haar
Und ordnet die staubigen Kleider.
„Wie sah ich so deutlich ihr liebes Gesicht,
So deutlich am Schlage doch ragen!
Allein in Ewigkeit hätte *sie* nicht
Den armen Fidel geschlagen."

3.

Zehn Jahre! – und mancher, der keck umher
Die funkelnden Blicke geschossen,
Der schlägt sie heute zu Boden schwer,
Und mancher hat sie geschlossen.
Am Hafendamme geht eine Frau,
– Mich dünkt, wir müssen sie kennen, –
Ihr Haar einst schwarz, nun schillerndes Grau,
Und hohl die Wangen ihr brennen.

Im Topfe trägt sie den Honigwab,
Zergehend in Julius-Hitze;
Die Trägerin trocknet den Schweiß sich ab
Und ruft dem hinkenden Spitze.
Der sie bestellte, den Schiffspatron
Sieht über die Planke sie kommen;
Wird er ihr kümmern den kargen Lohn?
Gertrude denkt es beklommen.

Doch nein – wo sich die Matrosen geschart,
Zum Strande sieht sie ihn schreiten,
Er schüttelt das Haupt, er streicht den Bart
Und scheint auf die Welle zu deuten.

Und schau den Spitz! er schnuppert am Grund –
„Was suchst du denn in den Gleisen?
Fidel, Fidel!" fort strauchelt der Hund
Und heulet wie Wölfe im Eisen.

Barmherziger Himmel! ihr wird so bang,
Sie watet im brennenden Sande,
Und wieder erhebt sich so hohl und lang
Des Hundes Geheul vom Strande.
O Gott, eine triefende Leich im Kies,
Eine Leich mit dem Auge des Stieres!
Und drüber kreucht das zottige Vlies
Des lahmen, wimmernden Tieres!

Gertrude steht, sie starret herab,
Mit Blicken irrer und irrer,
Dann beugt sie über die Leiche hinab,
Mit Lächeln wirrer und wirrer,
Sie wiegt das Haupt bald so, bald so,
Sie flüstert mit zuckendem Munde,
Und eh die zweite Minute entfloh,
Da liegt sie knieend am Grunde.

Sie faßt der Toten geschwollene Hand,
Ihr Haar vor Muscheln und Tange,
Sie faßt ihr triefend zerlumptes Gewand
Und säubert von Kiese die Wange;
Dann sachte schiebt sie das Tuch zurück,
Recht wo die Schultern sich runden,
So stier und bohrend verweilt ihr Blick,
Als habe sie etwas gefunden.

Nun zuckt sie auf, erhebt sich jach
Und stößt ein wimmernd Gestöhne,
Grad eben, als der Matrose sprach:
„Das ist die blonde Helene!
Noch jüngst juchheite sie dort vorbei
Mit trunknen Soldaten am Strande."
Da tat Gertrud einen hohlen Schrei
Und sank zusammen im Sande.

4.

Jüngst stand ich unter den Föhren am See,
Meinen Büchsenspanner zur Seite.
Vom Hange schmälte das brünstige Reh
Und strich durch des Aufschlags Breite;
Ich hörte es knistern so nah und klar,
Grad wo die Lichtung verdämmert,
Daß mich gestöret der Holzwurm gar,
Der unterm Fuße mir hämmert.

Dann sprang es ab, es mochte die Luft
Ihm unsere Witterung tragen;
„Herr", sprach der Bursche, „links über die Kluft!
Wir müssen zur Linken uns schlagen!
Hier naht kein Wild, wo sie eingescharrt
Die tolle Gertrud vom Gestade,
Ich höre genau, wie der Holzwurm pocht
In ihrer zerfallenden Lade."

Zur Seite sprang ich, eisig durchgraut,
Mir war, als hab ich gesündigt,
Jedes der Bursch mit flüsterndem Laut
Die schaurige Märe verkündigt:
Wie jene gesucht bei Tag und Nacht
Nach dem fremden, ertrunkenen Weibe,
Was ihr der tückische See gebracht,
Verloren an Seele und Leibe.

Ob ihres Blutes? – man wußte es nicht!
Kein Fragen löste das Schweigen.
Doch schlief die Welle, dann sah ihr Gesicht
Man über den Spiegel sich beugen,
Und zeigte er ihr das eigne Bild,
Dann flüsterte sie beklommen:
„Wie alt sie sieht, wie irre und wild,
Und wie entsetzlich verkommen!"

Doch wenn der Sturm die Woge gerührt,
Dann war sie vom Bösen geschlagen,
Was sie für bedenkliche Reden geführt,
Das möge er lieber nicht sagen.
So war sie gerannt vor Jahresfrist,
– Man sah's vom lavierenden Schiffe –
Zur Brandung, wo sie am hohlsten ist,
Und kopfüber gefahren vom Riffe.

Drum scharrte man sie ins Dickicht dort,
Wie eine verlorene Seele.
Ich schwieg und sandte den Burschen fort,
Brach mir vom Grab eine Schmele:
„Du armes, gehetztes Wild der Pein.
Wie mögen die Menschen dich richten!"
– Sacht pochte der Käfer im morschen Schrein,
Der Mond stand über den Fichten.

Der Spiritus familiaris des Roßtäuschers

I

So hat er sich umsonst gequält,
  umsonst verkauft die werte Stätte,
Wo seiner Kindheit Linde steht
  und seiner Eltern Sterbebette,
Umsonst hat er so manchen Tag
  den frostbeklemmten Hauch gesogen,
In seiner starren Hand den Zaum,
  umknistert von des Schnees Wogen,
Im Morgenrot, beim Abendrot,
  nur um ein Stückchen ehrlich Brot!

Der Täuscher kniet am Pflastergrund,
  er streicht des Rosses heiße Flanken,
Von des Gebälkes Sparren läßt
  die Leuchte irre Schatten wanken;
Bei Gott, es lebt! – im Aug ein Blitz! –
  es schaudert, zittert, hüben, drüben,
Dann streckt es sich, die Nüstern stehn,
  vom wilden Schreie aufgetrieben,
Und aus den Gliedern wirbelt Dampf,
Der Lebenswärme letzter Kampf.

Der Täuscher kniet und streichelt fort,
    nicht trauen will er seinem Auge,
Und schwellend in die Wimper steigt
    der Mannesträne bittre Lauge,
Sacht langt die Decke er herbei
    und schlägt sie um des Tieres Weichen,
Dann läßt er der Laterne Schein
    ob den gespannten Sehnen streichen;
Es ist vorbei, kein Odemhauch,
Und schon verschwimmt der Flanken Rauch.

Vom Boden hebt er sich, er steht,
    der schwergebeugte Mann der Sorgen,
Und langsam hat er seine Stirn,
    hat sie in hohler Hand geborgen,
Was heute war? was morgen wird?
    wie könnt er dessen sich entsinnen!
Und der Verzweiflung Schlange fühlt
    er kalt zum Herzen niederrinnen;
Was war? was ist? – er fährt empor,
Ein Klirren dicht an seinem Ohr!

Und an dem nächsten Ständer lehnt,
    des toten Rappen Zaum und Zügel
Gelassen wägend in der Hand,
    ein Mann mit Hafermaß und Striegel,
So stämmig, wie durch Frost und Staub
    der Kärrner treibt die derben Glieder,
In seinen breiten Nacken hängt
    der breite Schlapphut tröpfelnd nieder,
Und ruhig auf den Täuscher itzt
Sein graubewimpert Auge blitzt.

„Herr!" hebt er an, „Ihr dauert mich,
    ein feines Tier ist Euch gefallen,
Doch weiß ich eins, ihm gleich wie sich
    am Paternoster zwei Korallen;
Ich nenne Euch den Ort, das Haus,
    Ihr habt es um zweihundert Gulden,
Dann wüßt ich einen Herrn, der drum
    sein halbes Erbe würde schulden."
Der Täuscher horcht und stammelt dann:
„Ich bin ein ganz verarmter Mann!"

„Wie, Eure prächt'ge Kuppel hin?
    wie, die ich in den Ostertagen
So frisch das Pflaster stampfen sah?
    fürwahr, da seid Ihr zu beklagen!
O, Euer Brauner mit dem Stern,
    der zierlich vor den Damen kniete!
O, Euer Weißgeborner, dem's
    wie Funken aus den Nüstern sprühte!"
Der Täuscher hat sich abgewandt,
Er zupft am Zaume, ballt die Hand.

Und sinnend steht der Schlapphut, mißt
    mit steifem Blick der Kiste Bohlen,
„Herr!" flüstert er, „schließt Eure Faust
    um blankgeränderte Pistolen!
Die Stunde zehrt, es schwillt der Mond,
    bald ist des Jahres Schluß gekommen,
Habt Ihr auf Euren Zügen denn
    von der *Gesellschaft* nichts vernommen?"
Der Täuscher blickt verwirrt umher
Und: „Die Gesellschaft?" murmelt er.

„Wie, die so manchen braven Mann
    aus seinen Nöten hat gezogen
Und keinen Heller Zinsen nimmt,
    zwei Worte nur auf weißem Bogen,
Die Euch, und lebt Ihr hundert Jahr,
    mit keiner Mahnung wird beschämen,
Die kennt Ihr nicht? die kennt Ihr nicht?
    fürwahr, das muß mich Wunder nehmen!"
Der Täuscher horcht, er spricht kein Wort,
Und flüsternd fährt der andre fort:

„Hört an, wenn in Silvesternacht
    das Mondlicht steigt in vollen Bahnen,
Kein Dach, kein Baum es schatten mag,
    wenn silbern stehn der Türme Fahnen,
Zum Schleusentor geht dann hinaus,
    den Strom zur Rechten, links die Föhren,
Wer Euch begegnet – achtet's nicht;
    wer Euch begrüßt – laßt Euch nicht stören
Und hinterm Friedhof liegt ein Haus,
Ein wenig öde sieht es aus.

„Verstorbnen Wuchrers Erb, um das
    sich sieben Lumpe hitzig streiten,
Und drinnen flimmt ein schwaches Licht,
    Ihr seht es freilich nicht von weiten,
Alljährlich nur in dieser Nacht,
    sonst stehen Tür und Tor verrammelt,
In einem Hinterbaue brennt's,
    wo die Gesellschaft sich versammelt;
Ihr trefft sie, bis der Hahn gekräht –"
Der Täuscher wendet sich und geht.

Wie trunken schwankt er durch den Hof,
    schwankt in die buntgefüllte Halle;
Der Kannen Klappern, das Geschrei –
    ihm ist, als ob die Decke falle;
Und seufzend löst vom Gürtel er
    die Lederkatze, und beklommen
Läßt er den ärmlichen Gehalt
    so Stück vor Stück zu Tage kommen;
Dann springt er auf, sein Sporenklang
Klirrt trotzig das Gehöft entlang.

Doch was er rufen, pfeifen mag,
    leer ist der Stall, nur aus den Raufen
Hängt wirres Heu wie sträubend Haar,
    und drunten dampfen Strohes Haufen,
Nur der Laterne feuchter Docht
    wirft Flämmchen auf mit leichtem Knallen
Und läßt ein seltsam zuckend Licht
    um den gestreckten Rappen fallen,
Und in der Fensterscheibe steht
Des Mondes bleiche Majestät.

II

Das nenn ich eine Winternacht!
    Das eine Jahresleiche! Gnade
Der Himmel jedem, den die Not
    treibt über diese blanken Pfade!
Sie glitzern auf, der Schlange gleich
    im weißen Pyramidensande,
Und drüber hängt, ein Totenlicht,
    der Mond an unsichtbarem Bande,
Mit Fünkchen ist die Luft gefüllt,
Die Sterbeseufzer zieht und quillt.

Nie hat, seit Menschendenken, sich
    Silvesternacht so scharf ergossen,
Der Tag hat Flocken ausgestreut,
    der Abend sie mit Glas umschlossen;
In den Gehöften Taub und Huhn
    auf ihrer Stange ächzend ducken,
Der Hund in seinem Schober heult
    und fühlt den Wurm im Hirne zucken;
Zwei Spannen hat in dieser Nacht
Das Eis dem Strome zugebracht.

Am Tor die Schildwach' steht verklommt
    und haucht in die erstarrten Hände,
„Wer da?" – „Ein Freund!" und hastig stampft
    es längs der Brücke Steingeländes;
Betroffen sieht ihn der Rekrut
    wie einen Mast am Strome schwanken:
Der ist betrunken oder irr!"
    er steht ein Weilchen in Gedanken,
Bekreuzt sich, zieht die Uhr heraus
Und lehnt sich an sein Schilderhaus.

Ins offne Land der Täuscher tritt,
    er atmet auf und schaut nach oben;
Kein Wölkchen hängt am Riesenbau
    der dunklen Saphirkuppel droben.
Er wendet sich und sieht die Stadt
    wie eine Nebelmasse liegen
Und drüber, auf Sankt Thomas' Turm,
    das Wetterkreuz sich schimmernd wiegen,
Den Mantel zieht er ans Gesicht
Und schreitet fort im Mondenlicht.

Was liegt dort überm Weg? – ein Mensch,
    ein Mann in dünnem Zwillichrocke –
Der Täuscher zuckt, doch zaudert nicht;
    wohl sieht des Greisen dünne Locke,
Die Glatze leuchtend aus dem Schnee,
    er sieht sie im Vorüberschreiten,
Und wie mit tausend Stricken zieht
    es nieder, nieder ihn, zur Seiten;
Ans Herz hat er die Faust geballt,
Und weiter, weiter sonder Halt!

Die Scholle unterm Fuße kracht
    und scheint ihn wimmernd anzuklagen,
Die Luft mit ihrem heisern Hauch
    ihm Sterberöcheln zuzutragen,
In dem verglasten Föhrenwald
    ein irres Leben surrt und klingelt,
Und seiner eignen Kehle Hauch
    mit Funkenstaube ihn umzingelt;
Voran, voran, der Würfel liegt,
Verloren oder keck gesiegt!

Da wie ein Glöckchen tönt's von fern,
    und dann ein Lichtchen kömmt geschwommen
Den blanken Schlangenpfad entlang,
    ist an des Hügels Bug geklommen,
Das Glöckchen schwirrt, das Flämmchen schwankt,
    Gestalten dunkel sich bewegen,
Ein Priester mit dem Sakrament
    zieht dem verstörten Mann entgegen,
Und wie's an ihm vorüber schwebt,
Der Mönch die Hostie segnend hebt.

Der Täuscher schaudert, und ihn reißt's
    wie Bleigewichte an den Knieen,
Doch weiter, weiter! – und vorbei
    läßt er den Gnadenengel ziehen;
Noch einmal schaudert er – ein Knall –
    des Stromes Flächen spaltend zittern,
Ein Windstoß durch der Föhren Haar,
    und die kristallnen Stäbchen klittern, –
Da tritt zum Friedhof er hinaus,
Und vor ihm liegt das öde Haus.

Er starrt es an – ein düstrer Bau!
    mit Zackengiebel, Eisenstangen,
Vom offnen Tore Nägelreihn
    wie rostige Gebisse hangen;
Der Täuscher zaudert, dann umschleicht
    behutsam wie ein Fuchs im Winde
Die Mauern er; – ist's nicht, als ob
    ein Licht im Innern sich entzünde?
Er schüttelt sich, er tritt hinein
Und steht im finstern Gang allein;

    Tappt am Gemäuer, wendet sich;
        dort flimmt es durch der Türe Spalten,
    Sacht beugt er zu der Ritze, lauscht,
        den schweren Odem angehalten;
    Kein Ton, kein Räuspern, nur ein Laut
        wie scharfgeführter Feder Schrillen
    Und ein Geriesel, wie wenn Sand
        auf Estrich stäubt durch schmale Rillen;
    Sacht greift er an die Klinke, sacht
    Hat er gepocht und aufgemacht.

III

Wie friedlich in der Erde Schoß
    die still geringen Leutchen schlafen!
Endlich ein Pfühl nach hartem Stroh,
    nach saurer Fahrt endlich ein Hafen!
Dem Flockenwulste, sichtbar kaum,
    entheben sich die niedern Hügel,
Doch Gottes Engel kennt sie wohl,
    und schirmend breitet er die Flügel
Den Kreuzlein zu, die Pflock an Pflock
Sich reihen um den Marmorblock.

Am Sockel kreucht der Drachenwurm
    und scheint zum Grund hinabzukrallen,
Zum toten Wuchrer unterm Stein,
    von eigner Frevelhand gefallen,
Wohl hat ihm Gold ein ehrlich Grab
    geworben an der Friedhofsmauer,
Doch drüber zuckt sein Flammenschwert
    Sankt Michael in Zorn und Trauer;
So silbergrau, ein Nachtgesicht,
Steht das versteinerte Gericht.

Vom öden Hause, seinem einst,
    wo blut'ge Tränen sind geflossen,
Hat sich ein seltsam dämmernd Licht
    bis an den Marmelstein ergossen,
Es ist, als ob das Monument
    bei der Berührung zitternd schwanke,

Im Schneee wühlend eine Hand
    dem Schuldner sich entgegenranke;
Er kommt, er naht, die Pforte dröhnt,
Er hat sich an den Stein gelehnt.

Bleich wie der Marmor über ihm
    und finster wie das Kreuz zur Seiten,
Von Stirn und Wimper, Zähren gleich,
    geschmolznen Reifes Tropfen gleiten;
Was er in dieser schweren Nacht
    gelitten oder auch gesündet,
Er hat es keinem je geklagt
    und keinem reuig es verkündet;
Ins Dunkel starrt er, wie man wohl
So starr gedankenlos und hohl.

Ihm ist, als fühl er noch die Hand,
    die seinen Federzug geleitet,
Als fühle er den Nadelstich,
    der seines Blutes Quell bereitet,
Und leise zitternd tastet er
    zum Gurte – hörst du nicht ein Knirren,
Viel schrillender als Uhrgetick,
    viel zarter als der Spange Klirren? –
O, seine Heimat still umlaubt!
O, seines Vaters graues Haupt!

Bewußtlos an des Engels Knie
   drückt er die Stirn, klemmt er die Hände,
Der toten Gäule Klingeln hört
   er schleichen durch die Fichtenwände;
Genüber ihm am Horizonte
   schleifen schwarze Wolkenspalten,
Wie lässig eine träge Hand
   zum Sarge schleift des Bahrtuchs Falten;
Er streicht das Auge, reckt sich auf
Und schaut zum Ätherdom hinauf.

Noch hängt die Mondesampel klar
   am goldgestickten Kuppelringe,
Noch leuchtet von Sankt Thomas' Turm
   das Kreuz wie eine Doppelklinge,
Noch ist die Stunde nicht, wo sich
   der Hahn auf seiner Stange schüttelt,
O eilig, eilig, eh die Uhr
   das letzte Sandkorn hat gerüttelt!
Er wendet sich, da – horch, ein Klang,
Und wieder einer, schwer und bang!

   Und mit dem zwölften Schlage hat
      der Wolkenmantel sich gebreitet,
   Der immer höher, riesig hoch,
      sich um die Himmelskuppel weitet,
   Und, horch! – ein langgedehnter Schrei,
      des Hahnes mitternächt'ge Klage;
   Im selbigen Moment erbebt
      und lischt der Schein am Sarkophage,
   Und Engel, Drache, Flammenschwert
   Sind in die wüste Nacht gekehrt.

IV

Ho, Gläserklang und Jubelsang
   und „Hurra hoch!!" fährt's durch die Scheiben,
Getroffen schwankt der goldne Leu,
   die Buben auseinanderstäuben
Und drängen sich und balgen sich,
   das fliegende Konfekt zu fangen;
Ein Glas, 'ne Frucht, 'ne Börse gar,
   die blieb am Speer des Bildes hangen,
Und schreiend nach der Stange sticht
Das kleine gierige Gezücht.

Da klirrt aus des Balkones Tür
   ein Mann mit Gert und Eisensporen,
Ihm nach ein andrer, Flasch im Arm,
   in Rausches Seligkeit verloren,
„Gesindel!" – ruft der eine – „halt!
   ich will euch lehren Börsenstechen!" –
„Frisch, Jungens, frisch!" der andre drauf,
   „die Birn ist mein, wer kann sie brechen?
Ihn schlag ich heut, ich, Hans von Spaa,
Zum Ritter von Lumpatia."

„Besinnt Euch!" spricht der erste; – „Was,
   besinnen? hab ich mich besonnen,
Als Euer Falber wie 'n gestochner Stier
   zusammenbrach am Bronnen?
Besann ich mich zu zahlen, Herr?
   O Euer Vieh! dreihundert Kronen!"

Die Stimme bricht in trunknem Weh,
   er schluchzt: „Mag Euch der Teufel lohnen!"
Und schraubt den Pfropfenzieher ein;
Der Täuscher murmelt finster drein

Und wendet sich. „He, holla, halt!"
   schreit's hinter ihm, „nicht von der Stelle!
Hoch Euer Galgenmännlein, hoch
   der kleine rauchige Geselle!
Und wieder hoch! und dreimal hoch! –
   Alräunchen, Hütchen meinetwegen,
Mags ferner goldne Eier Euch
   und andern tote Bälge legen!"
Der Täuscher lächelt, aschenfahl,
Und schlendert pfeifend in den Saal.

Noch zwei Minuten, und du siehst
   den Gassenpöbel mürrisch weichen,
Ihn scheu wie ein umstelltes Wild
   entlang die Häuserreihen streichen:
So schleicht kein Trinker schweren Hirns
   und freudesatt sich vom Gelage,
So grüßt kein freies Herz, nicht steht
   auf offner Stirn so trübe Frage;
Man meint, das Tor gewinne jetzt
Ein Schelm, von Gläubigern gehetzt.

Erst als die Fichte ihn umstarrt,
   an seiner Sohle Nadeln rauschen,
Hat er den Schritt gehemmt und steht,
   in sich gebeugt, zu lauschen – lauschen –
So lauscht kein Liebender dem Klang
   der Glocke, die zur Minne ladet,
Kein Kranker so des Priesters Schritt,
   der mit dem Heiltum ihn begnadet:
Ein Delinquent so lauschen mag
Der letzten Stunde Pendelschlag.

Am Sonnenbrande schlummernd liegt
   der Wald in des Aroma Wellen,
Und Harz entquillt den Nadeln, wie
   aus Schläfers Wimpern Tränen quellen,
Die sonnentrunkne Klippe nickt,
   die Vögel träumen von Gesange,
In sich gerollt das Eichhorn liegt,
   umflattert von dem Franzenhange,
An jeder Nadel weißer Rauch
Verdunstet Terpentines Hauch.

Durch das Gezweig ein Sonnenstrahl
   bohrt in des Horchers Scheitellocke,
Die aus dem dunklen Wulste glimmt
   wie Seegewürmes Feuerflocke;
Er steht und lauscht, er lauscht und steht,
   vernimmst du nicht ein feines Schrillen,
Ein Rieseln, wie wenn Sandgekörn
   auf Estrich stäubt durch schmale Rillen?
So scharf es geht, so bohrend ein,
Wie Sensenwetzen am Gestein.

Der Täuscher richtet sich, er seufzt,
   dann drängend nach des Forstes Mitte,
An eklem Pilze klirrt der Sporn,
   und Blasen schwellen unterm Tritte,
Hier wuchern Kress' und Binsenwust,
   Gewürme klebt an jedem Halme,
Insektenwirbel wimmelt auf
   und nieder in des Mooses Qualme,
Und zischend, mit geschwelltem Kamm,
Die Eidechs sucht den hohlen Stamm.

Der Wandrer bricht die Rank, er reißt
   und wütet in den Brombeerhecken,
Da seitwärts durch Geröhres Speer
   erglänzt des Kolkes Tintenbecken,
Ein wüster Kübel, wie getränkt
   mit schweflichen Asphaltes Jauche,
Langbeinig füßelnd Larvenvolk
   regt sich in Fadenschlamm und Lauche,
Und faule Spiegel, blau und grün,
Wie Regenbogen drüber ziehn.

Inmitten starrt ein dunkler Fleck,
   vom Riesenauge die Pupille,
Dort steigt die Wasserlillg' empor,
   dem Fußtritt lauschend durch die Stille;
Wen sie verlockt mit ihrem Schein,
   der hat sein letztes Lied gesungen,
Drei Tage suchte man das Kind
   umsonst in Kraut und Wasserbungen,
Wo Egel sich und Kanker jetzt
An seinen bleichen Gliedchen letzt.

Der Täuscher steht, den Arm verschränkt,
   und sturt verdüstert in die Lache,
Sein Haar voll Laub und Kletten bauscht
   sich finster an der Krempe Dache,
Gleich einem Senkblei scheint der Blick
   des Kolkes tiefsten Grund zu messen,
Zur Seite schaut er, rückwärts dann,
   kein Strauch, kein Hälmchen wird vergessen,
Greift dann behend zum Gürtelband
Und hält ein Fläschlein in der Hand.

Kaum hat das Ohr sich überzeugt,
   im Glase klingle das Gerispel,
Ein Wimmeln kaum das Aug erhascht,
   wie spinnefüßelndes Gewispel,
Da, hui! pfeift's im Schwung und hui!
   fährt's an der Lilie Krone nieder,
Das Wasser zischt, es brodelt auf,
   es reckt die modergrünen Glieder,
Und rückwärts, rückwärts sonder Halt
Raschelt der Täuscher durch den Wald.

Erst im Verhaue, wo die Luft
   spielt mit der Beere Würzarome
Und auf den goldnen Schwingen trägt
   das Festgeläut vom nahen Dome,
Dort sinkt er schluchzend auf die Knie,
   so fest, so fest die Händ gefaltet,
O selten hat ein Seufzer so
   des Herzens tiefsten Grund gespaltet!
Was dieser Seufzer trägt, es muß
Sich nahen wie ein glüher Kuß.

Und Zähren Perl an Perle sich
   entlang die braunen Wangen schmiegen,
So mochte der verlorne Sohn
   zu seines Vaters Füßen liegen;
Da plötzlich zuckt der Beter – greift
   zum Gurte – tastet dann aufs neue –
Mit dumpfem Laute, klirrend fährt
   vom Grund er wie ein wunder Leue,
Und in den Fingern angstgekrampft
Die triefende Phiole dampft!!

V

Tief tiefe Nacht, am Schreine nur
 der Maus geheimes Nagen rüttelt,
Der Horizont ein rinnend Sieb,
 aus dem sich Kohlenstaub entschüttelt;
Die Träume ziehen, schwer wie Blei
 und leicht wie Dunst, um Flaum und Streue,
In Gold der hagere Poet,
 der dürre Klepper wühlt im Heue,
Vom Kranze träumt die Braut, vom Helm
Der Krieger und vom Strick der Schelm.

In jener Kammer, wo sich matt
 der Fenster tiefes Grau schattieret,
Hörst du ein Rieseln, wie die Luft
 der Steppe zarten Staub entführet?
Und ein Gesäusel, wie im Glas
 gefangner Bremse Flügel wispelt?
Vielleicht 'ne Sanduhr, die verrinnt?
 ein Mäuschen, das im Kalke rispelt?
So scharf es geht, so bohrend ein,
Wie Sensenwetzen am Gestein.

Und dort am Hange – Phosphorlicht,
 wie's kranken Gliedern sich entwickelt:
Ein grünlich Leuchten, das wie Flaum
 mit hundert Fäden wirrt und prickelt,
Gestaltlos, nur ein glüher Punkt
 inmitten, wo die Fasern quellen,
Mit klingelndem Gesäusel sich
 an der Phiole Wände schnellen,
Und drüber, wo der Schein zerfleußt,
Ein dunkler Augenspiegel gleißt.

Und immer krimmelt's, wimmelt's fort,
 die grüne Wand des Glases streifend,
Ein glüher gieriger Polyp,
 vergebens nach der Beute greifend;
Und immer starrt das Auge her,
 als ob kein Augenlid es schatte,
Ein dunkles Haar, ein Nacken hebt
 sich langsam an des Tisches Platte,
Dann plötzlich schließt sich eine Hand,
Und im Moment der Schein verschwand.

Es tappt die Diel entlang, es stampft
 wie Männertritt auf weichen Sohlen,
Behutsam tastend an der Wand
 will jemand Rates sich erholen,
Dann leise klinkt der Türe Schloß,
 die losgezognen Riegel pfeifen,

Durch das Gemach, verzitternd, scheu,
 gießt sich ein matter Dämmerstreifen,
Und in dem Rahmen, duftumweht,
Im Nachtgewand der Täuscher steht.

Wie ist die stämmige Gestalt
 zum sehnenharten Knorren worden!
Wie manches, manches graue Haar
 schattiert sich an der Schläfe Borden!
O, diese Falten um den Mund,
 wo leise Kummerzüge lauern –
So mocht an Babels Strömen einst
 der grollende Prophete trauern,
So der Verfemte sonder Rast,
Wie ihn Salvator aufgefaßt.

Genüber, feingeschnitzelt, lehnt
 die Gnadenmutter mit dem Kinde,
Das sein vergoldet Händchen streckt
 wie segnend aus der Mauerspinde,
Und drunter, in Kristall gehegt,
 von funkelndem Gestein umbunden,
Ein überköstlich Heiligtum,
 ein Nagel aus des Heilands Wunden;
Zu seiner Ehre Nacht für Nacht
Das Lämpchen am Gestelle wacht.

Nie hat in aller Schuld und Not
 der Täuscher einen Tag beschlossen,
Daß nicht an dieser Schwelle ihm
 ein glüher Seufzer wär entflossen,
Selbst auf der Fahrt, auf nächt'gem Ritt,
 dämmert sein Auge in die Weite,
Von des Polacken Rücken hat
 er mühsam sich gebeugt zur Seite
Und sein beladnes Haupt geneigt,
Woher das Kind die Händlein reicht.

Ein scheuer Bettler, Tag für Tag,
 so steht er an des Himmels Pforte,
Er schlägt kein Kreuz, er beugt kein Knie,
 nicht kennt sein Odem Gnadenworte,
Schlaftrunknes Murmeln nur – und glüh
 fühlt ers durch die Phiole ranken,
Die seinem Leibe angetraut
 wie nagend Krebsgeschwür dem Kranken;
Und von dem kargen Lebensherd
Ein Jahresscheit ist weggezehrt.

Auch jetzt, in dieser Stunde, steht
    er lautlos, mit gestreckten Knieen,
Nur leises Ächzen, und voran! –
    schau, schau, wie seine Muskeln ziehen!
Voran! – das Heiltum – der Kristall –
    er lehnt sich an die Wand, er schwindelt,
Ein angstvoll Zupfen – ein Gestöhn –
    er hat den Nagel losgewindelt
Und stößt ihn dicht am Heil'genschrein
In der Phiole Siegel ein.

Hui! knallt der Pfropfen, hui, fährt
    das Glas in Millionen Splitter!
Gewinsel hier, Gewinsel dort
    und spinnefüßelndes Geflitter;
Es hackt und prickelt nach dem Mann,
    der unterm Gnadenbilde wimmert,
Bis Faser sich an Faser lischt,
    des Zentrums letzter Hauch verschimmert,
Und an der Gotteslampe steigt
Das Haupt des Täuschers, *schneegebleicht*.

VI

Weh, Glockensturm! Trompetenstoß!
    und Spritzen rasseln durch die Gassen,
Der aufgeschreckte Pöbel drängt
    und kräuselt sich in wüsten Massen,
Hoch schlägt die Brunst am Giebel auf,
    Gewieher kreischt aus Stall und Scheunen,
Der Eimer fliegt hinab, hinauf,
    umhergestoßne Kinder weinen,
Und zögernd steigt das Morgenrot,
Dem dopple Glut entgegenloht.

Im Hof die Knechte hin und her
    mit Axt und Beilen fluchend rennen,
Wer schob die innern Riegel vor?
    Die Türen weichen nicht und brennen.
„Der Herr! der Herr!" ruft's hier und dort:
    „Wo ist der Herr?" Daß Gott ihm gnade,
An seinem Kammerfenster leckt
    die Loh aus der geschloßnen Lade!
Und eben krachte ins Portal
Die Stiege zu dem obern Saal!

Es war beim ersten Hahnenschrei,
    als alle Bürger aufgeschüttert,
Mit Schloßenpfeifen Knall auf Knall;
    so greulich hat es nie gewittert!
Grad ob des reichen Böhmen Dach,
    Des Täuschers, ballte sich das Wetter,
Wo Blitz an Blitze niederzackt,
    mit ohrbetäubendem Geschmetter,
Nun überall an Scheun und Haus
Prasselt der Flammenhag hinaus.

Entsetzt Gemurmel läuft umher
    und schwillt in des Gedränges Wogen,
Dann alles totenstill, sie stehn,
    die Brauen finster eingezogen;
So um den Scheiterhaufen einst
    gruppierten sich des Südens Söhne:
„Da brennt der Schächer, dessen Vieh
    das Land verlockt mit fremder Schöne
Und, kaum verkauft, am dritten Tag,
Ein totes Aas, im Stalle lag!

„Der Gaukler brennt, aus dessen Gurt
    ein wunderlich Geklingel surrte,
Daß man in rabenschwarzer Nacht
    ihn kennen mocht an seinem Gurte,
Der keine Kirche je betrat,
    vor keinem Gnadenbild sich neigte;
Wenn ihm begegnet Christi Leib,
    von Schwindel stammelt' und erbleichte,
Im gottgesandten Element
Der Täuscher mit der Kuppel brennt!"

VII

Am Wiesenhang 'ne Linde steht,
  so lieblich winkend mit den Zweigen,
Auf jedem Ast ein Vogelnest,
  um jede Blüt ein Bienenreigen,
Sie scheint den düstern Föhrenwald
  aus ihren Kelchen anzulächeln,
Des nahen Städtleins Angelus
  ein säuselnd Ave zuzufächeln,
Und für den nahen Friedhof auch
Hat sie versüßt des Westes Hauch.

Und Blatt an Blatt vom Blütenzweig
  verstreut sie auf des Greises Stirne,
Der in dem Wurzelmoose lehnt
  sein Haupt mit siedendem Gehirne;
Zur Seite liegt der Stab, gefüllt
  mit Bettelbrote liegt der Ranzen,
Und Schemen hier und Schemen dort
  mit Elfenschritten drüber tanzen,
Wie sie der Brust geheimster Hut
Entschlüpfen in des Fiebers Glut.

Den Anger seiner Kindheit sieht
  er in den Lindenzweigen spielen,
Die süße Heimat, und das Haupt
  der Eltern auf den Sterbepfühlen;
Was er verloren und erstrebt,
  was er gesündet und getragen,
Wie eine Nacht sein Haar gebleicht,
  die eignen Knechte ihn geschlagen.
O Nacht, die Ehre, Kräfte, Hab
Verbrach und ihm die Seele gab!

Er sieht sein faltiges Gesicht
  im Wasserspiegel widerscheinen,
Wie er sich selber nicht erkannt
  und kindisch dann begann zu weinen;
Ach, all die Tränen, so nachher
  aus tiefrer Quelle sind geflossen,
Ob sie ihn Christi Blut vereint?
  des Himmels Pforten aufgeschlossen?
Wohl Schweres trug er mit Geduld,
Doch willenlos, durch eigne Schuld!

Mit vierzig Jahren siecher Greis,
  ist er von Land zu Land geschlichen,
Hat seines Namens Fluch gehört
  und ist zur Seite scheu gewichen,
Aus mancher Hand, die ihm gedient,
  hat er das Bettelbrot gebrochen
Und ist, ein todeskranker Mann,
  an dieses Hügels Bug gekrochen,
An diesen Hügel – ew'ge Macht!
Er schaudert auf – Silvesternacht!

Der Föhrenwald – das öde Haus –
  dort stand der Priester, dort am Hagen –
O, in der Sterbestunde hat
  sein irrer Fuß ihn hergetragen,
Das ist kein Schemen, dieses nicht;
  dort streckt Sankt Michael die Flügel,
Dort kreucht am Fußgestell der Drach
  und schlägt die Kralle in den Hügel;
Des Greises Auge dunkelt, wild
Die Agonie zum Haupte quillt.

Das Buch – das Buch – er sieht das Buch –
  o Gottesmutter, Gnade! Gnade!
Er liebte dich, er liebte dich
  in Sünd und Schmach – gleich einem Rade
Die Zeichen kreisen – Gott, o Gott,
  er sieht ein Händchen niederreichen,
Mit leisem goldnem Fingerzug
  die blutgetränkten Lettern streichen!
Und auf des Täuschers bleichen Mund
Ein Lächeln steigt in dieser Stund.

Um Mittag hat der Mähder ihn
  am Lindenstamme aufgehoben
Und in des Karrens Futtergrün
  dem Leichenhause zugeschoben,
Auf der Gemeinde Kosten ist
  ein grobes Sterbehemd bereitet,
Ein kurzer träger Glockenschlag
  hat zu der Grube ihn geleitet,
Wo sich der Engelsflügel neigt
Und nicht des Drachen Kralle reicht.

Karl Immermann
1796–1840

Wiege und Traum

I

Eine Wiege hat machen lassen
Die getreue Kommune Paris,
Von purem Silber und Golde,
Von Perlen und von Türkis.

Zu den Häupten des Bettleins glänzet
Ein goldgetriebener Aar,
Der hält in den mächtigen Fängen
Eine Kugel, von Silber klar.

Und neben dem Bettlein sitzet
Die Amme, das zierliche Weib,
Ist keine gewöhnliche Amme,
Trägt Seiden und Spitzen am Leib.

Es schlummert in strahlender Wiege
Der König, des Kaisers Sohn,
Kann noch nicht gehen und sprechen,
Und trägt doch bereits eine Kron'.

Und wenn der Knab' erwachet,
Und weint mit den Lippen klein,
Dann singt ihn die zärtliche Amme
Mit holdem Wiegenlied ein.

Sie singt von dem goldenen Aare,
Von der silbernen Kugel ihm vor:
„Der Adler, mein Prinz, ist das Wappen,
Das sich dein Herr Vater erkor!

Die silberne Kugel, mein Prinzlein,
Das ist die bezwungene Welt,
Die dein Herr Vater, der Große,
In Händen, sein Eigentum, hält.

Dein Vater, der hat sie erobert,
In der Schlacht vom Tode umdrängt,
Dir aber, mein lieblicher König,
Dir wird sie freiwillig geschenkt."

Es lächelt der artige Knabe,
Die Wimpern schließen sich gleich,
Er träumt von hundert Palästen,
Er träumt von dem großen Reich.

II

Die Amme macht eine Bittschrift
An den Leibarzt Corvisart,
Der stellt beim Lever des Kaisers
Sich mit dem Papiere dar.

Der Kaiser entfaltet es, lieset:
„Dem König von Rom droht Gefahr,
Ihm raubt den stärkenden Schlummer
Des Volkes jubelnde Schar.

Sie stellet ja unter dem Fenster
Bei Nacht und bei Tage sich ein,
Die Leute sind wie besessen
Und äußern die Liebe durch Schrein.

Schon leidet vom Lärm die Gesundheit
Seiner Römischen Majestät,
Drum wird ein Verbot der Begeistrung
Ganz untertänigst erfleht."

Der Kaiser berufet den Staatsrat,
Er berufet den ganzen Senat,
Beruft den Gesetzgebungskörper
Und die Reste vom Tribunat.

Und nach sechsstünd'gen Debatten
Wird ein scharfes Gesetz publiziert:
Die, so ferner noch Vivat rufen,
Werden sämtlich sogleich füsiliert.

Da fühlet sich tief verwundet
Paris und der ganze Staat,
Daß solche Schranken gesetzet
Ihrer Liebe des Kaisers Rat.

III

Und als die Preußen genommen
Mit Macht des Montmartres Höhn,
War von der Pariser Begeistrung
Kein Stück und kein Fetzen zu sehn.

Mich dau'rt nicht der fallende Kaiser,
Der falle! Das ist unser Glück.
Mich dauert das flüchtende Kindlein,
Sein klägliches Jammergeschick.

Sie schleppen den Knaben verhüllet
Aus dem Saal in zitternder Hast;
Der sträubt sich mit Händen und Füßen,
Will behaupten seinen Palast.

Das sieht ein alter Gardiste,
Dem Narben die Wangen durchziehn:
„Der Knabe, der ist noch ein König,
Doch Sklaven nur seh' ich um ihn!"

Herr Talleyrand spricht von Prinzipien,
Die Amme aber entfloh;
Hat sich nachher wieder vermietet
Aus Prinzip beim Herzog Bordeaux.

IV

Im alten Schloß zu der Hofburg
Wankt still ein Jüngling umher;
Er steht in den lustigen Jahren,
Sein Blick ist trübe und schwer.

Er rühret sich an und fraget:
„Wer bist du? Was ist dir die Welt?"
Ihm klingt's vor dem Ohr wie Trompeten
Aus siegüberglänzetem Feld.

Ihm ist, als wär' ihm ein Liedlein
Bei der Wiege gesungen so schön,
Als hätt' er des Liedes Gestalten
In dem herrlichsten Traume gesehn.

Doch kann er sich nimmer besinnen
Auf die Worte des Liedes, den Traum,
Und wenn er sie glaubt zu erhaschen,
Zerfließen sie wieder wie Schaum.

Die Stunden kommen und gehen,
Sie bringen uns Freude und Leid,
Dem Jünglinge bringen die Stunden
Nur die kahle nüchterne Zeit.

V

Als im Jahre elfe der hundert-
Underste Kanonenschuß fiel,
Da gab es ein Singen und Klingen
In dem allerblühendsten Stil.

Die fränk'schen Poeten, vom ersten
Zum letzten, spornten ihr Roß,
Und Dithyramben und Oden,
Die regnen, die fluten ins Schloß.

Die deutschen Dichter damals
Verhielten sich stille zu Haus,
Sie sannen, und sannen, und sannen,
Und sannen nichts Kluges heraus.

Die deutschen Dichter sind langsam,
Und gleich ihrem Volke was blöd',
Sie fürchten all' die Rivale
Im Strahle der Majestät.

Nun sind die Jahre vorüber,
Und Rivale gibt es nicht mehr,
Da kommt ein deutscher Dichter
Mit seinem Lied hinterher!

Die Deutschen sind gar gewaltig
Zurück in der Zeiten Strom;
Sie haben erst jetzo gefunden
Ein Lied auf den König von Rom.

Weh mir! Nun ist die Saite gar gesprungen,
An der zuletzt ich scharf und höhnisch riß!
Hat doch sich mir das Chaos aufgedrungen,
Vor dem ich stets zu hüten mich befliß!
Geschwind mit neuem Ton und milder Zungen
Ins goldne Land, wo Glimpf und Ernst gewiß!
Dort klingt die Harf', im lieben Bann der Sage,
Von selber zu dem sanften Fingerschlage.

[Lever, frz.: aufstehen, sich erheben. – füsilieren: standrechtlich erschießen. – Gardist: Soldat der Garde.]

Die Schleichhändler

Der Vater wirft in die Hütte die Wucht,
Er keuchet und schwitzet, er lachet und flucht
Ob der Bürde, die schwer ihm gefallen.
„Der wäre gepaschet! Nun sei es versucht
Aufs neue, wir schlagen die Zöllner in Flucht,
Du, Betty, bewache den Ballen!"

Schön-Betty sitzt bei dem Ballen und weint,
Dumpf brandet die See und das Mondenlicht scheint
In die grauliche, schwirrende Kammer,
Schön-Betty, die weinet und seufzet und meint:
„Nicht wünsch' ich das Leben dem bittersten Feind,
Das Leben voll Sorge und Jammer!

Keine Ruhe bei Tag, und bei Nacht keine Ruh',
Und immer in Ängsten, so geht es hier zu
Unter Schelmen und Gaunern und Dieben!
Ach Robert, mein Trauter, wo nächtigest du?
Der Vater schloß Stube und Hütte dir zu,
Dein Mädchen ist treu dir geblieben."

Bleich scheinet der Mond, dumpf brandet die See,
Ihr wird so beklommen, so bange, so weh,
Es ist ein Sausen und Brausen.
„Was hör' ich? Es rauschet, als ob da was geh',
Es knistert, als schleiche da was in der Näh'."
Sie dreht sich, es war ihr zum Grausen.

Denn der Ballen, der regt sich und rücket vom Ort,
Und lebendig wird der verborgene Hort,
Und es platzet die ganze Geschichte.
Der Ballen kriegt Hände und Füß' und so fort,
Was zum Knaben gehöret, mit deutlichem Wort:
's ist ein contrebandes Gesichte.

„Ach Robert, bist du es?" – „Schön Betty, ja ja!
Der Jack ist mein Freund und der schnürte mich da
In den Packen, die dumpfige Hölle!
Ein bin ich geschmuggelt vom Vater, ha ha!
Die Ware ist frei, die das Innere sah,
Da hast du mich ohne die Zölle."

[gepaschet, nd.: geschmuggelt. – Contrebande, frz.: Schleichhandel, Schmuggelware

Der Student von Prag

Was klingt daher für Tosen? Welch lärmend Festgelag?
Des Vaters Gut verprasset der wilde Student von Prag.
Er sitzt und singet Lieder, davor dem Menschen graust,
die Dirne auf dem Schoße, den Becher in der Faust.

Der alte Diener schleichet herzu und flüstert scheu:
„Wollt Ihr nicht enden, Junker? 's ist Zwölfe meiner Treu!"
„Schweig still, du alter Rabe, und laß dein heis'res Schrei'n!
So lang der Wein hier helle, will ich noch lustig sein."

Auf hebt er seinen Becher; ein großer Wurm liegt drin:
„Gott gibt ein Zeichen, Junker; o wendet Euren Sinn!"
„Schweig still, du alter Rabe, und krächze andern was!
So lang die Dirne küsset, hab' ich noch guten Spaß!"

Er will die Dirne küssen, die auf vom Schoß ihm fährt,
sie schreit, greift nach dem Herzen, und sinket tot zur Erd'.
Der alte Diener stürzet vor ihm auf beide Knie':
„Gott gibt ein Zeichen, Junker! o sieh das Zeichen, sieh!"

„Zur Hölle, du Unglücksvogel! Für all mein rotes Gold
kauf ich mir Wein die Fülle, ist jede Maid mir hold!
So lang' der alte Tor noch, mein Vater, lebt und gibt,
ich schwör's beim Höllenpfuhle, wird auch gezecht, geliebt."

Der Diener trägt entsetzet die Leiche aus der Stub',
aufs Lager wirft erschöpfet sich hin der wilde Bub;
die Kerze flackert trübe in Streifen blauen Scheins;
die Eulen heulen draußen, die Glocke schlägt halb eins.

Da rauschet auf die Türe, da weht ein Grabeshauch,
ein Schatten weht zum Lager, gleich einem bleichen Rauch,
er blickt mit Jammermienen auf den verlornen Sohn;
der Student knirscht frech im Traume, er lacht mit wüstem Hohn.

Der Schatten hebet warnend empor die Geisterhand;
rasch greift der Student im Traume nach dem Tuche an der Wand;
er schlägt mit seinem Tuche nach seines Vaters Bild,
da zittert und zerrinnet der Schemen irr und wild.

Der Student fährt aus dem Schlafe mit verstörtem Angesicht;
ins Fenster blickt der Morgen mit aschenfahlem Licht;
der Diener bringet weinend einen Brief mit schwarzem Rand;
dem Studenten sträubt die Locke, er hat die Schrift gekannt.

„Dich grüßt die Mutter, welche zur Witwe du gemacht;
dein Vater ist gestorben in dieser letzten Nacht.
Dein Vater hat zu Tode um dich gegrämet sich,
und hat nicht sterben können aus Not und Sorg um dich.

Er lag im Todeskampfe still einmal eine Weil',
ich hofft', er sei gegangen zu seinem ew'gen Heil.
Da schrie er auf: Der Bube schlägt mich mit seinem Tuch!
Und gab dir im Verscheiden, mein Sohn, des Vaters Fluch!"

Der Student von Prag läßt fallen den Brief und wanket fort;
er setzet stumm sich nieder an einen düstern Ort,
und schneidet mit der Schere ab seiner Haare Schopf,
und nimmt in beide Hände den kahlgeschornen Kopf. –

Was klingt denn nun für Singen aus des Studenten Haus?
Es sind acht Leichenträger, es ist ein Leichenschmaus;
sie singen vom Gesangbuch und trinken dazu Wein,
der Student trinkt nicht mit ihnen und stimmt ins Lied nicht ein.

Christian Friedrich Scherenberg
1798–1881

Das Köhlerhaus

Es schlug der Sturm um's Köhlerhaus
  Als wollt' er sich Ruh erjagen,
Zum Windbruch stöbert der Wolf hinaus,
  Und pirschte durch Felder und Hagen:
    Die wilden Gesellen, sie machten die Runde
    Der mitternächtigen Hungerstunde.

Am Hause, da lag der Köhler wach,
  Mit ihm die Not und die Sünde,
„Es hungert dein Kind!" – sie heimlich sprach –
  Verschwiegen sind Nacht und Gründe. –
    Es nahet ein Mann, schnell will er vorüber,
    Jach wirft der Köhler die Schling' ihm über.

„Was machst du draußen, lieb Vater mein?"
  So ruft's durch die jagenden Winde,
„Du stichst ihn ja in das Herz hinein!"
  Der Vater fährt auf zu dem Kinde,
    Das eilend aus wohligem Bettlein gekommen,
    Als Wandrers Ruf es drinnen vernommen.

„Mein Sohn, mein Sohn, was ficht dich an?
  Ich tat nur dem Manne zu Wille;
Es hat mein Messer ihm wohlgetan,
  Mein Sohn, drum ist er so stille.
    Hinein in dein Bette geschwinde, geschwinde,
    Es wehen so kalt hier draußen die Winde."

Der Köhler faßte den stillen Mann,
  Trug fern ihn vom Hause zur Seiten,
Da ließ er, mit dem er ihm wohlgetan,
  Sein Messer zur Erde gleiten,
    Den Buben, den lockt es so funkelnd und schön,
    Heran an's Messer des Vaters zu gehn.

Und als der Wandrer zur Ruh gebracht,
  Wohl unter den Windbruch begraben,
Und Wolf und Sturm, die Meute der Nacht,
  Das Grablied gesungen ihm haben,
    Und heimwärts der Vater beladen gekommen
    Mit Gold und Leben, so er genommen:

Da saß auf der Schwelle der Bube sein,
   Das Messer, es funkelt daneben.
„Was tust du, mein Sohn, mit dem Messer mein?
   Ich hab' es dir nimmer gegeben!"
      „Mein Vater ich habe mir wohlgetan",
      Fing bitter der Bube zu weinen an. –

„Ich habe getan mit dem Messer dein,
   Wie du dem Manne zu Wille."
Er weinte die Träne in's Herzblut hinein,
   Und Träne und Herze ward – stille.
      Es horchte der Vater durch Sturm und Wind,
      Die Wetter sie heulten, still blieb sein Kind.

Hinweg! hinweg! du Gold der Nacht!
   Er faßte sein Kind in die Arme –
Mein Sohn, ich hab' es nicht wohlgemacht,
   Daß Gott sich meiner erbarme!
      Aus Nacht in die Nacht da schritt er hinein,
      Und Gold und Messer, sie blieben allein.

Es legt der Sturm sich um's Köhlerhaus,
   Wohl mocht' er sich Ruhe erjagen;
Der Wolf schlug heim sich, wo er hinaus,
   Vom Pirschen durch Felder und Hagen;
      Die wilden Gesellen der hungrigen Stunde,
      Sie lagen gesättigt von nächtiger Runde.

[Jach: jäh, schnell. – Hag: Hecke.]

Die Exekution

„Wer da wiederbringt den Deserteur
„Dreißig Preuß'sche Taler sein Douceur."
Vorgetrommelt ward's der Kompanei –
Pfeifend in die Trommel-Melodei
Aber macht ein jeder Kamrad sich
Seinen Text noch zu absonderlich,
Als da lautet: – Dreißig Schweden mir,
Aber sechsmal Gassenlaufen dir –
Ich so lauf', soweit der Himmel blau!
In der Nacht sind alle Katzen grau!
Und Alle melden, die da kommandiert:
Der Deserteur, Herr Hauptmann, ist chappiert –
Nur Einer spricht: „ich bring' den Deserteur!"
Und bringet seinen eignen Bruder her.
„Schwer Geld!" spricht der Kap'tän beim Dreißig-zählen,
Und Jener spricht: „Herr Hauptmann, zu befehlen."
Der Bruder durch die heiße Gasse läuft,
Daß ihm der blut'ge Schweiß vom Leibe träuft,
Und als er durchgelaufen dreimal schon,
Da tritt sein Bruder in die Exkution.

„Herr Hauptmann", spricht er, „halten's mir zu Gnad',
Spricht ungefragt ein Wort mal ein Soldat.
Ihr wollet mich die andern dreimal Gassen
In Gnaden für den Bruder laufen lassen."
„Packt's, Kerl, Dich an Deiner armen Seelen?"
Und Jener spricht: „Herr Hauptmann, zu befehlen!"
„Herzvater schrieb ein Schreiben an uns Beid',
Klein war der Brief, doch groß das Herzeleid:
Verschuldet ist durch Krankheit, Not und Gram
Um ganzer dreißig Taler mir mein Kram;
Mein Gläubiger dränget mich aus Hof und Haus,
Zahl' ich nicht stracks ihm seinen Glauben aus.
Ich kann's doch nun und nimmermehr erwerben
Und muß an dreißig Talern ganz verderben.
Da dachten wir in unsers Herzens Drang:
Es ist doch unser Vater lebelang;
Und dachten auch: Ein graues Leid ist hart,
Und Herz nicht haben, kein Soldaten Art;
Davon noch laufen soll der alte Mann!
Viel lieber laufe, wer noch laufen kann.
Soll Einer laufen – nun so laufen wir;
Wir losen, B r u d e r, drum – Dir oder mir –
Und machten Lose nach Soldatenbrauch;
Zwei Stück ein weißes und ein schwarzes auch:
W e i ß, der für seinen Vater läßt sein Blut,
Schwarz, der Verräter ist um schnödes Gut.
Und nun, Herr Hauptmann, halten's mir zu Gnaden!
Wie es nun weiter kam, das zu erraten
Ist keine Hexerei – doch, wie's mir flog
Hier unterm Knopf, als ich den Judas zog,
Das soll, mit Permission vor Euer Gnaden,
Kein Hundsfott weiter wohl erraten.
Wie Gott will, dacht' ich, faßt' mein Herze fest,
Daß es mich nicht in schwerer Not verläßt;
Nun bricht's mir doch in tausend Stücke hin,
Dieweilen ich sein lieber Bruder bin." –
Der Hauptmann sprach: „Mein Sohn, der Deserteur
Kriegt sechsmal – und du das Douceur –
Wie die Artikel lauten, so geschicht's
Und daran ändert auch kein Teufel nichts;
Doch hat's damit nicht allzugroße Eile.
Gemeldet werd der Casus mittlerweile
In's Hauptquartier an Seine Majestät,
Dieweil da Gnade gern vor Recht ergeht.
Und Seine Majestäten resolvieren:
„Excutiones weiter nicht zu excutieren;
Wer für den Vater also macht die Gassen,
Wird's auch für's Vaterland nicht unterlassen.
Und da ein gut Exempel förderlich,
Seind Corporals sie Beide – Friederich."

Willibald Alexis
1798–1871

Der späte Gast

Was klopft an's Tor? – Über die rote Heide
Geht nur mein Sohn, und ich, wir beide.
Wir beide wohnen in der Wildnis allein,
Mein Sohn siecht dort im Kämmerlein.
    Wer will herein?

„Mütterlein, nimm mich ins kleine Haus,
Draußen wehet es kalt und graus.
Oft schon kreuzt' ich die rote Heide,
Oft schon sahen wir hier uns beide,
    O laß mich ein!" –

Bist du ein Unhold, und locktest in's Moor
Meine Tochter, als ich das Kind verlor? –
„Ich bin kein Unhold, ich bin dir verwandt,
Deine Tochter habe ich Schwester genannt.
    O laß mich ein."

Verwandt ist mir niemand, niemand wert,
Ich sitze allein an meinem Herd. –
„Ich kann nicht schlafen auf welkem Gras,
Von Tau und Regen ist's kalt und naß.
    O laß mich ein."

Vor'm Fremden schlüge an der Hund,
Was zittert und stiert er, wie stumm und wund! –
„Der Hund hat sieben Jahr mich gekannt,
Seit ich ihn drüben am Kreuzweg fand.
    O laß mich ein!"

Was hast du die trauernde Mutter geneckt?
Was hast aus dem Traume mich aufgeschreckt,
Was schläfst du nicht ruhig im Kämmerlein,
Was sprangst du hinaus in den Mondenschein?
    Mein Sohn herein!

„Mutter, dein Sohn steht draußen nicht,
Aber mich brachte dein Schoß an's Licht.
Dein Sohn liegt noch im Kämmerlein,
Aber ich schwebe im Mondenschein.
    O laß mich ein!"

Mein Sohn, mein Sohn, drück auf die Tür,
Ich bin so schwach, und komme zu mir.
Leicht Flechtwerk ist's vom Elsenwald,
Und draußen weht der Wind so kalt.
    O komm herein! –

„Viel tausend Meilen wohl bin ich von dir,
Öffnen kann ich nicht mehr die Tür,
Selbst wie der Wind bin ich leicht und schwach,
O mache zurecht mein klein Gemach,
    Und laß mich ein!"

Deine Kammer ist fertig; vorm Windesstoß
Hab' ich sie verstopft mit Schilf und Moos. –
„Sechs Bretter sind für mich genug,
Und lege hinein ein weißes Tuch.
    O laß mich ein!"

Ich öffne geschwind, mein liebes Kind.
Wo bist du? – Es saust vorbei der Wind. –
„Der Wind weht fort mich, Mütterlein!" –
Ihr Sohn lag blaß wie Mondenschein
    Im Kämmerlein.

August Kopisch
1799–1853

Die Heinzelmännchen

Wie war zu Köln es doch vordem
Mit Heinzelmännchen so bequem!
Denn, war man faul, ... man legte sich
Hin auf die Bank und pflegte sich:
    Da kamen bei Nacht,
    Ehe man's gedacht,
  Die Männlein und schwärmten
  Und klappten und lärmten,
    Und rupften
    Und zupften,
  Und hüpften und trabten
  Und putzten und schabten ...
Und eh ein Faulpelz noch erwacht ...
War all sein Tagewerk ... bereits gemacht!

Die Zimmerleute streckten sich
Hin auf die Spän' und reckten sich.
Indessen kam die Geisterschar
Und sah, was da zu zimmern war.
    Nahm Meißel und Beil
    Und die Säg' in Eil;
  Sie sägten und stachen
  Und hieben und brachen,
    Berappten
    Und kappten,
  Visierten wie Falken
  Und setzten die Balken ...
Eh sich's der Zimmermann versah ...
Klapp, stand das ganze Haus ... schon fertig da!

Beim Bäckermeister war nicht Not,
Die Heinzelmännchen backten Brot.
Die faulen Burschen legten sich,
Die Heinzelmännchen regten sich –
    Und ächzten daher
    Mit den Säcken schwer!
  Und kneteten tüchtig
  Und wogen es richtig,
    Und hoben
    Und schoben,
  Und fegten und backten
  Und klopften und hackten.
Die Burschen schnarchten noch im Chor:
Da rückte schon das Brot, ... das neue, vor!

Beim Fleischer ging es just so zu:
Gesell und Bursche lag in Ruh.
Indessen kamen die Männlein her
Und hackten das Schwein die Kreuz und Quer.
    Das ging so geschwind
    Wie die Mühl' im Wind!
  Die klappten mit Beilen,
  Die schnitzten an Speilen,
    Die spülten,
    Die wühlten,
  Und mengten und mischten
  Und stopften und wischten.
Tat der Gesell die Augen auf. ...
Wapp! hing die Wurst da schon im Ausverkauf!

Beim Schenken war es so: es trank
Der Küfer, bis er niedersank,
Am hohlen Fasse schlief er ein,
Die Männlein sorgten um den Wein,
    Und schwefelten fein
    Alle Fässer ein,
  Und rollten und hoben
  Mit Winden und Kloben,
    Und schwenkten
    Und senkten,
Und gossen und panschten
Und mengten und manschten.
Und eh der Küfer noch erwacht,
War schon der Wein geschönt und fein gemacht!

Einst hatt' ein Schneider große Pein:
Der Staatsrock sollte fertig sein;
Warf hin das Zeug und legte sich
Hin auf das Ohr und pflegte sich.
    Da schlüpften sie frisch
    In den Schneidertisch;
  Da schnitten und rückten
  Und nähten und stickten,
    Und faßten
    Und paßten,
Und strichen und guckten
Und zupften und ruckten
Und eh mein Schneiderlein erwacht:
War Bürgermeisters Rock . . . bereits gemacht!

Neugierig war des Schneiders Weib,
Und macht sich diesen Zeitvertreib:
Streut Erbsen hin die andre Nacht,
Die Heinzelmännchen kommen sacht:
    Eins fähret nun aus,
    Schlägt hin im Haus,
  Die gleiten von Stufen
  Und plumpen in Kufen,
    Die fallen
    Mit Schallen,
  Die lärmen und schreien
  Und vermaledeien!
Sie springt hinunter auf den Schall
Mit Licht: husch, husch, husch, husch! – verschwinden all!

O weh! nun sind sie alle fort
Und keines ist mehr hier am Ort!
Man kann nicht mehr wie sonsten ruhn,
Man muß nun alles selber tun!
    Ein jeder muß fein
    Selbst fleißig sein,
  Und kratzen und schaben
  Und rennen und traben,
    Und schniegeln
    Und biegeln,
  Und klopfen und hacken
  Und kochen und backen.
Ach, daß es noch wie damals wär!
Doch kommt die schöne Zeit nicht wieder her!

Zollfreiheit

An einem Zollhaus, wo man eben
Für allerlei Fische Zoll gegeben,
Kam unter andern auch ein Mann
Mit einem großen Walfisch an.
Was gibt der Zoll? Der Zöllner spricht:
„Will gleich nachsehn, so weiß ich's nicht."
Er wischt fein Brill' und Augenlider,
Sucht im Tarif herauf, hernieder,
Kratzt sich bedenklich hinterm Schopf und spricht:
„Mein Lieber, hier steht Walfisch nicht,
Ist im Tarif nicht vorgesehn,
So darf er zollfrei weitergehn":
Nimmt höflich dann den Hut vom Kopf; „Walfisch passiert,
Ist im Tarif nicht aufgeführt."

Wilhelm Hauff
1802–1827

Hans Huttens Ende

Laut rufet Herr Ulrich, der Herzog, und sagt:
„Hans Hutten, reite mit auf die Jagd,
Im Schönbuch weiß ich ein Mutterschwein,
Wir schießen es für die Liebste mein."

Und im Forst sich der Herzog zum Junker wandt':
„Hans Hutten, was flimmert an deiner Hand?" –
„Herr Herzog, es ist halt ein Ringelein,
Ich hab' es von meiner Herzliebsten fein."

„Herr Hans, du bist ja ein stattlicher Mann,
Hast gar auch ein güldenes Kettlein an?" –
„Das hat mir mein herziger Schatz geschenkt
Zum Zeichen, daß sie noch meiner gedenkt."

Und der Herzog blicket ihn schrecklich an:
„So? Das hat alles dein Schatz getan?
Der Trauring ist es von meinem Weib,
Das Kettlein hing ich ihr selbst um den Leib."

O Hutten, gib deinem Rappen den Sporn,
Schon rollet des Herzogs Auge im Zorn!
Flieh, Hutten! es ist die höchste Zeit,
Schon reißt er das blinkende Schwert aus der Scheid'!

„Dein Schwert 'raus, Buhler, mich dürstet sehr,
Zu sühnen mit Blut meines Bettes Ehr'!"
Flugs, Junker, ein Stoßgebetlein sprich,
Wenn Ulrich haut, haut er fürchterlich.

Es krachen die Rippen, es bricht das Herz;
Ruhig wischet Ulrich das blutige Erz,
Ruhig nimmt er des ledigen Pferdes Zaum
Und hänget die Leich' an den nächsten Baum.

Es steht eine Eiche im Schönbuchwald,
Gar breit in den Ästen und hochgestalt;
Zum Zeichen wird sie Jahrhunderte stahn,
Hier hing der Herzog den Junker dran.

Und wenn man den Herzog vom Lande jagt,
Sein Nam' bleibt ihm, sein Schwert; er sagt:
„Mein Nam', er verdorret ja nimmermehr,
Und gerächet hab' ich des Hauses Ehr'."

Jesuitenbeichte

Ich liebte zwanzig Mädchen nach der Reihe,
Und jeder war mein ganzes Herz geweiht,
Und jede schwur mir heute ew'ge Treue
Und brach schon morgen ihren heil'gen Eid.
Da schwur und flucht' ich, keinem Weib zu trauen.
„Mein Sohn, wer flucht, der sündiget. Allein
Die Schuld liegt diesmal wirklich an den Frauen:
Du sollst versöhnet und entschuldigt sein."

Weil ich Bestechung haßte wie die Hölle,
Fand mein Minister mich zu ungeschickt,
Und einem feilen Kerl gab er die Stelle,
Der sich vor seinem Kammerdiener bückt;
Da wünschte ich Herrn C... zum Teufel.
„Mein Sohn, welch rohe Leidenschaft! Allein
Bei kaltem Blut bereust du ohne Zweifel;
Du sollst entschuldigt und versöhnet sein."

Mit schönen Worten, blendenden Versprechen
Hat ein bekannter Herr mich arm gemacht,
Und um mich für die Tausende zu rächen,
Um die mich der Verräter hat gebracht,
Schalt ich Herrn V... einen Beutelschneider.
„Mein Sohn, das Wort war freilich grob. Allein
Die Welt nennt ihn mit diesem Namen, leider;
Du sollst entschuldigt und versöhnet sein."

Das Sakrileg, ich will's gestehen, nannte
Ich ein Gesetz, für Sklaven nur gemacht;
Der Menschheit Schmach und des Jahrhunderts Schande,
Und P..., ihn, der es ausgedacht,
Schalt ich den Mörder aller freien Seelen.
„Mein Sohn, das war ein derber Schimpf. Allein
Du irrtest menschlich, irren heißt nicht fehlen;
Du sollst entschuldigt und versöhnet sein."

Und als ich diese arme Welt bedachte
Und sah, wie alles schief und irrig geht,
Wie man die Tugend und das Recht verlachte,
Und wie jetzt Trug und Laster oben steht,
Da – hielt ich Gott für einen leeren Namen!
„Mein Sohn, du hast dich schwer verfehlt. Allein
Gott ist barmherzig gegen Sünder, Amen;
Du sollst entschuldigt und versöhnet sein."

Ich liebte Eintracht in Palast und Hütten,
Doch als ich schleichend wiederkehren sah
Die Zwietracht an der Hand der Jesuiten,
Da schwur ich ew'gen Haß *Sankt Loyola*,
Und ew'gen Haß und Rache seinen Söhnen!
„Mein Sohn, ich bin die Langmut selbst. Allein
Das heißt fürwahr das Heiligste verhöhnen!
Vor uns und Gott kannst du nicht schuldlos sein!"

Nikolaus Lenau
1802–1850

Der Polenflüchtling

Im quellenarmen Wüstenland
Arabischer Nomaden
Irrt, ohne Ziel und Vaterland,
Auf windverwehten Pfaden
Ein Polenheld und grollet still,
Daß noch sein Herz nicht brechen will.

Die Sonn auf ihn heruntersprüht
Die heißen Mittagsbrände,
Von ihrem Flammenkusse glüht
Das Schwert an seiner Lende;
Will wecken ihm den tapfern Stahl
Zur Racheglut der Sonnenstrahl?

Sein Leib neigt sich dem Boden zu
Mit dürstendem Ermatten;
Der sänke gern zu kühler Ruh
In seinen eignen Schatten,
Der tränke gern vor dürrer Glut
Schier seine eigne Tränenflut.

Doch solche Qual sein Herz nicht merkt,
Weils trägt ein tieferes Kränken.
Er schreitet fort, von Schmerz gestärkt,
Vom Schlachtenangedenken.
Manchmal sein Mund Kosziusko! ruft,
Und träumend haut er in die Luft.

Als nun der Abend Kühlung bringt,
Steht er an grüner Stelle;
Ein süßes Lied des Mitleids singt
Entgegen ihm die Quelle,
Und säuselnd weht das Gras ihn an:
O schlummre hier, du armer Mann!

Er sinkt, er schläft. Der fremde Baum
Einflüstert ihn gelinde
In einen schönen Heldentraum;
Die Wellen und die Winde
Umrauschen ihn wie Schlachtengang,
Umrauschen ihn wie Siegsgesang.

Dort kommt im Osten voll und klar
Herauf des Mondes Schimmern;
Von einer Beduinenschar
Die blanken Säbel flimmern
Weithin im öden Mondrevier,
Der Wildnis nächtlich helle Zier.

Stets lauter tönt der Hufentanz
Von windverwandten Fliehern,
Die heißgejagt im Mondenglanz
Dem Quell entgegenwiehern.
Die Reiter rufen in die Nacht;
Doch nicht der Polenheld erwacht.

Sie lassen, frisch und froh gelaunt,
Die Ross' im Quelle trinken,
Und plötzlich schauen sie erstaunt
Ein Schwert im Grase blinken,
Und zitternd spielt das kühle Licht
Auf einem bleichen Angesicht.

Sie lagern um den Fremden stumm,
Ihn aufzuwecken bange:
Sie sehn der Narben Heiligtum
Auf blasser Stirn und Wange;
Dem Wüstensohn zu Herzen geht
Des Unglücks stille Majestät.

Dem schlafversunknen Helden naht,
Mit Schritten gastlich leise,
Ein alter, finsterer Nomad,
Und Labetrunk und Speise,
Das Beste, das er ihm erlas,
Stellt er ihm heimlich vor ins Gras,

Nimmt wieder seine Stelle dann. –
Noch starrt die stumme Runde
Den Bleichen an, ob auch verrann
Der Nacht schon manche Stunde;
Bis aus dem Schlummer fährt empor
Der Mann, der's Vaterland verlor.

Da grüßen sie den Fremden mild
Und singen ihm zu Ehre
Gesänge tief und schlachtenwild
Hinaus zur Wüstenleere.
Blutrache, nach der Väter Brauch,
Ist ihres Liedes heißer Hauch.

Wie faßt und schwingt sein Schwert der Held,
Der noch vom Traum berückte!
– Er steht auf Ostrolenkas Feld; –
Wie lauschet der Entzückte,
Vom stürmischen Gesang umweht!
Wie heiß sein Blick nach Feinden späht!

Doch nun der Pole schärfer lauscht,
Sind's fremde, fremde Töne;
Was ihn im Waffenglanz umrauscht,
Arabiens freie Söhne,
Auf die der Mond der Wüste scheint:
Da wirft er sich zur Erd – und weint.

Die drei Indianer

Mächtig zürnt der Himmel im Gewitter,
Schmettert manche Rieseneich' in Splitter,
Übertönt des Niagara Stimme,
Und mit seiner Blitze Flammenruten
Peitscht er schneller die beschäumten Fluten,
Daß sie stürzen mit empörtem Grimme.

Indianer stehn am lauten Strande,
Lauschen nach dem wilden Wogenbrande,
Nach des Waldes bangem Sterbgestöhne;
Greis der eine, mit ergrautem Haare,
Aufrecht überragend seine Jahre,
Die zwei andern seine starken Söhne.

Seine Söhne jetzt der Greis betrachtet,
Und sein Blick sich dunkler jetzt umnachtet
Als die Wolken, die den Himmel schwärzen,
Und sein Aug' versendet wildre Blitze
Als das Wetter durch die Wolkenritze,
Und er spricht aus tiefempörtem Herzen:

„Fluch den Weißen! ihren letzten Spuren!
Jeder Welle Fluch, worauf sie fuhren,
Die einst Bettler, unsern Strand erklettert!
Fluch dem Windhauch dienstbar ihrem Schiffe!
Hundert Flüche jedem Felsenriffe,
Das sie nicht hat in den Grund geschmettert!

Täglich übers Meer in wilder Eile
Fliegen ihre Schiffe, gift'ge Pfeile
Treffen unsre Küste mit Verderben.
Nichts hat uns die Räuberbrut gelassen,
Als im Herzen tödlich bittres Hassen:
Kommt, ihr Kinder, kommt, wir wollen sterben!"

Also sprach der Alte, und sie schneiden
Ihren Nachen von den Uferweiden,
Drauf sie nach des Stromes Mitte ringen;
Und nun werfen sie weithin die Ruder,
Armverschlungen Vater, Sohn und Bruder
Stimmen an, ihr Sterbelied zu singen.

Laut ununterbrochne Donner krachen,
Blitze flattern um den Todesnachen,
Ihn umtaumeln Möwen sturmesmunter;
Und die Männer kommen festentschlossen
Singend schon dem Falle zugeschossen,
Stürzen jetzt den Katarakt hinunter.

Marie und Wilhelm

Im Abendschein am Fenster saß
Allein mit ihrem Harme
Marie, das Antlitz welk und blaß
Gesenkt auf ihre Arme.

So saß das Mädchen still und sann,
Sann nach den alten Zeiten,
Und manche heiße Träne rann
Den schönen alten Zeiten:

Als sie im trauten Hüttlein noch
Bei lieben Eltern wohnte,
Und süßer Gottesfriede noch
Der reinen Seele lohnte;

Als sie so fromm zur Kirche ging,
Und ihre Wange glühte,
Wenn jedes Aug' im Dorfe hing
An ihrer Jugendblüte;

Als sie am lauten Erlenbach
Dem Wilhelm, freudetrunken,
Das erste Wort der Liebe sprach
Und ihm ans Herz gesunken;

Und er sie nannte „süße Braut!" –
„Das alles ist vorüber!"
So dachte sie und schluchzte laut,
Ihr Herz ward immer trüber:

„Es kam der Feind in Sturmeslauf
Mit grimmen Todesstreichen;
Das Hüttlein sank, ein Aschenhauf,
Die Eltern, wunde Leichen.

Die Eltern tot! Er in die Welt!
Die Träne rann vergebens,
Ich in die Nacht hinausgestellt
Des unbekannten Lebens!" –

Da glänzt' ein milder Strahl daher
Im hoffnungslosen Dunkel,
Ein böses Irrlicht, lockend sehr
Mit lieblichem Gefunkel:

‚Laß ab zu klagen, Kind, laß ab!
Komm, folge deinem Sterne!
Die Eltern kühlt und heilt das Grab,
Den Bräutigam die Ferne!

Bald sollst du als beglückte Frau
Genesen aller Leiden;
Komm, folge mir zur Liebesau
Voll ewig grüner Freuden!'

Ich wischte mit treuloser Hand
Die Tränen von der Wange,
Und ging – und ging – das Irrlicht schwand
Am furchtbar steilen Hange!

Nun ist mein Herz so grabesdumpf,
Verlassen wie die Wüste,
Seit in den bodenlosen Sumpf
Gesunken ich der Lüste!

Marie blickt in die Nacht hinein
Aus ihrem stillen Zimmer;
Schon ist am Himmel Sternenschein
Und sanfter Mondenschimmer.

Im Garten ruft die Nachtigall,
Sie scheint in bangen Weisen
Zu klagen um des Mädchens Fall,
Die Unschuld süß zu preisen.

Und leise kommt der Abendwind,
Der ihren Locken schmeichelt,
Als wollt' er trösten, ihr gelind
Die bleiche Wange streichelt.

Geh fort, o West, vom Mädchen, geh!
Laß ruhn den welken Flieder!
Du tust ihr mit den Blüten weh,
Die du auf sie streust nieder! – –

Da öffnet sich das Kämmerlein:
Es ruft ein Mann: „Maria!"
Die Freude stößt ihn wild herein:
„O meine Braut Maria!

Ich habe nun mein Glück erjagt,
Mich durch die Welt getrieben;
Hab' viel gelitten, viel gewagt,
Und bin dir treu geblieben!

Wenn schier mein Herz vor Leide brach
An lieblos fremdem Orte,
So dacht' ich an den Erlenbach,
Ich dacht' an deine Worte!"

Er preßt sie selig an das Herz;
Sie aber muß sich wenden,
Sie hüllt, zerknickt von ihrem Schmerz,
Das Antlitz mit den Händen.

Und leichenblaß und zitternd bricht
Sie hin zu seinen Füßen;
Er weint, er deckt ihr Angesicht
Mit feurig bangen Küssen.

„Mir nicht den Kuß! bin sein nicht wert;
Tief sank ich ins Verderben!
Bin treulos, Wilhelm, und entehrt!
Zieh fort, und laß mich sterben!" –

Wie also sie zu Wilhelm sprach,
Da schied er, schwer beklommen,
Ging still hinaus zum Erlenbach,
Der ihn mit fortgenommen.

Die Waldkapelle

1.

Der dunkle Wald umrauscht den Wiesengrund,
Gar düster liegt der graue Berg dahinter;
Das dürre Laub, der Windhauch gibt es kund,
Geschritten kommt allmählich schon der Winter.

Die Sonne ging, umhüllt von Wolken dicht,
Unfreundlich, ohne Scheideblick von hinnen,
Und die Natur verstummt, im Dämmerlicht
Schwermütig ihrem Tode nachzusinnen.

Dort, wo die Eiche rauscht am Bergesfuß,
Wo bang vorüberklagt des Baches Welle,
Dort winket, wie aus alter Zeit ein Gruß,
Die längst verlaßne, stille Waldkapelle.

Wo sind sie, deren Lied aus deinem Schoß,
O Kirchlein, einst zu Gott emporgeflogen,
Vergessend all ihr trübes Erdenlos? –
Wo sind sie? – ihrem Liede nachgezogen!

2.

Horch! plötzlich stört ein Ruf die Einsamkeit:
Klang's nicht aus der Kapelle öden Mauern?
Wer ist es, der so wunderlich dort schreit,
Daß mich's unheimlich faßt mit kaltem Schauern?!

„Herr Gott! wir loben dich – ha, ha, ha, ha!"
Nun schweigt er still, der grause Gottverächter,
Und donnernd ruft er nun: „Allelujah!"
Und überdonnernd folgt sein Hohngelächter.

Da stürzt er mir vobei voll scheuer Hast,
Das wirre Haar von bleicher Wange streifend,
Die Augen wild bewegt und ohne Rast,
Irrlichter, in der Nacht des Wahnsinns schweifend.

Er eilt waldein, von seinem Tritte rauscht
Das dürre Laub im dunkeln Eichenhaine;
Wie sinnend bleibt er plötzlich stehn und lauscht,
Und leise hör' ich's nun, als ob er weine.

Mitleidig rauscht ihr ihm – o rauschet nur!
Den Trost: „Vergänglichkeit!" ihr welken Blätter!
O locket seine Seele auf die Spur
Des milden Todes, nennt ihm seinen Retter! –

Zur sanften Wehmut lichtet sich das Tal,
Da kommt der Mond zum stillen Abschiedsfeste;
Es will sein Silberschimmer noch einmal
Sich schmiegen an des Sommers karge Reste.

Wie schwach ist schon der Eiche fahles Laub!
Den leichten Mondstrahl kann es nicht mehr tragen,
Es bricht und zittert unter ihm in Staub,
Und läßt die kahlen Äste traurig ragen. –

Da steht der Irre, bleich und stumm, den Blick,
Das bittre Lächeln auf den Mond gerichtet;
Es prallt das Mondlicht scheu von ihm zurück,
Und scheu der Wind an ihm vorüberflüchtet.

Starrt so des Wahnsinns Auge wild hinauf
Zum stillen, klaren, ewiggleichen Frieden,
Mit dem die Sterne wandeln ihren Lauf:
Ein Anblick ist's, der traurigsten hienieden. –

Was hat, o Schicksal, dieser Mensch getan,
Daß mit des Wahnsinns bangen Finsternissen
Du ihm verschüttet hast die Lebensbahn,
Aus seiner Seele seinen Gott gerissen?

3.

Er hat geliebt! – Vor langer, trüber Zeit,
Da ging er einst, ein fröhlicher Geselle,
Mit seinem Lieb durch diese Einsamkeit,
Und kam mit ihr zur stillen Waldkapelle.

Sie traten ein, sie knieten hin; da glomm
Durchs Fenster hell herein die Abendröte;
Er betete mit ihr so selig fromm,
Und draußen sang des Hirten weiche Flöte.

Da hob die Hand sie schnell und feierlich
Und sprach, so schien's, mit tiefbewegter Stimme;
„Lieb' ich nicht warm und treu und ewig dich,
So strafe mich der Herr mit seinem Grimme!"

Und heller glomm der helle Abendstrahl,
So wie sein Herz, sich ewig ihr zu weihen;
Und draußen klang im stillen Waldestal
Des Hirten Lied wie Himmelsmelodeien. –

Wie bald, wie bald, daß ihn ihr Herz vergißt!
Daß ihr ein andrer schon des falschen Eides
Das letzte Wort von falscher Lippe küßt,
Sie mit dem Glanze schmückt des Brautgeschmeides!

Und all ihr Leben, Freudentaumel nur,
Den noch kein flüchtig Leid ihr jemals störte,
Zieht, unverfolgt von ihrem falschen Schwur,
Und frech am Gott vorüber, der ihn hörte. –

Das war's, o Schicksal, was der Mensch getan,
Daß mit des Wahnsinns bangen Finsternissen
Du ihm verschüttet hast die Lebensbahn,
Aus seiner Seele seinen Gott gerissen!

Drum flucht er nun empor mit wildem Spott,
Gequält von seinem Schmerz, an jener Stelle,
Wo er so selig einst gekniet vor Gott,
Drum irrt er, wie gebannt, um die Kapelle.

Warnung im Traume

In üppig lauter Residenz
Verschwelgt mit reicher Habe
Ein Jüngling seinen Lebenslenz;
Die Eltern ruhn im Grabe.

Die Mutter lag am Sterbepfühl
Mit matten Herzensschlägen,
Sie legte blaß und todeskühl
Die Händ' ihm auf zum Segen.

Und sie verschwendet noch im Schmerz
Der Kräfte letzten Glimmer,
Daß nun das Kind ihr treues Herz
Verlassen soll auf immer.

Der Mutterliebe ew'ge Macht
Hält sie dem Sohn vereinet,
Wie mildes Mondlicht in der Nacht
Des Wandrers Pfad bescheinet.

Umschwebt sie auch im Geisterflug
Still segnend den Bedrohten,
Gewaltig ist der Sinnenzug,
Und kraftlos sind die Toten.

Sie sah, wie's letzte Röslein sich
Von seiner Wange stehle,
Und wie die Unschuld ihm verblich,
Die Rose seiner Seele.

Sie sah den Sohn die Sinnengier
Stets fesselnder umgarnen;
Ein Trost nur war geblieben ihr:
In Träumen ihn zu warnen.

Nach einem wildverbrausten Tag,
Verbuhlet und vertrunken,
Der Jüngling auf dem Bette lag,
Dem Schlafe heimgesunken.

Da träumt ihm, daß er abends irrt
Durch volkbelebte Straßen,
Wo manche Dirne lockend kirrt
Zu lüsternem Umfassen.

Schon wandelt der Laternenmann
Von Pfahl zu Pfahl und zündet
Dem Laster seine Sterne an,
Das hier sich sucht und findet.

Der Jüngling sieht ein lockend Weib
An ihm vorübergleiten,
Um deren üppig schlanken Leib
Sich Licht und Dunkel streiten.

Das Licht ihm wenig nur erhellt,
Die Lust nach dem zu wecken,
Was ihm das Dunkel vorenthält
Mit reizend schlauem Necken.

Er will den Reizen sein zu Gast,
Sie laden ihn so dringend,
Er eilt ihr nach, der Schritte Hast
Je mehr und mehr beschwingend.

Doch wie er nach der Dirne setz',
Er kann sie nicht erreichen,
Er sieht die Dunkle weiter stets,
Und lockender entweichen.

Sie gleichet einem Nebelbild
Mit leisem, fernem Winken;
Sein Blick dem Sonnstrahl heiß und wild,
Den Nebel aufzutrinken.

Schon haben sie im raschen Zug
Die wache Stadt verlassen,
Und schon durchkreuzt ihr schneller Flug
Der Vorstadt öde Straßen.

Nur hier und dort ein Licht noch brennt
Bei Toten oder Kranken;
Und fort und fort die Dirne rennt,
Er nach mit gier'gem Zanken:

„Was rennst du, Tolle, so geschwind?
Wo steht dein süßes Lager?"
Da pfeift ums Ohr ein kalter Wind
Dem ungestümen Frager.

„Halt an, halt an die tolle Flucht!
Ich will dich fürstlich zahlen!"
Also der Jüngling fleht und flucht,
Schwerkrank an Wollustqualen.

Nun ist kein Haus zu schauen mehr;
Mit arg betroffnen Blicken
Sieht er nur Gräber ringsumher,
Und ernste Kreuze nicken.

Da wend't sie sich im Mondenlicht,
Zu seiner Qualgenesung:
Mit grauverwischtem Angesicht
Umarmt ihn – die Verwesung. –

Doch fuhr er kaum vom Schlummer auf,
Hat er den Traum versungen,
Und hat der wüste Lebenslauf
Ihn wiederum verschlungen.

Bald ward des Traumes kalte Braut
Am schweigenden Altare
Dem Jüngling wirklich angetraut,
An seiner Totenbahre.

Der traurige Mönch
(Nach einer Sage)

In Schweden steht ein grauer Turm,
Herbergend Eulen, Aare;
Gespielt mit Regen, Blitz und Sturm
Hat er neunhundert Jahre;
Was je von Menschen hauste drin,
Mit Lust und Leid, ist längst dahin.

Der Regen strömt, ein Reiter naht,
Er spornt dem Roß die Flanken;
Verloren hat er seinen Pfad
In Dämmrung und Gedanken;
Es windet heulend sich im Wind
Der Wald, wie ein gepeitschtes Kind.

Verrufen ist der Turm im Land,
Daß nachts, bei hellem Lichte,
Ein Geist dort spukt in Mönchsgewand,
Mit traurigem Gesichte;
Und wer dem Mönch ins Aug' gesehn,
Wird traurig und will sterben gehn.

Doch ohne Schreck und Grauen tritt
Ins Turmgewölb der Reiter,
Er führt herein den Rappen mit,
Und scherzt zum Rößlein heiter:
„Gelt du, wir nehmen's lieber auf
Mit Geistern, als mit Wind und Trauf?"

Den Sattel und den nassen Zaum
Entschnallt er seinem Pferde,
Er breitet sich im öden Raum
Den Mantel auf die Erde,
Und segnet noch den Aschenrest
Der Hände, die gebaut so fest.

Und wie er schläft und wie er träumt
Zur mitternächt'gen Stunde,
Weckt ihn sein Pferd, es schnaubt und bäumt,
Hell ist die Turmesrunde,
Die Wand wie angezündet glimmt;
Der Mann sein Herz zusammennimmt.

Weit auf das Roß die Nüstern reißt,
Es bleckt vor Angst die Zähne,
Der Rappe zitternd sieht den Geist
Und sträubt empor die Mähne;
Nun schaut den Geist der Reiter auch
Und kreuzet sich nach altem Brauch.

Der Mönch hat sich vor ihn gestellt,
So klagend still, so schaurig,
Als weine stumm aus ihm die Welt,
So traurig, o wie traurig!
Der Wandrer schaut ihn unverwandt,
Und wird von Mitleid übermannt.

Der große und geheime Schmerz,
Der die Natur durchzittert,
Den ahnen mag ein blutend Herz,
Den die Verzweiflung wittert,
Doch nicht erreicht – der Schmerz erscheint
Im Aug' des Mönchs, der Reiter weint.

Er ruft: „O sage, was dich kränkt?
Was dich so tief beweget?"
Doch wie der Mönch das Antlitz senkt,
Die bleichen Lippen reget,
Das Ungeheure sagen will,
Ruft er entsetzt: „Sei still! sei still!" –

Der Mönch verschwand, der Morgen graut,
Der Wandrer zieht von hinnen;
Und fürder spricht er keinen Laut,
Den Tod nur muß er sinnen;
Der Rappe rührt kein Futter an,
Um Roß und Reiter ist's getan.

Und als die Sonn' am Abend sinkt,
Die Herzen bänger schlagen,
Der Mönch aus jedem Strauche winkt,
Und alle Blätter klagen,
Die ganze Luft ist wund und weh –
Der Rappe schlendert in den See.

Vision

Vom Himmel strahlt der Mond so klar,
Greif aus, o Rappe, greif!
Im Winde fliegt des Reiters Haar,
Des Rosses Mähn' und Schweif.

Auf seinem Hut der Reiter trägt
Gemsbart und Federnputz;
Ein schmerzliches Gelächter schlägt
Er auf und schwingt den Stutz.

Der Reiter sprengt um Mitternacht
Durchs Land Tirol, allein;
Der Waldstrom braust und stürzt mit Macht,
Der Reiter holt ihn ein.

Die Schneegans dort hoch oben ruft
Ihr schnatternd Wanderlied,
Schnell zieht der Vogel in der Luft,
Der Reiter schneller flieht.

Schnell ist der Wolkenschatten Flucht,
Der Reiter schneller noch,
Kaum braust er in der tiefen Schlucht,
Schon auch am Gipfel hoch.

Wo das Gebein der Helden liegt,
Gibt er dem Roß die Sporn,
An den vergeßnen Gräbern fliegt
Er wild vorbei im Zorn.

Am Wege dort ein Kruzifix,
Des Unglücks Herberg', ragt,
Seitwärtsgewandten, finstern Blicks
Vorbei der Reiter jagt.

So reitet er durchs Land Tirol,
Und ruft so bang, so schwer:
„Mein schönes Land, leb' wohl! leb' wohl!
Du siehst mich nimmermehr!"

Das letzte Heldengrab zerreißt,
Der Reiter stürzt hinein,
Grab zu! Verschwunden ist der Geist
Von achtzehnhundertneun.

Die Drei

Drei Reiter nach verlorner Schlacht,
Wie reiten sie so sacht, so sacht!

Aus tiefen Wunden quillt das Blut,
Es spürt das Roß die warme Flut.

Vom Sattel tropft das Blut, vom Zaum,
Und spült hinunter Staub und Schaum.

Die Rosse schreiten sanft und weich,
Sonst flöss' das Blut zu rasch, zu reich.

Die Reiter reiten dicht gesellt,
Und einer sich am andern hält.

Sie sehn sich traurig ins Gesicht,
Und einer um den andern spricht:

„Mir blüht daheim die schönste Maid,
Drum tut mein früher Tod mir leid."

„Hab' Haus und Hof und grünen Wald,
Und sterben muß ich hier so bald!"

„Den Blick hab' ich in Gottes Welt,
Sonst nichts, doch schwer mir's Sterben fällt."

Und lauernd auf den Todesritt
Ziehn durch die Luft drei Geier mit.

Sie teilen kreischend unter sich:
„Den speisest du, den du, den ich."

Anna
(Nach einer schwedischen Sage)

I.

Anna steht in sich versunken,
Blicket in den See hinein,
Weidet, eigner Schönheit trunken,
Sich an ihrem Widerschein.

Sie beginnt hinab zu reden:
Wunderholde Jungfrau, sprich,
Schönstes Bild im Lande Schweden,
Bin ich du? und bist du ich?

Nein, o nein, ich glaub' es nimmer,
Wenn es auch die Welt mir schwört,
Daß so heller Rosenschimmer
Meinen Wangen angehört.

Dieser Mund, ist er der meine,
Den dies süße Lächeln bricht?
Seh' ich doch, wie auch der deine
Fragend mir entgegenspricht.

Liebes Wasser, sag', erzähle,
Hast mein Auge du gemalt?
Oder ist des Himmels Seele,
Was dein Spiegel widerstrahlt?

Anna neigt vom grünen Strande
Sich in ihres Bildes Näh',
Streift vom Busen die Gewande,
Läßt ihn leuchten in den See.

Nach dem Bilde niederhangend,
Starrt sie zweifelnd und beglückt,
Und das Bild, ihr nachverlangend,
Starrt bewundernd und entzückt.

Fragt das Bild, im Wasser schwebend:
Anna, hab' ich dich erreicht?
Fragt das Mädchen, freudig bebend:
Bin ich schöner noch vielleicht?

In den seligen Geberden,
Die das Bild ihr abgelauscht,
Sieht sich Anna schöner werden,
Und die Jungfrau steht berauscht.

„Wenn so schön ich immer bliebe!
Muß dies Bild denn auch vergehn?"
Ruft sie, eitler Eigenliebe,
Horch! die Winde sausend wehn!

Rauschend wird ihr Bild zertrümmert
Im empörten Wellenschaum;
Und das Mädchen sieht bekümmert
Sich darin vergehn wie Traum.

Und im Walde knarrt es knickend,
Und am Ufer schwankt das Rohr,
Aus den Weiden, freundlich nickend,
Huscht ein altes Weib hervor.

Alte spricht, und weint verstohlen:
„Wie dein Bild im Wind zerfuhr,
Würden deine Kinder holen
Deiner Schönheit letzte Spur.

Denn die Schönheit ihrer Mutter
Ist der Kinder liebster Fraß,
Ist der Kinder feinstes Futter;
Schöne Jungfrau, merk' dir das!

Wag' es nur und kehre wieder
Nach dem ersten Wochenweh,
Komm und spiegle deine Glieder
Dann im peinlich klaren See.

Komm und schau' dann mit Entsetzen
Deine Brüste, junges Blut,
Gleich gezognen Fischernetzen
Zitternd schwimmen in der Flut.

O dann frage deinen Schatten:
Wangen, seid ihr mein, so bleich?
Augen mein, ihr hohlen, matten?
Weinen wirst du in den Teich.

Kommt ein Mann, um dich zu freien,
Eile du zu mir geschwind:
Und ich will den Leib dir feien,
Daß du nie empfängst ein Kind.

Anna spricht mit dunkeln Schauern:
Wenn du mir zu helfen meinst,
Daß die Schönheit mir mag dauern,
Mütterlein, so komm' ich einst.

II.

Vor dem Fenster steht der Ritter,
Singt bei Nacht mit süßem Laut,
Schlägt dazu die helle Zither:
„Willst du heißen meine Braut?

Hab' ein Schloß und finstre Wälder,
Berge hab' ich, reich an Erz,
Muntre Herden, goldne Felder,
Und nach dir ein krankes Herz!

Schmücke dir mit Edelsteinen,
Gold und Perlen Hals und Hand,
Liebchen, schmücke dich mit meinen
Narben aus dem heil'gen Land.

Morgen wird die Sonne steigen;
Strahlt herauf die Sonne klar,
Soll sie meinen Wuchs dir zeigen,
Und dir leuchten zum Altar.

Hier an diesem Rosensprosse
Häng' ich dir mein Ringlein auf!"
Sang's und schwang sich auf zu Rosse,
Sprengt davon im flücht'gen Lauf. —

„Willst du meinen Finger tauschen,
Ringlein, mit dem Rosenreis?"
Anna nimmt's, die Hecken rauschen,
Und im Dickicht naht es leis.

Schwarz verhangen Mond und Sterne,
Durch den Blütenstrauch herein
Wiegt sich eine Blendlaterne,
Wie Johanniskäferschein.

Freundlich nickend, bleich verdüstert,
Steht das Mütterlein vom See,
Weint verstohlen, und sie flüstert:
„Schöne Jungfrau, weh dir, weh!

„Von den Rosen hier empfangen
Hast du's Ringlein, und es droht
Bald den Rosen deiner Wangen
Dieses Ringlein bleichen Tod.

Folge mir!" – Sie schreiten beide
Weite Strecken stumm und sacht
Über eine öde Heide
In der stummen, dunklen Nacht.

Und an einer Windmühl' stille
Hält das alte Zauberweib:
„Bräutchen, ist's dein fester Wille
Daß unfruchtbar sei dein Leib?

Willst?" – ‚Ich will es!' und sie schleichen
Jetzt die Mühlentrepp' empor,
Feiernd stehn die Flügelspeichen,
Taghell tritt der Mond hervor.

Braune Weizenkörner sieben
Aus dem Sack die Alte greift,
Und das Ringlein ihres Lieben
Sie der Braut vom Finger streift.

„Wenn nicht meine Zauber wären",
– Spricht das Mütterlein vom See –
„Würdest sieben du gebären
In der schmerzensreichen Eh'."

Durch das Ringlein wirft hinunter
Sie ein Korn zum runden Stein:
Plötzlich wird die Mühle munter,
Brausend fällt ein Windstoß drein;

Und die Mühle mahlt im Winde,
Schaudernd hört die junge Braut
Leise, wie von einem Kinde,
Wimmern einen kurzen Laut.

Drauf todstill in alle Weite,
Anna hört ihr Herz allein,
Und die Alte wirft das zweite
Weizenkorn hinab zum Stein:

Wieder mahlt die Mühl' im Winde,
Schmerzend hört die junge Braut
Leise, wie von einem Kinde,
Wimmern einen kurzen Laut.

Alte wirft das dritte, vierte,
Fünfte Korn, noch zwei hinein:
Jedmal sich der Windstoß rührte,
Und zerreibend lief der Stein.

Siebenmal hat es gewimmert,
Hat ein Weh durchzuckt die Maid.
Wieder Ruh' – der Vollmond schimmert
Nieder auf die stille Heid'.

Mütterlein jetzt freudig kichert,
Steckt das Ringlein ihr zurück:
„Nie ergreift dich, bist gesichert,
Jammervolles Mutterglück!"

Heim, zuvor den Morgenstunden,
Eilt nun Anna, fürcht't sich schier;
Schüchtern blickt sie um – verschwunden
Ist die Alte hinter ihr.

III.

Schautet ihr das Bräutchen schwärmen
Auf der Heid' im Mondenstrahl,
Würdet ihr im Schloß nicht lärmen,
Rüsten nicht das Hochzeitsmahl.

Dreier Tage galt's ein Jagen,
Scholl das Horn in Wald und Kluft,
Mancher Keiler ward erschlagen,
Vögel stürzten aus der Luft.

Und der Hirsch, der Stolz der Schluchten,
Liegt mit zwanzig Enden kalt,
Liegt, als hätt' er auf den Fluchten
Mitgerissen ein Stück Wald.

Denn zur Ehre seines Festes
Rief der Ritter in den Forst:
„Lieber Wald! heraus dein Bestes,
Schönstes an Geweih und Borst!"

Früh am Morgen in dem Schlosse
Werden hundert Gäste laut,
Mit dem Ritter, hoch zu Rosse,
Holen sie die schöne Braut.

Anna glänzt im Brautgeschmeide,
Strahlt in Schönheit wunderbar,
Daß das Volk aufschreit vor Freude,
Wo vorüberzieht die Schar.

Kein so schönes Weib begegnet
Heut der Sonne auf der Welt;
Und der Priester, wie er segnet,
Vor Erstaunen innehält.

Erich, dem zur Pflicht des Weibes
Sie der Priester angetraut,
In die Schönheit ihres Leibes,
Seinen offnen Himmel, schaut.

Anna freut sich all des Glanzes,
Ihres Ritters freut sie sich,
Ihres grünen Myrtenkranzes
Ihrer selbst herzinniglich.

Bald beginnt ein festlich Schmausen,
Geigenschall und Hörnerklang,
Lebehoch! und Tanzesbrausen,
Becherklirren, Spiel und Sang.

Aber als die Nacht gekommen:
Dicht in ihres Ohres Näh'
Hört die schöne Braut, beklommen,
Rauschen den bekannten See.

Trüb ihr alle Kerzen flimmern,
Und die Luft wird ihr so schwül,
Durchs Getös das leise Wimmern
Hört sie von der Heidemühl'.

IV.

Sieben Jahre sind verflossen
Spurlos, wie die Flut ins Meer,
Seit der Ehbund ward geschlossen,
Heute ist die Jahreskehr.

Anna wird im Land besungen
Als die allerschönste Frau;
Sie empfängt die Huldigungen,
Wie die Rose ihren Tau.

Keines von den süßen Liedern
Mag ein Blick gerührter Huld,
Mag ein süßes Wort erwidern;
Anna trägt nur *eine* Schuld,

Oftmals bei geschloßnem Riegel
Ist sie unbelauscht allein,
Stürzt ihr Aug' sich in den Spiegel,
Schwelgt in ihrem Widerschein.

Gerne mag sich Anna zieren,
Reich geschmückt am Spiegel stehn;
Bis sie fühlt geheimes Frieren,
Wenn sie lang hineingesehn.

Klirrt und rauscht dann Gold und Seide,
Dünkt ihr oft, es werde wach
Jener bange Laut der Heide,
Der manchmal ihr wehte nach.

Anna ist so schön geblieben,
Wie als Braut einst am Altar;
Erich trauert, daß sein Lieben
Und sein Leben unfruchtbar.

Schweigend reiten sie zum Schlosse
Heim von einer Kindestauf';
Als ihr leuchtender Genosse
Zieht der volle Mond herauf.

Erich reitet in Gedanken
Hinter seinem Weibe fort,
Sieht des Waldes Schatten wanken,
Unstet wechselnd hier und dort.

Als sie weitertraben beide,
In Gedanken, ohne Laut,
Als sie kommen auf die Heide,
Wo sie einst geirrt als Braut:

Sieht er ihres Pferdes Schatten
Um die Reiterin verkürzt,
Und das Bild erschreckt den Gatten,
Ob sein Weib vom Roß gestürzt?

Nein, sie sitzt! „Gott sei uns gnädig!"
Ruft er aus – „Verfluchtes Weib!
Nur dein Roß, als ging' es ledig,
Keinen Schatten wirft dein Leib!"

Aber Anna treibt den Zelter,
Zitternd vor dem Mondenstrahl,
Vor dem himmlischen Vergelter,
Und dem zürnenden Gemahl.

Jetzo stürzt sie bang zu Füßen
Ihrem Herrn im Schlafgemach,
Sie bekennt in Tränengüssen,
Flehend, was sie einst verbrach.

Schaudernd hört er ihre Kunde;
Süßer sonst als Blumenduft,
Trifft der Hauch aus ihrem Munde
Jetzo ihn wie Grabesluft.

Erich schaut im Mondenlichte,
Leuchtend durch den Fensterspalt,
Ihr frisch blühend Angesichte,
Ihre bräutliche Gestalt.

„Unweib!" ruft er mit Entsetzen –
„Wäre deine Schönheit hin!
Mit den unterschlagnen Schätzen,
Gräßliche Betrügerin!

Eile fort aus meiner Kammer!
Eile fort aus meinem Haus!
Fahre hin in Not und Jammer!
Fluchend stoß' ich dich hinaus!

Dir so wenig wird vergeben,
Wie aus dieser Diele je
Frische Rosen sich erheben!
Weh, verfluchtes Weib, dir, weh!"

V.

Anna liegt im Wald verlassen,
Klagt den Bäumen nicht ihr Los;
Schweigend drückt sie nur die nassen
Augen in das weiche Moos.

Im Gebüsch der Winde Sausen
Weckt der Reue wilden Schrei,
Und des Baches Wellen brausen
An der Sünderin vorbei.

Anna darf um Trost nicht lauschen
Zur Natur im Trostgewand,
Zwischen ihnen flatternd rauschen
Hört sie das zerrißne Band.

Und die Menschen schaudernd kehren
Ab das Herz von Annas Not;
Ihre Buße nur zu nähren,
Reichen sie das Bettelbrot.

Sieben Jahre sind es heute,
Seit ihr Gatte sie verstieß,
Seit sie, Reu' und Kummers Beute,
Klagend seine Burg verließ.

Heute sind es sieben Jahre,
Daß sein Fluch sie fortgeschnellt,
Daß sie mit gelöstem Haare
Büßend weinte durch die Welt.

Mutterleid, das wonnereiche,
Hat ihr Antlitz nie versehrt,
Aber bis zur Totenbleiche
Hat der Jammer es verheert.

Als sie aufblickt von der Erde,
Naht im Strahl des Abendlichts
Ihr ein Greis, mit Freundsgeberde,
Mitleidvollen Angesichts.

„Anna, hebe dich vom Grunde!
Komm, du hast genug geweint;
Des Erbarmens milde Stunde
Deinem Kummer auch erscheint.

Folge mir zur Waldkapelle!"
Spricht der alte Eremit,
Als des Abends letzte Helle
Von den Wipfeln sich verzieht.

Dunkel wird es, dunkler immer,
Kaum manchmal durch Baum und Strauch
Zweifelt eines Sternes Flimmer,
Stiller, kühler wird es auch.

Und sie wandeln und sie schweigen,
Finster wird es ganz und gar,
Auf des Walds gewundnen Steigen
Leuchtet ihr sein weißes Haar.

In des Waldes tiefsten Schauern
Kommen sie an die Kapell';
Grabesstill sind ihre Mauern,
Doch erleuchtet ist sie hell.

Zu der traurigsten der Frauen
Spricht der Alte: „tritt hinein!
Die du drinnen wirst erschauen,
Bitte, daß sie dir verzeihn!"

Anna zögernd und verzagend
In die Waldkapelle tritt,
Von den öden Wänden klagend
Hallt zurück ihr scheuer Schritt.

Niemand hier; doch lispelnd nennen
Ihren Namen hört sie klar;
Sieben Kerzen sieht sie brennen
Ohne Leuchter am Altar.

Hellen Schimmer auszuspenden,
Hängt die Lampe ohne Schnur;
Bilder haften an den Wänden,
Dämmernde Umrisse nur.

Und die Staffeln abgebrochen
Zum Altar; zerrißnes Tuch;
Keine Messe wird gesprochen
Aus dem unbeschriebnen Buch.

Sieben leichte Lichtgestalten
Jetzt an ihr vorüberziehn,
Und mit stummem Händefalten
Vor dem Altar niederknien.

Anna sich mit zitternd leisen
Schritten den Gestalten naht:
„Meine ungeborenen Waisen!
Ach, verzeiht ihr, was ich tat?

Grausam frevelnd ausgestoßen
Hab' ich euer keimend Herz,
Von den Freuden ausgeschlossen,
Von dem trauten Erdenschmerz!"

Und sie nicken, ihr vergebend,
Lächelnd zugewandt, doch stumm;
Und der Alte, näher schwebend,
Schlingt die Arme ihr herum.

Anna sinkt zu Boden nieder,
Ihr entgleiten Schmerz und Not,
Und sie klagt und weint nicht wieder;
Der Einsiedel war der Tod.

Und zur Stund' ein sanftes Tosen
Erich aus dem Schlafe weckt:
Ha! er sieht mit frischen Rosen
Seine Diele überdeckt.

Anna, bleich und todeshager,
Grüßend ihm vorüberging,
Und sie legt' ihm auf sein Lager
Leise seinen goldnen Ring.

Als sein totes Weib dem Ritter
Samt den Rosen wieder schwand,
Nimmt er die bestaubte Zither
Endlich einmal von der Wand,

Und er singt ein Lied, das alte,
Aber nicht im alten Laut,
Wie es vor dem Fenster hallte
Anna einst, der schönen Braut.

„Hab' ein Schloß und finstre Wälder,
Berge hab' ich, reich an Erz,
Muntre Herden, goldne Felder,
Und nach dir ein krankes Herz!"

Karl Simrock
1802–1876

Der Rattenfänger

In Hameln fechten Mäus' und Ratzen
Am hellen Tage mit den Katzen;
Der Hungertod ist vor der Tür:
Was tut der weise Rat dafür?
Im ganzen Land macht er's bekannt:
Wer von den Räubern
Die Stadt kann säubern,
Des Burgemeisters Töchterlein
Die soll zum Lohn sein eigen sein.

Am dritten Tage hört man's klingen,
Wie wenn im Lenz die Schwalben singen:
Der Rattenfänger zieht heran.
O seht den bunten Jägersmann.
Er blickt so wild
Und singt so mild:
Die Ratten laufen,
Ihm zu in Haufen,
Er lockt sie nach mit Wunderschall
Ertränkt sie in der Weser all'.

Die Bürger nach den Kirchen wallen,
Zum Dankgebet die Glocken schallen:
Des Bürgermeisters Töchterlein
Muß nun des Rattenfängers sein.
Der Vater spricht:
„Ich duld' es nicht!
So hoher Ehren
Mag ich entbehren:
Mit Sang und Saitenspiel gewinnt
Man keines Burgemeisters Kind."

In seinem bunten Jägerstaate
Erscheint der Spielmann vor dem Rate:
Sie sprechen all' aus einem Ton
Und weigern den bedungnen Lohn:
„Das Mägdelein?
Es kann nicht sein;
Herr Rattenfänger,
Müht euch nicht länger!
Eu'r Flötenspiel ist eitel Dunst
Und kam wohl von des Satans Kunst."

Am andern Morgen hört man's klingen,
Wie wenn die Nachtigallen singen,
Ein Flöten und ein Liedersang,
So süß vertraut, so liebebang.
Da zieht heran
Der Jägersmann,
Der Rattenfänger,
Der Wundersänger,
Und Kinder, Knaben, Mägdelein
In dichten Scharen hinterdrein.

Und hold und holder hört man's klingen,
Wie wenn die lieben Englein singen,
Und vor des Burgemeisters Tür
Da tritt ein einzig Kind herfür:
Das Mägdelein
Muß in den Reihn;
Die Mäuschen laufen
Ihm zu in Haufen:
Er lockt sie nach mit Wunderschall
Und nach der Weser ziehn sie all'.

Die Eltern liefen nach den Toren,
Doch jede Spur war schon verloren:
Kein Eckart hatte sie gewarnt,
Des Jägers Netz hält sie umgarnt,
Zwei kehren um,
Eins blind, eins stumm;
Aus ihrem Munde
Kam keine Kunde.
Da hob der Mütter Jammer an:
So rächte sich der Wundermann.

Johann Nepomuk Vogl
1802–1866

Heinrich der Vogler

Herr Heinrich sitzt am Vogelherd
Recht froh und wohlgemut;
Aus tausend Perlen blinkt und blitzt
Der Morgenröte Glut.

In Wies und Feld und Wald und Au –
Horch, welch ein süßer Schall!
Der Lerche Sang, der Wachtel Schlag,
Die süße Nachtigall!

Herr Heinrich schaut so fröhlich drein:
„Wie schön ist heut die Welt!
Was gilts, heut gibts 'nen guten Fang!"
Er lugt zum Himmelszelt.

Er lauscht und streicht sich von der Stirn
Das blondgelockte Haar,
„Ei doch! Was sprengt denn dort herauf
Für eine Reiterschar?"

Der Staub wallt auf, der Hufschlag dröhnt,
Es naht der Waffen Klang.
„Daß Gott! Die Herrn verderben mir
Den ganzen Vogelfang!"

Ei nun! Was gibts? – Es hält der Troß
Vorm Herzog plötzlich an,
Herr Heinrich tritt hervor und spricht:
„Wen sucht ihr da, sagt an?"

Da schwenken sie die Fähnlein bunt
Und jauchzen: „Unsern Herrn! –
Hoch lebe Kaiser Heinrich! – Hoch
Des Sachsenlandes Stern!"

Dies rufend, knien sie vor ihn hin
Und huldigen ihm still
Und rufen, als er staunend fragt:
„'s ist deutschen Reiches Will!"

Da blickt Herr Heinrich tiefbewegt
Hinauf zum Himmelszelt:
„Du gabst mit einen guten Fang! –
Herr Gott, wie dir's gefällt."

Der Meistertrunk

Zu Hüffelsheim in der Schenke
Erschallt ein Lustgebraus,
Es zecht mit den Gesellen
Der Gaugraf drin im Haus.

Da ist Herr Dhaun, als Zecher
Bekannt am ganzen Rhein,
Der Sponheim und der Stromberg,
Die auch nicht gram dem Wein.

Doch sieh, auch noch ein Fremder
Tritt jetzt zur Tür herein,
Der scheint kein also froher
Gesell wie sie zu sein.

Ergraut sind seine Locken,
Veraltet sein Gewand,
Der setzt sich, fern den Zechern,
Ganz hinten an die Wand.

Die aber kümmert wenig
Der alte düstre Mann,
Die schaun nur in die Becher,
So tief ein jeder kann.

„Ihr Herrn!" ruft nun der Gaugraf,
„Wohl mundet uns der Trank;
Doch laßt die Zeit uns würzen
Auch jetzt mit einem Schwank.

Seht, hier den Reiterstiefel,
Er ragt mir bis ans Bein,
Den füll ich bis zum Rande
Vollauf mit edlem Wein.

Und wer mit einem Zuge
Ihn leert bis auf den Grund,
Dem sei das Schlößchen Waldeck
Zu eigen in dieser Stund!

Ihr wißt, das Schloß gehörte
Einst einem tüchtgen Herrn,
Dem biedern Hans von Waldeck,
Der trank wie ihr so gern.

Und weil ers hat vertrunken,
Der nimmersatte Gauch,
So solls der beste Trinker
Nach ihm bekommen auch.

Drum langt jetzt zu, ihr Herren,
Des Weins ist wohl genug!"
So ruft der Gaugraf lachend,
„Es gilt nur einen Zug!"

Verwundert starrt wohl alles
Den riesgen Stiefel an,
Doch wagt von all den Zechern
Sich auch nicht einer dran.

Es ruft Herr Dhaun: „Den Becher
Leer aus, wer will und mag!"
Der Sponheim drauf: „Ich trinke
Solch Maß nicht all mein Tag!"

Herr Stromberg kraut am Kopfe:
„Den Zug, den laß ich sein,
Den tut wohl Hans von Waldeck
Auf dieser Welt allein."

Da plötzlich tritt der Fremde
Zu ihnen rasch heran,
Und faßt mit kräftgen Händen
Den Riesenstiefel an.

Und spricht: „Ihr habts erraten,
Dazu hat er den Mut;
Denn wißt, ich bin der Waldeck,
Der den Bescheid euch tut."

Drauf setzt er ohne Säumen
Den Stiefel an den Mund
Und trinkt – und trinkt, bis dieser
Geleert bis auf den Grund.

Ha, welch Gelärm und Jubel
Erfüllt nun da das Haus!
„Das ist ein Zug, beim Geier!"
So ruft der Gaugraf aus.

„Doch, wie ichs hab versprochen,
Solls auch gehalten sein,
Das Schloß, du wackrer Zecher,
Ist nun für immer dein."

Da drückt der alte Ritter
Des Grafen Hand gar warm,
Dann aber sinkt er plötzlich
Dem nächsten in den Arm.

Und lächelt im Verscheiden
Noch all die andern an:
„Den Trunk, ihr Herrn, den hab ich
Für Weib und Kind getan!"

Eduard Mörike
1804–1875

Die traurige Krönung

Es war ein König Milesint,
Von dem will ich euch sagen:
Der meuchelte sein Bruderskind,
Wollte selbst die Krone tragen.
Die Krönung ward mit Prangen
Auf Liffey-Schloß begangen.
O Irland! Irland! warest du so blind?

Der König sitzt um Mitternacht
Im leeren Marmorsaale,
Sieht irr' in all die neue Pracht,
Wie trunken von dem Mahle;
Er spricht zu seinem Sohne:
„Noch einmal bring die Krone!
Doch schau, wer hat die Pforten aufgemacht?"

Da kommt ein seltsam Totenspiel,
Ein Zug mit leisen Tritten,
Vermummte Gäste groß und viel,
Eine Krone schwankt inmitten;
Es drängt sich durch die Pforte
Mit Flüstern ohne Worte;
Dem Könige, dem wird so geisterschwül.

Und aus der schwarzen Menge blickt
Ein Kind mit frischer Wunde,
Es lächelt sterbensweh und nickt,
Es macht im Saal die Runde,
Es trippelt zu dem Throne,
Es reichet eine Krone
Dem Könige, des Herze tief erschrickt.

Darauf der Zug von dannen strich,
Von Morgenluft berauschet,
Die Kerzen flackern wunderlich,
Der Mond am Fenster lauschet;
Der Sohn mit Angst und Schweigen
Zum Vater tät sich neigen, –
Er neigt über eine Leiche sich.

Die Geister am Mummelsee

Vom Berge was kommt dort um Mitternacht spät
Mit Fackeln so prächtig herunter?
Ob das wohl zum Tanze, zum Feste noch geht?
Mir klingen die Lieder so munter.
O nein!
So sage, was mag es wohl sein?

Das, was du da siehest, ist Totengeleit,
Und was du da hörest, sind Klagen.
Dem König, dem Zauberer, gilt es zuleid.
Sie bringen ihn wieder getragen.
O weh!
So sind es die Geister vom See!

Sie schweben herunter ins Mummelseetal –
Sie haben den See schon betreten –
Sie rühren und netzen den Fuß nicht einmal –
Sie schwirren in leisen Gebeten –
O schau,
Am Sarge die glänzende Frau!

Jetzt öffnet der See das grünspiegelnde Tor;
Gib acht, nun tauchen sie nieder!
Es schwankt eine lebende Treppe hervor,
Und – drunten schon summen die Lieder.
Hörst du?
Sie singen ihn unten zur Ruh.

Die Wasser, wie lieblich sie brennen und glühn!
Sie spielen in grünendem Feuer;
Es geisten die Nebel am Ufer dahin,
Zum Meere verzieht sich der Weiher –
Nur still!
Ob dort sich nichts rühren will?

Es zuckt in der Mitten – o Himmel! ach hilf!
Nun kommen sie wieder, sie kommen!
Es orgelt im Rohr und es klirret im Schilf;
Nur hurtig, die Flucht nur genommen!
Davon!
Sie wittern, sie haschen mich schon!

Vom Sieben-Nixen-Chor

Manche Nacht im Mondenscheine
Sitzt ein Mann von ernster Schöne,
Sitzt der Magier Drakone
Auf dem Gartenhausbalkone
Mit Prinzessin Liligi;
Lehrt sie allda seine Lehre
Von der Erde, von dem Himmel,
Von dem Traum der Elemente,
Vom Geschick im Sternenkreise.

„Laß es aber nun genug sein!
Mitternacht ist lang' vorüber –"
Spricht Prinzessin Liligi –
„Und nach solchen Wunderdingen,
Mächtigen und ungewohnten,
Lüstet mich nach Kindermärchen,
Lieber Mann, ich weiß nicht, wie!" –

„Hörst du gern das Lied vom Winde,
Das nicht End' noch Anfang hat,
Oder gern vom Königskinde,
Gerne von der Muschelstadt?" –

„Singe du so heut' wie gestern
Von des Meeres Lustrevier,
Von dem Haus der sieben Schwestern
Und vom Königssohne mir!" –

„Zwischen grünen Wasserwänden
Sitzt der Sieben-Nixen-Chor;
Wasserrosen in den Händen,
Lauschen sie zum Licht empor.

Und wenn oftmals auf der Höhe
Schiffe fahren, schattengleich,
Steigt ein siebenfaches Wehe
Aus dem stillen Wasserreich.

Dann, zum Spiel kristallner Glocken,
Drehn die Schwestern sich im Tanz,
Schütteln ihre grünen Locken
Und verlieren Gurt und Kranz.

Und das Meer beginnt zu schwanken,
Well' auf Welle steigt und springt,
Alle Elemente zanken
Um das Schiff, bis es versinkt."

Also sang in Zaubertönen
Süß der Magier Drakone
Zu der lieblichen Prinzessin;
Und zuweilen, im Gesange,
Neiget er der Lippen Milde
Zu dem feuchten Rosenmunde,
Zu den hyazintheblauen,

Schon in Schlaf gesenkten Augen
Der betörten Jungfrau hin.
Diese meint im leichten Schlummer,
Immer höre sie die Lehre
Von der Erde, von dem Himmel,
Vom Geschick im Sternenkreise,
Doch zuletzt erwachet sie:

„Laß es aber nun genug sein!
Mitternacht ist lang' vorüber,
Und nach solchen Wunderdingen,
Mächtigen und ungewohnten,
Lüstet mich nach Kindermärchen,
Lieber Mann, ich weiß nicht, wie!" –

„Wohl! – Schon auf des Meeres Grunde
Sitzt das Schiff mit Mann und Maus,
Und die Sieben in die Runde
Rufen: ‚Schönster, tritt heraus!'

Rufen freundlich mit Verneigen:
‚Komm! es soll dich nicht gereun;
Woll'n dir unsre Kammer zeigen,
Wollen deine Mägde sein.'

– Sieh! da tritt vom goldnen Borde
Der betörte Königssohn,
Und zu der korallnen Pforte
Rennen sie mit ihm davon.

Doch man sah nach wenig Stunden
Wie der Nixenbräutigam
Tot, mit sieben roten Wunden
Hoch am Strand des Meeres schwamm."

Also sang in Zaubertönen
Süß der Magier Drakone;
Und zuweilen, im Gesange,
Neiget er der Lippen Milde
Zu dem feuchten Rosenmunde,
Zu den hyazintheblauen,
Schon in Schlaf gesenkten Augen
Der betörten Jungfrau hin.

Sie erwacht zum andern Male,
Sie verlanget immer wieder:
„Lieber Mann, ein Kindermärchen
Singe mir zu guter Letzt!"

Und er singt das letzte Märchen,
Und er küßt die letzten Küsse;
Lied und Kuß hat ausgeklungen,
Aber sie erwacht nicht mehr.
Denn schon war die dritte Woche,
Seit der Magier Drakone
Bei dem edeln Königskinde
Seinen falschen Dienst genommen;
Wohlberechnet, wohlbereitet,
Kam der letzte Tag heran.

Jetzo fasset er die Leiche,
Schwingt sich hoch im Zaubermantel
Durch die Lüfte zu dem Meere,
Rauschet nieder in die Wogen,
Klopft an dem Korallentor,
Führet so die junge Fürstin,
Daß auch sie zur Nixe werde,
Als willkommene Genossin
In den Sieben-Nixen-Chor.

Zwei Liebchen

Ein Schifflein auf der Donau schwamm,
Drin saßen Braut und Bräutigam,
Er hüben und sie drüben.

Sie sprach: „Herzliebster, sage mir!
Zum Angebind, was geb ich dir?"

Sie streift zurück ihr Ärmelein;
Sie greift ins Wasser frisch hinein.

Der Knabe, der tät gleich also
Und scherzt mit ihr und lacht so froh.

„Ach, schöne Frau Done, geb Sie mir
Für meinen Schatz eine hübsche Zier!"

Sie langt hinein zum andernmal,
Faßt einen Helm von lichtem Stahl.

Der Knab vor Freud entsetzt sich schier,
Fischt ihr einen goldnen Kamm dafür.

Zum dritten sie ins Wasser griff:
Ach weh! da fällt sie aus dem Schiff.

Er springt ihr nach, er faßt sie keck:
Frau Done reißt sie beide weg.

Frau Done hat ihr Schmuck gereut,
Das büßt der Jüngling und die Maid.

Das Schifflein leer hinunterwallt;
Die Sonne sinkt hinter die Berge bald.

Und als der Mond am Himmel stand,
Die Liebchen schwimmen tot ans Land,
Er hüben und sie drüben.

Der Zauberleuchtturm

Des Zauberers sein Mägdlein saß
In ihrem Saale rund von Glas,
Sie spann beim hellen Kerzenschein
Und sang so glockenhell darein.
Der Saal, als eine Kugel klar,
In Lüften aufgehangen war,
An einem Turm auf Felsenhöh,
Bei Nacht hoch ob der wilden See
Und hing in Sturm und Wettergraus
An einem langen Arm hinaus.
Wenn nun ein Schiff in Nächten schwer
Sah weder Rat noch Rettung mehr,
Der Lotse zog die Achsel schief,
Der Hauptmann alle Teufel rief,
Auch der Matrose wollt verzagen:
„O weh mir armen Schwartenmagen!" –
Auf einmal scheint ein Licht von fern,
Als wie ein heller Morgenstern.
Die Mannschaft jauchzet überlaut:
„Heida! jetzt gilt es trockne Haut!"
Aus allen Kräften steuert man
Jetzt nach dem teuren Licht hinan:
Das wächst und wächst und leuchtet fast
Wie einer Zaubersonne Glast,

Darin ein Mägdlein sitzt und spinnt,
Sich beuget ihr Gesang im Wind.
Die Männer stehen wie verzückt,
Ein jeder nach dem Wunder blickt
Und horcht und staunet unverwandt,
Dem Steuermann entsinkt die Hand,
Hat keiner acht mehr auf das Schiff;
Das kracht mit eins am Felsenriff,
Die Luft zerreißt ein Jammerschrei:
„Herr Gott im Himmel, steh uns bei!"
Da löscht die Zauberin ihr Licht;
Noch einmal aus der Tiefe bricht
Verhallend Weh aus einem Mund;
Da zuckt das Schiff und sinkt zu Grund.

Jung Volkers Lied

Und die mich trug im Mutterleib,
Und die mich schwang im Kissen,
Die war ein schön frech braunes Weib,
Wollte nichts vom Mannsvolk wissen.

Sie scherzte nur und lachte laut
Und ließ die Freier stehen:
Möcht lieber sein des Windes Braut,
Denn in die Ehe gehen!

Da kam der Wind, da nahm der Wind
Als Buhle sie gefangen:
Von dem hat sie ein lustig Kind
In ihren Schoß empfangen.

Abschied

Unangeklopft ein Herr tritt abends bei mir ein:
„Ich habe die Ehr', Ihr Rezensent zu sein."
Sofort nimmt er das Licht in die Hand,
Besieht lang meinen Schatten an der Wand,
Rückt nah und fern: „Nun, lieber junger Mann,
Sehn Sie doch gefälligst mal Ihre Nas' so von der
[Seite an!
Sie geben zu, daß das ein Auswuchs is."
– Das? Alle Wetter – gewiß!
Ei Hasen! ich dachte nicht,
All mein Lebtage nicht,
Daß ich so eine Weltsnase führt' im Gesicht!!

Der Mann sprach noch verschiednes hin und her,
Ich weiß, auf meine Ehre, nicht mehr;
Meinte vielleicht, ich sollt' ihm beichten.
Zuletzt stand er auf; ich tat ihm leuchten.
Wie wir nun an der Treppe sind,
Da geb' ich ihm, ganz froh gesinnt,
Einen kleinen Tritt
Nur so von hinten aufs Gesäße mit –
Alle Hagel! ward das ein Gerumpel,
Ein Gepurzel, ein Gehumpel!
Dergleichen hab' ich nie gesehn,
All mein Lebtage nicht gesehn,
Einen Menschen so rasch die Trepp' hinabgehn!

Die schlimme Greth und der Königssohn

„Gott grüß dich, junge Müllerin!
Heut wehen die Lüfte wohl schön?" –
„Laßt sie wehen von Morgen und Abend,
Meine leere Mühle zu drehn!"

„Die stundenlangen Flügel,
Sie haspeln dir eitel Wind?" –
„Der Herr ist tot, die Frau ist tot,
Da feiert das Gesind." –

„So tröste sich Leid mit Leide!
Wir wären wohl gesellt:
Ich irr', ein armer Königssohn,
Landflüchtig durch die Welt.

Und drunten an dem Berge
Die Hütte dort ist mein;
Da liegt auch meine Krone,
Geschmuck und Edelstein.

Willt meine Liebste heißen,
So sage, wie und wann
An Tagen und in Nächten
Ich zu dir kommen kann?" –

„Ich bind' eine güldne Pfeife
Wohl an den Flügel hin,
Daß sie sich helle hören läßt,
Wann ich daheime bin.

Doch wollt Ihr bei mir wohnen,
Sollt mir willkommen sein:
Mein Haus ist groß und weit mein Hof,
Da wohn ich ganz allein." –

Der Königssohn mit Freuden
Ihr folget in ihr Haus;
Sie tischt ihm auf – kein Edelhof
Vermöchte so stattlichen Schmaus:

Schwarzwild und Rebhuhn, Fisch und Met;
Er fragt nicht lang' woher.
Sie zeigt so stolze Sitten,
Des wundert er sich sehr.

Die erste Nacht, da er kost' mit ihr,
In das Ohr ihm sagte sie: „Wißt,
Eine Jungfrau muß ich bleiben,
So lieb Euer Leben Euch ist!" –

Einstmals da kam der Königssohn
Zu Mittag von der Jagd,
Unfrohgemut, doch barg er sich,
Sprach lachend zu seiner Magd:

„Die Leute sagten mir neue Mär
Von dir und böse dazu;
Sankt Jörgens Drach' war minder schlimm,
Wenn man sie hört, denn du." –

„Sie sagen, daß ich ein falsches Ding,
Daß ich eine Hexe sei?" –
„Nun ja, mein Schatz, so sprechen sie:
Eine Hexe, meiner Treu!

Ich dachte: Wohl, ihr Narren,
Ihr lüget nicht daran;
Mit den schwarzen Augen aufs erste Mal
Hat sie mir's angetan.

Und länger ruh' ich keinen Tag,
Bis daß ich König bin,
Und morgen zieh' ich auf die Fahrt:
Aufs Jahr bist du Königin!"

Sie blitzt ihn an wie Wetterstrahl,
Sie blickt ihn an so schlau:
„Du lügst in deinen Hals hinein,
Du willt kein' Hex' zur Frau.

Du willt dich von mir scheiden;
Das mag ja wohl geschehn:
Sollt aber von der schlimmen Greth
Noch erst ein Probstück sehn." –

„Ach, Liebchen, ach, wie hebet sich,
Wie wallet dein schwarzes Haar!
Und rühret sich kein Lüftchen doch;
O sage, was es war?

Schon wieder, ach, und wieder!
Du lachest und mir graut:
Es singen deine Zöpfe . . . Weh!
Du bist die Windesbraut!" –

„Nicht seine Braut, doch ihm vertraut;
Meine Sippschaft ist gar groß.
Komm, küsse mich! ich halte dich
Und lasse dich nimmer los!

O pfui, das ist ein schief Gesicht!
Du wirst ja kreideweiß!
Frisch, munter, Prinz! ich gebe dir
Mein bestes Stücklein preis." –

Rührlöffel in der Küch' sie holt,
Rührlöffel ihrer zwei,
War jeder eine Elle lang,
Waren beide nagelneu.

„Was guckst du so erschrocken?
Denkst wohl, es gäbe Streich'?
Nicht doch, Herzliebster; warte nur,
Dein Wunder siehst du gleich."

Auf den obern Boden führt sie ihn:
„Schau, was ein weiter Platz!
Wie ausgeblasen, hübsch und rein!
Hie tanzen wir, mein Schatz.

Schau, was ein Nebel zieht am Berg!
Gib acht! ich tu ihn ein!"
Sie beugt sich aus dem Laden weit,
Die Geister zu bedräun;

Sie wirbelt übereinander
Ihre Löffel so wunderlich,
Sie wickelt den Nebel und wickelt
Und wirft ihn hinter sich.

Sie langt hervor ein Saitenspiel,
Sah wie ein Hackbrett aus,
Sie rühret es nur leise;
Es zittert das ganze Haus.

„Teil dich, teil dich, du Wolkendunst!
Ihr Geister, geht herfür!
Lange Männer, lange Weiber, seid
Hurtig zu Dienste mir!"

Da fangt es an zu kreisen,
Da wallet es hervor,
Lange Arme, lange Schleppen,
Und wieget sich im Chor.

„Faßt mir den dummen Jungen da!
Geschwinde wickelt ihn ein!
Er hat mein Herz gekränket,
Das soll er mir bereun!"

Den Jüngling von dem Boden hebt's,
Es dreht ihn um und um,
Es trägt ihn als ein Wickelkind
Dreimal im Saal herum.

Margreth ein Wörtlein murmelt,
Klatscht in die Hand dazu:
Da fegt es wie ein Wirbelwind
Durchs Fenster fort im Nu.

Und fähret über die Berge,
Den Jüngling mitten inn'
Und fort, bis wo der Pfeffer wächst –
O Knabe, wie ist dir zu Sinn?

Und als er sich besonnen,
Lag er im grünen Gras
Hoch oben auf dem Seegestad';
Die Liebste bei ihm saß.

Ein Teppich war gebreitet,
Köstlich gewirket, bunt,
Darauf ein lustig Essen
In blankem Silber stund.

Und als er sich die Augen reibt
Und schaut sich um und an,
Ist sie wie eine Prinzessin schön,
Wie ein Prinz er angetan.

Sie lacht ihn an wie Maienschein,
Da sie ihm den Becher beut,
Sie legt den Arm um seinen Hals;
Vergessen war all sein Leid.

Da ging es an ein Küssen,
Er kriegt nicht satt an ihr;
Fürwahr ihr güldner Gürtel wär'
Zu Schaden kommen schier.

– „Ach, Liebchen, ach, wie wallet hoch
Dein schwarzes Ringelhaar!
Warum mich so erschrecken jetzt?
Nun ist meine Freude gar." –

„Rück her, rück her! sei nicht so bang!
Nun sollt du erst noch sehn,
Wie lieblich meine Arme tun;
Komm! es ist gleich geschehn."

Sie drückt ihn an die Brüste,
Der Atem wird ihm schwer;
Sie heult ein grausiges Totenlied
Und wirft ihn in das Meer.

Schön-Rohtraut

Wie heißt König Ringangs Töchterlein?
  Rohtraut, Schön-Rohtraut.
Was tut sie denn den ganzen Tag,
Da sie wohl nicht spinnen und nähen mag?
  Tut fischen und jagen.
O daß ich doch ihr Jäger wär!
Fischen und jagen freute mich sehr.
  – Schweig stille, mein Herze!

Und über eine kleine Weil',
  Rohtraut, Schön-Rohtraut,
So dient der Knab' auf Ringangs Schloß
In Jägertracht und hat ein Roß,
  Mit Rohtraut zu jagen.
O daß ich doch ein Königssohn wär'!
Rohtraut, Schön-Rohtraut lieb ich so sehr.
  – Schweig stille, mein Herze!

Einstmals sie ruhten am Eichenbaum,
  Da lacht Schön-Rohtraut:
„Was siehst mich an so wunniglich?
Wenn du das Herz hast, küsse mich!"
  Ach! erschrak der Knabe!
Doch denket er: Mir ist's vergunnt,
Und küsset Schön-Rohtraut auf den Mund.
  – Schweig stille, mein Herze!

Darauf sie ritten schweigend heim,
  Rohtraut, Schön-Rohtraut;
Es jauchzt der Knab' in seinem Sinn:
Und würdst du heute Kaiserin,
  Mich sollt's nicht kränken:
Ihr tausend Blätter im Walde wißt,
Ich hab' Schön-Rohtrauts Mund geküßt!
  – Schweig stille, mein Herze!

Der Feuerreiter

Sehet ihr am Fensterlein
Dort die rote Mütze wieder?
Nicht geheuer muß es sein,
Denn er geht schon auf und nieder.
Und auf einmal welch Gewühle
Bei der Brücke, nach dem Feld!
Horch! das Feuerglöcklein gellt:
  Hinterm Berg
  Hinterm Berg
Brennt es in der Mühle!

Schaut! da sprengt er wütend schier
Durch das Tor, der Feuerreiter,
Auf dem rippendürren Tier,
Als auf einer Feuerleiter!
Querfeldein! Durch Qualm und Schwüle
Rennt er schon und ist am Ort!
Drüben schallt es fort und fort:
  Hinterm Berg,
  Hinterm Berg
Brennt es in der Mühle!

Der so oft den roten Hahn
Meilenweit von fern gerochen,
Mit des heilgen Kreuzes Span
Freventlich die Glut besprochen –
Weh! dir grinst vom Dachgestühle
Dort der Feind im Höllenschein.
Gnade Gott der Seele dein!
    Hinterm Berg,
    Hinterm Berg
Rast er in der Mühle!

Keine Stunde hielt es an,
Bis die Mühle borst in Trümmer;
Doch den kecken Reitersmann
Sah man von der Stunde nimmer.
Volk und Wagen im Gewühle
Kehren heim von all dem Graus;
Auch das Glöcklein klinget aus:
    Hinterm Berg,
    Hinterm Berg
Brennt's! –

    Nach der Zeit ein Müller fand
    Ein Gerippe samt der Mützen
    Aufrecht an der Kellerwand
    Auf der beinern Mähre sitzen:
    Feuerreiter, wie so kühle
    Reitest du in deinem Grab!
    Husch! da fällt's in Asche ab.
        Ruhe wohl,
        Ruhe wohl
    Drunten in der Mühle!

Der Schatten

Von Dienern wimmelt's früh vor Tag,
Von Lichtern, in des Grafen Schloß.
Die Reiter warten sein am Tor,
Es wiehert morgendlich sein Roß.

Doch er bei seiner Frauen steht
Alleine noch im hohen Saal:
Mit Augen gramvoll prüft er sie,
Er spricht sie an zum letzten Mal.

„Wirst du, derweil ich ferne bin
Bei des Erlösers Grab, o Weib,
In Züchten leben und getreu
Mir sparen deinen jungen Leib?

Wirst du verschließen Tür und Tor
Dem Manne, der uns lang entzweit,
Wirst meines Hauses Ehre sein,
Wie du nicht warest jederzeit?"

Sie nickt; da spricht er: „Schwöre denn!"
Und zögernd hebt sie auf die Hand.
Da sieht er bei der Lampe Schein
Des Weibes Schatten an der Wand.

Ein Schauer ihn befällt – er sinnt,
Er seufzt und wendet sich zumal.
Er winkt ihr einen Scheidegruß,
Und lässet sie allein im Saal.

Elf Tage war er auf der Fahrt,
Ritt krank ins welsche Land hinein:
Frau Hilde gab den Tod ihm mit
In einem giftigen Becher Wein.

Es liegt eine Herberg' an der Straß,
Im wilden Tal, heißt Mutintal,
Da fiel er hin in Todesnot,
Und seine Seele Gott befahl.

Dieselbe Nacht Frau Hilde lauscht,
Frau Hilde luget vom Altan:
Nach ihrem Buhlen schaut sie aus,
Das Pförtlein war ihm aufgetan.

Es tut einen Schlag am vorderen Tor,
Und aber einen Schlag, daß es dröhnt und hallt;
Im Burghof mitten steht der Graf –
Vom Turm der Wächter kennt ihn bald.

Und Vogt und Zofen auf dem Gang
Den toten Herrn mit Grausen sehn,
Sehn ihn die Stiegen stracks herauf
Nach seiner Frauen Kammer gehn.

Man hört sie schreien und stürzen hin,
Und eine jähe Stille war.
Das Gesinde, das flieht, auf die Zinnen es flieht,
Da scheinen am Himmel die Sterne so klar.

Und als vergangen war die Nacht,
Und stand am Wald das Morgenrot,
Sie fanden das Weib in dem Gemach
Am Bettfuß unten liegen tot.

Und als sie treten in den Saal,
O Wunder! steht an weißer Wand
Frau Hildes Schatten, hebet steif
Drei Finger an der rechten Hand.

Und da man ihren Leib begrub,
Der Schatten blieb am selben Ort,
Und blieb, bis daß die Burg zerfiel;
Wohl stünd er sonst noch heute dort.

Die Tochter der Heide

Wasch dich, mein Schwesterchen, wasch dich!
Zu Robins Hochzeit gehn wir heut:
Er hat die stolze Ruth gefreit.
    Wir kommen ungebeten;
Wir schmausen nicht, wir tanzen nicht,
Und nicht mit lachendem Gesicht
    Komm ich vor ihn zu treten.

Strähl dich, mein Schwesterchen, strähl dich!
Wir wollen ihm singen ein Rätsellied,
Wir wollen ihm klingen ein böses Lied;
    Die Ohren sollen ihm gellen.
Ich will ihr schenken einen Kranz
Von Nesseln und von Dornen ganz:
    Damit fährt sie zur Höllen!

Schick dich, mein Schwesterchen, schmück dich!
Derweil sie alle sind am Schmaus,
Soll rot in Flammen stehn das Haus,
    Die Gäste schreien und rennen!
Zwei sollen sitzen unverwandt,
Zwei hat ein Sprüchlein festgebannt;
    Zu Kohle müssen sie brennen.

Lustig, mein Schwesterchen, lustig!
Das war ein alter Ammensang.
Den falschen Rob vergaß ich lang.
    Er soll mich sehen lachen!
Hab ich doch einen andern Schatz,
Der mit mir tanzet auf dem Platz –
    Sie werden Augen machen!

Wilhelm Wackernagel
1806–1869

Spielmannslohn

Großes Fest beging der Kaiser
Friedrich mit dem roten Bart:
Speere brachen da wie Reiser,
Schilde wurden nicht gespart;
    Reiche Spenden
Stoben da von milden Händen.

Wer die Geige streichen lernte
Oder Gauklerkünste pflag,
Wohl ein Tag der vollsten Ernte
Ward ihm dieser Freudentag:
    Heut im Schlosse
Gab man Kleider ihm und Rosse.

Zwischen zwei gar weisen Leuten
Saß zu Tisch der Kaiser wert,
Die Gesetz und Recht zu deuten
Meister waren wohlgelehrt.
    Zu den beiden
Sprach er: „Wollet mich bescheiden!

Alles neiget meinem Schwerte,
Alles beugt sich meiner Hand;
Was ich wolle, niemand wehrte
Meinen Willen mir im Land;
    Meine Rede
Schaffet Frieden, schaffet Fehde.

Sagt, bin ich von Gotteswegen
Angetan mit solcher Macht?
Hat der Herr so reichen Segen
Kaiserkronen zugedacht?
Sagt, ob ihnen
Also muß die Erde dienen?"

„Gottes Will' ist, was Ihr wollet";
Sprach der Meister linker Hand.
„Gotte zollet, wer Euch zollet;
Euer ist von Gott das Land.
Der Euch krönte,
Wollte, daß Euch alles frönte."

„Wehe, wehe diesem Worte!"
Sprach der Meister rechter Hand.
„Wehe, wenn dies Wort die Pforte
Eures Herzens offen fand!
Herr, o leihet
Mir die Ohren, und verzeihet!

Euer Recht ist nur das Rechte,
Euer Unrecht ist kein Recht:
Denn der Herr gab ew'ge Rechte
Auch dem dienenden Geschlecht.
Die Gewichte
Prüft er, daß er beiden richte.

Wenn Ihr von des Volkes Teile
Nur ein Korn des Rechtes nahmt,
Weh, so schadet's Eurem Heile,
Daß Ihr je zur Krone kamt:
Auch des Kornes
Denket einst der Herr voll Zornes."

Sinnend sprach der gute Kaiser
Friedrich mit dem roten Bart:
„Hier ein Weiser, dort ein Weiser,
Beide treu und wohlgelahrt:
Einem jeden
Will ich lohnen seine Reden.

Der du sagst, mein Wille gelte,
Weil er Gottes Wille sei,
Daß ich dankend dir vergelte,
Gib du der Gesetze drei,
Du statt meiner;
Und ich weiß, die schilt mir keiner.

Doch der sagte, was ich wolle,
Wolle Gott im Himmel auch,
Fürstenhand, die gnadenvolle,
Lohnt auch dir nach mildem Brauch:
Roß und Kleider
Geh und nimm und freu dich beider!"

Heinrich Heine
1797–1856

Im süßen Traum, bei stiller Nacht,
Da kam zu mir, mit Zaubermacht,
Mit Zaubermacht, die Liebste mein,
Sie kam zu mir ins Kämmerlein.

Ich schau sie an, das holde Bild!
Ich schau sie an, sie lächelt mild,
Und lächelt, bis das Herz mir schwoll,
Und stürmisch kühn das Wort entquoll:

„Nimm hin, nimm alles was ich hab,
Mein Liebstes tret ich gern dir ab,
Dürft ich dafür dein Buhle sein.
Von Mitternacht bis Hahnenschrein."

Da staunt' mich an gar seltsamlich,
So lieb, so weh und inniglich,
Und sprach zu mir die schöne Maid:
O, gib mir deine Seligkeit!

„Mein Leben süß, mein junges Blut,
Gäb ich, mit Freud und wohlgemut,
Für dich, o Mädchen engelgleich –
Doch nimmermehr das Himmelreich."

Wohl braust hervor mein rasches Wort,
Doch blühet schöner immerfort,
Und immer spricht die schöne Maid:
O, gib mir deine Seligkeit!

Dumpf dröhnt dies Wort mir ins Gehör,
Und schleudert mir ein Glutenmeer
Wohl in der Seele tiefsten Raum;
Ich atme schwer, ich atme kaum. –

Das waren weiße Engelein,
Umglänzt von goldnem Glorienschein;
Nun aber stürmte wild herauf
Ein greulich schwarzer Koboldhauf.

Die rangen mit den Engelein,
Und drängten fort die Engelein;
Und endlich auch die schwarze Schar
In Nebelduft zerronnen war. –

Ich aber wollt in Lust vergehn,
Ich hielt im Arm mein Liebchen schön;
Sie schmiegt sich an mich wie ein Reh,
Doch weint sie auch mit bitterm Weh.

Feins Liebchen weint; ich weiß warum,
Und küß ihr Rosenmündlein stumm. –
„O still', feins Lieb, die Tränenflut,
Ergib dich meiner Liebesglut!"

„Ergib dich meiner Liebesglut –"
Da plötzlich starrt zu Eis mein Blut;
Laut bebet auf der Erde Grund,
Und öffnet gähnend sich ein Schlund.

Und aus dem schwarzen Schlunde steigt
Die schwarze Schar; – feins Lieb erbleicht!
Aus meinen Armen schwand feins Lieb;
Ich ganz alleine stehen blieb.

Da tanzt im Kreise wunderbar,
Um mich herum, die schwarze Schar,
Und drängt heran, erfaßt mich bald,
Und gellend Hohngelächter schallt.

Und immer enger wird der Kreis,
Und immer summt die Schauerweis:
Du gabest hin die Seligkeit,
Gehörst uns nun in Ewigkeit!

Die Grenadiere

Nach Frankreich zogen zwei Grenadier,
Die waren in Rußland gefangen.
Und als sie kamen ins deutsche Quartier,
Sie ließen die Köpfe hangen.

Da hörten sie beide die traurige Mär:
Daß Frankreich verloren gegangen,
Besiegt und zerschlagen das große Heer –
Und der Kaiser, der Kaiser gefangen.

Da weinten zusammen die Grenadier
Wohl ob der kläglichen Kunde.
Der eine sprach: Wie weh wird mir,
Wie brennt meine alte Wunde!

Der andre sprach: Das Lied ist aus,
Auch ich möcht mit dir sterben,
Doch hab ich Weib und Kind zu Haus,
Die ohne mich verderben.

Was schert mich Weib, was schert mich Kind,
Ich trage weit beßres Verlangen;
Laß sie betteln gehn, wenn sie hungrig sind –
Mein Kaiser, mein Kaiser gefangen!

Gewähr mir, Bruder, eine Bitt:
Wenn ich jetzt sterben werde,
So nimm meine Leiche nach Frankreich mit,
Begrab mich in Frankreichs Erde.

Das Ehrenkreuz am roten Band
Sollst du aufs Herz mir legen;
Die Flinte gib mir in die Hand,
Und gürt mir um den Degen.

So will ich liegen und horchen still,
Wie eine Schildwach, im Grabe,
Bis einst ich höre Kanonengebrüll
Und wiehernder Rosse Getrabe.

Dann reitet mein Kaiser wohl über mein Grab,
Viel Schwerter klirren und blitzen;
Dann steig ich gewaffnet hervor aus dem Grab –
Den Kaiser, den Kaiser zu schützen.

Belsatzar

Die Mitternacht zog näher schon;
In stummer Ruh lag Babylon.

Nur oben in des Königs Schloß,
Da flackert's, da lärmt des Königs Troß.

Dort oben in dem Königssaal
Belsatzar hielt sein Königsmahl.

Die Knechte saßen in schimmernden Reihn,
Und leerten die Becher mit funkelndem Wein.

Es klirrten die Becher, es jauchzten die Knecht;
So klang es dem störrigen Könige recht.

Des Königs Wangen leuchten Glut;
Im Wein erwuchs ihm kecker Mut.

Und blindlings reißt der Mut ihn fort;
Und er lästert die Gottheit mit sündigem Wort.

Und er brüstet sich frech, und lästert wild;
Der Knechtenschar ihm Beifall brüllt.

Der König rief mit stolzem Blick;
Der Diener eilt und kehrt zurück.

Er trug viel gülden Gerät auf dem Haupt;
Das war aus dem Tempel Jehovahs geraubt.

Und der König ergriff mit frevler Hand
Einen heiligen Becher, gefüllt bis am Rand.

Und er leert ihn hastig bis auf den Grund
Und rufet laut mit schäumendem Mund:

Jehovah! dir künd ich auf ewig Hohn –
Ich bin der König von Babylon!

Doch kaum das grause Wort verklang,
Dem König ward's heimlich im Busen bang.

Das gellende Lachen verstummte zumal;
Es wurde leichenstill im Saal.

Und sieh! und sieh! an weißer Wand
Da kam's hervor wie Menschenhand;

Und schrieb, und schrieb an weißer Wand
Buchstaben von Feuer, und schrieb und schwand.

Der König stieren Blicks da saß,
Mit schlotternden Knien und totenblaß.

Die Knechtenschar saß kalt durchgraut,
Und saß gar still, gab keinen Laut.

Die Magier kamen, doch keiner verstand
Zu deuten die Flammenschrift an der Wand.

Belsatzar ward aber in selbiger Nacht
Von seinen Knechten umgebracht.

Ich weiß nicht, was soll es bedeuten,
Daß ich so traurig bin;
Ein Märchen aus alten Zeiten,
Das kommt mir nicht aus dem Sinn.

Die Luft ist kühl und es dunkelt,
Und ruhig fließt der Rhein;
Der Gipfel des Berges funkelt
Im Abendsonnenschein.

Die schönste Jungfrau sitzet
Dort oben wunderbar;
Ihr goldnes Geschmeide blitzet,
Sie kämmt ihr goldenes Haar.

Sie kämmt es mit goldenem Kamme
Und singt ein Lied dabei;
Das hat eine wundersame,
Gewaltige Melodei.

Den Schiffer im kleinen Schiffe
Ergreift es mit wildem Weh;
Er schaut nicht die Felsenriffe,
Er schaut nur hinauf in die Höh.

Ich glaube, die Wellen verschlingen
Am Ende Schiffer und Kahn;
Und das hat mit ihrem Singen
Die Lore-Ley getan.

Der Abend kommt gezogen,
Der Nebel bedeckt die See;
Geheimnisvoll rauschen die Wogen,
Da steigt es weiß in die Höh.

Die Meerfrau steigt aus den Wellen,
Und setzt sich zu mir an den Strand;
Die weißen Brüste quellen
Hervor aus dem Schleiergewand.

Sie drückt mich und sie preßt mich,
Und tut mir fast ein Weh; –
Du drückst ja viel zu fest mich,
Du schöne Wasserfee!

„Ich preß dich, in meinen Armen,
Und drücke dich mit Gewalt;
Ich will bei dir erwarmen,
Der Abend ist gar zu kalt."

Der Mond schaut immer blasser
Aus dämmriger Wolkenhöh; –
Dein Auge wird trüber und nasser,
Du schöne Wasserfee!

„Es wird nicht trüber und nasser,
Mein Aug ist naß und trüb,
Weil, als ich stieg aus dem Wasser,
Ein Tropfen im Auge blieb."

Die Möwen schrillen kläglich,
Es grollt und brandet die See; –
Dein Herz pocht wild beweglich,
Du schöne Wasserfee!

„Mein Herz pocht wild beweglich,
Es pocht beweglich wild,
Weil ich dich liebe unsäglich,
Du liebes Menschenbild!"

Die Wallfahrt nach Kevlaar

1

Am Fenster stand die Mutter,
Im Bette lag der Sohn.
„Willst du nicht aufstehn, Wilhelm,
Zu schaun die Prozession?"

„Ich bin so krank, o Mutter,
Daß ich nicht hör und seh;
Ich denk an das tote Gretchen,
Da tut das Herz mir weh." –

„Steh auf, wir wollen nach Kevlaar,
Nimm Buch und Rosenkranz;
Die Mutter Gottes heilt dir
Dein krankes Herze ganz."

Es flattern die Kirchenfahnen,
Es singt im Kirchenton;
Das ist zu Köllen am Rheine,
Da geht die Prozession.

Die Mutter folgt der Menge,
Den Sohn, den führt sie,
Sie singen beide im Chore:
Gelobt seist du, Marie!

2

Die Mutter Gottes zu Kevlaar
Trägt heut ihr bestes Kleid;
Heut hat sie viel zu schaffen,
Es kommen viel kranke Leut.

Die kranken Leute bringen
Ihr dar, als Opferspend,
Aus Wachs gebildete Glieder,
Viel wächserne Füß und Händ.

Und wer eine Wachshand opfert,
Dem heilt an der Hand die Wund;
Und wer einen Wachsfuß opfert,
Dem wird der Fuß gesund.

Nach Kevlaar ging mancher auf Krücken,
Der jetzo tanzt auf dem Seil,
Gar mancher spielt jetzt die Bratsche,
Dem dort kein Finger war heil.

Die Mutter nahm ein Wachslicht,
Und bildete draus ein Herz.
„Bring das der Mutter Gottes,
Dann heilt sie deinen Schmerz."

Der Sohn nahm seufzend das Wachsherz,
Ging seufzend zum Heiligenbild;
Die Träne quillt aus dem Auge,
Das Wort aus dem Herzen quillt:

„Du Hochgebenedeite,
Du reine Gottesmagd,
Du Königin des Himmels,
Dir sei mein Leid geklagt!

Ich wohnte mit meiner Mutter
Zu Köllen in der Stadt,
Der Stadt, die viele hundert
Kapellen und Kirchen hat.

Und neben uns wohnte Gretchen,
Doch die ist tot jetzund –
Marie, dir bring ich ein Wachsherz,
Heil du meine Herzenswund.

Heil du mein krankes Herze –
Ich will auch spät und früh
Inbrünstiglich beten und singen:
Gelobt seist du, Marie!"

3

Der kranke Sohn und die Mutter,
Die schliefen im Kämmerlein;
Da kam die Mutter Gottes
Ganz leise geschritten herein.

Sie beugte sich über den Kranken,
Und legte ihre Hand
Ganz leise auf sein Herze,
Und lächelte mild und schwand.

Die Mutter schaut alles im Traume,
Und hat noch mehr geschaut;
Sie erwachte aus dem Schlummer,
Die Hunde bellten so laut.

Da lag dahingestrecket
Ihr Sohn, und der war tot;
Es spielt auf den bleichen Wangen
Das lichte Morgenrot.

Die Mutter faltet die Hände,
Ihr war, sie wußte nicht wie;
Andächtig sang sie leise:
Gelobt seist du, Marie!

Die Nacht am Strande

Sternlos und kalt ist die Nacht,
Es gärt das Meer;
Und über dem Meer, platt auf dem Bauch,
Liegt der ungestaltete Nordwind,
Und heimlich, mit ächzend gedämpfter Stimme,
Wie 'n störriger Griesgram, der gutgelaunt wird,
Schwatzt er ins Wasser hinein,

Und erzählt viel tolle Geschichten,
Riesenmärchen, totschlaglaunig,
Uralte Sagen aus Norweg,
Und dazwischen, weitschallend, lacht er und heult er
Beschwörungslieder der Edda,
Auch Runensprüche,
So dunkeltrotzig und zaubergewaltig,
Daß die weißen Meerkinder
Hoch aufspringen und jauchzen,
Übermutberauscht.

Derweilen, am flachen Gestade,
Über den flutbefeuchteten Sand,
Schreitet ein Fremdling, mit einem Herzen,
Das wilder noch als Wind und Wellen.
Wo er hintritt,
Sprühen Funken und knistern die Muscheln;
Und er hüllt sich fest in den grauen Mantel,
Und schreitet rasch durch die wehende Nacht; –
Sicher geleitet vom kleinen Lichte,
Das lockend und lieblich schimmert
Aus einsamer Fischerhütte.

Vater und Bruder sind auf der See,
Und mutterseelallein blieb dort
In der Hütte die Fischertochter,
Die wunderschöne Fischertochter.
Am Herde sitzt sie,
Und horcht auf des Wasserkessels
Ahnungssüßes, heimliches Summen,
Und schüttet knisterndes Reisig ins Feuer,
Und bläst hinein,
Daß die flackernd roten Lichter
Zauberlieblich widerstrahlen
Auf das blühende Antlitz,
Auf die zarte, weiße Schulter,
Die rührend hervorlauscht
Aus dem groben, grauen Hemde,
Und auf die kleine, sorgsame Hand,
Die das Unterröckchen fester bindet
Um die feine Hüfte.

Aber plötzlich, die Tür springt auf,
Und es tritt herein der nächtige Fremdling;
Liebesicher ruht sein Auge
Auf dem weißen, schlanken Mädchen,
Das schauernd vor ihm steht,
Gleich einer erschrockenen Lilje;
Und er wirft den Mantel zur Erde,
Und lacht und spricht:

Siehst du, mein Kind, ich halte Wort,
Und ich komme, und mit mir kommt

Die alte Zeit, wo die Götter des Himmels
Niederstiegen zu Töchtern der Menschen,
Und die Töchter der Menschen umarmten,
Und mit ihnen zeugten
Zeptertragende Königsgeschlechter
Und Helden, Wunder der Welt.
Doch staune, mein Kind, nicht länger
Ob meiner Göttlichkeit,
Und, ich bitte dich, koche mir Tee mit Rum,
Denn draußen war's kalt,
Und bei solcher Nachtluft
Frieren auch wir, wir ewigen Götter,
Und kriegen wir leicht den göttlichsten Schnupfen,
Und einen unsterblichen Husten.

Donna Clara

In dem abendlichen Garten
Wandelt des Alkaden Tochter;
Pauken- und Trommetenjubel
Klingt herunter von dem Schlosse.

„Lästig werden mir die Tänze
Und die süßen Schmeichelworte,
Und die Ritter, die so zierlich
Mich vergleichen mit der Sonne.

Überlästig wird mir alles,
Seit ich sah, beim Strahl des Mondes,
Jenen Ritter, dessen Laute
Nächtens mich ans Fenster lockte.

Wie er stand so schlank und mutig,
Und die Augen leuchtend schossen
Aus dem edelblassen Antlitz,
Glich er wahrlich Sankt Georgen."

Also dachte Donna Clara,
Und sie schaute auf den Boden;
Wie sie aufblickt, steht der schöne,
Unbekannte Ritter vor ihr.

Händedrückend, liebeflüsternd
Wandeln sie umher im Mondschein,
Und der Zephir schmeichelt freundlich,
Märchenartig grüßen Rosen.

Märchenartig grüßen Rosen,
Und sie glühn wie Liebesboten. –
Aber sage mir, Geliebte,
Warum du so plötzlich rot wirst?

„Mücken stachen mich, Geliebter,
Und die Mücken sind, im Sommer,
Mir so tief verhaßt, als wärens
Langenasge Judenrotten."

Laß die Mücken und die Juden,
Spricht der Ritter, freundlich kosend.
Von den Mandelbäumen fallen
Tausend weiße Blütenflocken.

Tausend weiße Blütenflocken
Haben ihren Duft ergossen. –
Aber sage mir, Geliebte,
Ist dein Herz mir ganz gewogen?

„Ja, ich liebe dich, Geliebter,
Bei dem Heiland seis geschworen,
Den die gottverfluchten Juden
Boshaft tückisch einst ermordet."

Laß den Heiland und die Juden,
Spricht der Ritter, freundlich kosend.
In der Ferne schwanken traumhaft
Weiße Liljen, lichtumflossen.

Weiße Liljen, lichtumflossen,
Blicken nach den Sternen droben. –
Aber sage mir, Geliebte,
Hast du auch nicht falsch geschworen?

„Falsch ist nicht in mir, Geliebter,
Wie in meiner Brust kein Tropfen
Blut ist von dem Blut der Mohren
Und des schmutzgen Judenvolkes."

Laß die Mohren und die Juden,
Spricht der Ritter, freundlich kosend;
Und nach einer Myrtenlaube
Führt er die Alkadentochter.

Mit den weichen Liebesnetzen
Hat er heimlich sie umflochten;
Kurze Worte, lange Küsse,
Und die Herzen überflossen.

Wie ein schmelzend süßes Brautlied
Singt die Nachtigall, die holde;
Wie zum Fackeltanze hüpfen
Feuerwürmchen auf dem Boden.

In der Laube wird es stiller,
Und man hört nur, wie verstohlen,
Das Geflüster kluger Myrten
Und der Blumen Atemholen.

Aber Pauken und Trommeten
Schallen plötzlich aus dem Schlosse,
Und erwachend hat sich Clara
Aus des Ritters Arm gezogen.

„Horch! da ruft es mich, Geliebter;
Doch, bevor wir scheiden, sollst du
Nennen deinen lieben Namen,
Den du mir so lang verborgen."

Und der Ritter, heiter lächelnd,
Küßt die Finger seiner Donna,
Küßt die Lippen und die Stirne,
Und er spricht zuletzt die Worte:

Ich, Sennora, Eur Geliebter,
Bin der Sohn des vielbelobten,
Großen, schriftgelehrten Rabbi
Israel von Saragossa.

Traum und Leben

Es glühte der Tag, es glühte mein Herz,
Still trug ich mit mir herum den Schmerz.
Und als die Nacht kam, schlich ich fort
Zur blühenden Rose am stillen Ort.

Ich nahte mich leise und stumm wie das Grab;
Nur Tränen rollten die Wangen hinab;
Ich schaut in den Kelch der Rose hinein, –
Da glomm's hervor, wie ein glühender Schein. –

Und freudig entschlief ich beim Rosenbaum;
Da trieb sein Spiel ein neckender Traum:
Ich sah ein rosiges Mädchenbild,
Den Busen ein rosiges Mieder umhüllt.

Sie gab mir was Hübsches, recht goldig und weich;
Ich trug's in ein goldenes Häuschen sogleich.
Im Häuschen da geht es gar wunderlich bunt,
Da dreht sich ein Völkchen in zierlicher Rund.

Da tanzen zwölf Tänzer, ohn Ruh und Rast,
Sie haben sich fest bei den Händen gefaßt;
Und wenn ein Tanz zu enden begann,
So fängt ein andrer von vorne an.

Und es summt mir ins Ohr die Tanzmusik:
Die schönste der Stunden kehrt nimmer zurück,
Dein ganzes Leben war nur ein Traum,
Und diese Stunde ein Traum im Traum. –

Der Traum war aus, der Morgen graut,
Mein Auge schnell nach der Rose schaut, –
O weh! statt des glühenden Fünkleins steckt
Im Kelche der Rose ein kaltes Insekt.

Es war ein alter König,
Sein Herz war schwer, sein Haupt war grau;
Der arme alte König,
Er nahm eine junge Frau.

Es war ein schöner Page,
Blond war sein Haupt, leicht war sein Sinn;
Er trug die seidne Schleppe
Der jungen Königin.

Kennst du das alte Liedchen?
Es klingt so süß, es klingt so trüb!
Sie mußten beide sterben,
Sie hatten sich viel zu lieb.

Der Tannhäuser
Eine Legende

I

Ihr guten Christen, laßt Euch nicht
Von Satans List umgarnen!
Ich sing Euch das Tannhäuserlied,
Um Eure Seelen zu warnen.

Der edle Tannhäuser, ein Ritter gut,
Wollt Lieb und Lust gewinnen,
Da zog er in den Venusberg,
Blieb sieben Jahre drinnen.

Frau Venus, meine schöne Frau,
Leb wohl, mein holdes Leben!
Ich will nicht länger bleiben bei dir,
Du sollst mir Urlaub geben.

„Tannhäuser, edler Ritter mein,
Hast heut mich nicht geküsset;
Küß mich geschwind, und sage mir:
Was du bei mir vermisset?

Habe ich nicht den süßesten Wein
Tagtäglich dir kredenzet?
Und hab ich nicht mit Rosen dir
Tagtäglich das Haupt bekränzet?"

Frau Venus, meine schöne Frau,
Von süßem Wein und Küssen
Ist meine Seele geworden krank;
Ich schmachte nach Bitternissen.

Wir haben zuviel gescherzt und gelacht,
Ich sehne mich nach Tränen,
Und statt mit Rosen möcht ich mein Haupt
Mit spitzigen Dornen krönen.

„Tannhäuser, edler Ritter mein,
Du willst dich mit mir zanken;
Du hast geschworen viel tausendmal,
Niemals von mir zu wanken.

Komm, laß uns in die Kammer gehn,
Zu spielen der heimlichen Minne;
Mein schöner liljenweißer Leib
Erheitert deine Sinne."

Frau Venus, meine schöne Frau,
Dein Reiz wird ewig blühen;
Wie viele einst für dich geglüht,
So werden noch viele glühen.

Doch denk ich der Götter und Helden, die einst
Sich zärtlich daran geweidet,
Dein schöner liljenweißer Leib,
Er wird mir schier verleidet.

Dein schöner liljenweißer Leib
Erfüllt mich fast mit Entsetzen,
Gedenk ich, wie viele werden sich
Noch späterhin dran ergetzen!

„Tannhäuser, edler Ritter mein,
Das sollst du mir nicht sagen,
Ich wollte lieber, du schlügest mich,
Wie du mich oft geschlagen.

Ich wollte lieber, du schlügest mich,
Als daß du Beleidigung sprächest,
Und mir, undankbar kalter Christ,
Den Stolz im Herzen brächest.

Weil ich dich geliebet gar zu sehr,
Hör ich nun solche Worte –
Leb wohl, ich gebe Urlaub dir,
Ich öffne dir selber die Pforte."

II

Zu Rom, zu Rom, in der heiligen Stadt,
Da singt es und klingelt und läutet:
Da zieht einher die Prozession,
Der Papst in der Mitte schreitet.

Das ist der fromme Papst Urban,
Er trägt die dreifache Krone,
Er trägt ein rotes Pupurgewand,
Die Schleppe tragen Barone.

„O heiliger Vater, Papst Urban,
Ich laß dich nicht von der Stelle,
Du hörest zuvor meine Beichte an,
Du rettest mich von der Hölle!"

Das Volk, es weicht im Kreis zurück,
Es schweigen die geistlichen Lieder: –
Wer ist der Pilger bleich und wüst,
Vor dem Papste kniet er nieder?

„O heiliger Vater, Papst Urban,
Du kannst ja binden und lösen,
Errette mich von der Höllenqual
Und von der Macht des Bösen.

Ich bin der edle Tannhäuser genannt,
Wollt Lieb und Lust gewinnen,
Da zog ich in den Venusberg,
Blieb sieben Jahre drinnen.

Frau Venus ist eine schöne Frau,
Liebreizend und anmutreiche:
Wie Sonnenschein und Blumenduft
Ist ihre Stimme, die weiche.

Wie der Schmetterling flattert um eine Blum,
Am zarten Kelch zu nippen,
So flattert meine Seele stets
Um ihre Rosenlippen.

Ihr edles Gesicht umringeln wild
Die blühend schwarzen Locken;
Schaun dich die großen Augen an,
Wird dir der Atem stocken.

Schaun dich die großen Augen an,
So bist du wie angekettet;
Ich habe nur mit großer Not
Mich aus dem Berg gerettet.

Ich hab mich gerettet aus dem Berg,
Doch stets verfolgen die Blicke
Der schönen Frau mich überall,
Sie winken: komm zurücke!

Ein armes Gespenst bin ich am Tag,
Des Nachts mein Leben erwachet,
Dann träum ich von meiner schönen Frau,
Sie sitzt bei mir und lachet.

Sie lacht so gesund, so glücklich, so toll,
Und mit so weißen Zähnen!
Wenn ich an dieses Lachen denk,
So weine ich plötzliche Tränen.

Ich liebe sie mit Allgewalt,
Nichts kann die Liebe hemmen!
Das ist wie ein wilder Wasserfall,
Du kannst seine Fluten nicht dämmen;

Er springt von Klippe zu Klippe herab,
Mit lautem Tosen und Schäumen,
Und bräch er tausendmal den Hals,
Er wird im Laufe nicht säumen.

Wenn ich den ganzen Himmel besäß,
Frau Venus schenkt ich ihn gerne;
Ich gäb ihr die Sonne, ich gäb ihr den Mond,
Ich gäbe ihr sämtliche Sterne.

Ich liebe sie mit Allgewalt,
Mit Flammen, die mich verzehren, –
Ist das der Hölle Feuer schon,
Die Gluten, die ewig währen?

O heiliger Vater, Papst Urban,
Du kannst ja binden und lösen!
Errette mich von der Höllenqual
Und von der Macht des Bösen."

Der Papst hub jammernd die Händ empor,
Hub jammernd an zu sprechen:
„Tannhäuser, unglückselger Mann,
Der Zauber ist nicht zu brechen.

Der Teufel, den man Venus nennt,
Er ist der Schlimmste von allen;
Erretten kann ich dich nimmermehr
Aus seinen schönen Krallen.

Mit deiner Seele mußt du jetzt
Des Fleisches Lust bezahlen,
Du bist verworfen, du bist verdammt
Zu ewigen Höllenqualen."

III
Der Ritter Tannhäuser, er wandelt so rasch,
Die Füße, die wurden ihm wunde.
Er kam zurück in den Venusberg
Wohl um die Mitternachtstunde.

Frau Venus erwachte aus dem Schlaf,
Ist schnell aus dem Bette gesprungen;
Sie hat mit ihrem weißen Arm
Den geliebten Mann umschlungen.

Aus ihrer Nase rann das Blut,
Den Augen die Tränen entflossen;
Sie hat mit Tränen und Blut das Gesicht
Des geliebten Mannes begossen.

Der Ritter legte sich ins Bett,
Er hat kein Wort gesprochen.
Frau Venus in die Küche ging,
Um ihm eine Suppe zu kochen.

Sie gab ihm Suppe, sie gab ihm Brot,
Sie wusch seine wunden Füße,
Sie kämmte ihm das struppige Haar,
Und lachte dabei so süße.

„Tannhäuser, edler Ritter mein,
Bist lange ausgeblieben,
Sag an, in welchen Landen du dich
So lange herumgetrieben?"

Frau Venus, meine schöne Frau,
Ich hab in Welschland verweilet;
Ich hatte Geschäfte in Rom und bin
Schnell wieder hierher geeilet.

Auf sieben Hügeln ist Rom gebaut,
Die Tiber tut dorten fließen;
Auch hab ich in Rom den Papst gesehn,
Der Papst, er läßt dich grüßen.

Auf meinem Rückweg sah ich Florenz,
Bin auch durch Mailand gekommen,
Und bin alsdann mit raschem Mut
Die Schweiz hinaufgeklommen.

Und als ich über die Alpen zog,
Da fing es an zu schneien,
Die blauen Seen, die lachten mich an,
Die Adler krächzen und schreien.

Und als ich auf dem Sankt-Gotthard stand,
Da hört ich Deutschland schnarchen;
Es schlief da unten in sanfter Hut
Von sechsunddreißig Monarchen.

In Schwaben besah ich die Dichterschul,
Gar liebe Geschöpfchen und Tröpfchen!
Auf kleinen Kackstühlchen saßen sie dort,
Fallhütchen auf den Köpfchen.

Zu Frankfurt kam ich am Schabbes an,
Und aß dort Schalet und Klöse;
Ihr habt die beste Religion,
Auch lieb ich das Gänsegekröse.

In Dresden sah ich einen Hund,
Der einst gehört zu den Bessern,
Doch fallen ihm jetzt die Zähne aus,
Er kann nur bellen und wässern.

Zu Weimar, dem Musenwitwensitz,
Da hört ich viel Klagen erheben,
Man weinte und jammerte: Goethe sei tot,
Und Eckermann sei noch am Leben!

Zu Potsdam vernahm ich ein lautes Geschrei –
Was gibt es? rief ich verwundert.
„Das ist der Gans in Berlin, der liest
Dort über das letzte Jahrhundert."

Zu Göttingen blüht die Wissenschaft,
Doch bringt sie keine Früchte.
Ich kam dort durch in stockfinstrer Nacht,
Sah nirgendswo ein Lichte.

Zu Celle im Zuchthaus sah ich nur
Hannoveraner – O Deutsche!
Uns fehlt ein Nationalzuchthaus
Und eine gemeinsame Peitsche!

Zu Hamburg frug ich: warum so sehr
Die Straßen stinken täten?
Doch Juden und Christen versicherten mir,
Das käme von den Fleeten.

Zu Hamburg, in der guten Stadt,
Wohnt mancher schlechte Geselle;
Und als ich auf die Börse kam,
Ich glaubte, ich wär noch in Celle.

Zu Hamburg sah ich Altona,
Ist auch eine schöne Gegend;
Ein andermal erzähl ich dir
Was mir alldort begegnet.

Ein Weib

Sie hatten sich beide so herzlich lieb,
Spitzbübin war sie, er war ein Dieb.
Wenn er Schelmenstreiche machte,
Sie warf sich aufs Bett und lachte.

Der Tag verging in Freud und Lust,
Des Nachts lag sie an seiner Brust.
Als man ins Gefängnis ihn brachte,
Sie stand am Fenster und lachte.

Er ließ ihr sagen: O komm zu mir,
Ich sehne mich so sehr nach dir,
Ich rufe nach dir, ich schmachte –
Sie schüttelt' das Haupt und lachte.

Um sechse des Morgens ward er gehenkt,
Um sieben ward er ins Grab gesenkt;
Sie aber schon um achte
Trank roten Wein und lachte.

Ritter Olaf

1

Vor dem Dome stehn zwei Männer,
Tragen beide rote Röcke,
Und der Eine ist der König
Und der Henker ist der Andre.

Und zum Henker spricht der König:
„Am Gesang der Pfaffen merk ich,
Daß vollendet schon die Trauung –
Halt bereit dein gutes Richtbeil."

Glockenklang und Orgelrauschen,
Und das Volk strömt aus der Kirche;
Bunter Festzug, in der Mitte
Die geschmückten Neuvermählten.

Leichenblaß und bang und traurig
Schaut die schöne Königstochter;
Keck und heiter schaut Herr Olaf;
Und sein roter Mund, der lächelt.

Und mit lächelnd rotem Munde
Spricht er zu dem finstern König:
„Guten Morgen, Schwiegervater,
Heut ist Dir mein Haupt verfallen.

Sterben soll ich heut – O, laß mich
Nur bis Mitternacht noch leben,
Daß ich meine Hochzeit feire
Mit Bankett und Fackeltänzen.

Laß mich leben, laß mich leben,
Bis geleert der letzte Becher,
Bis der letzte Tanz getanzt ist –
Laß bis Mitternacht mich leben!"

Und zum Henker spricht der König:
„Unserm Eidam sei gefristet
Bis um Mitternacht sein Leben –
Halt bereit dein gutes Richtbeil."

2

Herr Olaf sitzt beim Hochzeitschmaus,
Er trinkt den letzten Becher aus.
An seine Schulter lehnt
Sein Weib und stöhnt –
Der Henker steht vor der Türe.

Der Reigen beginnt, und Herr Olaf erfaßt
Sein junges Weib, und mit wilder Hast
Sie tanzen, bei Fackelglanz,
Den letzten Tanz –
Der Henker steht vor der Türe.

Die Geigen geben so lustigen Klang,
Die Flöten seufzen so traurig und bang!
Wer die beiden tanzen sieht,
Dem erbebt das Gemüt –
Der Henker steht vor der Türe.

Und wie sie tanzen, im dröhnenden Saal,
Herr Olaf flüstert zu seinem Gemahl:
„Du weißt nicht, wie lieb ich dich hab –
So kalt ist das Grab –"
Der Henker steht vor der Türe.

3

Herr Olaf, es ist Mitternacht,
Dein Leben ist verflossen!
Du hattest eines Fürstenkinds
In freier Lust genossen.

Die Mönche murmeln das Totengebet,
Der Mann im roten Rocke,
Er steht mit seinem blanken Beil
Schon vor dem schwarzen Blocke.

Herr Olaf steigt in den Hof hinab,
Da blinken viel Schwerter und Lichter.
Es lächelt des Ritters roter Mund,
Mit lächelndem Munde spricht er:

„Ich segne die Sonne, ich segne den Mond,
Und die Stern, die am Himmel schweifen.
Ich segne auch die Vögelein,
Die in den Lüften pfeifen.

Ich segne das Meer, ich segne das Land
Und die Blumen auf der Aue.
Ich segne die Veilchen, sie sind so sanft
Wie die Augen meiner Fraue.

Ihr Veilchenaugen meiner Frau,
Durch Euch verlier ich mein Leben!
Ich segne auch den Holunderbaum,
Wo du dich mir ergeben."

Begegnung

Wohl unter der Linde erklingt die Musik,
Da tanzen die Burschen und Mädel,
Da tanzen zwei, die niemand kennt,
Sie schaun so schlank und edel.

Sie schweben auf, sie schweben ab,
In seltsam fremder Weise,
Sie lachen sich an, sie schütteln das Haupt,
Das Fräulein flüstert leise:

„Mein schöner Junker, auf Eurem Hut
Schwankt eine Neckenlilje,
Die wächst nur tief in Meeresgrund –
Ihr stammt nicht aus Adams Familie.

Ihr seid der Wassermann, Ihr wollt
Verlocken des Dorfes Schönen.
Ich hab Euch erkannt, beim ersten Blick,
An Euren fischgrätigen Zähnen."

Sie schweben auf, sie schweben ab,
In seltsam fremder Weise,
Sie lachen sich an, sie schütteln das Haupt,
Der Junker flüstert leise:

„Mein schönes Fräulein, sagt mir, warum
So eiskalt Eure Hand ist?
Sagt mir, warum so naß der Saum
An Eurem weißen Gewand ist?

Ich hab Euch erkannt, beim ersten Blick,
An Eurem spöttischen Knixe –
Du bist kein irdisches Menschenkind,
Du bist mein Mühmchen, die Nixe."

Die Geigen verstummen, der Tanz ist aus,
Es trennen sich höflich die beiden.
Sie kennen sich leider viel zu gut,
Suchen sich jetzt zu vermeiden.

König Harald Harfagar

Der König Harald Harfagar
Sitzt unten in Meeresgründen,
Bei seiner schönen Wasserfee;
Die Jahre kommen und schwinden.

Von Nixenzauber gebannt und gefeit,
Er kann nicht leben, nicht sterben;
Zweihundert Jahre dauert schon
Sein seliges Verderben.

Des Königs Haupt liegt auf dem Schoß
Der holden Frau, und mit Schmachten
Schaut er nach ihren Augen empor;
Kann nicht genug sie betrachten.

Sein goldnes Haar ward silbergrau,
Es treten die Backenknochen
Gespenstisch hervor aus dem gelben Gesicht,
Der Leib ist welk und gebrochen.

Manchmal aus seinem Liebestraum
Wird er plötzlich aufgeschüttert,
Denn droben stürmt so wild die Flut
Und das gläserne Schloß erzittert.

Manchmal ist ihm, als hört er im Wald
Normannenruf erschallen;
Er hebt die Arme mit freudiger Hast,
Läßt traurig sie wieder fallen.

Manchmal ist ihm, als hört er gar,
Wie die Schiffer singen hier oben
Und den König Harfagar
Im Heldenliede loben.

Der König stöhnt und schluchzt und weint
Alsdann aus Herzensgrunde.
Schnell beugt sich hinab die Wasserfee
Und küßt ihn mit lachendem Munde.

Pfalzgräfin Jutta

Pfalzgräfin Jutta fuhr über den Rhein,
Im leichten Kahn, bei Mondenschein.
Die Zofe rudert, die Gräfin spricht:
„Siehst du die sieben Leichen nicht,
Die hinter uns kommen
Einhergeschwommen –
So traurig schwimmen die Toten!

Das waren Ritter voll Jugendlust –
Sie sanken zärtlich an meine Brust
Und schwuren mir Treue – Zur Sicherheit,
Daß sie nicht brächen ihren Eid,
Ließ ich sie ergreifen
Sogleich und ersäufen –
So traurig schwimmen die Toten!"

Die Zofe rudert, die Gräfin lacht.
Das hallt so höhnisch durch die Nacht!
Bis an die Hüfte tauchen hervor
Die Leichen und strecken die Finger empor,
Wie schwörend – Sie nicken
Mit gläsernen Blicken –
So traurig schwimmen die Toten!

Rhampsenit

Als der König Rhampsenit
Eintrat in die goldne Halle
Seiner Tochter, lachte diese,
Lachten ihre Zofen alle.

Auch die Schwarzen, die Eunuchen,
Stimmten lachend ein, es lachten
Selbst die Mumien, selbst die Sphinxe,
Daß sie schier zu bersten dachten.

Die Prinzessin sprach: Ich glaubte
Schon den Schatzdieb zu erfassen,
Der hat aber einen toten
Arm in meiner Hand gelassen.

Jetzt begreif ich, wie der Schatzdieb
Dringt in deine Schatzhauskammern,
Und die Schätze dir entwendet,
Trotz den Schlössern, Riegeln, Klammern.

Einen Zauberschlüssel hat er,
Der erschließet allerorten
Jede Türe, widerstehen
Können nicht die stärksten Pforten.

Ich bin keine starke Pforte
Und ich hab nicht widerstanden,
Schätzehütend diese Nacht
Kam ein Schätzlein mir abhanden.

Sp sprach lachend die Prinzessin
Und sie tänzelt im Gemache,
Und die Zofen und Eunuchen
Hoben wieder ihre Lache.

An demselben Tag ganz Memphis
Lachte, selbst die Krokodile
Reckten lachend ihre Häupter
Aus dem schlammig gelben Nile,

Als sie Trommelschlag vernahmen
Und sie hörten an dem Ufer
Folgendes Reskript verlesen
Von dem Kanzelei-Ausrufer:

Rhampsenit von Gottes Gnaden
König zu und in Ägypten,
Wir entbieten Gruß und Freundschaft
Unsern Vielgetreun und Liebden.

In der Nacht vom dritten zu dem
Vierten Junius des Jahres
Dreizehnhundertvierundzwanzig
Vor Christi Geburt, da war es,

Daß ein Dieb aus unserm Schatzhaus
Eine Menge von Juwelen
Uns entwendet; es gelang ihm
Uns auch später zu bestehlen.

Zur Ermittelung des Täters
Ließen schlafen wir die Tochter
Bei den Schätzen – doch auch jene
Zu bestehlen schlau vermocht er.

Um zu steuern solchem Diebstahl
Und zu gleicher Zeit dem Diebe
Unsre Sympathie zu zeigen,
Unsre Ehrfurcht, unsre Liebe,

Wollen wir ihm zur Gemahlin
Unsre einzge Tochter geben
Und ihn auch als Thronnachfolger
In den Fürstenstand erheben.

Sintemal uns die Adresse
Unsres Eidams noch zur Stunde
Unbekannt, soll dies Reskript ihm
Bringen Unsrer Gnade Kunde.

So geschehn den dritten Jänner
Dreizehnhundert zwanzig sechs
Vor Christi Geburt. – Signieret
Von Uns: Rhampsenitus Rex.

Rhampsenit hat Wort gehalten,
Nahm den Dieb zum Schwiegersohne,
Und nach seinem Tode erbte
Auch der Dieb Ägyptens Krone.

Er regierte wie die andern,
Schützte Handel und Talente;
Wenig, heißt es, ward gestohlen
Unter seinem Regimente.

Der weiße Elefant

Der König von Siam, Mahawasant,
Beherrscht das halbe Indienland,
Zwölf Könge, der große Mogul sogar,
Sind seinem Szepter tributar.

Alljährlich mit Trommeln, Posaunen und Fahnen
Ziehen nach Siam die Zinskarawanen;
Viel tausend Kamele, hochberuckte,
Schleppen die kostbarsten Landesprodukte.

Sieht er die schwerbepackten Kamele,
So schmunzelt heimlich des Königs Seele;
Öffentlich freilich pflegt er zu jammern,
Es fehle an Raum in seinen Schatzkammern.

Doch diese Schatzkammern sind so weit,
So groß und voller Herrlichkeit;
Hier überflügelt der Wirklichkeit Pracht
Die Märchen von Tausend und eine Nacht.

„Die Burg des Indra" heißt die Halle,
Wo aufgestellt die Götter alle,
Bildsäulen von Gold, fein ziseliert,
Mit Edelsteinen inkrustiert.

Sind an der Zahl wohl dreißigtausend,
Figuren abenteuerlich grausend,
Mischlinge von Menschen- und Tiergeschöpfen
Mit vielen Händen und vielen Köpfen.

Im „Purpursaale" sieht man verwundert
Korallenbäume dreizehnhundert,
Wie Palmen groß, seltsamer Gestalt,
Geschnörkelt die Äste, ein roter Wald.

Das Estrich ist vom reinsten Kristalle
Und widerspiegelt die Bäume alle.
Fasanen vom buntesten Glanzgefieder
Gehn gravitätisch dort auf und nieder.

Der Lieblingsaffe des Mahawasant
Trägt an dem Hals ein seidenes Band,
Dran hängt der Schlüssel, welcher erschleußt
Die Halle, die man den Schlafsaal heißt.

Die Edelsteine vom höchsten Wert
Die liegen wie Erbsen hier auf der Erd
Hochaufgeschüttet; man findet dabei
Diamanten so groß wie ein Hühnerei.

Auf grauen, mit Perlen gefüllten Säcken
Pflegt hier der König sich hinzustrecken;
Der Affe legt sich zum Monarchen,
Und beide schlafen ein und schnarchen.

Das Kostbarste aber von allen Schätzen
Des Königs, sein Glück, sein Seelenergötzen,
Die Lust und der Stolz von Mahawasant,
Das ist sein weißer Elefant.

Als Wohnung für diesen erhabenen Gast
Ließ bauen der König den schönsten Palast;
Es wird das Dach, mit Goldblech beschlagen,
Von lotosknäufigen Säulen getragen.

Am Tore stehen dreihundert Trabanten
Als Ehrenwache des Elefanten,
Und kniend, mit gekrümmtem Rucken,
Bedienen ihn hundert schwarze Eunucken.

Man bringt auf einer güldnen Schüssel
Die leckersten Bissen für seinen Rüssel;
Er schlürft aus silbernen Eimern den Wein,
Gewürzt mit den süßesten Spezerein.

Man salbt ihn mit Ambra und Rosenessenzen,
Man schmückt sein Haupt mit Blumenkränzen;
Als Fußdecke dienen dem edlen Tier
Die kostbarsten Schals aus Kaschimir.

Das glücklichste Leben ist ihm beschieden,
Doch niemand auf Erden ist zufrieden.
Das edle Tier, man weiß nicht wie,
Versinkt in tiefe Melancholie.

Der weiße Melancholikus
Steht traurig mitten im Überfluß.
Man will ihn ermuntern, man will ihn erheitern,
Jedoch die klügsten Versuche scheitern.

Vergebens kommen mit Springen und Singen
Die Bajaderen; vergebens erklingen
Die Zinken und Pauken der Musikanten,
Doch nichts erlustigt den Elefanten.

Da täglich sich der Zustand verschlimmert,
Wird Mahawasantes Herz bekümmert;
Er läßt vor seines Thrones Stufen
Den klügsten Astrologen rufen.

„Sterngucker, ich laß dir das Haupt abschlagen,"
Herrscht er ihn an, „kannst du mir nicht sagen,
Was meinem Elefanten fehle,
Warum so verdüstert seine Seele?"

Doch jener wirft sich dreimal zur Erde,
Und endlich spricht er mit ernster Gebärde:
„O König, ich will dir die Wahrheit verkünden,
Du kannst dann handeln nach Gutbefinden.

Es lebt im Norden ein schönes Weib
Von hohem Wuchs und weißem Leib,
Dein Elefant ist herrlich, unleugbar,
Doch ist er nicht mit ihr vergleichbar.

Mir ihr verglichen, erscheint er nur
Ein weißes Mäuschen. Es mahnt die Statur
An Bimha, die Riesin, im Ramajana,
Und an der Epheser große Diana.

Wie sich die Gliedermassen wölben
Zum schönsten Bau! Es tragen dieselben
Anmutig und stolz zwei hohe Pilaster
Von blendend weißem Alabaster.

Das ist Gott Amors kolossale
Domkirche, der Liebe Kathedrale;
Als Lampe brennt im Tabernakel
Ein Herz, das ohne Falsch und Makel.

Die Dichter jagen vergebens nach Bildern,
Um ihre weiße Haut zu schildern;
Selbst Gautier ist dessen nicht kapabel, –
O diese Weiße ist implacable!

Des Himalaya Gipfelschnee
Erscheint aschgrau in ihrer Näh;
Die Lilie, die ihre Hand erfaßt,
Vergilbt durch Eifersucht oder Kontrast.

Gräfin Bianka ist der Name
Von dieser großen weißen Dame;
Sie wohnt zu Paris im Frankenland,
Und diese liebt der Elefant.

Durch wunderbare Wahlverwandtschaft,
Im Traume machte er ihre Bekanntschaft,
Und träumend in sein Herze stahl
Sich dieses hohe Ideal.

Sehnsucht verzehrt ihn seit jener Stund,
Und er, der vormals so froh und gesund,
Er ist ein vierfüßiger Werther geworden,
Und träumt von einer Lotte im Norden.

Geheimnisvolle Sympathie!
Er sah sie nie und denkt an sie.
Er trampelt oft im Mondschein umher
Und seufzet: wenn ich ein Vöglein wär!

In Siam ist nur der Leib, die Gedanken
Sind bei Bianka im Lande der Franken;
Doch diese Trennung von Leib und Seele
Schwächt sehr den Magen, vertrocknet die Kehle.

Die leckersten Braten widern ihn an,
Er liebt nur Dampfnudeln und Ossian;
Er hüstelt schon, er magert ab,
Die Sehnsucht schaufelt sein frühes Grab.

Willst du ihn retten, erhalten sein Leben,
Der Säugertierwelt ihn wiedergeben,
O König, so schicke den hohen Kranken
Direkt nach Paris, der Hauptstadt der Franken.

Wenn ihn alldort in der Wirklichkeit
Der Anblick der schönen Frau erfreut,
Die seiner Träume Urbild gewesen,
Dann wird er von seinem Trübsinn genesen.

Wo seiner Schönen Augen strahlen,
Da schwinden seiner Seele Qualen;
Ihr Lächeln verscheucht die letzten Schatten,
Die hier sich eingenistet hatten;

[implacable, frz.: unerbittlich, hier: makellos.]

Und ihre Stimme, wie'n Zauberlied,
Löst sie den Zwiespalt in seinem Gemüt,
Froh hebt er wieder die Lappen der Ohren,
Er fühlt sich verjüngt, wie neugeboren.

Es lebt sich so lieblich, es lebt sich so süß
Am Seinestrand, in der Stadt Paris!
Wie wird sich dorten zivilisieren
Dein Elefant und amüsieren!

Vor allem aber, o König, lasse
Ihm reichlich füllen die Reisekasse,
Und gib ihm einen Kreditbrief mit
Auf Rothschild frères in der rue Lafitte.

Ja, einen Kreditbrief von einer Million
Dukaten etwa; – der Herr Baron
Von Rothschild sagt von ihm alsdann:
Der Elefant ist ein braver Mann!"

So sprach der Astrolog, und wieder
Warf er sich dreimal zur Erde nieder.
Der König entließ ihn mit reichen Geschenken,
Und streckte sich aus, um nachzudenken.

Er dachte hin, er dachte her;
Das Denken wird den Königen schwer.
Sein Affe sich zu ihm niedersetzt,
Und beide schlafen ein zuletzt.

Was er beschlossen, das kann ich erzählen
Erst später; die indischen Mall'posten fehlen.
Die letzte, welche uns zugekommen,
Die hat den Weg über Suez genommen.

Schelm von Bergen

Im Schloß zu Düsseldorf am Rhein
Wird Mummenschanz gehalten;
Da flimmern die Kerzen, da rauscht die Musik,
Da tanzen die bunten Gestalten.

Da tanzt die schöne Herzogin,
Sie lacht laut auf beständig;
Ihr Tänzer ist ein schlanker Fant,
Gar höfisch und behendig.

Er trägt eine Maske von schwarzem Samt,
Daraus gar freudig blicket
Ein Auge, wie ein blanker Dolch,
Halb aus der Scheide gezücket.

Es jubelt die Fastnachtsgeckenschar,
Wenn jene vorüberwalzen.
Der Drickes und die Marizzebill
Grüßen mit Schnarren und Schnalzen.

Und die Trompeten schmettern drein,
Der närrische Brummbaß brummet,
Bis endlich der Tanz ein Ende nimmt
Und die Musik verstummet.

„Durchlauchtigste Frau, gebt Urlaub mir,
Ich muß nach Hause gehen –"
Die Herzogin lacht: Ich laß dich nicht fort,
Bevor ich dein Antlitz gesehen.

„Durchlauchtigste Frau, gebt Urlaub mir,
Mein Anblick bringt Schrecken und Grauen –"
Die Herzogin lacht: Ich fürchte mich nicht,
Ich will dein Antlitz schauen.

„Durchlauchtigste Frau, gebt Urlaub mir,
Der Nacht und dem Tode gehör ich –"
Die Herzogin lacht: Ich lasse dich nicht,
Dein Antlitz zu schauen begehr ich.

Wohl sträubt sich der Mann mit finstern Wort,
Das Weib nicht zähmen kunnt er;
Sie riß zuletzt ihm mit Gewalt
Die Maske vom Antlitz herunter.

Das ist der Scharfrichter von Bergen! so schreit
Entsetzt die Menge im Saale
Und weichet scheusam – die Herzogin
Stürzt fort zu ihrem Gemahle.

Der Herzog ist klug, er tilgte die Schmach
Der Gattin auf der Stelle.
Er zog sein blankes Schwert und sprach:
Knie vor mir nieder, Geselle!

Mit diesem Schwertschlag mach ich dich
Jetzt ehrlich und ritterzünftig,
Und weil du ein Schelm, so nenne dich
Herr Schelm von Bergen künftig.

So ward der Henker ein Edelmann
Und Ahnherr der Schelme von Bergen.
Ein stolzes Geschlecht! es blühte am Rhein.
Jetzt schläft es in steinernen Särgen.

Schlachtfeld bei Hastings

Der Abt von Waltham seufzte tief,
Als er die Kunde vernommen,
Daß König Harold elendiglich
Bei Hastings umgekommen.

Zwei Mönche, Asgod und Ailrik genannt,
Die schickt' er aus als Boten,
Sie sollten suchen die Leiche Harolds
Bei Hastings unter den Toten.

Die Mönche gingen traurig fort
Und kehrten traurig zurücke:
„Hochwürdiger Vater, die Welt ist uns gram,
Wir sind verlassen vom Glücke.

Gefallen ist der beßre Mann,
Es siegte der Bankert, der schlechte,
Gewappnete Diebe verteilen das Land
Und machen den Freiling zum Knechte.

Der lausigste Lump aus der Normandie
Wird Lord auf der Insel der Britten;
Ich sah einen Schneider aus Bayeux, er kam
Mit goldnen Sporen geritten.

Weh dem, der jetzt ein Sachse ist!
Ihr Sachsenheilige droben
Im Himmelreich, nehmt euch in acht,
Ihr seid der Schmach nicht enthoben.

Jetzt wissen wir, was bedeutet hat
Der große Komet, der heuer
Blutrot am nächtlichen Himmel ritt
Auf einem Besen von Feuer.

Bei Hastings in Erfüllung ging
Des Unsterns böses Zeichen,
Wir waren auf dem Schlachtfeld dort
Und suchten unter den Leichen.

Wir suchten hin, wir suchten her,
Bis alle Hoffnung verschwunden –
Den Leichnam des toten Königs Harold,
Wir haben ihn nicht gefunden."

Asgod und Ailrik sprachen also;
Der Abt rang jammernd die Hände,
Versank in tiefe Nachdenklichkeit
Und sprach mit Seufzen am Ende:

„Zu Grendelfield am Bardenstein,
Just in des Waldes Mitte,
Da wohnet Edith Schwanenhals
In einer dürftgen Hütte.

Man hieß sie Edith Schwanenhals,
Weil wie der Hals der Schwäne
Ihr Nacken war; der König Harold,
Er liebte die junge Schöne.

Er hat sie geliebt, geküßt und geherzt,
Und endlich verlassen, vergessen.
Die Zeit verfließt; wohl sechzehn Jahr
Verflossen unterdessen.

Begebt euch, Brüder, zu diesem Weib
Und laßt sie mit euch gehen
Zurück nach Hastings, der Blick des Weibs
Wird dort den König erspähen.

Nach Waltham-Abtei hierher alsdann
Sollt ihr die Leiche bringen,
Damit wir christlich bestatten den Leib
Und für die Seele singen."

Um Mitternacht gelangten schon
Die Boten zur Hütte im Walde:
„Erwache, Edith Schwanenhals,
Und folge uns alsbalde.

Der Herzog der Normannen hat
Den Sieg davongetragen,
Und auf dem Feld bei Hastings liegt
Der König Harold erschlagen.

Komm mit nach Hastings, wir suchen dort
Den Leichnam unter den Toten,
Und bringen ihn nach Waltham-Abtei,
Wie uns der Abt geboten."

Kein Wort sprach Edith Schwanenhals,
Sie schürzte sich geschwinde
Und folgte den Mönchen; ihr greisendes Haar
Das flatterte wild im Winde.

Es folgte barfuß das arme Weib
Durch Sümpfe und Baumgestrüppe.
Bei Tagesanbruch gewahrten sie schon
Zu Hastings die kreidige Klippe.

Der Nebel, der das Schlachtfeld bedeckt
Als wie ein weißes Leilich,
Zerfloß allmählich; es flatterten auf
Die Dohlen und krächzten abscheulich.

Viel tausend Leichen lagen dort
Erbärmlich auf blutiger Erde,
Nackt ausgeplündert, verstümmelt, zerfleischt.
Daneben die Äser der Pferde.

Es watete Edith Schwanenhals
Im Blute mit nackten Füßen;
Wie Pfeile aus ihrem stieren Aug
Die forschenden Blicke schießen.

Sie suchte hin, sie suchte her,
Oft mußte sie mühsam verscheuchen
Die fraßbegierige Rabenschar;
Die Mönche hinter ihr keuchen.

Sie suchte schon den ganzen Tag,
Es ward schon Abend – plötzlich
Bricht aus der Brust des armen Weibs
Ein geller Schrei, entsetzlich.

Gefunden hat Edith Schwanenhals
Des toten Königs Leiche.
Sie sprach kein Wort, sie weinte nicht,
Sie küßte das Antlitz, das bleiche.

Sie küßte die Stirne, sie küßte den Mund,
Sie hielt ihn fest umschlossen;
Sie küßte auf des Königs Brust
Die Wunde blutumflossen.

Auf seiner Schulter erblickt sie auch –
Und sie bedeckt sie mit Küssen –
Drei kleine Narben, Denkmäler der Lust,
Die sie einst hineingebissen.

Die Mönche konnten mittlerweil
Baumstämme zusammenfugen;
Das war die Bahre, worauf sie alsdann
Den toten König trugen.

Sie trugen ihn nach Waltham-Abtei,
Daß man ihn dort begrübe;
Es folgte Edith Schwanenhals
Der Leiche ihrer Liebe.

Sie sang die Totenlitanein
In kindisch frommer Weise;
Das klang so schauerlich in der Nacht –
Die Mönche beteten leise. –

Karl I.

Im Wald, in der Köhlerhütte, sitzt
Trübsinnig allein der König;
Er sitzt an der Wiege des Köhlerkinds
Und wiegt und singt eintönig:

Eiapopeia, was raschelt im Stroh?
Es blöken im Stalle die Schafe –
Du trägst das Zeichen an der Stirn
Und lächelst so furchtbar im Schlafe.

Eiapopeia, das Kätzchen ist tot –
Du trägst auf der Stirne das Zeichen –
Du wirst ein Mann und schwingst das Beil,
Schon zittern im Walde die Eichen.

Der alte Köhlerglaube verschwand,
Es glauben die Köhlerkinder –
Eiapopeia – nicht mehr an Gott,
Und an den König noch minder.

Das Kätzchen ist tot, die Mäuschen sind froh –
Wir müssen zuschanden werden –
Eiapopeia – im Himmel der Gott
Und ich, der König auf Erden.

Mein Mut erlischt, mein Herz ist krank,
Und täglich wird es kränker –
Eiapopeia – du Köhlerkind,
Ich weiß es, du bist mein Henker.

Mein Todesgesang ist dein Wiegenlied –
Eiapopeia – die greisen
Haarlocken schneidest du ab zuvor –
Im Nacken klirrt mir das Eisen.

Eiapopeia, was raschelt im Stroh?
Du hast das Reich erworben,
Und schlägst mir das Haupt vom Rumpf herab –
Das Kätzchen ist gestorben.

Eiapopeia, was raschelt im Stroh?
Es blöken im Stalle die Schafe.
Das Kätzchen ist tot, die Mäuschen sind froh –
Schlafe, mein Henkerchen, schlafe!

Die Audienz
(Eine alte Fabel)

Ich laß nicht die Kindlein, wie Pharao,
Ersäufen im Nilstromwasser;
Ich bin auch kein Herodestyrann,
Kein Kinderabschlachtenlasser.

Ich will, wie einst mein Heiland tat,
Am Anblick der Kinder mich laben;
Laß zu mir kommen die Kindlein, zumal
Das große Kind aus Schwaben.

So sprach der König, der Kämmerer lief,
Und kam zurück und brachte
Herein das große Schwabenkind,
Das seinen Diener machte.

Der König sprach: Du bist wohl ein Schwab?
Das ist just keine Schande.
Geraten! erwidert der Schwab, ich bin
Geboren im Schwabenlande.

Stammst du von den sieben Schwaben ab?
Frug jener. Ich tu abstammen
Nur von einem einzgen, erwidert der Schwab,
Doch nicht von allen zusammen.

Der König frug ferner: Sind dieses Jahr
Die Knödel in Schwaben geraten?
Ich danke der Nachfrag, antwortet der Schwab,
Sie sind sehr gut geraten.

Habt ihr noch große Männer? frug
Der König. Im Augenblicke
Fehlt es an großen, erwidert der Schwab,
Wir haben jetzt nur dicke.

Hat Menzel, frug weiter der König, seitdem
Noch viel Maulschellen erhalten?
Ich danke der Nachfrag, erwidert der Schwab,
Er hat noch genug an den alten.

Der König sprach: Du bist nicht so dumm
Als wie du aussiehst, mein Holder.
Das kommt, erwidert der Schwab, weil mich
In der Wiege vertauscht die Kobolder.

Der König sprach: Es pflegt der Schwab
Sein Vaterland zu lieben –
Nun sage mir, was hat dich fort
Aus deiner Heimat getrieben?

Der Schwabe antwortet: Tagtäglich gabs
Nur Sauerkraut und Rüben;
Hätt meine Mutter Fleisch gekocht,
So wär ich dort geblieben.

Erbitte dir eine Gnade, sprach
Der König. Da kniete nieder
Der Schwabe und rief: O geben Sie, Sire,
Dem Volke die Freiheit wieder!

Der Mensch ist frei, es hat die Natur
Ihn nicht geboren zum Knechte –
O geben Sie, Sire, dem deutschen Volk
Zurück seine Menschenrechte!

Der König stand erschüttert tief –
Es war eine schöne Szene; –
Mit seinem Rockärmel wischte sich
Der Schwab aus dem Auge die Träne.

Der König sprach endlich: Ein schöner Traum! –
Leb wohl, und werde gescheiter;
Und da du ein Somnambülericht,
So geb ich dir zwei Begleiter,

Zwei sichre Gendarmen, die sollen dich
Bis an die Grenze führen –
Leb wohl! ich muß zur Parade gehn,
Schon hör ich die Trommel rühren.

So hat die rührende Audienz
Ein rührendes Ende genommen.
Doch ließ der König seitdem nicht mehr
Die Kindlein zu sich kommen.

Kobes I.

Im Jahre achtundvierzig hielt,
Zur Zeit der großen Erhitzung,
Das Parlament des deutschen Volks
Zu Frankfurt seine Sitzung.

Damals ließ auch auf dem Römer dort
Sich sehen die weiße Dame,
Das unheilkündende Gespenst;
Die Schaffnerin ist sein Name.

Man sagt, sie lasse sich jedesmal
Des Nachts auf dem Römer sehen,
So oft einen großen Narrenstreich
Die lieben Deutschen begehen.

Dort sah ich sie selbst um jene Zeit
Durchwandeln die nächtliche Stille
Der öden Gemächer, wo aufgehäuft
Des Mittelalters Gerülle.

Die Lampe und ein Schlüsselbund
Hielt sie in den bleichen Händen;
Sie schloß die großen Truhen auf
Und die Schränke an den Wänden.

Da liegen die Kaiser-Insignia,
Da liegt die goldne Bulle,
Der Szepter, die Krone, der Apfel des Reichs
Und manche ähnliche Schrulle.

Da liegt das alte Kaiser-Ornat,
Verblichen purpurner Plunder,
Die Garderobe des deutschen Reichs,
Verrostet, vermodert jetzunder.

Die Schaffnerin schüttelt wehmütig das Haupt
Bei diesem Anblick, doch plötzlich
Mit Widerwillen ruft sie aus:
Das alles stinkt entsetzlich!

Das alles stinkt nach Mäusedreck,
Das ist verfault und verschimmelt,
Und in dem stolzen Lumpenkram
Das Ungeziefer wimmelt.

Wahrhaftig, auf diesem Hermelin,
Dem Krönungsmantel, dem alten,
Haben die Katzen des Römerquartiers
Ihr Wochenbett gehalten.

Da hilft kein Ausklopfen! Daß Gott sich erbarm
Des künftigen Kaisers! Mit Flöhen
Wird ihn der Krönungsmantel gewiß
Auf Lebenszeit versehen.

Und wisset, wenn es den Kaiser juckt,
So müssen die Völker sich kratzen –
O Deutsche! Ich fürchte, die fürstlichen Flöh,
Die kosten Euch manchen Batzen.

Jedoch wozu noch Kaiser und Flöh?
Verrostet ist und vermodert
Das alte Kostüm – Die neue Zeit
Auch neue Röcke fodert.

Mit Recht sprach auch der deutsche Poet
Zum Rotbart im Kyffhäuser:
„Betracht ich die Sache ganz genau,
So brauchen wir gar keinen Kaiser!"

Doch wollt ihr durchaus ein Kaisertum,
Wollt Ihr einen Kaiser küren,
Ihr lieben Deutschen! laßt Euch nicht
Von Geist und Ruhm verführen.

Erwählet kein Patrizierkind,
Erwählet einen vom Plebse,
Erwählt nicht den Fuchs und nicht den Leu,
Erwählt den dümmsten der Schöpse.

Erwählt den Sohn Colonias,
Den dummen Kobes von Cöllen;
Der ist in der Dummheit fast ein Genie,
Er wird sein Volk nicht prellen.

Ein Klotz ist immer der beste Monarch,
Das zeigt Äsop in der Fabel;
Er frißt uns armen Frösche nicht,
Wie der Storch mit dem langen Schnabel.

Seid sicher, der Kobes wird kein Tyrann,
Kein Nero, kein Holofernes;
Er hat kein grausam antikes Herz,
Er hat ein weiches, modernes.

Der Krämerstolz verschmähte dies Herz,
Doch an die Brust des Heloten
Der Werkstatt warf der Gekränkte sich
Und ward die Blume der Knoten.

Die Brüder der Handwerksburschenschaft
Erwählten zum Sprecher den Kobes;
Er teilte mit ihnen ihr letztes Stück Brot,
Sie waren voll seines Lobes.

Sie rühmten, daß er nie studiert
Auf Universitäten,
Und Bücher schrieb aus sich selbst heraus,
Ganz ohne Fakultäten.

Ja, seine ganze Ignoranz
Hat er sich selbst erworben;
Nicht fremde Bildung und Wissenschaft
Hat je sein Gemüt verdorben.

Gleichfalls sein Geist, sein Denken blieb
Ganz frei vom Einfluß abstrakter
Philosophie – Er blieb Er selbst!
Der Kobes ist ein Charakter.

In seinem schönen Auge glänzt
Die Träne, die stereotype;
Und eine dicke Dummheit liegt
Beständig auf seiner Lippe.

Er schwätzt und flennt und flennt und schwätzt,
Worte mit langen Ohren!
Eine schwangere Frau, die ihn reden gehört,
Hat einen Esel geboren.

Mit Bücherschreiben und Stricken vertreibt
Er seine müßigen Stunden;
Es haben die Strümpfe, die er gestrickt,
Sehr großen Beifall gefunden.

Apoll und die Musen muntern ihn auf,
Sich ganz zu widmen dem Stricken –
Sie erschrecken, so oft sie in seiner Hand
Einen Gänsekiel erblicken.

Das Stricken mahnt an die alte Zeit
Der Funken. Auf ihren Wachtposten
Standen sie strickend – die Helden von Köln
Sie ließen die Eisen nicht rosten.

Wird Kobes Kaiser, so ruft er gewiß
Die Funken wieder ins Leben.
Die tapfere Schar wird seinen Thron
Als Kaisergarde umgeben.

Wohl möcht ihn gelüsten, an ihrer Spitz
In Frankreich einzudringen,
Elsaß, Burgund und Lothringerland
An Deutschland zurückzubringen.

Doch fürchtet nichts, er bleibt zu Haus;
Hier fesselt ihn friedliche Sendung,
Die Ausführung einer hohen Idee,
Des Kölner Doms Vollendung.

Ist aber der Dom zu Ende gebaut,
Dann wird sich der Kobes erbosen
Und mit dem Schwerte in der Hand
Zur Rechenschaft ziehn die Franzosen.

Er nimmt ihnen Elsaß und Lothringen ab,
Das sie dem Reiche entwendet,
Er zieht auch siegreich nach Burgund –
Sobald der Dom vollendet.

Ihr Deutsche! bleibt Ihr bei Eurem Sinn,
Wollt Ihr durchaus einen Kaiser,
So sei es ein Karnevalskaiser von Köln
Und Kobes der Erste heiß er!

Die Gecken des Kölner Faschingvereins,
Mit klingelnden Schellenkappen,
Die sollen seine Minister sein;
Er trage den Strickstrumpf im Wappen.

Der Drickes sei Kanzler, und nenne sich
Graf Drickes von Drickeshausen;
Die Staatsmätresse Marizebill,
Die soll den Kaiser lausen.

In seiner guten, heilgen Stadt Köln
Wird Kobes residieren –
Und hören die Kölner die frohe Mär,
Sie werden illuminieren.

Die Glocken, die eisernen Hunde der Luft,
Erheben ein Freudengebelle,
Und die heilgen drei Könge aus Morgenland
Erwachen in ihrer Kapelle.

Sie treten hervor mit dem Klappergebein,
Sie tänzeln vor Wonne und springen.
Halleluja und Kyrie
Eleison hör ich sie singen. – –

So sprach das weiße Nachtgespenst,
Und lachte aus voller Kehle;
Das Echo scholl so schauerlich
Durch alle die hallenden Säle.

Jammertal

Der Nachtwind durch die Luken pfeift,
Und auf dem Dachstublager
Zwei arme Seelen gebettet sind;
Sie schauen so blaß und mager.

Die eine arme Seele spricht:
Umschling mich mit deinen Armen,
An meinen Mund drück fest deinen Mund,
Ich will an dir erwarmen.

Die andere arme Seele spricht:
Wenn ich dein Auge sehe,
Verschwindet mein Elend, der Hunger, der Frost
Und all mein Erdenwehe.

Sie küßten sich viel, sie weinten noch mehr,
Sie drückten sich seufzend die Hände,
Sie lachten manchmal und sangen sogar,
Und sie verstummten am Ende.

Am Morgen kam der Kommissär,
Und mit ihm kam ein braver
Chirurgus, welcher konstatiert
Den Tod der beiden Kadaver.

Die strenge Wittrung, erklärte er,
Mit Magenleere vereinigt,
Hat beider Ableben verursacht, sie hat
Zum mindesten solches beschleunigt.

Wenn Fröste eintreten, setzt' er hinzu,
Sei höchst notwendig Verwahrung
Durch wollene Decken; er empfahl
Gleichfalls gesunde Nahrung.

August Heinrich Hoffmann von Fallersleben
1798–1874

Hunde und Katzen

Die Hund' und Katzen die stritten sich
Und zankten sich um die Wette,
Wer unter ihnen urkundlich
Den ältesten Adel hätte.

„Wir haben ein uraltes Diplom
Lang' her von undenklichen Tagen,
Was Remus und Romulus einst zu Rom
Gab allen Isegrims-Magen."

„Zeigt uns, erwidern die Katzen, wohlan!
Zeigt her die alten Briefe!
Was steht denn drin, was hangt denn dran?
Wo sind sie, in welchem Archive?"

Man schickte den Pudel eilig nach Rom
Zum Ärger der Katzen und Kater,
Der sollte holen das alte Diplom
Herbei vom heiligen Vater.

Der Pudel kommt ganz ungeniert
Zum Papst hereingetreten;
Er hat den Pantoffel ihm apportiert
Und dann ihn höflich gebeten.

Der Pudel empfing aus des Papstes Hand
Was das Hundevolk begehrte;
Dann zog er wiederum in sein Land
Auf seiner alten Fährte.

Und als er kam an den Po bei Rom,
Da schwamm vor ihm ein Braten,
Er schnappte danach und verlor sein Diplom,
Und mußt' es auf ewig entraten.

So stand die Sache nun wie zuletzt,
Der Streit blieb unentschieden,
Und Hund' und Katzen halten bis jetzt
Noch immer keinen Frieden.

Die Hunde, die denken noch immer so:
Wir werden sie schon überwinden!
Sie suchen und forschen noch immer am Po –
Und können den Adel nicht finden.

Mißheirat
1841

Haltet rein das edle Blut!
Hat mein Vater oft gesagt.
Ach! was nun mein Enkel tut!
Ach! dem Himmel sei's geklagt!

Eine Bürgerliche frein!
Nein, das ist fürwahr zu arg!
Ach! das wird ein Nagel sein
Ganz gewiß zu meinem Sarg!"

Also sprach der Großpapa,
Und die Ahnen an der Wand
Nickten gleichsam alle: ja!
Als ob's jeder mitempfand.

Und der gute Junker nahm
Doch zur Frau das Bürgerblut,
Und der arme Junker kam
So zu großem Geld und Gut.

Und erfüllt von Lieb und Dank,
Fand der Alte sich darein;
Er, der sonst nur Wasser trank,
Trank anjetzo nur noch Wein.

Eine Bürgerliche frein
Fand er jetzt nicht mehr so arg,
Doch der gute Bürgerwein
Ward ein Nagel ihm zum Sarg.

Der polizeiliche Gegenbeweis
Eine wahre Geschichte

„Die Still auf unsern Straßen
Ist doch bewundernswert!
Hier geht ein Mensch doch sicher,
Und scheu wird nie ein Pferd.

Das frühere Hundegebelle
Ist jetzo abgestellt,
Und alles ist verboten,
Was einem nicht gefällt.

Rings Aufsicht, gute Ordnung
Und nirgends Schererei –
Ich finde ganz vortrefflich
Doch unsere Polizei.

Es kann sich jeder bewegen
Und regen frank und frei –
Ich finde ganz vortrefflich
Doch unsere Polizei.

Es kann ein jeder denken
Und reden, was es auch sei –
Ich finde ganz vortrefflich
Doch unsere Polizei.

Was soll das Tadeln und Schimpfen!
Ich bleib einmal dabei:
Ich finde ganz vortrefflich
Doch unsere Polizei. – –"

So ließ sich am alten Markte
Mein Vetter zu Braunschweig aus,
Er rauchte seine Zigarre
Spazierend vor seinem Haus.

Da kommt ein Polizeimann
Und spricht ganz artig und fein:
„Mein Herr, ein Gulden Strafe,
Und Ihre Zigarr ist mein."

„Auf Wiedersehn, Herr Vetter!
Jawohl, jetzt stimm ich bei,
Jetzt find ich ganz vortrefflich
Auch unsere Polizei."

Anastasius Grün
1806–1876

Botenart

Der Graf kehrt heim vom Festturnei,
Da wallt an ihm sein Knecht vorbei.

„Hallo, woher des Wegs, sag an!
Wohin, mein Knecht, geht deine Bahn?"

„Ich wandle, daß der Leib gedeih',
Ein Wohnhaus such' ich mir nebenbei."

„Ein Wohnhaus? Nun, sprich grad' heraus,
Was ist geschehn bei uns zu Haus?"

„Nichts sonderlich's! Nur todeswund
Liegt Euer kleiner weißer Hund."

„Mein treues Hündchen todeswund!
Sprich, wie begab sich's mit dem Hund?"

„Im Schreck Eu'r Leibroß auf ihn sprang,
Drauf lief's in den Strom, der es verschlang."

„Mein schönes Roß, des Stalles Zier!
Wovon erschrak das arme Tier?"

„Besinn' ich recht mich, erschrak's davon,
Als von dem Fenster stürzt' Eu'r Sohn."

„Mein Sohn? Doch blieb er unverletzt?
Wohl pflegt mein süßes Weib ihn jetzt?"

„Die Gräfin rührte stracks der Schlag,
Als vor ihr des Herrleins Leichnam lag."

„Warum bei solchem Jammer und Graus,
Du Schlingel, hütest du nicht das Haus?"

„Das Haus? Ei, welches meint Ihr wohl?
Das Eure liegt in Asch' und Kohl'!

Die Leichenfrau schlief ein an der Bahr',
Und Feuer fing ihr Kleid und Haar.

Und Schloß und Stall verlodert' im Wind,
Dazu das ganze Hausgesind'!

Nur mich hat das Schicksal aufgespart,
Euch's vorzubringen auf gute Art."

Heinrich Frauenlob

In Mainz ist's öd und stille, die Straßen wüst und leer,
Nur Schmerzgestalten ziehen im Trau'rgewand umher,
Nur Glockentöne schwirren gar bange durch die Luft,
Nur eine Straße füllt sich, und die führt in die Gruft.

Und wie der Ruf vom Turme verklingt in leisem Flug,
Da naht dem heil'gen Dome ein stiller, ernster Zug,
Viel Männer, Greis' und Kinder, der Frauen holde Zahl
Jedwed' im Auge Tränen, im Busen herbe Qual.

Sechs Jungfraun in der Mitte, die tragen Sarg und Bahr'
Und nahn mit dumpfem Liede dem reichen Hochaltar.
Der gibt statt Heil'genbilder der Menschheit Wappen kund:
Ein weißes Kreuz ganz einfach auf rabenschwarzem Grund.

Auf schwarzem Sargtuch ruhet ein frisches Lorbeerreis,
Die grüne Sängerkrone, der hohen Lieder Preis,
Und eine goldne Harfe, die lispelt leis und lind,
Die Saiten beben trauernd, durchweht von Abendwind.

Wer ruht wohl in dem Sarge, von Todeshand erfaßt?
Starb euch ein lieber König, daß alt und jung erblaßt?
Ein König wohl der Lieder, der Frauenlob genannt,
Ihn ehrt noch in dem Grabe das deutsche Vaterland.

Der schönsten Himmelsblume, die mild auf Erden blüht,
Dem holden Preis der Frauen klang einst sein heilig Lied.
Drum, ist auch welk die Hülle und kalt der Sängersmann,
Sie lohnen doch, was Liebes der Lebende getan.

Und selbst das hohle Auge der schwarzen Mitternacht
Sieht weinend manches Mädchen, das noch am Sarge wacht,
Sei klanglos auch die Harfe, von Trauerflor umhüllt,
Es klingen doch die Lieder, es lebt des Sängers Bild.

Drum auf! ihr deutschen Sänger, die Harfen frisch gestimmt!
Bevor der Lenz verblühet, bevor der Tag verglimmt!
Und liebt ihr süße Minne, liebt ihr manch Lorbeerreis,
Singt Schönheit und singt Tugend, singt deutscher Frauen Preis!

Der Deserteur

Auf der Hauptwacht sitzt geschlossen
Des Gebirges schlanker Sohn,
Morgen frühe wird erschossen,
Der dreimal der Fahn' entflohn.

Heute gönnten mit Erbarmen
Sie ihm Wein und Prasserkost;
Doch in seiner Mutter Armen
Gibt und nimmt er letzten Trost:

„Mutter, seht, die närr'schen Leute
Heischten Treu' und Eid mir ab,
Die ich doch, und nicht erst heute,
Meiner lieben Sennin gab!

Soll mein Blut dem Fürsten geben,
Mag wohl sein ein guter Mann;
Doch er fordre nicht mein Leben!
Was blieb' Euch, o Mutter, dann?

Eures Hauptes Silberflocken,
Acker schirmen, Hof und Haus
Und der Liebsten goldne Locken,
Füllt's nicht schön ein Leben aus?

Hoch von langen Stangen wallten
Fetzen Tuchs, drauf sie recht fein
Ein geflügelt Raubtier malten;
Und da sollt' ich hinterdrein!

Dem Gevögel, Adlern, Geiern,
War ich doch mein Lebtag gram;
Schoß manch einen, der zu Euern
Und der Liebsten Herden kam!

Über eine blanke Schachtel
Spannten sie ein Eselsfell:
Welch Gedröhn, statt Lerch' und Wachtel,
Die im Korn einst schlugen hell!

Trommellärm trieb mich von dannen,
Alphorn rief mich zu den Höhn,
Wo die grünen, duft'gen Tannen,
Meine echten Fahnen, wehn!

Unserm Küster lausch' ich lieber
Mit dem tapfern Fiedelstrich,
Während vom Gebirg herüber
Süßrer Klang mein Ohr beschlich!

In zweifarbig Tuch geschlagen,
Knebelten mich Spang' und Knopf,
Einen Höcker sollt' ich tragen
Und als Hut solch schwarzen Topf!

Besser läßt, das sieht doch jeder,
Mir der grüne Schützenrock,
Auf dem Hut die Schildhahnfeder,
Stutzen auch und Alpenstock!

Wachtstehn sollt' ich nachts vor Zelten!
Lullt mein Wachen sie in Ruh'?
Legt der Herr den mir geschmälten
Schlummer wohl dem ihren zu?

Besser als durch mich geborgen
Stellt' in Himmels Schutz ich sie;
Und vor Liebchens Haus am Morgen
Stand als Ehrenwacht ich früh.

Morgen, wenn die Schüsse schüttern,
Mutter, denkt, daß fern von Euch
Im Gebirg bei Hochgewittern
Mich erschlug ein Wetterstreich!

Besser will mir's so behagen!
Kann doch auf den Lippen treu
Euren, ihren Namen tragen,
Wie der blühndsten Rosen zwei!"

Und der Morgen stieg zur Erde;
Unter laub'gem Blütenbaum
Ruht die Sennin; ihre Herde
Weidet rings am Bergessaum.

Horch! Im Talgrund Büchsenknalle,
Daß, aus seinem Morgentraum
Aufgeschreckt vom rauhen Halle,
Bang und zitternd lauscht der Baum!

Aus der Krone losgerüttelt
Taumeln Blütenflocken hin,
Tropfen Tau's, wie Tränen, schüttelt
Er aufs Haupt der Sennerin!

Und entsunken sind zur Stunde
In dem Tale, grün und frei,
Einem roten Jünglingsmunde
Wohl der blühndsten Rosen zwei.

Ferdinand Freiligrath
1810–1876

Barbarossas erstes Erwachen

Es lag die goldne Aue
Im blutgen Frührotschein,
Als wär' mit blutgem Taue
Besprengt der gelbe Rain.
Ernst blickte der Kyffhäuser
Durch Nebel auf die Flur,
Als der gebannte Kaiser
Auf aus dem Schlummer fuhr.

Er schaute zornesmutig
Die Schar der Diener an.
„Im tiefen Schlummer ruht' ich;
Wer hat mir das getan?
Wer, trotzend meinem Grimme,
Riß jach mich in die Höh',
Und rief mit dumpfer Stimme:
Weh, Hohenstaufe, weh!

Wer hat mit Schwertgeklimper
Gerasselt hier zur Stund'?
Wer hielt mir vor die Wimper
Die Leinwand, farbenbunt?
Wer hat mir Truggestalten
Gezeigt im wirren Traum?
Blutrote Tücher wallten
Auf eines Marktes Raum.

Hoch saß ein Mann zu Throne,
Deß' Auge blickte List,
Und sah mit finsterm Hohne
Herab auf ein Gerüst;
Das ragte, schwarz behangen,
Aus Lanzen und Volkeshauf',
Zwei Knaben, bleich von Wangen
Die standen obenauf.

Und zu der Knaben Seite,
Auf des Gerüstes Höhn,
Sah ich, ein graus Geleite,
Den Henker wartend stehn;
Er stand in roter Mütze,
Im scharlachroten Rock;
Sein Schwert war seine Stütze;
Vor ihm der Todesblock.

Da schmetterten die Zinken
Mit hellen Tönen: Mord!
Seht ihr des Königs Winken,
Hört ihr sein herrschend Wort?
Schnell wirft der eine Ritter
Den Handschuh unters Volk;
Das murrt wie vom Gewitter
Erregt ein Meereskolk.

Er legt das Haupt, das bleiche,
Fest auf den Eichenstumpf.
Das Schwert mit einem Streiche
Trennt es vom schlanken Rumpf.
Weit spritzt des Blutes Quelle;
Der König sieht's und winkt,
Und lächelt, als zur Stelle
Das Haupt des Zweiten sinkt.

Auf meine Wappenschilder,
Die geborstnen, rollt ihr Haupt,
Wer wies mir solche Bilder?
Wem hab' ich das erlaubt?
Wer, trotzend meinem Grimme,
Riß jach mich in die Höh',
Und rief mit dumpfer Stimme:
Weh, Hohenstaufe, weh!"

Die Zwerge stehn und zagen,
Und neigen das Gesicht.
„Wer wollte solches wagen?
Wir, Herre, sicher nicht!"
Zur selben Zeit sah Neapel
Den jungen Konradin
Auf blutbespritztem Stapel
Mit Badens Friedrich knien.

Da fuhr der bärtge Kaiser
Zuerst empor vom Pfühl;
Sah träumend im Kyffhäuser
Des eignen Stammes Ziel.
Er schilt und starrt verwundert
Und blinzt dann wieder stumm; –
Beinah' war ein Jahrhundert
Vom langen Schlaf herum.

Prinz Eugen, der edle Ritter

Zelte, Posten, Werda-Rufer!
Lust'ge Nacht am Donauufer!
Pferde stehn im Kreis umher
Angebunden an den Pflöcken;
An den engen Sattelböcken
Hangen Karabiner schwer.

Um das Feuer auf der Erde,
Vor den Hufen seiner Pferde
Liegt das östreich'sche Pikett.
Auf dem Mantel liegt ein jeder,
Von den Tschakos weht die Feder,
Leutnant würfelt und Kornett.

Neben seinem müden Schecken
Ruht auf einer wollnen Decken
Der Trompeter ganz allein:
„Laßt die Knöchel, laßt die Karten!
Kaiserliche Feldstandarten
Wird ein Reiterlied erfreun!

Vor acht Tagen die Affäre
Hab' ich, zu Nutz dem ganzen Heere,
In gehör'gen Reim gebracht;
Selber auch gesetzt die Noten;
Drum, ihr Weißen und ihr Roten!
Merket auf und gebet acht!"

Und er singt die neue Weise
Einmal, zweimal, dreimal leise
Denen Reitersleuten vor;
Und wie er zum letzten Male
Endet, bricht mit einem Male
Los der volle, kräft'ge Chor:

„Prinz Eugen, der edle Ritter!"
Hei, das klang wie Ungewitter
Weit ins Türkenlager hin.
Der Trompeter tät den Schnurrbart streichen
Und sich auf die Seite schleichen
Zu der Marketenderin.

Im Irrenhause

Nun noch in diese Kammer tritt –
Ein einzig Fenster gibt ihr Helle!
Starr, wie ein Steinbild von Granit,
Dasteht der Insass dieser Zelle!
Dasteht er wie ein Toter schier –
Nichts, was ihn störte, was ihn weckte!
Sein gläsern Auge funkelt stier,
Wie Macbeths, als ihn Banquo schreckte!

Da jach kommt Leben in den Stein!
Er springt zurück – was muß er schauen?
Von wannen nur dringt auf ihn ein
Haarsträubend dieses wüste Grauen?
Er hält die Hände schirmend vor,
Als säh' er Schwerter oder Flammen;
Er schüttelt sich und heult empor
Und bricht mit Klagelaut zusammen!

Und ruft: „Hab' ich euch doch erdolcht!
Was braucht ihr fürder mich zu quälen?
Wer schickt euch, daß ihr mich verfolgt,
Blutrünstige Gedankenseelen?

Wer hat den Rückweg euch gebahnt
Aus eurem Nichts, ihr trotzigen Dinger,
Daß an die Schlachtzeit ihr mich mahnt,
Drin euch hineinwies dieser Finger?

Lautlos, wie Ähren, sankt ihr hin,
Legionenweis – ha, welch ein Mähen!
Nie kam mir damals in den Sinn,
Ihr könntet wieder auferstehen!
Hu – ob ihr's könnt! Im Palast hier
Erfuhr ich's, drin ich gern sonst wohne,
Seit ihn für treue Dienste mir
Anwies als Eigentum die Krone!

Ein prächt'ger Bau! Doch ganz und gar
Ein Spukhaus eben, will mich dünken!
Weh – eine zorn'ge Leichenschar,
Stürmt ihr heran, mein Blut zu trinken!
Anstürmt ihr, abgehetzt und bleich,
Doch auf den Stirnen Mut und Klarheit!
Zwei hohe Weiber führen euch –
Die Freiheit, glaub' ich, und die Wahrheit!

Ja doch, die sind's! – Für sie ja quollt
Aus Schädeln ihr, tollkühnen, frechen!
Dreist ihr Gesetz habt ihr entrollt –
Und jetzt wollt ihr den Hals mir brechen!
Hohnlachend jetzt den Todesstoß
Nach meinem Herzen wollt ihr führen –
Fort, ihr Gesindel, laßt mich los!
Ich will mit euch kapitulieren!

Ja – aber wie? – der Teufel weiß!
Halt – hab' ich euch denn nicht verboten?
Was denn umsteht ihr mich im Kreis?
Ihr seid ja tot! fort zu den Toten!
Fort – hier bin ich im Recht – erlaubt –
Bückt euch – ich will euch nur zertreten!
Weh mir, ihr schüttelt ernst das Haupt!
Ihr sagt: ‚Der Geist läßt sich nicht töten!'

Der Geist? – nicht töten? – Ach, ich Tor!
Mir gleich, was sie für Reden führen!
Und doch – wer raunt mir denn ins Ohr:
Nicht töten, aber wohl verlieren! –
Ja so – den Geist – so mein' ich's auch!
Wie ist mir denn? – ich steh' geschlagen!
Was kann ein armer Zensor auch
Dem Geiste nur vom Geiste sagen?

Ihr lacht, Gesindel? – Allesamt
Flugs in den Staub vor mir gesunken!
Hui da, was wollt ihr nur? – Verdammt!
Zu mächtig sind mir die Hallunken!
Die Wahrheit schlägt mich ins Gesicht,
Die Freiheit bindet mir die Fäuste,
Anrasseln die Gedanken dicht,
Weh – wie geschieht mir – Fluch dem Geiste!

Nein, Gnade, Gnade! Los die Hand!
Los! O, wie viele waren härter
Als ich!" – Er fliegt hinan die Wand –
Da faßt den Rasenden der Wärter.
Gebändigt hat ihn Jack' und Schnur,
Auf seinem Lager sieh ihn kauern!
Komm nun – er war ein Werkzeug nur!
Laß uns nicht richten – nur bedauern!

Aus dem schlesischen Gebirge

„Nun werden grün die Brombeerhecken;
Hier schon ein Veilchen – welch ein Fest!
Die Amsel sucht sich dürre Stecken,
Und auch der Buchfink baut sein Nest.
Der Schnee ist überall gewichen,
Die Koppe nur sieht weiß ins Tal;
Ich habe mich von Haus geschlichen,
Hier ist der Ort – ich wag's einmal:
  Rübezahl!

Hört er's? ich seh' ihm dreist entgegen!
Er ist nicht bös! Auf diesen Block
Will ich mein Leinwandpäckchen legen –
Es ist ein richt'ges volles Schock!
Und fein! Ja, dafür kann ich stehen!
Kein beßres wird gewebt im Tal –
Er läßt sich immer noch nicht sehen!
Drum frischen Mutes noch einmal:
  Rübezahl!

Kein Laut! – Ich bin ins Holz gegangen,
Daß er uns hilft in unsrer Not!
O, meiner Mutter blasse Wangen –
Im ganzen Haus kein Stückchen Brot!
Der Vater schritt zu Markt mit Fluchen –
Fänd' er auch Käufer nur einmal!
Ich will's mit Rübezahl versuchen –
Wo bleibt er nur? Zum drittenmal:
  Rübezahl!

Er half so vielen schon vorzeiten –
Großmutter hat mir's oft erzählt!
Ja, er ist gut den armen Leuten,
Die unverschuldet Elend quält!
So bin ich froh denn hergelaufen
Mit meiner richt'gen Ellenzahl!
Ich will nicht betteln, will verkaufen!
O, daß er käme! Rübezahl!
  Rübezahl!

Wenn dieses Päckchen ihm gefiele,
Vielleicht gar bät' er mehr sich aus!
Das wär' mir recht! Ach, gar zu viele
Gleich schöne liegen noch zu Haus!
Die nähm' er alle bis zum letzten!
Ach, fiel' auf dies doch seine Wahl!
Da löst' ich ein selbst die versetzten –
Das wär' ein Jubel! Rübezahl!
  Rübezahl!

Dann trät' ich froh ins kleine Zimmer
Und riefe: Vater, Geld genug!
Dann flucht' er nicht, dann sagt' er nimmer:
Ich web' euch nur ein Hungertuch!
Dann lächelte die Mutter wieder
Und tischt' uns auf ein reichlich Mahl;
Dann jauchzten meine kleinen Brüder –
O käm', o käm' er! Rübezahl!
  Rübezahl!"

So rief der dreizehnjähr'ge Knabe;
So stand und rief er, matt und bleich.
Umsonst! Nur dann und wann ein Rabe
Flog durch des Gnomen altes Reich.
So stand und paßt' er Stund' auf Stunde,
Bis daß es dunkel ward im Tal
Und er halblaut mit zuckendem Munde
Ausrief durch Tränen noch einmal:
   Rübezahl!

Dann ließ er still das buschige Fleckchen
Und zitterte und sagte: Hu!
Und schritt mit seinem Leinwandpäckchen
Dem Jammer seiner Heimat zu.
Oft ruht' er aus auf moos'gen Steinen,
Matt von der Bürde, die er trug.
Ich glaub', sein Vater webt dem Kleinen
Zum Hunger- bald das Leichentuch!
   – Rübezahl?!

Das Lied vom Hemde
(Nach Thomas Hood)

Mit Fingern mager und müd,
Mit Augen schwer und rot,
In schlechten Hadern saß ein Weib
Nähend fürs liebe Brot.
Stich! Stich! Stich!
Auf sah sie wirr und fremde;
In Hunger und Armut flehentlich
Sang sie das „Lied vom Hemde".

„Schaffen! Schaffen! Schaffen!
Sobald der Haushahn wach!
Und Schaffen – Schaffen – Schaffen,
Bis die Sterne glühn durchs Dach!
O, lieber Sklavin sein
Bei Türken und bei Heiden,
Wo das Weib keine Seele zu retten hat,
Als so bei Christen leiden!

Schaffen – Schaffen – Schaffen,
Bis das Hirn beginnt zu rollen!
Schaffen – Schaffen – Schaffen,
Bis die Augen springen wollen!
Saum und Zwickel und Band,
Band und Zwickel und Saum –
Dann über den Knöpfen schlaf' ich ein
Und nähe sie fort im Traum.

O Männer, denen Gott
Weib, Mutter, Schwestern gegeben:
Nicht Linnen ist's, was ihr verschleißt –
Nein, warmes Menschenleben!
Stich! Stich! Stich!
Das ist der Armut Fluch:
Mit doppeltem Faden näh' ich Hemd,
Ja, Hemd und Leichentuch!

Doch was red' ich nur vom Tod,
Dem Knochenmanne! – Ha!
Kaum fürcht' ich seine Schreckgestalt,
Sie gleicht meiner eignen ja!

Sie gleicht mir, weil ich faste,
Weil ich lange nicht geruht.
O Gott, daß Brot so teuer ist
Und so wohlfeil Fleisch und Blut!

Schaffen – Schaffen – Schaffen!
Und der Lohn? Ein Wasserhumpen,
Eine Kruste Brot, ein Bett von Stroh,
Dort das morsche Dach – und Lumpen!
Ein alter Tisch, ein zerbrochner Stuhl,
Sonst nichts auf Gottes Welt!
Eine Wand so bar – 's ist ein Trost sogar,
Wenn mein Schatten nur drauf fällt!

Schaffen – Schaffen – Schaffen –
Vom Früh- zum Nachtgeläut!
Schaffen – Schaffen – Schaffen
Wie zur Straf' gefangne Leut'!
Band und Zwickel und Saum,
Saum und Zwickel und Band,
Bis vom ewigen Bücken mir schwindlig wird,
Bis das Hirn mir starrt und die Hand!

Schaffen – Schaffen – Schaffen
Bei Dezembernebeln fahl!
Schaffen – Schaffen – Schaffen
In des Lenzes sonnigem Strahl!
Wenn zwitschernd sich ans Dach
Die erste Schwalbe klammert,
Sich sonnt und Frühlingslieder singt,
Daß das Herz mir zuckt und jammert.

O, draußen nur zu sein,
Wo Viol' und Primel sprießen –
Den Himmel über mir
Und das Gras zu meinen Füßen!
Zu fühlen wie vordem,
Ach, *eine* Stunde nur,
Eh' noch es hieß: Ein Mittagsmahl
Für ein Wandeln auf der Flur!

Ach ja, nur eine Frist,
Wie kurz auch – nicht zur Freude!
Nein, auszuweinen mich einmal
So recht in meinem Leide!
Doch zurück, ihr meine Tränen!
Zurück tief ins Gehirn!
Ihr kämt mir schön! netztet beim Nähn
Mir Nadel nur und Zwirn!"

Mit Fingern mager und müd,
Mit Augen schwer und rot,
In schlechten Hadern saß ein Weib,
Nähend fürs liebe Brot.
Stich! Stich! Stich!
Auf sah sie wirr und fremde;
In Hunger und Armut flehentlich –
O, schwäng' es laut zu den Reichen sich! –
Sang sie dies „Lied vom Hemde".

Die Trompete von Vionville

Sie haben Tod und Verderben gespien:
Wir haben es nicht gelitten.
Zwei Kolonnen Fußvolk, zwei Batterien,
Wir haben sie niedergeritten.

Die Säbel geschwungen, die Zäume verhängt,
Tief die Lanzen und hoch die Fahnen,
So haben wir sie zusammengesprengt –
Kürassiere wir und Ulanen.

Doch ein Blutritt war es, ein Todesritt;
Wohl wichen sie unsern Hieben,
Doch von zwei Regimentern, was ritt und was stritt,
Unser zweiter Mann ist geblieben.

Die Brust durchschossen, die Stirn zerklafft,
So lagen sie bleich auf dem Rasen,
In der Kraft, in der Jugend dahingerafft –
Nun, Trompeter, zum Sammeln geblasen!

Und er nahm die Trompet', und er hauchte hinein;
Da – die mutig mit schmetterndem Grimme
Uns geführt in den herrlichen Kampf hinein,
Der Trompete versagte die Stimme!

Nur ein klanglos Wimmern, ein Schrei voll Schmerz,
Entquoll dem metallenen Munde;
Eine Kugel hatte durchlöchert ihr Erz –
Um die Toten klagte die wunde!

Um die Tapfern, die Treuen, die Wacht am Rhein,
Um die Brüder, die heut gefallen –
Um sie alle, es ging uns durch Mark und Bein,
Erhub sie gebrochenes Lallen.

Und nun kam die Nacht, und wir ritten hindann,
Rundum die Wachtfeuer lohten;
Die Rosse schnoben, der Regen rann –
Und wir dachten der Toten, der Toten!

Adolf Glassbrenner
1810–1876

Wert des Lebens

Er stand an dem Kupfergraben,
Der Eckensteher Zimmt,
Er schaute hinab in das Wasser
Und war sehr trübe gestimmt.

„Wat soll ick mir länger hier quälen?
So'n Leben hab ick satt!
Ick stürze mir runter in't Wasser,
Wo allens en Ende hat."

So sprach er und machte schon Anstalt –
Da kam ein Kollege vorbei;
Der sagte: „Ick habe vier Jroschen,
Die wolln wir verkümmeln, juchhei!"

Da besann sich der Zimmt ein wenig
Und rief: „Wat bin ick vor'n Tor!
Wat hilft mir denn ooch det Ersaufen?
Ick ziehe det Besaufen vor!"

Das Märchen vom Reichtum und der Not

's war einmal Bruder und Schwester:
Der Reichtum und die Not;
Er schwelgte in tausend Genüssen,
Sie hatte kaum trocken Brot.

Die Schwester diente beim Bruder
Viel hundert Jahre lang;
Ihn rührt' es nicht, wenn sie weinte,
Noch, wenn sie ihr Leiden besang.

Er fluchte und trat sie mit Füßen;
Er schlug ihr ins sanfte Gesicht;
Sie fiel auf die Erde und flehte:
Hilfst du, o Gott, mir nicht?

Wie wird das Lied wohl enden?
Das ist ein traurig Lied!
Ich will's nicht weiterhören,
Wenn nichts für die Schwester geschieht!

Das ist das Ende vom Liede,
Vom Reichtum und der Not:
An einem schönen Morgen
Schlug sie ihren Bruder tot.

St!

Die Zwitter und die Zitterer,
Die zischelten zusammen,
Ob's schon zur Zeit sei, die Zensur
Aus Deutschland zu verdammen.

Der erste sagt', es müsse gehn;
Der zweite sprach: es macht sich;
Der dritte setzt die Brille auf
Und hat erst noch bedacht sich.

Die Zwitter und die Zitterer,
Sie disputierten leise;
Sie schlossen Tür und Fenster zu,
Und das war äußerst weise.

Der vierte sprach: seid nicht zu schnell!
Hübsch vorsichtig, ihr Leutchen!
Es ist noch manches Hindernis
Für solch Ziel zu beseit'gen!

Da dachten gleich die Zwitter nach
Den letzten Interdikten;
Die Zitterer aber sahen sich
Bedenklich an und nickten.

Der fünfte sprach: 's ist noch nicht Zeit;
Die Fürsten sind dagegen!
Die beiden letzten wollten sich
Die Sach' noch überlegen.

Sie zankten leis und zischelten,
Die Zittrer und die Zwitter;
Sie sahen scheu und duckten sich
Wie Schafe beim Gewitter.

Ein Sekretär, der räuspert' sich:
Da fuhrn sie auseinander;
Sie hatten einen Schreck gekriegt
Und zitterten selbander.

Die Zwitter und die Zitterer,
Sie schwiegen nicht sehr lange;
Doch ward bei dem Politisiern
Den meisten angst und bange.

Sie zischelten und zankten leis,
Auf daß es niemand höre,
Ob die Gedankenfreiheit jetzt
Schon einzuführen wäre.

Friedrich von Sallet
1812–1843

Zwei tragikomische Geschichten

1.

Ein König war verrückt und blöd'.
Wie trieben da ihr Spiel die Schranzen!
Gleich Mäusen, die mutwillig schnöd'
Um einen blinden Kater tanzen.

Manch toll Dekret entwarfen sie,
Er unterschrieb, sie hatten's sicher.
Schrieb er: „Christian et Compagnie",
Sie ließen's gelten mit Gekicher.

Und wie er stumm bei Tafel saß,
Scholl's um ihn her von frechen Worten.
Nichts fragten sie bei ihrem Spaß
Nach dem verstörten Scheinbild dorten.

Doch schau! da hebt sich die Gestalt
Des Tiefgedrückten, Willenlosen;
Rings blickt er um sich fest und kalt,
Und scheu verstummt des Mahles Tosen.

„Wie, wenn ich nun mit einemmal
Herr würde meiner Geisteskräfte?"
Da geht ein Grauen durch den Saal:
„Weh uns! erwacht ist der Geäffte."

Doch wie noch stockt jedweder Ton,
So daß man hört des Odems Fächeln,
Hat sich sein Blick verwandelt schon
In alten Blödsinns irres Lächeln.

„Nun, nun! so ernst war's nicht gemeint.
Für diesmal mögt ihr weiter scherzen."
Da lachten sie, die schier geweint,
Und jedem fiel ein Stein vom Herzen.

2.

Verändert hat die Zeit das Bild.
Die Fürsten sind die kecken Schranzen,
Die um's blödsinn'ge Volk gar wild
Wie Mäus' um blinden Kater tanzen.

Da hat das Volk sich selbst erkannt
Mit eins, da es sie sah beim Schmause:
„Wie, wenn ich käme zu Verstand,
Und Herr sein wollt' im eignen Hause?"

Da ging ein Zittern um und um
Und leise wankten alle Throne;
Allein das Volk – schon lächelt's dumm,
Und spricht im alten Kindertone:

„Nun, nun! es bleibt beim Alten ja.
Nicht Ernst war's, was mich angewandelt."
Und wieder sitzt es blöde da,
Und nach wie vor wird es mißhandelt.

Anekdote und Auslegung

Man sagt es einem Kaiser nach,
Er stand an einer Quelle,
Die stopft' er mit dem Fuß und sprach:
„Schaut, wie die Leut' ich prelle!"

„Was werden sie wohl sagen jetzt
In meiner Hauptstadt drunten,
Wenn seinen Lauf der Strom aussetzt
Durch dieses Quells Verspunden?" –

Ihr lacht und zweifelt. Doch geschicht
Nicht alle Tag' ein gleiches?
Verstopft man an der Quelle nicht
Den Strom des Geisterreiches?

Der Stöpselfußtritt heißt Zensur.
Es denken, die sie treiben:
„Verstopfen wir die Quelle nur,
Muß auch der Strom ausbleiben."

Doch der rauscht majestätisch fort,
Der tausend Bächlein Einung.
Tottreten nicht läßt sich das Wort
Der *öffentlichen Meinung*.

Franz Dingelstedt
1814–1881

Jüngstens ist im Hoftheater
Uns'rem lieben Landesvater
Folgendes Malheur passiert,
Wie die Chronik referiert.

Durch die fürstliche Lorgnette
Blickend von gewohnter Stätte,
Fand der adlersicht'ge Herr
Einen Fremdling im Parterre.

War kein Kerl wie and're Fremde,
Trug ein blaugestreiftes Hemde
Und ein trikolores Tuch, –
Gründe zum Verdacht genug!

Sein Gesicht von roter Farbe
Zeigte eine breite Narbe,
Und der rundgezog'ne Bart
Schien verpönter Hambachs-Art.

Auf der Stirne böse Falten,
Aber doch zurückgehalten,
Fragt der Herr den Kammerherr,
Wer der Fremdling im Parterre?

Und der Kammerherr schickt's weiter
An des Fürsten Leibbereiter,
An den Rat und Adjutant –
Keiner hat den Kerl gekannt.

In den Logen ersten Ranges
Hob darauf ein leises, banges,
Scheues Flüstern ringsum an,
Alles für den fremden Mann.

„Durchlaucht spricht von Propagande,
Fort mit ihm aus uns'rem Lande,
Weh' ihm, wenn in Tagesfrist
Er noch hier zu finden ist!"

So ein Polizei-Beamte,
Welchen heil'ger Zorn entflammte,
Aber Durchlaucht winkte still,
Daß er's selber ordnen will.

Seiner Diener schickt er einen,
Vor dem Fremdling zu erscheinen
Und zu fragen frank und frei,
Wer, woher und was er sei?

Nach minutenlangem Harren,
Ängstlichem Hinunterstarren,
Kommt mit klug verschwieg'nem Blick
Der Lakai zum Herrn zurück.

„Durchlaucht! dieser Fremdling", spricht er,
„Nennt sich Johann Jacob Richter,
Macht in Senf für eig'nes Haus" – –
– „Stille!" – Und der Spuk war aus!

Robert Prutz
1816–1872

Das bleiche Kind

Durch einsame Straßen, bei nächtiger Zeit,
Was wallt wie von Lüften getragen?
Es ist ein Kind in weißem Kleid,
Das Haar in den Nacken geschlagen;
Es geht so leis, es geht so sacht,
Als wie der Mond in stiller Nacht,
Es schreitet nicht, es gleitet nur –
Doch hinter ihm weit, o schau' die Spur
   Von Tränen, o schmerzlichen Tränen!

Auf seiner Stirne leuchtend steht
Ein zerbrochener goldener Reifen,
Um sein schneeweißes Hälslein geht
Ein schmaler blutiger Streifen;
Die kleinen Hände ringt das Kind,
Die Haare flattern in dem Wind,
Stumm ist sein Mund, das Antlitz blaß,
Sein weißes Hemd ist schwer und naß
   Von Tränen, o schmerzlichen Tränen!

Es pocht und pocht an jedes Tor,
Lautlos, mit gespenstigem Finger,
An jedes Fenster schwebt's empor,
An Erker und an Zwinger:
Und schaut mit Blicken flehend heiß
Die müden Schläfer rings im Kreis
Und beugt das Knie bis auf den Grund
Und legt den Finger auf den Mund
    Mit Tränen, o schmerzlichen Tränen!

Doch wo es kommt an des Königs Haus,
Es schlummern die Wachen am Tore,
Da wächst das Kind und dehnt sich aus,
Wie Nebel auf dampfendem Moore;
Nun ragt es an den Söller schon,
Nun durch das Fenster husch am Thron,
Nun an des Königs Bett geschwind –
Da steht es und reckt die Hand, das Kind,
    Mit Tränen, o schmerzlichen Tränen!

Und der König erwacht und sieht das Kind
Und sieht den blutigen Streifen –
„Heda, meine Wachen! ergreift sie, geschwind . . .!"
Doch läßt auch der Nebel sich greifen?
Zerflattert ist das Kind wie Schaum –
„Schlaft, gnäd'ger Herr, es war ein Traum,
Still liegt die Stadt und still die Flur –"
Nur weit durch die Gassen, o schau' die Spur
    Von Tränen, o blutigen Tränen!

Der Renegat

Horch die Zithern, horch die Zimbeln,
Wie sie locken, wie sie klingen!
Und die Weiber schau', die süßen,
Wie sie wild im Tanz sich schwingen!
So am kühlen Meeresstrande,
Unter purpurnem Gezelt
Saß der Renegat, der alte,
Hochgepries'ne Fürst und Held.

Denn von allen, welche meerwärts
Aus dem Land der Christen kamen,
Und den Koran statt der Bibel,
Für das Kreuz den Turban nahmen,
Lachte keinem, Segen spendend,
Je des Glückes Sonne mehr,
Wurde keiner je so mächtig,
Je so reich und groß wie er.

Und die Sklavin, lüstern lächelnd,
Klirrte mit dem gold'nen Becher:
„Der Prophet zwar hat's verboten,
Mahomed, der arge Zecher;
Doch die Sklavin, deine Liebste,
Sulima gebeut es dir."
– „Laß das Klirren, laß das Klingen;
Denn wie Glocken klingt es mir." –

„Herr! was ist dir? Laß mich's wissen!
Will das Spiel dir nicht behagen;
Sehnst dich, draußen in der Wüste
Leu und Tigertier zu jagen?

Oder willst den Säbel prüfen
An den Christen feilem Haupt?
– „Nenn', o nenne nicht den Namen
Eines, der an Christus glaubt!" –

Sprach's und schwieg und schloß die Augen;
Denn als würd' er fortgetragen
Auf des Sturmwinds Adlerschwingen,
Eine Kirche sieht er ragen:
Hoch vom Turm, ein Stern des Friedens,
Lacht des Kreuzes gold'ner Schein,
Und die Orgel hört er brausen
Und Gebet und Litanei'n;

Sieht sich selbst, wie er gewesen
In der Jugend gold'nen Tagen,
Eh' ihn Meer und Schicksalsstürme
In das Mohrenland verschlagen,
Einen blondgelockten Knaben,
Weihrauchbecken in der Hand,
Wie er dienend und geschäftig
Dem Altar zur Seite stand;

Sieht die Schwestern, die geliebten,
Mit den langgeflocht'nen Zöpfen,
Lauschend gegenüber knieen
Mit geneigten Engelsköpfen;
Sieht der Mutter holdes Auge,
Bleich wie Mutteraugen tun,
Hoffnungsvoll und doch voll Sorge,
Sanft auf seiner Stirne ruh'n;

Sieht im Meßgewand den Priester,
Der die Hand erhebt zum Segen, –
Und sein Herz im tiefsten Busen,
Stürmisch pocht's mit tausend Schlägen!
Aber ach! mit Heroldstimme
Tönt es donnernd ihm in's Ohr:
„Sei verflucht in alle Zeiten,
Wer von Christus sich verlor!"

– Hört's und schlug empor die Augen.
„Herr! die Flotte kommt gefahren,
Deine Diener sind's, die treuen,
Lustig mutigen Korsaren,
Die mit Beute wiederkehren
Aus dem fernen Christenland,
Und von Sklaven und Gefang'nen,
Sieh', wie wimmelt schon der Strand!"

Durch die Reihen schritt der Alte:
's war ein Anblick zum Erbarmen!
Furchtentstellt, mit bleichem Antlitz,
Standen dichtgedrängt die Armen,
Knab' und Mägdlein, zarte Kleine,
Greise selbst im Silberhaar;
Ach! denn keinen, den er findet,
Schont der grimmige Korsar.

[Renegat: Abtrünniger.]

Nur ein Knäblein, zart von Jahren,
Schien getrost und ohne Zagen:
In den Sand sah man ihn knieen,
Himmelwärts den Blick geschlagen;
Oft geküßt von seinen Lippen,
An den Busen dicht gepreßt,
Hielt ein Kreuzchen, ein geschnitztes,
Er mit beiden Händen fest.

Um sein rosig Kinderantlitz,
Floß das Haar in gold'nen Wogen,
Ruhig, wie zum Todesstreiche,
Hielt den Nacken er gebogen,
Sah mit fröhlich stolzen Augen,
Dreist dem Fürsten in's Gesicht,
Und die Wangen blieben rosig,
Und sein Auge zuckte nicht. –

Und der Renegat mit Schweigen
Sah das Kreuz und sah den Knaben;
Eine Träne schien verborgen
In den Wimpern er zu haben.
Ging zurück dann zum Palaste,
Keiner wußte, was ihm sei;
Aber noch am selben Tage
Ließ er alle Christen frei.

Hutten

Was Hutten hin! was Hutten her!
  Ich mag von ihm nichts hören.
Laß, deutsche Jugend, nimmermehr
  Von Hutten dich betören.
Ich geb' es zu, er meint' es gut,
Doch hatt' er viel zu rasches Blut;
  Schon heut' vor drei Jahrhunderten
  Rief er zu den Standarten,
  Schon heut' vor drei Jahrhunderten –
  O Hutten, lerne warten!

Er rief die Fürsten seiner Zeit,
  Die Kön'ge, die noch träumten,
Er rief sie auf zum heil'gen Streit
  Und fluchte, da sie säumten.
Allein, allein, allein, allein,
Wer wird auch gleich so hitzig sein?
  Noch heut', nach drei Jahrhunderten,
  Wo bleibt, auf den wir harrten?
  Noch heut', nach drei Jahrhunderten –
  O Hutten, lerne warten!

Er wollte, daß vom Rhein zum Belt
  Ganz Deutschland einig werde:
So wären wir die Herr'n der Welt,
  Die Könige der Erde.
Nun wohl, das war ein schöner Traum;
Doch reimt auf Traum bekanntlich Schaum:
  Noch heut', nach drei Jahrhunderten,
  Sind wir die stets Genarrten,
  Noch heut', nach drei Jahrhunderten –
  O Hutten, lerne warten!

Erneuen wollt' er Deutschlands Ruhm,
  Aufrichten Deutschlands Ehre,
Damit es, wie im Altertum,
  Glorreich vor allen wäre!
Das war sein Sinnen Tag und Nacht,
Und doch, und doch, wer hätt's gedacht?
  Noch heut', nach drei Jahrhunderten,
  Ist unser Schwert voll Scharten,
  Noch heut', nach drei Jahrhunderten –
  O Hutten, lerne warten!

Die Freiheit sollte, sonnengleich,
  Den Großen wie den Kleinen,
Für Alt und Jung, für Arm und Reich,
  Sie sollte allen scheinen.
Doch bis auf weitres, merkt Euch wohl!
Ist auch die Freiheit *Monopol*:
  Noch heut', nach drei Jaarhunderten,
  Ist sie für die *Aparten*,
  Noch heut', nach drei Jahrhunderten –
  O Hutten, lerne warten!

Das gift'ge Kraut der Lüge stand
  Hochwuchernd in den Wegen,
Da kam der Hutten flink gerannt,
  Das Messer anzulegen.
Fort mit dem Messer! fort das Beil!
Das Ding hat wahrlich keine Eil':
  Noch heut', nach drei Jahrhunderten,
  Das Unkraut blüht im Garten,
  Noch heut', nach drei Jahrhunderten –
  O Hutten, lerne warten!

Er sah Pedanten hochgeehrt,
  Für Weise galten Tröpfe,
Da schwang er seines Witzes Schwert
  Auf ihre dicken Köpfe.
Und hätt' er es auch nicht getan,
Die Welt ging dennoch ihre Bahn:
  Noch heut', nach drei Jahrhunderten,
  Florieren noch die Schwarten,
  Noch heut', nach drei Jahrhunderten –
  O Hutten, lerne warten!

Die Mönche packt' er hier und dort,
  Der Pfaffenschreck, der Hutten,
Und schleuderte sein Donnerwort
  Gleich Feuer auf die Kutten.
Sein ganzes Leben setzt' er dran:
Allein was half es, saget an?
  Noch heut', nach drei Jahrhunderten,
  Noch mischt der Pfaff' die Karten,
  Noch heut', nach drei Jahrhunderten –
  O Hutten, lerne warten!

Und wo er einen Schurken fand,
  Und ging er auch in Seide,
Gleich war am Degen seine Hand,
  Der Degen aus der Scheide!
Was nützt' es ihm? was bracht es ein?
Auf *Ufnau* ruht sein müd Gebein:
  Noch heut', nach drei Jahrhunderten,
  Gibt's Schurken aller Arten,
  Noch heut', nach drei Jahrhunderten –
  O Hutten, lerne warten!

D'rum sollst du, Jugend, nimmermehr
  Dir ihn zum Beispiel nehmen:
Sei gut, sei groß – nur nicht zu sehr!
  Auch Tugend lerne zähmen!
Die Ungeduld, die Ungeduld,
Die ist an allem Übel schuld:
  Vielleicht nach drei Jahrhunderten,
  Vielleicht, – wir können warten, –
  Vielleicht nach drei Jahrhunderten
  Weh'n vorwärts die Standarten!

Georg Herwegh
1817–1875

Parabel

Erlaubt mir, daß ich 'mal berichte
Euch eine alberne Geschichte:
Sie kommt mir eben in den Sinn,
Geduld ist deutsch, drum nehmt sie hin.

War eine brave, brave Frau,
Die nahm's im Dienste wohl genau,
Und macht', so brav sie auch gewesen,
Doch niemals vieles Federlesen.

Die Frau hatt' einen muntern Hahn,
Der kräht' ihr stets den Morgen an,
Und war nach seiner Hahn-Natur
Für sie die allerbeste Uhr.

Sobald den Tag er angesagt,
Da weckt' die Frau die faule Magd,
Was unsre Magd gar schwer verdroß,
Daß sie im Grimme einst beschloß,

Dem Vogel zu stutzen seine Schwingen
Und, meld' ich's kurz, ihn umzubringen.
Es war gedacht, es war getan,
Die Götter bekamen einen Hahn.

Was aber hat die Magd gewonnen?
Die sonst geweckt ward mit der Sonnen,
Ward nun geweckt um Mitternacht,
Nachdem den Hahn sie umgebracht.

Ach! sprach die Magd, die schwer Betörte,
Wenn ich den Hahn doch krähen hörte!
Sein Krähen hat so schön geklungen,
Als hätt' eine Nachtigall gesungen.

„Und nun der Witz? wir bitten dich!"
Ihr kennt die Frau so gut wie ich;
Sie ist die schönste weit und breit,
Ihr Anblick die volle Seligkeit.

Ihr kennt wohl auch des Nachbars Hahn,
Dem ihr soviel zuleid getan;
Und wenn ihr mich nach dem Dritten fragt:
„Du, deutsches Volk, du bist die Magd!"

Doch wenn ihr den Hahn auch mordet, ihr Sklaven,
So denkt darum nicht länger zu schlafen,
Erst weckt' euch die Frau nach dem Hahnenschrei,
Nun ist's mit dem Schlummer auf ewig vorbei.

    Die Freiheit kommt wie ein Dieb in der Nacht
    Und ruft euch zu: „Erwacht! erwacht!"

Der sterbende Republikaner

Im Zimmer, klein und enge,
Stirbt Hungertods ein Mann;
Und draußen tobt die Menge:
„Heil Philipp Orleans!"

Wo sind, die sich gesellten
Dem Sterbenden in der Not?
Wer reicht dem Julihelden
Das letzte Stückchen Brot?

„Ein Stückchen Brot, ihr Herren,
Und keinen Königsthron!
Ein Stückchen Brot, ihr Herren,
Und keine Million!

Kam es euch aus dem Sinne,
Wie ich einst König war?
Hielt diese Hand nicht inne,
Die Krone lief Gefahr!

Ihr wäret drum betrogen,
Hätt' sie mir gut gedeucht!
Ich hab' sie wohl gewogen,
Ich fand sie viel zu leicht!

Ich will nicht eure Kronen,
Ich brauch' nur wenig Sous
Von euren Millionen
Zu einer Leichentruh'!

Ich focht für eure Flaggen,
Und wär' euch nun so fremd?
Ein Stückchen Brot! Ein Laken
Zu meinem Sterbehemd!"

Und lauter tobt die Menge:
„Heil Philipp Orleans!"
Im Zimmer, klein und enge,
Stirbt Hungertods der Mann.

„Leis schlägst du Herz zum Ende,
Und niemand schaut es an;
Kein Mensch hat an die Wände
Mir nur ein Kreuz getan!

Kein Gott! kein Brot! wie wenig
Bracht' mir der blut'ge Sieg!
Es lebe – wer? der König?
Nein doch – die Republik!"

Barbarossas letztes Erwachen
Eine Phantasie

Die Sonne will zerfließen
Im Äther still und stumm
Und hängt der Berge Riesen
Den Purpur sterbend um;
Tiefschwarze Wolken wallen
Wie trauernde Freunde nach,
Und dumpfe Donner hallen,
Und riefen gern sie wach.

Sag' an, sag' an, Kyffhäuser,
Was bebt und zittert dein Haus?
„Es rauft mein alter Kaiser
Den steinernen Bart sich aus.
Der alte Barbarossa –
Er ist dir doch nicht fremd? –
Träumt schon ein neu Canossa,
Ein neues Büßerhemd!

Er sah vorübereilen
Den letzten Königssohn
Und gierige Hände streiten
Um den zerstückten Thron;
Er sah die Rollen tauschen
Und alle Welt verkehrt –
Hörst du den Adler rauschen?
Der Kaiser greift zum Schwert!"

Der Kaiser schaut verwundert,
Er schaut, er schaut und spricht:
„Du sündiges Jahrhundert,
Bedarfst du meiner nicht?
Du glaubtest ausgetrieben
Den letzten sicherlich –
Noch ist ein Fürst geblieben,
Und dieser Fürst bin ich!

Die Zeit ist abgelaufen
Für jedes Zwerggeschlecht;
Auf! rück' dem Hohenstaufen
Den Thron der Welt zurecht!
Es schlafen deine Guelfen,
Dein Ghibelline wacht;
Er will, er will dir helfen
In deiner Todesnacht!

Hat nicht mein Volk gesprochen:
‚Komm, alter Ghibellin!'
Als man den Stab gebrochen
Dort über Konradin?

Hat es nach der Standarte
Des Staufen nicht verlangt,
Als vor dem Buonaparte
Die halbe Welt gebangt?

Ich hatt' es wohl vernommen,
Und doch erschien ich nicht;
Ich dachte erst zu kommen,
Wenn ihm ein Haupt gebricht;
Nun hat der Sturmwind brausend
Den alten Baum entlaubt.
Viel Köpfe, viele tausend,
Und nicht ein einzig Haupt!"

———

Und ruhig sah ein Krieger,
Wie ihm sein Blut verrann –
Er blutet ja als Sieger
Und stirbt als freier Mann –
Der hört den Kaiser sprechen
Und schaut ihm zürnend nach;
Er läßt sein Herz nicht brechen,
So lang sein Groll noch wach:

„Wohl hat der Sturmwind brausend
Den alten Baum entlaubt.
Viel Köpfe, viele tausend,
Und nicht ein einzig Haupt!
Und doch – wie viele böten
Sich dar uns allerwärts!
Ein Haupt ist nicht vonnöten,
Vonnöten nur ein Herz!

Ich wußte wohl zu fechten,
Und riß mein Teil am Joch,
Ich werd' um Freiheit rechten
Mit dem dort oben noch!

— — — — — — — —
— — — — — — —
— — — — — — —

Kein Weiser tat, kein Weiser,
Dem Strome Widerstand;
Stirb du auch, alter Kaiser!
Es hilft sich selbst, dein Land.
Ha! wie die Raben streichen
Im Nebel am Berge hin!
Ihr wittert doch zwei Leichen?
Ihr wittert mich und ihn?"

Vom armen Jakob und von der kranken Lise.

– – – Weh dem Geschlecht
Der Zwerglein, die sich brüsten, und die thronen!
Im Finstern wimmelt's ohne Brot und Recht
Von Millionen.

Fr. Sallet

Der arme Jakob

Der alte Jakob starb heut nacht –
Da haben sie am frühen Morgen
Sechs Brettchen ihm zurechtgemacht
Und drin den Schatz geborgen.

Ein schmucklos Haus! Man gibt ins Grab
Dem Feldherrn doch den Feldherrndegen –
Warum nicht auch den Bettelstab
Auf diese Bahre legen?

Den Degen, den er treu geführt,
Der in die Scheide nie gekommen,
Bis ihn der letzte Schlag gerührt
Und von der Welt genommen.

Er war der Welt, sie seiner satt –
Zu zwölfen in der engen Stube! –
Weh' ihm ein überflüssig Blatt,
O Lenz, in seine Grube!

Als hätt' er Großes nie getan,
Ist rasch der Glückliche vergessen,
Kein Dichter stimmt ihm Psalmen an,
Kein Pfaffe liest ihm Messen.

Die Heller, die man in den Sand
Ihm warf aus schimmernden Karossen,
Sind alles, was vom Vaterland
Der arme Mann genossen.

Just die vom Himmel ihm geprahlt,
Sahn diese Erde zwiefach gerne:
So wird die Schuld ans Volk bezahlt
Mit Wechseln auf die Sterne.

Und kaum ist uns genug am Joch
Der Armut auf gekrümmten Rücken:
Man will der Knechtschaft Stempel noch
Ihr auf die Stirne drücken.

Schlaf wohl in deinem Sarkophag,
Drin sie dich ohne Hemd begraben:
Es wird kein Fürst am Jüngsten Tag
Noch reine Wäsche haben!

Die kranke Lise

Weihnacht! die kranke Lise schreitet
Durch's Faubourg hin in banger Flucht,
Sie hat zu Haus kein Bett bereitet
Für ihres Leibes erste Frucht.
Wohl manches prunkt im Fürstensaale,
Den stolzer Kerzen Glanz erhellt –
Marsch, Lise, weiter, zum Spitale!
Dort kommt das Volk zur Welt.

„Mein armer Weber mag nur zetteln,
Sein Fleiß und Schweiß – was helfen sie?
Das Volk muß Sarg und Wiege betteln;
Allons, enfant de la patrie!
Kind, dem sie unter meinem Herzen
Die Lust am Leben schon vergällt,
Geduld, bis wir im Haus der Schmerzen!
Dort kommt das Volk zur Welt.

Sie feiern heut dem Gott der Armen,
Die reichen Herrn, ein Freudenfest:
Doch glaubt nicht, daß sich das Erbarmen
An ihrem Tische sehen läßt,
Daß je in ihre Festpokale
Der Schimmer einer Träne fällt –
Marsch, Lise, weiter, zum Spitale!
Dort kommt das Volk zur Welt.

Du machst mir wahrlich viel Beschwerden,
Der Liebe Kind, ich dacht' es nie;
Das wird ein wilder Junge werden:
Allons, enfant de la patrie!
Für eurer Prinzen zarte Nerven
Ist Daun' auf Daune hoch geschwellt:
Ich muß in einer Grube werfen –
So kommt das Volk zur Welt.

Kläng' noch die Trommel unserm Ohre
Und wär' noch *eine* Fahne rein:
Der Lappen einer Trikolore,
Er sollte deine Windel sein;
Du wärst getauft, eh' seine Schale
Ein Pfaffe dir zu Häupten hält –
Marsch, Lise, weiter, zum Spitale!
Dort kommt das Volk zur Welt.

Wer wird so ungestüm sich melden?
Mein kleines Herz, was suchst du hie?
Nur noch zum Grabe jener Helden!
Allons, enfant de la patrie!
Dort seh' ich in des Frührots Helle
Die Julisäule aufgestellt –"
Und nieder sank sie auf der Schwelle; –
So kommt das Volk zur Welt!

Ultimatum

Er sprach zu ihm: „Ja, Kuchen!
Lieb Willisen, mein Sohn,
Grüß' mir die Staatseunuchen,
Den Jagow, Heydt und Roon!

Allein nach euren Noten,
Ihr Juten, tanz' ich nicht."
Er sprach's und zeigt' dem Boten
Sehr höflich – das Gesicht.

Der Bote kommt geflogen
Zurück, und, denkt euch nur,
Der Preuße hat gezogen
Voll Todesmut – die Uhr.

Der Preuße greift – zur Feder
Und drohet fürchterlich:
„Zwei Tage Frist! Entweder
Gibst du nach oder – ich."

Ballade vom verlornen König

Im Bayerland, im Bayerland,
Da war der König durchgebrannt;
Verschollen und verschwunden
Seit einundzwanzig Stunden;
Die Bayern sind sehr übel dran –
Was fängt man ohne König an?

Vorm Scheiden sprach er: „Wehe mir!
In diesem Ozean von Bier,
In diesem öden München,
Da gibt's kein einzig Brünnchen,
Das lustig und lebendig quillt
Und mir den Durst der Seele stillt.

Der Dunkelmann, der Jesuit
Begegnen mir auf jedem Schritt;
Stänk's nur nach Käs' und Rettich,
Ich trüg' es, – doch wie rett' ich
Mich vor dem Duft aus Petri Stuhl,
Ich armes Lamm in diesem Pfuhl!

O daß ich dich im Rücken hätt',
Du mein geheimes Kabinett!
Ade, Herr Pfistermeister!
Kocht nur allein den Kleister!
Und sorgt für meiner Bayern Heil –
Ich hab' entsetzlich Langeweil'.

Es langeweilt mich die Finanz
Wie die Justiz des Vaterlands;
Der Henker hat zum Töten
Den König stets vonnöten –
Doch künftig soll kein armer Tropf
Durch mich mehr kommen um den Kopf.

Schon stehn an hunderttausend Mann
Mit Onkel Karl und von der Tann
Auf kriegsbereiten Beinen
Für Freiheit, die sie meinen;
Ach! mir zerreißt auf alle Fäll'
Die Trommel nur das Trommelfell.

Mein lieber Reitknecht, komm und pack'
Mir einen kleinen Reisesack
Mit Hemden und mit Strümpfen;
Mag man die Nase rümpfen –
Die Rosen blühn, ich geb' im Lenz
Nur Nachtigallen Audienz."

Der Reitknecht fuhr mit seinem Herrn
Nach Zürch hinunter bis Luzern,
Wohl in das Land des Tellen,
Gesegnet mit Hotellen.
Der Herr sprach: „Tel est mon plaisir,
Und Richard Wagner find' ich hier.

Sei mir gegrüßt, du Tonjuwel,
Mir lieber, als ein Kronjuwel,
Ich bleib' in deiner Villa.
Ist heut nicht dies illa,
Der einst das Leben dir verlieh
Zum Schrecken aller Musizi?"

In Bayern, da war große Not;
Der Pfordten fuhr ums Morgenrot
Empor aus schweren Träumen,
Fuhr nach den Königsräumen
Und suchte hin und suchte her:
In Bayern ist kein König mehr.

Der heilige Ignatius,
Der wollte bersten vor Verdruß;
Dazwischen brüllen tapfer
Die Herren Bierverzapfer;
Der Pöbel findet sogar den Stein
Der Weisen und wirft Fenster ein.

Und Land und Ministerium
Schimpft auf das Schwanenrittertum,
Auf Wagner, Bülow, Venus,
Aufs ein und andre genus;
Der König in der Republik
Vertreibt die Zeit sich mit Musik.

Krieg oder Frieden? Wie ihr wollt!
Er denkt an Tristan und Isolt,
Denkt an Isolt und Tristan –
Was geht ihn Deutschlands Zwist an?
Ich glaub', in diesem Wagner haust
Wohl gar der Hexenmeister Faust.

Der Fürst schwelgt mit dem Troubadour
In Dur und Moll, in Moll und Dur;
In seinem Nachtsack schleppt er
Nicht Krone und nicht Szepter –
Am dritten Tag erst fällt ihm bei,
Daß er der Bayern König sei.

Da nimmt er seinen Wanderstab,
Und Fürst und Reitknecht reisen ab.
Nach München kommen beede;
Der König hält die Rede,
Die ihm der Pfordten aufgesetzt –
Wie glücklich ist der Pfordten jetzt.

Der hatte wie die andern schon
Gelegt vor Bayerns leeren Thron
Die Bitte um Entlassung,
Mit Schmerz, jedoch mit Fassung.
Ach, solche Helden sind ein Schatz –
Sie bleiben immer auf dem Platz.

Laut jubelt Bajuvaria,
Da sie den König wieder sah,
Mit Fußvolk und mit Reisigen.
Gottlob! daß von den Dreißigen
Nicht eine einz'ge Majestät,
O Michel, dir verloren geht.

[Tel est mon plaisir: dies ist mein Vergnügen. – dies illa: jener Tag.]

Georg Weerth
1822–1856

Erst achtzehn Jahr

Ein letztes Glühn! Da zog an brit'scher Küste
Dämmernd herauf die schönste Winternacht;
Im Mondenstrahle floß die Wasserwüste,
Und auf den Hügeln lag des Schnees Pracht.
Leer das Gestad. Es schwieg der Dampfer Sausen;
Matros und Krieger war'n des Tages matt; –
Doch durch die Stille sandte dumpf ihr Brausen
London, der Themse dunkle Riesenstadt.

Ihr galt es gleich, mocht auch der Schlummer drücken
Manch müdes Auge zu ersehnter Ruh;
Es wälzte donnernd über Park und Brücken
Derselbe Lärm sich nur dem Morgen zu.
Zaubrisch und still da draußen das Gefild!
Hier nur das Volk, in buntem Strome, wild
Zusammenflutend, schaffend, ringend, suchend,
Schwelgend und darbend, betend bald und fluchend!

Und Schimmern rings, von Dach und Tor und Fenster;
Dort buhlt die Luft in seidenem Gewand!
Hier überm Golde höhnische Gespenster
Und dort geballt die magre Bettlerhand!
Ein Seufzer hier, ein Kuß dort! Von Terrassen
Und Treppen: Jubel, Flüstern und Gestöhn –
Das ist der Tanz, in dem auf Londons Gassen
Sich rastlos zwei Millionen Menschen drehn!

Er brauste fort. Da hob auch *sie* vom Lager
Sich sacht empor; es fiel der Sterne Licht
Auf die Gestalt, so tief gebeugt, so hager,
Und auf ihr bleiches, starres Angesicht.
Sie sann – nur einen Augenblick; sie preßte
Das kranke Kind an ihre nackte Brust;
Das arme Weib schritt rasch durch die Paläste;
Ach, das Wohin – sie hat es nicht gewußt!

„Der Mutter Brot! Und Kleider diesem Kinde!"
So rief sie: „Oh, wie toll das Herz mir schlägt!
Gern trüg ich dich, mein Sohn, so warm und linde,
Wie wohl die Mutter ihre Kinder trägt.
Noch ist es Zeit! Bist du erst großgezogen
Und siehst am Strand der Schiffe bunte Schar:
Da eilst du treulos durch die blauen Wogen,
Ein wilder Seemann, wie dein Vater war!

Dein Vater? Still! – Das war ein sel'ger Morgen,
Als weinend ich an seiner Brust erwacht!
Es kam der Mai, der Juni drauf, verborgen
Hielt ich, was früh mich schon so bleich gemacht.
Erst als im Herbst das gelbe Laub der Bäume
Leis rauschend in die grüne Themse fiel:
Da ward erfüllt der schönste meiner Träume –
Und achtzehn Jahr, da steh ich schon am Ziel!

Erst achtzehn Jahr! Und schon so fahl mein Leben!
Erst achtzehn Jahr! Und arm und elend schon!
Doch halt! – Froh will ich meine Stirne heben,
Dem Vaterlande gab ich diesen Sohn!
Ha! Reizt denn niemand mein so junger Leib?
Sagt, die ihr klirrt mit Kreuzen und mit Ketten,
Seid ihr nicht reich genug, um nur ein Weib,
Ein britisch Weib vom Hungertod zu retten?"

Sie schwieg. Dem Gott, der niemals sie erhörte,
Sie sandte kein Gebet ihm himmelwärts.
Trüb ward ihr Blick. – Das siedend sich empörte,
Ihr Blut, zu Eis gerann's – ausschlug ihr Herz!
Die Lippe bebend jetzt von einem Fluche! –
Ein Lächeln dann – sie sank – rings tiefe Ruh –
Und die Natur mit schnee'gem Leichentuche
Deckte das reinste ihrer Kinder zu! –

Geschloßnen Augs, erstarrt der Knabe lag
Fest an der Mutter marmorkalten Brüsten,
Als weit ein Leuchten durch den Nebel brach
Und Sonnenstrahlen Strom und Hügel küßten;
Fern von Westminster feierlich Geläut –
So tönt es an der Kön'ge Sarkophagen;
Es klang so weit – es war, als müßt es heut
Rings nur der Welt den Tod der Armen klagen! –

Die Glocke klang – doch nicht für dich gerührt,
Armselig Weib! Getrost! Laß sie erdröhnen
Den toten Kön'gen nur. Dir ja gebührt,
Du früh Verblichne, wohl ein ander Tönen.
Dir tönt der Schrei, den jüngst die Not gepreßt
Aus tausend Herzen, der in Ost und West
Die Völker ruft in einen Bund zusammen –
Und deine Mörder werden sie verdammen!

Es war ein armer Schneider

Es war ein armer Schneider,
Der nähte sich krumm und dumm;
Er nähte dreißig Jahre lang
Und wußte nicht warum.

Und als am Samstag wieder
Eine Woche war herum:
Da fing er wohl zu weinen an
Und wußte nicht warum.

Und nahm die blanken Nadeln
Und nahm die Schere krumm –
Zerbrach so Scher und Nadel
Und wußte nicht warum.

Und schlang viel starke Fäden
Um seinen Hals herum –
Und hat am Balken sich erhängt
Und wußte nicht warum.

Er wußte nicht – es tönte
Der Abendglocken Gesumm.
Der Schneider starb um halber acht,
Und niemand weiß warum.

Die hundert Männer von Haswell

Die hundert Männer von Haswell,
Die starben an einem Tag;
Die starben zu einer Stunde;
Die starben auf einen Schlag.

Und als sie still begraben,
Da kamen wohl hundert Fraun;
Wohl hundert Fraun von Haswell,
Gar kläglich anzuschaun.

Sie kamen mit ihren Kindern,
Sie kamen mit Tochter und Sohn:
„Du reicher Herr von Haswell,
Nun gib uns unsern Lohn!"

Der reiche Herr von Haswell,
Der stand nicht lange an;
Er zahlte wohl den Wochenlohn
Für jeden gestorbnen Mann.

Und als der Lohn bezahlet,
Da schloß er die Kiste zu.
Die eisernen Riegel klangen,
Die Weiber weinten dazu.

Herüber zog eine schwarze Nacht

Herüber zog eine schwarze Nacht.
Die Föhren rauschten im Sturme;
Es hat das Wetter wild zerkracht
Die Kirche mit ihrem Turme.

Zerschmettert das Kreuz, zerdrückt der Altar.
Zermalmt das Gebein in den Särgen –
Die gotischen Bögen wälzen sich
Donnernd hinab von den Bergen.

Zum Dorfe stürzt sich Turm und Chor
Als wie zu einem Grabe –
Da fährt entsetzt vom Lager empor
Und spricht zur Mutter der Knabe:

„Ach Mutter, mir träumte ein Traum so schwer,
Das hat den Schlaf mir verdorben.
Ach Mutter, mir träumte, soeben wär
Der liebe Herrgott gestorben."

Das ist das Haus am schwarzen Moor

Das ist das Haus am schwarzen Moor!
Wer dort im letzten Winter fror,
Der friert dort nicht in diesem Jahr –
Er sank schon längst auf die Totenbahr.

Das ist das Haus am schwarzen Moor,
Das Haus, wo der alte Jan erfror.
Zur Tür gewandt das weiße Gesicht,
Starb er und wußt es selber nicht.

Er starb. – Da kam, wie ein scheues Reh,
Der Tag und hüpfte über den Schnee.
„Guten Morgen, Jan! Guten Morgen, Jan!" –
Der Jan keine Antwort geben kann.

Da erhuben die Glocken ihr hell Geläut,
Sie sangen und klangen und riefen so weit:
„Guten Morgen, Jan! Guten Morgen, Jan!" –
Der Jan keine Antwort geben kann.

Da kamen die Kinder aus der Stadt:
„Wir wissen, wie lieb er uns alle hat;
Guten Morgen, Jan! Guten Morgen, Jan!" –
Der Jan keine Antwort geben kann.

Tag, Glocken und Kinder er nicht verstund.
Da nahte die sonnige Mittagsstund,

Da nahte ein armes Weib: „Mein Jan,
Willst essen und trinken nicht, alter Mann?

Sieh, was ich brachte dir aus der Stadt;
Sollst froh nun werden und warm und satt!" –
Die Alte sah lange auf ihren Jan,
Da fing sie bitter zu weinen an.

Da weinte sie an dem schwarzen Moor,
Am Moor, wo der alte Jan erfror;
Da weinte sie ihr brennend Weh
Hinunter in den kalten Schnee.

Herr Joseph und Frau Potiphar
Eine biblische Romanze

Als dazumal Herr Potiphar
Im schönen Land Ägypten
Noch königlicher Kämmrer war:
Da bot man den betrübten,
Den Joseph, ihm als Sklaven an
Und kam nach vielem Schwatzen
Drin überein, der fremde Mann
Sei wert ein Zwanzig Batzen.

Und Potiphar war schlau genug,
Ihn balde zu erstehen,
Denn schön war Joseph, rasch und jung
Und freundlich anzusehen.
„Du sollst", so sprach der Kämmerling,
„In meinem Haus regieren
Ob Brot und Fleisch und ander Ding
Und mir die Wirtschaft führen."

Und übel war's nicht, was er tat.
Es folgte allerwegen
Dem jungen Joseph früh und spat
Nur Gottes eitler Segen.
Er war beliebt bei seinem Herrn
Wie bei der gnäd'gen Frauen,
Und wie man sagt, sie mochte gern
Den Judenjungen schauen.

Er war so frisch, er war so rot,
Er hatte schlanke Glieder.
Sie schlug, wenn guten Tag er bot,
Auch stets die Augen nieder;
Und träumerisch sah man oft sie gehn
Am schönen Nilesstrande,
Allwo die Pyramiden stehn –
Kirchtürme jener Lande.

Wenn drauf der kühle Nachttau fiel
Auf Palmen und auf Tannen
Und Vogel Strauß und Krokodil
Ihr Abendlied begannen:
Da setzte sich die Königin,
Geschmückt mit goldnen Franzen,
An ein idyllisch Plätzchen hin
Und dichtete Romanzen.

Von Liebe sang sie, das ist wahr,
Von Rosen und von Küssen,
Von schwarzen Augen, lock'gem Haar,
In glühenden Ergüssen.
Den Redakteur des Wochenblatts
Ließ morgens sie zitieren,
Der mußte den poet'schen Schatz
In Eile publizieren.

Doch wie's der Liebe wundersam
Im Leben pflegt zu gehen,
Der Joseph wollte ihren Gram
Noch immer nicht verstehen.
Von Liebe lag sein Herz so fern
Wie Rom von Flachsenfingen,
Auch wollte er den gnäd'gen Herrn
Nicht gern in Schande bringen.

Da tobte die Ägypterin,
Sie rang die weißen Hände.
Schwarz flutete ihr Haupthaar hin,
Und los um Brust und Lende
Flog wild ihr purpurnes Gewand –
So trat sie liebedürstend
Herein, wo unser Joseph stand,
Den Sonntagsrock sich bürstend.

Das Auge Glut, die Lippe Brand,
Die Wangen wie im Fieber,
Wie eine Bombe hergesandt
Aus größestem Kaliber.
Im Wonnerausch zu Füßen sank
Sie Jakobs edlem Sohne,
Und ächzend ihre Stimme klang:
„Bei Gott, du bist nicht ohne!

Sei mir gegrüßt! Ich liebe dich,
Du bräunlicher Hebräer.
O sieh mich an, sieh her und sprich:
Kann Dichter oder Seher
Ein schöner Weib im Traume sehn,
Als du zu deinen Füßen
Sich winden siehst mit brünst'gem Flehn
Um deinen Kuß, den süßen?

Sieh meine Schultern weiß und rund
Von dunklem Haar umflossen;
Sieh, wie die Ros auf meinen Mund
All ihren Glanz ergossen,
Wie diese Brust sich wallend hebt,
Von Tränen sanft befeuchtet,
Wie dir mein Herz entgegenbebt,
Wie dir mein Auge leuchtet!

Mein Lied erklingt so sehnsuchtschwer
Wie Murmeln einer Quelle;
Ich eile flüchtiger daher
Als Panther und Gazelle.
Und wilder meine Küsse glühn
Als Sonn- und Wettergluten,
Wenn zischend sie herniedersprühn
Und durch die Wolken fluten.

Ich wiege dich an meiner Brust
Zu wundersamen Träumen;
Ich lasse dir zu höchster Lust
Den vollen Becher schäumen;
Und rollt dein Blut und pocht dein Herz
In immer wildern Schlägen:
Sanft will ich dann den süßen Schmerz
Mit neuen Küssen pflegen!"

So sprach Madame Potiphar
Und konnt ihn nicht erweichen.
Der Stockphilister Joseph war
Ein Esel sondergleichen.
Er schritt wohl auf die Hausvogtei
Und hat sich sehr verwundert:
Wie alsosehr verderbet sei
Sein lasterhaft Jahrhundert.

Ludwig Pfau
1821–1894

Der Leineweber

Der bleiche Weber sitzt am Stuhl,
Er wirft mit matter Hand die Spul' –
    Knick, knack! –
Er hebt den müden Fuß zum Treten –:
„Herr Gott! Jetzt kann ich nimmer beten –
    Knick, knack! –
Du Linnentuch, du Linnentuch!
Ein jeder Faden sei ein Fluch!"

Es webt und webt sein morscher Leib,
Am Boden liegt sein sterbend Weib –
    Knick, knack! –
Die Not sitzt bei ihr, sie zu pflegen,
Der Hunger gibt ihr noch den Segen –
    Knick, knack! –
„Du Linnentuch, du Linnentuch!
Ein jeder Faden sei ein Fluch!

Der erste Fluch für unsern Herrn!
Hussa! Da springt mein Schifflein gern –
    Knick, knack! –
Er darf am vollen Tische lungern,
Wenn wir am Webestuhl verhungern –
    Knick, knack! –
Du Linnentuch, du Linnentuch!
Ein jeder Faden sei ein Fluch!

Und einer für den Pfaffen gleich,
Der uns verspricht das Himmelreich –
    Knick, knack! –
Wir sollen sterben und verderben,
Das heißt die Seligkeit erwerben –
    Knick, knack! –
Du Linnentuch, du Linnentuch!
Ein jeder Faden sei ein Fluch!

Der Faden hier sei dem verehrt,
Der Kugeln uns statt Brot beschert –
    Knick, knack! –
Dem hohen Herrn von Gottes Gnaden:
O werd' ein Strick, du schwacher Faden! –
    Knick, knack! –
Du Linnentuch, du Linnentuch!
Ein jeder Faden sei ein Fluch!

Die Lampe, wie sie plötzlich loht!
Gottlob, mein Weib, nun bist du tot –
    Knick, knack! –
Das ist der Trost in unsrem Leben,
Daß wir das Bahrtuch selber weben –
    Knick, knack!
O könnt' ich weben, Fluch um Fluch,
Der ganzen Welt ein Leichentuch!"

Lied vom Drohnenkönig

Es war in einem Bienenstaat
Ein edler Drohnenkönig,
Der leckte Honig früh und spat,
Hatt' Helfer gar nicht wenig.
Er nippt' herum, er tippt' herum,
Er machte nichts als Summ und Brumm –
Der König, der war gar nicht dumm,
Der feiste Drohnenkönig.

Da wurden auch die Bienen klug,
Und sprachen: „Drohnenkönig!
Du frißt zwar Honig grad genug,
Doch schaffst du viel zu wenig.
Wir summen dir auf dein Gebrumm,
Wir pfeifen auf dein Gaudium –
Wir Völker sind nicht mehr so dumm,
Du fauler Drohnenkönig!"

Die Bienen spießten kurz und gut
Den edeln Drohnenkönig,
Verzehrten ihren Zuckerhut
Und hatten nicht zu wenig.
Sie brachten all die Sippschaft um,
Da half kein Summ, da half kein Brumm –
Die hatten halt kein Christentum,
Du armer Drohnenkönig.

Herrmann Kurz
1813–1873

Ostern 1525

Der Bundschuh zieht landaus, landein:
Die Bauern wollen Menschen sein!
„Uns ist erkauft durch Christi Blut
Ein himmlisch und ein irdisch Gut.
Zu Bethlehem erschien der Stern
So für den Hirten wie den Herrn.
Ihr aber habt vom Licht der Sonnen
Stricke der Knechtschaft schnöd gesponnen.
Die ihr das Mark des Landes freßt,
Herab vom Aar- und Habichtnest!
Ihr mögt im Tal mit Frieden wohnen
Nach altem Recht; – doch Schatzung, Fronen,
Und was der Geiz zu unsrer Not
Ersonnen hat, sei ab und tot!

Die Tier' im schönen Gottesreich
Erschuf Gott für den Menschen gleich,
Nicht bloß zur Kurzweil reicher Prasser,
Und frei sein sollen Wald und Wasser.
Uns zu verkündigen hinfort
Das lautre, klare Gotteswort,
Frei wollen wir, zum Heil der Seelen,
Die Diener unsrer Kirche wählen.
Die Freiheit, die dem Recht verwandt,
Soll herrschen in dem deutschen Land,
Und über freien Reichsgemeinen
Verjüngt die Kaiserkrone scheinen." –
Ein Wehn, ein Schauern da begann,
Ein Frühlingsmorgenrot brach an.

Dazwischen sang mit kühnem Schall
Die Wittenberger Nachtigall.
Die alten Sagen wachten auf
Und gingen um in schnellem Lauf:
„Zu Ende geht der große Schmerz!
Der Schwanenberg, des Reiches Herz,
Wird einsmals, ohne Ruck und Beben,
Mitten in freier Schweiz sich heben."

Der Bundschuh zieht landaus, landein:
Die Bauern wollen Herren sein!
Nun alsbald auf den höchsten Gaul,
Für Praß gesorgt, für Bauch und Maul,
Gelärmt, geschwärmt, gepocht, geschlemmt,
Die Pfaffenkeller voll geschwemmt
Mit edlem Wein, in eitlem Lungern,
Da Weib und Kind zu Hause hungern!
Das große Werk, der ernste Strauß
Sieht schier wie eine Kirchweih' aus.
Wohl in die hunderttausend Mann,
Ein prächtiger deutscher Heeresbann,
Und doch zu schwach dem kleinsten Stoß,
Zerstreute Herden hirtenlos!
Kein Haufen folgt des andern Sinn,
Fährt jeder ohne Rat dahin,
Das Feldgeschütz auf Karr'n geschnürt,
Müßig wie Scheiter nachgeführt.
Der sengt und heert in trunknem Mut,
Der quält Gefangne, schuldlos Blut,
Der stratzt in Samt und Seide frei,
Als ob schon alles gewonnen sei.
Im ganzen Aufgebot kein Halt,
Die Ämter ohne Amtsgewalt,
Die Besten ohne Macht und Stimme,
Mit Schrei'n und Dräuen Herr der Schlimme!
Rings List und Trug der großen Herrn,
Verrat bis in des Lagers Kern!
Wut und Gewalttat um und um,
Das ist ihr Evangelium!
Wie Dämmerung, so brach es an,
Ein mildes Licht auf seiner Bahn –
Da zuckt' es auf wie Wetterflammen
Und brach in Brand und Qualm zusammen,

Helf' Gott, und über Deutschland lag
Ein blutig roter Ostertag.

Der Truchseß zieht landaus, landein:
„Die Bauern müssen Hunde sein."
Er trifft sie einzeln, trifft sie schwer.
Vom Hegau her, vom Schwabenmeer
Saust eine dunkle Sturmeswolke.
Das ist Herr Jörg! Es gilt dem Volke!
Die Donau bebt, dem Neckar graust,
Main, Tauber fühlen seine Faust.
Er läd't den Wolf zum reichen Fraße,
Und Asche zeichnet ihm die Straße.
Hin fährt die große Menschenjagd;
O Volk, wie trotzig und verzagt!
Halt' fest, du schwarze Frankenschar
Mit deinem Geier, deinem Aar!
Im Kirchlein dort, im Trümmerschlosse,
Trotzt sie dem ganzen Bundestroße;
Vernichtung weht mit heißem Hauch,
Bis alles stürzt in Schutt und Rauch. –
Der Tod ist still, rechtlos das Recht,
Die Rache süß. Nun zeigt euch echt!
Nun knarrt die Folter, schrei'n die Raben
In Sachsen, Franken, Lothring, Schwaben,
Nun trieft das Blut an allen Enden
Von hocherlauchten Henkershänden.
Der neue Papst in Wittenberg
Spornt sie noch an zum Liebeswerk:
„Stecht, schlaget, würget, liebe Herrn!" –
Volksritter, bist denn du so fern,
Hort wider Kronen, wider Kutten,
St. Georg der deutschen Freiheit, Hutten?
Du feierst, fern der feigen Welt,
Den Sieg im Tod, besiegter Held,
Und schlummerst aus von Trug und Weh
In deiner Wieg' im stillen See.
Deutschland ein Grab! der Würfel fiel
In Blut und Tränen ohne Ziel,
Und Witw' und Wais' auf blut'gem Grunde
Leis beten sie mit bleichem Munde:
..Ach bleib' bei uns, Herr Jesu Christ,
Weil es tief Abend worden ist!"

Gottfried Kinkel
1815–1882

Scipio

Schau dort den Mann! Er kommt gegangen,
Die Toga lässig umgehangen:
Das ist der große Scipio,
Dem sich Karthago gab verloren,
Vor dem von Roms geborstnen Toren
Des Barkas grauser Enkel floh.

Es ist der Weg zum Kapitole,
Den er mit ruhmbeschwingter Sohle
Als Triumphator einst erstieg.
Er geht mit ernster Römersitte
Auch heut hinauf in festem Schritte,
Als führt' er eine Schar zum Sieg.

Und dennoch dürft' er heute zagen!
Mag jedes Haupt er überragen,
Die Mißgunst haßt sein großes Tun.
Er ist verklagt als Landverräter,
Und vor dem Hof der greisen Väter
Erhebt die Klage der Tribun:

Wir haben Gold dir reich gesendet:
Es ward auf diesen Krieg verschwendet
Des Volkes Schweiß und letzte Kraft.
Dir haben wir uns überlassen,
Du hast verstreut des Silbers Massen:
Wohlan, so gib uns Rechenschaft!

Stolz gibst du reiche Pracht zu schauen;
Rings an den Bergen, auf den Auen
Wird Öl und Korn und Wein dir reif.
Wer mag dem Zweifel da gebieten?
Und drum im Namen der Quiriten
Verklag' ich dich auf Unterschleif!

Da hebt sich Scipio vom Sitze,
Es bleiben seines Auges Blitze
Mitleidig auf dem Kläger ruhn.
Aufschlägt er eine Bücherrolle,
Und mild, als wüßt' er nichts von Grolle,
Beginnt er seine Rede nun:

Leicht wär's, ihr Väter, mir zu rechten!
Ich schrieb im Feld in heißen Nächten
Dies Rechnungsbuch mit eigner Hand.
Von meinem Quästor untersiegelt,
Des Lippe jetzt der Tod verriegelt,
Ist's meiner Ehre gültig Pfand.

Und weil mich die Erinn'rung freute,
So hielt ich's aufbewahrt bis heute:
Nun aber, dünkt mich, ist's genug.
Zu fragen nach Beweis und Pfande,
Es wäre mir und euch zur Schande –
Dies meine Antwort: kommt zum Spruch!

Er schweigt und reißt das Buch in Fetzen
Und wirft es zu des Hofs Entsetzen
Aufs Kohlenbecken Stück für Stück.
Dann schürt bedachtsam er die Flammen,
Bis es zu Asche fiel zusammen,
Und geht zu seinem Sitz zurück.

Still wird's – dann jauchzt es in der Runde:
Frei, frei von Schuld! aus jedem Munde;
Der Kläger bebt in banger Scham.
Doch in dem wilden Beifallrufen
Neigt sich der Held, und geht die Stufen
Hinab so ruhig wie er kam.

Adolf Friedrich Graf von Schack
1815–1894

Das Bahrrecht

„Nun geht, Graf Otto! Zum drittenmal
Erduldetet Ihr die Folterqual!
Und habt sie, wie keiner, bestanden.
Wohlan denn! Reinigt Euch ganz von Verdacht.
Als hättet den Ohm Ihr umgebracht

Aus Gier nach Schätzen und Landen!
Drei Stunden harret mit festem Mut
Allein an der Bahre, darauf er ruht
Entquillt den Wunden alsdann kein Blut,
So lösen wir Euch aus den Banden."

Drauf Otto: „Ich scheue die Probe nicht;
Kommt, daß ich allen wie Sonnenlicht
So klar meine Unschuld mache!"
Er spricht's; ihn führen die Schöffen den Gang
Zur Totenkammer schweigend entlang;
Durch die Tür ein läßt ihn die Wache.
Davor wird wieder gewälzt der Stein,
Und der Graf bei flimmerndem Lampenschein
Bleibt mit des Herzogs Leiche allein
Im schwarzbehängten Gemache.

Da liegt der Greis, der einst ihn erzog
Und mild des verwaisten Knappen pflog,
Da liegt er vor ihm auf der Bahre;
Sein Antlitz, drauf einst Liebe wie Haß
So mächtig geflammt, nun welk und blaß,
Umflossen vom weißen Haare.
Graf Otto steht in Sinnen versenkt;
Nicht mehr, wie schwer ihn der Tote gekränkt,
Als er ihm die Tochter versagt, nun denkt
Er nur an die glücklichen Jahre;

Denkt, wie er zuerst mit Schwert und Schild
Zur Seite des Ohms aufs Schlachtgefild
Gesprengt durch das Waffengeblitze;
Und wie, als er selber im Kampfe verzagt,
Sein eigenes Leben der Herzog gewagt,
Damit er den Knappen beschütze.
Er denkt es; ihm deckt die Augen ein Flor;
Blut, glaubt er, quill' aus den Wunden hervor,
Das, Gottes Rache heischend, empor
Zur Wölbung der Kammer spritze.

Noch steht in stummem Starren der Graf;
Da ist ihm, als säh' er vom Todesschlaf
Den Greis sich langsam erheben,
Als schlag' er die Augenlider zurück
Und schau' ihn an mit dem alten Blick,
Nur finsterer als im Leben.
Graf Otto taumelt zurück mit Graun;
Er wankt, doch kann er hinweg nicht schaun;
Kalt auf die Stirne fühlt er es taun
Und den Boden unter sich beben.

An der Bahre liegt er dahingestreckt,
Als Stimmenruf aus dem Starren ihn weckt;
Schon sind verronnen die Stunden.
Die Richter treten in das Gemach
Und forschen nach Sitte des Bahrrechts nach,
Ob Blut entquollen den Wunden.
Sie rufen: „Glückauf! Kein Tropfen floß!
Glückauf, Graf Otto, besteigt Eur Roß;
In Frieden kehrt heim nach Windeckschloß!
Unschuldig seid Ihr befunden."

Wohl hört der Verklagte der Richter Wort;
Stumm aber liegt er fort und fort
Zu des schweigenden Klägers Füßen;
Glückwünschend strömen die Diener herbei:
„Was zögert Ihr, Herr? Ihr seid nun frei!"
Doch achtet er nicht ihr Grüßen.
Aufspringt er und ruft, aus dem Brüten erwacht:
„Ich habe den Oheim umgebracht
Und heische das eine: noch diese Nacht
Die Strafe des Mordes zu büßen."

Fritz Reuter
1810–1874

Adjüs, Herr Leutnant

In Ludwigslust stunn bi de Granedier
Einmal en Leutnant, Herr von Fink.
Dat was ein wohres Krätending,
Obglik de Kirl man keshoch wir.
Na, de let mal Rekruten inexieren
Un let sei rechtsch un linksch marschieren.
Dat Ding sprung allentwegen 'rümmer
Un schreg un kummandierte ümmer
Un makt dorbi so'n dullen Larm
Un smet un fuchtelt mit de Arm,
Ja, liksterwelt grad as so'n Hampelmann,
Un jeden snauzt dat Dingschen an.

Un „Rechten, Linken, Speck und Schinken,
Donnerwetter! Eins, zwei, eins, zwei,
Stroh und Heu, Stroh und Heu!
Werft die Bein und reckt die Glieder,
Absatz hoch und Spitzen nieder!"
So schreg dat Ding un kummandiert,
Dat ein sin eigen Wurd nich hürt.
Un as hei mit de Hauptsak fahrig was,
Namm hei den einen Kirl sick noch apart
Un slog „mit großer Geistesgegenwart"
Den dummen Bengel hellsch verdwas
Mit dat Gefäß von sinen Degen
Bald unner't Kinn, bald up den Bregen.
De Kirl, dat was en groten Bengel,
So lang un dünn, just as en Pumpenswengel,
Hei stunn denn ok so grad un stiw,
De Leutnant reikt em man an't halwe Liw;
Un't Ding höll doch nich up tau slahn,
De Kirl süll ümmer grader stahn;
De Bost süll 'rut, de Buk süll 'rin;
Bald slog hei'n an de Bein,
Bald stödd hei'n unner't Kinn.
Doch as hei sach, hei künn't nich wider driwen,
Dunn säd hei tau den Kirl: „So soll es sein!
So, du Carnallie, so, nun steh!"
„So sall'ck nu ümmer stahn hir bliwen?"
„So stehst du mir! Kopf in die Höh,
Die Arme 'ran, auswärts die Füß,
Die Brust heraus, den Bauch herein!"
„Na denn, Herr Leutnant, denn adjüs!
Denn krig'ck Sei nümmer mihr tau seihn."

Klaus Groth
1819–1899

He wak

Se keem ant Bett in'n Dodenhemd un harr en Licht in Hand,
Se weer noch witter as er Hemd un as de witte Wand.

So keem se langsam langs de Stuv un fat an de Gardin,
Se lücht un keek em int Gesich un lœhn sik œwerhin.

Doch harr se Mund un Ogen to, de Bossen stunn er still,
Se röhr keen Lid un seeg doch ut as een, de spreken will.

Dat Gresen krop em langs den Rügg un Schuder dœr de Hut,
He meen, he greep mit beide Hann' un wehr sik voer den Dod,

He meen, he schreeg in Dodensangst, un broch keen Stimm herut.
Un föhl mank alle Schreckensangst, he röhr ni Hand noch Fot.

Doch as he endli to sik keem, do gung se jüs ut Dœr,
Us Krid so witt, in Dodenhemd, un lücht sik langsam vœr.

Friedrich Hebbel
1813–1863

Das Kind am Brunnen

„Frau Amme, Frau Amme, das Kind ist erwacht!"
Doch die liegt ruhig im Schlafe.
Die Vöglein zwitschern, die Sonne lacht,
Am Hügel weiden die Schafe.

„Frau Amme, Frau Amme, das Kind steht auf,
Es wagt sich weiter und weiter!"
Hinab zum Brunnen nimmt es den Lauf,
Da stehen Blumen und Kräuter.

„Frau Amme, Frau Amme, der Brunnen ist tief!"
Sie schläft, als läge sie drinnen!
Das Kind läuft schnell, wie es nie noch lief,
Die Blumen locken's von hinnen.

Nun steht es am Brunnen, nun ist es am Ziel,
Nun pflückt es die Blumen sich munter,
Doch bald ermüdet das reizende Spiel,
Da schaut's in die Tiefe hinunter.

Und unten erblickt es ein holdes Gesicht,
Mit Augen, so hell und so süße.
Es ist sein eignes, das weiß es noch nicht;
Viel stumme freundliche Grüße!

Das Kindlein winkt, der Schatten geschwind
Winkt aus der Tiefe ihm wieder.
„Herauf! Herauf!" so meint's das Kind:
Der Schatten: „Hernieder! Hernieder!"

Schon beugt es sich über den Brunnenrand,
„Frau Amme, du schläfst noch immer!"
Da fallen die Blumen ihm aus der Hand
Und trüben den lockenden Schimmer.

Verschwunden ist sie, die süße Gestalt,
Verschluckt von der hüpfenden Welle,
Das Kind durchschauert's fremd und kalt,
Und schnell enteilt es der Stelle.

's ist Mitternacht

's ist Mitternacht!
Der eine schläft, der andre wacht.
Er schaut beim blauen Mondenlicht
Dem Schläfer still ins Angesicht;
Drin tut ein böser Traum sich kund,
Wie seltsam zuckt er mit dem Mund!
 's ist Mitternacht,
Der eine schläft, der andre wacht.

's ist Mitternacht!
Der eine schläft, der andre wacht!
„So sah der Freund noch nimmer aus,
Er greift zum Dolch, es macht mir Graus,
Er stößt, er lacht – du triffst ja mich!
Erwache doch, ich rüttle dich!"
 's ist Mitternacht!
Der andre ist nur halb erwacht.

's ist Mitternacht!
Der andre ist nur halb erwacht!
Er stiert, er ruft: „So lebst du noch,
Verruchter, und ich traf dich doch?
So nimm noch den! Hei! Der war gut!
Warm spritzt mir ins Gesicht dein Blut!"
 's ist Mitternacht!
Nun schlafen beide, keiner wacht.

's ist Mitternacht!
Sie schlafen beide, keiner wacht!
Du wüste Eul' im Eibenbaum,
Du krächztest ihn in diesen Traum,
Nun fängt die häm'sche Dohle an,
Ob sie ihn nicht erwecken kann.
 's ist Mitternacht;
Gott gebe, daß er nie erwacht!

Die heilige Drei

In erster Morgenfrühe
Naht Herzog Heinrich schon,
Sich für des Tages Mühe
Zu weihen, Gottes Thron.
Die alternde Kapelle
Verschwimmt noch halb im Duft,
Doch ist er gleich zur Stelle,
Er sucht nur eine Gruft.

Und als er sie gefunden,
Kniet er in Demut hin;
Ein Mensch mit tausend Wunden,
Sein Heil'ger, schläft darin.
Dem Tor, in Erz getrieben,
Sind treu durch Bildners Hand
Die Kämpfe eingeschrieben,
Die er im Fleisch bestand.

Der Herzog betet lange,
Von Gottes Geist umschwebt,
Doch wird's ihm seltsam bange,
Als er sich dann erhebt.
Denn in gespenst'gem Lichte
Tritt plötzlich auf dem Tor
Vor seinem Angesichte
Die heil'ge Drei hervor.

Da denkt der edle Ringer:
„Vorbei sind Lust und Qual!
Die hat kein ird'scher Finger
Gezeichnet, diese Zahl;
Die sagt mir, wieviel Tage
Noch mein sind bis zum Tod;
Doch ziemt mir keine Klage,
Wie streng auch das Gebot."

Mit Fasten und mit Beten
Macht er sich nun bereit,
Um vor den Herrn zu treten
Im weißen Feierkleid:
Er könnte Frist erbitten,
Weil er noch nicht so viel
Gestritten, ja gelitten,
Als er sich wünscht am Ziel.

Drei Tage fliehn in Eile,
Doch ruft der Tod ihn nicht;
„So wandl' ich mir zum Heile
Drei Monde noch im Licht?
Die sind mir für die Armen
Und nicht für mich geschenkt,
Damit sie mein Erbarmen
Noch einmal recht bedenkt."

Nun läßt er Steine führen,
Und rasch ersteht ein Bau
Mit hundert offnen Türen
Und winkt durch Tal und Au.
Er sorgt, daß kein Begehren
Hier je vergebens klopft,
Und hat der Armut Zähren
Auf ewig so verstopft.

Drei Monde sind zu Ende,
Der Tod spricht noch nicht ein;
Da faltet er die Hände:
„Dann sind drei Jahre mein!
So darf ich nicht von hinnen,
Eh' ich das Werk vollbracht,
Dem galt mein tiefstes Sinnen
Bei Tage und bei Nacht."

Nun werden greise Männer
Um seinen Thron gestellt,
Die Schöffen sind's, die Kenner
Des Rechts, aus aller Welt;
Sie waren sonst die Hüter
Von Leben, Gut und Blut;
Jetzt gibt er diese Güter
In des Gesetzes Hut.

Es kann ein Mensch vergessen,
Doch nie vergißt ein Buch,
Und richtig wird gemessen
Der Krone wie dem Pflug;
Sein Recht soll jedem werden,
Wie's Gott der Herr verhieß,
Denn so ersteht auf Erden
Das zweite Paradies.

Drei Jahre sind verflossen,
Der letzte Tag ist da;
Er hat sein Werk beschlossen,
Doch auch der Tod ist nah!
Und seine Wangen färben
Nur röter sich dabei,
Als ob für ihn das Sterben
Der Lohn des Lebens sei.

Er hüllt sich, nicht mehr zaudernd,
Stumm in sein Leichenhemd,
Das Volk erblickt es schaudernd,
Er wird ihm totenfremd.
Der Sarg ist längst gezimmert,
In dem er ruhen will,
Und eine Kerze schimmert
Ihm schon zu Häupten still.

Man reicht am heil'gen Orte
Ihm dann den Leib des Herrn;
Dem Altar ist die Pforte
Der Ahnengruft nicht fern,
Und mit des Priesters Segen
Tritt er hinein voll Ruh'
Und geht, sich selbst zu legen,
Dem Sarg gemessen zu.

Die Treuen knien im Kreise
Herum und trauern sehr,
Der Beicht'ger flüstert leise:
„Bald thront ein Heil'ger mehr!
Sein Odem wird nicht stocken,
Sein Herz nicht stillestehn,
So müssen alle Glocken
Der Welt von selber gehn!"

Es schlägt die letzte Stunde!
Da tönt Trompetenschall,
Das schmettert in die Runde,
Man jubelt überall.
Mit Fahnen, schwarz-gold-roten,
Kommt dann ein Zug sogleich,
Aus Frankfurt sind's die Boten
Vom heil'gen röm'schen Reich.

Die Krone Karls des Großen
Trägt man auf Samt voran;
Den Degen auch, den bloßen,
Der ihm die Welt gewann,
Den Apfel, der verkündet,
Daß sie uns noch gehört,
Das Kreuz, ihm fromm verbündet,
Auf das der Kaiser schwört.

„Wo weilt der edle Bayer?"
Ruft Nürnbergs Burggraf aus;
„Wir bringen seltne Feier
In sein erlauchtes Haus!"
Doch fröhlich um sich schauend,
Bricht er auf einmal ab,
Und alle starren grauend
Hinein ins offne Grab.

Der Herzog, rasch gewendet,
Ruft aus dem düstern Schlund:
„Euch hat das Reich gesendet,
Was tut das Reich mir kund?" –
„Wir haben dich zum Kaiser.
Des deutschen Volks erwählt!
Längst trägst du Palmenreiser,
Der Lorbeer aber fehlt!"

Er blickt beschämt nach oben:
„Verstand ich dich so schlecht?
Doch sei mein Wahn erhoben,
Er weihte mich erst recht!
Ihm dank' ich einen Frieden,
Der selbst dem Tod nicht weicht,
Und was du mir beschieden,
Jetzt nehm' ich's doppelt leicht.

So führt mich denn zum Throne,
Da Gott ihn mir beschert,
Und schmückt mich mit der Krone
Und stärkt mich durch das Schwert!
Den Streit der Welt zu schlichten,
Trag' ich des Purpurs Pracht,
Doch, um mich selbst zu richten,
Das Totenkleid bei Nacht!"

Der Zauberhain

„Schnell vorüber, junger Ritter,
   Wie der Morgenwind auch säuselt
Und wie schön zu grünen Wellen
   Er das frische Laub auch kräuselt!"

Doch, er ist, noch eh' er hörte,
   Schon vom Roß herabgesprungen
Und, die Zügel von sich schleudernd,
   In den Zauberhain gedrungen.

„Pflücke nicht die schwarzen Rosen,
   Die um jeden Stamm sich ranken,
Wenn sie auch noch heißre Düfte
   Als die roten in sich tranken!"

Doch, er hat sich gleich die erste,
    Die er schwanken sah, gebrochen,
Und er taumelt selig weiter,
    Denn sie hat ihn nicht gestochen.

„Horche nicht dem bunten Vogel,
    Der zu dir herunterflötet,
Denn ihn schickt die böse Hexe,
    Die durch ihre Küsse tötet!"

Doch, er bleibt wie trunken stehen,
    Und der Vogel schwingt sich nieder,
Und er hüpft ihm auf die Achsel
    Und beginnt noch süßre Lieder.

„Öffne nimmermehr die Augen,
    Die sich dir von selbst geschlossen,
Weil, erwacht aus tiefem Schlafe,
    Sie sich naht, von Glanz umflossen!"

Doch, er kann sich nicht bezwingen,
    Und nun ist's um ihn geschehen,
Denn er wird das Höllenbildnis
    Immer schöner werden sehen.

„Spei sie an, und dein Entzücken
    Wandelt sich in Haß und Grauen,
Denn sie schrumpft vor dir zusammen,
    Und du kannst sie niederhauen!"

Doch, zu spät! Die Blätter fallen
    Schon mit Macht, um ihn zu decken,
Denn der Zweite kommt gezogen,
    Und ein Toter könnt' ihn schrecken!

Herr und Knecht

„Weg das Gesicht!
Ich duld' es nicht!
Wo ist der zweite Jäger?"
So ruft der Graf in zorn'gem Ton,
Der Alte schleicht betrübt davon,
Des Forstes bester Pfleger.

Das Hifthorn schallt,
Nun in den Wald!
Es ist zum ersten Male,
Daß er dies Schloß im finstren Tann
Besucht, er sah's nur dann und wann
Von fern im Mondenstrahle.

Sie sprengen fort;
Was kauert dort
Am Wege, hinterm Flieder?
Der Greis, er zeigt aufs graue Haupt,
Der Jüngling aber flucht und schnaubt:
„Du kehrst mir nimmer wieder!"

„Mit eins so wild,
Und sonst doch mild?"
So fragt man in der Runde.
„Ich sah den Mann schon Böses tun,
Doch ganz vergebens sinn' ich nun,
Ich weiß nicht Ort noch Stunde!"

Er jagt allein
Im tiefsten Hain,
Den schwarzen Eber hetzend;
Die andern blieben weit zurück,
Da stürzt sein Pferd, an einem Stück
Gestein den Fuß verletzend.

Der Alte tritt
Mit raschem Schritt
Hervor, von Gott gesendet;
Er fängt das Tier im grimm'gen Lauf
Behend mit seinem Spieße auf:
Da liegt es und verendet!

Nun kehrt er stumm
Sich wieder um,
Dem Herrn die Hand zu geben;
Doch der springt auf: „Noch immer da?
So ist dir auch das Ende nah!"
Und will den Speer schon heben.

Da bringt die Wut
Das treue Blut
Des Alten auch zum Kochen;
Er zieht das Messer, eh' er's denkt,
Und hat, sowie er's kaum geschwenkt,
Den Jüngling auch durchstochen.

Und blutbedeckt,
Zum Tod erschreckt,
Bleibt er gebückt nun stehen.
Der Sterbende blickt über sich
Und murmelt noch: „So habe ich
Ihn schon im Traum gesehen!"

[Hifthorn: Jagdhorn.]

Vater und Sohn

„Wer hat die Kohle ins Dach gesteckt?" –
„Mein Sohn, dein Knabe tat's!" –
„Sein Arm ist zu kurz, wie hoch er ihn reckt!" –
„Ich hob ihn empor, er erbat's." –

„Er weiß noch nicht, was Feuer ist,
Du lehrtest ihn dies Spiel,
Und wenn du denn ganz ein Teufel bist,
So steck ich dir heut das Ziel!"

Nun packt er den Vater beim weißen Schopf
Und schleift ihn hinaus in die Nacht,
Das Knäblein mit dem blonden Kopf
Schaut nach, der Alte lacht.

„Du höhnst mich noch? Ich schlag' dich, Hund!" –
„Schlag zu, mir tut's nicht weh!" –
„Ich trete dich!" – „Das ist gesund!
Juchhe! Juchhe! Juchhe!"

So kommen sie an die schwarze Schlucht,
In der es ewig braust,
Weil sie in unterirdischer Flucht
Der wildeste Strom durchsaust.

„Mein Sohn, mein Sohn, nicht dort hinein,
Halt an in deinem Lauf!
Dort fault schon menschliches Gebein,
Dort droht ein Schatten herauf!" –

„Wer fault denn dort?" – „Mein Vater, Sohn,
Schau, eben zeigt er sich!" –
„Wem droht der Schatten?" – „Wem sollt' er drohn?
Dem Mörder, und das bin ich!

Es war wie heut, kalt pfiff der Wind,
Die Wolken hingen schwer,
Du standest dabei, ein stummes Kind,
Dein Zucken kommt daher.

Ich wehr' mich nicht, mach's ab, mach's ab,
Hier ist ein Messer dazu,
Nur gönne mir ein eignes Grab,
Dort fänd' ich nimmer Ruh'!"

Der Mond ergießt sein blaues Licht
Durch eine Wolke schwach,
Es trifft ein blasses Kindergesicht,
Das Knäblein schlich sich nach.

Ihn graust, er zieht mit der Rechten schnell
Sein Kind zu sich heran
Und reicht die Linke auf der Stell'
Dem bösen Vater dann.

„Steh auf, und steckst du auch morgen mir
Die Hütte ganz in Brand,
Ich setze den Stuhl in der neuen dir,
Der in der alten stand."

Otto Ludwig
1813–1865

Das Lied von der Bernauerin

Soll ich die Märe bringen,
Die mir bewegt den Sinn?
So sagen wir und singen
Von der Bernauerin.

„Ich weiß nicht mehr zu raten,
Zu helfen nimmer weiß;
So möge Gott in Gnaden
Aufnehmen meinen Geist.

Doch wie ich nun geduldig
Verlieren muß den Leib,
So wahr bin ich unschuldig
Und meines Herren Weib.

Und sagt Herrn Ernstens Schreiben:
Das Badermägdelein,
Das könne leben bleiben,
Woll's seine Schnur nicht sein.

So sag' ich's doch, und schwören
Will ich's noch tausendmal:
Ich bin in Zucht und Ehren
Herrn Albrechts Ehgemahl.

Der Frauen höchster Adel
Ist ihre Frauenehr,
Die hab' ich ohne Tadel,
Hat keine Fürstin mehr."

Sie nahm das Ringlein abe,
Das Ringlein war von Gold;
Ihr gab's der edle Knabe,
Den sie nicht lieben sollt'.

„Leb' wohl, der mir ihn geben,
Leb' wohl, mein liebster Knab';
So wohl sollst du mir leben,
Als ich geliebt dich hab'."

Und um des Hemdleins Falten
Ein Tuch herum sie wand:
„Sollt mir das Tuch nicht halten,
Das wär' mir eine Schand.

Nun bitt' ich nur zumeisten,
Daß nur das Totenweib,
Und keines Manns Erdreisten
Berühre meinen Leib."

Da griff nun so behende
Der wilde Henker dar
Und wand um seine Hände
Ihr golden langes Haar;

Und faßte sie darüber
Mit seiner linken Hand,
Und schwang sie hoch hinüber
Über der Brücke Rand.

Es wichen rings die Wellen,
Sowie sie fiel darein,
Als wollten sie Gesellen
So schlimmer Tat nicht sein,

Und trugen, wie auf Armen,
Empor den schönen Leib,
Als hätt' es ihr Erbarmen,
Das arme Fürstenweib.

Da faßte mit der Stange
Der Henker wieder dar,
Und wand darum das lange,
Das reiche goldne Haar.

Und tauchte sie mit Schnelle,
Und hielt sie fest darin;
Und traurig zog die Welle
Über die Tote hin.

Da kam ihr Herr von Böhmen
Herangesprengt zu Roß,
Daß ihm der Schweiß in Strömen
Am Barte niederfloß.

Er tät mit Tränen fragen,
Zerriß sich sein Gewand.
„Mein Mund soll sie beklagen,
Sie rächen meine Hand!

Nicht soll dem Alten frommen
Die himmelschreinde Tat;
Weit mehr hat er genommen,
Als er mir geben hat.

Auf, Fischer, fischt mir eilig
Nach ihrem süßen Leib.
O weh doch um mein heilig
Getreues, reines Weib!

Nie ward ein Weib geboren
Von fürstlich edlerm Sinn,
Zur Fürstin je erkoren,
Als die Bernauerin.

Und um solch Weib getragen
Hat Jammer nie ein Mann!
So muß ich um sie klagen,
So lang ich klagen kann."

Gustav Freytag
1816–1895

Die Granitschale

Vor des Museums Säulen
Erhebt sich in Berlin
Die beste Zecherschale,
Die je der Mond beschien,
Und harret auf den Meister,
Der sie zu leeren wagt:
Doch keiner will sie heben,
Das sei dem Herrn geklagt!

Und bei des Königs Hause
Da hält die Totenwacht
Der alte Marschall Blücher,
Steht sinnend Tag und Nacht;
Er träumt vom alten König
Und hütet des Herren Herd,
Er träumt von schweren Zeiten
Und faßt im Zorn das Schwert.

Einst bei dem Brausen der Stürme
In eisiger Winternacht
Ward auch dem alten Marschall
Zu kalt auf seiner Wacht.
Er stampfte mit dem Fuße
Auf sein Gestell von Erz,
Und strich das Eis vom Barte
Und rief in wildem Scherz:

„Herr Bülow, Meister Scharnhorst
Ihr Heergesellen von Stein,
Ihr tragt von Reif und Eise
Gar kühle Mäntelein.
Herab von euren Posten
Ihr Herren von der Wacht!
Ich weiß ein gutes Labsal,
Das wärmt in solcher Nacht."

Dazu nun waren die Herren
Von Herzen gern bereit
Und stäubten sich mit Lachen
Den Schnee vom kalten Kleid.
Sie stiegen mit dröhnenden Schritten
Von ihrem Stand herab
Und reichten die starken Hände
Einander aus dem Grab.

Und zur granitenen Schale
Führt' beide der Marschall hin,
Dort wob und glüht und braute
Geschäft'ger Geistersinn.
Die Herren tranken fröhlich
Trotz Eisesfrost und Wind
Und sangen gute Reime,
Die jetzt vergessen sind.

Da lachte der alte Marschall:
„Mich haben mit vieler Pracht
Die Musen einst in Oxford
Zu ihrem Sohn gemacht,
Und ihre wilden Knaben
Durchfuhren mit starkem Sang
Die Heeresreih' der Franken
Bei meiner Hörner Klang.

Drum bring' ich diesen Becher
Der Musen jungem Geschlecht,
Vorwärts, ihr deutschen Männer,
Zu Freiheit, Licht und Recht!
Vorwärts mit deutschem Vertrauen,
Mit alter Lieb' und Treu'!" –
Da sprang mit plötzlichem Krachen
Der steinerne Becher entzwei.

Jetzt steht mit starken Stützen
Im runden Himmelssaal
Vor des Museums Säulen
Zerbrochen der Steinpokal.
Und bei dem Haus des Königs
Hält zornig auf der Wacht
Der alte Marschall Blücher
Das Schwert bei Tag und Nacht.

Albrecht Dürer

Es lehnten einst zwei Männer in ritterlichem Kleid
Zu Nürnberg an einem Hause bei später Abendzeit,
Und sah'n durch's offne Fenster nachdenklich in das Zimmer.
Dort stand ein stiller Träumer und prüfte den Lampenschimmer
An weißen und bunten Tafeln, er maß die Schatten der Wand,
Und stellte die Leuchte näher und zog sie zurück mit der Hand;
Und wenn bei dem schwankenden Lichte die Schatten sich drehten und flogen,
So kam ein feines Lachen auf seine Lippen gezogen.
Doch aus der Tiefe des Zimmers erklang ein heller Ton:
„Was tust du, Meister Albrecht? drei Tage träumst du schon,
Dein Weib hast du vergessen, die Arbeit förderst du nicht,
Du jagst wie ein Kind nach Schatten und spielst mit dem Lampenlicht;
Hinweg mit dem Licht!" – und sprühend verlosch der gelbe Schein,
Und in dem dunkeln Raume stand wieder der Mann allein.
Er sank in den Sessel und stützte das bleiche Angesicht,
Und Stille war im Zimmer, das matte Sternenlicht
Umsäumte das Haar des Mannes. – Der Träumer aber war
Der Maler Albrecht Dürer, und draußen das Lauscherpaar
Herr Max, der gute Kaiser, und Kunz, sein treuer Narr.
Und Meister Kunz rief spöttisch: „Er kämpft den alten Streit
Der Kunst mit unsrer Erde, das ewige, alte Leid.
Natur, du gute Mutter, er will dich ändern und drehen
Und will als kleiner Herrgott dir gegenüber stehen,
Er zeichnet, malt und schneidet, er druckt und schreibt dich aus,
Und macht aus deinen Speisen sich seinen eigenen Schmaus.
Dafür ersinnst du Rache, du lohnst ihm mit bleichen Wangen,
Mit heißem Schmerz und Tränen und quälendem Verlangen,
Und weil er dir zum Trotze das ewige Leben schafft,
Läßt du ihn selbst erfahren des Todes ewige Kraft,
Du legst ihm die Keime des Todes, das Siechtum in den Leib
Und schenkst ihm das ärgste Übel, ein zornig bittres Weib.
O kauf ihm Schellen, Bruder, sein Anblick geht ans Herz!"

Und Max erhob die Augen und sprach in mildem Schmerz:
„Der Mann ist geistlich, Konrad, ihn hat der Herr geweiht;
Geweiht zur höchsten Freude und wieder zu großem Leid.
Er hat ihm das Beste des Himmels, des freien Schaffens Lust,
In seine Brust gebunden und hat ihn in den Wust,
Ins Enge des Lebens geschleudert zu Kampf und stillen Schmerzen.
So gleitet er über die Erde, ein König mit blutendem Herzen.

Nicht sieht er mit Menschenaugen in unsere gute Welt,
Es ist ein Strahl der Gottheit, der seinem Aug' entfällt;
Drum wandelt in zarte Gebilde aus Nebel und Abendrot
Sich jedes Ding der Erde, das seinem Blick sich bot;
Und was er schaffet und schenket, sind Bilder seines Traumes,
Sind Bilder aus fernen Welten, dem Land des goldenen Schaumes.
Doch will er selbst sie umfassen, an Lippen und Arme ziehen,
Mit ihrem Leben tauschen der eigenen Seele Glühen,
So schwimmen sie und verschweben in wesenlosem Scheine,
Und fest nur hängt ihm am Halse das Irdische, Alte, Gemeine.
Und ewig wirft er sich sehnend in seine Welt hinein,
Und ewig löst sie dem Armen sich auf in Farben und Schein.

So kämpft und ringt sein Herze, das Höchste kann er schauen,
Das Schönste zaubern und schaffen mit heimlichem Vertrauen,
Und doch muß er einsam gehen, allein mit seinem Gott,
Allein mit seinen Träumen, durch Haß, Verkennen und Spott,
Allein mit seinem Entzücken, allein mit seinen Schmerzen,
Allein durch Völker und Zeiten, ein König mit blutendem Herzen."

So sprach der gute Kaiser und Kunz zog aus dem Rocke
Ein Paar erblühter Rosen, er warf sie an die Locke
Des stillen Malers und rief ihm: „Albrecht, ein Kaisergruß!" –
Und schnell verhallt' im Dunkel der beiden Wandrer Fuß.

Emanuel Geibel
1815–1884

Des Woiewoden Tochter

Es steht im Wald, im tiefen Wald
Das Haus des Woiewoden;
Eiszapfen hangen am Dache kalt,
Und Schnee bedeckt den Boden.

Das Fräulein sitzt am Herd und spinnt
Zu ihrem Hochzeitschleier;
Sie hört im Rauchfang gehn den Wind
Und schürt empor das Feuer.

Da tritt die Waldfrau zu ihr ein,
Die pflegt nichts Guts zu bringen:
„Guten Abend, feines Goldtöchterlein!
Will dir ein Liedchen singen!"

„Was sollen deine Lieder mir?
Mein Liebster, der kommt balde.
Da hast du Brot, da hast du Bier,
Geh wieder heim zum Walde!"

Die Alte sprach: „Hast immer Zeit,
Dein Schatz wird nimmer kommen,
Der Wald ist tief, der Weg ist weit;
Hat andern Weg genommen."

„Was quälst du mich mit falschem Weh?
Treu wird mein Liebster bleiben,
Er schwur es mir, bis aus dem Schnee
Einst rote Röslein treiben."

Das Fräulein rief's, doch war ihr bang,
Der Wind pfiff nicht geheuer,
Die Alte blieb, die Alte sang
Ihr dumpfes Lied ins Feuer:

„Und als ich ging die Schlucht entlang,
Da kamen drei Wölfe gesprungen,
Die heulten wie ob gutem Fang
Und hatten blutige Zungen.

Und als ich kam zum Fichtenzaun,
Drei Raben hört' ich schreien;
Sie schrien: ihr Jungen, euch soll traun
Der frische Schmaus gedeihen!

Und als ich kam zum eis'gen See,
Hab' ich einen Knaben gefunden!
Es floß wohl über den Winterschnee
Sein Blut aus tiefen Wunden.

Rot Röslein blüht aus dem Schnee so kalt,
Nun hast du's selbst vernommen.
Der Weg ist weit und tief der Wald,
Dein Schatz wird nimmer kommen."

Das Lied war aus, die Alte fort,
Des Herdes Glut vergangen,
Die Jungfrau saß und sprach kein Wort,
Ihr waren so bleich die Wangen.

Und lauter draußen pfiff der Wind,
Und lauter schrien die Raben.
Drei Tage nach diesem hat sein Kind
Der Woiewod begraben.

Friedrich Rotbart

Tief im Schoße des Kyffhäusers
Bei der Ampel rotem Schein
Sitzt der alte Kaiser Friedrich
An dem Tisch von Marmorstein.

Ihn umwallt der Purpurmantel,
Ihn umfängt der Rüstung Pracht,
Doch auf seinen Augenwimpern
Liegt des Schlafes tiefe Nacht.

Vorgesunken ruht das Antlitz,
Drin sich Ernst und Milde paart,
Durch den Marmortisch gewachsen
Ist sein langer, goldner Bart.

Rings wie eh'rne Bilder stehen
Seine Ritter um ihn her,
Harnischglänzend, schwertumgürtet,
Aber tief im Schlaf, wie er.

Heinrich auch, der Ofterdinger,
Ist in ihrer stummen Schar,
Mit den liederreichen Lippen,
Mit dem blondgelockten Haar.

Seine Harfe ruht dem Sänger
In der Linken ohne Klang;
Doch auf seiner hohen Stirne
Schläft ein künftiger Gesang.

Alles schweigt, nur hin und wieder
Fällt ein Tropfen vom Gestein,
Bis der große Morgen plötzlich
Bricht mit Feuersglut herein;

Bis der Adler stolzen Fluges
Um des Berges Gipfel zieht,
Daß vor seines Fittichs Rauschen
Dort der Rabenschwarm entflieht.

Aber dann wie ferner Donner
Rollt es durch den Berg herauf,
Und der Kaiser greift zum Schwerte,
Und die Ritter wachen auf.

Laut in seinen Angeln dröhnend
Tut sich auf das eh'rne Tor:
Barbarossa mit den Seinen
Steigt im Waffenschmuck empor.

Auf dem Helm trägt er die Krone
Und den Sieg in seiner Hand;
Schwerter blitzen, Harfen klingen,
Wo er schreitet durch das Land.

Und dem alten Kaiser beugen
Sich die Völker allzugleich,
Und aufs neu zu Aachen gründet
Er das heil'ge deutsche Reich.

Tannhäuser

Wie wird die Nacht so lüstern!
Wie blüht so reich der Wald!
In allen Wipfeln flüstern
Viel Stimmen mannigfalt.
Die Bächlein blinken und rauschen,
Die Blumen duften und glühn,
Die Marmorbilder lauschen
Hervor aus dunklem Grün.

    Die Nachtigall ruft: Zurück! Zurück!
    Der Knab' schickt nur voraus den Blick:
    Sein Herz ist wild, sein Sinn getrübt,
    Vergessen alles, was er liebt.

Er kommt zum Schloß im Garten,
Die Fenster sind voll Glanz,
Am Tor die Pagen warten,
Und droben klingt der Tanz.
Er schreitet hinauf die Treppen,
Er tritt hinein in den Saal,
Da rauschen die Sammetschleppen,
Da blinkt der Goldpokal.

    Die Nachtigall ruft: Zurück! Zurück!
    Der Knab' schickt nur voraus den Blick;
    Sein Herz ist wild, sein Sinn getrübt,
    Vergessen alles, was er liebt.

Die schönste von den Frauen
Reicht ihm den Becher hin,
Ihm rinnt ein süßes Grauen
Seltsam durch Herz und Sinn.
Er leert ihn bis zum Grunde,
Da spricht am Tor der Zwerg:
Der Unsre bist zur Stunde,
Dies ist der Venusberg.

    Die Nachtigall ruft nur noch von fern,
    Den Knaben treibt sein böser Stern;
    Sein Herz ist wild, sein Sinn getrübt,
    Vergessen alles, was er liebt.

Und endlich fort vom Reigen
Führt ihn das schöne Weib:
Ihr Auge blickt so eigen,
Verlockend glüht ihr Leib.
Fern von des Fests Gewimmel
Da blühen die Lauben so dicht –
In Wolken birgt am Himmel
Der Mond sein Angesicht.

Der Nachtigall Ruf ist lang verhallt,
Den Knaben treibt der Lust Gewalt:
Sein Herz ist wild, sein Sinn getrübt,
Vergessen alles, was er liebt. – –

Und als es wieder taget,
Da liegt er ganz allein;
Im Walde um ihn raget
Verwildertes Gestein.
Kühl geht die Luft von Norden
Und streut das Laub umher;
Er selbst ist grau geworden
Und bang sein Herz und leer.

Er sitzt und starrt vor sich hin
Und schüttelt das Haupt in irrem Sinn.
Die Nachtigall ruft: Zu spät! zu spät!
Der Wind die Stimme von dannen weht.

Der reiche Mann von Köln

Zu Köln ein reicher Kaufherr saß,
Der hatt' ein Herz von Eisen;
Er lebte dahin in Saus und Braus,
Und drückte Witwen und Waisen.

Er zählte sein Silber und wog sein Gold
Und lachte dazu im stillen;
Der Richter bog um Gunst und Geld
Das Recht nach seinem Willen.

Da war ein Mägdlein in der Stadt,
Ein Kind von jungen Jahren,
Er trieb es fort von Haus und Hof
Mit grimmigem Gebaren.

Und als der Schnee im Winter fiel
Und ging der Rhein mit Eise,
Ihn jammerte nicht des Kindes Not,
Das hatte nicht Kleid noch Speise.

Und als der Frühling kam ins Land,
Die Vöglein sangen mit Schalle:
Sie fanden das Mägdlein morgens tot
Auf einer Streu im Stalle.

Sie trugen es fort und gruben es ein
Am Friedhof auf der Wiese;
Die Seele ging in Sankt Michaels Schoß
Hinauf zum Paradiese.

Den Tag danach der Kaufmann ritt
Wohl lachend daher im Trabe,
Da standen drei Lilien weiß wie Schnee,
Gewachsen auf dem Grabe;

Da standen drei Lilien weiß wie Schnee,
Im Winde die Blumen gingen;
Ein Vöglein schwang vom Hügel sich auf,
Im Flug hub's an zu singen:

„Herr Marx von Köln, Herr Marx von Köln,
Wie bleich ist dein Gesichte!
Du bist ein Mörder, Herr Marx von Köln,
Ich lade dich zu Gerichte."

Dem Kaufherrn wohl das Lachen verging,
Sein Mut war all verloren;
Er wandte sein Roß und jagte nach Haus,
Vom Blute troffen die Sporen.

Er mochte nicht nehmen Speise noch Trank
Vor ängstlichen Gedanken;
Wohin er schaut' in Saal und Hof,
Drei Lilien sah er schwanken;

Und als er nachts auf dem Kissen lag,
Keinen Schlaf konnt' er erzwingen:
Sobald ihm fielen die Augen zu,
Hört' er das Vöglein singen.

„Ach helft mir, helft mir, lieber Arzt!
Ich will's euch neunfach zahlen,
Mir brennt's im Herzen wie höllisch Feu'r;
Helft mir von diesen Qualen!"

Wohl ging der Arzt, mit Sorg' und Fleiß
Manch bittern Trank zu mischen;
Es tat nicht gut, es tat nicht schlimm,
Das Vöglein sang dazwischen:

„Herr Marx von Köln, an deiner Sünd'
Wird alle Kunst zunichte;
Du bist ein Mörder, Herr Marx von Köln!
Ich lade dich zu Gerichte."

Und um die dritte Mitternacht
Ging an der Tür ein Klopfen;
Den Kranken trieb's vom Lager auf,
Ihm floß die Stirn von Tropfen.

Und als seine Hand den Riegel schob,
Sie flog vor Angst und Schmerze;
Und als die Tür in den Angeln ging,
Ein Zug blies aus die Kerze.

Der draußen stand, das war der Tod;
Er nahm Herrn Marx von Köllen,
Er setzt' ihn auf sein aschfarb Roß
Und fuhr mit ihm zur Höllen.

Bothwell

Wie bebte Königin Marie,
Als durchs geheime Pförtlein spat
Mit ungebognem Haupt und Knie
In ihr Gemach Graf Bothwell trat!

Ihr schön Gesicht ward leichenweiß;
Sie zuckt' und sah ihn fragend an:
Er wischte von der Stirn den Schweiß
Und sagte dumpf: „Es ist getan.

Es ist getan, dein süßer Mund
War nicht für Buben solcher Art,
Heut abend um die achte Stund'
Hielt Heinrich Darnley Himmelfahrt." –

Sie schrie empor: „Verzeih' dir Gott!
Nimm all mein Gold, nimm hin und flieh!"
Da lacht' er laut in grimmem Spott:
„Was soll mir Gold für Blut, Marie?

Ich liebe dich, und wenn ich mich
Der Höll' ergab zu dieser Frist:
So war's um dich, allein um dich,
Weil du der schönste Teufel bist.

Die Hand, die einen König schlug,
Greift auch nach einer Königin."
Er rief's, und Graun in jedem Zug,
Starr wie ein Wachsbild sank sie hin.

Er hub sie auf; sie fühlt' es nicht,
Daß ihr ins Fleisch sein Stahlhemd schnitt;
Ihr lockig Haupthaar wallte dicht
Um seine Schulter, wie er schritt.

Er stieß den Ring an ihre Hand,
Er schwang sie vor sich fest aufs Roß.
Und jagt' ins wetterschwüle Land
Hinaus mit ihr gen Dunbar-Schloß.

Schwarz war die Nacht, als wäre rings
Erloschen jeder Stern des Heils;
Nur manchmal in den Wolken ging's,
Gleichwie das Blitzen eines Beils.

Die Goldgräber

Sie waren gezogen über das Meer,
Nach Glück und Gold stand ihr Begehr,
Drei wilde Gesellen, vom Wetter gebräunt,
Und kannten sich wohl und waren sich freund.

Sie hatten gegraben Tag und Nacht,
Am Flusse die Grube, im Berge den Schacht,
In Sonnengluten und Regengebraus,
Bei Durst und Hunger hielten sie aus.

Und endlich, endlich, nach Monden voll Schweiß,
Da sahn aus der Tiefe sie winken den Preis,
Da glüht' es sie an durch das Dunkel so hold,
Mit Blicken der Schlange, das feurige Gold.

Sie brachen es los aus dem finsteren Raum,
Und als sie's faßten, sie hoben es kaum,
Und als sie's wogen, sie jauchzten zugleich:
„Nun sind wir geborgen, nun sind wir reich!"

Sie lachten und kreischten mit jubelndem Schall,
Sie tanzten im Kreis um das blanke Metall,
Und hätte der Stolz nicht bezähmt ihr Gelüst,
Sie hätten's mit brünstiger Lippe geküßt.

Sprach Tom, der Jäger: Nun laßt uns ruhn!
Zeit ist's, auf das Mühsal uns gütlich zu tun.
Geh, Sam, und hol' uns Speisen und Wein,
Ein lustiges Fest muß gefeiert sein.

Wie trunken schlenderte Sam dahin
Zum Flecken hinab mit verzaubertem Sinn;
Sein Haupt umnebelnd, beschlichen ihn sacht
Gedanken, wie er sie nimmer gedacht.

Die andern saßen am Bergeshang,
Sie prüften das Erz und es blitzt' und es klang.
Sprach Will, der Rote: Das Gold ist fein;
Nur schade, daß wir es teilen zu drei'n!

„Du meinst?" – Je nun, ich meine nur so.
Zwei würden des Schatzes besser froh –
„Doch wenn –" – Wenn was? „Nun, nehmen wir an,
Sam wäre nicht da" – Ja, freilich, dann – –

Sie schwiegen lang; Die Sonne glomm
Und gleißt' um das Gold; da murmelte Tom:
„Siehst du die Schlucht dort unten?" – Warum? –
„Ihr Schatten ist tief und die Felsen sind stumm." –

Versteh' ich dich recht? – „Was fragst du noch viel!
Wir dachten es beide, und führen's ans Ziel.
Ein tüchtiger Stoß und ein Grab im Gestein,
So ist es getan und wir teilen allein."

Sie schwiegen aufs neu. Es verglühte der Tag,
Wie Blut auf dem Golde das Spätrot lag;
Da kam er zurück, ihr junger Genoß,
Von bleicher Stirne der Schweiß ihm floß.

„Nun her mit dem Korb und dem bauchigen Krug!"
Und sie aßen und tranken mit tiefem Zug.
„Hei lustig, Bruder! Dein Wein ist stark;
Er rollt wie Feuer durch Bein und Mark.

Komm, tu uns Bescheid!" – Ich trank schon vorher;
Nun sind vom Schlafe die Augen mir schwer.
Ich streck' ins Geklüft mich. – „Nun, gute Ruh!
Und nimm den Stoß, und den dazu!"

Sie trafen ihn mit den Messern gut;
Er schwankt' und glitt im rauchenden Blut.
Noch einmal hub er sein blaß Gesicht:
„Herrgott im Himmel, du hältst Gericht!

Wohl um das Gold erschluget ihr mich;
Weh' euch! Ihr seid verloren, wie ich.
Auch ich, ich wollte den Schatz allein,
Und mischt' euch tödliches Gift an den Wein."

Conrad Ferdinand Meyer
1825–1898

Napoleon im Kreml

Er nickt mit seinem großen Haupt
Am Feuer eines fremden Herds:
Im Traum erblickt er einen Geist,
Der seines Purpurs Spange löst.

Der Dämon schreit mit wilder Gier:
„Mich lüstet nach dem roten Kleid!
In ungezählter Menschen Blut
Getaucht, verfärbt der Purpur nicht!"

Die beiden rangen Leib an Leib.
„Gib her!" – „Gib her!" Der Dämon fleucht
Mit spitzen Flügeln durch die Nacht
Und schleift den Purpur hinter sich.

Und wo der Purpur flatternd fliegt,
Sprühn Funken, lodern Flammen auf!
Der Korse fährt aus seinem Traum
Und starrt in Moskaus weiten Brand.

König Etzels Schwert

Der Kaiser spricht zu Ritter Hug:
„Du hast für mich dein Schwert verspellt,
Des Eisens ist bei mir genug,
Geh, wähl dir eins, das dir gefällt!"

Hug schreitet durch den Waffensaal,
Wo stets der graue Schaffner sitzt.
„Der Kaiser gibt mir freie Wahl
Aus allem, was da hangt und blitzt!"

Er prüft und wägt. Von ihrem Ort
Langt er die Schwerter mannigfalt –
„Sprich, wessen ist das große dort,
Gewaltig, heidnisch, ungestalt?"

„Des Würgers Etzel!" flüstert scheu
Der Graue, der es hält in Hut.
„Des Hunnenkönigs! Meiner Treu,
So lechzt und dürstet es nach Blut!"

„Laß ruhn. Er hat genug gewürgt!
Die tote Wut erwecke nicht!"
„Gib her! Dem ist der Sieg verbürgt,
Der mit dem Schwert des Hunnen ficht!"

Und wieder sprengt er in den Kampf.
„Du hast dich lange nicht geletzt,
Schwert Etzels, an des Blutes Dampf!
Drum freue dich und trinke jetzt!"

Er schwingt es weit, er mäht und mäht
Und Etzels Schwert, es schwelgt und trinkt,
Bis müd die Sonne niedergeht
Und hinter rote Wolken sinkt.

Als längst er schon im Mondlicht braust,
Wird ihm der Arm vom Schlagen matt.
Er frägt das Schwert in seiner Faust:
„Schwert Etzels, bist noch nicht du satt?

Laß ab! Heut ist genug getan!"
Doch weh, es weiß von keiner Rast,
Es hebt ein neues Morden an
Und trifft und frißt, was es erfaßt.

„Laß ab!" Es zuckt in grauser Lust,
Der Ritter stürzt mit seinem Pferd
Und jubelnd sticht ihn durch die Brust
Des Hunnen unersättlich Schwert.

Die Söhne Haruns

Harun sprach zu seinen Kindern Assur, Assad, Scheherban:
„Söhne, werdet ihr vollenden, was ich kühnen Muts begann?
Seit ich Bagdads Thron bestiegen, bin von Feinden ich umgeben!
Wie befestigt ihr die Herrschaft? Wie verteidigt ihr mein Leben?"

Assur ruft, der feurig schlanke: „Schleunig werb ich dir ein Heer,
Zimmre Masten, webe Segel! Ich bevölkre dir das Meer!
Rosse schul ich. Säbel schmied ich. Ich erbaue dir Kastelle.
Dir gehören Stadt und Wüste! Dir gehorchen Strand und Welle!"

Assad mit der schlauen Miene sinnt und äußert sich bedächtig:
„Sicher schaff ich deinen Schlummer, Sorgen machen übernächtig.
Daß du dich des Lebens freuest, bleibe, Vater, meine Sache!
Über jedem deiner Schritte halten hundert Augen Wache!

Wirte, Kuppler und Barbiere, jedem setz ich einen Sold,
Daß sie alle mir berichten, *wer* dich liebt und *wer* dir grollt."
Harun lächelt. Zu dem Jüngsten, seinem Liebling, sagt er: „Ruhst du?
Wie beschämst du deine Brüder? Zarter Scheherban, was tust du?"

„Vater", redet jetzt der Jüngste keusch errötend, „es ist gut,
Daß ein Tropfen rinne nieder warm ins Volk aus deinem Blut!

Über ungezählte Lose bist allmächtig du auf Erden,
Das ist Raub an deinen Brüdern – und du wirst gerichtet werden!

Dein erhaben Los zu sühnen, das sich türmt den Blitzen zu,
Laß mich in des Lebens dunkle Tiefe niedertauchen du!
Such mich nicht! Ich ging verloren! Sende weder Kleid noch Spende!
Wie der Ärmste will ich leben von der Arbeit meiner Hände!

Mit dem Hammer, mit der Kelle laß mich, Herr, ein Maurer sein!
Selber maur' ich mich in deines Glückes Grund und Boden ein!
Jedem Hause wird ein Zauber, daß es unzerstörlich dauert,
Etwas Liebes und Lebendges in den Grundstein eingemauert!

Hörest du die Straße rauschen unter deinem Marmorschloß?
Morgen bin ich dieser Menge namenloser Tischgenoß –
Blickst du nieder auf die vielen Unbekannten, die dir dienen,
Einer segnet dich vom Morgen bis zum Abend unter ihnen!"

Mit zwei Worten

Am Gestade Palästinas, auf und nieder, Tag um Tag,
„London?" frug die Sarazenin, wo ein Schiff vor Anker lag.
„London!" bat sie lang vergebens, nimmer müde, nimmer zag,
Bis zuletzt an Bord sie brachte eines Bootes Ruderschlag.

Sie betrat das Deck des Seglers und ihr wurde nicht gewehrt.
Meer und Himmel. „London?" frug sie, von der Heimat abgekehrt,
Suchte, blickte, durch des Schiffers ausgestreckte Hand belehrt,
Nach den Küsten, wo die Sonne sich in Abendglut verzehrt ...

„Gilbert?" fragt die Sarazenin im Gedräng der großen Stadt,
Und die Menge lacht und spottet, bis sie dann Erbarmen hat.
„Tausend Gilbert gibt's in London!" Doch sie sucht und wird nicht matt.
„Labe dich mit Trank und Speise!" Doch sie wird von Tränen satt.

„Gilbert!" – „Nichts als Gilbert? Weißt du keine andern Worte? Nein?"
„Gilbert!" ... „Hört, das wird der weiland Pilger Gilbert Becket sein –
Den gebräunt in Sklavenketten glüher Wüste Sonnenschein –
Dem die Bande löste heimlich eines Emirs Töchterlein –"

„Pilgrim Gilbert Becket!" dröhnt es, braust es längs der Themse Strand.
Sieh, da kommt er ihr entgegen, von des Volkes Mund genannt,
Über seine Schwelle führt er, die das Ziel der Reise fand.
Liebe wandert mit zwei Worten gläubig über Meer und Land.

Der Tod und Frau Laura

Es war in Avignon am Karneval,
Daß sich ein Mörder in den Reigen stahl
Und daß die Pest verlarvt sich schwang im Tanz
Mit einem schlotterichten Mummenschanz.

In einer nahen Villa täuschen sie
Die Angst mit Wohllaut und mit Phantasie.
Frau Laura war und auch Petrarca da,
Als an das Tor ein dumpfer Schlag geschah.

Die blassen Lippen schaudern vor dem Wein,
Es tritt ein Weißgewandeter herein,
Der eine Maske mit dem Sterbezug
Und einen frischgepflückten Lorbeer trug.

Der Dämon hebt den Lorbeer voller Ruh
Und sinnt und schreitet auf Petrarca zu:
„Ich grüße, Freund, und komme priesterlich,
Das ist der Sel'gen Lorbeer! Neige dich!"

Der Lorbeer schwebt. Da raubt ihn eine Hand,
Frau Laura war es, die daneben stand,
Sie schmiegt ihn um die blonden Haare leicht,
Sie steht bekränzt. Sie schaudert. Sie erbleicht.

Jung Tirel

„Jung Tirel, fuhrest über See?
Jung Tirel, mir willkommen hie!
Sahst du so dunkle Forste je?
So stolze Forste sahst du nie!

Ein englisch Wild erst umgebracht!
Dann geb ich dir ein englisch Lehn!"
Jung Tirel, dem das Herze lacht,
Läßt seine blanken Zähne sehn.

„Wer heut den besten Schuß mir tut,
Den Achtzehnender mir erlegt,
Der nehme sich als Lehensgut
Den Königsforst, der ihn gehegt!

Zuschwör ich dir's auf diesen Bart,
Der feuerrot die Brust mir deckt!
Zu Wald! Zu Wald! Der Rappe scharrt!
Die Bracke spürt! Der Rüde bleckt!"

Herr Wilhelm stößt ins Jägerhorn,
Ein Geier krächzt in seinem Horst,
Die Wipfel peitscht ein dunkler Zorn,
Es braust und tost. Dann schweigt der Forst.

Herr Wilhelm schlägt mit Tirel Rat:
„Ich links, du rechts! Fort! Gute Birsch!"
Es knirscht das Laub, darauf er trat.
In heller Lichtung äst ein Hirsch:

Ein Rothirsch, der vier Ellen mißt,
Daß sich ein Jägerherze freut,
Der dieses Forstes König ist,
Mit weit verästetem Gestäud.

Herraunt's aus Waldesfinsternis
Zu Tirel, der sich duckt ins Moos:
„Verdammt, daß mir die Sehne riß!
Drück du in Teufels Namen los!"

Herr Tirel lauscht. „Wer sprach das Wort?"
Ein Weilchen schweigt's im Laubesdach.
„Schieß, Tirel!" raunt's von anderm Ort.
Er schießt. Genüber stöhnt ein Ach.

Herr Tirel, das war schlimme Birsch!
Im Dickicht rinnt ein Bächlein rot.
Ihr fehltet Englands größten Hirsch
Und schosset Englands König tot.

La Blanche Nef

„Herr König, ich bin Steffens Kind,
Der den Erobrer einst geführt!
Es ist ein Lehn, daß *mein* Gesind,
Mein Schiff allein den König führt!

Voraus den schnellsten Seglern fliegt
Mein Boot, La Blanche Nef genannt,
Es weiß, wo sichre Tiefe liegt,
Es furcht das Meer, es kennt den Strand!"

– „Nicht mich, doch meinen besten Hort,
Vier Königskinder, führest du –
Sie knospen, weil mein Leben dorrt –
Die junge Normandie dazu!

Gelobe mir dein himmlisch Teil,
Gelobe mir dein männlich Wort:
Du bringst an Leib und Seele heil
Die Kinder mir nach England dort!"

– „Ich schwöre dir mein himmlisch Teil,
Ich schwöre dir mein männlich Wort:
An Leib und Seele bring ich heil
Die Kinder dir nach England dort!"

Des Schiffers geller Pfiff erscholl,
In See das Boot des Königs stach –
Ein Korb von frischen Blumen voll,
Glitt Blanche Nef, la Belle, nach.

So leichtbeschwingt wie nie zuvor
Durchfurchte Blanche Nef die See
Mit ihrem kräftgen Knabenflor
Und Mägdlein schlank wie Hirsch und Reh.

Die Königskinder hell und zart,
Erhöht, inmitten saßen sie,
Ringsum, gepaart in Zucht und Art
Das Edelblut der Normandie.

Vier Stimmen sangen frisch und schön
Und hundertstimmig scholl der Chor,
Es zog das junge Lustgetön
Die Nixen aus der Flut empor.

– „Ich warne junge Herrlichkeit
Und dich, normännisch Edelblut,
Das Singen schafft der Nixe Leid,
Dem freudelosen Kind der Flut!"

– „Und schaffen dem Gezücht wir Leid,
Und quälen wir das Halbgeschlecht
Und reizen wir der Nixe Neid,
Das, Steffen, ist uns eben recht!"

Gemach verlosch das Abendrot,
Des Tages Gluten schliefen ein,
Ausbreitet' über Meer und Boot
Der Mond den bleichen Geisterschein.

Die See ist wunderlich erregt.
Was wandert um des Kieles Lauf?
Von Armen wird die Flut bewegt,
Beglänzte Nacken tauchen auf.

Der Steffen ernst am Steuer stand:
„Das Meer ist klar ... doch droht Gefahr ..."
Er deutet mit gestreckter Hand:
„Da naht sie schon, die Nixenschar!"

Umklammert hält den schrägen Mast
Ein blanker Leib als Schiffsfigur,
Daß Blanche Nef, von Graun erfaßt,
In wilder Flucht von dannen fuhr.

– „Ich warne junge Herrlichkeit,
Vergeßt die Nachtgebete nicht!"
– „Ei, Steffen, Kind der alten Zeit,
Süß herzt es sich im Mondenlicht ..."

Es klimmt und überklimmt das Bord,
Es läßt sich nieder aus den Taun,
Es kichert wie ein freches Wort,
Es schaudert wie ein lüstern Graun ...

Es reizt, es quält, es schlüpft, es schmiegt
Sich zwischen Edelknecht und Maid,
Bis sich das Paar in Armen liegt
Zu früher Lust, zu Tod und Leid ...

Dem Steffen steigt das Haar. Er starrt
Auf ein gespenstig Bacchanal:
Die Königskinder hell und zart
Verblühen all im Mondenstrahl.

„Verloren geht mein himmlisch Teil,
Gebrochen ist mein männlich Wort:
Nicht bring an Leib und Seele heil
Die Kinder ich nach England dort!

Stirb, Blanche Nef! bevor es tagt!
Im Wasser weiß ich hier ein Riff..."
Er dreht das Steuer stracks und jagt
Der Klippe zu das Sündenschiff.

[La blanche Nef: das weiße Schiff.]

Der König lauscht zurück: „Das scholl
Wie Sterbeschrei!" Klar ist der Sund.
Ein Korb von welken Blumen voll,
Sinkt Blanche Nef zum Meeresgrund.

Der gleitende Purpur

„Eia Weihnacht! Eia Weihnacht!"
Schallt im Münsterchor der Psalm der Knaben.
Kaiser Otto lauscht der Mette,
Diener hinter sich mit Spend' und Gaben.

Eia Weihnacht! Eia Weihnacht!
Heute da die Himmel niederschweben,
Wird dem Elend und der Blöße
Mäntel er und warme Röcke geben.

Hundert Bettler stehn erwartend –
Einer hält des Kaisers Knie umfangen
Mit den wundgeriebnen Armen,
Dran zerrißner Fesseln Enden hangen.

„Schalk! Was zerrst du mir den Purpur?
Harr und beite! Kennst du mich als Kargen?"
Doch der Bettler hält den Mantel
Fest und jammert: „Kennst du mich, den Argen?

Du Gesalbter und Erlauchter!
Kennst du mich? ... Du hast mit mir gelegen,
Mit dem Siechen, mit dem Wunden,
Unter *eines* Mutterherzens Schlägen.

Aus demselben Wollentuche
Schnitt man uns die Kappen und die Kleider!
Aus demselben Psalmenbuche
Sang das frische Jugendantlitz beider!

Heinz, wo bist du? Heinz, wo bleibst du?
Hast zum Spiele du mich oft gerufen
Durch die Säle, durch die Gänge,
Auf und ab der Wendeltreppe Stufen...

Wehe mir! Da du dich kröntest,
Hat des Neides Natter mich gebissen!
Mit dem Lügengeist im Bunde
Hab ich dieses deutsche Reich zerrissen!

Als den ungetreuen Bruder
Und Verräter hast du mich erfunden!
Du ergrimmtest und du warfest
In die Kerkertiefe mich gebunden...

In der Tiefe meines Kerkers
Hab ich ohne Mantel heut gefroren...
Eia Weihnacht! Eia Weihnacht!
Heute wird der Welt das Heil geboren!"

„Eia Weihnacht! Eia Weihnacht!"
Hundert Bettler strecken jetzt die Hände:
„Gib uns Mäntel! Gib uns Röcke!
Sei barmherzig! Gib uns deine Spende!"

Eine Spange löst der Kaiser
Sacht. Sein Purpur gleitet, gleitet, gleitet
Über seinen sündgen Bruder
Und der erste Bettler steht bekleidet...

Eia Weihnacht! Eia Weihnacht!
Jubelt Erd und Himmelreich mit Schallen.
Glorie! Glorie! Friede! Freude!
Und am Menschenkind ein Wohlgefallen!

[beiten: warten.]

Die Füße im Feuer

Wild zuckt der Blitz. In fahlem Lichte steht ein Turm.
Der Donner rollt. Ein Reiter kämpft mit seinem Roß,
Springt ab und pocht ans Tor und lärmt. Sein Mantel saust
Im Wind. Er hält den scheuen Fuchs am Zügel fest.
Ein schmales Gitterfenster schimmert goldenhell
Und knarrend öffnet jetzt das Tor ein Edelmann...

„Ich bin ein Knecht des Königs, als Kurier geschickt
Nach Nîmes. Herbergt mich! Ihr kennt des Königs Rock!"
„Es stürmt. Mein Gast bist du. Dein Kleid, was kümmert's mich?
Tritt ein und wärme dich! Ich sorge für dein Tier!"
Der Reiter tritt in einen dunkeln Ahnensaal,
Von eines weiten Herdes Feuer schwach erhellt,
Und je nach seines Flackerns launenhaftem Licht
Droht hier ein Hugenott im Harnisch, dort ein Weib,
Ein stolzes Edelweib aus braunem Ahnenbild ...
Der Reiter wirft sich in den Sessel vor dem Herd
Und starrt in den lebendgen Brand. Er brütet, gafft ...
Leis sträubt sich ihm das Haar. Er kennt den Herd, den Saal ...
Die Flamme zischt. Zwei Füße zucken in der Glut.

Den Abendtisch bestellt die greise Schaffnerin
Mit Linnen blendend weiß. Das Edelmägdlein hilft.
Ein Knabe trug den Krug mit Wein. Der Kinder Blick
Hangt schreckensstarr am Gast und hangt am Herd entsetzt ...
Die Flamme zischt. Zwei Füße zucken in der Glut.
„Verdammt! Dasselbe Wappen! Dieser selbe Saal!
Drei Jahre sind's ... Auf einer Hugenottenjagd ...
Ein fein, halsstarrig Weib ... ‚Wo steckt der Junker? Sprich!'
Sie schweigt. ‚Bekenn!' Sie schweigt. ‚Gib ihn heraus!' Sie schweigt.
Ich werde wild. *Der* Stolz! Ich zerre das Geschöpf ...
Die nackten Füße pack ich ihr und strecke sie
Tief mitten in die Glut ... ‚Gib ihn heraus!' ... Sie schweigt ...
Sie windet sich ... Sahst du das Wappen nicht am Tor?
Wer hieß dich hier zu Gaste gehen, dummer Narr?
Hat er nur einen Tropfen Bluts, erwürgt er dich."
Eintritt der Edelmann. „Du träumst! Zu Tische, Gast ..."

Da sitzen sie. Die drei in ihrer schwarzen Tracht
Und er. Doch keins der Kinder spricht das Tischgebet.
Ihn starren sie mit aufgerißnen Augen an –
Den Becher füllt und übergießt er, stürzt den Trunk,
Springt auf: „Herr, gebet jetzt mir meine Lagerstatt!
Müd bin ich wie ein Hund!" Ein Diener leuchtet ihm,
Doch auf der Schwelle wirft er einen Blick zurück
Und sieht den Knaben flüstern in des Vaters Ohr ...
Dem Diener folgt er taumelnd in das Turmgemach.

Fest riegelt er die Tür. Er prüft Pistol und Schwert.
Gell pfeift der Sturm. Die Diele bebt. Die Decke stöhnt.
Die Treppe kracht ... Dröhnt hier ein Tritt? ... Schleicht dort ein Schritt? ..
Ihn täuscht das Ohr. Vorüberwandelt Mitternacht.
Auf seinen Lidern lastet Blei und schlummernd sinkt
Er auf das Lager. Draußen plätschert Regenflut.

Er träumt. „Gesteh!" Sie schweigt. „Gib ihn heraus!" Sie schweigt.
Er zerrt das Weib. Zwei Füße zucken in der Glut.
Aufsprüht und zischt ein Feuermeer, das ihn verschlingt ...
„Erwach! Du solltest längst von hinnen sein! Es tagt!"

Durch die Tapetentür in das Gemach gelangt,
Vor seinem Lager steht des Schlosses Herr – ergraut,
Dem gestern dunkelbraun sich noch gekraust das Haar.

Sie reiten durch den Wald. Kein Lüftchen regt sich heut.
Zersplittert liegen Ästetrümmer quer im Pfad.
Die frühsten Vöglein zwitschern, halb im Traume noch.
Friedsel'ge Wolken schwimmen durch die klare Luft,
Als kehrten Engel heim von einer nächt'gen Wacht.
Die dunkeln Schollen atmen kräft'gen Erdgeruch.
Die Ebne öffnet sich. Im Felde geht ein Pflug.
Der Reiter lauert aus den Augenwinkeln: „Herr,
Ihr seid ein kluger Mann und voll Besonnenheit
Und wißt, daß ich dem größten König eigen bin.
Lebt wohl. Auf Nimmerwiedersehn!" Der andre spricht:
„Du sagst's! Dem größten König eigen! Heute ward
Sein Dienst mir schwer ... Gemordet hast du teuflisch mir
Mein Weib! Und lebst! ... Mein ist die Rache, redet Gott."

Die Rose von Newport

Sprengende Reiter und flatternde Blüten,
Einer voraus mit gescheitelten Locken –
Ist es der Lenz auf geflügeltem Renner?
Karl ist's, der Jüngling, der Erbe von England,
Und die sich nähern in goldener Mailuft,
Das sind die Giebel und Tore von Newport.
Drüber das Wappen der Stadt: eine Rose!
Jubelnde Gassen und jubelnde Wimpel
Und ein von treibender Jugend geschwelltes,
Jubelndes Herz in dem Busen des Stuart ...
Unter den blühenden Linden des Marktes
Schreitet ein Reigen von blühnden Gestalten,
Und eine Schönste mit herzlichem Beben
Bietet dem Prinzen die Rose von Newport:
„Seliges Gestern und Morgen und Heute,
Herr, dir die Rose von Newport bedeute!"

Morgen erzählen die Linden das Märchen
Von der entblätterten Rose von Newport.

Sprengende Reiter und wirbelnde Flocken
Einer voraus mit verwilderten Haaren –
Ist es der Winter, der finstre Geselle?
Karl ist's, der Flüchtling, der König von England.
Seit er das Blut seines Volkes vergossen,
Reitet er neben zerschmetterndem Abgrund ...
Und die sich nähern in weißem Gestöber,
Das sind die Giebel und Tore von Newport,
Drüber das Wappen der Stadt: eine Rose!
Nirgend ein Jubel und nirgend ein Wimpel,
Polternde Hämmer und kreischende Feilen –

Und ein von eisernen Fäusten gepreßtes,
Ächzendes Herz in dem Busen des Stuart ...
Unter den frierenden Linden des Marktes
Bettelt ein Kind mit verschatteten Augen,
Bietet dem König ein dorrendes Röschen:
„Seliges Gestern und Morgen und Heute,
Herr, dir die Rose von Newport bedeute!"
Karl, der die Züge des Kindes betrachtet,
Schmal und gespenstig im Spiegel des Elends
Sieht er das eigene Antlitz und schaudert.

Morgen erzählen die Linden das Märchen
Von dem enthaupteten König in England.

Vercingetorix

Aus des Volkes lauten Wogen
Steigt in dreigeteiltem Bogen
Des Triumphes prangend Tor;
Ein Gespann von Marmorrossen,
Weiß wie Schnee, von Licht umflossen,
Springt mit leichtem Huf empor.

Mit dem Schlüsselbund ein Alter,
Der Gefängnisse Verwalter,
Schreitet um das Kapitol,
Steigt hinab die Seufzerstufen –
„Gallier! Gallier!" rollt sein Rufen
In die Tiefe dumpf und hohl.

„Gallier, komm den Zug zu zieren,
Rom und Cäsar triumphieren,
Uns der Ruhm und dir der Hohn!
Drauf bist du dem Henker eigen,
Und dann magst du ewig schweigen
Schweigst du ja so lange schon."

In des Kerkers feuchter Ecke,
Wo sich niederwölbt die Decke,
Lehnt ein Haupt verhüllten Blicks;
Aber wie der Ruf erschollen,
Blitzend hebt die freudevollen
Augen Vercingetorix.

„Römer, Dank für deine Kunde!"
Schallt's aus seinem trotz'gen Munde,
„Reden will ich noch mit dir.
Weißt du denn, warum ich trage
Ohne Laut und ohne Klage
Die verhaßte Fessel hier?

Mit den jungen Gaugenossen,
Eng vom Römerwall umschlossen,
Cäsars ganzen Hasses wert,
Zückte schon zu freiem Sterben,
Den Triumph ihm zu verderben,
Ich auf diese Brust das Schwert.

Doch bevor mich Tod umgraute,
Sah ich die mir anvertraute
Schar verstummt in trübem Mut:
Birgt er mich mit nächt'gem Flügel,
Rötet mir den Grabeshügel
Cäsar mit der Brüder Blut.

Strömen werden heiße Tränen
Rings im Lande! – Schnell an jenen
Send ich: Cäsar, laß sie ziehn!
Mich, der dich aufs Haupt geschlagen,
Feßle mich an deinen Wagen,
Nimm die volle Beute hin!

In dem hellsten Waffenglanze
Jag allein ich aus der Schanze,
In der Faust des Schwertes Blitz,
Dreimal flieg ich um im Kreise,
Noch im Lauf nach Gallierweise
Spring ich ab vor Cäsars Sitz.

Mir ins Antlitz schnaubt das treue
Tier, ich stoß ihm ohne Reue
Meine Waffe durchs Genick,
Schleudre sie zu Cäsars Füßen:
Hei! das war ein blutig Grüßen,
War ein Trotzen Blick in Blick!

Über Meer entführt, gebunden,
Stunden Jahre, Jahre Stunden
Modernd in des Kerkers Gruft –
Komm! Noch aufrecht kann ich gehen
Unter Sklaven und Trophäen,
Schon umweht von Heimatluft!

Hat er sich mit mir gebrüstet,
Wird mir Block und Beil gerüstet,
Wenn die Sonne neigt den Lauf.
Dann ein Streich! der Kerker zittert
Und mein Roß, das Blut gewittert,
Aus der Tiefe braust es auf.

Sausend geht es durch die Felder
In die Geisternacht der Wälder,
Über Felsen kühn und wüst!
Hör ich meiner Rhone Stimme?
In den Strom, mein Tier, und schwimme!
Heimat, Heimat, sei gegrüßt!"

Das Bild der Mutter

Der Schenke trübes Kerzenlicht
  Ist tief herabgesunken,
Der Wirtin junges Angesicht
  Nickt bleich und schlummertrunken,
Und an dem Tische spielen zwei,
Es rückt die Mitternacht herbei,
  Die weißen Würfel schallen,
  Der Wurf ist schlecht gefallen.

Der Jäger brennt das Pfeifchen an,
  Beginnt bequem zu schmauchen,
Da murrt der junge Handwerksmann
  Mit überwachten Augen:
„Das war mein letztes Silberstück!
Doch wenden muß sich noch das Glück,
  Du, Grüner! kannst mir borgen
  Und alles zahl ich morgen!"

Der Jäger schneidet ein Gesicht:
  „Ich muß die Münze sehen,
Und hast du sie im Beutel nicht,
  So magst du schlafen gehen."
Den Burschen hat der Spott empört,
Er ballt die Hand und blickt verstört –
  Das hört er mit Erstaunen
  Den Spielgesellen raunen:

„Wer mag der Herr des Gutes sein
  Hier rechts am Hügel oben?
Geschlossen sind die Fensterreihn,
  Die Riegel vorgeschoben.
Er ist, so mein ich, in der Stadt,
Seit sich der Wald entblättert hat;
  Ihr Wesen treiben leise
  Im Haus die lust'gen Mäuse.

Die Reichen, ja, die sind gescheit,
  's ist eine feine Bande,
Sie wechseln mit der Jahreszeit
  Die Häuser, wie Gewande.
Der Herr sitzt im Kasinosaal
Und spielt beim hellen Kerzenstrahl,
  Mir ist, ich höre klingen,
  Wie die Dukaten springen.

Hat mir die Wirtin recht gesagt,
  Dein Vater war sein Pächter?
Und seit der Herr ihn ausgejagt,
  Ging's deinem Vater schlechter? –
Da weißt du ja, wo ein und aus
Dort in des reichen Mannes Haus! . . .
  Hat nichts zurückgelassen
  Als Teller er und Tassen?

Ei, wär ich da, wie du, bekannt,
  Ich borgt mir auf ein Weilchen
Von seinem Gut auf eigne Hand
  Ein ganz bescheiden Teilchen!
Und holst du nichts Gemünztes dir,
Bring ein Gerät, bring ein Geschirr,
  Du kannst mir's gleich verhandeln,
  Ich will's in Gold verwandeln.

Wer alle Türen öffnen kann,
  Braucht keine zu erbrechen . . .
Was blickst du mich so grimmig an,
  Als wollst du mich erstechen!
Von selber fast geht auf der Schrein,
Du müßtest nicht ein Schlosser sein;
  Es merkt es keine Seele,
  's ist alles ohne Fehle."

Der Bursche lauscht mit dumpfem Hirn
  Dem höllischen Gemunkel,
Es überschattet seine Stirn
  Die Macht der Tiefe dunkel –
Und schlimmer wird ihm stets zumut,
Ihm klopft der Puls in Fieberglut;
  Und wieder leis und lüstern
  Beginnt das böse Flüstern;

„Kurt, sieh dir doch den Weltlauf an",
  So lacht der Jäger heiser,
„Und mach's, wie der berühmte Mann,
  Der welterfahrne Kaiser.
Der kluge Herr versteht den Pfiff,
Erst tut er einen sichern Griff,
  Und dann spielt er Verstecken
  Und läßt sich nicht entdecken." –

Jetzt beut er ihm ein volles Glas
  Und flüstert: „Rasch gehandelt!"
Der Jüngling schlürft das scharfe Naß,
  Da ist er wie verwandelt: . . .
„Wo suchst du deine Schlüssel, Kurt?
Du trägst den ganzen Bund am Gurt;
  Du hast ja heut die Schränke
  Geschlossert in der Schenke."

Die Wirtin, überwacht und müd,
  Sitzt in dem dunkeln Raume,
Und wie den Gast sie fliehen sieht,
  Spricht sie schon halb im Traume,
Sie weiß nicht was, sie weiß nicht wie: –
„Wie geht's der Mutter? Grüße sie!"
  Der Bursch schon in der Pforte
  Hört die verträumten Worte.

Er taumelt in die Nacht hinaus
  Und seine Schritte schwanken,
Um seine Stirn fliegt ein Gebraus
  Verworrener Gedanken:
„Wo war der Silberschrein? – Er stand
An der damastgewirkten Wand . . .
  Da wird er ja noch stehen! . . .
  Wie mag's der Mutter gehen?

Die schläft nun überm Berge weit",
  Denkt er, „in finstrer Hütte" –
Und fördert mit Behendigkeit
  Die frevelhaften Schritte;
Die Mauer übersteigt er leis
Und knisternd bricht das Tannenreis,
  Er wandelt eine Strecke
  Auf dichtgeschneiter Decke.

Und an der dunkeln Scheune hangt
  Die wohlbekannte Leiter,
Die er sich auf die Schulter langt,
  Dann schreitet rasch er weiter
Und steht am Herrenhause schon –
Er klettert über den Balkon –
  Sein Herz, er hört es pochen –
  Er hat die Tür erbrochen.

Schnell ist ein Wachslicht angebrannt,
  Er leuchtet nach dem Schreine,
Da kracht es in der Täfelwand –
  Er lauscht beim Kerzenscheine –
Erschrocken starrt er hin und wild,
Und sieht ein friedevolles Bild
  Von lichtem Reif umgeben
  Sich aus dem Dunkel heben.

Auf warmem Lager schläft ein Kind,
  Die Mutter kniet zur Seite
Mit Händen, die gefaltet sind
  In dürftig dunklem Kleide;
Die Augen sind so warm und licht,
Und strahlen voller Zuversicht,
  Und auf dem Munde sehen
  Kann er das heiße Flehen.

Und kann die Blicke von dem Mund
  Der Betenden nicht wenden –
Da plötzlich klirrt der Schlüsselbund
  Ihm aus den starren Händen;
Die Mutter betet fort und fort
Und weiß, der Himmel hört ihr Wort –
  Da muß mit Tränenbächen
  Die harte Rinde brechen.

Er faltet auch die Hände dann,
Es wendet sich zum Guten –
Er flieht davon, so schnell er kann,
Als eilt' er über Gluten.
Die Leiter trägt er still davon –
Jetzt springt er von der Mauer schon –
Und trägt mit wachen Sinnen
Ein neues Herz von hinnen.

Liebeszauber
Aus Tausendundeine Nacht

„Mächt'ger Sultan Scheherban,
Tu mir eine Gnade,
Höre mich geduldig an!"
Sagt Scheherezade.
„Was ich heut erzählen will,
Funkelt nicht von Scherzen,
Eine Märe warm und still
Ist's für gläub'ge Herzen.

Vor der alten Christenstadt
Stehn am Bronn die Frauen,
Moslem pilgern reisematt
Ohne hinzuschauen,
Und die Jüngste schöpft zuletzt,
Wartete bescheiden,
Hebt den Krug zu Haupte jetzt,
Will die Fremden meiden.

Doch ein Moslem blickt sie stumm
An, als möcht er trinken,
Sacht im Arme wiederum
Läßt den Krug sie sinken,
Hält den schweren Krug im Arm
Lehnend an den Bronnen,
Augen lächeln braun und warm,
Jung und unbesonnen.

Wie der Abend purpurn sinkt,
Brennt des Sods Gemäuer,
Wasser, das der Jüngling trinkt,
Wird zu lauter Feuer,
Und sie lispelt: ‚Pilgerim!'
Glühend übergossen,
Zeigt das Tor und deutet ihm:
‚Nun wird gleich geschlossen.'

Wandert heim das Tor hinein,
Schreitet durch die Gassen,
Und er folgt im Dämmerschein,
Kann nicht von ihr lassen.

Vor der Schönsten Türe wacht
Er auf harter Schwelle;
Zagend tritt sie nach der Nacht
In die Morgenhelle.

‚Willst du hier gesehen sein!'
Schilt sie sanft und leise,
‚Hole deine Brüder ein
Auf der Pilgerreise!
Wirst du nicht von hinnen gehn,
Muß dir Leid begegnen,
Die sich nimmer wiedersehn
Dürfen noch sich segnen.'

– ‚Wanderziel und Reisezeit
Treibt mich nicht von hinnen,
Nur auf deine Lieblichkeit
Kann ich mich besinnen.
Sage mir, wie lebt ich fern
Deiner Augen Strahle?
Liebe, o du bittrer Kern
In der süßen Schale!'

‚Nimm ein Kleid, das besser steht!
Werd ein andrer Beter!'
– ‚Nie verleugn ich das Gebet
Meiner edlen Väter!'
‚Trotz'gen Lippen einen Kuß!
Fleuch! Es wächst die Helle!'
– ‚Nimmer! Wenn ich sterben muß,
Sei's auf deiner Schwelle!'

In das Haus zurückgeflohn,
Muß sie bitter weinen,
Und die Nachbarn nahn und drohn,
Werfen ihn mit Steinen,
Baden ihn in seinem Blut:
‚Stirb, Hund, oder weiche!'
Schleppen in des Abends Hut
Fort die junge Leiche.

Auf dem Lager träumt sie schwer,
Träumt mit heißer Wange,
Schreitet im Gebirg einher
An des Abgrunds Hange;
Plötzlich durch ein Felsentor
Schaut sie Baum und Quelle,
Und ein Pilgrim hebt empor
Sich von lichter Schwelle.

‚Pilgerim, was harrst du da
Vor dem schönsten Garten?'
– ‚In den Garten tret ich ja
Nur mit der Erharrten!
Manche zärtliche Gestalt
Winkt mir dort vergebens;
Deiner harr ich, komme bald,
Hälfte meines Lebens!'

‚Nimmer darf ich!' stöhnt sie bang,
Da erschallt ein Rufen
Durch das Tor: ‚Beeilt den Gang,
Pilger aller Stufen!'
Aus dem Schlummer fährt sie bleich,
Da, zum andern Male,
Schallt's ihr nach: ‚Beeilet euch,
Pilger in dem Tale!'

Sie erwacht und eilt hinab,
Schaut die öde Schwelle,
Blutbenetzt, ein leeres Grab,
In der Morgenhelle,
Kniet, umarmt die Schwelle hart,
Ob sie nicht erwarme,
Und das junge Herz erstarrt
Ihr in wildem Harme.

Mönche kommen, neu zu weihn
Haus und Stufen eben,
Wo der Moslem unter Pein
Hat verhaucht das Leben,
Sehn wie sie den Stein umfaßt,
Denken an den Bösen
Und bekreuzen sich mit Hast
Argen Bann zu lösen.

Keiner, wie er hebt und rafft,
Bringt sie von der Stelle.
Eitle Müh! Mit Zauberkraft
Fesselt sie die Schwelle.
Nichts geschafft, so viel sie sind,
Und mit irren Blicken
Knüpfen sie ein Seil geschwind
Sich aus ihren Stricken.

Leise wandelnd naht ein Greis
In dem Derwischkleide:
‚Mönche, löset euern Kreis,
Tut ihr nichts zuleide!
Nimmer, Mönche, blöd und blind,
Werdet ihr sie rauben,
Denn es starb das fromme Kind
Nicht in euerm Glauben.'

Und sie sehn ihn knien zu ihr
Und sie sanft umfassen:
‚Gruft sei diese Schwelle dir,
Kannst du nicht sie lassen!
Allbarmherz'ger, öffn ihr mild
Deine grünen Hallen,
Aber hier des Todes Bild
Laß in Staub zerfallen!'

Von dem grausen Bann befreit,
Fällt der Leib in Asche,
Froh in lichtem Himmelskleid
Eilt davon die Rasche;
Zimbelspieles Silberton
Klingt auf ihren Spuren
Und die beiden treten schon
In die ew'gen Fluren."

Lutherlied

Ein Knabe wandert über Land
In einem schlichten Volksgewand,
Gewölke quillt am Himmel auf,
Er blickt empor, er eilt den Lauf,

Stracks fährt ein Blitz mit jähem Licht
Und raucht an seiner Ferse dicht –
So ward getauft an jenem Tag
Des Bergmanns Sohn vom Wetterschlag.

Schmal ist der Klosterzelle Raum,
Drin lebt ein Jüngling dumpfen Traum,
Er fleißigt sich der Möncherei,
Daß er durch Werke selig sei,
Ein Vöglein blickt zu ihm ins Grab,
„Luthere", singt's, „wirf ab, wirf ab!
Ich flattre durch die lichte Welt,
Derweil mich Gottes Gnade hält."

In Augsburg war's, daß der Legat
Ein Mönchlein auf die Stube bat,
Er war ein grundgelehrtes Haus,
Doch kannt' er nicht die Geister aus,
Des Mönchleins Augen brannten tief,
Daß er: „Es ist der Dämon!" rief –
Du bebst vor diesem scharfen Strahl?
So blickt die Wahrheit, Kardinal!

Jetzt tritt am Wittenberger Tor
Ein Mönch aus allem Volk hervor:
Die Flamme steigt auf seinen Wink,
Die Bulle schmeißt hinein er flink,
Wie Paulus schlenkert' in den Brand
Den Wurm, der ihm den Arm umwand,
Und über Deutschland einen Schein
Wie Nordlicht wirft das Feuerlein.

In Worms sprach Martin Luther frank
Zum Kaiser und zur Fürstenbank:
„Such, Menschenherz, wo du dich labst!
Das lehrt dich nicht Konzil noch Papst!
Die Quelle strömt an tiefem Ort:
Der lautre Born, das reine Wort
Stillt unsrer Seelen Heilsbegier –
Hier steh ich und Gott helfe mir!"

Herr Kaiser Karl, du warst zu fein,
Den Luther fandest du gemein –
Gemein wie Lieb und Zorn und Pflicht,
Wie unsrer Kinder Angesicht,
Wie Hof und Heim, wie Salz und Brot,
Wie die Geburt und wie der Tod –
Er atmet tief in unsrer Brust,
Und du begrubst dich in Sankt Just.

„Ein feste Burg" – im Lande steht,
Drin wacht der Luther früh und spät,
Bis redlich er und Spruch um Spruch
Verdeutscht das liebe Bibelbuch.
Herr Doktor, sprecht! Wo nahmt Ihr her
Das deutsche Wort so voll und schwer?
„Das schöpft' ich von des Volkes Mund,
Das schürft' ich aus dem Herzensgrund."

Herr Luther, gut ist Eure Lehr,
Ein frischer Quell, ein starker Speer:
Der Glaube, der den Zweifel bricht,
Der ewgen Dinge Zuversicht,
Des Heuchelwerkes Nichtigkeit!
Ein blankes Schwert in offnem Streit! –
Ihr bleibt getreu trotz Not und Bann
Und jeder Zoll ein deutscher Mann.

Mit Freudenpulsen hüpft das Herz,
Mit Jubelschlägen dröhnt das Erz,
Kein Tal zu fern, kein Dorf zu klein,
Es fällt mit seinen Glocken ein –
„Ein feste Burg" – singt Jung und Alt,
Der Kaiser mit der Volksgewalt:
„Ein feste Burg ist unser Gott,
Dran wird der Feind zu Schand und Spott!"

Abfahrt

Ich reise, Freund, ein Boot! Ich reise weit.
Mein letztes Wort ... ein Wort der Dankbarkeit ...

Auch dir, du Insel, dunkle grüne Haft!
Den Hutten treibt es auf die Wanderschaft.

Gewoge rings! Kein Segel wallt heran!
Die Welle drängt und rauscht! Wo ist der Kahn?

Es starrt der Firn mir blaß ins Angesicht ...
Die steile Geisterküste schreckt mich nicht ...

Ein einzler hagrer Ferge rudert dort ...
Schiffer! Hieher! Es will ein Wandrer fort!

Du hältst mich, Freund, in deinen Arm gepreßt?
Bin ich ein Sklave, der sich binden läßt?

Leb wohl! Gib frei! Leb wohl! Ich spring ins Boot ...
Fährmann, ich grüße dich! Du bist – der Tod.

Theodor Storm
1817–1888

Weihnachtabend

Die fremde Stadt durchschritt ich sorgenvoll,
Der Kinder denkend, die ich ließ zu Haus.
Weihnachten war's; durch alle Gassen scholl
Der Kinderjubel und des Markts Gebraus.

Und wie der Menschenstrom mich fortgespült,
Drang mir ein heiser Stimmlein in das Ohr:
„Kauft, lieber Herr!" Ein magres Händchen hielt
Feilbietend mir ein ärmlich Spielzeug vor.

Ich schrak empor, und beim Laternenschein
Sah ich ein bleiches Kinderangesicht;
Wes Alters und Geschlechts es mochte sein,
Erkannt ich im Vorübertreiben nicht.

Nur von dem Treppenstein, darauf es saß,
Noch immer hört ich, mühsam, wie es schien:
„Kauft, lieber Herr!" den Ruf ohn Unterlaß;
Doch hat wohl keiner ihm Gehör verliehn.

Und ich? – War's Ungeschick, war es die Scham,
Am Weg zu handeln mit dem Bettelkind?
Eh meine Hand zu meiner Börse kam,
Verscholl das Stimmlein hinter mir im Wind.

Doch als ich endlich war mit mir allein,
Erfaßte mich die Angst im Herzen so,
Als säß mein eigen Kind auf jenem Stein
Und schrie' nach Brot, indessen ich entfloh.

In Bulemanns Haus

Es klippt auf den Gassen im Mondenschein;
Das ist die zierliche Kleine,
Die geht auf ihren Pantöffelein
Behend und mutterseelenallein
Durch die Gassen im Mondenscheine.

Sie geht in ein alt verfallenes Haus;
Im Flur ist die Tafel gedecket,
Da tanzt vor dem Monde die Maus mit der Mau
Da setzt sich das Kind mit den Mäusen zu Schmau
Die Tellerlein werden gelecket.

Und leer sind die Schüsseln; die Mäuslein im Nu,
Verrascheln in Mauer und Holze;
Nun läßt es dem Mägdlein auch länger nicht Ruh,
Sie schüttelt ihr Kleidchen, sie schnürt sich die [Schuh,
Dann tritt sie einher mit Stolze.

Es leuchtet ein Spiegel aus goldnem Gestell,
Da schaut sie hinein mit Lachen;
Gleich schaut auch heraus ein Mägdelein hell,
Das ist ihr einziger Spielgesell:
Nun woll'n sie sich lustig machen.

Sie nickt voll Huld, ihr gehört ja das Reich;
Da neigt sich das Spiegelkindlein,
Da neigt sich das Kind vor dem Spiegel zugleich,
Da neigen sich beide gar anmutreich,
Da lächeln die rosigen Mündlein.

Und wie sie lächeln, so hebt sich der Fuß,
Es rauschen die seidenen Röcklein,
Die Händchen werfen sich Kuß um Kuß,
Das Kind mit dem Kinde nun tanzen muß,
Es tanzen im Nacken die Löcklein.

Der Mond scheint voller und voller herein,
Auf dem Estrich gaukeln die Flimmer:
Im Takte schweben die Mägdelein,
Bald tauchen sie tief in die Schatten hinein,
Bald stehn sie in bläulichem Schimmer.

Nun sinken die Glieder, nun halten sie an
Und atmen aus Herzensgrunde;
Sie nahen sich schüchtern, und beugen sich dann
Und knien vor einander, und rühren sich an
Mit dem zarten unschuldigen Munde.

Doch müde werden die beiden allein
Von all der heimlichen Wonne;
Sehnsüchtig flüstert das Mägdelein:
„Ich mag nicht mehr tanzen im Mondenschein,
Ach, käme doch endlich die Sonne!"

Sie klettert hinunter ein Trepplein schief
Und schleicht hinab in den Garten.
Die Sonne schlief, und die Grille schlief:
„Hier will ich sitzen im Grase tief,
Und der Sonne will ich warten."

Doch als nun morgens um Busch und Gestein
Verhuschet das Dämmergemunkel,
Da werden dem Kinde die Äugelein klein;
Sie tanzte zu lange bei Mondenschein,
Nun schläft sie bei Sonnengefunkel.

Nun liegt sie zwischen den Blumen dicht
Auf grünem, blitzendem Rasen;
Und es schauen ihr in das süße Gesicht
Die Nachtigall und das Sonnenlicht
Und die kleinen neugierigen Hasen.

Tannkönig

1

Am Felsenbruch im wilden Tann
Liegt tot und öd ein niedrig Haus;
Der Efeu steigt das Dach hinan,
Waldvöglein fliegen ein und aus.

Und drin am blanken Eichentisch
Verzaubert schläft ein Mägdelein;
Die Wangen blühen ihr rosenfrisch,
Auf den Locken wallt ihr der Sonnenschein.

Die Bäume rauschen im Waldesdicht,
Eintönig fällt der Quelle Schaum;
Es lullt sie ein, es läßt sie nicht,
Sie sinket tief von Traum zu Traum.

Nur wenn im Arm die Zither klingt,
Da hell der Wind vorüberzieht,
Wenn gar zu laut die Drossel singt,
Zuckt manchesmal ihr Augenlid.

Dann wirft sie das blonde Köpfchen herum,
Daß am Hals das güldene Kettlein klingt:
Auf fliegen die Vögel, der Wald ist stumm,
Und zurück in den Schlummer das Mägdlein sinkt.

2

Hell reißt der Mond die Wolken auf,
Daß durch die Tannen bricht der Strahl;
Im Grunde wachen die Elfen auf,
Die Silberhörnlein rufen durchs Tal.

„Zu Tanz, zu Tanz am Felsenhang,
Am hellen Bach, im schwarzen Tann!
Schön Jungfräulein, was wird dir bang?
Wach auf und schlag die Saiten an!"

Schön Jungfräulein, die sitzt im Traum;
Tannkönig tritt zu ihr herein,
Und küßt ihr leis des Mundes Saum
Und nimmt vom Hals das Güldkettlein.

Da schlägt sie hell die Augen auf –
Was hilft ihr Weinen all und Flehn!
„Tannkönig, laß mich ziehn nach Haus,
Laß mich zu meinen Schwestern gehn."

„In meinem Walde fing ich dich",
Tannkönig spricht, „so bist du mein!
Was hattest du die Mess' versäumt?
Komm mit, komm mit zum Elfenreihn!" –

„Elf! Elf! das klingt so wunderlich,
Elf! Elf! mir graut vor dem Elfenreihn;
Die haben gewiß kein Christentum,
O, laß mich zu Vater und Mutter mein!"

„Und denkst du an Vater und Mutter noch,
Sitz aber hundert Jahr allein!"
Die Elfen ziehn zu Tanz, zu Tanz;
Er hängt ihr um das Güldkettlein.

Geschwisterblut
1

Sie saßen sich genüber bang
Und sahen sich an in Schmerzen;
O, lägen sie in tiefster Gruft,
Und lägen Herz an Herzen! –

Sie sprach: „Daß wir beisammen sind
Mein Bruder, will nicht taugen!"
Er sah ihr in die Augen tief:
„O süße Schwesteraugen!"

Sie faßte flehend seine Hand
Und rief: „O denk der Sünde!"
Er sprach: „O süßes Schwesterblut,
Was läufst du so geschwinde!"

Er zog die schmalen Fingerlein
An seinen Mund zur Stelle;
Sie rief: „O, hilf mir, Herre Christ,
Er zieht mich nach der Hölle!"

Der Bruder hielt ihr zu den Mund;
Er rief nach seinen Knappen.
Nun rüsteten sie Reisezeug,
Nun zäumten sie die Rappen.

Er sprach: „Daß ich dein Bruder sei,
Nicht länger will ich's tragen;
Nicht länger will ich drum im Grab
Vater und Mutter verklagen.

Zu lösen vermag der Papst Urban,
Er mag uns lösen und binden!
Und säß er an Sankt Peters Hand,
Den Brautring muß ich finden."

Er ritt dahin; die Träne rann
Von ihrem Angesichte;
Der Stuhl, wo er gesessen, stand
Im Abendsonnenlichte.

Sie stieg hinab durch Hof und Hall'
Zu der Kapelle Stufen:
„Weh mir, ich hör im Grabe tief
Vater und Mutter rufen!"

Sie stieg hinauf ins Kämmerlein;
Das stand in Dämmernissen.
Ach, nächtens schlug die Nachtigall;
Da saß sie wach im Kissen.

Da fuhr ihr Herz dem Liebsten nach
Allüberall auf Erden;
Sie streckte weit die Arme aus:
„Unselig muß ich werden!"

2

Schon war mit seinem Rosenkranz
Der Sommer fortgezogen;
Es hatte sich die Nachtigall
In weiter Welt verflogen.

Im Erker saß ein blasses Weib
Und schaute auf die Fliesen;
So stille war's: kein Tritt erscholl
Kein Hornruf über die Wiesen.

Der Abendschein alleine ging
Vergoldend durch die Halle;
Da öffneten die Tore sich
Geräuschlos, ohne Schalle.

Da stand an seiner Schwelle Rand
Ein Mann in Harm gebrochen;
Der sah sie toten Auges an,
Kein Wort hat er gesprochen.

Es lag auf ihren Lidern schwer,
Sie schlug sie auf mit Mühen;
Sie sprang empor, sie schrie so laut,
Wie noch kein Herz geschrieen.

Doch als er sprach: „Es reicht kein Ring
Um Schwester- und Bruderhände!"
Um stürzte sie den Marmortisch
Und schritt an Saales Ende.

Sie warf in seine Arme sich;
Doch war sie bleich zum Sterben.
Er sprach: „So ist die Stunde da,
Daß beide wir verderben."

Die Schwester von dem Nacken sein
Löste die zarten Hände:
„Wir wollen zu Vater und Mutter gehn;
Da hat das Leid ein Ende."

Walpurgisnacht

Am Kreuzweg weint die verlassene Maid,
Sie weint um verlassene Liebe.
Die klagt den fliegenden Wolken ihr Leid,
Ruft Himmel und Hölle zu Hilfe. —
Da stürmt es heran durch die finstere Nacht,
Die Eiche zittert, die Fichte kracht,
Es flattern so krächzend die Raben.

Am Kreuzweg feiert der Böse sein Fest,
Mit Sang und Klang und Reigen:
Die Eule rafft sich vom heimlichen Nest
Und lädt viel luftige Gäste.
Die stürzen sich jach durch die Lüfte heran,
Geschmückt mit Distel und Drachenzahn,
Und grüßen den harrenden Meister.

Und über die Heide weit und breit
Erschallt es im wilden Getümmel.
„Wer bist du, du schöne, du lustige Maid?
Juchheisa, Walpurgis ist kommen!
Was zauderst du, Hexchen, komm, springe mit ein,
Sollst heute des Meisters Liebste sein,
Du schöne, du lustige Dirne!"

Der Nachtwind peitscht die tolle Schar
Im Kreis um die weinende Dirne,
Da packt sie der Meister am goldenen Haar
Und schwingt sie im sausenden Reigen,
Und wie im Zwielicht der Auerhahn schreit,
Da hat der Teufel die Dirne gefreit,
Und hat sie nimmer gelassen.

Gottfried Keller
1819–1890

Schlafwandel

Im afrikanischen Felsental
Marschiert ein Bataillon,
Sich selber fremd, eine braune Schar
Der Fremdenlegion.
Lang ist ihr wildes Lied verhallt
In Sprachen mancherlei;
Stumm glüht der römische Schutt am Weg,
Schlafend ziehn sie vorbei.

Unter der Trommel vorgebeugt
Der schlafende Tambour geht,
Es nickt der Kommandant zu Roß,
Von webender Glut umweht;
Es schläft die Truppe Haupt für Haupt
Unter der Sonne gesenkt,
Von der Gewohnheit Eisenfaust
In Schritt und Tritt gelenkt.

Und was sonst in der dunklen Nacht
Das Zelt nur sehen mag,
Tritt unterm offnen Himmelsblau
Im Wüstenlicht zu Tag.
Es spielt das schmerzliche Mienenspiel
Unglücklichen Manns, der träumt;
Von Gram und Leid und Bitterkeit
Ist jeglicher Mund umsäumt.

Es zuckt die Lippe, zuckt das Aug',
Auf dürre Wangen quillt
Die unbemeisterte Träne hin,
Vom Sonnenbrand gestillt.
Sie schaun ein reizend Spiegelbild
Vom kühlen Heimatstrand,
Das grüne Kleefeld, rot beblümt,
Den Vater, der einst den Sohn gerühmt,
Verlornes Jugendland!

Ein Schuß – da flattert's weiß heran,
Und schon steht das Karree
Schlagfertig und munter, und keiner sah
Des andern Reu' und Weh;
Nur zorniger ist jeder Mann,
Willkommen ihm der Streit,
Doch wie er kam, zerstiebt der Feind,
Wie Traum und Reu' so weit!

Das Köhlerweib ist trunken

Das Köhlerweib ist trunken
Und singt im Wald,
Hört, wie die Stimme gellend
Im Grünen hallt!

Sie war die schönste Blume,
Berühmt im Land;
Es warben Reich' und Arme
Um ihre Hand.

Sie trat in Gürtelketten
So stolz einher;
Den Bräutigam zu wählen,
Fiel ihr zu schwer.

Da hat sie überlistet
Der rote Wein –
Wie müssen alle Dinge
Vergänglich sein!

Das Köhlerweib ist trunken
Und singt im Wald;
Wie durch die Dämmrung gellend
Ihr Lied erschallt!

Der Taugenichts

Die ersten Veilchen waren schon
Erwacht im stillen Tal;
Ein Bettelpack stellt' seinen Thron
Ins Feld zum ersten Mal.
Der Alte auf dem Rücken lag,
Das Weib, das wusch am See;
Bestaubt und unrein schmolz im Hag
Das letzte Häuflein Schnee.

Der Vollmond warf den Silberschein
Dem Bettler in die Hand,
Bestreut' der Frau mit Edelstein
Die Lumpen, die sie wand;
Ein linder West blies in die Glut
Von einem Dorngeflecht,
Drauf kocht' in Bettelmannes Hut
Ein sündengrauer Hecht.

Da kam der kleine Betteljung',
Vor Hunger schwach und matt,
Doch glühend in Begeisterung
Vom Streifen durch die Stadt,
Hielt eine Hyazinthe dar
In dunkelblauer Luft;
Dicht drängte sich der Kelchlein Schar,
Und selig war der Duft.

Der Vater rief: „Wohl hast du mir
Viel Pfennige gebracht?"
Der Knabe rief: „O sehet hier
Der Blume Zauberpracht!
Ich schlich zum goldnen Gittertor,
So oft ich ging, zurück,
Bedacht nur, aus dem Wunderflor
Zu stehlen mir dies Glück!

O sehet nur, ich werde toll,
Die Glöcklein alle an!
Ihr Duft, so fremd und wundervoll,
Hat mir es angetan!
O schlaget nicht mich armen Wicht,
Laßt euren Stecken ruhn!
Ich will ja nichts, mich hungert nicht,
Ich will's nicht wieder tun!"

„O wehe mir geschlagnem Tropf!"
Brach nun der Alte aus,
„Mein Kind kommt mit verrücktem Kopf,
Anstatt mit Brot nach Haus!
Du Taugenichts, du Tagedieb
Und deiner Eltern Schmach!"
Und rüstig langt er Hieb auf Hieb
Dem armen Jungen nach.

Im Zorn fraß er den Hecht, noch eh'
Der gar gesotten war,
Schmiß weit die Gräte in den See
Und stülpt' den Filz aufs Haar.
Die Mutter schmält mit sanftem Wort
Den mißgeratnen Sohn,
Der warf die Blume zitternd fort
Und hinkte still davon.

Es perlte seiner Tränen Fluß,
Er legte sich ins Gras
Und zog aus seinem wunden Fuß
Ein Stücklein scharfes Glas.
Der Gott der Taugenichtse rief
Der guten Nachtigall,
Daß sie dem Kind ein Liedchen pfiff
Zum Schlaf mit süßem Schall.

Der Schöngeist

„O welch ein Duften, Rosalinde!
Im blütenüberfüllten Tal!
Durch das Gewölk, zerstreut vom Winde,
Bricht brennend rot der Abendstrahl;
Wie Feuer fließt der Frühlingsregen,
Wie Feuer rollt es auf den Wegen
Und trieft's von jedem Zweig zumal!

Und siehst du dort die Gruppe ragen
Am Kreuzweg finster in die Glut,
In sich geschart, wie stumme Klagen,
Die malerische Lumpenbrut?
Ein volles Bild ist hier errichtet,
Ein jeder Zug ist wie gedichtet –
Heut sind uns, traun! die Musen gut!

Gib Stift und Mappe, daß die rasche,
Die kecke Dilettantenhand
Die Perle dieses Bildes hasche,
Das ich so unverhofft hier fand!
Zu schöner Stunden heitrem Schauen,
Gemüt und Augen zu erbauen,
Sei es für immer festgebannt.

Siehst du, o teure Rosalinde!
Den bärt'gen Mann mit breitem Hut,
An dem die Mutter mit dem Kinde –
Madonnenurbild! – säugend ruht?
Es ragt das dunkle Haupt des Gatten,
In sich gekehrt, im braunen Schatten,
Das ihre schwimmt in Purpurglut.

Jedoch, daß von der ebnen Erde
Das Bild gerundet auf sich schwingt,
Siehst du der Kinder scheue Herde,
Wie sie der Eltern Knie' umringt;
Und düster, stumm, wie erzgegossen,
Von Licht und Regen überflossen
Es glänzend in die Augen springt.

Welch einen Adel haucht das Ganze,
Stolz, wie ein ehern Königsgrab!
Wie thront in seines Jammers Glanze
Der Mann mit seinem Wanderstab!
Dank dir, o freundlichste der Musen,
Die ein empfänglich Herz im Busen,
Den Sinn für ewig Schönes gab!"

Da sind, im Tau des Grames schwimmend,
In dem der Abendstrahl sich bricht,
Ein großes Sternbild, dunkel glimmend,
Die Augen jener aufgericht';
Sie starren wundernd nach dem Bogen,
Von dem ihr Konterfei, gezogen
Von weißer Hand, schon deutlich spricht.

Und hoch aus seines Elends Mitte
Hub sich der arme Mann empor,
Und langsam trugen müde Schritte
Die finstere Gestalt hervor;
Es schlossen fest sich seine Zähne,
Im Aug' der Kränkung bittre Träne,
Im Antlitz dunklen Zornes Flor,

Stand er vor den Empfindungsvollen,
Die im verglühnden Abendrot
Erbleichten ob dem dumpfen Grollen
Der furchtbar nahen Menschennot!
„Soll ich das sein? o sprich, du Fratze!
Soll meiner spotten dies Gekratze?"
Und trat das Bild tief in den Kot.

„Verdammt sei eurer Seelen Kälte,
Die mit den Blicken, spitz wie Stahl,
Herschleichend unterm Himmelszelte
Betastet unsre nackte Qual!"
Er schwang der Armut langen Stecken
Samt Rosalinden floh voll Schrecken
Der Schöngeist aus dem Blütental!

Poetentod

Der Herbstwind zieht, der Dichter liegt am Sterben,
Die Wolkenschatten jagen an der Wand;
An seinem Lager knien die zarten Erben,
Des Weibes Stirn ruht heiß auf seiner Hand.

Darin ein flücht'ger Abenstrahl ertrunken,
Mit dunklem Purpurwein netzt er den Mund;
Und wieder rückwärts auf den Pfühl gesunken,
Tut er den letzten Willen also kund:

„Die ich aus Wunderklängen aufgerichtet,
Vorbei ist dieses Hauses Herrlichkeit!
Ich habe ausgelebt und ausgedichtet
Mein blühend Lied, dich, meine Erdenzeit!

Das stolz und mächtig diese Welt regierte,
Es bricht mein Herz, mit ihm das Königshaus!
Der Gastfreund, der die edlen Hallen zierte,
Der Ruhm wallt mit dem Leichenzug hinaus.

Dann löschet meines Herdes helle Flamme
Und zündet wieder stille Kohlen an,
Wie's Sitte war bei meiner Väter Stamme,
Eh ich den Schritt auf dieses Rund getan.

Und was den Herd in schönen Formen zierte,
Was sich an alter Weisheit um ihn fand,
Die heil'gen Schriften, die ich bei mir führte,
Streut in den Wind, gebt in der Juden Hand:

Daß meines Geistes namenloser Erbe
Mit klarem Aug, im leichten Schülerkleid,
Auf offnem Markt sich ahnungsvoll erwerbe,
Was ich in Sternennächten eingeweiht.

Nur meine Rosengärten lasset stehen,
Bis auch mein herrliches Poetenweib
Im nächsten Lenze wird zur Ruhe gehen,
Den Blumen schenkend ihren schönen Leib.

Dann aber mäht die Rosenbüsche nieder
Und brechet meine grünen Lauben ab!
Der Boden trage Kohl und Rüben wieder –
Nur eine Rose laßt auf meinem Grab!

Mein Lied wird siegreich durch die Lande klingen,
Ein Banner, von den Höhn der Erde wehn;
Doch ungekannt, mit mühsalschwerem Ringen
Wird meine Sippe dran vorübergehn.

Drum sollt ihr meinem Sohn das Leben gründen,
Gebt ihm ein Handwerk oder auch ein Schwert,
Und meine Tochter laßt den Freier finden,
Der sie in Lieb und Treuen redlich nährt.

Gebt jenen Band verblichner Schrift den Flammen,
's ist meiner Jugend greller Widerschein;
Die Asche und mein Lorbeerreis zusammen
Liegt mir zu Häupten dann im Totenschrein!

Arm, wie ich kam, soll man hinaus mich tragen!
Den Lorbeer nur will ich mit Zaubermacht
Als Wünschelrute an die Sterne schlagen
Nach neuen Klängen aus der Strahlenpracht!" –

Noch überläuft sein Angesicht, das reine,
Mit einem Strahl das sinkende Gestirn –
So glühte eben noch im Rosenscheine,
Nun starret kalt und weiß des Berges Firn.

Und wie das Schneegebirg, erlöscht, verblichen,
Zum Himmel raget zwischen Tag und Nacht,
Der letzte Nachhall übers Tal gestrichen,
Dann tiefe Stille auf den Landen wacht:

Die ganze Größe dieses schönen Spieles
Liegt in der engen Totenkammer nun,
Wo Weib und Kinder, stumm, voll Wehgefühles,
Verlassen um die Dichterleiche ruhn!

Und wie durch Alpendämmerung das Rauschen
Von eines späten Adlers Flügeln weht:
Ist in der Totenstille zu erlauschen,
Wie eine Geisterschar von hinnen geht.

Sie ziehen aus, des Seligen Penaten,
In reiche Prachtgewänder tief verhüllt;
Sie gehn, die an der Wiege schon beraten,
Was er in Liedern dann so schön erfüllt.

Voran, gesenkten Blicks, das Leid der Erde,
Verschlungen mit der Freude Traumgestalt,
Die Phantasie, und endlich ihr Gefährte,
Der Witz, mit leerem Becher, stolz und kalt.

Aroleid

Im Wallis liegt ein stiller Ort,
Geheißen Aroleid;
Es seufzt ein Gram im Namen fort
Seit lang entschwundner Zeit.

Ein Berghirt hing in Todsgefahr
Am steilen Firnenrand,
Ihn stieß hinunter dort der Aar,
Wo keiner mehr ihn fand.

Auf grüner Matte saß sein Weib;
Das Kind ins Gras gelegt,
Saß sie und schaut' mit starrem Leib
Hinüber, unbewegt,

Hinüber, wo im Dämmerblau
Der Berg zur Tiefe schwand
Und mit des Gipfels Silberau
So still am Himmel stand.

Voll bittrer Sehnsucht sprang sie auf
Und ging im Mattengrün
Mit schwankem Schritt und irrem Lauf
Und heißem Augenglühn.

Da schreit ein Kind, ein Flügel saust
Wohl über ihrem Haupt –
Mit ihrem Kind zur Höhe braust
Der Aar, der es geraubt!

Noch sieht das Wickelband sie wehn
In der kristallnen Luft,
Dann sieht sie's wie ein Pünktlein stehn
Im ferneblauen Duft,

Dann nichts mehr, nie, solang sie lebt! –
Sie nahm kein Trauerkleid;
Doch von dem Leid, das dort noch webt,
Der Ort heißt Aroleid.

Der Narr des Grafen von Zimmern

Was rollt so zierlich, klingt so lieb
Treppauf und ab im Schloß?
Das ist des Grafen Zeitvertrieb
Und stündlicher Genoß:
Sein Narr, annoch ein halbes Kind
Und rosiges Gesellchen,
So leicht und luftig wie der Wind,
Und trägt den Kopf voll Schellchen.

Noch ohne Arg, wie ohne Bart,
An Possen reich genug,
Ist doch der Fant von guter Art
Und in der Torheit klug;
Und was vergecken und verdrehn
Die zappeligen Hände,
Gerät ihm oft wie aus Versehn
Zuletzt zum guten Ende.

Der Graf mit seinem Hofgesind
Weilt in der Burgkapell',
Da ist, wie schon das Amt beginnt,
Kein Ministrant zur Stell'.
Rasch nimmt der Pfaff den Narrn beim Ohr
Und zieht ihn zum Altare;
Der Knabe sieht sich fleißig vor,
Daß er nach Bräuchen fahre.

Und gut, als wär' er's längst gewohnt,
Bedient er den Kaplan;
Doch wann's die Müh' am besten lohnt,
Bricht oft der Unstern an;
Denn als die heil'ge Hostia
Vom Priester wird erhoben,
O Schreck! so ist kein Glöcklein da,
Den süßen Gott zu loben!

Ein Weilchen bleibt es totenstill,
Erbleichend lauscht der Graf,
Der gleich ein Unheil ahnen will,
Das ihn vom Himmel traf.
Doch schon hat sich der Narr bedacht,
Den Handel zu versöhnen;
Die Kappe schüttelt er mit Macht,
Daß alle Glöcklein tönen!

Da strahlt von dem Ciborium
Ein goldnes Leuchten aus;
Es glänzt und duftet um und um
Im kleinen Gotteshaus,

Wie wenn des Himmels Majestät
In frischen Veilchen läge:
Der Herr, der durch die Wandlung geht, –
Er lächelt auf dem Wege!

[Ciborium: Tabernakel.]

Jung gewohnt, alt getan

Die Schenke dröhnt, und an dem langen Tisch
Ragt Kopf an Kopf verkommener Gesellen;
Man pfeift, man lacht; Geschrei, Fluch und Gezisch
Ertönte an des Trankes trüben Wellen.

In dieser Wüste glänzt' ein weißes Brot;
Sah man es an, so ward dem Herzen besser.
Sie drehten eifrig draus ein schwarzes Schrot
Und wischten dran die blinden Schenkemesser.

Doch einem, der da mit den andern schrie,
Fiel untern Tisch des Brots ein kleiner Bissen;
Schnell fuhr er nieder, wo sich Knie an Knie
Gebogen drängte in den Finsternissen.

Dort sucht' er selbstvergessen nach dem Brot;
Doch da begann's rings um ihn zu rumoren,
Sie brachten mit den Füßen ihn in Not
Und schrien erbost: „Was, Kerl! hast du verloren?"

Errötend taucht' er aus dem dunklen Graus
Und barg es in des Tuches grauen Falten.
Er sann und sah sein ehrlich Vaterhaus
Und einer treuen Mutter häuslich Walten.

Nach Jahren aber saß derselbe Mann
Bei Herrn und Damen an der Tafelrunde,
Wo Sonnenlicht das Silber überspann
Und in gewählten Reden floh die Stunde.

Auch hier lag Brot, weiß wie der Wirtin Hand,
Wohlschmeckend in dem Dufte guter Sitten;
Er selber hielt's nun fest und mit Verstand,
Doch einem Fräulein war ein Stück entglitten.

„O lassen Sie es liegen!" sagt die schnell;
Zu spät, schon ist er untern Tisch gefahren
Und späht und sucht, der närrische Gesell,
Wo kleine seidne Füßchen stehn zu Paaren.

Die Herren lächeln und die Damen ziehn
Die Sessel scheu zurück vor dem Beginnen;
Er taucht empor und legt das Brötchen hin,
Errötend hin auf das damastne Linnen.

„Zu artig, Herr!" dankt' ihm das schöne Kind,
Indem sie spöttisch lächelnd sich verneigte;
Er aber sagte höflich und gelind,
Indem er sich gar sittsam tief verbeugte:

„Wohl einer Frau galt meine Artigkeit,
Doch Ihnen diesmal nicht, verehrte Dame!
Es galt der Mutter, die vor langer Zeit
Entschlafen ist in Leid und bitterm Grame."

Am Ufer des Stromes

Graulockig ein Mann und ein blonder Kam'rad
Spazieren an fließenden Wassers Gestad';
Der Ältere kehrt sich zum Jungen und spricht:
„Was schneidest du für ein betrübtes Gesicht?"

„Lieb fand ich ein Mädchen und hab' ihm's gesagt,
Sie flüstert ein Nein, kaum daß ich gefragt,
Und alles im Nu – nun beklemmt's mir die Brust,
Daß Herz ich und Mund nicht zu halten gewußt!"

Und jener erwidert: „Des Fährmanns Magd
Siehst du, die über dem Strome ragt,
Gering und arm und der Zierde bar,
Und siehst auch mein ergrauendes Haar?

Befiel' mich ein Fünklein Lieb' zu ihr,
Laut rief ich es von der Stelle hier,
Rief's laut in der Wellen rauschenden Gang,
Mich dünkt' es der allerschönste Gesang!

Leicht schlug mir in meiner Jugend das Herz,
Und müßig schweifte der Blick allwärts;
Rasch hab' ich so manches Geständnis gemacht,
Die ein' hat geweint und die andre gelacht.

Bei einer nur hab' ich das Wörtchen verschluckt,
Wie sehr es auch sterbend im Busen gezuckt;
Ich glaube, sie ahnt' es und lächelte fein,
Doch wußt' ich nicht, sang's in ihr Ja oder Nein.

Der Sommer war warm und der Winter kalt,
Die Zeit verging und wir wurden alt;
Als ich zum letztenmal sie sah,
Lag sie im Leichenschmucke da.

Fest waren die Augen zugetan,
Sie schauten nicht mich, noch die Welt mehr an;
Doch auf dem Munde bleich und tot,
Da lächelt's noch leise wie ein Spott.

Mir lispelt's im Ohre: ‚O träger Mann,
Der so mit Worten geizen kann!
Du hattest den Schlüssel zum seligen Haus,
Wo fliegen die Engel hinein und hinaus!

Du hattest den Schlüssel zum goldenen Schrein
Für alle zwei beide, nun lieg' ich allein!'
Da donnert die Orgel, da psaltert der Chor,
Und sie trugen hinaus, was ich elend verlor!"

Das große Schillerfest

Schnee und Regen floß hernieder
Auf novemberbraunen Bergen,
Trostlos rangen alle Wipfel
Mit den schweren grauen Wolken.

Von den Büschen troff es klagend,
Jeder Dorn war eine Traufe,
Die hinab von Dorn zu Dornen
Unaufhörlich floß und weinte.

Aus den dunklen Forsten wankte
Irren Schritts ein Weib hervor,
Zart gebaut in dünnem Kleide,
Aber fruchtbeschwerten Leibes.

Zitternd und mit starren Fingern
Las sie nasses Laub und Reisig;
Mühsam sich zur Erde bückend,
Raffte sie ein zaghaft Büschel.

Und der Brombeer' wirre Schlingen
Hingen sich an ihre Füße,
Daß sie strauchelt und das Weinen
Hing an ihren Augenwimpern.

Kam ein zweites Weib gegangen,
Groß und stark und guter Hoffnung;
Schwere Hölzer auf dem Haupte
Schritt sie aufrecht her und trotzig.

Und sie rief mit lautem Lachen:
„Ei, Gevattrin! wie zu sehen,
Sind wir beide gleich gesegnet?
Nun wahrhaftig muß ich lachen!"

Doch die andre fing urplötzlich
Bitterlich laut an zu weinen,
Und die regenschwere Schürze
Drückt' sie schluchzend an die Augen.

„Wieder soll ich nun gebären!"
Sprach sie kummerschwer sich fassend,
„Und ich habe nicht, wovon ich
Mir ein warmes Süppchen koche!

Meinen Gatten und Ernährer
Hab' ich traurig jüngst verloren,
Als er einen Stamm geschlagen,
Der ihn fallend wieder schlug.

Und ich weiß nicht, wie das endet;
Leben soll zu Leben kommen,
Und das drängt sich und das mehrt sich,
Und das Herz ist krank zum Tode!

Wie ein Tier auf wilder Heide
Schein' ich mir, das ohne Gott,
Ohne Gott und ohne Sterne
Hungernd irrt und sich vermehrt."

„Hei, was ficht dich an, du Blöde?"
Rief die andre, heller lachend;
„Lustig baun wir unsre Wölbung
In das weite Reich hinaus!

Fäuste geb' ich meinen Kindern
Und gesunde weiße Zähne!
Sieh, das jüngste hat mir neulich
Hier den Ohrlapp durchgebissen!

Meinen Mann hab' ich vertrieben,
Weil er faul war und den Kindern
Alles Brot, das ich erworben,
Vor den Mäulern wegstibitzte!"

„Du bist stark und du bist frech!"
Sagte wiederum die andre;
„Ich bin zag und das Gewissen
Liegt mir leider in der Art!"

Also standen beide Weiber
Hohen Leibs sich gegenüber,
Und je lauter jene lachte,
Desto traur'ger wurde diese.

Und es kam der Nordlandswind
Mächtig rauschend über die Berge,
Und die Tränen der Bedrängten
Trocknete sein scharfes Wehen.

In der Höhe schwamm im Blauen
Einesmals die Spätherbstsonne,
Daß in hellem Golde flammten
Wie ein Morgenrot die Wälder.

In der Tiefe trieben wogend
Aufgejagt die zerrissenen Nebel,
Vor dem wehenden Riesenhauche
Stürmten sie verscheucht davon.

Doch ein prächtiges Festgeläute
Überklang das mächt'ge Rauschen,
Und im Glanze der blitzenden Sonne
Lag im Tal eine strahlende Stadt.

Lang hinwallende Bürgerzüge
Sah man schimmernd sich drin bewegen,
Ihnen wehte die fliegende Seide
Reich gebildeter Banner voran.

Herrlich wogte der Wind aus Norden,
Und die Glocken erschollen mit Macht;
Da ertönten auch starke Posaunen,
Helle Trompeten mit schwellender Pracht.

Und die singende Menschenstimme
Deutlich man dazwischen vernahm,
Seltsam, neu und herzerschütternd
Wie der seliggewordene Gram.

„Freude, schöner Götterfunken!"
Hallte herüber der klingende Sturm,
War kein Kirchenlied und kein Kriegslied,
Doch die Glocken schallten vom Turm.

Horchend standen die armen Frauen,
Und die Lacherin wurde still.
Und sie sprach: „Wer doch nur wüßte,
Was das alles bedeuten will?

Einer rief, den zu Tale laufen
Ich mit hastigen Schritten sah,
Daß die schönere und die größere,
Ja die bessere Zeit sei nah!

Aber komm, du zage Klagende,
Was es immer bedeuten mag,
Feiern wir in meiner Hütte
Diesen unbekannten Tag!

Bringe die weinenden, deine Kleinen
Zu den meinigen schnell zur Stell';
Wir entfachen ein lustiges Feuer,
Schaffen die Welt uns warm und hell!

Neuen Most hab' ich im Hause,
Nüsse für die junge Brut;
Und beim frohen Mütterschmause
Fassen wir einen guten Mut!"

So genossen sie unwissend
Jenes Tages Silberblick;
Mit am warmen Feuer ruhte
Still ein künftiges Geschick.

Seine unsichtbaren Hüter
Lehnten am Standartenschaft
In den goldnen Wappenröcken:
Das *Gewissen* und die *Kraft*.

Ballade vom dürren König

Es war ein dürrer König, der hatt' ein Land am Meer;
Er fuhr an seinen Küsten brandschatzend hin und her.
So oft im Maienscheine erglüht' sein Felsenhaus,
Zog er mit Schiff' und Knechten und leeren Säckeln aus.

Wo helle Fenster blinkten entlang dem Meeresstrand,
Da klopft' er an die Türen mit seiner Knochenhand;
Und wo ein Speicher lachte, da tat er einen Griff
Und füllte unersättlich sein weitgebauchtes Schiff.

Er konnte alles brauchen und allem war er hold,
Der Wolle wie der Seide, dem Silber wie dem Gold;
Im Topf nahm er den Honig, die Gerste wie das Korn,
Den Weizen mit der Spreuer, die Kuh mit Klau' und Horn,

Die Sau mit ihren Ferkeln, das Huhn mit seinem Ei –
Bis jedesmal das Fahrzeug glich einer Meierei.
Daheim hat er zwölf Junge und eine Königin
Und eine Königin-Mutter, die harrten all' auf ihn.

Die fraßen, was er brachte, und klagten sich noch sehr
Und jagten stets aufs neue den Dürren auf das Meer,
Und gaben ihm dann schmählich auf seinen Wellenritt
Und allen seinen Mannen ein Fäßlein Zwieback mit.

So fuhr er einst bedächtig am klaren Morgen aus;
Doch noch an selbem Tage, da kam ein Wettergraus,
Ein Saus und Braus am Himmel und auf den Wassern her.
Bald hinter Schaum und Regen sah man kein Ufer mehr.

Es trieb das Schiff ins Weite und auf die hohe See,
Und als der Sturm verflogen, ward es den Schiffern weh;
Sie kannten keine Gegend, 's war nur *ein* blaues Rund;
Wo sie den Anker warfen, da faßt' er keinen Grund.

Und weiter, immer weiter verirrte sich die Fahrt,
Und länger, immer länger der Zwieback ward gespart.
O weh, da half kein Sparen, am Ende ging er aus,
Und grinsend saß der Hunger im engen Bretterhaus.

Drei Tage lang zu fasten ein jeder Mann vermag;
Doch wird das Ding verdrießlich schon mit dem vierten Tag.
Was sagt ihr zu sechs Tagen? Vermaledeiter Brauch!
Das fand der dürre König mit seinen Knechten auch.

Drum nehmen sie drei Würfel und würfeln um den Tod;
Sein Blut muß einer lassen, sein Fleisch und Blut so rot.
Kaum hat ein armer Teufel den kleinsten Wurf getan,
Hebt man ihn gleich zu braten und zu verspeisen an.

Und als man solchen Braten mit Grauen hatt' verdaut
Und wieder ein paar Tage die Finger sich zerkaut,
Da ging es an den zweiten, den dritten und so fort,
Bis endlich nur der König und noch ein Mann an Bord.

Man hatte ihm das Knöcheln erlassen aus Respekt,
Doch hatt' ihm drum die Mahlzeit nicht minder wohl geschmeckt,
Ja, er fand ganz in Ordnung und trefflich diesen Schmaus
Und gafft', ein Liedlein pfeifend, dumm auf das Meer hinaus.

Und windstill ruhte weitum des Meeres klare Brust
Und öffnet' ihre Tiefen dem Sonnenschein mit Lust;
Der König pfiff noch immer, indes der andre Mann,
Verdächtig nach ihm schielend, kühn auf Verschwörung sann.

Dann fing er an: „Herr König, wollt gnädigst Ihr geruhn
Mit Eurem letzten Knechte auch einen Wurf zu tun?"
Doch jener maß ihn starrend vom Haupte bis zum Fuß,
Denn das war ihm ein fremder und ungewohnter Gruß.

Drauf schwang er zähnefletschend den Kolben auf den Knecht;
Der aber praktizierte ein nagelneues Recht,
Schlug ihm die Kron' vom Kopfe, riß ihm den Purpur ab
Und schrie: „Pass' auf! mein Magen wird nun ein Königsgrab."

Zog schnell ihm durch die Kehle sein Messer scharf und krumm,
Und wütender vom Hunger wandt' er ihn um und um – –
Er mußte liegen lassen den Leib mit Haut und Haar,
Weil der auch gar zu zähe und ungenießbar war.

Theodor Fontane
1819–1898

Berliner Republikaner

Berliner Jungen scharten sich
Vor ein'ger Zeit allabendlich
Nicht weit vom Kupfergraben
Und schrieen gottserbärmiglich:
„Wir brauchen keenen Kenig nich,
Wir wollen keenen haben."

Da plötzlich packt ein Fußgendarm
Nicht eben allzu zart am Arm
Den allergrößten Jungen
Und spricht: „He, Bursch, juckt dir das Fell?
Du Tausendsappermentsrebell,
Was hast du da gesungen?"

Doch der Berliner comme-il-faut
Erwidert: „Hab' Er sich nich so,
Un laß' Er sich bejraben!
Wozu denn jleich so ängstiglich?
Wir brauchen keenen Kenig nich,
Weil wir all eenen haben."

Der blinde König

Ein Bettler steht gebückt am Wege
Und harrt des Königs stundenlang,
Daß er zum Mitleid ihn bewege,
Wozu sein Elend jeden zwang.
Jetzt naht der König mit den Seinen,
Er geht vorüber, lacht und spricht; –
   Der blinde König würde weinen,
   Doch ach, der König sieht es nicht.

Es murrt das Volk; – des Königs Räte
Bedrücken das verarmte Land,
Und mit der Blütezeit der Städte
Die Liebe zu dem Fürsten schwand.
Die Not, der Gram und Kummer einen
Sich auf so manchem Angesicht; –
   Der blinde König würde weinen,
   Doch ach, der König sieht es nicht.

Der König zieht durch seine Lande;
Still bleibt das Volk, der Jubel schweigt,
Zerrissen sind die Liebesbande,
Und jeder Blick Verachtung zeigt.
Nur hier und dorten treibt es einen
Zur Huldigung aus Furcht und Pflicht; –
  Der blinde König würde weinen,
  Doch ach, der König sieht es nicht.

Der König starb; an seiner Bahre
Ist jedes Auge tränenleer,
Und weil's getrauert viele Jahre,
Drum trauert jetzt das Volk nicht mehr.
Man sieht die Hoffnung wieder scheinen
Auf manchem bleichen Angesicht;
  Der blinde König würde weinen –
  Wohl ihm, wohl ihm – er sieht es nicht.

Der alte Zieten

Joachim Hans von Zieten,
Husarengeneral,
Dem Feind die Stirne bieten,
Er tat's wohl hundert Mal;
Sie haben's all' erfahren,
Wie er die Pelze wusch,
Mit seinen Leibhusaren
Der *Zieten* aus dem Busch.

Hei, wie den Feind sie bläuten
Bei Hennersdorf und Prag,
Bei Liegnitz und bei Leuthen,
Und weiter Schlag auf Schlag;
Bei Torgau, Tag der Ehre,
Ritt selbst der *Fritz* nach Haus,
Doch *Zieten* sprach: „Ich kehre
Erst noch mein Schlachtfeld aus."

Sie kamen nie alleine,
Der *Zieten* und der *Fritz*,
Der Donner war der eine,
Der andre war der Blitz.
Es wies sich keiner träge,
Drum schlug's auch immer ein,
Ob warm', ob kalte Schläge,
Sie pflegten gut zu sein. –

Der Friede war geschlossen,
Doch Krieges Lust und Qual,
Die alten Schlachtgenossen
Durchlebten's noch einmal.
Wie Marschall *Daun* gezaudert,
Und *Fritz* und *Zieten* nie,
Es ward jetzt durchgeplaudert
Bei Tisch, in Sanssouci.

Einst mocht' es ihm nicht schmecken,
Und sieh, der Zieten schlief,
Ein Höfling wollt' ihn wecken,
Der König aber rief:
„Laßt schlafen mir den Alten,
Er hat in mancher Nacht
Für uns sich wach gehalten,
Der hat genug gewacht." –

Und als die Zeit erfüllet
Des alten Helden war,
Lag einst, schlicht eingehüllet,
Hans Zieten, der Husar;
Wie selber er genommen
Die Feinde stets im Husch,
So war der Tod gekommen
Wie Zieten aus dem Busch.

Maria und Bothwell

König Darnley liegt erschlagen,
Graf Bothwell hat es getan;
Sechs Lords von Schottland tragen
Die Leiche nach Sankt Alban,
Sie stellen bei Fackelscheine
Den Sarg an den Altar hin –
Von Trauernden fehlt nur *eine*,
Maria, die Königin.

Die sitzet daheim im Schlosse,
In funkelnder Nische des Saals,
Auf dem Sammetpfühl ihr Genosse
Ist der Mörder ihres Gemahls;
Dem Lande kleidet die Trauer,
Der Königin kleidet die Lust,
Kalt-heiße Wonneschauer
Durchrieseln ihre Brust.

Sie spricht verlockenden Schalles:
„Nun komm und küsse dich rot,
Ich danke dir alles, alles,
Mein Leben und – *seinen* Tod;
O schau nicht so fragend und bange,
Schau lieber wie sonst mich an,
Leg ab die blasse Wange –
Getan ist, was getan."

Die Kerzen brennen wie lüstern
Und geben schwülen Hauch,
Immer leiser wird das Flüstern,
Nun schweigt das Flüstern auch,
Ihr Atem lodert zusammen,
Wie Glut und Glut sich mischt,
Bis mählich in Flackerflammen
So Lust wie Licht erlischt.

Still wird's; nur Mondeslichter
Durchhuschen noch bleich den Saal,
Es schlummern, wie Totengesichter,
Graf Bothwell und sein Gemahl.
Sie schlummern; des Windes Weise
Erstirbt im hohen Kamin,
An den Wänden, hastig-leise,
Schatten vorüberfliehn.

Und hastiger wird ihr Treiben,
Schon graut und dämmert der Tag,
Da schlägt's an die klirrenden Scheiben
Wie flatternder Flügelschlag;
Auf fahren die zwei vom Kissen,
Verstört an Haar und Sinn;
Im Traume ward wach ihr Gewissen,
Und es murmelt die Königin:

„Hilf, Himmel, ich sah die Meinen
Landflüchtig, der Zügel beraubt,
Der fallenden Krone des einen
Nach rollte sein fallendes Haupt,
Und wie Donner durch meine Seele
Ging zürnend das alte Lied:
*Ich räch' alle Schuld und Fehle
Bis in das vierte Glied."*

Maria hat es gesprochen,
Graf Bothwell hört es kaum,
Seine Schläfe pulsen und pochen,
Er denkt an den eigenen Traum,
Er spricht unter Starren und Stocken:
„Sie grüßte, dann betete sie,
Ab schnitt ihr der Henker die Locken –
Ach, *deine* Locken, Marie."

Graf Bothwell hat es gesprochen,
Maria hört ihn kaum,
Ihre Schläfe pulsen und pochen,
Sie denkt an den eigenen Traum,
Stumm blicken die Buhlergatten
Sich an so blaß, so bang –
König Darnleys blutiger Schatten
Schreitet den Saal entlang.

Der Tag von Hemmingstedt

Denk an den Tag von Hemmingstedt,
Wo siebentausend abgemäht!
Schläft Ditmars Vater unterm Sand,
Ist Ditmars Sohn noch bei der Hand.

Und über Johann von Dänemark kam seine finstre Stunde –
Er murmelt: „Es brennt im Herzen mir die alte Ditmarsenwunde!
Beim Himmel, es soll nicht Messer, nicht Scher' mir Bart noch Haupthaar stutzen
Bis daß ich wieder ins Joch gebeugt dies bauernstolze Trutzen."

Und Boten sendet er in die Marsch, die künden allerwegen:
„Drei Schlösser will unser König und Herr in eure Lande legen,
Nach Meldorf eins, an den Elbstrom eins und das dritt' an die Lundner Fähre" –
Es brachte da Zornes viel ins Land die königliche Märe.

Und von den Bauern Wolf Isebrand, der sprach: „Er mag nur kommen!
Wir haben aus keines Königs Hand dies Land zu Lehn genommen,
Wir sind zudem vom Aufrechtgehn versteift in unsern Hälsen,
Und wer seine Schlösser auf Marschgrund baut, der baut sie nicht auf Felsen.

Dies Land ist unser, wir haben's im Kampf der Sturmflut abgerungen,
Wir bangen vor keines Königs Zorn, wir, die wir das Meer bezwungen,
Unser altes Recht, unser alter Mut – so werden wir nicht zu Schanden;
Noch lebt der Gott, der bei Bornhövd auf unsrer Seite gestanden."

Da gingen die Boten. Bei Rendsburg war's, wo sie den König trafen,
Der lagerte da, drei Nächte schon, samt seinen Fürsten und Grafen,
Es stieß dazu viel kriegerisch Volk von Jütland und von Fühnen,
All' wollten sie brechen den Bauernstolz und die Schmach des Königs sühnen.

Von Deutschland auch viel edele Herrn hernieder ins Lager kamen:
Zwei junge Grafen von Oldenburg, Adolf und Otto mit Namen,
Mit ihnen zugleich manch Holsten-Geschlecht um den Danebrog sich scharte:
Fünf Rantzaus, sieben von Ahlefeld und vierzehn Wackerbarte.

Und Söldner auch; – Gesindel war's aus Rheinland, Franken und Sachsen,
All' hatten sich längst, durch Mord und Brand, in die Schlinge hineingewachsen.
Die *„sächsische Garde"* hieß man sie, wohl auch die *„schwarze Bande"*,
Verheerend, wie der schwarze Tod, zogen sie durch die Lande.

Ihr Führer aber war der Junker Slenz, der maß sechs rheinische Schuhe,
Heut brach er am Wege die Schlösser ab und morgen an der Truhe,
In Flechten hing sein flachsenes Haar wie Stricke herab, zum Würgen,
Er hatte zwei Feuerräder im Kopf und hieß – der lange Jürgen.

Und Jürgen Slenz, an der Seite Johanns, vorauf die gepanzerten Glieder,
So führt er heut, unter schmetterndem Klang, das Heer in die Marsch hernieder,
Zwölftausend sind's, schon dringen sie vor auf der Marschen getrocknetem Schlamme –
Um Rache schreit in die Nacht hinein brennender Dörfer Flamme.

Die Bauern aber, kaum tausend Mann, zogen sich rasch zurücke,
Bis daß sie kamen, um Mitternacht, an die Hemmingstedter Brücke,
Sie fanden da Wall und Graben noch aus der Zeit der alten Sassen,
Und es sprach Wolf Isebrand: „Hier sei's, hier wollen wir auf sie passen!"

Man hielt. Nur einer murmelte bang: „Das mög' unser Heiland nicht wollen,
Wir sind hier am Tausend-Teufels-Wall, wo die Moorelfen tanzen und tollen,
Mit den Flammenbüscheln das Irrlichtvolk, es haust hier unterm Rasen,
Und bei Vollmond kommt das Feuerpferd, um die Büschel abzugrasen."

Da stutzten die andern; Wolf aber rief: „Was Irrlicht und was Elfen,
Wenn droben der Himmel mit uns ist, muß auch die Hölle helfen.
Die Nacht ist schwarz, wir brauchen Licht, laßt's nur da unten flimmern,
Wir wollen ein christlich Bollwerk hier trotzdem zusammenzimmern."

Da griffen sie freudig nach Spaten und Axt, vorbei war Murren und Stutzen,
Sie schleppten das Brückengebälk herbei, als Pfahlwerk es zu nutzen,
Sie füllten und stopften, mit Moor und Schlamm, des alten Erdwalls Lücken
Und warfen zuletzt ihm Rasen und Sand, drei Fuß hoch, auf den Rücken. –

So kam der Tag, und mit ihm kam, goldblinkend, die sächsische Garde,
Hell spiegelte sich der Morgenstrahl auf Harnisch und Hellebarde,
Die trotzige Schar, rasch rückte sie vor, gegliedert und dicht geschlossen,
Nicht kümmerte sie der Hagelgruß von Steinen und Wurfgeschossen.

Jetzt war sie heran, zwischen ihr und dem Wall war nur noch des Grabens Quere,
Da schnürten die Vordersten schnell in eins je zwölf ihrer kantigen Speere,
Sie warfen wie Balken querüber dann die Bündel aus Speer und Lanze,
Und über die fliegende Brücke hinweg wollten sie gegen die Schanze.

Umsonst; man stieß sie rücklings hinab – es fehlte das Brückengeländer –,
Da nahmen die Folgenden, springstockgleich, ihren Speerschaft in die Hände,
Sie setzten ihn auf, und war es mißglückt, im Sturmschritt vorzudringen,
So sollte nun Sprung- und Hebelkraft im Flug sie hinüberschwingen.

Umsonst auch das; sie sprangen zu kurz; wer dennoch das Ufer erklettert,
Der ward, unter wildem Freudengeschrei, von den Bauern zu Boden geschmettert,
Dumpf dröhnte die Axt – bis plötzlich jetzt die Freudenrufe verklangen,
Wolf Isebrand murmelte vor sich hin: „Hilf Himmel, wir sind umgangen!"

So war's. Zu schwanken begann der Kampf, immer mächtiger wurden die Dränger,
Da trat Gott selbst für die Schwachen ein und rief: „Ich will es nicht länger!"
Und er schickte die Flut, die stieg am Strand bis hoch an die Schleusenpforte
Und rüttelte dran und rief: „Macht auf! da drinnen bin ich am Orte."

Die Wächter am Strande zögerten noch, da sieh, unter Schäumen und Kochen,
– Die Hilfe Gottes kam mit Gewalt! – wurde die Schleuse zerbrochen,
Schon über die Felder von Hemmingstedt hinbrausten Wogen und Wetter, –
Das Meer, der Marsen alter Feind, heut kommt es als ihr Retter.

Sie nahmen jetzt wieder festen Stand hinterm Tausend-Teufels-Walle,
Da waren sie sicher vor der Flut und behielten den Feind in der Falle,
Der wandte sich rechts und wandte sich links, doch der Tod war immer zur Stelle,
Wer floh, den faßte die Marsenfaust, wer stand, den faßte die Welle.

Nur Jürgen Slenz, der ritt an den Wall, als wäre noch nichts verloren,
Ein stieß er tief, zum Sprunge bergan, seinem friesischen Hengste die Sporen;
Jetzt war er hinauf – er schaute sich um, wie wohl in besseren Tagen,
Und rief: „Wer ein Herz im Leibe hat, der mag es mit mir wagen!"

Das hörte der Reimer von Wimerstedt, der hatte Lust zum Streite,
Er sprang heran und schlug mit der Axt den Speer des Junkers zur Seite,
Er holte dann aus, einen vollen Hieb auf die stählerne Brust zu führen,
Und – fest im Panzer stak die Axt, tät sich nicht rücken, nicht rühren.

Der Hieb war gut, doch unversehrt waren des Jürgen Glieder,
Da riß der Reimer und wuchtete traun am Axtstiel ihn hernieder,
Er trat ihm dann, fünf Finger breit, das Eisen zwischen die Rippen,
Es kam kein Laut, kein Seufzer mehr über des Junkers Lippen.

Das war das Ende von Jürgen Slenz; mit ihm zu Tode kamen
– Die Knechte und Söldner ungezählt – viel hundert tapfere Namen,
Zumal auch, was von Holstein her um den Danebrog sich scharte:
Fünf Rantzaus, sieben von Ahlefeld und vierzehn Wackerbarte.

Der König aber floh zu Schiff bis in seine Stadt am Sunde,
Er trug zu der alten Narbe heim eine neue brennende Wunde,
Die neue Wunde – bis in den Tod wollt' ihm die nie verharschen –,
Das war der Tag von Hemmingstedt, der Brauttag der Dithmarschen.

Sir Walter Raleighs letzte Nacht

Sir Walter Raleigh sitzt und sinnt im Tower,
Vergittert ist sein Fenster, Erz die Tür,
Als sie sich schloß, schloß sich für ihn das Leben,
Wenn sie sich öffnet, öffnet sie der Tod.
Ihm lacht kein Gnadenstrahl; Tyrannenhaß
Hat ihm auf Hochverrat das Wort gedeutet:
„Der Menschen Recht war vor dem Recht der Stuarts,
Und Kön'ge sind *von* Gott, nicht selber – Gott."

Die Nacht ist da. Mitleidig durch die Scheiben
Blickt nur der Mond, und nur der Stunde Schlag
(Trotz bietend dem Verbot des Kerkermeisters)
Ruft dem Gefangnen zu: noch lebt die Zeit!
Sir Walter aber, auf die weiße Hand
– Blauadrig längst von Sorg' und Last der Jahre –
Stützt er sein Haupt, und hastig weiter spürend
Auf oft betretner Fährte des Gedankens,
Vergißt er, traumverloren, Zeit und Welt;
Er steigt ins eigne Herz hinab und schreibt:

    Willkommen mir, zu scheiden
    Von Leben und von Welt,
    Mag keinen Gast beneiden,
    Den's hier zurücke hält:
    Arm sind des Lebens Feste,
    Rings abgestandner Wein –
    Das Höchste und das Beste
    Wie niedrig und wie klein!

    Des Hofes Glanz und Schimmer
    Blinkt nur wie faules Holz,
    Die Kirche lebt vom Flimmer
    Und wird vor Demut stolz;
    Des Reichen Opferbringen,
    Des Mut'gen Märtyrtum,
    Der Quell, daraus sie springen,
    Heißt Sucht nach Ehr' und Ruhm.

    Des Klugen Witz verschwendet
    Der Worte viel – um nichts;
    Die Weisheit wird geblendet
    Vom Glanz des eignen Lichts;
    Selbst du, des Weltgewimmels
    Gepriesenste, o Kunst,
    Es zeugt dich statt des Himmels
    Die Mode und die Gunst.

Der *Glauben* ist veraltet,
Die *Lieb'* ist eitel Lust,
Ergebung kniet und faltet
Nur, weil es heißt: „Du mußt!"
Die *Treu'* ging längst verloren
In Schein und Lug und Trug,
Das *Glück* wird blind geboren;
Ich hab' des Spiels genug.

Willkommen mir, zu scheiden
Von Leben und von Welt,
Mag keinen Gast beneiden,
Den's hier zurücke hält:
Wem's Leben viel gegeben,
Dem gab es Müh und Not,
Der Tod nur ist das Leben,
Und alles Leben – Tod.

Sir Walter schrieb's; ein seltsam Testament,
Mehr eine Beichte als ein letzter Wille.
Da – während noch der gleichgesinnte Spruch
‚Die Welt ist eitel' durch das Herz ihm klingt –
Erfaßt ihn jener Spottgeist, der es liebt,
In Widerspruch uns mit uns selbst zu bringen,
Der neben unsre Demut, unsren Glauben
Als immer fert'ges Fragezeichen tritt
Und, wo voll Mitgefühls wir weinen wollen,
Uns höhnisch zuruft: „Tor, so lache doch!"
Der Geist erfaßt ihn – und Sir Walters Auge
Hinzwingend auf den Demantring am Finger,
Durchstreicht er ihm die Weisheit dieser Stunde
Und gibt des Lebens Torheit ihm zurück.
Sein Aug' wird hell, Sir Walter sieht nur eins:
Den Sonnentag, der diesen Ring ihm brachte.

Zu Windsor war's, inmitten Waldeslust,
Durchs Eichenlaub floß goldne Mittagssonne,
Und wo die Jagd all ihre Schätze häufte,
Wo hundertfach der Hirsch im Blute lag,
Im Aug' des Rehs die Todesträne blinkte
Und wo der wilde Eber, nun so zahm,
Der Furchen keine mehr im Erdreich riß,
Da wuchs – als hätt' samt seinen Jagdgesell'n
Sich Robin Hood ins Riedgras hin gelagert –
Auf grünem Plan ein Festmahl aus der Erde:
Mit duft'gem Moose war der Tisch gedeckt,
Am Jagdspieß briet das Rundstück und der Ziemer,
Vom nahen Hügel sprudelte der Quell,
Daneben aber, selber schier ein Hügel,
Lag für die durstigsten der durst'gen Kehlen
Ein Stückfaß goldnen Weines, Vögel sangen,
Nichts fehlte, nur der königliche Gast.
Da scholl ein Horn, und sieh, in raschem Jagen,

Gestrüpp und dichtes Farnkraut leicht durchbrechend,
Erschien auf hohem Roß die hohe Frau,
Und jetzt, voll Kraft sich aus dem Sattel schwingend,
Berührte schon ihr Schleppenkleid den Boden,
Da stutzte sie – des Waldgrunds Feuchte lag,
Ein schwarzer Spiegel, schillernd ihr zu Füßen.
Sie stutzte; wohl! doch Augenblicke nur:
Denn pfeilgeschwind, herab zum Teppichdienste,
Flog Ritter Raleighs goldgestickter Mantel,
Und lächelnd nieder trat Elisabeth.

Das war ein Tag! Noch die Erinnrung dran
Gießt Lebenslust durch des Gefangnen Adern.
Er *will* nicht sterben; schmeichlerische Träume
Rückspiegeln ihm die Großtat manchen Tags,
Und seines Klägers Unrecht gegenüber
Anklammernd sich an seines *Ruhmes Recht*,
Springt er jetzt auf und ruft: „Versuch es, Stuart!
Schwer wiegt dein Haß, doch schwerer mein Verdienst.
Irland stand auf – mein Degen warf es nieder;
Cadix bot Trotz – ich brach den Trotz im Sturm,
Und als des finstren Philipps Riesenflotte,
Wie Goliath prahlend, vor Alt-England trat,
Da barg *mein* Schiff die auserwählte Schleuder –
Gott gab die Kraft, ich aber schwang den Stein."

Sir Walter spricht's; die Enge seines Kerkers
Mit raschem Schritt durchmessend, preßt er jetzt
– Als such' er Kühlung für die heiße Stirn –
Sein fiebrig Haupt an seines Fensters Gitter,
Und jetzt, durch trübes Scheibenglas hindurch,
Nachblickend der zerrißnen Wolken Zug,
Fährt plötzlich er zurück: ins Glas gekritzelt
Steht „Essex" und ein Sterbekreuz darunter.

Seltsames Spiel! Dieselben Wände sind's,
Drin einst – wie er, verklagt auf Tod und Leben –
Sein Nebenbuhler saß, zugleich sein *Opfer*,
Und siehe da! durchs Herz ihm, das noch eben,
Gefälschter Schuld und Klage gegenüber,
Von Ruhmes-Recht geträumt, gehn jetzt die Schauer
Wahrhaft'ger, unauslöschbar-tiefer Schuld.
Er zittert, und als scheu zum zweiten Male
Sein Aug' er jetzt erhebt, da sind's des Grafen
Schriftzüge nicht, nein, Züge des Gesichts,
Und eine Grabesstimme ruft ihm zu:
„Irland stand auf – gleich *dir*, ich warf es nieder,
Cadix bot Trotz – ich nahm's im Sturm, wie *du;*
All meine Schuld, nicht größer als die deine,
War königlicher Gunst verzogenes Kind.
Doch fiel mein Haupt, horch auf, es mußte fallen,
Denn sieh, als leise schon das Wörtchen ‚Gnade'
Den Weg vom Herzen auf die Lippe nahm,

Erschlug die Tücke meines Nebenbuhlers
Das süße Wort – und als der Herrin Huld
Auch da noch schwankte, meinen ‚Tod' zu schreiben,
Da führte *wer* die Hand? Sir Walter, *du!*
Vernimm: die *alte* Schuld deckt nun die neue;
Bereite dich, du zahlst sie mit dem Tod."

Die Stimme schwieg; der Morgen kam – die Zelle
War öd' und leer. Doch auf dem Gras des Hofes
Lag Tau der Nacht und Walter Raleighs Blut.

Johanna Gray

Lady Gray fährt auf vom Schlummer (der Morgen dämmerte kaum):
„Gott woll' uns nicht versuchen! Ich hatt' einen bösen Traum.
Ich sah einen Purpurmantel treiben auf offner Flut –
Ich bückte mich nach dem Mantel, da war es mein eigen Blut."

Sie spricht's. Auf klingt vom Hofe verworrener Stimmen Schall,
Sieben Reiter steigen vom Rosse und schreiten in die Hall',
Sie harren entblößten Hauptes, Lady Gray tritt vor sie hin,
Sie sprechen aus einem Munde: „Wir grüßen dich, Königin!"

„Und starb mein Herr und König, was sucht ihr die Erbin hie?
Die Erbin seiner Krone, das ist Prinzessin Marie!"
Da sprach der sieben einer, der stolze Northumberland:
„Wir wollen keine Papistin auf dem Throne von Engelland."

„Und wollet ihr nicht Maria, welch Recht auch immer sie hätt',
So lebt Anna Bulens Tochter, Prinzessin Elisabeth!" –
„Anna Bulen war ein Buhlweib", rief da Northumberland,
„Wir wollen keinen Bastard auf dem Throne von Engelland!"

„Und weigert ihr beiden die Krone, Elisabeth und Marie,
So traget die Krone selber, ich aber trage sie nie."
Da lachte der stolze Herzog: „Täubchen, schlag ein, schlag ein,
Der Habicht ist über der Taube, du *sollst* unsre Königin sein."

Sie legten ihr um den Mantel, sie hoben sie leicht aufs Roß,
Ihrer Locken goldne Fülle über den Purpur floß,
Sie rief ihr Hausgesinde: „Lebt wohl und gedenket mein!"
Sie sprengte weinenden Auges in den lachenden Morgen hinein.

Und als sie kamen gen London, horch, Glocken- und Feierklang,
Sie sprach: „Wer ist gestorben? Wer tut seinen letzten Gang?"
Northumberlands Stirn erblaßte, die eben so rot noch glomm:
„Die Glocken gelten dir selber und klingen willkomm, willkomm!"

Und als sie kamen zur City, bis nieder gen Tempel-Bar,
Einen goldnen Schlüssel reichte die goldne Stadt ihr dar –
Ein Kranz von dunklen Eichen umfaßte des Goldes Glanz,
Sie rief: „Mein ist der Schlüssel!" Sie dachte: ‚Mein ist der Kranz!'

Und als sie kamen zum Tower und die Zugbrück' niederschlug,
Da bäumte hochauf ihr Leibroß, das sonst so sicher sie trug,
Northumberland riß es am Zügel – wie hat da das Roß geschäumt;
Sie streichelte seinen Nacken: „Ich weiß, warum du gebäumt."

Sie trat in die Krönungshalle, Bischöfe waren bereit,
Zwei Lords mit Zepter und Krone standen an Thrones Seit',
Sie nahm die Perlenkrone und fragte: „Wer trug sie schon?"
Die Lords verneigten sich beide: „Es ist Anna Bulens Kron'!"

Und nieder aus der Halle schritt sie zur Tower-Kapell',
Inbrünstig warf sie sich nieder an Altars heiliger Schwell',
Auf stand sie leichteren Herzens; noch einmal sah sie herab:
„Auf wessen Grabstein knie' ich?" „Es ist Anna Bulens Grab."

Und draußen im Hof des Towers, da lagen weiße Stein',
Alle gefügt zum Kreise, drauf fiel der Sonnenschein,
Sie trat in die schimmernde Rundung: „Gnädige Königin, um Gott,
Auf diesen weißen Steinen stand Anna Bulens Schafott."

Und als das Wort gesprochen, da horch, Trompetenklang,
Über des Towers Zugbrück' der Rappe Marias sprang,
Maria Tudors Rappe – seht, wie sie im Sattel sitzt!
Eines Scheiterhaufens Flamme aus ihrem Auge blitzt.

Sie hebt sich rasch aus dem Sattel, nach wallt ihrer Schleppe Samt,
(Lady Gray, wo sind deine Freunde? tot oder zum Tode verdammt!) –
Sie schreitet hinan zum Throne, triumphierend schaut sie drein,
Ihre festen Schritte sprechen: Diese Stufen sind *mein*.

Lady Gray erwacht im Kerker, sie spricht: „Gott Ehr' und Preis!"
Drei Tage kommen und gehen, die Steine sind nicht mehr weiß,
Die Steine sind schwarz verhangen, eine Leiter muß Treppe sein,
Zwei lächelnde Augen sprechen: *Diese* Stufen sind mein.

Sie neigt sich vor dem Volke: „Gott segne die Königin!"
Sie neigt sich zum Gebete: „Mein Heiland, nimm mich hin!"
Sie neiget sich zum dritten – da war das Beil bereit – –
Lady Gray trägt ihren Purpur an Anna Bulens Seit.

Archibald Douglas

„Ich hab' es getragen sieben Jahr
Und ich kann es nicht tragen mehr!
Wo immer die Welt am schönsten war,
Da war sie öd' und leer.

Ich will hintreten vor sein Gesicht
In dieser Knechtsgestalt,
Er kann meine Bitte versagen nicht,
Ich bin ja worden alt.

Und trüg' er noch den alten Groll,
Frisch wie am ersten Tag,
So komme, was da kommen soll,
Und komme, was da mag."

Graf Douglas spricht's. Am Weg ein Stein
Lud ihn zu harter Ruh,
Er sah in Wald und Feld hinein,
Die Augen fielen ihm zu.

Er trug einen Harnisch, rostig und schwer,
Darüber ein Pilgerkleid. –
Da horch, vom Waldrand scholl es her.
Wie von Hörnern und Jagdgeleit.

Und Kies und Staub aufwirbelte dicht,
Her jagte Meut' und Mann,
Und ehe der Graf sich aufgericht't,
Waren Roß und Reiter heran.

König Jakob saß auf hohem Roß,
Graf Douglas grüßte tief,
Dem König das Blut in die Wange schoß,
Der Douglas aber rief:

„König Jakob, schaue mich gnädig an
Und höre mich in Geduld,
Was meine Brüder dir angetan,
Es war nicht meine Schuld.

Denk nicht an den alten Douglas-Neid,
Der trotzig dich bekriegt,
Denk lieber an deine Kinderzeit,
Wo ich dich auf den Knien gewiegt.

Denk lieber zurück an Stirling-Schloß,
Wo ich Spielzeug dir geschnitzt,
Dich gehoben auf deines Vaters Roß
Und Pfeile dir zugespitzt.

Denk lieber zurück an Linlithgow,
An den See und den Vogelherd,
Wo ich dich fischen und jagen froh
Und schwimmen und springen gelehrt.

O denk an alles, was einsten war,
Und sänftige deinen Sinn,
Ich hab' es gebüßet sieben Jahr,
Daß ich ein Douglas bin."

„Ich seh' dich nicht, Graf Archibald,
Ich hör' deine Stimme nicht,
Mir ist, als ob ein Rauschen im Wald
Von alten Zeiten spricht.

Mir klingt das Rauschen süß und traut,
Ich lausch' ihm immer noch,
Dazwischen aber klingt es laut:
Er ist ein Douglas doch.

Ich seh' dich nicht, ich höre dich nicht,
Das ist alles, was ich kann,
Ein Douglas vor meinem Angesicht
Wär' ein verlorener Mann."

König Jakob gab seinem Roß den Sporn,
Bergan ging jetzt sein Ritt,
Graf Douglas faßte den Zügel vorn
Und hielt mit dem Könige Schritt.

Der Weg war steil, und die Sonne stach,
Und sein Panzerhemd war schwer,
Doch ob er schier zusammenbrach,
Er lief doch nebenher.

„König Jakob, ich war dein Seneschall,
Ich will es nicht fürder sein,
Ich will nur warten dein Roß im Stall
Und ihm schütten die Körner ein.

Ich will ihm selber machen die Streu
Und es tränken mit eig'ner Hand,
Nur laß mich atmen wieder aufs neu
Die Luft im Vaterland.

Und willst du nicht, so hab' einen Mut,
Und ich will es danken dir,
Und zieh dein Schwert und triff mich gut
Und laß mich sterben hier."

König Jakob sprang herab vom Pferd,
Hell leuchtete sein Gesicht,
Aus der Scheide zog er sein breites Schwert,
Aber fallen ließ er es nicht.

„Nimm's hin, nimm's hin und trag' es neu
Und bewache mir meine Ruh',
Der ist in tiefster Seele treu,
Wer die Heimat liebt wie du.

Zu Roß, wir reiten nach Linlithgow,
Und du reitest an meiner Seit',
Da wollen wir fischen und jagen froh,
Als wie in alter Zeit."

Der letzte York

Lancaster herrscht, der Kampf ist aus, die rote Rose hat gesiegt,
Die weiße Rose, Blatt um Blatt, auf zwanzig blut'gen Feldern liegt,
Ein einz'ger nur, des Clarence Sohn, deß Herzblut nicht zu Boden floß,
Im Tower sitzt *Graf Edward York*, des alten Hauses letzter Sproß.

Er sitzt im Tower Jahre schon, am selben Gitterfenster schier,
Wo seinen Vater man ertränkt (er wollt' es so) in Malvasier,
Der Junge hat vom Alten her ererbt den immer leichten Sinn,
Er rechnet mit dem Leben nicht, und wie es fällt, so nimmt er's hin.

Die Drehbank kürzt ihm seinen Tag, es surrt das Rad, es klingt sein Lied,
Des Morgens ist er arbeitsfroh, des Abends ist er arbeitsmüd',
Er wirft sich auf sein Lager hin, hat festen Schlaf und guten Traum –
Daß er ein Sproß vom Hause York, der *letzte* Sproß, er weiß es kaum.

Es surrt das Rad; da rasselt's drauß' und klirrt im Schloß, Flurlicht fällt ein,
Sieh, der Lancasterkönig selbst, Herr Heinrich Tudor, tritt herein.
Er spricht: „Grüß Gott dich, Vetter York, nimm dieses Schwert und diesen Helm
Und drunten nimm mein bestes Roß – der Perkin Warbec ist ein Schelm!

Der Perkin Warbec ist ein Schelm, die blöde Menge läuft ihm zu,
Das macht, er nennt sich *Edward York* und lügt und prahlet: er sei du;
Der Dieb, er stiehlt mir meinen Schlaf, doch ich zerreiß' ihm seine List.
Komm mit und sprich zu allem Volk und zeig', daß du – du selber bist."

Sie reiten durch das Tower-Tor, auf Platz und Straße wogt es rings,
Das ist er! raunt die Menge rechts, das ist er! raunt die Menge links,
Er hört es nicht – das Puppenspiel trieb ihm ins Antlitz Grimm und Glut,
Mit eins lebendig worden ist in ihm das alte Königsblut.

Er grüßt nicht rechts, er grüßt nicht links, er starrt nur schweigend vor sich hin –
Graf Edward York, wo blieb dein Erb', des Vaters immer leichter Sinn?
Sie reiten still bis Ludgate-Hill, der König flüstert: „Vetter, hier!"
Der aber schweigt und murmelt erst am Tower-Tor: „Das denk' ich dir."

Und eh' die Nacht am tiefsten sinkt, ist seines Kerkers Zelle leer,
Ein Strick, aus Tüchern festgeknüpft, weht weiß im Winde hin und her,
Und eh' des andern Tages Schein noch hell in seine Zelle fällt,
Da tritt er schon, Helm auf dem Haupt, in Perkin Warbecs flatternd Zelt.

Er spricht: „Du nennst dich Edward York, und Edward York so nenn' ich mich,
Wer von uns zwei'n der rechte sei, beim ew'gen Gott, das findet sich,
Doch, daß du meinen Namen stahlst und mit ihm würfelst um den Thron,
Heut dank' ich's dir aus voller Brust, 'genüber diesem Tudor-Hohn.

Entgegen ihm! Und siegen wir, so trägst du Englands Krone mit!" –
Sie zogen aus und stritten gut, doch Heinrich Tudor besser stritt,
Er schlug zurück die Stürme all, Graf Edward tat den letzten Sturm,
Und eh' die Nacht am tiefsten sank, saß er aufs neu im Tower-Turm.

Der Morgen kommt; da rasselt's drauß' und klirrt im Schloß, Flurlicht fällt ein,
Sieh, des Lancasterkönigs Freund in rotem Mantel tritt herein.
Er spricht: „Grüß Gott dich, Edward York. Was ich dir tuen muß, vergib,
Doch will ich's tun mit fester Hand und treffen dich auf *einen* Hieb."

Sie schreiten durch das Tower-Tor, auf Platz und Straße wogt es rings,
Das ist er! raunt die Menge rechts, das ist er! raunt die Menge links,
Er grüßt nach rechts, er grüßt nach links, er starrt nicht länger vor sich hin,
Graf Edward York hat wieder ganz des Vaters immer leichten Sinn.

Sie schreiten still bis Ludgate-Hill, auf ragte da das Blutgerüst,
Graf Edward York, zum letzten Mal hat er das Kruzifix geküßt,
Die Lerchen stiegen himmelan, die Glocken klangen dumpf und matt,
Und rot von Blut zu Boden fiel der weißen Rose letztes Blatt.

Lied des James Monmouth

Es zieht sich eine blutige Spur
Durch unser Haus von alters,
Meine Mutter war seine Buhle nur,
Die schöne Lucy Walters.

Am Abend war's, leis wogte das Korn,
Sie küßten sich unter der Linde,
Eine Lerche klang und ein Jägerhorn –
Ich bin ein Kind der Sünde.

Meine Mutter hat mir oft erzählt
Von jenes Abends Sonne,
Ihre Lippen sprachen: Ich habe gefehlt!
Ihre Augen lachten vor Wonne.

Ein Kind der Sünde, ein Stuartkind,
Es blitzt wie Beil von weiten:
Den Weg, den alle geschritten sind,
Ich werd' ihn auch beschreiten.

Das Leben geliebt und die Krone geküßt
Und den Frauen das Herz gegeben,
Und den letzten Kuß auf das schwarze Gerüst –
Das ist ein Stuart-Leben.

Jung-Musgrave und Lady Barnard

Jung-Musgrave trat in die Kirche,
Sein Kleid war gold und blau;
Er grüßte die schönen Frauen,
Nicht so Unsre liebe Frau.

Er sah sich um im Kreise,
Nur eine fehlte noch;
Ein trat da Lady Barnard,
Das war die schönste doch.

Ihr Auge fiel auf Musgrave,
Ihr Auge wie Sonnenschein,
Da fühlte des Knaben Herze:
Der Lady Herz ist dein.

Sie flüsterte: „Jung-Musgrave,
Ich liebe dich seit lang!"
„So tat ich, liebe Lady,
Nur war mein Wort zu bang."

„Ich hab' ein Haus im Walde,
Verschwiegen und bewacht,
Und willst du kommen, Jung-Musgrave,
Jung-Musgrave, so komm heut nacht!"

Den Knaben überlief es,
Als habe sie ihn geküßt,
Er sprach: „Ich komme, lieb' Lady,
Und wenn ich sterben müßt."

Das hörte der Lady Läufer,
Nicht lang er so stund und sann:
„Und bin ich Myladys Läufer,
So bin ich Mylords Mann!"

Er sprach es und lief waldeinwärts,
Lief über das Heideland;
Die Sterne standen am Himmel,
Als vor dem Schloß er stand.

„Wach auf, wach auf, Lord Barnard,
Deine Ehr' ist krank und wund;
Jung-Musgrave und deine Lady,
Die küssen sich zur Stund'.

Sie küssen sich im Walde
In deines Försters Haus –
Laß satteln, Mylord Barnard,
Und komm und reite hinaus."

Der Lord fuhr auf vom Lager:
„Lieber Läufer, sprichst du wahr,
Mein Forst und meine Äcker
Sind deine auf ein Jahr.

Doch hast du falsch gesprochen,
Oder trog dich falscher Schein,
An den höchsten Baum im Walde
Sollst du gehangen sein!

Auf, auf, meine Mannen alle,
Und sattelt mein schnellstes Tier,
Oft sind wir rasch geritten,
Heut reiten rascher wir."

Hin ging es über die Heide,
Lord Barnards Horn erklang –
Jung-Musgrave küßte die Lady,
Er küßte sie so bang.

„Ich hör' es von fernher klingen, –
Das ist keine Wachtel im Korn,
Das ist kein Häher im Walde,
Das ist Lord Barnards Horn!"

„Gib mir die Hand, Jung-Musgrave,
Deine Lippen sind so kalt –
's ist Pfeif' und Horn des Hirten,
Was über die Heide schallt.

Dein Falk' hat Schellen und Bänder,
Dein Roß hat Streu und Korn,
Und du – du hast mich selber,
Was kümmert dich Pfeif' und Horn?"

Und als sie das gesprochen,
Lord Barnard hält davor –
Er hatte drei silberne Schlüssel,
Die schlossen Tür und Tor.

Er schob zurück den Vorhang,
Zorn schüttelte seinen Leib;
„Sag an, sag an, Jung-Musgrave,
Wie findest du mein Weib?"

„Ich finde sie süß, Lord Barnard,
Ich finde sie süß und traut,
Und schliefe doch lieber im Walde
Bei Ginster und Heidekraut."

„Steh auf, steh auf, Jung-Musgrave,
Leg Kleid und Waffen an,
Steh auf, ich mag nicht töten
Einen unbewehrten Mann.

Und hast du keine Waffen,
Ich hab' zwei Klingen hier,
Nimm du die beste und längste
Und laß die kürzeste mir."

Jung-Musgrave schlug zum ersten,
Er traf Lord Barnard gut,
Lord Barnard schlug zum zweiten,
Da lag der Knab' im Blut.

Die Lady warf sich auf ihn:
„Leb wohl mein süßer Knab',
Will beten für deine Seele,
Solang' ich Leben hab'."

„Dann bete schnell, lieb' Lady,
Und bete für dich mit!"
In ihren weißen Nacken
Die rote Klinge schnitt.

Lord Barnard stieg zu Rosse,
Auf glomm der erste Schein:
„Begrabt sie beieinander –
Ein Grab und einen Stein!"

Lord Barnard ritt von dannen,
Sah starr ins Morgenlicht:
„Die Ehre ist genesen,
Mein Herze ist es nicht!"

Prinz Louis Ferdinand

Sechs Fuß hoch aufgeschossen,
Ein Kriegsgott anzuschaun,
Der Liebling der Genossen,
Der Abgott schöner Fraun,
Blauäugig, blond, verwegen
Und in der jungen Hand
Den alten Preußendegen –
Prinz Louis Ferdinand.

Die Generalitäten
Kopfschütteln früh und spät,
Sie räuspern sich und treten
Vor Seine Majestät,
Sie sprechen: „Nicht zu dulden
Ist dieser Lebenslauf,
Die Mädchen und die Schulden
Zehren den Prinzen auf."

Der König drauf mit Lachen:
„Dank' schön, ich wußt' es schon;
Es gilt ihn kirr zu machen,
Drum: Festungsgarnison;
Er muß in die Provinzen
Und nicht länger hier verziehn,
Nach Magdeburg mit dem Prinzen –
Und *nie* Urlaub nach Berlin."

Der Prinz vernimmt die Märe,
Saß eben bei seinem Schatz:
„Nach Magdeburg, auf Ehre,
Das ist ein schlimmer Platz!"
Er meldet sich am Orte,
Und es spricht der General:
„Täglich elf Uhr zum Rapporte
Ein für allemal!"

O Prinz, das will nicht munden,
Doch denkt er: ‚Sei gescheit,
Volle vierundzwanzig Stunden
Sind eine hübsche Zeit.
Relais, viermal verschnaufen,
Auf dem Sattel Nachtquartier,
Und kann's *ein* Pferd nicht laufen,
So laufen's ihrer vier.'

Hin fliegt er wie die Schwalben,
Fünf Meilen ist Station,
Vom Braunen auf den Falben,
Das ist die Havel schon,
Vom Rappen auf den Schimmel,
Nun faßt die Sehnsucht ihn,
Drei Meilen noch – hilf Himmel,
Prinz Louis in Berlin.

Gegeben und genommen
Wird einer Stunde Glück,
Dann, flugs wie er gekommen,
Im Fluge geht's zurück,
Elf Uhr am andern Tage
Hält er am alten Ort,
Und mit dem Glockenschlage
Da steht er zum Rapport. –

Das war nur bloßes Reiten,
Doch wer so reiten kann,
Der ist in rechten Zeiten
Auch wohl der rechte Mann;
Schon über Tal und Hügel
Stürmt ostwärts der Koloß –
Prinz Louis sitzt am Flügel
Im Rudolstädter Schloß.

Es blitzt der Saal von Kerzen,
Zwölf Lichter um ihn stehn,
Nacht ist's in seinem Herzen,
Und Nacht nur kann er sehn,
Die Töne schwellen, rauschen,
Es klingt wie Lieb' und Haß,
Die Damen stehn und lauschen,
Und was er spielt, ist *das:*

‚Zu spät zu Kampf und Beten,
Der Feinde Rosses-Huf
Wird über Nacht zertreten,
Was ein Jahrhundert schuf,
Ich seh' es fallen, enden,
Und wie alles zusammenbricht –
Ich kann den Tag nicht wenden,
Aber *leben* will ich ihn nicht!'

Und als das Wort verklungen,
Rollt Donner schon der Schlacht,
Er hat sich aufgeschwungen,
Und sein Herze noch einmal lacht,
Vorauf den andern allen
Er stolz zusammenbrach,
Prinz Louis war gefallen,
Und Preußen fiel – ihm nach.

Gorm Grymme

König Gorm herrscht über Dänemark,
Er herrscht die dreißig Jahr,
Sein Sinn ist fest, seine Hand ist stark,
Weiß worden ist nur sein Haar,
Weiß worden sind nur seine buschigen Brau'n,
Die machten manchen stumm,
In Grimme liebt er drein zu schaun, –
Gorm Grymme heißt er drum.

Und die Jarls kamen zum Feste des Jul,
Gorm Grymme sitzt im Saal,
Und neben ihm sitzt, auf beinernem Stuhl,
Thyra Danebod, sein Gemahl;
Sie reichen einander still die Hand
Und blicken sich an zugleich,
Ein Lächeln in beider Auge stand –
Gorm Grymme, was macht dich so weich?

Den Saal hinunter, in offner Hall',
Da fliegt es wie Locken im Wind,
Jung-Harald spielt mit dem Federball,
Jung-Harald, ihr einziges Kind,
Sein Wuchs ist schlank, blond ist sein Haar,
Blau-golden ist sein Kleid,
Jung-Harald ist heut fünfzehn Jahr,
Und sie lieben ihn allbeid'.

Sie lieben ihn beid'; eine Ahnung bang
Kommt über die Königin,
Gorm Grymme aber den Saal entlang
Auf Jung-Harald deutet er hin,
Und er hebt sich zum Sprechen – sein Mantel rot
Gleitet nieder auf den Grund:
„Wer je mir spräche ‚er ist tot',
Der müßte sterben zur Stund'!"

Und Monde gehn. Es schmolz der Schnee,
Der Sommer kam zu Gast,
Dreihundert Schiffe fahren in See,
Jung-Harald steht am Mast,
Er steht am Mast, er singt ein Lied,
Bis sich's im Winde brach,
Das letzte Segel, es schwand, es schied –
Gorm Grymme schaut ihm nach.

Und wieder Monde. Grau-Herbstestag
Liegt über Sund und Meer,
Drei Schiffe mit mattem Ruderschlag
Rudern heimwärts drüber her;
Schwarz hängen die Wimpel; auf Brömsebro-Moor
Jung-Harald liegt im Blut –
Wer bringt die Kunde vor Königs Ohr?
Keiner hat den Mut.

Thyra Danebod schreitet hinab an den Strand,
Sie hatte die Segel gesehn;
Sie spricht: „Und bangt sich euer Mund,
Ich meld' ihm, was geschehn."
Ab legt sie ihr rotes Korallengeschmeid'
Und die Gemme von Opal,
Sie kleidet sich in ein schwarzes Kleid
Und tritt in Hall' und Saal.

In Hall' und Saal. An Pfeiler und Wand
Goldteppiche ziehen sich hin,
Schwarze Teppiche nun mit eigener Hand
Hängt drüber die Königin,
Und sie zündet zwölf Kerzen, ihr flackernd Licht,
Es gab einen trüben Schein,
Und sie legt ein Gewebe, schwarz und dicht,
Auf den Stuhl von Elfenbein.

Ein tritt Gorm Grymme. Es zittert sein Gang,
Er schreitet wie im Traum,
Er starrt die schwarze Hall' entlang,
Die Lichter, er sieht sie kaum,
Er spricht: „Es weht wie Schwüle hier,
Ich will an Meer und Strand,
Reich meinen rot-goldenen Mantel mir
Und reiche mir deine Hand."

Sie gab ihm um einen Mantel dicht,
Der war nicht golden, nicht rot,
Gorm Grymme sprach: „Was niemand spricht,
Ich sprech' es: er ist tot."
Er setzte sich nieder, wo er stand,
Ein Windstoß fuhr durchs Haus,
Die Königin hielt des Königs Hand,
Die Lichter loschen aus.

Der 6. November 1632
(Schwedische Sage)

Schwedische Heide, Novembertag,
Der Nebel grau am Boden lag,
Hin über das Steinfeld von Dalarn
Holpert, stolpert ein Räderkarrn.

Ein Räderkarrn, beladen mit Korn;
Lorns Atterdag zieht an der Deichsel vorn,
Niels Rudbeck schiebt. Sie zwingen's nicht,
Das Gestrüpp wird dichter; Niels aber spricht:

„Buschginster wächst hier über den Steg,
Wir gehen in die Irr', wir missen den Weg,
Wir haben links und rechts vertauscht –
Hörst du, wie der Dal-Elf rauscht?"

„Das ist nicht der Dal-Elf, der Dal-Elf ist weit,
Es rauscht nicht vor uns und nicht zur Seit',
Es lärmt in Lüften, es klingt wie Trab,
Wie Reiter wogt es auf und ab.

Es ist wie Schlacht, die herwärts dringt,
Wie Kirchenlied es dazwischen klingt,
Ich hör' in der Rosse wieherndem Trott:
Eine feste Burg ist unser Gott!"

Und kaum gesprochen, da Lärmen und Schrei'n,
In tiefen Geschwadern bricht es herein,
Es brausen und dröhnen Luft und Erd',
Vorauf ein Reiter auf weißem Pferd.

Signale, Schüsse, Rossegestampf,
Der Nebel wird schwarz wie Pulverdampf,
Wie wilde Jagd, so fliegt es vorbei –
Zitternd ducken sich die Zwei.

Nun ist es vorüber ... Da wieder mit Macht
Rückwärts wogt die Reiterschlacht,
Und wieder dröhnt und donnert die Erd',
Und wieder vorauf das weiße Pferd.

Wie ein Lichtstreif durch den Nebel es blitzt,
Kein Reiter mehr im Sattel sitzt,
Das fliehende Tier, es dampft und raucht,
Sein Weiß ist tief in Rot getaucht.

Der Sattel blutig, blutig die Mähn',
Ganz Schweden hat das Roß gesehn –
Auf dem Felde von Lützen am selben Tag
Gustav Adolf in seinem Blute lag.

Die Brück' am Tay
(28. Dezember 1879)

> When shall we three meet again?
> *Macbeth*

„Wann treffen wir drei wieder zusamm?"
„Um die siebente Stund', am Brückendamm."
„Am Mittelpfeiler."
„Ich lösche die Flamm."
„Ich mit."
„Ich komme vom Norden her."
„Und ich vom Süden."
„Und ich vom Meer."

„Hei, das gibt einen Ringelreihn,
Und die Brücke muß in den Grund hinein."

„Und der Zug, der in die Brücke tritt
Um die siebente Stund'?"
„Ei, der muß mit."
„Muß mit."
„Tand, Tand
Ist das Gebilde von Menschenhand!"

*

Auf der *Norder*seite, das Brückenhaus –
Alle Fenster sehen nach Süden aus,
Und die Brücknersleut' ohne Rast und Ruh
Und in Bangen sehen nach Süden zu,
Sehen und warten, ob nicht ein Licht

Übers Wasser hin „Ich komme" spricht,
„Ich komme, trotz Nacht und Sturmesflug,
Ich, der Edinburger Zug."

Und der Brückner jetzt: „Ich seh' einen Schein
Am anderen Ufer. Das muß er sein.
Nun, Mutter, weg mit dem bangen Traum,
Unser Johnie kommt und will seinen Baum,
Und was noch am Baume von Lichtern ist,
Zünd' alles an wie zum heiligen Christ,
Der will heuer *zweimal* mit uns sein, –
Und in elf Minuten ist er herein."

*

Und es war der Zug. Am *Süder*turm
Keucht er vorbei jetzt gegen den Sturm,
Und Johnie spricht: „Die Brücke noch!
Aber was tut es, wir zwingen es doch.
Ein fester Kessel, ein doppelter Dampf,
Die bleiben Sieger in solchem Kampf.
Und wie's auch rast und ringt und rennt,
Wir kriegen es unter, das Element.

Und unser Stolz ist unsre Brück';
Ich lache, denk' ich an früher zurück,
An all den Jammer und all die Not
Mit dem elend alten Schifferboot;
Wie manche liebe Christfestnacht
Hab' ich im Fährhaus zugebracht
Und sah unsrer Fenster lichten Schein
Und zählte und konnte nicht drüben sein."

Auf der Norderseite, das Brückenhaus –
Alle Fenster sehen nach Süden aus,
Und die Brücknersleut' ohne Rast und Ruh
Und in Bangen sehen nach Süden zu;
Denn wütender wurde der Winde Spiel,
Und jetzt, als ob Feuer vom Himmel fiel',
Erglüht es in niederschießender Pracht
Überm Wasser unten ... Und wieder ist Nacht.

„Wann treffen wir drei wieder zusamm?"
   „Um Mitternacht, am Bergeskamm."
      „Auf dem hohen Moor, am Erlenstamm."

*

„Ich komme."
    „Ich mit."
        „Ich nenn' euch die Zahl."
„Und ich die Namen."
        „Und ich die Qual."
„Hei!
    Wie Splitter brach das Gebälk entzwei."
        „Tand, Tand
Ist das Gebilde von Menschenhand."

John Maynard

John Maynard!

„Wer ist John Maynard?"

„John Maynard war unser Steuermann,
Aus hielt er, bis er das Ufer gewann,
Er hat uns gerettet, er trägt die Kron',
Er starb für uns, unsre Liebe sein Lohn.
John Maynard."

*

Die „Schwalbe" fliegt über den Eriesee,
Gischt schäumt um den Bug wie Flocken von Schnee,
Von Detroit fliegt sie nach Buffalo –
Die Herzen aber sind frei und froh,
Und die Passagiere mit Kindern und Fraun
Im Dämmerlicht schon das Ufer schaun,
Und plaudernd an John Maynard heran
Tritt alles: „Wie weit noch, Steuermann?"
Der schaut nach vorn und schaut in die Rund':
„Noch dreißig Minuten... Halbe Stund".

Alle Herzen sind froh, alle Herzen sind frei –
Da klingt's aus dem Schiffsraum her wie Schrei,
„Feuer!" war es, was da klang,
Ein Qualm aus Kajüt' und Luke drang,
Ein Qualm, dann Flammen lichterloh,
Und noch zwanzig Minuten bis Buffalo.

Und die Passagiere, buntgemengt,
Am Bugspriet stehn sie zusammengedrängt,
Am Bugspriet vorn ist noch Luft und Licht,
Am Steuer aber lagert sich's dicht,
Und ein Jammern wird laut: „Wo sind wir? wo?"
Und noch fünfzehn Minuten bis Buffalo.

Der Zugwind wächst, doch die Qualmwolke steht,
Der Kapitän nach dem Steuer späht,
Er sieht nicht mehr seinen Steuermann,
Aber durchs Sprachrohr fragt er an:
„Noch da, John Maynard?"
„Ja, Herr. Ich bin."
„Auf den Strand! In die Brandung!"
„Ich halte drauf hin."
Und das Schiffsvolk jubelt: „Halt aus! Hallo!"
Und noch zehn Minuten bis Buffalo.

„Noch da, John Maynard?" Und Antwort schallt's
Mit ersterbender Stimme: „Ja, Herr, ich halt's!"
Und in die Brandung, was Klippe, was Stein,
Jagt er die „Schwalbe" mitten hinein.

Soll Rettung kommen, so kommt sie nur *so*.
Rettung: der Strand von Buffalo.

*

Das Schiff geborsten. Das Feuer verschwelt.
Gerettet alle. Nur *einer* fehlt!

*

Alle Glocken gehn; ihre Töne schwell'n
Himmelan aus Kirchen und Kapell'n,
Ein Klingen und Läuten, sonst schweigt die Stadt,
Ein Dienst nur, den sie heute hat:
Zehntausend folgen oder mehr,
Und kein Aug' im Zuge, das tränenleer.

Sie lassen den Sarg in Blumen hinab,
Mit Blumen schließen sie das Grab,
Und mit goldner Schrift in den Marmorstein
Schreibt die Stadt ihren Dankspruch ein:
„Hier ruht John Maynard! In Qualm und Brand
Hielt er das Steuer fest in der Hand,
Er hat uns gerettet, er trägt die Kron',
Er starb für *uns*, unsre Liebe sein Lohn.
    John Maynard."

Jan Bart

Jan Bart geht über den Vlissinger Damm.
„Hür', Katrin, wi trecken tosamm;
En Huus, en Boot, 'ne Zieg' un 'ne Kuh,
Wat mienst, Katrin? Sy miene Fru."

Katrin an ihrem Friesrock zog:
„Ne, Jan, bist mi nich Mynherr 'noog."
Der nickt und lacht: „Na, denn Adje."
Und nach Frankreich geht er und sticht in See.

Matrose, Maat, so fängt er an,
Auf der zweiten Reise: Steuermann,
Auf der dritten: Leutnant unter Du Quesne,
Auf der vierten: Flottenkapitän.

Und als es mit England kommt zum Krieg,
Wo Jan Bart erscheint, erscheint der Sieg,
Wie stolz das britische Banner auch weh',
Jan Bart ist Herr und fegt die See.

Heut aber tritt er vor seinen Herrn,
Vor Louis quatorze. Der sieht ihn gern.
„Willkommen, Jan Bart, in diesem Saal,
Ich ernenn' Euch zu meinem Groß-Admiral."

Jan Bart verneigt sich: Majestät,
Was klug und recht ist, kommt nie zu spät."
Alles starrt auf den König, der aber lacht –
Jan Bart hat sich wieder heim gemacht.

Und am Vlissinger Damm, an alter Stell',
Sitzt wieder Katrin auf ihrer Schwell',
Ihren Ältesten hält sie bei der Hand,
Der Jüngste liegt und spielt im Sand.

Er grüßt sie lachend und noch einmal:
„Katrin, ich bin nu Groß-Admiral,
Katrin, w'rüm biste nich mit mi goahn?"
„Joa, wenn ick't *wußt* hätt', hätt' ick't doahn."

Herr von Ribbeck auf Ribbeck im Havelland

Herr von Ribbeck auf Ribbeck im Havelland,
Ein Birnbaum in seinem Garten stand,
Und kam die goldene Herbsteszeit
Und die Birnen leuchteten weit und breit,
Da stopfte, wenn's Mittag vom Turme scholl,
Der von Ribbeck sich beide Taschen voll,
Und kam in Pantinen ein Junge daher,
So rief er: „Junge, wiste 'ne Beer?"
Und kam ein Mädel, so rief er: „Lütt Dirn,
Kumm man röwer, ick hebb 'ne Birn."

So ging es viel Jahre, bis lobesam
Der von Ribbeck auf Ribbeck zu sterben kam.
Er fühlte sein Ende. 's war Herbsteszeit,
Wieder lachten die Birnen weit und breit,
Da sagte von Ribbeck: „Ich scheide nun ab.
Legt mir eine Birne mit ins Grab."
Und drei Tage drauf, aus dem Doppeldachhaus,
Trugen von Ribbeck sie hinaus,
Alle Bauern und Büdner mit Feiergesicht
Sangen „Jesus meine Zuversicht",
Und die Kinder klagten, das Herze schwer:
„He is dod nu. Wer giwt uns nu 'ne Beer?"

So klagten die Kinder. Das war nicht recht,
Ach, sie kannten den alten Ribbeck schlecht,
Der *neue* freilich, der knausert und spart,
Hält Park und Birnbaum strenge verwahrt.
Aber der *alte*, vorahnend schon
Und voll Mißtrauen gegen den eigenen Sohn,
Der wußte genau, was damals er tat,
Als um eine Birn' ins Grab er bat,
Und im dritten Jahr, aus dem stillen Haus
Ein Birnbaumsprößling sproßt heraus.

Und die Jahre gehen wohl auf und ab,
Längst wölbt sich ein Birnbaum über dem Grab,
Und in der goldenen Herbsteszeit
Leuchtet's wieder weit und breit.
Und kommt ein Jung' übern Kirchhof her,
So flüstert's im Baume: „Wist 'ne Beer?"
Und kommt ein Mädel, so flüstert's: „Lütt Dirn,
Kumm man röwer, ick gew di 'ne Birn."

So spendet Segen noch immer die Hand
Des von Ribbeck auf Ribbeck im Havelland.

Fire, but don't hurt the flag!

Konsul Cunningham, an die dreißig Jahr
Ist er im Amt schon in Tulcahuar.

Ein chilenischer Tag heut; stahlblau die Luft,
Von Westen her weht es wie Meeresduft,
Und auf Cunninghams Hause, leis und lind,
Englands Flagge spielt im Wind.

Jetzt aber, ein Windstoß setzt eben ein,
Klingt's die Straße herauf wie von Lärmen und Schrei'n,
Soldaten und Volk („ist der Teufel los?")
Und inmitten des Haufens ein brit'scher Matros.

An schwillt das Gelärm, und als näher es kam,
Auf die Straße hinaus tritt Cunningham,
Engländer der Alte, von Kopf zu Zeh,
Glatt, rosig, sein spärliches Haar wie Schnee,
Dazu, nach britischem Brauch und Geschmack,
In weißem Gilet und schwarzem Frack.

Trommeln wirbeln, die Pfeife gellt,
Und als der Zug vor dem Hause jetzt hält,
Der Matrose tritt vor: „Herr, bin in Not,
Erbarmt Euch, sie schleppen mich in den Tod,
Chilenisch Volk, es klagt mich an,
Ich sei der Mörder, *ich* hätt' es getan;
Ein andrer führte Stoß und Stich,
Unschuldig bin ich, rettet mich!"

Ein Murmeln, ein Murren. Noch hält der Hauf,
Konsul Cunningham steigt auf das Flachdach hinauf,
Auf dem Flachdach oben, leis und lind,
Englands Flagge spielt im Wind;
Die läßt er herab jetzt – um Schulter und Frack
Schlingt er ruhig-bedächtig den Union-Jack,
Dann wieder treppabwärts: „Nun laßt uns gehn.
Ich will dich begleiten. Wir wollen sehn."

Und draußen, auf dem Hügel von Sand,
In des Todes Aug' der Matrose stand,
Peloton tritt vor, schon schlagen sie an,
Da, über den verlorenen Mann
Wirft der Konsul das Flaggtuch: „Nun schieße, wer mag;
Fire, but don't hurt the flag!"

Da senken die Gewehre sich still,
Keiner, der es wagen will.

Wann kommt auch für uns der goldne Tag:
Fire, but don't hurt the flag!

[Fire, but don't hurt the flag: Schießt, aber trefft die Flagge nicht. –
Gilet, frz.: Weste. – Peloton: Gruppe, Zug.]

Die Balinesenfrauen auf Lombok

Unerhört,
Auf Lombok hat man sich empört,
Auf der Insel Lombok die Balinesen
Sind mit Mynheer unzufrieden gewesen.

Und die Mynheers faßt ein Zürnen und Schaudern,
„Aus mit dem Brand, ohne Zögern und Zaudern",
Und allerlei Volk, verkracht, verdorben,
Wird von Mynheer angeworben,
Allerlei Leute mit Mausergewehren
Sollen die Balinesen bekehren.
Vorwärts, ohne Sinn und Plan,
Aber auch planlos wird es getan,
Hinterlader arbeitete gut,
Und die Männer liegen in ihrem Blut.

Die Männer. Aber groß anzuschaun
Sind da noch sechzig stolze Fraun,
All eingeschlossen zu Wehr und Trutz
In eines Buddha-Tempels Schutz.
Reichgekleidet, goldgeschmückt,
Ihr jüngstes Kind an die Brust gedrückt,
Hochaufgericht't eine jede stand,
Den Feind im Auge, den Dolch in der Hand.

Die Kugeln durchschlagen Trepp' und Dach,
„Wozu hier noch warten, feig und schwach?"
Und die Türen auf und hinab ins Tal,
Hoch ihr Kind und hoch den Stahl
(Am Griffe funkelt der Edelstein),
So stürzen sie sich in des Feindes Reihn.
Die Hälfte fällt tot, die Hälfte fällt wund,
Aber jede will sterben zu dieser Stund,
Und die Letzten, in stolzer Todeslust,
Stoßen den Dolch sich in die Brust.

Mynheer derweilen, in seinem Kontor,
Malt sich christlich Kulturelles vor.

Moritz Graf von Strachwitz
1822–1847

Ein Märchen

Als jüngst im grünen Hage
Am Schlaf sich ein Dichter geletzt,
Da hat das Fräulein Sage
Sich neben ihn hingesetzt.

Es war ein schmuckes Pflänzchen,
Nur etwas sehr kokett;
Im Haare das Efeukränzchen,
Das stand ihr gar zu nett.

Ihr Haar war lang und flachsen,
Ihr Nacken war superb,
Sie war recht gut gewachsen,
Nur etwas gar zu derb.

Von Schminken und Schönheitspflastern
Da ward dem Dichter nichts kund;
Ihr Busen war alabastern,
Nur etwas gar zu rund.

Ihr Aug' war tief und nächtig,
Nur etwas gar zu groß;
Sie trug sich reich und prächtig,
Nur etwas gar zu bloß.

Sie machten Wahlverwandtschaft,
Der Dichter war galant,
Sie war bei näherer Bekanntschaft
Ausnehmend interessant.

Viel Bilder, alt und neue;
Die malte sie frisch und gut,
Das Blaue mit Augenbläue,
Das Rote mit Heldenblut,

Das Grüne mit Schmelz der Triften,
Das Goldne mit Sonnenpracht,
Das Helle mit Himmelslüften,
Das Dunkle mit Waldesnacht.

Sie erzählte lange Geschichten,
Geschichten von Lust und Weh,
Von den Nixen, ihren Nichten,
Von ihrer Tante, der Fee.

Sie sprach mit vielem Geschnatter
Nach echter Fräuleinsart
Von dem Kobold ihrem Gevatter,
Und seinem langen Bart.

Vom Strommann im Flutkristalle
Erzählte sie Zauberwerk;
In des Berges Rubinenhalle,
Da kannte sie jeden Zwerg.

Mit der Heinzelmännchen Gelichter,
Da hatte sie oft getost:
Ein jeder der toten Dichter,
Der hatte mit ihr gekost.

Ein jeder der toten Ritter,
Das war ein Buhle von ihr,
Sie folgt' ihm ins Kampfgewitter
Als Fräulein Aventür.

Dem Dichter täten gefallen
Nicht ganz die Märchen der Fee,
Er vermißte in dem allen
Die politische Grundidee.

Er frug mit ängstlichem Flüstern
– Die Sache war riskant –
Nach den Elfen, ihren Geschwistern,
Und den Dingen aus Elfenland.

Er schwärmte ganz ekstatisch
Von der Elfen Konstitution,
Er bot recht demokratisch
Der Elfenregierung Hohn.

Sie aber sprach gar nicht verbindlich:
„Mein Herr, was schwatzen Sie da!
Das erzählt man täglich und stündlich
Auf allen Märkten ja.

Von Ihren Freiheitsglorien,
Da schwärmt ja jedermann,
Was gehn dergleichen Historien
Ein romantisches Fräulein an?

Und wer unter Märchenbäumen
Will schlummern ungeniert,
Der muß die Welt verträumen
Und wie sie wird regiert.

Und wer sich an meinem Zauber
Nicht freun kann innig und ganz,
Der ist ein Blöder und Tauber
Beim tönenden Sphärentanz."

Das Fräulein tät sich flüchten,
Er aber glaubt' ihr nicht,
Er machte aus ihren Geschichten
Ein politisches Lehrgedicht.

Ein anderer Orpheus

Das ist ein guter Harfner traun,
Der in des Todes Weh,
Wenn man die Finger ihm abgehaun,
Noch harft mit seiner Zeh'. –

Ihr kennt den Tod, den Sigurd litt,
Ihn schlug der Schwäger List,
Und der den Drachen niederstritt,
Er fiel durch Frauenzwist.

Als vor der Tür nun kalt und wund
Lag König Sigurds Leib,
Da freite König Atlis Mund
Um König Sigurds Weib.

Und eh' sie fuhr gen Hunnenland,
Die Königin Gudrunur,
Da schwur sie in des Toten Hand
Einen siebenfachen Schwur.

Sie schwur bei Sigurds Todesstund
Den Mördern Schmach und Pein:
„Mein Bote, reite du nach Burgund
Und lade die Brüder mein!"

Zu den Hunnen übers Donaufeld
Da ritten die Niflungar;
König Högni war der eine Held,
Der andre hieß Gunnar.

König Högni war ein kühnes Blut,
Sein Stahl war selten kalt,
König Gunnar schlug die Harfe gut,
Nie war ein bessrer Skald. –

Ihr wißt, wie Atlis grimmig Gemahl
Die trotzigen Helden fing,
Ihr kennt die Schlacht in Etzels Saal
Und wie sie zu Ende ging.

König Högni vor der Schwester stand,
Ihr Sinn war grimm und graus,
Sie riß ihm mit der weißen Hand
Sein rotes Herz heraus.

König Gunnar ließ die Harfe nicht:
„Die fahre mit mir ins Grab!"
Sie hieb ihm an der Harfe dicht
Die beiden Hände ab:

„Nun fahre du samt der Harfe hin
Und spiele vor Schlang' und Wurm!"
Ihn werfen ließ die Königin
In den tiefen Schlangenturm.

Es lag der Degen todeswund
Und blickte wild im Kreis,
Da hub sich überm feuchten Grund
Das wimmelnde Geschmeiß.

Und aus den Ritzen rechts und links
Vorkam's und kroch's und quoll's
Und zischend um den Ritter rings
Zehntausendstimmig scholl's.

Ein zitterleibiges Gewühl,
So wand sich's durcheinand,
Es regt im zuckenden Wellenspiel
Schwarzwimmelnd sich Grund und Wand.

Und um des Helden Bein und Arm
Da schnürte sich's dort und hier,
Es legte sich über die Wunden warm
Das glatte kalte Getier. –

„Das ist ein guter Harfner traun,
Der in des Todes Weh,
Wenn man die Finger ihm abgehaun,
Noch harft mit seiner Zeh'!"

König Gunnar auf dem Rücken lag,
Er hörte der Schwester Gruß;
Die Harfe bebte vom vollen Schlag,
Er rührte sie mit dem Fuß.

Es war ein ganzer Harfensturm,
Er rührte die Füße beid',
Weithin erscholl durch Schloß und Turm
Des Helden Herzeleid.

Und wie die erste Saite scholl,
Ward stumm der Nattern Wust,
Sie hoben den Kopf verwundrungsvoll
Und züngelten voller Lust.

Drei Tage erscholl der Harfe Stimm',
Drei Nächte stark und gut,
Und ringsum horchte trotz Hunger und Grimm
Die funkeläugige Brut.

Und als sie schwieg in der dritten Nacht,
Beim vierten Morgenrot
Anbissen die Nattern mit aller Macht,
Der König aber – war tot.

Das Herz von Douglas

Oh! Douglas, Douglas, stolz und treu.
John Home.

„Graf Douglas, presse den Helm ins Haar,
Gürt' um dein lichtblau Schwert,
Schnall' an dein schärfstes Sporenpaar
Und sattle dein schnellstes Pferd!

Der Totenwurm pickt in Scones Saal,
Ganz Schottland hört ihn hämmern,
König Robert liegt in Todesqual,
Sieht nimmer den Morgen dämmern!" –

Sie ritten vierzig Meilen fast
Und sprachen Worte nicht vier,
Und als sie kamen vor Königs Palast,
Da blutete Sporn und Tier.

König Robert lag im Norderturn,
Sein Auge begann zu zittern:
„Ich höre das Schwert von Bannockburn
Auf der Treppe rasseln und schüttern!

Ha! Gottwillkomm, mein tapfrer Lord!
Es geht mit mir zu End',
Und du sollst hören mein letztes Wort
Und schreiben mein Testament:

Es war am Tag von Bannockburn,
Da aufging Schottlands Stern,
Es war am Tag von Bannockburn,
Da schwur ich's Gott dem Herrn:

Ich schwur, wenn der Sieg mir sei verliehn
Und fest mein Diadem,
Mit tausend Lanzen wollt' ich ziehn
Hin gen Jerusalem.

Der Schwur wird falsch, mein Herz steht still,
Es brach in Müh' und Streit;
Es hat, wer Schottland bändigen will,
Zum Pilgern wenig Zeit.

Du aber, wenn mein Wort verhallt
Und aus ist Stolz und Schmerz,
Sollst schneiden aus meiner Brust alsbald
Mein schlachtenmüdes Herz.

Du sollst es hüllen in roten Samt
Und schließen in gelbes Gold,
Und es sei, wenn gelesen mein Totenamt,
Im Banner das Kreuz entrollt.

Und nehmen sollst du tausend Pferd'
Und tausend Helden frei,
Und geleiten mein Herz in des Heilands Erd',
Damit es ruhig sei!"

*

„Nun vorwärts, Angus und Lothian,
Laßt flattern den Busch vom Haupt,
Der Douglas hat des Königs Herz,
Wer ist es, der's ihm raubt?

Mit den Schwertern schneidet die Taue ab,
Alle Segel in die Höh'!
Der König fährt in das schwarze Grab,
Und wir in die schwarzblaue See!"

Sie fuhren Tage neunzig und neun,
Gen Ost war der Wind gewandt,
Und bei dem hundertsten Morgenschein,
Da stießen sie an das Land.

Sie ritten über die Wüste gelb,
Wie im Tale blitzt der Fluß,
Die Sonne stach durchs Helmgewölb'
Als wie ein Bogenschuß.

Und die Wüste war still und kein Lufthauch blies,
Und schlaff hing Schärpe und Fahn',
Da flog in Wolken der stäubende Kies,
Draus flimmernde Spitzen sahn.

Und die Wüste ward voll, und die Luft erscholl,
Und es hob sich Wolk' an Wolk',
Aus jeder berstenden Wolke quoll
Speerwerfendes Reitervolk.

Zehntausend Lanzen funkelten rechts,
Zehntausend schimmerten links. –
„Allah, il Allah!" scholl es rechts,
„Il Allah!" scholl es links. –

Der Douglas zog die Zügel an,
Und still stand Herr und Knecht:
„Beim heiligen Kreuz und St. Alban,
Das gibt ein grimmig Gefecht!"

Ein Kette von Gold um den Hals ihm ging,
Dreimal um ging sie rund,
Eine Kapsel an der Kette hing,
Die zog er an den Mund:

„Du bist mir immer gegangen voran,
O Herz! bei Tag und Nacht.
Drum sollst du auch heut, wie du stets getan,
Vorangehn in die Schlacht.

Und verlasse der Herr mich drüben nicht,
Wie ich hier dir treu verblieb,
Und gönne mir noch auf das Heidengezücht
Einen christlichen Schwerteshieb."

Er warf den Schild auf die linke Seit'
Und band den Helm herauf,
Und als zum Würgen er saß bereit,
In den Bügeln stand er auf:

„Wer dies Geschmeid' mir wieder schafft,
Des Tages Ruhm *sei sein!*"
Da warf er das Herz mit aller Kraft
In die Feinde mitten hinein.

Sie schlugen das Kreuz mit dem linken Daum,
Die Rechte den Schaft legt' ein,
Die Schilde zurück und los den Zaum!
Und sie ritten drauf und drein. –

Und es war ein Stoß, und es war eine Flucht
Und rasender Tod rundum,
Und die Sonne versank in die Meeresbucht
Und die Wüste war wieder stumm.

Und der Stolz des Ostens, er lag gefällt
Im meilenweiten Kreis,
Und der Sand ward rot auf dem Leichenfeld,
Der nie mehr wurde weiß.

Von den Heiden allen durch Gottes Huld
Entrann nicht Mann noch Pferd,
Kurz ist die schottische Geduld
Und lang ein schottisch Schwert!

Doch wo am dicksten ringsumher
Die Feinde lagen im Sand,
Da hatte ein falscher Heidenspeer
Dem Grafen das Herz durchrannt.

Und er schlief mit klaffendem Kettenhemd,
Längst aus war Stolz und Schmerz,
Doch unter dem Schilde festgeklemmt
Lag König Roberts Herz.

Hermann Lingg
1820–1905

Attila's Schwert

Unterm Eichbaum auf der Heide
Liegt ein Riesenschwert uralt,
Oft in seiner dunklen Scheide
Zuckt es durch den Felsenspalt.

Heimlich warten Gnom und Elfe,
Wachsam bei dem großen Schatz;
Aber Eber nur und Wölfe
Wissen den gefeiten Platz.

Endlich finden's Hunnenkrieger,
Attila empfängt den Hort,
Und er ruft: Als Weltbesieger
Grüßt mich hier ein Götterwort.

Spricht's und schwingt das Schwert der Ahnen
Wie zum Wurf nach West empor,
Allen Hunnen und Alanen
Schien es wie ein Meteor.

Hoher Widerschein am Himmel,
Dehnt sich wie Kometenglanz;
Durch die Luft ein Schlachtgetümmel
Hört der Kaiser in Byzanz.

Hört's und ruft den Astrologen,
Der ihm nun, wie alles schweigt,
Auf des Bospors dunklen Wogen
Schwanke blasse Sterne zeigt:

„Kaiser, Gott und Götter schlafen,
Deine großen Feinde nahn,
Mische Gift und opfre Sklaven,
Taten hast du nie getan!"

Moritz Hartmann
1821–1872

Die Lampe

Ein Rabbi war im alten Prag,
Ein guter Mann und gottergeben,
Der treulich seiner Lehre pflag
Und klug erklärte Buch und Leben.
So mocht' er standhaft alle Plagen
Des Geistes und des Leibes tragen,
Und hatt' er nicht den Bissen Brot,
Er sprach: Ein Schein nur ist die Not.

So gut nicht wurd' es seinem Weibe:
Die sah mit Trauer, ohne Trost
Das schlechte Kleid auf ihrem Leibe,
Auf ihrem Tisch die schlechte Kost.
Das war ein täglich Leid, zu Gram
Erst wurd' es, wenn der Sabbat kam
Und ihr jedwedes abgegangen,
Den Festtag festlich zu empfangen.

Ihr Aug von Tränen angefüllt,
Rief sie: Kein Fisch ist in der Pfanne,
In Fetzen du und ich gehüllt,
Kein Wein zum Segen in der Kanne!
Er nahm sie lächelnd bei der Hand,
Und nach der Lampe hingewandt,
Die von dem Sims, mit sieben Zinken
Gleich einem Sterne schien zu winken,

Sprach er, als ob er sagen wollt'
Ein groß Geheimnis: Laß die Sorgen,
Verrat es nicht, sie ist von Gold!
O, sieh sie an – in ihr verborgen
Ist mancher wohlbesetzte Tisch
Und Wein zum Segen, Fleisch und Fisch
Und prächtiger Brokat und Seide
Für dich und mich zum schönsten Kleide.

„Sie ist von Gold", – sie lispelt's kaum
Dem Rabbi nach, voll gläub'ger Freude,
Ihr Elend schwindet wie ein Traum,
Und frohen Sabbat feiern beide.
Nun ist's genug bei allem Weh,
Daß sie nur auf zur Lampe seh'. –
„Sie ist von Gold" – und alle Plagen
Will sie noch diesen Sabbat tragen.

Mit solchem Blick, mit solchem Wort
Täuscht sie durch Leiden und Entbehrung
Von Sabbat sich zu Sabbat fort,
Ihr blinkt ja aller Lust Gewährung.
So lächelt sie von Tag zu Tag,
Bis daß sie auf der Bahre lag.
Der Rabbi sprach: O meine Taube,
Du lehrtest mich, was sei der Glaube.

Joseph Victor von Scheffel
1826–1886

Der Ichthyosaurus

Es rauscht in den Schachtelhalmen,
Verdächtig leuchtet das Meer,
Da schwimmt mit Tränen im Auge
Ein Ichthyosaurus daher.

Ihn jammert der Zeiten Verderbnis,
Denn ein sehr bedenklicher Ton
War neuerlich eingerissen
In der Liasformation.

„Der Plesiosaurus, der Alte,
Er jubelt in Saus und Braus,
Der Pterodaktylus selber
Flog neulich betrunken nach Haus.

Der Iguanodon, der Lümmel,
Wird frecher zu jeglicher Frist,
Schon hat er am hellen Tage
Die Ichthyosaura geküßt.

Mir ahnt eine Weltkatastrophe,
So kann es ja länger nicht gehn;
Was soll aus dem Lias noch werden,
Wenn solche Dinge geschehn?"

So klagte der Ichthyosaurus,
Da ward es ihm kreidig zumut';
Sein letzter Seufzer verhallte
Im Qualmen und Zischen der Flut.

Es starb zu derselbigen Stunde
Die ganze Saurierei,
Sie kamen zu tief in die Kreide,
Da war es natürlich vorbei.

Und der uns hat gesungen
Dies petrefaktische Lied,
Der fand's als fossiles Albumblatt
Auf einem Koprolith.

Nadowessische Totenklage

Da sitz' ich wiederum auf dem Schub,
Ich armer Literate,
Dieweil ich zu viel Liebe trug
Zum Proletariate.

Kaum saß ich jüngst in Frankfurt fest
Und glaubt', ich sei in Trockenem,
So faßt' mich schon die Polizei
Und weist mich aus nach Bockenem.

Denn sie hat mit gar feinem Takt
Das Ding herausgefühlet,
Daß ich gekommunistelt und
Als Anarchist gewühlet.

Drum wem das Glück beschieden ist,
Von Freiheit was zu wissen,
Der teil's in Frankfurt niemand mit,
Sonst wird er 'rausgeschmissen!

[Bockenem: Bockenheim, Stadtteil Frankfurts; gehörte, kurhessisch, nicht zum politischen Gebiet der Reichsstadt.]

Paul Heyse
1830–1914

Novelle

Sie kannten sich beide von Angesicht,
Sie sprachen sich nie und liebten sich nicht.
Er nahm ein Weib, das die Mutter ihm wählte,
Als sie sich mit einem Vetter vermählte.

Er war zufrieden mit seinem Los;
Sie wähnte sich recht in des Glückes Schoß.
Nur manchmal, zur Zeit der Fliederblüte,
Was wollte da knospen in ihrem Gemüte?

Und einst nach Jahren am dritten Ort
Da sagten sie sich das erste Wort,
Am selben Tische zum ersten Male –
Der Flieder duftet' herein zum Saale.

Was er sie gefragt, was sie ihm gesagt,
Es war nicht neu und war nicht gewagt;
Doch plötzlich, mitten im Plaudern und Scherzen,
Erschraken sie beide im tiefsten Herzen.

Sie hatten mit tötlichem Staunen erkannt,
Wie seltsam Eins das Andre verstand,
Auch das, was beiden im stillen Gemüte
Erwachte zur Zeit der Fliederblüte.

Sie sahen sich an einen Augenblick
Und sahn einen Abgrund von Mißgeschick,
Dann blickten sie weg, und beide verstummten,
So munter rings die Gespräche summten.

Drauf ging sie nach Haus mit dem eigenen Mann,
Er führte sein Weib, so schieden sie dann
Und sagten, sie würden sich glücklich schätzen,
Die werte Bekanntschaft fortzusetzen.

Doch wie er am andern Morgen erwacht,
Was hat ihn so bitter lachen gemacht?
Und wie sie auffuhr von ihrem Kissen,
Was hat sie so heimlich weinen müssen?

    Sie haben sich niemals wiedergesehn,
    Sie wußten sich klug aus dem Weg zu gehn.
    Nur immer zur Zeit der Fliederblüte
    Wie Spätfrost schauert's durch ihr Gemüte.

Odysseus

    Sie hatten auf luftigem Söller geruht,
    Der Dulder, entronnen der stürmenden Flut,
    Und Penelopeia, die Hehre.
    Der Morgen dämmerte rosig herauf,
    Da stützt sich der Held auf dem Lager auf –
        Kühl weht der Wind vom Meere.

    Wie wandert' er lang durch die Wellenflur!
    O säh' er den Rauch seiner Insel nur!
    So bangte sein Herz voll Schwere.
    Nun blickt er ins Weite vom Heimatstrand
    Und seufzt und birgt das Haupt in die Hand –
        Kühl weht der Wind vom Meere.

    „Was seufzest und sinnst du im Morgenstrahl?
    Was bleibt dir zu sehen, mein trauter Gemahl,
    Das irgendein Gott dir gewähre?
    Du bist geborgen bei Weib und Sohn,
    Und Ruh und Ruhm sind der Mühen Lohn" –
        Kühl weht der Wind vom Meere.

    „Und hast du daheim nicht Lieb' und Lust?
    Noch ist nicht verwelkt die getreueste Brust,
    Noch wert, daß sie Kindlein nähre.
    Sie blühen dir auf mit den Enkeln zumal –
    Was bleibt dir zu seufzen, mein teurer Gemahl?" –
        Kühl weht der Wind vom Meere.

    Er küßt ihr die Augen, er schüttelt das Haupt:
    „Was hat dir so frühe den Schlummer geraubt?
    Nun forschest du, was mich verzehre.
    Mir gaben die Götter ein göttliches Los,
    Und doch – mein Sinnen ist ruhelos" –
        Schwül weht der Hauch vom Meere.

    „Mir träumte zu Nacht, auf gescheitertem Kiel
    Hintrieb' ich, den wütenden Wogen ein Spiel,
    Ringsum unermeßliche Leere.
    Da taucht aus den Tiefen ein süßes Gesicht,
    Ein Weib mit Augen wie Sternenlicht" –
        Schwül weht der Hauch vom Meere.

„Sie wirft mir den Schleier, den rettenden zu,
Ich sehe sie winken und schwinden im Nu,
Die ich nun ewig entbehre.
O seliges Wagen, o Heldengeschick!
Wie soll ich nun tragen ein ruhiges Glück?" –
Schwül weht der Hauch vom Meere.

Wilhelm Raabe
1831–1910

Königseid

Es sprach der Priester ihm Verrat ins Ohr:
„Der Eid ist nichtig, den du hast gegeben!"
Es drängte sich der Edle dann hervor:
„Brich diesen Eid, willst du als König leben!"
Sie sprachen beide: „Schreite, schreite vor,
Wir wollen dich, ein starker Wall, umgeben!"
Er schwankte lang', doch in der bösen Stunde
Entfloh das böse Wort aus seinem Munde.

Er brach den Eid! Er war ein stolzer Sieger
In mancher Schlacht; der Welt schrieb er Gesetze;
Sein Wink bewegte hunderttausend Krieger,
Er blickte stolz auf hunderttausend Schätze.
Sein Schwert, sein Gold ihm zeigten die Betrüger,
Er brach den Eid und fiel in ihre Netze:
Sein Reich, in tausend Jahren aufgerichtet,
Es hat *ein* Wort, ein einzig Wort, vernichtet.

Da ging ein großer Schrecken durch die Lande,
Ein Bangen ging durch Hütten und Paläste;
Es schlug die Furcht ein jedes Herz in Bande,
Der Baum des Volkes fühlt' durch alle Äste,
Daß seine Wurzeln hafteten im Sande,
Daß sich der Wurm in seinem Marke mäste.
Ein Schrei klang auf aus grenzenlosem Leide:
„Der König brach den Eid! Was gelten Eide?"

Und Stille ward's; es lächelten die Schlimmen,
Sie hatten ja das große Spiel gewonnen.
Sie hörten nicht die leisen Klagestimmen,
Sie hoben stolz das Haupt im Strahl der Sonnen;
Sie sahen nicht die bösen Funken glimmen,
Verschlossen hielten sie der Wahrheit Bronnen.
Er brach den Eid; er lag in ihren Ketten!
Er brach den Eid! Wer kann den König retten?

Nun schießt die Saat; sie wuchert im Geheimen
Und füllt die Welt: Der König brach den Eid!
Aus falschem Worte Tausende entkeimen,
Aus *einem* Leid wächst tausendfältig Leid!
Wer will mit Schweiß und Blut die Krone leimen?
Die Treue weicht, Untreue weit und breit
Fährt um im Land und droht an allen Enden;
Er brach den Eid! Wer will das Unheil wenden?

Und Stille bleibt's nicht. Horch, ein leises Klagen,
Das Murren wird und dann zu dumpfem Grollen!
Wer will den Kampf nun mit der Wahrheit wagen?
Wer wehrt den Andrang jenem fernen Rollen,
Das wächst und wächst? Wer will in Fesseln schlagen
Die großen Wetter, die nun kommen wollen?
Herbei, ihr Priester! Helft, ihr stolzen Ritter!
Er brach den Eid, nun schützt ihn im Gewitter!

Die Trommel dröhnt durch der Städte Gassen,
Der Kriegsherr ruft; in Scharen ohne Ende
Ziehn auf im Eisenschmuck des Heeres Massen,
Es ballt das Volk die waffenlosen Hände.
In öder Kirch' den Priester hat's verlassen,
Daß es dem König diese Botschaft sende:
„Der Glaube lügt! Du, König, hast gelogen!
Du hast dich selbst, du hast dein Volk betrogen!"

Dann bricht es los! Es senken sich die Speere;
Die Wahrheit soll an ihnen sich verbluten;
Ihr gegenüber tritt die Söldnerehre
In stolzen Reih'n, darob die Banner fluten.
Im Bürgerkrieg begegnen sich die Heere;
Die Treue muß vergehn in seinen Gluten:
Er brach den Eid, der Fürst von Gott gesendet;
Gott ist die Wahrheit; Gott sich von ihm wendet!

Im weiten Lande alle Glocken hallen
Zum Volkeskampf; es steht die Welt in Flammen!
Was gilt der Eid der Bauern, der Vasallen?
Der Bürgereid? Es stehen nicht beisammen
Zwei Herzen mehr; die stärksten Stützen fallen!
Es stürzt des Reiches Pracht in sich zusammen!
Der König brach den Eid! Das zieht hinunter
Ihn in die Tiefe, und sein Reich geht unter!

Ja, in die Tiefe! Donnernd durch das Land
Kreist nun der Aufruhr, und in Wirbeln schlinget
Er um den Fürst sich, dem nicht *eine* Hand
Sich bietet, dessen Ruf im Hohn verklinget,
Der seine letzte Kraft hat aufgewandt,
Des Reue nicht empor zum Himmel dringet.
Wer glaubt dem König? Falsch hat er geschworen;
Er brach den Eid! Der König ist verloren!

Wie rast das Volk! Wie drängen sich die Haufen!
In Waffen drohn dem Herrscher sie entgegen!
Die Plebs konnt' er mit Golde wohl erkaufen,
Das Volk kann er mit Golde nicht bewegen!
Schon droht es, Sturm auf den Palast zu laufen:
Was nützt der Speer, was der Trabanten Degen?
Stets näher wogt des Kampfes Brüllen, Heulen,
Und zitternd neigen sich der Hofburg Säulen.

Wo sind sie nun, die Herrn im Eisenkleide,
Daß ihre Banner um den Thron sie scharen?
Der Priester und der Edle schwanden beide;
Der König muß den bittern Schmerz erfahren:
Sie lassen ihn allein in seinem Leide,
Sie lassen ihn allein in den Gefahren!
Wie schnell sind sie in Nacht und Nichts zerstoben,
Als wilder stets die Fluten ihn umtoben!

So steht er einsam in den hohen Hallen,
Um die die Wogen seines Volkes rollen,
Durch die die Schatten seiner Ahnen wallen;
Er sieht sie nicht; – er ahnet nur ihr Grollen; –
Sein tausendjährig Reich, es muß zerfallen,
Nicht Kraft hat er, zu denken und zu wollen.
Was retten könnte, hat er selbst vernichtet;
Mit eigner Hand hat er sich selbst gerichtet.

Der Hagedorn

I

Er ritt vorbei, sie stand am Hag,
Die Frühlingssonn' auf den Feldern lag,
Die Frühlingssonne lag auf den Höh'n,
Und er war jung, und sie war schön;
    Der Hagedorn stand in der Blüte.

Das Haupt er neigte, schwang den Hut:
Gott grüß' dich, du fromm, du edel Blut!
Gott grüße, halte, schütze allzeit
Dich, fremdes Tal, dich, fremde Maid!
    Der Hagedorn stand in der Blüte.

Mit Lachen sie nickt', den Hut er schwang
Und horchte im Reiten ihrem Sang,
Bis in der Ferne so leise, leis'
Verhallte die alte, die süße Weis':
    Der Hagedorn steht in der Blüte.

Das Herz war ihm so leicht, so licht,
Die Schatten sah er auf den Wiesen nicht,
Die Wolkenschatten nicht über dem Land,
Und in den Wald der Weg sich wandt';
    Der Hagedorn stand in der Blüte.

II

Und nach so manchem langen Jahr,
Da ritt er her mit der reisigen Schar;
Da wehten die Winde so schaurig und kalt,
Da stand entlaubt und schwarz der Wald;
    Der Hagedorn stand in Dornen.

Auf Feld und Wiesen lag der Schnee,
Von Eise starrte Fluß und See,
Und Eisen deckte des Mannes Brust,
Aus war der Frühling, die Jugendlust;
    Der Hagedorn stand in Dornen.

Es saß ein Mütterlein am Hag; –
O Tal, wo hast du das Mägdlein, sag?
Das Weiblein nickte, nickte und sang,
Und eisig die Weise zum Herzen drang:
    Der Hagedorn steht in Dornen.

Es schnoben die Rosse im Zuge schwer,
Die schwarzen Raben flatterten her;
Im eisernen Harnisch vorbei er ritt,
Und gell das Lied ins Herz ihm schnitt:
    Der Hagedorn steht in Dornen.

Wilhelm Busch
1832–1908

Der alte Narr

Ein Künstler auf dem hohen Seil,
Der alt geworden mittlerweil,
Stieg eines Tages vom Gerüst
Und sprach: Nun will ich unten bleiben
Und nur noch Hausgymnastik treiben,
Was zur Verdauung nötig ist.

Da riefen alle: Oh, wie schad!
Der Meister scheint doch allnachgrad
Zu schwach und steif zum Seilbesteigen!
Ha! denkt er. Dieses wird sich zeigen!

Und richtig, eh der Markt geschlossen,
Treibt er aufs neu die alten Possen
Hoch in der Luft und zwar mit Glück,
Bis auf ein kleines Mißgeschick.

Er fiel herab in großer Eile
Und knickte sich die Wirbelsäule.

Der alte Narr! Jetzt bleibt er krumm!
So äußert sich das Publikum.

Querkopf

Ein eigener Kerl war Krischan Bolte.
Er tat nicht gerne, was er sollte.
Als Kind schon ist er so gewesen.
Religion, Rechtschreiben und Lesen
Fielen für ihn nicht ins Gewicht:

Er sollte zur Schule und wollte nicht.

Später kam er zu Meister Pfriem.
Der zeigte ihm redlich und sagte ihm,
Jedoch umsonst, was seine Pflicht:

Er sollte schustern und wollte nicht.

Er wollte sich nun mal nicht quälen,
Deshalb verfiel er auf das Stehlen.
Man faßt ihn, stellt ihn vor Gericht:

Er sollte bekennen und wollte nicht.

Trotzdem verdammt man ihn zum Tode.
Er aber blieb nach seiner Mode
Ein widerspenstiger Bösewicht:

Er sollte hängen und wollte nicht.

Der Asket

Im Hochgebirg vor seiner Höhle
Saß der Asket;
Nur noch ein Rest von Leib und Seele
Infolge äußerster Diät.

Demütig ihm zu Füßen kniet
Ein Jüngling, der sich längst bemüht,
Des strengen Büßers strenge Lehren
Nachdenklich prüfend anzuhören.

Grad schließt der Klausner den Sermon
Und spricht: Bekehre dich, mein Sohn.
Verlaß das böse Weltgetriebe.
Vor allem unterlaß die Liebe,
Denn grade sie erweckt aufs neue
Das Leben und mit ihm die Reue.
Da schau mich an. Ich bin so leicht,
Fast hab ich schon das Nichts erreicht,

Und bald verschwind ich in das reine
Zeit-, raum- und traumlos Allundeine.

Als so der Meister in Ekstase,
Sticht ihn ein Bienchen in die Nase.

Oh, welch ein Schrei!
Und dann das Mienenspiel dabei.

Der Jüngling stutzt und ruft: Was seh ich?
Wer solchermaßen leidensfähig,
Wer so gefühlvoll und empfindlich,
Der, fürcht ich, lebt noch viel zu gründlich
Und stirbt noch nicht zum letzten Mal.

Mit diesem kühlen Wort empfahl
Der Jüngling sich und stieg hernieder
Ins tiefe Tal und kam nicht wieder.

Verwunschen

Geld gehört zum Ehestande,
Häßlichkeit ist keine Schande,
Liebe ist beinah absurd.
Drum, du nimmst den Junker Jochen
Innerhalb der nächsten Wochen.
Also sprach der Ritter Kurt.

Vater, flehte Kunigunde,
Schone meine Herzenswunde,
Ganz umsonst ist dein Bemühn.
Ja, ich schwör's bei Erd und Himmel,
Niemals nehm ich diesen Lümmel,
Ewig, ewig haß ich ihn.

Nun, wenn Worte nicht mehr nützen,
Dann so bleibe ewig sitzen,
Marsch mit dir ins Burgverlies.
Zornig sagte dies der Alte,
Als er in die feuchte, kalte
Kammer sie hinunterstieß.

Jahre kamen, Jahre schwanden.
Nichts im Schlosse blieb vorhanden
Außer Kunigundens Geist.
Dort, wo graue Ratten rasseln,
Sitzt sie zwischen Kellerasseln,
Von dem Feuermolch umkreist.

Heut noch ist es nicht geheuer
In dem alten Burggemäuer
Um die Mitternacht herum.
Wehe, ruft ein weißes Wesen,
Will denn niemand mich erlösen?
Doch die Wände bleiben stumm.

Der gütige Wandrer

Fing man vorzeiten einen Dieb,
Hing man ihn auf mit Schnellbetrieb,
Und meinte man, er sei verschieden,
Ging man nach Haus und war zufrieden.

Ein Wandrer von der weichen Sorte
Kam einst zu solchem Galgenorte
Und sah, daß oben einer hängt,
Dem kürzlich man den Hals verlängt.

Sogleich, als er ihn baumeln sieht,
Zerfließt in Tränen sein Gemüt.

Ich will den armen Schelm begraben,
Denkt er, sonst fressen ihn die Raben.

Nicht ohne Müh, doch mit Geschick,
Klimmt er hinauf und löst den Strick;
Und jener, der im Wind geschwebt,
Liegt unten, scheinbar unbelebt.

Sieh da, nach Änderung der Lage
Tritt neu die Lebenskraft zutage,
So daß der gute Delinquent
Die Welt ganz deutlich wiederkennt.

Zärtlich, als wär's der eigne Vetter,
Umarmt er seinen Lebensretter,
Nicht einmal, sondern noch einmal,
Vor Freude nach so großer Qual.

Mein lieber Mitmensch, sprach der Wandrer,
Geh in dich, sei hinfür ein andrer.
Zum Anfang für dein neues Leben
Werd ich dir jetzt zwei Gulden geben.

Das Geben tat ihm immer wohl.
Rasch griff er in sein Kamisol,
Wo er zur langen Pilgerfahrt
Den vollen Säckel aufbewahrt.
Er sucht und sucht und fand ihn nicht,
Und länger wurde sein Gesicht.
Er sucht und suchte, wie ein Narr,
Weit wird der Mund, das Auge starr,
Bald ist ihm heiß, bald ist ihm kalt.

Der Dieb verschwand im Tannenwald.

Ferdinand von Saar
1833–1906

Das letzte Kind

„Ha, nun ist es schon das achte,
    Das sich meinem Schoß entringt,
Weil der Mann, der unbedachte,
    Stets im Rausch mich wieder zwingt.

Hungern müssen längst die andern,
    Denn dahin sind Feld und Kuh –
Und wir können bettelnd wandern,
    Kommt dies letzte noch hinzu.

Säug' ich's auf an welken Brüsten,
    Fehlt mir selbst des Taglohns Brot –
Und wie soll das Zeug ich rüsten? –
    Wäre doch der Balg gleich tot!"

Ungehört und ungesehen
    Ruft's im öden Stall ein Weib,
Greift, bedrängt von raschen Wehen,
    In den schmerzgesprengten Leib.

Mit der Hand, der schwielig rauhen,
    Faßt sie hart, was sie verflucht –
Und stumpfsinnig, ohne Grauen
    Schaut sie die entseelte Frucht.

Hastig jetzt aus morschen Schindeln,
    Die dort in der Ecke ruh'n,
Zimmert sie – das spart die Windeln –
    Gleich die winzigste der Truh'n.

Auf der Bank in dumpfer Stube
    Wird der Wurm dann ausgestellt;
Sei's ein Mädchen, sei's ein Bube –
    Kam er doch schon kalt zur Welt!

Schüttelt auch den Kopf der Bader,
    Schreibt er dennoch seinen Schein:
Gern umgeht er Streit und Hader –
    Und man gräbt das Särglein ein.

Felix Dahn
1834–1912

Jung Sigurd

Jung Sigurd war ein Wikinger stolz,
Der fuhr in den Sturm mit Lachen.
Und schwang er die Lanze von Eschenholz,
Da mußten die Schilde zerkrachen:
Die Traube von Chios, das Gold von Byzanz,
Begehrte sein Herz und sein Hammer gewann's.
Doch priesen die Freunde den blühenden Leib
Der Römerin, die sie gefangen,
Und lobt' ihm ein andrer sein ehelich Weib,
Das daheim sein harre mit Bangen,
Und sprach ihm von Lieb' und von Liebesglut, –
Laut lachte jung Sigurd wie brandende Flut.
– „Mein schwellendes Segel hat weißere Brust
Als euere Buhlen, ihr Schelme,
Mir ist kein Weiberauge bewußt
So licht wie der Stein hier am Helme,
Und lüstet nach lieblicher Süße mein Mund,
So schlürf' ich den feurigen Wein von Burgund.

Ja, stieg', umflossen von Asgardhs Licht,
Mir Freia selber hernieder, –
Fürwahr, ich höbe die Wimper nicht,
Zu schau'n die unsterblichen Glieder:
Wenn je mir ein Sehnen die Schönheit weckt,
So werde mit Nacht dies Auge bedeckt." –
Und sie landen am öden Felsengestad
Im Strahl mittäglicher Sonnen: –
Jung Sigurd schweift auf verlassenem Pfad,
Da lockt ihn der rieselnde Bronnen
Und als er schreitet zum Quellenrand,
Da steht ein Mädchen im Bettlergewand;
Wohl birgt sie der Schleier, wohl deckt sie der Rock
Doch es schimmern so schneeig die Füße,
Und es glänzt durch die Hülle wie golden Gelock
Und die Stimme, wie klingt sie so süße!
Und als sie zum Trunke den Krug ihm bot, –
Da wurden die Wangen ihm bleich und rot:

Und es wallte sein Blut und sein Herz schlug laut,
Und er rief: „O lege geschwinde,
Auf daß mein verlangend Auge dich schaut,
Vom Haupte die hüllende Binde:
Aus Mantel und Schleier wie strahlt es licht,
Wie hold muß strahlen dein Angesicht!"
Und er greift nach den Falten und bittet und fleht: –
Da ruft sie: „Dir werde dein Wille!"
Und der Mantel fällt und der Schleier verweht: –
Da wurde jung Sigurd stille,
Denn hehr, von unsterblichem Glanz umwallt,
Erkannt' er der Liebesgöttin Gestalt.
Licht floß von den Schläfen das goldene Haar,
Alabastern glänzten die Wangen,
Aus den Augen, den siegenden, schimmert' es klar,
Als käme die Sonne gegangen:
Und den Nacken umschloß das goldne Geschmeid,
Das der Anmut bannenden Zauber leiht.
Jung Sigurd schwieg: ihm versagte der Laut,
Da sprach sie mit zürnendem Munde:
„Des Himmels Königin hast du geschaut,
Und die Sehnsucht kennst du zur Stunde:
So werde vollendet dein trotzig Wort, –
Und Nacht bedecke dein Aug' hinfort."
Und es ließ der Blinde von Schwert und Schild
Und begann, die Harfe zu schlagen:
Doch es schuf ihm das Eine, das göttliche Bild
Sein Dunkel zu leuchtenden Tagen:
Kein Sänger vermocht' ihn im Kampf zu bestehn,
Denn er hatte die Göttin der Schönheit gesehn.

Gotenzug

Gebt Raum, ihr Völker, unsrem Schritt: wir sind die letzten Goten!
   Wir tragen keine Schätze mit: – wir tragen einen Toten.
Mit Schild an Schild und Speer an Speer wir ziehn nach Nordlands Winden,
   Bis wir im fernsten grauen Meer die Insel Thule finden.
Das soll der Treue Insel sein: dort gilt noch Eid und Ehre:
   Dort senken wir den König ein im Sarg der Eichenspeere.
Wir kommen her – gebt Raum dem Schritt! – aus Romas falschen Toren:
   Wir tragen nur den König mit: – die Krone ging verloren.

Detlev von Liliencron
1844–1909

Die Kapelle zum finstern Stern
Missunde bei Schleswig, 7. August 1250

„König Erich, die Faust auf den Widerrist!
   Laß tanzen den Hengst im Grase.
Vergiß den alten Bruderzwist,
   Wir trinken aus einem Glase."

Herzog Abel schrieb das. König Erich ritt ein,
   Und lag im Bruderarme.
Viel Jauchzen der Ritter im Abendschein,
   Lauge Gudmundson schwieg im Schwarme.

Am Morgen früh weckt Hornstoß und Tusch,
   Zu hetzen Wolf und Elche.
Die Brüder zusammen im Heidebusch,
   Sie trinken aus einem Kelche.

Der Herzog allein. Zur Seite nur
   Ritter Lauge mit Speer und Pfeilen.
„Sprich, Lauge, wo blieb Wieb Stures Spur,
   Wem hilft sie die Freuden teilen?"

Der König allein. Zur Seite nur
   Ritter Lauge mit Speer und Pfeilen.
„König Erich, wo blieb Wieb Stures Spur,
   Wem hilft sie das Leben teilen?"

Erich Plogpenning zischt. Den Stachel sticht
   Er dem Rothengst in die Weichen,
„Bei Sankt Jürgen, ich weiß es nicht",
   Und sucht die Jagd zu erreichen.

Am Abend Humpenaus, Zinken und Tanz,
    Beim Brettspiel König und Knappen.
Der Mond flicht draußen den alten Kranz
    Um Lauben und steinerne Wappen.

Der Herzog allein. Zur Seiten nur
    Ritter Laug' im Wams von Seiden.
„Sprich, Lauge, wo blieb Wieb Stures Spur,
    Wen küßt sie von euch beiden?"

„Vom Trinken ist dir die Stirne heiß,
    König Erich, die Luft ist trocken.
Mein Segel wiegt unten, scharlach und weiß;
    Steig ein und kühle die Locken."

Schloßknechte spannen den Baldachin.
    Vom Söller winkt der Bruder.
Der König schläft auf dem Hermelin,
    Und leise tauchen die Ruder.

Verworren Getön vom Prunkgelag,
    Der Wachen und Stundenrufer.
Da schießt mit gleichem Einfallschlag
    Ein ander Boot vom Ufer.

„Halt, halt, König Erich!" . . . Fackeln im Wind
    Flackern um schwarze Figuren.
„Wo blieb Wieb Sture, gib Antwort, geschwind,
    Gib Antwort, wo blieb Wieb Sturen?"

„Bei Sankt Jürgen, ich riß sie dir Hund vom Leib",
    Schreit der König, die Lippen beben.
„Bei Sankt Jürgen, sie war mir Zeitvertreib
    Zwei Wochen von meinem Leben."

Der Ritter ringt ihm den Dolch vom Gehenk
    Und treibt ihn dem König ins Herze.
Das rote Blut tropft ins wüste Gemeng.
    Stumm leuchtet oben die Kerze.

Wo Lauge durchstach den erlauchten Herrn,
    Am Ufer steht die Kapelle,
Da steht die Kapelle zum finstern Stern,
    Unheimlich klatscht dort die Welle.

Herzog Abel schwor beim Himmel weit
    Und der reinen Magd im Dome,
Und ließ dem Mörder wenig Zeit,
    Den zupft der Fisch im Strome.

    Herzog Abel schob nichts auf die lange Bank,
        In Roeskilde ließ er sich krönen.
    In die Königsburg ritt er frech und frank,
        Drommeten und Trummen dröhnen.

Wer weiß wo
Schlacht bei Kolin, 18. Juni 1757

Auf Blut und Leichen, Schutt und Qualm,
Auf roßzerstampften Sommerhalm
Die Sonne schien.
Es sank die Nacht. Die Schlacht ist aus,
Und mancher kehrte nicht nach Haus
Einst von Kolin.

Ein Junker auch, ein Knabe noch,
Der heut das erste Pulver roch,
Er mußte dahin.
Wie hoch er auch die Fahne schwang,
Der Tod in seinen Arm ihn zwang,
Er mußte dahin.

Ihm nahe lag ein frommes Buch,
Das stets der Junker bei sich trug,
Am Degenknauf.
Ein Grenadier von Bevern fand
Den kleinen erdbeschmutzten Band
Und hob ihn auf.

Und brachte heim mit schnellem Fuß
Dem Vater diesen letzten Gruß,
Der klang nicht froh.
Dann schrieb hinein die Zitterhand:
„Kolin. Mein Sohn verscharrt im Sand.
Wer weiß wo."

    Und der gesungen dieses Lied,
    Und der es liest, im Leben zieht
    Noch frisch und froh.
    Doch einst bin ich, und bist auch du,
    Verscharrt im Sand, zur ewigen Ruh,
    Wer weiß wo.

Die Attacke

Platz da, und Ziethen aus dem Busch!
Mit Hurra drauf in Flusch und Husch,
Und vorgebeugten Leibes rasen,
In einem Strich die Pferdenasen,
Wir zwei weit voran den Husaren,
So sind wir in den Feind gefahren.
Die roten Jungen hinterher
In todesbringender Carriere,
Daß wild die Spitzen der Schabracken
Den Grashalm fegen wie der Wind.
Und hussa, hep, die bunten Jacken,
Sind wir am Waldesrand geschwind.
Geknatter, dann ein tolles Laufen,
Wir konnten kaum mit ihnen raufen,
So rissen die Gascogner aus
Vor unserm Säbelschnittgesaus.
Doch hinter einer schmalen Erle
Stand einer dieser kleinen Kerle
Und macht auf mich recht schlechte Witze:
Er schoß mir ab die Helmturmspitze.
Ei, du verfluchter gelber Lümmel,
Ich treffe gleich dich im Getümmel.
Und „Hieb zur Erde tief", saß ihm
Im Schädel eine forsche Prim.
Kolonnen rückten nun heran,
Der Auftrag war erfüllt, getan.
Der Leutnant sammelte den Zug,
Und als er durch die Säbel fragte,
Ob Keiner wegblieb, Keiner fehle,
Da schnürt es ihm die junge Kehle.
Denn der Trompeterschimmel bäumte,
Den Sattel frei, und schnob und schäumte.
Wir fanden seinen Reiter bald
An Brombeersträuchen, tot, im Wald.
Ein blaurot Fleckchen zeigte nur
Den Schuß ins Herz, der Kugel Spur.
Bei meinem Freund zum erstenmal
Sah ich das Einglas niederschnippen,
Und Tränen fielen ohne Zahl
Dem Toten auf die bleichen Lippen.

O schäm dich nicht, wenn dies du liest,
Daß dir so leicht die Träne fließt.
Im Sterben trägst du noch die Scherbe;
Ich sei, stirbst früher du, der Erbe.
Dann denk ich an den treusten Freund,
Den je die Sonne hat gebräunt.

Der Heidebrand

„Herr Hardesvogt, vom Whisttisch weg,
Viel Menschen sind in Gefahr.
Es brennt die Heide von Djernisbeg
Und das Moor von Munkbrarupkar."
Schon steh ich im Bügel, schon bin ich im Sitz,
In den Sattel springt der Gendarm wie der Blitz.
Just schlägt es im Städtchen Glock zwölfe;
Wir reiten, als hetzten uns Wölfe.

Hier schläft ein Garten in Mitternachtruh,
Dort dämmert im Mondschein der Busch.
Und Felder und Wälder verschwinden im Nu,
Wir fliegen vorüber im Husch.
Und sieh, in der Ebne stäubt Funkengeschwärm,
Schon murmelt herüber verworrener Lärm.
Es gilt! Die Sporen dem Pferde,
Der Leibgurt berührt fast die Erde.

Runter vom Gaule, wir sind am Ort
Und stehn in Rauch und Qualm.
Das Feuer frißt gierig: das Kraut ist verdorrt,
Vom Sommer vertrocknet der Halm.
Inmitten der dampfenden Pußta, o Graus,
Lodert hell ein einzelnes Haus.
Und aus dem sengenden Schilfe
Rufts markerschütternd um Hilfe.

Sechshundert Mann gruben den Graben breit
Und geboten dem Feuer Haltein,
Sechshundert Mann sind zum Retten bereit
Und schauen verzweiflungsvoll drein:
Unmöglich ist es, zum brennenden Haus
Sich durchzukämpfen, vergeblicher Strauß,
Denn kaum sind im Torfe die Sohlen,
So rösten sie schon wie Kohlen.

Das Schreien wird schwächer, dann hat es ein End,
Das Haus ist abgebrannt.
In der Heide züngelt es, zischelt und brennt,
Doch nur bis zum Grabenrand.
Im Osten zeigt sich ein purpurner Streif,
Auf Ähren und Blumen und Gras fällt der Reif.
Und ruhig im alten Bogen
Kommt die Sonne heraufgezogen.

Und nun heran! Wer hat es getan?
Wer weiß, wie das Feuer entstand?
Wer hat es entzündet mit flackerndem Span?
Nur heran, wer die Spuren fand.
Kein Junge hütete Gans oder Schaf,
Die Heide lag gestern im Sonntagsschlaf.
Und wie noch die Frage besprochen,
Da kommt was den Sandweg gekrochen.

Es humpelt heran ein kümmerlich Weib,
Sie stützt sich schwer auf den Stock.
Viel Jahre drücken den alten Leib,
Von Erde beschmutzt ist der Rock.
Das ist Wiebke Peters, und Wieb ist gefeit,
Der gehörte die Kate! so ruft es und schreit.
Mit Jubel umringt sie die Menge,
Doch Wieb wackelt aus dem Gedränge.

Und stellt sich grade vor mir auf,
Und blinzelt hin übers Moor.
Und alle die Leute stehn zu Hauf,
Ein gestikulierender Chor.
So wartet sie lange, ich laß ihr die Ruh,
Zuweilen schließt sie die Augen zu.
Ich kanns vom Gesicht ihr schon lesen:
„Herr Hardesvogt, *ich* bins gewesen."

„Wiebke Peters, erzähle, was weißt du vom Brand
Wie kam das Feuer so schnell?"
Die Tränen fallen ihr auf die Hand,
Ihr Schluchzen klingt wie Gebell.
Dann wieder lacht sie vor sich hin,
Und ganz verwirrt scheint plötzlich ihr Sinn.
Und, wie nach genossener Rache,
Läßt sie höhnisch sich aus zur Sache:

„Die Kate, in der ich geboren war,
Die abgebrannt diese Nacht,
In der hatt ich an achtzig Jahr
Mich mühsam durchs Leben gebracht.
Mein Mann starb früh; ein Sohn blieb nach,
Der ließ mich im Stich, als ich krank war und [schwach
Oft hab ich ihm bittend geschrieben,
Doch stets ist er weggeblieben.

Vergangnes Jahr endlich kehrt er zurück,
Und fordert, ich solle hinaus
Und dann, ein altes verbrauchtes Stück,
Verwelken im Armenhaus.
Ich bat die Gerichte, die halfen mir auch;
Im Schornstein zog wieder der einsame Rauch.
Da kam nochmals vor einigen Tagen
Mein Sohn mit Weib und mit Wagen.

Und gestern, Herr, gestern um Mittagszeit,
Ich konnte doch nichts dafür,
Daß meinetwegen Zank und Streit,
Sie warfen mich aus der Tür.
Ich schlug mir die alten Knochen wund,
Und liegen blieb ich wien Hund.
Dann trieb mich ein heißes Verlangen,
Und ich bin zu Nis Nissen gegangen.

Dort kauft ich Zündhölzer, Petroleum,
Und ging aufs Feld hinaus.
Und als am Abend alles stumm,
Schlich ich wie 'ne Füchsin ans Haus.
Ich horchte am Laden, an Ritz und Spalt;
Daß alles im Schlafe, ich merkt es bald.
Und eh sie erwachten beide,
Entzündete rings ich die Heide.

Vom Walde sah ich den Feuerschein,
Es lachte mir das Herz.
Den Angstruf hört ich, das Hilfeschrein,
Es lachte mir das Herz.
Und als die Kate zusammenschlug,
Meine Seele zum Himmel ein Amen trug.
Das, Herr, ist meine Geschichte;
Hier stell ich mich dem Gerichte."

Trutz, Blanke Hans

Heut bin ich über Rungholt gefahren,
Die Stadt ging unter vor sechshundert Jahren.
Noch schlagen die Wellen da wild und empört,
Wie damals, als sie die Marschen zerstört.
Die Maschine des Dampfers schütterte, stöhnte,
Aus den Wassern rief es unheimlich und höhnte:
    Trutz, Blanke Hans.

Von der Nordsee, der Mordsee, vom Festland geschieden,
Liegen die friesischen Inseln im Frieden.
Und Zeugen weltenvernichtender Wut,
Taucht Hallig auf Hallig aus fliehender Flut.
Die Möwe zankt schon auf wachsenden Watten,
Der Seehund sonnt sich auf sandigen Platten.
    Trutz, Blanke Hans.

Mitten im Ozean schläft bis zur Stunde
Ein Ungeheuer, tief auf dem Grunde.
Sein Haupt ruht dicht vor Englands Strand,
Die Schwanzflosse spielt bei Brasiliens Sand.
Es zieht, sechs Stunden, den Atem nach innen
Und treibt ihn, sechs Stunden, wieder von hinnen.
    Trutz, Blanke Hans.

Doch einmal in jedem Jahrhundert entlassen
Die Kiemen gewaltige Wassermassen.
Dann holt das Untier tiefer Atem ein,
Und peitscht die Wellen und schläft wieder ein.
Viel tausend Menschen im Nordland ertrinken,
Viel reiche Länder und Städte versinken.
    Trutz, Blanke Hans.

Rungholt ist reich und wird immer reicher,
Kein Korn mehr faßt selbst der größeste Speicher.
Wie zur Blütezeit im alten Rom,
Staut hier täglich der Menschenstrom.
Die Sänften tragen Syrer und Mohren,
Mit Goldblech und Flitter in Nasen und Ohren.
    Trutz, Blanke Hans.

Auf allen Märkten, auf allen Gassen
Lärmende Leute, betrunkene Massen.
Sie ziehn am Abend hinaus auf den Deich:
Wir trotzen dir, Blanker Hans, Nordseeteich!
Und wie sie drohend die Fäuste ballen,
Zieht leis aus dem Schlamm der Krake die Krallen.
   Trutz, Blanke Hans.

Die Wasser ebben, die Vögel ruhen,
Der liebe Gott geht auf leisesten Schuhen.
Der Mond zieht am Himmel gelassen die Bahn,
Belächelt der protzigen Rungholter Wahn.
Von Brasilien glänzt bis zu Norwegs Riffen
Das Meer wie schlafender Stahl, der geschliffen.
   Trutz, Blanke Hans.

Und überall Friede, im Meer, in den Landen.
Plötzlich wie Ruf eines Raubtiers in Banden:
Das Scheusal wälzte sich, atmete tief,
Und schloß die Augen wieder und schlief.
Und rauschende, schwarze, langmähnige Wogen
Kommen wie rasende Rosse geflogen.
   Trutz, Blanke Hans.

Ein einziger Schrei – die Stadt ist versunken,
Und Hunderttausende sind ertrunken.
Wo gestern noch Lärm und lustiger Tisch,
Schwamm andern Tags der stumme Fisch.
Heut bin ich über Rungholt gefahren,
Die Stadt ging unter vor sechshundert Jahren.
   Trutz, Blanke Hans?

Hochsommer im Walde

„Kein Mittagessen fünf Tage schon,
Die Heimat so weit, kein Geld und kein Lohn;
Statt Arbeit zu finden, nur Hunger und Not,
Nur wandern und betteln, und kaum ein Stück Brot."

Was biegt der Handwerksbursch in den Wald?
Was läuft ihm übers Gesicht so kalt?
Was sieht er trostlos in den Raum?
Was irrt sein Auge von Baum zu Baum?

Die Sonne sinkt, und Stille ringsum;
Die Drossel nur lärmt noch, sonst alles stumm.
Was schaukelt der Erlbaum am Waldesrand?
In seinen Ästen ein Mensch verschwand.

Von seinem ärmlichen Bündel den Strick,
Er legt um den Hals ihn, um Wirbel, Genick,
Dann läßt er sich fallen – nur kurz ist die Qual,
Er sah die Sonne zum letzten Mal.

Der Tau fällt drauf, der Tag erwacht,
Der Pirol flötet, der Tauber lacht.
Es lebt und webt, als wär nichts geschehn;
Gleichgültig wispern die Winde und wehn.

Ein Jäger kommt den Hügel herab
Und sieht den Erhängten und schneidet ihn ab,
Und macht der Behörde die Anzeige schnell;
Gendarmen und Träger sind bald zur Stell.

In hellen Glacés ein Herr vom Gericht,
Der prüft, ob kein Raubmord, wie das seine Pflicht.
Sie tragen den Leichnam ins Siechenhaus,
Und dann, wo kein Kreuz steht, ins Feld hinaus.

Da niemand zuvor den Toten gesehn,
Erhält er die Nummer dreihundert und zehn.
Dreihundert und neun schon liegen im Sand;
Wer hat sie geliebt, wer hat sie gekannt?

Una ex hisce morieris

Es flammt der Horizont des heißen Tages.
Der Schmetterlinge Flügelschlag ist hörbar,
So still ruht Baum und Blatt im Sonnenschein.
Auf fernem Steig klingt schwach des Gärtners Harke.
„In einer dieser Stunden wirst du sterben"
Steht auf der Sonnenuhr im großen Garten,
Auf dessen Weiser sich ein alter Spatz
Den unscheinbaren Kragen emsig putzt
Und schnell das schiefgebogne Köpfchen kraut.
Dann fliegt er weg, im Kirschenbaum zu landen.
Doch unterwegs schlägt ihn der böse Falk.

„In einer dieser Stunden wirst du sterben!"

Bewegung. Menschen. Nackte braune Arme
Schleifen zum Teich ein breites Fischernetz.
Dann warten sie gehorsam auf Befehl
Zum Anfang.   Goldne Gittertore springen,
Und trotz der Schwüle naht in schwerem Samt
Die junge, wunderschöne Königin.
Auf blonder Pagen Armen schläft die Schleppe.
Rechts trägt das Dach, den riesigen Sonnenschirm,
Ein Mohrenkind in gelb und roter Seide.
Links hält ein schlanker Fant im Puffenwams,
Mit dem sie huldvoll spricht, den gleichen Schritt;
Im schaukelnden Gehenke blitzt sein Dolch.
Der Kammerherr vom Tag und ihre Damen

Folgen in ehrerbietiger Entfernung.
Inzwischen ist die Fürstin angelangt
Und hat im Marmorsessel Platz genommen,
Den Fuß auf rasch gelegten Teppich setzend.

Der Zug beginnt, ganz wie zu Petri Tagen:
Im Netze zappeln Karpfen und Karauschen.
Mit dummen Augen, schnappend, schwer geängstigt.
Die Hoheit lacht, die Kavaliere lächeln,
Es grinst das Mohrenkind, die Pagen kichern.
Und in der allgemeinen Lustigkeit,
Das braune Auge plötzlich aufschlagend
Zum schlanken Fant im blauen Puffenwams,
Flüstert harmlos die junge Königin:
Bei Mondesaufgang an der Sonnenuhr.

Da stürzt ein Pfeil aus dunklem Tannenbusch,
Geschnitzt aus eines plumpen Störes Gräte,
Mit Lust ins liebesehnsuchtvolle Herz
Der jungen, wunderschönen Königin.

„In einer dieser Stunden wirst du sterben."

Pidder Lüng

„Frii es de Feskfang,
Frii es de Jaght,
Frii es de Strönthgang,
Frii es de Naght,
Frii es de See, de wilde See
En de Hörnemmer Rhee."

Der Amtmann von Tondern, Henning Pogwisch,
Schlägt mit der Faust auf den Eichentisch:
Heut fahr ich selbst hinüber nach Sylt
Und hol mir mit eigner Hand Zins und Gült.
Und kann ich die Abgaben der Fischer nicht fassen,
Sollen sie Nasen und Ohren lassen,
Und ich höhn ihrem Wort:
   Lewwer duad üs Slaav.

Im Schiff vorn der Ritter, panzerbewehrt,
Stützt sich finster auf sein langes Schwert.
Hinter ihm, von der hohen Geistlichkeit,
Steht Jürgen, der Priester, beflissen, bereit.
Er reibt sich die Hände, er bückt den Nacken.
Der Obrigkeit helf ich, die Frevler packen;
In den Pfuhl das Wort:
   Lewwer duad üs Slaav.

Gen Hörnum hat die Prunkbarke den Schnabel
Ihr folgen die Ewer, kriegsvolkbesetzt.   [gewetz
Und es knirschen die Kiele auf den Sand,
Und der Ritter, der Priester springen ans Land,
Und waffenrasselnd hinter den beiden
Entreißen die Söldner die Klingen den Scheiden.
Nun gilt es, Friesen:
   Lewwer duad üs Slaav!

Die Knechte umzingeln das erste Haus,
Pidder Lüng schaut verwundert zum Fenster heraus
Der Ritter, der Priester treten allein
Über die ärmliche Schwelle hinein.
Des langen Peters starkzählige Sippe
Sitzt grad an der kargen Mittagskrippe.
Jetzt zeige dich, Pidder:
   Lewwer duad üs Slaav!

Der Ritter verneigt sich mit hämischem Hohn,
Der Priester will anheben seinen Sermon.
Der Ritter nimmt spöttisch den Helm vom Haupt
Und verbeugt sich noch einmal: Ihr erlaubt,
Daß wir euch stören bei euerm Essen,
Bringt hurtig den Zehnten, den ihr vergessen.
Und euer Spruch ist ein Dreck:
    Lewwer duad üs Slaav.

Da reckt sich Pidder, steht wie ein Baum:
Henning Pogwisch, halt deine Reden im Zaum.
Wir waren der Steuern von jeher frei,
Und ob du sie wünschst, ist uns einerlei.
Zieh ab mit deinen Hungergesellen;
Hörst du meine Hunde bellen?
Und das Wort bleibt stehn:
    Lewwer duad üs Slaav!

Bettelpack! fährt ihn der Amtmann an,
Und die Stirnader schwillt dem geschienten Mann:
Du frißt deinen Grünkohl nicht eher auf,
Als bis dein Geld hier liegt zu Hauf.
Der Priester zischelt von Trotzkopf und Bücken,
Und verkriecht sich hinter des Eisernen Rücken.
O Wort, geh nicht unter:
    Lewwer duad üs Slaav!

Pidder Lüng starrt wie wirrsinnig den Amtmann an.
Immer heftiger in Wut gerät der Tyrann,
Und er speit in den dampfenden Kohl hinein:
Nun geh an deinen Trog, du Schwein.
Und er will, um die peinliche Stunde zu enden,
Zu seinen Leuten nach draußen sich wenden.
Dumpf dröhnts von drinnen:
    Lewwer duad üs Slaav!

Einen einzigen Sprung hat Pidder getan,
Er schleppt an den Napf den Amtmann heran,
Und taucht ihm den Kopf ein, und läßt ihn nicht frei,
Bis der Ritter erstickt ist im glühheißen Brei.
Die Fäuste dann lassend vom furchtbaren Gittern,
Brüllt er, die Türen und Wände zittern,
Das stolzeste Wort:
    Lewwer duad üs Slaav!

Der Priester liegt ohnmächtig ihm am Fuß.
Die Häscher stürmen mit höllischem Gruß,
Durchbohren den Fischer und zerren ihn fort;
In den Dünen, im Dorf rasen Messer und Mord.
Pidder Lüng doch, ehe sie ganz ihn verderben,
Ruft noch einmal im Leben, im Sterben
Sein Herrenwort:
    Lewwer duad üs Slaav!

Das Genie bricht sich Bahn

Es war ein reicher Mann,
Er war von altem Adel;
Den ganzen Lebensweg
Hielt er sich ohne Tadel.

Erzogen ist er gut,
Streng wachten seine Lehrer,
Und auf dem Tugendpfad
Ward er kein Gassenkehrer.

Dem Staate dient er treu,
Focht tapfer vor dem Feinde,
Dann zog er sich zurück
In seine Gutsgemeinde.

Der Orden Stufensteig
Erklomm er con amore;
Er wurde Kammerherr,
Er saß im Templerchore.

Er nahm sich auch ein Weib,
Erzeugt ein Dutzend Kinder,
Wie jeder fixe Kerl,
Ob Schuster oder Schinder.

Fromm bleibt er bis zuletzt,
Aus innrer Herzensneigung;
Daß er der Kirche Freund,
Fand nie bei ihm Verschweigung.

Er hat sein Last, sein Teil,
Wie jeder Erdenbürger;
Auch ihm sind Gram und Kreuz
Die beiden wackern Würger.

So schritt er mühelos
Auf glatt gelegten Bahnen
Und stieg mit Fackelpomp
Hinunter zu den Ahnen.

Kennt ihr der Menschen Buch?
Schlagt nach im Wortregister:
Er blieb im Mittelmaß,
Ein gründlicher Philister.

Es war ein armer Mann,
Am Scheunentor geboren,
Der einen Vater nie,
Die Mutter früh verloren.

Als Knabe, unbewußt,
Sehnt er sich schon nach Sternen.
Das Dorf verzweifelt schier,
Er kann das Mähn nicht lernen.

Er hütet Schaf und Kuh
Auf einsam stiller Weide;
Er dichtet, sinnt und spinnt
Auf seiner großen Heide.

Er hälts nicht länger aus,
Er muß dem Fron entweichen;
Ein Künstler will er sein,
Die höchste Höh erreichen.

Nun schüttelt ihn die Welt,
Nun schüttelt ihn die Liebe;
Die Mütze sitzt ihm schief
Vor zügellosem Triebe.

Entzückt hat ihn Marie,
Lisette, Margot, Jette;
Die Menschen sind entsetzt
Ob solcher Minnekette.

Zum Himmel schaut er auf,
Er kanns, er kanns nicht glauben,
Er schreit zu Gott empor:
Laß mir mein Herz nicht rauben.

Gedanken werden wach,
Fleißig ist er geworden.
Doch wie er strebt und ringt,
Der Hunger will ihn morden.

Was helfen Fleiß, Genie,
Wenn Armut ewig, Sorgen –
Er knüpfte sich den Strick
An einem Frühlingsmorgen.

Der Mörder

Jasmin und Rosen schicken mit Macht
Weihrauchwolken durch die Sommernacht.
Plötzlich auf dem Hügel im Gebüsch ein Lärm,
Ein einziger Schrei gellt: Hermann ... Herm ...
Und heraus stürzt vom kahlen Hügel zum Tann
Mit ausgebreiteten Armen ein Mann.
Wie still liegt das Land.

In der Rechten ein Messer, das perlt noch rot,
Damit stach er dort oben sein Mädchen tot.
Die Augen graß offen, von Lachen gepackt,
Die Brust im zerrissenen Hemde nackt,
So läuft er, erreicht den Wald, den Weg,
Und verschwindet über den Brückensteg.
Wie still liegt das Land.

Jasmin und Rosen schicken mit Macht
Weihrauchwolken durch die Sommernacht.
Der Vollmond glitzert auf Turm und Teich,
Zieht ruhig weiter durchs Himmelreich.
Der Halm steht auf, wo der Mörder lief,
Und das Blut oben schreibt einen Liebesbrief.
Wie still liegt das Land.

Die Zwillingsgeschwister

Trümmer und Asche. Vereinzeltes Feuer
Zuckt noch am Himmel in Garben empor.
Tempel und Straßen und Villen und Scheuer,
Alles zertreten in Schmutz und Geschmor.
   Hier zerstörte kein Cunctator,
   Den das Schicksal ausersah;
   Hier steht Titus Triumphator
   Auf der Burg Antonia!
Triefende Wunden, zerspaltene Knochen,
Zähne im Feinde, verkralltes Gebein,
Kämpfen die Juden, im Tod ungebrochen,
Wollen im Sterben die Herren noch sein.

Wer nicht erlegen den Heiligtumschändern,
Den fesseln Ketten um Nacken und Hand,
Der schleppt die Ketten nach fernfernen Ländern,
Heimatvertrieben, für immer verbannt.
   Von des Hohenpriesters Kindern,
   Weggerissen vom Altar,
   Fällt den wüsten Überwindern
   Ins Gehark ein Zwillingspaar.
Mirjam und Jonathan heißen die beiden,
Schwester und Bruder, ein lieblich Geflecht.
Wer hat die Roheit, den Blutstamm zu scheiden?
Sklavin wird Mirjam, und Jonathan Knecht.

Grausames Schicksal, sie werden geschieden;
Zitternd Lebwohl und unendliches Weh.
Treffen sie je noch zusammen hienieden?
Gleißt ihnen niemals mehr Libanons Schnee?
   Zwei von Romas Senatoren,
   Cajus und Sulpicius,
   Haben sie für sich erkoren.
   Abschied ohne Abschiedskuß.
Norden und Süden, Italiens Gefilde,
Lösen den zwillingsverschwisterten Bund.
Lindernd verweht wie ein Schleiergebilde
Jährlich der wechselnden Monate Rund.

Jonathan hütet die Kälber und Kühe,
Spaltet das Brennholz und säubert den Stall;
Arbeit am Tage, des Abends noch Mühe,
Schanzen und schuften und Fron überall.
   Riesenfest wie Baschoms Eichen,
   Wild wie Simson wuchs er auf;
   Löwenstärke war sein Zeichen,
   Flüchtig wie der Hirsch sein Lauf.
Und seine Stimme behielt ihre Würde,
In seinen Augen lag silberne Glut;
Königlich trug er die furchtbare Bürde,
Heimlich erhob ihn sein fürstliches Blut.

Mirjam hütet die Enten und Gänse,
Klopft in der Küche das Pfauenfleisch weich,
Hilft bei der Ernte mit Sichel und Sense,
Feiste Muränen entnimmt sie dem Teich.
    Sarons Lilien auf den Wangen,
    Auf der braun verbrannten Haut,
    Steht sie abends oft befangen,
    Steht wie Hebrons schönste Braut.
Keiner kann je ihrer Gunst sich erfreuen;
Stolz, von unnahbarer Hoheit umdornt,
Läßt sie es jeden Bewerber bereuen,
Der seine Seele zum Angriff gespornt.

Römisches Schwelgen und römische Feste.
Einst in den Straßen im Völkergewühl
Treffen zusammen zwei lustige Gäste,
Gehn zur Taverne auf Polster und Pfühl:
    Die sich lange nicht begegnet,
    Cajus und Sulpicius,
    Rufen jeder: Sei gesegnet,
    Daß ich hier dich treffen muß.
Und bei Faustiner und bajäschen Zungen
Schwatzen sie, was sie erlebt all die Zeit,
Was sie verloren und was sie errungen.
Flötenspiel, Aufbruch und Fackelgeleit.

Vor einem Porticus, wo sie sich trennen,
Sprechen sie viel vom judäischen Land,
Und wie auf einen Schlag rufen sie, nennen
Jonathan, Mirjam: welch Pärchen! charmant!
    Und es witzeln, scherzen, lachen
    Cajus und Sulpicius,
    Bis sie, topp, ein Ende machen,
    Und sie fassen den Entschluß:
Heimlich im Dunkel vereinen wir beide,
Riegeln sie ein zur Verhütung der Flucht,
Und aus der Hochzeitsnacht lustigem Leide
Blüht uns zum Vorteil die trefflichste Zucht.

Sinkende Dämmrung, der Tag geht zu Ende,
Abendrot, nur noch ein blaßgelbes Band;
Still wie im Schlafe verschlungene Hände,
Still wie die Wurzel im tieftiefen Land.
    Unerkannt, im finstern Raume,
    Flüstert drängend die Natur;
    Und die Jugend folgt im Traume
    Ihrer ewig starken Spur.
Sylphenumjachterte ferne Fontäne,
Rosenversunkene klanglose Nacht;
Auf den Granatbaum, auf Quellen und Schwäne
Tüpfelt der Mond seine täuschende Pracht.

KLärender Dämmrung neugierige Augen:
Zwei, die erwachen aus Glück und aus Glut.
Grimmiger Sonne reugierige Augen:
Zwei, sich erkennend aus eigenem Blut.
    Bruder, Schwester! Schrecklich funkelt
    Gottes Rachediadem.
    Grell beleuchtet, hart umdunkelt
    Schauen sie Jerusalem.
Zwei, die sich bebend vom Mauernkranz warfen:
Auf klatscht zum Himmel das tuskische Meer.
Zithern und Zymbeln, davidische Harfen
Bringen verklingend ein Hochzeitslied her.

[Cunctator: Zauderer, Zweifler.]

Der Hunger und die Liebe
Gänsehautballade im Bänkelsängerton

Tunkomar und Teutelinde,
Welch ein zärtlich junges Paar.
Er gemächlich, sie geschwinde;
Furie sie, er Dromedar.
    Er phlegmatisch und platonisch:
    „Süßes Lindchen, Mündchen her."
    Sie dämonisch, denkt lakonisch:
    „Er ermannt sich nimmermehr."

Sonntags: Ausflug. Treubeflissen
Jedes Mal ein leckres Fest.
Er häuft ihr die besten Bissen,
Sich bescheidend mit dem Rest.
    Dann nach Hause. Vor der Klause
    Küßt er ihr galant die Hand.
    Sitzt die arme kleine Mause
    Stets allein vor ihrer Wand.

Hindernisse aller Sorten
Türmen sich der schönen Braut,
Hier die Eltern, Geldschwund dorten,
Und der Bräutigam steht benaut.
    Mais la femme: Teutelinden
    Wird es glücken klipp und klar,
    Sich mit Tunkomarn zu binden,
    Wo's auch sei, am Traualtar.

Sie beschließen, zu entfliehen,
Nicht zu warten, nein, sogleich!
Und Poseidon sieht sie ziehen
Durch sein großes Wasserreich.
    Ihrer Sehnsucht höchste Höhe
    Heißt das Land Amerika.
    Schicksalswanzen, Fehlschlagsflöhe
    Weichen dort, Halleluja!

Glatter als des Spiegels Glätte
Breitet sich der Ozean.
Plötzlich fuchtelt durch die Stätte
Ein entsetzlicher Orkan.
    Wale wimmern, Aale toben;
    Wogenberg und Wogental.
    Mast nach unten, Kiel nach oben;
    Munter hält der Hai sein Mahl.

Tunkomar und Teutelinde,
Ach, erklettern mühsam nur
Eines Eilands Felsenrinde,
Triefend von der nassen Spur.
    Unter einer Sykomoren
    Ruhen sie die erste Nacht.
    Und sie sehen sich verloren,
    Als sie morgens aufgewacht.

Nur Korallen, nur Gerölle;
Selbst der alte Feigenbaum
Zeitigt auf der Inselhölle
Keine Frucht im Blätterraum.
    Kaffee wünscht sich Teutelinde,
    Und ein Brötchen Tunkomar.
    Nirgends wächst ein Obstgebinde,
    Gräßlich, auf dem Steinaltar.

Strandschildkröten, Vögel, Eier,
Nichts von allem kommt hier vor,
Und der Hunger zieht als Freier
Frech ins kahle Siegestor.
    Wer wird wohl den Ausgang finden?
    Wo macht Stopp des Schicksals Lauf?
    Tunkomar küßt Teutelinden,
    Aber diese pfeift darauf.

Eilends wird der Hunger stärker,
Immer stärker, ganz enorm;
Endlich wird er Feuerwerker
Und zersprengt die Anstandsform.
Tunkomar springt aus der Tute,
Wird Berserker! Goliath!
Teutelindchen schwimmt im Blute,
Tunkomarchen frißt sich satt.

[Sykomore: Maulbeerfeigenbaum.]

Friedrich Nietzsche
1844–1900

Rein zur Höh, rein zu Tal!

Im Tannengrund, um Mitternacht,
Wenn scheu des Mondes fahler Schein
Gespenstisch durch die Wipfel lacht,
Sah ich dich stehn, einsam, allein.

Kein Laut; es schleicht der leise Wind
Dumpfrauschend aus dem Tal empor,
Und Schilfgeflüster, schaurig lind,
Tönt geisterstimmig aus dem Moor.

Die Hand geballt, des Auges Glut
Hin auf den schroffen Fels gebannt,
Dein Herz, es wogt wie wilde Flut,
Die Wellen schleudert an den Strand.

Der Mauer Trumm, der Säule Pracht,
Die Burg im grellen Mondenlicht
Hohläugig zu ihm niederlacht
Und grinst und grüßt und neigt und spricht:

„Rein zur Höh, rein zu Tal!
Sonn' ertötet, Mond belebt,
Was schaust du aufwärts, bleich und fahl?
Steig auf, wie alles lichtwärts strebt!"

Er klomm hinauf, er steigt, er lauscht
Des Flüsterns, das das Schilf umirrt,
Des Windes, der den Fels umrauscht,
Der Eule, die die Höh'n umschwirrt.

Und näher tönt es, Zauberklang,
Und weht und rauscht wie Harfenschall,
Jetzt leise klagend, schmerzlich bang –
Verklingen – erlöschen – versinken im All.

Es faßt sein Herz – er steigt und neigt
Und breitet die Arme, umschlingt die Welt.
Versinken – ertrinken – die Säule weicht,
Verklingen – verhallen – erdwärts, zerschellt.

Ludwig der Fünfzehnte

Es wütet der Sturm mit entsetzlicher Macht,
Es brauset ein Zug durch die Mitternacht.

Ein Zug von Reitern, vom Blitz umloht,
Ein Wagen voran, im Wagen der Tod.

Die Rosse rasen, die Funken sprühn,
Die Donner rollen, die Blitze glühn.

Geseufz' von Ferne, rings Grabesduft,
Und Nachtgespenster durchwirbeln die Luft.

Die Reiter schauern: im fahlen Licht
Grinst nieder das öde Hochgericht.

Der Wandrer kreuzt sich, fällt auf die Knie:
„Wohin der Richtzug?" „Nach St. Denis!" –

Im Gefängnis

Ein Totenmahl um Mitternacht:
Rings um den Tisch die Girondisten.
Brissot springt auf: „Freunde, habt acht!
Im Moniteur die Sterbelisten!
– Gerichtet gestern in Bordeaux,
Guadet, Salles und Barbaroux."
Sie schweigen. Leis ruft Vergniaud:
„Wir folgen bald. Sie sind zur Ruh!" –
„Roland durch Selbstmord." Klanglos spricht
Die treue Schar die Worte nach.
Umdüstert starrt ihr Angesicht,
Wie Wetternacht umhüllt den Tag.
„Buzot und Petion verschwanden
In tiefem Forst. Die Häscher fanden
Zerfetzt die Kleider, blutbetaut."
Sie saßen stumm, kein Hauch, kein Laut.
Da dringt gedämpfter Trommelklang
Von fern heran, des Tods Signale.
Ein Schauer streift die Männer bang,
Sie stürmen auf, füll'n die Pokale.
In ihren Augen glüht der Brand,
Der ihre schwüle Zeit durchloht.
Champagner sprüht. Hochauf die Hand!
„Der Welt, die uns vergißt, den Tod!"
Der Gläser greller Klang verhallt.
Ein Traum durchwogt die Seelen schnell.
Der Zukunft Vorhang niederwallt:
Das Weltenmeer weit, Well' an Well'.
Sie schauen hin, und wonnetrunken
Umglühn sie der Begeist'rung Funken. –
Am Fenster glänzt der blasse Tag.
Von fern tönt dumpfer Trommelschlag. –

Carl Spitteler
1845–1924

Die Ballade vom lyrischen Wolf

Frühlingslüfte lispelten im Haine,
Und ein Wolf im Silbermondenscheine,
Aufgeregt von lyrischen Gefühlen,
Strich, in seinem Innersten zu wühlen,
Melancholisch durch Gebirg und Strauch,
Liebe spürt er, etwas Weltschmerz auch.

Davor mög uns Gott der Herr bewahren:
Nachtigallenseufzer ließ er fahren.
Eine Rose hielt er in den Knöcheln,
Schwanenlieder in den Kelch zu röcheln,
Und mit honiglächelndem Gemäul
Flötet er ein schmachtendes Geheul.

Orpheus hörte diese Serenade.
„Herr Kollega", bat er ängstlich, „Gnade!
Nutzlos quälst und quetschest du die Kehle,
Denn die Bosheit bellt dir aus der Seele.
Und mit einem Herzen voll von Haß
Bleibe, Bestie, ferne dem Parnaß.

Zwar auf Tugend mag die Kunst verzichten,
Liederliche sieht man Lieder dichten,
Aber Drachen mit Musik im Rachen –
Liebster, das sind hoffnungslose Sachen.
Aller schönen Künste weit und breit
Grundbedingung ist Gutherzigkeit."

Die tote Erde
Legende

Zwölf Engel hielten am Himmelstor:
„Ihr Türmer herunter, ihr Wächter hervor!
Was bringt ihr, ihr lieben Leute?"
„Wir kommen geritten vom Erdenrund,
Gar frohe Botschaft bringt unser Mund,
Stimm an die Glocken und läute!"

Und als das Pförtchen war aufgetan,
Da setzten sie die Posaunen an
Und bliesen aus vollen Wangen:
„Juchhe, ihr Völker, juchhe, haja!
Herbei ihr alle, halleluja!
Die frohe Post zu empfangen:

Worum wir inbrünstig gebetet oft,
Was jeder ersehnte, was keiner gehofft,
Es hat sich in Gnaden begeben.
Wir kommen geritten von Erden fern:
Erloschen, verglommen der blutige Stern,
Verhaucht das unselige Leben."

Da flogen die Türen und Fenster auf,
Und alle die Seligen eilten zu Hauf
Und zogen zu Fuß und zu Pferde,
Mit Pfeifern und Trommlern und Saitenspiel
Und fröhlichem Schwatzen und Lachen viel,
Hinab auf die einsame Erde.

Doch als sie im glitzernden Sternenreich
Gewahrten die traurige Weltenleich
Verkohlt in den Wolken schwimmen,
Da ging den Pfeifern der Atem aus,
Und mancher wischt sich ein Tränlein aus
Und tät ein Greinen anstimmen.

Dann schlichen sie auf dem Riesengrab
Mit heimlichem Flüstern talauf, talab
Und erzählten mit Bangen und Zagen
Von alter verschollener Menschenzeit,
Von Krankheit und Sterben, von Zank und Streit
Einander die schaurigen Sagen.

Sie stifteten einen Sühnealtar,
Drauf brachten die Priester die Messe dar
Beim Klange der Trauerlieder.
Ein Requiem aeternam lallt ihr Mund,
Weihwasser sprengten sie auf den Grund
Und flehten den Segen hernieder.

Der Segen, der schwebte wohl über die Welt,
Das Weihwasser rann übers Ackerfeld –
Doch sieh! was will das bedeuten?
Der Segen flog ängstlich im Kreis herum,
Das Weihwasser wälzte sich um und um –
Sagt an, was soll das bedeuten?

Da sprach das Weihwasser: „Ich sehe, ich seh
Auf Erden kein Plätzchen, wohin ich auch späh,
Das nie eine Träne benetzt hat."
Und der Segen, der sprach: „Ich suche, ich such
Einen Fleck, einen kleinen, den nicht der Fluch,
Den nicht der Mord schon besetzt hat."

Der Wanderer

Flaumflocken flüstern vom Himmel leis.
Ein Wandrer steigt über Firn und Eis.
Die Schneefrau folgt ihm mit tückischem Schritt:
„Halt stille, mein Lieber, und nimm mich mit!
Der Abend ist nah, und der Gipfel ist fern.
Ich spiel dir zur Kurzweil ein Liedchen gern."
Sie setzt an die Lippe die grüne Schalmei,
Die jauchzte von Blumen und Lenz und Mai.
Er lauschte, die Wangen von Tränen naß,
Dann schlug er ein Kreuzchen und zog fürbaß.

Und finstrer wölkt sich der dämmernde Schnee.
Sie schlich ihm zur Seite auf listiger Zeh:
„Halt! daß ich dir leuchte, du wandelst irr!
Ein freundliches Märchen erzähl ich dir."
Eine Ampel zog sie aus ihrem Gewand,
Da glänzt ihm vor Augen der Heimat Land,
Der Hügel, der Garten, die Eltern sein
Im seligen goldigen Jugendschein.
Er schwankte. Schon kürzt er der Schritte Maß,
Dann schlug er ein Kreuzchen und zog fürbaß.

Und es stürmt und es stöbert mit Sturmesmacht,
Vom heulenden Felsen gähnt weiße Nacht.
Sein Wille versagte, sein Knie versank.
Da saß sie auf einer steinernen Bank:
„Hier ist es behaglich; komm, setze dich!
Ich weiß zu kosen gar minniglich.
Und lockt dich der Schlummer und lacht dir ein Traum,
An meinem warmen Busen ist Raum."
Sie blickte so lieblich, sie nickte so hold,
Als ob sich der Himmel ihm öffnen wollt.
Er wankt ihr entgegen im taumelnden Lauf
Und fiel ihr zu Füßen – stand nie mehr auf.

Die Blütenfee

Maien auf den Bäumen, Sträußchen in dem Hag.
Nach der Schmiede reitet Janko früh am Tag.
Blütenschneegestöber segnet seine Fahrt,
Lilien trägt des Rößleins Mähne, Schweif und Bart.
Lacht der muntre Knabe: „Sag mir, Rößlein traut:
Bist bekränzt zur Hochzeit, doch wo bleibt die Braut?"

Horch, ein Pferdchen trippelt hinter ihm geschwind,
Auf dem Pferdchen schaukelt ein holdselig Kind.
Solche kleine Fante nimmt man auf den Schoß.
Auf die Schulter wirft ers spielend: Ei! wie groß!
Zappelnd schreit die Kleine: „Böser Bube du!
Weh! ich hab verloren meinen Lilienschuh."

Rückwärts sprengt er suchend ein geraumes Stück.
Wie er mit dem Schuhe eilends kam zurück,
An des Kindes Stelle saß die schönste Maid.
Da geschah dem Jungen süßes Herzeleid.
Flüsterte die Schöne: „Liebster Janko mein,
Hab ein kostbar Ringlein, strahlt wie Sonnenschein.
Bin dir hold gewogen, schenk es dir zum Pfand.
Weh! ich habs vergessen, badend an dem Strand."

Wie er mit dem Ringlein wiederkehrte, schau,
Hing gebückt im Sattel eine welke Frau.
Ihre Zunge stöhnte: „Janko, du mein Sohn!
Weh! ein Tröpfchen Wasser! Schnell! um Gotteslohn."

Wie er mit dem Wasser kam zum selben Ort,
War zu Staub und Asche Weib und Pferd verdorrt.

Der Ketzer

Als der Bischof Leo seinen Imbiß nahm,
Da geschah es, daß ein Schuster zu ihm kam:
„Hab mich je und je der Frömmigkeit beflissen,
Keine Beichte, keine Messe mocht ich missen.
Aber heute muß ich Trost im Zweifel haben:
Nämlich letzthin, als den Vater wir begraben
Und ich meditierend folgte seinem Sarge,
Neckte mich mit einem Lügenbild der Arge.
Mag nun noch so tief in Gott den Geist versenken,
Immer muß ich jenes Truggesichtes denken.

Meinen Vater sah ich in dem Lügenbild,
Wie er leibt und lebte, lieb und gut und mild,
Doch nicht eins und fertig, sondern vielgespalt,
Trug drei Häupter über dreierlei Gestalt:
Erstens, wie wir alle ihn zuletzt gekannt,
Krank und bresthaft und des Intellekts entmannt.
Zweitens, wie ich, folgend der Erinnerung Spur,
Ihn zuweilen schaute in Memoria nur,
Rüstig schreitend abends nach der Schusterzunft;
Was er tat, war recht, und was er sprach, Vernunft.
Endlich als ein muntres Knäblein flink und frei,
Wie er überm Bette hängt im Konterfei.
Jetzo find ich keinen gläubigen Christenschluß,
Was ich denken, was ich schaun und halten muß.
Etwas, das sich stets fort ändert, ist nicht Ein,
Und Verschiednes kann das nämliche nicht sein,
Vielheit aber widerstreitet der Person.
Nun begreift Ihr meinen bangen Zweifel schon.
Kanns nicht fassen, kanns nicht übereinbekommen,
Daß der Mensch wie Wind und Wasser sei verschwommen.
Müßt mich lehren, laß mich gerne ja bekehren,
Welches Antlitz soll als seines ich verehren?"

„Laß das Grübeln", sprach der Bischof ärgerlich,
„Bet ein Vaterunser und bekreuze dich."

Als der Bischof Leo aß sein Vesperbrot,
Stand der Schuster wieder da in seiner Not.
„Hab die ganze Nacht gebetet heiß und tief,
Daß der Angstschweiß mir von Stirn und Wange lief.
Bleibt doch alles unversöhnt und unvergessen,
Kanns nicht lösen, kann ihm keinen Schluß entpressen."

„Laß die frommen Fratres dein Geständnis hören.
Werden hurtig dir den Beelzebub beschwören."

Als der Bischof Leo saß beim Mittagsmahl,
Kam derselbe Schustersmann zum drittenmal.
„Zwanzig fromme Fratres sprengten Guß auf Guß
Mir aufs sündige Haupt den heiligen Weihefluß.
Viele Stunden ohne Unterlaß und Ruh
Setzten sie dem Teufel auf lateinisch zu.
Ist doch alles gleich, als wär es nicht gewesen,
Kann nicht heilen, kann vom Zweifel nicht genesen."

„Schalk, du bist fürwahr ein Ketzer, weißt du das?
Fahr zur Hölle und gehab dich Satanas!"

„Also", schrie der Schuster, „das ist der Bescheid
Auf mein bänglich Fragen, auf mein Herzeleid?
Wollt als Ketzer meinen Namen Ihr verfemen,
Wohl, so sollt Ihr eine Ketzerei vernehmen:
Ei, ihr Gaukler, ei, ihr Belialspfaffen ihr!
's ist ein Trost von Stroh, ein Glaube von Papier.
Hat die Kirche keine Arzenei vorhanden,
Wozu ist denn Christus schließlich auferstanden?
Eine Instituz, die nicht auf Wahrheit zielt,
Die sich vor den Rätseln feig beiseite stiehlt
Und sich vor dem Denken duckt ins Symbolum,
Ist ein Kinderplappart, ein Ridiculum.
Nennt euch Priester oder nennt euch Theologen,
Eure Botschaft, eure Weisheit ist erlogen."

Als der Bischof schmauste die Collaz,
Da verbrannten sie den Schuster auf dem Platz.
Seufzend faltete der Bischof seine Hände:
„Friede seiner Asche, selig sei sein Ende."
Munkelte alsdann von Christi Blut und Wunden,
Aß mit Appetit und ließ den Fisch sich munden.

[Collaz, lat. collatio: Mittags- oder Abendmahlzeit, Imbiß.]

Max Nordau
1849–1923

Heine-Denkmal auf Korfu
Ein Nachtrag
zu Heinrich Heines „Deutschland, ein Wintermärchen",
Caput XXVIII

Der tote Dichter war aus dem Grab
In Marmor auferstanden;
Er zog mit jüdischem Wanderstab
Umher in deutschen Landen.

Er suchte ein Plätzchen, wo man Rast
Dem fahrenden Sänger gewähre,
Ein Blumenbeet um den steinernen Gast
Und etwas Liebe und Ehre.

Doch sieben Städte beschieden ihn scharf,
Erst einzeln und dann im Chore:
„Für Juden haben wir keinen Bedarf.
Nachtwächter, schließt die Tore!"

Sie sangen im Brustton: „Lieb Vaterland,
Magst ruhig sein. Keine Blitze
Entfahren jetzt der gelähmten Hand:
Wir fürchten nicht mehr seine Witze!"

Er irrte monde- und jahrelang
Nun weiter wegeverloren;
„Ich weiß nicht, was soll es bedeuten" klang
Es oft ihm in die Ohren.

Und zogen Wallfahrer nach Kevelaar
Vorbei am verstaubten Dichter,
Dann johlte die psalmodierende Schar
„Hep! Hep!" und schnitt ihm Gesichter.

Doch sieh! eine holde hohe Frau
Erschien vor dem Irregänger:
„Dir biet' ich als Heim einen Tempelbau,
Mein auserwählter Sänger;

Einen schimmernden Tempel und stolzen Palast
Für Helden, Dichter und Fürsten,
Dir, der du fürstlich geschenkt mir hast,
Wonach wir auf Thronen dürsten."

So ward ihm nach Lebens- und Todespein
Die märchenhafte Belohnung:
Auf griechischem Boden ein Lorbeerhain
Als kaiserliche Wohnung.

Über seinem Haupte des Firmaments
Jonisch azurener Bogen,
Um ihn des Südens ewiger Lenz
Und des hallenden Meeres Wogen.

Und heiter olympischer Freundesverkehr
Mit Apollo, dem liederreichen,
Mit Achilles, Ulysses, dem alten Homer,
Kurzum: mit seinesgleichen.

Oft tönte leis in der Zaubernacht
Der götterbewohnten Kerkyra
Zu der Nachtigallen Liederpracht
Begleitend seine Lyra.

Das währte, so lang ein Glück wohl währt:
Zu rasch ist's immer geschwunden!
Dem Sterblichen sind karg beschert
Die halcyonischen Stunden.

Es schritt das schwarze Verhängnis: ein Weh
Ließ alle Lippen erbleichen –
Die blumenfeine gekrönte Fee
Erlag eines Unholds Streichen.

Ein Hegewisch vor dem heiligen Hain
Entehrte den Tempel Achilles':
Er soll des ersten Bieters sein!
Der Erbe der Fürstin will es.

Es kamen und boten und feilschten dreist
Weltbummler und kalte Protzen;
Die überschlugen den Wert im Geist
Und schätzten mit frechem Glotzen.

Spielhölle? Karawanserei?
Heilbude? So schwirrt's um die Wette.
Das Schicksal fügt's: eines Kaisers sei
Aufs neu die geweihte Stätte.

Den Göttern Hellas' ein Dankgebet
Für solche gnädige Wendung!
Nun ist in der Hut der Majestät
Der Dichter sicher vor Schändung.

Jawohl! Alsbald ward inspiziert
Die Erwerbung von hingeschickten
Geheimen Räten. Die waren schockiert,
Als sie das Steinbild erblickten.

„Ein Luginsland schön wie ein Traum
Ist des Palastes Warte;
Doch ist für einen Heine kein Raum
Unter des Kaisers Standarte."

Es warfen ihn derbe Fäust' am Genick
Aus dem Tempel unverweilet –
So hatt' ihn sein altes Judengeschick
Auch im Achilleion ereilet.

Ernst von Wildenbruch
1845–1909

Huldigung der schlesischen Stände vor König Friedrich II. von Preußen in Breslau 1741

Zu Breslau waren im Rathaussaal
Die schlesischen Herren versammelt zumal,
Nach langem Zögern, nach langem Streit
König Friedrich zu schwören den Huldigungseid.
Doch wie nun der erste zu schwören begehrt,
Da siehe, da fehlte das Reichesschwert.
Und ein Flüstern und Fragen und Raunen begann:
„Worauf sollen wir schwören, was fangen wir an?"
König Friedrich selber, der Kriegsgott der Schlacht,
Hat schweigend geschaut und heimlich gelacht,
Als er sah der gepuderten Häupter Gewirr
Und vernahm der verlegenen Stimmen Geschwirr.
Doch als er nicht Rat und nicht Ende ersah,
Aus der Scheide riß er den Degen da:
„Was Reichesapfel und Reichesschwert!
Der Degen von Mollwitz ist gleich viel wert.
Nimm hin meinen Degen, du tapferer Schwerin,
Ihr schlesischen Herren, schwört mir auf ihn!"
Da drängten sie alle, so viele im Saal,
Heran sich und legten die Hand auf den Stahl,
Und die Wölbung erscholl, als mit dröhnendem Eid
Dem Preußenkönig sich Schlesien geweiht. –
Und siehe – ein wunderbar seltsam Gesicht:
Die stählerne Klinge ward flammendes Licht.
Der Königsdegen zu wachsen begann,
Daß kein einz'ger mehr seine Klinge umspann,
Und es ward eine Stimme von droben gehört:
„Seht hier des einstigen Reiches Schwert!"

Emil von Schönaich-Carolath
1852–1908

Legende

Vom Dreißigjährigen Krieg berannt,
Das Deutsche Reich lag leergebrannt.

Verkohlte Mühlen, Schutt und Stein,
Dazwischen bleichendes Pferdegebein,

Rauch, Kirchenschatzung, Heeresstaub,
An jedem Hohlweg Mord und Raub,

Das Brachland wüst und unbestellt –
Zwei Wandrer schritten, stumm gesellt.

Gelb stob wie Flammensaum ihr Haar;
Sankt Gabriel der eine war.

Sankt Michael der andre hieß,
Sein Hüftschwert kurzes Glänzen stieß.

Der erste sprach: Herr, röte.
Der zweite sprach: Herr, töte.

Töte den Werwolf, den Zwietrachtsgeist,
Der Deutschland in blutende Stücke reißt.

Röte die Wangen vor Grimm und Scham,
Daß in Deutschland abhanden die Treue kam.

Da hob sich am Weg in zerschossenem Wams
Ein sterbender Landsknecht schwäbischen Stamms;

Der rief: Ihr Herren sprecht törlich drein,
Mit euch wird nicht zu rechten sein.

Viel lieber in Deutschland Schmach und Not,
Als in der Fremde weißes Brot.

Ich müßte zehnmal zugrunde gehn
Und würde zehnmal auferstehn,

Ich riefe von frischem alsogleich:
Gott segne, Gott schütze das Deutsche Reich.

Gustav Falke
1853–1916

Die Schnitterin

War einst ein Knecht, einer Witwe Sohn,
    Der hatte sich schwer vergangen.
Da sprach sein Herr: Du bekommst deinen Lohn,
    Morgen mußt du hangen.

Als das seiner Mutter kund getan,
    Auf die Erde fiel sie mit Schreien:
O lieber Herr Graf und hört mich an,
    Er ist der letzte von dreien.

Den ersten schluckte die schwarze See,
    Seinen Vater schon mußte sie haben,
Den andern haben in Schonens Schnee
    Eure schwedischen Feinde begraben.

Und laßt ihr mir den letzten nicht,
    Und hat er sich vergangen,
Laßt meines Alters Trost und Licht
    Nicht schmählich am Galgen hangen.

Die Sonne hell im Mittag stand,
    Der Graf saß hoch zu Pferde,
Das jammernde Weib hielt sein Gewand
    Und schrie vor ihm auf der Erde.

Da rief er: Gut, eh die Sonne geht,
    Kannst du drei Äcker mir schneiden,
Drei Äcker Gerste, dein Sohn besteht,
    Den Tod soll er nicht leiden.

So trieb er Spott, hart gelaunt,
    Und ist seines Weges geritten.
Am Abend aber, der Strenge staunt,
    Drei Äcker waren geschnitten.

Was stolz im Halm stand über Tag,
    Sank hin, er mußt es schon glauben.
Und dort, was war's, was am Feldrand lag?
    Sein Schimmel stieg mit Schnauben.

Drei Äcker Gerste, ums Abendrot,
    Lagen in breiten Schwaden,
Daneben die Mutter, und die war tot.
    So kam der Knecht zu Gnaden.

Ferdinand Avenarius
1856–1923

Der goldene Tod

Kein Wind im Segel, die See liegt still –
Kein Fisch doch, der sich fangen will!
So ziehen die Netze sie wieder herein
Und murren, schelten und fluchen drein.
Da neben dem Kutter wird's heller und licht
Wie weißliches Haar, wie ein Greisengesicht,
Und ein triefendes Haupt taucht auf aus der Flut:
„Ei, drollige Menschlein, ich mein's mit euch gut –

Ich gönn euch von meiner Herde ja viel,
Doch heut ist mein Jüngster als Fisch beim Spiel,
Den mußt' ich doch hüten, ich alter Neck,
Drum jagt' ich sie all miteinander weg –
Doch schickt ihr den Jungen mir wieder nach Haus,
So werft nur noch einmal das Fangzeug aus:
Der schönste ist mein Söhnchen klein,
Das übrige mag euer eigen sein!"

Hei, flogen die Netze jetzt wieder in See!
Ho, kaum, daß ihr Lasten sie brachten zur Höh!
Wie lebende Wellen, so fort und fort
Von köstlichen Fischen, so quoll's über Bord.
Und patscht und schnappt und zappelt und springt –
Und bei den Fischern, da tollt's und singt.
Nun plötzlich blitzt es – seht: es rollt
Ein Fisch an Bord von lauterm Gold!

Eine jede Schuppe ein Goldesstück!
Wie edelsteinen, so funkelt's im Blick!
Die Kiemen sind aus rotem Rubin,
Perlen die Flossen überziehn,
Mit eitel Demanten besetzt, so ruht
Auf seinem Häuptlein ein Krönchen gut,
Und fürnehm wispert's vom Schnäuzlein her:
„Ich bin Prinz Neck, laßt mich ins Meer!"

Den Fang ins Meer? Sie rühren ihn an,
Die Fischer, und tasten und stieren ihn an.
„Laßt mich ins Meer!" Sie hören nicht drauf.
„Laßt mich ins Meer!" Sie lachen nur auf.
Sie wägen das goldene Prinzlein ab,
Sie schwärzen's und klauben ihm Münzlein ab –
Wie wiegt das voll, wie gleißt das hold!
Sie denken nichts weiter – sie denken nur Gold.

Und seht: ein Goldschein überfliegt
Jetzt alles, was von Fisch da liegt,
Und wandelt's, daß es klirrt und rollt:
Seht: all die Fische werden Gold!
Sinkt das Schiff von blitzender Last?
„Schaufelt, was die Schaufel faßt!" ...
Wie lustiges Feuerwerk sprüht das umher –
Dann rauscht über alles zusammen das Meer.

Die Pest

Einst hat ein Mann die Pest gesehn
Frühmorgens über die Felder gehn,
Die Hähne krähten ihr heiser und schwach,
Mißtönig knurrten die Hunde ihr nach.

In einem grauen Bettelkleid,
Gebückt, so hinkte sie über die Heid,
Nach allen Seiten sorgsam dreht'
Ihr rotes Auge sie und späht' –

Und wo ein Dorf von fern sie sah,
Still nickend stehen blieb sie da
Und nestelt' hüstelnd am Gewand
Und suchte fingernd mit der Hand

Und wedelt', wie man Mücken schreckt,
Ein gelbes Tuch, mit Blut befleckt,
Dreimal und schnell, – noch einen Fluch
Murrend, dann barg sie rasch ihr Tuch.

Und weiter hinkte sie am Stab:
Wohin sie stieß, sank's ein zum Grab,
Wohin sie winkte, Haus um Haus
Starb Dorf um Dorf zum Abend aus.

Otto Ernst
1862–1925

Nis Randers

Krachen und Heulen und berstende Nacht,
Dunkel und Flammen in rasender Jagd –
Ein Schrei durch die Brandung!

Und brennt der Himmel, so sieht man's gut:
Ein Wrack auf der Sandbank! Noch wiegt es die Flut;
Gleich holt sich's der Abgrund.

Nis Randers lugt – und ohne Hast
Spricht er: „Da hängt noch ein Mann im Mast;
Wir müssen ihn holen."

Da faßt ihn die Mutter: „Du steigst mir nicht ein:
Dich will ich behalten, du bliebst mir allein,
Ich will's, deine Mutter!

Dein Vater ging unter und Momme, mein Sohn;
Drei Jahre verschollen ist Uwe schon,
Mein Uwe, mein Uwe!"

Nis tritt auf die Brücke. Die Mutter ihm nach!
Er weist nach dem Wrack und spricht gemach:
„Und *seine* Mutter?"

Nun springt er ins Boot, und mit ihm noch sechs:
Hohes, hartes Friesengewächs;
Schon sausen die Ruder.

Boot oben, Boot unten, ein Höllentanz!
Nun muß es zerschmettern...! Nein: es blieb [ganz!...
Wie lange? Wie lange?

Mit feurigen Geißeln peitscht das Meer
Die menschenfressenden Rosse daher;
Sie schnauben und schäumen.

Wie hechelnde Hast sie zusammenzwingt!
Eins auf den Nacken des andern springt
Mit stampfenden Hufen!

Drei Wetter zusammen! Nun brennt die Welt!
Was da? – Ein Boot, das landwärts hält –
Sie sind es! Sie kommen! – –

Und Auge und Ohr ins Dunkel gespannt...
Still – ruft da nicht einer? – Er schreit's durch die Hand:
„Sagt Mutter, 's ist Uwe!"

Hartnäckige Liebe

Jan Reimers hatte vor gar nichts Furcht.
Er rettete damals die beiden Dänen,
Ihr wißt wohl – es wollte keiner dran –
Er riß sie dem blanken Hans aus den Zähnen.

Nun war da die Antje Nissen – ei ja,
Die mochte dem starken Jan wohl taugen!
Schmuck war sie, alles was recht ist – man bloß:
Ihr guckte der Deubel aus beiden Augen.

Aber Jan, wie gesagt, war bange vor nichts.
Und so freit' er um Antje. Sie ziert' sich nicht lange
Und sagte Ja und ward seine Braut.
Aber als sie's war, da ward ihm doch bange.

Schon vor der Hochzeit alle Tag Krieg!
Verdammt, denkt Jan, nur noch drei Wochen,
Dann ist die Hochzeit. Sie läßt mich nicht los.
Aber sie ist ein Stachelrochen.

Da – denkt euch – da kommt ihm Hilf' in der Not!
Bei Südsüdost wird Jan Reimers verschlagen –
Er rennt auf die Klippen – das Schiff zerkracht –
Eine Planke hat ihn nach England getragen.

Sein erster Gedanke war: „Jung, wat'n Glück,
Nu bin ick verschollen! Das 's Gottes Wille!"
Er stopft sich die Pfeife mit nassem Shag
Und steckt sie in Brand bedachtsam und stille.

Sein Ewer freilich war Grus und Mus.
„Na ja", denkt Jan, „wat is dor Slimm's bi!
Ick hev hier Fisch un hev hier Tobak."
Und er lebte drei Jahre vergnügt in Grimsby.

Aber die Welt ist ein Rattenloch.
Ein Landsmann muß ihn gesehen haben. –
Jan bummelt am Hafen, die Fäust' in der Tasch',
Sich recht an Freiheit und Sonne zu laben –

Da hört er plötzlich – ihm schießt's in die Knie –
Seinen Namen rufen von weiblicher Stimme:
„Jan Reimers! Jan Reimers!" Ihm war's, als rief'
Des jüngsten Tages Posaun' ihn mit Grimme!

Aber Jan hat Courage: er stellt sich taub!
Da ruft Antje Nissen: „Du solltest dich schämen!
Nun tu' doch nicht so, als wenn du nicht hörst,
Du Feigling, du!"
Da mußt' er sie nehmen.

Gerhart Hauptmann
1862–1946

Ahasver

Am Hafen ist's. Die Mähre scharrt
Am Tor der alten Baracken.
Der Wind in morschen Altanen knarrt
Und spielt mit buntscheckigen Laken.
Das knochige Pferd
Zieht Hof und Herd,
Zieht Hab und Gut der Wandrer.

Ich stand und sann und ging hindann,
Hab' schnell enteilen wollen.
Da fing ein dumpfes Schütteln an,
Ein Poltern und ein Rollen.
Der Wagen schwankt
Und schwankt und wankt;
Hoch oben sitzt ein Mädchen.

Ein ärmlich Kleid; ein Rabenhaar,
Es flutet schwer und prächtig.
Ihr Antlitz war so wunderbar,
So hehr und göttermächtig.
„O Ahasver!"
So sprach ich schwer.
Das Fahrzeug fuhr vorüber.

Sie sah herab und sah mich an,
Und Tränen flossen leise.
Das Wanderweib, der Wandersmann,
Sie wünschen sich gute Reise.
Ein Augenblick –
Das ist das Glück!
Dann waren sie verschwunden.

Der Wächter

Wenn bleich der Mond mit mildem Licht erhellt
um Mitternacht die schlummermüde Welt,
dann denk' ich oft an einen stillen Mann,
und meine Träne fängt zu rinnen an.
Um einen Bahnhof schlich er jede Nacht,
den er mit seinem Spieß und Hund bewacht'.
Der Spieß war rostig, struppig war der Hund,
der arme Wächter krank und todeswund.

Die Lippe bleich und schmal; sein Auge matt
unheimlich düster nur gefunkelt hat,
wenn man ihm mitleidsvoll ein Mittel bot,
zurückzuschrecken den Gevatter Tod,
Gevatter Tod, mit dem er rum sich schlug
und den er fest im kranken Busen trug.
Kein Mittel half; und ob er auch zuletzt,
von Todesangst und Herzensqual gehetzt,
von seinem Spieß den braunen Rost geleckt,
nichts hat den Gast im Busen fortgeschreckt.

So schlich er sich gespenstig um das Haus
und maß der Schienen blanke Stränge aus;
ging hin und her auf einsam stiller Wacht;
Gott weiß es, was der Arme da gedacht.
Rings Wald und Flur; im bergig weiten Tal
ein fernes Licht, bald rot, bald gelblich fahl;
ein Tropfen Schweiß bald, bald ein Tropfen Blut:
Kalköfen sind's in ewig reger Glut.
Und jedesmal, wenn heller ward ihr Brand,
ward rot miteins des Wächters Wang' und Hand;
und wurde matter ihr erdrückter Strahl,
so ward ihm Hand und Wange wieder fahl.
Denn was sich tödlich drin im Busen regt,
das hat die Flamme ihm hineingelegt.
Sie buk ein Brot, das er im Hunger aß,
an dem er krankt', wie Weib und Kind genas.
Doch sah er auch von ferne schon den Tod,
sein Weib und seine Kinder brauchten Brot.

Schweißtropfen quollen nieder Jahr auf Jahr,
die Brust vom Kalkstaub schier zerfressen war;
er ließ mit Sorg' und Mühen nimmer nach,
bis er auf einmal jäh zusammenbrach.
Ein Krankenlager kam: Furchtbare Pein,
zum Tode krank und arm dabei zu sein,
zu sehn die Not im Weibesangesicht,
ein hungrig Kind, das fast zusammenbricht
vor Mattigkeit, mit jammervollem Schrei
die Ärmchen ausstreckt nach der Arzenei.
Da sprang er auf, und noch zum Tode krank,
er seine schwachen Kräfte neu verdang –

ward Wächter – lief die Nächte müd umher
und schlief am Tage heiß und fieberschwer.

So schritt er denn in einsam-stillem Gang
wohl auf und ab den graden Schienenstrang,
im letzten Dienst, gemartert und erschlafft
für Weib und Kind, mit seiner letzten Kraft.
Oft stand er da vom Wintersturm umbraust,
mit großen Augen und geballter Faust,
von heißen Tropfen das Gesicht betränt,
an des Gebäudes Ziegelwand gelehnt,
und sah hinaus mit stierem Angesicht
nach seiner fernen Totenfackeln Licht.

Und so auch fand man ihn zuletzt erstarrt
und hat ihn still und schleunigst eingescharrt.
Es dröhnt der Zug und tobet übers Gleis,
das Feuer brennt noch heut wie Blut und Schweiß,
und jetzt wie damals bäckt man in das Brot
den frühen, kalten, jammervollen Tod!

Legende

Es wohnte in seines Grundherrn Schutz
Ein armer Konz in Mangel und Schmutz.
Die Hütte, in den Boden gekrochen
Vor Alter, die Fenster ausgebrochen,
Glich einem zerzausten Krähennest.
Kein Sparren im Dache saß mehr fest.

Der arme Teufel in seiner Hütte
Vernahm eines Abends verirrte Schritte.
Der Sturm brach wild über Höhen und Wald.
Die Nacht war finster und bitter kalt.
Da hob er sich auf und dachte bei sich:
Da draußen ist einer, ärmer als ich!
Und griff einen Span und kroch vor das Loch,
Gebückt wie der Ochse unterm Joch.
Und sieh: des Kienspans Flackerlicht
Leuchtete einem ins Angesicht.
Der war halbnackt und schwieg und stand
Und regete weder Fuß noch Hand.
Aber er war von solcher Statur,
Daß unser Holzfäller bei sich schwur:
Hier winke ein weidlicher Gotteslohn,
Er sei ein verirrter Königssohn! –
Die Wasser tosten zu Tale hinab.
Der Fremde kratzte die Sohlen ab,
Schritt durch den holprigen Flur so leis
Wie einer, der alle Wege weiß,
Saß nieder am qualmigen Herde zur Rast
Und ward des armen Konzen Gast.

„Dein Brot war gut! Dein Trunk war rein!
Viel reiner strahlt deines Herzens Schein.
Du hast mich an Leib und Seele erquickt,
Gott selber hat dir ins Auge geblickt.
Nun muß ich weiter, gedenke mein,
Es soll dir, Bruder, vergolten sein!
Denn siehe, ich schreite durch Nacht und Graus
In meines Vaters goldenes Haus.
Und wie du mich heute bewirtet hast,
So lädt dich morgen mein Vater zu Gast:
Mein Vater in seinem Königssaal,
Allwo er regieret das Jammertal."

Der arme Konz stand vor der Tür,
Die Wasser tosten für und für.
Die Nacht war finster wie ein Brett,
Kein Steg trug über des Baches Bett.
„Nicht dorthin, Fremdling!" – Da quoll ein Glanz,
Der blendete unseren Konzen ganz,
Und in dem Glanz, der schwebend zog,
Der Fremdling übern Strudel flog,
Durchsichtig wie ein bleicher Rauch,
Zergehend wie ein Nebelhauch

Arno Holz
1863–1929

Moderne Großstadtballade

Über
dem breiten,
massiv stabilen,
atlasgelbdeckigen, doppelkopfkissigen,
wachsmattierten,
nachttischenflankierten, zimmerwärtspostierten
Eichenholzbett,
in
einem schlichten,
sanftglänzig
flachen, quadratischen, einfachen,
gepreßt,
flinkernd, fingerbreit
goldbortigen,
nach
innen zu
abgeschrägten, silberpapierausgeklebten
Rahmenpappkasten,
noch
immer

schimmergrünt, glitzergrünt, flimmergrünt
der
Myrtenkranz.

Vor
Jahren
stand am Fenster mal die Nähmaschine,
ein
Kanarienvogel
sang.

Zwischen
zwei friedlichen Öldruckbildern,
rechts
„Das Waldtal", links „Die Quelle",
als
einziges Prunkstück,
in ein
stilles Familienidyll . . . tickte der Regulator.

Jeden Morgen,
Wenn mit ihrem gellen,
hohen,
unerbittlich, heischend, langhin, heulenden Schrillpfiff
die
Fabrik rief,
im
Sommer gings noch, aber im Winter,
durch
stiebendes, wirbelndes, stiemendes
Schneetreiben, Frühdunkel
und
Kälte,
die schwarzen, dick verklumpten, spärlichen Gaslaternen, jämmerlichflackernd,
noch,   [brannten
spitze, scharfe,
stechende Eisnadeln prickelten,
den
dünnen Kragen hochgeklappt,
die
alte, verbeulte,
bläulich marmorierte Blechkanne,
kluckernd,
unter den linken Arm
geklemmt,
in den krumpelig abstehenden Taschen
ein Ende Polnische, ein
Stück
Zwiebelleberwurst und zwei Klappstullen,
Tag für Tag,
immer
wieder von neuem,
in

die rote,
heiße, tobende
Eisenhölle,
Kolben stießen, Zangen
packten,
Dampfhämmer
wuchteten, Kettenräder rasselten,
die
mehr als zwanzig Zentner schweren,
lodernden, lohenden
Weißglutkolben
gischten,
funkensternsprüh-
blitzten ... und ... spritzten,
treufleißig, arbeitsgewissenhaft, pflichtpünktlich
der Vater;
mittags,
mit ihrem strampelnden Jüngsten, vor der weitoffenen Korridortür,
schon
oben hoch an der Treppe,
das
andere lallachend,
krahlend
auf allen Vieren die ersten Stufen runter,
jedes
froh und vergnügt,
daß es den groben, gutmütigen, tolpatschigen Bärbeiß wieder hatte,
„Tatta!",
die Mutter;
sonntags Buletten,
an
ganz besonders hohen
Fest-,
Feier-, oder Geburts-
Tagen
ab und zu
auch sogar Gurkensalat,
Salzkartoffeln und Karbonade,
zu
Weihnachten,
wenn es, ungelogen, schon am Heiligen Abend nach Gänsebraten roch,
um
eine kleine,
grüne, mit dünnen,
krummen,
honiggelblichen Wachsstocklichterchen
besteckte Pyramide, in der sparsam Knittergold hing,
eine
Schäferin, eine Quarrpuppe,
ein
Paar
prächtige, gefütterte, perlenbestickte
Pantoffeln,

vier
Päckchen Pfefferkuchen
und
an einem gewissen Platz, unter einem gewissen Teller, für
eine
Gewisse,
der
dann das . . . Herz schlug,
einen harten, eingewickelten, sorgfältig blankgeputzten Taler
. . . . .
zwei
Glückliche!

Bis
an einem blauen, frühen, unbarmherzig schönen Maitag,
die
Luft schwamm lau,
die
zarten, lichten, rührend rosa Mandelbäumchen
in
allen Vorgärten
blühten,
nach
Werder dampften Extrazüge,
ein
winzig-glühend täppisches Metalltröpfchen, das ihm durchs Auge, zischend, ins Gehirn sprang
die
ganze kleine Herrlichkeit
mit . . . einem
Ruck
. . . . .
Jetzt
ist das . . . alles . . . anders.

Abends,
wenn die rote Lampe
brennt,
kommen fremde Herren in das Stübchen;
alte, junge,
wie's grad trifft.

Du
lieber Gott . . . das Leben!

Das
harte, grause,
bittere,
schwere, mitleidslos entsetzliche!

Nur
manchmal,
wenn der Regen draußen,
wie

wütend, auf die Dächer peitscht,
nachts,
kein Mensch ist mehr wach:
mit
schütternden Schultern, schmerzdurchwühlt,
den Kopf in ... die Arme, die Arme ... quer über
den Tisch,
auf dem Sofa, weggeschleudert, liegt die nasse
Straußenfederboa,
an
der Erde,
auf dem bunten, billigen,
kreischend-kirschrotplackengrundig schäbigen Abzahlungsteppich,
schräg auf der Kante, hingeworfen, der herausfordernd geschmacklose Hut,
die
lange, blaue, geschliffene
Glasnadel
unter die neue, zweiteilige, nußbaumfournierte Waschkommode
bis
in die letzte,
dunkelste, staubigste
Ecke gerollt,
die beiden Kleinen, unschuldig, ahnungslos, schlafen in der Küche,
reuig, zermartert, verzweiflungsvoll,
sitzt
das traurig aufgeputzte,
erbärmlich verschminkte, elend zusammengebrochene
Weib ... und ... weint.

Der
tote Mann!

Das
gräßliche, furchtbare,
grauenhafte
Dasein!

Die
armen ... Kinder!

Deutsche Literaturballade

Kennt ihr das Lied, das alte Lied
vom heiligen Hain zu Singapur?
Dort sitzt ein alter Eremit
und kaut an seiner Nabelschnur.

Er kaut taugaus, er kaut tagein
und nährt sich kärglich nur und knapp.
Denn ach, er ist ein großes Schwein
und nie fault ihm sein Luder ab!

Rings um ihn wie das liebe Vieh
wälzt sich zerknirscht ganz Singapur,
Und „Gott erhalte", singen sie,
„noch lange seine Nabelschnur!"

Denn also geht im Volk die Mär,
und also lehrt auch dies Gedicht:
Wenn jene Nabelschnur nicht wär,
dann wär auch manches andre nicht.

Dann hätte beispielsweise Lingg
nie völkerwandernd sich verrannt.
und Wagners Nibelungenring
läg noch vergnügt im Pfefferland.

Uns hätte nie Professor Dahn
Urdeutsch doziert von A bis Z,
und kein ägyptischer Roman
verzierte unser Bücherbrett.

Wolffs Heijerleispoeterei,
kein Baumbach wär ihr nachgetatscht,
und Mirzas Reimklangklingelei
summa cum laude ausgeklatscht.

Dann schlüge endlich unsrer Zeit
das Herz ans Herz der Poesie,
der Rütli schwüre seinen Eid,
und unser Tell wär das Genie.

So aber so – frei, fromm und frisch
kaut weiter jener Nimmersatt;
sein eigner Schmerbauch ist sein Tisch,
sein – wisch ein Bananenblatt.

Und um ihn, wie das liebe Vieh,
wälzt sich zerknirscht ganz Singapur,
und „Gott erhalte", brüllen sie,
„noch lange seine Nabelschnur!"

Een Boot is noch buten!

„Ahoi! Klaas Nielsen und Peter Jehann!
Kiekt nach, ob wi noch nich to Mus sind!
Ji hewt doch gesehn dem Klabautermann?
Gott Lob, dat wi wedder to Hus sind!"
Die Fischer riefens und stießen ans Land
und zogen die Kiele bis hoch auf den Strand,
denn dumpf an rollten die Fluten;
Han Jochen aber rechnete nach
und schüttelte finster sein Haupt und sprach:
„Een Boot is noch buten!"

Und ernster keuchte die braune Schar
dem Dorf zu über die Dünen,
schon grüßten von fern mit zerwehtem Haar
die Fraun an den Gräbern der Hünen.
Und „Korl!" hieß es und „Leiw Marie!"
„'t is doch man schön, dat ji wedder hie!"
Dumpf an rollten die Fluten –
„Un Hinrich, min Hinrich? Wo is denn dee?!"
Und Jochen wies in die brüllende See:
„Een Boot is noch buten!"

Am Ufer dräute der Möwenstein,
drauf stand ein verrufnes Gemäuer,
dort schleppten sie Werg und Strandholz hinein
und gossen Öl in das Feuer.
Das leuchtete weit in die Nacht hinaus
und sollte rufen: O komm nach Haus!
Dumpf an rollten die Fluten –
Hier steht dein Weib in Nacht und Wind
und jammert laut auf und küßt dein Kind:
„Een Boot is noch buten!"

Doch die Nacht verrann, und die See ward still,
und die Sonne schien in die Flammen,
da schluchzte die Ärmste: „As Gott will!"
und bewußtlos brach sie zusammen!
Sie trugen sie heim auf schmalem Brett,
dort liegt sie nun fiebernd im Krankenbett,
und draußen plätschern die Fluten;
dort spielt ihr Kind, ihr „lütting Jehann",
und lallt wie träumend dann und wann:
„Een Boot is noch buten!" –

So Einer war auch Er!

Liegt ein Dörflein mitten im Walde,
überdeckt vom Sonnenschein,
und vor dem letzten Haus an der Halde
sitzt ein steinalt Mütterlein.
   Sie läßt den Faden gleiten
   und Spinnrad Spinnrad sein
   und denkt an die alten Zeiten
   und nickt und schlummert ein.

Heimlich schleicht sich die Mittagsstille
durch das flimmernde, grüne Revier.
Alles schläft; selbst Drossel und Grille
und vorm Pflug der müde Stier.
   Doch plötzlich kommt es gezogen
   blitzend den Wald entlang,
   und vor ihm hergeflogen
   wie Trommel und Pfeifenklang.

Und in das Lied vom alten Blücher
jauchzen die Dörfler: Sie sind da!
Und die Mädels schwenken die Tücher,
und die Jungens rufen: Hurra!
   Gott schütze die goldnen Saaten,
   dazu die weite Welt;
   des Kaisers junge Soldaten
   ziehn wieder ins grüne Feld!

Sieh, schon schwenken sie um die Halde,
wo das letzte der Häuschen lacht!
Schon verschwinden die ersten im Walde,
und das Mütterchen ist erwacht.
   Versunken in tiefes Sinnen,
   wird ihr das Herz so schwer,
   und ihre Tränen rinnen;
   „So Einer war auch Er!"

Ein Abschied

Sein Freund, der Türmer, war noch wach,
wie Silber gleißte das Rathausdach,
und drüber stand der Mond.

Er wußte kaum, wie schwer er litt,
doch schlug ihm das Herz bei jedem Schritt,
und das Ränzel drückte ihn.

Die Gasse war so lang, so lang,
und dazu noch die Stimme, die über ihm sang:
Wanns Mailüfterl weht!

Jetzt bog sich ein Fliederstrauch über den Zaun,
und die Mutter Gottes, aus Stein gehaun,
stand weiß vor dem Domportal.

Hier stand er eine Weile still
und hörte, wie eine Dohle schrill
hoch oben ums Turmkreuz pfiff.

Dann löschte links in dem kleinen Haus
der Löwenwirt seine Lichter aus,
und die Domuhr schlug langsam zehn.

Die Brunnen rauschten wie im Traum,
die Nachtigall schlug im Lindenbaum,
und alles war wie sonst!

Da riß er die Rose sich aus dem Rock
und stieß sie ins Pflaster mit seinem Stock,
daß die Funken stoben, und ging.

Das Lämpchen flackerte rot überm Tor,
und der Wald, in den sich sein Weg verlor,
stand schwarz im Mondlicht da.

Er schritt und schritt, ein Käuzchen schrie,
die Farren reichten ihm bis übers Knie,
und der Sankt-Jakobs-Quell plätscherte!

Erst droben auf dem Heiligenstein
fiel ihm noch einmal alles ein,
als der Weg um die Buche bog.

Die Blätter rauschten, er stand und stand
und sah hinunter unverwandt,
wo die Dächer funkelten!

Dort stand der Garten, und dort das Haus,
und jetzt war das aus, und jetzt war das aus,
und – die Dächer funkelten!

Sein Herz schlug wild, sein Herz schlug nicht fromm:
Wann i komm, wann i komm, wann i wiederkomm!
Doch er kam nie wieder.

Karl Henckell
1864–1929

Frau Finkenstein an ihre Tochter Eva

Höre, Kind, und laß dir sagen,
Was zu dir die Mutter spricht:
Einen Namen sollst du tragen,
Einen Namen von Gewicht!
Herr von Prittwitz-Prattwitz-Prottwitz
Warb vertraut um deine Hand,
Dem die Kittwitz-Kattwitz-Kottwitz –
Hörst du? Kottwitz! – stammverwandt.

Eva, Eva – laß dich preisen,
Zogst du doch ein großes Los,
In den allerhöchsten Kreisen
Trägt man bald dich auf dem Schoß.
Der Gesellschaft stolze Spitzen
Küssen – Evchen – dir die Hand,
Deine Diamanten blitzen
Weit hinaus ins Vaterland.

Keiner fragt, was wir gewesen,
Wenn der Herr uns so erhöht,
Daß im Winkel hinterm Tresen
Tüten, Tüten wir gedreht.
Keiner fragt, wie wir geworden,
Was wir, Gott sei Lob, nun sind,
Vor dem Glanze unsrer Orden
Werden alle Augen blind.

Was verziehst du so dein Mäulchen?
Daß nicht jung mehr der Gemahl?
Ach, du bist ein kindlich Veilchen –
Daß sein Witz ein wenig schal?
Geistreich strömt's von allen Seiten
Für superbe Kost dir zu –
Kleinigkeiten, Kleinigkeiten!
Welch ein dummes Ding bist du!

So, jetzt laß ich dich alleine –
Prottwitz bleibt nach dem Souper.
Du verstehst wohl, was ich meine?
Sag nur Ja – Noch mal: o je?!
Seufzer sind hier überflüssig,
Laß doch den Poetenkohl!
Dein Papa und ich sind schlüssig,
Das genügt dir. Lebe wohl!

Majestätsbeleidigung

Der Königl. Erste Staatsanwalt

Akt-Z. V J.-Nr. 1000/91
T.-B. Nr. V. 12817

Magdeburg,
22. Dez. 1891

In dem Verfahren wider Ihren Ehemann, den Schriftsteller Heinrich Peus, wegen Vergehens gegen § 95 St.-G.-B., erhalten Sie auf Ihre Eingabe vom 19. d. M. hierdurch zum Bescheide, daß ich bei aller Anerkennung Ihrer traurigen Lage zu meinem Bedauern nicht in der Lage bin, die Haftentlassung Ihres Mannes, der eine schwere Strafe zu gewärtigen hat, von Amts wegen zu befürworten.

An Frau Minna Peus, geb. Leinau, zu Dessau.

Der Satan wurde Staatsanwalt,
Sein Herz, das war wie Eis so kalt.
Gott gab im Zorne dem Geschmeiß
Zum Busen einen Kübel Eis,
Und wo sonst Menschen Mitleid fühlten,
Da konnte man Champagner kühlen.

Zu Magdeburg in Vorhaft saß
Ein Sozialist, der jüngst vergaß,
Daß hoch im deutschen Vaterland
Ein Götze thront, S. M. genannt,
Des heiligen Namens zu betasten
Genügt, verbrecherisch zu belasten.

Zum Schutze solcher Majestät
Sind diesem Götzen früh und spät
Vom Mummelsee bis Helgoland
Viel Götzenwächter vorgespannt,
Die jedem Lästerer des Götzen
Das Messer des Gesetzes wetzen.

Zu Dessau lag mit reifem Leib
Im Wochenbett ein junges Weib.
Sie sah die schwere Stunde kommen
Und schrieb und bat so angstbeklommen
Den Büttelvogt: „O laßt's geschehn!
Darf ich ihn nicht noch einmal sehn?!"

Sie fleht' und schrieb zum andern Mal
In Finsternis und Seelenqual.
Vor ihren Augen fuhr der Tod
Schon auf sie zu in schwarzem Boot,
Und schaukelnd schwamm auf fahlem Teiche
Das Wieglein mit der kleinen Leiche.

Da, wie sie gell um Hilfe rief,
Bracht' ihr die Wärterin den Brief –
Vom Mann, zum Trost in Pein und Gram?
O nein! die Weihnachtsbotschaft kam
Vom Staatsanwalt. So schloß sein Schreiben:
„Bedaure sehr, Ihr Mann muß bleiben!

Wir lassen keinesfalls ihn los,
Dafür ist seine Schuld zu groß.
Man wird ihn schwer bestrafen müssen..."
Das arme Weib sank in die Kissen
– Ein jäher Schrei durch Mark und Bein! –
Und starb. Hier steht ihr Leichenstein:

„Im Reich der Gottesfurcht allhie
Zur Zeit der Schmach ward schwanger sie.
Ihr Mann fiel in des Satans Krallen,
Da hat es Gott dem Herrn gefallen,
Und nahm sie zu sich in der Nacht
Der majestätischen Niedertracht."

Richard Dehmel
1863–1920

Die Glocke im Meer

Ein Fischer hatte zwei kluge Jungen,
hat ihnen oft ein Lied vorgesungen;
Es treibt eine Wunderglocke im Meer,
es freut ein gläubig Herze sehr,
    das Glockenspiel zu hören.

Der eine sprach zu dem andern Sohn:
Der alte Mann verkindet schon.
Was singt er das dumme Lied immerfort;
ich hab manchen Sturm gehört an Bord,
    noch nie eine Wunderglocke.

Der andre sprach: Wir sind noch jung,
er singt aus tiefer Erinnerung.
Ich glaube, man muß viel Fahrten bestehn,
um dem großen Meer auf den Grund zu sehn;
    dann hört man es auch wohl läuten.

Und als der Vater gestorben war,
fuhren sie weg mit braunblondem Haar.
Und als sie sich grauhaarig wiedertrafen,
dachten sie eines Abends im Hafen
    an die Wunderglocke.

Der eine sprach, verdrossen und alt:
Ich kenne das Meer und seine Gewalt.
Ich hab mich zuschanden auf ihm geplagt,
hab auch manchen Gewinn erjagt;
    läuten hört ich es niemals.

Der andre sprach und lächelte jung:
Ich gewann mir nichts als Erinnerung;
es treibt eine Wunderglocke im Meer,
es freut ein gläubig Herze sehr,
    das Glockenspiel zu hören.

Die Magd

Maiblumen blühten überall;
er sah mich an so trüb und müd.
Im Faulbaum rief die Nachtigall:
die Blüte flieht! die Blüte flieht!
Von Düften war die Nacht so warm,
wie Blut so warm, wie unser Blut;
und wir so jung und freudenarm.
Und über uns im Busch das Lied,
das schluchzende Lied: die Glut verglüht!
Und er so treu und mir so gut.

In Knospen schoß der wilde Mohn,
es sog die Sonne unsern Schweiß.
Es wurden rot die Knospen schon,
da wurden meine Wangen weiß.
Ums liebe Brot, ums teure Brot
floß doppelt heiß ins Korn sein Schweiß.
Der wilde Mohn stand feuerrot;
es war wohl fressendes Gift der Schweiß,
auch seine Wangen wurden weiß,
und die Sonne stach im Korn ihn tot.

Die Astern schwankten blaß am Zaun
im feuchten Wind; die Traube schwoll.
Am Hoftor zischelten die Fraun;
der Apfelbaum hing schwer und voll.
Es war ein Tag so regensatt,
wie einst sein Blick so trüb und matt;
die Astern standen braun und naß,
naß Strauch und Kraut, der Nebel troff,
da stieß man sie voll Hohn und Haß,
die sündige Magd, hinaus vom Hof.

Nun blüht von Eis der kahle Hain,
die Träne friert im schneidenden Wind.
Aus flimmernden Scheiben glüht der Schein
des Christbaums auf mein wimmernd Kind.
Die hungernden Spatzen schrein und schrein,
von Dach zu Dach; die Krähe krächzt.
An meinen schlaffen Brüsten ächzt
mein Kind, und keiner läßt uns ein.
Wie die Worte der Reichen so scharf und w
knirscht unter mir der harte Schnee.

So weh, oh, bohrt es mir im Ohr:
du Kind der Schmach! du Sündenlohn!
Und dennoch beten sie empor
zum Sohn der Magd, dem Jungfraunsohn?!
Oh, brennt mein Blut. Was tat denn Ich?
Wars Sünde *nicht,* daß *sie* gebar? –
Mein Kind, mein Heiland, weine nicht:
ein Bett für dich, dein Blut für mich,
vom Himmel rieselt's silberklar.
Wie träumt es sich so süß im Schnee.
Was tat ich denn? – So süß. So weh.
Wars Liebe nicht? – Wars – Liebe – nicht –

Der Rächer

Durch die schlafende Lagune
zieht ein langer stiller Kahn
seine Bahn;
einsam zieht er durch das Dunkel,
durch das sanfte Flutgefunkel,
wie ein großer schwarzer Schwan.

Aber nun: im Zelt der Gondel
fallen Worte schwer voll Glut.
Und die Flut
ebnet sich in weiten Kreisen;
drohend wird der Ton der leisen
Laute, und das Ruder ruht.

Donna Anna, deine Schwüre
sind noch dunkler als die Nacht!
Stolz verlacht
hab ich Alle, die dich schalten,
aber – wenn sie Recht behalten:
hüte dich! ein Rächer wacht!

„Liebster, willst du mich betrüben?
Sieh doch: hab ich denn von Lust
je gewußt,
Eh du diesen Leib berührtest,
dies gescholtne Herz verführtest?"
sinkt sie ihm an Hals und Brust.

Sag mir – will er herrisch wehren,
aber an ihm liegt sie dicht:
„Fühlst du's nicht?
Wie der Vogel in die Weiten,
sehn ich mich nach Seligkeiten!"
hebt sie schmachtend ihr Gesicht.

Und er sieht und fühlt bezwungen
ihrer Augen dunkle Macht;
schwer und sacht
rauscht ihr Kleid im Ampelschimmer,
rötlich schwankt das Gondelzimmer,
Küsse stöhnen durch die Nacht.

Und sie unterdrückt ein Lachen:
wie er von ihr trunken ist,
sich vergißt!
Doch ihr Spott ist kaum verflogen:
wütend über sie gebogen
sieht er ihre Dirnenlist.

Und ein Ringen. Und ein Keuchen.
„Gott, Erbarmen" – bricht ein Schrei
dumpf entzwei.
Hohl ein Brodeln im Kanale.
Stille wirds mit einem Male.
Furchtsam flüstert er: Vorbei.

Flüstert's furchtsam wie im Traume,
küßt im Traume ihren Mund
weinend wund,
hört sie um Erbarmen flehen,
und als könnt er sie noch sehen,
starrt er in den blauen Schlund.

In der dunklen Wasserschale
sieht er ruhn den weißen Mond,
ruhn den Mond,
sieht er winken die versunknen
weißen Arme und die trunknen
Lippen, oh so lieb gewohnt.

Und nun öffnet sie die Augen,
und von tiefer dunkler Macht
schwer und sacht
fühlt er sich hinabgezogen,
sinkt er in die warmen Wogen,
schließt sich über ihm die Nacht.

Durch die schlafende Lagune
wie ein großer schwarzer Schwan
irrt ein Kahn.
Willst du auf den Leuchtturm klimmen,
siehst du fern ein Ruder schwimmen
auf der glatten Wasserbahn.

Anno Domini 1812

Über Rußlands Leichenwüstenei
faltet hoch die Nacht die blassen Hände;
funkeläugig durch die weiße, weite,
kalte Stille starrt die Nacht und lauscht.
Schrill kommt ein Geläute.

Dumpf ein Stampfen von Hufen, fahl flatternder
ein Schlitten knirscht, die Kufe pflügt   [Reif;
stiebende Furchen, die Peitsche pfeift,
es dampfen die Pferde, Atem fliegt,
flimmernd zittern die Birken.

„Du – was hörtest du von Bonaparte" –
Und der Bauer horcht und wills nicht glauben,
daß da hinter ihm der steinern starre
Fremdling mit den harten Lippen
Worte so voll Trauer sprach.

Antwort sucht der Alte, sucht und stockt,
stockt und staunt mit frommer Furchtgebärde:
aus dem Wolkensaum der Erde,
brandrot aus dem schwarzen Saum,
taucht das Horn des Mondes hoch.

Düster wie von Blutschnee glimmt die lange Straße,
wie von Blutfrost perlt es in den Birken,
wie von Blut umtropft sitzt Der im Schlitten.
„Mensch, was *sagt* man von dem großen Kaiser?"
Düster schrillt das Geläute.

Die Glocken rasseln; es klingt, es klagt;
der Bauer horcht, hohl rauscht's im Schnee.
Und schwer nun, feiervoll und sacht,
wie uralt Lied so stark und weh
tönt sein Wort ins Öde:

„Groß am Himmel stand die schwarze Wolke,
fressen wollte sie den heiligen Mond;
doch der heilige Mond steht noch am Himmel,
und zerstoben ist die schwarze Wolke.
Volk, was weinst du?

Trieb ein stolzer kalter Sturm die Wolke,
fressen sollte sie die stillen Sterne.
Aber ewig blühn die stillen Sterne;
nur die Wolke hat der Sturm zerrissen,
und den Sturm verschlingt die Ferne.

Und es war ein großes Heer,
und es war ein stolzer kalter Kaiser.
Aber unser Mütterchen, das heilige Rußland,
hat viel tausend stille warme Herzen;
ewig, ewig blüht das Volk."

Hohl verschluckt der Mund der Nacht die Laute,
dumpfhin rauschen die Hufe, die Glocken wimmern;
auf den kahlen Birken flimmert
rot der Reif, der mondbetaute.
Den Kaiser schauert.

Durch die leere Ebne irrt sein Blick:
über Rußlands Leichenwüstenei
faltet hoch die Nacht die blassen Hände,
glänzt der dunkelrot gekrümmte Mond,
eine blutige Sichel Gottes.

Vogel Greif

Mein Flieger, mein kühner, wo gehts heut hin?
„Hoch über die Wolken, schöne Gönnerin;
höher als höchste Alpenspitzen
soll mein Fahrzeug durchs Weltblau blitzen."
   Vogel Greif heißt dein Fahrzeug? „Vogel Greif;
   heut soll er den Sieg mir greifen."

Du kühner, du stolzer, dann nimm mich mit!
Und sie sprang in den Sitz mit straffem Schritt.
Nur an ihrer Brust das Blumensträußchen
zitterte wie ein gefangnes Mäuschen,
   als sie sich lachend den Wetterpelz
   um die schlanken Hüften legte.

„Du kühne, du schöne, wirf weg den Strauß!
leicht fliegt ein Blumenblättchen heraus;
ein einziges Blättchen ins Flugwerk verschlagen
kostet uns beiden Kopf und Kragen."
    Und während der Vogel Greif knatternd stieg,
    kobolzte der Strauß in ein Kornfeld.

Viertausend Meter stieg er und mehr,
eisig kreiste das Weltblau um sie her;
aus stürzenden Wolken in sausendem Bogen
stiegen sie lachend, lachend, und flogen,
    bis die Erde ein fernes Fabelland war,
    Vogel Greif – da stockte das Flugwerk.

Da stockte das Lachen; nur's Steuer noch klang,
schrill das Steuer im Gleitflug-Sturmgesang.
Durch sausende Wolken in stürzendem Bogen
glitten sie keuchend, keuchend, und flogen,
    bis die Erde schon fast wieder Erde war:
    Vogel, greif! Da knackte das Steuer.

Wie vor zwanzig Minuten der Blumenstrauß
kobolzten sie aus dem Wrack hinaus,
hinaus, umklammert in wirbelndem Kreise
mit fliegenden Haaren zur letzten Reise;
    du kühner! du kühne! klangs geisterleise
    auf ins eisige Weltblau.

Und als man sie fand, er atmete noch,
im Todesfiebertraum sah er hoch,
hoch über die Wolken und hauchte: siegen –
morgen werden wir höher fliegen –
    morgen –
    höher – –

Otto Julius Bierbaum
1865–1910

Der patriotische Holländer
(Eine fast unglaubliche Geschichte, Herrn Franc Nohain nacherzählt)

Man hatte sich mit allen guten Dingen
So vollgestopft, wie man es muß,
Wenn die Ernährung soll gelingen;
Voll war man, voll bis zum Zerspringen,
Nach Atem sah man schon die Kinder ringen,

Da rief der Hausherr: „Nun der Magenschluß!
Die Resi soll den Käse bringen!"

Die Resi kam. Wie war sie blaß.
Die Hausfrau rief: „Was ist denn das?
Reicht man den Käse ohne Glocke?!"
– „Ach gnädge Frau!" rief Resi, „ach!
Es tat auf einmal einen Krach,
Da war sie..." – „Ungeschickte Docke!"
Erwiderte die Hausfrau drauf,
„So geh und kauf
'ne andre, aber, bitte, eine,
Die nicht von selber springt!" – Die Beine
Nimmt Resi untern Arm und rennt.

Wär die Geschichte jetzt am End,
So wär es keine.

Doch, denken Sie! Nach einer Stunde
Erscheint mit schreckenschiefem Munde
Besagte Resi. Ihr Geschrei
Verkündet: „Gnädge Frau! Entzwei
Ist auch die zweite Glocke!
Ich bin *gewiß* nicht schuld daran!"
Die Gnädge sieht sie flammend an
Und heißt sie *mehr* als eine Docke.
„Du tust das, scheint mir, zum Pläsier!
Schweig! sag ich... Und *das* sag ich dir!
Paß auf! Sonst!... O! Ist es zu sagen?!
An *einem* Tage zwei zerschlagen!
Hol eine andre!" – Ihre Beine
Nimmt Resi untern Arm und rennt.

Wär die Geschichte hier am End,
So wär es immer noch wohl keine.

Das Abendessen ist serviert,
Wie lieblich lockt die kalte Platte,
Mit Petersilie schön garniert,
Die schon dasselbe Amt beim Mittagsbraten hatte.
Nur eines fehlt: der Käse ist nicht da.
„Ich sagte doch, Veronika,"
Bemerkt der Hausherr mit Verdruß,
„Es soll und muß
Stets Käse auf dem Tische sein!
Muß man denn jeden Tag dasselbe sagen?"
Die Gnädge klingelt, Resi wankt herein;
Man sieht ihr an, wie ihre Pulse schlagen.

Der Käse ist schon wieder glockenbar!
Da sträubt der Gnädigen sich selbst das *falsche* Haar,
Und ihr beredter Mund hat keine Worte.
„Wie!?!" ruft sie endlich, „tust du mir's zum *Torte*?!

O die Verworfne! *Drei* an einem Tag!
Das halte aus, wers kann und mag!
Ich kann es nicht! Bei Gott, ich kann es *nicht*!"
Und will der Unglückseligen ins Gesicht,
So scheint es, höchst persönlich springen.

Da hebt ein wunderliches Klingen
Sich wie von Äolsharfen durch die Lüfte,
Und unter süß diskretem Rahmgedüfte
Der rot geschminkte Edamkäse spricht:
„Entschuldigen Sie, wenn ich das Wort ergreife,
Das meiner Art sonst nicht gegeben ist.
Ich bin ein Käse von vollkommner Reife,
Daher der Ruhe hold und feind dem Zwist,
Ein Sohn des Landes, wo aus Ton die Pfeife
Und jeder Mensch ein tadelloser Christ!
Weshalb es mir unmöglich ist, zu schweigen,
Wo Unschuld soll das Haupt der Strafe neigen,
Drum, kurz und gut, Madam, *ich* war es, *ich*
Der die drei Glocken leider hat zerschlagen,
Und zur Entschuldigung kann ich nur sagen,
Ich tats als Patriot, nicht lästerlich.

Loyalität war schuld, daß ich das Glas zerstieß:
Ich sprang vor *Freude* auf, zertrümmernd mein Verließ;
Der Patriot in mir wars, ders zu tun mich hieß.
Ich wär nicht wert, daß diese Lampe mich beschiene,
Spräng ich nicht heute hoch als edler Patriot"
(Hier sprang er wiederum, gleich einer Ballerine,
Was einen wirklich schönen Anblick bot;
Bewundernd klirrten Maßkrug und Terrine),
„Heut ist vor *Freude* meine Rinde rot:
Heut ist der Hochzeitstag von ‚unsrer Wilhelmine'!"

Erzählung

Ein Mädchen besaß ich, fein wie ein Figürchen
Auf Rokokotischen galanter Marquisen;
Es war wohl auch wirklich verwandt mit diesen:
Halb war es ein Nobelchen, halb ein Hürchen.

Ich fand sie entzückend mit ihrem Geschwänzel,
Getrippel, Geäugel, Gelächel, Geplapper.
Ich war so ein junger mutwilliger Tapper,
Mein Gehen war auch noch Gehüpf und Getänzel.

Auch war ich ein Träumer und Wolkenbeschauer;
Ich sah um die Dinge noch goldene Ränder.
Der Mond war mein Krongut; in meinem Kalender
Hatte der Frühling zwölf Monate Dauer.

So waren wir also ein passendes Pärchen.
Sie tanzte, ich dichtete, Gott blies die Flöte
Und freute sich selber der purpurnen Röte
Des Himmels, in dem wir das munterste Märchen

Und aller Romane verliebtesten lebten:
Von Träumen getragen, von Liedern belogen,
In goldener Nußschale schwimmend auf Wogen
Und Wolken, die rosig ins Nichts verschwebten.

. . . . . Ins Nichts verschwebten; verrannen; vergingen;
Zerflossen, zerrissen, – ins Nichts, in die Leere . . .
Uns aber erfaßte die irdische Schwere
Und zerrte uns nieder mit würgenden Schlingen.

Da half uns kein Gott. Es verstummte die Flöte
Des Märchenpapas und Idyllenrhapsoden.
Wie fielen auf dornigen, steinigen Boden,
Und zwischen uns saß eine zankende Kröte:

Die kahle Enttäuschung. Es lehrte ihr Zanken
Unlieblich uns beide einander erkennen.
Es war wie ein Aneinanderverbrennen
Bis tief auf den grundallerletzten Gedanken

An jenes Schmarotzen im Märchengelände. –
Wir haben die Hand uns zum Abschied gegeben
Wie Fremde. Nie sah ich sie wieder im Leben.
Und kännte sie nicht, auch wenn ich sie fände.

Ricarda Huch
1864–1947

Saul

Wie unterm Sternenheer der Morgenstern,
So unter Menschen strahlte Saul in Glück
Und Kraft und Tugend; er gefiel dem Herrn.
Doch ungebändigt, blindlings schreitet das Geschick.

Kein Auge sieht es; aber der Prophet,
Samuel, erkannte schaudernd seinen Gang,
Zum König tritt er: „Saul, sprich ein Gebet,
Du bist verworfen! Sei um deine Seele bang."

—„Ist nicht von Rosen nachts mein Bett umkränzt?
Entsproßten Früchte süß nicht dem Verein,
Wie rot im Laube die Granate glänzt,
Wie voll am Rebenstocke schwillt der edle Wein?

Mich liebt mein Volk und führ' ich es zur Schlacht,
So jauchzt es: Unser König zieht voran,
Wie Tags in Wolken und im Feu'r bei Nacht
Jehova gnädig durch die Wüste einst getan!" –

– „An deines Bettes Rosen nagt der Wurm!
Die Früchte fallen ab! Glänzt auch dein Haus
Wie eine Sonne, – horch, schon rauscht der Sturm
Und löscht die strahlende wie eine Fackel aus!" –

Der König lächelt, doch ihm graut geheim.
Wie rott' ich aus des Unheils Samenkorn?
Schon aber bricht hervor der junge Keim,
Der zarte Stiel verdichtet sich zum scharfen Dorn.

Doch wähnt er noch, er hemme seinen Trieb.
Zu dem Propheten, den das Grab verschlang,
Hebt er die Stimme: „Gib mir Antwort, gib,
Samuel! und höre meines Rufes Erdenklang:

Die Tochter, die ich liebe, folgt dem Feind,
Mein liebstes Kind, mein Stolz, mein junger Sohn
Hat sich in heil'ger Freundschaft ihm geeint.
Schwermut, die dunkelfarbige, teilt meinen Thron.

Noch einmal komm aus der Verbannung Land,
Samuel! wann bricht mein Stern aus Wolken vor?
Wann reckt der Herr mir gnädig seine Hand
Und teilt die Wetterwolken, die er herbeschwor?"

„Ich komme. Staub und Erde ist mein Kleid,
Die sternenlose Nacht mein kaltes Haus.
Was rufst du mich? Vergebens ist dein Streit.
Dein Morgenrot ist hin, dein goldner Tag ist aus.

Und ständen Babels Völker wie ein Wall
Und dich, sie wehrten nicht dein Schicksal ab.
Es naht und naht, es bringt dich jäh zu Fall
Und zieht dich und dein Haus in das gegrabne Grab." –

Er sinkt. Und unaufhaltsam naht und naht
Schon jener Engel, dessen strenge Hand
Der Menschen Arme lenkt zu blinder Tat
Und ihre Seelen hält an unsichtbarem Band.

„Und doch entflieh' ich dir, betrüg' ich dich!"
Der König ruft's. „Sieh her, dein Sieg ist faul!"
Er stürzt sich in sein Schwert. – „Erkennst du mich?"
Raunt ihm der Engel zu und lächelt. – So starb Saul.

Stefan George
1868–1933

Ein edelkind sah vom balkon
In den frühling golden und grün,
Lauschte der lerchen ton
Und blickte so freudig und kühn.

Ein fiedler – fiedler komm
Und gib deinen liebsten sang!
Das edelkind horchte fromm
Dann ward ihm traurig und bang.

Was sang er mir solches lied?
Ich warf ihm vom finger den ring.
Böser trugvoller schmied
Der mich mit fesseln umfing!

Kein frühling mehr mich freut,
Die blumen sind alle so blass.
Träumen will ich heut
Weinen im stillen gelass.

Sporenwache

Die lichte zucken auf in der kapelle.
Der edelknecht hat drinnen einsam wacht
Nach dem gesetze vor altares schwelle
„Ich werde bei des nahen morgens helle
Empfangen von der feierlichen pracht

Durch einen schlag zur ritterschar erkoren,
Nachdem der kindheit sang und sehnen schwieg
Dem strengen dienste widmen wehr und sporen
Und streiter geben in dem guten krieg.

Ich muss mich würdig rüsten zu der wahl,
Zur weihe meines unbefleckten schwertes
Vor meines gottes zelt und diesem Mal,
Dem zeugnis echten heldenhaften wertes:"

Da lag der ahn in grauen stein gehauen,
Um ihn der schlanken wölbung blumenzier,
Die starren finger faltend im vertrauen,
Auf seiner brust gebreitet ein panier,

Den blick verdunkelt von des helmes klappen –
Ein cherub hält mit hocherhobner schwinge
Zu häupten ihm den schild mit seinem wappen,
In glattem felde die geflammte klinge.

Der jüngling bittet brünstig Den da oben
Und bricht gelernten spruches enge schranken
Die hände fromm vors angesicht geschoben,
Da wurde unvermerkt in die gedanken
Ihm eine irdische gestalt verwoben:

„Sie stand im garten bei den rosmarinen
Sie war viel mehr ein kind als eine maid,
In ihrem haare flocken schienen
Sie trug ein langes sternbesticktes kleid"

Ein schauer kommt ihn an, er will erschrocken
Dem bild das ihm versuchung dünkt entweichen,
Er gräbt die hände in die vollen locken
Und macht das starke bösemferne zeichen,

In seine wange schiesst es rot und warm,
Die kerzen treffen ihn mit graden blitzen,
Da sieht er auf der Jungfrau schoosse sitzen
Den Welt-erlöser offen seinen arm.

„Ich werde diener sein in deinem heere
Es sei kein andres streben in mir wach,
Mein leben folge fortab deiner lehre,
Vergieb wenn ich zum lezten male schwach"

Aus des alters weißgedeckter truhe
Flog ein schwarm von engelsköpfen aus,
Es floss bei ferner orgel heilgem braus
Des Tapfren einfalt und des Toten ruhe
Zu weiter klarheit durch das ganze haus.

Das Lied

Es fuhr ein knecht hinaus zum wald
Sein bart war noch nicht flück
Er lief sich irr im wunderwald
Er kam nicht mehr zurück.

Das ganze dorf zog nach ihm aus
Vom früh- zum abendrot
Doch fand man nirgends seine spur
Da gab man ihn für tot.

So flossen sieben jahr dahin
Und eines morgens stand
Auf einmal wieder er vorm dorf
Und ging zum brunnenrand.

Sie fragten wer es wär und sahn
Ihm fremd ins angesicht
Der vater starb die mutter starb
Ein andrer kannt ihn nicht.

Vor tagen hab ich mich verirrt
Ich war im wunderwald
Dort kam ich recht zu einem fest
Doch heim trieb man mich bald.

Die leute tragen güldnes haar
Und eine haut wie schnee . . .
So heissen sie dort sonn und mond
So berg und tal und see.

Da lachten all: in dieser früh
Ist er nicht weines voll.
Sie gaben ihm das vieh zur hut
Und sagten er ist toll.

So trieb er täglich in das feld
Und sass auf einem stein
Und sang bis in die tiefe nacht
Und niemand sorgte sein.

Nur kinder horchten seinem lied
Und sassen oft zur seit . . .
Sie sangen's als er lang schon tot
Bis in die späteste zeit.

Frank Wedekind
1864–1918

Das arme Mädchen

Böt mir einer, was er wollte,
Weil ich arm und elend bin,
Nie, und wenn ich sterben sollte,
Gäb' ich meine Ehre hin!
Schaudernd eilt das Mädchen weiter,
Ohne Obdach, ohne Brot,
Das Entsetzen ihr Begleiter,
Ihre Zuversicht der Tod.

   Es klappert in den Laternen
   Des Winters eisig Wehn,
   Am Himmel ist von den Sternen
   Kein einziger zu sehn.

Wie sie nun noch eine Strecke
Weiter irrt, sieht sie von fern
An der nächsten Straßenecke
Einen ernsten, jungen Herrn.
Ihm zu Füßen auf die Steine
Bricht sie ohne einen Laut,
Hält umklammert seine Beine,
Und der Herr verwundert schaut:

   Wenn dich die Menschen verlassen,
   Komm auf mein Zimmer mit mir;
   Jetzt tobt in allen Gassen
   Nur wilde Begier.

Und sie folgte seinen Schritten,
Hielt sich schüchtern hinter ihm;
Jener hat es auch gelitten,
Wurde weiter nicht intim.
Angelangt auf seinem Zimmer,
Zündet' er die Lampe an,
Bei des Lichtes mildem Schimmer
Bald sich ein Gespräch entspann:

   Es boten mir wohl viele
   Ein Obdach für die Nacht,
   Doch hatten sie zum Ziele,
   Was mich erschaudern macht.

Ferne sei mir das Verlangen,
Sprach der ernste, junge Mann,
Dir zu färben deine Wangen,
Wenn ich's nicht durch Güte kann.
Bat sie, länger nicht zu weinen,
Holte Wurst und kochte Tee,
Und am Morgen zog er einen
Taler aus dem Portemonnaie.

Sie hat ihn bescheiden genommen
Und fand, eh' der Tag vorbei,
Als Plätterin Unterkommen
In einer Wäscherei.

Aber ach, die Tage gingen
Und die Nächte freudlos hin,
Bluteswallungen umfingen
Ihren frommen Kindersinn.
Immer mußt' sie sein gedenken,
Der so freundlich zu ihr war,
Immer mußt' den Kopf sie senken
In der muntern Mädchenschar.

   Und eines Abends um neune
   Hielt sie's nicht aus,
   Lief ganz alleine
   Nach seinem Haus.

Er war noch nicht heimgekommen,
Sie verkroch sich unters Bett,
Bis sie seinen Schritt vernommen,
Wo sie gern gejubelt hätt'.
Doch sie hielt sich still da unten,
Bis er sich zu Bett gelegt
Und den süßen Schlaf gefunden,
Dann erst hat sie sich geregt.

   Leise wie eine Elfe
   Schlupft sie zu ihm hinein:
   Daß Gott mir helfe –
   Ich bin dein!

Doch da hat er sich erhoben,
Wußte erst nicht, was geschah,
Hat die Kissen vorgeschoben,
Als das Kind er nackend sah:
Nein, jetzt will ich dich nicht haben;
Wohl dir, daß du mir vertraut!
Aber spare deine Gaben,
Denn schon morgen bist du Braut!

Er führte binnen acht Tagen
Sie wirklich zum Altar.
Es läßt sich gar nicht sagen,
Wie glücklich sie war.

Das Lied vom armen Kind

Es war einmal ein armes Kind,
Das war auf beiden Augen blind,
Auf beiden Augen blind;
Da kam ein alter Mann daher,
Der hört' auf keinem Ohre mehr,
Auf keinem Ohre mehr.
Sie zogen miteinander dann,
Das blinde Kind, der taube Mann,
Der arme, alte, taube Mann.

So zogen sie vor eine Tür,
Da kroch ein lahmes Weib herfür,
Ein lahmes Weib herfür.
Bei einem Automobilunglück
Ließ sie ihr linkes Bein zurück,
Das ganze Bein zurück.
Nun zogen weiter alle drei,
Das Kind, der Mann, das Weib dabei,
Das arme, lahme Weib dabei.

Ein Mägdlein zählte vierzig Jahr,
Derweil sie stets noch Jungfrau war,
Noch keusche Jungfrau war.
Um sie dafür zu strafen hart,
Schuf Gott ihr einen Knebelbart,
Ihr einen Knebelbart.
Sie flehte: Laßt mich mit euch gehn,
Ihr Lieben, laßt mich mit euch gehn,
So wird noch Heil an mir geschehn!

Am Wege lag ein räudiger Hund,
Der hatte keinen Zahn im Mund,
Nicht einen Zahn im Mund;
Fand er mal einen Knochen auch,
Er bracht' ihn nicht in seinen Bauch,
Ihn nicht in seinen Bauch.
Nun trabte hinter den anderen vier,
Wiewohl es am Verenden schier,
Das alte, räudige Hundetier.

Ein Dichter lebt' in tiefster Not,
Er starb den ewigen Hungertod,
Den ewigen Hungertod.
Mit Herzblut schrieb er sein Gedicht,
Man druckt es nicht, man liest es nicht,
Und niemand kennt es nicht.
Sein Leib war krank, sein Geist war wund,
Drum schloß er mit dem räudigen Hund
Der Freundschaft heiligen Seelenbund.

Und dann schrieb er zu aller Glück
Ein wundervolles Theaterstück,
Ein wundervolles Stück,
In welchem die Personen sind
Der taube Mann, das blinde Kind,
Das arme, blinde Kind,
Das lahme Weib, die Jungfrau zart
Mit ihrem langen Knebelbart,
Die Jungfrau mit dem Knebelbart.

Und eh' die nächste Stund' entflohn,
Konnt' jeder seine Rolle schon,
Die ganze Rolle schon.
Verständnisvoll führt die Regie
Das alte, räudige Hundevieh,
Das räudige Hundevieh.
Drauf ward das Schauspiel zensuriert
Und einstudiert und aufgeführt
Und ward ganz prachtvoll kritisiert.

Die Künstler fanden viel Applaus,
Man spannt dem Hund die Pferde aus
Und zieht ihn selbst nach Haus.
Da gab's nun auch Tantiemen viel
Und hohe Gagen für das Spiel,
Das ungemein gefiel. –
Nachdem sie ganz Europa sah,
Da reisten sie nach Amerika,
Nach Nord- und Südamerika.

Nun hört zum Schluß noch die Moral:
Gebrechen sind oft sehr fatal,
Sind manchmal eine Qual;
Frau Poesie schafft ohne Graus
Beneidenswertes Glück daraus,
Sie schafft das Glück daraus.
Dann schwillt der Mut, dann schwillt der Bauch,
Und sei's bei einer Jungfrau auch. –
So ist's der Menschheit guter Brauch.

Brigitte B.

Ein junges Mädchen kam nach Baden,
Brigitte B. war sie genannt,
Fand Stellung dort in einem Laden,
Wo sie gut angeschrieben stand.

Die Dame, schon ein wenig älter,
War dem Geschäfte zugetan,
Der Herr ein höherer Angestellter
Der königlichen Eisenbahn.

Die Dame sagt nun eines Tages,
Wie man zu Nacht gegessen hat:
Nimm dies Paket, mein Kind, und trag' es
Zu der Baronin vor der Stadt.

Auf diesem Wege traf Brigitte
Jedoch ein Individium,
Das hat an sie nur eine Bitte,
Wenn nicht, dann bringe er sich um.

Brigitte, völlig unerfahren,
Gab sich ihm mehr aus Mitleid hin.
Drauf ging er fort mit ihren Waren
Und ließ sie in der Lage drin.

Sie konnt' es anfangs gar nicht fassen,
Dann lief sie heulend und gestand,
Daß sie sich hat verführen lassen,
Was die Madam begreiflich fand.

Daß aber dabei die Turnüre
Für die Baronin vor der Stadt
Gestohlen worden sei, das schnüre
Das Herz ihr ab, sie hab' sie satt.

Brigitte warf sich vor ihr nieder,
Sie sei gewiß nicht mehr so dumm;
Den Abend aber schlief sie wieder
Bei ihrem Individium.

Und als die Herrschaft dann um Pfingsten
Ausflog mit dem Gesangverein,
Lud sie ihn ohne die geringsten
Bedenken abends zu sich ein.

Sofort ließ er sich alles zeigen,
Den Schreibtisch und den Kassenschrank,
Macht die Papiere sich zu eigen
Und zollt ihr nicht mal mehr den Dank.

Brigitte, als sie nun gesehen,
Was ihr Geliebter angericht',
Entwich auf unhörbaren Zehen
Dem Ehepaar aus dem Gesicht.

Vorgestern hat man sie gefangen,
Es läßt sich nicht erzählen wo;
Dem Jüngling, der die Tat begangen,
Dem ging es gestern ebenso.

Die Hunde
Elegie

Es waren einmal zwei Hunde;
Wie war das Herz ihnen schwer!
Sie liefen wohl eine Stunde
Hintereinander her.

Sie hofften, in liebendem Bunde
Werd' ihnen leicht und frei,
Und waren doch nur zwei Hunde,
Und keine Hündin dabei.

Das ist die soziale Misere,
Die Sphinx in der Hundewelt,
Daß man vom Hundeverkehre
Die Hündinnen fernehält.

Die Hündinnen werden ja häufig
Gleich nach der Geburt ersäuft,
Und wird eine Hündin läufig,
Verhindert man, daß sie läuft.

Man läßt sie aus ihrem Kerker
Tag und Nacht nicht heraus;
Knurrend liegt *Bella* im Erker
Zu Füßen der Tochter vom Haus.

Lisettchen starrt in die Zeilen
Und zittert wohl mit den Knien,
Zuckt mit den Lippen bisweilen,
Und beide denken an ihn.

Wallt man im Familienvereine
Sonntags vors Tor hinaus,
Bella geht an der Leine
Zugleich mit der Tochter vom Haus.

Hier rücken heran die Studenten,
Dort naht sich Nero galant;
Wie wird von beiden Enden
Die arme Leine gespannt!

In einem Rudel Hunde
Kam schließlich man überein,
Es möge nun in der Runde
Jeder mal Hündin sein.

Das Auge, angstvoll, trübe,
Schweift ferne zum Horizont,
Als spräch's: Und das hat der Liebe
Himmlische Macht gekonnt.

Der kleine Fritz ging vorüber
Und sagte: Lieber Papa,
Sage mir doch, du Lieber,
Was machen die Hunde da?

Papa entgegnet: Das nennt man,
Darf dir nicht sagen wie;
An diesen Greueln erkennt man
Das lausige Hundevieh.

Der Zoologe von Berlin

Hört, ihr Kinder, wie es jüngst ergangen
Einem Zoologen in Berlin!
Plötzlich führt ein Schutzmann ihn gefangen
Vor den Untersuchungsrichter hin.
Dieser tritt ihm kräftig auf die Zehen,
Nimmt ihn hochnotpeinlich ins Gebet
Und empfiehlt ihm, schlankweg zu gestehen,
Daß beleidigt er die Majestät.

Dieser sprach: Herr Richter, ungeheuer
Ist die Schuld, die man mir unterlegt;
Denn daß eine Kuh ein Wiederkäuer,
Hat noch nirgends Ärgernis erregt.
So weit ist die Wissenschaft gediehen,
Daß es längst in Kinderbüchern steht.
Wenn *Sie* das auf Majestät beziehen,
Dann beleidigen *Sie* die Majestät!

Vor der Majestät, das kann ich schwören,
Hegt' ich stets den schuldigsten Respekt;
Ja, es freut mich oft sogar, zu hören,
Wenn man den Beleidiger entdeckt;
Denn dann wird die Majestät erst sehen,
Ob sie majestätisch nach Gebühr.
Deshalb ist ein Mops, das bleibt bestehen,
Zweifelsohne doch ein Säugetier.

Ebenso hab' vor den Staatsgewalten
Ich mich vorschriftsmäßig stets geduckt,
Auf Kommando oft das Maul gehalten
Und vor Anarchisten ausgespuckt.
Auch wo Spitzel horchen in Vereinen,
Sprach ich immer harmlos wie ein Kind.
Aber deshalb kann ich von den Schweinen
Doch nicht sagen, daß es Menschen sind.

Viel Respekt hab' ich vor dir, o Richter,
Unbegrenzten menschlichen Respekt!
Läßt du doch die ärgsten Bösewichter
In Berlin gewöhnlich unentdeckt.
Doch wenn hochzurufen ich mich sehne
Von dem Schwarzwald bis nach Kiautschau,
Bleibt deshalb gestreift nicht die Hyäne?
Nicht ein schönes Federvieh der Pfau?

Also war das Wort des Zoologen,
Doch dann sprach der hohe Staatsanwalt;
Und nachdem man alles wohl erwogen,
Ward der Mann zu einem Jahr verknallt.
Deshalb vor Zoologie-Studieren
Hüte sich ein jeder, wenn er jung;
Denn es schlummert in den meisten Tieren
Eine Majestätsbeleidigung.

Der Tantenmörder

Ich hab' meine Tante geschlachtet,
Meine Tante war alt und schwach;
Ich hatte bei ihr übernachtet
Und grub in den Kisten-Kasten nach.

Da fand ich goldene Haufen,
Fand auch an Papieren gar viel
Und hörte die alte Tante schnaufen
Ohn' Mitleid und Zartgefühl.

Was nutzt es, daß sie sich noch härme?
Nacht war es rings um mich her –
Ich stieß ihr den Dolch in die Därme,
Die Tante schnaufte nicht mehr.

Das Geld war schwer zu tragen,
Viel schwerer die Tante noch.
Ich faßte sie bebend am Kragen
Und stieß sie ins tiefe Kellerloch. –

Ich hab' meine Tante geschlachtet,
Meine Tante war alt und schwach;
Ihr aber, o Richter, ihr trachtet
Meiner blühenden Jugend-Jugend nach.

Ludwig Thoma
1867–1921

Das Abenteuer des Gymnasiallehrers

In Freising lebte ein Professer,
Der nicht aus Zufall Josef hieß;
Nein, er verdient den Namen besser
Durch alles, was er unterließ.

Ein Philolog und deutscher Gatte,
Kannt' er die Liebe nur als Pflicht,
Die Zweck zur Volksvermehrung hatte,
Doch keine andern Reize nicht.

Nun hörte er von den Kollegen,
Wie man in München sich ergötzt.
Er war schon im Prinzip dagegen,
Und war im Vorhinein verletzt.

Er suchte gleich in diesen Bildern
Den eigentlichen Wesenskern,
Um sie mit Abscheu dann zu schildern;
Denn alles andre lag ihm fern.

Doch als er sich damit befaßte,
Beschloß er auch, dorthin zu gehn,
Um dieses Treiben, das er haßte,
Sich einmal gründlich anzusehn.

Und so kam Josef an die Stätte,
Wo Bacch- und Venus sich vereint,
Wo unsre Scham – wenn man sie hätte –
Am Grabe unsrer Unschuld weint.

An hundert hochgewölbte Büsten
Umtanzen uns und drängen her,
Und will man *hier* sich recht entrüsten,
So sieht man *dort* schon wieder mehr.

Die Sittlichkeit ist hier nur Fabel,
Und jeder merkt, hier weilt sie nie.
Das Auge schweift bis an den Nabel,
Und weiter schweift die Phantasie.

Ein Rausch kommt über Josefs Sinne,
Und ihn ergreift ein Schönheitsdurst.
Mit einmal sind ihm deutsche Minne
Und deutsche Treue ziemlich wurst.

Er stürzt sich in die Freudenwoge
Und fragt ein Mädchen: „Willst auch du?"
Sie sagt: „Sie sind wohl Philologe?
Man kennt's am abgelatschten Schuh;

In Ihrem Barte hängen Reste
Von Linsen und von Sauerkohl!
Ich danke Ihnen auf das beste,
In mir – da täuschen Sie sich wohl?"

Mein Josef konnte es nicht fassen,
Was seiner Tugend widerfuhr;
Er wollte sich herunterlassen –
Und dem Geschöpf mißfiel es nur!

Schon fühlt' er Ekel vor dem Treiben
Und fühlt' sich von Moral umweht;
Man kann ja niemals reiner bleiben,
Als wenn ein Mädchen uns verschmäht.

Indessen war im Schicksalsfügen
Für Josef Härtres aufgespart.
Er stürzte nochmal ins Vergnügen
Und kämmte vorher seinen Bart.

Das zweite Mädchen – angesprochen –
Hatt', etwas minder preziös,
Mit manchem Vorurteil gebrochen
Und sagte bloß: „Ach, Sie sind bös!"

Sie hatte einen, der bezahlte,
Er hatte einen Domino,
Mit dessen Gunst er sichtlich prahlte,
Und beide waren herzlich froh!

Wie ein Moralprinzip verschwindet
Selbst aus dem stärksten Intellekt,
Wenn man ein hübsches Mädchen findet
Und eine Flasche guten Sekt!

Auch Josef mußte dies erfahren,
Und an sich selbst sah er die Spur
Der ewig gleich unwandelbaren,
Das All beherrschenden Natur.

Schon wollt' er sich im Walzer drehen
Und sucht' im Tanze den Genuß;
Doch mußte er sich eingestehen,
Daß man auch dieses lernen muß.

Er mühte schwitzend sich im Kreise,
Er drehte sich nach rechts und links,
Versucht's auf die und andre Weise
Und fand's unmöglich schlechterdings.

Er wußte zwar von den Hellenen,
Wie man im Auftakt sich bewegt,
Doch lernt' er leider nicht bei jenen,
Wie man das Schwergewicht verlegt.

Mit stattlichem Gelehrtenschuhe
Trat er dem Mädchen auf die Zeh';
Sie bat ihn flehentlich um Ruhe,
Denn auf die Dauer tut es weh.

So blieb ihm nichts mehr, als zu trinken;
Er war Germane, und er trank
Und durft' in Seligkeit versinken
Mit seinem Mädchen, und versank.

Er dacht' an Bacchus und Tribaden,
Wie so der Wirbel um ihn schwoll;
Schon fühlte er die zarten Waden,
Und wurde glücklich, – wurde voll.

Es jauchzt um ihn mit gellen Tönen,
Ein jeder Busen atmet wild,
Die Haare lösen sich der Schönen,
Und immer wilder wird das Bild.

So hat es Juvenal beschrieben!
So hat es Martial geschaut!
Ein Prosit allen, die sich lieben!
Und Evoë für jede Braut!

Was ist Moral! Nur eine Blase,
Steigt kränklich im Gehirne auf.
Die Sünde kommt uns in die Nase
Und nimmt von selber ihren Lauf.

Et cetera! So ging es weiter.
Was hilft die Philologenzunft!
Auch Professoren werden heiter
Und werden wild in ihrer Brunft.

Nach so viel Sekt und Süßigkeiten
Schmeckt uns die Weißwurst und das Bier.
Der Abschluß ist das Heimbegleiten
Für jedes Paar. Warum nicht hier?

Auch Josef saß in einem Wagen
Und fühlte, wie an ihn sich preßt',
Was hier nicht unbefangen sagen,
Doch sich sehr einfach denken läßt.

Er fühlte seine Pulse hämmern,
Doch wußt' er nicht, was sonst geschah;
Denn seinen Sinn umfing ein Dämmern,
Daß er nichts mehr Genaues sah.

Er stolpert hastig über Stiegen
Und fällt auch irgendwo ins Bett,
Und muß sehr lang darinnen liegen –
Das übrige war wundernett.

Er hat die Zeit bis abends sieben
Bei diesem Mädchen zugebracht,
Und fuhr alsdann zu seinen Lieben
Nach Freising etwa um halb acht.

Als er daheim nun angelangte,
War er von solcher Müdigkeit,
Daß seine Frau um ihn sich bangte;
Sie macht' das Bett für ihn bereit.

Und Josef hat sich ausgezogen
Und sprach, daß er erkältet sei,
Und hat noch dies und das gelogen,
Denn eine Frau frägt vielerlei.

Daß Lügen kurze Beine tragen,
Das zeigte sich hier wunderbar;
Denn Josef ward so ganz geschlagen,
Daß hier für ihn kein Ausweg war.

Er trug – da gibt es kein Entrinnen
Und kein Erklären so und so –
Er trug aus duftig weißem Linnen
– – Das Höschen seines Domino – –!

Bülows Ende
Ein neues Volkslied

Die G'schichte ist traurig zum Lesen;
Sie hat sich geschehen in Kiel.
Da ist das Begräbnis gewesen
Vom Kanzler, der hinterrucks fiel.

Drei Lumpen sind über ihn kommen:
Ein Junker, ein Pfaff, ein Polack,
Sie haben kein Mitlied genommen,
Sie brauchten ein Geld in den Sack.

Der Junker, der lud die Pistole,
Der Pfaff, ja, der drückte sie ab,
Von hinten ersticht ihn der Pole,
Da mußte der Kanzler ins Grab.

Sie haben in Kiel ihn begraben
Und in die Gruben versenkt.
Wann wir einen anderen haben,
Der wo die drei Lumpen aufhenkt?

Rühmlicher Tod

Kennt ihr alle die Geschichte
Von Johannes Ilzebiel,
Dessen Leben ward zunichte,
Als er im Duelle fiel?

Halle hieß die Bildungsstätte,
Sein Beruf war Medizin,
Ohne daß er jemals hätte
Wirklich sich bemüht darin.

Seine Eltern waren Bauern
Mit Vermögen – Gott sei Dank! –,
Jeder muß sie heut bedauern,
Weil der Sohn das Geld vertrank.

Als aus Kasten und aus Kisten
Nirgends mehr kein Kreuzer fiel,
Fing die Not sich einzunisten
An bei Johann Ilzebiel.

Und es kam bei ihm zutage,
Daß er nicht die Arbeit kennt,
Dieses stand auch außer Frage,
Denn er war ein Korpsstudent.

Soll er selbst den Rest sich geben?
Nein! Nur das Proletentum
Drückt sich schweigend aus dem Leben.
Er begehrte andern Ruhm.

Als zu sterben er entschlossen,
Schlug er jeden auf das Ohr.
Zweie hat er selbst erschossen,
Erst der dritte kam zuvor.

Gräßliches Unglück,
welches eine deutsche Familie betroffen hat

Im Wirtshaus sitzt der Vater,
Die Mutter im Theater,
Sie schwelgt im Kunstgenuß.
Die Tochter, unschuldsreine,
Liest still beim Lampenscheine
Den Simplicissimus.

Wie alle höh'ren Töchter
Hat sie nicht der Geschlechter
Verschiedenheit gekennt.
Doch als sie *dies* gelesen,
Ist alles futsch gewesen,
Was man moralisch nennt.

Sie ließ den Storchenglauben
Wohl über Nacht sich rauben,
Und sonst noch mancherlei.
Sie las vergnügt die Witze,
Verstand die frechste Spitze,
Und wußte, was es sei.

Als dies die Mutter ahnte
Und ihr das Schlimmste schwante,
Sprach sie nicht einen Ton.
Sie schloß in ihrer Kammer
Sich ein, mit ihrem Jammer
Und einem Bariton.

Noch tiefer ist gesunken
Der Vater. Schwer betrunken
Holt er sich bald die Gicht.
Wie war er gut katholisch!
Jetzt ist er alkoholisch!
Bis daß sein Bierherz bricht.

Er geht nicht mehr von hinnen,
Poussiert die Kellnerinnen
Vor Gram und Überdruß.
Und wer hat das verschuldet?
Der, den man leider duldet,
Der Simplicissimus!

Lehrhaftes Gedicht

Adolf war der Sprosse guter Leute,
Ehelichen Ursprungs, legitim;
Anders Jakob, denn sein Vater scheute
Sich und sagt', er wäre nicht von ihm.

„Süßes Wunder" hieß der Eltern Liebe
Unsern Adolf, der „von Gott gesandt";
„Die unsel'ge Frucht verbotner Triebe"
Wurde Jakob meistenteils genannt.

Adolf konnte man den Freunden zeigen;
Man entdeckt' an ihm des Vaters Art.
Über Jakob herrschte tiefes Schweigen,
Von ihm sprechen galt als wenig zart.

Dieser Unterschied verblieb im Leben;
Adolfs Laufbahn war solid und leicht.
Zwar Talent war ihm nicht viel gegeben,
Für den Staatsdienst hat es doch gereicht.

Jakob war, so wie er einst geboren,
Stets der Tante Minna ihr Malör.
Feine Kreise gaben ihn verloren,
Und er wurde später Redakteur.

Franz Karl Ginzkey
1871–1963

Ballade vom Vergeltsgott
(Nach einer Sage aus dem Atterseegebiet)

Beim Metzger erschien ein alt Weiblein in Sitten:
Ein kleins Stückerl Fleisch nur, drum tät sie schön bitten.

Es lachte der Metzger: „Ja, kannst du's bezahlen?
Denn wenn du kein Geld hast, ich werd dir was malen!"

Da seufzte das Weiblein: „Das ist es ja eben,
Ich kann Euch dafür ein Vergeltsgott nur geben."

Da höhnte der Metzger: „Das könnt dir so passen,
Bei solchener Währung in Fleisch noch zu prassen!"

Drauf meinte das Weiblein: „Versündigt Euch nicht!
Es hat ein Vergeltsgott doch auch sein Gewicht."

Da lachte der Metzger: „Wir wollen's versuchen,
Wieviel fürs Vergeltsgott an Fleisch ist zu buchen!

Ich leg auf die Waag hier das Stückerl vom Schwein,
Und du legst derweil dein Vergeltsgott hinein!"

Das Weiblein bedankt' sich demütig dafür,
Rasch schrieb es das Wort auf ein Blättchen Papier

Und legt's auf die Schale, die wartend noch leer.
Und siehe – sie senkte sich wuchtig und schwer!

Da stutzte der Metzger und hieb auf gut Glück
Vom Schweinernen ab noch ein mächtiges Stück.

Doch siehe, die Schale, sie senkte sich nicht,
Noch zeigte sich beides nicht gleich an Gewicht.

Da riß es den Metzger verzweifelt herum,
Er legt noch dazu ein gewaltiges Trumm.

Doch sagt' nun das Weiblein: „Oh, haltet nur ein!
Ich meine – es wird schon das Richtige sein."

Da stellte die Waage sich plötzlich auf gleich.
Der Metzger, er ward wie ein Linnen so bleich.

Er schob ihr das Fleisch zu: „Nehmt alles nach Haus,
Ich geb es Euch gerne, es macht mir nichts aus."

Er sah, wie sie still durch die Türe verschwand.
Ein Schimmer umstrahlte ihr ärmlich Gewand.

Der Metzger, er sah wie entgeistert ihr nach.
Er horchte der Stimme, die jetzt zu ihm sprach.

Die Stimme betraf ihn im innersten Kern:
Die Waage des Mitleids – die Währung des Herrn!

Christian Morgenstern
1871–1914

Der Gingganz

Ein Stiefel wandern und sein Knecht
von Knickebühl gen Entenbrecht.

Urplötzlich auf dem Felde drauß
begehrt der Stiefel: „Zieh mich aus!"

Der Knecht drauf: „Es ist nicht an dem,
doch sagt mir, lieber Herre, –!: wem?"

Dem Stiefel gibt es einen Ruck:
„Fürwahr, beim heiligen Nepomuk,

ich GING GANZ in Gedanken hin . . .
Du weißt, daß ich ein andrer bin,

seitdem ich meinen Herrn verlor . . ."
Der Knecht wirft beide Arm empor,

als wollt er sagen: ‚Laß doch, laß!'
Und weiter zieht das Paar fürbaß.

Der Lattenzaun

Es war einmal ein Lattenzaun,
mit Zwischenraum, hindurchzuschaun.

Ein Architekt, der dieses sah,
stand eines Abends plötzlich da –

und nahm den Zwischenraum heraus
und baute draus ein großes Haus.

Der Zaun indessen stand ganz dumm,
mit Latten ohne was herum.

Ein Anblick gräßlich und gemein.
Drum zog ihn der Senat auch ein.

Der Architekt jedoch entfloh
nach Afri-od-Ameriko.

Der Walfafisch oder Das Überwasser

Das Wasser rinnt, das Wasser spinnt,
bis es die ganze Welt gewinnt.
　　Das Dorf ersäuft,
　　　die Eule läuft,
und auf der Eiche sitzt ein Kind.

Dem Kind sind schon die Beinchen naß,
es ruft: das Wass, das Wass, das Wass!
　　Der Walfisch weint
　　　und sagt, mir scheint,
es regnet ohne Unterlaß.

　　Das Wasser rann mit zasch und zisch,
　　die Erde ward zum Wassertisch.
　　　　Und Kind und Eul',
　　　　　o greul, o greul –
　　sie frissifraß der Walfafisch.

Palmström wird Staatsbürger

I

Palmström weigert sich (ganz selbstverständlich)
irgendwelchen Heeresdienst zu tun.
Doch die Mehrzahl schilt dies feig und schändlich.

Denn man ist noch rings um ihn katholisch
oder protestantisch usw.
und da gilt es noch als diabolisch

einen Christenmenschen nicht zu morden,
heischen dies Gott, König, Vaterland.
Palmström ist hierauf verhaftet worden.

II

Im Gefängnis sitzt der Brave,
doch er sagt sich: ins Gefängnis
sollte jeder, der kein Sklave.

Alle wahrhaft freien Seelen
sollten diese ihrer einzig
werte Stätte nicht verfehlen.

Ohne Murren, ohne Zucken
sollten sich der Freien Nacken
unter der Gewalt Joch ducken.

Bis das Volk der breiten Fährte
erst durch Staunen, dann durch Denken
gleichfalls sich zur Freiheit klärte.

III

Korf geht mitten durch die Wachen,
die ihn pflichtbeflissen greifen,
doch sie greifen in die Leere.

Und sie stoßen die Gewehre
hin und her durch ihn, doch heiter
wandert er zu Palmström weiter.

IV
Mit dem Wärter, der das Essen
bringt, betritt er die Kamurke,
drin sein Freund, der Schurke Palmström,
haust.

Stotternd, stolpernd, stürzt der Wächter
fort und fabuliert von Geistern,
die er nicht zu meistern wisse ...
   Man

kommt in corpore gelaufen ...
Alle werfen sich auf Korfen – –
Doch umsonst geworfen! Korf ist –
   Geist ...

V
Es ist unmöglich, Palmström zu behalten
(Obwohl er selbst am liebsten bleiben möchte);
denn Korfs Erscheinung ist nicht auszuschalten.

In zwölf Gefängnissen ist Palm gewesen ...
Doch haben überall so Direktoren
wie Untergebne den Verstand verloren.

So daß man ihn mit aufgehobnen Händen
zuletzt beschwört, sich heimwärts zu entschließen,
und ihm erlaubt, niemanden totzuschießen.

Lebens-Lauf

Ein Mann verfolgte einen andern
(aus Deutz). (Er selber war aus Flandern.)

Der Deutzer, just kein großer Held,
gibt unverzüglich Fersengeld.

Der Fläme sagt sich: „Ei, nun gut!"
und sammelt es in seinen Hut.

Und sammelt bis zur finstern Nacht,
und morgens, als der Hahn erwacht

und jener weiter flieht, voll Reue,
da füllt er seinen Hut aufs neue.

Durch ganz Europa geht es so.
Sie sind bereits am Flusse Po.

Sie sind in Algier ungefähr,
da ist der eine Millionär.

Wie – Millionär? O Allahs Güte!
Sein Schatz mißt hunderttausend Hüte.

Nein: Legionär – dies ist das Wort!
Und jener sagts ihm auch sofort.

Und beide teilen sich das Geld
und kaufen sich dafür die Welt.

— — — — — —

Tief in Marokko steht ein Kreuz,
da ruhn die aus Brabant und Deutz,

die beiden fremden Legionäre.
O Mensch, das Geld ist nur Schimäre!

Der Glaube

Eines Tags bei Kohlhasficht
sah man etwas Wunderbares.
Doch daß zweifellos und wahr es,
dafür bürgt das Augenlicht.

Nämlich standen dort zwei Hügel,
höchst solid und wohl bestellt;
einen schmückten Windmühlflügel
und den andern ein Kornfeld.

Plötzlich eines Tags um viere
wechselten die Plätze sie;
furchtbar brüllten die Dorfstiere,
und der Mensch fiel auf das Knie.

Doch der Bauer Anton Metzer,
weit berühmt als frommer Mann,
sprach: „Ich war der Landumsetzer,
zeigt mich nur dem Landrat an.

Niemand anders als mein Glaube
hat die Berge hier versetzt.
Daß sich keiner was erlaube:
Denn ich fühle stark mich jetzt."

Aller Auge stand gigantisch
offen, als er dies erzählt.
Doch das Land war protestantisch,
und in Dalldorf starb ein Held.

Drei Hasen
Eine groteske Ballade

Drei Hasen tanzen im Mondschein
im Wiesenwinkel am See:
Der eine ist ein Löwe,
der andre eine Möwe,
der dritte ist ein Reh.

Wer fragt, der ist gerichtet,
hier wird nicht kommentiert,
hier wird an sich gedichtet;
doch fühlst du dich verpflichtet,
erheb sie ins Geviert,
und füge dazu den Purzel
von einem Purzelbaum,
und zieh aus dem Ganzen die Wurzel
und träum den Extrakt als Traum.

Dann wirst du die Hasen sehen
im Wiesenwinkel am See,
wie sie auf silbernen Zehen
im Mond sich wunderlich drehen
als Löwe, Möwe und Reh.

Karl Kraus
1874–1936

Der Bauer, der Hund und der Soldat
(Wolhynien)

„Der Hund ist krank! Was fehlt dem armen Hunde?"
„Er ist verwundet, Herr. Das ist der Krieg,
und davon eben hat er seine Wunde."
Der Bauer sprach's und streichelt' ihn und schwieg.

„Wie aber, wann und wo empfing die Wunde
der arme Hund? Er kann ja gar nicht gehn!"
„Herr, es ist Krieg und da ist es dem Hunde,
er stand so da, da ist es ihm geschehn.

Der Hund stand da und da kam ein Soldat,
der ging vorbei und stach nach meinem Hunde,
der keinem Menschen was zu leide tat,
nie biß er wen, nun hat er seine Wunde.

Seht ihn nur an, es war ein gutes Tier,
er dient mir lang', und in der weiten Runde
der beste Schäferhund, er führte mir
das Vieh allein, nun hat er seine Wunde.

Seht, wie er hinkt. Das tut er seit der Stunde,
da der Soldat vorbeikam, der Soldat,
der stach nach meinem alten Schäferhunde,
der keinen Menschen noch gebissen hat."

„Und warum, glaubt ihr, bracht' er ihm die Wunde,
der Mann dem Hund die schwere Wunde bei?
Der Hund ist stumm, sein Blick befiehlt dem Munde
für ihn zu sprechen, sprecht nur frank und frei."

„Wir wissen's nicht. Doch wißt ihr's selbst wie wir,
daß Krieg ist. Mir und meinem armen Hunde
und Gott und jedem Kind und auch dem Tier
ist es bekannt, und Krieg schlägt jede Wunde.

Ich sagt's euch Herr, der Mann war ein Soldat
und wer die Waffe hat, der schlägt die Wunde.
Wißt ihr denn nicht, wie viel's geschlagen hat
in dieser gottgesandten Zeit und Stunde?"

„So solltet ihr, daß er vom Schmerz gesunde,
das arme Tier sogleich mit Gift vergeben.
Erschießt ihr ihn, wißt ihr, daß eine Wunde
auch Wohltat sei, und helft ihm aus dem Leben!"

„Ach Herr, ich ließ' es nimmermehr geschehn,
ich kann nur leiden mit dem armen Hunde.
's ist Krieg, ich kann ein Huhn nicht sterben sehn,
's ist Krieg, da, wißt ihr, gibt es manche Wunde.

Der Hund war gut, vorbei ist's mit dem Hunde,
seit der Soldat vorbeiging. 's ist der Krieg.
Man muß es nehmen, was sie bringt die Stunde."
Der Bauer sprach's und streichelt' ihn und schwieg.

Krieg

Der Bauer bat:
„Herr, dies hier ist mein letzter Rock
und all mein Gut ist dieser Bienenstock.
Bewach' ihn Gott und ein Soldat,
daß die Soldaten ihn nicht nehmen!"
„Ein braver Mann hat so was nicht vonnöten!"
Der stiehlt nicht Bienen. Der kann Bienen töten.
Denn Krieg ist Krieg, da hilft kein Grämen.
Bei Nacht geschah's, die Nacht schwieg still –
im Garten Lärm, und jener eilt zu retten
und er begegnet ihren Bajonetten,
da er es ihnen wehren will.
Denn Krieg ist Krieg, der Herrgott mag's bedauern,
und was da ist, das ist gewesen
und ohne Furcht und Federlesen
zerschlugen sie den Bienenstock dem Bauern.
Es tagt. 'nen Bettel bietet man ihm an.
„Behaltet's, Herr!" „Ist's dir zu wenig, Schuft?"
die Stimme des Gewissens ruft.
„Ich will kein Geld! Nur sehn, wer es getan!"
Sie stehen mit erwartungsvollen Mienen,
da führt man jenen Führer her
der Rotte, die den Stock zerbrochen.
„Ich bin entschädigt! Dies ist mehr!
Sie haben ihm die Stirn zerstochen!
Denn Krieg ist Krieg. O meine braven Bienen!"

Die Ballade vom Papagei
Couplet macabre

In Wien entkam ein Papagei.
Und als der arme Vogel frei,
rief deutlich er die Worte bald:
„Der wird noch hundert Jahre alt!"

Er rief es früh, er rief es spat,
er rief es durch die ganze Stadt,
er rief es durch den Wienerwald:
„Der wird noch hundert Jahre alt!"

Man fing den klugen Papagei,
doch setzte fort er sein Geschrei.
Er schrie, als wäre er bezahlt:
„Der wird noch hundert Jahre alt!"

Was fällt dem losen Vogel bei?
Und wem gehört der Papagei?
So riet man hin und riet man her,
von wo er denn entflogen wär'.

Da brachte man den Papagei
aufs Fundbureau zur Polizei.
Dort schrie er erst mit aller G'walt:
„Der wird noch hundert Jahre alt!"

Kaum daß er diesen Ruf getan,
sahn sich die Fundbeamten an,
sofort entschied der Kommissär:
„Der Vogel g'hört ins Belvedere!"

Gleich fragt dort an ein Polizist,
ob man nicht so etwas vermißt.
Erfreut sagt man, daß dem so sei,
und es kehrt heim der Papagei.

Mit Ungeduld erwartet ihn
schon längst die Frau Erzherzogin.
Und es versetzt Franz Ferdinand:
„Ich bin vom Warten abgespannt!

Wo warst du denn die ganze Zeit?
Erzähl die letzte Neuigkeit!"
Da ruft er, daß im Schloß es schallt:
„Der wird noch hundert Jahre alt!"

Erzürnt sagt drauf Erzherzog Franz:
„Ja, jetzt erkenne ich dich ganz!"
Und es ergänzte die Sophie:
„Das ist die alte Melodie!"

Der Erzherzog war recht erbost:
„Weißt du mir keinen andern Trost?
Geht das so fort, so werd' ich halt
noch selber hundert Jahre alt!"

Jedoch dem klugen Papagei
war dieser Standpunkt einerlei.
Er rief – die Wirkung ließ ihn kalt:
„Noch hundert Jahre wirst du alt!"

Er übertrieb. Denn um ein Jahr
war diese Ansicht nicht mehr wahr.
Der Papagei, stumm trauert er
in dem verwaisten Belvedere.

Er schwingt sich auf – was will er tun?
Er ist schon fort – schon in Schönbrunn.
Mit der ihm eignen Konsequenz
fliegt er direkt zur Audienz.

Klar ists, daß ihn sein Herz herzog;
denn er beweint den Erzherzog.
Er singt sein Lied, sein Gott erhalt':
„Der wird noch hundert Jahre alt!"

Und vor ihm steht ein Heldengreis,
der sich nicht mehr zu helfen weiß.
Der Vogel kreischt um die Gestalt:
„Der wird noch hundert Jahre alt!"

„So schrei nur, bis du heiser bist!"
„Ich schrei, solang du Kaiser bist!"
„Was ist denn das für eine Art?
Mir bleibt bekanntlich nichts erspart.

Trotzdem hat es mich sehr gefreut,
ich bin erst fünfundachtzig heut.
Das weitere werden wir noch sehn.
Bisher, das weiß ich, war's sehr schön.

Du prophezeist mir, hoff ich, gut.
Doch bis dahin brauch' ich noch Blut.
Denn jetzt bin ich, das ist doch klar,
bin jetzt erst fünfundachtzig Jahr'.

Noch fünfzehn Jahr, du kluges Tier,
leb' ich fürs blutige Pläsier.
Dann gratulier, hast du noch Lust,
mir erst zum 18. August."

Da ward dem armen Vogel bang.
Der Weltkrieg dauert ihm zu lang.
Und er verließ den grausen Ort
und sprach nicht mehr das alte Wort.

Die veränderte Lage

Als der deutsche Herrgott in Frankreich gehaust,
da kam man ihm mit dem Verständigungsfrieden.
Er drohte mit der gepanzerten Faust:
„Der Krieg wird nur militärisch entschieden!"

Verständigungsfrieden hieß dem, der gesiegt,
daß er einen Toten vom Tode verständige.
Bis er selbst eines Tags auf der Erde liegt,
denn es war gar kein Toter, es war der Lebendige.

Einen Räuber freute der tägliche Sieg,
denn ihm wollte ein Platz an der Sonne behagen.
Nun ruft er: „Das ist ein Verteidigungskrieg,
wir können uns auch im Schatten vertragen!"

Es sagte ein Sieger am Siegestag:
„Na wart, du bekommst keinen weichen Frieden!"
Und als er nun selbst auf der Erde lag:
„Der Krieg wird nicht militärisch entschieden!"

Kärntnerstraße
1918

Da kroch einer mit zerbrochenem Rücken
auf zwei Krücken.
Das war einer von den Helden, den Recken;
man mußt' ihm das Geld in die Tasche stecken.
Da trat Einer aufrechten Schritts aus dem Sacher,
jeder Zoll ein Macher.
Die Annalen werden an ihn erinnern:
es war einer von unsern Kriegsgewinnern.
Er kam gerade vom Mittagessen
und konnte es nicht vergessen,
denn er hatte zwischen den Zähnen eine Lücke,
da war Platz für eine Krücke.
Und im Maule das Holz
schritt er stolz
durch das Spalier von Helden und Hungerleidern
und sonstigem Volk mit zerrissenen Kleidern.
Und sie sahen ihm nach und sie sagten: Seht,
wie sieghaft er über uns Leichen geht.
Denn wir andern, wir sind ja doch heute
nichts als durch den Krieg ruinierte Leute.
Wer aber heute so ausschreiten kann,
der ist durch den Krieg ein gemachter Mann;
ders mit Recht noch verübelt, daß ihm die Leichen
nicht in der Lage sind auszuweichen
und daß man ihm nur im Wege steht,
wenn er vom Fressen wieder ans Geldmachen geht.
Und da schritt Einer, auch der schien nicht faul,
doch hatte er eine Importe im Maul.
Wir andern, die wir kein Essen brauchen,
wir haben auch lange schon nichts zu rauchen.
Er fühlt, es trifft ihn manch flehender Blick;
denn wer ersehnte sich heut keinen Tschick?
Und er blickt in die Runde – Bewerber genug! –
und macht noch im Suchen manch kräftigen Zug.
Doch wie er den zerbrochenen Rücken sieht,
regt sich das Gemüt.
Ja, das ist einer von unseren Braven,
der hat vor dem Feind gewiß nicht geschlafen,
der ging immer druff, der fiel immer feste –
dem spendier' ich den Rest vom Zigarrenreste!
Den armen Leuten gehts jetzt an den Kragen,
da gilt es sein Scherflein beizutragen.
Und so, mit der Nächstenliebe im Sinn,
wirft er den Stummel dem Stummel hin.

Der möchte sich gerne noch tiefer bücken,
doch hindert ihn der zerbrochene Rücken.
Gleich stürzt herzu ein wilder Haufen
von Toten, die um den Stummel raufen,
Helden und Bettler und Bettelkinder,
den Leuten gehts schlecht, das sieht doch ein Blinder.
Nur die Blinden, die gleich daneben stehn,
die haben es dennoch nicht gesehn.
Und vor denen braucht man sich auch nicht zu schämen,
denen könnte man statt zu geben noch nehmen.
Doch jener hat Herz und wirft auf den Teller,
ihm kommts nicht drauf an, gleich mehrere Heller;
und sieht sich, da es der Blinde nicht sieht,
nach Zeugen um für sein gutes Gemüt.
Die Zigarre geopfert und – ist's nicht genug? –
dazu nun noch dieser schöne Zug!
Da bleiben die Leute staunend stehn,
denn so etwas haben sie noch nicht gesehn.
Und jener sieht sich die Wirkung an
und denkt: So ist es wohlgetan.
Man möchte gern öfter die Leute beschenken,
doch muß man ja auch an sich selber denken.
Man lebt nicht allein zur Gemütserbauung,
und allzuviel Hunger ist ungesund;
man kann doch nicht allen helfen und
es stört einem schließlich die Verdauung.

Margarete Susman
1874–1966

Adams erste Nächte

Und es erstand die erste Nacht. Da traten
Die Tiere aus den Wäldern, um zu lauschen.
Abgründig hörte er die Quellen rauschen,
Ein Duft von schwerem Gold entstieg den Saaten.

Er *war*. Und furchtbar zog in seine Seele
Die Schöpfung, und er war ein blindes Tier
Und schwang und schritt und atmete mit ihr
Und war ein Geist, daß er ihr frei befehle.

Die Sterne lockte er aus schwangrer Bläue
Und ihm gebar sie stumm den goldnen Reigen,
Er zeugte Grün und Blüten in den Zweigen,
Die Sonne rief er, und sie ward aufs neue.

Und müde ward er – und den Spalt versöhnend
Entschlief der Gott und ward ein Halm am Wege:
In Gottes Hand ein Baum von Lüften rege,
Von fremden Stimmen, fremdem Rauschen tönend –

Sich selbst verlierend im geheimen Wandern,
Nicht mehr der eignen Macht gesammelt Leben
In sich erhaltend – selig hingegeben
Der fremden Macht, der ziehenden des Andern.

Und leise wuchs ihm aus dem fremden Klingen,
Aus aller Stimmen vielgestalt'gem Rauschen
Der bange Wunsch, das Innerste zu tauschen:
Ein Sehnen heiß und zitternd nach den Dingen.

Und er erwachte – wieder der Erneuer
Der Schöpfung. Aber tief in ihm geboren
War *Liebe*. Rückgewendet zu den Toren
Der eignen Seele schlug ihr schmerzhaft Feuer.

Denn alles war in ihm – und alles schien
Aus ihm in Herrlichkeit. Auch Gottes Klingen
Schwang tief in ihm. Und sprühend aus den Dingen
Schoß seine eigne Liebe gegen ihn.

Verzehrt und taumelnd in dem eignen Licht,
Beladen mit der Wucht von allem Leben,
Er alles das, dem er sich hingegeben,
Brach er laut schreiend auf sein Angesicht.

Gott hörte ihn. Und still im Dämmer stand
Er neben ihm. – Da ist von Ihm gekommen
Ein Trost, wie nie ein Trösten mehr vernommen –
Und Gott berührete des Menschen Hand.

Der kniete starrend. Und er sah im Strahl
Des dritten Abends, die ihn tief berückte:
Er sah die neue grenzenlos geschmückte
Und sah den Herren nicht vor Lieb und Qual. –

Und wieder Nacht. Es sank sein müder Leib
Ins All. Und des Erbarmens Stimme tönte:
Siehst du mich nicht? Er aber schwieg und stöhnte. –
In jener Nacht schuf Gott aus ihm das Weib.

Else Lasker-Schüler
1869–1945

Ballade
(Aus den sauerländischen Bergen)

Er hat sich
In ein verteufeltes Weib vergafft,
In sing Schwester!

Wie ein lauerndes Katzentier
Kauerte sie vor seiner Tür
Und leckte am Geld seiner Schwielen.

Im Wirtshaus bei wildem Zechgelag
Saß er und sie und zechten am Tag
Mit rohen Gesellen.

Und aus dem roten, lodernden Saft
Stieg er ein Riese aus zwergenhaft
Verkümmerten Gesellen.

Und ihm war, als blickte er weltenweit,
Und sie schürte den Wahn seiner Trunkenheit
Und lachte!

Und eine Krone von Felsgestein,
Von golddurchädertem Felsgestein,
Wuchs ihm aus seinem Kopf.

Und die Säufer kreischten über den Spaß.
„Gott verdamm' mich, ich bin der Satanas!"
Und der Wein sprühte Feuer der Hölle.

Und die Stürme sausten wie Weltuntergang,
Und die Bäume brannten am Bergeshang,
Es sang die Blutschande ...

Sie holten ihn um die Dämmerzeit,
Und die Gassenkinder schrie'n vor Freud
Und bewarfen ihn mit Unrat.

Seitdem spukt es in dieser Nacht,
Und Geister erscheinen in dieser Nacht,
Und die frommen Leute beten. –

Sie schmückte mit Trauer ihren Leib,
Und der reiche Schankwirt nahm sie zum Weib,
Gelockt vom Sumpf ihrer Tränen.

– Und der mit der schweren Rotsucht im Blut
Wankt um die stöhnende Dämmerglut
Gespenstisch durch die Gassen.

Wie leidender Frevel,
Wie das frevelnde Leid,
Überaltert dem lässigen Leben.

Und er sieht die Weiber so eigen an,
Und sie fürchten sich vor dem stillen Mann
Mit dem Totenkopf.

Abraham und Isaak

Abraham baute in der Landschaft Eden
Sich eine Stadt aus Erde und aus Blatt
Und übte sich mit Gott zu reden.

Die Engel ruhten gern vor seiner frommen Hütte
Und Abraham erkannte jeden;
Himmlische Zeichen ließen ihre Flügelschritte.

Bis sie dann einmal bang in ihren Träumen
Meckern hörten die gequälten Böcke,
Mit denen Isaak Opfern spielte hinter Süßholzbäumen.

Und Gott ermahnte: Abraham!!
Er brach vom Kamm des Meeres Muscheln ab und Schwamm
Hoch auf den Blöcken den Altar zu schmücken.

Und trug den einzigen Sohn gebunden auf den Rücken
Zu werden seinem großen Herrn gerecht –
Der aber liebte seinen Knecht.

Hagar und Ismael

Mit Muscheln spielten Abrahams kleine Söhne
Und ließen schwimmen die Perlmutterkähne;
Dann lehnte Isaak bang sich an den Ismael

Und traurig sangen die zwei schwarzen Schwäne
Um ihre bunte Welt ganz dunkle Töne,
Und die verstoßne Hagar raubte ihren Sohn sich schnell.

Vergoß in seine kleine ihre große Träne,
Und ihre Herzen rauschten wie der heilige Quell,
Und übereilten noch die Straußenhähne.

Die Sonne aber brannte auf die Wüste grell
Und Hagar und ihr Knäblein sanken in das gelbe Fell
Und bissen in den heißen Sand die weißen Negerzähne.

Joseph wird verkauft

Die Winde spielten müde mit den Palmen noch,
So dunkel war es schon um Mittag in der Wüste,
Und Joseph sah den Engel nicht, der ihn vom Himmel grüßte,
Und weinte, da er für des Vaters Liebe büßte,
Und suchte nach dem Cocos seines schattigen Herzens doch.

Der bunte Brüderschwarm zog wieder nach Gottosten,
Und er bereute seine schwere Untat schon,
Und auf den Sandweg fiel der schnöde Silberlohn.
Die fremden Männer aber ketteten des Jakobs Sohn,
Bis ihm die Häute drohten mit dem Eisen zu verrosten.

So oft sprach Jakob inbrünstig zu seinem Herrn,
Sie trugen gleiche Bärte, Schaum, von einer Eselin gemolken.
Und Joseph glaubte jedesmal, – sein – Vater blicke aus den Wolken ...
Und eilte über heilige Bergeshöhen, ihm nachzufolgen,
Bis er dann ratlos einschlief unter einem Stern.

Die Käufer lauschten dem entrückten Knaben,
Des Vaters Andacht atmete aus seinem Haare;
Und sie entfesselten die edelblütige Ware.
Und drängten sich, zu tragen Kanaans Prophet in einer Bahre,
Wie die bebürdeten Kamele durch den Sand zu traben.

Ägypten glänzte feierlich in goldenen Mantelfarben,
Da dieses Jahr die Ernte auf den Salbtag fiel.
Die kleine Karawane – endlich – nahte sie dem Ziel.
Sie trugen Joseph in das Haus des Potiphars am Nil.
An seinem Traume hingen aller Deutung Garben.

Abigail

Im Kleid der Hirtin schritt sie aus des Melechs Haus
Zu ihren jungen Dromedarenherden.
Im edlen Wettlauf mit den wilden Pferden
Trieb sie die Silberziegen vor die Stadt hinaus,
Bis sich die Abendamethysten reihten um die Erden,
Sich nach der Tochter bangte König Saul.

Sie setzte das verirrte Tier nicht aus
Der Wüste hungernder Schakale,
Und trug am Arme blutiger Bisse Male;
Entriß das Böcklein noch der Löwin Maul.
– Der blinde Seher sah es jedesmal voraus ...
Die Gräser zitterten im Judatale.

Im Schoß des Vaters schlief die kleine Abigail,
Wenn über Juda lauschte Israels Gebieter,
Hinüber zu dem feindlichen Hethiter.
– Der Skarabäus seiner Krone wurde faul. –
Treu aber hütete der Mond des Melechs Güter,
Und seine Krieger übten sich im Pfeil.

Bis der Allmächtige blies den goldenen Hirten aus.
„Den Vater Abraham" ... erklärte ernst der Melech seinem Kinde:

„Der blieb in seinem ewigen Scheine ohne Sünde."
Und auch sein spätes Sternlein glitzerte ganz hell und weiß;
Man konnte es noch funkeln sehen im Winde:
„Einst trug sein Vater es, ein Osterlämmlein, hin auf seines Herrn Geheiß."

Als auf den Feldern blühte jung der Reis,
Schloß Saul die mächtigen Judenaugen beide,
Und seiner Abigail begegnete ein Engel auf der Weide,
Der kündete: „Jehovah blies die Seele deines Vaters aus" ...

Richard Schaukal
1874–1942

Der vorwitzige Engel

Der heilige Petrus steht am Himmelstor
und beugt den grauen guten Kopf hervor.

Da steht ein kleiner Engel, ganz erfroren,
mit nassem Haar und steifen roten Ohren.

Der hat sich heimlich in die Welt gewagt,
hat niemand auch kein Sterbenswort gesagt

und ist nun wieder da und weint und spricht:
„O lieber heiliger Petrus, zürn mir nicht!

Es war so schön heut in der hellen Nacht:
ich bin im Wolkenbettlein aufgewacht,

und weil die Sterne gar so funkelnd glänzten
und einer von den schönen langgeschwänzten

mir seinen Rücken freundlich angetragen,
so wollt ich einmal nur die Reise wagen

und bin mit ihm ein Stück hinausgeflogen.
Doch hat er mich ganz einfach angelogen:

Er hat gesagt, die Nacht sei lau und lind,
ich aber spürte nur den kalten Wind.

Der blies mir um die nackten Schultern scharf,
bis er mich richtig auch hinunterwarf.

Ich hab mich lange dann heraufgeplagt:
der Mond hat mir den nächsten Weg gesagt.

Jetzt bin ich endlich wieder hier zuhaus
und gehe nie mehr in die Welt hinaus!"

Der heilige Petrus schüttelt seinen Bart
und brummelt was vor sich in seiner Art

und gibt ihm noch ein warmes Hemd zur Nacht
und hat ihn still dann in sein Bett gebracht.

Traurige Mär

Ich gab mein Herz einem blonden Kind.
Sie nahm's und lachte.
Ich wußte nicht, wie Kinder sind,
ich freute mich und dachte:
„Nun legt sie's zärtlich in den Schrein
und wird's verwahren."
Sie aber warf's in den Tag hinein:
der Stundenwagen fuhr polternd drein –
da ward es überfahren.

Hugo von Hofmannsthal
1874–1929

Großmutter und Enkel

„Ferne ist dein Sinn, dein Fuß
Nur in meiner Tür!"
Woher weißt dus gleich beim Gruß?
„Kind, weil ich es spür."

Was? „Wie *Sie* aus süßer Ruh
Süß durch dich erschrickt." –
Sonderbar, wie *Sie* hast du
Vor dich hingenickt.

„Einst . . ." Nein: *jetzt* im Augenblick!
Mich beglückt der Schein –
„Kind, was haucht dein Wort und Blick
Jetzt in mich hinein?

Meine Mädchenzeit voll Glanz
Mit verstohlnem Hauch
Öffnet mir die Seele ganz!"
Ja, ich spür es auch:

Und ich bin bei dir und bin
Wie auf fremdem Stern:
Ihr und dir mit wachem Sinn
Schwankend nah und fern!

„Als ich dem Großvater dein
Mich fürs Leben gab,
Trat ich so verwirrt nicht ein
Wie nun in mein Grab."

Grab? Was redest du von dem?
Das ist weit von dir!
Sitzest plaudernd und bequem
Mit dem Enkel hier.

Deine Augen frisch und reg,
Deine Wangen hell –
„Flog nicht übern kleinen Weg
Etwas schwarz und schnell?"

Etwas ist, das wie ein Traum
Mich Verliebten hält.
Wie der enge, schwüle Raum
Seltsam mich umstellt!

„Fühlst du, was jetzt mich umblitzt
Und mein stockend Herz?
Wenn du bei dem Mädchen sitzt,
Unter Kuß und Scherz,

Fühl es fort und denk an mich,
Aber ohne Graun:
Denk, wie ich im Sterben glich
Jungen, jungen Fraun."

Ballade vom kranken Kind

Das Kind mit fiebernden Wangen lag,
Rotgolden versank im Laub der Tag.
Das Fenster hing voller wildem Wein,
Da sah ein fremder Jüngling herein.

„Laß, Mutter, den schönen Knaben ein,
Er beut mir die Schale mit leuchtendem Wein,
Seine Lippen sind wie Blumen rot,
Aus seinen Augen ein Feuer loht."

Der nächste Tag verglomm im Teich,
Da stand am Fenster der Jüngling, bleich,
Mit Lippen wie giftige Blumen rot
Und einem Lächeln, das lockt und droht.

„Schick, Mutter, den fremden Knaben fort,
Mich zehrt die Glut und mein Leib verdorrt,
Mich ängstigt sein Lächeln, er hält mir her
Die Schale mit Wein, der ist heiß und schwer!

Ach Mutter, was bist du nicht erwacht!
Er kam geschlichen ans Bett bei Nacht:
Und, weh, seinen Wein ich getrunken hab
Und morgen könnt ihr mir graben das Grab!"

Rainer Maria Rilke
1875–1926

Karl der Zwölfte von Schweden
reitet in der Ukraine

Könige in Legenden
sind wie Berge im Abend. Blenden
jeden, zu dem sie sich wenden.
Die Gürtel um ihre Lenden
und die lastenden Mantelenden
sind Länder und Leben wert.
Mit den reichgekleideten Händen
geht, schlank und nackt, das Schwert.

*

Ein junger König aus Norden war
in der Ukraine geschlagen.
Der haßte Frühling und Frauenhaar
und die Harfen und was sie sagen.
Der ritt auf einem grauen Pferd,
sein Auge schaute grau
und hatte niemals Glanz begehrt
zu Füßen einer Frau.
Keine war seinem Blicke blond,
keine hat küssen ihn gekonnt;
und wenn er zornig war,
so riß er einen Perlenmond
aus wunderschönem Haar.
Und wenn ihn Trauer überkam,
so machte er ein Mädchen zahm
und forschte, wessen Ring sie nahm
und wem sie ihren bot –
und: hetzte ihr den Bräutigam
mit hundert Hunden tot.

Und er verließ sein graues Land,
das ohne Stimme war,
und ritt in einen Widerstand
und kämpfte um Gefahr,
bis ihn das Wunder überwand:
wie träumend ging ihm seine Hand
von Eisenband zu Eisenband
und war kein Schwert darin;
er war zum Schauen aufgewacht:
es schmeichelte die schöne Schlacht
um seinen Eigensinn.
Er saß zu Pferde: ihm entging
keine Gebärde rings.
Auf Silber sprach jetzt Ring zu Ring,
und Stimme war in jedem Ding,
und wie in vielen Glocken hing
die Seele jedes Dings.
Und auch der Wind war anders groß,
der in die Fahnen sprang,
schlank wie ein Panther, atemlos
und taumelnd vom Trompetenstoß,
der lachend mit ihm rang.
Und manchmal griff der Wind hinab:
da ging ein Blutender, – ein Knab,
welcher die Trommel schlug;
er trug sie immer auf und ab
und trug sie wie sein Herz ins Grab
vor seinem toten Zug.

Da wurde mancher Berg geballt,
als wär die Erde noch nicht alt
und baute sich erst auf;
bald stand das Eisen wie Basalt,
bald schwankte wie ein Abendwald
mit breiter steigender Gestalt
der großbewegte Hauf.
Es dampfte dumpf die Dunkelheit,
was dunkelte war nicht die Zeit, –
und alles wurde grau,
aber schon fiel ein neues Scheit,
und wieder ward die Flamme breit
und festlich angefacht.
Sie griffen an: in fremder Tracht
ein Schwarm phantastischer Provinzen;
wie alles Eisen plötzlich lacht:
von einem silberlichten Prinzen
erschimmerte die Abendschlacht.
Die Fahnen flatterten wie Freuden,
und Alle hatten königlich
in ihren Gesten ein Vergeuden, –
an fernen flammenden Gebäuden
entzündeten die Sterne sich ...

Und Nacht war. Und die Schlacht trat sachte
zurück wie ein sehr müdes Meer,
das viele fremde Tote brachte,
und alle Toten waren schwer.
Vorsichtig ging das graue Pferd
(von großen Fäusten abgewehrt)
durch Männer, welche fremd verstarben,
und trat auf flaches, schwarzes Gras.
Der auf dem grauen Pferde saß,
sah unten auf den feuchten Farben
viel Silber wie zerschelltes Glas.
Sah Eisen welken, Helme trinken
und Schwerter stehn in Panzernaht,
sterbende Hände sah er winken
mit einem Fetzen von Brokat ...
Und sah es nicht.

Und ritt dem Lärme
der Feldschlacht nach, als ob er schwärme,
mit seinen Wangen voller Wärme
und mit den Augen von Verliebten ...

Absaloms Abfall

Sie hoben sie mit Geblitz:
der Sturm aus den Hörnern schwellte
seidene, breitgewellte
Fahnen. Der herrlich Erhellte
nahm im hochoffenen Zelte,
das jauchzendes Volk umstellte,
zehn Frauen in Besitz,

die (gewohnt an des alternden Fürsten
sparsame Nacht und Tat)
unter seinem Dürsten
wogten wie Sommersaat.

Dann trat er heraus zum Rate,
wie vermindert um nichts,
und jeder, der ihm nahte,
erblindete seines Lichts.

So zog er auch den Heeren
voran wie ein Stern dem Jahr;
über allen Speeren
wehte sein warmes Haar,
das der Helm nicht faßte,

und das er manchmal haßte,
weil es schwerer war
als seine reichsten Kleider.

Der König hatte geboten,
daß man den Schönen schone.
Doch man sah ihn ohne
Helm an den bedrohten
Orten die ärgsten Knoten
zu roten Stücken von Toten
auseinanderhaun.
Dann wußte lange keiner
von ihm, bis plötzlich einer
schrie: Er hängt dort hinten
an den Terebinthen
mit hochgezogenen Braun.

Das war genug des Winks.
Joab, wie ein Jäger,
erspähte das Haar –: ein schräger
gedrehter Ast: da hings.
Er durchrannte den schlanken Kläger,
und seine Waffenträger
durchbohrten ihn rechts und links.

Sankt Christofferus

Die große Kraft will für den Größten sein.
Nun hoffte er, ihm endlich hier zu dienen
an dieses Flusses Furt; er kam von zwein
berühmten Herren, die ihm klein erschienen,
und ließ sich dringend mit dem dritten ein:

den er nicht kannte; den er durch Gebet
und Fastenzeiten nicht auf sich genommen,
doch der im Ruf steht, jedem nachzukommen
der alles läßt und für ihn geht.

So trat er täglich durch den vollen Fluß –
Ahnherr der Brücken, welche steinern schreiten, –
und war erfahren auf den beiden Seiten
und fühlte jeden, der hinüber muß.

Und ruhte nachts in dem geringen Haus,
gefaßt zu handeln, jeder Stimme inne,
und atmete die Mühe mächtig aus,
genießend das Geräumige seiner Sinne.

Dann rief es einmal, dünn und hoch: ein Kind.
Er hob sich groß, daß er es überführe;
doch wissend, wie die Kinder ängstlich sind,
trat er ganz eingeschränkt aus seiner Türe
und bückte sich –: und draußen war Nachtwind.

Er murmelte: Was sollte auch ein Kind...?
nahm sich zurück mit einem großen Schritte
und lag in Frieden und entschlief geschwind.
Aber da war es wieder, voller Bitte.
Er spähte wieder –: draußen war Nachtwind.

Da ist doch keiner, oder bin ich blind?
warf er sich vor und ging noch einmal schlafen,
bis ihn dieselben Laute zwingend lind
noch einmal im verdeckten Innern trafen:
Er kam gewaltig:
                draußen war ein Kind.

Hermann Hesse
1877–1962

Lied auf der Landstraße

Bei einem Meister stand ein Bursch
In Arbeit zu Parise,
Der Meister der hieß Bastian,
Sein Töchterlein Elise.

„Elise", sprach der Bursch, „wohlauf,
Heut ist's ein schöner Tag,
Komm mit in Wald, ich zeige dir
Den Nachtigallenschlag."

Der fremde Bursche wandert fort,
Es war ihm wohlgeraten.
Der Meister schimpfte hinterdrein
Auf seine Heldentaten.

Und als das Mädel schwanger war,
Da ward ihr, ach, so weh,
Und sie gebar ein Töchterlein,
Das hieß man Salome.

Sie sprach zu ihr: „Mein Töchterlein,
Merk auf, was ich dir sag',
Geh nie am Sonntag in den Wald
Zum Nachtigallenschlag!"

Ballade vom Klassiker
geschrieben nach meiner Wahl in die Berliner Akademie

Frühe schon zum Klassiker berufen
fühlte sich der Jüngling Emil Bums,
nahte, Gott im Busen, sich den Stufen
des Apolln geweihten Heiligtums.

Selten sah man wahrlich einen Dichter
so von hehrer Streberei beseelt,
bald schon sah er sich vom Chor der Richter
als des Volkes Liebling auserwählt.

Niemals gab er sich die kleinste Blöße,
wich vom Pfade strengster Tugend nie,
sang von Gott und nationaler Größe,
was ihm ungeheuren Ruhm verlieh.

Leider war dem Hochflug nicht gewachsen
dieses Edeldichters schwaches Herz,
und auf einer Vortragstour durch Sachsen
ward er krank und schwang sich himmelwärts.

Eine Trauerfeier ohne gleichen,
der Bedeutung des Moments sich voll bewußt,
schmückte mit des Vaterlandes Eichen
des verewigten Sängers Heldenbrust.

Industrie, Finanz, Behörde, Presse
stand ergriffen um das offne Grab,
Gerhart Hauptmann warf und Hermann Hesse
eine Schaufel voll Papier hinab.

Unter andern herrlichen Trophäen
in des Volksmuseums Heiligtum
sieht man seine Schreibmaschine stehen,
Sonntags viel bestaunt vom Publikum.

Nie wird dieser Mann vergessen werden,
Deutschlands letzter Klassiker vielleicht,
Denn fürwahr, es findet sich auf Erden
keiner, der ihm nur das Wasser reicht.

Ja ich selbst, der ich den Bums erfunden,
der ihm Namen, Ruhm, Gestalt verlieh,
beuge mich beschämt und überwunden
vor so viel Talent, so viel Genie.

Und so wallt des Göttlichen Gedächtnis,
von der rauhen Wirklichkeit befreit,
seines Volkes edelstes Vermächtnis,
durch Jahrhunderte zur Ewigkeit.

[Psychologie]

Der Hummer liebte die Languste,
Was aber unerwidert blieb,
Die Liebe sank ins Unbewußte
Und wurde dort zum Todestrieb.

Ein Psychologe untersuchte
Den Fall und fand ihn gar nicht klar,
Der Hummer lief davon und fluchte,
Er fand zu hoch das Honorar.

Der Psychologe nun verübelte
Ihm dies Verhalten, wenn auch stumm,
Doch sein gescheites Köpfchen grübelte
Noch länger an dem Fall herum.

Auch ohne Arzt genas der Hummer
Und fand ein andres Liebesglück,
Der Arzt führt aber seinen Kummer
Auf einen Geldkomplex zurück.

Robert Walser
1878–1956

Knabenliebe

Das schöne Mädchen kam vorbei,
er kniete, als es langsam kam,
er kniete, und er sang es an
mit einem Lied zum Saitenspiel;
er trug ihr seine treue Lieb'
mit Wehmut und mit Lächeln vor;
sein Herz klang scheu im Saitenspiel,
das zitternd wie die Liebe klang,
sein Auge sah das Mädchen an,
die Zähne schimmerten im Mund,
mit dem er bebend, flehend sang.
Das Liebeslied ging nicht zu End';
endlos, wie seine Liebe, drang
aus ihm heraus der warme Ton.
So trug er seine Sehnsucht vor,
die Luft war lieb- und sinngeschwellt,
der blaue Himmel sah herab,
das Mädchen aber floh davon,
es war verschwunden, aber schon
starb auch der leise Liebeston.

Ritterromantik

Ein Ehepärchen stand an eines zack'gen Felsens Rand,
der Ritter hielt umklammert seinen Gegenstand der Schand.
„Wir stürzen uns gemeinsam nun von dieser hohen Wand,
die Aussicht uns gestattet in das duftumwobne Land,
hinunter in des tiefen Abgrunds wunderlichen Tand."
„Hoffentlich fallen wir auf nichts als sammetweichen Sand",
geistreich und nett zu sagen sie auch jetzt den Mut noch fand.
Die leichte Äußrung ihn sogleich zur Höflichkeit verband,
besänftigt gab der Ritter seiner lieben Frau die Hand.

Lulu von Strauß und Torney
1873–1956

Des Braunschweigers Ende

Auf des Braunschweigers eherner Stirne schwoll
Das zornige Blut der Adern,
Er ballte die Faust in schwerem Groll
Nach den trotzigen Mauerquadern.

„Weiß Gott, meine eiserne Gred verlag
Drei Monde vor diesen Türmen!
Leerort, nun kommt dein jüngster Tag:
Morgen wollen wir stürmen!"

Sprach Hans van Velde: „Der Graben ist weit,
Und der Tod hält Wacht auf den Mauern!"
„Und wäre der Graben zehn Klafter breit, –
Wir füllen ihn aus mit Bauern!

Und bauen für meinen Siegerstolz
Die Brücke zuckende Glieder, –
Unedles Blut und Erlenholz
Wächst alle Tage wieder!"

Herr Heinrich lachte mit hartem Klang
Und schritt vorüber den Wachen,
Es spritzte vor seinem wuchtigen Gang
Der Schlamm der Pfützen und Lachen.

Rolf Tyle lehnte, des Herzogs Mann,
Am Rad der eisernen Gredel,
Jäh fing das Blut ihm zu sieden an
In dem trotzigen Bauernschädel:

„Herr Herzog, sind euch wir Bauern gut
Zur Brücke über den Graben, –
Bei Gott, die Brücke soll edel Blut
Zum Mörtel der Steine haben!

Nun soll euch, Herre, den Siegerstolz
Gesegnen Teufel und Hölle!"
Verstohlen klirrte der eiserne Bolz,
Die Armbrust hob der Geselle:

Ein röchelnder Fluch, – ein schwerer Fall
Der stahlumpanzerten Glieder, –
Vor Leerorts unbezwungenem Wall
Schoß flammend ein Stern hernieder.

Lady Lindys Page

Zu Edinburg scheint weit und spät
Vom Schloß der Fenster Glanz,
Des Stuartkönigs Majestät
Hält Tafel heut und Tanz.

Im tiefen Turm, aus tiefem Traum
Fährt Graf Argyle empor, –
Im Lichtschein steht im Kerkerraum
Ein fremder Knecht am Tor:

„Der Stuarts Zorn ist racheschwer,
Und rasch des Henkers Beil, –
Die Wache schläft, der Gang ist leer,
Was säumt Ihr, Graf Argyle?

Die Rettung, Herr, die Freiheit beut
Euch edler Dame Hand,
Tragt Ihr durchs Tor als Page heut
Ihr nur der Schleppe Rand!"

Reckt sich der Graf zur Decke schier
Und lacht sich in den Bart:
„Ho, Schleppendienst und Hofmanier
War niemals meine Art!

Doch gilt's um Henkerschwert und Block,
Um Freiheit, Ehr' und Heil,
Dann bückt vor einem Weiberrock
Sich auch wohl ein Argyle."

Im grauen Schloß das Fest verhallt,
Es lischt der Kerzen Schein,
Von Schritten, Lärm und Lachen schallt
Des Torgewölbes Stein.

So blaß der Lady Lindsay Mund,
Ihr Herz schlug schwer wie nie,
Ihr Fackelträger wartend stund,
Ihr Page beugt das Knie.

Des Pagen Tritt ist schwer und fest,
Sein stolzes Auge flammt,
In harten Männerfäusten preßt
Er rauh der Schleppe Samt.

Die Lady Lindsay schreitet stumm
In dichten Schleiers Flor,
Sie schaut nicht auf, sie schaut nicht um,
Sie steigt hinab zum Tor.

Da strauchelt's hinter ihr mit Wucht
An steiler Stufen Rand, –
„Der Teufel hol's!" Der Page flucht,
Die Schleppe fegt den Sand.

Im Dunkel blitzt es waffenblank,
Ein Posten steht am Tor:
„Ho, kenn' ich nicht der Stimme Klang?"
Er beugt sich spähend vor.

Doch da, – der Lady Antlitz flammt,
Sie schlägt im Fackellicht
Vom Staub empor den Schleppensamt
Dem Pagen ins Gesicht:

„Du plumper Bär!" Der Posten sieht
Und lacht und tritt zurück.
Aus staubgeschwärztem Antlitz sprüht
Ein heißer Mannesblick. –

Der Rappe scharrt, gezäumt zum Ritt
Vor Lady Lindsays Tor,
Der Lady Lindsay Page tritt
Im Reiterwams hervor.

Der Eisenkappe Schirm umdacht
Die narbig breite Brau,
Sein Blick umfaßt mit Herrenmacht
Die schöne blasse Frau:

„Rot brennt mir auf der Stirn die Glut
Von Eurem raschen Schlag, –
Noch keinen litt mein adlig Blut
Bis heut auf diesen Tag!

Bei Tod und Teufel, Lady, wißt,
Der Graf Argyle rächt schwer!
Ich schwör's, mit Leib und Leben büßt
Der Schänder meiner Ehr!"

Das Feuer ihr ins Antlitz schoß:
„Ich büß' ihn gern, den Schlag!" –
Da riß er jäh sie mit aufs Roß,
Sein Mund auf ihrem lag.

Der Rappe stob zum Tor hinaus,
Die Nacht war stumm und warm,
Das schönste Weib landein, landaus
Hielt Graf Argyle im Arm:

„Was schert der Stuarts Zorn mich heut,
Und was des Henkers Beil?
Der reichste Mann vom Tweed zum Clyde
Das ist der Graf Argyle!"

„Schiff ahoi!"

Lars Jessen, der ist vor siebzehn Jahren
Mit der „Anne Kathrin" nach Rio gefahren,
Und die „Anne Kathrin" ist nie wiedergekommen.
Aber es weiß doch ganz Westerland,
Wie er sein Ende genommen.

Denn sein Bruder Jan ist in jenen Wochen
Mit dem Heringslogger in See gestochen.
Der Fisch, der zog in großmächtigen Scharen,
Daß die Wasser auf Meilen graugewölkt
Von den wandernden Zügen waren.

Und es war ein Tag bei den Borkumer Bänken,
An den wird Jan Jessen sein Lebtag denken!
Sie konnten den richtigen Kurs kaum halten,
Denn die See ging hoch und der Wind sprang um,
Daß die Segel in Fetzen knallten.

Und auf einmal sahn sie, Gott soll uns bewahren,
Piel gegen den Sturm einen Segler fahren,
Kein Mann auf Deck und keiner am Steuer,
Und oben brannten auf Mast und Raa
Fahle, flimmernde Feuer.

Und als sie noch starr vor Entsetzen standen,
Kam's „Schiff ahoi!" über Gischt und Branden,
Und noch einmal, dicht im Vorüberschießen,
Eine Stimme, nicht wie aus Menschenmund:
„Jan Jessen, ich soll Dich grüßen!"

Dann war es weg. Wie in Luft zerflossen.
Was war das? Seespuk und Teufelspossen?
Jan Jessen war still. Er brauchte nicht fragen.
Er wußte: Mein Bruder Lars ist tot
Und läßt es mir sagen.

Und wie er zu Hause an Land gestiegen
Und will in den Sandweg zum Dorfe biegen,
Ist Lars Jessens Weib ihm entgegen gekommen
Und hatte ein schwarzes Trauertuch
Über die Schultern genommen.

Und sie sagte: „Jan, ich hab' ihn gesehen.
Meine Uhr, die blieb in der Küche stehen,
Und als ich hinging, sie anzuticken,
Da war mir auf einmal so seltsam kalt,
Als stünde mir einer im Rücken.

Ich sah mich um. Er stand auf der Schwelle,
Und stand zwischen Dunkel und Feuerhelle.
Er hat kein einziges Wort gesprochen,
Das Wasser floß ihm aus Bart und Haar,
Seine Augen waren gebrochen.

Ich stand und hörte die Wassertropfen
Tapp, tapp, auf Dielen und Schwelle klopfen,
Und als ich stammelnd das Wort gefunden:
‚Gott sei deiner Seele gnädig, Mann!'
Da war er verschwunden.

Das eine grämt mich: Wo mag er wohl liegen?
Und daß er kein Kreuz auf sein Grab soll kriegen, –
Nur auf dem Platz, wo er Sonntags gesessen,
Die Tafel da an der Kirchenwand:
‚Verunglückt auf See. Lars Jessen.'" ...

Die Tafel hängt da. Verblaßt die Lettern,
Braun der Kranz mit verstaubten Blättern,
Und der Reeder wartet seit siebzehn Jahren,
Aber er hat von der „Anne Kathrin"
Nie ein Wort mehr erfahren ...

Ahasver
Nach einer Volkssage

Am Walde lag unser Hof allein
Mit Äckern und Weidehuten;
Wir hörten im Herbst die Hirsche schrei'n
Und den fahrenden Jäger tuten.

Und einmal war's um die Weihnachtszeit, –
Uns brannten im Wind die Ohren,
Und jeder Pattweg im Feld verschneit
Und Tränke und Soot gefroren.

Wir Kinder sangen „Vom Himmel hoch"
Und halfen reiben und rühren;
Der frische Kuchen im Backhaus roch
Durch alle Ritzen und Türen;

Der Vater war mit der Barte aus,
Im Wald ein Tännchen zu holen, –
Da kam ein fahrender Mann ins Haus
Auf müden, schlürfenden Sohlen.

Wir krochen scheu hinter Mutters Rock
Und starrten stumm auf den Alten —
Er trug nicht Tasche noch Knotenstock,
Und Schnee in des Mantels Falten.

Wie die grauen Flechten im Tannenwald,
So hingen ihm Bart und Brauen,
Seine Augen blickten so uralt, —
Uns Kinder faßte ein Grauen.

Meine Mutter wies ihn zu Tisch und Bank
Und nahm das Brot aus dem Kasten,
Der Alte aß es mit knappem Dank
Und saß nicht nieder zu rasten.

Wir guckten uns fast die Augen aus, —
Da bellte Spitz in der Hütte,
Und wir rannten rasch in den Schnee hinaus
Und hörten des Vaters Schritte.

Er stapfte schwer wie der Weihnachtsmann,
Den Atem im Bart gefroren, —
Und im Dorfe fingen die Glocken an:
... Christ ist geboren! ...

Am Baume brannten zwei Lichter bloß,
Die andern waren verglommen,
Unser Kleinstes schlief schon auf Mutters Schoß
Und wir hörten den Sandmann kommen.

Der Vater rauchte die Pfeife stumm,
Und der Kuckuck am Herd schlug sieben, —
Da sah sich Mutter zur Türe um:
„Wo ist der Alte geblieben?

Stand er nicht eben im Feuerschein,
Die Hände über den Kohlen?
Lauf hin, er muß auf der Diele sein,
Und sag', du sollst ihn holen!"

Ich war noch klein und mir graute sehr,
Bang schlich ich über die Schwelle.
Aber es war auf der Diele leer
Und leer auf der Feuerstelle.

Die Lichter vom Herde zuckten loh
Und ich hörte die Schwarze brummen,
Und ich hörte im Dunkeln irgendwo
Ein seltsam Murmeln und Summen.

Und ich hielt den Atem und tappte nah,
Und der Herdschein sprang auf die Seite,
Und ich reckte mich hoch und sah und sah, —
Mir ist, ich seh' es noch heute:

Ein Schatten, dunkel und reglos fast,
Gebeugt und tief auf den Knien, —
Der fremde Bettler, der graue Gast
Auf Stroh und Streu bei den Kühen — —

„Wieder ein Jahr zu den tausend mehr,
Die alle mein vergaßen —
Meine Wanderschuhe sind grau und schwer
Vom Staube vieler Straßen!

Wehe dem Tag, da die Gasse lang
Die Schächer zur Richtstatt zogen,
Und der Eine unter dem Kreuze sank
An meines Tores Bogen!

Wehe, daß ich Ihn weiterstieß,
Ihm fluchte in Haß und Sünden!
Er, den mein Frevel nicht ruhen ließ,
Läßt mich nicht Ruhe finden!

Ich sah vergeßner Geschlechter Zahl
Wie Blätter im Herbste fallen, —
Ich trage ewiger Unrast Qual
Und ging vorüber an allen!

Wer zählt die Nächte, die bang verwacht
Auf meinen Lidern lasten?
Die Eine Nacht, die heilige Nacht
Darf ich schlafen und rasten!

Das Stroh im Stalle zur Lagerstatt,
Ein Gast in niederen Hütten,
Wie Er als Kindlein geschlummert hat,
Der unter dem Kreuz geschritten!

Brich an, erlösende Gnadennacht!
Friede auf Erden, Friede!
Allem, was wandert, weint und wacht,
Allem, was arm und müde!

Du Kind, das jauchzender Engel Heer,
Das Himmel und Erde grüßen, —
Die Sehnsucht der Menschheit, Ahasver,
Schläft ein zu deinen Füßen ..."

Ich stand da wie auf den Fleck gebannt
Und hörte im Stroh das Knistern,
Und hörte da, wo die Schwarze stand,
Die Stimme murmeln und flüstern,

Worte, wie man im Schlaf sie spricht,
Ein Grauen horchender Ohren, —
Ich war ein Kind und verstand sie nicht
Und habe doch keins verloren!

Mir ist, ich höre sie heute noch
Und fühle mein Herz noch hämmern,
Und wie mir's kalt übern Rücken kroch,
Wenn der Schatten sich regte im Dämmern, –

Und auf einmal packte mich's riesengroß,
Und ich habe vor Angst geschrien
Und rannte stolpernd und atemlos
Und schluchzte auf Mutters Knien ...

Die ganze Nacht, die heilige Nacht
Fielen die frischen Flocken.
Und Christtag war's, als wir aufgewacht,
Und im Dorfe gingen die Glocken.

Wie Rauch der Atem, am Dache Eis
In langen, gläsernen Zapfen, –
Über den Hof im frischen Weiß
Wandernder Füße Stapfen.

Schwere Spuren, verweht im Wind,
Verloren in Dunst und Weite, –
Füße, die ewig ruhlos sind, –
Gott weiß, wo wandern sie heute? ...

Du Kind vom Himmel, du Licht der Nacht,
Gib allem, was arm und müde,
Allem, was wandert, weint und wacht,
Friede auf Erden, Friede!

Börries Freiherr von Münchhausen
1874–1945

Hunnenzug

Finsterer Himmel, pfeifender Wind,
Wildöde Heide, der Regen rinnt,
Von fern ein Schein, wie ein brennendes Dorf,
Mattdüsterer Glanz auf den Lachen im Torf.

Da plötzlich ein stampfendes dumpfes Geroll,
Wie drohenden Wetters steigender Groll,
Und lauter und lauter erdröhnt die Erde
Vom stürmischen Nahn einer wilden Herde.

Ein Hunnenschwarm mit laut jauchzendem Ruf!
Dumpf donnert und poltert der Rosse Huf,
Es erbebt die Heide, der Schlamm spritzt auf
An den dolchbehangenen Sattelknauf.

Ein köcherumrauschter, gewaltiger Schwarm,
Hell klirren die Spangen an Sattel und Arm,
Das Haupt geneigt auf die struppige Mähne,
Die braune Faust an gespannter Sehne, –

Durch den rauschenden Regen wild gellt ihr Schrei,
Immer mehr, immer neue jagen herbei
Von der Heimatlosen unzählbaren Schar,
Der der Sattel Wiege und Sterbebett war.

Da endlich die letzten vom Völkerheer, –
Zerstampft und zertreten die Heide umher,
Ein letztes Wiehern im Winde, – als Spur
Auf dem schwarzen Schlamme ein Riemen nur. –

Finsterer Himmel, pfeifender Wind,
Wildöde Heide, der Regen rinnt,
Von fern ein Schein, wie ein brennendes Dorf,
Und düsterer Glanz auf den Lachen im Torf.

Jenseits

Jenseits des Tales standen ihre Zelte,
Vorm roten Abendhimmel quoll der Rauch,
Und war ein Singen in dem ganzen Heere,
Und ihre Reiterbuben sangen auch.

Sie putzten klirrend am Geschirr der Pferde,
Hertänzelte die Marketenderin,
Und unterm Singen sprach der Knaben einer:
„Mädchen, du weißts, wo ging der König hin?" –

Diesseits des Tales stand der junge König
Und griff die feuchte Erde aus dem Grund,
Sie kühlte nicht die Glut der armen Stirne,
Sie machte nicht sein krankes Herz gesund.

Ihn heilten nur zwei knabenfrische Wangen,
Und nur ein Mund, den er sich selbst verbot,
– Noch fester schloß der König seine Lippen
Und sah hinüber in das Abendrot.

Jenseits des Tales standen ihre Zelte,
Vorm roten Abendhimmel quoll der Rauch,
Und war ein Lachen in dem ganzen Heere,
Und jener Reiterbube lachte auch.

Die Glocke von Hadamar

„Wir wollen dies Jahr die Felder am Rhein
Mit heißen Sicheln mähn,
Wie Sensen soll der Flammenschein
Über die Ernten gehn.

Gott gnade der Burg und gnade der Stadt,
Die meiner Faust widerspricht, –
Du hältst wohl auf die Kanone am Rad,
Aber Tilly – hältst du nicht!"

Und der Brabanter sprang vom Pferd,
Eisenumschlossen ganz,
Hell klirrend schlug an Koller und Schwert
Der eiserne Rosenkranz. –

Da stiegen die Wogen des Reiterkriegs,
Da prasselten Hieb und Schuß,
Und von dem Blute des Reitersiegs
Ward rot der blaue Fluß.

Was silberne Glocke gewesen einst,
Klingelt als Geld durchs Land,
Und wer die Messe gelesen einst,
Bettelt am Straßenrand. –

Zu Walmarod der Reichsbaron
Die Zugbrück zog er herauf:
„'s ist nicht für meine Religion,
Die gäb ich gern in Kauf,

's ist nicht für meine Baronie,
Für Thron nicht und Altar,
Ich kämpfe nur für dich, Sophie,
Sophie, und für dein Haar!

Für jedes Haar und für jeden Kuß
Einen Schwerthieb schlag ich dafür,
Bis ich Tillys Herz zwischen diesem Fuß
Und der alten Erde spür!

Geliebte, nun tauche den roten Mund
In den roten rheinischen Wein,
Wir läuten mit klingendem Gläserrund,
Wir läuten die Litanein!" – – –
— — — — — — — — — — — — — —
„Im Namen des Bastards der Marie,
Des Jesusknaben von Prag,
Ich will die Burg, und ich nehme sie
Vor Sankt Gertraudentag!

Nie lag ich so lange im Hinterhalt
Und nie so lang auf der Laur,
Niemals im ganzen Westerwald
Und im Walde von Montabaur.

Ich schwörs: Wenn ich fange das girrende Paar:
Sein Haupt vorm Beile sinkt,
Wenn drüben vom Kloster in Hadamar
Der Ton der Mette klingt!" – –

Der Söldner mit Schienen die Schenkel umschloß
Und prüfte des Flambergs Glanz,
Und in die Musketenkugel goß
Er Perlen vom Rosenkranz.

Und sie klommen empor trotz Pfeil und Tod
Im scheidenden Abendlicht,
Und sie fingen den Herren von Walmarod,
Das Weib aber – fingen sie nicht!

Durch den schweigenden Wald den verschwiegenen
Hinfloh sie aus Schande und Schlacht,   [Pfad
Und es säte der Hengst die Funkensaat
In die dunkele Furche der Nacht.

Zu Hadamar die alte Abtei
Träumte im Mondenlicht,
Sie schlich an der Türe des Pförtners vorbei,
Den Klopfer hob sie nicht.

Es klomm die Stufen zum Glockenturm
Empor die schöne Sophie,
Tief atmete droben der Frühlingssturm,
Viel stürmischer atmete sie.

Und um den Klöppel der Glocke schlang
Sie die runden Arme fest,
Und hielt den schwankenden Glockenstrang
Zwischen ihre Schenkel gepreßt. –

Es zog der Mönch zur Mette das Seil,
Die Glocke war heut tot, –
Er riß zum zweiten am Glockenseil,
Da ward es blutig rot.

Anschlug er den Klöppel zum dritten Mal,
Da klang ein Schrei so schrill,
Ein Schrei voll wild verzweifelnder Qual,
Dann ward es totenstill,

Und nur die große Glocke hallt
Von Hadamar-Abtei
Zitternd über den Westerwald
Ihren letzten Sterbeschrei.

Und als er klang in Walmarod,
Ins Knie sank der Baron:
„Erbarm dich, Herr, um meinen Tod
Durch Christum, deinen Sohn!"

Ballade vom Brennesselbusch

Liebe fragte Liebe: „Was ist noch nicht mein?"
Sprach zur Liebe Liebe: „Alles, alles dein!"
Liebe küßte Liebe: „Liebste, liebst du mich?"
Küßte Liebe Liebe: „Ewig, ewiglich!" – –

Hand in Hand hernieder stieg er mit Maleen
Von dem Heidehügel, wo die Nesseln stehn,
Eine Nessel brach er, gab er ihrer Hand,
Zu der Liebsten sprach er: „Uns brennt heißrer Brand!

Lippe glomm auf Lippe, bis die Lust zum Schmerz,
Bis der Atem stockte, brannte Herz an Herz,
Darum, wo nur Nesseln stehn am Straßenrand,
Wolln wir daran denken, was uns heute band!" –

Spricht von Treu die Liebe, sagt sie, ‚ewig' nur, –
Ach, die Treu am Mittag gilt nur bis zwölf Uhr,
Treue gilt am Abend, bis die Nacht begann –
Und doch weiß ich Herzen, die verbluten dran.

Krieg verschlug das Mädchen, wie ein Blatt verweht,
Das im Wind die Wege fremder Koppeln geht,
Und ihr lieber Liebster stieg zum Königsthron,
Eine Königstochter nahm der Königssohn. –

Sieben Jahre gingen, und die Nessel stand
Sieben Jahr an jedem deutschen Straßenrand,
Wer hat Treu gehalten? Gott alleine weiß,
Ob nicht wunde Treue brennet doppelt heiß!

Bei der Jagd im Walde stand mit schwerem Sinn,
Stand am Knick der König bei der Königin,
Nesselblatt zum Munde hob er wie gebannt,
Und die Lippe brannte, wie sie einst gebrannt:

„Brennettelbusch,
Brennettelbusch so kleene,
Wat steihst du so alleene!
Brennettelbusch,
Wo is myn Tyd 'eblewen,
Un wo is myn Maleen?"

„Sprichst mit fremder Zunge?" frug die Königin,
„So sang ich als Junge", sprach er vor sich hin.
Heim sie ritten schweigend, Abend hing im Land, –
Seine Lippen brannten, wie sie einst gebrannt!

Durch den Garten streifte still die Königin,
Zu der Magd am Flusse trat sie heimlich hin,
Welche Wäsche spülte noch im Sternenlicht,
Tränen sahn die Sterne auf der Magd Gesicht:

„Brennettelbusch,
Brennettelbusch so kleene,
Wat steihst du so alleene!
Brennettelbusch,
Ik hev de Tyd 'eweten,
Dar was ik nich alleen!"

Sprach die Dame leise: „Sah ich dein Gesicht
Unter dem Gesinde? Nein, ich sah es nicht!"
Sprach das Mädchen leiser: „Konntest es nicht sehn,
Gestern bin ich kommen, und ich heiß Maleen!" –

Viele Wellen wallen weit ins graue Meer,
Eilig sind die Wellen, ihre Hände leer,
Eine schleicht so langsam mit den Schwestern hin,
Trägt in nassen Armen eine Königin. – –

Liebe fragte Liebe: „Sag, weshalb du weinst?"
Raunte Lieb zur Liebe: „Heut ist nicht mehr wie einst!"
Liebe klagte Liebe: „Ists nicht wie vorher?"
Sprach zur Liebe Liebe: „Nimmer – nimmermehr."

Agnes Miegel
1879–1964

Die Nibelungen

In der dunkelnden Halle saßen sie,
Sie saßen geschart um die Flammen,
Hagen Tronje zur Linken, sein Schwert auf dem
Die Könige saßen zusammen.   [Knie,

Schön Kriemhild kauerte nah der Glut.
Von ihren schmalen Händen
Zuckte der Schein wie Gold und Blut
Und sprang hinauf an den Wänden.

König Gunter sprach: „Mein Herz geht schwer,
Hör ich den Ostwind klagen!
Spielmann, lang deine Fiedel her,
Sing uns von frohen Tagen!"

Aufflog ein jubelnder Bogenstrich
Und flatterte an den Balken,
Herr Volker sang: „Einst zähmte ich
Einen edelen Falken..."

Die blonde Kriemhild blickte auf
Und sprach mit Tränen und leise:
„Spielmann, hör mit dem Liede auf,
Sing eine andre Weise!"

Die braune Fiedel raunte alsbald
Träumend und ganz versonnen,
Herr Volker sang: „Im Odenwald
Da fließt ein kühler Bronnen..."

Die blonde Kriemhild wandte sich
Und sprach mit Tränen und bange:
„Mein Herz schlägt laut und fürchtet sich
Und bebt bei deinem Sange..."

Anhub die Fiedel zum drittenmal
Aufweinend in Gram und Leide,
Herrn Volkers Stimme sang im Saal,
Wie ein Vogel auf nächtiger Heide:

„Es glimmt empor aus ewiger Nacht
Heißer als alle Feuersglut,
Gelb wie das Aug der Zwergenbrut,
Das gierig seinen Glanz bewacht, –
O weh der Lust, die mich gezeugt!

Wie Brunft nach Brunft im Forste schreit,
Wie nach der Lohe lechzt die Glut,
So treibt die Gier nach Menschenblut
Ans Licht den Hort der Dunkelheit, –
O weh dem Schoß, der mich gebar!

Es ruft den Neid, es weckt den Mord,
Stört auf die Drachen Trug und List,
Hetzt Rachsucht, die die Rache frißt,
Und immer röter glüht der Hort, –
O weh der Brust, die mich gesäugt!

Es treibt und schwimmt im Purpurquell,
Es trinkt den Quell und lechzt nach mehr,
Es braust und schäumt, die Flut steigt schnell,
Breit wie die Donau strömt es her, –
O weh der Lieb, die lieb mir war!

Es schäumt und braust, atmet und steigt,
Schon brandet's draußen an die Tür,
Es klopft und pocht, der Riegel weicht,
Nun flutet's heiß und rot herfür, –
Weh über mich, weh über euch!"

Jäh bei dem letzten Bogenstrich
Sprangen die Saiten und schrieen,
Hagen von Tronje neigte sich
Und wiegte sein Schwert auf den Knieen.

Die Könige saßen bleich und verstört,
Doch die schöne Kriemhild lachte,
Sie sprach: „Nie hab ich ein Lied gehört,
Das mich lustiger machte!"

Sie kniete nieder und schürte die Glut.
Von ihren schmalen Händen
Zuckte der Schein wie Gold und Blut
Und sprang hinauf an den Wänden.

Die Mär vom Ritter Manuel

Das ist die Mär vom Ritter Manuel,
Der auf des fremden Magiers Geheiß
Sein Haupt in eine Zauberschale bog.
Und als ers wieder aus dem Wasser zog
Da seufzte er und sprach: „Mein Haar ist weiß,
Gebrochen meine Kraft. O allzulange
Qualvolle Wanderschaft!" Die Höflingsschar,
Die ringsum stand, rief: „Dunkel ist dein Haar,
Frage den König!"
            Staunend sprach und bange
Da der Verzauberte: „O Herr, die Zeit
Ist hold und spurlos dir vorbeigeglitten!
Als ich vor zwanzig Jahren fortgeritten
Warst du wie heut. An dem gestickten Kleid
Trugst du den Gürtel mit den Pantherschließen
Und an der Hand den gleichen Amethyst."
„Erzähle", sprach der Fürst und sprachs voll List,
„Was dir begegnet, seit wir uns verließen!"

Der Arme sann, und seine Augen waren
Wie Kinderaugen, noch vom Traum befangen.
„König, ich bin so weit von Euch gegangen,
So vieles sah ich! Und in späten Jahren,
An dunklen Wintertagen und in schwülen
Hochsommernächten will ich dir erzählen
Von allem. Und vor deinen stillen Sälen
Soll meines bunten Lebens Brandung spülen.
Nur jetzt noch laßt mich schweigen.
                         Denn ein Gram
Durchrüttelt mich, den nie ein Mensch gekannt.
Sieh, ich verließ mein Weib in jenem Land
Und weiß es nicht mehr, welchen Weg ich kam,
Und weiß den Namen jenes Landes nicht,
Wo sie im Fenster kauernd, kinderschmal,
Aus dem Kastell hinabspäht in das Tal,
Bis jäh die Felsen glühn im Abendlicht
Und jäh erbleichen.
               Durch das samtne Dunkel
Der Nacht strahlt freundlich einer Ampel Schein,
Um Führer meiner Wanderschaft zu sein,
Und purpurn glänzt wie ein Rubingefunkel
In ihrem Licht des Bergstroms dunkle Flut.
Sein Name nur? Sehr seltsam klang er, wie
Der Felsen Name, uralt auch wie sie.

Und jene Frau, die mir im Arm geruht, –
Weh, meine Liebe kann sie nicht mehr rufen,
Der süße Laut entglitt mir, wie im Tann
Dem Schlafenden entglitt der Talismann
Den sie mir umhing auf des Schlosses Stufen!" – –

Dann schrie er auf und hielt des Königs Knie
Wie ein um Hilfe Flehender umklammert.
Der sprach, – und er war bleich und ernst –: „Mich jammert
Der Qual des armen Narrn, die zu mir schrie.
Magier, tritt vor, zerbrich des Zaubers Bann!"
Der König wartete. Die Diener liefen
In allen Gängen hin und her und riefen,
Die Ritter sahn sich groß, verwundert an.
Denn keiner fand den Magier. Einge schwuren,
Sie hätten an dem Springbrunn ihn gesehn
Murmelnd die goldne Zauberschale drehn, –
Doch in dem Sande sah man keine Spuren.

Und wie die Stürme auf dem hohen Meer
Das längstverlaßne Wrack des Seglers jagen,
So trieb durch Jahre voller Sorg und Fragen
Erinnerungsqual den Grübelnden umher,
Bis ihn beim Jagen einst ein fremd Geschoß,
Vielleicht aus Mitleid, in die Schläfe traf.
Still wie ein Kind sank er ins Moos zum Schlaf
Und stammelte, eh er die Augen schloß:
„Tamara!" Und er starb.
                         Die Zeit verrann.

Doch einmal abends klang im Hof Geklirr
Von vielen Waffen und ein bunt Geschwirr
Landfremder Sprachen. Und ein brauner Mann,
Sehr alt und fürstlich, dessen welke Hand
Auf seidnem Kissen trug der Herrschaft Zeichen,
Trat vor den König wie vor seinesgleichen
Und rief: „Wo ist, nach dem wir ausgesandt,
Mein König Manuel, Tamaras Gatte,
Den sie in ihrem Felsenschloß beweint?
Westwärts ging ich, soweit die Sonne scheint,
Bis ich zu deinem Reich gefunden hatte.

Hier, sprach der sternenkundige Magier, werde
Ich meinen Herren finden. – Weise mich
Daß ich ihn krönen kann!"
                         Da neigte sich
Der König still, griff eine Handvoll Erde
Aus einer Schale, drin die Rosen blühten,
Und wies sie stumm dem Suchenden.
                                 Der stand
Ganz lange still. Dann schlug er sein Gewand
Weit um den Kronreif, dessen Steine sprühten,
So schritt er aus dem Saal.

                    Ein Klaggesang
Kam langgezogen, trostlos durch die Nacht.
Dann ein Geklirr und Hufgetrappel, sacht
Und langsam, – bis auch das im Sturm verklang.

In jener Nacht, bei seiner Kerzen Qualmen
Saß lang der König auf. Sein Page schlief
und schrak empor, denn eine Stimme rief:
„Sieh, keine Antwort find ich in den Psalmen
Erbarmer aller Welt, sprich, was ist Schein?" – –
Und lange vor dem Kruzifixe stand
Der König starr, mit ausgestreckter Hand.

So sagt der Page. Doch er ist noch klein,
Furchtsam, und hat den Kopf voll Märchenflausen –

Rembrandt

Am schiefen kleinen Fenster eines schmalen,
Engbrüstigen Hauses in der Prinzengracht
Malt Rembrandt bei des Winterabends Strahlen,
Der draußen Mast und Segel rot entfacht,
Mit welker Hand, die leise von des Weines
Verrat bebt, im zerfetzten Pelz, bestaubt
Und grau wie sein verwirrtes Haar, an eines
Weißblonden Engels zartem Kinderhaupt.
Und prüfend blickt im letzten Abendlicht
Er auf das Bild und lehnt sich an die Wand.
Ein Lächeln im verwitterten Gesicht
Ruft er, zum dunklen Zimmer halb gewandt:
„Titus! Hendrikje!"
                    Eine Türe klappt,
Ein Lichtschein kommt, der Schrank und Krüge streift,
Die Scheuerbürste reibt, ein Lappen flappt
Klatschend und wuchtig auf die feuchten roten
Ziegel im Flur und eine Stimme keift:
„Du Narr, was schreist du wieder nach den Toten!"
Und laut und frech, wie man ein Schimpfwort gellt
Am Hafen, wird die Türe zugeschlagen.
Ganz reglos steht der Greis. Die Dämmrung fällt.
Er senkt das Haupt. In plötzlichem Verzagen
Schiebt kindisch er die Unterlippe vor.
Ein Zittern geht durch die erschlafften Wangen – –
Doch jählings richtet er sich rasch empor
Und starrt hinaus zum Fenster.
                              Von dem langen,
Geteerten Vorbau an dem Nachbarhaus,
Wo wochentags Lewy Aschkenas
Hängt Bilder und verschlißnen Trödel aus,
Dort schimmert durch die Dämmrung, klar und blaß,

Der Sabbatkerzen feierliches Licht.
Wie eine goldne Brücke geht ihr Leuchten
Bis zu dem Bollwerk wo der Glanz sich bricht.
Er spiegelt sich wie Gold auf einem feuchten,
Vermorschten Pfahl und einer Kogge Bug
Glüht wie ein Kupferschild.
      Weit vorgebückt
Sieht Rembrandt auf des Lichtes Märchentrug.
Sein Antlitz leuchtet kindlich, jäh entzückt,
Er fühlt verjüngt die greisen Adern klopfen.
Er atmet auf, dehnt die erschlafften Glieder
Und pfeift.
   Aus den verschwollnen Augen tropfen
Langsam und heiß zwei große Tränen nieder.

Anna Bullen

Die rostigen Angeln knarrten,
Der Büttel sprach: „Steh auf!
Steh auf, deine Richter warten,
Steige die Treppen hinauf."

Anna Bullens Kette klirrte
Rasselnd an ihrer Hand,
Ihr Blondhaar, das verwirrte,
Floß übers Büßergewand.

„Wer sind die Lords, als Richter
Vom König mir gesandt?"
„Es sind drei stolze Gesichter
Und sind dir wohlbekannt.

Der eine in braunen Haaren
Heißt Percy Northumberland."
„Ich trug in jungen Jahren
Seinen Brautring an der Hand."

„Graf Norfolk ist der zweite,
Der finstere Papist", –
„Von meiner Mutter Seite
Norfolk mir Oheim ist.

Er und Graf Percy bogen
Huldigend einst die Knie,
Ihr ritterlich Schwert gezogen:
Treu dir! gelobten sie.

Meineidige Schurken, ich weine
Nicht um euer falsches Wort, –
Sag, Büttel, nur das Eine:
Wer ist der dritte Lord?"

„In Sünde und Verderben
Lebte er sechzig Jahr,
Vom Blute seines Erben
Scharlachen sein Talar.

Seiner Stirne Runzeln alle
Sind eine Schrift der Schmach",
Sie traten in die Halle
Und Anna Bullen sprach:

„Nun sei Du mein Berater,
Führ meine Sache, Gott, –
Lord Wilford selbst, mein Vater,
Liefert mich aufs Schafott!"

Ferdinand Hardekopf
1876–1954

Ballade

Die Dämmerung sah ihn, den Anwalt, der sonor
Aus dem Automobil die Freunde noch beschwor.

Er inspizierte dann im Regen Guillotinen.
Wie rostig waren die Partei-Bureau-Maschinen!

Da rief der Anwalt hell: „Wir möchten ungern schlafen
Vor der Erledigung der Köpfungs-Paragraphen!"

Was weiter dann geschah? Wer kann das Schicksal ändern?
Ihr findet es erzählt in den Geschichtskalendern.

Wallonisches Lied

Sie töteten drei Mägdelein,
Zu sehen in ihr Herz hinein.

Das erste Herz war voll von Lust,
Und wo sein Blut geflossen war,
Da zischten drei Schlangen drei lange Jahr.

Das zweite Herz war voll von Ruh,
Und wo sein Blut geflossen war,
Da grasten drei Lämmer drei lange Jahr.

Das dritte Herz war voll von Qual,
Und wo sein Blut geflossen war,
Da wachten drei Engel drei lange Jahr.

Ernst Stadler
1883–1914

Gethsemane

Um die Stunde war's,
Da die heilige Stille der Mitternacht
Auftaucht vom Meer und segnend über Welten fährt.
Jäh durch die Palmen schritt das Todesgrauen,
Urweltenweh
Rang auf zum Firmament.
Schwer hing der Himmel –
Nacht... Tod... In tiefem Schlaf die Jünger...
Und wilde, brennendwilde Einsamkeit...
Aufschluchzend schlägt er auf die Wurzelknorren,
Weint in die Nacht,
Die lächelnd über's Haupt die Schleier hebt.
Ein sengend Leuchten durch die Dämmernebel:
Die Sonne.

Von Glockenstühlen sprang sie rot in graue Türme,
Fiel stäubend in die Kuppeln, flutete
In wildem Quellen durch die schlanken Stämme,
Wegspuren zeichnend roten Flammengoldes.
Vom Boden weg
Sah Christus – blickte
Mit fremden Augen in die schäumende Morgenglut,
Und wie ein Wecken klang's ihm durch die Brust,
Das uralt junge Schöpferlied des Lichts:
Posaunen trugen ehern es empor
Und alle Geigen fielen flimmernd ein
In brausenden Bogenstrichen,
Vögel jauchzten,
Und Morgenglocken wehten von den Türmen
Jerusalems herauf, einrauschend in
Die breiten Takte, die
Im Werdelied des Tags die Welt durchfurchten.
Nieder fiel Christus, starrte
Hinunter auf die rote Stadt, die
In tausend Türmen tausend Fackeln fachte,
Und zur Sonne auf,
Zur ewig göttlichen jauchzte sein Mund:
„O sterben, sterben, Gott! ... In Meere will
Ich tauchen purpurüberrauscht,
In Licht zerfließen, ganz in Duft mich lösen,
Als Welle wehen in des Weltalls Strom.
Denn nun
Ward mir der Welten letzter, tiefster Sinn.
Aus deiner Sonne Morgenaugen las ich ihn. –

O sterben, sterben, Gott! ... Doch wie
Der Schiffer, dem
Die Brandung in des Nachens Rippen brach,
Flutenumdröhnt
Der Zukunft goldverbrämtes Eiland grüßt:
So grüß ich euch, Schlummernde, Ungeborne –
Aus harter Nacht ein junges Sonnenvolk.
Denn also lehrte mich dein Schöpfertag:
Glut quillt aus Asche, Leben sprüht aus Tod,
Aus tiefsten Nächten dämmern neue Morgenröten."

Und gehobnen Blicks
Schritt seinen Häschern er durchs Licht entgegen.

Georg Heym
1887–1912

Louis Capet

Die Trommeln schallen am Schafott im Kreis,
Das wie ein Sarg steht, schwarz mit Tuch verschlagen.
Darauf steht der Block. Dabei der offene Schragen
Für seinen Leib. Das Fallbeil glitzert weiß.

Von vollen Dächern flattern rot Standarten.
Die Rufer schrein der Fensterplätze Preis.
Im Winter ist es. Doch dem Volk wird heiß,
Es drängt sich murrend vor. Man läßt es warten.

Da hört man Lärm. Er steigt. Das Schreien braust.
Auf seinem Karren kommt Capet, bedreckt,
Mit Kot beworfen, und das Haar zerzaust.

Man schleift ihn schnell herauf. Er wird gestreckt.
Der Kopf liegt auf dem Block. Das Fallbeil saust.
Blut speit sein Hals, der fest im Loche steckt.

[Louis Capet: Ludwig XVI.]

Robespierre

Er meckert vor sich hin. Die Augen starren
Ins Wagenstroh. Der Mund kaut weißen Schleim.
Er zieht ihn schluckend durch die Backen ein.
Sein Fuß hängt nackt heraus durch zwei der Sparren.

Bei jedem Wagenstoß fliegt er nach oben.
Der Arme Ketten rasseln dann wie Schellen.
Man hört der Kinder frohes Lachen gellen,
Die ihre Mütter aus der Menge hoben.

Man kitzelt ihn am Bein, er merkt es nicht.
Da hält der Wagen. Er sieht auf und schaut
Am Straßenende schwarz das Hochgericht.

Die aschengraue Stirn wird schweißbetaut.
Der Mund verzerrt sich furchtbar im Gesicht.
Man harrt des Schreis. Doch hört man keinen Laut.

Jakob van Hoddis
1887–1942

Couplet

Bladdy Groth
War ein Mädchen von zartem Geblüt,
Bladdy Groth, Bladdy Groth ist tot.
Bladdy Groth war ein Mädchen von keuschem Geblüt
Und sie hat doch für viele Männer geglüht
Und keiner hat sich umsonst gemüht
Bladdy Groth, Bladdy Groth, Bladdy Groth.

Und sie sang, und sie spielte und tanzte zur Nacht
Und sie hat mich dort öfters ausgelacht
Bladdy Groth, Bladdy Groth ist tot.

Und was haben wir alles mit ihr nicht gemacht
Und sie hat sich doch gar nichts dabei gedacht
Bladdy Groth, Bladdy Groth, Bladdy Groth.

Und ihr Nacken, er war wie von Küssen verzehrt
Und sie hat sich doch vor niemand gewehrt
Bladdy Groth, Bladdy Groth, Bladdy Groth.
Und die Augen, die schossen Blitze blau
Und ihr Kleid war meistens auch himmelblau
Und heut ist zu der Engel Frau
Bladdy Groth, Bladdy Groth, Bladdy Groth.
Ah, wie werden die geflügelten Luzifere ihr zusehn,
Wenn sie mit den Engeln tengelntateratata.
Ob es im Himmel, Bladdy Groth! Bladdy Groth!
Wohl Sekt gibt?

Der Todesengel

I

Mit Trommelwirbeln geht der Hochzeitszug,
In seid'ner Sänfte wird die Braut getragen,
Durch rote Wolken weißer Rosse Flug,
Die ungeduldig gold'ne Zäume nagen.

Der Todesengel harrt in Himmelshallen
Als wüster Freier dieser zarten Braut.
Und seine wilden, dunklen Haare fallen
Die Stirn hinab, auf der der Morgen graut.

Die Augen weit, vor Mitleid glühend offen
Wie trostlos starrend hin zu neuer Lust,
Ein grauenvolles, nie versiegtes Hoffen,
Ein Traum von Tagen, die er nie gewußt.

II
Er kommt aus einer Höhle, wo ein Knabe
Ihn als Geliebte wunderzart umfing.
Er flog durch seinen Traum als Schmetterling
Und ließ ihn Meere sehn als Morgengabe.

Und Lüfte Indiens, wo an Fiebertagen
Das greise Meer in gelbe Buchten rennt.
Die Tempel, wo die Priester Cymbeln schlagen,
Um Öfen tanzend, wo ein Mädchen brennt.

Sie schluchzt nur leise, denn der Schar Gesinge
Zeigt ihr den Götzen, der auf Wolken thront
Und Totenschädel trägt als Schenkelringe,
Der Flammenqual mit schwarzen Küssen lohnt.

Betrunkne tanzen nackend zwischen Degen,
Und einer stößt sich in die Brust und fällt.
Und während blutig sich die Schenkel regen,
Versinkt dem Knaben Tempel, Traum und Welt.

III
Dann flog er hin zu einem alten Manne
Und kam ans Bett als grüner Papagei.
Und krächzt das Lied: „O schmähliche Susanne!"
Die längst vergessne Jugendlitanei.

Der stiert ihn an. Aus Augen glasig blöde
Blitzt noch ein Strahl. Ein letztes böses Lächeln
Zuckt um das zahnlose Maul. Des Zimmers Öde
Erschüttert jäh ein lautes Todesröcheln.

IV
Die Braut friert leise unterm leichten Kleide.
Der Engel schweigt. Die Lüfte ziehn wie krank.
Er stürzt auf seine Knie. Nun zittern beide.
Vom Strahl der Liebe, der aus Himmeln drang.

Posaunenschall und dunkler Donner Lachen.
Ein Schleier überflog das Morgenrot.
Als sie mit ihrer zärtlichen und schwachen
Bewegung ihm den Mund zum Küssen bot.

Albert Ehrenstein
1886–1950

Seemanns Lied

Es liegt eine Leiche an dem Strand,
Matrosen trugen sie hin.
Wer war die Leiche an dem Strand?
Matrosen trugen sie hin.

Es kam eine Möwe an den Strand,
Sie legte das Haupt tot hin.
Wer war die Möwe an dem Strand?
Sie legte das Haupt tot hin.

Es kamen zwei Möwen an den Strand,
Und nahmen Flaum für ihr Nest.
Es kam ein Matrose an den Strand,
Der gab den Beiden den Rest.

Er briet die Beiden am Feuer sich,
Und nahm dem Toten den Ring.
Er sang ein Seemannslied vor sich,
Und brachte den Kindern den Ring.

Es liegt eine Leiche an dem Strand
Es kam die Flut, sie stieg.
Sie nahm die Leiche von dem Strand,
Es stieg die Flut und stieg.

Was liegt die Leiche an dem Strand?
Sie kam ins Grab.
Sie richten einst auch uns an dem Strand,
Ihr Möwen, ein Seemannsgrab!

Quallade

Dem Quaestor Quintilian Quevedo in Querfurcht

O quarrendes Gequak, o Quadrigal!
Ein quidam, sicherlich ein quecker Querkopf –
So quisi-quasi Quendlinburger Squatter –
Quatschte mitten im Quarnero:
Am Quisisana-Quai,
Nah der Quelle des Gualdalquivir,
Welche auf Quarzquadern quer durch Quebeck
Bei Quito quillt oder auch nicht,
Vor Quinquillionen Jahren
Mit einem Quagga aus dem Quattrocento,
Das sich quietschend von Quitten, Quappen –
Mit und ohne Kaul –
Ja! Quallen nur und Quargeln nährte,
Über die Quinquupelallianz,
Sowie die Qualitäten einer
Quicken Quinteronin aus dem Cinquecento
(Die im Quartalssuff qualmend mehr als ihre
Quantitativ abnorme Quote
An Quintanern und erotischen Quixoten
Ohne Quengeln und Querelen
Auf Queensland quirlte und ausquetschte, bis
Kein Quassia, kein Quecksilber der Quacksalber
Ihr von der letzten Quarantäne Qualen half)
Und über dieses quastenreichste Quasselthema:
Quousque tandem quält uns solch ein
Quodlibet von Quiproquos?

Die Zeitschrift geht ein

Der letzte Redakteur hieß U. N. Stern
Oder Übersatz,
Doch war für ihn auch dort kein Platz:
Raummangel schien des Blattes
Rahmen und Namen.
Er war nur Schrift- und Hühnerleiter,
Watschenmann, Faktotum und so weiter.

Mit jeder Hiobspost kamen bloß Manuskripte:
Seine zurück –
Und andre, die er nicht zu lesen liebte.
Der Geldbriefträger zöge gern
Bei Herrn Unstern
Per Nachnahme Strafporti ein –
Bald ließ er müd so aussichtslose Sachen sein.

Der letzte Redakteur
Sieht käsig, käseblättrig aus,
Als fräß er Klebestoff statt Marmelade.
Er lebt nicht, vegetiert von Butter
Auf unaktueller Leute Köpfen,
Von der Gerüchte Ohrenschmalz
Und Austauschinseraten.

Am abgesperrten Telephon entspann sich dann
Ein Hunger-, Fern- und Selbstgespräch
Mit Aschenmann, dem stillen Auslandschef:
Kein Kostverächter ist der Tod,
Er heizt mit Rezensenten ein
Und sammelt ausgediente Redakteure.

Im Gram nahm Untam oder Übersatz
Das Gift der letzten Pose
Ein: mit der Rostschere schnitt er fein
Die zarten Fransen von der Sterbehose.
Nicht ganz heiter erklomm itzt mit dem Strick
Der Schrift- die Hühnerleiter.
Er dachte: „Ab!
Druckfehler blühen bald auf meinem Grab."

Der arme Redakteur hieß Unstern
Oder Baut-mich-ab.
Die Schicksalstante – finstres Gör –
Die moirenalte Strickmamsell und
Klapperschlang des Radionysos,
Die Nornenparze: Stenotypistin Atropos
Schnitt ihn mit seiner eigenen Schere ab.
Sein letztes Röcheln war belauscht:
Er starb ins Mikrophon.

Alfred Lichtenstein
1889–1914

Man hat mich glücklich eingesperrt . . .

Man hat mich glücklich eingesperrt,
Dran ist mir nichts gelegen,
Und für total verrückt erklärt
Des Dichtens nämlich wegen.

Denn erstens dicht' ich unerlaubt,
Grob und unmanierlich.
Und zweitens dicht' ich überhaupt
Und drittens zu natürlich.

Und viertens dicht' ich viel zu viel
Und viel zu atheistisch.
Und fünftens sei mein ganzer Stil
Sozusagen mystisch.

Und sechstens sei die Poesie
Von mir durchaus entbehrlich.
Und endlich sei ich ein Genie
Und auch noch sonst gefährlich.

Und achtens sei ich nicht von hier
Und fürchterlich versoffen.
Und deshalb, neuntens, stände mir
Die Gummizelle offen.

Das Urteil ließ mich völlig kalt.
Was sollt' mir denn passieren?
Ganz nett ist dort der Aufenthalt.
Man kann sich konzentrieren.

Die Gummizelle hat Kultur,
Das läßt sich nicht verhehlen.
Was mich betrifft – ich kann sie nur
Zum Dichten sehr empfehlen.

Rein kommt man doch, 's fragt sich nur wann.
Doch eins ist zu beklagen:
Der alte Zellenwärter kann
Das Reimen nicht vertragen.

Denn fange ich zu reimen an,
Dann wird er ungemütlich
Und ruft empört, der alte Mann:
„Nun sein Sie doch bloß friedlich!"

Drum schreib ich Ungereimtes meist
In der Gummizelle
Und was ich sonst mir etwas dreist
Von der Seele pelle.

Auch diese Verse tat ich da
Mir aus der Seele lutschen.
Wem's nicht behagt, der kann mir ja
Den Buckel runterrutschen.

Georg Trakl
1887–1914

Die junge Magd
Ludwig von Ficker zugeeignet

1.
Oft am Brunnen, wenn es dämmert,
Sieht man sie verzaubert stehen
Wasser schöpfen, wenn es dämmert.
Eimer auf und nieder gehen.

In den Buchen Dohlen flattern
Und sie gleichet einem Schatten.
Ihre gelben Haare flattern
Und im Hofe schrein die Ratten.

Und umschmeichelt von Verfalle
Senkt sie die entzundenen Lider.
Dürres Gras neigt im Verfalle
Sich zu ihren Füßen nieder.

2.
Stille schafft sie in der Kammer
Und der Hof liegt längst verödet.
Im Hollunder vor der Kammer
Kläglich eine Amsel flötet.

Silbern schaut ihr Bild im Spiegel
Fremd sie an im Zwielichtscheine
Und verdämmert fahl im Spiegel
Und ihr graut vor seiner Reine.

Traumhaft singt ein Knecht im Dunkel
Und sie starrt von Schmerz geschüttelt.
Röte träufelt durch das Dunkel.
Jäh am Tor der Südwind rüttelt.

3.
Nächtens übern kahlen Anger
Gaukelt sie in Fieberträumen.
Mürrisch greint der Wind im Anger
Und der Mond lauscht aus den Bäumen.

Balde rings die Sterne bleichen
Und ermattet von Beschwerde
Wächsern ihre Wangen bleichen.
Fäulnis wittert aus der Erde.

Traurig rauscht das Rohr im Tümpel
Und sie friert in sich gekauert.
Fern ein Hahn kräht. Übern Tümpel
Hart und grau der Morgen schauert.

4.
In der Schmiede dröhnt der Hammer
Und sie huscht am Tor vorüber.
Glührot schwingt der Knecht den Hammer
Und sie schaut wie tot hinüber.

Wie im Traum trifft sie ein Lachen;
Und sie taumelt in die Schmiede,
Scheu geduckt vor seinem Lachen,
Wie der Hammer hart und rüde.

Hell versprühn im Raum die Funken
Und mit hilfloser Geberde
Hascht sie nach den wilden Funken
Und sie stürzt betäubt zur Erde.

5.
Schmächtig hingestreckt im Bette
Wacht sie auf voll süßem Bangen
Und sie sieht ihr schmutzig Bette
Ganz von goldnem Licht verhangen.

Die Reseden dort am Fenster
Und den bläulich hellen Himmel.
Manchmal trägt der Wind ans Fenster
Einer Glocke zag Gebimmel.

Schatten gleiten übers Kissen,
Langsam schlägt die Mittagsstunde
Und sie atmet schwer im Kissen
Und ihr Mund gleicht einer Wunde.

6.
Abends schweben blutige Linnen,
Wolken über stummen Wäldern,
Die gehüllt in schwarze Linnen.
Spatzen lärmen auf den Feldern.

Und sie liegt ganz weiß im Dunkel.
Unterm Dach verhaucht ein Girren.
Wie ein Aas in Busch und Dunkel
Fliegen ihren Mund umschwirren.

Traumhaft klingt im braunen Weiler
Nach ein Klang von Tanz und Geigen,
Schwebt ihr Antlitz durch den Weiler,
Weht ihr Haar in kahlen Zweigen.

Ballade

Ein Narre schrieb drei Zeichen in Sand,
Eine bleiche Magd da vor ihm stand.
Laut sang, o sang das Meer.

Sie hielt einen Becher in der Hand,
Der schimmerte bis auf zum Rand,
Wie Blut so rot und schwer.

Kein Wort ward gesprochen – die Sonne schwand,
Da nahm der Narre aus ihrer Hand
Den Becher und trank ihn leer.

Da löschte sein Licht in ihrer Hand,
Der Wind verwehte drei Zeichen im Sand –
Laut sang, o sang das Meer.

Ballade

Es klagt ein Herz: Du findest sie nicht,
Ihre Heimat ist wohl weit von hier,
Und seltsam ist ihr Angesicht!
Es weint die Nacht an einer Tür!

Im Marmorsaal brennt Licht an Licht,
O dumpf, o dumpf! Es stirbt wer hier!
Es flüstert wo: O kommst du nicht?
Es weint die Nacht an einer Tür!

Ein Schluchzen noch: O säh' er das Licht!
Da ward es dunkel dort und hier –
Ein Schluchzen: Bruder, o betest du nicht?
Es weint die Nacht an einer Tür!

Melusine

Wovon bin ich nur aufgewacht?
Mein Kind, es fielen Blätter zur Nacht!

Wer flüstert so traurig als wie im Traum?
Mein Kind, der Frühling geht durch den Raum.

O sieh! Sein Gesicht wie tränenbleich!
Mein Kind, er blühte wohl allzu reich.

Wie brennt mein Mund! Warum weine ich?
Mein Kind, ich küsse mein Leben in dich!

Wer faßt mich so hart, wer beugt sich zu mir?
Mein Kind, ich halte die Hände dir.

Wo geh' ich nur hin? Ich träumte so schön!
Mein Kind, wir wollen in Himmel gehn.

Wie gut, wie gut! Wer lächelt so leis‹?›
Da wurden ihre Augen weiß –

Da löschten alle Lichter aus
Und tiefe Nacht durchwehte das Haus.

Ernst Blass
1890–1939

Der Nervenschwache

Mit einer Stirn, die Traum und Angst zerfraßen,
Mit einem Körper, der verzweifelt hängt
An einem Seile, das ein Teufel schwenkt,
– So läuft er durch die langen Großstadtstraßen.

Verschweinte Kerle, die die Straßen kehren,
Verkohlen ihn; schon gröhlt er arienhaft:
„Ja, ja – ja, ja! Die Leute haben Kraft!
Mir wird ja nie, ja nie ein Weib gebären

Mir je ein Kind!" Der Mond liegt wie ein Schleim
Auf ungeheuer nachtendem Velours.
Die Sterne zucken zart wie Embryos
An einer unsichtbaren Nabelschnur.

Die Dirnen züngeln im geschlossnen Munde,
Die Dirnen, die ihn welkend weich umwerben.
Ihn ängsten Darmverschlingung, Schmerzen, Sterben,
Zuhältermesser und die großen Hunde.

Erich Mühsam
1878–1934

Moses

Und Moses blickte ins Gelobte Land
und sah es süß von Milch und Honig triefen
und sehnte sich vom Berge in die Tiefen,
wo Israel, sein Volk, die Heimat fand.

Und Boten trugen Ähren her und Wein.
Kundschafter priesen Saaten, Land und Flüsse,
und Jubel gab's im Volk und Tanz und Küsse, –
und Moses sah's und durfte nicht hinein.

Da beugt er sich zu brünstigem Gebet
und sprach zu Gott: „Du hast mich hart getroffen.
Des Menschen Himmel ist allein sein Hoffen.
Doch wehe, wem ein günstiger Wind sich dreht!

Der du den Lebenden die Sehnsucht gabst,
nie wieder täusch den Schwärmer, der dir traute.
Den Trank, der sich aus Schaum und Träumen braute,
gieß ihn nicht aus, eh du den Durstigen labst.

Gott, hüt dich, daß der Mensch sich nicht empört!
Wo Funken glühen, schüre sie zu Flammen!
Wo Herzen lieben, führe sie zusammen!" –
Und Moses starb. – Gott hat ihn nicht erhört.

Kleiner Roman

Sie lernte Stenographin.
Er war Engros-Kommis.
Im Speisewagen traf ihn
ein Blick. Er liebte sie.

Auf einer Haltestelle
brach man die Reise ab,
woselbst er im Hotelle
sie als sein Weib ausgab.

Nicht viel, das man sich fragte.
Doch küßten sie genug.
Und als der Morgen tagte,
ging schon der nächste Zug.

Nach einer kurzen Stunde
fand ihre Fahrt den Schluß.
Er nahm von ihrem Munde
noch einen heißen Kuß.

Er sah sie schnupftuchwinkend
noch stehn zum letztenmal,
und in sein Auge blinkend
sich eine Träne stahl.

Er soll sie heut noch lieben.
Sie war so drall und jung.
Ihr ist ein Kind geblieben
und die Erinnerung.

Der Revoluzzer
Der deutschen Sozialdemokratie gewidmet

War einmal ein Revoluzzer,
im Zivilstand Lampenputzer;
ging im Revoluzzerschritt
mit den Revoluzzern mit.

Und er schrie: „Ich revolüzze!"
Und die Revoluzzermütze
schob er auf das linke Ohr,
kam sich höchst gefährlich vor.

Doch die Revoluzzer schritten
mitten in der Straßen Mitten,
wo er sonsten unverdrutzt
alle Gaslaternen putzt.

Sie vom Boden zu entfernen,
rupfte man die Gaslaternen
aus dem Straßenpflaster aus,
zwecks des Barrikadenbaus.

Aber unser Revoluzzer
schrie: „Ich bin der Lampenputzer
dieses guten Leuchtelichts.
Bitte, bitte, tut ihm nichts!

Wenn wir ihn' das Licht ausdrehen,
kann kein Bürger nichts mehr sehen.
Laßt die Lampen stehn, ich bitt! –
Denn sonst spiel ich nicht mehr mit!"

Doch die Revoluzzer lachten,
und die Gaslaternen krachten,
und der Lampenputzer schlich
fort und weinte bitterlich.

Dann ist er zu Haus geblieben
und hat dort ein Buch geschrieben:
nämlich, wie man revoluzzt
und dabei doch Lampen putzt.

Paul Zech
1881–1946

Die Ballade
von den Brückenbauern

Einst trieb sich noch ein weißer Schwan
im Sommer auf dem Fluß herum,
und die ihn sahen, kamen mit dem Kahn
von weit her, wo die Fische nicht so stumm

im Wurzelgrund der Algen stehn.
Wo auch der Mond noch nicht so rot,
wenn weiße Mädchen baden gehn,
mit seinem krummen Finger droht.

Die Männer aus dem schwarzen Kahn
stehn bis zum Halse nackt im Fluß
und machen mit dem weißen Schwan
und mit den Wasserrosen langsam Schluß.

Aus sieben Pfeilern wächst wie Rohr
der Brückenbau,
das stählerne Gerüst, empor,
und drüber hängt ein Himmel schmutzig-grau.

Sie haben wohl die Regenzeit
mit Schweiß von ihrer Haut gespült,
doch wenn es weiße Weihnacht schneit
und durch ihr Blut der Frost sich wühlt:

hilft auch der schönste Schnaps nicht mehr.
Die Hämmer holen lustlos aus
und möchten lieber grau und leer
zu Weib und Kind nach Haus.

Oft pfeifen sie ein munteres Stück
mit viel Gefühl sich vor
und kommen auf den Schwan zurück
und auf den roten Mond im Rohr.

Das Wasser nagt dabei mit Fleiß
die sieben Pfeiler an,
weil man vor lauter Eis
kaum auf den eigenen Beinen stehen kann.

Der Märzwind erst hat's an den Tag gebracht
und als sein Schrei durch heisere Kehlen trieb,
da ist der Bau auch schon zu Staub zerkracht
und was noch übrig blieb . . .

darüber fährt jetzt eine Eisenbahn
und hört manchmal im Weihnachtsschnein
die Männer aus dem schwarzen Kahn
nach ihren Eisenhämmern schrein.

Die Ballade
von den Kesselheizern

Sie lag vor dem herbstlichen Wald,
die Fabrik, schwarz wie ein Felsenriff.
Und der Wind fegte eiskalt
um die Mauern herum und pfiff.

Da tanzte in den Bäumen der Tod
mit einem roten betrunkenen Mond.
Aber die Männer aßen ruhig ihr Brot,
weil der Tod auch im Kesselhaus wohnt.

Aus den drei glutroten Löchern schlug
der giftige Atem wie Blut heraus,
und wer ihn länger als eine Nacht ertrug,
der sah wie ein Aussätziger aus.

Vor den Feuerlöchern die Drei
dachten in ihrem Schweiß:
daß es in der Welt überall so sei
für die armen Leute, rußig und heiß.

Oft wurde es einem nach Mitternacht
speiübel im Mund.
Und die anderen haben gedacht:
Jetzt will er sich drücken, der Hund!

Und sie bliesen ihm schnell
einen Marsch mit der Faust.
In seinem Kopf aber wurde es nie mehr hell,
wo die Räder donnern und der Treibriemen saust.

Da haben die Beiden allein
alle drei Öfen beschickt,
und der blutrote Schein
hat den Toten groß angeblickt.

Ein schönes Begräbnis bekam er wohl auch,
mit Trompeten und Feuerwehr.
Und aus dem Schornstein der schwarze Rauch
trug eine stolze Fahne vor ihm her.

Der Herbst hat ihn warm zugedeckt
mit dem roten, rostigen Laub.
Und bald sind auch die andern verreckt
zu Wurm und Staub.

... vor den Kesselfeuern da hockt der Tod
jede Nacht groß und rot wie ein Mond.
Und die Männer essen ruhig ihr Brot,
weil das Leben überall sich nicht lohnt.

Die Ballade
von den Glasbläsern

Den weißen Himmel schaukelte der Wind
wohl auf und ab im Fieberwahn.
Die kleinen Wagen oben flogen blind
ins Endlos auf der Drahtseilbahn.

Sie kamen aus den Ziegelhäusern her,
wo aus dem Schweiß ein grünes Glas gefror.
Da hat schon mancher Mann sein Leben leer
geschwitzt am langen Pusterohr.

Er wurde auch im Aschenloch nicht klug,
verkaufte Sohn und Enkelschar
um einen Wochenlohn: kaum groß genug
für einen Feiertag im Hungerjahr.

Er bleibt in Ewigkeit nur Wurm und Aas
und in den Öfen mästet sich das Schwein
Besitz und kaut die Speise nicht zum Spaß
für das Geziefer klein.

Das rote Feuerloch hält sie bei Nacht
und Tag für Tag mit nackten Leibern wach.
In ihrem Blut hat sich der Frost schon breit gemacht
mit einem Grind, der grün die Haut zerstach.

Sie haben nie ein Lied,
nur Fluch und Husten angestimmt,
und träumen, daß sie wohl in Reih und Glied
marschieren müssen, wenn's nicht bald ein Ende nimmt.

Die schwarzen Schlote rauchen noch und noch
und gläsern klirrt die Elendwelt
im Phosphordampf am Feuerloch
und stäubt zu Stein und Asche auf dem Schlackenfeld.

Wir haben in den Flaschenhals sehr tief
oft unser Maul gehängt
und wußten wohl, wer uns so schief
an schwarze Mauern drängt.

Wann wieder weißer Himmel sich im Wind
sehr hoch im Rauch von den Fabriken wiegt,
und unser Leib im Fluß zu Glas gerinnt:
wer weiß, ob's nicht an uns nur liegt,

daß armes Volk noch immer nicht marschiert.
Vielleicht sind wir nicht erst seit gestern Nacht
so hoffnungslos vertiert
und haben auch den Bruder Abel umgebracht.

Oskar Kanehl
1888–1929

Karriere
Ballade zu Arthur Zicklers Lebenslauf

Als Arthur gelb auf weiß noch in die Windeln schrieb,
da ahnte noch das Schicksal nichts von seiner Größe.
Durch Mutterhand schlug es ihn unsanft auf die Blöße.
Wenn er es gar zu bunt mit seinen Windeln trieb.

Doch das Unheil schreitet schnell. Der Ehrgeiz schwillt.
Und Arthur war zwar immer noch ein kleiner Kacker,
als Parvus ihn sich kauft als Laufbursche und Packer.
So ward sein erster Drang zur Höhenluft gestillt.

Mit Wohlbehagen pflegt der Meister seinen Schüler.
Als Hoffnungsknaben der Sozialdemokratie
bringt er ihn Stampfern ins Zentralorgan, und sieh:
gewaltig recken sich des flinken Käfers Fühler.

Frech schmiert er jetzt das weltberühmte Mordgedicht,
und schluckt nach dunkler Tat dafür den Judaslohn:
er übernimmt vom Blutvorwärts die Redaktion.
Seitdem vergißt ein Proletarier Zickler nicht.

Wie es nun weiterging, das war nur folgerichtig.
Er kam zu Stinnes, kam zu Lensch, zur DAZ.
Ein Hurenknecht, der fühlt sich wohl in jedem Bett;
für wessen Geld, zu wessen Dienst, ist gar nicht wichtig.

Und doch tritt er als „Arbeitervertreter" auf.
Zwar nicht vor Arbeitern: im Kreise edler Geister
bei Keyserlink und ähnlichem Gedankenkleister
vollendet sich dieses Verräters Lebenslauf.

Dort sah ihn jüngst ein richtiger Graf und sprach ihn an:
„Du mußt nach Rom, mein Sohn, hier hast du tausend Lire.
In Rom öffnet sich dir des Schicksals größte Türe.
Wir brauchen dich, wir zahlen dich, du, unser Mann."

Auf klassischer Erde kniet Karriere-Arthur nieder
und atmet jetzt Valuta- und Faschistenluft.
Bis ihn die Konjunktur auf seinen Posten ruft.
Dann kehrt er als Prophet des deutschen Mussolini wieder.

Rudolf Leonhard
1889–1953

Frauenballade

Von zweien die Frauen kamen auf der Flucht
am Lager vorbei auf der Chaussee,
Herz, Kopf und Füße taten ihnen weh,
sie suchten die Männer in Angst und Sucht.

Die beiden Männer rannten im Lager umher,
„unsre Frauen sind da, unsre Frauen sind da!",
die Frauen waren so weit wie nah,
den Männern wurde das Herze schwer.

Als die Frauen kamen zum zweiten Mal,
lag das ganze Lager längst auf der Wacht,
blitzschnell war allen die Nachricht gebracht,
„und eine führt's Kind auf dem Räderstahl!"

Die Männer standen geschnellt am Zaun,
und alle sahn auf sie und die Fraun,
und alle Augen waren verschwommen,
als wär jedes einzelnen Frau gekommen.

*

Drauf wurden die Posten auf der Straße verdoppelt
sie standen nun alle paar Meter
und beobachteten gestrafft, gekoppelt
alle Auf-der-Stelle-Treter
und spähten auf jedes Vorübergehn.

Erklärt wurde in verbalen Noten
und mit amtlichem Herzebluten,
diese Maßnahme sei human geboten:
es sei doch den Frauen nicht zuzumuten,
ihre Männer hinter Stacheldraht zu sehn.

Arbeitslosen-Ballade

Ein harter Bückling war das Abendbrot,
den kaum der Schnaps zum Magen gleiten machte;
ansonst genossen sie das Abendrot,
den Wind, den Schnee, der unter ihnen krachte.

Das Brot ist nicht mehr täglich, und es schmeckt
auch so. Nur die klägliche Not ist täglich –
Sie gingen durch die Vorstadt, stumm, bedreckt,
und trennten sich, und lächelten unsäglich.

Der erste bummelte durch viele Straßen
und blieb vor Kinos und vor Kneipen stehn.
Er fror, war einsam über alle Maßen,
und sah die Welt wie einen Traum vergehn.

Der zweite hob am Platze einen Stein
und warf – sagt, ist denn das nicht sehr verständlich? –
die Scheibe des Delikatessenladens ein.
Und sah: was ändert das am Leben, endlich?

Der dritte aber ging zu den Genossen.
Die waren hungrig, arm, zerlumpt wie er,
die waren, so wie er, feurig entschlossen.
Und sie berieten unverdrossen,
wie diese schlechte Welt schleunigst zu ändern wär.

Ballade von den Kindern

Sie haben, seit sie in der stinkenden Bucht
des Hofes standen, zu fliehen versucht
aus dem, was ihnen das Leben hieß.
Die Kindheit ist bekanntlich ein Paradies –
Ihrer Umwelt fehlte das Chlorophyll.
Sie spielten mit Bindfäden und mit Müll.
Nicht lange; frierend, mit flachem Magen,
gingen sie Zeitungen austragen.

Wenn sie froren und wenn sie hungerten,
sahn sie am Kino, vor dem sie lungerten,
auf den Plakaten eine Welt,
die gab es, und die war besser gestellt.

Sie standen am Rande von Feiern und Zügen;
sie ließen sich doch so gern belügen.
Sie hätten für irgendwelche Gewalten
so gern, so gern die Fahne gehalten.

Sie träumten, wenn sie mit Zeitungen flogen,
sie hofften, wenn sie die Eltern belogen.
Sie machten, was man sie machen ließ.
Die Kindheit ist ja ein Paradies.

Sie haben einmal die ganze Nacht
auf einem alten Friedhof verbracht;
sie haben keine Gespenster gesehn;
nichts ist erschienen und nichts geschehn.

Als sie taumelnd nach Hause kamen,
fanden sie – oh, ganz gewöhnliche Dramen:
Die Mutter, Waschfrau, hatte sich Brust und Schoß
verbrüht; und der Vater war arbeitslos.

Da wurde der Älteste plötzlich ein Mann:
Er zog die Geschwister nebenan
zum Kino, vor dem die Plakate hingen.
Und während die Kleinen zu weinen anfingen,

zerriß, zerschabte, zerschlug und zerhackte
er, schäumend und schreiend, wild und wilder,
alle die glatten glänzenden Bilder –
bis man trotz Bissen und Püffen ihn packte.

Er benahm sich noch weiter ungebührlich.
Das milde Jugendgericht verstieß
ihn in Zwangserziehung, natürlich.
Die Kindheit ist ja bekanntlich ein Paradies.

Emigrantenballade

Das Kind ist schlafen gegangen.
Der Mann ist noch nicht von der Arbeit zurück.
Die Gestapo, geglücktes Stück, hat wo auf der Straße
die Mutter gefangen.

Weil ihre Mutter eine Jüdin war.
Sie fing zu schrein an und hat sich zu wehren versucht.
Die drehten ihr, verflucht, die Handgelenke ein.
Sie weinte wild in ihr über die dicken Brauen niedergerauftes Haar.

Der Vater hat kein Feuer in der Wohnung gefunden.
Das Bett war nicht angerührt und der Tisch war leer.
Er hat lange in der Asche gestochert. Er ging
die Frau zu suchen, nach wirr verwarteten Stunden.

Er hat zuletzt im Polizeibüro Krach gemacht.
Einige Beamte haben hilflos mürrisch mit den Achseln gezuckt
und dann geschrien. Er hat nach ihnen gespuckt. Sie haben ihn niedergeworfen.
Er verschwand im Gefängnis, in eine lange stickige Nacht.

Als das Kind am glitzernden Morgen erwacht war,
waren die Fenster und war die Tür verschlossen.
Alle Teller waren schmutzig, alle Töpfe ausgegossen, und da war gar nichts mehr.
Das Kind weinte sehr, hungerte, schlief wieder, weinte, hungerte immer, bis wieder Nacht war.

Das Kind ist in einem armseligen Heime gelähmt und kindisch geblieben.
Der Mann hat wohl rächen und kämpfen wollen
und ist seit anderthalb Jahren verschollen.

Die Frau hat überhaupt nie geschrieben.

Das Zimmer verkommt und vermistet. Die Fenster sind blind, die Tür ist verquollen.
Die Familie war, von Land zu Land
fliehend, aus Deutschland gekommen.
Von allen andern Angehörigen ist nichts bekannt.

Franz Theodor Csokor
1885–1969

Kain
(Erstes Buch Mosis, Kapitel 4, 8–17)

Und Kain frug Abel: „Wie teilst du uns ein?"
und nahm in die Rechte den Stein.
Und Abel sprach: „Adams Herden sind mein,
und die Frucht seiner Erde sei dein."
Und Kain wog den Stein: „Das, mein Brüderlein,
sprießt als Erdfrucht in diesem Land.
Wie soll Weizen gedeihen und Obst und Wein
aus geröstetem Wüstensand?"
Aufblickte Abel: „Durch Gottes Hand!"
Und Kain hob die Faust mit dem Stein
und schlug drein.

Und er raffte die Herden und zählte sie ab
und sagte: „Es ist vollbracht!"
Und die Nacht kam wie jede andere Nacht,
und er scharrte dem Toten ein Grab.
Aber im Morgenrot grollte Jehova vor Kain:
„Wo ist Abel, dein Brüderlein?"
Und Kain sah ihn an: „Seine Herden sind mein!"
Und Jehova wies auf den blutigen Stein,
und Er stieß dem Kain die Stirne ins Blut,
und das Blut fraß als Zeichen sich ein,
Und Kain schwang den Stein nach Jehova voll Wut,
doch da brannte vor ihm nur ein purpurner Schein,
und nun fiel die Angst über Kain.

Und der Schrecken des Herrn traf Kain mit dem Stein
und hetzte ihn querfeldein,
und die Menschen kreischten: „Die Stirne des Kain!"
und sein Zeichen fror ihnen durch Mark und durch Bein,
und er blieb mit den Herden allein.
Und er schaute im Wasser sein schwärendes Mal
und er maß es genau und verbiß seine Qual
und formte es nach in dem glühenden Stein,
und die Herden trieb er vor sich, Stück um Stück,
und sengte sein Mal ihnen ein
und zog dann mit ihnen furchtlos zurück.
Und jetzt fiel das Glück
über Kain.

Denn die Leute starrten: „Wer lieh ihm die Macht?
Was sein, ist mit Zeichen gebrannt!"
Und Ehrfurcht hat Abscheu und Lästern gebannt,
und Kain dingte Männer und trieb sie zur Schlacht,
und die zwangen ihm Völker und stempelten sie
als Beute für ihn wie sein Vieh,

und er wusch sich in Mord und ihn kränzte der Brand,
bis alle ihm fronten von nahe und fern,
und Knechte bestellten ihm Äcker und Land,
und die Herden hieß er opfern durch sie
zum Lobe Jehova des Herrn!

Barrabas
(Ev. Joh. 18, 40)

Landpfleger, wir können den Mann nicht ertragen,
der uns verlangt wie er ist!
Jenen anderen brauchen wir, – mag er uns plagen, –
Mist bleibt er von unserem Mist!
Landpfleger, hör unseren Schrei:
Gib uns den Barrabas frei!

Sträubst du dich Schuld an dem Sanften zu finden,
weil er uns immer verzeiht?
Uns soll man nicht durch Barmherzigkeit binden.
Wer mit uns sündigt, befreit!
Was stellst du uns zwischen die Zwei?
Gib uns den Barrabas frei!

Den Fetten! Den Starken! Den Schönen!
Der dient nicht bei Knechten als Knecht.
Der will nicht mit Demut versöhnen.
Wo der begehrt, ist sein Recht.
Wie er es holt, – einerlei:
Gib uns den Barrabas frei!

Bangt dir vorm Blut eines Schwachen?
Über uns komme sein Blut!
Leben heißt Rauben und Lachen
so wie es Barrabas tut.
Was er verbrach, ging vorbei.
Gib uns den Barrabas frei!

Sei der dem Kreuze verfallen,
der für uns betet und wacht! –
oder du fällst mit uns allen,
denn auch dein Reich war die Macht!
Landpfleger, brich dich nicht selbst jetzt entzwei,
Landpfleger, gib deinen Bruder uns frei!

Gerrit Engelke
1890–1918

Wirbal (Mit dem Blutspeer)

Von Bläue und Wolkenschatten durchdunkelt,
Von flirrenden Sternen durchfunkelt,
Schwelt sausend und sacht
Die Weltraum-Nacht –

Da kommt über Wolkenwogen
Ein flimmerndes Singen geflogen,
Tropft und tropft Klang um Klang
Ein Sphärengesang
In die Nacht –

„O du und wir – du und wir –
Du bist in der Nacht und bist doch nicht hier –
O Wirbal, du Gottheld der Liebe,
Du Allüberrager,
Wo glänzt dein Auge, wo ist dein Lager?
Wir dürsten nach dir,
Kämpfer und Wager,
Und nach Liebe –"

Da schweben wie mit nächtlichen Schwingen
Die suchenden Frauen aus düsterer Ferne
In den Sprühlichtregen der Sterne –
Da gleitet im Leuchten der leuchtende Chor –
Nun wieder ein Singen,
Einer Stimme Singen:
„O Wirbal, du, den ich erkor,
Den ich am Anfang besaß –
Und wieder verlor, wie müd ist mein Tanz,
Wie leer meine Nacht,
Kein Glutblick, der mir lacht,
Kein Arm, der mein Blühen entfacht,
Nicht du, allgroßer Glanz –
O sternlichtbetauter,
Nachtlockenumblauter
Glanzgott
Komm!"

Die Klage verirrt – – –
Ein Sprühkomet schwirrt
Hochoben – – –

Sieh! da kommt ein Feuer!
Hör, da kommt ein Fauchen!

Da kommt ein Neuer!
Seinem Reitroß rauchen
Die Nüstern –
Wirbal!
Wirbal!

Die Jungfrauen flüstern –
Da beginnt in glutschwerem Baß
Der riesige Reiter zu singen:
„Du Eine, die du riefst,
Die du sangst und nicht schliefst,
Ich bin der übernächtige
Liebesmächtige,
Den du suchst.
Komm, du Tanzschmächtige,
Von Sehnsucht verstört,
Dein Lied ist erhört,
Erlösung wird dein."

Singt wieder die Eine allein:
„O Wirbal, Wirbal ich kann nicht mehr singen,
Mein Herz will springen, –
Mein Herz will ich dir bringen – –
Dein Speer glüht so rot –"
„Du bist liebesstark, sei bereit,
Daß ich dich löse aus Sphärenzeit
In Äonenseligkeit!
Ich bin der Liebestod!"

Da wankt die Eine und haucht: „ich will" –
Dann lachte sie selig und war ganz still – –

Da stieß er ihr den Stahl ins Herz,
Sie hat nicht geschrieen vor Schmerz –
Erlöst war ihr Herz – –
Der Speer tropfte blutrot – –

Der Blutspeer hat das Herz durchschnitten –
    In der Nacht –
Der Chor ist tot tiefab geglitten
    In die Nacht –
Der Riese ist finster zurückgeritten
    In die Nacht – in die Nacht.

Legende

Drei Knaben sangen im Wiesengrund,
Der Tag war so fröhlich,
Das Land war so bunt,
Sie sangen, sie sangen im Wiesengrund.

Sie sangen, sie gingen zum Walde hin –
Es fraß sie der Wald,
Sie blieben darin.
Ihr Liedlein verhallt – –
Sie sangen, sie gingen zum Walde hin.

Drei Knaben singen im Himmelsrund,
Wie Glöcklein klingt helle ihr Mund.
Sie singen noch immer die selbigen Wort',
Sie singen noch immer so kindlich fort
Das fröhliche Lied aus dem Wiesengrund.

Franz Werfel
1890–1945

Jesus und der Äser-Weg

Und als wir gingen von dem toten Hund,
Von dessen Zähnen mild der Herr gesprochen,
Entführte er uns diesem Meeres-Sund
Den Berg empor, auf dem wir keuchend krochen.

Und wie der Herr zuerst den Gipfel trat,
Und wir schon standen auf den letzten Sprossen,
Verwies er uns zu Füßen Pfad an Pfad,
Und Wege, die im Sturm zur Fläche schossen.

Doch einer war, den jeder sanft erfand,
Und leiser jeder sah zu Tale fließen.
Und wie der Heiland süß sich umgewandt,
Da riefen wir und schrieen: Wähle diesen!

Er neigte nur das Haupt und ging voran,
Indes wir uns verzückten, daß wir lebten,
Von Luft berührt, die Grün in Grün zerrann,
Von Öl und Mandel, die vorüberschwebten.

Doch plötzlich bäumte sich vor unserem Lauf
Zerfreßne Mauer und ein Tor inmitten.
Der Heiland stieß die dunkle Pforte auf,
Und wartete bis wir hindurchgeschritten.

Und da geschah, was uns die Augen schloß,
Was uns wie Stämme auf die Stelle pflanzte,
Denn greulich vor uns, wildverschlungen floß
Ein Strom von Aas, auf dem die Sonne tanzte.

Verbissene Ratten schwammen im Gezücht
Von Schlangen, halb von Schärfe aufgefressen,
Verweste Reh' und Esel und ein Licht
Von Pest und Fliegen drüber unermessen.

Ein schweflig Stinken und so ohne Maß
Aufbrodelte aus den verruchten Lachen,
Daß wir uns beugten übers gelbe Gras
Und uns vor uferloser Angst erbrachen.

Der Heiland aber hob sich auf und schrie
Und schrie zum Himel, rasend ohne Ende:
„Mein Gott und Vater, höre mich und wende
Dies Grauen von mir und begnade die!

Ich nannt' mich Liebe und nun packt mich auch
Dies Würgen vor dem scheußlichsten Gesetze.
Ach, ich bin eitler als die kleinste Metze
Und schnöder bin ich als der letzte Gauch!

Mein Vater du, so du mein Vater bist,
Laß mich doch lieben dies verweste Wesen,
Laß mich im Aase dein Erbarmen lesen!
Ist das denn Liebe, wo noch Ekel ist?!"

Und siehe! Plötzlich brauste sein Gesicht
Von jenen Jagden, die wir alle kannten,
Und daß wir uns geblendet seitwärts wandten,
Verfing sich seinem Scheitel Licht um Licht!

Er neigte wild sich nieder und vergrub
Die Hände ins verderbliche Geziefer,
Und ach, von Rosen ein Geruch, ein tiefer,
Von seiner Weiße sich erhub.

Er aber füllte seine Haare aus
Mit kleinem Aas und kränzte sich mit Schleichen,
Aus seinem Gürtel hingen hundert Leichen,
Von seiner Schulter Ratt' und Fledermaus.

Und wie er so im dunkeln Tage stand,
Brachen die Berge auf und Löwen weinten
An seinem Knie, und die zum Flug vereinten
Wildgänse brausten nieder unverwandt.

Vier dunkle Sonnen tanzten lind;
Ein breiter Strahl war da, der nicht versiegte.
Der Himmel barst. – Und Gottes Taube wiegte
Begeistert sich im blauen Riesen-Wind.

Franz Werfel

Panther-Ballade

Als die greise Uhr die letzten Schläge keuchte,
Fühlt' ich nah von mir ein heimliches Geleuchte.

Auf zwei Stühlen, hingestreckt vor meinem Lager,
Lag ein Panther, atmend, flankenstark und hager.

Blaue Flamme Schrecks sprang kurz aus meinem Munde,
Doch kein Blitz fuhr auf in seinem Spiegelgrunde.

Nur die Haare bebten leicht an seinen Ohren,
Daß ich wisse: Rührst du dich, bist du verloren.

Um das Tier zu beugen meinem Willen
Warf ich hart den Blick ihm wider die Pupillen.

Aber seinen Blick vermocht' ich nicht zu fassen,
Nur das eigne Aug begann blau schon zu blassen.

Auf des Tieres Iris hellumzirkten Zonen
Funkten und erloschen träge Elektronen.

Leicht im Atem-Takt ein Schwinden und ein Schwellen
Kam und ging von grünorangenen Ätherwellen.

Und aus Flut und Ebbe dieser klaren Feuer
Trat der Kosmen Gleichmut, kalt und ungeheuer.

Letzter Kampf! Mein Mensch-Sein wurde kleiner,
Und sein Tier-Sein mächtiger und reiner,

Bis der angestarrte Mann, der regungslose,
Unterging in großer Tier-Hypnose.

Doch die Katze harrte nur, zu siegen.
Nun ich Aas war, ließ sie links mich liegen,

Sprang hinab und mit gestreckten Lenden
Strich sie lang und lautlos an den Zimmerwänden.

Ich, anheimgegeben tief dem Tiere,
Sprang ihm federnd nach auf alle Viere,

Folgte seinem schwingenden gelaßnen Wallen,
Leicht und listig setzend meine eignen Ballen.

Meine Pranken prüften, Augen wuchsen schiefer,
Leib war Weiche, Sohle nur und Kiefer.

So wie wir im Sternlicht um die Stube fuhren
Stiegen auf die untersten Naturen,

Und der vor mir schweift, der Feind, der Panther
War mir Meister nun und Anverwandter.

Da, wie ohne Last, seitab von unserm Hasten,
Setzt er langen Schwungs auf einen Kleiderkasten.

Ich auch throne schon, ein düstrer Tier-Gedanke,
Panthers Spiegelbild auf einem Gegenschranke.

Und wir starren, schön und urgestaltig
Aug in Aug uns, herrliche Heraldik.

Zwischen unsern Felsen aus dem Dschungelmoore
Schießen Riesenfarren und die Bambusrohre.

Ballade von der Krankheit

Nicht jeden packt mit jähem Ruck
Der Tod und läßt ihn achtlos sinken.
Den meisten gibt er Gift zu trinken
Durch Jahr und Tage, Schluck um Schluck.
Die Krankheit schlüpft in Nonnentracht
Ins Zimmer, das du zugemacht.

Sie schlurft auf Filz. Sie nickt dir zu.
Sie öffnet ihre Siebensachen.
Sie eilt, ein Doppelbett zu machen.
Denn du bist sie und sie ist du.
So fest verknüpft, so eng verschnürt
Hat noch kein Paar die Eh' geführt.

Seit jenem Morgen, da sie kam,
Läßt keinen sie an deine Seiten.
Selbst Weib und Kind sehn wie vom Weiten
Entsetzt dich an in deinem Gram.
Und wenn du klagst, die Wunden zeigst,
Dann winkt sie rauh dir ab; du schweigst ...

Denn was dir fehlt, weiß sie allein.
Nur sie hört deine Ohrenbeichten:
Die tiefen Schmerzen und die seichten,
Die grabende, die flache Pein,
Davon hat sie Geheimbericht,
Nur sie und sonst kein Wesen nicht.

Und das ist wahr! Wenn du auch weißt,
Daß keine Ärzte mehr dich heilen,
Viel schlimmer ist: Nicht mitzuteilen
Vermagst du, was dich nachts zerreißt.
Sie nimmt dem Schmerz, der in dir leibt,
Das Wort vom Mund, das ihn beschreibt.

Doch eines Tag's, wenn du erwachst,
Da hat sie, scheint's, sich fortgeschoren.
Du aber dehnst dich, neugeboren,
Voll rosigem Mut. Du singst, du lachst ...
Trau ja nicht diesem Jubelschlag.
Die Krankheit hat nur Ausgangstag.

Kehrt sie dann heim im Dämmergrau
Frostklappernd unter deine Decke,
Bringt sie dein kurzes Glück zur Strecke,
Und heischt als strenge Ehefrau,
Daß du, dieweil du niederfährst,
Ausschließend dich für sie bewährst.

Ballade vom Winterfrost

Mrázek hieß der Winterfrost vorzeit
Und der Winterfrost war Aushilfsschneider,
Klein und lungenkrank und todgeweiht,
Und der ärmste aller Hungerleider.

Damals diente ich als Kanonier
In des Kaiser-Königs Großkaserne.
Zur Adventszeit täglich gegen Vier
Hustete sich Mrázek her von ferne.

Rasselnd keuchte er von Stock zu Stock
Durch die Gänge mit den Fenstererkern;
Denn er brachte Blus' und Waffenrock
Frischgebügelt den Herrn Feuerwerkern.

Niemals hörte ich ein Husten mehr
So voll Todeswunsch, voll Seelenklage,
De Profundis oder Miserer'
Im Kasernlärm dunkler Nachmittage.

Wie in dieses Hustens Sack genäht,
Kam er schlingernd wandentlang geschlichen ...
Einmal aber, nachts, nach der Retraite,
Sagte wer: „Der Mrázek ist verblichen."

Und in selbiger Nacht brach aus der Frost,
Dessen selbst die Ältesten nicht dachten.
Ätzend fraß er sich ins Zeug wie Rost,
Daß der Stein barst und die Eisen krachten.

In den Ställen tanzte Pferd bei Pferd,
Sanfte Krampen schlugen ihre Wärter.
Dampfend fiel der Mist als wie vom Herd
In das Stroh. Der Wind jedoch warf Schwerter.

Auf der Reitschul fror uns Nas' und Ohr,
Rotgeschwollen unsre Augen stierten.
Doch zum Ohr uns noch die Hand erfror,
Wenn wir mit Haubitzen exerzierten.

„Abgeprotzt!" „Sporn hoch!" Ich griff ins Rad
Dem Geschütz. Die Speichen waren Messer,
Als mich plötzlich das Gefühl antrat:
Weil es kalt ist, geht's dem Mrázek besser.

Und ich hatte Dienst in nächster Nacht,
„Korporal vom Tag", wie man es nannte.
In dem Mannschaftszimmer hielt ich Wacht.
Unter Null ging's tief. Kein Ofen brannte.

Achtundzwanzig schliefen in dem Raum.
(Strohsack, Kavalett und dünne Decken.)
Achtundzwanzig bäumten sich im Traum
Heimwehkrank. Wir froren zum Verrecken.

Vor mir auf dem Tisch blakt', fast verdorrt,
Eine Funsel über leeren Seiten.
Eine Sparte frug im Frührapport
Nach „Besonderen Vorfallenheiten."

Dieser Frage forscht' ich sinnend nach,
Die Virginier-Zigarre rauchend,
Während mir der Nord die Finger brach,
Der ans Fenster schlug, die Scheiben bauchend.

Gegen vier Uhr dieser Nacht geschah's,
(Was ich nicht vergaß im Schwall der Zeiten),
Als ich vor dem Frührapporte saß,
Starrend auf das Wort „Vorfallenheiten".

Ach, es war kein Schlich, kein Schlurfeschritt,
Nähernd draußen sich durch hohle Gänge,
Nein, des Hustens alter Hexenritt
Wand und krampfte sich durchs Schlaf-Gedränge.

Mrázek! Schreck und ein Erbarmen schlug
In mich ein, daß es mich ewig mahne,
Weil der arme Tote vor sich trug
Sein Gerassel als zerfetzte Fahne,

Weil der gütige Schleierdunst zerriß,
Hinter dem des Todes Wahrheit graute,
Weil ein Wissen wurde fast gewiß,
Das zu glauben ich mich nicht getraute...

Zitternd saß ich, bis der Winterfrost
Und sein Husten hallend sich verloren.
Ungemeldet blieb die Geisterpost...
Nie mehr hab ich bis ins Herz gefroren.

Eine Prager Ballade
(Geträumt im Zuge vom Staate Missouri nach dem Staate Texas)

Herr Wávra, alter Kutscher! Wie Ihre Rösser jagen!
Ein Stoß hat mich geweckt. So rüttelt dieser Wagen.
Es riecht nach Juchten und Pferd. Nichts als der Funkenschlag
Der Hufe in der Nacht. – Wohin sind wir verschlagen?

„Sein's ruhig, junger Herr, ich fahre Sie auf Prag."

In Ordnung! Prag! Die Straße müßt' ich kennen.
Sind wir in Sterbohol? Daß keine Lichter brennen.
So passen Sie doch auf! Wir zahlen sonst noch Straf',
Wenn im Verdunkelten wir jemand niederrennen...

„Ich fahre prima, junger Herr, in meinem Todesschlaf."

Herr Wávra, jetzt nach Haus! Die Eltern werden warten.
Sie legen Patience mit abgegriffnen Karten.
Nachhaus? Um Himmelswillen! Das Haus ist mir verwehrt.
Die Nazis lauern längst im Küchengarten...

„Sein's ruhig, junger Herr, da machen wir halt kehrt."

Herr Wávra! Feindesland! Fern hör ich schon Geheule.
Es dämmert durch den Schlitz. So peitschen Sie die Gäule!
Herrgott, was schwanken Sie auf Ihrem Bock umher?

„Sein's ruhig, junger Herr, via Königsaal und Eule
Fahr ich Sie stantepé übers Atlantische Meer."

René Schickele
1883–1940

Der Gottesfreund aus dem Oberland
Erste Anzeichen der Reformation

Das war der Gottesfreund aus dem Oberland,
kannte ihn einer?
der mit gespitzter Bauershand
tausend Fäden zusammenband,
so fein spann keiner
in Ratsstube oder Kirchenchor.
Das war der Gottesfreund aus dem Oberland,
der die stößigen Böcke schor.

Das war der Gottesfreund aus dem Oberland,
kannte ihn einer?
Hat allerhand Kirchenfunzeln zum Flammen gebracht
und aus dem Tauler gar eine Pfaffengeißel gemacht,
solche Fackel schwang keiner.
Man sah das Feuer an der Vogesen Rand,
das war der Gottesfreund aus dem Oberland,
den der Bischof suchte und nicht fand.

Das war der Gottesfreund aus dem Oberland,
kannte ihn einer?
Er blies übern Rhein den ersten Brand,
der lange wie Morgenröte am Himmel stand,
die Sonne sah keiner.
Doch als das Feuer eines Tags verloht,
sagten sie: der Gottesfreund aus dem Oberland
ist in Gott erloschen und tot.

Ivan Goll
1891–1950

Osterlied

Als Ostern wiederkam
Da wuchs im neuen Gras
Ein altes Gänseblümchen
Wie unschuldig war das

Da kam das blonde Lämmchen
Wie unschuldig war das
Und hatte solchen Hunger
Daß es das Blümchen fraß

Da kam der rote Schlächter
War ohne Schuld und Haß
Und schlachtete das Lämmchen
Weil er es doch besaß

Da kam der schwarze Ritter
Fragte nicht dies nicht das
Und schoß den Schlächter nieder
Da er Lammbraten aß

Da kam der weiße Winter
Bedeckte Schuld und Gras
Und Lamm und Schlächter und Ritter
Und Lied und wer weiß was

Ballade von einem Traum auf der Flucht

Über der Erde Wundmalen
Kreisten gekreuzigte Kathedralen,
Donnernde Dome und zwitschernde Kapellen,
Dunkler Glockenflügel schattende Wellen.
O so bröckelte das Gebirg eines Jahrtausends!
Wolke unsrer Flucht, trunkenes Himmelssausen,
Schwebend um unsere Schritte!
Jedes Wort gemurmelt war Gelübde und Bitte.
Aber Gott war gestürzt!
Die Blumennacht mit Phosphorduft gewürzt.
Steinerne Marien, zitternden Sohn an der Hand,
Wandelten unter uns unerkannt.
Von den großen Kirchen der Novemberstädte
Waren die Türme geflohn, beinerne Skelette.
Zeitlos starrten die Uhren,
Blickleere Eulen in Büschen blind.
Da wehten Orgeln wie Rauschen erwachender Fluren,
Da flügelten Glocken wie Vögel im Wind:
Orgeln und Glocken goldener Hoffnung schollen,
Schwebten wie Wolken hernieder und schwollen.
Blitze leuchteten dann und wann
Wie Befreiung neuer Friedenstag:
Plötzlich aber fiel in den kurzen Bann
Mordes Mörser Donnerschlag!

Ohneland zieht in den Krieg
Nach der Melodie:
Marlbrough s'en va-t-en guerre

Ohneland zieht in den Krieg
Dideldum dideldum bum bum
Ohneland zieht in den Krieg
Weiß nicht für wen warum
Weiß nicht für wen warum
Weiß nicht für wen warum

Macht an der Grenze halt
Dideldum dideldum bum bum
Doch sieht er nichts als Wald
Doch sieht er nichts als Wald
Doch sieht er nichts als Wald

Dort schläft er in den Rüben
Dideldum dideldum bum bum
Und unter Heu und Stroh
Wo ist der Feind geblieben?
Er sieht ihn nirgendwo

Er hat geglaubt noch gestern
Dideldum dideldum bum bum
Daß gut die Menschen wärn
Daß Brüder sich und Schwestern
Vom selben Brot ernährn

Doch die Minister sagen
Dideldum dideldum bum bum
Daß er nun gehen muß
Wenn auch die Eltern klagen
Und bis zum bittren Schluß

Frau Ohneland sie trauert
Dideldum dideldum bum bum
In Paris und aller Welt
Sie sitzt zu Haus und lauert
Bis daß sie Post erhält

Der Himmel voller Spatzen
Dideldum dideldum bum bum
Das Feld von Blumen rot
Die ersten Bomben platzen
Da fand Johann den Tod

Frau Ohneland! Wir melden
Dideldum dideldum bum bum
Ihr Gatte ist am Ziel
Es ward sein Land dem Helden
Was weinen Sie so viel?

Johann Ohneland trotzt dem Sturm

Johann Ohneland
Befährt nun das Meer
Er nimmt die Galeere
„Ohne Wiederkehr"

Ein Schiff das nichts weiter
Als abfahren kann
Nun treibt es dahin
Kommt nirgendwo an

Grün von Abschaum
Von Salz zernagt
So ist es der Ewigkeit
Nachgejagt

Das Meer in Aufruhr
Der Himmel in Brand
Nur er der Trunkne
Hält aufrecht stand

Johann spuckt ins Wasser
Und lacht wie ein Kind
Unter der Peitsche
Vom heiligen Wind

– „Bruder Gewitter
Sei Freund mir und gut
Sieh wie ich zittre
Vor deiner Wut

Dein Flügel hat große
Botschaft gebracht
Sei du das Orakel
Der guten Schlacht

Auf dieser Muschel
Voll Angst und Schmerz
Bauchrednermeer
Nun verschlinge mein Herz

Dreifach zum Teufel
Was ist denn an mir
Noch mehr zu verlieren
Als die Nase hier

Und diese Schnauze
Was liegt schon daran?
Laß mich verrecken
In deinem Orkan!"

Johann steht im Vorschiff
Die Fäuste verrenkt
Und schüttelt den Himmel
Der niedrig hängt

Da schweigt das Gewitter
Mit einem Schlag
Und ihm zu Häupten
Glänzt rosig der Tag

Da ist der Rebell
Johann Ohneland
Ins alte Elend
Zurückverbannt

Johann Ohneland singt die Ballade von allen Müttern

An jedem Fenster der Welt
Hinter dem schwarzen Laden
Ein schwarzes Mütterchen
Befragt den Engel des Abends

Befragt den Engel des Abends
Über den Soldatensohn
Ein Gebet ist gestammelt
Auf der Harfe ihres Herzens

Auf der Harfe ihres Herzens
Weint ein kleines
Stimmchen eines
Der sich fürchtet vor dem Wind

Der sich fürchtet vor dem Wind
Doch er hat den Ball geschwungen
Weiter noch als alle Jungen
Von Krefeld nach Korinth

Von Köln nach Krosnodar
Hat er die Bombe geschleudert
Überall wo in Häusern
Die schönsten Mädchen standen

Die schönsten Mädchen standen
Unter Mandeln in Zagreb
Unter Kastanien in Smolensk
Stehn überall nur Gräber

Stehn überall nur Gräber
Unterm Mohnfeld von Chungking
Überm Kohlschacht von Cardiff
Stehn überall nur Kreuze

Stehn überall nur Kreuze
In den Fenstern der Welt
Dahinter schwarze Mütterchen
Sich auf Wache gestellt

Sich auf Wache gestellt
Über den Matros zur See
Über den Soldat im Schnee
Dahinten in der Welt

Dahinten in der Welt
Wo in den schlaflosen Jahren
Die brennenden Züge fahren
Die niemals wiederkehrn

Die niemals wiederkehrn?
Doch einer hat heute gesagt:
„Der Krieg er wird vergehn."
Es kommt es kommt der Tag

Es kommt es kommt der Tag
Mein Vögelchen geschwind
Mein kleiner großer Gott
Du hast es mir gelobt
Wenn der Apfel blüht im Hof:
O mein Herz schlägt sich zu Tod!

Joachim Ringelnatz
1883–1934

Auf hohem Gerüste

Auf hohem Gerüst am Turme
Da steht ein Mann allein
Und zwingt im tobenden Sturme
Mit ehernem Werkzeug den Stein.

Er schwingt den kalten Hammer
Und stöhnt dazwischen rauh –
Zu Hause in dumpfiger Kammer
Liegt eine kranke Frau.

Viel Jahre sind verronnen.
Er hat mit Fleiß geschafft
Und hat doch nichts gewonnen,
Verloren Mut und Kraft.

Auch jetzt im Sturmestoben
Er seines Unglücks denkt,
Als hoch vom Dach er oben
Den Blick zur Erde lenkt.

Ja, springst du jetzt hinunter,
Dann bist du sicher tot.
Und liegst du unten zerschmettert,
Dann fühlst du nicht mehr die Not.

Wie oft in schwindelnder Höhe
Stand so er ganz verzagt,
In bitterer Verzweiflung
Hat er sich stets gesagt:

Ja, springst du jetzt hinunter,
Dann bist du sicher tot.
Doch liegst du unten zerschmettert –
Hat Weib und Kind kein Brot.

Ein männlicher Briefmark erlebte
Was Schönes, bevor er klebte.
Er war von einer Prinzessin beleckt.
Da war die Liebe in ihm erweckt.

Er wollte sie wiederküssen,
Da hat er verreisen müssen.
So liebte er sie vergebens.
Das ist Tragik des Lebens!

Das Turngedicht am Pferd
(Schon den Römern bekannt)

Es lebte an der Mündung der Dobrudscha
Ein Roll- und Bier- und Leichenwagenkutscher.
Der riß lebendigem Getier – o Graus! –
Mit kaltem Blut die Pferdeschwänze aus.
   Hopla!

Jedoch verscherzte er mit solchen Streichen
Sich den Verkehr mit Roll und Bier und Leichen
Und frönte nun dem Trunk, auch nebenbei
Der Kunst, speziell der Pferdeschlächterei.
   Hopla!

Man traf ihn manchmal unter Viadukten
Mit Pferdeköpfen, die noch lebhaft zuckten,
Und fragte man dann nach dem Preis pro Pfund,
Dann brüllte er und hatte Schaum vorm Mund:
   „Hopla!"

Doch abermals aus dem Beruf gestoßen,
Ergab er sich dem Schicksal aller Großen
Und wurde – solches traf sich eben gut –
Pedell an einem Turninstitut.
   Hopla!

Schon im Begriff, sein Leben umzuwandeln,
Besoff er sich und stürzte über Hanteln.
Er wußte selber nicht, wie weit, wie tief;
Jedoch er fragte gar nicht, sondern schlief.
   ... la ...

Punkt Mitternacht bemerkte der Betäubte,
Daß sich sein Haar mit leisem Knirschen sträubte.
Er wachte auf und sah im bleichen Glanz
Ein Pferd, ein Pferd, ganz ohne Haupt und Schwanz.
   ...pla!

Nun reckte sich das abenteuerliche
Gespenst und wuchs ins Ungeheuerliche.
Drei Meter mochte es gewachsen sein,
Da hielt es inne, schnappte plötzlich ein.
   Hopla!

Und nun, wohl in Ermangelung von Äpfeln,
Begann es Sägemehl aus sich zu tröpfeln.
„Mensch", rief es, „der du Tiere quälen kannst,
Auf! Springe über meinen Lederwanst.
   Hopla!"

Er sprang bereits, wie ihn die Formel bannte,
Er sprang und fiel, erhob sich wieder, rannte
Und sprang und rannte, sprang und sprang und sprang,
Wohl stunden-, tage-, wochen-, jahrelang.
   Hopla! Hopla! Hopla! Hopla!

Bis plötzlich unter ihm das Pferd zerkrachte.
Da brach er auch zusammen, und erwachte.
Indem er schwur, nie wieder nachts zu picheln,
Bemerkte er, gereizt durch fremdes Sticheln,
Daß ihn, der doch sich täglich glatt rasierte,
Ein langer Zwickelbart aus Roßhaar zierte.
   Ho!

Die Weihnachtsfeier des Seemanns Kuttel Daddeldu

Die Springburn hatte festgemacht
Am Petersenkai.
Kuttel Daddeldu jumpte an Land,
Durch den Freihafen und die stille heilige Nacht
Und an dem Zollwächter vorbei.
Er schwenkte einen Bananensack in der Hand.
Damit wollte er dem Zollmann den Schädel spalten.
Wenn er es wagte, ihn anzuhalten.
Da flohen die zwei voreinander mit drohenden Reden.
Aber auf einmal trafen sich wieder beide im König von Schweden.
Daddeldus Braut liebte die Männer vom Meere,
Denn sie stammte aus Bayern.
Und jetzt war sie bei einer Abortfrau in der Lehre,
Und bei ihr wollte Kuttel Daddeldu Weihnachten feiern.

Im König von Schweden war Kuttel bekannt als Krakeeler.
Deswegen begrüßte der Wirt ihn freundlich: „Hallo old sailer!"
Daddeldu liebte solch freie, herzhafte Reden,
Deswegen beschenkte er gleich den König von Schweden.
Er schenkte ihm Feigen und sechs Stück Kolibri
Und sagte: „Da nimm, du Affe!"
Daddeldu sagte nie „Sie".
Er hatte auch Wanzen und eine Masse
Chinesischer Tassen für seine Braut mitgebracht.

Aber nun sangen die Gäste „Stille Nacht, Heilige Nacht".
Und da schenkte er jedem Gast eine Tasse
Und behielt für die Braut nur noch drei.
Aber als er sich später mal darauf setzte,
Gingen auch diese versehentlich noch entzwei,
Ohne daß sich Daddeldu selber verletzte.

Und ein Mädchen nannte ihn Trunkenbold
Und schrie: er habe sie an die Beine geneckt.
Aber Daddeldu zahlte alles in englischen Pfund in Gold.
Und das Mädchen steckte ihm Christbaumkonfekt
Still in die Taschen und lächelte hold
Und goß noch Genever zu dem Gilka mit Rum in den Sekt
Daddeldu dacht an die wartende Braut.
Aber es hatte nicht sein gesollt,
Denn nun sangen sie wieder so schön und so laut.
Und Daddeldu hatte die Wanzen noch nicht verzollt,
Deshalb zahlte er alles in englischen Pfund in Gold.

Und das war alles wie Traum.
Plötzlich brannte der Weihnachtsbaum.
Plötzlich brannte das Sofa und die Tapete,
Kam eine Marmorplatte geschwirrt,
Rannte der große Spiegel gegen den kleinen Wirt.
Und die See ging hoch und der Wind wehte.
Daddeldu wankte mit einer blutigen Nase

(Nicht mit seiner eigenen) hinaus auf die Straße.
Und eine höhnische Stimme hinter ihm schrie:
„Sie Daddel Sie!"
Und links und rechts schwirrten die Kolibri.

Die Weihnachtskerzen im Pavillon an der Mattentwiete erloschen.
Die alte Abortfrau begab sich zur Ruh.
Draußen stand Daddeldu
Und suchte für alle Fälle nach einem Groschen.
Da trat aus der Tür seine Braut
Und weinte laut:
Warum er so spät aus Honolulu käme?
Ob er sich gar nicht mehr schäme?
Und klappte die Tür wieder zu.
An der Tür stand: „Für Damen".

Es dämmerte langsam. Die ersten Kunden kamen,
Und stolperten über den schlafenden Daddeldu.

Das Kartenspiel

Vier Männer zogen sich zurück,
Schlossen sich ein, und drei
Von ihnen versuchten ihr Glück,
Spielten Karten.
Draußen im Garten
Blühte der Mai.

Im schwülen Zimmer saßen die
Männer bei ihren Karten.
Ihre Weiber ließen sie
Draußen weinen und warten.

Und spielten Spiel um Spiel zu dritt,
Und jeder schwitzte.
Der vierte Mann sah zu, kibit –
Kibitzte.

Geld hin – Geld her – Geld her – Geld hin –
Verlust – Gewinn –
Nach Kartengemisch.
Es wurde gebucht,
Gereizt und geflucht.
Man schlug auf den Tisch.
Man witzelte seicht.
Hätte Pikdame statt Karozehn
Den Buben genommen,
Dann wäre vielleicht
Alles anders gekommen.

Und noch einmal und noch und noch,
Verbissen und besessen. –
Ein Lüftchen kam durchs Schlüsselloch,
Roch nach verbranntem Essen.

Der König fiel.
Das letzte Spiel,
Das allerletzte Spiel begann.
Und wieder stach die Karozehn.
Der vierte Mann,
Der nichts getan als zugesehn,
Gewann.

Vier gähnende Männer gingen
Hinaus ins Morgengraun.
Draußen hingen
Am Gartenzaun
Vier vertrocknete Fraun.

Letzter Ritt
Eine Sentimenze

Ein Mädchen ritt
Ihren Schimmel
Zum Schlachter
Im Schritt
Nach dem Städtchen.
Gott regnete
Und segnete
Das traurige Mädchen.

Da vergoß es
Eine Träne
In die Mähne
Des Rosses
Und ritt weiter hin.
Als der Schlachtersknecht,
Etwas angezecht,
Jener Reiterin
Guten Morgen bot,
War sie tot.

Ein Gewitter
Brach vom Himmel.
Und der Schimmel
Schmeckte bitter.

Morsche Fäden

Zu einem Trödler
Kam ein Greis mit einer sauern
Gurke,
Sprach: „Ich bin ein Gnadenbrötler
Bei einem Bauern.
Der ist ein Schurke.

Diese Gurke bringe ich aus Not.
Kleine Knöpfe möchte ich dafür.
Denn man kann sich nicht mit Gnadenbrot
Knöpfe kaufen für die Hosentür."

Und der Trödlersmann verschmähte
Nicht die Gurke noch des Greises Wort,
Denn der kam ihm sehr bedürftig vor,
Sondern bückte sich und nähte
Hundert goldne Knöpfe ihm sofort
Eigenhändig an das Hosentor.

Und der Greis sprach: „Danke" und verneigte
Sich und ging mit offnem Hosenlatz
Selig durch die Straßen, und er zeigte
Allen Menschen seinen goldnen Schatz.

Bis ihn schließlich ein gewisses
Schicksal in ein Irrenhaus berief,
Ob Erregung öffentlichen Ärgernisses.
Bis er Knöpfe schluckte und entschlief.

Hans Arp
1887–1966

Könige vor der Sintflut

Vor der Sintflut lebte in der Stadt Schuruppak
der große König Du-du.
Er hatte die kürzeste Regierungszeit, aber den
längsten Hunger.
Er regierte nur achtzehntausendsechshundert
Jahre, aber fraß unaufhörlich während dieser Zeit.
Er lebte in großer Harmonie mit seinem Volke.
Er liebte es, sein Volk zu fressen,
und sein Volk liebte es, von ihm gefressen zu
werden.
Täglich trat er vor das große Freßtor seines
Palastes
und rief mit vor Hunger zitternder Stimme:
„Auch heute wieder wird euch frohe Kunde zuteil.
Ich habe einen rasenden Hunger.
Roh, als Suppe oder gebraten werde ich euch
verschlingen!"
Das Volk war darüber außer Rand und Band.
Es umarmte sich und weinte vor Glück und rief:
„to-to-li-sa-bal to-to-li-sa-bal",
was so viel heißt wie: „hört, hört die
Jubelbotschaft."
Hin und wieder ließ sich der große König Du-du
eine Gabel mit lebendigen, behände zugreifenden
Menschenhänden,

einen großen Suppenlöffel, aus Weidenzweigen geflochten,
durch welchen die Suppe herzhaft flutscht und flatscht,
und ein Messer, groß wie eine Sense, reichen.
Meistens fraß er seine Lieben roh.
„Habt ein wenig Geduld.
Ich kann nicht alle auf einmal verschlingen.
Ich werde keinen vergessen."
Jeder wollte der Erste sein.
Keiner wollte warten.
Keiner konnte es erwarten, gefressen zu werden.
Alle drängten nach vorne,
um die Ehre zu haben, als Erster verschlungen zu sein.
Der große König Du-du wurde immer größer und dicker.
Sein Maul war groß wie ein Stadttor.
Und er fraß unaufhörlich weiter,
bis schließlich die letzten seines Volkes laut jubelnd
durch sein Maul in den Bauch geschritten waren.
Als niemand mehr zum fressen da war,
hielt er sein Lebenswerk für beendet,
trocknete ein, wurde morsch, zerbröckelte und
zerfiel zu Staub.

Wie ungeheuere Fliegen

Ein junger Mann in einem fleckigen Anzug
steigt in die Zirkusarena hinunter und versucht
die Füße eines unsichtbaren Mächtigen
zu umarmen und zu küssen.
  Unbarmherzig wird er aber von einer unsichtbaren Gewalt
  an seinen Beinen von hinten in die Höhe gehoben
    so daß er auf den Händen stehen und gehen muß.
  Das Publikum lacht lichterloh wie ungeheuere Fliegen.

Nun folgt das Auftreten der weltberühmten
zwölfköpfigen Artistenfamilie Hussein Zeikobel
in ihrem neuen Attraktionsprogramm
„Die zwölf Originalflammen und Originalharfen".
Sie flammen wie Flammen.
Sie harfen wie Harfen.
Sie sind Harfen und Flammen zugleich.
Die Jüngste der Artistenfamilie
die dreizehnjährige Angelika singt
nachdem sie geharft und geflammt hat:

„Nun wird nie mehr gestorben.
Schön strahlen die Sterne
und nie hat dies ein Ende.
Vorbei ist das finstere Sterben
für Riesen wie für Mäuschen fürchterlich."
Sie singt wie eine Nachtigall
wie eine Quelle
wie Flieder.
Das Publikum lacht lichterloh wie ungeheuere
Fliegen.

Nun folgt das Auftreten der Übermenschen aus
dem Atlas
in ihren unübertrefflichen Nackttänzen und
Nacktkämpfen
auf dem Trapez.
Was ist das Tun und Treiben der Menschen in der
Nacht
wenn sie auf elefantengroßen
seelischen Flöhen und Wanzen evoluieren
verglichen mit dem atemraubenden
Todesbouquet unserer Artisten.
Alle fünfundzwanzig
mit zweischneidigen Säbeln bewaffneten
Übermenschen
schießen gleichzeitig in die höchste Höhe der
Zirkuskuppel
und stürzen von dort flach auf den Arenaboden
nieder
wobei sie jedesmal unter Schwertergeklirr laut
zerplatzen.
Das Publikum lacht lichterloh wie ungeheuere
Fliegen.

Und wieder steigt der junge Mann
in einem fleckigen Anzug
in die Zirkusarena hinunter.
Diesmal stellt er
einen kleinen selbstangefertigten Galgen auf
und erhängt sich.
Das Publikum lacht lichterloh wie ungeheuere
Fliegen.

Hugo Ball
1886–1927
Legende

Vor einem hellen Marienbild
Spielte ein Bettler die Geige,
Die Vögel sangen im Herbstgefild,
Der Tag ging schon zur Neige.

Er spielte der Reben süße Last,
Die hingen ihm bis zur Stirne,
Er spielte den reifen Apfelast
Und der Berge schneeige Firne.

Er spielte der blauen Seen Licht,
Die leuchteten ihm aus den Augen.
Er sang zu der Geige und immer noch nicht
Wollte das Lied ihm taugen.

Da sang er den Mond und die Sterne dazu
Die konnte er alle verschenken
Und weinte des Waldes einsame Ruh,
Die tät seine Geige tränken.

Er spielte und sang und merkte kaum
Wie Maria sich leise bewegte
Und ihm beim Spiel ihrer Hände Schaum
Auf die wehenden Locken legte.

Er drehte beim Spiele sich hin und her,
Das tönende Holz unterm Kinne.
Er wollte, daß seine süße Mär
In alle vier Winde zerrinne.

Da stieg die Madonna vom Sockel herab
Und folgte ihm auf seine Wege.
Die gingen bergauf und gingen bergab
Durch Gestrüpp und Dornengehege.

Er spielte noch, als schon der Hahn gekräht
Und manche Saite zersprungen,
Auf Dreien spielt er die Trinität
Auf zweien die Engelszungen.

Zuletzt war es nur noch das heimliche Lied
Vom eingeborenen Sohne.
Maria deckte den Mantel auf ihn
Darin schläft er zum ewigen Lohne.

Kurt Schwitters
1887–1948

A. M.

Er fiel in einen Narrenstall.
Da rauscht ein zäher Wasserfall.
Da sank ein zäher Gummiball.
Er aß von seinem Widerhall.
Da gab er seinen zähen Knall.
Wer gab da seinen zähen Knall?
Der zähe Gummiwasserfall?
So endete der zähe Prall
Im allgemeinen Knall und Fall:
Von Arp und Merz in diesem Fall.
So springt ein zäher Wasserball.

Vergänglichkeit

Der Altrastheniker, vom alten Stil,
Der sich in alter Rasthenie gefiel,
Sah eines Tag's sich Neues vorbereiten,
Und er begriff nicht mehr den Sinn der Zeiten.

„Ja, wozu", sprach er, „habe ich gelebt,
Wenn neben mir das Neue sich erhebt,
Statt bei der alten Rasthenie zu bleiben?
Wie kann der Mensch so ins Verderben treiben?

Und sollt' es jemals etwas Neues geben,
Das sich erdreistete, sich zu erheben:
Ich bliebe stets dem alten Rasten treu;
Denn alt nie rasten bleibet ewig neu."

Da, plötzlich hört man von den Dächern klingen
Und in den Sprachen aller Rassen singen:
„Tod der Alt-Rose, Tod der Alt-Ralgie,
Tod altem Rasten, hoch Neurasthenie!"

Jedoch, noch eh' verblaßt der Neuheit Schimmer,
Ertönt ein andrer Ruf: „Neurasthenimmer!" –
Der Fortschritt schreitet fort im ew'gen Lauf –
Schritt fort, Fortschritt, der höret nimmer auf.

Der Zigarette Ende

Die Zigarette lag im Gras,
Zertreten und zu Tode wund
Der Wind war kalt, der Boden naß
Doch brennend heiß ihr roter Mund.

Ein Leuchtwurm kam herangeflogen
Und fühlte stark sich angezogen
Er dachte sich, ein schöner Stern
Wär' abgerutscht vom Himmelszelt

Zu loben unsern güt'gen Herrn
In dieser bösen Sündenwelt
Jedoch im letzten Todeskampfe
Verglühte sie im eig'nen Dampfe.

Da sagte er: „Dem Herrn zum Gruß,
Ich schätze schöne Dinge sehr
Nimm meinen heißen Glühwurm-Kuß",
Doch sie, sie setzte sich zur Wehr.

Und er verbrannte ohn' Erbarmen
In ihren heißen Liebesarmen.

Prinzessin Tyril

Verblichenes Silber
Vergüldenes Gold,
Ist keine Prinzessin
Wie Tyril so hold.

Der Weg ist so mühsam,
Die Last ist so schwer,
Der Wand'rer am Wege
Erträgt es nicht mehr.

Ihm sinken die Füße,
Das Herz wird ihm still,
Er neigt sich zum Berge,
Wie Tyril es will.

Da brechen die Schlüchte,
Der Wand'rer versinkt;
Bis unten, ganz unten
Das Glöcklein erklingt.

Es tönet ganz leise,
Und klinget so hold.
Wie blichenes Silber
Und güldenes Gold.

Da klopft in den Spalten,
Ein flüsternder Klang
Aus blankem Geschmeide,
So rein und so bang.

Es hämmert wie Eisen,
Und knistert wie Licht,
Bis unten, ganz unten
Die Glocke zerbricht.

Im silbernen Saale
Erwacht jeder Ton,
Da wankt die Prinzessin
Auf goldenem Thron.

In ehernen Farben
Unendlich und alt
Erwachen Kristalle
Als steinerner Wald.

Große Liebe

Es war die Nacht zum Lillebummer Schützenfest.
Er hielt das Mädchen fest an seine Brust gepreßt.
In seinen Augen standen süße Zähren,
Er war dabei, ihr ‚alles' zu erklären.
„Du bist das schönste Mädchen, das ich je geliebt",
Sprach Adolar, „weil es keine schönre gibt".
Fühlst du, wie unsre Seelen ineinander fließen
Und donnernd sich ins tiefe Meer des Glücks ergießen?"
Sie sagte nur das eine Wörtchen: „Ja!"
Weil sie das tiefe Meer des Glücks nicht sah,
Weil sie nicht fühlte, wie die Seelen flossen,
Sich brausend ineinander gossen.
Da sprach er: „Holdes Kind, fühlst du es nicht,
Wie jetzt mein Herz zu deinem Herzen spricht?
Wie meine Lippen sich auf deine neigen,
Um dir im Kuß das Paradies zu zeigen?"
Sie sagte nur das eine Wörtchen: „Nein".
Sie fühlte nicht des Kusses süßen Wein,
Weil Adolar, der sie jetzt küssen müßte,
Vor vielen tausend Worten sie nicht küßte.
Er preßte weiter sie mit Heldenmut
So fest, wie es nur große Liebe tut.

Die Nixe
Ballade

Es war einmal ein Mann, der gung
In eines Flusses Niederung.
Der Tanz der grünlich krausen Wellen
Tat seines Geistes Licht erhellen.

Am Ufer gluckste es so hohl,
Wohl einmol, zwomol, hundertmol;
Und auf des Flusses Busen brannte
Ein Glanz, den jener Mann nicht kannte.

Da dachte jener klug und schlicht:
„Ich weiß nicht, doch da stimmt was nicht!"
Und guckte ohne auszusetzen
Auf die verwunschnen Wellenfetzen.

Auf einmal gab es einen Ton,
Und aus dem Wasser hob sich schon
Mit infernalischem Geflimmer
Ein blondes, nacktes Frauenzimmer.

Die hatte hinten irgendwo
Den Schwanz, gewachsen am Popo;
Dagegen fehlten ihr die Beine
Das Mädchen hatte eben keine.

Sie steckte sich in ihr Gesicht
Ein Lächeln, das ins Herze sticht
Und stützte lockend ihre Hände
Auf ihres Schwanzes Silberlende.

Dem Mann am Ufer wurde schwach;
Er dachte: „Oh", und dachte: „Ach!"
Und ohne groß sich zu bedenken,
Wollt er ihr seine Liebe schenken.

Dem Mädchen in der Niederung
War seine Liebe nicht genung;
Sie winkte, statt sich zu erbarmen,
Dem Mann mit ihren beiden Armen.

Da bebberte der arme Mann,
Wie nur ein Starker bebbern kann;
Und senkte sich mit einem Sprung
Hinunter in die Niederung.

Da sitzt er nun und hat den Arm
Gebogen um der Nixe Charme;
Und wenn ein andrer kommt gegangen,
So wird er ebenso gefangen.

Richard Huelsenbeck
1892–1974

Dada – Gedicht II

Kaum hatten wir dem Mann die Hosen abgezogen,
stand er da, in Fülle und erstaunt über soviel
Begeisterung und er sagte errötend: „Wie können Sie?"
Und wir sagten, wer will der kann auch, und die
beste Tugend ist Tüchtigkeit, wenn man es richtig ansieht.
Und der Mann sagte, es sei gut und wir schüttelten uns
die Hände.

Dies war die Zeit, als der Glocken Singsang die Sünder
betörte, und sie traten aus dem Haus, die Brillen weg-
werfend, und sie warfen die Krücken fort, und als die
Krücken fort waren, warfen sie die Tücher fort, die
rosafarbenen und die fliederfarbenen Halskravatten,
und als die fliederfarbenen Halskravatten fort waren,
warfen sie sich selber fort und sich fortwerfend warfen
sie sich vorwärts. Und wir trafen sie auf dem Markt, wo
die Fahnen den Kaiser begrüßten.

Der Kaiser war ein junger Mann und er hatte die Welt
unter sich und er trug den Reichsapfel wie ein Bruch-
band als aufrechter Mann, der er war. Und er sagte, er
sei so aufrecht, wie es sich machen ließ und er hielt
den Reichsapfel hoch gegen das Volk bis zum Adamsapfel,
und das Volk warf ihm Äpfel zu, und alle freuten sich über
die Äpfel.

Und der Mann, dem wir die Hosen abgezogen hatten, stand
da und betrachtete sein Schicksal. „Es ist Schwefel in
der Luft" sagte er „und die Flüsse ringeln sich fort,
dem Horizont zu. Und die Häuser knistern in der Sonne und
Wind und die Menschen stehen zusammen wie Frösche im
Teich, und alles steht zusammen."

Und wir nahmen uns die Freiheit und wir sprachen zu ihm,
während die Jünger herumstanden und das allgemeine
Los der Menschheit beklagten. Und eine Frau zog Brötchen
aus ihrem Korb und sie sagte „Aha" Und wir alle sagten:
„Aha".

Dies war die Zeit, als die Jahre schwarz wurden und silbern
im Schein der Unendlichkeit und das rötliche Licht ver-
blaßte und der Gesang der Sterne war es nicht mehr.

Oskar Loerke
1884–1941

Das schlimme Märchenschloß

Auf seinem Thron schlief der Despot,
Der jede Regung Geist verbot,

Wo's nur auf seinen Wink geschah,
Daß ihm der Mond durchs Fenster sah,

Wo sich kein Kater unterfing,
Daß er aus Eignem mausen ging.

Wie kam ich zum gewölbten Gang?
Mein Herzschlag widerhallte bang.

Ein Gitter! Ein Papier! Ein Stift!
Im Schein der Nacht die Aufschrift: Gift!

Ein Scherge packt. „Hast du gedacht?"
Da hab ich den Kotau gemacht.

Und es entging ihm, wie ich log,
Als er mich rauh zum Felsen zog

Und in die schroffe Tiefe stieß –
Doch mein Verborgnes leben ließ.

Der Morgenvogel sang es schon.
Der Fürst fiel davon tot vom Thron.

Max Herrmann-Neisse
1886–1941

Weihnachtslied
(unter Benutzung von Kirchenchoral und Modecouplet)

„Stille Nacht, heilige Nacht" –
Haben Sie Dollars, tschechische Kronen?
In den Schaufenstern ballt sich die Pracht:
Würste, Schokladen, Liköre, Melonen,
Pelze, Juwelen, unendliche Fracht,
Nippes und Luxuskinkerlitzen,
alles schläft, einsam wacht
morgen damit unterm Christbaum zu sitzen
über den Kursen das traute Paar:
Staatskokotte und Kapitalist.
Wir sind die Stützen, wir feiern in bar
den Heiligen Christ!
Des laßt uns alle fröhlich sein
und mit den Hirten gehn hinein
ins Hotel zur Nachtigall
und zum weißen Rinde,
der Dollarstern steht überm Stall
und unsrer Sektpfropfen Geknall
gilt dem schönen Kinde.
(Jazzband:) Es ist ein weiter Weg
zum Christ der Armen,
der riecht nach Revolution,

mein Gott ist Privileg
und hält im Warmen
die Führer der Nation! (Echo: Hohn – Hohn – Hohn –)

Für uns wird alles,
wie's kommt, gereichen
zum Besten des Profits,
wir schreien: Dalles!
um über Leichen
zu setzen kühnen Ritts!

„Stille Nacht, heilige Nacht":
mein Zimmer ist eisig, ich hab keine Kohlen,
am Güterbahnhof hielten sie Wacht,
als ich mir den Abfall wollte holen,
ich hätte die Weihnachtsfreude gemacht
den Meinen mit einer warmen Stube,
nun schlafen wir morgen, wenn alles wacht,
im Kalten mein Weib und ich und mein Bube,
um vier Uhr wird's dunkel, teuer ist Gas,
aus der Beletage klingt der Choral,
uns orgelt im Bauche der Schwarzbrotfraß,
freut euch Christen allzumal!
Der Sammet und die Seiden dein
das ist grob Heu und Windelein
du zukünftiger Menschensohn
meiner Elendsklasse.
Vater kriegt den Hungerlohn
und der Geldwanst hockt zum Hohn
weiter an der Kasse.

(Abgesang, von Martin Luther:) „So merket nun die Zeichen recht,
die Krippen, Windelein so schlecht,
da findet ihr das Kind gelegt,
das alle Welt erhält und trägt."
(Fortsetzung:) Hört *nicht* auf solche Trostschalmein,
dann wird euch Weihnacht schöner sein,
der alle Welt trägt und erhält,
der Stand wird dann der Herr der Welt!

Ballade

In fremder Stadt, im Hospital,
ganz maskenhaft und fieberfahl
im leiddurchstöhnten Krankensaal
mein Schmerzensangesicht.
In fremder Stadt, im Ballokal,
ganz maskenhaft und fieberfahl
im lustdurchstöhnten Orgiensaal
dein Schmerzensangesicht.
Wie uns die gleiche Schwermut eint,
und Leid und Lust im Grunde weint,

was Trauer scheint, was Freude scheint,
sich in der Tiefe gleicht!
Es hängt am Kreuz der gleiche Christ,
ob du im Rausch leichtsinnig bist,
ob schwerfällig mein Schweigen ist
und jedem Witz entweicht.
Du opferst dich in Fest und Spiel,
und ob dein Mund der Welt gefiel,
sein Rot zu wenig war, zuviel:
es ist das gleiche Weh
wie meins, das einsam sich verliert
und dessen Schmerz kein Lächeln ziert
in meines Zimmers Angstgeviert,
wenn ich dich nicht mehr seh.
Du fährst wie ich, dem Tod geweiht,
in fremde Welt und fremde Zeit.
Der Weg zu dir ist ganz verschneit,
der Weg zu mir verweht.
Wo du bist, schmückt der warme Süd
das Boot mit Sonne, und es blüht
ein Paradies, und niemand müht
sich um ein Angstgebet.
Wo ich bin, ist der Tag so karg,
die Straße kalt, die Stadt ein Sarg,
und wie ein Friedhof liegt der Park
in stummer, grauer Not.
Ich hocke kalt auf einer Bank,
ich bin vor Gier nach dir todkrank;
was ich von deinen Lippen trank,
ist Trauer heut und Tod.
Und tot liegt dann im Hospital,
ganz maskenhaft und marmorfahl
im kalten, kalten Leichensaal
mein Schmerzensangesicht.
In fremder Stadt, im Ballokal,
wird maskenhaft und totenfahl
beim Schlag der Uhr mit einem Mal
dein Schmerzensangesicht.

Georg Kaiser
1878–1945

Ballade von Cäsars Ende

Rom hieß eine Stadt und alle Römer
hatten in den Adern heißes Blut.
Als sie Cäsar einst tyrannisch reizte,
kochte es sofort in Siedeglut.

Nicht die Warnung konnte Cäsarn hindern:
hüte vor des Märzen Iden dich.
Er verfolgte seine frechen Ziele
und sah schon als Herrn der Römer sich.

Immer schlimmer schlug ihn die Verblendung,
nur sein Wort galt noch im Capitol.
Und den weisen Rat der Senatoren
schmähte er gemein und höhnisch Kohl.

Da kam stolzes Römerblut ins Wallen.
Selbst der Freund bleibt keinem Cäsar treu,
wenn ihn dieser nur für seine Zwecke
kalt mißbraucht und sagt es ohne Scheu.

Heimlich trafen nachts sich die Verschwörer
und beredeten mit Eifer sich.
Und genau am Tag der Märzesiden
stach ihm Brutus den verdienten Stich.

Cäsar sank von seinem Sitz und stierte
seinen Mörder an, als ob's nicht wahr.
Et tu, Brute – rief er auf lateinisch,
wie es dort die Landessprache war.

Lasse keiner sich vom Wahn verführen,
daß er mehr als jeder andre gelt':
Cäsar wollte mit dem Schwert regieren
und ein Messer hat ihn selbst gefällt.

Der Enkel

Er läßt auf seinen Knien den Enkel hocken
und läßt ihn fragen nach dem großen Krieg –
und schildert mit eindringlichem Frohlocken
sei's Niederlage, sei's erfochtner Sieg.

Er spricht von Schlachten und von Feindestöten
und von der heißen Lust verschlagner List –
dem Enkel lauschend sich die Wangen röten,
sein Sinn die milde Gegenwart vergißt.

Von Überfällen ist jetzt das Erzählen
des Alten, der sich mehr und mehr erpicht,
vom Untergang in nächtigen Kanälen
und der Vergeltung, die sich säumte nicht.

Da trieb man alles, was im Dorf, zusammen,
den Greis – die Mutter mit dem Säugekind
und steckt' den Scheunenpferch in helle Flammen
und sorgt', daß keiner aus der Glut entrinnt.

Du konntest das? – Was? – Die im Pferch verbrennen.
Der Alte lacht: hätt' ich es nicht gemacht,
so könntest du nicht spielen springen rennen –
mich hätt' mein Ungehorsam umgebracht.

Da rutscht der Enkel von den Knien sachte,
stellt totenblaß sich vor den Alten dicht:
zuviel zu sagen, wie er ihn verachte
und sich – speit ihm nur mitten ins Gesicht.
[1944]

Max Mell
1882–1971

Ballade vom Sommer

Er kam in das blühende Land,
Wo Fruchtbaum an Fruchtbaum stand,
in die Quellen hielt er die Hand
und schloß ihren Ursprung mit glühend versiegelndem Brand.

Die Sonne auf sein Geheiß
schärft den unentfliehbaren Strahl,
und die endlose Straße stäubt weiß,
und die Felder seufzen gebräunt und strecken sich ganz übers Tal.

Den Schlauch der Winde, er band
seine duftenden Bänder auf,
und der Sturm ergriff das Gewand
der schlummernden Berge und wühlte es brünstiger auf.

Der Wolken fröhlicher Zug
ward schwer zusammengeschnürt,
es stöhnte der Berg, der sie trug,
eh sie stürzend den Boden verdunkelter Täler berührt.

Und wie kams, daß er sich besann?
denn er nahm das lauterste Gold
der Sonne weg, und es rann
in die Frucht, die wegspringt und nacktem Fuße hinrollt.

Unter Garben, mächtig gefügt,
liegt er still, bis die Sonne sinkt,
und schweigt und lächelt vergnügt,
wenn die Grille betäubend schreit und die Heuschrecke über ihn springt.

Und mit dem Wagen, der schwer
sich am Abend mit Garben belud,
geht er müd und stolpernd einher
und geht ihm durchs Scheunentor nach und schließt es hinter sich gut.

Georg Britting
1891–1964

Salome

Salome tanzte vor ihrem Herrn und Gebieter.
Sie trug ein kleines, schwarzes Mieder,
Das hielt ihre hüpfende Brust kaum.
In ihrem Nacken glänzte der Haare Flaum.

Herodes rief: Tanze, mein Kind, tanze schneller!
Er beugte sich weit zu der Tanzenden vor,
Es rauschte das Blut in seinem Ohr,
Er warf von goldenem Teller

Ihr Früchte und Blumen zu.
Sie drehte sich wie der Wirbelwind,
Es saß betäubt das Hofgesind,
Und tanzend verlor sie den Schuh.

Tanze, mein Kind, tanz ohne Schuh,
Tanz, liebliche Judenbraut,
Ich schenke dir wieder andere Schuh,
Schuhe aus Menschenhaut!

Salome tanzte. Der Wirbel riß
Den König mit. Er streckte die Zehen.
Er entblößte sein gelbes Gebiß
Und erhob sich und konnte kaum stehen

Und schwenkte die Arme und stellte das Bein
Und drehte den fetten Leib.
Die Juden schrien: König, halt ein,
Setze dich wieder, und bleib!

Herodes saß auf dem goldenen Thron
Und keuchte und schnaufte laut.
Salome tanzte lächelnd davon,
Sie tanzte schon unter der Türe,
Da rief sie: Vergiß nicht die Schnüre
Zu den Schuhen aus Menschenhaut!

Die Juden schwiegen beklommen
Und tranken ohne Genuß.
Zu wem wird das Messer kommen?
Sie krümmten erschrocken den Fuß.

Der bethlehemitische Kindermord

Die Soldaten des Herodes stiegen herab von den Bergen,
Sie trugen Schwerter vor sich her.
Viele schämten sich ihres Amtes, schalten sich selber Schergen.
Andre grinsten. Sie liebten die Arbeit sehr.

Die war nicht schwer.
Sie schlugen den Kindern die Köpfe ab. Mit einem Streich
Oft. Manchmal trafen sie nicht gleich,
Brauchten zwei und drei Hiebe und mehr.

Und sagten zur Mutter, wenn sie entsetzlich schrie:
„Na, was! Kannst wieder andre gebären!"
Und hörte das Weib nicht auf zu plärren:
„Schieb ab, du Vieh!

Was willst du? Er wills, Herodes, der Herr!"
Die Mütter fragten: „Wie sieht er aus?"
„Er wohnt in einem goldenen Haus,
Hat Augen aus Glas, einen Bart wie ein Bock,
Einen roten Rock und Hände von Ringen schwer."

„In unseren Tränen soll er ersaufen!
Sie solln ihm versalzen sein Brot!"
Sie konnten vor Lachen nicht schnaufen.
„Herodes, der Herr, nur Rebhühner frißt."
Sie warfen die Leichen mit Schwung auf den Mist
Und zogen in lärmenden Haufen
Weiter und schlugen die Kinder tot.

Er hatte Krüge voll Rotwein stehn,
Herodes, betrank sich und lag.
Einen Bart wie ein Bock, die Schenkel fett,
So lag er auf seinem seidenen Bett
Und schnarchte bis tief in den Tag.

Josef Weinheber
1892–1945

Ballade vom kleinen Mann

Wie jeden Tag durch die zwanzig Jahr,
die er dient in seinem Büro,
steht er auf, streicht mit den Fingern durchs Haar,
wärmt Kaffee sich auf dem Rechaud,

wäscht Händ und Gesicht, fährt rasch in den Rock,
(nur im Amt nicht unpünktlich sein!)
streicht sich sein Brot, nimmt Hut und Stock
und läßt sein Zimmer allein.

Um die Groschen für die Straßenbahn
krampft er wichtig die Hand,
eh er hält beim Tor einen Augenblick an,
um zu schaun nach dem Wetterstand,

geht ein wenig müd, denn er schläft nicht gut,
bis zur Straßenbahn die paar Schritt;
mit Gesichtern, ihm vertraut wie sein Hut,
fährt er verdrossen mit.

Vor dem Amtshaus zupft er an Kragen und Rock,
verhält sich, ein weniges nur,
und vor seinem Schreibtisch im dritten Stock
sitzt er punkt acht Uhr.

Er nimmt seine lausigen Akten vor,
schreibt »zufolge« und »auftragsgemäß«,
macht Pause punkt zehn, und die Feder am Ohr,
ißt er sein Brot indes.

Dann schreibt er wieder »indem« und »hieraus«,
bis Zeit ist zum Mittagstisch.
Die Gemeinschaftsküche ist gleich im Haus,
und es stinkt nach Rüben und Fisch –

Er würgt am Schreibtisch den Fraß wie ein Mann,
der zuhause Besseres hat.
Dann raucht er sich eine Pfeife an
und gibt der Verdauung statt.

Er leiht sich dazu eine Zeitung aus
vom nächsten Kollegen und liest,
daß eine Dame aus gräflichem Haus
eines Knaben genesen ist.

Dann schreibt er von neuem »mithin« und »anbei«,
ganz pflicht- und schweigenumweht,
und endlich ist es auch heute drei,
und er nimmt seinen Hut und geht.

Die Sonne scheint blank, also fährt er nicht
wie sonst auf der Straßenbahn.
Er schlendert langsam, mit stillem Gesicht,
sieht sich die Schaufenster an,

weicht ängstlich einem Betrunkenen aus
und staunt nur: Gibt es das auch?
Schaut ihm kopfschüttelnd nach, bis ans letzte Haus,
und spürt den Fuselhauch.

Er sieht den Mädchen scheu nach der Brust
und denkt: Ist nichts für mich.
Lang ist die Ehe und teuer die Lust
und spuckt und räuspert sich.

Jetzt kommt der Uhrmacherladen am Eck.
Hier verweilt er, wie manchen Tag.
Und verschlingt mit dem Blick »seinen« Ring, der am Fleck
liegt, wo er immer lag.

Er geht durch den Park, und die Lindenblüh
duftet süß und schwül.
Ein heller Tag aus der Kindheit früh
steht auf einmal vor seinem Gefühl.

Es zerstiebt gleich wieder. Er denkt der Schuld,
die noch beim Schneider steht,
wischt sich den Schweiß mit Ungeduld,
schiebt den Hut ins Genick und geht.

Zuhause empfangen die Wände ihn,
wie er sie morgens verließ.
Er muß die Kissen frisch überziehn,
lüften, und jenes und dies.

Der Staubwedel rührt mit leichtem Schwung
an die Lautensaiten; der Klang
weckt halb verwehte Erinnerung
an die Zeit, wo er jung war und sang.

Du mein Gott, die Jugendeseleien,
die waren gründlich vorbei ...
Schnell holt er Eier und Wurstzeug ein
und brät sich »Schinken mit Ei«.

Er ißt aus der Pfanne (wer sieht es denn!)
lang, schwelgend und ohne Gier
und putzt nachher das Geschirr wieder schön
mit vielem Zeitungspapier.

Dann streicht er sich mehrmals über den Bauch,
sein Leiblied kommt ihm zu Sinn:
»Ja, die alten Deutschen tranken ja auch –«
und er brummt es so halb vor sich hin,

zieht die Uhr und schaut eine Zeit an die Wand,
denn die Zeit läuft schrecklich leer,
wenn kein Ding und Tun die Minute bannt
und kein Mensch ist um einen her –

und räkelt sich und zählt zweimal sein Geld:
Der Stammtisch wartet schon.
Dort ist das Leben, dort ist die Welt,
dort verebbt der Tag und die Fron.

Er genießt seine üblichen drei Achtel Wein
wie ein Bürger: gehalten, adrett.
Und fällt mit einem Seufzer klein
punkt zehn in sein einsames Bett.

Auferstehung

Als Magdalena kam zur Gruft,
fand sie die Stelle leer.
Ein fremder Jüngling war und sprach:
„Du findest ihn nicht mehr."

Sie hatte keine Träne, nur
die Arme sanken ihr.
„Drei Tag, drei lange Nächte lang,
wie klagte ich nach dir.

Da ich dir einst die Füße wusch
mit meiner Tränen Quell,
drang wie ein Schwert dein Zauberblick
in meine wirre Seel.

Wie hab ich meinen Schoß verflucht
und meine Brüste braun,
da ich am Weg stand, hundertmal,
dir brennend nachzuschaun.

Wie hat dein mildes Manneswort
mir bitter wehgetan:
‚Wer ohne Sünde ist . . .' Mir war,
ich müßte sterben dran.

Nun bist du fort, ich werde nie,
nie wieder fröhlich sein.
Was rein an mir war, ganz zutiefst
mein tiefstes Herz war dein."

Da ging die Sonne strahlend auf
über Jerusalem.
Und mitten inne stand der Herr
im goldnen Diadem –

Sie hatte keine Träne, nur
die Augen schwanden ihr.
Und eine Stimme war und sprach,
ganz nah: „Ich bin bei dir."

Werner Bergengruen
1892–1964

Ballade vom Wind

Preist den Wind! Gott gab dem Winde
oberhalb der Erdenrinde
alles in sein Eigentum,
alle Meere, alle Länder,
gab ihm Masken und Gewänder:
Tramontana und Samum,
Zephyr, Blizzard, Föhn und Bora,
Mistral, Eurus und Monsun,
Hurrikan, Passat und Ora
und Tornado und Taifun.

Schuf ihn zum Herold und Herrn der Gezeiten,
ließ ihm Willkür und gab ihm Gesetze,
Sternenbilder heraufzugeleiten
und dem Gewitter den Weg zu bereiten,
wies ihm Rennbahn und Ruheplätze.

Wälderdurchbrauser und Steppendurchschweifer,
dunkler Bläser und heller Pfeifer,
hetzt er Schwalbe und Kormoran,
wühlt in den Mähnen der jagenden Rosse,
schleudert er Drachen, Schiffe, Geschosse,
Adler und Geier aus ihrer Bahn.

Kerzenverlöscher und Flammenschürer,
Nebelzerteiler und Wolkenführer,
schäumiger Wellen johlender Freier,
Trinker der Tränen, Zerreißer der Schleier,
rauchblau, schwärzlich und hagelweiß,
Tücherbauscher,
Seelenberauscher,
kindlicher Spieler und zorniger Greis.

Ungebändigt im Springen und Streunen,
reißt die Dächer er von den Scheunen
und von den Herzen die Schwermut los,
kühner Beflügler, ewiger Dränger,
mächtiger Löser und Kettensprenger,
Felsenrüttler und Wipfelbeuger,
großer Zerstörer und größerer Zeuger,
Flötenruf und Posaunenstoß,
reisiger Feger des Himmelshauses,
Abbild des pfingstlichen Geistgebrauses –
preiset den Wind! Der Wind ist groß.

Als der alte Ruhelose,
Segelmacher, Seebefahrer

früh am Sankt Josephitag
auf dem letzten Bette lag,
und die junge Krankenschwester
mit der weißen Flügelhaube
sich zu ihm herniederbeugte,
fuhr erschrocken sie zurück.
Von den bartumstarrten Lippen
sprang ihrs wie ein Stoß entgegen,
und der Haube weiße Flügel
flatterten wie Schneegewölk.
Wars ein Aufschrei, dem die Laute
nicht mehr sich gefügig zeigten?
Wars ein Seufzer, wars ein Hauch?
Schreie nicht noch Seufzer haben
solche Kraft und solche Wildheit.
Nein, die ruhelose Seele
schied sich ungestüm vom Leibe,
und die Schwester schlug ein Kreuz.
Schloß ihm mit geübten Händen
sanft die wasserblauen Augen,
öffnete den Fensterspalt.

Hui! Da schoß es durch das Zimmer
aus des Bettes Ecke her.
Bilder klirrten an den Wänden,
Glasgefäße auf dem Tisch.
Mit Gefauche und Gezisch
stieß es an die Spiegelscheibe,
trübte sie für Augenblicke.
Wie ein eingeflogner Vogel
prallte es von Wand zu Wand,
bis es blind das Fenster fand.

Draußen heulten die Gefährten,
Totengeister, Wirbelwinde,
Wolkenreiter, Wasserfurcher
ihrem endlich Heimgekehrten
tausendstimmig zum Empfang.
In den Telegraphendrähten
brauste wilder Märzgesang,
daß die Fahnen an den Stangen,
Hemden sich am Seile blähten,
vom Gesims die Regentraufen,
Schindeln von den Dächern sprangen.
Fetzen, Staub und Kehrichthaufen
wirbelten aus ihrer Ruh.
Und wie leichte Sommerfäden
bogen sich die Lindenäste.
Zweige brachen, Blitzableiter
rasselten und Fensterläden,
Türen schlugen krachend zu.

Die vertrauten Sturmgeschwister,
Wasserfurcher, Wolkenreiter,
Wirbelwinde, Totengeister
stoben weiter.
Und sie fauchten in Spiralen
um ergraute Kathedralen,
rannten auf den Orgelboden,
griffen, rasende Rhapsoden,
in die Pfeifen und Register,
jagten aus den Wolkenhöhen
immer wilder, immer gröber
weißlichgraue Regenböen,
Sonnenstrahlen, Schneegestöber,
Hagelschloßen vor sich her,
zausten Schiffe in den Häfen,
peitschten das geliebte Meer,
tobten um der Berge Schläfen,
stürzten sich auf Bruch und Forsten,
daß die schwarzen Tannenborsten
tief sich bogen, hoch sich sträubten.
Ohne Pause und Erlahmen
liefen sie durch Sumpf und Heiden,
durch das bleiche Gräserhaar,
griffen sie nach Nuß und Weiden,
daß zu schäumendem Besamen
herrlich Gold und Silber stäubten!

Und der alte Ruhelose,
Segelmacher und Matrose
jagte mit der Geisterschar
aller Gräberwelt zu Häupten,
dem Lebendigen zum Preise,
wie es vor dem Anfang war.

Also trieben sie die Reise,
trunken, als ein toller Schwall,
fuhren sie in Windgottsweise
jauchzend um den Erdenball.

Tarandone

I

Vor der Schönen Pforte von Cassano
war dereinst ein Gärtner angesessen,
heiter schaffend, fromm die Sitten ehrend,
treubeflissen jeglichem Gebotes.
Seltne Blumen zog er hinter Scheiben
jedem Cassaneser Fest zum Schmucke.
Unbegreiflich war des Gartens Segen!
Zarter Lauch und fleischige Salate,
Artischocken, kühlende Melonen
reiften eher vor der Schönen Pforte
als in allen Gärten von Cassano.
Seine Birnen, Weichseln und Marillen,
seine Feigen, seine Mandeln kamen
allen großen Herren auf die Tafel.
Waren kaum die roten Erdbeerbeete,
kaum die Kirschenbäume leer geworden,
rann der süße Saft in goldnen Bächen
von der Pfirsiche umflaumten Bällen.
Und im Hause wuchsen sieben Kinder,
sieben Kinder lachenden Gemütes,
schwarz von Augen, schwarz und kraus von Haaren.

II

Eines Vormittages im Gewächshaus
fühlte sich der Gärtner angerufen,
staunend, denn es ließ sich niemand blicken.
Eine lichte Stimme war es, dünner
als ein Kinderstimmchen, aber schriller
als der Pfiff entfernter Eisenbahnen.
»Gärtner, sage du dem Tarandone,
Tarandina habe sterben müssen!«
Dreimal klangen, während sich der Gärtner
angefremdet umsah, ob er träume,
dreimal klangen diese Klageworte.
Dann, von bittren Seufzern unterbrochen,
tiefbekümmert sprach die winzige Stimme:
„Jetzt, so sage du dem Tarandone,
ist nicht Zeit, an fremdem Glück zu fördern.
Zeit ist, eigner Trübsal zu gedenken.
Sage ihm, er müsse heimwärts eilen
zu den sieben unversorgten Waisen.
Nach der toten Mutter, nach dem Vater
weinen sie im Untererdenlande."

III

Da er mittags in die Stube kehrte,
sprach zur Frau der Gärtner: „Hat der schwüle
Pflanzenduft und Brodem im Gewächshaus
mir den Sinn befangen und verwildert?
Plötzlich wars, als hört ich eine Stimme

(eine lichte Stimme war es, dünner
als ein Kinderstimmchen, aber schriller
als der Pfiff entfernter Eisenbahnen):
,Gärtner, sage du dem Tarandone,
Tarandina habe sterben müssen.'
Dreimal rief –" Er wollte fortberichten
und verstummte jählings. Sie vernahmen
einen spitzen Aufschrei. Hinterm Herde
sprang hervor ein winziges Gesellchen,
spannengroß, altväterlich gekleidet.
Tränen, blank und klein wie Nadelköpfe,
hüpften zitternd über seine Wangen.
Und es sprach mit kummervoller Stimme
(dünner als ein Kinderstimmchen, schriller
als der Pfiff entfernter Eisenbahnen):
„Traurig, traurig bin ich um die Tote,
um die herzgeliebte Tarandina,
traurig um die sieben kleinen Waisen,
traurig aber auch um euch, ihr beiden,
und um eure sieben Gärtnerskinder,
traurig um die gute, treue Hausung,
traurig um die Wärme hinterm Herde,
traurig um die fetten, lieben Bissen,
traurig um die schimmernden Marillen,
die Limonenfrüchte, hold gebildet
wie die Brüstchen meiner Tarandina,
traurig um der Bäume heiligen Schatten
und der Gartenwinde linde Kühlung,
traurig um das gelbe Licht der Sonne,
traurig um des Mondes blasse Scheibe,
um die süßen Vögel in den Zweigen
und die stillen weißen Schmetterlinge.
Lebt denn, ihr Geliebten, wohl! Wir haben
redlich miteinander hausgehalten.
Kann euch nicht mehr hüten, Gärtnersleute,
nicht die sieben lieben, flinken Kinder.
Meine eignen Kinder muß ich hüten
fern im dunklen Untererdenlande,
in der öden, feuerlosen Heimat,
wo kein Morgentau im Lichte glitzert,
Zither nicht noch Mandoline laut wird,
wo kein Mund die Muttergottes anruft,
keine Hand sich hebt zum Kreuzeszeichen."
Hier erstickten Tränen seine Stimme,
und dann war der Kleine hingeschwunden.

IV
Vor der Schönen Pforte von Cassano
fraßen Raupen alle roten Beeren,
schrumpften Birnen, faulten die Melonen,
fielen taube Nüsse von den Zweigen,
fuhr der Hagel in die Blütenbeete,
schlug der Blitz zu Scherben das Gewächshaus,

stieß des Nachbars Stier die Frau zu Tode,
nahm die Kinder die geschwinde Seuche.
Endlich ging der Gärtner übers Weltmeer,
niemand in Cassano sah ihn wieder.
Wasserlos und wüst und voller Steine
ward der Garten vor der Schönen Pforte,
und sein Ort ist nicht mehr aufzufinden.

Die Hirten

Es roch so warm nach den Schafen,
Da sind sie eingeschlafen.
O Wunder was geschah:
Es ist eine Helle gekommen,
Ein Engel stand da.

Sie haben sein Wort vernommen,
War schwer zu verstehen.
Sie mußten nach Bethlehem gehen
Und sehen.

Sie haben vor der Krippen
Aus runden Augen geschaut.
Sie stießen sich stumm in die Rippen.
Einer hat sich gegraut,
Einer drückte sich gegen die Wand,

Einer schneuzte sich in die Hand
Und wischte sich über die Lippen.

Aber Iwan Akimitsch, der vorne stand,
Der den heimlichen Branntwein braut,
Iwan Akimitsch vom Wiesenrand,
Iwan Akimitsch hat sich endlich getraut,
Hat dreimal gespuckt,
Dreimal geschluckt,
Dann sagte er laut:
„Wir haben nicht immer gut getan.
Du liebes Kind,
Schau uns nur einmal freundlich an.
Geh, tu's geschwind."

Da war ihnen leicht, sie wußten nicht wie,
Da fielen sie alle in die Knie,

Da lachte das Kind und segnete sie.
Josef lächelte und Marie.

Hans Leip
1893–1983

Lied im Schutt

Und als ich über die Brücke kam,
Schutt, nichts als Schutt,
Als ich über die tote Brücke kam,
Da stand mein Vater und drohte mir,
Als wollt er sagen: Das dank ich dir!
Und suchte und suchte, was er nicht fand,
Und hob gegen mich die alte Hand,
Der ich im Wege stand.

Und als ich über die Straße kam,
Schutt, nichts als Schutt,
Als ich über die tote Straße kam,
Da stand meine Mutter und sah mich an
Und huschte und wischte hin und her,
Als wenn's in den alten Stuben wär,
Und weinte sehr.

Und als ich über den Torweg kam,
Schutt, nichts als Schutt,
Als ich über den toten Torweg kam,
Da stand mein Bruder und lachte mich aus
Und war von den Flammen ganz klein und kraus
Und sang von unserer Kindheit ein Lied,
Von der Zeiten Glück und Unterschied
Ein trauriges Lied.

Und als ich über den Garten kam,
Schutt, nichts als Schutt,
Als ich über den toten Garten kam,
Da standen meine Schwestern drei
Und fragten, ob ich es wirklich sei
Oder nur die Vergangenheit,
Und trugen alle ein schwarzes Kleid
Wegen der toten Vergangenheit.

Und als ich über den Schulhof kam,
Schutt, nichts als Schutt,
Als ich über den toten Schulhof kam,
Da stand mein alter Lehrer so grau
Und wußte das Gute und Böse genau
Und wies mit dem Finger nach hier und dort
In der Menschheit Irrsinn und Brand und Mord
Und fand kein Wort.

Und als ich über den Kirchplatz kam,
Schutt, nichts als Schutt,
Als ich über den toten Kirchplatz kam,
Da stand am zerschmetterten Turme gebückt
Meine Liebste und hatte ein Kränzlein gepflückt
Aus verkohltem Gebälk und zerborstenem Stein
Und lächelte selig und lud mich ein,
Ihr Bräutigam zu sein.

Und als ich über das tote Ufer kam,
Schutt, nichts als Schutt,
Als ich über das tote Ufer kam,
Da sah ich mich selber im Wasser stehn
Und sah mich selber von dannen gehn,
So leicht, so frei, so ohne Beschwer,
Und glaubte es nicht und ging hinterher,
Als ob es im Traume wär.

Und als ich über die Ferne kam,
Schutt, nichts als Schutt,
Als ich über die tote Ferne kam,
Da sah ich die tote Stadt von fern
Und sah sie aufleuchten wie einen Stern
Und sah ihre Not und Trübsal vergehn
Und sah die Erschlagene auferstehn
Schöner, als je ich gesehn.

Welchen Ruhm und Preis
Forderst du, unerforschliches Walten?
Wie weit
Sind wir gekommen,
Was hast du uns genommen,
Ungeheuerlichkeit!
Bist du noch das ewige Licht?
So mach uns wieder jung!
O schmales grünes Reis,
Das unsere Hände halten,
Welke nicht,
Hoffnung!

Peter Gan
1894–1974

Ballade von der Soldatenmarie

(Nach einer im Ersten Weltkrieg verfaßten und im Zweiten Weltkrieg verbrannten Erzählung meines Freundes Henry sorgfältig und liebevoll in schöne, züchtige Verse gebracht.)

> „Luxus erit lubricis, carmina casta mihi."
> Beda Venerabilis

> „Bis die Natur so unverhofft
> ein beßres Band gewebet..."
> Brentano

„Was treibst du nur in Bukarest?
sag an, Marie, sag an!"
Sie sprach: „Ich stehe treu und fest
als Maid hier meinen Mann

und diene meinem Vaterland,
so gut ich eben kann,
mit Leib und Seele, Herz und Hand,
und weine dann und wann." –

Sie hatte als der Krieg begann,
nicht lange bang geschwankt
und war als Krankenschwester dann
nach Bukarest gelangt.

Dort diente sie mit Rat und Tat
im Heereslazarett.
Ach, manch verwundeter Soldat
lag dort in manchem Bett

und litt dort einsam und allein
an einem kranken Glied;
bald war's ein Arm, bald war's ein Bein,
wie's so im Krieg geschieht.

Da war der blonde blasse Hans,
den nichts erheiterte,
und dessen tiefe Wunde ganz
erschrecklich eiterte.

Doch als Marie mit sanfter Hand
und Leinöl sie bestrich,
o Wunderwirkung: sieh da stand
das Fieber still und wich.

Allein bereits am nächsten Tag
da war das Fieber wieder da. Das war ein harter Schlag
für Hans und für Marie.

Dann kam die Nacht (wie sanft beschienst
du Mond, die Welt, die schlief!).
Da hatte die Marie noch Dienst,
und, horch, ein Flüstern rief!

Es war der Hans; der rief: „Marie,
ich werde nie gesund,
wenn du mich nicht..." da küßte sie
ihn tröstend auf den Mund.

Da weinte er: „Marie, Marie";
und sie verstand sein Flehn.
Da tat Marie, was sie noch nie
getan. Da war's geschehn.

Doch einer schlief und schnarchte schlau
nur scheinbar; das war Franz.
Der dachte: „Ich bin doch genau
so krank und schlank wie Hans!"

Ihn wurmt in tiefster Seele, was
er wehrlos hört und sieht,
zumal er überzeugt ist, daß
Hans doch den kürzern zieht.

Und als Marie am Tage drauf
an Franzens Bette stand,
da nahm das Schicksal seinen Lauf
und Franz Mariens Hand.

Und was Marie bei Hans gelang,
gelang ihr auch bei Franz:
das Fieber wich, und tränenblank,
voll Dank sprach Franz: „Ich kann's

kaum fassen, wie du das gemacht.
Was ist mit mir geschehn?
Jetzt kann ich wieder in die Schlacht
für meinen Kaiser gehn!"

Da sprach Marie: „Du stolzer Held,
bleib doch noch etwas hier,
bis ich dich völlig hergestellt;
o Franz, vertraue mir!

Ich glaube, deine erste Pflicht . . ."
Franz sagte nur: „Hör auf!"
Und wieder nahm, sagt der Bericht,
das Schicksal seinen Lauf.

Und diesmal griff es tiefer ein:
es sprach sich 'rum im Haus!
Infolgedessen hielt es kein
Soldat im Bett mehr aus.

Sie wollten alle an die Front
und riefen nach Marie;
allein hätt' keiner es gekonnt,
so leidend waren sie.

Marie, die schier vor Mitleid schmolz,
ließ keinen Mann im Stich.
Auf jede Heilung war sie stolz
und auch, mit Recht, auf sich.

Sie gab sich hin, sie gab sich her;
sie gab sich her und hin.
Es fiel ihr leicht; das fiel ihr schwer
aufs Herz. Sie sprach: „Ich bin

vielleicht nicht jene Heilige,
die ich so gerne wär';
denn, wehe, ich beteilige
mich leider immer mehr

als wirklich nötig wär' dabei,
ich arme Sünderin!
O wär' es mir doch einerlei;
doch, ach, ich krieg's nicht hin!"

Doch, sieh, statt dessen hat sie dann,
so heißt es im Bericht,
(o wie doch Liebe helfen kann!)
ein kleines Kind gekriegt.

Wie küßte sie, wie herzte sie
den lieben Herzensdieb!
Fast wie im Traum verschmerzte sie,
daß sie alleine blieb.

Im Felde stehn Hans, Franz und Fritz,
die sie gesund gemacht;
doch dank des Schicksals Mutterwitz
ist nun der kleine Hans-Franz-Fritz
bei ihr, bei Tag und Nacht.

Gertrud Kolmar
1894–1943

Charlotte Corday

> Keine gemeine, schändliche Hand schnitt seinen Lebensfaden ab, die Mörderin war ein junges Mädchen voll weiblicher Tugend ... Um sieben Uhr kam Marie-Anne Charlotte Corday zu dem Bürger Marat ...
> Restif de la Bretonne

Die in Schleiern schwebend und geweiht,
Eine aschenblonde Kerze, glomm:
Ihre Augen blühten klar und fromm,
Ihre Hände griffen Dunkelheit;

Dunkelheit umschmiegte, was sie barg,
Ihres Mordes streng erwählte Pflicht,
Da sie ohne Flackern ihr Gesicht
Leuchtend hinhob an den nahen Sarg.

In den düstern Käfig stieg sie hell.
Ach, die Treppe war so schwer zu gehn!
Jede Stufe ward ihr zehnmal zehn,
Alle Stufen schwanden viel zu schnell.

Als ihr Mut die Glocke droben zog,
Schrie das Herz, schrie Wehe ob der Hand,
Rief so tönend, daß sie nicht verstand,
Wie ihr Mund die Öffnende belog,

Jenes ernste, ungeschmückte Weib,
Das den Dämon heilig liebte, ihn,
Der von Flammenkronen widerschien ...
Und sie sah das Bad, den Männerleib,

Sah die Schulter nackt, die breite Brust,
Um sein Haupt ein wunderliches Tuch,
Spürte dünnen Arzeneigeruch,
Fand in falbem armutskranken Dust

Linnen, Wanne, Brett und Tintenfaß,
Federkiel, der winkte. Und sie kam,
Warf vom Lid die Röte ihrer Scham,
Riß ums Antlitz blendend ihren Haß,

Saß so stark und zitternd zu Gericht,
Bot den Zettel, den er fiebrig griff,
Wiederholte schweigend dieses: „Triff!",
Fest sich fassend schon. Sie wußte nicht,

Daß er groß war. Aber sie war rein,
Stahl, der seine Feuerpranke brach.
Sie erglänzte, zuckte auf und stach
Als ein Messer blitzend in ihn ein.

Werkzeug, gleich umklammert und zerschellt;
Heldin, die dem Glauben starb. Er ruht.
Aus der Wunde fließt sein Herz, sein Blut
Über Frankreich strömend in die Welt.

Der Girondist

Da begann das Beil mit feinem Klirrn.
Doch er floh und wühlte sich in Wälder,
Hockte, rannte in gejagtem Irrn,
Fraß wie Tier das Mahl der Rübenfelder,
Fing die Beere, die durch Struppwerk schlich,
Rollte igelgleich ins Blätterlager,
Kroch in Gräben, zottig, unheimlich,
Grau und mager.

Sein Gedanke wurde klein und starr,
Seine Seele zitternd Atemholen;
Er erschrak vor leisem Astgeknarr,
Lief im Dunkel vor den eignen Sohlen,

Jeder Häher, der vom Wipfel fiel,
Jedes Mausgeraschel ließ ihn beben,
Seine Augen hetzten in ein Ziel:
Leben, leben!

Bauern trat er bettelnd an, ein Lump,
Ausgehungert, wüst und ungewaschen,
Trollte heim zu Busch und Eichenstump,
Brot und Messer in zerschlißnen Taschen,
Trieb sich spähend um am Ackerrain,
Schoß die groben Pfeile nach den Tauben,
Brach in Rebengärten durstig ein,
Pflückte Trauben,

Raffte diebisch Süßes, reif und prall,
Schlang und schmatzte, seine Angst im Nacken,
Ohrenspitzend wie der Wolf am Stall,
Fuhr gesträubt empor: ein dünnes Knacken –
Und ein Mann, der schmächtig stand und zart,
Still betrachtend den, der gierig schluckte.
Und der Wildrer im verfilzten Bart
Sah und zuckte

Vor dem Blick, der, bläßlich, kalt und bloß,
Ihn ergriff und schon verwundert kannte,
Vor dem Arm, der, schwach und waffenlos,
Seine Glieder schlug, ihn lähmend bannte,
Daß er stier verharrte, sinnberaubt,
Da der Feind in seine Hand gegeben –
Robespierre bewegte leicht das Haupt
Und schritt langsam aus den Reben.

Dantons Ende

Was klirrt, was wirbelt, dampft und braust,
Dies Schrein, dies Keuchen, dieses Lallen,
Das riß er würgend in die Faust,
Das zwang er klumpig um zum Ballen,
Den seine Rechte wütend hob;
Sein wildes Stierhaupt schwoll: Gelichter!
Er warf den Felsen, ein Zyklop,
Ins Antlitz seiner Richter.

Und alles, Säumnis, Schuld, Verrat,
Was ihn in kluger Schrift verdammte,
Das stieß er mitten in die Tat,
Die heiß von seinen Lippen flammte.
Er schlang sein Leben noch, den Rest,
Die spritzende, zerdrückte Traube,
Er hielt die Stunde drängend fest,
Hielt ihre rote Phrygierhaube,

Ihr schwarzes Mähnenhaar gepackt,
Griff ihr den Lappen von der Flanke,
Er fand sie glühend, stark und nackt
Und schmiß sie zuckend vor die Schranke,
Und seine Stimme schnob, ein Meer,
Entstürzte donnernd aus den Dämmen,
Geschworene, Kläger, Volk und Heer
Wie Treibholz wegzuschwemmen ...

Robespierre

Stand klein und fern in seinen Düsternissen
Mit aufmerksamen Augen, unbewegt.
Er sah die Menge wolkig und zerrissen,
Von Stürmen blind geschüttelt und gefegt,

Sah Worte, die gleich Wogen brüllend schäumten,
Ein blutend aus der Brust gerungnes Herz,
Die Fäuste, die sich wuchtig, kantig bäumten,
Doch an den Fäusten: war das Erz?

Ein seltsam, seltsam gelblich heller Schein,
Ein Duft der Prägung, glitzernd und metallen ...
Sie sprangen schlagend, klatschend in das Wallen
Und tauchten auf und waren doch nicht rein,

Von jenem faden Abglanz nicht gewaschen.
Und in des Mundes Dröhnen irrte zahm
Ein dünnes, blankes Klingeln aus den Taschen,
Unüberhörbar fein: „Ich gab ... ich nahm ... ich nahm ..."

Und dieser mit dem Blick wie blasser Stahl
Warf eines Dreiecks Schatten zu den Wänden.
Dann blieb er richtend vor den eignen Händen;
Sie waren unberührt und bleich und schmal.

Und achtlos, ob geschwungne Blöcke drohten,
Mit Wettern und Gebirg der Riese stritt,
Dem Blitze splitternd von der Wimper lohten,
Trat er heran, ein leiser, sanfter Schritt,

Und warf ihn zu den Toten.

Rue Saint-Honoré

Als die Karren durch die Straßen fuhren
In die Rue Saint-Honoré,
Sprangen von den Pflastern tausend Huren,
Schön geputzt und gräßlich wie Lemuren;
Ihre Lächeln taten weh,

Spitze Pfeile aus bemalten Köchern.
Das geschwellte junge Weib
Und die Welke, abgenagt und knöchern,
Bleckten bunt und frech aus Fensterlöchern,
Männerarme um den Leib:

Nackt und glitzernd ritt die Goldne Jugend
Schon ihr geiles, rosig fettes Schwein,
Stand in Gassen, an den Türen lugend,
Zu entehren die erschlagne Tugend,
Auf die sterbende zu spein.

Schaum und Schmähung brach aus vollem Munde
Auf den blutigen Verband,
Auf den Blick, der über seine Wunde
Hart und elend starrte in die Runde,
Doch in Nebeln nur empfand,

Daß Gendarmensäbel auf ihn zeigte,
Daß der Gäule träges Ziehn
Und den Tod Megärenschar umreigte,
Daß ein Haus erbarmend still sich neigte;
Ach, sie fiel nicht über ihn,

Diese Mauer, die sein Turm gewesen –
Und ein Schlächterkübel stand,
Und ein Kind, Gott weiß wo aufgelesen,
Spritzte froh mit eingetauchtem Besen
Einen langen Blutstrahl auf die Wand.

Seine Lider sanken, weiß von Schimmel.
Und er war sehr weit
Aller Erde, aller Hölle, allem Himmel,
Dieser Würmer fressendem Gewimmel,
Und sein Grab lag halb verschneit.

Bretter, Pfähle, eine Scharlachjacke.
Fäuste griffen aus dem Knäuel,
Fetzten ihm das Linnen von der Backe;
Sein Gesicht zerstürzte, rote Schlacke,
Troff in grausigem Geheul:

Und ein unermessner Jubel hallte.
Drüben ward das Grab verweht.
Nur in dämmerdüstrer Gassenspalte
Raunte zittrig eine arme Alte
Für dies Sterben ein verrufenes Gebet.

Albin Zollinger
1895–1941

Die Königin

Ach der Regen senkte sein Haar
In die tropfenden Kronen der Bäume.
Unter den Brunnen bewegte sich's klar
Wie versunkene Wolkenräume.

Und die Königin schritt im Schloß
Ganz allein durch die Säle in Tränen.
Im Marmor, in allen Spiegeln floß
Der Regen wie trübe Fontänen.

Sie weinte nicht, weil der Gemahl
Fern in Flandern mit Fahnen marschierte,
Sie weinte nur, weil der Himmel so fahl
In die Fronten der Fenster stierte.

Ihr war auf einmal, sie ging
Jahrtausende früher am Nile,
So wunderlich dämmerte jedes Ding,
Der Park, die Gemälde, die Diele.

Sie fühlte ihr uraltes Blut
Wie Jahrhunderte in den Adern.
Manchmal bedrückte es ihr den Mut
Mit seinen finsteren Quadern.

Plötzlich schien ihr, sie müßte schrein,
Gefangen in ihrem Palaste.
Aber dann fiel es ihr immer noch ein
Daß sie sich königlich faßte.

In der Kapelle stand
Der Altar von Kerzen düster
Und hoch wie ein rauchender Bergwald in Brand:
Gottes verlassener Lüster.

Ballade vom chinesischen Maler

Schnee, Schnee.
Ich male.
Ich male einen See,
Einen Steg drüber hin, weit.
Das ist die Einsamkeit.
In der Einsamkeit geht ein Wicht,
Geht durch Schnee.
Ich male:
Berg hinter Berg,
Eine Hütte im Tale,
In der Hütte das Licht.
Der Wicht, der Zwerg
Kommt von weit.
Weint er vor Müdigkeit?
Wie der Kien im Kamin zirpt!
Ich male Schnee,
Steil hinauf am Vulkan.
Ein Land wie am Mond, Einsamkeit
Einsamkeit!
Wie das Scheit im Kamin schreit.
Armer Mann,
Ich glaube, im Licht das ich seh
Badet sein Weib einen Andern,
Da muß er wandern,

Irren im Schnee.
Der wird ein See,
Gewölke wird alles,
Und sanften Falles
Versinkt er und stirbt.
Als ich ein Kind war,
Das ist nun auch lange her,
Dünkt mir gar
Träumt ich was ich da male:
Ein Land, Berg hinter Berg,
Das Licht in dem Tale,
Ein Dunkel wie Meer.
Ach und nun wirbt
In der wartenden Schale der Tee:
Ich kann nicht mehr malen –
Qualen, Qualen
Martern das Herz, dem im Flockenfallen,
Das es umdüstert,
Nur Liebeslallen
Der Untreue flüstert!

Klabund (Alfred Henschke)
1890–1928

Vater ist auch dabei

Und als sie zogen in den Krieg –
Vater war Maikäfer – Maikäfer flieg –
Da standen am Fenster die zwei,
Vergrämt, verhungert, Mutter und Kind,
Tränen wuschen die Augen blind:
Vater ist auch dabei –

Der Krieg war zu Ende. Er kam nach Haus.
Er zog die zerlumpte Montur sich aus.
Am Fenster standen die zwei:
„Geh nicht auf die Straße!" „Ich muß, ich muß –"
Und Schuß auf Schuß! Hie Spartakus!
Vater ist auch dabei!

Vorbei der Traum der Revolution;
Wenn früh die Kolonnen ziehn zur Fron,
Stehen am Fenster die zwei:
Es zieht ein Zug von Hunger und Leid
In Ewigkeit – in die Ewigkeit –
Vater ist auch dabei.

Die Wirtschafterin

Drei Wochen hinter Pfingsten,
Da traf ich einen Mann,
Der nahm mich ohne den geringsten
Einwand als Wirtschafterin an.

Ich hab' ihm die Suppe versalzen
Und auch die Sommerzeit,
Er nannte mich süße Puppe
Und strich mir ums Unterkleid.

Ich hab' ihm silberne Löffel gestohlen
Und auch Bargeld nebenbei.
Ich heizte ihm statt mit Kohlen
Mit leeren Versprechungen ein.

Ich habe ihn angesch . . .
So kurz wie lang, so hoch wie breit.
Er hat mich hinausgeschmissen;
Es war eine wundervolle Zeit . . .

Die Ballade von den Hofsängern

Wir ziehen dahin von Hof zu Hof
Arbeiten? Mensch, wir sind doch nicht dof.
Wir singen nicht schön, aber wir singen laut,
Daß das Eis in den Dienstmädchenherzen taut.
Jawoll.

Wir haben nur lausige Fetzen an,
Damit unser Elend man sehen kann.
Der hat keine Jacke und der kein Hemd,
und dem sind Stiefel und Strümpfe fremd.
Jawoll.

Wir kriegen Kleider und Stullen viel,
Die verkaufen wir abends im Asyl.
Ein Schneider lud mitleidig uns zu sich ein,
Da schlugen wir ihm den Schädel ein.
Jawoll.

Wir singen das Lied vom guten Mond
Und sind katholisch, wenn es sich lohnt,
Auch singen wir völkisch voll und ganz
für 'n Sechser Heil dir im Siegerkranz.
Jawoll.

Unger, Boeger, Ransick, so heißen wir.
Auf die Gerechtigkeit sch . . . wir.
Mal muß ja ein jeder in die Gruft
Und wir, wir baumeln mal in der Luft.
Jawoll.

Pogrom

Am Sonntag fällt ein kleines Wort im Dom,
Am Montag rollt es wachsend durch die Gasse,
Am Dienstag spricht man schon vom Rassenhasse,
Am Mittwoch rauscht und raschelt es: Pogrom!

Am Donnerstag weiß man es ganz bestimmt:
Die Juden sind an Rußlands Elend schuldig!
Wir waren nur bis dato zu geduldig.
(Worauf man einige Schlucke Wodka nimmt . . .)

Der Freitag bringt die rituelle Leiche,
Man stößt den Juden Flüche in die Rippen
Mit festen Messern, daß sie rückwärts kippen.
Die Frauen wirft man in diverse Teiche.

Am Samstag liest man in der ›guten‹ Presse:
Die kleine Rauferei sei schon behoben,
Man müsse Gott und die Regierung loben . . .
(Denn andernfalls kriegt man eins in die Fresse.)

Die Ballade des Vergessens

In den Lüften schreien die Geier schon,
Lüstern nach neuem Aase.
Es hebt so mancher die Leier schon
Beim freibiergefüllten Glase,
Zu schlagen siegreich den alt bösen Feind,
Tät er den Humpen pressen . . .
Habt ihr die Tränen, die ihr geweint,
Vergessen, vergessen, vergessen?

Habt ihr vergessen, was man euch tat,
Des Mordes Dengeln und Mähen?
Es läßt sich bei Gott der Geschichte Rad
Beim Teufel nicht rückwärts drehen.
Der Feldherr, der Krieg und Nerven verlor,
Er trägt noch immer die Tressen.
Seine Niederlage erstrahlt in Glor
Und Glanz: Ihr habt sie vergessen.

Vergaßt ihr die gute alte Zeit,
Die schlechteste je im Lande?
Euer Herrscher hieß Narr, seine Tochter Leid,
Die Hofherren Feigheit und Schande.
Er führte euch in den Untergang
Mit heiteren Mienen, mit kessen.
Längst habt ihr's bei Wein, Weib und Gesang
Vergessen, vergessen, vergessen.

Wir haben Gott und Vaterland
Mit geifernden Mäulern geschändet,
Wir haben mit unsrer dreckigen Hand
Hemd und Meinung gewendet.
Es galt kein Wort mehr ehrlich und klar,
Nur Lügen unermessen . . .
Wir hatten die Wahrheit so ganz und gar
Vergessen, vergessen, vergessen.

Millionen krepierten in diesem Krieg,
Den nur ein paar Dutzend gewannen.
Sie schlichen nach ihrem teuflischen Sieg
Mit vollen Säcken von dannen.
Im Hauptquartier bei Wein und Sekt
Tat mancher sein Liebchen pressen.
An der Front lag der Kerl, verlaust und verdreckt
Und vergessen, vergessen, vergessen.

Es blühte noch nach dem Kriege der Mord,
Es war eine Lust, zu knallen.
Es zeigte in diesem traurigen Sport
Sich Deutschland über allen.
Ein jeder Schurke hielt Gericht,
Die Erde mit Blut zu nässen.
Deutschland, du sollst die Ermordeten nicht
Und nicht die Mörder vergessen!

O Mutter, du opferst deinen Sohn
Armeebefehlen und Ordern.
Er wird dich einst an Gottes Thron
Stürmisch zur Rechenschaft fordern.
Dein Sohn, der im Graben, im Grabe schrie
Nach dir, von Würmern zerfressen ...
Mutter, Mutter, du solltest es nie
Vergessen, vergessen, vergessen!

Ihr heult von Kriegs- und Friedensschluß – hei:
Der andern – Ihr wollt euch rächen:
Habt ihr den frechen Mut, euch frei
Von Schuld und Sühne zu sprechen?
Sieh deine Fratze im Spiegel hier
Von Haß und Raffgier besessen:
Du hast, war je eine Seele in dir,
Sie vergessen, vergessen, vergessen.

Einst war der Krieg noch ritterlich,
Als Friedrich die Seinen führte,
In der Faust die Fahne – nach Schweden nicht schlich
Und nicht nach Holland 'chappierte.
Einst galt noch im Kampfe Kopf gegen Kopf
Und Mann gegen Mann – indessen
Heut drückt der Chemiker auf den Knopf,
Und der Held ist vergessen, vergessen.

Der neue Krieg kommt anders daher,
Als ihr ihn euch geträumt noch.
Er kommt nicht mit Säbel und Gewehr,
Zu heldischer Geste gebäumt noch:
Er kommt mit Gift und Gasen geballt,
Gebraut in des Teufels Essen.
Ihr werdet, ihr werdet ihn nicht so bald
Vergessen, vergessen, vergessen.

Ihr Trommler, trommelt, Trompeter, blast:
Keine Parteien gibt's mehr, nur noch Leichen!
Berlin, Paris und München vergast,
Darüber die Geier streichen.
Und wer die Lanze zum Himmel streckt,
Sich mit wehenden Winden zu messen –
Der ist in einer Stunde verreckt
Und vergessen, vergessen, vergessen.

Es fiel kein Schuß. Steif sitzen und tot
Kanoniere auf der Lafette.
Es liegen die Weiber im Morgenrot,
Die Kinder krepiert im Bette.
Am Potsdamer Platz Gesang und Applaus:
Freiwillige Bayern und Hessen ...
Ein gelber Wind – das Lied ist aus
Und auf ewige Zeiten vergessen.

Ihr kämpft mit Dämonen, die keiner sieht,
Vor Bazillen gelten nicht Helden,
Es wird kein Nibelungenlied
Von eurem Untergang melden.
Zu spät ist's dann, von der Erde zu fliehn
Mit etwa himmlischen Pässen.
Gott hat euch aus seinem Munde gespien
Und vergessen, vergessen, vergessen.

Ihr hetzt zum Krieg, zum frischfröhlichen Krieg,
Und treibt die Toren zu Paaren.
Ihr werdet nur einen einzigen Sieg:
Den Sieg des Todes gewahren.
Die euch gerufen zur Vernunft,
Sie schmachten in den Verlässen:
Christ wird sie bei seiner Wiederkunft
Nicht vergessen, vergessen, vergessen.

Kurt Tucholsky
1890–1935

Berliner Gerüchte

Herr Meyer, Herr Meyer – und hörst du es nicht,
das wilde, das grause, das dumpfe Gerücht:
Ein Licht!
   Ein Licht in der russischen Botschaft!

Und da, wo ein Licht, da ist auch ein Mann,
und der sitzt an einem Vertrage dran,
   beim Licht in der russischen Botschaft.

Und das Licht geht manchem Politiker auf;
es strömet das Volk, es rennet zuhauf
   zum Licht in der russischen Botschaft.

Und einer zum andern geheimnisvoll spricht:
„Da ist was im Gange – ja, sehn Sies denn nicht,
   das Licht in der russischen Botschaft?"

Es erbrausen die Linden! „Berennet die Tür!"
Ein Schutzmann hält seinen Bauch dafür
vor das Licht,
   das Licht in der russischen Botschaft.

Sogar ein Geheimer Studienrat
sagt die Information, die er bei sich hat,
   vom Licht in der russischen Botschaft.

Und drin spricht der Klempner im öden Saal:
„Du hör mal, Maxe, du kannst mir mal
   die Ölkanne ribajehm!"

Dann gehen die beiden geruhig nach Haus,
nach dem Stralauer Tor – und das Licht löscht aus
   das Licht in der russischen Botschaft.

Der alte Fontane

Damals, so in den achtziger Jahren,
ist man noch nicht mit dem Auto gefahren;
alles ging seinen ruhigen Schritt,
und der alte Fontane ging ihn mit.
Ein stilles Antlitz hatten die Tage:
Frühmorgens bei Kroll, auf der Brunnenwaage
dann die Tiergartenpromenade
(„Kannten Sie Strousberg? Schade, schade!"),
dann ins Geschäft oder ins Büro,
und das ging alle Vormittage so.
Mittag zu Hause, friedliche Zeiten,
die Kinder machen Schularbeiten,
ein kleines Nickerchen mit der Zigarre,
und dann wieder in die geschäftliche Karre.
Und war der Tag besonders schön,
hieß es: „Ich habe den Kaiser gesehn!" –
Alles so sauber und preußisch und karg:
der alte Fontane und seine Mark.
Aber Fontane und alle die Alten
konnten sich auch nicht ewig halten.
Wollten noch so vieles erleben,
mußten doch gen Walhalla schweben.
Bis hin vor die Weltenesche sie ziehn,
da lagern sie sich um Vater Odin.

Tick, tick,
dreißig Jahre sind ein Augenblick.

Und als nun Michaelis den Abschied nahm,
eine Sehnsucht über Fontane kam,
und er sprach: „Herr, laß mich auf Urlaub gehn,
ich möchte die Spree noch einmal sehn.
Die Spree, die Havel, die Nette, die Nuthe,
den Schlachtensee und die Räuberkuthe;
ich kenne mich aus, und habe ich Glück,
bis Donnerstag bin ich wieder zurück."
Odin hat huldvoll sich verneigt –
der Alte zur Erde niedersteigt.

Und zunächst in der Neumark, in der Nähe von Bentschen,
landet er. „Himmel, was sind das für Menschen!"
Und er spricht hinter Schwiebus und hinter Zielenzig:
„Dickköpfe, Hamster! und so was nennt sich
nun Märker – wir wollen westwärts ziehn!"
Und so westwärts kommt er nach Berlin.
Da ist ein Schleichen und Drehen und Schieben,
wo ist das alte Berlin geblieben?
Einer drängt immer den andern weg:
„Ham Se nich greifbaren Schweinespeck?"
Und ein Dicker steht mitten auf dem Damm
und philosophiert über Pökelkamm.

Sie treten sich an die Schienenbeine,
die jüngeren Herren spielen ‚Meine – Deine',
sie verkaufen Frauen und Gold und Eier
und alles um die paar lumpigen Dreier.
Golden leuchtet ein Kirchturmknopf – –

Und der Alte schüttelt schweigend den Kopf,
freiwillig kürzt er den Urlaub ab,
in wilde Karriere fällt sein Rückzugstrab.
Sein Rückmarsch ist ein verzweifeltes Fliehn.
„Wie war es?" fragt teilnahmsvoll Odin.
Und der alte Fontane stottert beklommen:
„Gott, ist die Gegend runtergekommen!"

Frohe Erwartung

Vater Wrangel, jener alte gute
General von Anno dazumal,
zog beim Klange einer Aufstands-Tute
aus Berlin, weil man es so befahl.
    Und sie drohten ihm sein Haus zu sengen,
    seine Frau Gemahlin zu erhängen,
    bis er dann zu großem Gram
    der Rebellen wiederkam.
Heftig blasend ritt man durch die Linden,
voller Sehnsucht, seine Frau zu finden.
Weich und lind entfuhrs dem alten Knaben:
    „Ob sie ihr wohl uffjehangen haben?"

Nimmer will mich dieses Wort verlassen.
Heut noch lebt die alte Reaktion.
Heute noch ist sie so schwer zu fassen –
Brennglas, der versuchte es ja schon.
    So viel Jahre steck ich schon im Kriege,
    denke an die Panke meiner Wiege,
    an mein Preußen, an Berlin
    und die Junker von Malchin.
Nie vergeß ich in dem fremden Lande
Mutter Reaktion und ihre Schande.
Voller Hoffnung sinn ich oft im Graben:
    „Ob sie ihr wohl uffjehangen haben?"

Da zu Haus, bei Vatern auf dem Boden,
liegt ein großes buntes Fahnentuch,
mitten im Gerümpel der Kommoden,
in dem Schummer voller Staubgeruch . . .
    Und beim Urlaub sagte mir der Alte,
    oben hängt er durch die Bodenspalte
    seine Fahne in den Wind,
    wenn wir erst zu Hause sind.
Das war Fünfzehn. Und bei jedem frischen
Wechsel an den deutschen grünen Tischen
bitt ich um die schönste aller Gaben:
    „Ob sie ihr wohl uffjehangen haben?"

Kolonne

Hochrädrige, überdachte Wagen,
Immer einer hinter dem andern.
Der Regen rieselt. Sie fahren seit Tagen,
Seit Wochen, im Schritt, ein endloses Wandern.
Die Fahrer dröseln auf ihren Böcken,
Vorne im Halbschlaf der Herr Sergeant;
Das Wasser rinnt an den schweren Röcken
Herunter – grau und glatt liegt das Land – –
Der Fahrer träumt auf seinem Sitze,
Nur manchmal schreckt ein Rufen den Mann.
Ein Ruf pflanzt sich fort von hinten zur Spitze:
    „Rechts ran!"

Ein Auto braust. Vorbei. Sie sinnen
Und träumen wieder im gleichen Trott.
Wie wird das draußen? Wie wird das drinnen?
Friede? Wandlung? Du lieber Gott!
So lange geschmäht – jetzt steht es kritisch –
Der Rote war stets ein schwarzer Mann –
Jäh fährt er auf. Wie klingt das politisch:
    „Rechts ran!"

Wird sich das ändern? In neuen Bahnen?
Es wäre die allerhöchste Zeit.
Nicht mehr: Obrigkeit, Untertanen,
Nur noch Deutsche – im gleichen Leid.
Die Pferde poltern ein wenig geschwinder,
Sein nasses Gesicht zieht sich lustig in Falten:
Nur noch Landsleute – und die Kinder
Habens besser als die Alten.
Neue Zeiten und neue Besen –
Besser, als er es je haben kann . . .
So ist es denn nicht umsonst gewesen:
    „Links ran!"

Wilhelm von Abfundien

„Herr Rechtsanwalt, presse den Helm ins Haar!
Gürt um dein lichtblau Schwert!
Zieh an den schwarzen Seidentalar!
Und schaffe dir Auto und Pferd –!"

Und der Rechtsanwalt rollt in die Reichshauptstadt.
Ganz Deutschland hört ihn handeln.
Mit der Instruktion, die er bei sich hat,
will er Schloß und Land und Gut und Stadt
in Privateigentum verwandeln.

Und sieh! es gelingt! Denn die Republik
ist doof im Prozessieren.
Gewiß, ER war etwas schuldig am Krieg –
aber das kann jedem passieren.

Nimm hin! Nimm hin! Den Genter Altar!
Nimm hin Million auf Million!
Das ist dein Land, wie es immer war:
es rackert für deinen Thron.

Nimm hin! Nimm hin! Es geht uns schlecht!
Es hungert der Ohnebein.
Du bist aus armem Burggrafengeschlecht –
du sollst unser Kaiser sein!

Herr Cassel verbeugt sich vor Majestät;
zur Verdauung tut er das gern.
Er lauscht mit dem Köpfchen schief gedreht
auf die Stimme seines Herrn.

Und es liegt ein Land in tiefster Not
in Blut und Tränen und Schmerz.
Doch im Portemonnaie, das schwarz-weiß-rot,
ruht Kaiser Wilhelms Herz.

Der Hosenschnüffler

In einem Stück von Sudermann
fällt baß ein Herr in Liebesbann.
   Das kann vorkommen.

Der Schauspieler als alter Rasch-
hoff faßt sich in die Hosentasch.
   Das kann auch vorkommen.

So hätten wir den brünstigen Vater
als Taschenspieler im Theater . . .
   Das darf nicht vorkommen!

Herr Brunner, der dergleichen sah,
war eines Tages plötzlich da.

Er staunte murrend: Was is diss?
Und nahm ein Happen Ärgernis.

Und es erregten ihre Geister
mit ihm zwei Kriminalwachtmeister.
   Das kann vorkommen.

Man schleppt die Hose vors Gericht:
Ist dies nun Unzucht oder nicht?

Der Richter sah recht tief hinein
und sagt zu Brunnern: „Leider nein!"

So sprach man jenen Mimen frei.
Der lachte froh und rief: „Ei, ei!"

O Brunner! Stecke deine Nose
nicht in des Künstlers Lodenhose!

O Brunner! daß es stets so bliebe:
Kurz ist die Kunst –
      und ewig lang die Liebe!

Psychoanalyse

Drei Irre gingen in den Garten
und wollten auf die Antwort warten.

Der erste Irre sprach:
      „O Freud!
Hat dich noch niemals nicht gereut,
daß du Schüler hast? Und was für welche –?
Sie gehen an keinem vorüber, die Kelche.
Ich kenne ja wirklich allerhand
als Mitglied vom Deutschen Reichsirrenverband –
aber die alten Doktoren sind mir beinah lieber
als das Getue dieser
      Ja."

Der zweite Irre sprach:
      „Schmecks.
Ich habe hinten einen Komplex.
Den hab ich nicht richtig abreagiert,
jetzt ist mir die Unterhose fixiert.
Und ich verspüre mit großer Beklemmung
rechts eine Hemmung und links eine Hemmung.
Vorn hängt meine ältere Schwester und
in der Mitte bin ich ziemlich gesund.
      Ja."

Der dritte Irre sprach:
                    „Wenn
heut einer mal muß, dann sagt ers nicht, denn
er umwickelt sich mit düstern Neurosen,
mit Analfunktionen und Stumpfdiagnosen –"
(„Ha! – Stumpf!" riefen die beiden andern Irren,
konnten den dritten aber nicht verwirren.
Der fuhr fort:)
„Vorlust, Nachlust und nächtliches Zaudern –
es macht so viel Spaß, darüber zu plaudern!
Die Fachdebatte – welch ein Genuß! –
ist beinah so schön wie ein
                    Ja."

Die drei Irren sangen nun im Verein:
„Wir wollen keine Freudisten sein!
Die jungen Leute, die davon kohlen,
denen sollte man kräftig das Fell versohlen.
Erreichen sie jemals das Genie?
                    O na nie –!

Jeder Jüngling von etwas guten Manieren
geht heute mal Muttern deflorieren.
Jede Frau, die in die Epoche paßt,
hat schon mal ihren Vater gehaßt.
Und die ganze Geschichte stammt aus Wien,
und darum ist sie besonders schien –!

Wir drei Irre sehen, wie Liebespaare
sich gegenseitig die schönsten Haare
spalten – und rufen jetzt rund und nett:
Rein ins Bett oder raus aus dem Bett!

Keine Tischkante ohne Symbol und kein Loch ...
Wie lange noch –? Wie lange noch –?"

Drei Irre standen in dem Garten
und täten auf die Antwort warten.

Ballade

Da sprach der Landrat unter Stöhnen:
„Könnten Sie sich an meinen Körper gewöhnen?"
Und es sagte ihm Frau Kaludrigkeit:
„Vielleicht. Vielleicht.
          Mit der Zeit ... mit der Zeit ..."

Und der Landrat begann allnächtlich im Schlafe
laut zu sprechen und wurde ihr Schklafe.
Und er war ihr hörig und sah alle Zeit
Frau Kaludrigkeit! – Frau Kaludrigkeit!

Und obgleich der Landrat zum Zentrum gehörte,
wars eine Schande, wie daß er röhrte;
er schlich der Kaludrigkeit ums Haus...
Die hieß so – und sah ganz anders aus:
   Ihre Mutter hatte es einst in Brasilien
   Mit einem Herrn der bessern Familien.
   Sie war ein Halbblut, ein Viertelblut:
   nußbraun, kreolisch; es stand ihr sehr gut.
   Und der Landrat balzte: Wann ist es soweit?
   Frau Kaludrigkeit – Frau Kaludrigkeit!

Und eines Abends im Monat September
war das Halbblut müde von seinem Gebember
und zog sich aus. Und sagte: „Ich bin..."
und legte sich herrlich nußbraun hin.
   Der Landrat dachte, ihn träfe der Schlag!
   Unvorbereitet fand ihn der Tag.
   Nie hätt er gehofft, es noch zu erreichen.
   Und er ging hin und tat desgleichen.

        Pause

Sie lag auf den Armen und atmete kaum.
Ihr Pyjama flammte, ein bunter Traum.
Er glaubte, ihren Herzschlag zu spüren.
Er wagte sie nicht mehr zu berühren...
   Er sann, der Landrat. Was war das, soeben?
   Sie hatte ihm alles und nichts gegeben.
   Und obgleich der Landrat vom Zentrum war,
   wurde ihm plötzlich eines klar:
   Er war nicht der Mann für dieses Wesen.
   Sie war ein Buch. Er konnt es nicht lesen.
   Was dann zwischen Liebenden vor sich geht,
   ist eine leere Formalität.

Und so lernte der Mann in Minutenfrist,
daß nicht jede Erfüllung Erfüllung ist.
Und belästigte nie mehr seit dieser Zeit
die schöne Frau Inez Kaludrigkeit.

Eine kleine Geburt

Ich lebte mit Frau Sobernheimer;
sie war so lieb, sie war so nett.
Wir wuschen uns im selben Eimer,
wir schliefen in demselben Bett.
   So trieben wir es manches Jahr...
   Bis sie den Knaben mir gebar.

Doch dieser Knabe war kein Knabe.
Wir hatten in der dunklen Nacht
als Zeitvertreib und Liebesgabe
uns dieses Wesen ausgedacht.
   Frau S. war jeden Kindes bar.
   Der Knabe, der hieß Waldemar.

Und war so klug! – Nach fünfzehn Tagen,
gelebt im Kinderparadies,
da konnte er schon Scheibe sagen,
bis man ihm solches leicht verwies.
    Er setzte sich aufs Tintenfaß
    und machte meinen Schreibtisch naß.

Er wuchs heran, der Eltern Freude,
ein braves, aufgewecktes Kind.
Wir merkten an ihm alle beude,
wie süß der Liebe Früchte sind.
    Da fragte Mutti ganz real:
    „Was wird der Junge denn nun mal –?"

Hebamme? General? Direktor?
Bootlegger? Hirt? Ein Schiffsbarbier?
Verlorner Mädchenheim-Inspektor?
Biographist? Gerichtsvollziehr?
    Ein Freudenmännchen? Julilar –?
    Uneinig war das Elternpaar.

Ein Krach stieg auf, bis zu den Sternen!
Frau S., die krisch. Die Türe knallt.
Sie wollt ihn lassen Bildung lernen,
ich aber war für Staatsanwalt.
    Ein Kompromiß nahm sie nicht an:
    im Kino, als Bedürfnismann.

Der Lümmel grölte in der Küche
und fand den Krach ganz wunderbar.
So ging die Liebe in die Brüche –
und alles wegen Waldemar?
    Da sprach ich fest: „Mein trautes Glück!
    Wir geben dieses Jör zurück!"

Gemacht.
    Nun ist Frau Sobernheimer
wie ehedem so lieb und nett.
Wir waschen uns im selben Eimer,
wir schlafen in demselben Bett.
    Und denken nur noch hier und dar
    mal an den seligen Waldemar.

Erich Weinert
1890–1953

Ballade von der Zivilisation

Früh sechs Uhr dreißig sollte die Hinrichtung sein.
Nachts um elf fing der Delinquent an zu schrein.
Der Arzt kam. Das sei ein Abszeß, das wisse er schon.
Und er befürchte nun sehr eine Perforation.

Dann kam der Professor, sehr ernst und Kapazität.
Der sagte, hoffentlich sei es noch nicht zu spät.
Der Kranke schrie. Der Professor lächelte breit:
„Nur nicht den Kopf verlieren! Das hat ja noch Zeit."

Der Herr Professor legte die Därme bloß.
Er meinte, der Fall wäre ziemlich hoffnungslos.
Doch würde es ihm mit seinem Verfahren gelingen,
Den Delinquenten wieder auf die Beine zu bringen.

Nach einigen Tagen fragte der Staatsanwalt an,
Wann er den Mann nun endlich bekommen kann.
Der Professor schrieb, er gäbe nicht eher zum Klotze
Den Mann, bevor er nicht vor Gesundheit strotze.

Der Patient blühte auf, gedieh und bildete Fett.
Der Professor kam mehrere Male täglich ans Bett,
Freute sich über des Mannes gesunde Farbe,
Über sein Werk und die prächtig verheilte Narbe.

Da sagte der Mann: „Ich bin nur ein armer Tropf.
Doch will es mir nicht – ich hab ihn ja noch – in den Kopf:
Sie haben mit Kunst hier etwas zusammengebaut,
Damit es die andere Fakultät mit dem Hackbeil zerhaut."

Da sprach der Professor mit ziemlich entrüstetem Ton:
„Wir leben in einer zivilisierten Nation!
Wie hätte sich das mit der Humanität vertragen,
Ihnen so kurz vor dem Tode den Kopf abzuschlagen!"

Drei Tage später dachte der Kopf nicht mehr;
Denn ein abgehackter Kopf ist gedankenleer.
Der Professor bekam den Kadaver zur weiteren Zerteilung
Und demonstrierte den Hörern das Wunder der Heilung.

„Wahrscheinlich", dozierte er, „war bei dieser Person
Der Mordtrieb nur Folge verdorbener Sekretion.
Denn nach dem Eingriff und meiner Spezialbehandlung
Erwies sich auch eine totale psychische Wandlung."

Einer der Hörer bemerkte so nebenbei,
Daß man eben zu spät an die Heilung gegangen sei.
Wäre er ein paar Jahre früher behandelt worden,
Dann hätten er und der Staat nicht brauchen zu morden.

Der Professor meinte, es wäre natürlich bequem,
Mit einem materialistischen Theorem
An das Mystisch-Schicksalhafte heranzugehen;
Übrigens kenne er den Ursprung solcher Ideen.

Er fragte lächelnd, der Herr Studiosus sei
Wohl auch ein Prophet der Humanitätsduselei.
Da lachte der ganze Hörsaal; es dröhnten die Wände.
Und hiermit wäre wohl auch die Ballade zu Ende!

[1933]

Dicht am Nationalhelden vorbei

Der Knabe Heinz aus Gelsenkirchen,
Entwachsen kaum dem Nachtgeschirrchen,
War Hitlerjunge. Leider nur
Entbehrte er noch der Montur.
Drum hat er auch den Fritz beneidet;
Denn der war schon seit einiger Zeit
Wie vorgeschrieben eingekleidet.
Heinz litt an Minderwertigkeit.

Und jedesmal, wenn Heinz den Fritzen
Besah mit Lederzeug und Litzen,
Dann fuchste ihn das ungemein:
„Die Uniform muß meine sein!"
Er hatte von SA erfahren,

Wie man enteignet, was gefällt.
Und Heinz war sich sehr bald im klaren:
Man kann auch kaufen ohne Geld.

Am Bahndamm grub er eine Kuhle,
Drauf holte Fritz er von der Schule.
Er sagte: „Kriech mal da hinab!"
Und dachte: Mensch, das ist dein Grab!
Er würgte ihn. Und als der tot war,
Erschien dem Heinz das kaum abnorm;
Da er von heißer Lust umloht war:
Die Uniform, die Uniform!

Er hat sie dann mit Stolz getragen.
Doch leider schon nach vierzehn Tagen
Erschien bei ihm die Polizei
Und sprach, daß er der Mörder sei.
Doch Heinzen war das nicht betrüblich;
Er rief: „Ich sehe das nicht ein.
Das ist ja bei SA so üblich.
So kann's doch kein Verbrechen sein!"

Nun eignet leider sich die Sache
Auch nicht für Propagandamache.
„Dein Pech ist", sprach der Kommissar,
„Daß das ein Hitlerjunge war!
Wär das ein Kommunist gewesen,
Der Führer hätte depeschiert.
Zum Nationalheld dich erlesen
Und Kamerad dich tituliert!"

Moral: Der Knabe Heinz hat's nicht begriffen,
Sonst hätte er den richtigen Ton gepfiffen.
Er brauchte nur zu sagen, „Daß ihr's wißt:
Der Fritz war ein verkappter Kommunist!"

[1934]

Die Ballade vom großen Zechpreller

Der Führer sagte: „Zu Hause ist's zu knapp.
Wir müssen uns auswärts versorgen.
Klappern wir mal die Gasthäuser ab!
Und will der Wirt uns nicht borgen,
Dann werden wir hausen nach unsrem Geschmack,
Wir haben ja die Pistolen im Sack.
Dem werden wir schon was malen!
Der Wirt muß selber bezahlen!"

Er sagte: „Zuerst muß ein Frühstück sein!"
Drum kehrten sie früh am Morgen
Nebenan in der *„Polnischen Wirtschaft"* ein.
Dort fraßen sie ohne Sorgen
Die Wurstkammern leer auf einen Sitz
Und gossen drauf einen Slibowitz
Und hatten beim alten Polen
Auch gleich das Geschirr mitgestohlen.

Da sagte der Führer: „Ihr seid noch nicht satt?
Im *‚Fliegenden Holländer'* drüben,
Da weiß ich, daß der noch was Besseres hat.
Bei dem wird auch angeschrieben."
Und alle lachten und machten sich hin
Und fraßen Schinken mit Bier und Gin.
Und wenn sie mal ausgetreten,
Dann nur in den Tulpenbeeten.

Der Führer rief: „Im *‚Hotel de Laval'*,
Da gibt es französische Küche!"
Sie stürmten dahin. Der Speisesaal
War voll erlesner Gerüche.
Sie hatten da auch einen Kellner Doriot,
Der brachte ihnen den feinsten Bordeaux.
Und alle soffen und fraßen
Und knallten nachts durch die Straßen.

Da sagte der Führer: „Nun fühl ich mich stark.
Jetzt braucht's etwas Leckres, Kumpane!
Im Gasthaus *‚Zum König von Dänemark'*
Gibt's Kuchen und Kaffee mit Sahne."
Das war ein Geschlecker. Und hinterher
Gab's Aquavit und Eierlikör.
Worauf sie das Tischtuch versauten
Und die silbernen Teelöffel klauten.

Da sagte der Führer: „Die Stunde ist da,
Solide zu vespern. Ich denke,
Wir ziehn mal zur *‚Schönen Helena'*!
Da gibt's Seelachs und süße Getränke."
Und als sie dann voll von Samoswein,
Da hauten sie alles kurz und klein
Und bemalten die Götterfiguren
Mit schweinischen Karikaturen.

Da sagte der Führer: „Im *‚Prince of Wales'*
Wird jetzt noch ein Nachtmahl genossen,
Ein Rumpsteak mit ein paar Whiskys und Ales!
Damit wird der Tag dann beschlossen."
Doch leider war schon verschlossen das Tor.
Sie standen fluchend und fröstelnd davor.
Sie rochen den Whisky und dachten:
Ach, könnten wir hier übernachten!

Da sagte der Führer: „Ach, schlafen wir aus!
Und morgen ist Sonntag, ihr Brüder!
Ich weiß noch ein leistungsfähigeres Haus,
Da lassen wir morgen uns nieder.
Da stehlen wir uns schon vor Tage hinein.
Da gibt's Kaviar, Wodka, kaukasischen Wein,
Das brauchen wir nicht zu bezahlen.
Da werden wir morgen uns aalen."

Am nächsten Morgen, als alles noch schlief,
Da krochen sie heimlicherweise
Ins reichste Gasthaus. Doch hier ging es schief.
Da fanden sie wenig Speise.
Der Wirt, der immer auf Ordnung bedacht,
Hatte alles schon in den Keller gebracht
Und ließ für solcherlei Gäste
Im Gastzimmer nichts als Reste.

Da schimpfte der Führer: „Das erstemal,
Daß man uns so schmählich empfangen!
Los, brechen wir ein in den nächsten Saal!
Da wird's schon zum Fressen langen."
Doch plötzlich erschien der Wirt vom Haus.
Sie zogen ihre Pistolen heraus.
Doch der Gastwirt und seine Söhne,
Die zeigten ihnen die Zähne.

Der Führer schrie: „Geht rein mit Gewalt!
Wir haben das Recht hier als Gäste.
Wir nehmen hier vorn erst mal Aufenthalt
Und fressen und saufen die Reste.
Schießt doch dem Hausherrn ein Loch in den Bauch!"
Doch der Wirt und die Söhne, die schossen auch.
Und mancher hat da aufs Fressen
Und aufs weitere Zechen vergessen.

Da sagte der Führer: „Wie werden wir satt?
Sollen wir ums Fressen uns raufen?"
Doch die anderen Gastwirte in der Stadt,
Die kamen herzugelaufen.
Sie hatten nämlich das Schießen gehört.
Drum kamen auch sie mit Pistolen bewehrt,
Mit all ihren kräftigen Gesellen,
Die Zechprellerbande zu stellen.

Sie liefen herbei aus der ganzen Stadt.
Keine Rechnung blieb da vergessen.
„Jetzt wird bezahlt, und ohne Rabatt!
Ihr habt uns bankrott gefressen!
Ihr wißt wohl auch, was mit euch jetzt geschieht!"
Das ist nun endlich das Ende vom Lied:
Man hängt die sauberen Gäste
An alle soliden Äste.

Doch schreit dann einer: „Ich hab nichts bestellt,
Der Führer hat's doch befohlen!"
Dem werden sie sagen: „Du trauriger Held,
Du hast bis zuletzt mitgestohlen!"
Drum hört meinen Rat: Wer die Zeit verpaßt
Und wird mit denen zusammen gefaßt,
Dem hilft dann keine Schwäche,
DER HAFTET MIT FÜR DIE ZECHE!
[1943]

Bei Dichters

Neulich war ich bei Dichters eingeladen.
Da roch es nach Lorbeern und Gesprächen mit Gott.
Es gab lyrische Hammelkarbonaden
Und hinterher Aphorismenkompott.

Herr Dichter sprach über die letzte Schaffensepoche
Und kaute gedankenvoll Petersilie.
Es kam mir vor wie ein Bild aus der „Woche":
Der Dichter im Kreise seiner Familie!

Frau Dichter machte in Seelenergüssen
Und sprach, als Herr Dichter mal austreten ging,
Von der Tragik derer, die dichten müssen.
Worauf sie noch mal mit Kompott anfing.

Nach Tisch kamen noch zwei weitere Genies,
Beide mit katafalkischen Mienen,
Aus denen sich unschwer erkennen ließ:
Es lebte die gleiche Tragik in ihnen.

Herr Dichter schob uns in seine Zelle.
Da war er eben von einem Drama genesen.
Wir lagerten uns pittoresk an der Quelle.
Herrn Dichter drang es, was vorzulesen.

Und er las, bis seine Bronchien pfiffen,
Die lautesten Stellen aus jedem Akt.
Wir saßen finster und angegriffen,
Von seiner starken Dynamik zerhackt.

Dann klappte er zu, mit verhängten Pupillen.
Frau Dichter schmolz über seine Knie.
Im Dunkeln funkelten hörnerne Brillen,
Die räusperten was von Kosmosophie.

Hierauf traten die andern Herrn aus dem Schatten.
Manuskripte wurden heftig gezückt,
Die sie alle zufällig bei sich hatten.
Und jeder las nun den eignen Konflikt.

Herr Dichter sah ganz von oben runter.
Das geschlossene Auge nach innen getunkt.
Doch die andern wurden gewaltig munter
Und deklamierten geballt, ohne Reim und Punkt.

Das eine Genie kriegte tragische Inspiration,
Die eine Hand im Klavier, die andre am Schlipse.
Und melodramte lyrisch und kakophon.
Es war eine schauerliche Apokalypse.

Dann redeten sie mit verstauchten Manschetten:
Sie wären innerlich völlig Kristall,
Und wie sie dauernd mit Gott zu ringen hätten
Und glühend dahinzuschweifen durchs All.

Ich bin leise weinend davongelaufen.
Mir hing schon die ganze Seele raus.
Denn so viel Tragik auf einem Haufen,
Das hält die beste Gesundheit nicht aus.

Oberlehrers Sonntagnachmittag

Oberlehrer Schrimm, als Antirepublikaner,
Beschließt mit Frau und Sohn (Tertianer),
Sich dem Besuch des Zeughauses zu widmen,
Von wegen nationaler Erbauung.
Auf dem Hinweg exerziert man richtige Verdauung
Und Heimatkunde und Logarithmen.
Vor allen Denkmälern und Portalen
Repetiert man preußische Jahreszahlen.
In der sogenannten Ruhmeshalle,
Von Schwertgeklirr und Wogenpralle
Und ähnlichen Geräuschen durchweht,
Verhält man den Atem zu stillem Gebet.
Hier fühlt man, den schauernden Blick nach oben,
Vom Geist der Vergangenheit sich umwoben.
Herr Oberlehrer Schrimm produziert sich alsbald,
Inmitten von diesem Pompe funèbre,
In der deutschen Siegesbewahranstalt
Als launiger Anekdotengräber.
Vor einem von den vermotteten Rossen
Belehrt Herr Schrimm seinen staunenden Sprossen:
Dies wäre dem alten Fritz dauernd unterm Leibe erschossen.
Vor Bismarcks Küraß und Zubehör
Verharrt Herr Schrimm mit dem Bemerken:
Er müßte sich an dieser geistigen Wehr
Erheben beziehungsweise stärken.
Frau Schrimm notiert sich hie und da ein Wort
Für ein Gedicht im Luisenhort.
Auf dem Heimweg wird das Erschaute
Noch einmal kurz zusammengefaßt.

Zu Hause dann, an Hand einer Laute,
Fällt man dem Untermieter zur Last.
Da singt man gemeinsam den König von Thule
In der Bearbeitung für die höhere Schule.

Bayreuth

Und wieder zieht nach Oberfranken
Das Heer der Nibelungenkranken
In sanfter Götterdämmerung.
In Loden, Erdgeruch und Gala
Marschieren sie dann auf Walhalla
Zwecks Hirn- und Seelenkräftigung.

In Größenwahnfried bügeln heiter
Der Heil- und Siegfried und so weiter
Die deutsche Seele wieder glatt.
Hier übergibt er dem Verkehre,
Was er mit allem Zubehöre
Ererbt von seinen Vätern hat.

Hier wandeln deutsche Generale
Als unentwegte Parsifale.
Es braust ein Ruf wie Donnerhall,
Und im Kostüm der Merowinger
Die gutgenährten Meistersinger
Mit Schwertgeklirr und Wogenprall.

Frau Cosima, die hehre Minne,
Die kalkuliert die Reingewinne.
Mit Blick auf Richards Marmorbild,
Und singt: Das eine kommt ins Kröpfchen,
Das andere ins Stahlhelmtöpfchen.
Und schaurig schwingt sie Schwert und Schild.

Und Siegfried läuft als schicker Gent rum
In diesem deutschen Wesenszentrum
Als echter Musensohn des Teut.
Am Fuße düstrer Epitaphen
Stellt er sich jedem Photographen
Als Herzog Siegfried von Bayreuth.

Geographie

In allen Gymnasien
Hängt ein Merkator-Planiglob an der Wand.
Der Herr Oberlehrer umfährt die Kontur mit der Hand:
„Wir kommen zu Asien!
Wie wir sehen, ist Asien allerdings
Ein ganz respektabler Komplex." –
„Herr Professor, was ist das da links
Für ein bunter Klecks?" –
„Ich dachte, den kennen wir schon etwas näher!
Ihr seid mir traurige Europäer!" –
Alles starrt auf den Planigloben.
„Wo ist da Deutschland? Der Punkt da oben?" –
Der Herr Oberlehrer schaut ernst durch die Brille.
Da ist alles stille.
„Fahren wir fort! Die mongolische Rasse
Bevölkert Mitte, Osten und Norden.
Den Süden dagegen mehr die indische.
Die Asiaten sind durchweg hündische,
Unzivilisierte Horden.
Kultur und Religion haben diese Barbaren

Erst von europäischen Missionaren.
Im Osten (ich zeige sie mit dem Stab an)
Liegen China und Japan." –

„Herr Professor, von den Chinesen
Hab' ich was in der Zeitung gelesen." –
„Jawohl, das Gesindel kämpft gegen unsre Religion
Und die Segnungen unsrer Zivilisation.
Dahinter stecken natürlich die Roten.
Übrigens hab' ich euch das Zeitunglesen verboten.
Nun kommen wir in die südlichen Zonen,
Wo die indischen Völkerstämme wohnen." –

„Herr Oberlehrer, entschuldigen Sie,
Was heißt: Indische Autonomie?" –
„Das sind Dinge, die ihr nicht versteht!
Bleiben wir bei der Geographie:
Hier liegt Tibet!" –

„Herr Professor, Deutschland ist doch so klein.
Warum heißt es: Deutschland über alles?" –
„Das macht: Deutschland gilt allgemein
Als Mittelpunkt des Erdenballes.
Der deutsche Geist in der Welt voran
Von Amerika bis nach Asien!" –
Die Jungen schauen einander an.
Es gibt eben Dinge zwischen Gott und Gymnasien,
Die Schülerweisheit nicht fassen kann.

Johannes R. Becher
1891–1958

Die Glücksjagd

Nachts fiel ein Glücksschein durch die Vorhangspalte,
Und die Tapeten fingen an zu blühn,
Das Glück warf Wellen, eine kühle Falte
Umschmiegte ihn, herauf bis zu den Knien.

Er blieb die Nächte wach vor Glücksverlangen.
Er suchte festzuhalten mit dem Blick
Ein Bild vom Glück. Vielleicht ließ es sich fangen.
Er machte einen Ausflug in das Glück.

Ein Glücksrad drehte sich. Er nahm ein Los.
Er spielte in der Großen Lotterie.
Das Glück fiel einem andern in den Schoß.
Er spielte wieder, und das Glück kam nie.

Es waren Zauberbuden aufgeschlagen.
Man ging ins Glück. Das Glück war aller Ziel.
„Wo wohnt das Glück?" schien jeder sich zu fragen.
Wenn so viel suchten, blieb vom Glück nicht viel.

Es spielte eine Ziehharmonika.
Wenn man das Glück jetzt bei der Hand ergreift?!
Er tanzte um das Glück. Das Glück war nah.
Ihm war, als hätte ihn das Glück gestreift.

„Komm, bleib bei mir!" sprach er, „du Süße, Gute!"
Das Mädchen sagte nur: „Ich bin so frei."
Er flog ins Glück. Die Glücksminute
War, eh er sie noch dachte, schon vorbei ...

Und eine Stimme rief: *„Das Glück gewagt!"*
Da rannten alle geifernd um die Wette.
Ein Glücksschwein grunzte. Tolle Jagd.
Glücksringe trugen sie und Amulette.

Sie zogen Messer, um sich abzuschneiden
Ein Stück vom Glück. Ein Stück nur, nur ein Stück!
Mit blutiger Brust und offenen Eingeweiden,
So lagen sie entlang dem Weg zum Glück.

Bei jedem Schritt, den er nun ging, vertrat
Ein anderer ihm den Weg zum Glück. Verflucht!
Vielleicht gibt man ein Inserat
In einer Zeitung auf: „Glück" wird gesucht!

Vielleicht, wer weiß, wohnt Glück dicht nebenan,
Man braucht nur hinzugehn und anzuläuten,
Vielleicht auch weiter: mit der Eisenbahn
Fährt man, denn Reisen kann oft Glück bedeuten ...

Er lag im Schlaf. Er hörte deutlich, wie
Das Glück sang mittendrin in seinem Zimmer.
Er summte in dem Schlaf die Melodie.
Er lag schon wach und summte sie noch immer.

Er hat den Vorhang weit, weit aufgezogen.
Vielleicht bricht jetzt das große Glück herein!
Kein Glück war da. Das Lied war weggeflogen.
Er fragte sich: „Was ist das – Glücklichsein?"

Da rannten schon die Leute auf der Straße,
Sie stürzten aus den Häusern sich heraus.
Er sog den Duft des Glücks durch Mund und Nase.
Es roch nach Glück. Es strahlte jedes Haus.

Der Krieg! Der Krieg! ... Er griff nach dem Gewehr,
Und alle jubelten ihm zu: „Viel Glück!"
In gleichem Schritt und Tritt ging nebenher
Das „Glück". Er ließ gern, was er war, zurück ...

Er lag schon wochenlang im Schützengraben.
Er machte jeden Tag sich einen Strich
In sein Notizbuch: Glück muß man halt haben.
Das Glücksschwein grunzte und verbeugte sich.

Es hagelte das Glück auf ihn hernieder,
Er hatte Glück, er war zum Glück nicht tot.
Er suchte sich zusammen seine Glieder
Und kehrte heim, als sich das Glück ihm bot.

Ballade vom Mann,
dem es immer besser ging

I

Am Sonntag aß er Braten.
Er sparte von dem Lohn
Und kaufte sich auf Raten
Ein elektrisches Grammophon.

Er zog in eine Laube
Und pflanzte sich ein Beet,
Er lachte froh: „Ich glaube,
Daß es jetzt besser geht –

Es geht uns immer besser,
Bald wird's am Besten sein –"
Er schnitt mit seinem Messer
In alle Rinden ein

Ein Hakenkreuz, das Zeichen,
Von dem er täglich hört:
Es bringt die Not zum Weichen,
Daß nichts das Glück mehr stört.

Zwar hört' er manchen schwätzen
Von Unfug und Betrug,
Er ließ sich nicht verhetzen,
Er sagte: „Glücks genug."

II

Mit Trommeln und mit Blasen
Kam eines Tags die Zeit,
Ein Marsch ging durch die Straßen,
Es schallte weit und breit:

„Es kann nicht besser werden,
Der Feind läßt uns nicht Ruh,
Er schließt vor uns der Erden
Gewaltige Schätze zu."

Als er am Radio drehte,
Sang es: „Volk, ans Gewehr!"
Er sah hinaus und spähte,
Ob nah der Feind schon wär –

Es fragte in der Stille
– dazwischen schlug die Uhr –
„Sag, Mann, ist es dein Wille,
Was hier geschieht? Sag nur:

Wozu sind die Paraden,
Warum – es fragte leis –
Die Lager, vollgeladen
Mit Allerlei – man weiß –

Wozu sind wohl die Straßen
So breit durchs Land gebaut –
Man spricht von neuen Gasen –
– pst! sprich doch nicht so laut!"

Er konnt nicht Antwort finden,
Er stand da, wie verwirrt –
Da hörte er verkünden:
„Damit es besser wird!"

Der Mann blieb nicht lang stehen,
– „sonst komm ich noch zu spät" –
Er dacht' ans Bessergehen,
Damit sich's besser geht.

Er fuhr in einem Wagen
Wohl tage-, nächtelang,
Und wieder kam das Fragen,
Er aber fuhr und sang –

Er lag auf einem Felde,
Er lag und schoß voll Wut,
Er lag stramm da, als melde
Er sich: „Es geht mir gut."

Sprung auf, marsch marsch – da flogen
Geschosse rings zuhauf,
Ein dröhnend Dach, so zogen
Flugzeuge dicht herauf.

Es wurde immer besser,
Der Mann kam nicht zu spät.
Er wurde blaß und blässer,
Er sah ein Leichenbeet –

„Je eher, desto lieber –
Es kann nur besser sein –"
Er hörte sich im Fieber
Weit durch die Felder schrein:

„Du Stimme, die mich fragte,
Du hattest leider recht,
Es geht mir besser, sagte
Ich, und es ging mir schlecht –

Könnt wieder gut ich's machen!"
Er rang nach Luft und rang –
Es war ein irres Lachen,
Das durch die Felder sprang.

Spanische Inquisition

Er stand gefangen da in ihrem Haufen.
„Was bist du?! Sag:
        ‚Ich – bin ein – Juden – schwein'."
Es wurde still. Er hörte nur ein Schnaufen.
Wie lange wird es noch so stille sein?!

Er horchte, um die Antwort dort zu finden
In dieser Stille: sag, was bin ich, sag!
Schon sah er um sich her den Haufen schwinden.
Da holte einer aus zum ersten Schlag:

„Was – bist – du? Ein – verfluchtes – Juden –"
    „Nein!"
Warf der Gefangene sich dem Schlag entgegen.
– O würde es noch einmal stille sein.
Dann wüßte ich – ... Und unter ihren Schlägen

Wuchs er empor, und wie er höher ragte
Als alle rings, da sah er weit um sich
Die Welt. Es war die Welt, die ihn befragte:
„Was bist du, sag! Wir alle hören dich."

„Ich bin –, ich – bin – ein" ... O welch jubelnd Glück
Dies Wort, es riß ihn los aus ihren Banden!
Da wichen sie entsetzt vor ihm zurück,
Als sei ein Geist vor ihnen auferstanden –

„Ein – Mensch! Ich – bin – ein – ein – Mensch!"
        O neugeboren
Ward hier der Mensch in seiner Folterqual.
Es brauste seinen Henkern in den Ohren,
Als hörten sie dies Wort zum erstenmal,

Und duckten sich, und Schritt für Schritt, so schlichen
Sie auf den Menschen in der Mitte zu.
Sie maßen ihren Feind, den fürchterlichen.
Sie schoben vor das Kinn und knurrten „du" –

„Ich bin ein Mensch!" So hörten sie ihn schwören.
Er hob die Hände, als er niederbrach.
„Ich bin ein Mensch!" Es klang ihm wie in Chören
Die eigene Stimme. Klang im Tod ihm nach.

Ballade
von der großen Rechnung

Versammelt waren einst die Herrn der Welt.
Die große Rechnung wurde aufgestellt.

So saßen sie. Es wurde Tag und Nacht.
Und draußen ging – und draußen ging die Schlacht...

Tabellen leuchteten empor die Wand,
Darauf in Licht die Zahl geschrieben stand.

Von Erdöl sprachen Zahlen und von Stahl,
Von Schiffstonnage – Anno dazumal –,

Es sprach die Zahl von Nickel und von Zinn
– vielstell'ge Zahlen liefen her und hin –,

Der Weizen sprach, er rühmte seine Pracht,
Ein Kraftwerk sprach, es sprachen Werft und Schacht,

Es sprach das Holz, es nannte seinen Preis,
Baumwolle sprach, es sprachen Reis und Mais,

Die Kohle sprach, sie sprach ein ernstes Wort –
So sprachen sie bis in den Morgen fort:

Die Erdenkräfte und die Menschenkraft
Erschienen hier und gaben Rechenschaft.

Tabellen leuchteten empor die Wand...
Hier sprach man nicht von „heil'gem Vaterland",

Hier hieß der Krieg nicht „sittliches Gebot",
Hier war kein Volk, hier war nicht „Volk in Not".

Hier gab es keine Ehre, keine Schmach,
Hier fand sich keiner, der von alldem sprach.

Hier hatte Krieg nicht ein „erhaben Ziel".
Hier wurde nur gefragt: „Wie hoch? Wieviel?"

Hier hatte keiner Heldentum gewählt.
Es wurde nur berechnet und gezählt

In diesem Kreis, der hier versammelt war.
Die Herrn der Welt: sie sprachen frei und klar.

So saßen sie. Es wurde Tag und Nacht.
Und draußen ging – und draußen ging die Schlacht ...

Es ging um Kupfer, ging um Zink und Blei
– darüber aber schwieg das Kriegsgeschrei –,

Es ging um Kautschuk, ging um Blei und Zink,
Es brannten Städte ab auf einen Wink,

Durch Lüfte heulten Berge von Metall,
Die Panzer rollten an, Wall gegen Wall,

Flüssiges Feuer in die Gräben schoß,
Darin das Feuer brennend weiterfloß,

Ein Eisenhagel prallte auf Zement,
Dort hielt noch stand ein letztes Regiment.

Es springt die Erde auf, ein schwarzer Sprung,
Und schüttet weithin Rauch und Dämmerung,

Es schleicht das Gas heran, erstickt, versengt,
Und Bunkertürme werden aufgesprengt.

Es war das Meer auch unterm Meer bewacht,
Es sank ins Meer gestaute Menschenfracht,

Und neue Heere kamen zum Versand,
Es zog ihr Todesmarsch durchs Niemandsland ...

Die Herrn der Welt bewiesen ihre Macht,
Und draußen ging – und draußen ging die Schlacht.

Versammelt waren einst die Herrn der Welt.
Die große Rechnung wurde aufgestellt.

Der Boten viele kamen angeeilt.
Die Welt ward aufgeteilt und neuverteilt ...

Aus jedem Grab hervor kroch eine Zahl.
Vielstell'ge Zahlen kamen in den Saal.

Tief aus der Erde, aus dem Meeresgrund:
Die Toten wurden Dollar, Mark und Pfund ...

Es hingen viele in dem Stacheldraht –
Sie aber saßen in dem Hohen Rat

Und rechneten, und sie erstaunten fast:
Gewinn fiel ab mit jeder Bombenlast.

Gewinn, Gewinn schoß in die Luft die Flak.
Gewinn ergab das torpedierte Wrack.

Die schweren Mörser zeigten ihre Wucht.
Die Todesschlucht – ward als Gewinn verbucht.

Ein jeder Tote machte sich bezahlt,
War von der Glorie des Gewinns umstrahlt.

Die Kurve seht, die in die Höhe klimmt!
Es wächst Gewinn! Die große Rechnung stimmt!

So saßen sie. Es wurde Tag und Nacht.
Die Herrn der Welt bewiesen ihre Macht.

Nichts konnte sie erweichen und verwirrn –
Hier hatte jeder eine Eisenstirn.

Nicht einer, dem's vor seinen Taten graut –
Hier hatte jeder seine Eisenhaut.

Nicht einer, der die Nerven je verlor –
Ihr Herz war ein gepanzerter Tresor.

Ob sie Millionen auch zu Tode trifft –
Die Eisenhand vollzieht die Unterschrift.

Versammelt waren einst die Herrn der Welt.
Die große Rechnung wurde aufgestellt.

Und einer las die große Rechnung vor.
Da sprach es mit ... War es ein Geisterchor?

„Die Rechnung stimmt!" So sprach es mittendrein,
Um dann von allen Seiten aufzuschrein:

„Und dennoch ist die Rechnung fehlerhaft!
Wir sprechen mit! Hier spricht die Menschenkraft!"

Da saß der Hohe Rat, und er befahl.
Die Eisenstirne dachte eine Zahl,

Die Eisenfaust nahm jene Zahl und schlug –
Doch war die Zahl, *die* Zahl nicht stark genug.

„Wir sprechen mit!" so rief es, ungezählt,
„Wir sind die Zahl, die in der Rechnung fehlt!"

Und was die Eisenhand auch unterschrieb,
Die eine Zahl verschwand, die andre blieb ...

„Es hat das Wort nunmehr die Überzahl!"
Vielstell'ge Zahlen kamen in den Saal.

Es sprach die Zahl, die gegenüberstand:
„Du, Eisenstirne, und du, Eisenhand!

Ihr, Eisenherzen, und du, Eisenhaut!"
– der Überzahl Gemurre wurde laut –

„Ihr habt ... ihr habt zu Zahlen uns gepreßt!
Nun feiern wir ein Auferstehungsfest –

Ihr preßt Gewinn aus jedem Menschenleid,
Ihr, die ihr tausendfache Mörder seid –

Die Kurve seht, die in die Höhe klimmt!
Ihr Herrn der Welt! Die große Rechnung stimmt!"

So sprachen sie. Es wurde Tag und Nacht.
Und draußen ging – zu Ende ging die Schlacht.

Es sprach die Ehre, und es sprach die Schmach.
Die Wahrheit sprach, wie sie noch niemals sprach.

Es sprach sein Wort das menschliche Gebot.
Es sprach das Volk. Es sprach das Volk in Not.

Hier sprach der Held, der seinen Dichter fand.
Es sprach ein heilig-freies Vaterland ...

So sprachen sie, und alle sprachen mit.
Ein jedes Wort war gleicher Schritt und Tritt.

Es wurde Tag und Nacht. Es wurde Tag.
„Die Rechnung stimmt!" verkündet Trommelschlag.

Ballade vom Lügenberg

Es war einmal ein großer Lügenberg,
Den türmte vor uns auf ein Lügenzwerg,
Und immer höher ward der Berg getürmt,
Verderben kam von ihm herabgestürmt,
Und Unheil spie der Berg wie ein Vulkan.
Wie kommen wir nur an den Berg heran!
Der „Berg des Heils" ward dieser Berg genannt.

Als Lügenberg war er uns wohlbekannt.
Damit sich keiner diesem Berge naht,
War er umzäunt mit viel, viel Stacheldraht.
Es sprach der Lügenzwerg, bei jedem Wort
Wuchs hoch der Berg, der Berg wuchs fort und fort.
Ein jeder trug an dieser Lügenlast,
Oh, dieser Berg war allen schon verhaßt.
Mit seinen Lügen schlug er auf uns ein,
Und um den Berg rings lagen Gräberreihn,
Denn er schlug zu mit seiner ganzen Kraft.
Der Lügenzwerg – er log lawinenhaft.
Da gruben wir von unten einen Gang,
Gar manchem ward am Anfang dabei bang,
Doch Gänge trieb man vor schon überall.
So bringen wir den Lügenberg zu Fall.
Und so, als wär der Berg tief innen wund,
War oft zu hör'n ein Stöhnen auf dem Grund,
Und manchmal zitterte sein Schwergewicht,
Als drängte es von unten her ans Licht.
Es war der Berg von unten her belebt,
Seht, wie der schwere Lügenberg sich hebt!
Bei jeder Lüge, die sich türmte oben,
Hat sich der Berg von unten her erhoben.
Wohl log noch obenauf das Zwerggespenst,
Im Berge innen aber tobt's und brennt's,
Die Lüge sprach: „Ich bin des Volkes Retter!"
Die Wahrheit widersprach, ein schlagend Wetter.
Der Wahrheit Stimme drang durchs Lügenreich,
Und ein Kommandoruf erscholl: „Zu-gleich!"
Millionen haben unten angefaßt,
Da schwankt' des Lügenberges Riesenlast.
So ward der Berg von unten aufgesprengt.
Nun spricht sich jeder offen aus und denkt,
Ein jeder denkt: O blutige Schatten weit
Warf dieser Berg! Welch eine Dunkelheit!
Und streift die Schatten sich aus dem Gesicht
Und sagt erstaunt: Ich seh, seh wieder Licht!
Und jeder sieht die Sonne wieder scheinen
Und schämt sich nicht, muß er vor Freude weinen.

Ballade
von der Kleeblatt-Division

Sie nannte sich die Kleeblatt-Division,
So rollte sie vom Westwall bis Lyon
Und brachte überall den Feind zum Weichen.
Vier Blätter grünen Klees trug sie als Zeichen.

In einem Kleefeld blühte roter Mohn.
Nach Rußland zog die Kleeblatt-Division.
Wie viele schon im grünen Kleefeld ruhten!
Das weite grüne Kleefeld schien zu bluten.

Wie viele ruhten in dem Kleefeld schon.
In Rußland lag die Kleeblatt-Division.
Da kam der Herbst mit Nebel und mit Regen.
Der Klee verwelkte an verschlammten Wegen.

Dort, wo das Kleefeld war, lag tief der Schnee.
Das weiße Schneefeld deckte zu den Klee.
Bleib grün, du, unser Kleeblatt! Laßt uns singen:
Das Glück der Heimkehr sollst du uns noch bringen!

„Kehr heim, mein Kleeblatt!" schrieb in wehem Ton
Gar manche Mutter an die Division.
Und mancher schrieb zurück: „Das Kleeblatt hat
Kein Glück mehr, ach, es ist ein welkes Blatt...

Ich glaube nicht mehr, Mutter, daß ich je
Die Heimat wiederseh... Heimat, ade!
Wird dich hier dieser Abschiedsgruß erreichen?
Vier Blätter welken Klees schick ich als Zeichen."

Und als der Frühling kam, der Sonne Scheinen
Schmolz all den Schnee, da taute es wie Weinen:
So viele Mütter weinten um den Sohn...
Und das war einst die Kleeblatt-Division.

Hitlers kleine Friedens-Chronik
oder
Wofür Hitler Krieg führt

Wofür man Krieg führt und *weswegen*,
Die Frage macht gar oft verlegen.
Man führt verschiedene Gründe an,
Die man nicht recht begründen kann.
Den wahren Grund laßt uns erfahren,
Um uns vor Schaden zu bewahren!...

Herr Hitler hatte ein Ideal,
Das reiste mit von Saal zu Saal,
So reiste er jahraus, jahrein
– er muß ideal veranlagt sein –.
Und das Ideal posaunte laut:
„Ein Friedenswerk wird aufgebaut!"
Herr Hitler, leis, sprach dicht daneben:
„Ich werde niemals Frieden geben!"
Und laut: „Ich diene nur dem Frieden!"
Und leis: „Errichtet Waffenschmieden!"
Und laut: „Baut Straßen und Maschinen!"
Und leis: „Damit dem Krieg sie dienen!"
So sprach er laut, so sprach er leis,
So oder so, wie jeder weiß.
Den Dummen, die nie alle werden,
Sang er sein „Friede-sei-auf-Erden!"

Es zog bald ein in Wien und Prag
Ein Friede von besonderem Schlag.
Herr Hitler hatte ein Ideal.
Der Friede brachte Skoda-Stahl
Und Steyrer-Erz und Tschechenkronen,
So schien *der* Friede sich zu lohnen.
Nicht um den Appetit zu stillen,
Er tat's des lieben Friedens willen.

Der Friedensführer fuhr nach Danzig
Und widmete dem Frieden ganz sich,
Um alsbald in das Reich die Polen
Aus Friedensliebe heimzuholen.
Die dankten ihm die Friedenstat
In Lagern, hinter Stacheldraht.
Und er erklärte feierlich:
„Seht her! Der Friede, das bin *ich*!"

Und ihn ergriff ein solches Sehnen,
Den Frieden weiter auszudehnen,
Daß, friedenslieb und ohne Arg,
Umarmte er Klein Dänemark.
Er war gelandet in Norwegen

Und brachte dorthin seinen Segen,
Er zog hinein nach Belgien auch,
Besetzte es nach Friedensbrauch,
Und alsbald zog in Amsterdam
Gepanzert ein das Friedenslamm.
Um weiter westlich vorzurücken
Und Frankreich an sein Herz zu drücken,
Er rückte ein, doch nicht mehr aus
Und drückte Frankreich friedlich aus.
Es sah sich unser Friedensmann
Den ganzen Balkan friedlich an.

Und er erklärte ganz entschieden:
„Es geht um nichts als um den Frieden!"
Als Friedensfreund und als Garant
Des Friedens ward er weltbekannt.
Er baute auch an Friedensbrücken,
Um England an sein Herz zu drücken,
Doch für sein Friedensideal
Nicht schmal genug war der Kanal.
Den Frieden wollt er nicht verlieren,
Und so erfand er das Radieren.
Die Bomben fielen, dicht und schwer,
Sie fielen hin und fielen her,
Doch hatte er damit kein Glück,
Sie fielen auf ihn selbst zurück.
Und ganz und gar verdarb sein Spiel
Der Bombenhagel, der nun fiel,
Und machte bald zum Spielverlierer
Den großen Städte-Ausradierer.
Der Friede war sein Ideal.
Dem Frieden diente er total.
Auch als er Rußland überfiel,
Da hatte er ein Friedensziel.
Ein jeder konnte es ihm glauben,
Wenn man ihn morden sah und rauben.
Und, wie es sich für ihn gehört,
Ließ keinen Ort er unzerstört,
Wohin er setzte seinen Fuß
Und brachte seinen Hitlergruß.
Er tat dies selbstverständlich nur
Von wegen friedlicher Natur,
Und auf der Trümmer Überrest
Gab er sich selbst ein Friedensfest.

Doch da der Welt dies Spiel mißfiel,
Erfand er nun sein Kreuzzugsspiel.
Herr Goebbels tat wie toll begeistert,
Wie Hitler auch *den* Schwindel meistert,
Und hat, was schon an Glanz verliert,
Das Hitler-Standbild aufpoliert.

Und Hitler sprach im Reichstagssaal

Und gab Europa ein Ideal.
Damit der Kreuzzug wohl gelinge,
Versprach er viele schöne Dinge,
Dem einen dies, dem andern das,
Wer vieles gibt, gibt jedem was.
Den Ungarn gab er einen Brocken,
Um die Rumänen zu verlocken,
Die fletschten schon mit ihren Zähnen,
Ein Brocken fiel an die Rumänen,
Und beiden gab er Siebenbürgen,
Um damit beide zu erwürgen.
Er scharte um sich mit Fanfaren
Slowaken teils und teils Bulgaren,
Doch bald begannen die Slowaken
Die Waffen wieder einzupacken;
So drückten viele sich davon
Aus Hitlers Kreuzzugs-Legion.
Auch liebten nicht den Kriegsausdehner
Die vielgeschlagenen Italiener.
Und er versprach und er versprach
Und half auch drohend etwas nach,
Den Schweden droht er mit den Finnen,
Daß die allein den Krieg gewinnen,
Den Finnen droht er mit den Schweden –
So hetzt er jeden gegen jeden
Und gibt auch jedem seinen Segen:
Europas und des Friedens wegen.

Einmalig, schon zum x-tenmal,
Erwies er sich als zu genial
Und schlug und schlug Vernichtungsschlachten
Woraus die Russen sich nichts machten,
Der Blitzkrieg wurde eingekesselt,
Die Front erstarrte wie gefesselt,
Das Wetter wurde kühl und kühler,
Und er zog ein die Friedensfühler,
Bis eines Tags er mußte weichen.
Den Frieden konnt er nicht erreichen.

Es wurde Hitler ungemütlich,
Denn täglich, stündlich und minütlich
Traf eine Hiobsbotschaft ein.
Kein Volk mehr wollte friedlich sein.
So wurde Hitlers Friedensboten
Gar oft kein Friedensgruß entboten,
Und andere Grüße wurden sacht
Nachts um die Ecke dargebracht.
Und außerdem, Amerika
Trat ihm allmählich allzu nah.
Die Front ergriff ein Heimverlangen,
Sie wollte endlich heimgelangen.
„Hör, Führer!" rief sie, „führ uns heim,
Führ uns nicht weiter auf den Leim!"

Es wollte keiner Blut mehr spenden.
„Wann wird der Krieg nun endlich enden!"
Ganz Deutschland fragte schon zuviel.
Und Hitler gab ein neues Ziel.

Mit Siegen war nicht mehr zu prahlen,
Er ließ das Spiel mit den Idealen,
Und Goebbels schrieb in dieser Lage:
Der Krieg ist eine Magenfrage.

Ist dieses Ziel nicht zu banal?
Jetzt ist der Magen das Ideal.
Ein Ideal im wahrsten Worte
Von rassereinster Edelsorte.

Als Kriegsziel wurde uns enthüllt:
Es wird nur noch der Bauch gefüllt.
Doch muß man dazu weiterfragen:
Sagt, *welcher* Bauch und *welcher* Magen!
Die Antwort bleibt uns Hitler schuldig,
Doch *wir* sind schon zu ungeduldig
Und wollen endlich einmal wissen,
Wofür so viele sterben müssen!

Das Kriegsziel, bisher ungenannt,
Das machen *wir* nunmehr bekannt:

Es ging um Frieden nie und Ehre,
Das alles waren Phrasen leere,
Um Freiheit nicht, nicht um Kultur,
Das waren die Fassaden nur.
Ideale werden abgeblasen,
Nur um zu brüllen neue Phrasen.

Den wahren Kriegsgrund laßt euch sagen:
ES GEHT UM EINEN GROSSEN MAGEN!

Den Magen hat der Aktionär,
Das Kriegsziel wär nicht populär,
Weshalb auch Hitler unterschlägt
Den Grund, der ihn zum Krieg bewegt.

Es sind die Nazi-Plutokraten,
Die teilen sich den Hitlerbraten.
Die Statthalter und Hoheitsträger,
Die Henker und die Menschenjäger
Mitsamt der Bonzen Raubgesindel
Verdienen groß am Hitlerschwindel.
Es geht um nichts als um *den* Fraß!
Ein Fressen, sag ich euch, ist das!
Die Fressen schaut euch an, die Fratzen,
Die Bäuche, die schon schier zerplatzen,
Was haben die nicht ausgefressen!
Das bleibe ewig unvergessen!
Das ist der Großverdiener-Krieg,
Und dem winkt nimmermehr ein Sieg!
Das ist des Hitlerkrieges Ziel!
Wohl jedem, der *dafür* nicht fiel
Und der *dem* Ziel entgegensetzt –
Ein *anderes* Ziel! Zu guter Letzt
Sei *dieses* Ziel, kurz ausgedrückt,
In einem Vers euch nahgerückt:
Daß wir von Hitler uns befrein,
Soll unser heiliges Kriegsziel sein!
Und wer verwirklicht *dies* Ideal,
Dem tönt des Volkes Dankchoral.

Bauernballade

Die Erde war uns eine Last.
Es war die Arbeit uns verhaßt.
    Wofür? Warum? Wozu? Für wen?
    Für fremder Herren Wohlergehn.

Wir gaben unser Letztes her.
Im Grab noch drückt die Erde schwer.
    Wofür? Warum? Für wen? Wozu?
    Und auch der Tote fand nicht Ruh.

Da flog die Herrschaft nächtlich aus.
Verlassen stand das Herrenhaus.
    Wofür? Für wen? Wozu? Warum?
    Es kehrten sich die Zeiten um.

Die Erde wird verteilt gerecht,
Sein eigner Herr ist jeder Knecht.
    Für wen? Wozu? Warum? Wofür?
    Wir stehen abends vor der Tür:

Der Wind durch unsre Felder streicht,
Es wurde uns die Erde leicht.
    Warum? Für wen? Wofür? Wozu?
    Wir sagen zu der Erde: „Du!"

Du, die uns nimmer ruhen läßt,
Gefeiert sei beim Erntefest!
    Warum? Wofür? Wozu? Für wen?
    Für unsres Volkes Auferstehn!

Für unser aller Wohlergehn!

Hermann Kesten
geb. 1900

Das arme Opfer

Mein Weib lief mir im Krieg davon
Und starb in einem Bordell.
Zur selben Stund nahm man mich fest
In einem Stundenhotel.

Ich war ein armer Deserteur,
Das hatte ich davon.
Und als der Krieg zu Ende war,
Da war Revolution.

Ich ging zur Revolution.
Geschwind nahm man mich fest,
Weil man die armen Kerle nicht
Die Welt verbessern läßt.

Als man mich aus dem Kerker schob,
War alles regulär.
Die Polizei gab acht im Land,
Daß nirgends Freiheit wär!

Erst ging ich links, jetzt geh ich rechts,
Hab manchen Mann gekillt
Und der Enttäuschung bittern Durst
In der Verräter Blut gestillt.

Nun bin ich beinah vierzig Jahr,
Mein Aug wird welk, mein Haar wird grau.
Und wenn der Sommer wiederkommt,
Sind alle Himmel wieder blau.

    Und wenn der Sommer wiederkommt,
    Ist selbst das Gras am Boden grün!
    Mein Haar ist grau, mein Auge welk,
    Und meine gute Zeit dahin!

Bertolt Brecht
1898–1956

Moderne Legende

Als der Abend übers Schlachtfeld wehte
Waren die Feinde geschlagen.
Klingend die Telegrafendrähte
Haben die Kunde hinausgetragen.

Da schwoll am einen Ende der Welt
Ein Heulen, das am Himmelsgewölbe zerschellt'
Ein Schrei, der aus rasenden Mündern quoll
Und wahnsinnstrunken zum Himmel schwoll.
Tausend Lippen wurden vom Fluchen blaß
Tausend Hände ballten sich wild im Haß.

Und am andern Ende der Welt
Ein Jauchzen am Himmelsgewölbe zerschellt'
Ein Jubeln, ein Toben, ein Rasen der Lust
Ein freies Aufatmen und Recken der Brust.
Tausend Lippen wühlten im alten Gebet
Tausend Hände falteten fromm sich und stet.

In der Nacht noch spät
Sangen die Telegrafendräht'
Von den Toten, die auf dem Schlachtfeld geblieben – –
Siehe, da ward es still bei Freunden und Feinden.

Nur die Mütter weinten
Hüben – und drüben.

Karsamstagslegende
Den Verwaisten gewidmet

Seine Dornenkrone
Nahmen sie ab
Legten ihn ohne
Die Würde ins Grab.

Als sie gehetzt und müde
Andern Abends wieder zum Grabe kamen
Siehe, da blühte
Aus dem Hügel jenes Dornes Samen.

Und in den Blüten, abendgrau verhüllt
Sang wunderleise
Eine Drossel süß und mild
Eine helle Weise.

Da fühlten sie kaum
Mehr den Tod am Ort
Sahen über Zeit und Raum
Lächelten im hellen Traum
Gingen träumend fort.

Legende vom toten Soldaten

1
Und als der Krieg im vierten Lenz
Keinen Ausblick auf Frieden bot
Da zog der Soldat seine Konsequenz
Und starb den Heldentod.

2
Der Krieg war aber noch nicht gar
Drum tat es dem Kaiser leid
Daß sein Soldat gestorben war:
Es schien ihm noch vor der Zeit.

3
Der Sommer zog über die Gräber her
Und der Soldat schlief schon
Da kam eines Nachts eine militär-
ische ärztliche Kommission.

4
Es zog die ärztliche Kommission
Zum Gottesacker hinaus
Und grub mit geweihtem Spaten den
Gefallnen Soldaten aus.

5
Der Doktor besah den Soldaten genau
Oder was von ihm noch da war
Und der Doktor fand, der Soldat war k. v.
Und er drückte sich vor der Gefahr.

6
Und sie nahmen sogleich den Soldaten mit
Die Nacht war blau und schön.
Man konnte, wenn man keinen Helm aufhatte
Die Sterne der Heimat sehn.

7
Sie schütteten ihm einen feurigen Schnaps
In den verwesten Leib
Und hängten zwei Schwestern in seinen Arm
Und ein halb entblößtes Weib.

8
Und weil der Soldat nach Verwesung stinkt
Drum hinkt ein Pfaffe voran
Der über ihn ein Weihrauchfaß schwingt
Daß er nicht stinken kann.

9
Voran die Musik mit Tschindrara
Spielt einen flotten Marsch.
Und der Soldat, so wie er's gelernt
Schmeißt seine Beine vom Arsch.

10
Und brüderlich den Arm um ihn
Zwei Sanitäter gehn
Sonst flög er noch in den Dreck ihnen hin
Und das darf nicht geschehn.

11
Sie malten auf sein Leichenhemd
Die Farben Schwarz-Weiß-Rot
Und trugen's vor ihm her; man sah
Vor Farben nicht mehr den Kot.

12
Ein Herr im Frack schritt auch voran
Mit einer gestärkten Brust
Der war sich als ein deutscher Mann
Seiner Pflicht genau bewußt.

13
So zogen sie mit Tschindrara
Hinab die dunkle Chaussee
Und der Soldat zog taumelnd mit
Wie im Sturm die Flocke Schnee.

14
Die Katzen und die Hunde schrein
Die Ratzen im Feld pfeifen wüst:
Sie wollen nicht französisch sein
Weil das eine Schande ist.

15
Und wenn sie durch die Dörfer ziehn
Waren alle Weiber da
Die Bäume verneigten sich, Vollmond schien
Und alles schrie hurra.

16
Mit Tschindrara und Wiedersehn!
Und Weib und Hund und Pfaff!
Und mitten drin der tote Soldat
Wie ein besoffner Aff.

17
Und wenn sie durch die Dörfer ziehn
Kommt's, daß ihn keiner sah
So viele waren herum um ihn
Mit Tschindra und Hurra.

18
So viele tanzten und johlten um ihn
Daß ihn keiner sah.
Man konnte ihn einzig von oben noch sehn
Und da sind nur Sterne da.

19
Die Sterne sind nicht immer da
Es kommt ein Morgenrot.
Doch der Soldat, so wie er's gelernt
Zieht in den Heldentod.

Von den Sündern in der Hölle

1
Die Sünder in der Hölle
Haben's heißer, als man glaubt.
Doch fließt, wenn einer weint um sie
Die Trän mild auf ihr Haupt.

2
Doch die am ärgsten brennen
Haben keinen, der drum weint
Die müssen an ihrem Feiertag
Drum betteln gehn, daß einer greint.

3
Doch keiner sieht sie stehen
Durch die die Winde wehn.
Durch die die Sonne scheint hindurch
Die kann man nicht mehr sehn.

4
Da kommt der Müllereisert
Der starb in Amerika
Das wußte seine Braut noch nicht
Drum war kein Wasser da.

5
Es kommt der Caspar Neher
Sobald die Sonne scheint
Dem hatten sie, Gott weiß warum
Keine Träne nachgeweint.

6
Dann kommt George Pfanzelt
Ein unglückseliger Mann
Der hatte die Idee gehabt
Es käm nicht auf ihn an.

7
Und dort die liebe Marie
Verfaulet im Spital
Kriegt keine Träne nachgeweint:
Der war es zu egal.

8
Und dort im Lichte steht Bert Brecht
An einem Hundestein
Der kriegt kein Wasser, weil man glaubt
Der müßt im Himmel sein.

9
Jetzt brennt er in der Höllen
Oh, weint, ihr Brüder mein!
Sonst steht er am Sonntagnachmittag
Immer wieder dort an seinem Hundestein.

Ballade vom Tod der Anna Gewölkegesicht

1
Sieben Jahre vergingen. Mit Kirsch und Wacholder
Spült er ihr Antlitz aus seinem Gehirn
Und das Loch in der Luft wurde schwärzer und voll der
Sintflut von Schnäpsen war leer dies Gehirn.

2
Mit Kirsch und Tabak, mit Orgeln und Orgien:
Wie war ihr Gesicht, als sie wegwich von hier?
Wie war ihr Gesicht? Es verschwamm in den Wolken?
He, Gesicht! Und er sah dieses weiße Papier!

3
Wohin immer er fuhr, an vielmal viel Küsten!
(Er fuhr nicht wohin bloß wie du und ich!)
Ihm schrie eine Stimme weiß über den Wassern
Eine Stimme, der ihre Lippe verblich . . .

4
Einmal sieht er noch ihr Gesicht: in der Wolke!
Es verblaßte schon sehr. Da er allzu lang blieb ...
Einmal hörte er noch, fern im Wind, ihre Stimme
Sehr weit in dem Wind, in dem die Wolke hintrieb ...

5
Aber in späteren Jahren verblieben
Ihm nur mehr Wolke und Wind, und die
Fingen an zu schweigen wie jene
Und fingen an zu vergehen wie sie.

6
Oh, wenn er durchnäßt von den salzigen Wässern
Von wilden Winden die wilden Hände zerfleischt
Hinunterschwimmt, vernimmt er als letztes
Eine Möwe, die über den Segeln noch kreischt!

7
Von den grünen Bitternissen, den Winden
Den fliegenden Himmeln, dem leuchtenden Schnee
Und Kirsch und Tabak und Orgeln blieb nichts mehr
Als ein Kreischen in Luft und ein Salzschlücklein See.

8
Aber immer zu jenen hinwelkenden Hügeln
In den weißen Winden des wilden April
Fliegen wie Wolken die blässeren Wünsche:
Ein Gesicht vergeht. Und ein Mund wird still.

Ballade von den Abenteurern

1
Von Sonne krank und ganz von Regen zerfressen
Geraubten Lorbeer im zerrauften Haar
Hat er seine ganze Jugend, nur nicht ihre Träume vergessen
Lange das Dach, nie den Himmel, der drüber war.

2
O ihr, die ihr aus Himmel und Hölle vertrieben
Ihr Mörder, denen viel Leides geschah
Warum seid ihr nicht im Schoß eurer Mütter geblieben
Wo es stille war und man schlief und war da?

3
Er aber sucht noch in absinthenen Meeren
Wenn ihn schon seine Mutter vergißt
Grinsend und fluchend und zuweilen nicht ohne Zähren
Immer das Land, wo es besser zu leben ist.

4
Schlendernd durch Höllen und gepeitscht durch Paradiese
Still und grinsend, vergehenden Gesichts
Träumt er gelegentlich von einer kleinen Wiese
Mit blauem Himmel drüber und sonst nichts.

Von des Cortez Leuten

Am siebten Tage unter leichten Winden
Wurden die Wiesen heller. Da die Sonne gut war
Gedachten sie zu rasten. Rollten Branntwein
Von ihren Wägen, machten Ochsen los.
Die schlachteten sie gegen Abend. Da es kühl wurd
Schlug man vom Holz des nachbarlichen Sumpfes
Armdicke Äste, knorrig, gut zu brennen.
Dann schlangen sie gewürztes Fleisch hinunter
Und fingen singend um die neunte Stunde
Mit Trinken an. Die Nacht war kühl und grün.
Mit heisrer Kehle, tüchtig vollgesogen
Mit einem letzten, kühlen Blick nach großen Sternen
Entschliefen sie gen Mitternacht am Feuer.
Sie schlafen schwer, doch mancher wußte morgens
Daß er die Ochsen einmal brüllen hörte.
Erwacht gen Mittag, sind sie schon im Wald.
Mit glasigen Augen, schweren Gliedern, heben
Sie ächzend sich aufs Knie und sehen staunend
Armdicke Äste, knorrig, um sie stehen
Höher als mannshoch, sehr verwirrt, mit Blattwerk
Und kleinen Blüten süßlichen Geruchs.
Es ist sehr schwül schon unter ihrem Dach
Das sich zu dichten scheint. Die heiße Sonne
Ist nicht zu sehen, auch der Himmel nicht.
Der Hauptmann brüllt als wie ein Stier nach Äxten.
Die liegen drüben, wo die Ochsen brüllten.
Man sieht sie nicht. Mit rauhen Flüchen stolpern
Die Leute im Geviert, ans Astwerk stoßend
Das zwischen ihnen durchgekrochen war.
Mit schlaffen Armen werfen sie sich wild
In die Gewächse, die leicht zittern, so
Als ginge leichter Wind von außen durch sie.
Nach Stunden Arbeit pressen sie die Stirnen
Schweißglänzend finster an die fremden Äste.
Die Äste wuchsen und vermehrten langsam
Das schreckliche Gewirr. Später, am Abend
Der dunkler war, weil oben Blattwerk wuchs
Sitzen sie schweigend, angstvoll und wie Affen
In ihren Käfigen, von Hunger matt.
Nachts wuchs das Astwerk. Doch es mußte Mond sein
Es war noch ziemlich hell, sie sahn sich noch.
Erst gegen Morgen war das Zeug so dick
Daß sie sich nimmer sahen, bis sie starben.

Den nächsten Tag stieg Singen aus dem Wald.
Dumpf und verhallt. Sie sangen sich wohl zu.
Nachts ward es stiller. Auch die Ochsen schwiegen.
Gen Morgen war es, als ob Tiere brüllten
Doch ziemlich weit weg. Später kamen Stunden
Wo es ganz still war. Langsam fraß der Wald
In leichtem Wind, bei guter Sonne, still
Die Wiesen in den nächsten Wochen auf.

Ballade von der Freundschaft

1
Wie zwei Kürbisse abwärts schwimmen
Verfault, doch an einem Stiel
In gelben Flüssen: sie trieben
Mit Karten und Worten ihr Spiel.
Und sie schossen nach den gelben Monden
Und sie liebten sich und sahn nicht hin:
   Blieben sie vereint in vielen Nächten
   Und auch: wenn die Sonne schien.

2
In den grünen harten Gesträuchern
Wenn der Himmel bewölkt war, der Hund
Sie hingen wie ranzige Datteln
Einander sanft in den Mund.
Und auch später, wenn die Zähne ihnen
Aus den Kiefern fieln, sie sahen nicht hin:
   Blieben doch vereint in vielen Nächten
   Und auch: wenn die Sonne schien.

3
In den kleinen räudigen Häusern
Befriedigten sie ihren Leib
Und im Dschungel, wenn daran Not war
Hinterm Strauch bei dem gleichen Weib.
Doch am Morgen wuschen sie die Hemden
Gingen Arm in Arm fort, Knie an Knien
   Vereint sie in vielen Nächten
   Und auch: wenn die Sonne schien.

4
Als es kälter auf Erden wurde
Dach fehlte und Zeitvertreib
Unter anderen Schlingpflanzen lagen
Umschlungen sie da, Leib an Leib.
Wenn sie reden in den Sternennächten
Hören sie mitunter nicht mehr hin:
   Vereint sie in vielen Nächten
   Und auch: wenn die Sonne schien.

5
Aber einmal kam jene Insel
Manchen Mond wohnten beide sie dort
Und als sie fort wollten beide
Konnte einer nimmer mit fort.
Und sie sahn nach Wind und Flut und Schiffen
Aber niemals nach dem andern hin
    Vereint sie in vielen Nächten
    Und auch: wenn die Sonne schien.

6
„Fahr du, Kamerad, denn ich kann nicht.
Mich frißt die Salzflut entzwei
Hier kann ich noch etwas liegen
Eine Woche noch oder zwei."
Und ein Mann liegt krank am Wasser
Und blickt stumm zu einem Manne hin
    Der ihm einst vereint in vielen Nächten
    Und auch: wenn die Sonne schien.

7
„Ich liege hier gut! Fahr zu, Kamerad!"
„Laß es sein, Kamerad, es hat Zeit!"
„Wenn der Regen kommt und du bist nicht fort
Faulen wir nur zu zweit!"
Und ein Hemd weht, und im Salzwind steht ein
Mann und blickt aufs Wasser hin und ihn
    Der ihm einst vereint in vielen Nächten
    Und auch: wenn die Sonne schien.

8
Und jetzt kam der Tag, wo sie schieden.
Die Dattel spuck aus, die verdorrt!
Oft sahen sie nachts nach dem Winde
Und am Morgen ging einer fort.
Gingen noch zu zweit in frischen Hemden
Arm in Arm und rauchend, Knie an Knien
    Vereint sie in vielen Nächten
    Und auch: wenn die Sonne schien.

9
„Kamerad, der Wind geht ins Segel!"
„Der Wind geht bis morgen früh!"
„Kamerad, ich bitte dich, binde
Mir dort an den Baum meine Knie!"
Und der andre Mann band rauchend fest ihn
Mit dem Strick am Baume ihn
    Der ihm einst vereint in vielen Nächten
    Und auch: wenn die Sonne schien.

10
„Kamerad, vor dem Mond sind schon Wolken!"
„Der Wind treibt sie weg, es hat Zeit."
„Kamerad, ich sehe dir nach noch:
Von dem Baum aus sieht man weit."
Und nach Tagen, als der Strick durchbissen
Schaut er immer noch aufs Wasser hin
   In den wenigen und letzten Nächten
   Und auch: wenn die Sonne schien.

11
Aber jener, in vielen Wochen
Auf dem Meer, bei der Frau, im Gesträuch:
Es verblassen viele Himmel
Doch der Mann am Baum wird nicht bleich:
Die Gespräche in den Sternennächten
Arm in Arm und rauchend, Knie an Knien
   Die sie stets vereint, in vielen Nächten
   Und auch: wenn die Sonne schien.

Ballade von der Hanna Cash

1
Mit dem Rock von Kattun und dem gelben Tuch
Und den Augen der schwarzen Seen
Ohne Geld und Talent und doch mit genug
Vom Schwarzhaar, das sie offen trug
Bis zu den schwärzeren Zeh'n:
   Das war die Hanna Cash, mein Kind
   Die die „Gentlemen" eingeseift
   Die kam mit dem Wind und ging mit dem Wind
   Der in die Savannen läuft.

2
Die hatte keine Schuhe und die hatte auch kein Hemd
Und die konnte auch keine Choräle!
Und sie war wie eine Katze in die große Stadt geschwemmt
Eine kleine graue Katze zwischen Hölzer eingeklemmt
Zwischen Leichen in die schwarzen Kanäle.
   Sie wusch die Gläser vom Absinth
   Doch nie sich selber rein
   Und doch muß die Hanna Cash, mein Kind
   Auch rein gewesen sein.

3
Und sie kam eines Nachts in die Seemannsbar
Mit den Augen der schwarzen Seen
Und traf J. Kent mit dem Maulwurfshaar
Den Messerjack aus der Seemannsbar
Und der ließ sie mit sich gehn!

Und wenn der wüste Kent den Grind
Sich kratzte und blinzelte
Dann spürt die Hanna Cash, mein Kind
Den Blick bis in die Zeh.

4
Sie „kamen sich näher" zwischen Wild und Fisch
Und „gingen vereint durchs Leben"
Sie hatten kein Bett und sie hatten keinen Tisch
Und sie hatten selber nicht Wild noch Fisch
Und keinen Namen für die Kinder.
    Doch ob Schneewind pfeift, ob Regen rinnt
    Ersöff auch die Savann
    Es bleibt die Hanna Cash, mein Kind
    Bei ihrem lieben Mann.

5
Der Sheriff sagt, daß er ein Schurke sei
Und die Milchfrau sagt: er geht krumm.
Sie aber sagt: Was ist dabei?
Es ist mein Mann. Und sie war so frei
Und blieb bei ihm. Darum.
    Und wenn er hinkt und wenn er spinnt
    Und wenn er ihr Schläge gibt:
    Es fragt die Hanna Cash, mein Kind
    Doch nur: ob sie ihn liebt.

6
Kein Dach war da, wo die Wiege war
Und die Schläge schlugen die Eltern.
Die gingen zusammen Jahr für Jahr
Aus der Asphaltstadt in die Wälder gar
Und in die Savann aus den Wäldern.
    Solang man geht in Schnee und Wind
    Bis daß man nicht mehr kann
    So lang ging die Hanna Cash, mein Kind
    Nun mal mit ihrem Mann.

7
Kein Kleid war arm, wie das ihre war
Und es gab keinen Sonntag für sie
Keinen Ausflug zu dritt in die Kirschtortenbar
Und keinen Weizenfladen im Kar
Und keine Mundharmonie.
    Und war jeder Tag, wie alle sind
    Und gab's kein Sonnenlicht:
    Es hatte die Hanna Cash, mein Kind
    Die Sonn stets im Gesicht.

8
Er stahl wohl die Fische, und Salz stahl sie.
So war's. „Das Leben ist schwer."
Und wenn sie die Fische kochte, sieh:

So sagten die Kinder auf seinem Knie
Den Katechismus her.
Durch fünfzig Jahr in Nacht und Wind
Sie schliefen in einem Bett.
Das war die Hanna Cash, mein Kind
Gott mach's ihr einmal wett.

Ballade vom Mazeppa

1
Mit eigenem Strick verstrickt dem eigenen Pferde
Sie schnürten ihn Rücken an Rücken dem Roß
Das wild aufwiehernd über heimatliche Erde
Gehetzt in den dunkelnden Abend hinschoß.

2
Sie schnürten ihn so, daß den Gaul der Verstrickte
Im Schmerz noch aufpeitschte durch sinnloses Zerrn
Und so, daß er nichts, nur den Himmel erblickte
Der dunkler ward, weiter ward, ferner als fern.

3
Wohl trug ihn der Gaul vor der hetzenden Meute
Blind und verzweifelt und treu wie ein Weib
Ihm riß er, je mehr seine Feinde er scheute
Tiefer den Strick im blutwäßrigen Leib.

4
Auch füllte sich abends dann seltsam der Himmel
Mit fremdem Gevögel: Kräh und Geier, die mit
Lautlosem Flug in dunklem Gewimmel
Im Äther verfolgten den keuchenden Ritt.

5
Drei Tage trug ihn der fleischerne Teller
Wiehernd hinab an den ewigen Start
Wo der Himmel bald dunkler und wo er bald heller
Doch immer unermeßlicher ward.

6
Drei Tage immer gehetzter und schneller
Drei Ewigkeiten lang war die Fahrt
Wo der Himmel bald dunkler und wo er bald heller
Doch immer unermeßlicher ward.

7
Drei Tage will er zum Sterben sich strecken
Er kann's nicht im Flug zwischen Himmel und Gras
Und die Geier lauern schon auf sein Verrecken
Und sehnen sich wild auf das lebende Aas.

8
Drei Tage, bis seine Stricke sich sträubten –
Grün war der Himmel, und braun war das Gras!
Ach! es rauften wohl immer zu seinen Häupten
Kräh und Geier sich schon um das lebende Aas!

9
Und ritt er schneller, sie folgten ihm gerne.
Und schrie er lauter, sie schrien mit.
Beschattend die Sonn und beschattend die Sterne
Verfolgten sie seinen keuchenden Ritt.

10
Drei Tage, dann mußte alles sich zeigen:
Erde gibt Schweigen und Himmel gibt Ruh.
Einer ritt aus mit dem, was ihm zu eigen:
Mit Erde und Pferd, mit Langmut und Schweigen
Dann kamen noch Himmel und Geier dazu.

11
Drei Tage lang ritt er durch Abend und Morgen
Bis er alt genug war, daß er nicht mehr litt
Als er gerettet ins große Geborgen
Todmüd in die ewige Ruhe einritt.

Von der Kindesmörderin Marie Farrar

1
Marie Farrar, geboren im April
Unmündig, merkmallos, rachitisch, Waise
Bislang angeblich unbescholten, will
Ein Kind ermordet haben in der Weise:
Sie sagt, sie habe schon im zweiten Monat
Bei einer Frau in einem Kellerhaus
Versucht, es abzutreiben mit zwei Spritzen
Angeblich schmerzhaft, doch ging's nicht heraus.
  Doch ihr, ich bitte euch, wollt nicht in Zorn verfallen
  Denn alle Kreatur braucht Hilf von allen.

2
Sie habe dennoch, sagt sie, gleich bezahlt
Was ausgemacht war, sich fortan geschnürt
Auch Sprit getrunken, Pfeffer drin vermahlt
Doch habe sie das nur stark abgeführt.
Ihr Leib sei zusehends geschwollen, habe
Auch stark geschmerzt, beim Tellerwaschen oft.
Sie selbst sei, sagt sie, damals noch gewachsen.
Sie habe zu Marie gebetet, viel erhofft.
  Auch ihr, ich bitte euch, wollt nicht in Zorn verfallen
  Denn alle Kreatur braucht Hilf von allen.

3

Doch die Gebete hätten, scheinbar, nichts genützt.
Es war auch viel verlangt. Als sie dann dicker war
Hab ihr in Frühmetten geschwindelt. Oft hab sie geschwitzt
Auch Angstschweiß, häufig unter dem Altar.
Doch hab den Zustand sie geheimgehalten
Bis die Geburt sie nachher überfiel.
Es sei gegangen, da wohl niemand glaubte
Daß sie, sehr reizlos, in Versuchung fiel.
 Und ihr, ich bitte euch, wollt nicht in Zorn verfallen
 Denn alle Kreatur braucht Hilf von allen.

4

An diesem Tag, sagt sie, in aller Früh
Ist ihr beim Stiegenwischen so, als krallten
Ihr Nägel in den Bauch. Es schüttelt sie.
Jedoch gelingt es ihr, den Schmerz geheimzuhalten.
Den ganzen Tag, es ist beim Wäschehängen
Zerbricht sie sich den Kopf; dann kommt sie drauf
Daß sie gebären sollte, und es wird ihr
Gleich schwer ums Herz. Erst spät geht sie hinauf.
 Doch ihr, ich bitte euch, wollt nicht in Zorn verfallen
 Denn alle Kreatur braucht Hilf von allen.

5

Man holte sie noch einmal, als sie lag:
Schnee war gefallen, und sie mußte kehren.
Das ging bis elf. Es war ein langer Tag.
Erst in der Nacht konnt sie in Ruhe gebären.
Und sie gebar, so sagt sie, einen Sohn.
Der Sohn war ebenso wie andere Söhne.
Doch sie war nicht, wie andre Mütter sind, obschon –
Es liegt kein Grund vor, daß ich sie verhöhne.
 Auch ihr, ich bitte euch, wollt nicht in Zorn verfallen
 Denn alle Kreatur braucht Hilf von allen.

6

So laßt sie also weiter denn erzählen
Wie es mit diesem Sohn geworden ist
(Sie wolle davon, sagt sie, nichts verhehlen)
Damit man sieht, wie ich bin und du bist.
Sie sagt, sie sei, nur kurz im Bett, von Übel-
keit stark befallen worden, und allein
Hab sie, nicht wissend, was geschehen sollte
Mit Mühe sich bezwungen, nicht zu schrein.
 Und ihr, ich bitte euch, wollt nicht in Zorn verfallen
 Denn alle Kreatur braucht Hilf von allen.

7

Mit letzter Kraft hab sie, so sagt sie, dann
Da ihre Kammer auch eiskalt gewesen
Sich zum Abort geschleppt und dort auch (wann
Weiß sie nicht mehr) geborn ohn Federlesen

So gegen Morgen zu. Sie sei, sagt sie
Jetzt ganz verwirrt gewesen, habe dann
Halb schon erstarrt, das Kind kaum halten können
Weil es in den Gesindabort hereinschnein kann.
    Und ihr, ich bitte euch, wollt nicht in Zorn verfallen
    Denn alle Kreatur braucht Hilf von allen.

8
Dann zwischen Kammer und Abort – vorher, sagt sie
Sei noch gar nichts gewesen – fing das Kind
Zu schreien an, das hab sie so verdrossen, sagt sie
Daß sie's mit beiden Fäusten, ohne Aufhörn, blind
So lang geschlagen habe, bis es still war, sagt sie.
Hierauf hab sie das Tote noch durchaus
Zu sich ins Bett genommen für den Rest der Nacht
Und es versteckt am Morgen in dem Wäschehaus.
    Doch ihr, ich bitte euch, wollt nicht in Zorn verfallen
    Denn alle Kreatur braucht Hilf vor allem.

9
Marie Farrar, geboren im April
Gestorben im Gefängnishaus zu Meißen
Ledige Kindesmutter, abgeurteilt, will
Euch die Gebrechen aller Kreatur erweisen.
Ihr, die ihr gut gebärt in saubern Wochenbetten
Und nennt „gesegnet" euren schwangeren Schoß
Wollt nicht verdammen die verworfnen Schwachen
Denn ihre Sünd war schwer, doch ihr Leid groß.
    Darum, ich bitte euch, wollt nicht in Zorn verfallen
    Denn alle Kreatur braucht Hilf von allen.

Zu Potsdam unter den Eichen

Zu Potsdam unter den Eichen
Im hellen Mittag ein Zug
Vorn eine Trommel und hinten eine Fahn
In der Mitte einen Sarg man trug.

Zu Potsdam unter den Eichen
In dem hundertjährigen Staub
Da trugen sechse einen Sarg
Mit Helm und Eichenlaub.

Und auf dem Sarg mit Mennigerot
Stand geschrieben ein Reim
Die Buchstaben sahen häßlich aus:
„Jedem Krieger sein Heim!"

Das war zum Angedenken
An manchen toten Mann
Geboren in der Heimat
Gestorben am Chemin des Dames.

Gekrochen einst mit Herz und Hand
Dem Vaterland auf den Leim
Belohnt mit dem Sarge vom Vaterland:
Jedem Krieger sein Heim!

So zogen sie durch Potsdam
Für den Mann am Chemin des Dames
Da kam die grüne Polizei
Und haute sie zusamm.

Ballade von der Billigung der Welt

1
Ich bin nicht ungerecht, doch auch nicht mutig
Sie zeigten mir da heute ihre Welt
Da sah ich nur den Finger, der war blutig
Da sagt ich eilig, daß sie mir gefällt.

2
Den Knüppel über mir, die Welt vor Augen
Stand ich vom Morgen bis zur Nacht und sah.
Sah, daß als Metzger Metzger etwas taugen
Und auf die Frage: Freut's dich? sagt ich: Ja.

3
Und von der Stund an sagt ich ja zu allen
Lieber ein feiger als ein toter Mann.
Nur um in diese Hände nicht zu fallen
Billigte ich, was man nicht billigen kann.

4
Ich sah den Junker mit Getreide wuchern
Hohlwangig Volk zog vor ihm tief den Hut.
Ich sagte laut, umringt von Wahrheitssuchern:
Er ist ein wenig teuer, aber gut.

5
Die Unternehmer dort: nur jeden dritten
Können sie brauchen und verwerten sie.
Ich sagte den Nichtunternommenen: Die müßt ihr bitten
Ich selbst versteh nichts von Ökonomie.

6
Sah ihre Militärs, Raubkriege planend
Die man aus Feigheit frei herumgehn ließ.
Ich trat vom Gehsteig und rief, Böses ahnend:
Hut ab! Die Herrn sind technische Genies!

7
Die Volksvertreter, die den hungrigen Wählern
Versichern, daß es durch sie besser wird
Ich nenn sie gute Redner, sag: Sie haben
Gelogen nicht, sie haben sich geirrt.

8
Sah die Beamten, schimmelangefressen
Ein Riesenjauchenschöpfrad halten sie in Schwung
Selbst schlecht entlohnt für Treten und für Pressen:
Ich bitt für sie hiemit um Aufbesserung.

9
Dies soll die Polizisten nicht verstören
Ihnen und selbst den Herren vom Gericht
Reich ich das Handtuch für die blutigen Hände
Damit sie sehn, auch sie verleugn' ich nicht.

10
Die Richter, die das Eigentum verteidigen
Versteckend unterm Richtertisch die blutigen Schuh
Will ich, da ich nicht darf, auch nicht beleidigen
Doch tu ich's nicht, weiß ich nicht, was ich tu.

11
Ich sag: Die Herren kann man nicht bestechen –
Durch keine Summe! Und zu keiner Zeit! –
Zu achten das Gesetz und Recht zu sprechen.
Ich frag: Ist das nicht Unbestechlichkeit?

12
Dort, drei Schritt vor mir, seh ich einige Rüpel
Die schlagen ein auf Weib und Greis und Kind.
Da seh ich eben noch: sie haben Gummiknüppel
Da weiß ich, daß es keine Rüpel sind.

13
Die Polizei, die mit der Armut kämpft
Damit das Elend uns nicht überschwemmt
Hat alle Hände voll zu tun. Wenn sie mich
Vor Diebstahl schützt – für sie mein letztes Hemd.

14
Nachdem ich so bewiesen, daß in mir kein Arg ist
Hoff ich, daß ihr mir durch die Finger seht
Wenn ich mich jetzt zu jenen auch bekenne
Von denen Schlimmes in der Zeitung steht.

15
Den Zeitungsschreibern. Mit dem Blut der Opfer
Schmieren sie's hin: die Mörder sind es nicht gewesen.
Ich reiche euch die frisch bedruckten Blätter
Und sag: Ihr Stil ist aber gut, ihr müßt es lesen.

16
Der Dichter gibt uns seinen Zauberberg zu lesen.
Was er (für Geld) da spricht, ist gut gesprochen!
Was er (umsonst) verschweigt: die Wahrheit wär's gewesen.
Ich sag: Der Mann ist blind und nicht bestochen.

17
Der Händler dort, beschwörend die Passanten:
Nicht meine Fische stinken, sondern ich!
Braucht selber keinen faulen Fisch zu fressen. So, den
Halt ich mir warm, vielleicht verkauft er mich.

18
Dem Mann, halb von Furunkeln aufgegessen
Kaufend ein Mädchen mit gestohlenem Geld
Drück ich die Hand vorsichtig, aber herzlich
Und danke ihm, daß er das Weib erhält.

19
Die Ärzte, die den kranken Armen
Wie Angler den zu kleinen Fisch
Wegwerfen, kann ich krank nicht missen
Ich leg mich ihnen hilflos auf den Tisch.

20
Die Ingenieure, die das Fließband legen
Das den Arbeitenden die Lebenskraft entführt
Lob ich des technischen Triumphes wegen.
Der Sieg des Geistes ist's, der mich zu Tränen rührt.

21
Ich sah die Lehrer, arme Steißbeintrommler
Formen das Kind nach ihrem Ebenbild.
Sie kriegen ihr Gehalt dafür vom Staate.
Sie müßten hungern sonst. Daß sie mir keiner schilt!

22
Und Kinder seh ich, die sind vierzehn Jahre
Sind groß wie sechs und reden wie ein Greis.
Ich sag: So ist's. Doch auf die stumme Frage:
Warum ist's so? sag ich, daß ich's nicht weiß.

23
Die Professoren, die mit schönen Worten
Rechtfertigen, was ihr Auftraggeber macht
Von Wirtschaftskrisen sprechend statt von Morden:
Sie sind nicht schlimmer, als ich mir's gedacht.

24
Die Wissenschaft, stets unser Wissen mehrend
Welches dann wieder unser Elend mehrt
Verehre man wie die Religion, die unsere
Unwissenheit vermehrt, und die man auch verehrt.

25
Sonst nichts davon. Die Pfaffen stehn mir nahe.
Sie halten hoch durch Krieg und Schlächterei'n
Den Glauben an die Lieb und Fürsorg droben.
Es soll dies ihnen nicht vergessen sein.

26
Sah eine Welt Gott und den Wucher loben
Hörte den Hunger schrein: Wo gibt's was? Sah
Sehr feiste Finger deuten nach oben.
Da sagt ich: Seht ihr, es ist etwas da!

27
Gewisse Sattelköpfe, die vor Zeiten
George Grosz entwarf, sind, hör ich, auf dem Sprung
Der Menschheit jetzt die Gurgel durchzuschneiden.
Die Pläne finden meine Billigung.

28
Ich sah die Mörder und ich sah die Opfer
Und nur des Muts und nicht des Mitleids bar
Sah ich die Mörder ihre Opfer wählen
Und schrie: Ich billige das, ganz und gar!

29
Ich seh sie kommen, seh den Zug der Schlächter
Will doch noch brüllen: Halt! Und da, nur weil
Ich weiß: es stehen, Hand am Ohr, da Wächter
Hör ich mich ihm entgegenbrüllen: Heil!

30
Da Niedrigkeit und Not mir nicht gefällt
Fehlt meiner Kunst in dieser Zeit der Schwung
Doch zu dem Schmutze eurer schmutzigen Welt
Gehört – ich weiß es – meine Billigung.

Die drei Soldaten und die Reichen

Die Reichen saßen in ihrem schönen Haus
Und sagten laut: Der Krieg ist aus.
Das war natürlich gar nicht wahr:
Der Krieg auf dem Papier war gar
Aber genau wie in den Kriegen
Starben die Leute wie die Fliegen
Und die Leute waren noch gar nicht alt
Da kam schon der Tod in vieler Gestalt.
Und zwar kam der Tod zu den ärmeren Leuten
Sie wußten schon gar nicht mehr, was das bedeuten
Sollte, denn was immer sie taten
Immer kamen die drei Soldaten.
Selbst wenn sie sich alles gefallen ließen
Kamen die Drei mit ihrem Erschießen
So daß sie bald nicht mehr aus noch ein wußten.
Es hießen die Drei aber *Hunger, Unfall* und *Husten*.
   Das Elend war ganz riesig schon
Da kam eines Tags eine Kommission
Zum lieben Gott der armen Leute.
Der saß wie gewöhnlich so auch heute
Mit den reichen Leuten gerade zu Tisch.
Und nunmehr zwischen Suppe und Fisch
Wurde Gott von der Kommission gebeten
Dem Elend der Welt entgegenzutreten.

Ihr hättet sehen sollen, was
Da vor sich ging! Das war kein Spaß:
Die reichen Leute wurden ganz blaß
Der liebe Gott trinkt überhaupt sein Glas nicht aus
Und bittet die reichen Leute in sein Haus
Wo er sofort den Antrag stellt
Daß das Elend entfernt werde aus der Welt.
    Sagten die Reichen von Mitleid voll:
„Soll man das Elend entfernen? Man soll!"
Nur, denken sie weiter (die denken scharf)
Daß es natürlich nichts kosten darf.
Und bei den Kosten angekommen
Haben sie sich gleich zusammengenommen
Und sie schauen einander an und sagen:
„Man muß das Elend leider ertragen.
Leider (man muß da wieder scharf denken)
Braucht man das Elend, um die Löhne zu senken."
Da beschlossen die Reichen messerscharf
Daß das Elend nicht entfernt werden darf.
    Aber sie kamen dem lieben Gott entgegen
Und ließen sich zu einem andern Antrag bewegen:
„Du kannst das Elend nicht aufheben
Da müßten wir ja unser Geld hergeben
Du, das ist nichts für unser Ohr
Da schlagen wir dir etwas anderes vor:
Das Elend bleibt. So wie es war.
Du kannst es nicht ausrotten ganz und gar
Aber du machst es unsichtbar."
Das Elend sollte also zwar weiterbestehn
Aber man sollte das Elend nicht mehr sehn.
Da sagte der liebe Gott nicht nein
Sondern sah wieder alles ein:
„Ich kann es nicht ausrotten ganz und gar
Gut, da mach ich es unsichtbar."
Und von der Stund an, das ist wahr
War das Elend unsichtbar.
    Daß die Reichen und ihr Gott das so machen
Das beweisen die Tatsachen:
In unseren Städten trotz ihres elektrischen Lichts
Sieht man von ihrem Elend fast nichts.

Die drei Soldaten und die Justiz

Mitten in der Stadt lag ein großes Gebäude
Drin saßen die Söhne wohlhabender Leute
Für so und so viel Geld im Monat (und nicht
Gerade wenig) über die Armen zu Gericht.
    Eines Tags – die Gerichtsferien waren grad aus –
Stand wieder einmal ein Arbeiter in diesem Haus.
Der war angeklagt wegen Landesverrat
Der Staatsanwalt bewies ihn gerad.

Da traten drei Unsichtbare ein
Und setzten sich in die hintersten Reihn.
   Der Staatsanwalt bewies sonnenklar
Daß der Arbeiter ein Verräter war.
Er hatte auch einen Beweis in der Hand
Das war ein Brief von „Ungenannt".
In dem stand es ganz sonnenklar
Daß der Arbeiter ein Verräter war.
(Der Schreiber wurde nicht genannt
Nur das: er war ein Fabrikant.)
   Und dann hatte er noch einen Beweis in der Mappe
Und dieser Beweis war auch nicht von Pappe.
Er brachte ihn leise, wie hingehaucht:
„Der Mann hat nämlich Geld gebraucht."
Und das begriffen die drei im Talar
Weil der Mann nämlich ein Arbeiter war
Und ein Arbeiter, das weiß doch die ganze Welt
Bekommt für die Arbeit zu wenig Geld.
   Der Arbeiter sah die drei im Talar
Und sagte: „Es ist ja alles nicht wahr.
Ich weiß nicht, wo ihr eure Waffen
Versteckt: ich hab mit eurem Staat nichts zu schaffen."
   Die Richter gaben natürlich nichts drauf
Nur drei Unsichtbare standen hinten auf
Die sagten zu sich: in seinem Gesicht
Steht, daß er die Wahrheit spricht.
   Der Richter ordnete seinen Kragen
Und fragte: „Haben Sie noch was zu sagen?"
Der Arbeiter sagte: „Es hat keinen Sinn."
Da setzten sich noch drei Unsichtbare an den Richtertisch hin.
(Zwischen je zwei Richtern eine Lücke war
Darin saßen sie. Unsichtbar.)
Dann urteilten die Richter. Sichtbare und unsichtbare.
Und gaben dem Arbeiter Zuchthaus: 15 Jahre.
Der Mann wollte noch fragen: *wofür?*
Da waren die Richter schon durch die Tür
Abzulegen das Kleid der Gerechtigkeit
Und anzulegen ein anderes Kleid.
(Denn sie hatten zweierlei Kleider.)
Da sprachen drei Stimmen das Urteil weiter:
   „Dafür, daß du es gebilligt hast
Daß dich ein solcher Mensch anfaßt
Der niemals Hunger gehabt hat
Und keine Nacht ohne Obdach war in der Stadt
Sondern als reicher Leute Sohn
Von dir bezahlt wird von deinem Lohn
Daß er das, woran dir's gebricht
Dir im Namen des Gesetzes abspricht
Und einen Mann ohne Namen mit Geld
Für einen Zeugen der Wahrheit hält."
   Daß die drei Soldaten so ein Urteil fällen
Das kann man sich vorstellen:
Wer solche Gerichte über sich duldet

Der ist eben schuld. Denn er schuldet
Es der Gerechtigkeit
Daß er sie von solchen Gerichten befreit.

Ballade vom Tropfen auf den heißen Stein

1
Der Sommer kommt, und der Himmel des Sommers
Leuchtet auch euch.
Das Wasser ist warm, und im warmen Wasser
Liegt auch ihr.
Auf den grünen Wiesen habt ihr
Eure Zelte aufgeschlagen. Die Straßen
Hörten euren Gesang. Der Wald
Nimmt euch auf. Also
    Ist das Elend aus? Trat die Besserung ein?
    Ist für euch gesorgt? Könnt ihr ruhig sein?
    Wird also eure Welt schon besser? Nein:
    Das ist der Tropfen auf den heißen Stein.

2
Der Wald hat Ausgestoßene aufgenommen. Der schöne Himmel
Bescheint Aussichtslose. Die in sommerlichen Zelten
Wohnen, haben sonst kein Obdach. Die im warmen Wasser liegen
Haben nicht gegessen. Die
Auf den Straßen marschieren, setzten nur
Ihren unaufhörlichen Marsch nach Arbeit fort.
    Das Elend ist nicht aus. Die Besserung trat nicht ein.
    Für euch ist nicht gesorgt. Ihr könnt nicht ruhig sein.
    Wird also eure Welt so besser? Nein:
    's ist nur der Tropfen auf den heißen Stein.

3
Werdet ihr euch begnügen mit dem leuchtenden Himmel?
Wird das warme Wasser euch nicht mehr hergeben?
Wird der Wald euch behalten?
Werdet ihr abgespeist? Werdet ihr getröstet?
Die Welt wartet auf eure Forderungen
Sie braucht eure Unzufriedenheit, eure Vorschläge.
Die Welt schaut auf euch mit ihrer letzten Hoffnung.
    Ihr dürft nicht lange mehr zufrieden sein
    Mit solchem Tropfen auf den heißen Stein.

Die Moritat vom Reichstagsbrand
(Nach der Melodie der „Moritat vom Mackie Messer")

1
Als der Trommler dreizehn Jahre
Aller Welt verkündet hat
Die Verbrechen der Kommune
Fand noch immer keines statt.

2
Und die kleinen Trommler grollen:
Es muß endlich was geschehn.
Die Verbrecher, seht, sie wollen
Die Verbrechen nicht begehn.

3
Eines Tags, es war noch Winter
Blieb man an der Panke Strand
Denn der Führer sagte: in der
Luft liegt heut ein Reichstagsbrand.

4
Und an diesem Montag abend
Stand ein hohes Haus in Brand.
Fürchterlich war das Verbrechen
Und der Täter unbekannt.

5
Zwar ein Knabe ward gefunden
Der nur eine Hose trug
Und in Leinwand eingebunden
Der Kommune Mitgliedsbuch.

6
Wer hat ihm dies Buch gegeben?
Warum stand er hier herum?
Die SA, sie stand daneben
Und die fragt man nicht, warum.

7
Das Gebäude anzustecken
Mußten's zwölf gewesen sein
Denn es brannte an zwölf Ecken
Und war hauptsächlich aus Stein.

8
Mitten drin in den zwölf Bränden
Standen zwölf von der SA
Wiesen mit geschwärzten Händen
Auf den schwachen Knaben da.

9
Und so ward denn durch den Führer
Die Verschwörung aufgedeckt
Freilich, was noch alles aufkam
Hat so manchen doch erschreckt.

10
In dem Haus, wo die Verschwörung
Unbedingt hindurchgemußt
Wohnte ein gewisser Görung
Der von allem nichts gewußt.

11
Er gab allen Wächtern Urlaub
War des Reichstags Präsident
Und war grade nicht zu Hause
Als er hört: der Reichstag brennt!

12
Warum gabst du deinen Wächtern
Heute Urlaub, Präsident?
Heute ist doch grad der Montag
Wo dein ganzer Reichstag brennt!

13
Könnte man ihn so verhören
Fiel ihm wohl die Antwort schwer.
Doch man kann ihn nicht verhören
Denn verhören: das tut er.

14
Er verhört nicht Hermann Göring
So erfährt er nicht, was wahr
Und was unwahr ist, und schließt draus:
Der Kommune Schuld sei klar.

15
Und noch eh die Nacht vergangen
Diesem blut'gen Februar
Ward zerschossen und gefangen
Was ein Feind des Hitler war.

16
Als zu Rom der Kaiser Nero
Dürstete nach Christenblut
Setzte er sein Rom in Flammen
Und es sank in Asch und Glut.

17
So bewies der Kaiser Nero
Daß die Christen Schurken sind.
Ein gewisser Hermann Göro
Lernte das als kleines Kind.

18
Zu Berlin im Jahre neunzehn-
hundertdreiunddreißig stand
Dann an einem Montag abend des
Letzten Reichstags Haus in Brand.

19
Der dies sang, hieß Oberfohren
Und er wurde nicht mehr alt:
Als der Welt es kam zu Ohren
Hat man schnell ihn abgeknallt!

Ballade vom 30. Juni

1
Adolf schlief bei seinem Neuvermählten
Jenem reichen Thyssen an dem Rhein.
Böse Träume, die ihn immer quälten
Ließen ihn auch heut nicht schlafen ein.

2
Plötzlich aber kam durch die Gardine
Eine weiße, weiche Totenhand
Und er sah mit schreckensbleicher Miene
Daß sein toter Stabschef vor ihm stand.

3
Und er sah in seines Stabschefs Schläfe
Schwarz ein Loch (er sah's trotz schlechtem Licht).
Ja, sprach Röhm, daß man sich nochmals träfe
Daran, Adolf, dachtest du wohl nicht?!

4
Doch ich kann dir's, Adolf, nicht ersparen.
Hättst du mich nicht meuchlings umgebracht!
Du brauchst gar nicht heftig aufzufahren
Kam ich doch auch früher manche Nacht...

5
Ach, du maltest mir die Zukunft heller
Doch dann schrittest du zum Blutgericht.
Die Pistole auf dem Frühstücksteller
Nein, um dich verdiente ich sie nicht.

6
Haben wir bei dicht geschlossenen Laden
Doch vereint so manchen Mord geplant.
Daß auch mich du einstmals würdst verraten
Das, mein Adolf, hab ich nie geahnt.

7
Und das noch in so gemeiner Weise!
Daß du mir noch sagst, du wolltest nun
Gegen die gewissen höhren Kreise
Gleich mit mir zusammen etwas tun.

8
Plötzlich standst du auf der andern Seite
Weil du, Adolf, niemals treu sein lernst!
Nicht den andern tatst du was zu Leide
Sondern mich verwarfst du, deinen Ernst!

9
Gingst zusammen mit dem Kleiderständer
Dem Ägypter und dem Klumpefuß.
Doch du selber bist der ärgste Blender!
Schlimm, daß ich dir solches sagen muß.

10
Und daß du dann mein privates Leben
Schamlos gabst der breiten Masse preis
Wo's doch zwischen uns so viel gegeben
Hat, was schließlich jeder Deutsche weiß.

11
Und ich baute so auf deine Liebe!
Denn ich dacht, ich hätt dich in der Hand
Weil: wenn ich so manches Ding beschriebe...
Du, ich nenne nur den Reichstagsbrand!

12
Schöner Adolf, dir das Bett zu machen
Dazu war ich Esel gut genug.
Jetzt lieg ich im Grab und du kannst lachen.
Falsch und treulos warst du, aber klug.

13
Und du hieltst dich an die Herrn von oben
Die ich niemals gerne um dich sah.
Und an sie hast, Adolf, du verschoben
Deinen Stabschef und deine SA.

14
Ach, wir gönnen dir den hohen Posten
Haben stets dich doch vorn hingestellt
Aber daß es so auf unsre Kosten
Geht, das ist's, was menschlich uns mißfällt.

15
Falscher Adolf! Junker und Barone
Sitzen nun bei dir, wo ich einst saß.
Adolf, was wird jetzt aus meinem Lohne?
Wart vergebens unter grünem Gras.

16
Und mit mir, da warten hunderttausend
Die SA, die jetzt man schnöd verschiebt
Viele davon schon in Kerkern hausend
Weil es ja bei dir kein Dankschön gibt.

17
Schlugen sie sich drum mit der Kommune
Daß nun herrschen soll der dicke Wanst?
Sie erschlugen mancher Mutter Sohne
Dem du nicht das Wasser reichen kannst.

18
So sprach Röhm. Und eine letzte Zähre
Wischte er sich ab mit blasser Hand
Hob sie dann, als ob's zum Gruße wäre
Oder war's zum Fluche? und verschwand.

Ballade von den Osseger Witwen

1
Die Osseger Witwen im Witfrauenkleid
Sind nach Prag gekommen, zu fragen:
Was wollt ihr tun für unsre Kinder, liebe Leut?
Sie haben noch nichts gegessen heut!
Und ihre Väter liegen in euren Gruben erschlagen.
    Was, haben die Prager Herren gefragt
    Was soll man tun mit den Osseger Witwen?

2
Die Osseger Witwen im Witfrauenkleid
Sind begegnet den Polizeisoldaten.
Was wollt ihr tun für unsre Kinder, liebe Leut?
Sie haben noch nichts gegessen heut!
Nun, da haben die Herren Polizisten ihre Gewehre geladen.
    Das, haben die Herren Polizisten gesagt
    Das wollen wir tun für die Osseger Witwen.

3
Die Osseger Witwen im Witfrauenkleid
Zum Parlament sind sie vorgedrungen.
Was wollt ihr tun für unsre Kinder, liebe Leut?
Sie haben Hunger und müssen essen heut!
Nun, da haben die Herren Deputierten eine Rede geschwungen.
    Das, haben die Herren Deputierten gesagt
    Das können wir tun für die Osseger Witwen.

4
Die Osseger Witwen im Witfrauenkleid
Blieben nachts in den Straßen hocken.
Einer muß doch was für uns tun hier in Prag!
Nun, es war ein Novembertag
Und da ist Schnee gefallen, große, nasse Flocken.
    Das, hat der Schnee gesagt
    Das können wir tun für die Osseger Witwen.

Legende von der Entstehung des Buches Taoteking auf dem Weg des Laotse in die Emigration

1
Als er Siebzig war und war gebrechlich
Drängte es den Lehrer doch nach Ruh
Denn die Güte war im Lande wieder einmal schwächlich
Und die Bosheit nahm an Kräften wieder einmal zu.
Und er gürtete den Schuh.

2
Und er packte ein, was er so brauchte:
Wenig. Doch es wurde dies und das.
So die Pfeife, die er immer abends rauchte
Und das Büchlein, das er immer las.
Weißbrot nach dem Augenmaß.

3
Freute sich des Tals noch einmal und vergaß es
Als er ins Gebirg den Weg einschlug.
Und sein Ochse freute sich des frischen Grases
Kauend, während er den Alten trug.
Denn dem ging es schnell genug.

4
Doch am vierten Tag im Felsgesteine
Hat ein Zöllner ihm den Weg verwehrt:
„Kostbarkeiten zu verzollen?" – „Keine."
Und der Knabe, der den Ochsen führte, sprach: „Er hat gelehrt."
Und so war auch das erklärt.

5
Doch der Mann in einer heitren Regung
Fragte noch: „Hat er was rausgekriegt?"
Sprach der Knabe: „Daß das weiche Wasser in Bewegung
Mit der Zeit den mächtigen Stein besiegt.
Du verstehst, das Harte unterliegt."

6
Daß er nicht das letzte Tageslicht verlöre
Trieb der Knabe nun den Ochsen an
Und die drei verschwanden schon um eine schwarze Föhre
Da kam plötzlich Fahrt in unsern Mann
Und er schrie: „He, du! Halt an!

7
Was ist das mit diesem Wasser, Alter?"
Hielt der Alte: „Intressiert es dich?"
Sprach der Mann: „Ich bin nur Zollverwalter
Doch wer wen besiegt, das intressiert auch mich.
Wenn du's weißt, dann sprich!

8
Schreib mir's auf! Diktier es diesem Kinde!
So was nimmt man doch nicht mit sich fort.
Da gibt's doch Papier bei uns und Tinte
Und ein Nachtmahl gibt es auch: ich wohne dort.
Nun, ist das ein Wort?"

9
Über seine Schulter sah der Alte
Auf den Mann: Flickjoppe. Keine Schuh.
Und die Stirne eine einzige Falte.

Ach, kein Sieger trat da auf ihn zu.
Und er murmelte: „Auch du?"

10
Eine höfliche Bitte abzuschlagen
War der Alte, wie es schien, zu alt.
Denn er sagte laut: „Die etwas fragen
Die verdienen Antwort." Sprach der Knabe: „Es wird auch schon kalt."
„Gut, ein kleiner Aufenthalt."

11
Und von seinem Ochsen stieg der Weise
Sieben Tage schrieben sie zu zweit.
Und der Zöllner brachte Essen (und er fluchte nur noch leise
Mit den Schmugglern in der ganzen Zeit).
Und dann war's soweit.

12
Und dem Zöllner händigte der Knabe
Eines Morgens einundachtzig Sprüche ein.
Und mit Dank für eine kleine Reisegabe
Bogen sie um jene Föhre ins Gestein.
Sagt jetzt: kann man höflicher sein?

13
Aber rühmen wir nicht nur den Weisen
Dessen Name auf dem Buche prangt!
Denn man muß dem Weisen seine Weisheit erst entreißen.
Darum sei der Zöllner auch bedankt:
Er hat sie ihm abverlangt.

Kinderkreuzzug

In Polen, im Jahr Neununddreißig
War eine blutige Schlacht
Die hatte viele Städte und Dörfer
Zu einer Wildnis gemacht.

Die Schwester verlor den Bruder
Die Frau den Mann im Heer;
Zwischen Feuer und Trümmerstätte
Fand das Kind die Eltern nicht mehr.

Aus Polen ist nichts mehr gekommen
Nicht Brief noch Zeitungsbericht.
Doch in den östlichen Ländern
Läuft eine seltsame Geschicht.

Schnee fiel, als man sich's erzählte
In einer östlichen Stadt
Von einem Kinderkreuzzug
Der in Polen begonnen hat.

Da trippelten Kinder hungernd
In Trüpplein hinab die Chausseen
Und nahmen mit sich andere, die
In zerschossenen Dörfern stehn.

Sie wollten entrinnen den Schlachten
Dem ganzen Nachtmahr
Und eines Tages kommen
In ein Land, wo Frieden war.

Da war ein kleiner Führer
Das hat sie aufgericht'.
Er hatte eine große Sorge:
Den Weg, den wußte er nicht.

Eine Elfjährige schleppte
Ein Kind von vier Jahr
Hatte alles für eine Mutter
Nur nicht ein Land, wo Frieden war.

Ein kleiner Jude marschierte im Trupp
Mit einem samtenen Kragen
Der war das weißeste Brot gewohnt
Und hat sich gut geschlagen.

Und ging ein dünner Grauer mit
Hielt sich abseits in der Landschaft.
Er trug an einer schrecklichen Schuld:
Er kam aus einer Nazigesandtschaft.

Und da war ein Hund
Gefangen zum Schlachten
Mitgenommen als Esser
Weil sie's nicht übers Herz brachten.

Da war eine Schule
Und ein kleiner Lehrer für Kalligraphie.
Und ein Schüler an einer zerschossenen Tankwand
Lernte schreiben bis zu Frie . . .

Da war auch eine Liebe.
Sie war zwölf, er war fünfzehn Jahr.
In einem zerschossenen Hofe
Kämmte sie ihm sein Haar.

Die Liebe konnte nicht bestehen
Es kam zu große Kält:
Wie sollen die Bäumchen blühen
Wenn so viel Schnee drauf fällt?

Da war auch ein Begräbnis
Eines Jungen mit samtenem Kragen
Der wurde von zwei Deutschen
Und zwei Polen zu Grab getragen.

Protestant, Katholik und Nazi war da
Ihn der Erde einzuhändigen.
Und zum Schluß sprach ein kleiner Kommunist
Von der Zukunft der Lebendigen.

So gab es Glaube und Hoffnung
Nur nicht Fleisch und Brot.
Und keiner schelt sie mir, wenn sie was stahln
Der ihnen nicht Obdach bot.

Und keiner schelt mir den armen Mann
Der sie nicht zu Tische lud:
Für ein halbes Hundert, da braucht es
Mehl, nicht Opfermut.

Sie zogen vornehmlich nach Süden.
Süden ist, wo die Sonn
Mittags um zwölf steht
Gradaus davon.

Sie fanden zwar einen Soldaten
Verwundet im Tannengries.
Sie pflegten ihn sieben Tage
Damit er den Weg ihnen wies.

Er sagte ihnen: Nach Bilgoray!
Muß stark gefiebert haben
Und starb ihnen weg am achten Tag.
Sie haben auch ihn begraben.

Und da gab es ja Wegweiser
Wenn auch vom Schnee verweht
Nur zeigten sie nicht mehr die Richtung an
Sondern waren umgedreht.

Das war nicht etwa ein schlechter Spaß
Sondern aus militärischen Gründen.
Und als sie suchten nach Bilgoray
Konnten sie es nicht finden.

Sie standen um ihren Führer.
Der sah in die Schneeluft hinein
Und deutete mit der kleinen Hand
Und sagte: Es muß dort sein.

Einmal, nachts, sahen sie ein Feuer
Da gingen sie nicht hin.
Einmal rollten drei Tanks vorbei
Da waren Menschen drin.

Einmal kamen sie an eine Stadt
Da machten sie einen Bogen.
Bis sie daran vorüber waren
Sind sie nur nachts weitergezogen.

Wo einst das südöstliche Polen war
Bei starkem Schneewehn
Hat man die fünfundfünfzig
Zuletzt gesehn.

Wenn ich die Augen schließe
Seh ich sie wandern
Von einem zerschossenen Bauerngehöft
Zu einem zerschossenen andern.

Über ihnen, in den Wolken oben
Seh ich andre Züge, neue, große!
Mühsam wandernd gegen kalte Winde
Heimatlose, Richtungslose

Suchend nach dem Land mit Frieden
Ohne Donner, ohne Feuer
Nicht wie das, aus dem sie kamen
Und der Zug wird ungeheuer.

Und er scheint mir durch den Dämmer
Bald schon gar nicht mehr derselbe:
Andere Gesichtlein seh ich
Spanische, französische, gelbe!

In Polen, in jenem Januar
Wurde ein Hund gefangen
Der hatte um seinen mageren Hals
Eine Tafel aus Pappe hangen.

Darauf stand: Bitte um Hilfe!
Wir wissen den Weg nicht mehr.
Wir sind fünfundfünfzig
Der Hund führt euch her.

Wenn ihr nicht kommen könnt
Jagt ihn weg.
Schießt nicht auf ihn
Nur er weiß den Fleck.

Die Schrift war eine Kinderhand.
Bauern haben sie gelesen.
Seitdem sind eineinhalb Jahre um.
Der Hund ist verhungert gewesen.

Der anachronistische Zug
oder
Freiheit und Democracy

Frühling wurd's in deutschem Land.
Über Asch und Trümmerwand
Flog ein erstes Birkengrün
Probweis, delikat und kühn.

Als von Süden, aus den Tälern
Herbewegte sich von Wählern
Pomphaft ein zerlumpter Zug
Der zwei alte Tafeln trug.

Mürbe war das Holz von Stichen
Und die Inschrift sehr verblichen
Und es war so etwas wie
Freiheit und Democracy.

Von den Kirchen kam Geläute.
Kriegerwitwen, Fliegerbräute
Waise, Zittrer, Hinkebein –
Offnen Maules stand's am Rain.

Und der Blinde frug den Tauben
Was vorbeizog in den Stauben
Hinter einem Aufruf wie
Freiheit und Democracy.

Vornweg schritt ein Sattelkopf
Und er sang aus vollem Kropf:
„Allons, enfants, god save the king
Und den Dollar, kling, kling, kling."

Dann in Kutten schritten zwei
Trugen 'ne Monstranz vorbei.
Wurd die Kutte hochgerafft
Sah hervor ein Stiefelschaft.

Doch dem Kreuz dort auf dem Laken
Fehlen heute ein paar Haken
Da man mit den Zeiten lebt
Sind die Haken überklebt.

Drunter schritt dafür ein Pater
Abgesandt vom Heiligen Vater
Welcher tief beunruhigt
Wie man weiß, nach Osten blickt.

Dicht darauf die Nichtvergesser
Die für ihre langen Messer
Stampfend in geschloßnen Reihn
Laut nach einer Freinacht schrein.

Ihre Gönner dann, die schnellen
Grauen Herrn von den Kartellen:
Für die Rüstungsindustrie
Freiheit und Democracy!

Einem impotenten Hahne
Gleichend, stolzt ein Pangermane
Pochend auf das *freie* Wort.
Es heißt Mord.

Gleichen Tritts marschiern die Lehrer
Machtverehrer, Hirnverheerer
Für das Recht, die deutsche Jugend
Zu erziehn zur Schlächtertugend.

Folgen die Herrn Mediziner
Menschverächter, Nazidiener
Fordernd, daß man ihnen buche
Kommunisten für Versuche.

Drei Gelehrte, ernst und hager
Planer der Vergasungslager
Fordern auch für die Chemie
Freiheit und Democracy.

Folgen, denn es braucht der Staat sie
Alle die entnazten Nazi
Die als Filzlaus in den Ritzen
Aller hohen Ämter sitzen.

Dort die Stürmerredakteure
Sind besorgt, daß man sie höre
Und nicht etwa jetzt vergesse
Auf die *Freiheit* unsrer Presse.

Einige unsrer besten Bürger
Einst geschätzt als Judenwürger
Jetzt geknebelt, seht ihr schreiten
Für das Recht der Minderheiten.

Früherer Parlamentarier
In den Hitlerzeiten Arier
Bietet sich als Anwalt an:
Schafft dem Tüchtigen freie Bahn!

Und der schwarze Marketier
Sagt, befraget: Ich marschier
Auf Gedeih (und auf Verderb)
Für den Freien Wettbewerb.

Und der Richter dort: zur Hetz
Schwenkt er frech ein alt Gesetz.
Mit ihm von der Hitlerei
Spricht er sich und alle frei.

Künstler, Musiker, Dichterfürsten
Schrei'nd nach Lorbeer und nach Würsten
All die Guten, die geschwind
Nun es nicht gewesen sind.

Peitschen klatschen auf das Pflaster:
Die SS macht es für Zaster
Aber Freiheit braucht auch sie
Freiheit und Democracy.

Und die Hitlerfrauenschaft
Kommt, die Röcke hochgerafft
Fischend mit gebräunter Wade
Nach des Erbfeinds Schokolade.

Spitzel, Kraft-durch-Freude-Weiber
Winterhelfer, Zeitungsschreiber
Steuer-Spenden-Zins-Eintreiber
Deutsches-Erbland-Einverleiber

Blut und Dreck in Wahlverwandtschaft
Zog das durch die deutsche Landschaft
Rülpste, kotzte, stank und schrie:
Freiheit und Democracy!

Und kam, berstend vor Gestank
Endlich an die Isarbank
Zu der Hauptstadt der Bewegung
Stadt der deutschen Grabsteinlegung.

Informiert von den Gazetten
Hungernd zwischen den Skeletten
Seiner Häuser stand herum
Das verstörte Bürgertum.

Und als der mephitische Zug
Durch den Schutt die Tafeln trug
Treten aus dem Braunen Haus
Schweigend sechs Gestalten aus

Und es kommt der Zug zum Halten.
Neigen sich die sechs Gestalten
Und gesellen sich dem Zug
Der die alten Tafeln trug.

Und sie fahrn in sechs Karossen
Alle sechs Parteigenossen
Durch den Schutt, und alles schrie:
Freiheit und Democracy!

Knochenhand am Peitschenknauf
Fährt die *Unterdrückung* auf.
In 'nem Panzerkarr'n fährt sie
Dem Geschenk der Industrie.

Groß begrüßt, in rostigem Tank
Fährt der *Aussatz*. Er scheint krank.
Schämig zupft er sich im Winde
Hoch zum Kinn die braune Binde.

Hinter ihm fährt der *Betrug*
Schwenkend einen großen Krug
Freibier. Müßt nur, draus zu saufen
Eure Kinder ihm verkaufen.

Alt wie das Gebirge, doch
Unternehmend immer noch
Fährt die *Dummheit* mit im Zug
Läßt kein Auge vom Betrug.

Hängend überm Wagenbord
Mit dem Arm, fährt vor der *Mord*.
Wohlig räkelt sich das Vieh
Singt: Sweet dream of liberty.

Zittrig noch vom gestrigen Schock
Fährt der *Raub* dann auf im Rock
Eines Junkers Feldmarschall
Auf dem Schoß einen Erdball.

Aber alle die sechs Großen
Eingeseßnen, Gnadelosen
Alle nun verlangen sie
Freiheit und Democracy.

Holpernd hinter den sechs Plagen
Fährt ein Riesentotenwagen
Drinnen liegt, man sieht's nicht recht:
's ist ein unbekannt Geschlecht.

Und ein Wind aus den Ruinen
Singt die Totenmesse ihnen
Die dereinst gesessen hatten
Hier in Häusern. Große Ratten

    Schlüpfen aus gestürzten Gassen
    Folgend diesem Zug in Massen.
    Hoch die Freiheit, piepsen sie
    Freiheit und Democracy!
    [sweet dream of liberty: süßer Freiheitstraum.]

Walter Mehring
1896–1981

Die Ballade vom Highwayman auf der Hounslowheide

    Als einer ausritt, da fielen sechs,
    Deren Leiber die Erde beschneiten,
    Aus den Adern wuchs ihres Blutes Gewächs,
    Um die purpurnen Blüten zu spreiten.

    Er aber jagt, in den Sattel gepreßt,
    Daß sein Gaul himmelaufwärts sich bäumte,
    Um die Ohren pfiff ihm des Waldes Geäst,
    Und sein Atem am Munde zerschäumte.

    Zwei Tage saß er im Sattel fest,
    Ritt immer vom Gestern ins Heute,
    Ihm folgt der Leichname faulende Pest
    Und gestohlenen Goldes Geläute.

    Zwei Nächte saß er beim Fuchs im Versteck,
    Bis die Dornen ins Fleisch sich ihm krallten,
    Dann ritt er, den Körper gepanzert vom Dreck,
    Um neue Ernte zu halten!

    Was wünschte er mehr und was brauchte er denn
    Als ein Messer, um Köpfe zu schneiden,
    Einen Schnaps und den Beutel von Beute schwer,
    Was wünschte er mehr,
    Und was brauchte er denn
    Als ein Highwayman
    Von der Hounslowheiden!

Ritualmärchen von den zwei Judenkindern

    I
    Zwei Kindlein – krausgelockt – selband
    Gingen zum Metzger Hand in Hand.

    Was soll's denn sein? Ein Viertel Schwein?
    Die Kinder sprachen traurig: Nein!
    Soso! Wie heißt ihr denn, ihr Luder?
    Ich heiße Esther,
    Sprach die Schwester.
    Ich heiße Jakob,
    Sprach der Bruder.
    Der Metzger grinste hämisch:
    Hihi hihi Hoho hoho
    Esther und Jakob rumvidibum
    Ich lach mich schief – ich lach mich krumm,
    Zu komisch! Nein! Zu komisch!

II
Zwei Kindlein – krausgelockt – selband
Standen vorm Metzger Hand in Hand.
Der Metzger brüllt: Ich rat's geschwind:
Du Jakob bist ein Judenkind!
Schaut her, ihr Leut! Da habt ihr Juda!
Die schwarze Esther
Ist die Schwester,
Der schieche Jakob
Ist der Bruda ...
Den prüf ich anatomisch!
Hihi hihi Hoho hoho!
Der ganze Laden glotzte dumm
Und lacht sich schief – und lacht sich krumm,
Zu komisch! Nein! Zu komisch!

III
Zwei Kindlein beben, Hand in Hand,
Vor Angst der Bruder – die Schwester vor Schand.
Ich – schrie der Metzger – schlacht Schwein und Rind,
Ihr Juden schlachtet Christenkind!
Wenn ich euch nun den Garaus mache
Mit meinem Messer
Dir, schwarze Esther,
Und deinem Bruder?
Rache an Juda ...!

IV
Sein Schrei wuchs epidemisch
Juhuh! Huhu! Hepphepp! Hepphepp!
Die ganze Straße schrie und lief
Den Kindern nach – und lacht sich schief,
Zu komisch! Nein! Zu komisch!

Ein Judenmädchen legt Hand an sich,
Den Grund zum Selbstmord, den kannt' man nicht ...

Mirakel des Heiligen Bürokratius

Halb tot geschunden – der halbe Mann
Dem teuren Vaterland entrann

Ich grüße Dich, Fremde – sei Heimat mir!
– Zeigt Euren Paß – zeigt Euer Papier!

Man nahm mir Paß Weib Kind und Gut
Seht mich doch an! Hier rinnt mein Blut ...

Wir sehen es – doch nur mit Papieren
Kann Euer Blut die Grenze passiern!

Die Wache gab ihm einen Stoß –
Da stand der Mann im Staatenlos

Die erste Nacht schwand – die Sonne brannt
Und dörrt das Gras durch den Ohneland

Die zweite Nacht kam eine Magd
Die ihn nicht sah – doch mit ihm sich behagt

Neun Monat drauf in Schmerzen gebar
Ein Kindlein das ohn Wesen war –

Die dritte Nacht irrt sein Gespenst
Wo Politik ans Jenseits grenzt –

Die vierte traf ihn ein Mandat:
Steh auf und wandle! rief Sankt Bürokrat

Und sieh und siehe! die Akten schwolln
Er wandelte leibhaft in Protokolln

Ward ihm bei Buße befohlen daß
Er samt Gebeinen sein Gastgrab verlaß.

Denn: Aller Anfang ist schwer

Und als er an der Reling stand,
Winkt sie, die Fackel in der Hand.
  Da küßte er dem Riesenweib
  Von fern den nebelweichen Leib
Und schaut sie an.
  Doch sie verschwand
In einer Wolkenkratzer-Wand ...

Und als er die „First Papers" nahm,
Sich brüstet als ihr Bräutigam,
  Sich hart durchs neue Leben schlug,
  Ihr jeden Cent nach Hause trug –
Sie schaut nicht hin, wie er sich plagt,
Und hat sich steinern ihm versagt ...

Fünf Jahre dient er um sie ab,
Schaut keine an, und lebte knapp.
  Doch als man in den Sarg ihn tat,
  Geschminkt, in seinem Hochzeitsstaat,
Da haucht sie:
Wandre in mich ein!
Ich bin, die Freiheit, Ewig Dein ...

Standbild an einer Grenze

1
Der Weg geht hier zu Ende –
  Wer ist der Mann aus Stein,
Ohn' Spende – ohne Hände
  Und ohne Heil'genschein?
  Auf seinem Sockel steht: Kehr um!
  – Erzähl mir seine Legende
  Und sein Martyrium!
Man nennt ihn bloß
Sankt Heimatlos!

2
Als ihn durch Mord und Brände
    Die Diktatur vertrieb,
Fleht er, daß er nur fände
    Die Kraft zum Wort – und schrieb
    Schrieb sich die Finger wund und krumm
    Zu künden die Legende
        Von diesem Martyrium.

– Was trägt im Schoß
Sankt Heimatlos?

3
Da hält er ohne Hände
    Der Sprache Dornenkranz,
Zu sagen, wie ohn' Ende
    Die Leiden seines Lands.
    Die Fremde wendete sich stumm ...
    Sie hielt für eine Legende
        Das ganze Martyrium.

        – Welch Wunder groß
        Tat Heimatlos?

4
– Ach daß man mich verstände!
    Rief er, was ich gemeint!
Nun steht er im Gelände
    Zum Warnungsmal versteint.
    Wer in dies Land will, liest: Kehr um!
    Hier endet eine Legende,
    Beginnt das Martyrium!

An dieser Schicksalswende
    Entscheidet sich das Los!
Hier geht eine Welt zu Ende!
    Betet für Heimatlos!
        [1936]

Eugen Roth
1895–1976

Die guten Bekannten

Ein Mensch begegnet einem zweiten.
Sie wechseln Förm- und Herzlichkeiten,
Sie zeigen Wiedersehensglück
Und gehn zusammen gar ein Stück.
Und während sie die Stadt durchwandern,
Sucht einer heimlich von dem andern

Mit ungeheurer Hinterlist
Herauszubringen, wer er ist.
Daß sie sich kennen, das steht fest,
Doch äußerst dunkel bleibt der Rest.
Das Wo und Wann, das Wie und Wer,
Das wissen alle zwei nicht mehr.
Doch sind sie, als sie nun sich trennen,
Zu feig, die Wahrheit zu bekennen.
Sie freun sich, daß sie sich getroffen;
Jedoch im Herzen beide hoffen,
Indes sie ihren Abschied segnen,
Einander nie mehr zu begegnen.

Sage

Ein Mensch – ich hab das nur gelesen –
Hat einst gelebt bei den Chinesen
Als braver Mann; er tat nichts Schlechts
Und schaute nicht nach links und rechts;
Er war besorgt nur, wie er find
Sein täglich Brot für Weib und Kind.
Es herrschte damals voller Ruh
Der gute Kaiser Tsching-Tschang-Tschu.
Da kam der böse Dschu-pu-Tsi;
Man griff den Menschen auf und schrie:
„Wir kennen Dich, Du falscher Hund,
Du bist noch Tsching-Tschang-Tschuft im Grund!"
Der Mensch, sich windend wie ein Wurm,
Bestand den Dschuh-Putschistensturm,
Beschwörend, nur Chinese sei er.
Gottlob, da kamen die Befreier!
Doch die schrien gleich: „Oh Hinterlist!
Du bist auch ein Dschuh-Pu-Blizist!"
Der Mensch wies nach, daß sie sich irren. –
Oh weh, schon gab es neue Wirren:
Es folgten Herren neu auf Herren,
Den Menschen hin und her zu zerren:
„Wie? Du gesinnungsloser Tropf!"
So hieß es, „hängst am alten Zopf?"
Der Mensch nahm also seinen Zopf ab. –
Die nächsten schlugen ihm den Kopf ab,
Denn unter ihnen war verloren,
Wer frech herumlief, kahlgeschoren.
So schwer ists also einst gewesen,
Ein Mensch zu sein – bei den Chinesen!

Theodor Kramer
1897–1958

Der Heimgekehrte

Ich kam, ein Gefangener, spät erst nach Haus,
drei Jahr nach dem dröhnenden Krieg.
Mir füllten mit Brausen die Ohren noch aus
drei dröhnende Jahr nach dem Krieg.
Ich kam durch die Küche und klopfte nicht an:
da schliefen mein Weib und ein anderer Mann,
drei Jahr nach dem dröhnenden Krieg.

Ich kam zu den Eltern; die fand ich wie je,
drei Jahr nach dem dröhnenden Krieg.
Ich werkte im Hause und fischte im See,
drei Jahr nach dem dröhnenden Krieg.
Doch sprach ich: sie konnten mich nimmer verstehn.
Und keiner. Sie taten, als wär nichts geschehn,
drei Jahr nach dem dröhnenden Krieg.

Ich schnürte mein Bündel und schritt in die Stadt,
drei Jahr nach dem dröhnenden Krieg:
Ihr Leute, ich bring Euch – der fremde Soldat –
drei dröhnende Jahr nach dem Krieg.
Drei Jahr in Sibiriens Schächten und Schnee,
der Wälder für alle, der Roten Armee,
drei dröhnende Jahr nach dem Krieg.

Ich schritt und ich rief und sie nahmen mich fest,
drei Jahr nach dem dröhnenden Krieg.
Und wiederum sitz ich verlaust im Arrest,
drei Jahr nach dem dröhnenden Krieg.
Und schießt Ihr mich nieder und scharrt Ihr mich ein:
Ihr könnt sie nicht drosseln, Ihr dämmt sie nicht ein,
die dröhnenden Jahr nach dem Krieg.

Abschaffung

Barbara Chlum, ohne Mantel, die Schnürschuhe offen,
Stickerin, arbeitslos, ledig, zuständig nach Frain,
wurde im Hotel in Gesellschaft betroffen
und sie besaß nebst zwei Groschen hierfür keinen Schein.

Barbara Chlum mußte mit auf das Sittenamt kommen;
und als ihr Körper nicht Spuren von Krankheit aufwies,
wurde vom Herrn Kommissär sie persönlich vernommen,
der sie verwarnte und weiter des Landes verwies.

Auf sein Geheiß fuhr mit ihr ein Beamter nach Mauer,
setzte sie ab und verschwand in das Weichbild der Stadt.
Barbara Chlum fand Quartier auf drei Tage beim Bauer,
aber sie war auch nachher noch zur Ernte zu matt.

Barbara Chlum kam die Straße der Stadt zugeflossen;
aber sie dachte an das, was der Herr Kommissär
laut Protokoll über sie polizeilich beschlossen,
hielt vor dem Zweibahngeleis, und sie hungerte sehr.

Abend strich über die Gräser, die Brandsohlen brannten
und der erblondete Saum roch nach Weinbrand und Tee;
Barbara Chlum schlich, gedrückt an die Latten und Kanten,
hin wie ein Tier in den Stall in ihr kleines Café.

Barbara Chlum wurde nachts auf dem Gürtel getroffen,
Stickerin, arbeitslos, ledig, zuständig nach Frain,
landesverwiesen; in Hadern, die Schnürschuhe offen,
brachte man sie laut Rapport der Arrestwache ein.

Erich Kästner
1899–1974

Sachliche Romanze

Als sie einander acht Jahre kannten
(und man darf sagen: sie kannten sich gut),
kam ihre Liebe plötzlich abhanden.
Wie andern Leuten ein Stock oder Hut.

Sie waren traurig, betrugen sich heiter,
versuchten Küsse, als ob nichts sei,
und sahen sich an und wußten nicht weiter.
Da weinte sie schließlich. Und er stand dabei.

Vom Fenster aus konnte man Schiffen winken.
Er sagte, es wäre schon Viertel nach Vier
und Zeit, irgendwo Kaffee zu trinken. –
Nebenan übte ein Mensch Klavier.

Sie gingen ins kleinste Café am Ort
und rührten in ihren Tassen.
Am Abend saßen sie immer noch dort.
Sie saßen allein, und sie sprachen kein Wort
und konnten es einfach nicht fassen.

ERICH KÄSTNER

Verzweiflung Nr. 1

Ein kleiner Junge lief durch die Straßen
und hielt eine Mark in der heißen Hand.
Es war schon spät, und die Kaufleute maßen
mit Seitenblicken die Uhr an der Wand.

Er hatte es eilig. Er hüpfte und summte:
„Ein halbes Brot. Und ein Viertelpfund Speck."
Das klang wie ein Lied. Bis es plötzlich verstummte.
Er tat die Hand auf. Das Geld war weg.

Da blieb er stehen und stand im Dunkeln.
In den Ladenfenstern erlosch das Licht.
Es sieht zwar gut aus, wenn die Sterne funkeln.
Doch zum Suchen von Geld reicht das Funkeln nicht.

Als wolle er immer stehenbleiben,
stand er. Und war, wie noch nie, allein.
Die Rolläden klapperten über die Scheiben.
Und die Laternen nickten ein.

Er öffnete immer wieder die Hände.
Und drehte sie langsam hin und her.
Dann war die Hoffnung endlich zu Ende.
Er öffnete seine Fäuste nicht mehr ...

Der Vater wollte zu essen haben.
Die Mutter hatte ein müdes Gesicht.
Sie saßen und warteten auf den Knaben.
Der stand im Hof. Sie wußten es nicht.

Der Mutter wurde allmählich bange.
Sie ging ihn suchen. Bis sie ihn fand.
Er lehnte still an der Teppichstange
und kehrte das kleine Gesicht zur Wand.

Sie fragte erschrocken, wo er denn bliebe.
Da brach er in lautes Weinen aus.
Sein Schmerz war größer als ihre Liebe.
Und beide traten traurig ins Haus.

Maskenball im Hochgebirge

Eines schönen Abends wurden alle
Gäste des Hotels verrückt, und sie
rannten schlagerbrüllend aus der Halle
in die Dunkelheit und fuhren Ski.

Und sie sausten über weiße Hänge.
Und der Vollmond wurde förmlich fahl.
Und er zog sich staunend in die Länge.
So etwas sah er zum erstenmal.

Manche Frauen trugen nichts als Flitter.
Andre Frauen waren in Trikots.
Ein Fabrikdirektor kam als Ritter.
Und der Helm war ihm zwei Kopf zu groß.

Sieben Rehe starben auf der Stelle.
Diese armen Tiere traf der Schlag.
Möglich, daß es an der Jazzkapelle –
denn auch die war mitgefahren – lag.

Die Umgebung glich gefrornen Betten.
Auf die Abendkleider fiel der Reif.
Zähne klapperten wie Kastagnetten.
Frau von Cottas Brüste wurden steif.

Das Gebirge machte böse Miene.
Das Gebirge wollte seine Ruh.
Und mit einer mittleren Lawine
deckte es die blöde Bande zu.

Dieser Vorgang ist ganz leicht erklärlich.
Der Natur riß einfach die Geduld.
Andre Gründe hierfür gibt es schwerlich.
Den Verkehrsverein trifft keine Schuld.

Man begrub die kalten Herrn und Damen.
Und auch etwas Gutes war dabei:
für die Gäste, die am Mittwoch kamen,
wurden endlich ein paar Zimmer frei.

Primaner in Uniform

Der Rektor trat, zum Abendbrot,
bekümmert in den Saal.
Der Klassenbruder Kern ist tot.
Das war das erste Mal.

Wir saßen bis zur Nacht im Park
und dachten lange nach.
Kurt Kern, gefallen bei Langemarck,
saß zwischen uns und sprach.

Dann lasen wir wieder Daudet und Vergil
und wurden zu Ostern versetzt.
Dann sagte man uns, daß Heimbold fiel.
Und Rochlitz sei schwer verletzt.

Herr Rektor Jobst war Theolog
für Gott und Vaterland.
Und jedem, der in den Weltkrieg zog,
gab er zuvor die Hand.

Kerns Mutter machte ihm Besuch.
Sie ging vor Kummer krumm.
Und weinte in ihr Taschentuch
vorm Lehrerkollegium.

Der Rochlitz starb im Lazarett.
Und wir begruben ihn dann.
Im Klassenzimmer hing ein Brett,
mit den Namen der Toten daran.

Wir saßen oft im Park am Zaun.
Nie wurde mehr gespaßt.
Inzwischen fiel der kleine Braun.
Und Koßmann wurde vergast.

Der Rektor dankte Gott pro Sieg.
Die Lehrer trieben Latein.
Wir hatten Angst vor diesem Krieg.
Und dann zog man uns ein.

Wir hatten Angst. Und hofften gar,
es spräche einer Halt!
Wir waren damals achtzehn Jahr,
und das ist nicht sehr alt.

Wir dachten an Rochlitz, Braun und Kern.
Der Rektor wünschte uns Glück.
Und blieb mit Gott und den anderen Herrn
gefaßt in der Heimat zurück.

Die Ballade vom Mißtrauen

Plötzlich fühlte er: Ich muß hinüber.
Und er fuhr fünf Stunden und stieg aus.
Daraufhin lief er durch viele Straßen.
Denn er hatte Furcht vor ihrem Haus.

Gegen Abend nahm er sich zusammen.
Doch in ihren Fenstern war kein Licht.
Wartend stand er auf der dunklen Straße.
Und der Mond versank im Landgericht.

Später hielt ein Taxi vor der Türe.
Und er dachte sich: Das wird sie sein.
Und sie war's! Mit irgend einem Manne
trat sie hastig in das Haus hinein.

Wieder stand er auf der leeren Straße.
Und die Zimmer oben wurden hell.
Schatten bogen sich auf den Gardinen.
Aus entfernten Gärten klang Gebell.

Während sich die Stunden überholten,
rauchte er und saß auf einer Bank.
Gegen Morgen fing es an zu regnen.
Trotzdem wurde ihm die Zeit nicht lang.

Als es tagte, zerrte er die Briefe,
die sie ihm geschrieben hatte, vor.
Und er las, wie innig sie ihn liebe ...
Und er nickte zu dem Haus empor.

Sechs Uhr früh trat der Herr Stellvertreter
aus der Tür und ging und pfiff ein Lied.
Und der Mann, der auf der Bank saß, dachte
tief beschämt: Wenn man mich nur nicht sieht.

Oben öffnete die Frau die Fenster,
trat auf den Balkon und gähnte sehr.
Da erhob er sich und ging zum Bahnhof.
Sie erschrak und starrte hinterher.

Das Führerproblem, genetisch betrachtet

Als Gott am ersten Wochenende
die Welt besah, und siehe, sie war gut,
da rieb er sich vergnügt die Hände.
Ihn packte eine Art von Übermut.

Er blickte stolz auf seine Erde
und sah Turberkeln, Standard Oil und Waffen.
Da kam aus Deutschland die Beschwerde:
„Du hast versäumt, uns Führer zu erschaffen!"

Gott war bestürzt. Man kann's verstehn.
„Mein liebes deutsches Volk", schrieb er zurück,
„es muß halt ohne Führer gehn.
Die Schöpfung ist vorbei. Grüß Gott. Viel Glück."

Nun standen wir mit Ohne da,
der Weltgeschichte freundlichst überlassen.
Und: Alles, was seitdem geschah,
ist ohne diesen Hinweis nicht zu fassen.

Die Ballade vom Herrn Steinherz

Herr Steinherz aus Kecskemet stand dicht vorm Bankrott
und war entschlossen, rasch und freiwillig zu sterben,
um seiner Frau, durch ein klug erdachtes Komplott,
300 000 Pengö in bar zu vererben.
Wie er das machte, wurde zwar später entdeckt.
Aber daß er es fertigbrachte, verdient sozusagen Respekt.

Zunächst erwarb er sich fünf Versicherungspolicen.
Dann suchte er Einen, mit dem sich reden ließ,
daß der ihm hülfe, den Lebenslauf abzuschließen.
So fand er den Tapezierer, der Fischl hieß.
Herr Steinherz sagte, daß er dem, der ihn töte,
5000 Dollars (hinterher zahlbar) anböte.

Fischl meinte, ein Mord sei 'ne schwierige Sache.
Doch Steinherz besorgte ihm anatomische Bücher,
damit er, anhand der Bilder, Studien mache.
Und einen Hammer brachte er mit. Und auch Tücher.
Denn möglicherweise, sprach Steinherz, würde er schrein,
dann könnten die Tücher, als Knebel, recht nützlich sein.

Sie fuhren dann miteinander nach Budapest.
Sie aßen zusammen und gingen zusammen aus.
Herr Steinherz kaufte noch rasch für den letzten Rest
seines Gelds einen Mantel für Fischl im Warenhaus.
Heimwärts gab Steinherz dem andern das Honorar
in Form einer Zahlungsanweisung an einen Notar.

Der Fischl hob im Abteil den Hammer und schlug.
Die Tücher brauchte er nicht, denn Herr Steinherz blieb stumm.
Nach dem neunten Schlag hatte er scheinbar genug
und sank mit völlig zerhämmertem Schädel um.
Ein Schaffner sah den sterbenden Menschen liegen.
Der Mörder war mittlerweile ausgestiegen.

Der Sterbende log. Er log bis zum letzten Moment,
damit man den fliehenden Mörder nicht etwa fände.
Herr Steinherz starb und war bis zuletzt konsequent:
Er log, und das war sein Fehler, noch nach seinem Ende!
Die Dollars, die Fischl verlangte, gab's überhaupt nicht.
Er konnte nicht fliehn. Er stellte sich dem Gericht.

Der eine Mann liegt nun in Ketten, der andre im Sarg.
Und die Versichrungen möchten gern wissen,
ob sie die 300 000 Pengö (das sind 200 000 Mark)
der Frau des toten Herrn Steinherz auszahlen müssen.
Mord auf Bestellung ist Schwindel und doch wieder echt!
Sie werden schon zahlen. Herr Steinherz ist tot und hat recht.

*Anmerkung: Diese Episode aus dem Privatleben
der Wirtschaftskrise beruht auf Tatsachen.*

Die Ballade vom Nachahmungstrieb

Es ist schon wahr: Nichts wirkt so rasch wie Gift!
Der Mensch, und sei er noch so minderjährig,
ist, was die Laster dieser Welt betrifft,
früh bei der Hand und unerhört gelehrig.

Im Februar, ich weiß nicht am wievielten,
geschah's, auf irgend eines Jungen Drängen,
daß Kinder, die im Hinterhofe spielten,
beschlossen, Naumanns Fritzchen aufzuhängen.

Sie kannten aus der Zeitung die Geschichten,
in denen Mord vorkommt und Polizei.
Und sie beschlossen, Naumann hinzurichten,
weil er, so sagten sie, ein Räuber sei.

Sie steckten seinen Kopf in eine Schlinge.
Karl war der Pastor, lamentierte viel
und sagte ihm, wenn er zu schrein anfinge,
verdürbe er den anderen das Spiel.

Fritz Naumann äußerte, ihm sei nicht bange.
Die andern waren ernst und führten ihn.
Man warf den Strick über die Teppichstange.
Und dann begann man, Fritzchen hochzuziehn.

Er sträubte sich. Es war zu spät. Er schwebte.
Dann klemmten sie den Strick am Haken ein.
Fritz zuckte, weil er noch ein bißchen lebte.
Ein kleines Mädchen zwickte ihn ins Bein.

Er zappelte ganz stumm, und etwas später
verkehrte sich das Kinderspiel in Mord.
Als das die sieben kleinen Übeltäter
erkannten, liefen sie erschrocken fort.

Noch wußte niemand von dem armen Kinde.
Der Hof lag still. Der Himmel war blutrot.
Der kleine Naumann schaukelte im Winde.
Er merkte nichts davon. Denn er war tot.

Frau Witwe Zickler, die vorüberschlurfte,
lief auf die Straße und erhob Geschrei,
obwohl sie doch dort gar nicht schreien durfte.
Und gegen Sechs erschien die Polizei.

Die Mutter fiel in Ohnmacht vor dem Knaben.
Und beide wurden rasch ins Haus gebracht.
Karl, den man festnahm, sagte kalt: „Wir haben
es nur wie die Erwachsenen gemacht."

*Anmerkung: Der Ballade liegt ein Pressebericht
aus dem Jahre 1930 zugrunde.*

Die deutsche Einheitspartei

Als die Extreme zusammenstießen,
begriff Max Müller, wie nötig er sei.
Und er gründete die Partei
aller Menschen, die Müller hießen.

Müller liebte alle Klassen.
Politische Meinungen hatte er keine.
Wichtig war ihm nur das Eine:
Sämtliche Müllers zusammenzufassen.

Seinem Aufruf entströmte Kraft.
„Wir verteidigen", schrieb er entschieden,
„Rück- und Fortschritt, Krieg und Frieden,
Arbeitgeber und Arbeiterschaft.

Freier Handel und Hochschutzzoll
haben unsere Sympathie.
Republik und Monarchie
sind die Staatsform, die herrschen soll!"

Alle Müllers traten ihm bei.
Und die andern kamen in Haufen,
ließen sich eiligst Müller taufen
und verstärkten die neue Partei.

Und sie wuchs, trotz vieler Brüller.
Kurzerhand ging sie in Führung.
In der nächsten Reichsregierung
hießen zehn Minister Müller.

Diese Müllermehrheit wies
alle aus, die anders hießen
und sich nicht rasch taufen ließen.
Bis ganz Deutschland Müller hieß!

Von Memel bis zum Rande des Rheins
feierten nun die Deutschen Versöhnung.
Im alten Aachen gab's Kaiserkrönung.
Und der Kaiser hieß: Müller Eins.

Festlich krachten Kanonen und Böller.
Doch das Glück war bald vorbei.
Denn am Tag darauf kam Möller,
und es entstand eine Gegenpartei.

Hamlets Geist

Gustav Renner war bestimmt die beste
Kraft im Toggenburger Stadttheater.
Alle kannten seine weiße Weste.
Alle kannten ihn als Heldenvater.

Alle lobten ihn, sogar die Kenner.
Und die Damen fanden ihn sogar noch schlank.
Schade war nur, daß sich Gustav Renner,
wenn er Geld besaß, enorm betrank.

Eines Abends, als man „Hamlet" gab,
spielte er den Geist von Hamlets Vater.
Ach, er kam betrunken aus dem Grab!
Und was man nur Dummes tun kann, tat er.

Hamlet war aufs äußerste bestürzt.
Denn der Geist fiel gänzlich aus der Rolle.
Und die Szene wurde abgekürzt.
Renner fragte, was man von ihm wolle.

Man versuchte hinter den Kulissen
ihn von seinem Rausche zu befrein,
legte ihn langhin und gab ihm Kissen.
Und dabei schlief Gustav Renner ein.

Die Kollegen spielten nun exakt,
weil er schlief und sie nicht länger störte.
Doch er kam! Und zwar im nächsten Akt,
wo er absolut nicht hingehörte!

Seiner Gattin trat er auf den Fuß.
Seinem Sohn zerbrach er das Florett.
Und er tanzte mit Ophelia Blues.
Und den König schmiß er ins Parkett.

Alle zitterten und rissen aus.
Doch dem Publikum war das egal.
So etwas von donnerndem Applaus
gab's in Toggenburg zum erstenmal.

Und die meisten Toggenburger fanden:
Endlich hätten sie das Stück verstanden.

Kurzgefaßter Lebenslauf

Wer nicht zur Welt kommt, hat nicht viel verloren.
Er sitzt im All auf einem Baum und lacht.
Ich wurde seinerzeit als Kind geboren,
eh ich's gedacht.

Die Schule, wo ich viel vergessen habe,
bestritt seitdem den größten Teil der Zeit.
Ich war ein patentierter Musterknabe.
Wie kam das bloß? Es tut mir jetzt noch leid.

Dann gab es Weltkrieg, statt der großen Ferien.
Ich trieb es mit der Fußartillerie.
Dem Globus lief das Blut aus den Arterien.
Ich lebte weiter. Fragen Sie nicht, wie.

Bis dann die Inflation und Leipzig kamen;
mit Kant und Gotisch, Börse und Büro,
mit Kunst und Politik und jungen Damen.
Und sonntags regnete es sowieso.

Nun bin ich zirka 31 Jahre
und habe eine kleine Versfabrik.
Ach, an den Schläfen blühn schon graue Haare,
und meine Freunde werden langsam dick.

Ich setze mich sehr gerne zwischen Stühle.
Ich säge an dem Ast, auf dem wir sitzen.
Ich gehe durch die Gärten der Gefühle,
die tot sind, und bepflanze sie mit Witzen.

Auch ich muß meinen Rucksack selber tragen!
Der Rucksack wächst. Der Rücken wird nicht breiter.
Zusammenfassend läßt sich etwa sagen:
Ich kam zur Welt und lebe trotzdem weiter.

Robert Gilbert
1900–1978

Die Geschichte der Dreizehn

Dreizehn deutsche Soldaten,
Die Augen schwer wie Blei,
Im Gürtel die Handgranaten
Und im Rücken die Feldpolizei –

Die trafen sich in Rußland
Noch ziemlich weit vom Ural,
Zählten sich ab und sagten:
Wir sind eine Unglückszahl.

Die Schneeflocke fuhr wie ein Hammer
Mit dem knochenfingrigen Wind
Auf den dreizehnfachen Jammer,
Und die Heldensage beginnt.

Der erste, der ging verloren.
Verlassen und verlaust
Ist er vor Moskau erfroren,
Die Fahne in der Faust.

Der zweite hat sich verkümmert
Auf einen Ast gehißt,
Nachdem er ein Dorf zertrümmert,
Daß es nie mehr bewohnbar ist.

Der dritte, der lag im Lehm lang,
Lang lang vor Leningrad,
Die Gedanken in der Heimat,
Die Gedärme im Stacheldraht.

Ein Mädchen schoß den vierten
Wie eine Krähe vom Baum.
Der Fallschirm sank wie ein Sargtuch
Auf einen großdeutschen Traum.

Der fünfte ist ertrunken,
Der sechste explodiert.
Weil des siebenten Leich' so gestunken,
Ist der achte daran krepiert.

Der neunte vermißte plötzlich
Am Don sein Bein und Knie,
Worauf er dem zehnten in's Maul schoß,
Der da noch Heil Hitler schrie.

Den elften traf eine Handvoll
Dynamit bei Krasnodar,
Da spie er die letzte Wand voll
Mit allem, was in ihm war.

Der zwölfte, der gab sich lässig
Einen zu guten Heimatschuß
Und rief noch: Nun ist's Essig
Mit dem Öl im Kaukasus.

Nummer dreizehn schrumpfte, sein Rumpf
Ging mit den Worten ein:
Der deutsche Rollstuhlfahrer
Braucht keinen Führerschein.

Was blieb von den dreizehn Toten?
Eine Trauer, die niemand sieht;
Denn der Kummer ist verboten,
Damit ihm kein Leid's geschieht.

Und die Dreizehn machen bei Hamburg
Ein Wrack zum Versammlungslokal,
Zählen sich ab und klagen –
Wir sind eine Unglückszahl.

O wären wir dreizehn mal dreizehn!
Das Werk ist gespenstisch groß –
Wer reißt uns bei Nacht und Nebel
Ein paar Freunde vom Galgen los?

Und die Halbtoten kommen und laden
Das vergrabene Maschinengewehr
Und schichten als Barrikaden
Die ganz Toten kreuz und quer.

Und mit Hacke und Schaufel und Spaten
Bringen um Potsdam herum
Die unbekannten Soldaten
Die bekannten Soldaten um.

Bald baumeln solideste Bäuche
Bei Buchenwalde im Wind,
Weil das die bekannten Gebräuche
Der Unbekannten sind.

Sie lassen auch um Hannover
Und von dort bis Osnabrück
An allen hohen Pappeln
Eine höhere Charge zurück.

In die leeren Kartoffelsäcke
Kriechen die feudalsten Herrn
Und sehnen sich im Dunkeln
Nach einem Davidstern.

Die Geschichte der Dreizehn endet
Mit einem lustlosen Schluß,
Der sich an den Braven wendet,
Der die Ratten vertilgen muß –

Ihr sollt sie in's Jenseits befördern,
Wo ihr sie im Diesseits trefft.
Ach, auch das Ermorden von Mördern
Bleibt ein dunkles Geschäft.

Grimmige Märchen

Das Fürchten

Das Fürchten wollte er erlernen;
Er mußte sich nicht weit entfernen,
Mit einem Davidstern besternt,
Kam er in die SA Kasernen,
Und da hat er's erlernt.

Dann floh er zickzack über China
Rundum das halbe Erdenrund;
Doch weil er niemals wog die Tausend Pfund,
Da hatte er vor Palästina
Zum Fürchten wieder Grund.

So suchte er bei Sansibar
Gastfreundschaft unter den Hyänen
Und Wärme in den Löwenmähnen
Und trank oft, wenn er durstig war,
Seine eigenen Tränen.

Carl Zuckmayer
1896–1977

Die drei Eisheiligen

Die drei Eisheiligen sind übers Land gezogen
Und haben ihre Winterzähne ausgespuckt,
Die sind als Hagel auf die Saat geflogen,
Jetzt schwimmt der Acker voll mit Frost gesogen,
Mit grauem Schnee die Furchen voll geschluckt.

Es prasseln schlimme Wetter
Aus ihren Augenbraun,
Der Wein hat gelbe Blätter,
Der Weizen liegt zerhaun.

Der Erste, voll Gewittern, sägt
Der jungen Bäume Wuchs zuschand.
Des Zweiten harte Frostnacht schlägt
Die junge Frucht mit Eisesbrand.

Der Dritte kriecht im Nebelschleim
Dicht übern Boden durch den Gau,
Zernagt der Halme Wurzelkeim
Und beißt der Spargeln Köpfe blau.

Viel Mäuse, Raupen, Käfer sind
In ihrer Füße Spur verreckt,
Und liegen kalt im Totenwind,
Die Beine steif empor gestreckt.

Ein Kind hat sie am Himmel fliegen sehn,
Vergaß vor Schreck den Wettersegen,
Jetzt kann es nicht mehr aufrecht gehn,
Und sieht sie nachts im Fenster stehn,
Und magert stumm dem Tod entgegen.

Die drei Eisheiligen sind übers Land gezogen,
Und haben Schwindsucht in der Felder Brust gespuckt.
Jetzt hat sie Gott in seine Riesenwogen
Voll Frost und Wärme gurgelnd eingesogen,
Und tief in seine Gräber heimgeschluckt.

Alabama-Lied

Ich kam von Alabama übern großen Teich daher,
Und ich habe kein Pyjama und auch keinen Strohhut mehr.
Als ich meine Braut verließ, da sprang sie hinter mir ins Meer.
Doch die beste Braut des Kriegers ist bekanntlich das Gewehr.
Chor: „Oh – Su – Sanna, – das ist schon lange her –"
Drum wein dir nicht die Augen aus, wenn ich nicht wiederkehr.

Als ich von Alabama zog, fiel der Regen dick und schwer,
Und es regnet bei der Überfahrt und in Frankreich noch viel mehr.
Und es regnet bei der großen Schlacht, und der Himmel wird nicht leer,
Und es regnet auf den Micky Quirt und auf das ganze Heer.
Chor: „Oh – Su – Sanna, – drum weine nicht so sehr –"
Denn wir haben nasse Brocken an, doch ein trocknes Schießgewehr.

Und wenn du in Alabama hörst, daß wieder Frieden wär,
Dann nimm dir einen Cornedbeefkonservenmillionär.
Leg deine Wang an seine Wang und sprich: For you I care –!
Denn dein Micky war ein Frontsoldat, und das ist jetzt nicht mehr fair.
Chor: „Oh – Su – Sanna, – das Leben ist nicht schwer –"
Und für einen toten Bräutigam kommen tausend neue her.

Alexander Lernet-Holenia
1897–1976

Der bethlehemitische Kindermord

Weil man vielleicht ein Weinen
oder hier und da
einen Schuß und noch einen
hörte, stieß man die kleinen
Fenster auf, und sah:

Vor der Kirche die Spieße
stecken reihenweis',
und hörte, vom Nachbar her, dieses
Jammern und Gekreisch, –

abgesessene Knechte
hatten das Haus erschreckt,
und plötzlich sah man einen
kommen, der hatte zwei kleine
Kinder wie häßliche Frösche
auf die Klinge gesteckt,

und da ging auch schon unten ein Gellen
in der Kammer an,
Schreien und Aufrebellen,
und ein Niedertrommeln mit schnellen
Schlägen fing an, fing an –

eine weiße Wolke vom Schießen
flog den Markt entlang,
Blasen und Stechen und Spießen,
und Weiber mit bloßen Füßen
rannten im Schnee und rissen
den Knechten ihr Kind aus der Hand.

Ein Geschwader mit Speeren
stand im Harnischgeleucht,
und ein andres, von welchem die schweren
Ober- und Untergewehre
baumelten, hielt bei der hehren
Fahne, dem Adler des Reichs.

Auf dem Pferd vorn, das selbst noch den toten
Kindern die Zähne gezeigt,
saß der Hauptmann im ziegelroten
Mantel, die Zügel im Knoten,
leicht vornübergeneigt,
weil ihn das Schreien störte,
und er sah an allem vorbei,
bis er jemanden melden hörte,
daß man jetzt fertig sei.

Da ließ er den Weg durch das Klagen
und Jammern Schritt vor Schritt
mit flachen Hieben schlagen,
und die drängten, bekamen schwere
Klingen übergezogen, –
bunte Spieße wie Ähren
schwankten über dem Ritt
und auf den Fahnen flogen
oben die Adler mit.

Manfred Hausmann
1898–1986

Märchen

O Königskind, o Schwesterlein,
Stiefmutter will uns schlagen.
Ach könnten wir doch zwei Tannen sein
und goldene Nadeln tragen!

Und als sie kamen in Glommes Wald,
sie waren schon lange gewandert,
da wurden sie zwei Tannen alsbald
ganz nahe nebeneinander.

Die Königin suchte im Walde herum
mit Stangen und mit Ketten.
Haut mir die goldenen Tannen um
und macht daraus zwei Betten!

Um Mitternacht zur stillsten Stund
ein Bett fing an zu knistern.
Da sprach eine Stimme aus traurigem Mund
mit Hauchen und mit Flüstern:

O Königskind, o Schwesterlein,
wie schwer sind meine Schmerzen!
Auf mir da träumt in Not und Pein
der Mutter böses Herze.

Um Mitternacht zur stillsten Stund
ein Bett fing an zu knistern.
Da sprach eine Stimme aus traurigem Mund
mit Hauchen und mit Flüstern:

O Königskind, o Brüderlein,
wie leicht sind meine Schmerzen!
Auf mir da träumt der Vater mein,
des Vaters gutes Herze.

Der König war davon erwacht
und weinte in der Stube.
Die Königin zur selben Nacht
kam lebend in die Grube.

Dort in der Erde lag sie nun
im Regen und im Winde.
Die Erde fraß ihre Glieder nun
und alle ihre Sünde.

Und als ihr Kopf gestorben war,
es donnerte aller Enden.
Die Kinder erwachten so jung und klar
und hielten sich an den Händen.

Die Königin und der Gärtner

Getreuer Gärtner, tritt herzu,
die Wahrheit mir zu künden.
Ich habe die ganze Nacht gesucht,
kann meine Tochter nicht finden.

Frau Königin, da Ihr's befehlt,
will ich Euch alles künden.
Ich habe die ganze Nacht gesucht,
kann meinen Sohn nicht finden.

Ich hab das Gras und die Rosen befragt
und das Jelängerjelieber.
Das Gras ist an den Boden gedrückt,
die Rosen neigen sich über.

Zwei Haare hängen am Rosendorn,
ein schwarzes und eins von Golde.
Das schwarze ist von meinem Sohn,
das andere ist gar so holde.

Getreuer Gärtner, sage mir,
wo sind die Buhlen geblieben?
Frau Königin, ach Frau Königin,
das Herz muß sich betrüben.

Die Fuhrleut singen und knallen vor Tag
wohl unter dem Sternenbogen.
Mein Sohn ist über die Heide gereist,
hat Eure Tochter betrogen.

Und ist er über die Heide gereist
drei Meilen oder vier Meilen,
so weiß ich noch nichts von meinem Kind.
Wo mag mein Kind denn weilen?

Frau Königin, die Wiese ist
mit grauem Tau behangen.
Ein dunkler Streifen führt hindurch,
als wäre da jemand gegangen.

Im Weidenbusch liegt ein seidener Schuh,
ein Schleierchen weht im Winde.
Ein Wasser geht an den Weiden vorbei,
es geht so tief und gelinde.

Emil Barth
1900–1958

Ballade um zwölf

Windstimme, die mit schwarzem Regen spricht.
Vergreiste Zeit tappt schlaflos durch das Haus.
Zwölf! dröhnts ans Tor. Ein finstres Ungesicht,
An Fäusten zwölf schwankt schwarz ein Sarg hinaus.

Von Windes Klageweibern eine Schar
Wirft sich den Weg entlang ins schmutzige Feld,
Zerrauft mit Schreien sich das Regenhaar,
Das auf die schimmerschwarzen Brüste fällt.

Tag, nicht genug geliebt! ... der Zeit schon spät
Noch einmal dargeschenktes süßes Kind, –
Verkannt und tot! ... Mit kalten Würfen sät
Der Mond Vergessen durch Gewölk und Wind.

Nelly Sachs
1891–1970

Ein totes Kind spricht

Die Mutter hielt mich an der Hand.
Dann hob Jemand das Abschiedsmesser:
Die Mutter löste ihre Hand aus der meinen,
Damit es mich nicht träfe.
Sie aber berührte noch einmal leise meine Hüfte –
Und da blutete ihre Hand –

Von da ab schnitt mir das Abschiedsmesser
Den Bissen in der Kehle entzwei –
Es fuhr in der Morgendämmerung mit der Sonne hervor
Und begann, sich in meinen Augen zu schärfen –
In meinem Ohr schliffen sich Winde und Wasser,
Und jede Trostesstimme stach in mein Herz –

Als man mich zum Tode führte,
Fühlte ich im letzten Augenblick noch
Das Herausziehen des großen Abschiedsmessers.

Marie Luise Kaschnitz
1901–1974

Semele

Sie sah ihn einst. Und da er ihr so mild
Und wie ein Knabe spielend war genaht
Trug sie in sich wie einen edlen Fund
Das menschengleiche, menschenschöne Bild
Und sehnte sich nach seinem Leib und Mund.

Und als er endlich wieder zu ihr trat,
Bezwang sie nicht der Glanz, der ihn umfloß
Nicht seine Macht und herrische Begier:
Dem Bilde gab sie sich, das tief in ihr
Die Sehnsucht lange liebend schon genoß.

Dann kam er immer wieder und ihr war
Als wüchse er gewaltig Tag um Tag,
Bei seinem Nahn erzitterte ihr Herz.
Es klang sein Schritt wie Schritte einer Schar
Und seine Stimme tönte wie das Erz.

Und wenn er bei ihr lag und sie umschloß
War ihr, als trüge sie des Himmels Last
Und sie erschrak und wurde nicht mehr froh
Bis endlich sie sein göttlich Wesen faßt'
An diesem Tag verließ sie ihn und floh.

Und sie verbarg sich. Lächelte und sang
Und träumte von dem Kind in ihrem Schoß
Sie sah es einem schönen Knaben gleich
An ihrem Herzen ruhn sein Leben lang
Und wünschte es nicht göttlich und nicht groß.

Und als von seinem Schritt die Erde bebt'
Und Sturmesatem fuhr durch das Gebälk
Den Raum durchflog des Wetterleuchtens Schein,
Schloß sie sich in die finstre Kammer ein
Und sang dem Kind, das ihr im Leibe lebt.

Da drang es durch die Ritzen hell wie Tag,
Zerbarst wie Donnerschlag die morsche Wand,
Sprang, eine Flamme, und umschloß sie ganz:
Und so zum letzten Mal von ihm erkannt
Erglühte und verging sie schon im Glanz.

Ein bleiches Leben ward ihr noch gewährt,
Ein stilles Wandeln in der Finsternis,
Indes der Knabe göttlich ward und groß
Und trunken rasend, Flamme, Erz und Wind,
In Trauer und Gefahr die Besten riß –

Doch wußte sie nichts mehr von ihrem Kind.

Die Ehegatten

Als die Wiese stand im weißen Schaum,
Und der Friedhof drin versunken lag,
Längs der Mauer blühte Baum an Baum,
Gruben sie ein Grab vor Jahr und Tag.
Eine Tote legten sie hinein,
Ließen Raum im Grab und auf dem Stein.

Doch nach Jahresfrist am Grabe stand,
Der sich hier die Ruhestatt erkor,
In der Erde wühlte seine Hand,
An die Erde legte er das Ohr,
Zu der Erde Tiefe schrie sein Mund:
Du, höre ... du ...
Und ein Echo kam vom Mauerrund:
Du ...

Und er sprach: „Der Frühling ging dahin,
Und der Sommer klang im Sturme aus,
Immer lebt ich mit erstorbnem Sinn
Wie ein Toter in dem toten Haus.
Doch die Zeit mich in den Winter trug,
Und aus meiner Brust die Flamme schlug.

Da die Flamme nicht verlöschen mag,
Komme du nun aus der Erde Schoß,
Mir beginnt ein neuer Lebenstag,
Die du mich gebunden, sprich mich los.
Ist vorüber dein und meine Zeit,
Hab die junge Liebste heut gefreit ..."

Da erhob sich's überm Wiesenland
Und wie Nebel sich zusammenballt,
Wallt' es über Weg und Mauerrand,
Sank zu ihm in menschlicher Gestalt.
Und in ihren beiden Händen trug
Seine Frau den blauen Hochzeitskrug.

Und sie sprach: „Ich kam, ich zürne nicht.
Ja, du sollst zu deiner Liebsten gehn,
Gern nur möchte ich dein Angesicht
Noch für eine kleine Weile sehn.
Waren wir doch lange uns vertraut,
Schenke mir nun diese kleine Zeit
Noch zu reden, eh der Morgen graut,
Zu verkürzen mir die Ewigkeit ..."
Und da sie an seiner Seite saß,
Schenkte sie ihm ein das erste Glas.

Lange blickt sie übers Wiesenland,
Sprach: „Wie ist das junge Laub schon dicht,
Unterm steilen Hange liegt der Strand,
Einst sah ich dich dort im Morgenlicht.
Längs der Wellen liefst du, Sprung auf Sprung,
Ach – nun scheinst du mir wie damals jung ..."

Und er lauscht. Mit zauberischer Macht
Führt sie ihn in die vergangne Zeit,
Daß er spürt' den Hauch der Winternacht,
Erntefestes grelle Fröhlichkeit,
Fühlt' der Arbeit Müdigkeit und Schweiß;
Schlang das Essen, sank in schweren Schlaf,
Hört' das Donnerrollen unterm Eis,
Ging den Weg wo er sie erstmals traf.
Spürt' den ersten Kuß beim Tanz im Krug,
– und erwachte, als die Turmuhr schlug.

Da erhob er taumelnd sich, verstört.
Doch sie bat: „Ach bleibe, geh noch nicht",
Und er hat die Stunde nicht gehört
Und noch immer war der Himmel licht.
Wie er zögernd ihr zur Seite sank,
Schenkte sie ihm ein den zweiten Trank.

„Nicht mehr bist du von des Knaben Art",
Sprach sie und erfaßte seine Hand,
„Doch dem Manne gleich, der auf der Fahrt
Übers Meer an meiner Seite stand.
Da so geisterhaft und riesengroß
Wuchs die fremde Stadt aus fremdem Schoß."

Und er hört's, da riß es ihn schon fort;
Lärm der Straßen, Schritt um Schritt auf Stein,
Rädersausen, fremder Sprache Wort,
Streit und Eifersucht und Freund und Feind.
Fühlt' in kahlen Zimmern Liebeslust,
Wunder der Geburt in Schrei und Stoß,
Sieht sein Kind an ihrer reichen Brust,
Und das zweite weitet schon den Schoß.
Andre Städte, Geld und nie genug ...
– Fernher kehrt er, als die Turmuhr schlug.

Wieder schreckt er auf: „Die Nacht vergeht,
Laß mich fort nun, denn sie wartet mein."
Und sie bat: „Du kommst noch nicht zu spät,
Doch ich bin in Ewigkeit allein."
Ihrer Blicke Trauer hielt ihn fest,
Und sie schenkte ihm des Weines Rest.

Sprach: „Wie nah nun scheint die Stunde mir,
Die wir lang ersehnt und lang entbehrt,
Da ich in des Vaters Haus mit dir
Von der Wanderschaft zurückgekehrt.
Alles sahst du froh und mit Bedacht,
Du zerriebst die Erde mit der Hand,
Führtest noch die Kinder in der Nacht,
In der hellen Nacht hinab zum Strand..."

Wieder zog es ihn gewaltig hin,
Ging als Sämann, steuerte das Boot,
Wie da alles vorgezeichnet schien
Langes Leben, Friede, Arbeit, Brot...
Dann das Feuer. Auszug und Gesang,
Weib und Kind und Haus und Land bedroht,
Er im Graben, monde-, jahrelang,
Lehm und Blut und tausendfacher Tod.
Müde Heimkehr, neue Last... vorbei...
Schlag der Uhr vom Turm und Hahnenschrei...

Doch er saß, als hätt er's nicht gehört,
Sah den reinen Himmel nicht erglüht,
Sah die Erde nicht vom Tau genährt,
War von langer Lebenszeit so müd.
Lächelnd sprach sie: „Geh, ich halt dich nicht...
Diese Helle ist das Morgenlicht..."

Spät ist er ins Dorf zurückgekehrt,
Pochte an die Türen alle an,
Niemand hat den Einlaß ihm verwehrt,
Jeder fragt: „Wen suchst du, alter Mann?"

Und es jammert jeden, wie er dann,
Qual und Staunen auf dem Angesicht
Lange Zeit vergebens sich besann
Und dann stammelte: „Ich weiß es nicht..."

Die drei Wanderer

Schnee verwehte auf dem Bergesgrat
Wo der Sturmwind donnerte und keuchte,
Fremde Wandrer suchten Mal und Pfad
Und sie waren schon zu Tode matt
Als das Dunkel kam und sie erreichte.

Schweigend kämpften sie noch eine Zeit
Schritt um Schritt sich durch das weiße Wehen,
Spähten bange in die Dunkelheit,
Glaubten oftmals in der Ferne weit
Noch den Schimmer eines Lichts zu sehen.

Doch der Schein erbleichte und zerrann
Und es war kein andrer Laut zu hören
Als des Sturmes drohender Gesang –
Da erbebten sie im wilden Drang
Sich des Todesschlafes zu erwehren.

Und der erste sprach: „Von Land zu Land
Zog ich hin, das Glück mir zu gesellen,
Manches Bildnis lockte und verschwand
Und es löschten meines Durstes Brand
Nicht die reichen Wasser aller Quellen.

Wer du seiest, der uns vor der Zeit
Zu sich rufen will in Nacht und Wehen,
Sieh, dein Tisch ist reich, dein Saal ist weit,
Doch mir war die Speise nicht bereit,
Laß mich hungrig nicht von dannen gehen!

Meere sind und tiefe Wälder viel,
Gib ein Jahr nur noch, umherzuschweifen,
Laß mich Manneskampf und Liebesspiel
Wilder üben als mirs einst gefiel
Und das Leben heißer noch umgreifen."

Und er schwieg, es trieb sein Wort dahin,
Da erhoben sich vom Schnee die andern
Und der zweite sprach: „Von Anbeginn
War mir nicht Erfüllung und Gewinn
Solch ein unstet heimatloses Wandern.

Meinen Acker, den ich lang bebaut
Wollt ich nutzen und die Früchte mehren.
Haus und Hof, von Kindheit an geschaut,
Weib und Kind, zum Schutze mir vertraut,
Wollte ich behüten und ernähren.

Mich verlockt von hier kein Traumgesicht
Nicht ersehn ich ferner Meere Wellen,
Nur noch einen Tag begehre ich
Zu erfüllen die ererbte Pflicht
Und zur Saat den Acker zu bestellen."

Als er jähe schwieg, war einer nur
Dem noch Atem in der Brust sich regte
Und er sprach: „Was ich vordem erfuhr
Ach, es gleicht nicht Eures Lebens Spur,
Nicht dem Traum, der Euren Sinn bewegte.

Jedes Menschenherzens Weh und Lust
Herrlichkeit der Schöpfung wollt ich künden,
Doch das tiefste Wort in meiner Brust,
Das ich einst von Anbeginn gewußt
Such ich lang und kanns nicht wiederfinden.

Dürfte ich, nur morgen noch erwacht,
Eine Stunde lang den Tag genießen,
Der gewalt'gen Sonne Glanz und Pracht
Und die Welt befreit aus dunkler Nacht –
Ach, wie wollte ich das Licht begrüßen!"

Da erhob sich in der Dunkelheit
Leise und geheimnisvoll ein Beben
Und es ward, als sich der Morgen neut
Einem jeden die erhoffte Zeit
Allsobald gemessen und gegeben.

Und der erste sah der Länder viel
Ward von Ungeduld umhergetrieben,
Gab sein Herz in trunkenem Gefühl
Tausendfach dahin in Kampf und Spiel,
Zählte nicht die Tage, die ihm blieben.

Bis er eines Nachts am fremden Strand
Sah, wie sich der Himmel schwarz bedeckte.
Ein Gewitter sah er jäh entbrannt
Und erbrausen wie aus fernem Land
Hört er einen Wind, der ihn erschreckte.

Zu der Erde, die ihn bebend trug
Zu den Wellen, die sich gierig reckten
Brüllte er sein wildes NICHT GENUG,
Eh der Felsen stürzend ihn erschlug
Und die Wasser schäumend ihn bedeckten.

Eilig stieg der zweite hin ins Tal
Eingedenk der Zeit, die sich verzehrte,
Ordnete und schaffte, und befahl
Bald zu rüsten ihm das Abschiedsmahl
Da der Tod ihm schon das Herz beschwerte.

Doch am Abend, als im Festgewand
Das Gesinde sich versammeln sollte
Blieb er aus. Und wie die Helle schwand
Hört man Schlag um Schlag von seiner Hand
Im Gehölz, das längst er fällen wollte.

Und man hört' ihn schreien: „EINEN TAG
Gib mir noch, daß ich mein Tun vollende –"
Bis er jähe dann zusammenbrach,
Tot in seinem alten Walde lag,
Um die Axt gekrampft die starren Hände.

Sonne strahlend überm blauen Eis
Sah der dritte, als die Nacht geschwunden,
Sah am Felsenhang ein blühend Reis
Und des Jahres wunderbarer Kreis
Schien sich ihm im Augenblick zu runden.

Da er solcher Herrlichkeit gewahr,
Noch das Menschenherz zu schaun verlangte
Sah er, daß es voller Liebe war,
Und es ward ihm endlich offenbar
Das vergeßne Wort, um das er bangte.

Knieend grub er in den weißen Rain
Allsobald mit langsam schweren Händen
Dreimal tief den Namen Gottes ein,
Hob das Antlitz in den Strahlenschein
Und verging, um nimmermehr zu enden.

Die Kinder dieser Welt

Die Kinder dieser Welt hab ich gesehen.
Mein Bruder hatte sie eingeladen
Über die sieben Berge zu fahren.
Über die sieben Berge fuhren
Die Kinder dieser Welt.

Auf dem ersten Berg war Jahrmarkt.
Die Kinder riefen, halt an.
Da tanzten über dem Rasenzelt
Milchblaue Bälle mit Nasen.
Haben, riefen die Kinder der Welt.

Auf dem zweiten Berg lief der Sturmwind
Und die Kinder schrien, hol ein.
Sie stampften und griffen ins Steuerrad
Sie ließen die Hupe gellen.
Ich weiß nicht was mein Bruder tat
Um ihrer Herr zu sein.

Auf dem dritten Berg stand die Nebelkuh
Und leckte über das Gras.
Da machten die Kinder die Augen zu
Sie fragten, sind wir nicht blaß?
Wir stürzen in die tiefe Schlucht.
Wer weiß, wer unsre Knöchlein sucht.
Sterben, sagten die Kinder der Welt.

Auf dem vierten Berg war ein Wasser.
Und mein Bruder sagte, vorbei.
Da wollten die Kinder ihn schlagen
Sie sprangen vom fahrenden Wagen
Mitten in den See.

Sie schwammen dort in der Runde
Tief unten am steinigen Grunde
Wie die Kinder der Lilofee.

Auf dem fünften Berg schien die Sonne
Wie sieben Sonnen klar.
Da streckten die Kinder die Arme aus
Und beugten sich weit zu den Fenstern heraus
Mit wehendem Haar
Und winkten und sangen laut dabei
Wie süß die sündige Liebe sei.
Küssen, sangen die Kinder der Welt.

Um den sechsten Berg schlich der Mondmann
Klein und gebückt.
Seinen Hund an der Leine.
Da rückten die Kinder zusammen.
Mein Vater ist verrückt
Mein Bruder hat keine Beine
Meine Mutter ist fortgegangen
Kommt nicht zurück...

Auf dem siebenten Berg war kein Haus
Und mein Bruder sagte, steigt aus.
Da wurden sie alle traurig
Und ließen die Luftballons los
Und das lieblichste übergab sich
Gerade in seinen Schoß.

Sie gingen eins hierhin, eins dorthin
Die kleinen Fäuste geballt
Und wir hörten sie noch von ferne
Trotzig singen im Wald.

Hiroshima

Der den Tod auf Hiroshima warf
Ging ins Kloster, läutet dort die Glocken.
Der den Tod auf Hiroshima warf
Sprang vom Stuhl in die Schlinge, erwürgte sich.
Der den Tod auf Hiroshima warf
Fiel in Wahnsinn, wehrt Gespenster ab
Hunderttausend, die ihn angehen nächtlich
Auferstandene aus Staub für ihn.

Nichts von alledem ist wahr.
Erst vor kurzem sah ich ihn
Im Garten seines Hauses vor der Stadt.
Die Hecken waren noch jung und die Rosenbüsche zierlich.
Das wächst nicht so schnell, daß sich einer verbergen könnte
Im Wald des Vergessens. Gut zu sehen war
Das nackte Vorstadthaus, die junge Frau

Die neben ihm stand im Blumenkleid
Das kleine Mädchen an ihrer Hand
Der Knabe der auf seinem Rücken saß
Und über seinem Kopf die Peitsche schwang.
Sehr gut erkennbar war er selbst
Vierbeinig auf dem Grasplatz, das Gesicht
Verzerrt von Lachen, weil der Photograph
Hinter der Hecke stand, das Auge der Welt.

Im Sturm

Drei Tage und drei Nächte lang
Die Erde mit dem Sturme rang.

Es wiegten sich am Tag vorher
Die Möwen schreiend überm Meer

Und in der Nacht verschlang den Strand
Die Welle bis zum Dünenrand.

Im Schaume trieben Stumpf und Ast
Und weiß Gott welches Schiffes Mast

Am Ufer flohen Strauch und Baum
Vom Sturm gepeitscht zum Waldessaum

Das Licht erlosch, es stand der Hain
Tief schwarz und wild im fahlen Schein

Und über Wald und Düne klang
Des Engels schrecklicher Gesang:

Wo ihr euch bergt, wohin ihr weicht
Ihr Mensch und Kreatur, erreicht

Euch Gottes Hand und Angesicht
So heute wie am Weltgericht . . .

Drei Tage und drei Nächte lang
Die Stimme zu den Menschen drang

Es riß der Wind vom Munde fort
Das Lächeln ihnen und das Wort

Sie setzten sich zur Essenstund
Das Brot war Stein in ihrem Mund

Vorm Fenster trieb der bleiche Sand
Es brach das Glas in ihrer Hand

Das kleinste Wort stieg unbewußt
Rauh wie ein Schrei aus ihrer Brust

Und die zu lieben sich vermeint
Sie flohen sich wie Feind und Feind.

Und wie die Welle zieht und rauscht
Und Schein und Dunkel sich vertauscht

So wechselte in ihrer Brust
Die Todesangst mit Todeslust.

Jedoch des Engels Ruf verstand
Zu deuten keiner mehr im Land.

Dreimal

Dreimal ging die Witwe übers Oedland,
Da war kein Frühling, kein Sommer, kein Herbst noch Winter.
Mitten im Oedland saß ihr Mann, ihr Liebster,
Und das erste Mal kniete sie nieder, umfing seinen Schoß,
Sagte, wir haben die Kürbisse eingelegt
Sauer und süß. Wir sammeln die ersten Nüsse.
Die Kinder schreiben das A und das O.
Leb wohl, und der Tote nickte.

Dreimal ging die Witwe übers Oedland.
Da war kein Tag, keine Nacht, kein Morgen noch Abend.
Mitten im Oedland saß ihr Mann, ihr Liebster,
Und das zweitemal legt sie ihm ihre Hand auf die Brust,
Sagte, ein Schnee ist gefallen, die Fenster blühn,
Der Igel hält seinen Winterschlaf,
Die Kinder backen Monde und Sterne.
Leb wohl, und der Tote nickte.

Dreimal ging die Witwe übers Oedland,
Da war kein Wasser, kein Feuer, keine Luft noch Erde.
Mitten im Oedland saß ihr Mann, ihr Liebster,
Und das drittemal sah sie ihn an, berührte ihn nicht.
Sagte, wir haben die Beete abgedeckt,
Die Erde in unserem Garten ist schwarz und fett,
Die Kinder verbrennen den Winter.
Leb wohl, und der Tote nickte.

Zum andernmal ging die Witwe, fand das Oedland nicht mehr.
Hoch stand das Gras, verwachsen starrten die Hecken,
Margeriten blühten und Rosen, die Sichel ging.
Leb wohl, und die Sonne nickte.

Peter Huchel
1903–1981

Letzte Fahrt

Mein Vater kam im Weidengrau
und schritt hinab zum See,
das Haar gebleicht vom kalten Tau,
die Hände rauh vom Schnee.

Er schritt vorbei am Grabgebüsch,
er nahm den Binsenweg.
Hell hinterm Röhricht sprang der Fisch,
das Netz hing naß am Steg.

Sein altes Netz, es hing beschwert,
er stieß die Stange ein.
Der schwarze Kahn, von Nacht geteert,
glitt in den See hinein.

Das Wasser seufzte unterm Kiel,
er stakte langsam vor.
Ein bleicher Streif vom Himmel fiel
weithin durch Schilf und Rohr.

Die Reuse glänzte unterm Pfahl,
der Hecht schlug hart und laut.
Der letzte Fang war schwarz und kahl,
das Netz zerriß im Kraut.

Die nasse Stange auf den Knien,
die Hand vom Staken wund,
er sah die toten Träume ziehn
als Fische auf dem Grund.

Er sah hinab an Korb und Schnur,
was grau als Wasser schwand,
sein Traum und auch sein Leben fuhr
durch Binsen hin und Sand.

Die Algen kamen kühl gerauscht,
er sprach dem Wind ein Wort.
Der tote Hall, dem niemand lauscht,
sagt es noch immerfort.

Ich lausch dem Hall am Grabgebüsch,
der Tote sitzt am Steg.
In meiner Kanne springt der Fisch.
Ich geh den Binsenweg.

Dezember 1942

Wie Wintergewitter ein rollender Hall.
Zerschossen die Lehmwand von Bethlehems Stall.

Es liegt Maria erschlagen vorm Tor,
Ihr blutig Haar an die Steine fror.

Drei Landser ziehen vermummt vorbei.
Nicht brennt ihr Ohr von des Kindes Schrei.

Im Beutel den letzten Sonnblumenkern,
Sie suchen den Weg und sehn keinen Stern.

Aurum, thus, myrrham offerunt . . .
Um kahles Gehöft streicht Krähe und Hund.

. . .quia natus est nobis Dominus.
Auf fahlem Gerippe glänzt Öl und Ruß.

Vor Stalingrad verweht die Chaussee.
Sie führt in die Totenkammer aus Schnee.

[Aurum, thus, myrrham offerunt . . . quia natus est nobis Dominus: lat., frei übersetzt: Gold, Weihrauch, Myrrhe boten sie dar, weil uns der Herr geboren ist.]

Soldatenfriedhof

Die Luft ist brüchig.
Fünftausend Kreuze
In Reih und Glied,
Streng ausgerichtet
Auf Vordermann.

Nach dem Abendappell
Gehen sie in die Stadt.
Sie bevölkern Ruinen
Und schwarze Brücken,
Werfen Laub in die Grachten.

Sie besuchen den Dom
Und verdunkeln den Heiland.
Aber es glimmen die silber-
Beschlagenen Ecken des Meßbuchs.
Und das Stigma der Abendröte
Brennt auf den Dächern.

Als Fensterschatten
Lehnen sie an der Wand der Bar.
Sie hauchen Eis in die Gläser.
Sie blicken aus Gitarren
Den Frauen nach.

Kurz vor Mitternacht
Hallt gräberhin
Des Todes Clairon,
Das trostlose Trommeln,
Die große Retraite,
Der Zapfenstreich.

In erster Helle
Stehen sie wieder
Starr im Geviert.
Fünftausend Kreuze.
Streng ausgerichtet
Auf Vordermann

[clairon: frz., Horn. – Refraite: frz., Rückzug.]

Martin Kessel
geb. 1901

Der folgsame Heini

Da nahm ich meinen Becher
und warf ihn in die Flut.
Da hatt ich keinen Becher mehr,
sie sagten, so wär's gut.

Da ließ ich meine Liebe
und machte alles schlecht.
Da hatt ich nichts zu lieben mehr,
sie sagten, so wär's recht.

Da trollt ich mich nach Hause
und schlug dort alles klein.
Da hatt ich auch kein Obdach mehr,
sie sagten, so wär's fein.

Da soff ich sechzehn Pullen,
neugierig, was geschah.
Da war ich kaum zu halten mehr,
da riefen sie: hurra!

Da griff ich zum Revolver,
da hat's denn auch gekracht.
Da war ich tot. Da sagten sie:
Wer hätte das gedacht!

Walter Steinbach
1902–1947

Ballade vom toten Landstreicher

Sie hatten sich langsam zusammengefunden
Aus Spital und Schenke, von Straße und Meer.
Nun waren sie aneinander gebunden,
Von verstoßenen Engeln ein flüchtiges Heer.

Als der Mond ihre blassen Gesichter verzehrte
Und jeder des anderen Almosen zählte,
Fragte man sich: Wo ist dein Gefährte?
Und sie merkten, daß einer fehlte.

Der war gestorben in Dickicht und Moos,
Wo Erde brünstig die Wolken verschlang.
Dort lag er gebettet in weichem Schoß,
Bei dürrer Blätter Grabgesang.

Nun hielten sie an einer Brücke von Stein.
Über ihnen fiel schwarz der Himmel in Falten.
Da brüllte der Chor: Jetzt Blut und Wein,
Wir wollen ihm Totenmesse halten!

Der Mond am Himmel in Henkersrot
Schlich um die Büsche, die struppig wie Besen.
Wind blies Legende von Landstreicher und Tod.
Alle wußten, daß er ihr Bruder gewesen.

Gesellen sie, die sich zusammengefunden
Aus Spital und Schenke, von Straße und Meer.
Schiffbrüchige, die, an ein Wrack gebunden,
Ins Weltall vertrieben, gejagt kreuz und schwer.

Städte-Ballade

Im Beginn der Zeiten,
Als der Himmel der Erde noch nah,
Entstanden die Städte aus Lehm
Und waren da.
Häuser und Türme und Tore und Mauern
Waren gebaut, um zu dauern.
Und das Dasein war angenehm.

Mit fortschreitender Zeit aber,
Und das geschah sehr bald,
Wuchsen die Städte gar
Empor wie ein steinerner Wald,
Aus Beton und Eisen nach Maßen,
Mit glatten, asphaltenen Straßen.
Und Ruhe und Friede war rar.

Bis in der uns noch nahen Zeit
Die Hölle Asylrecht in ihnen fand.
Es hat Phosphor und Schwefel geregnet
Auf die Häuser aller Städte im Land,
Wo nur ein Baumstumpf vielleicht oder Blatt
Im Freien Heimat gefunden hat.
Denn nichts war gesegnet.

In dieser verfluchten Zeit
Wurden die Städte vergreist und alt.
Und in ihnen zu leben war unbequem.
Erbärmlich ward ihre Gestalt.
Es schrie in den Straßen fast jedes Haus,
Bis die Flammen verlöschten. Dann war es aus.
Ein Ende ruhmlos und ungenehm.

Unseren Tagen allnun
Ist verblieben, was überlebte,
Und der Regen, die Kälte, der Wind,
Das Grauen auch, das die Herzen durchbebte,
Über dem Schutt aber wie zum Spaß
Gedeiht noch ein Unkraut, Blume und Gras,
Die nie ganz verdorben sind.

In der anhebenden Zeit aber,
Die eine andere werden soll als jene zuvor,
Wenden wieder die Städte ihr Angesicht
Und heben es empor,
Daß wir als Schaffende in ihnen gehen
Und sie aus der Öde und Nacht auferstehen
Zu des Tages hellerem Licht.

Erich Arendt
1903–1988

Bergwindballade

Mit offner Brust marschiert der Wind;
er rührt an Dinge schwer,
ob sie entgegenstehn, ob fliehn
zum aufgetürmten Meer.

Es ist der Sierra Heldenwind,
der gegen Steine klirrt,
der feige Augen niederdrückt,
den Schwankenden verwirrt.

Die Sonne reitet auf ihm her;
hellflatternd schlägt ihr Licht.
Im Dunkel rauscht es, als ob er
mit Sensenschärfe ficht.

Aus Feuer und Granit entsprang
der Partisanen Wind;
Sturmfäuste trommeln seinen Sang
vom Sieg, wo wir auch sind.

Die Dinge greift er stürmend an;
und die Geschichte beugt
er wie den Pappelstamm: Sein Wehn
blitzhelle Zukunft zeugt.

Nun wird der Toten Schar gerächt,
aufstößt der Wind ein Tor.
Er schleift den blassen Henkersknecht
aus dem Versteck hervor.

Mit Bergesstimme ruft der Wind
die Bauern auf: Ans Licht!
Die stehen auf dem Platz gedrängt:
Der Wind hält heut Gericht!

Kopfsteine richten sich vom Weg,
die Stoppeln auf im Feld:
zu schauen, wie der Bruder Wind
gerecht sein Urteil fällt.

„Klagt an, und sagt es mir, dem Wind,
der euch das Herz durchdringt,
was ihr gelitten, was an Schmerz
in euch da ringt!" –

„Wir Bauern waren vogelfrei
für ihn und seine Brut." –
„Den Sohn stach man vom Herzen mir,
weil er den Freund begrub." –

„Ich sah mein Haus in Flammen stehn,
weil ich den Wein, mein Brot
den Helden in den Bergen gab.
Gebälk brach rot und tot." –

„Den Vater blendeten sie schlimm,
ich sah's vom Fensterspalt,
er nahm die Partisanen in
sein Haus als Freunde all." –

„Den Nachbarn trieben sie ins Ried;
hat ‚Henker' sie genannt.
Wir hörten, wie der Nachbar schrie
und keine Hilfe fand." –

„Und Pedro schossen sie am Tisch
ins Kreuz." – „Juana ward gehängt." –
„Und mir, mir hatten sie das Korn
wie Teufel abgesengt." –

„Wir alle waren vogelfrei
für den, der vor uns schweigt." –
Zum Staub hin des Verräters Kopf,
längst ein Verdammter, neigt.

Der Wind rührt machtvoll jeden an:
„Sag, wes er schuldig sei!" –
„Des Todes ist er", sagen sie.
Am Himmel steht ein Schrei,

ein Schrei aus Zorn und Straßenstaub,
gedreht vom Wirbelsturm.
Dünn hallt ein Schuß noch leise nach
im Glockengrund, im Turm.

Aus Feuer und Granit entsprang
der Wind. Er bricht des Schergen Blick;
wie einen schwarzen Flügel streift
er noch sein Lid zurück.

Im Todesrauschen, das wie Stein,
Metall und Grimm aufknirscht,
schlägt er die Feinde seines Volks,
da er das Land durchpirscht.

Wenn er aus Wälderdunkel springt,
die Guardia Civil
schießt blind um sich im tiefen Wind,
der tötend auf sie fiel.

Im Baskenland, in Santander,
Navarra, Aragon
jagt großer Partisanenwind:
Die Tage glühn und lohn.

[Guardia Civil: Gendarmerie.]

Ballade von der Selbsthilfe

Olivenbäume vor Castellón.
Die Kinder freuen aufs Pflücken sich schon:
      Öl wird aus den Steinmühlen fließen.

Es zittern die Bauern von Castellón.
Denn tragen die Häscher die Ernte davon,
      Öl werden die Kinder nicht sehen.

Oliven reiften bei Sonne und Mond.
Hat sich das Neigen der Bäume gelohnt?
      Die Dörfer vorm Einschlafen fragen.

Und Kinder und Frauen und Männer sind
ins Gezweig gestiegen. Hilfreicher Wind
      biegt ihnen die Früchte entgegen.

In Gängen, in Ställen stehn dunkel gehäuft
Olivenberge. Und morgen läuft
      das Mahlrad: Der Hunger wird schwinden.

Des Horizontes staubweißes Licht
zerweht. Mit unbewegtem Gesicht
      nahn Leuteschinder und Räuber.

Wohl hundert Bauern stehen Spalier.
Sie lächeln am Weg. Sie neigen sich hier,
      als kämen Freunde zum Feste.

Das Lächeln erschreckt den Kommissar;
seit Jahren die Freude verschwunden war
      aus lebenden, toten Gesichtern.

„Die Früchte warten. Sie liegen gepflückt
in unseren Hütten." – Wie höflich bückt
      der Bauer sich, steinern sein Lächeln!

„Die Ernte war gut. Gestattet uns Armen,
den Trunk euch zu bieten, dem Vogt, den Gendarmen,
      in unsren bescheidenen Mauern!"

Es warten die Bäume vor Castellón.
Der Vogt trägt morgen die Ernte davon.
      Öl werden die Kinder nicht sehen.

Der Eintreiber mit den Bauern säuft.
Er wiehert: Im Dorf sind die Früchte gehäuft.
      Im Rausche schwankt die Bodega.

Sie prosten ihm zu beim Glühlampenlicht.
Die Bauernaugen umkreisen ihn dicht:
      schwarzbrennende Distelsterne.

Sie tanzen im schweren Erdschollenschritt.
Gendarme und Schinder, sie tanzen mit.
      Fern schweigt der Hain der Oliven.

Die Bauern singen. Ein Haßlied bricht
aus wunden Kehlen ins Henkergesicht:
        Im Singen aufknirschen die Zähne:

„Es lebe die Freiheit!" – Das Licht erlischt
im dröhnenden Raum. Und die Stille zischt
        mit schwarzer blutiger Zunge.

Gendarme und Vogt, vom Dunkel gefällt.
Der Zorn der Hütten zerschlägt die Welt
        des Unrechts, des Raubes, der Knechte.

Kein Täter war da, der den Dolchstoß stieß.
Ein ganzes Dorf sie sterben hieß,
        durch die alle Bauern gelitten.

Öl floß aus der Steinmühlen mahlendem Mund,
es preisen die Berge das Schweigen und
        das Licht, den Frieden der Hütten.

Der Dorfteich

*Ballade aus der Zeit der
Großen Französischen Revolution*

I
Hungerwinter der Ardennen! Wölfe fielen
ins arme Dorf und rissen tot das letzte Schaf.
Die Bauern jagten sie mit Sensenstielen,
angstbleich, daß nicht ihr Schlag zu Tod sie traf.

Denn wer ein räudig Wolfsfell zu verletzen
sich frech vermaß, den brach das Rad. – Fürwahr,
die Wölfe durfte nur der Herr tothetzen,
der Herr der Wälder und der Wölfe war.

II
In dieser Zeit geschah es, daß ein Bauer
ins Eis des Teichs ein Loch sich brach.
Das Dorf erschrak. Der Himmel stand mit grauer
Zornfalte überm Dorf, das schwarz im Schneewind lag.

Des Bauern dürre Hand griff tief ins Wasser;
dran zappelte ein Fisch. Er biß hinein
und trank das kalte Fischblut, trank mit blasser
und wilder Gier, als tränke fort er alle Pein.

Ihn ließ der Herr der Felder und der Fische
am Baum erhängen, nah am Teich, im Feld.
Die Bauern starrten schweigend auf die Tische.
Schwarz stand die Nacht um sie, von nichts erhellt.

Doch keiner ging, den Freund vom Strick zu schneiden.
Der Bauer mußte hängen, bis er bleich
den Schädel streckte aus dem Laub der Weiden,
längst war das Eis vergangen auf dem Teich.

Des Dorfes Hungerblick ging zu den Fischen
seit Jahr und Tag, seit je ein Fisch gehüpft.
Unsichtbar, drohend über morschen Tischen
der Bauern hing des Henkers Strang geknüpft.

Stumm lag das Dorf. An seinem Stricke drehte
langsam der Tote sich. Es schien kein Stern.
Dumpf klangen in den Hütten die Gebete:
„O Herr, beschütze uns vor unserm Herrn!"

III
Sie schreckten auf, denn hart und grausam krähte
der Hahn. Sie traten betend fluchend in die Nacht
und schirrten sich als Tiere an. Scharf wehte
der Sturm durch sie, in kahlen Höhn entfacht.

Und rissen stöhnend für den Herrn der Erde
den Pflug durchs Feld; die Kinder weinend hinterher.
Aus warmen Ställen wieherten des Grundherrn Pferde.
Die Erde bog zum Himmel auf, ein feindlich Meer.

Beim Pflügen aber kam es wie Erinnern
auf sie – sie rissen Furchen um den Teich –,
ein Bauernwort klang auf in ihrem Innern:
„O wär die Erde unser, wär sie gut und reich!"

Da hörten sie durchs Dunkel hart ein Gehen,
der Tote kam und spannte brüderlich
sich vor den Pflug. Nun ging's wie Sturmeswehen,
der Tote zog, er zog gewaltiglich.

IV
Die Zeit verflog, wie Rauch. Vom Baum gefallen
war Blatt um Blatt. Er stand einst winterleer,
als auch der Tote fiel: ein knöchern Schallen.
Ein Stöhnen schleppte sich vom Felde her.

Es kreiste um das Dorf in Wind und Regen.
Es machte vor den Fenstern schrecklich halt.
Im leeren Feld, im Wald, auf stillen Wegen
stand plötzlich da des Todes Allgewalt.

„O still uns die jahrtausendalte Wunde,
die bös uns plagt! Herr, mach uns satt!"
Schwer rangen die Gebete sich vom Munde
der Bauern los. Der Teich lag kalt und glatt.

V
Stumm lag der Teich; von Fischen dicht durchschwommen,
und Kinder saßen bang an seinem Rand.
Sie sahen große graue Schwärme kommen
und untergehn in schwarzer Wasserwand.

Ein Wind kam auf am Abend, und der Schatten
des Baumes wurde lang und kroch zum Teich.
„Der Baum ist leer", sprach eins, und hatten
vom Baum des Toten Blick gespürt, groß, bleich.

Und noch im Traum vor ihrer Lagerstätte
stand hoch der Tote da. Es würgte seine Hand.
Die Kinder schrien im Schlaf, daß Gott sie rette:
des Grundherrn Pferde rasten schwarz durchs Land.

Stumm lag der Teich. Sein glattes Auge spähte
mit bösem Blick zum Dorf. Kalt schien ein Stern.
Aus finstren Hütten murrten die Gebete:
„Herr Gott, befreie uns von unserm Herrn!"

VI
Als reif die Zeit, da kam die Botschaft an:
Gott will jetzt seinen Knecht von Not befrein!
Schon hat in Groß-Paris der arme Mann
sich aufgereckt und steht in dichten Reihn.

Die Mauern sanken um vor ihm, die grad
einst standen. Los voran! Euch steht der Himmel offen! –
Die Bauern schliffen ihre Sensen wie zur Mahd
und standen da, vom Schlag des Worts getroffen.

Sie bogen langsam auf die krummen Rücken:
„Ja, Vater unser, ja, nun komm dein Reich!"
Sie standen wie ein Wald. Mit harten Blicken.
Da stieg erlöst der Tote aus dem Teich.

Sie brachen los. Der Tote, der die Spitze führte,
den Henkerstamm im Felde streift' er kaum,
von dem die Angst, die knechtende, herrührte,
und in den Staub geschleudert lag der Baum.

Das wogte vor dem Schloß. Das hob die Stimme.
Ein altes Bauernwort riß sich vom Herzen los.
Da setzten sie die Flamm aufs Herrenschloß.
Dort stand sie rießengroß, im Grimme,

und leuchtete drei Tage und drei Nächte.
Die Bauern saßen um den Teich, beglüht vom Brand.
Und Wasser rann durch ihrer Bärte Moosgeflechte;
denn tausend Fische zappelten in ihrer Hand.

Sie bissen schmatzend auf die Fische ein. Jung, rot
der Horizont, bekränzt von immer neuen Flammen.
Sie brachen unter sich der Herren weiches Brot.
Der Tote unter ihnen, Herr der Flammen,
er lächelte: die Bauernhände streichelten zusammen
die Erde wie ein gutes Fell: fort waren Angst und Not.

Die Hütte vom einfachen Leben und Sterben

Hier steht die Hütte des Negers Pedro Farrón.
Er geht jeden Morgen zum Reisfeld davon.
Er nimmt das Unvermeidliche an.
    Seht meine Hütte aus Bambusholz.
    Erbaut von den Vätern. Ihr Haß war dumpf.
    Seht diesen Verfall der Wände am Sumpf.
    Der Herr der Sklaven verlieh jenes Holz:
        Den Vätern den brüchigen Stumpf,
        wies ihnen den Platz am Sumpf.
    Tritt ein ins Dunkel ohne Scheu.
    Das Leben vergeht uns, obdachlos.
    Du siehst keine Bettstatt, keine Spreu.
    Mein Kopf liegt nachts auf der Erde, bloß,
    auf dem festgestampften Sumpf.

Das war die Liebe des Negers Pedro Farrón.
Er kannte nichts Schönres. Und liebte schon
wie jeder andere Mann:
    Er nahm sie, weil sie ihm zugelacht
    auf dem Weg vom Reisfeld, in den Arm.
    Sie kam in seine Hütte zur Nacht,
    ihre Brüste waren wie Nachtwind warm.
        Sie trug sein Essen mit wiegendem Rumpf,
        auf den Kopf gesetzt, zum Reisfeldsumpf.
    Die Jahre vergingen. Er hielt nicht mehr
    ihre Brüste umfaßt beim Heimgang wie eh.
    Ihr Lachen versiegte. Das Leben lief quer.
    Wie Stein sein Arm. Er ging längs der See,
    die Augen von Mühn und Sonnenglut stumpf.

Das ist der Gesang des Negers Pedro Farrón.
Sein Lied steigt vom Reisfeld, ein rissiger Ton,
und klagt wohl vieles an:
    Nicht ein Lächeln des Morgenwinds
    ist das Lächeln mehr meiner Negerin;
    nicht wie des Palmenblatts Glänzen, das ins
    Vergessen weht zu den Nachtflüssen hin.
        Wenn sie dies Zerfallen um uns aufhält
        an Hütte und Kleid, wie wehrt sie der Welt,
    die gegen uns steht. Ihre Hände sind dann,
    als ob unsre Mühsal in ihnen weint.
    Die Liebe rührt unsere Lippen nicht an;
    die Finger ruhen im Staub, unvereint,
    wenn Schweigen dicht aus den Sternen fällt.

Dies ist der Tod der Negerin des Pedro Farrón.
Ihr Leben glitt lautlos, ein Schatten, davon.
Ihn kam es wie Weinen an.
    Doch weinte er nicht, als sie ihm starb;
    ungesegnet zerbrach der dürftige Leib,
    der vor ihm verdarb, wie alles verdarb,
    wie ihr Lächeln einst und nun sein Weib.
        Nur das Dunkel der Hütte dunkelte da
        um einen Schein, als ihr Sterben geschah.
    Ihr Fieber war wild, als um Wasser sie bat;
    um nichts dann mehr, bis ihr Aug sich schloß.
    Kein Engel in die Hütte des Negers trat.
    Doch seine Liebe wurde wie damals groß,
    als er sie im Arm gehalten hat.

Dies ist die Sterberede des Negers Pedro Farrón
auf seine Frau. Sie schenkte ihm keinen Sohn.
Auch darauf kam es nicht an.
    Ihr Klageweiber des Dorfs, bleibt fern,
    ihr ändert mit eurem Wehklagen nichts.
    Männer, geboren unter dem schwarzen Stern,
    sitzt nicht neun Nächte stummen Gesichts
        vor meiner Tür. Fragt nicht, wie es kam.
        Seht meiner Hütte Verlassenheit an.
    Wenn nach meinem Tod das Palmdach zerfällt,
    hinterlaß ich Neger, wie ihr, keine Spur.
    Hier hilft kein Klagen. Uns schuldet die Welt
    alles! – Doch bitt ich euch, bedenket nur:
    Wer hat uns dies Unrecht angetan?

Das ist die Geschichte des Negers Pedro Farrón.
Er geht wie früher des Morgens zum Reisfeld davon.
Er ist ein mutiger Mann.

Walter Bauer
1904–1976

Ballade vom jungen erschossenen Arbeiter

    Und so rissen sie das Tor auf, das in den Silo führt,
    und sie nahmen ihn heraus,
    sie waren drei, ein Unteroffizier und zwei Gemeine,
    Ehre, wem Ehre gebührt,
    ihm aber erwiesen sie keine,
    und sie führten ihn aus dem Silo heraus.

    Als er heraustrat in die Luft, war ihm frei zumut,
    und er strich sich das Haar aus der Stirn,
    er hatte sich schon zwei Tage nicht gewaschen.
    Als er blinzelnd aufsah nach dem Himmel,
    stießen sie ihn voran, und er ging.

Sie gingen zu viert aus dem Werk heraus,
aus dem Schornsteinschatten in freie Luft,
aus dem Schatten der Hallen und Silos
in die hellen jungen Wiesen.
Schuhe zertraten Gras und Halm,
das waren Soldatenstiefel mit Nägeln
und die Schuhe eines jungen Arbeiters,
an den Spitzen stark abgelaufen.

Dann blieben sie an einem Feldweg stehn,
der zwischen Wiese und Acker zärtlich verlief,
ein Vogel rief,
und der Unteroffizier sprach: Du Schwein kannst gehn,
lauf weg, wir wollen dich nicht mehr sehn.
Und der junge Mensch
verstand erst nicht. Wie langsam er lief.

Denn er hatte zwei Tage nichts gegessen,
seit man ihn gefangennahm,
und nur in dem elenden Dunkel mit seinen Kameraden gesessen.

Und er lief schwankend davon auf dem Feldweg hin,
da schossen sie nach ihm, wie man nach Hasen schießt
(„weil er dem Befehl entgegen einen Fluchtversuch unternommen hatte",
meldete der Unteroffizier, und zwei Gemeine bezeugten es).
Sie schossen nach ihm,
da schwankte er noch ein wenig,
und dann fiel er langsam um.

Sie gingen hin. Da lag er still am Grabenrand im Gras;
er war –
er war zweiundzwanzigjährig, ziemlich schlank, blond,
man sah es,
als er ausgestreckt lag mit dem Gesicht auf der Erde.
Er zuckte noch etwas, und sie schoben ihn mit den Füßen
in den Graben hinein,
um im Gehen zündeten sie sich Zigaretten an,
das schmeckt gut nach der Arbeit.

Es waren drei, ein Unteroffizier und zwei Gemeine.
Ehre, wem Ehre gebührt.
Mördern gebührt keine.

Horst Lange
1904–1971

Marschieren

Der Frost frißt sich ins öde Land,
Wintergestirne regieren,
Die Sonne sank, der Sommer schwand,
Es klirrt, wenn wir marschieren.
Es klirrt von Eisen und von Eis,
Die toten Äcker sind so weiß,
Es klirrt, wenn wir marschieren.

Kein Ende nimmt der lange Weg
Infanteristen und Pionieren,
Der Nebel steigt und wälzt sich träg,
Es dröhnt, wenn sie marschieren.
Die Stirn ist kalt, das Blut ist heiß,
Und innen pocht das Herz mit Fleiß,
Es klirrt, wenn wir marschieren.

So Schritt um Schritt und Tritt um Tritt,
Bäume und Gärten erfrieren,
Es ziehn Erinnerungen mit,
Indes wir im Schnee marschieren.
Gar manche Worte, laut und leis,
Denen man keine Antwort weiß,
Es klirrt, wenn wir marschieren.

Den Heimweg kennen wir nicht mehr,
Die wir uns in Rußland verlieren
Mit blanken Waffen und Gewehr
Und weiter und weiter marschieren.
Die Wolken ziehn auf freiem Gleis,
Die Kälte würgt manch junges Reis,
Es klirrt, wenn wir marschieren.

Rose Ausländer
1907–1988

Das Einmaleins

Die Gefangnen im Turm
halten den Wärter gefangen
und üben mit ihm
das Einmaleins der Stunden

Ins Wandgewebe
sind Labyrinthe gestickt
Irrgänge führen zum
Sesam-öffne-dich

Nachts holen die
Gefangnen verstohlen
die Welt in den Turm
verteilen sie gleichmäßig
untereinander
Am Morgen ist alles
spurlos weggeräumt
die Zellen sind wieder
finstre Rechtecke
ohne Vögel und Wasserfälle

Die Gefangnen begrüßen sich
verstohlen
mit Weltabglanz
und üben mit dem Wärter
das Einmaleins der Stunden

Gericht

Durch eine Hintertür
schlich ich
ins Paradies

Ein Pfeil holte mich ein
als ich den Apfel stahl
er drang in eine Rose
meine Schwester
brach ihr Genick

Männer trugen die Bahre
in die spiegelbedeckte Kammer
der Rabbi schnitt mein Kleid ein
sagte Kaddisch und
streute mir Asche ins Haar

Ich füllte sieben Tage
mit Gram
die Kerze auf meiner Wange brannte
ich trank den letzten Tropfen Talg

„Du sollst nicht schlafen!"
rief mit Feuerzunge
der Engel im Docht

Mascha Kaléko
1907–1975

Deutschland, ein Kindermärchen

geschrieben auf einer Deutschlandreise im Heine-Jahr 1956

I
Nach siebzehn Jahren in „U.S.A."
Ergriff mich das Reisefieber.
Am letzten Abend des Jahres wars,
Da fuhr ich nach Deutschland hinüber.

Es winkten die Freunde noch lange am Pier.
Die einen, besorgt und beklommen.
Doch andere wären, so schien es mir,
Am liebsten gleich mitgekommen.

Dezemberlich kühl sank – ein Dollar aus Gold –
Die Sonne am Strand von Manhattan.
Und was greifbar im Lichte des Tages mir schien,
Entschwebte in Silhouetten ...

– O, Deutschland, du meiner Jugend Land,
Wie werd ich dich wiederfinden?
Mir bangte ein wenig. Schon sah man New York
Und die Freiheits-Statue schwinden ...

Es schwankten die bunten Laternen an Bord,
Vom B-Deck erscholl ein Orchester.
– Ich schwänzte das ‚Festliche Gala-Souper'
Und hatte mein eignes ‚Sylvester' ...

Ich grüßte dies recht bedeutsame Jahr
Mit bestem französischem Weine.
Vor einem Jahrzehnt starb das ‚tausendste Jahr',
Und vor einem Jahrhundert – – starb Heine!

II
Es hat wohl seitdem kein deutscher Poet
So frei von der Freiheit geschrieben.
Wo das Blümelein „Freiheit" im Treibhaus gedeiht,
Wird das Treiben ihm ausgetrieben ...

Er liebte die Heimat, die Liebe, das Leid,
Den Geist und die feine Nüance,
Und war nur ein Deutscher. Ein Deutscher, kein „Boche".
– Es lebe „la petite différence"!

Satiriker, Lyriker und Patriot
Sans Eichenlaub und Schwerter,
Ein Rebell sans peur et sans reproche,
Ein Horaz, Aristophanes, Werther.

Aus Simsons Stamme, von Davids Geschlecht,
Worob die Philister ihn höhnten;
Denn er spießte den spießigen Goliath
Auf haarfein geschliffene Pointen.

III
Wie Heinrich Heine zu seiner Zeit
War auch ich in der Fremde oft einsam.
(Auch, daß mein Verleger in Hamburg sitzt,
Hab ich mit dem Autor gemeinsam.)

Der Lump sei bescheiden: Ich sag es mit Stolz,
Daß von Urvater Heine ich stamme,
Wie Tucholsky und Mann, Giraudoux und Verlaine –
Wir lieben das Licht und die Flamme!

... Auch ich bin „ein deutscher Dichter,
Bekannt im deutschen Land",
Und nennt man die zweitbesten Namen,
So wird auch der meine genannt.

Auch meine Lieder, sie waren einst
Im Munde des Volkes lebendig.
Doch wurden das Lied und der Sänger verbannt.
– Warn beide nicht „bodenständig".

Ich sang einst im preußischen Dichterwald,
Abteilung für Großstadtlerchen.
Es war einmal. – Ja, so beginnt
Wohl manches Kindermärchen.

IV
„... Da kam der böse Wolf und fraß
Rotkäppchen." – Weil sie nicht arisch.
Es heißt: die Wölfe im deutschen Wald
Sind neuerdings streng vegetarisch.

Jeder Sturmbannführer ein Pazifist,
So lautet das liebliche Märchen,
Und wieder leben Jud und Christ
Wie Turteltaubenpärchen.

Man feiert den Dichter der „Loreley".
Sein Name wird langsam vertrauter.
Im Lesebuch steht „Heinrich Heine" sogar,
– Nicht: „unbekannter Autor".

Zwar gibts die Gesamtausgabe nicht mehr,
Auch zum Denkmal scheints nirgends zu reichen.
Man verewigt den Dichter in Miniatur
– Vermittelst Postwertzeichen.

(Was die Marke dem Spottvogel Heine wohl
Für ein leckeres Thema böte ...!
Ja, der Deutsche, er kennt seine Klassiker nicht,
Das Zitat aus dem Götz stammt von Goethe.)

Wie gesagt, es soll ein erfrischender Wind
In neudeutschen Landen wehen.
Und wenn sie nicht gestorben sind ...
– Das mußte ich unbedingt sehen!

[Boche: frz. Schimpfwort für ‚Deutscher'. – sans peur et
sans reproche: ohne Furcht und Tadel.]

Wolfgang Weyrauch
1904–1980

Der Wind geht ums Haus

Der Wind, der Wind, der geht ums Haus,
wir löffeln unsre Suppe aus,
dann gehn wir fröhlich schlafen.

Doch plötzlich sind wir wieder wach,
was ist das für ein wehes Ach,
wir können nicht mehr schlafen.

Es ist ein Ach und ist ein Weh
wie damals in Gethsemane,
da konnt auch keiner schlafen.

Das ist kein Wind, das ist kein Sturm,
das ist auch nicht im Holz der Wurm,
das ist ein armes Weinen.

Die Kinder weinen in dem Wind,
die all die Jahr gestorben sind,
die hörn wir draußen weinen.

Sie weinen, die der Hitler schlug
ins weiße, weiße Leinentuch,
die hörn wir schrecklich weinen.

Die Kinder sinds, soviel, soviel,
auf die die Glut vom Himmel fiel,
die jammern in der Stube.

Die andern auch, aus Schnee und Eis,
sind voll des wimmernden Geschreis
in unsrer warmen Stube.

Die ungeheure Kinderwelt
hat tot sich um das Haus gestellt,
wir frieren in der Stube.

Wir frieren und wir schlafen nicht,
wir liegen auf dem Angesicht,
wir schämen uns zu Tode.

Wir decken mit dem Bettzeug zu
das eigne Kind, ach, bleibe Du
bewahrt vor ihrem Tode,

die weiterziehn, von Haus zu Haus.
Wir löschen unsre Lampe aus
und zittern vor dem Tode.

Ruine in Lübeck

In jener Nacht, in Sanct Marien,
ein Labyrinth aus Stroh, Benzin,
ein Alphabet, ein Testament,
ein Rutenschlag, ein Totenhemd,
in jener Nacht, in Sanct Marien.

Ein Labyrinth ist ausgespien,
in jener Nacht, in Sanct Marien,
von a bis n ein Alphabet,
von Asche bis zu Nazareth,
in jener Nacht, in Sanct Marien.

Von o bis z, in Sanct Marien,
Orkan bis Zunder, auf den Knien
das Testament verfaßt, synchron
gebetet in das Diktaphon,
in jener Nacht, in Sanct Marien.

Die Rute schlug, nichts ist verziehn,
in jener Nacht, in Sanct Marien,
im Totenhemd zum Interview,
mit Feuerhut und Leichenschuh,
in jener Nacht, in Sanct Marien.

Die Karussels, in Sanct Marien,
die Pferdchen und die Melodien,
die Paternoster, Schrott und Müll,
Dornröschens Spinneweb, und Tüll
und Efeunetz der Jalousien.

In jener Nacht, in Sanct Marien,
kein Schornsteinfeger im Kamin,
ein Rattenfänger, ein Abort
der Lust, Epilepsie im Wort,
in jener Nacht, in Sanct Marien.

In jener Nacht, in Sanct Marien,
Mönch, Mörder, Sandmann, wehgeschrien,
und totgeschrien Tag, Woche, Jahr,
in Sanct Marien, das Inventar
der ungeküßten Garantien.

Die Wiederholung

Die Bäuerin Raymonde Cortot,
ein Mädchen, brav, allein im Moor,
zwei Ziegen, bei St. Pierre-des-Corps,
vorm Militärgericht Bordeaux,

ist angeklagt, im Februar,
nach Aschermittwoch, früh am Tag,
der Zug hielt an, Raymonde lag
davor, zerschnitten um ein Haar,

kein Selbstmord wars, es war viel mehr,
der Zug, lang angehalten, kam
zu spät, das Schiff für Vietnam,
ein Waffenschiff, fuhr beinah leer.

Die Närrin, nach dem Grund gefragt:
ich hab den Zug zum Stehn gebracht,
sagt sie, ich habe nachgedacht.
Des Mords an Frankreich angeklagt,

meint das Gericht. Wie ungerecht,
erwidert sie, seht Ihr den Krug,
und holt ihn aus dem Umschlagtuch,
der Krieg in Vietnam ist schlecht,

horcht, bitte, in den Krug hinein,
der Krug ist alt, das Lied ist alt,
vom Tränenteich, worin es lallt,
wo Eltern und Geschwister schrein,

Herr Staatsanwalt, ich bin bereit,
ich wiederhole, was ich tat,
ich gebe Euch den guten Rat,
macht mit, bevor es Tränen schneit.

Die Bäuerin Raymonde Cortot,
ein Mädchen, irr, allein im Moor,
zwei Ziegen, bei St. Pierre-des-Corps,
vorm Militärgericht Bordeaux,

verurteilt, kommt ins Irrenhaus,
Raymondes Schrei, der Krug ist voll,
Gelächter: armes Kind, ist toll,
die Irre küßt die Zellenlaus.

Die schwarze Köchin

Die schwarze Köchin kam ins Haus,
sie schlägt dem Kind die Sinne aus,
dem vivabunten Kind, nein, nein,
Ulrike fällt von ihrem Stein.

Ulrike, warum fieberst Du,
die Köchin füllt den bunten Schuh
mit Augenrot und Backenweiß,
der Fuß ist kalt, die Stirne heiß.

Die schwarze Köchin, eins, zwei, drei,
verzaubert Dich, und Du bist frei,
fort ist der vivabunte Stall,
der tote Ochs schreit überall,

das tote Pferd, ich schreie mit,
der Vogel Greif, kiwit, kiwit,
fliegt Dich hinab zum Totensee,
spring ab, mein Kind, und widersteh.

Versuch es, keiner außer Dir
verscheucht, eins, zwei, das Totentier,
und drei, und ja, und es geschah,
der vivabunte Zwerg ist da.

Die schwarze Köchin huscht hinweg,
jetzt stolpert sie, und liegt im Dreck,
Ulrike lächelt, weil sie lebt,
ich zittre, weil die Erde bebt.

Bernt von Heiseler
1907–1969

Ballade vom Goldstück

War nicht der Himmel noch eben so trüb,
Grau von den Wolken der Sorge?
Aber ich suche mein liebliches Lieb,
Daß sie ein Goldstück mir borge.
Bald so erreich ich die heimliche Tür,
Tappe im Dunkeln und finde zu ihr,
Daß sie ein Goldstück mir borge.

Und meine Liebste begrüßte mich schön,
Naht mir mit zärtlichem Hauche,
Faßt meine Hände und heißt mich nicht gehn,
Lächelt und fragt was ich brauche.
Klagt daß sie mich eine Woche nicht sah,
Fragt was mir Gutes und Böses geschah,
Lächelt und fragt was ich brauche.

„Mädchen, du hast doch noch übriges Geld?"
Frag ich mit Seufzen und Zagen.
„Wirklich mir ist sie verleidet, die Welt,
Alle das Hasten und Jagen..."
Aber ich sinke ihr bald an die Brust
Ach, und vergesse in seliger Lust
Alle das Hasten und Jagen!

Jeden beglückten und liebenden Schwur
Hab ich noch einmal geschworen,
Über das Eine, das Wichtigste nur
Wurde kein Wort mehr verloren,
Über den Kummer und über das Geld,
Alle die leidigen Sorgen der Welt
Wurde kein Wort mehr verloren.

So wie im Fluge verging uns die Nacht,
Mond und Gestirne verblassen,
Erst da im Osten der Morgen erwacht
Hab ich die Liebste verlassen.
Gehe mit Pfeifen die Straße dahin,
Arm wie zuerst doch mit heiterem Sinn
Hab ich die Liebste verlassen.

Der Pfeil

Als Elisa der Prophet erkrankte,
Trat der König Joas in sein Haus,
Daß er ihm sein großes Leben dankte;
All das Höflingsvolk wies er hinaus
Und er weinte dort bei ihm allein:
„Stirb nicht, Vater! Wir bedürfen dein,
Israel hat Not von seinen Feinden!"

Und den Sterbenden, schon fast entflogen,
Traf die Stimme wie ein Schrei von fern –
Und er sprach zum König: „Nimm den Bogen!
Nimm die Pfeile!" Der gehorchte gern,
Da er ihn belebt sah und erweckt.
Und Elisa, mächtig aufgereckt,
Sagte: „Tu das Fenster auf nach Osten!"

Joas tats. – „Nun spann den Bogen kräftig,
Wie ein Krieger in der Schlacht ihn spannt!"
Grauer Pfeil erglänzt, als wär er silberschäftig –
Und Elisa legte seine Hand
Auf des Königs Hand und mahnte: „Schieß!"
Und er schoß, wie der Prophet ihn hieß,
Und der Pfeil flog morgenwärts ins Weite.

Und Elisa schrie: „Ein Siegespfeil,
Der die Syrer trifft! Du wirst sie schlagen,
Zieh hinaus! Du bist von Gottes Heil
Wie der Silbergrauschaft hingetragen!"
Dann entschwieg und starb der Gottesmann.
– Joas zog zu Felde und gewann
Israels verlorne Burgen wieder.

Albrecht Goes
geb. 1908

Chronik

Geschrieben steht auf einem von den Blättern,
Den arg vergilbten, mit Gelehrtenschrift,
Was Andres Arnold, Roßhirt hier, betrifft,
In längst veralteten, längst blassen Lettern:

Geboren siebzehnhundertsiebzig. Dann geworben
Um Magdalene Kümmerle. Getraut.
Am Haus des Lebens schlecht und recht gebaut.
Elf Kinder. Früh verwitwet. Spät gestorben.

Dies ist das Leben irgendeines Mannes,
Und keiner sieht mehr dieses Lebens Spur,
Und unsre späten Augen finden nur
Im Kinderreihen dreimal stehn: Johannes.

Dreimal die Zeugungsnacht. Und dreimal schwanger.
Dreimal gebären. Dreimal erster Schrei.
Dreimal ein Kampf, wer hier der Stärkre sei:
Gott oder Roßhirt. Dreimal Totenanger.

Dreimal ein Kindergrab. Mit weißen Steinen
Schön eingefaßt. Und Blumen. Und man kann
Sie sonntags sehen. Einen großen Mann,
Sein Weib daneben. Still, ganz ohne Weinen.

Und dreimal hier im Buch den gleichen Namen:
Johannes Arnold. Und das Kreuz besagt:
In Christi Namen schlafe, bis es tagt.
Du warst, Herr, und du bleibst der Sieger. Amen.

Louis Fürnberg
1909–1957

Courths-Mahleriana
Zur Harfe zu singen

Es war einmal ein Mädchen,
die war so jung und rein,
doch war sie nicht vermögend,
was nützt da, Jungfrau sein.

Sie war Maschinenfräulein
in einer Wäschefabrik,
sie wollten so viele haben,
doch keiner hatte kein Glück.

Der Sohn vom reichen Besitzer,
das war ein jungschöner Mann,
dem hatte das arme Mädchen
es ebenfalls angetan.

Er liebte sie auch, doch o Schicksal,
er ward einer andern vermählt.
Er liebte das arme Mädchen,
sein Vater aber das Geld.

Das arme Mädchen, es weinte
sich schier beide Augen aus.
Sie wollte Selbstmord begehen,
das Leben war ihr ein Graus.

Schon stand sie auf einer Brücke,
schon fiel sie ins Wasser hinein.
Da zog ein reicher Millionär
sie heraus beim linken Bein.

Und als sie die Augen aufschlug,
da küßte er sie auf den Mund.
„Mein liebes gutes Mädchen,
o werde wieder gesund."

Und als sie gesund geworden,
da fiel er vor ihr auf die Knie.
Und hielt um ihre Hand an
und heiratete sie.

Ein alt-neues Weihnachtslied

Ein Kindlein kam im Stall zur Welt.
Der Vater Josef hatte kein Geld
für ein weißes Bett und ein Zimmer.
Im Stroh, da lag die Mutter Marie,
und wie sie auch vor Schmerzen schrie,
es hörte nur das stumpfe Vieh
ihr Klagen und ihr Gewimmer.

Der Josef schaute zum Stalltor hinaus,
doch ach, die drei Könige blieben aus
mit Gold und Weihrauch und Myrrhe.
Marie, sie hielt ihr Kind im Arm,
ihr Leib mußt sein der Ofen warm,
und statt der Milch, daß Gott erbarm,
war nur der Rost im Geschirre.

„Ach Josef, lieber Josef mein,
wie leid ist mir um mein Kindelein ...
ach Josef, was soll nur werden?
Fragst du nach Arbeit, sie lassen dich stehn ...
ach Josef, wir müssen betteln gehn,
mein Josef, es ist kein Ende zu sehn
von diesem Jammer auf Erden."

Und wie sie so hockten im kalten Stall
und klagten, da hörten sie auf einmal
im Hof ein fröhlich Singen.
Die Tür ging auf. Im Laternenschein
traten viele junge Hirten herein,
den Eltern und dem Kindelein
eine frohe Botschaft zu bringen:

„Wir kommen aus einem schönen Land,
dort haben die Menschen die Not verbrannt,
als sie sich selber erlösten.
Dort wachsen die Kinder auf im Licht,
und Hunger und Elend gibt's dort nicht,
weil's keinem an Dach und Brot gebricht.
Die Kleinsten wurden die Größten."

„Ach, führt uns hin!" bat Josef darauf,
da ging ein Stern am Himmel auf
in einem roten Lichte.
Das ist der Stern Wissen und Mut,
der Herzen stählt und Wunder tut,
und kennt ihr ihn, dann lest ihr gut
die biblische Geschichte.

Leben und Sterben F. K.s.

Es fließen Ströme querweltein,
die Wolken segeln abendwärts,
man möchte gern gestorben sein
und hat dabei ein Knabenherz,

die Mutter flüstert, flattert leis,
das Haus ist alt, die Diele knarrt,
die Schwestern drehen sich im Kreis,
die Kindheit liegt im Sand verscharrt.

Jan Hus hebt drohend sein Gesicht,
ein Scheiterhaufen lockt nicht mehr,
ein Dampfer ohne Gleichgewicht
schwankt durch die Abendgasse schwer.

Die letzten Menschen gehn zur Ruh,
die Sonne rollt, ein Riesenrad,
dem Rummelplatz vor Troja zu,
ein Stern steht überm Karls-bad.

Die Nacht blaut auf ein Zirkuszelt,
die Brücken, heiligengeschmückt,
führ'n aus der Welt in eine Welt,
wo nur noch Einsamkeit beglückt.

Der Golem wächst zur Stadt hinaus,
der hohe Rabbi Löw ist alt,
der Zeitwind löscht die Kerze aus,
des Schofars schrilles Schrein verhallt.

Die Nachgebornen stehn und schaun,
ob diese Nacht kein Kind gebiert,
die Jungfraun werden nicht zu Fraun,
marien-keusch und unberührt.

Wie wird man die Gespenster los?
Sie hocken hinterm Kinderbett.
Ist Kindergrauen Dichterlos?
Wird man dem Vater zum Gespött?

Und Gott und Vater, beides Eins,
und Seelenschwachheit ohne End',
und was ist Meins und was ist Seins
und was der Erde Sakrament?

Und ist dies alles? Jus und Schluß?
Und dies die letzte Konsequenz:
ein Posten, der sich finden muß,
im Staatsdienst einfacher Frequenz?

Und Werfel, Fuchs und Brod und Baum
und Pollak, Utitz, Weltsch und Kisch?
Ist meinem Traum zu eng der Raum?
Sind Qualen so erfinderisch?

Und lieg ich müd am Kanapee,
wer sehnt sich mit mir fortzugehn?
Und wenn ich vor dem Spiegel steh,
wer wagt es nicht, hineinzusehn?

Zu eng die Stadt, zu eng die Zeit!
Ich sprang aus einer Mutter Schoß,
zu klein für eine Ewigkeit, –
für kleine Zeit zu weit, zu groß!

Und wer wird mein Gefährte sein?
Wer geht mit mir den Weg zu End'?
Ich bin allein, ich bleib allein,
ein Kerzlein, das nicht lange brennt . . .

Ich schau zurück, wie wird das klein,
was gestern Meer der Schmerzen war,
nun geht die Freude in mich ein,
nach überstandener Gefahr.

Die Wölfe ziehen sich zurück
und auch die Jäger gehn nicht mehr, . . .
ich aber lös mich, Stück um Stück
von Obenhin nach Untenher.

Die dunkle Grube nimmt mich auf;
sagt kaddisch und vergeßt mich dann!
Zurück lauf ich den Lebenslauf,
in Dunkelheit, wo ich begann.

Von Dunkelheit zu Dunkelheit . . .
und kreisend rundet sich der Kreis.
Jetzt erst wird mir die Erde weit, –
wo ich mich in der Erde weiß . . .

Hans Adler
geb. 1910

Vorstadtballade

Ihr Vater war – wie man erzählt –
Mit ihrer Mutter nicht vermählt.
Er war ein Sonderling.
Ein Atheist, und nebenbei
Betrieb er eine Greislerei
In Ottakring.

Sie war schon hübsch und ganz gescheit,
Wie sie mit Zopf und kurzem Kleid
Noch in die Schule ging.
Am Weg zur Schule lernt man meist,
Und halb im Spiel, was Liebe heißt
In Ottakring.

Sie wurde groß und lachte gern
Und ging, weiß Gott, mit jedem Herrn,
Das leichte, blonde Ding,
Und man besang sie damals als
Das schönste Mädel von Hernals
Und Ottakring.

Man liebt sich müd, man küßt sich satt –
Der Nutzen, den man davon hat,
Ist relativ gering;
Es zahlt oft so ein Kavalier
Nichts als ein Gulasch und ein Bier
In Ottakring.

Wie haben's doch die andern gut,
In Seidenrock und Federnhut,
Nachts auf dem Kärntnerring,
Das lebt und rauscht und lockt hinaus...!
Sie ging – und kam nicht mehr nach Haus
Nach Ottakring.

Ja, sonderbar geht's auf der Welt!
Wer Glück hat, findet Gut und Geld
Und Seidenkleid und Ring –
Wer Pech hat, der krepiert einmal
Im neuen Infektionsspital
In Ottakring.

Fridolin Tschudi
1912–1966

Der Versuch der alten Damen
(in die Literaturgeschichte zu gelangen)

Ich war Kurt Tucholskys Käthchen.
Mich hat Wedekind verführt.
Benn hat mich als Straßenmädchen
auskultiert, doch nie berührt.

Brecht schrieb einzig meinetwegen
Songs und sich die Finger wund.
Ich – er kam mir sehr entgegen –
vergewaltigte Klabund.

Ich war oft bei Dehmel nächtlich
b) im Bett und a) zu Tisch.
Wiechert fand mein Tun verächtlich,
nicht so Egon Erwin Kisch.

Alle Männer, die mich trafen
(Thomas, Heinrich und so fort)
haben gern mit mir geschlafen,
meist platonisch, Ehrenwort!

Ich war René Rilkes Klärchen.
Mich pries Loerke im Gedicht ...
Lieber Leser, glaub dem Märchen
der Matronen lieber nicht!

Drum nur, weil zu kurz sie kamen,
sind vor allem offenbar
die Memoiren dieser Damen
schamlos, dumm und gar nicht wahr.

Ballade vom traurigen Ehepaar

Sie hatten, sachlich und modern,
nach reiflichem Bedenken
einander versprochen trotz Weihnachtsstern,
sich heuer nichts zu schenken.

Kein Zweiglein duftete im Haus.
Die Luft war abgestanden.
Der Heilige Abend fiel nüchtern aus,
als sei er nicht vorhanden.

Sie spielten Patience und Bridge,
um mürrisch sozusagen
mokierend sich über den Christbaumkitsch
die Stunden totzuschlagen.

Dann warfen sie die Karten hin,
zwar mit dem Spiel nicht fertig,
und beiden kam mancherlei in den Sinn
und wurde gegenwärtig:

Sie lauschten in die Nacht hinaus,
begierig zu erfahren,
ob nicht für das Wunder in ihrem Haus
die Türen offen waren.

Sie warteten aufs Weihnachtskind
als zwei betagte Leute,
und wenn sie nicht längst schon gestorben sind,
so warten sie noch heute.

Fritz Graßhoff
geb. 1913

Kawenz oder Das Objekt im Grab
Eine merkantilistische Ballade

Im alten Dome zu Bregenz
war Kastellan ein Herr Kawenz.
Der leitete den Fremdenstrom,
beschrieb, erläuterte den Dom
und war für Trinkgeld gern bereit,
die größte Sehenswürdigkeit
zu zeigen: einen Sarkophag,
in dem die Gräfin Olly lag.
Er schob den Deckel auf die Seit
und sagte: Welche Heiterkeit
liegt noch auf diesem Angesicht.
Verehren wir die Gräfin nicht?
Strahlt nicht ihr Stern noch immerdar?
Von ihrem edlen Wangenpaar
weht Charme, der noch im kargen Rest
den alten Glanz erkennen läßt.

Als wieder einmal er geführt,
das Herz gerührt und einkassiert,
da fragte ihn ein Millionär
diskret, ob nicht zu haben wär
ein Souvenir, ein Talisman.
Doch zeigte nur der Kastellan
das kalte Lächeln einer Sphinx.
Dann, gegen Trinkgeld allerdings,
ließ er von dem Objekt im Grab
dem Herren ein paar Haare ab.

Ein andermal kam ein Baron,
der gegen Gratifikation
ein Stück der Dame sich erstand:
den Zeigefinger einer Hand.
Danach verkaufte Herr Kawenz
bedenkenlos die Eichenkränz,
ein Schulterblatt, ein Schlüsselbein,
Herz, Niere, Galle, Gallenstein
und machte endlich im Verlauf
der Zeit totalen Ausverkauf.
Ließ aber Steißbein und Gesäß.
zurück, der Pietät gemäß.
Dann nagelte den Deckel drauf
Kawenz und gab den Posten auf.

Wichtiger Nachtrag:

Verschlossen blieb der Sarkophag
seitdem bis auf den heutigen Tag.
Und nur der Spruch des Herrn Kawenz
tönt noch in Rhythmus und Kadenz
wie sonst, obwohl ein andrer spricht:
Verehren wir die Gräfin nicht?
Strahlt nicht ihr Stern noch immerdar?
Von ihrem edlen Wangenpaar
weht Charme, der noch im kargen Rest
den alten Glanz erkennen läßt.

Des Heizers Traum
Ostpreußische Ballade vom schönen Heimatlandgefühl

Klock drei: der Heizer träumt rasant
von Jugendzeit im Heimatland.
Jott Vater sitzt auf Wolkenbank
bei einer Flasche Bärenfang,

ißt Kuddeln und läßt Beine schlurn –
ein Fuß ist jrößer als Masurn –
das Jungche unten steht und schnappt
sich wech, was aus der Satte schwappt.
Da hat er ihm auch schon bemerkt
und winkt ihm jütich und jestärkt.

Um vier Uhr jraut der Morjen fahl.
Der Heizer steijt vom Ehjemahl.
Der Wecker schrillt, die Diele kracht,
das Heimweh wird im Bauch gemacht
(und bringt den' oben im Verein
natürlich scheen Penunse ein!)

Palmnicken an der Küchenwand
ist auch von wejen Heimatland.
Er braucht es nicht, – nicht unbedingt –:
da bad't er, wenn er Kaffee trinkt.
Nicht, daß er dort jern leben mecht,
denn schließlich hier jeht ihm nicht schlecht!
Er hat im Kopp kein scharfes Ziel –
bloß so sein Heimatlandjefühl.

Steht er dann auf der Jüterlok,
fährt jeistich über Jüterbog
er von Stettin nach Kenigsbarj,
jleich strahlt er wie ein Kindersarj.
Nicht, daß das etwa heißen sollt,
er hätt es jern erobern wollt –
doch wenn sie alle Heimat schrein,
kann er doch nicht dajejen sein!

Hier bunkert er, heizt nochmal durch
und braust dann ab nach Insterburj.
Von da ist bloß noch Augenblick –:
schon ist er drin im scheenen Lyck,
rangiert und kachelt wieder ein
und fährt zurück nach Allenstein.
Hier jibt er die Parole aus:
Mein Heimatland ist mein Zuhaus!
Die Polen denken darauf prompt:
Jetzt raucht, und Nemietzki kommt!

Das war ja doch man bloß Jefopp!
Denn Beeses hat er nicht im Kopp.
Nicht, daß er da jern leben mecht –:
hier jeth ihm schließlich jarnicht schlecht!
Im Jrunde ist es ihm ejal.
Hat Eijenheim in Frankenthal!

Die Seen, Allenstein und Lyck –:
natürlich denkt er jern zurück!
Und morjens, allemal um vier
sieht er Palmnicken links der Tür –:
da kommt schon Heimatlandjefühl!!
Er hat jewiß kein scharfes Ziel,
doch wenn sie alle Heimat schrein,
dann kann er nicht dajejen sein!

Piepels Ende
Eine Krankenhausballade

Der Himmel ist jetzt immer mauve
über dem Krankenhaus.
Abends beginnt der schwarze Schwof,
da fliegen die Särge aus.

Am Morgen gehn die Spritzen um
und was dazugehört.
Da haben sie nicht gern Publikum,
das doch nur glotzt und stört.

Ich suche einen Herrn Piepel hier
in der Inneren Station.
Ich habe Blumen, es ist halb vier,
und es riecht nach Obduktion.

Eine Dame, weiß, im Tugendhemd,
gibt mir das Geleit.
Sie ist sehr kühl und aufgeschwemmt,
aber sie weiß Bescheid.

Sie führt mich in den Kleinen Saal.
Hier soll Herr Piepel sein.
Ich finde ihn schließlich in seinem Regal:
ganz grün, ganz dünn und klein.

Herrn Piepel haben sie ausgeräumt.
Er ist ärmer als ein Kastrat.
Immer gewetzt, gewühlt, geschäumt –
nun hat er den Salat.

Der Bungalow kostet zwei Meter Darm,
der Schlitten ein Stück Verschluß.
So liegen die Kurse, so wird man arm
und zum Homunkulus.

Ich sage: Piepel! Er rührt sich nicht.
Seine Augen sind wie Tran.
Gewiß macht er für immer Schicht,
der kleine Scharlatan.

Ich lege ihm den Nelkenstrauß
auf sein Leinengrab,
ixe ihn in Gedanken aus
und hake die Nummer ab.

Jürgen Rausch
geb. 1910

Am Weihnachtsabend

Am Weihnachtsabend
flog plötzlich die Tür auf.
Wind an den Schläfen,
schwarz den Schrei im Gesicht,
stand im Rahmen der Nacht
ein Fremder,
rief:
„Seht ihr denn nicht
die Sturmflut hinter der Schwelle!
Die Krippen treiben.
Die Weihnachtsbäume gehen unter.
Der Deichgraf ist tot."
Da schrien die Feiernden
zwischen den schönen Geschenken:
„Störenfried, mach
die Tür zu!
Aber von außen!"
Da knallte die Tür zu.
Das schwankende Licht
beruhigte sich,
bis es wieder das stille war.
Widerwillig schwiegen
die Feiernden zwischen den schönen Geschenken.
Dann klagten die Frauen
über das unverschämte Gerücht,
der Deichgraf wäre gestorben,
während die Männer
ganz allgemein
über den Wert von Sandsäcken sprachen
in stürmischen Zeiten.
Dahinein fragte ein Kind,
das aufgehört hatte
zu spielen:
„Ist der fremde Mann
nun ertrunken?"
Der Frühling kommt nicht zu Wort.
Taube Autos durchkreuzen
lärmend die Nachtigall.
Im Schau-
fenster des Himmels
hängt unverkäuflich
der Mond –
die Zeiger fehlen.
Ein Pornograph
weist der Liebe
Sprachfehler nach.

Ein träges Paar,
im Vollbesitze der Freiheit,
knetet sein Fleisch.
Der assistierende Psycholog
ruft: Bravo,
so verhindert man Kriege.

Gertrud Fussenegger
geb. 1912

Die Ache

Lange haben wir hier gehaust
an der Ache. Hinter unserm Gartenzaun
hat das weiß' und grüne Wasser
immer leis gesaust.
Wenn die Fenster offenstanden in der Nacht,
hat uns dieser Ton beruhigt
und in Schlaf gebracht.
Vielemale sahen wir die Fluten
bräunlich schwellen,
wenn Gewitter in den Bergen barsten
oder wenn die Schmelze aus den Karsten
niederritt auf Schaum und Wellen.
Aber immer hielt der Damm,
und wir lebten mit der Ache
wie mit einem Spielgesellen.

Zwar – der alte Michel aus der Reute
warnte, als wir unser Haus erbauten
und voll Stolz nach seinem Firste schauten.
„Glaubts ihr, sie ist immer so wie heute?
Denkts an mich! ich hab schon viel gesehen."
– „Was denn, Alter?" – da ließ er uns stehen
und entfernte sich mit seinem Humpelgange.
Und wir bauten weiter, zogen ein – und lange
ist uns nichts geschehen.

Aber neulich nachts – um elfe –
draußen schüttets wie aus Kannen
und der Sturm heult wie ein Rudel Wölfe,
kommt ein Unbekannter angelaufen
und er schreit: „Packts euch zusammen!
Alle weg!" – Wir rennen an die Tür,
riegeln auf – 'sist niemand hier.
Wer da schrie, ist wie ein Spuk davon.
Doch jetzt hören wir den Ton,
der die Nacht mit seinem Brausen füllt,

Brausen, Brüllen, Kollern, Rumpeln, Knicken ...
näher kommts und näher wie ein Drachenwurm
der die Panzerringe vorwärts schiebt,
um uns einzukreisen und uns zu erdrücken.

Vater ruft: „Die Ache!" Mutter jammert:
              „Jesus, unser Garten!"
und ich denke: Meine kleine Katze!
Doch da fährt schon eine schwarze Tatze
aus dem Finstern auf uns zu:
Was bewegt sich droben auf dem Damm?
rennt in Sprüngen, springt in Bogen?
strudelt droben auf den Wogen,
torkelnd kommts vorbeigezogen,
Blöcke, Bäume, eine wilde Hatz von Dingen ...
Und in diesem Augenblick
fühl ich Wasser durch die Schuhe dringen.

Meine Katze! denk ich noch einmal.
Aber dann ist alles nur noch Rennen,
Hin und Her durch Flur und Zimmer,
jeder reißt noch was aus Schrank und Betten.
Mutter packt den Kleinen. Sein Gewimmer
klingt mir jetzt noch in den Ohren,
schlimmer noch als Vaters: „Bricht der Damm –
Gnad uns Gott! – sind wir verloren!"

Und da kommts auch schon in breitem Schwall
in den Flur hereingeschossen,
knietief, eine dunkle Suppe,
jagt zur Stube, stürzt zum Keller –
Wirbelnd dreht sich wie ein Teller
schon der Strom um unser Haus.

Jemand faßt mich am Genick,
stößt mich von der Treppenstufe
nieder, vorwärts in den Graus,
und des Vaters ganz entstellte Stimme
schreit an meinem Ohr: „Jetzt nichts als raus!"

Draußen faßt die Flut mich an den Beinen
und ich kämpfe – kämpfe nicht zu fallen.
Hinter mir hör ich die Mutter weinen,
dann ein Gurgeln und ein Lallen,
wieder Gurgeln – und ein geller Schrei! –
Mich treibts weg – an Busch und Baum vorbei.
Eisig schlägts mir um die Lenden,
irgend etwas reißt mich an den Händen,
schleift mich vorwärts, schlägt mich in den Rücken ...
Einmal noch wag ich zurückzublicken.
Ach, wo ist denn unser Haus?
Alle Lichter gingen drinnen aus.

Als es Morgen wurde, lag ich droben
auf der Wiese unsrer Nachbarin.
Unter mir – so breit das Tal – ein Toben
grau und gischtend. Ein paar Inseln drin:
Brückentrümmer, die im Strudel kreisen,
Dachgestühl – und dort – ein Boot.
Herrenlos, gekentert treibts hinab –
und auf seinem Kiele hockt der Tod.

Niemand hat es uns erlaubt
heut hinabzusteigen in die Wüste,
wo daheim zu sein wir lang geglaubt.
Aber niemand hats uns auch verwehrt,
und so sind wir eingekehrt
in das Trümmerfeld aus Stein und Schlamm.
Sieh, da lag ein Stück noch von dem Damm
im Gewirr der ausgerauften Bäume.
Nebendran ein Eck zerstürzter Mauern.
Ich getraute mich nicht hin. Von weitem
sah ich meinen Vater niederkauern
und mit seinen großen schweren Händen
ein paar Ziegel hin und her umwenden.

Niemand sagt mir, wo die Mutter ist
und der kleine Bruder, den sie trug.
Nur mein Kätzchen hat sich eingefunden
und die Nachbarin goß aus dem Krug
Milch in eine Schale, und das Kätzchen trank,
trank noch einmal; dann hatt's wohl genug,
putzte sich und sprang auf meinen Schoß.

Rudolf Hagelstange
1912–1984

Funeral Home

Mr. Barker wich aus dem Menschenstrom
und bog in die Yellow-Street,
zum letzten Male – im Funeral Home –
Betty Simpson to meet.

Er war an die Fünfzig. Sie Dreißig vorbei.
(Genaueres wußte er nicht.)
Er war geschieden. Sie war immer noch frei,
attractive – bis auf das Gesicht.

Ein bißchen zu blaß; und die Nase zu lang;
und ständig verschnupft anzusehn.
Doch dafür gefiel ihm ihr tänzelnder Gang;
und die Hände, die waren fast schön.

Mr. Barker war langsam. Und schüchtern dazu.
Als Mann ein recht schwieriger Fall.
Und dann drückte ja auch noch der andere Schuh:
die jüngere Evelyne Dull.

Die war stets gutgelaunt und saß auch im Büro,
und die hatte ein hübsches Gesicht.
Doch die anderen Dinge, die waren nicht so.
(Genaueres wußte er nicht.)

Und so schwankte er lange und schwankte auch jetzt,
wo's doch nichts mehr zu schwanken gab;
denn plötzlich war da ein Schlußstrich gesetzt.
Und den Punkt, den setzte das Grab.

Mr. Barker trat ein in das Funeral Home,
da die gute Betty nun lag.
Und es herrschte die übliche Pracht, das Arom,
das Make-up für den üblichen Betrag.

Er stand lange und sah sich dennoch nicht satt.
Wie ist man als Mann doch so blind . . .
Die Wangen waren rosig! Die Stirne war glatt!
Sie war ja ein *heiteres* Kind!

Es blühte der Mund, wie von Küssen noch rot.
Und das Décolleté war recht tief.
Vielleicht war Schneewittchen wirklich nicht tot?
Vielleicht, daß die Betty nur schlief . . . ?

Mr. Barker sah um sich. Er war allein.
(Er war ja wirklich verliebt;
und da hat man den Wunsch, außer Obacht zu sein,
damit man sich nichts vergibt!)

Allein mit der Betty, die dalag und schwieg
wie Schneewittchen im gläsernen Sarg.
Und John Barker fühlte das Blut, das stieg,
und die Träne, die nichts mehr verbarg.

Ich weiß, was ich jetzt weiß! (Und wußte es nie . . .)
Behoben die nagende Qual.
Es gibt nur diese! Es gab nur sie!
Getroffen die schwierige Wahl.

Mr. Barker war schüchtern und langsam dazu.
Und so klärte sich dieser Fall.
Betty Simpson lag schon in ewiger Ruh.
John Barkers Seele fand hier seine Ruh.
Und du, jüngere Evelyne, sieh nun zu,
du jüngere Evelyne Dull . . .

                        [Funeral Home: Leichenschauhaus.]

Hans Egon Holthusen
geb. 1913

Ein Mann der Tat

Der Leib verflucht, gestriemt von tausend Hieben,
Die Seele wieder und wieder zum Tode geschickt.
Jahre im Lager, dreimal im Stacheldraht hängengeblieben
Und einmal den Spürhund mit nackten Händen erstickt.

Gedörrt, geschrumpft und nur noch Haut und Sehne.
Schleim und Blutiges in der Latrine gelassen.
Vernehmungsoffizieren Blut und Zähne
Vor die Füße gespuckt im Namen der hungernden Massen.

Brücken gesprengt mit selbstgebauter Zündung,
Mit Dosenblech an toten Pferden genagt.
Sein drittes Auge war die Pistolenmündung:
Ein Männerjäger und von Männern gejagt.

Die Jahre flogen wie Schatten von Bomberketten,
Und mit den Jahren kam die Rote Armee.
Nun ist er oben: mit goldenen Epauletten,
Sein Schreibtisch steht im Prinzregentenpalais.

Dort herrscht er über sechzehn Ledertüren
Und weiße Telefone, sechsmal eins.
Es gilt, die „Neue Ordnung" einzuführen
Und Durst und Steppe in ein Land des Weins.

Die alte Qual, sie findet tausend Erben,
Und Haß und Hunger drehn sich wie der Wind.
Und viele müssen in den Lagern sterben.
Weil sie jetzt hier: in diesen Grenzen sind.

Er hat die Polizei und ihre Hunde
Und Presse, die für ihn allein rotiert.
Ein wenig Zeit vernarbt an seinem Munde –
Und plötzlich weiß er, daß er Zeit verliert.

Das Jahr steht hoch, die Kühe ruhn und weiden,
Es ist dasselbe Ruhn, dasselbe Jahr.
Auch er ist noch er selbst. Wie soll er scheiden,
Was Anfang, Ende, Oben und Unten war?

Schon sind die Türen nicht mehr dicht geschlossen.
Und in den Telefonen knackt der Tod.
Dann: ein Prozeß um ihn und zwei Genossen.
Und im Gefängnis läßt er Blut und Kot.

Man gibt ihm Drogen ein, damit der blasse,
Verrenkte Mund beliebig viel bereut.
Er weiß, er ist ein Feind der Arbeiterklasse,
Und dämmert vor sich hin und wirkt zerstreut ...

Im Herbstwind flattern alte Wahlplakate
Mit einem Kopf, verblichen und zerplatzt.
Der Regen wäscht den ersten Mann im Staate,
Und seine Augen hat man ausgekratzt.

Ballade nach Shakespeare

Warum wird Hamlet nimmermehr
Bei seiner Liebsten schlafen?
Sie haben ein Bett, und das Bett ist leer,
Das Schiff hat keinen Hafen.

Ophelia hat sich dargebracht,
Und Hamlet war eingeweiht,
Aber die Zeit ihrer Liebesnacht
War nicht in dieser Zeit.

Er ist nicht fern. Er hat seinen Sitz
Eine Sesselhöhe unter ihr.
Aber sein leidender, stäubender Witz
Ist voller Todesbegier.

Sein Geist, sein schrecklicher Mannesmut,
Schlafraubend, Grimm und Entbehren,
Eine Feuersäule, ein brennendes Blut,
Wie wird er die Bühne verheeren!

Dies alles umstellt ihn: Throne und Stufen,
Spiegel und spanische Wände.
Man hört ihn nach Gespenstern rufen.
Nach Schlaf und Tod und Ende.

Stürzt über Terrassen und Balustraden
Und tut seinem Schwerte Bescheid.
Er schleppt sich ab, mit Toten beladen,
Um nichts als Gerechtigkeit.

Du Schwert, das seinen kühnsten Stoß
Gegen die Hydra der Zeugung führt!
Verdorren muß Ophelias Schoß,
Wenn Hamlet ihn nicht berührt.

Und wenn die Liebe sie selig spricht,
Die Welt muß sich entzwein.
Die Welt in Tod und Tod zerbricht,
Manns Tod und Weibes Schrein.

Ophelias Geist, mit Mohn bestreut,
Geht zu den Nixen und Fischen.
Im Wasser treiben Kranz und Kleid,
Salbei und Wermut, Tod und Zeit
In grenzenlosem Vermischen.

Stephan Hermlin
geb. 1915

Ballade vom Land der ungesprochenen Worte

Entsinnst du dich, als die Flucht begann
Durch Geröll und Sand,
Wie wir die Sonne vergaßen? – „Wann
Betraten wir jenes Land?" –
Frage nicht, denn ich weiß nicht mehr,
Wann uns der Fluch befiel.
Nur: wir vergaßen uns und das Heer
Der Sterne, der Herden Spiel.

Da traten wir ein ins seltsame Reich
Von dunklen Vögeln. Und dort
Ist ewiger Nebel, ob Straße und Teich,
Ist ewigen Weinens Ort.
Die Langweilewasser falln Tag und Nacht
Über feuchte Felsenwand,
Und bleicher Statuen weißer Blick
Ist uns fremd und von je bekannt.

O wie ist die Wanderung weit
Auf spurenlosem Pfad!
Verlorenes Ziel, vergessene Zeit
Ohne Schnee und gelbe Mahd.
Nur die Stimme der dunklen Vögel manchmal
Der wir träumend gelauscht.
Unter der Wolken endlosem Zug
Sind wir verdammt und berauscht.

Ja berauscht sind wir von vergangenem Tag
Und verdammt zur Einsamkeit
Miteinander. Das Auge rückwärts gewandt
Sieht Lippen vergangener Zeit
(Wie aus Marmor) in unerhörtem Kuß
Vereint – jenes Meer jenen Baum,
Und auf der Zunge verdorrt uns das Wort,
Und die Gegenwart welkt vor dem Traum.

Und wie wir uns im Entzücken gesehn,
Umarmten des Anderen Einst,
Verlorn wir uns lächelnd im Nebel. Doch ich
Wußte daß du weinst.
Und du wußtest ich weine. Doch gingen wir
Wie im Traum den gleichen Pfad,
Wir hörten des Anderen Schritt. Doch taub
War die Frucht der Gebärden. Die Saat

Von Lippen und Augen verharscht verweht,
Ungeboren das drängende Wort.
So zogen weiter ins seltsame Land
Wir auf leerer Straße fort.
Und dies ist das Land, wo kein Wind mehr weht.
Du weißt: dort jenseits das Meer
Ist voll von gescheiterten Schiffen. Der Lärm
Der Stille ist um dich her.

Die grausige Stille von Horizont
Zu Horizont. Und jeder Strauch
Faßt dich mit Dornen, und unbesonnt
Sind die Moore im Mittag auch.
An jedem Kreuzweg Frau Wahnsinn grüßt,
Die bleiche Bettlerin, dich,
Und wir wandern lächelnd im Traum – so vergeß
Ich dich und du vergißt mich . . .

Ballade von der Königin Bitterkeit

Sprecht, ihr Stimmen, ich höre euch noch:
Stimmen der Bienen im Wald,
Stimme der Heide im Sonnenglast,
In der Ebenen Gewalt,
Glocken in Städten von Rot und Gold,
Ängste vorm Abendmeer,
Auf der Schwinge der Einsamkeit
Flogt ihr vor mir her.

Spracht ihr mir nicht von Seen bleich
Von dämonischen Nebeln umhaucht?
Wißt ihr noch von dem Park im Mond
Ins Imaginäre getaucht?
Ihr kennt noch die schutzlosen Brücken im Wind,
Von denen ich bebend floh.
O die Meere, die hinter den Wegen sind,
Warum blieb es nicht so ...

Süße Angst unterm Rätsel des Schwalbenschreis,
Der Terrassen trunkene Flucht.
Tausend Gesichter seit je gekannt,
Die meinen Blick gesucht.
Ihr toten Dichter, die ihr für mich spracht,
Ihr verließt mich, doch ich euch nie.
Ich versank in der Bitterkeiten Meer,
Und ihr hörtet nicht, als ich schrie.

Denn noch immer geht die Sonne auf
Über den Buchten weit,
Und ihr Stimmen alle habt mich versucht
Und ließt mich in Bitterkeit.
Und ich fühle immer fremder den Wind
Und die Ebenen fremd und kalt,
Und eh meine Jugend die Größe bezwang,
Fiel ich in des Alters Gewalt.

Die Kinder entlaufen der schwachen Hand,
Und die Schwalben verachten den Schnee,
Und das Gedicht ist nicht zu Gast
In Babel und Ninive.
Denn alle suchen die lodernde Glut
Von Schmerz und lebendiger Lust,
Doch dir sind die Wege des Sommers verharscht,
Ist im Brand nur die Asche bewußt.

Sieh um dich: du bist nicht allein:
Der Poeten Brüderschaft
Liegt in stinkenden Gossen hingefegt,
Von toten Augen begafft.
Jenes Lächeln unterm Schatten des Blatts
Ins Unsterbliche hingespannt,
Hier findst dus geschminkt in der Kammer eng
Vor der spanischen Wand.

Dein Atem ward kurz, doch künd er den Ruhm
Der Königin Bitterkeit,
Die gewaltig die Lande des Jammers regiert
Auf dem blutroten Throne der Zeit.
Wenn nichts mehr blieb als die Bitterkeit,
Kann die abschiedsmüde Hand
Jäh sich ballen zur Faust. Und den Blick
Setzt der Haß in Brand.

Und mitleidlos in die Laden gelegt
Siehst Sonaten du und das Wort
Toter Dichter. Und aus des Abends Meer
Und Erinnerung gehst du fort
Ohne Tränen und ohne Gedächtnis hin
In die Horizonte der Zeit,
Durch die Lande des Jammers, die mächtig regiert
Die Königin Bitterkeit.

Ballade von der Überwindung der Einsamkeit in den Großen Städten

Ihr alle, die ihr mit uns in die Großen Städte versanket
Und vom Golde des Abends vor Kathedralen berauscht:
Wenn ihr vom Gifte tödlicher Einsamkeit tranket,
Fühltet ihr einen Schatten, und gleichsam belauscht
Verließet ihr eure Wollust, und eure Gedanken
Fielen ab von Lippen und sterbenden Blüten und Wein,
Und aus den Wäldern eurer Augen begannen zu schwanken
Schwarze Sonnen, Trompeten, und ihr wart nicht mehr allein.

Und gesetzt, die Verwirrung des Abends machte uns reicher,
Als wir damals verfielen dem Zauber unsrer Gefahr,
Und wir fühlten Musik und die blauen Lockungen weicher
Frauen und die Nacht, diese Nacht – und doch war
Eine Stimme, die rief und weinte und siegte. Und Straßen
Waren plötzlich erinnert. Es konnte nicht anders sein,
Und wir waren nicht mehr bereit, uns verlassen zu lassen,
Und schon standen wir auf und waren nicht mehr allein.

Denn wer entsinnt sich unser? O Antlitz gemeisterter Klagen!
Heldische Landschaft, qualvoll aus bitteren Meeren enttaucht,
Wer denn vermag dich in sich zu besiegen, getragen
Von einer Winternacht, die phantastisch die Scheiben behaucht.
Immer wieder bist du: in der Betäubung der Gärten,
In der Sirenen Drohung, im dämmernden Hain,
In einem trostlosen Morgen beginnt unser Herz sich zu härten
Mit dem Stahl der Verpflichtung, und wir sind nicht mehr allein.

Und alles, was uns zu eigen ausschließend und voller Verweigern:
Das Grauen des Dichters, das furchtbare Rätsel Musik,
Die Wolke im Tal, das Zwielicht, das sich zu steigern
Beginnt in unserm Gelände, was sich uns gab und verschwieg,
Wächst in die tiefre Verfassung. Und in den fahlen Gewittern
Der Fahnen und Bajonette stürzt tragisch die Zeit in uns ein,
Und unsere eigene Kraft vermag uns nun jäh zu erschüttern,
Und wir sind nur noch Gewehr und Gefahr und sind nicht mehr allein.

Denn so sind wir doch gewesen: Gesicht, das alles Ermüden
Gekannt hat und unter dem stählernen Helm erfriert,
Das alle Bindungen losläßt und nur noch den fremden Gebieten
Der späteren Größe sich anschließt und dich und dich noch verliert.

Geliebte gehen wie Schatten. Wir sterben im Feld ohne Tränen.
Das Leben verrinnt. Und wieder beginnt es zu schnein.
Wir kennen uns nicht mehr. Und aus dem tödlichen Sehnen
Weckt uns der eigne Befehl, und wir sind nicht mehr allein.

Und fern sind die machtvollen Brüder. Der Feind ist noch in den Wäldern.
Sein Brand vernichtet die Stadt. Doch jeder ist Partisan.
Und jeder von uns ist einsam auf den verharschten Feldern,
Vom Morgen bedroht; aus dem uns die letzten Entscheidungen nahn.
Der Feind ist geschlagen. Im Rücken seiner Brigaden
Gehn wir mit ihm zurück. Einsam im Siege noch sein
War unsre Wahl. Mit wildem Willen geladen
Nach der unsäglichen Zukunft nur noch – und nie mehr allein.
[1943]

Ballade von den alten und den neuen Worten

Ich weiß, daß sie nicht mehr genügen,
Weil die Erde mich noch trägt,
Weil die alten Worte lügen,
Weil der Unschuld die Stunde schlägt,
Ich weiß, daß sie nicht mehr genügen.

Genügen können nicht mehr die Worte,
Die mir eine Nacht verrät,
Die beflügelte Magierkohorte,
Wie vom Rauch der Dämonen umdreht,
Genügen können nicht mehr die Worte.

Daß an meinen Worten ich leide!
Und die Worte waren schön . . .
Meine Worte waren wie beide,
Tag und Nacht, wenn sie beide vergehn.
Daß an meinen Worten ich leide!

Drum gebt mir eine neue Sprache!
Ich geb euch die meine her.
Sie sei Gewitter, Verheißung, Rache,
Wie ein Fluß, ein Pflug, ein Gewehr.
Drum gebt mir eine neue Sprache!

Über die Sprache will ich verfügen
Wie über mein Hemd, meine Hand,
Über Wasser in vollen Zügen,
Wie über das Herz mein Land.
Über die Sprache will ich verfügen.

Eine neue Sprache sollt ihr mir geben,
Wie Wetter im Stollen kracht,
Wie die Dünen in mein Auge sich heben,
Schwarzes Blut an den Flanken der Nacht.
Eine neue Sprache sollt ihr mir geben.

Ich will eine neue Sprache,
Wie einer, der sein Werkzeug wählt.
Eine neue Sprache für meine Sache,
Die euch tröstet und euch quält.
Ich will eine neue Sprache.

Wie die Schneide des Beils am Nacken,
Wie Lächeln, das ein Messer schnitt
In blutigem Mund, wie die Hacken,
Unter denen der Acker litt.
Wie die Schneide des Beils am Nacken.

Enorm wie die Morgenröten,
Wie Blicke verheißend, fatal,
Wie Verzückungen, die uns töten,
Wie die Schiffe auf dem Kanal,
Enorm wie die Morgenröten.

Ich will euch neue Worte sagen.
Sagt nicht, sie seien euch bekannt.
Man muß mit seinen Worten wagen,
Falschem Lächeln, zerstörender Hand.
Ich will euch neue Worte sagen.

Worte, die wie Städte klingen,
Obgleich man die vergessen muß,
Worte wie Astern, Syringen,
Wie in den Staub ein Kuß,
Worte, die wie Städte klingen.

Wie ein Land ohne Kathedralen,
Karavelle, da die Toten vom Heck
Uns winken. Verborgene Qualen.
Wer nimmt von mir Maidanek . . .
Wie ein Land ohne Kathedralen.

Die Schmiede erbleichen beim Schmieden.
Die Schäfer vergehn bei der Schur.
Die Sonne liegt schwarz auf den Rieden.
Wer nimmt von mir Oradour . . .
Die Schmiede erbleichen beim Schmieden.

Der Bauer redet im Pflügen
Zum Wind, und der antwortet nicht.
Alte Worte können nicht genügen.
Sie erlöschen wie in Kellern ein Licht.
Der Bauer redet beim Pflügen.

Ich will euch Worte sagen
Nachtdunkel und taghell.
Worte, die stoßen, Worte, die tragen,
Worte: hart, sanft, langsam, schnell.
Ich will euch Worte sagen . . .

Worte, Wegbereiter,
Sie können wie Namen sein:
André oder Lechleiter,
Sie schmecken wie Brot und Wein.
Worte, Wegbereiter ...

Unser Brot gewürzt mit Qualen,
Unser Wein berauschend wie Haß.
Wer soll unsern Wein bezahlen ...
Am Boden liegt das Glas
Und das Brot gewürzt mit Qualen.
[1945]

Ballade von den Geliebten in den Großen Städten

Schwört mit mir: nicht verlassen
Wollen wir uns und so gehn.
Nicht mehr können wir uns fassen,
Darum müssen wir verwehn.
In Großen Städten verhangen,
In der Erinnerung Schacht
Geborgen: so seid ihr gegangen
Wie der Rauch der Mitternacht.

Blonde Feuer, Augen ertrunken
In des Todes grüner See,
Eine Liebkosung versunken
Der ich kaum noch widersteh ...
In den Wüsten gefangen
Und im Regen der Schlacht
Bin ich gewesen. Doch ihr seid gegangen
Wie der Rauch der Mitternacht.

Keiner kennt mehr das lautlose Zimmer.
Im Fenster stand der Jugend Turm.
Doch ich weiß mich immer
Versengt in deiner Küsse Sturm,
Verworfen von deiner Wangen
Ewiger Linie. Wer hat gemacht,
Daß wir uns verloren? Aber ich bin gegangen
Wie der Rauch der Mitternacht.

In unsern Straßen verbrannten
Fahnen imaginär.
Wie wir uns zum Meere fanden!
Wehte Musik? Ich weiß nicht mehr ...
Die Worte, die uns mißlangen,
Haben uns reich gemacht.
Und wir sind beide gegangen
Wie der Rauch der Mitternacht.

In gespenstischen Sälen
Weit im einsamsten Wind
Mußten wir uns lieben und quälen.
Und nun weint dein Kind
Allein – Immer werde ich bangen
Um dich. Als ich dann erwacht
Damals – warst du schon gegangen
Wie der Rauch der Mitternacht.

Fremde Stadt, fremde Worte, fremde
Voll von Gefahr, o Leidenschaft.
Fremde Himmel, weit überschwemmte,
Von der Drohung der Sterne␣gerafft,
Über unsern toten Lidern gefangen
Vernichtet. In eurer Macht...
Aber dann bin ich gegangen
Wie der Rauch der Mitternacht.

Schloß im mondenen Haine!
Die mich nicht anhielt,
Friert an einem Steine...
Wie wir uns erfühlt!
Keiner von uns hat empfangen,
Keiner hat gewacht...
Und du bist gegangen
Wie der Rauch der Mitternacht.

Wind in der Asche Spuren...
Wie unser Jubel stäubt!
Halten alle Uhren?
Wer hat uns betäubt?
Du, von mir umfangen,
Blonde Freude entfacht...
Doch du bist gegangen
Wie der Rauch der Mitternacht.

Gewässernacht unvergessen,
Dein Lied erinnert mich.
Unser Kuß ungemessen,
Unmeßbar weitet sich:
Saat der Küsse, Verlangen,
Für immer uns gebracht.
Weh! daß ich so schnell gegangen
Wie der Rauch der Mitternacht.

Alle ihr, nun in meinen
Tiefsten Traum gesenkt.
In den Großen Städten euer Weinen
Hat meinen Schlaf bedrängt.
Ewig unser Bangen,
Ewig unsere Acht,
Auch dann noch, wenn wir alle gegangen
Wie der Rauch der Mitternacht.

Karl Krolow
geb. 1915

Ballade

Mond schlug in mich seine Kralle,
Den kein Dunkel auf Armen mehr trug.
Im lautlosen Sternenfalle
Rann bitter wie Schöpsengalle
Die Zeit in den Mitternachtskrug,
In die Luft, die sich rollte wie Schlangen,
Wie sie kühl in der Schwärze gehangen.

Die zarten Baumstimmen sogen
Die Wasser der Stille ein.
Von Heuhaufenschatten umflogen,
Den Schlingen des Schweigens betrogen,
Hör ich heiser die Toten schrein,
Die das Mondhorn – ein Rudel Hyänen –
Anbellen, mit rissigen Zähnen.

Sie zeigen sich – haarig wie Geißen –
Die Schultern gebogen und stark.
Die Schädelmelonen gleißen.
Sie drehen auf bröckelnden Steißen
Aus Werg und Holundermark
Und werfen die weißliche Hüfte
Ins wallende Dickicht der Lüfte.

Sie werden zu Laub. Ihre Schritte,
Wie raschelnde Nattern, fliehn fern
In die Tiefe der Nacht, deren Mitte
Sich schwärzt wie erfrorene Quitte
Und duftet nach Mandelkern.
Vom Lichte nach oben gezwungen,
Bin ich vom Mond schon verschlungen.

Matrosen-Ballade

Salzige und blaue Wasser
Springen zwischen ihren Händen,
Sind voll Stimmen, die neptunisch
Schallen an den Brückenwänden,
Leicht zerstörbar wie Geschichten,
Die vom Jenseitswind berichten.

Ihre runden Schulterknochen
Stoßen in die große Luft,
Luft aus Teer und rotem Schilfe,
Das verblüht mit leichtem Duft.
Und mit langen Zähnen sitzen
Sie, die in der Dämmrung blitzen.

Traurig ist ihr Mund vom Tode
Und vom gelben Haifischgott,
Arme, Hüften in sich schlingend
Wie ein Tier des Herodot.
Schwarze Äpfel ihrer Augen
Schattenfluten in sich saugen.

Und die Schattenschiffe sinken
Lautlos über ihren Herzen,
Schlagen wie getroffne Fische,
Winden sich im Draht der Schmerzen.
Unterm dünnen Hemde spüren
Sie die Nacht ans Sterben rühren.

Christine Busta
1915–1987

Mutter im Krieg

Es rollten ihr drei Äpfel aus dem Korbe,
als sie am Feld vorüberschritt, wo hoch
der Mohn in reifen Samenkapseln stand.
Da dachte sie der Söhne und erschrak,
daß man die Körner in den fahlen Urnen
schon rauschen hörte, sah die Vögel gierig
an mürben Schalen nach Verborgnem picken
und sich die Schnäbel füllen.

                Keuchend, jäh
warf sie die Arme raffend in die Früchte
und riß sie los, zerbrach die zarten Kronen,
die das Geheimnis hüteten, und ließ
aus blinden Fäusten Dunkles auf das Runde,
das ihrem Korb entfallen, niederrieseln
wie Sand, bis es das Rote ganz begrub...
Dann ging sie. Weinte still. Auf bleichen Haaren
das strenge Tuch, es wehte. Ohne Wind.

Silja Walter
geb. 1919

Biblische Ballade

Der Strudel im Kruge bleibt stehen
In dickem Schleh,
Das Wasser im Topf der Spiräen
Wird Blut! O weh!
Im Napf, im Pokale gerinnen
Die Säfte zu Schleim.
Der Pharao will sich besinnen –
Und lacht insgeheim.
    Königin Mutter, geh nicht zum Nile, er siecht!
    Die Stadt eine Leiche, das Land eine Leiche, die riecht!
    Das tat der Gott der Juden!

Und Kröten die Treppen zum Saale
Des Königs empor
Am Friese, im Bett und im Mahle
An Krone und Ohr.
Gezeuget, versät und geboren
In schauriger Streu –
Der König sieht starr und verloren
An Moses vorbei.
    Königin Mutter, geh nicht zum Nile, er siecht!
    Das Land eine Leiche, das Reich eine Leiche, die riecht!
    Das tat der Gott der Juden!

In selbiger Mitternacht flattern
Drei Vögel der Pein,
Der Hagel, die Pest und die Blattern,
In Nubien ein.
Doch Pharao will sie nicht lassen
Die Juden! – Da hält
Er jäh sich am Ring der Terrassen
Und fiebert und fällt.
    Königin Mutter, geh nicht zum Nile, er siecht!
    Das Reich eine Leiche, der Mond eine Leiche, er riecht!
    Das tat der Gott der Juden!

Und sausende Fresser biegen
Ägyptens Korn,
Und wälzen sich, geigen und wiegen
Im Fell sich, im Horn
Des fallenden Viehs, selbst der Tote
Im Grabe wird scheu –
O wehe, nun springt auch die rote
Weltsonne entzwei!
    Königin Mutter, geh nicht zum Nile, er siecht!
    Die göttliche Sonne selbst eine Leiche, die riecht!
    Das tat der Gott der Juden!

O Finsternis, Schrei und Schrecken!
Kein Stern und kein Brot.
Der König hebt zitternd die Decken,
Sein Sohn ist tot.
Und Pharao läßt sie ziehen.
Sie fahren bei Nacht.
Wie haben die Mütter geschrien
Im Land und – gelacht –
    Königin Mutter, geh nicht zum Nile, er kriecht,
    Er flößet die Särge der Söhne zu Tale und siecht!
    Das tat der Gott der Juden!

Johannes Bobrowski
1917–1965

Bericht

Bajla Gelblung,
entflohen in Warschau
einem Transport aus dem Ghetto,
das Mädchen
ist gegangen durch Wälder,
bewaffnet, die Partisanin
wurde ergriffen
in Brest-Litowsk,
trug einen Militärmantel (polnisch),
wurde verhört von deutschen
Offizieren, es gibt
ein Foto, die Offiziere sind junge
Leute, tadellos uniformiert,
mit tadellosen Gesichtern,
ihre Haltung
ist einwandfrei.

Dorfmusik

Letztes Boot darin ich fahr
keinen Hut mehr auf dem Haar
in vier Eichenbrettern weiß
mit der Handvoll Rautenreis
meine Freunde gehn umher
    einer bläst auf der Trompete
    einer bläst auf der Posaune
Boot werd mir nicht überschwer
hör die andern reden laut:
dieser hat auf Sand gebaut

Ruft vom Brunnenbaum die Krähe
von dem ästelosen: wehe
von dem kahlen ohne Rinde:
nehmt ihm ab das Angebinde
nehmt ihm fort den Rautenast
    doch es schallet die Trompete
    doch es schallet die Posaune
keiner hat mich angefaßt
alle sagen: aus der Zeit
fährt er und er hats nicht weit

Also weiß ichs und ich fahr
keinen Hut mehr auf dem Haar
Mondenlicht um Brau und Bart
abgelebt zuendgenarrt

lausch auch einmal in die Höhe
  denn es tönet die Trompete
  denn es tönet die Posaune
und von weitem ruft die Krähe
ich bin wo ich bin: im Sand
mit der Raute in der Hand

   Die Tomsker Straße

Schrei herüber, der Wind
schlägt in die Harfenstricke
– Tiergedärm, auf die Äste
der Birke gewunden, dort
gehen die Hügelrücken,
ich hör eine Harfe, hinter
dem Bahndamm, ich seh
aber die Straße nicht, Jelisaweta
sagte voreinst:

An der Tomsker Straße,
die Bauern stellten ins Fenster
Kwaß und Brot auf die Nacht,
der Fremdling kam,
schritt vorüber, keiner
sagte „Verbannter", „unglücklich"
hieß er, er hatte
hundert Namen, jeder
konnte ihn rufen.

So war die Straße, sagte
Jelisaweta, sie ging
in ein Land wie der Himmel,
einen Sommer, aufschäumt' er
von Blumen, die riesigen Bäume
trugen den Himmel, es kam
aber der Schnee, es kam
Jelisaweta nach Jahren,
die Brüder standen am Ufer,
der Enkel trat auf den Weg,
warf die Angel ins Gras.

Rainer Brambach
1917–1983

Paul / für Jürg Federspiel

Neunzehnhundertsiebzehn
an einem Tag unter Null geboren,

rannte er wild über den Kinderspielplatz,
fiel, und rannte weiter

den Ball werfend über den Schulhof,
fiel, und rannte weiter

das Gewehr im Arm über das Übungsgelände,
fiel, und rannte weiter

an einem Tag unter Null
in ein russisches Sperrfeuer

und fiel.

Grimm

Rapunzel, laß uns dein Haar herunter,
hold tönt dein Lied zum Mansardenklavier –
Rainer und ich, ich und Jürg
stehn noch viel kunterbunter
als Truchsess und Mundschenk
vor dem Turm ohne Tür.

Laß uns dein Haar herunter, Rapunzel,
schön wie ein waldgrünes Märchensonett –
Jürg und ich, ich und Rainer
lieben deine aschblonde Funzel,
komm und zieh uns hinauf
in dein daunenweichseidenes Himmelbett.

Sind wir, Rapunzel, oben bei dir,
pfeifen wir auf dein Mansardenklavier,
wissen kein waldgrünes Märchensonett,
legen uns nicht ins Himmelbett!
Der Tisch wird gedeckt, die Funzel gebraten
und knusprig serviert mit Salat und Tomaten ...

Wir werden schmunzeln,
das Maul voll Rapunzeln!

Michael Guttenbrunner
geb. 1919

15. Juli 1927

Der Justizpalast brennt.
Blindlings prügelnd und schießend
wildert die Polizei durch die Stadt,
trifft Waffenlose und Fliehende
und viele, die nicht wissen, was geschieht,
und streckt sie nieder. Der Asphalt
ist mit Leichen besät.

Da läßt ein Mann, Karl Kraus,
ein Plakat anschlagen.
Er fordert den Polizeipräsidenten auf,
abzutreten, er beschuldigt ihn
der Blutschuld und schweigt nicht.
Doch jener, an seinem Sessel klebend,
nahm das Ehrendoktorat.

20. Juli 1944

Den Namen Stauffenberg
vernahm ich erst von einem Maultiertreiber.
„Jetzt meutern schon die Preußengenerale!",
rief ich den Kameraden zu,
„Und ihr haut noch, auf Divisionsbefehl,
Italiens Bäume um! Macht Schluß, Soldaten!"
„Hundsfott, halt' die Klappe!"
Ich schlug ihn nieder, meinen Vorgesetzten;
drei Wochen später
stand ich, zum drittenmal, vorm Kriegsgericht.

Erich Fried
1921–1988

Kinder

Ich weiß nicht, was war Tag und Nacht
in unsern Unterständen.
Im Zug hat man uns fortgebracht,
Ruß klebt an unsern Händen.

Im Keller war das Bummern zahm.
Man hat mich nicht gehalten.
Erst als das große Sausen kam,
als Mutter mich zur Mauer nahm,
mußt ich die Hände falten:

Bitte hilf, Jesus Christ,
daß uns nicht das Eisen frißt,
die Jungen und die Alten.

Da schrie die Luft, das Licht ging aus,
das Wasser kam geflossen.
Der Vater trug mich dann heraus.
Das Haus war ganz zerschossen.

Am Bahnsteig winkten uns noch lang
Mütter – doch nicht meine.
Der Vater sagt, sie ist so krank.
Er sagt, es dauert sehr, sehr lang,
nur Schmerzen hat sie keine.

Bitte hilf, Jesus Christ,
der du in dem Himmel bist,
und heb von ihr die Steine.

Landstreicher

Im Gasthaus Zum Bruder Abel
da war ein Schenkmädel schön
das nahm der Wirt mir übel
er hieß mich zahlen und gehn

Eine Sonne als goldenen Taler
zwei Monde als Silber dazu
die warf ich dem Wirt auf den Teller
und wünschte ihm gute Ruh

Der Wirt genoß nicht sein Eigen
die Sonne verbrannte sein Haus
das Mädel mit mondenen Augen
lief in die Nacht hinaus

Märchenende

Als er zerfleischt war
zu halber Höhe des Berges
rollte sein Kopf sich rund
den Kindern zum Ball.
Sein Herz flog auf
und sang im Baum mit den Meisen
auf der Wiese grünte sein Haar
und wehte im Wind

In seinem Blut
fingen die Fische Fische
seine Knochen
machten die Sterne weiß.
Nur die Vögel der Nacht
zum Mahle geladen
fanden die Stelle leer
und flogen hungrig davon

Tiefer Trunk

Die Katze wollte fischen
die Fische schwammen fort
Die Katze wurde wütend
und maunzte Wort für Wort:

„Wenn das Meer die Fische vor mir beschützt
dann trink ich es eben aus
Dann hilft dem Meer keine Gegenwehr
Und dann erst geh ich nach Haus!"

Die Katze riß das Maul auf
und warf sich in die Flut
Sie fing gleich an zu saufen
Aufs Ganze ging ihr Mut:

„Wenn das Meer die Fische vor mir beschützt
dann trink ich es eben aus
Dann hilft dem Meer keine Gegenwehr
Und dann erst geh ich nach Haus!"

Sie kommt noch nicht nach Hause
Das Meer ist auch noch tief
doch tausend Katzen springen ihr nach
und singen was sie rief:

„Wenn das Meer die Fische vor mir beschützt
dann trink ich es eben aus
Dann hilft dem Meer keine Gegenwehr
Und dann erst geh ich nach Haus!"

BUP berichtet, der U.S.-Kommandant in Saigon habe, anspielend auf Mao Tse-Tungs Rat an die Partisanen, zu sein wie der Fisch im Meer, gesagt: „Wenn die Bauern für die Vietcong dasselbe sind, was das Meer für die Fische ist, dann werden wir dieses Meer eben trockenlegen."

Zwei schreien

Der Eine wird angehört
der Andere nicht

Den Einen beschwichtigt man
man beginnt mit ihm zu diskutieren
Der Andere schreit noch immer
man geht zu ihm hin und lächelt

Man fragt durch ein Sprachrohr:
„Warum reißen Sie dauernd den Mund auf?"
Er schreit: „Das hört ihr doch alle!"
Man erwidert: „Wir hören kein Wort"

Er schreit noch immer
Man bringt ihm den Einen hin
der nicht mehr schreit
nur noch den Mund auf- und zuklappt

Man ruft dem Anderen zu:
„Hören Sie: So muß man schreien!
Das hört jeder von uns!
das rüttelt uns alle auf!"

Sie führen den Einen fort
Der Andere schreit noch immer
Die Straße wird abgeriegelt
daß keiner ihn hört

Sie bringen ihm eine Zeitung
mit seinem Bild
Darunter die Zeile:
„Unser lautloser Maulaufsperrer"

Er versucht noch lauter zu schreien
er fällt um und ist tot
Der Eine wird beauftragt
die Leichenrede zu flüstern

Die Retter

Eine Fliege war am Ertrinken
zwei Haifische sahen sie sinken

Da sagte der eine Hai: „Ei
schwimmen wir da vorbei!"

Der andre besann sich nicht lang
er sprach: „Diese Fliege ist krank

Hier am Grund unten geht sie zugrund
frische Seeluft wär für sie gesund!"

Der eine Hai schnappte sie auf
schwamm zur Oberfläche hinauf

Und spuckte sie seinem Genossen
auf eine jener Flossen

die ein Hai auf dem Rücken trägt
wo sie munter die Seeluft zersägt

Doch obwohl man ihr Seeluft bot
die Fliege war und blieb tot

Da kränkten sich ihre Finder
und fraßen verbittert drei Kinder

Kurt Marti
geb. 1921

der dieb

markus 5,17:
sie baten ihn
daß er aus ihrer gegend zöge

heulend und nackt in den hügeln gerasas
setzte ein irrwisch aus eiter und wahn
über die gräben und bäche und jodelnd
barst seine seele entzwei entdrei

heulend und nackt in den hügeln gerasas
schwang er die brennende fackel
der wunden die er sich selber geschlagen
sang er den toten mit denen er schlief –

doch heute verstummte die hügelmusik
stille gellt lauter als jedes geschrei:
erschrocken laufen die bürger gerasas zusammen
und hören die hirten atemlos melden:

ein fremder ist da
und stahl uns das gute
das altgewohnte geheul

---

sie war
eine schwer geprüfte frau:
                      wer hat sie so schwer geprüft?
sie war
eine schwer geprüfte frau
und beispielhaft tapfer
durch ihren glauben:
                      der herr hat mich geprüft
sie war
eine schwer geprüfte frau
nun ist
die prüfung zu ende:
                      der herr hat sie erlöst
sie war
eine schwer geprüfte frau
doch hüten wir uns
ihr kostenlos nachzureden:
                      der herr hat sie geprüft
sie war
eine schwer geprüfte frau –
doch was für ein herr
der um zu prüfen uns jahrelang quält!
                      hat der herr sie geprüft?
sie war
eine schwer geprüfte frau
und um kein falscher zeuge zu werden
sage ich nur:
                      der herr hat sie erlöst
sie war
eine schwer geprüfte frau:
                      wer hat sie so schwer geprüft?

Der ungebetene Hochzeitsgast

Die Glocken dröhnen ihren vollsten Ton
und Photographen stehen knipsend krumm.
Es braust der Hochzeitsmarsch von Mendelssohn.
Der Pfarrer kommt! Mit ihm das Christentum.

Die Damen knie'n im Dome schulternackt,
noch im Gebet kokett und photogen,
indes die Herren, konjunkturbefrackt,
diskret auf ihre Armbanduhren sehn.

Sanft wie im Kino surrt die Liturgie
zum Fest von Kapital und Eleganz.
Nur einer flüstert leise: „Blasphemie!"
Der Herr. Allein, Ihn überhört man ganz.

Georg Kreisler
geb. 1922

Frau Schmidt

Meine Schwester nahm einen Künstler zum Mann,
und sie leidet mit ihm bittre Not.
Meine Freundin, die nur mit Politikern kann,
sitzt im Rathaus und quält sich zu Tod.
Aber ich nahm den Mann, der nichts war und nichts ist
außer Mensch – jetzt auch Gatte und Bürger und Christ.
Ich quäle mich nicht mit Problemen herum,
ich sag meine Meinung, punktum.

Hätt ich damals den Johnny genommen,
wär ich sicher nach Amerika gekommen.
Doch Papa war Antisemit,
und so bin ich nur die Frau Schmidt.

Wär ich damals mit Peter zur Tante,
wär ich heut mit ihm in Rußland Frau Gesandte.
Doch ich hielt mit Peter nicht Schritt,
und so bin ich nur die Frau Schmidt.

Frau Schmidt ist die anonyme Frau.
Bei Nacht sind alle Katzen grau.
Frau Schmidt – die nur über andre spricht,
denn meinen Namen merkt man sich ja nicht.

Gott sei Dank, daß ich Bruno nicht küßte,
weil ich heut mit ihm ein Land regieren müßte.
Aber Bruno biß auf Granit,
und so bin ich nur die Frau Schmidt.

Frau Schmidt, die sich nicht verleiten läßt,
denn Sex ist nun mal nicht gesund,
Frau Schmidt, die sich nichts bestreiten läßt,
des Menschen bester Freund, das ist sein Hund.

Frau Schmidt braucht keinen Bewegungsgrund,
um gegen irgend was zu sein.
Frau Schmidt braucht keinen Überlegungsgrund,
um lang und laut zu schrei'n.
Denn was in allen Illustrierten steht,
das leuchtet letzten Endes ein.

Ich mag keine zu intelligenten
frechen Juden oder farbigen Studenten.
Denen geb ich – hupp – einen Tritt,
denn ich bin ja nur die Frau Schmidt.

Und bei Malern, da werd ich noch wilder.
In der Zeitung les ich niemals ihre Bilder.
Jeder Maler ist ein Bandit,
aber ich bin nur die Frau Schmidt.

Frau Schmidt kann im Grunde nichts dafür.
Das halbe Volk steht hinter ihr.
Frau Schmidt ist bisweilen mäuschenstill,
man weiß schon an der Spitze, was sie will.

Deshalb stört mich auch nichts an den Ländern,
die sich heutzutage mit den Zeiten ändern.
Zwar es bringt mir keinen Profit,
denn ich bin ja nur die Frau Schmidt,
aber trotzdem mache ich mit,
denn die Zeiten ändern sich,
Pleiten ändern sich,
Mächte ändern sich,
Knechte ändern sich,
was sich niemals ändert, ist die Frau Schmidt.

Philosophie

Er war ein Er von Verstand und Talenten.
Er war ein Meer, wo ich sehr gerne schwamm.
Als er mich frug, ob wir nicht einmal könnten,
sagte ich ja, und wir kamen zusamm'.
Er war belesen, betamt und beflissen.
Ich war betört und bestürzt und erschreckt,
denn mit sehr viel philosophischem Wissen
hat er mein Hirn bis zum Rande bedeckt.
Nun ist das Leben mit ihm eine Marter.
Jede Nacht liest er ein Buch bis zum Schluß,
Marx oder Kant oder Barth oder Sartre,
fragt mich nach Bloch und verschmäht meinen Kuß.

Da steh ich dann mit meiner Sehnsucht.
Da steh ich dann völlig perplex.
Denn während er den Planck zu verstehn sucht,
verstehe ich nur was von Sex.

„Was sagt Fichte?" fragt er mich.
„Was sagt Hegel?
Was meint Schlegel?
Bist du ein Sophist?
Oder Moralist?"
Ja, wenn ich das wüßt!

Er spricht mit mir von Chaos und Kosmos,
er spricht mit mir von Werden und Sein.
Und schließlich sag ich: „Bitte sehr, laß mer's",
und dreh mich um und schlafe allein.

Er erzählt mir stundenlang, was Ethik ist
und was Ästhetik ist und was sie kann.
Ich will aber wissen, was Athletik ist,
und ließ ihn weiterreden und nahm mir einen Mann.

Der ist Friseur. Keinen Tau hat er von Ästhetik.
Der spricht schon schwer über Schere und Kamm.
Als er mich frug: „Glauben Sie an Kosmetik?",
sagte ich ja, und wir kamen zusamm'.
Erst war es schön, denn wir schwiegen drei Wochen –
höchstens „Mhmm" oder „Hi" oder „Hah".
Sagte ich: „Komm her", sagte er: „Hast du gesprochen?"
Wir blieben still, und wir blieben uns nah.

Nun kommt's mal vor, daß er grunzt und ich quietsche,
mal kommt's auch vor, daß ich bell und er faucht.
Kein Wort Voltaire, kein Homer, nie mehr Nietzsche!
Wozu hab ich Philosophen gebraucht?

Da steh ich jetzt mit meinem Hegel!
Da steh ich jetzt, ein schwankendes Schilf!
Bin ich Sophist oder bin ich ein Flegel?
Was tu ich da? Heidegger, hilf!
„Wer ist Jaspers?" frag ich ihn.
„Was heißt Mores?
Was heißt Zores?
Was ist ein Essay?
Wann sagt man ‚in spe'?
Wer war Laotse?"

Dann sitzt er dort stumm und verbissen
und kratzt den Kopf oder sonst irgendwo.
Aus mir jedoch sprudelt mein Wissen.
Ich schrei ihn an: „Wer war Rousseau?

Ich will jetzt nicht wissen, was ein Busserl ist!
Sag mir, wer Husserl ist, und außerdem:
Weißt du, was prophetisch katechetisch heißt?
Und was versteht man unter ‚Theorem'?
Wer ist jünger, Jung oder Jünger?
Wer war Spranger und wer ist Springer?

Wer ist Per Efraim Liljequist?
Hast du keine Ahnung, wer das ist?
Was sind seine Lehren insgesamt?
Weißt du, woher er stammt?
Verdammt!"

Der Kapitän

Es war einmal ein Kapitän.
Doch das war ihm nicht anzusehn,
denn er war Zivilist.
Er sagte oft von seinem Schiff,
dieweil man Seemannslieder pfiff:
„Ich weiß nicht, wo es ist."

In seinem Beisein sprach sich's gut
von Wasserhosen, Ebbe, Flut,
von Steuermann und Maat,
von Booten [Dampf] und Booten [U]
Er selber hörte kaum noch zu.
Das wurde schließlich fad.

Man frug ihn drum ganz nebenbei,
warum er denn so schweigsam sei.
Wie sei das zu verstehn?
Man wisse doch genau, daß er
erfahren sei am weiten Meer,
als alter Kapitän.

Da dachte er ein Weilchen nach,
bevor er still und traurig sprach:
„In Ordnung! Ich gesteh,
denn einmal muß ich's ja gestehn:
Ich bin ja gar kein Kapitän.
Ich war auch nie zur See.

Ich bin Vertreter von VW.
Nun wißt ihr es! Adieu! Ich geh!"
Und dann ging er nach Haus.
Bereits im nächsten Augenblick
sprach man von Geld und Politik.
Die Kinderzeit war aus.

Herberts blaue Augen
Eine Moritat

Ich wäre ein Verbrecher, ein Schurke ganz infam,
doch hab ich einen Spezi, der rettet mich vor Gram.
Der Spezi, der heißt Herbert, und ist ein braver Mann.
Er hat zwei blaue Augen und schaut mich immer an.
Er hat zwei blaue Augen und schaut mich immer an.

Der Herbert wollte gehen auf Einbruch zu Herrn Kraus.
Ich hielt's für zu gefährlich und sprach: „Ich bleib zu Haus,
denn wenn man mich verhaftet, wo bleibt dann der Profit?"
Doch Herberts blaue Augen, die sagten mir: „Komm mit!"
Ja, Herberts blaue Augen, die sagten mir: „Komm mit!"

Darauf ging ich mit Herbert auf diesen Einbruch aus.
Herr Kraus kam uns entgegen, denn er war grad zu Haus.
Ich hob meine Pistole, denn ich war sehr erpicht,
doch Herberts blaue Augen, die sagten mir: „Schieß nicht!"
Ja, Herberts blaue Augen, die sagten mir: „Schieß nicht!"

Dann schoß der Herbert selber. Sein Schuß ging nicht vorbei.
Doch da er ziemlich laut war, erschien die Polizei.
Man fragte mich: „Warst du es?" Ich wollte sagen, Nee –
doch Herberts blaue Augen, die sagten mir: „Gesteh!"
Ja, Herberts blaue Augen, die sagten mir: „Gesteh!"

Ich ward zum Tod verurteilt im Wonnemonat Mai.
Enthauptet sollt ich werden. Den Herbert sprach man frei.
Ich lag schon auf dem Richtblock. Die Menge schrie nach Blut.
Doch Herberts blaue Augen, die sagten mir: „Faß Mut!
Es wird noch alles gut, mein Jung, es wird noch alles gut."

Der Henker sah auf Herbert, doch Herbert war erschöpft
und schloß erschöpft die Augen. Daher ward ich geköpft.
Und darum, meine Tochter, halt ich dich heut beim Schopf.
Vertrau den blauen Augen nicht, sonst kostet es den Kopf.
Vertrau den blauen Augen nicht, sonst kostet es den Kopf.

Paul Wiens
geb. 1922

Ballade vom Hans Kohlhas

Der ehrliche roßkamm Hans Kohlhas
ritt im herbst nach Leipzig zur mess.
In Wellaun stand der junker von Zaschwitz,
der machte kurzen prozeß!
    – Zwei schöne pferde, zwei fette happen!
Her mit dem rotschimmel, her mit dem rappen!
    – Ich werde prozessieren.
    – Und deinen kopf verlieren!
    – Berliner bin ich, nicht dein knecht.
    – Bah, bürger, hier herrscht junkerrecht!
Geh hin und schreis nur durch die gassen!
    – Der gerechte ist niemals verlassen.

Der ehrliche roßkamm Hans Kohlhas
zog zwei jahr von gericht zu gericht.
Er gab hin seine ganze habe,
seine pferde bekam er nicht.
   – Du bist allein, der richter sind viele,
   und alles herrn! Du kommst nicht zum ziele ...
   – Das volk steht mir zur seite.
   – Laß ab, laß ab vom streite,
   du kennst die macht der herren schlecht!
   – So hol ich selber mir mein recht.
   Das schwert sei fortan meine rede:
   Ich sag den herren fehde!

Der ehrliche roßkamm Hans Kohlhas
und Nagelschmidt, sein gesell,
die gerbten den Zaschwitz und andern
das eiserne junkerfell.
   – Das für den roten und das für den rappen!
   Das für den ritter und das für den knappen!
   – Zu hilfe! Wehrt den hunden!
   – Ach, herr, sie sind verschwunden,
   als wär die nacht ihr kampfgenoß ...
   Der stall ist leer, verbrannt das schloß!
   Doch hört, was gellt durch ferne gassen?
   – Der gerechte ist niemals verlassen!

Der ehrliche roßkamm Hans Kohlhas
klopft zu Wittenberg nachts an ein tor.
Beim roten flackern der fackeln
schaut Martin Luther hervor:
   – Bist du Hans Kohlhas, der wilde mann?
   – Ich bins, Martinus, ich ruf dich an,
   mit stadtvolk und landvolk zu reiten,
   gegen die unbill zu streiten!
   – Du träumst! Ich mahn dich: hab geduld
   mit Gottes huld und herrenschuld ...
   – Und wär der weg auch noch so weit,
   das volk holt sich gerechtigkeit!
   – Ich bleib. Ihr habt mein deutsches wort
   als eure waffe, euren hort
   im lieben wie im hassen:
   der gerechte ist niemals verlassen.

Der ehrliche roßkamm Hans Kohlhas
und seine verschworene schar
fanden im Spreewald knecht Jochen,
der vom henker geschunden war:
   – Gib acht, Hans Kohlhas, die herren fluchen,
   sie sandten reisige, dich zu suchen.
   Du schliefst in unsern katen,
   wir sollten dich verraten.
   Wir schwiegen. Sieh, was man uns tat!
   – Die bösen säen böse saat ...

– Zahls heim! Dich sollen sie nicht fassen!
Der gerechte ist niemals verlassen.

Der ehrliche roßkamm Hans Kohlhas
hat fünf jahr lang die herrn bekriegt.
Doch durch list und lüge gefangen,
der gerechte in fesseln liegt.
  – Ach, Nagelschmidt, mein freund, mein geselle,
  wie waren wir trotzig, wie waren wir helle! . . .
  Nun ist die sach verloren! . . .
  – Schweig, Hans, du bist erkoren,
  noch einmal in der letzten stund
  zu reden mit des volkes mund:
  nach hundert toden, tausend nächten
  der letzte sieg wird den gerechten!

Der ehrliche roßkamm Hans Kohlhas
ward palmarum aufs rad gespannt.
Auf dem richtplatz, der Weberwiese,
viel stadtvolk versammelt stand:
  – Was seht ihr, berliner?
  – Durchbrecht die reihen!
  – Schlagt die büttel, den Hans zu befreien!
  – Zu viele lanzen starren!
  – Zu viele schweigen und harren . . .
  – Sohn, vergiß den Hans Kohlhas nicht!
  – Mutter, es leuchtet auf seinem gesicht!
  – Brüder, er spricht!
  – Still! Könnt ihrs fassen?
  – Der gerechte ist niemals verlassen.

Sie konnten Hans Kohlhas wohl richten,
vom folterrad rann sein blut in den sand . . .
Doch aufs eherne rad der geschichte
sind herren und henker selber gespannt.
Das volk wurde mächtig im lieben und hassen.
Der gerechte ist niemals verlassen.

Hagel
oder
Flug in die freiheit mit untauglichen mitteln

Zu unrecht des mordes bezichtigt,
mit seinem sohn in Ypsilon in haft,
erfand ein chemiker aus luft ein mittel,
das gab den menschenmuskeln vogelkraft.

Den beiden sproß flaum, ein halbes gefieder;
sie hielten es unsichtbar unter dem hemd.
Dann haben sie nächtens, in der dreizehnten woche
ihrer gefangenschaft, das gitter ausgestemmt.

Sie zwängten sich durch die schmale luke
ins sternendunkel – und flogen dahin,
aufwärts sich schraubend, kreiselnd über den mauern,
mit hüpfendem herzen und zitterndem kinn.

Der stadt himmelschräg traf sie eine wolke,
fiel eisig über die nackten flieger her.
In der kälte versagten die lungenpumpen,
die federn der freiheit wurden starr und schwer.

Sie stürzten lange, eh sie zerklirrten,
denn gestiegen waren sie hoch in ihrer not.
Kristallen prasselten ihre leiber nieder
auf wellen, wiesen und dächer als weißes schrot...

Zu unrecht der lüge bezichtigt
ihr den reporter, glaubt ihr seine nachricht nicht!
Die geschichte braucht keinen beweis am ende
wie keinen beweis am anfang das gericht.

Halber abschied

Im bahnhof sitz ich, sinne lang:
Was soll zur zeit der minnesang:
Mein saitenspiel aus holz und lack –
ein säuglingstraum, ein schabernack...
    Mein lied zu leis, mein lieb zu zart...
    Ihr habt schon recht – ein mann mit bart.

Am Ostbahnhof im wartesaal
– durchs fenster fleucht die frühe fahl –
und neben mir, an schönheit bar,
schläft reisemüd ein liebespaar...
    Mein lied so leis, mein lieb so zart –
    bald geht es wiederum auf fahrt.

Da kommt ein junger fotograf
und reißt die beiden aus dem schlaf,
mit einem blitzlicht wunderbar
erleuchtet flugs er aug und haar...
    Mein lied so leis, mein lieb so zart –
    auch mir das aug, auch mir den bart...

Doch draußen gibt der zug signal –
Ich spring, er fährt... Mit einemmal
fällt es mir ein, was ich vergaß,
dort, wo ich bei den beiden saß:
    mein lied so leis, mein lieb so zart –
    im wartesaale aufgebahrt.

    Mein saitenspiel, mein minnesang!
    Ich schaue auf die bremse bang –
    und zögernd sinkt die leere hand...
    Wir fahren, fahren tief ins land...
        Die lieb so zart, das lied so leis –
        fand sie der fotograf? – Wer weiß...

Heinar Kipphardt
1922–1982

Auschwitz (1953)

Saß da ein Vogel im Baume
wohl an die zehn Jahr,
sang da ein Vogel im Baume
sein Lied hatte weißes Haar.

Asche im Wind. Es schluchzet
die Rose am Wegrand nicht mehr.
Asche im Wind. Es schluchzen
die träumenden Vögel nicht mehr.

Hing da ein Nebel im Baume,
der gänzlich entblättert war.
Hing da ein Nebel im Baume
wohl an die zehn Jahr.

Asche im Wind. Es schluchzet
die Rose am Wegrand nicht mehr.
Asche im Wind. Es schluchzen
die träumenden Vögel nicht mehr.

War da ein gläserner Kasten
gefüllt mit Frauenhaar,
das Kilo zu fünfzig Pfennig
zu kaufen vor zehn Jahr.

Asche im Wind. Es schluchzet
die Rose am Wegrand nicht mehr.
Asche im Wind. Es schluchzen
die träumenden Vögel nicht mehr.

War da eine Wolke in Auschwitz,
Wolke aus goldenem Haar,
die hat man zu scheren vergessen
vor etwa zehn Jahr.

Asche im Wind. Es schluchzet
die Rose am Wegrand nicht mehr.
Asche im Wind. Es schluchzen
die träumenden Vögel nicht mehr.

Erika Burkart
geb. 1922

Das unendliche Spiel

Wir wollen weiterspielen, mein Kind,
das Spiel vom Schaf und der Mondrakete,
zu Diensten ist uns das Äthergesind,
uns feien Sonnen- und Schneegebete.

Wir spielen die Zeiten hinunter,
unterspielen den Stundenschlag,
wir tauchen, sinken, gehn unter
im turmtiefen Dornröschentag.

Es sind immer nur zwei. Die wissens allein.
Das Gemach ist ein Schiff, und wir fahren ...
Die Planken gleißen im Klippenschein,
wir fangen den Blitz in den Haaren.

„Fürchtet euch nicht, Majestät, meine Braut,
ich seh eine Insel erstehen.
Ihr Name ist Kor. Wer im Blitzstrahl sie schaut,
will nie mehr nach Hause gehen.

Wer Gott gesehn hat, muß sterben,
jeder wird zugedeckt.
Bereitet die goldenen Scherben.
Der Tod hat uns aufgeweckt.

Ich muß euch haben für immer.
So trinkt denn von meinem Blut.
Die Sterne schwimmen ins Zimmer.
Ich fühle heiligen Mut.

Aus Schaum und Schatten ein Schimmel!
Seine weißen Augen stehn leer.
Vier Monde hat heute der Himmel.
Die Glocken läuten im Meer."
. . .
Ich kann es dir nicht erklären –
Kind, die Welt ist so tief,
alles will heim, und wir wären
wie Eva, die in der Rippe schlief.

Sei klug und habe vergessen.
Sie würden uns einen Strick daraus drehn.
Sag keiner Seele, was du gesehn,
und daß wir vom Baum des Lebens gegessen.

Helmut Heißenbüttel
geb. 1921

eine einfache Geschichte

er war gewesen ihr
sie war gewesen sein
sie hatte gehabt ihn zum
sie waren gegangen zusammen
sie waren ausgegangen zusammen
sie waren gegangen zusammen ins Bett
sie waren gewesen zusammen ein
das ist nun alles schon lange her

ein anderer hatte für sie auch
aber sie hatte gehabt für keinen anderen etwas
der andere aber hatte nicht aufgehört zu
so war er geworden ihr anderer

aber sie hatte noch immer nicht gehabt für einen anderen etwas
das hatte ihm nichts ausgemacht
so war er geblieben ihr anderer
er hatte gehabt nichts davon und sie auch nicht
und auch das ist nun schon lange her

dann verlor sie der gewesen war ihr
sie hatte keinen mehr nun
es war ein großer
das machte sie sehr
sie hatte schwer daran zu
das machte sie ganz und gar
kein anderer konnte ihr wieder das
das machte sie ganz und gar und sie konnte sich garnicht wieder
aber auch das ist nun schon lange her

das ist nun alles schon lange her
sie hat einen anderen heute zum
das ist der andere der nicht aufgehört hatte zu
er hat auch heute noch nicht aufgehört zu
er ist ihr
er ist mit ihr
er möchte garnicht anders als was er nun
obwohl er nicht gewesen war ihr
aber das ist für ihn kein
obwohl es für ihn mit ihr mitunter nicht ganz

sie denkt wie es wäre wenn der damals nicht
sie denkt wie es wäre wenn der von damals jetzt wieder
würde er ihr sein wenn er wieder denkt sie
würde sie sein sein wenn er wieder denkt sie
würden sie zusammen wieder wenn er wieder denkt sie
würde alles denkt sie genauso wieder wie
würden sie denkt sie genauso wieder und nicht anders wenn
sie wieder

könnte sie es nicht gewesen sein einfacher noch
sie hätte gehabt den einen und den anderen
sie wäre gewesen aller beider
einer wäre verschollen ausgewandert gefallen gestorben
hätte sie verlassen den Prozeß gemacht gekriegt sich aus dem
Staube gemacht
der andere wäre und hätte das alles nicht
sie wäre einfach geblieben nur seine und er ihr
wären übriggeblieben
würden nicht denken wenn
wären gewesen nicht und nicht
wären gewesen nicht und nicht und wären noch immer

Hans Carl Artmann
geb. 1921

corporal, mein corporälchen,
schicke zwei von deinen leuten
hin zu jenem lindenbäumlein,
wo der feind hat brünnlein graben,
wo die wässer freundlich lächeln ...
schick sie sachte noch vor morgen
hin mit einem schlauen giftlein,
heiß sie auch ein sieblein nehmen,
daß das dröglein sich verteile
zärtlich rein und unschuldsklar ...

caspar du ... und sergius,
ihr seid meine besten schleicher –
noch hält sich der mond verborgen:
hier die droge, hier das sieb!
dies ist ein geheimer auftrag
den ich euch zur stund erteile
macht euch auf in stummer eile
hin zu jenem lindenbäumlein
wo der feind hat brünnlein graben,
wo die wässer freundlich lächeln ...
kehrt zurück vorm morgenstern,
dann zahlt euch der kaiser orden!

dort an jenem lindenbäumlein
ist ein brünnlein eingegraben –
und um seinen durst zu löschen
nimmt der tapfre paschah sein
kochgeschirrlein von dem sattel
trinkt sich satt am wässerlein!
ach, da kommen von zwei leitern,
aus dem lindenblätterkrönlein
von zwei langen himmelsleitern
schön wie elfenbein mit flügeln,
lilienblau in weißer seide,
traurigdunkle totenengel ...

traumumwölkt hinsinkt der paschah
sterbend in die sommergräslein ...
durch sein fernrohr siehts genau
frohgemut und stolz der hauptmann:
was ich hier beim brünnlein schau
ist strategisch ganz vortrefflich
und mein plus im türkenkriege ...
frühling, veilchen, nachtigall!
welch ein sieg der alchimie ...
und er läßt die scharfe optik
wohlzufrieden wieder sinken:

corporal, mein corporälchen,
schicke zwei von deinen leuten
hin zu jenem lindenbäumlein
um das leichlein zu verstecken
eh der nächste durstmann kommt

DREI MOHREN stehn im felde
und pflücken reis und tee,
doch auf der hazienda
schlürft ein tyrann café.

er schwitzt in weißem leinen
so manchen liebestraum,
und voll von ordenssternen
schwankt sein bananenbaum.

creolin auf veranda
mit fächer vor dem mund,
lacht ihr creolenlächeln
ins aug dem schweinehund.

der ara in den zweigen
kennt weder moll noch dur,
er lallt aus lila lunge
hinaus in die natur.

die mohren sind erschöpft
vom heißen sonnenbrand,
sie trinken kühlen branntwein,
den flachmann in der hand.

der obrist siehts, er wütet,
wirft tassen an die wand –
ein schreckensbarbarossa
aus portugiesenland.

da, plötzlich auf der mauer,
erscheint in blanker schrift:
kreuz mene tekel pharsin,
mann, im kaffee war gift!

der obrist sehr erbleichet,
noch blasser als die wand:
soll ich denn nimmer sehen
den heimatlichen strand?

die mohren hörns und kichern
in bittrem tee und reis;
im busch erklingt die trommel,
erzählt vom paradeis.

creolin geht zum geldschrank,
sie kennt das kosewort,
der taumelnde haziendero
verschließt sich im abort.

das hat ein ara gesungen,
rebellischer papagei,
sein buntes lied der arbeit
macht alle menschen frei.

---

ein volksfest mit lampionen
und bunten nasen dazu,
das raubte mir falschem hasen
das herze, den beutel, die ruh.

auf einem podiume
stand sie auf einem bein,
ich nahm es wahr mit minne:
das muß eine tänzerin sein!

die blonden stoppellocken,
sie schaukelten im schein
elekterischer lämpchen
zu der begeistrung mein.

sie war auch ohnegleichen,
erklomm gar hohe kunst,
von ihrem tangotanze
geriet mein blut in brunst.

so wars mit meinem verstande
nach kurzem schon geschehn,
ich bemerke das hier am rande
und nicht auf spitzen zehn.

ich warf den gelben strohhut
ins frühe abendrot,
rief vivat ferdinanda,
du bist mein laib, mein brot!

dies hörte ein akrobate
auf seinem schwanken seil
und naht' sich mir verwegen
mit einem scharfen beil.

ein zaubrer auch, ein zwerge,
ward meiner liebe gewahr,
der schuß aus seiner pistole
versengte mir das haar.

ein krokodillenbändger
erschien aus seinem zelt,
seine augen warn wie messer
aus einer andren welt.

so warf ich ör um öre
hinter mich bei meiner flucht,
den ihren lauf zu hemmen,
dem schrecken seine wucht.

    der eichbaum küßt die thuja,
    ein walroß singt am strand,
    ein beutel voller öre
    ist meiner liebe pfand.

ALDONZA, von gnomen gefangen,
eine löwin in engem turm,
die schuhe mit silbernen spangen,
die augen wie dunkeler sturm.

ein gnom bewacht alle leitern,
ein andrer verbirgt grad ein seil,
ein dritter entfernt alle weitern
geräte zum fluchtweg in eil.

ein vierter liegt lauernd auf posten,
ein fünfter ölt rasch sein gewehr,
ein sechster läßt schlüssel verrosten
und schärft seinen hölzernen speer.

der siebte jedoch ist bestochen,
sein herz ist ein napf voll verrat,
und er wird aldonza entführen,
wenn sternlose mitternacht naht.

die kaulquappen huschen im weiher,
die reiher beschließen den tag,
ein abendkomet schweift am himmel,
die sonne sinkt weit hinter prag.

der gnom mit dem roten zylinder,
der dort an der schloßpforte steht,
gedankenvoll zieht er die uhr auf,
die das gras der minuten mäht.

in texten liest man von zwergen,
manch ell in der läng sei ihr bart,
in iris, in phlox, in ranunkel
zischt wieder und hin ihre art.

allein noch nicht tönt die stunde,
vor dem spiegel aldonza sich dreht,
sie lauscht den schritten auf kiesgrund,
weiß nicht, wer da drunten nun geht.

den bahndamm entlang zirpen grillen,
im tunnel verschwindet der zug,
die funken verlöschen im nebel,
der brunnen kommt zögernd zum krug.

Ernst Jandl
geb. 1925

die sieben schwaben

es war ein mann in schwaben.
der legte sich eine familie an.
der wollte einen knaben.
sieben waren es dann.

schulz hat eine feine haut gehabt
zu fein für einen knaben.
jackel war ein springinsfeld
wollte das blau vom himmel haben.

martin wollte auf reisen gehn
der jergel hat gern gelacht.
der michel sah die sterne an.
der hans hat nachgedacht.

dem veit, weil er der jüngste war
tat keiner etwas recht.
er trug die kleider der andern aus
und das gefiel ihm schlecht.

die kamen nach einander
einer in jedem jahr
und glichen halb dem vater
und halb der mutter aufs haar.

oft hatt der mann die stirn naß.
das war die angst vor morgen.
er mußte sich sein heut
bei fremden leuten borgen.

der erste der hieß schulz.
der war bald siebzehn jahr.
da ging eine trommel durch schwaben.
die trommelte sieben jahr.

noch drehte der vater am schnurrbart
noch kämmt die mutter ihr haar
und strich dem knaben die wange
die ganz glatt war.

da hörten sie ein brummen.
das war wie hornissengebrumm.
da schauten sie aus dem fenster.
da ging der trommler um.

da ging der trommler ins haus
und sagte laut zum mann:
einer kommt heraus.
da sahen sie sich an.

da hat der schulz seine siebzehn jahr
auf den tisch gezählt, vater, geh du voran.
ich bin erst siebzehn jahr auf der welt.
ich komm als nächster dran.

da setzt der vater den hut auf.
da zog ihn die mutter ins eck.
da las sie dann manchmal seine schrift
und wusch sie mit tränen weg.

o gott, ich hör eine trommel.
die luft ist rauchig und dick.
o gott, es schmeckt meine zunge
nach pulver und zündstrick.

da kam der trommler wieder
sah in jedes haus hinein.
der vater muß immer der erste sein.
ihm gebührt die ehr allein.

ich erdulds nicht, mutter, siebzehn jahr!
ihre knie umklammert schulz.
da riß ihn der trommler auf am haar.
und die mutter sprach: dulds.

er hat eine feine haut gehabt.
zu fein für einen knaben.
die war wie verbrannte kartoffelhaut
wie sie ihn gefunden haben.

da kam der trommler wieder
sah in jedes haus hinein.
der schulz muß immer der erste sein.
ihm gebührt die ehr allein.

da hat der martin seine siebzehn jahr
auf den tisch gezählt. jackel, geh du voran.
ich bin erst siebzehn jahr auf der welt.
ich komm als nächster dran.

der jackel hat der mutter auf die schulter geklopft.
sei stolz auf deinen knaben.
der jackel war ein springinsfeld.
wollte das blau vom himmel haben.

er sprang so weit wie der rechen lag.
der hatte eiserne zacken.
die rissen ihn in der luft entzwei
und täten ihn zerhacken.

der jackel muß immer der erste sein.
ihm gebührt die ehr allein.
mutter, jetzt will ich auf reisen gehn.
die welt muß groß sein.

der martin ging bis ans wasser
drüber nicht brücken sind.
da war die welt am ende.
da stand noch ein kind.

man muß in schiffen fahren
wo keine brücken sind.
weil sie des unbericht waren
fragten sie das kind.

das kind sagt: ihr müßt waten.
da stiegen sie in das wasser hinein.
da sanken tief in den schlamm ein
und ertranken alle soldaten.

o gott, ich hör eine trommel.
die luft ist rauchig und dick.
o gott, es schmeckt meine zunge
nach pulver und zündstrick.

da kam der trommler wieder
sah in jedes haus hinein.
der martin muß immer der erste sein.
ihm gebührt die ehr allein.

da ward der jergel herausgeholt
mitten in der nacht.
den haben alle gern gemocht.
er hat so gut gelacht.

der hat drei monat auf einem schiff
auf irgendwas gewacht.
als der torpedo durchs wasser pfiff
hat er noch gelacht.

es bekam eine mutter in schwaben
viele brief mit schwarzem rand.
die las sie mit ihren drei knaben.
keiner hatt des vaters hand.

da kam der trommler wieder
und suchte tapfere leut.
er ging in jedes haus und rief:
so zieht denn herzhaft in den streit.

da sah der michel die sterne an
bei einer flakbatterie.
er hatte ein großes eisenrohr
das in den himmel spie.

da schickte der himmel hasen aus
die hatten augen aus glas.
die fraßen die ganze flakbatterie
wie ein paar büschel gras.

da kam der trommler wieder
sah in jedes haus hinein.
da kamen auch stimmen die fragten:
wer darf so trommler sein?

der trommler schrie: den spieß faßt an
stoßt zu in aller schwaben nam
und wer den spieß nicht halten kann
mög, wünsch ich, werden lahm!

der hans hat nachgedacht:
der teufel hat gut schwätzen.
uns frißt der drache nacht für nacht.
er ist der letzt beim drachenhetzen!

dem hans hat das denken zu gut geschmeckt.
der kam ins konzentrationslager.
da war der tisch mit blut gedeckt.
da ward er bald sehr mager.

da mußt er marschieren, da fiel er um.
da erschoß ihn einer aus gnade.
da bekam der schütze drei tag arrest.
es war um die kugel schade.

o gott, noch immer die trommel.
die luft ist rauchig und dick.
o gott, verbrenn das pulver
und verbrenn den zündstrick!

es war eine mutter in schwaben
die hatt noch einen sohn.
weil sie den ihr nehmen möchten
ging sie ganz davon.

da hat sich veit, der der jüngste war
zum aufbruch fertig gemacht.
eine kiste knabenkleider
hat er lang betracht.

da wurde die trommel leiser
die durch schwaben ging sieben jahr.
da hielt er ganz fest in den händen
seine siebzehn jahr.

da war zuletzt noch ein brummen
im baum wie hornissengebrumm.
da schaut er aus dem fenster.
da ging kein trommler um.

es lebt ein mann in schwaben.
der hat es zu einer familie gebracht.
der hat einen knaben im arm und lacht.
bald will er sieben haben.

oft hat der mann die stirn naß.
das ist sein schweiß für morgen.
er will nicht mehr sein heut
bei fremden leuten borgen.

besuch von auswärts

1
die karte kommt ins haus.
aus england kommt besuch.

der möchte sehn die stadt.
wohl dem der jetzt noch heimat hat.

ich gehe ins hotel.
ein zimmer steht bereit.

die frau will wissen was es ist.
ich sage daß es mich allein betrifft.

2
sie kommt am bahnhof an
und schüttelt mir die hand.

ich führ sie ins hotel.
dann laß ich sie allein.

der frau sag ich bei tisch:
ich komm jetzt öfters nicht.

die frau wird garnicht fahl.
sie ist gewöhnt an dieses jammertal.

3
ich schenk dem englandmädchen ein.
dem englandmädchen schmeckt der wein.

sie fragt mich wie es geht.
ich frag sie wie es geht.

sie fragt mich nach zuhaus.
ich sag ich zieh bald aus.

sie wüßte gern warum.
ich sag: aus diesem und aus jenem jedem grund.

dem englandmädchen schmeckt der wein.
ich schenk dem englandmädchen ein.

sie fragt mich ob es stimmt
daß schon die uhr die bahn auf zwölfe nimmt.

ich sage daß dies sei.
sie sagt die zeit sei wirklich einerlei.

ich sage daß mich dieses freu
und ob sie nicht für diese nacht zu haben sei.

sie sagt: ich will nur einen mann
den ich für alle zeit behalten kann.

sie weist dabei auf ihre königin;
die sei ein vorbild jeder landsmännin.

ich frag nicht weiter, schenk mir ein.
jetzt schmeckt er mir, jetzt schmeckt er mir, der wein.

4
ich bring sie auf die bahn.
sie gibt mir dank und gruß.

ich nehme ihren gruß
den dank weis ich zurück.

der zug macht einen ruck.
steig ein, er fährt gleich fort.

sie wirft um mich die arm
wie einst an jenem englandort.

5
dann bin ich wieder dort
wohin ich nicht gehör.

die frau schaut bitter auf
und bittet um gehör.

demütig hör ich hin
vernehme wort um wort

und höre wie ein zug
nach fernem england rollt.

der gang zur stadt

entlang der straße ging
die mutter mit dem kind.

ein mann im auto ritt
und bot, er nähm sie mit.

die mutter nahm nicht an.
sie käm zu fuß voran.

dann sprach sie wie zum kind:
bald in der stadt wir sind.

ein posten trat hervor.
dahinter stand ein tor.

sie könnte da hinein,
mit ihm beisammen sein.

die mutter lehnte ab,
indem sie keine antwort gab.

dann sprach sie wie zum kind:
bald in der stadt wir sind.

ein herr von geistesstand
stand auf am wegesrand.

zum segen sei nicht weit.
die mutter sprach: verzeiht.

der herr sah lang noch nach.
das land war leer und flach.

die mutter wie zum kind
sprach: bald am ziel wir sind.

dann nahm die stadt sie auf
und hemmte ihren lauf.

beim gang durchs strenge tor
nahm sie sich etwas vor.

sie fand ihn gleich heraus.
er sah erstaunt besuch im handelshaus.

sie blieben voreinander stehn.
er wußte nichts – ihr war nichts anzusehn.

Walter Höllerer
geb. 1922

Abendschau

ein Silberhaar
das borstig war
auf einem dunklen Kragen
die Abendschau:
Gefahr! Gefahr!
der Mixer an
der Abendbar
das Auge aufgeschlagen
auf einen Wink
die Dame flink

kommt der Natur entgegen
Natur Natur
ist überall   nur
braucht sie noch einen Segen:
        da gehn wir hin da gehn wir hin da gehn wir hin
        da gehn wir rin da gehn wir rin da gehn wir rin
        dahin! dahin!
    wo die Maus im Speck sitzt
    wo der Schmuck an Deck blitzt
    wo die Laus im Pelz sitzt
    wo das große Geld sitzt
        dahin! dahin!
    wo der große Star ist
    wo das Märchen wahr ist
    wo der Komponist sitzt
    und als Kommunist blitzt
        dahin! dahin!
        dahin! dahin! dahin!
        da gehn wir rin da gehn wir rin da gehn wir rin!
    sein graues Haar
    das borstig war
    auf seinem dunklen Kragen
    die Abendschau
    Gefahr! Gefahr!
    den Schädel eingeschlagen
        dahin! dahin!
        Jeanette! Jeanette!
            was er einst befohlen hat
            wie er jetzt amtiert
            wen er einst bestohlen hat
            wen er heute schmiert
                ach Jeanette ach Jeanette
    gehst du mit dem Mann ins Bett
    neuer Lebenswandel
    neuer Waffenhandel
    wo das große Geld sitzt
    wo die Laus im Pelz sitzt
    ach Jeanette ach Jeanette
    gehst du mit dem Mann ins Bett
    schmeckt nach was?
    schmeckt nach Dreck
    und nach gelbem Rinderfett

Kinderlied   für Florian   gegen Wut zu singen

auf der Bank
sitzt ein Pfau
kommt die Frau
malt ihn blau

sagt der Pfau
liebe Frau
ich bin lieber
rot als blau

kommt ein Kammer-
jäger her
gibt dem Pfau
ein Gewehr

wird der Pfau
puterrot
schießt den Kammer-
jäger tot

fährt der Pfau
in einem Boot
wird der Wannsee
purpurrot

kriegt der Pfau
einen Schreck
springt von Deck
und ist weg

Herbert Asmodi
geb. 1923

Andenken

Ich denk meiner böhmischen Mutter.
Ich bin ein halber Böhm.
Aber in Bayern hab ich die Butter.
Das ist mir angenehm.

An der Moldau ging sie spazieren.
In Prag, da hat sie gelernt.
Und die Brücken, die überführen,
Die waren ihr immer besternt.

Sie kannte der Heiligen Namen.
Sie sprach sie zärtlich und weich.
Sie sprach von den adligen Damen
Und vom Heiligen Römischen Reich.

Sie sprach von des Bieres Güte
Und von Mauersegler und Möw
Und von der Holunderblüte
Und vom großen Rabbi Löw.

Sie lobte die böhmischen Kirschen
Und der Leute Festtagsgeprass
Und den Gasthof zum Goldenen Hirschen
In der pflastrigen Waldsteingass.

Sie wollte nur böhmisch kochen.
Sie kochte sich weit zurück.
Und hat sie von Prag gesprochen,
So wars wie von Gottes Glück.

Ließ ich den Smetana laufen
Und rauschte die Moldau durchs Haus,
So stand sie, sich zu verschnaufen,
Und die Tränen schossen heraus.

Ein Schwabe wollte sie haben.
Der hat sie dann auch gefreit.
Unter Schwaben liegt sie begraben
Schon eine lange Zeit.

Sie hat nie wiedergesehen
Wenzelsplatz und Hradschin
Und wo die Heiligen stehen
Und die Weiber im Weihrauch knien.

Manchmal in meinen Träumen
Geistert Sankt Nepomuk.
Doch zwischen Holunderbäumen
Popelt ein Politruk.

In Bayern hab ich die Butter.
Und kein Großer Bruder wacht.
Aber manchmal mit meiner Mutter
Flieg ich durch Prag bei Nacht.

Wolfgang Bächler
geb. 1925

*Ballade von
den schlaflosen Nächten*

Die Straßen der Schlaflosigkeit
sind von Vogelaugen erhellt.
Von Simsen und Bäumen regnen
die Katzen. Sie fressen das Licht.
Der Vorhang ist aus Insekten gewebt.
Fallend trennt er die Bilder.
Ein Hund springt mich an.
Das Wasser im Graben ist tief
und Kühe starren mir dunkel nach.
Die Mühlenflügel prügeln die Wolken.
Ein Rappe schlägt Feuer aus dem Asphalt.
Die Hähne fliegen hinein.
Hähne hacken nach meinen Augen.
Der Himmel hängt voller Bienen.

Auf den Straßen der Schlaflosigkeit
fliegen Pfeile und Kiesel,
ballen sich Fäuste,
spannen sich Schleudern.
Winnetou rupft das Gefieder der Krähe.
Am Marterpfahl schreit mein Bruder.
Sein bleiches Gesicht wird grün.

Gelächter schneidet ins Fleisch.
Schwarzgrau zuckt das Muster der Otter.
Die Hecke hat blutige Dornen
und an der Kreuzung wartet der Lehrer,
blaß, des Vaters Stock in der Hand.

Auf die Straßen der Schlaflosigkeit
paukt der Marschtritt der Braunen.
Fanfaren röhren und Trommeln bellen.
Die Riemen peitschen auf Arbeiterrücken.
Das Kreuz hat blutige Haken.
Im Hinterhof schreit ein Jude.
Sein bleiches Gesicht wird grün.
Silbergrau zuckt das Muster
der Runen im schwarzen Tuch.
Ein Schuß schlägt Feuer aus dem Asphalt
Menschen stürzen hinein,
Steine fliegen, Fenster zersplittern,
der Tempel brennt.
Die Vorhänge sind zerrissen.

Auf den Straßen der Schlaflosigkeit
zertreten Stiefel die Puppen,
zermalmen Panzer die Marmeln.
Der Mond wankt im Wind der Sirenen.
Die Sterne haben Motoren.
Sie stürzen durch heulende Wolken.
Die Blumentöpfe zerscherben.
Sandburgen und Kartenhäuser
fallen in rauchende Krater
und in den Kellern weinen die Mütter.
Die Brände löschen den Mond.

An den Straßen der Schlaflosigkeit
wachsen Kasernen, die Tore sind offen.
Menschen marschieren hinein,
Würmer kriechen heraus.
Im Schlachthof brüllen die Stiere.
Ein Hund springt mich an.
Die Hecke hat Stacheldrahtdornen.
Pistolenpupillen starren mir nach.
Silbergrau zuckt das Muster der Ottern.
Das Wasser im Graben ist tief.
Tragbahren schwanken vorüber,
Leichen poltern hinab.
Das Wasser steigt an den Hals.
Hähne hacken nach meinen Augen.
Der Himmel hängt voller Wespen.

Die Straßen der Schlaflosigkeit
kreuzt die Allee der Gehenkten,
wo einer mit weißem Handschuh winkt,
ein eisernes Kreuz auf der Brust,

über dem Hals ein Schatten,
über dem Schatten ein Helm.
Seine Sterne stechen,
sein Rappe schlägt aus,
seine Krähen hacken ins Fleisch,
seine Katzen fressen die Krähen.
Blüten fallen ins Blut.
Die Leiber fallen, die Blätter.
Nur das Röcheln bleibt
in den Ästen hängen,
im Frühling, im Herbst.
Das Röcheln erstickt kein Winter.

Auf den Straßen der Schlaflosigkeit
schießen Pilze empor,
ziehen die Raupen und Schneckenheere,
wächst hörbar das geile Gras.
Eine Frau in Schwarz
peitscht Disteln und Rosen
mit Vaters Stock.
Das Gesicht ist verschleiert,
der Schleier zerrissen.
Aus schwarzem Tuch
zuckt die weiße Hand,
köpft die roten Rosen.
Die Mühlenflügel prügeln die Wolken,
wirbeln den Staub
über Felder voll Mohn.

Auf den Straßen der Schlaflosigkeit
begegnest mir du.
Dein Haar fällt hell in das Dunkel.
Im Dickicht der Wachträume
hängt dein Mantel, dein Kleid.
Voll fragender Ängste
senkt sich dein Blick
auf die knochigen Schultern,
die kindlichen Brüste,
die weißen Bögen über den Beinen.
Dein Lächeln zieht zitternde Kreise
wie Wasser, in das ein Stein flog.

Hähne hacken nach meinen Augen.
Schwarzgrau zuckt das Muster der Otter.
Katzen trinken die Vogelpupillen.
Die Sterne sind Bienen, sind Wespen.
Ein Rappe schlägt Feuer,
Gelächter schneidet ins Fleisch.
An der Kreuzung wartet der Vater,
wartet der Lehrer, der Schutzmann,
der Hauptmann, der Führer, der Chef
und hinter dem Vorhang aus Insekten
die rosenköpfende Frau in Schwarz.

Panzer zermalmen die Marmeln.
Sandburgen stürzen in Krater,
das Wasser steigt an den Hals,
in die Keller. Pilze schießen
ins Licht. Ein bleiches Gesicht
wird grün. Die Dornen, die Krähen
hacken ins Fleisch. Das Röcheln
bleibt an den Bäumen hängen.
Steine zersplittern,
der Tempel brennt,
die Gräber sind offen,
der Fels und der Vorhang zerrissen.

Die wartende Frau

Es waren wieder nur Regensträhnen,
die der Wind ihr entgegenwarf.
Auch Weinlaub kam zum Fenster herein,
ein rotes Pferd ohne Reiter vorbei.
Es rieb seine Mähne am Vorhang,
blähte die schäumenden Nüstern.
Sie brachte ihm Zuckerstücke.

Der Tisch war schon lange gedeckt.
An ihrem Schweigen zerbrach ein Glas.
Sie las die Scherben nicht auf,
sie rührte den Schinken nicht an
und die Flasche nicht, die entkorkt war.
Sie stellte die Uhr zwei Stunden zurück.

Die untergehende Sonne durchschnitt
noch einmal die Wolken, den Brotlaib.
Das Licht lag zerstückelt in Regenlachen.
Vom Flügel des Windes gestreift
stand sie auf und hob vom Teppich
die feuchten Weinlaubblätter.

Da hielt ein Wagen, die Schritte fielen
fremd auf den Kies und verhallten
in ihrer abgekühlten Erwartung.
Sie stellte die Uhr wieder vor
und schenkte ihm reinen Wein ein.
Doch sie las die Scherben nicht auf.

Arnim Juhre
geb. 1925

Die Ballade danach

Schwarzer Rauch hängt bis zur Erde,
riecht nach verbranntem Vaterland.
Ich sehe, wie der Mond
durch einen Wald geht und sich blutig stößt
an splitterspitzen Kiefernstämmen,
an Bäumen vorbei ohne Kronen.
Ich gehe näher zu ihm hin,
stehe bis zu den Knöcheln im Mond
und rede mit ihm:

Du hast seit Jahren und Wochen
mit unseren dunklen Häusern gesprochen,
bist durch trübe Fenster gestiegen,
sahest Greise in dürftigen Betten liegen,
Menschen wie Tote vom Leben ausruhen.
Und auch vor mir hattest du stillgestanden,
hattest dich im Lindenbaum verfangen,
unter dem ich nachts,
spätsommernachts mit meiner Freundin lag.
Mond, Mond, ich schwöre dir,
wir hatten nicht gelogen.
Aber Mond, es ist wahr, jetzt sind wir tot.
Sie war siebzehn und ich zwanzig.
Jetzt schlummern wir in nassen Kellern,
zugedeckt mit Trümmerfeldern,
erschlagen von hundert fröhlichen Jungen,
die in deinem Silberlicht
unsere Stadt anflogen,
die mit feinen Apparaten zielten
und mit Bomben wie mit Bällen spielten.

Wir wollen mit dir nicht streiten, Mond.
Hab Dank, daß du durch unsere Straßen gehst
und auch vor unserm Keller stehst
und mit fahlen Fäden Licht
uns aus der Folterkammer ziehst.

Josephslegende

Joseph floh aus Budapest,
ihm träumte von Kindermord,
Straßenkämpfen und Verfolgung.
Obwohl die Grenze schon vermint war,
floh er nach Westen mit seinem Weib;
denn das war schwanger.

Ein anderer Joseph sprang in ein Boot,
stieß ab von Port Said,
ruderte und sprach zu seinem Weib:
Die Herren der Welt
streiten um einen schmalen Arm Wasser.
Und in der Ferne grollte Schiffsartillerie.

In Kairo und einem Dorf in Österreich
kamen Knaben zur Welt am Heiligabend.
Kein Stern stand über dem Notquartier,
und die Hirten auf den Feldern der Welt
sahen Heerscharen,
die irdisch waren.

Und Gott sprach zu Joseph
in Kairo und Österreich:
Fürchte dich nicht.
Ich sehe, daß du in der Fremde weilst.
Sieh, ich bin auch in der Fremde.

Heinz Piontek
geb. 1925

Die Verstreuten

Wir haben Wind unter den Sohlen.
Wir haben Wind im Nacken.

Des Nachbarn Stimme fing sich in Netzen Schnees.
Da stopften wir Silber und Brot in die Säcke, entriegelten
    die Tür
Als die Nacht anhub zu flackern, liefen wir waffenlos zu den
    Ställen
und hinaus auf Straßen von wandernden Ratten.

Zerstoßenes Blech und Kälte: das Land der Geschlagenen.
Wir fuhren im Schritt. Ein Mädchen kam nieder
zwischen den Speichen. Ein Blinder stolperte hinter Leuten
an einem Strick, und er schrie durch den Schneefall: Wo sind
    wir?

Wir müssen vor den Kreuzungen warten.
Wir besitzen keine Dokumente.

Mancher starb kauernd – im Hader über seine verendeten
    Pferde,
mancher streckte sich unter Planen, schweigsam für immer.
Und als wir einzeln eine getroffene Brücke passierten,
waren viele im Eis zu sehen, grün und wie schwebend.

Der Himmel ein Sieb, und hinter den Karawanen
aus Leiterwagen und Kutschen wurde es still,
ein zugiger Horizont blieb zurück, auf dem wir biwakiert,
der Schläfer, froststarr, der die Verfolgung nicht mehr
    fürchtete.

Wir dürfen kein Feuer machen.
Wir dürfen den Zug ohne Erlaubnis nicht verlassen.

Man rief mich: „Erzähle! Wir wissen zu wenig von jenen,
die im April eines frommen Jahrhunderts sich aufgemacht
    hatten,
um ihre Reiche – zwölfhundert Ruten Wildnis – zu roden,
vom Mehl der Gebeine auf unseren Friedhöfen erzähle!"

Ich sagte zu ihnen: Es war ein Volk, das auszog
nach dem gelobten Land und es nicht fand und verdarb. –
„Narr, sie erreichten es – süß und barbarisch zwischen
    Wasserbächen!
Wir aber müssen nun unsre frühere Heimat erkunden."

Wir beugen die Rücken unter leichte Lasten.
Wir nähren uns von Schnee und Vögeln.

Unsere Scharen lichteten sich und warfen nur dünne
    Schatten.
Einer verlor den andern. Der Osten – wie eine feurige Sage –
ging hinter Armeen zugrunde. Jammer war er
und Aschenflug über der Öde und dunkel wie einst.

Doch holte uns ein, der einen Knaben führte: ein übermüdeter
    Mann,
sein Waffenrock war von Sommern versengt,
und er trug einen Alten, den schlaffen Vater, auf beiden
    Schultern.
Da wurde es Tag vor unseren Augen mit rosenblättrigem
    Licht.

Wir werden zu einer festen Stadt kommen im Wind.
Wir werden Frieden finden auf Felsen.

Ingeborg Bachmann
1926–1973

Das Spiel ist aus

Mein lieber Bruder, wann bauen wir uns ein Floß
und fahren den Himmel hinunter?
Mein lieber Bruder, bald ist die Fracht zu groß
und wir gehen unter.

Mein lieber Bruder, wir zeichnen aufs Papier
viele Länder und Schienen.
Gib acht, vor den schwarzen Linien hier
fliegst du hoch mit den Minen.

Mein lieber Bruder, dann will ich an den Pfahl
gebunden sein und schreien.
Doch du reitest schon aus dem Totental
und wir fliehen zu zweien.

Wach im Zigeunerlager und wach im Wüstenzelt,
es rinnt uns der Sand aus den Haaren,
dein und mein Alter und das Alter der Welt
mißt man nicht mit den Jahren.

Laß dich von listigen Raben, von klebriger Spinnenhand
und der Feder im Strauch nicht betrügen,
iß und trink auch nicht im Schlaraffenland,
es schäumt Schein in den Pfannen und Krügen.

Nur wer an der goldenen Brücke für die Karfunkelfee
das Wort noch weiß, hat gewonnen.
Ich muß dir sagen, es ist mit dem letzten Schnee
im Garten zerronnen.

Von vielen, vielen Steinen sind unsre Füße so wund.
Einer heilt. Mit dem wollen wir springen,
bis der Kinderkönig, mit dem Schlüssel zu seinem Reich im Mund,
uns holt, und wir werden singen:

Es ist eine schöne Zeit, wenn der Dattelkern keimt!
Jeder, der fällt, hat Flügel.
Roter Fingerhut ist's, der den Armen das Leichentuch säumt,
und dein Herzblatt sinkt auf mein Siegel.

Wir müssen schlafen gehn, Liebster, das Spiel ist aus.
Auf Zehenspitzen. Die weißen Hemden bauschen.
Vater und Mutter sagen, es geistert im Haus,
wenn wir den Atem tauschen.

Christa Reinig
geb. 1926

Der henker

Er hat den kragen freigemacht
und stellt sich selbst auf das gerüst
sein wächter hat ihm schnaps gebracht
weil er sonst nichts zu wünschen wüßt

und der gehilfe legt den strick
dem meister sorgsam um den hals
und knotet ihn mit viel geschick
der meister sagt ihm allenfalls:

sieh zu daß du mich gut vertrittst
und achte – eh du dich entfernt hast
daß mir der knoten richtig sitzt
und zeig was du gelernt hast

Die prüfung des lächlers

Für meine mutter
die dem lächler das haupt gehalten hat

Als ihm die luft wegblieb hat er gelächelt
da hat sein feind ihm kühlung zugefächelt
er lächelte als er zu eis gefror
der feind rückt ihm die bank ans ofenrohr

er lächelte auch als man ihn bespuckte
und als er brei aus kuhmist schluckte
er lächelte als man ihn fester schnürte
und er am hals die klinge spürte

doch als man ihm nach einem wuchtigen tritt
die lippen rundum von den zähnen schnitt
sah man ihn an – erst ratlos dann erstarrt
wie er im lächeln unentwegt verharrt

Die ballade vom blutigen Bomme

Hochverehrtes publikum
werft uns nicht die bude um
wenn wir albernes berichten
denn die albernsten geschichten
macht der liebe gott persönlich
ich verbleibe ganz gewöhnlich
wenn ich auf den tod von Bomme
meinem freund zu sprechen komme

möge Ihnen nie geschehn
was Sie hier in bildern sehn

Zur beweisaufnahme hatte
man die blutige krawatte
keine spur mehr von der beute
auf dem flur sogar die leute
horchen was nach außen dringt
denn der angeklagte bringt
das gericht zum männchenmachen
und das publikum zum lachen

seht die herren vom gericht
schätzt man offensichtlich nicht

Eisentür und eisenbett
dicht daneben das klosett
und der wärter freut sich sehr
kennt den mann von früher her
Bomme fühlt sich gleich zu haus
ruht von seiner arbeit aus
auch ein reicher mann hat ruh
hält den sarg von innen zu

jetzt geht Bomme dieser mann
und sein reichtum nichts mehr an

Sagt der wärter: grüß dich mann
laß dirs gut gehn – denk daran
wärter sieht auch mal vorbei
mach mir keine schererei
essen kriegst du nicht zu knapp
Bomme denn dein kopf muß ab
Bomme ist schon sehr gespannt
und malt männchen an die wand

nein hier hilft kein daumenfalten
Bomme muß den kopf hinhalten

Bomme ist noch nicht bereit
für abendmahl und ewigkeit
kommt der pastor und erzählt
wie sich ein verdammter quält
wie er große tränen weint
und sich wälzet – Bomme meint:
das ist alles intressant
und mir irgendwie bekannt

denn was weiß ein frommer christ
wie dem mann zumute ist

Auf dem hof wird holz gehauen
Bomme hilft das fallbeil bauen
und er läßt sich dabei zeit
schließlich ist es doch soweit
daß es hoch und heilig ragt
Bomme sieht es an und sagt:
das ist schärfer als faschismus
und probiert den mechanismus

wenn die schwere klinge fällt
spürt er daß sie recht behält

Aufstehn kurz vor morgengrauen
das schlägt Bomme ins verdauen
und da friert er – reibt die hände
konzentriert sich auf das ende
möchte gar nicht so sehr beten
lieber schnell aufs klo austreten
doch dann denkt er: einerlei
das geht sowieso vorbei

von zwei peinlichen verfahren
kann er eins am andern sparen

Wäre mutter noch am leben
würde es auch tränen geben

aber so bleibt alles sachlich
Bomme wird ganz amtlich-fachlich
ausgestrichen aus der liste
und gelegt in eine kiste
nur ein sträfling seufzt dazwischen
denn er muß das blut aufwischen

bitte herrschaften verzeiht
solche unanständigkeit

Doch wer meint das stück war gut
legt ein groschen in den hut

Des Dichters Geist

sie zogen blank, den erdball zu verbessern
   da stieg aus qualm ein geisterhaupt
      das tabakspfeifen spie
  der dichter hielt sich festgepackt am haar
    und schrie:
gespenst, hilf mir! sie wolln mich nieder-
    messern

der geist enträtselt ein rezept aus teufels küche
  bebrillte sich und braute tintigen absud
    aus schweiß und spucke und aus schaum
      der wut
  rührt galle ein und rotz und zischt
    steinträgerflüche

mit einem sargnagel gerostet im novemberregen
  gräbt er dem dichter wort für wort rot in
    die stirn
  dann schwebt er ab, ein schlapper faden
    zwirn
  der dichter hält dem feind die stirn entgegen

Günter Grass
geb. 1927

Die Ballade
von der schwarzen Wolke

Im Sand,
den die Maurer gelassen hatten,
brütete eine Henne.

Von links,
von dort kam auch immer die Eisenbahn,
zog auf eine schwarze Wolke.

Makellos war die Henne
und hatte fleißig vom Kalk gegessen,
den gleichfalls die Maurer gelassen hatten.

Die Wolke aber nährte sich selber,
ging von sich aus
und blieb dennoch geballt.

Ernst und behutsam
ist das Verhältnis
zwischen der Henne und ihren Eiern.

Als die schwarze Wolke
über der makellosen Henne stand,
verhielt sie, wie Wolken verhalten.

Doch es verhielt auch die Henne,
wie Hennen verhalten,
wenn über ihnen Wolken verhalten.

Dieses Verhältnis aber
bemerkte ich,
der ich hinter dem Schuppen der Maurer stand.

Nein, fuhr kein Blitz
aus der Wolke
und reichte der Henne die Hand.

Kein Habicht nicht,
der aus der Wolke
in makellosen Federn fiel.

Von links nach rechts,
wie es die Eisenbahn tat,
zog hin die Wolke, verkleinerte sich.

Und niemand wird jemals gewiß sein,
was jenen vier Eiern
unter der Henne, unter der Wolke,

im Sand der Maurer geschah.

Inventar
oder die Ballade von der
zerbrochenen Vase

Wir wollen uns wieder vertragen,
das Bett zum Abschied zerschlagen;
du hast zwar die Vase zerbrochen,
doch ich hab zuerst dran gerochen –
so kommt unser Glück in die Wochen.

Vom Fenstersims rollen die Augen,
ein Buch zerfällt im Spagat;
von Seite zu Seite böser
verlangen die Brillengläser
Andacht und sündige Leser.

Der Schrank springt auf und erbricht
die Hüte, erwürgte Krawatten,
die Hemden, wechselnde Haut,
auch Hosen mit brauchbarem Schlitz;
ein Bein ist des anderen Witz.

Das Bild will zurück in die Heide,
die Ansichtspostkarte nach Rom,
der Koks möchte schwarz sein nicht rot;
im Ofenrohr krümmt sich der Tod,
weil ihm der Erstickungstod droht.

Wer Zähne putzt, kann nicht beichten,
wer beichtet, riecht aus dem Mund
und hält die Hand vor, spricht leise:
Das Streichholz war meine Idee,
auch nehme ich Zucker zum Tee.

Der Tisch, nun zur Ruhe gekommen,
vier Stühle treten sich tot,
die Flasche schnappt nach dem Korken,
der Korken hält dicht und hält still;
ein Korken macht was er will.

Der Montag kommt wie die Regel:
des Sonntags peinlicher Rest
in alte Zeitung gewickelt;
wir trugen das Päckchen nach Hause,
ein jeder des anderen Pause.

Jetzt wollen wir alles verkaufen,
das Haus mit Inventar,
den Schall der süßen Nachtigall
aus gelben Tapeten befreien,
dem Schrank seinen Inhalt verzeihen.

Wir haben uns wieder vertragen,
das Bett zum Abschied zerschlagen;
du hast zwar die Vase zerbrochen,
doch ich hab zuerst dran gerochen –
so kam unser Glück in die Wochen.

Racine läßt sein Wappen ändern

Ein heraldischer Schwan
und eine heraldische Ratte
bilden – oben der Schwan,
darunter die Ratte –
das Wappen des Herrn Racine.

Oft sinnt Racine
über dem Wappen und lächelt,
als wüßte er Antwort,
wenn Freunde nach seinem Schwan fragen
aber die Ratte meinen.

Es steht Racine
einem Teich daneben
und ist auf Verse aus,
die er kühl und gemessen
mittels Mondlicht und Wasserspiegel verfertigen kann.

Schwäne schlafen
dort wo es seicht ist,
und Racine begreift jenen Teil seines Wappens,
welcher weiß ist
und der Schönheit als Kopfkissen dient.

Es schläft aber die Ratte nicht,
ist eine Wasserratte
und nagt, wie Wasserratten es tun,
von unten mit Zähnen
den schlafenden Schwan an.

Auf schreit der Schwan,
das Wasser reißt,
Mondlicht verarmt und Racine beschließt,
nach Hause zu gehen,
sein Wappen zu ändern.

Fort streicht er die heraldische Ratte.
Die aber hört nicht auf, seinem Wappen zu fehlen.
Weiß stumm und rattenlos
wird der Schwan seinen Einsatz verschlafen –
Racine entsagt dem Theater.

Adornos Zunge

Er saß in dem geheizten Zimmer
Adorno mit der schönen Zunge
und spielte mit der schönen Zunge.

Da kamen Metzger über Treppen,
die stiegen regelmäßig Treppen,
und immer näher kamen Metzger.

Es nahm Adorno seinen runden
geputzten runden Taschenspiegel
und spiegelte die schöne Zunge.

Die Metzger aber klopften nicht.
Sie öffneten mit ihren Messern
Adornos Tür und klopften nicht.

Grad war Adorno ganz alleine,
mit seiner Zunge ganz alleine;
es lauerte auf's Wort, Papier.

Als Metzger über Treppenstufen
das Haus verließen, trugen sie
die schöne Zunge in ihr Haus.

Viel später, als Adornos Zunge
verschnitten, kam belegte Zunge,
verlangte nach der schönen Zunge, –

zu spät.

Günter Bruno Fuchs
1928–1977

Ballade vom Warten

Einer sagte: O ja.
Und er käme zu ihr.
Die Mondschaukel neigte sich lange.
Zehn mal zehn.

Sie konnte fast die großen
Krater erkennen.
Und auch als der Lampion rund war,
kam er nicht.

Noch immer die Nase plattgedrückt
am Fenster,
sah sie vom Turmdach
den blechernen Hahn stürzen.

Und sie hörte ihn schreien im Schnee.
Zehn mal zehn.

Veteranenlied

Ach, sehn' se, das war so: Ich hab vorhin den Tag getroffen,
der nahm mich untern Arm und ließ ma nich mehr los,
und weil er keenen Sechser hatte, ich zehn Groschen bloß,
da hab ich die Medallje abgelegt, die ham wa denn versoffen.

O ja, das Ding aus Silber brachte Bier und Fusel ein,
so langsam fiel der Tag aus allen Wolken in die Knie.
Und als der Abend kam, da reckte er sich hoch und schrie:
Nee, ich bleib hier! die Nacht soll uns gestohlen sein!

Sie ahnen schon, das ging natürlich schief,
denn ganz auf einmal war der Mond zu sehn.
Der warf den Tag sich übers Kreuz und ließ mich stehn,
und was vorhin noch Tag gewesen, schnarchte nur und schlief.

Jetzt reit ich um die Nacht auf Müllers Kuh.
Ein Kerl (wie Müllers Esel) hat mich überrannt:
Wo die Medallje sei? Und hat mich einen Schuft genannt.
Das wär's! (Der Himmel raucht und wirft mir seine Kippen zu.)

Müllerballade
für Hauke Brodersen

1

Mein Vater besaß einen Esel, mich nämlich, der
 war doch recht faul und war allzu faul, um Säcke
und andere Lasten zu tragen. Deshalb sprach mein
 Vater zu mir: Wer unsere Mühle nicht liebt, den
kann ich auch nicht mehr lieben, verschwinde!

2

Zehn volle Jahre und fünfunddreißig siebentägige
 Wochen verbrachte ich nun auf dieser Erde
unter einer dunklen Sonne. Ich gestehe, nicht ein
 einziges Mal hatte ich Lust, das Lied vom
wandernden Müller zu singen, ich sang
 das Lied vom wandernden Esel
sehr oft.

3

Denn besonders auf die Nerven ging mir zunächst
 jene Verszeile: *Die Steine selbst so schwer
sie sind, sie wandern!* Nach und nach aber fand ich
 Gefallen daran, Steine auszustatten mit
Schuhwerk und Wanderbibel. So entstand mein Essay
 über den Spaß von den Anfängen bis zur Gegenwart,
die von solchen Geschichten nichts wissen will.

4

Meine Vorlesung im germanistischen Seminar
 wäre besser beurteilt worden, hätte ich anläßlich
eines kleinen Banketts
 nicht zu sehr
aus der Mühle geplaudert.

5

Heute, in dieser Stunde, bin ich zurückgekommen. Die
 Mühle ist leer, mein Vater nirgends zu sehn. Ich
frage euch alle: Wo seid ihr bloß alle? Die Mühle
 ist arbeitslos, ich warte auf euch. Oder
eßt ihr kein richtiges Brot mehr?

Peter Hacks
geb. 1928

Englische Eröffnung

An einem Juninebeltag
Sind über die Atlantikwogen
Bei sanftem Wind und Wellenschlag
Mit Kurs-Quebec dahingezogen
Drei gut französische Fregatten,
Die ihr Geschwader verloren hatten.

Dann teilt die Trübe sich. Es bricht
Der Nebel auf wie in zwei Wände.
Es öffnet strahlend sich die Sicht
Aufs ozeanische Gelände.
Und plötzlich liegt ganz klar und nah
die ganze englische Flotte da.

Nun ja, man trifft sich nicht nur gern.
Denn George und Louis zeigen gleiche
Besitzbegier nach jenem fern
Und rauhen Vizekönigreiche.
Man grüßt knapp nach den Anstandsregeln
Und will ansonst vorübersegeln.

Da – Linienschiff für Linienschiff
Dreht bei und zeigt die breite Seite,
Als ob ein Artillrieangriff
Im Todesernst sich vorbereite.
Der Kapitän von der „Alcide"
Er denkt: Ich denke, es herrscht Friede.

Doch es ist wahr: geraume Zeit
Sind wir auf See, fast vierzehn Wochen,
Am Ende ist Feindseligkeit
Zu Haus inzwischen ausgebrochen. –
Er greift zum Sprachrohr: Haben wir
Krieg oder Frieden, Kavalier?

Dort, achtern auf der „Dunkirk", steht
Der Kapitän auf seinem Flecke,
Schreit: Frieden, Frieden, Sir! und dreht
Den Trichter zum Kanonendecke
Und fügt in echt altenglischer Ruh
Das Kommando: Feuer! hinzu.

Der Krieg, der siebenjährige,
So ging er an, von diesem Platze.
Und jeglicher seitherige
Eröffnet mit demselben Satze.
Man lädt. Und einer brüllt vom Steuer:
Frieden, Frieden – Feuer!

PETER HACKS/HANS MAGNUS ENZENSBERGER

Scipio

Ach! die Republik, der Staat der Meisten,
Ist, bei aller Tugend, hochgebrechlich.
Dauernd kommen welche, die was leisten
Und daraus ein Vorrecht ziehn. Tatsächlich
Ist die Furcht, daß Könige entständen,
Nur in Monarchien abzuwenden.

* * *

Einmal auf Liternums Gutsgelände
Ritt ein niegesehner Gast durchs Tor,
Der Besitzer, sprang vom Pferd behende,
Fordert Bett und Essen und verlor
Kein Wort drüber, blieb. Ein Kerl aus Eisen,
Traf er nie mehr Anstalt abzureisen.

Nein, er freute, wandelnd durch das Weingut,
Sich der herbstlich tiefen Blätterfarben,
Trank auch was aus einem Krug von Steingut
Oder zeigt der Sonne seine Narben.
Scipio war es, den Italien pries
Und voll Dank den Afrikaner hieß.

Jener, der im strahlendsten der Züge
Den Trickgeneral und Schlachtendieb,
Das Geschöpf der Wüste und der Lüge,
Von Roms Pforten in sein Sandland trieb.
Aber als er heimkam von der Tat,
Gab es ein paar Fragen im Senat.

Gut, der Krieg Karthagos ist beendet!
Aber hat er auch die Stadt zertrümmert?
Hat er Puniens Handel abgewendet?
Hat er sich um Abrechnung gekümmert?
Zwar, er hat den Hannibal geschlagen,
Doch verweigert uns die Unterlagen!

Als dem Triumphator nach Minuten
Endlich aufging, was man von ihm wolle,
Da, als träfe man sein Herz mit Ruten,
Stand er sprachlos, wandte sich im Grolle,
Und für ewig floh er aus den Mauern,
Die er rettete, zu seinen Bauern.

Unter einer Gruppe von Platanen
Ließ er sich ein Grab errichten. Hier?
Rief der Grabmetz, fern von Ihren Ahnen? –
Richtig, sagte Scipio, doch bei mir.
Und er sprach, befragt wie er das meine:
Diesem Vaterland nicht meine Beine.

* * *

Ähnlich wieder ein gewisser H.
Eines Tags aus irgendeinem Grund
Legte er den Stift weg, saß nur da,
Fing mit großer Sorgfalt Fliegen und
Sprach, auf neue Werke angesprochen:
Diesem Vaterland nicht meine Knochen.

Hans Magnus Enzensberger
geb. 1929

Das wirkliche Messer

Es waren aber Abertausend in einem Zimmer
oder einer allein mit sich oder zwei
und sie kämpften gegen sich miteinander

Der eine war der der Der Mehrwert sagte
und dachte an sich nicht und wollte von uns
nichts wissen Die Lehre sagte er her
Das Proletariat und Die Revolution
Fremdwörter waren in seinem Mund wie Steine
Und auch die Steine hob er auf
und warf sie Und er hatte recht

Das ist nicht wahr Und es war der andere
der dies sagte Ich liebe nur dich
und nicht alle Wie kalt meine Hand ist
Und der fressende Schmerz in deiner Leber
kommt nicht vor in den Losungen Wir
sterben nicht gleichzeitig Wer erst
hat wenn wir uns freuen recht? Und er hatte recht

Aber Und so fuhr der andere fort Fortan
kann ich deinen Fuß nicht zurück
setzen Wer soviel wie wir weiß
hilft sich so leicht nicht und Ich
komme nicht mehr in Betracht Also komm
in die Partei und so fort Auch wenn
wir nicht recht haben Und er hatte recht

Das wußte ich immer schon daß du das
was du selber nicht glaubst
Das sagte der andere Vor uns hin
Wie ein Messer schleppst Doch hier
steckt es schon bis zum Heft
in deinem Fleisch Das Messer
Das wirkliche Messer Und er hatte recht

Und dann starb der eine und der andere
auch Aber nicht gleichzeitig
Und sie starben alle Und dann
schrieen sie und kämpften gegeneinander
mit sich und liebten und freuten
und unterdrückten sich
Abertausend in einem Zimmer

Oder einer mit sich allein oder zwei
Und sie halfen sich Und sie hatten recht
Und sie konnten einander nicht helfen

C.R.D. (1809–1882)

Der Mann, der nicht wollte.
Die Erde unter den Füßen machte ihn seekrank.
„Bahnbrechend", „umwälzend", „genial", „ein Titan":
er wollte nicht, hat sich gewehrt,
von Anfang an, mit allen Mitteln.
Brechreiz, Migräne, Hypochondrie.

Die Schule *nichts weiter als ein weißer Fleck.*
Stellt sich dumm. Aus Mimikry mittelmäßig und faul.
Das Studium *abstoßend, unerträglich langweilig,
verlorene Zeit.* Versteht nichts von Mathematik,
vergißt die Klassiker, bleibt *unwissend wie ein Schwein,
was Politik betrifft, Geschichte und Philosophie.*

Man mutet ihm zu, Arzt zu werden:
er kann kein Blut sehen.
Man will einen Pfarrer aus ihm machen:
er kann kein Latein.
Versager. Hält sich aus allem heraus,
zaudert, vermeidet es, Konsequenzen zu ziehen,
hat keine Ellbogen.

Die Ehe: *Schreckliche Zeitvergeudung.*
Kinder: *Immerhin besser als ein Hund.*
Jeglichem Amüsement geht er aus dem Weg:
Amüsement ist das Allerschlimmste.

Dann die berühmte Weltreise: halb widerwillig,
halb aus Versehen. An Bord
liegt er stundenlang auf dem Kartentisch.
Schwindelgefühl, Schlaffheit.
Sammelt Proben, Daten, Präparate.
Seine Überzeugungen behält er für sich.

Eines Nachmittags liest er Malthus
(zur Unterhaltung): Herzklopfen,
heftiger Schüttelfrost, und im Gehirn
ein elektrischer Sturm. Fortan
war er verloren. Der Rest war Evolution:

Die Entstehung der Arten entsteht
und entfaltet, „naturwüchsig", unaufhaltsam,
eine neue Art von Ideen, in einem Prozeß,
der den Zermalmer zermalmt, allmählich,
langsam, und unerbittlich.

Er weicht zurück, heiratet,
zieht in ein abgelegenes Dorf,
vermeidet Reisen, Geselligkeiten,
schirmt sich ab: Rentner mit dreiunddreißig.

Mein Kopf hat sich in eine Art Maschine verwandelt,
die dazu bestimmt ist, große Mengen von Fakten
zu allgemeinen Gesetzen zu vermahlen.

Sieben Jahre *Über Korallenriffe, ihre Struktur und Verbreitung.*
Einundzwanzig Jahre *Über Bewegungsvermögen und Lebensweise*
der Rank-, Schling- und Kletterpflanzen.
Acht Jahre *Über Entenmuscheln und Seepocken*
(zwei Folianten über die lebenden Arten, zwei über die fossilen).

Es bildet sich aber aus der Schale ein festes Gehäuse,
das den Leib gleich einem Panzer schützt.
Aus meinem weiteren Leben habe ich daher,
abgesehen von meinen Publikationen,
nichts zu berichten.

Tageslauf: höchstens vier Stunden Arbeit,
dann der Besuch in den Treibhäusern.
Lange Siesta, in einen Schal gewickelt,
auf dem Sofa. Umkleiden. Nach dem Dinner
spielt jemand eine Klaviersonate.

Man geht früh zu Bett. Schlaflosigkeit:
Seine Nächte waren meist schlecht,
er lag oft wach oder saß aufrecht im Bett.

(Vgl. fünfzehn Meilen [Luftlinie] entfernt
einen anderen Invaliden, der widerwillig
und unaufhaltsam am Umsturz arbeitet:
Leberleiden, Brechreiz, Furunkulose;
matt wie eine Fliege, schlaflos, geplagt
von *übertriebenem Blutscheißen:*
Ich bin eine Maschine, dazu verdammt,
Bücher zu verschlingen und sie dann
in veränderter Form auf den Dunghaufen
der Geschichte zu werfen.)

Endlose Details, akkumuliert wie Korallenkalk,
in Schubladen, Mappen, Registern.

Armer Teufel, bemerkt sein Gärtner,
steht herum und starrt minutenlang
auf eine Sonnenblume.
Wenn er nur etwas zu tun hätte,
das wäre besser für ihn.
Schmerzliche Verkümmerung, Gefühl,
völlig verdorrt zu sein.
Nur die Wissenschaft bleibt.
Umso schlimmer.
Manchmal hasse ich sie.

Will nicht, hat nie gewollt,
und hängt doch sein ganzes Leben an „die Natur",
mit ihrer plumpen Vergeudung, niedrigen Pfuscherei
und abscheulichen Grausamkeit: methodisch
wie ein Buchhalter oder ein Regenwurm.

Die Bildung der Ackererde
durch die Thätigkeit der Würmer,
mit Beobachtungen über deren Lebensweise:
Frucht einer Tätigkeit von fünfzig Jahren.
In der Geschichte der Erde bedeutsamer,
als man denkt, vermahlen sie
in ihrem Muskelmagen die Erde zu Humus,
tonnenweise, lautlos und unaufhaltsam.

[C.R.D.: Charles Robert Darwin]

E. G. de la S. (1928–1967)

Eine Zeitlang trugen Tausende auf dem Kopf seine kleine Mütze,
und Abertausende vor sich her von seinen Abbildungen
große Abbildungen, und riefen seinen Namen sehr laut aus.
Unwirklich scheinen jene Züge quer durch die City jetzt fast
wie das Land und die Klasse, in die er geboren war.

Fern der Schlachthöfe und der Baracken und der Bordelle
bröckelte die Villa des Vaters am Fluß. Das Geld war verdunstet,
doch der Swimming-Pool wurde gehalten. Ein scheues Kind,
allergisch, oft dem Ersticken nah. Kämpfte mit seinem Körper,
rauchte Zigarren, wurde (was immer das sein mag) ein Mann.

Unter dem Kopfkissen lag Jules Verne. Sein erster Angriff,
seine erste Flucht in die Wirklichkeit: Traurige Tropen.
Doch die Aussätzigen unter der morschen Veranda am Amazonas
verstanden nicht, was er sagte, und starben weiter. Dann erst
fand er den Feind, der ihm treu bis ans Ende blieb

und den Feind des Feindes. Wenige Siege später erschien ihm
der Neue Mensch, eine alte Idee, sehr neu. Doch die Ökonomie
hörte seinen Reden nicht zu. Es fehlten immer Spaghetti.
Auch war keine Zahnkrem mehr da, und woraus wird Zahnkrem gemacht?
Die Banknoten, die er unterschrieb, galten nichts.

Der Zucker klebte im Hemd. Maschinen, mit harter Währung bezahlt,
verrotteten an den Kais. Von Gerüchten summte La Rampa.
Kratzfüße in Moskau, neue Kredite. Das Volk stand Schlange,
war unzuverlässig, riß hungrige Witze. Überall Spitzel,
Intrigen, die er niemals begriff. Ein ewiger Ausländer.

Wollte den Russen moralisch kommen. Der Menschenfreund
schrie nach dem *Haß, der den Menschen in eine gewaltsame,
effektive, kalte Tötungsmaschine verwandeln* soll. Eigentlich
eine Mimose: am liebsten las er Gedichte. (Baudelaire
kannte er auswendig.) Ein zarter Versager, Fraß für Geheimdienste.

So floh er zu den Waffen und blieb dort, wo alles klar war
und deutlich: Feind Feind und Verrat Verrat, im Dschungel.
Nur er selber schien ausgelöscht. *Rundlich, bartlos, die Schläfen grau,
dicke Brillengläser, wie ein Vertreter, im Duffle-coat,* derart
vermummt in Ñancahuazú ging er an seine letzte Arbeit.

Sprach kein Quechua, kein Guaraní. *Das Schweigen der Indios
war absolut, als kämen wir aus einer andern Welt.* Insekten,
Schlingpflanzen, Unterholz. *Die Bauern wie Steine.* Koliken,
Hustenanfälle, Ödeme. Überdosen von Cortison. Adrenalin.
Keuchend die letzte Spritze: *Ave María puríssima!*

Schon *breitete sich die Legende aus wie ein Schaum. Supermen
sind wir bereits, unbesiegbar.* (Immer diese tödliche Ironie,
unbemerkt von den Genossen.) *Ein menschliches Wrack,* ein Idol.
Wir hätten ihn angestellt, annoncierten unter seinen Todfeinden
die fortschrittlichsten. Stattdessen stellten sie seine Leiche aus

mit abgeschnittenen Händen. *Ein mystisches Abenteuer,* und
eine Passion, die unwiderstehlich an das Bild Christi erinnert:
das schrieben die Anhänger. Er: *Les honneurs, ça m'emmerde.*
Es ist nicht lange her, und vergessen. Nur die Historiker
nisten sich ein wie die Motten ins Tuch seiner Uniform.

Löcher im Volkskrieg. Sonst in der Metropole spricht von ihm
nur noch eine Boutique, die seinen Namen gestohlen hat.
An der Kensington High Street glimmen die Räucherstäbchen;
neben der Ladenkasse sitzen die letzten Hippies, verdrossen,
unwirklich, wie Fossile, und fraglos, und fast unsterblich.

Der Text bricht ab, und ruhig rotten die Antworten fort.

[E. G. de la S.: Ernesto Guevara de la Serna, gen. Che Guevara. –
Les honneurs, ça m'emmerde: ich pfeife auf Ehrenbezeugungen.]

Wolfgang Hädecke
geb. 1929

Unser kleiner Herr Rimbaud

Unser kleiner Herr Rimbaud
ist gestorben

unser kleiner Herr Rimbaud
ist unter einem Lastwagenreifen gestorben

unser kleiner Herr Rimbaud
hat nur ein einziges Gedicht gemacht
nachdem er die Morgenhuren verlassen hatte
viertel nach fünf

unser kleiner Herr Rimbaud
hat das Fleisch gekannt und die schwarze Sonne
und den Eiter und die zottigen Zungen

bevor er nach El Alamein fliegen mußte
viertel nach acht

aber als sie seine Maschine wegschossen
in den Sekunden des Absturzes
bis zum Aufschlag
hat unser kleiner Herr Rimbaud
sein einziges Gedicht gedacht

aber er lebte weiter
und hat alles vergessen
auch das Gedicht
unser kleiner Herr
nur nicht den Aufschlag

unser kleiner Herr Rimbaud
hat achtzehn Jahre lang
unter unseren Brückenbögen
und in der Vorhalle des Postamtes
und in alten Bunkern geschrien

alle kannten wir
unseren kleinen Herrn Rimbaud
der die Brückenbögen anschrie

bis er gestern
unter einen Lastwagen fiel.

Heiner Müller
geb. 1929

L. E. oder Das Loch im Strumpf

Luise Ermisch, Mitglied des Zentralkomitees der SED, organisierte 1949 die erste „Brigade für ausgezeichnete Qualität" in der volkseigenen Textilindustrie der DDR.

Im Sommer im Jahr achtundvierzig fand
In einer Stadt in Mitteldeutschland
Ein Streit statt. Um drei Löcher in einem Strumpf
Stritten ein Mann, eine Frau. Und was die Frau sagte, war Trumpf.
Platz: eine Strumpffabrik, vor wenigen Wochen
Von Arbeitern Arbeitern zugesprochen
Die Tünche auf der Wand war frisch
In der Kantine. Um den kahlen Tisch
Sie saßen vor ihren Schüsseln, Männer und Fraun
Da war viel auszulöffeln, wenig zu kaun.
Sagte der Mann: Gegen Wasser mit Lauch
Streikte man früher. Fragte die Frau: Gegen Hitler auch?
Sagte der Mann: Es ist nicht nur das Essen.
Die Textilien nicht zu vergessen.
Und er zog den Schuh aus, dann den Strumpf
Schwang den, drei Löcher, als seinen Trumpf

Gestern gekauft, ein Fetzen heute
Da möcht ich wissen, warum ich arbeite.
Man hörts, man kratzt schweigend die Schüsseln leer
Die Frau, was kann sie sagen. Sie sagt: Zeig her.
Drei Löcher. – Ja, dem stopfst du nicht das Maul
Mit Maulaufreißen. Da ist etwas faul
In der Wirtschaft. – Ja, sagt die Frau, erraten.
Nur, Kollege, es hängt nicht am Faden.
Wirkfehler. – Und hält ihm den Strumpf
Unter die Nase, den dreilöchrigen Trumpf.
Ihr habts gehört. Wie stehts mit euren Strümpfen?
Ihr bessert nichts mit einem Naserümpfen.

Horst Bienek
geb. 1930

Bericht

Die Purga zerstört den Pfau, die Rose, die Sonne,
Die Flöte und die schwatzhafte Einsamkeit,
Die lauernd mich in den Baracken umstellt.
Zerstört ist der Pfau, die Rose, die Sonne.

Die Purga zwingt mich zu trinken den Staub,
Den die Stille ausschickt, damit in das Knistern
Sich mischt das Gebell der verendenden Hunde,
Zwingt mich die Purga zu trinken den bläulichen Staub.

Die Purga fürchten Ren und Wolf und Grasfisch,
Die immer noch den Regen aus Wald sich erhoffen,
Solange frostiges Messer das Tundrakraut köpft,
Fürchten Grasfisch und Wolf und Ren noch die Purga.

Die Purga, das ist der noch größere Tod,
Und es sei ein Geschehnis berichtet:
Daß ein Zug mit Gefangenen überrascht wurde
Von der eisigen Purga, dem noch größeren Tod.

Man fand sie erst bei der Schneeschmelze auf,
Vierzig Sträflinge und acht Wachsoldaten,
Die ohne Haß sich im Tode umarmten,
Fand man erst bei der Schneeschmelze auf.
[Purga: polarischer Schneesturm.]

Bergwerkstraße

Ich hör noch die Loks die Signale
    die Brücke das schläfrige Tier
  rührte sich nicht

                    die Güterwagen die Gleise die Licht-
          Masten und die schluchzenden Dampfkessel
                neben dem Stellwerk die Schrebergärten
RAW ‚der drittgrößte Rangierbahnhof Deutschlands'
          irgendwo dort
im Gewirr des Anfangs
entsprang diese Straße
          der alte Bernsteinweg
                    von Attilas Hunden
zuerst beschnüffelt
          von zahllosen Viehherden hart gestampft
                befahren von gebrechlichen Karren
mit laut schwatzenden Juden
          jetzt mit Schlacke unterlegt
          von den Vereinigten Oberschlesischen Hüttenwerken
gepflastert mit Steinen aus Ratibor
          und der Resignation invalider Grubjosches

     Dort führte der Weg zur Schule
die Straßenbahn fuhr bis nach Morgenroth
          – muj Bosche kochana: dann hängten sie
     Schilder auf: HIER WIRD NUR DEUTSCH GESPROCHEN
Die Vogelbeerbäume im Rauch der Frühe verhängt
          brannten am Abend im Märchenfeuer
          mit Totenaugen fuhren die
                    Panzer vorbei
die Straße schwieg
          eingekreist im Gelächter der Lampen
          die schwarz übermalt waren
                und nur noch weiße Schlitze zeigten
          das Reich übte Verdunkelung
                die Straße schwieg
vorn schrieben sie auf die Lastwagen: SIEG
     sie fragten mich nicht
wo die Straße endete
     in Krakau Warschau oder Tschenstochau
          (ihre Landkarten waren falsch)
          – ich wußt es
                sie führte direkt zu den Sternen
ich sah es
     am Abend
          vor meinem Fenster

Am Tag fuhr Molloy vorbei
          mit einem Fahrrad
          das rechte Bein war ihm steif geworden
                oder wars das linke?
wars wirklich Molloy
          oder Großvater Piechotta?
– egal –
wir gingen zur Schule
     Geruch von Treber im Ranzen
Treber im Schwamm

in den Haaren
im Mund
vorbei an der Scobel-Brauerei
Geruch der uns taumeln machte
alte Frauen schleppten in Blechkannen
Einfachbier
Arbeiter stellten sich an für ihr Deputat
schwarz war das Bier
die Kohle
die Uniformen der Bergmannskapelle
die Trauer der Witwen
Die Kohle gibt uns zu frrässen
und sie macht uns kaputt
war das Gebet des alten Piechotta

Die Soldaten kamen
die Straße entlang
aus dem Mythos
des großen Reiches
sie lernten mühsam unsere Sprache
und sangen die Lieder vom Westerwald
und buchstabierten *Pjerunna*
und fickten die Mädchen im Wald
nichts blieb: nur das Dunkel
sie wurden Witwen und ihre Leiber einsam und alt.

Ich hör noch die Loks die Signale
die Brücke das schläfrige Tier
rührte sich nicht
in der Huldschinsky-Siedlung Geschrei
Streit mit dem Messer
und die Lieder
der Prozession zum Kalvarienberg
die Worte erstarrten im Frost
– der du wurdest von deinem Jünger verraten
– der du wurdest gestäupt und gefoltert
– der du wurdest ans Kreuz geschlagen

Jede Straße führt in die Kindheit
aber ich weiß
die Bergwerkstraße
führt zu den Sternen
am letzten Tag
werd ich sie wiederfinden

[RAW: Abkürzung für Reichsbahn-Ausbesserungswerk. – Grubjosch: Grubenarbeiter. – Treber (oder Trester): stark riechende Rückstände beim Bierbrauen. – Kalvarienberg: Annaberg in Oberschlesien, Wallfahrtsstätte.]

Peter Rühmkorf
geb. 1929

Wiegen- oder Aufklärelied

Schlaf mein Kindchen – ungewollt,
Rubel-Mond durch Wolken rollt;
Silberdollar: dir und mir –
ratzepatz! zu Altpapier!

Papas Puschen schlurfen sacht;
hattu dichti-dichti macht?
Große Krise unterm Skalp:
Gram und Taumel halb-und-halb.

Bulle-bulle, geh zur Ruh;
Fenriswolf und Libby-Kuh,
wie das, bis der Himmel haart,
säugt und säbert, reißt und paart.

Wie es steigt und kopflos kippt,
Nike blind am Raume nippt –
bald fegt uns das Lämpchen aus
Bundeskriegsminister Strauß.

Schlafe ein, still mein Kind,
Brot in der Trommel, Speck im Spind;
gut, wenn dich das trösten mag:
im Kropf noch Hoffnung für einen Tag.

Fahre wohl, fahr weit!
Speichelwoge, flüssige Zeit –
Nun die Nacht das Riesenlid
übers tumbe Auge zieht.

Mit unsern geretteten Hälsen

Mit unsern geretteten Hälsen,
immer noch nicht gelyncht,
ziehn wir von Babel nach Belsen,
krank und karbolgetüncht.

Fraßen des Daseins Schlempe,
zelebrierten in gleitender Zeit
unter des Hutes Krempe
das Hirn, seine Heiligkeit.

Tätowiert mit des Lebens Lauge,
doch von erstaunlichem Bestand:
Das Weiße in unserem Auge,
das Warme in unserer Hand.

Wir haben gelärmt und gelitten;
wir schrieben Pamphlete mit Tau und Teer –
Worte schöpfen, Worte verschütten
in ewiger Wiederkehr.

Alles-für-die-Nix-Lied

Ich pfeif meinen Sparren, ich rühme Korff
und ich heirat die Venus von Willendorf.
Du runzelst das Auge: Wie geht das zusamm',
der spirrige Kerl und die propre Madame?

Mein Lieber, mein Lieber, den Himmel verspürt
Freund Antek, solang er die Erde berührt.
Der hier seinen Witz unter Atem hält,
wenn sein Herz stillsteht, das bewegt keine Welt.

Baut seine Hütt vorm All, zieht sein Gesicht
wie es ihm schmeckt und dem Wechsel entspricht;
sattelt die Sonn-trallala, trimmt seinen Hut,
ei, und das Sechsuhrlicht kleidet ihn gut.

Ich bin nicht trans, nicht zen, ich bin dental.
Birnbaum will übergehn, ich freß ihn kahl.
In Mutters Gärtele – ach, wär ich das Gras,
lustiger zuckt ich und stürbe fürbaß.

Hollerbusch-Hollerbusch schlägt sein grün Rad.
Ich tret zurück an des Dummeren Statt –
Wenn dann der Abend steigt, links vor der Stirn,
bin ich der Wölkner, der hütet die Zirrn.

Bin ich der Nachtmann, schwinge den Kris,
wende behende mein Weltbild am Spieß.
Du vergewisserst dich noch deines Glücks –
Ich gebe alles um nichts für die Nix.

Karl Alfred Wolken
geb. 1929

Ballade an Bord

> *Wirklich, Seeleute sind eine jugendliche Rasse!*
> Melville

Von Wassern geklärt und von Winden gewaschen
erlernen wir himmlische Geometrie
und schleudern bordüber die biergelben Flaschen –
woher der verwehende Albatros schrie.

Oben im Krähennest unter den Sternbildern
schneiden die Winde mit schärferem Schliff:
das Herz und die strähnigen Haare verwildern
und fliegen so leicht wie das krängende Schiff.

O California! O Gold! O Gefunkel!
Es schwindet der Rauch und es winselt die Spill –
so leicht sind auch wir vor dem schwindenden Dunkel
und klein vor der Sturmböen Unbill und Bill.

Besessen durchbrechen die Haie den grünen
Spiegel aus Glanz und Verlorenheit:
fliegender Holländer zieht über die Bühnen
vor leerem Gestühl und in gar keiner Zeit.

Die kindliche Anmut verspielter Delphine
ist Wahrheit der Anmut, wie wir sie gedacht,
mit einer vom Grübeln zerknitterten Miene
in einer von Träumen bevölkerten Nacht.

Elmsfeuer sendet ein Licht zum Erblinden
Wir heben vor's Auge die haarige Hand.
Wir hofften so innig ein Wissen zu finden,
das nicht unsre Geister zu Asche verbrannt –

Und fahnden noch immer, kreuzen und fahren
weit über die Flut der Gedanken hinaus
und kehren mit ausgewaschenen Haaren
zurück in ein Haus – und es ist gar kein Haus.

Denn überall, allerorts ist es das Gleiche:
Orte zum Bleiben finden sich nicht.
Man fährt und man fährt aus der Nacht in die reiche
Wüste des Wissens im eignen Gesicht.

Irgendwann sinken wir blattleicht zum Grunde,
Steine im Strom, die der Strom nicht mehr rührt,
und werden mit einem nun fraglosen Munde
an eine arglose Küste geführt.

Alte Gebete schon halb in den Ohren
treiben wir uns vor den Winden einher:
ein Ufer gefunden, ein Ufer verloren –
das ist die Wahrheit. Sie bietet nicht mehr.

Sehr groß ist sie nicht, doch sie deckt unsre Blöße,
die windstille Mitte im wilden Taifun.
Zerbrechen die Schiffe, so steigt man auf Flöße.
Man wechselt den Gott nicht. Der Gott bleibt Neptun.

Ballade vom begrabenen Zweifel

Es ödete uns an mit langen Regentagen
ein nasser Herbst, ein ausgelaugtes Land –
ein Herbst so klamm, so feucht, so nicht zu sagen:
mit Zeichen und mit Schimmel an der Wand.

Ein Winter kam mit ausgefransten Schuhen
und Leichenhalden unterm Laken Schnee –
o schöne angespiene Zeit, da aus geborstnen Truhen
nur Trödel fiel und ein Achjemineh!

Es schwamm ein wilder Mond in unsern Haaren,
der Scheitel war verwirbelt und verwirrt.
Die Rabenwolken stürzten aus dem Klaren
und haben sich in unsrer Nacht verirrt.

Wer weiß denn, was das Dunkel mit uns wollte?
Es lebte doch der nachbarliche Leib
indessen vor den finstern Fenstern grollte
mein Schatten, der mich fragte, was ich treib.

Den Wohlklang der mit Schnee gewürzten Stille
schrak nicht des Fragers schwarzer Schattenmund
ich ließ die Finger in der fremden Fülle,
er rieb sie an den Fensterscheiben wund.

Wir sind doch längst befreundet mit der Kälte,
Nachtwachen und der bittern Finsternis
mit ihrem Wolfsruf, der den Mond verbellte
und wild an unsern Knabenherzen riß –

O Stärke mit den Zeichen großer Schwäche:
bedrohte Flamme überm Aschengrund –
ein Hauch genügt und alle Haft zerbräche
der leidende und der verschlossene Mund.

Steigt erst die Frühe still aus Schnee und Asche,
ein Morgen, den die Zuversicht erhellt:
dann ziehen wir die Fäuste aus der Tasche –
der Zweifel ist am Flockenfall zerschellt.

Verscharren wir den Toten, Brüder, graben
ein Loch ihm als des Schwankens Ruhestatt,
einmal darf auch der Zweifel Ruhe haben,
wenn er mit Stolz und Glut gezweifelt hat.

Ein Grab im Flaum der schneeigen Kristalle,
das schaufelt ihm – die Kälte macht ihm nichts!
Die Fröste und die Feuer kennt er alle
und duldet still den Aufgang neuen Lichts!

Adolf Endler
geb. 1930

Ballade vom Zionskirchplatz

Vier Freunde waren wir, wir waren Freunde, vier,
Am Zionskirchplatz im Gesträuch im Nieselregen,
Daß keiner, was auch kommt, den andern je verlier,
Acht Hände, die sich aufeinanderlegen –

Der Platz ein Rosenbeet! Zwei Freunde sind dahin.
Heinz, wie verschwand er durch die Stacheldrahtverhaue?
Die gut geseifte Schlinge unterm Doppelkinn
Starb Herbert, und er schien uns stets der Laue.

Vier Freunde waren wir, wir waren Freunde, vier,
Und immer grübelnd wir und lärmende Gemeinde!
Steif sitzen zwei Genossen nah der Kneipentür,
Stumm, steif, nervös – zwei Freunde oder Feinde?

Das letzte Zimmer/Couplet

1
Sie spielten Skat Ich bang zurückgewichen
Man stieß mich rasch ins Zimmer wo man stirbt
Sie die schon angefaulten Leichen glichen
Schrien Daß man uns das schönste Spiel verdirbt

2
Es kommt die Schwester mit den schwarzen Zöpfchen
Die milde Medizin der gute Rat
Sie sitzen bleich im Kreis auf ihren Töpfchen
Und spielen Karten eine Runde Skat

3
Die Pfarrer kommen und die Kampfgenossen
Das krumme Mütterchen bringt Fleischsalat
Die Putzfrau schiebt den Besen stumm verdrossen
Die Todgeweihten hustend spielen Skat

4
Zuzeiten steht vorm Haus ein schwarzer Wagen
Ein ungeduldiger Fahrer dann und wann
Bald hör ich sie nervös das Tischchen schlagen
Und an mein Bett Uns fehlt der dritte Mann

5
Nicht lang man trägt herein ein gelbes Wesen
Ein Drittel Fleisch zwei Drittel Gips und Draht
Die Karten werden kriechend aufgelesen
Die Todgeweihten spielen wieder Skat

6
Der eine lenkte dreizehn Straßenbahnen
Der war Elektriker und jener Obermaat
Ob sies noch manchmal wenn sie mischen ahnen?
Ach Bube Dame König As S' war immer Skat

7
Nur ich verschlagen wie in eisige Fremde
Ein Staatsfeind fast ich kann kein Kartenspiel
Ich sitz verstummt im weißen Sterbehemde
Der einzige mit trübem Vorgefühl

Gerhard Rühm
geb. 1930

ballade

sie
der regen
die motorräder

die motorräder rasen durch den regen

sie steht

sie blickt

die männer

die männer rasen
und winken

und die kleider fallen
herab

über die motorräder
und die motorräder
gleiten und
fallen fast

die strasse

die kleider
die kleider

der regen
der regen
der regen

sie

sie und der regen
der regen und sie

sie und die männer
die männer und sie
der regen

die kleider und sie
der regen

der regen
der regen und die kleider

der regen und die strasse

stehen
blicken blicken
stehen
winken winken winken
stehen
rasen rasen rasen rasen
fallen

die falle

die falle der kleider des regens der strasse
die falle der falle
des fallens

und die kleider fallen
über die motorräder
und die motorräder
gleiten

und die kleider fallen
über sie

und es regnet
und es regnet

sie
sie und der regen
sie und die kleider
sie und die motorräder
die motorräder und die männer
die männer und sie
sie und die strasse
sie und die weite strasse
sie und die weite weite strasse
sie und die weite weite weite strasse

du

du und ich

verlier nicht den kopf aus liebe

sie lebte zwischen frühstück und dem nachtmahl
im elternhaus dahin, wie sichs gehört,
da trat ein mensch rasch in ihr stilles leben,
hat sie von traum und nachtmahl aufgestört.
   verlier nicht den kopf aus liebe,
   kopflos zu sein ist nicht gut.
   denk an den häuslichen frieden
   und an dein junges blut!

ihr leben hat sich gleich drauf ganz verändert.
weil dieser mensch ein ganzer kerl war.
sie sagte neulich beim besuch der eltern:
„o mutter, liebe ist so wunderbar!"
   verlier nicht den kopf aus liebe,
   kopflos zu sein ist nicht gut.
   denk an den häuslichen frieden
   und an dein junges blut!

„hör, clara", sagt die mutter, „bleib bei sinnen,
du hast doch uns und was man brauchen tut!
verlier den kopf doch, clara, nicht aus liebe,
denn glaub, kopflos zu sein, das ist nicht gut!"

und wirklich fand man bald drauf ihre leiche.
o mädchenhals, warum warst du so rein?
der kerl hat ihn gänzlich durchgeschnitten.
o clara, clara, sag, mußte das sein?
   verlier nicht den kopf aus liebe,
   kopflos zu sein ist nicht gut.
   denk an den häuslichen frieden
   und an dein junges blut!

Konrad Bayer
1932–1964

moritat vom tätowierten mädchen

    ein mädchen wollte auf der haut
    das bildnis einer rose tragen;
    doch war sie eines spenglers braut,
    der wollte seinen vater fragen,
    ob man die ehre der familie
    nicht besser kleide mit der lilie.
    da lief das gute mädchen fort,
    gab ihm zurück sein bräutigamswort.
    sie warf sich einem herren hin
    in dessen ätzwerkstatt;
    nach hautverzierung stand ihr sinn,
    als sie auf runden knieen bat:

    „nehmt die messer, schneidet mir
    einen netten rosengarten
    in den hals, und bitte hier!
    will gewiss zwei stunden warten
    bis vorbei die prozedur,
    bis die rosen eingekerbt.
    nehmt zum preise diese uhr,
    die ein vetter mir vererbt."

„rosen, rosen, rosen
blühn auf deinem neuen kleid;
rosen, rosen, rosen
ätzte ich in manchen leib.
aber dahlien, du süsse,
duften sanft, wie engelsfüsse,
darum schmücke dich mit dahlien,
sonst musst rosen du bezahlien
und die rosen kosten blut,
enden früh dein junges leben.
siehe, solches wär' nicht gut,
so will dahlien ich dir geben."

„guter künstler, gib mir rosen,
rosen auf den jungen leib.
schnitz die blumen in den blossen,
stark gebräunten mädchenleib!"
„also will ich es versuchen",
sprach der meister sonder gram,
stopfte ihr den mund mit kuchen,
als er seine messer nahm.

dann ein schnitt, ein zarter, milder,
für das erste rosenblatt;
auf dies ward der meister wilder
und das mädchen wurde matt.
aber aus den tiefen schnitten
wuchsen blätter, wuchsen blüten
und das eigensinnig kind
weint sich beide augen blind.
zwar, ihr leben blieb erhalten,
nun, das fällt nicht ins gewicht,
sie kann haut in rosen falten,
doch ohne augen sieht sie's nicht.

moral:
der wille ist ein eitler wahn
und richtet argen schaden an.

schöne welt

am 17. august
kam ich zur welt
da wars um diese welt
nicht sehr gut bestellt
drum ging ich wieder fort
nach einem jahr
dennoch muss ich sagen
s war wunderbar
schöne welt
schöne welt

sodann bin ich gestorben
also als kind
man hat mich verborgen
wie eltern schon sind
in einer schachtel
die am boden stand
doch der rauchfangkehrer
hat sofort erkannt:
schöne welt
schöne welt

„hier liegt ein irrtum vor
das kind ist garnicht tot
denn seine beiden backen
die sind noch lebensrot!"
da kamen meine eltern
und freuten sich vergebens
denn diese röte war
kein zeichen meines lebens
schöne welt
schöne welt

es war ein sonnenstrahl
der mich so froh beleuchtet
es war der morgentau
der meinen mund befeuchtet
dennoch muss ich sagen
s war wunderbar
im kreise der familie
nach einem jahr
schöne welt
schöne welt

Franz Josef Degenhardt
geb. 1931

Tonio Schiavo

Das ist die Geschichte von Tonio Schiavo,
geboren, verwachsen im Mezzo-giorno.
Frau und acht Kinder, und drei leben kaum,
und zweieinhalb Schwestern in einem Raum.
Tonio Schiavo ist abgehaun.
Zog in die Ferne,
ins Paradies,
und das liegt irgendwo bei Herne.

Im Kumpelhäuschen oben auf dem Speicher
mit zwölf Kameraden vom Mezzo-giorno
für hundert Mark Miete und Licht aus um neun,
da hockte er abends und trank seinen Wein.
Und manchmal schienen durchs Dachfenster rein
richtige Sterne
ins Paradies,
und das liegt irgendwo bei Herne.

Richtiges Geld schickte Tonio nach Hause.
Sie zählten's und lachten im Mezzo-giorno.
Er schaffte und schaffte für zehn auf dem Bau.
Und dann kam das Richtfest, und alle waren blau.
Der Polier, der nannte ihn „Itaker-Sau".
Das hört er nicht gerne
im Paradies,
und das liegt irgendwo bei Herne.

Tonio Schiavo, der zog sein Messer,
das Schnappmesser war's aus dem Mezzo-giorno.
Er hieb's in den harten Bauch vom Polier,
und daraus floß sehr viel Blut und viel Bier.
Tonio Schiavo, den packten gleich vier.
Er sah unter sich Herne,
das Paradies,
und das war gar nicht mehr so ferne.

Und das ist das Ende von Tonio Schiavo,
geboren, verwachsen im Mezzo-giorno:
Sie warfen ihn zwanzig Meter hinab.
Er schlug auf das Pflaster, und zwar nur ganz knapp
vor zehn dünne Männer, die waren müde und schlapp,
die kamen grad aus der Ferne – aus dem Mezzo-giorno –
ins Paradies,
und das liegt irgendwo bei Herne.

Wenn der Senator erzählt

Ja, wenn der Senator erzählt,
der, dem das ganze Wackelsteiner Ländchen gehört
und alles, was darauf steht.
Wie der angefangen hat:
Sohn eines Tischlers,
der war mit 40 schon Invalide,
alle Finger der rechten Hand unter der Kreissäge.
Mit fünf Jahren schon ist der Senator jeden Tag
von Wackelrode nach Hohentalholzheim gelaufen,
Zwölf Kilometer hin
und Zwölf Kilometer zurück.
Und warum?
Weil in Wackelrode ein Liter Milch zweieinhalb Pfennig gekostet hat,
in Hohentalholzheim aber nur zwei Pfennig,
und diesen halben Pfennig durfte der Bub behalten.
Das hat er auch getan, zehn Jahre lang –
von Wackelrode
nach Hohentalholzheim,
von Hohentalholzheim
nach Wackelrode.
Und nach zehn Jahren, da hat sich der Senator gesagt:
„So." Hat das ganze Geld genommen
und das erste Hüttenwerk
auf das Wackelsteiner Ländchen gestellt.
Ja, wenn der Senator erzählt.

Dann 14/18, der Krieg.
Und hinterher, da hat sich der Senator gesagt:
„So, der Krieg ist verloren,
was ist dabei rausgekommen?
Gar nichts."
Und dann hat er sein Geld genommen
und hat Grundstücke gekauft.
Hier eins, da eins.
Und dann kam die Arbeitslosenzeit, dann Adolf.
Ja, und 34, da gehörte ihm praktisch schon

das ganze Wackelsteiner Ländchen.
Und dann hat er noch ein Hüttenwerk
auf das Wackelsteiner Ländchen gestellt.
Das waren dann schon zwei,
das alte Wackelsteiner Hüttenwerk
und das neue Wackelsteiner Hüttenwerk.
Und mitten im Krieg, in schwerer Zeit,
hat er noch ein Hüttenwerk
auf das Wackelsteiner Ländchen gestellt.
Ja, wenn der Senator erzählt.

Und dann 45, ausgebombt, demontiert.
Da hat sich der Senator gesagt:
„So, der Krieg ist verloren.
Was ist dabei rausgekommen?
Gar nichts."
Und er war froh,
daß er wenigstens noch ein Wackelsteiner Ländchen hatte
und seine treuen Bauern;
hier einen Schinken, dort einen Liter Milch.
Und so konnte man ganz langsam wieder anfangen.
Aber dann 48, Währungsreform.
Da stand der Senator
wie jeder von uns mit 40 Mark auf der Hand.
Und was hat er damit gemacht?
Etwa ein viertes Hüttenwerk
auf das Wackelsteiner Ländchen gestellt?
Nein. Er hat's auf den Kopf gehauen
in einer Nacht.
Und als er dann morgens auf der Straße stand,
neblig war's und kalt,
da mußte der Senator plötzlich so richtig lachen.
Er hatte eine gute Idee:
„Wie wäre es", sagte sich der Senator,
„wenn man aus dem Wackelsteiner Ländchen
ein Ferienparadies machen würde?"
Gesagt, getan.
Verkehrsminister angerufen – alter Kumpel aus schwerer Zeit.
Ja, und dann ist aus dem Wackelsteiner Ländchen
das Wackelsteiner Ländchen geworden,
wie es jedermann heute kennt.
Und dann hat der Senator noch ein Hüttenwerk
auf das Wackelsteiner Ländchen gestellt.
Ja, wenn der Senator erzählt.

Aber dann wird er traurig, der Senator.
„Und wissen Sie was", sagt er,
„die waren damals doch glücklicher,
die Leute.
Wie ich angefangen habe:
Sohn eines Tischlers,
der war mit 40 schon Invalide,
alle Finger der rechten Hand unter der Kreissäge.

Mit fünf Jahren schon bin ich jeden Tag
von Wackelrode nach Hohentalholzheim gelaufen,
zwölf Kilometer hin
und zwölf Kilometer zurück.
Und warum?"
Ja, wenn der Senator erzählt.

Väterchen Franz

He, Väterchen Franz,
versoffner Chronist,
he, Väterchen Franz,
sag du, wie es ist.
He, Väterchen Franz, he, Väterchen Franz,
erzähl die Geschichte, erzähle sie ganz.
„Nun gut." Väterchen Franz hebt an:

Seht ihr drüben, Mitbewohner, das Hygieneinstitut,
da, wo heut die weißen Riesen die Gehirne waschen? – Gut,
genau bis dorthin reichte damals unsre Vaterstadt,
und da lebten die im Aussatz, die man nicht ertragen hat:
der SS-Offizier, der nachts nicht schlief, sondern schrie,
und der Zoodirektor, abgehalftert wegen Sodomie,
der schwule Kommunist mit Tbc und ohne Paß,
und der abgefallne Priester, der noch schwarze Messen las,
das Hasenschartenkind, das biß, wenn's bitte sagen sollt',
und der Schreiner, der partout so wie Jesus leben wollt'.

Viele Jahre lebten sie dort zwischen Trümmern, Schrott und Müll,
aßen Krähen, tranken Wermut, rauchten Pfefferminz mit Dill.
Ihre Haare waren lang und ihre Bärte kraus und dick,
und sie stanken wie die Füchse, jeder hatte seinen Tick:
der SS-Offizier, der suchte Massengräber und
stach überall mit einer Eisenstange in den Grund.
Der Zoodirektor schuf aus Pappe, Polsterzeug und Draht
ein riesengroßes Tier, das seufzen konnte, wenn man's trat.
Der Kommunist, der malte rote Sonnen, prophezeite schon
für das nächste Wochenende die Weltrevolution.

Und der Priester psalmodierte monoton von früh bis spät
ein aus Kurs-, Konzils- und Kriegsbericht bestehendes Gebet.
Der Schreiner, der vermehrte meist den Wermutwein-Vorrat,
und das Kind baute den Ratten eine richt'ge Rattenstadt.
Und so hätten sie gelebt, vielleicht bis heute irgendwann.
Doch es fing dann diese peinliche Geschichte plötzlich an:
Töchter und die Söhne aus den allerbesten Familien
zogen, zunächst heimlich, später offen nach dorthin,
sangen rohe Lieder, tranken, liebten sich die kreuz und quer,
und sie ließen ihre Haare wachsen, wuschen sich nicht mehr.

Viele schlugen sogar mit den Fäusten ihre Erbschaft aus,
schütteten ihr Mitgift in das Faß voll Saus und Braus.
Sie verbrannten – dazu tanzend – gar den Abendlandaltar
und verleugneten ganz öffentlich die gelbe Gefahr.
Das ging nun freilich weiter als ein high-life-Schabernack.
Voll Angst verschloß man alle Tempeltüren, auch am Tag.
Doch im Hirtenbrief erklärte unser Zeitungszar zuletzt
das saubere Empfinden unsrer Stadt als grob verletzt,
sprach dem Senat das Mißtraun aus, befahl im barschen Ton
dem fetten Polizeichef eine Säuberungsaktion.

Es war an einem Montag, als die Säuberung begann.
Zwanzig Bagger robbten sich ans Aussatzrevier ran.
Das Hasenschartenkind, das mit den Ratten spielte, das
bemerkte sie als erstes, brüllte, schlüpfte in ein Faß.
Der SS-Offizier, der gerade bohrte, hört' es schrein,
gab Alarm, legte die Stange so wie eine Lanze ein,
galoppierte auf die Bagger zu, sang das Horst-Wessel-Lied,
der Baukolonnenführer riß die Hand hoch und sang mit.
Die Baggerrachen – tief am Boden – fauchten, und in ein'
preschte, blind vor Glück und Wut, der SS-Ritter hinein.

Es formierten sich die Bagger dann zu einem offnen Kreis,
rollten vor zu jenem Panzerlied. – Der Tag war glühend heiß.
Mit riesengroßem Seufzer fiel das riesengroße Tier
ineinander. Ein paar Eisenraupen knirschten drüberher.
Und zunächst fing man mit Netzen alle Bürgerkinder ein,
warf den zappeligen Fang in große Waschtröge hinein.
Nur die Aussätzigen ließ man, und die rannten hin und her.
Doch der Kreis wurd' enger, schloß sich, und dann sah man sie nicht mehr.
Schließlich spritzte man noch Napalm. Wollt ihr wissen, was geschah,
wie das Hasenschartenkind zum Beispiel hinterher aussah?
He, Väterchen Franz,
versoffner Chronist,
he, Väterchen Franz,
sei's, wie es ist.
Nein, Väterchen Franz, nein, Väterchen Franz,
hör auf mit der Geschichte, Kunst ist doch Genuß.
„Nun gut." Väterchen Franz macht Schluß.

Ein schönes Lied

Komm, sing uns mal ein schönes Lied,
komm, sing uns mal ein schönes Lied,
eines, wo man sich so richtig gut nach fühlt,
eins, das nicht in Schmutzgefühlen wühlt,
wohl makaber, aber unterkühlt,
vertraut, verspielt,
verspielt, vertraut
und nicht zu laut.

Nun gut: Hier ist ein schönes Lied,
eines, das euch in den Halsspeck geht.
Schließt die Augen halb, und dreht die Lampen klein,
schmaucht's Pfeifchen und gießt Gin und Tonic ein.
Macht auf Tiefsinn, decket Bein mit Bein,
zum Scherz und Schein
und Schein und Scherz,
massiert das Herz.

Im Busch, nah bei Quang Ngai, fand
ein gebranntes Kind die Hand
eines Generals mit Ringen, gold und schwer.
Die Steine biß es raus und kroch zum Meer.
Und für ein altes Boot gab es sie her.
's war leck und leer
und leer und leck,
verkohlt das Deck.

Doch nichts verstopft ein Leck so gut
wie Asche und ein bißchen Blut.
Und niemand weiß so viel wie ein gebranntes Kind.
Als Segel hängt ein Khakihemd im Wind,
der auch nicht weiß, wo jene Blumen sind,
gepflückt geschwind,
geschwind gepflückt.
Im Traum entrückt,

da treibt das Kind zu jenem Land,
da riecht die Erde nie verbrannt,
und jeden Tag, da gibt es viele Hände Reis.
Haut und Haar und Wind und Wasser sind nicht heiß.
Auf Blumenbooten blähen Segel weiß,
weht lind und leis
und leis und lind
ein Lied im Wind.

Und wird vielleicht ein starker Mann,
der, was er will, auch haben kann:
viele Kinder, dick, mit Händen und gesund,
ein Reisfeld, einen Büffel, einen Hund,
der jeden, der mit Feuer spielt, reißt und
bekannt und bunt,
bunt und bekannt
ist in dem Land.

So treibt das Boot, so träumt das Kind.
Was meint ihr, wann sie drüben sind?
Dann, wenn hinterm Mond ein Stern zerplatzt ist, dann,
wenn grüne Luft nichts weiter sein kann
als Regenbogenlicht, dann kommt es an
mit Maus und Mann
und Mann und Maus
das Boot zu Haus.

Nun, war das nicht ein schönes Lied,
nun, war das nicht ein schönes Lied?
Eines, wo man sich so richtig gut nach fühlt?
Eins, das nicht in Schmutzgefühlen wühlt?
Wohl makaber, aber unterkühlt,
vertraut, verspielt,
verspielt, vertraut
und nicht zu laut?

Dieter Süverkrüp
geb. 1934

Western Ballade

Jimmy Gray bekam im vergangenen Jahr
einen roten Kopf wegen der Marie.
Daran sahn die Nachbarn, wie verliebt er war.
Und er hatte einen Job bei der Erdöl-Company.

Jimmy Gray bekam am Tag darauf
einen Brief von der Armee,
und er mußte nach Vancouver rauf –
und im Urlaub fiel zu Hause Schnee.

Jimmy Gray bekam einen Extra-Sold,
und er mußte nach Vietnam.
Und die Sonne war blank wie ein Dollar aus Gold,
als das Schiff in den Hafen schwamm.

Jimmy Gray bekam eine Woche drauf
einen Bombensplitter in den Bauch.
Und er lag und schrie, und er hörte nicht auf.
Und den Sergeant störte das auch.

Erst als es Tag geworden war,
und als Jimmy Gray nicht mehr schrie,
und sein Röcheln auch nicht mehr zu hören war,
kamen zwei Sanitäter von der Kompanie.

Und sie nahmen ihm das Soldbuch ab,
und sie trugen ihn ins Tal
und spendierten ihm ein sehr solides Heldengrab.
Ein ganz alltäglicher Fall.

Kirschen auf Sahne

In dem kleinen Café
mit dem Kopfschmerzenlicht
sitzt ein Liebespaar drin,
so als wär's in Paris,

aber da ist es nicht.
In dem kleinen Café
sitzt der zittrige Mann
mit der Narbe am Auge,
das blickt die Verliebten
so freundschaftlich an.
Dieses Auge blieb heil
in fünf Jahren KZ,
sieht am Nebentisch: Sahne
mit Kirschen. Die Dame ist schön, aber fett.
Kirschen auf Sahne –
Blutspur im Schnee.
Eine Mark fünfzig –
sanftes Klischee.
In dem kleinen Café . . .
Kriminalfernsehzeit.
Nur der Wilddieb in Öl
im Barockrahmen starrt
auf die Ewigkeit;
und der alte Mann,
der mal im Widerstand war,
spricht nicht gerne davon.
Pro Tag Auschwitz fünf Mark;
wieviel macht das im Jahr?
Wenn die Liebenden gehn müssen,
grüßen sie matt
zu dem Zittermann hin,
weil er ihnen so aufmerksam
zugeschaut hat.
Manche war'n Juden –
manche war'n rot.
Dreißig Verletzte –
schimmliges Brot.
Und da denkt er:
es hat sich vielleicht doch gelohnt.
Und die Schmerzen komm'n wieder;
er setzt sich nur gerade.
Er ist es gewohnt.
Der Geschenkevertreter
trinkt unentwegt Bier.
Es nistet das Graun
in der Rokokovase
gleich neben der Tür.
Und der zittrige Mann
wird verlegen und geht.
Denn er schämt sich,
weil all' die verdammte
Erinnerung nicht mehr verweht.

Leben ist Leben –
wer hat das nicht?
Zehntausend Tote –
Neon macht Licht.

Ror Wolf (Raoul Tranchirer)
geb. 1932

mein famili

mein schwester strickt am grünen strumpf
so heiß und groß so dick und weich
so seltsam übers knie gebeugt
mein schwester mit dem roten rumpf

mein oma liebe oma so
so faltig pergament so dünn
so vogel hals so fistel stimm
so mürrisch mittags abends froh

mit famili im zimmer lung
wo um den schwarzen tisch und rund
mit topf und fisch und zwiebelbrüh
mit hand mit mund mit großem hung

mein vater mit der nickelbrill
mein mutter auf dem küchenstuhl
mein starker bruder mit dem bart
mein kleine schwester blaß und still

mein famili mein ganze fam
ili mein ganze zwei drei und
mein vier und fünf und zwei und ein
mein famili wie wundersam

wie wundersam wie wir am tisch
am runden tisch von rundem holz
wie faust und gabel hier und hier
faust gabel hier mund da und fisch

mund da und fisch und fisch und kloß
am runden tisch der vater spricht
und ißt den kloß und ißt den Fisch
vom tisch und spricht und zwiebelsoß

und zwiebelsoß rinnt ab vom mund
wischt ab ach wischt und wischt und spricht
die schwester hörts an ihrem strumpf
die mutter hörts der bruder und

großvater dort auf dem abort
der hund der hund bunt hinterm schirm
die laus in seinem pelz und ich
ich hörs ich hab im ohr die wort

wie altes brot die wort wie brot
wie schwarzes brot die mutter nimmts
vom küchenbord und lächelt wild
denn trocken brot macht wangen rot

wie glotzt aus seinem leib das brot
wie rollt es rollt es durch die tür
die base sitzt vor dem klavier
und spielt ohn brot ist große not

die schürz der mutter weht herum
die uhr platzt an der wand und da
grinst unterm bottich grinst die schab
der vater spricht seht euch nicht um

die folgen großer kälte

sieben doktors stehen um mein bett
und sie sagen: dieser hat sein fett
und sie deuten hin auf mich der liegt:
dieser mann er hat sein fett gekriegt

und die sieben doktors deuten jetzt
auf den schweren schaden der entstand
ihre schilderung wird fortgesetzt:
eine anzahl zehen durch den brand

eine anzahl finger die verluste
schmerzend ach in einem kalten jahr
dieser mann bedeckt mit einer kruste
er ist nicht mehr was er einmal war

dieses sei natürlich ganz natürlich
ja ich höre das in meinem öden
feuchten bett sie sagen sehr ausführlich:
hier bei diesem schweigen alle flöten

und ich fühle heftig harte stellen
blaß kalt steif gefühl bewegungslose
finger fallen ab und schwären schwellen
schwarz auf meinem körper wachsen große

gegen alle regeln dicke kuppen
abends namentlich bei kaltem wetter
reißt die haut bricht trocken knisternd schuppen
lösen sich vom leib der immer fetter

schwillt im bett aus mangel an bewegung
frühjahr sommer herbst vergeht ich sage
lieber leser lies mit überlegung
über die bedauernswerte lage

violett entzündet grau gespalten
pelzig hände nachmittags die haut
juckend morgens risse kerben falten
blut gefroren wieder aufgetaut

doch die doktors sagen: meine güte
alles seine schuld das ist gewiß
und das beste sei wenn man sich hüte
vor erfrierung frost und finsternis

dieser mann bei hohen kältegraden
und es kommt schon vor bei kleiner kälte
ist in diese situation geraten
weil er sich des nachts ins kalte stellte

und dort stand er nass und ohne mützen
eine weile ohne diese weichen
düstren handschuh die vor kälte schützen
darum seht jetzt seinen schweren leichen

starren leib im bett in seinem schimmel
nebel qualm und rauch und dampf und dunst
steigen auf von ihm hinauf zum himmel
dieser ist am ende seiner kunst

ja ich hör sie reden unter decken
wo es birst und platzt in diesem bett
wo entsprechend ihren reden flecken
schwarz erscheinen blau und violett

dieser mann sagt man zu meinen klagen
hat sein fett wir halten daran fest
denn im allgemeinen läßt sich sagen
daß sich alles das vermeiden läßt

seht die bahn fährt hart am haus vorbei
sieben doktors stehen hier und seht
ich lieg immer noch in meinem brei
und sie sagen was das mich angeht

dabei ist kein wort mehr zu verlieren
seht jetzt kommt der mond vorbei sehr lang
sieben doktors stehen hier und frieren
sprechen mit gedrücktem stimmenklang

und sie schlagen schallend sich die arme
draußen fällt die tür der ofen hockt
reibend stampfend wollen sie ins warme
kühl im zimmer ihre rede stockt

seht jetzt ihrer ungeheuer bleichen
leiber schnelles schütteln jetzt am ende
tragen *sie* der großen kälte zeichen
im gesicht und blasen in die hände

sieben fallen um ich stehe auf
zitternd liegen sie ich schneide schnell
sieben füße ab und im verlauf
dieser handlung scheint der mond sehr hell

und ich bin am schluß der schluß ist gut
sieben liegen kalt mir ist es gleich
die beschreibung der erfrierung ruht
leser ich verlasse den bereich

ja so ändert sich das bild ich kann
sieben füße abgeschnitten kalt
liegen sehn ich seh sie dann und wann
im vorübergehen mondbestrahlt

höre leser habe kein erbarmen
mit den doktors wenn die winde wehn
sitze wohl am abend bleib im warmen
solches kann dir damit nicht geschehn

Horst Bingel
geb. 1933

Sonnenaufgang

Wir wollen exportieren
wir wollen exportieren
Deutschlands größe
Deutschlands blut

nur Juden nur Juden
die werden uns verfluchen
in Bergen-Belsen
da steht kein totenhaus
da waren nur einige
einige eingesperrt
die nicht an Deutschland
an Deutschlands größe glaubten
die werden uns verfluchen
sie haben sich alle
alle selbst umgebracht

doch männer mit mützen
mit mützen und hosen in schwarz
die Deutschlands größe vertraten
die haben auf den feldern
auf den feldern von Bergen-Belsen
kartoffeln gelesen gestoppelt geklaut
damit die armen eingesperrten
nicht vor hunger schrien so laut

in einem ort bei Bergen-Belsen
wird der herr lehrer erzählen
daß alle hungern mußten
daß hunger schlimm sei und
nicht nur in China und Indien
doch die in schwarzen hemden
die hätten für die armen eingesperrten
sogar noch geklaut

Wir wollen exportieren
wir wollen exportieren
und opfern unser geld
und dem herrn lehrer geben
in einem ort bei Bergen-Belsen
der lehrer hat alles gesehen
aufgeschrieben gesammelt bewahrt
er wartet auf das wunder
Deutschlands größe
Deutschlands blut

Reiner Kunze
geb. 1933

Die Bringer Beethovens
(für Ludvík Kundera)

Sie zogen aus, Beethoven zu bringen
jedermann
Und da sie auch eine schallplatte hatten
spielten sie zur rascheren einsicht
die sinfonie nr. 5 c-moll opus 67

Der mensch M. aber sagte,
es sei ihm zu laut, das
mache sein alter

Über nacht setzten die bringer Beethovens
maste an straßen und plätze
spannten drähte befestigten
lautsprecher und mit dem morgen
ertönte zur bessren gewöhnung
die sinfonie nr. 5 c-moll opus 67,
laut genug daß sie gehört ward
auch in der ferne

Der mensch M. aber sagte, ihn schmerze der kopf,
ging heim gegen mittag schloß
türen und fenster und lobte
die dicke der mauern

Herausgefordert, knüpften die bringer Beethovens
draht an die mauern und hängten
lautsprecher über die fenster daß
durch die scheiben drang
die sinfonie nr. 5 c-moll opus 67

Der mensch M. aber ging aus dem haus und zeigte an
die bringer Beethovens;
doch jeder fragte ihn, was er habe
gegen Beethoven

Angegriffen, klopften die bringer Beethovens
am tore des menschen M., stellten als er es auftat
hinter die schwelle den fuß; die sauberkeit lobend
traten sie ein
Zufällig kam auch die rede
auf Beethoven
und zur belebung des themas hatten sie
zufällig bei sich
die sinfonie nr. 5 c-moll opus 67

Der mensch M. aber schlug mit der eisernen schöpfkelle
ein auf die bringer Beethovens
Er wurde verhaftet zur zeit

Mörderisch nannten die tat des M.
anwalt und richter der bringer Beethovens
Doch hoffnung sei immer
Er wurde verurteilt
zur sinfonie nr. 5 c-moll opus 67
von Ludwig van Beethoven

Da trommelte M. und schrie
bis stille war

Er war schon zu alt, sagten die bringer Beethovens
Am sarge des M. aber, sagten sie,
stehn seine kinder

Und die kinder verfügten
daß gespielt werde
am sarge des menschen M.
die sinfonie nr. 5c-moll opus 67

Sarah Kirsch
geb. 1935

Legende über Lilja

1

ob sie schön war ist nicht zu verbürgen zumal
die Aussagen der überlebenden Lagerbewohner
sich widersprechen schon die Farbe des Haars
unterschiedlich benannt wird in der Kartei
sich kein Bild fand sie soll
aus Polen geschickt worden sein

2

im Sommer ging Lilja barfuß wie im Winter und schrieb
sieben Briefe

3

sechs drahtdünne Röllchen wandern
durch Häftlingskittel übern Appellplatz kleben
an müder Haut stören den Schlaf erreichen
den man nicht kennt (er kann nicht
Zeuge sein beim Prozeß)

4

das siebente gab einer gegen Brot

5

Lilja in der Schreibstube Lilja unterwegs Lilja im Bunker
Schlag mit der Peitsche den Namen warum sagt sie nichts
   wer weiß das
warum schweigt sie im August wenn die Vögel
singen im Rauch

6

einer mit Uniform Totenkopf am Kragen Liebhaber
alter Theaterstücke (sein Hund mit klassischem Namen) erfand
man sollte ihre Augen reden lassen

7

durch die gefangenen Männer wurde eine Straße gemacht
eine seltsame Allee geplünderter Bäume tat sich da auf
hier sollte sie gehen und einen verraten

8

nun brauch deine Augen Lilja befiehl
den Muskeln dem Blut Sorglosigkeit hier bist du oft gegangen
kennst jeden Stein jeden
Stein

9
ihr Gesicht ging vorbei
sagten die Überlebenden sie
hätten gezittert Lilja wie tot ging ging
bis der Mann dessen Hund Hamlet hieß
brüllte befahl genug

10
seitdem wurde sie nicht mehr gesehen

11
andere Zeugen sagten sie habe auf ihrem Weg
alle angelächelt sich mit den Fingern gekämmt
sei gleich ins Gas gekommen – das war
über zwanzig Jahr her –

12
alle sprachen lange von Lilja

13
die Richter von Frankfurt ließen im Jahr 65 protokollieren
offensichtlich
würden Legenden erzählt dieser Punkt
sei aus der Anklage zu streichen

14
in dem Brief soll gestanden haben wir
werden hier nicht rauskommen wir haben
zu viel gesehn

Märchen im Schrank

Da ging ich hin und fand das Kraut
Ich zählte schnitt das elfte ab
Mein Löwe schlug die Lindwurmhaut
Verließ mit IHR die Drachenstadt
Vögelchen singt Vögelchen springt
Für das ich ihn bekommen hatt

Liebe läuft sehr weit. Zum Schloß
Wo Hochzeit ist ob du noch Löwe bist?
Ich geb meinen vierfach geflochtenen Zopf
Dafür erlaubt die Blonde mir
Bei dir zu sein du hörst nur ein
Löweneckerchen singen Löweneckerchen schrein

Anderntags du ein Messerchen
Im Leib der Drachen-

Frau – ich konnte sie begierig machen
Auf ein Paar Schuh so schleifenversehn
Daß sich die Schuster nicht drauf verstehn

Barfuß in seine Kammer er ruhte
Sahs schimmern sahs rötlich mein geschnittenes Haar
Bog mich sich an bis ich ihm ähnlich war
Verging mit mir flog mit ihr fort
Auf dem Vogel Greif sie leben dort
Wo kein Mensch ist

Abends wenn die Sonne zu versinken droht
Kämmt sie ihn ihre Haare sind rot

Ich wollte meinen König töten

Ich wollte meinen König töten
und wieder frei sein. Das Armband
Das er mir gab, den einen schönen Namen
Legte ich ab und warf die Worte
Weg die ich gemacht hatte: Vergleiche
Für seine Augen die Stimme die Zunge
Ich baute leergetrunkene Flaschen auf
Füllte Explosives ein – das sollte ihn
Für immer verjagen. Damit
Die Rebellion vollständig würde
Verschloß ich die Tür, ging
Unter Menschen, verbrüderte mich
In verschiedenen Häusern – doch
Die Freiheit wollte nicht groß werden
Das Ding Seele dies bourgeoise Stück
Verharrte nicht nur, wurde milder
Tanzte wenn ich den Kopf
An gegen Mauern rannte. Ich ging
Den Gerüchten nach im Land die
Gegen ihn sprachen, sammelte
Drei Bände Verfehlungen eine Mappe
Ungerechtigkeiten, selbst Lügen
Führte ich auf. Ganz zuletzt
Wollte ich ihn einfach verraten
Ich suchte ihn, den Plan zu vollenden
Küßte den andern, daß meinem
König nichts widerführe

Er erzählt mir ohne Absicht im Winter

Und als ihr siebtes Weihnachten war, stritten sie
 um ein loses Haar.
Es lag auf dem Herd, wo die Pute stand, er nahm
 im Zorn die Pute zur Hand.
Schlug die Frau mit, was die nicht vertrug, tot um-
 fiel, obwohl sie den Vogel buk.
Stille Nacht aus dem Radio, der Mann sah wie es
 schneite, er war nicht froh.

Doch aß er den Braten in seinen Magen, er hat das
    Mordwerkzeug bei sich getragen.
Der Rotkohl glänzte, es fiel ihm ein, die Frau hier
    kann Hausfrau nicht länger sein.
Er hat sie auf freiem Feld in der Nacht zwischen den
    Kohl gestellt, als der Frost geknackt.
Weil sie mit Tüchern behangen war, ein Spatzenschreck,
    hielt sie bis Ende Februar.
Der Mann hat den Vorfall vergessen, als sie kamen
    in seinem Haus gesessen.

Karl Mickel
geb. 1935

Das Kindlein am Himmelstor

Das Kindlein kam zum Himmelstor
Der Pförtner Petrus stand davor.
Das Kindlein war so zart und fein
Es hatte weder Arm noch Bein.

„O lieber Pförtner laß mich ein
Ich bin weiß Gott ein armes Schwein
Geboren zu Hiroshima
Im zwölften Jahr nachdems geschah."

„Du Kindlein kommst mir nicht herein
Dort muß die Höll gewesen sein.
Wer in der Hölle ist geborn
Dem ewig Leben ist verlorn."

An M.
Lied vom Flußeisbrecher

Wir standen aufm Eis
Und angelten mitm Finger
Plötzlich wurde uns heiß
Das Eis kam ins Geschlinger
    „Was ists fürn Gast?"
    „Irgendeiner."
    „Besser einer als keiner!"
    „Ja."

Quer durchs Eis flußab
Kam ein Rauch im Eisenschuh
Färbt die Wolken rot und schwarz
Donnert unterm Fuß
    „Was ists fürn Gast?"
    „Irgendeiner."
    „Besser einer als keiner!"
    „Ja."

Ich steh, du bist weg
Auf deim Fleck
Gucktn Fisch ausm Wasser
Mein Aug ist nasser
    „Was wars fürn Gast?"
    „Irgendeiner."
    „Besser einer als keiner!"
    „Naja."

Christoph Meckel
geb. 1935

Ballade von Hiobs Misthaufen

Staub und Asche aller Wesen
Kraut und Rüben für und für
schob mir Hiob mit dem Besen
seinen Kehricht vor die Tür.

„Dies sind deine Siebensachen –"
und er wünscht mir Gute Nacht
und ihm war ein kaltes Lachen
auf den Zähnen festgemacht.

Einen Hahn tat er mir bringen
auf den Abfall obenan
setzt er ihn und hieß ihn singen
schönes Lied kannitverstahn;

Hähnchens Stimme in den Ohren
stand ich da vor Hiobs Mist:
„Ach, was hast du hier verloren
was nicht Kraut und Rüben ist,

komm, du sollst mir Futter geben
denn aus Leide mach ich Gold ..."
O ich mußt noch lange leben
eh ich einmal sterben sollt.

Schmerz, der alte Widerkäuer,
riesenmäulig malmend still
was einst Freude war und Feuer
und nun nicht mehr brennen will,

Schmerz, ich tat ihn mir verdingen
und ich führt ihn vor den Mist
und den wollt er nicht verschlingen
weil der Gottes Nahrung ist;

doch ich trieb ihn mit dem Besen:
„Friß den Hahn, jag ihn vom Mist!"
Und da war kein Federlesen
weil er mein Gehilfe ist.

Ach das Hähnchen tat sich eilen
und mit abgerissnem Kopf
lief es hundert blinde Meilen
grad in Gottes Suppentopf.

Und der Wiederkäuer malmend,
und wir standen vor dem Mist
der von Hiobs Qualen qualmend
unser beider Erbe ist;

doch er wollt nicht mit mir teilen
was nicht fortzuräumen ist
und ich stand und sah ihn eilen
und ich stand vor Hiobs Mist

und ich stand allein alleine
in dem vielen Kehricht drin
wartend, daß ich ganz zu Steine
mit ihm eins geworden bin.

Ballade von den großen Stunden der Kindheit

Als der Trauerbaum in den Himmel wuchs
und Chamäleone die Farbe des Windes trugen,
als der Blitz die Schnecke, die Schnecke den Blitz überholte,
war ich, wenn mir der Tag begann,
Maharadscha funkenspeiender Berge,
im Erinnern der Sonne aufgehoben
und reich im Vergessen des Ruhms, der mir vorausging
durch Goldsucherstädte voll Freund und Feind
und um und um gekrümmtem Haar
bei klimpernden Goldstaubmühlen im Cowboydickicht.

Und ich hielt mich unter den Büffeln der Wasserprärie,
wo das rostige Zaumzeug der Fische
klirrte im Seestall, wenn lauernde Kolke
Fuß vor tonlosen Fuß auf den Windwegen setzten
über die Schwelle des Gartens, in dem ich mich vorfand,
traumbefestigt gegen Vampire,
unter schimmernden Augapfelbäumen und ihren
Wimperblättern im singenden Regen
meiner verschwiegenen Spieluhrenherbste.

Fiel mir ein Traum aus allen Wolken,
wenn Rabe bei Rabe, Wasser bei Wasser war
und der Himmel so grau war wie Elefanten –
Dämmrungen an den Ausläufern meiner Schlummer
nahmen mich gegen die Sonne in Schutz,
wenn ich schlafen wollte im Goldpilzgestrüpp,
den Kuckuck im Arm und den Hahn im Herzen,
sicher vor allen Morgensternen.

Hieß ich morgens den Hahn auf die Dächer fliegen
und ihn dunkler Drachen Brautzüge wecken
über den Wiesen im Wind, und gab meine schnellen
Dschunken schneeflockensegelgelichtet
auf große Fahrt in die Sintflutzeiten
der wellenbergig singenden See,
in die die Fische gehörten wie ich in die Nacht
voller Träume von Kopf bis Fuß und mit Monden begütert.

Ballade vom Lauf der Welt

Rief der Page: Danke mir reichts, Dero Spucknapf zu leeren –
Rief der Clown: Wenns weiter nichts ist! Halt du mal so'n König bei Laune!
Rief der König: Befehl ist Befehl, da gibts nichts zu rütteln –
Rief Papagei: Ich versteh nicht, ihr macht soviel Lärm hier –

Schrie der Clown: Ich geh stempeln, das Ganze ist witzlos –
Schrie der König: Das gibts nicht, du bist hier der Clown, damit basta –
Schrie Papagei: Ich bitt euch, wovon ist die Rede –
Schrie der Page: Halts Maul, sprich wenn du gefragt wirst –

Tobte Papagei: So sagt doch, wovon ist die Rede –
Tobte der König: Ich bin der Herr hier zum Teufel, ich warn euch –
Tobte der Clown: Hört hört, das wär ja noch schöner –
Tobte der Page: Und sowas ist König, ich bitt euch –

Drauf der König: Ich bin euch immer ein Vater gewesen –
Drauf der Page: Das stimmt, er hat uns geschunden, der Alte –
Drauf der Clown: Ich hab's satt, Dero Rotznas zu kitzeln –
Drauf Papagei: Ich versteh nicht, ihr macht einen Lärm heut!

Und der Page: Mir reichts, schuld hat der da, er äfft uns –
Und der Clown: Ich sags ja, er macht uns konfus, dieses Mistvieh –
Und der König: So haut ihm den Kopf ab – und gehn wir dann essen –

Schrie Papagei: Was habt ihr, ihr schweigt ja so plötzlich!

Helga M. Novak
geb. 1935

als alles schon vorüber war

der Flakschütze und Kommunist
Otto Gerber überlebte den Krieg
recht und schlecht in Rom

als alles vorüber war und
Britannien ihn gefangennahm
sagte er abermals: später
wenn wir nach Hause kommen
machen wir alles besser

sie steckten ihn unter Ägyptens
Blauhimmel in ein Kriegs-
gefangnenlager einen Quadrat-
kilometer Sand im Stachelzaun

Ordnung hielt im Kamp die deutsche
Luftwaffe die den Tag laut mit
Heil Hitler begann wie in Rom

während die Engländer lachend
einen miesen Dieb dreihalbe
Pfund Butter zu fressen zwangen
hängten die Fliegeroffiziere bei Nacht
wer am Tage von Kommunismus sprach

leiser sprach Otto Gerber der
nach Hause sollte wegen seiner
Lunge von Plänen und später

als seine Entlassung anstand
tauschte er vor Freude am
Drahtzaun fünfzehn Chesterfield
gegen seinen geretteten Gürtel

in der Folgenacht hing der
Flakschütze am hohen Mast
unterm Zeltdach über seinen
schlafenden Leuten

[1957]

Ballade von der reisenden Anna

1

Anna zog mit dreizehn Jahren nach dem Osten um den Kammern und den Öfen zu entfliehn denn der süsse Rauch stank widerlich hiess die Mutter sie nach Rußland ziehn vor sich sahn sie rote Fahnen hinter sich die braunen Posten

2

nach dem ersten freudevollen Ankunftsglück fuhr die Anna mit dem Reiseautobus südwärts in ein Schülerinternat ihre Mutter las im Lehrerweihnachtsgruss – Anna – die sei fleissig und begabt insbesondre für Physik

3

damals streunten durch die Apparate schwarze Listen und rissen eines Morgens Annas Mutter aus dem Schlaf die Emigranten hatten sichs nicht nehmen lassen mitzubalgen und hatten sie als Stalin-Feind entlarvt sie schickten sie ganz ruhig untern Galgen zu den Trotzkisten

4

Anna bündelte mit starrer Miene wieder die Kledasche – reisen – denkt sie als es laut empört und hysterisch aus den Lehrerkehlen sprudelt – haben die Genossen schon gehört ein Trotzkistenkind hat unsern Ort besudelt Sabotage Spionage

5

Sibiriens Sonne brannte heiss auf den Viehwaggon und ein Mann mit uniformer Mütze brachte zweimal täglich schwarzes Brot mittags kam er mit nem Blechtopf Grütze und der Stern an seiner Jacke der war rot wie ein Lutschbonbon

6

über ihrer Blockhaussiedlung zitterte ein fremder Wind doch Anna lernte Bäumefällen leicht mit siebzehn Jahren bis sie selbst gefällt von Igor bei den Stapelflecken und in ihren kurzgeschornen Stoppelhaaren blieb ein weisser Fetzen Birkenborke stecken und es folgte jedes Jahr ein Kind

7

irgendwo im Westen ging ein Krieg über Weizenfelder und die Anna durfte dafür büssen keiner spielte mit den Kindern und zu Haus begann denn man hatte aufgehört auch ihn zu grüssen heimlich Sprit zu brennen Annas Mann im Kartoffelkeller

8

fünfzehn Jahre später kam die grosse Wende der kollektive Rundfunk versprach Gerechtigkeit Morde Spitzeleien Fehlurteile seien aus und ein Schreiben brachte Anna den Bescheid packe unverzüglich deine Sachen fahr nach Haus die Verbannung ist zu Ende

9

ohne Igor nicht zu fahren hatte Anna sich gedacht doch sie sagten auf dem Rat dass das gar nicht geht sie müsst mit den Kindern weg und zwar schnell Igor hätte keine deutsche Nationalität blieb sie aber wäre vor dem Volk ihr Fall nicht wiedergutgemacht

10

in Berlin steht Anna in einem leeren Zimmer ihre Mutter ist rehabilitiert worden urkundlich unter Glas hängts an der Wand sie zeigt es ihren Söhnen wie einen Orden es fällt dabei auf ihre ausgestreckte Hand ein Abendsonnenschimmer

[1958]

Kassina im Exil

der Bootsmann und die Krähe
liegen auf Deck auf den Bäuchen
und spielen Kassina um Geld
die eifersüchtigen Stürme raufen
sich im frühen Abendgrau
und erschlagen sich mit den Ziegeln
der alten Gehöfte von Hoy

der Bootsmann und die Krähe
liegen auf Deck auf den Bäuchen
und spielen Kassina um Geld
der Bootsmann hat alles gewonnen
die Krähe hat alles verloren
der Bootsmann hat keine Kinder
er kauft sich einen Buick

der Bootsmann und die Krähe
lagen auf Deck auf den Bäuchen
und spielten Kassina um Geld
die Krähe ist verhungert
sie treibt mit steifen Flügeln
zu ihrem Buhlen nach Torness
sie war dumm und liebesblind
[1961]

an einem deutschen Wintertag

an einem deutschen Wintertag
da traf ich einen Mann
der mit einem Köfferchen
gerad aus Frankreich kam

ich sprach von unsrer Jahreszeit
und sagte wie ich heiß
– dein Name interessiert mich nicht
und deutscher Schnee ist ewig weiss

ich sagt ich hätt einen deutschen Pass
und könnte doch nicht reisen
da hat er mich nur ausgelacht
sein Blick ließ mich vereisen

dann meint er nebenbei zu mir
– sei nur ein Narr und weine
wie ichs vor hundert Jahren tat
ich heiße Heinrich Heine –
[1962]

Ballade vom twöfalten Schock

1
in einer fanatischen Nacht im März es war ein grosser Mann gestorben stand ein schmaler Gymnasiast auf dem Schulhof Ehrenwache die Einsegnungshose war schon viel zu kurz und die Turnschuh hielten die Nässe nicht zurück

2
eine bronzene Statur stand auf rotem Sockel verziert mit schwarzen Schleifen mitten an der Fahnenstange flatterte das Schnupftuch der Nation die Sterne kamen fassbar nahe und das Gewehr wurde immer schwerer wie gesagt die Turnschuh hielten die Nässe nicht zurück

3
was wird aus mir und allen deinen Kindern wenn dein Vaterauge nun für immer geschlossen bleibt die Wache zog sich in die Länge und Mitternacht kam dicht heran als das Standbild wuchs die Tücher von sich streifte wie man einen Bademantel wegwirft und in Uniform und Epauletten vor dem Gymnasiasten stand

4

es forderte mit guter Miene ihm zu folgen einen hellen Schein will der Schüler auch gesehen haben nacheinander verliessen die beiden das Pädagogium am Papillensee schritten in den Föhrenwald dann über eine Wacholderbuschheide dann ins rote Luch

5

der Alte vorn plauderte vom Jahre Null der Menschheit das er bei neunzehnhundertsiebzehn ansetzte von Revolutionen die er gemacht hatte die zu heiligen und mit maurischen Schwertern er zu mehren verlangte willst du das meinem Andenken geloben der Gymnasiast gelobte

6

während er sichtlich im Sumpf zurückblieb und die Ermahnungen dumpfer an sein Ohr drangen während seine Füsse um Zwölf eine gezielte Grasnarbe verfehlten und glucksend tiefergingen gelobte noch obwohl sich daraus ein Hilfeschrei entfalten wollte

7

er sank

8

da stand der Alte pfeifeschmauchend und breit vor ihm ohne eine Hand zu rühren der Schüler sank tiefer das Moor schwebte auf gleicher Höhe mit seinem offenen Mund letzterdings entnahm der Alte seinen Taschen das rettende Seil schlang es über einen unvermorschten Weidenast und band es um den Kopf des Gymnasiasten

9

er zog den Versackten aus dem Sumpf auf die Erde über die Erde auf die Weide der Schüler begann wieder mit dankverklärten Augen Gehorsam zu geloben seine betenden Blicke mischten sich mit einem kurzen Lach

10

der Alte zog den Folgsamen in den Frühlingshimmel alle Prüfungen ertragen hiess sich der Knabe stillhalten als er erschrak

11

war sein Genick schon gebrochen und der Heilige auf und davon der nächste Tag sah ihn wieder auf dem roten Sockel unter den schweigenden Schleifen zehn Jahre später fand ein Bauer unbekannter Herkunft den Gymnasiasten hängend im Moor

12

schnitt ihn ab und schickte ihn mit seinem versandeten Gewehr nach Hause der Gymnasiast ging zur Stätte seiner Wacht als er auf den Fahnenbaum stiess war das Schnupftuch hochgezogen der Hof mit goldenem Kies bestreut und ein neuer Sockel aufgerichtet

13

mit einem bärtigen Kopf doch ohne Sterbeschleifen und die heilige Litanei von damals drang aus dem Mikrofon der Gymnasiast fiel auf die Erde und frass die goldenen Kiesel bis er erstickte

[1963]

Volker Braun
geb. 1939

Moritat vom wolfsburger Stempler

Mit blankem Schuh, gesteiftem Hemd, beinah
Zivil: der Arm aus Fleisch, die Finger sanft, die Dienst-
Mütze nur erhebt ihn aus dem Volk und
Was die Hand hält und in diesen fremden
Ausweis eindrückt: der Stempel. Da

Drückt ers in den Paß: *zurückgewiesen am* und
Hebt die Hand, höflich, die Finger sanft
Der Arm aus Fleisch, beinah zivil
Und winkt wen her, korrekt, das Hemd
Gesteift, der Schuh blank: schon

Andere schieben die Ausgewiesnen hinweg, nicht
Er, aus dem Abteil, daß sie Hannover nicht
Sehn, zurück nach Leipzig, daß sie nicht
Mit Oberhausens Jugend reden, nicht
Über Verständigung. Er steht noch rum

Wie eine Kerze grade, wie ein Wachs
Glatt und gefügig, das Verfassungsschutzamt
Bog ihm den Arm sanft in den Ausweis: es
Nicht er, schnitt aus dem Gummi Stempel, es
Gibt Befehle, nicht er, was solls. Er

Hat blanke Schuh, ein Hemd gesteift, steht
Fast zivil herum, der Arm aus Fleisch, wie
Wachs gefügig, wie ein Stempel sanft: er
Läßt sich drücken, seine Spur
Ist vorgeprägt, er ist korrekt.

Der sechzehnjährige Lehrer Manuel Ascunce

1
Der kleine Lehrer Manuel
Lebte in der Hütte aus Bambus
Die hatte keinen Boden
Und keinen Schuh sein Fuß.

2
Er wußte nichts von Büchern
Und die Seife sah er nie.
Da kam die große Bewegung
Des sechsundzwanzigsten Juli.

3
Seit dem Tag hatte er einen Freund
Er kannte ihn nur noch nicht
Der im Fort Moncada
Die Mauer wegbricht.

4
Und hinter der Mauer wurde
Die Schule angemalt.
Dort durfte Manuel hineingehn
Und hat gar nichts bezahlt.

5
Er blieb nicht lange drin.
Er lernte das X und das U
Nun konnte ihm keiner was vormachen.
Und gebraucht wurd er dazu.

6
Da lernte er seinen Freund kennen
Das war der lustige Fidel.
Dann machte er sich nach Escambray auf
Mit Kreide, die schreibt hell.

7
Denn sein Freund Fidel selber
Ein großer Lehrer war
Er machte Revolution
Nun schon drei Jahr.

8
Manuels Schüler war ein Bauer
Der hatte auf einmal Land.
Und weil er das Land hatte
Kriegte er auch seinen Verstand.

9
Die beiden wurden schnell einig
Und sagten an jedem Tisch:
Nur wer an die Revolution denkt
Der denkt gut an sich.

10
Und als der Lehrer jung war
Und der Schüler war schon klug
Da fand man die beiden erschossen
Hinter dem Pflug.

11
Sein Freund Fidel machte
Das Testament für ihn:
Daß, die da hassen die Lehrer
Daraus die Lehre ziehn.

12
Es sollen nicht mehr leben
Die Feinde der Revolution!
Manuel aber ist tot.
Doch er lehrte schon.

Volker von Törne
geb. 1934

Kleine Moritat

Leute, hört! Ich singe,
so leis ich eben kann,
getrost und guter Dinge,
das Lied vom braven Mann:

Ließ er Trommeln dröhnen:
bimm bamm bumm!
Mit seinen sieben Söhnen
ging der Plumpsack um.

Lärmt in bunten Buden,
lärmte gar nicht wenig;
schoß bitterböse Juden:
Plumpsack Schützenkönig.

Schoß auf allen Gassen,
schoß in jedes Haus;
war von Gott verlassen,
wußt nicht ein noch aus.

Fing er an zu lachen,
lacht er furchtbar laut:
Ja, Leut, was sollt ich machen?
Es ging um meine Haut.

Bimm bamm beier!
Das End von der Geschicht?
Ich hab sie von Herrn Meier;
der tat nur seine Pflicht.

Ballade vom braven Mann

Hakenkreuz am Hute,
ein Skelett im Schrank,
schwingt er seine Knute,
kriecht er aus dem Tank.

Will mein' Garten haben,
schießt mich ins Genick;
fressen mich die Raben,
nimmt mein Weib den Strick.

Singt er fromme Lieder,
wäscht er sich die Hand;
stellt er meine Brüder
alle an die Wand.

Köpft er meine Kinder,
macht er reinen Tisch:
freitags ißt der Schinder
meinen Silberfisch.

Scharrt er meine Mutter
in den grauen Schnee –
ansonsten, Herr Luther,
ist alles o. k.

Lied von den apokalyptischen Reitern

Es war in der Zeit der Depression:
Ihr Karren kam nicht mehr weiter.
Sie hatten Angst vor der Revolution,
die apokalyptischen Reiter.

Sie wechseln die Knochen. Sie wechseln die Haut.
Sie bleiben doch immer die alten.
Sie heulten sich heiser. Sie brüllten laut:
Erbarmen! Ihr müßt uns behalten.

Sie haben das Abendland ausverkauft
samt Gott und seinen Engeln.
Sie haben sich einen Gaul gekauft.
Sie sagten: Mit kleineren Mängeln.

Sie wechseln die Knochen. Sie wechseln die Haut.
Sie bleiben doch immer die alten.
Sie haben dem Gaul ins Maul geschaut.
Sie sagten: den wolln wir behalten.

Sie machten einen mächtigen Krieg.
Ihr Schinder war keine Niete.
Und gab es am Ende auch keinen Sieg:
Es gab doch ganz schöne Profite.

Sie wechseln die Knochen. Sie wechseln die Haut.
Sie bleiben doch immer die alten.
Ihr habt ihnen wieder ein Haus gebaut,
in dem sie euch niederhalten.

Kurt Bartsch
geb. 1937

Hochzeit

Auf Rolltreppen steigen die Bräutigame
Lackieren Hutes in die sechste Etage, da stehn
Die Bräute, ein weißer Strauß, Dame an Dame
Mit Rosen fuchtelnd, herzklopfend, wie schön.

Die Kleider rauschen, Schallplatten im Regen
Knicken dann, sitzen und hören Musiken zu.
Es ist wie im Märchen (die Bräute wippen verlegen
Mit silbernen Spitzen) das Herz pumpt Blut in den Schuh.

Der Standesbeamte, mit sauerampferner Miene
Leckt einen Finger naß, blättert in Akten, schläft ein.
Draußen pfeifen die Lokomotiven, fahren ins Grüne
Mit Wäldern beladen, über die Brücken und schrein.

Laut fliegen die Fenster auf, Regen klatscht an die Wände.
Der Standesbeamte wird leichenblaß (er träumt, er zerfließt:
Süßer Brei über die Stadt hin) er reißt die Hände
Hoch, flieht an die Schreibmaschine und schießt.

Die Bräutigame fliegen, quadratische Engel
Durchs offene Fenster mit ihren Bräuten, heute und hier
Über die Baustellen, Kneipen, das große Gedrängel
Der Bahnhöfe, Sonne, Luft aus goldnem Papier.

Nicolas Born
geb. 1937

Da hat er gelernt was Krieg ist sagt er

I
Er hat eine Ahnung von Nichtwiederkommen
in der Allee die sich hinten
ordentlich verengt wie auf Fotos.
Aber kaum verschwunden ist er wieder da
kaum bin ich vom Fenster weg
wird er riesengroß auf Fronturlaub
der immer (sagt er zu seiner Frau)
der letzte sein kann.

Er ist im ganzen eine Überraschung
seine Stimme klingt im Korridor
etwas anders

(es ist eher die Stimme seines
Bruders der vermißt ist)
du du sagt er und sieht sie komisch an
und fragt – da bin ich weg –
wo ist der Junge.
Sie stöbern mich auf
ziehn mich hervor knallrot die Augen zu
aus dem Einmach-Regal.
Als hätte ich Spaß gemacht lachen sie
und verlangen von mir das gleiche
ich muß umarmt und geküßt werden
bis ich schreie.

Nachdem ich ihn nicht mehr gemocht habe
mag ich ihn wieder
er spürt das sofort und nimmt von mir
was er kriegen kann.
Es ist das Erlebnis der Weite sagt er
das man in Rußland hat
es ist ein rätselhaftes Land.
Später einigt er sich auf die Bezeichnung:
Land der Gegensätze.
Er ist da in voller Überlebensgröße
will auf einmal wieder mein Vater sein
das kostet ihn Geld und viele Worte.
Ich liebe ihn nur wenn ich reite
auf dem hohen Nacken dieses Vatermenschen
der in Rußland war.

II
Theodor Anton Friebe (40) schlug mich hart
er zog mich hoch aus Zimmerecken teilte
die Schläge in Rationen ein
(zwischendurch drehte er sich um
ob er noch die Zustimmung meiner Mutter hatte
sie weinte nickte aber tapfer zu jeder Ration).
Er ist ein Arschloch habe ich geschrien
wenn Vater kommt der macht ihn kaputt
doch Theo Friebe
(Asthmatiker, stellvertr. Bürgerm.) sagte:
Dein Vater ist mein Freund
wenn du mich erpressen willst hier ist
dein Vater
und nahm das Bild in beide Hände und
trieb mich damit vor sich her
ich wich meinem Vater zur Seite aus
doch Friebe entwischte ich nicht:
Hier ist dein Vater entschuldige dich.
Friebe schlug mich hart in Millingen am Rhein
bis ich mich entschuldigte mit Nasenbluten
bei meinem Vater der danach
wieder ganz ruhig auf dem Klavier stand.

III
Da hat er gelernt was Krieg ist sagt er
brachte aber keinen Streifschuß mit
keinen Splitter im Rücken
der nicht zur Ruhe kommt
der ihn verändert hätte
später
als ich wehrpflichtig wurde.
Er brachte Geschichten von Feindberührung
zum lebendigen Erzählen beim Bier
er brachte das Geständnis Angst gehabt zu haben
was ihn mir nicht glaubhafter machte
aber reinlich stand er da und reimte alles
„Churchill hat gesagt: Wir haben
das falsche Schwein geschlachtet"
und liebte mich ab 47 wieder von vorn
er war nicht amputiert und nicht
gar nicht zurückgekommen
ich weiß nicht ich glaube
ich atmete trotzdem auf.

IV
Er hat überlebt
er kehrte als Heimkehrer heim
Februar 47 es war hell und kalt
die Pappelallee knüppelhart gefroren.
Am Friedhof nahm er die Mütze ab
er hob die Hand
er grüßte von unten herauf
ein schmaler älterer Mann.
Als er im Haus war sah es so aus
als nähme er sich eine Frau
sie sahen sich an er umarmte sie
sie riß sich los und weinte am Schrank.
In der Nacht noch kamen Verwandte
zur Begrüßung mit Eigenheimer Korn
mein Vater war sofort betrunken
sie haben ihn ins Bett gebracht
ich trug die Schuhe hinterher.
Alles fing ganz langsam wieder an
die Schwierigkeiten hielten die Ehe aus
vorläufig gab ich ihm keine Antwort
er hatte den Krieg verloren.

V
Er sprach ich bin gemäßigt
gab immer öfter Adenauer recht
baute ein Haus
kämpfte in der Familie um das letzte Wort
hatte als Angestellter Erfolg
erzog seine Kinder falsch mit Erfolg
trank gern

lachte gern
sah fern
wurde immer gemäßigter
wenn er betrunken war
schämte er sich seiner Tränen nicht
er protestierte mit einer Herzattacke
gegen die Frühschwangerschaft der Töchter
aber was dabei herauskam
das drückte er an sein Herz.
Er stritt mit ihr wer wen überlebe
sie gab ihm unrecht als sie starb.

Jochen Lobe
geb. 1937

Ballade mit Fahrrad + VW

schwüler Tag heut früh,
selbst auf dem Fahrrad,
und der Morgen noch ohne Idee.
Weiß ich, woran und ob ich dachte,
als mir ein Khakikäfer von VW
entgegenprescht und Henry Miller
hinterm Steuer mit schlaffen
Altersbäckchen, – warum Miller?
„Es gibt nur Dichter, alles andere
ist Abwaschwasser", zitiert das Hirn.

Dieser Art der starken Männer
fahre ich nach unter einem grau
eingeteigten Himmel
zur Behelfsunibibliothek, mal sehn
was Dichter heut so schreiben,
und vorbei gehts an den rostigen
Türen der Maschinenfabrik
am verrußten Eisen, an Kies und Beton
zwei Schäferhunde bellen
von den Halden eines Autofriedhofs.

Die Zeit gemessen zu sehn, kam ich
hierher mit fliegendem Puls,
die führenden Blätter verabschieden
immer noch herbstlich die Revolution
und ihre Hinterbliebenen,
die Muse der Dichter seh ich als
Sekretärin hinterm Schreibtisch,
sie wandeln in Gärten wieder
und denken in alten Bauernhäusern.

Dieser Wellblechhangar
diese Lagerhalle
dieser Bücherbahnhof mit wenig Betrieb
(keine Klosterbibliothek
      wie die von Waldsassen
 kein Spitzweg auf der Leiter
 kein Montaigne, – warum auch?)
die Klimaanlage rauscht
blaue Spannrippen unter der Decke
gelbe Entlüftungsroste
an den Wänden Zeitschriftenspaliere

– da schießt die Zeit mir
durch den Kopf und ich denke an
Norbert und seinen Tod auf der Autobahn:
besser mit hundertachtzig nachts
gegen einen Laster wie du
als dieses Katalogisieren
der aussichtslosen Sätze
in irgendeiner Unibibliothek, besser so
als im gleichmäßigen Stau der Bücher
ganz langsam zu ersticken.

Der Herr in Schwarz und mit Melone
am Büchertresen dort bestellt sich
Brieftauben über Fernleihe
und höflich seh ich üben sich
die Bibliothekarinnen in Mikrofiches
und indizieren unter „T". Unterdessen
fällt Staub von der Hängeuhr
in diesem Bücherwartesaal, der Herr
in Schwarz schüttelt den Kopf
lüftet den Hut, geht. Ich ihm nach,
und wie ich aufs Rad steig, regnets.
Von Henry Miller nichts zu sehn.

Beat Brechbühl
geb. 1939

Die Ballade vom Sporttoto

Der alte Balthasar Wenger konnte es
nicht fassen,
daß der Nationaltorhüter, für diesmal
ein Hornochs, 10 Sekunden vor
Schluß den Ball zwischen den Beinen hindurch
ins Tor fallen ließ.

Sonst hätte ich den einzigen Dreizehner
gehabt, sagte der alte Wenger, 15 Jahre lang
habe ich nun getippt, mehr als 100 000 Franken
hätte ich gekriegt, und jetzt schlägt
das Glück
so nahe an meiner Nase vorbei.

Mehr als 100 000 Franken hätten sie mir
geben müssen, sagte der alte Wenger,
immerzu, 3½ Stunden lang,
ich habe noch nie soviel Geld gesehn.

Das Leben besteht aus Nuancen,
sagte Herr Pfarrer,
am Donnerstag drauf, an der
Beerdigung des alten
Balthasar Wenger.

Peter Handke
geb. 1942

*Frankensteins Monsters Monster
Frankenstein*

Ah!
Unter dem Stroh im Stall liegt Frankensteins Monster.
In Carlsbrunn wohnt ein Doktor namens Stein.
Frankensteins Tochter fährt in der Kutsche zur Kur nach Insbad (oder nach Inzbad).
Die Burschen im Dorf heißen Fritz, Karl, Otto und Hans.
Im Stall über dem Stroh hängt ein ziemlich schwarzer Reifen aus Holz.
Der Pförtner ist das erste Opfer des Monsters, das zweite Opfer heißt Gerda.
Im Stall unterm Stroh liegt Frankenstein, Frankensteins Monster.

Im Herrschaftshaus spielt das Quartett einen echt
englischen Komponisten, aber auf Wunsch der Dame des Hauses folgt Händel darauf.
Im Wirtshaus sind die Tischtücher so weißblau kariert, daß man Heimweh kriegt.
Im Keller nimmt der Doktor dem erschrockenen Assistenten den Handschuh aus der Hand.
Es gibt auch eine Stadt namens Frankenstein.
Im Wald schläft Frankensteins Monster weinend unter dem Farnkraut.
Der Geliebte von Frankensteins Tochter heißt Hans.
Frankensteins Monster steht auf dem Altan des Herrschaftshauses.
Der Doktor Stein macht eine Krankenvisite.
Das Liebespaar heißt Gerda und Franz, sitzt mitten in der Nacht unterm Gebüsch und zählt Ameisen.
Der Stallknecht hängt im Stall an einem ziemlich schwarzen Reifen aus Holz.
Frankensteins Monster hieß früher Hans.

Der Schrei der Dame des Hauses löscht die Kerze für die Partitur des Streichquartetts aus.
Frankensteins Monster hat sich unter das Farnkraut verkrochen.
Frankensteins Tochter trug einen Reifrock aus Inzbad (oder aus Insbad).

Hans und Frankensteins Tochter saßen oft miteinander im Gras und aßen aus dem Jausenkorb, der zwischen ihnen im Gras stand.
Die Dame des Hauses hat einen Fächer zwischen Daumen und Fingern.
Frankensteins Monster, in seiner Verzweiflung, hat den Hemdkragen offen.

„Ihr seid so gut zu mir!" sagte Hans.
Der Mann aus dem Volke reibt sich den Bauch.
„Ich bin immer nur angestarrt worden!" sagt Frankensteins Monster.
Der Doktor Stein heißt jetzt Doktor Franck und hat eine Praxis in London West, Harley Street.

F(riedrich) C(hristian) Delius
geb. 1943

Moritat auf Helmut Hortens Angst und Ende

Horten liegt flach – im eignen Schweizer Gras und weiß
und grün und das Gesicht voll Schmerz und Angst und Schweiß.
Was ist passiert? Es biß ihn eine böse Schlange,
er sah sie noch und schrie – doch sie ist weg schon lange.
Der Kaufhauskönig stöhnt, sein Leibarzt nimmt das Bein
und spritzt ihm gut gekühltes Schlangenserum ein,
das für den Notfall immer da ist, zu dem Zweck:
Dem guten Chef beißt ein Reptil das Leben weg.
Sein Arzt verfährt gewissenhaft, und doch, was nützt
das Serum, das er gegen diese Schlange spritzt,
denn die war giftig nicht, giftig war nur diese
Angst vorm Biß, vor jedem Angriff, jeder Krise:

Die Angst vor den zu faulen Angestellten,
die Angst vor nichtkapitalistischen Welten,
die Angst vor Steuern und Verlusten,
die Angst vor Gewerkschaften, den zahmen und bewußten,
die Angst, seine Frau als Witwe zu wissen,
die Angst, Macht und Geld vermindern zu müssen,
die Angst vor Kindern, die sein Lebenswerk verprassen
oder sich gar mit der Linken einlassen,
die Angst vor Krankheit und der schlechten deutschen Luft,
die Angst vor Konkurrenz, vor seinesgleichen, vorm Schuft,
und die Angst vor diesen tausend Kreaturen,
die nicht nach seinem Willen spuren.
Was nützt da die Spritze? Natürlich nix.
Ein Hausmädchen reicht ihm ihr Kruzifix.

Da liegt er jetzt im Garten seiner Villa im Tessin,
an dem zentralen Punkt, von dem aus, wies ihm selber schien,
er seine europäischen geschäftlichen Interessen
sehr gut überblicken kann und auch, nach Wunsch, vergessen.
Da sieht er jetzt nur Beine und Gesichter, fassungslos,
in ihrer Mitte seine Frau, Frau Heidi, deren Schoß

er noch mal anstarrt, und die ihm aus dem Gesicht
den Schweiß wegwischt und mit ihm letzte Worte spricht.
Und in den paar Minuten, die er seinen Mund noch auf hat,
findet weiterhin der profitable Verkauf statt,
helfen ihm gut dreißigtausend Leute,
vergrößern ihm schnell noch die Ausbeutungsbeute,
steigt noch der Wert seiner Häuser und sonstigen Immobilien
in Österreich, Frankreich, Bahamas und in Brasilien,
steigt noch der Wert von Heidis Diamanten
und Tigerfellen, Hirschgeweihen und Brillanten,
werden der eigne Jet, die fünf Rolls-Royce und die Yacht
durch Abschreibung weiterhin fruchtbar gemacht,
schwitzen die von ihm bezahlten Politiker über Gesetzen,
die ihm genehm sind und seine Gegner zerfetzen.
In diesen paar Minuten, die das Herz noch zuckt,
verdient er Tausende an jeglichem Produkt,
verdient er noch im Tod, verdient er in der Hölle –
denn Heidis Kuß weckt ihn nicht auf und nicht des Hunds Gebelle.

So liegt ein König der Ware
von Angst gemordet auf der Bahre.
Gras grün, wenig Wind, Sonne scheint,
die Dogge Cassius bellt und weint.
Die Zeitung spricht vom Schicksalsschlag –
soweit mein Traum vom letzten Donnerstag.

(Moral:)
Ihr wißt schon: Nicht immer endet der Kapitalist
so einfach, idyllisch, ohne Kampf, ohne List.

Frank Geerk
geb. 1946

Verheißung

Das Glück kam auf die Erde,
da schaute es sich um:
„O allem Unglück werde
den Hals ich drehen um!"

Es ging auf leisen Sohlen
dick über den Asphalt.
So viele wollt' es holen
und brauchte viel Gewalt.

So viele sind verschwunden,
die Stadt ist menschenleer.
Die Fenster, graue Wunden,
draus tönt es zu mir her:

– „O allem Unglück habe
den Hals gedreht ich um.
Es irrt kein Unglücksrabe
mehr in der Stadt herum!"

André Heller
geb. 1946

die ersten zehn jahre der e. p.

und als in der stadt, die paris heißt,
der herbst erschien mit den regengirlanden,
da zählte der tod seinen auszählreim,
und erschlug ödön von horváth.

und in wien da tanzten die hakenkreuze,
und die kirche stand hinter hitler.
und bald darauf wurde ich geboren.
in ein großes deutschland mein kleiner schrei.

und ich wuchs und mit mir wuchs der krieg.
und der sommer war heiß und der winter war kalt.
und vom himmel, da fiel ein brennender wald.
und ich war dabei.

eines nachmittags, da war große stille.
und ich schlief zwischen margueriten.
man hatte den braunen vogel zerrissen,
sein gefieder bedeckte das ganze land.

und die lehrer nannten die feinde jetzt freunde.
und drei-mal-drei durfte wieder neun sein.
und österreich hieß wieder österreich.
und man fragte, wer hat überlebt?
und ich war dabei.

Rainer Kirsch
geb. 1934

Auszog das Fürchten zu lernen

Der Küster nackt im Laken: weißes Leinen
Brauchen die für nachts, wir hatten Sackwand und Stroh
Zu sechst, kaum Felle, kalt, frühmorgens stanks
Gut, aber: er, umwickelt, stumm, ein blödes Standbild
Am Turmloch, weiß im Mond, ich rufe, nichts
Steig näher, nichts, erkenn ihn nicht, sag laut
Du Bist Im Weg, er wars, steht, stumm, ich trete zu.
(Fester, wußte ich wer: manchmal am Morgen
Glotzen, die Frau vergoß Milch, gut, was ist Furcht:
Dies, dacht ich öfter, könnt es sein, doch Morgen gehn.)

Im Schloß dann der im Sarg: ein Toter, gelb
Also kein Mensch, nur Hülle, Fleisch, brettsteif
Oder doch Mensch, bloß kalt: mein Bruder, wo Gekröse
Aus dem Kamin schwappt und die Fenster
Wie Rasseln gehn, das Bett fährt knirschend um
Rollt dachwärts, bockt, kippt ab; vor Räude stinkendes
Viehzeug zerschmiß mein Feuer, ich erschlug's
Lustlos in Notwehr; wo also viel
An Totem lag (was da gehälftet vom Schornstein
Herfiel an Krüppeln: stur, nur Kegelspielen
Feixen wie ich verlor: die wußten nicht was rund ist):
Hier, dacht ich, ist, wo man zusammenhält
Wenn man noch ist, und ohne Schonung
Sehn muß ist man zu zweit zu zweit zu sein:
So blies ich ihm wie Ärzte Atem ein
Bett ihn ins Bett, er lebt, spricht, würgt mich, ich ihn;
Was heißt zum Fürchten? Undank. – Zum Schluß der Alte
Debil, strohblöd vor Kraft, ich spalt den Amboß
Klemm ihm den Bart, uralter Trick, der Morgen
Schwamm rötlich ein, der König kam, sah, quiekte
Nahm seinen Anteil, gab die Tochter:

Sie
War schön. Wir fielen in Liebe, sie war siebzehn
Sanft, bräunlich, geduldigen Munds, wenn wir einander
Das Atmen lehrten und die Worte, die
Man dreimal sagt, dann nicht mehr, ungeduldig
Erst gegens Frühgrau, wenn die Vögel auffuhrn
Hinterm wegblassenden Mond, wir schliefen tags
In Hecken, unterm goldbesegelten Himmel
Die Flüsse glitzernd, woher Furcht
Wenn wir aus Trauben trinkend unter Bäumen gehn?
Ich lern es nicht, das Leben ist zu schön!
Ich rief's, oder ihr ins Ohr.

Aber schon bei der Hochzeit die Gesichter:
Mildfetten Blicks der König, zu ihm auf
Der Hofstaat, singend, aus geblähten Hälsen
Seltsames keuchend, und Augen, bleich wie Maden
Von unterm Fleisch ächzenden Tafeln fraßen
Sie sich die Bissen fort, zerkauten Hühner wie
Hunde Knochen, würgten sich's weg, wenn sie
Ein Blick von oben traf: Dort war's
Daß ich das Mädchen sah und mich, nackt auf dem Freßtisch
Eilig verschwindend unter eiligen Messern

Da dacht ich es die Zeit die Welt zu bessern

Und Furcht was ist's: Ich König. Mach's neu. Ich:
Richter gerichtet, Verträge um sie zu halten
Den Bauern Brot, dem siebzigfachen Mörder
Statt Rente den Strick (mein Generalstab leer)
Arschkriecher ins Bergwerk, Erlasse, mächtige Forken

In die Kanzlein, bovistischer Gestank
Noch spät, erst, spät, nachts, schon? ich sah am Morgen
Das Blinzeln der Minister, das Kommando

Kam schnell, ich lag, lieg, brüll auf kaltem Stein
Was Furcht ist nur die Wächter hörn mich schrein
Später die Schreiber, dauerhafte Lüge
Für wenig Honorar, dichten: Gründlinge
Im Brautbett. Und nicht von nasser Kälte
Zitternd: Durch Mauern seh ich, seh im Qualm
Die Heere ausziehn, Wälder giftentblättert
Mordfressen überm Bauchfell das noch zuckt
(Sauberes Bajonett), unter der Erde
Die Präsidenten und die Weiber jauchzend
Städte gebirgwärts, Menschen wie Kirchen brennend
Feuer, und Wind, und alle. Und von denen
Die ich jetzt hör, Furcht, singende Tür, Ich:
Zuviel geglaubt zu viel gesehn zu viel gewußt
Jetzt schlagen sie mir die Messer in die Brust –

Nachspruch

Dies ist ein Lehrgedicht es lehrt
Daß der von Furcht nichts weiß in Furcht hinfährt
So willst du furchtlos auf Planeten wandeln
Fürcht dich beizeiten danach magst du handeln

Ballade

Sie schrie, kaum daß ich da war. Wenn ihr Mund
Mich küßt, da wo mir gut ist, in der Mitte
Sagte sie: Salz ist süß, und wenn die dritte
Stunde am Morgen kam, war noch kein Grund

In ihr, sie war so naß wie als sie kam
Wenn ich sie rührte, und erfand noch Worte
Für wie ich handelte und womit, die Orte
Vermengten sich sehr, weil sies wörtlich nahm

Dann schlug es fünf. Sie ging zur Arbeit. Zuvor
Wusch sie die Gläser ab, sie käme wieder
„Ein schön endloser Kehrreim, wie alte Lieder"
Und sprach mir nach der dritten Nacht ins Ohr:

„Mit dir ists das. Ich will: Sichres, verstehe . . ."
Nun geht sie sanft in eine schöne Ehe.

Anhang

Günter Kunert
geb. 1929

Ballade von der großen Pulververschwörung

Im November zu einer trüben Stund
Um sechzehnhundert und fünf Jahr,
Da taten die Herren von London kund,
Das Parlament sei in Gefahr.
    Was für eine Gefahr, Leute?
    Größere Gefahr als heute?

Was nicht unter ein Parlament gehört,
Das sollte im Keller dort stehn.
Der König, der war am stärksten verstört
Und wollt' selbst in den Keller gehn.
    Aber er fürchtete sich allein, Leute.
    Das tun große Herren noch heute.

Den Herzog von Suffolk traf das Los,
Er mußt' in den Keller hinab.
In der Tiefe war die Dunkelheit groß,
Und die Stille war wie ein Grab.
    Überall war die Dunkelheit groß, Leute.
    Sie war größer als heute.

Herr Suffolk nahm eine Kerze zur Hand
Und hat gleich die Tonnen entdeckt,
Mit Pulver gefüllt bis hinauf zum Rand,
Obwohl unter Stroh sie versteckt.

Aus welchen Köpfen das Stroh kam, Leute,
Wissen wir nicht bis heute.

Bei den Tennen fing er auch einen Mann,
Sagt' er, Guy Fawkes mit Namen.
Und der hing recht bald an dem Galgen dran,
An den noch andere kamen.
    Auch die Henker verschwanden, Leute.
    Man muß sie nur selber hängen. Auch heute.

Wer seine Meinung nicht genug verhüllt,
Ward ohne weiteres mitgehenkt.
Und die, deren Magen stets ungefüllt,
Bekamen Gesprächsstoff geschenkt.
    Und solche billigen Geschenke, Leute,
    Die gibt es noch heute.

Um sechzehnhundert und fünf Jahr,
Im November zu einer trüben Stund,
Da wurde den Herren von London klar,
Sie säßen auf schwankendem Grund.
    Denkt an das Pulver, Leute,
    Wird welches gefunden heute.

Vom verirrten Sohn

Geheißen hat der Vater den Sohn,
In die Stadt um Tabak zu gehn;
Krank lag er zu Bett, seit Tagen schon,
Und der Sohn wollte Städte sehn.
    Lang ist der Weg. Wo ist sein End?
    Ist kein Weiser, der's nennt?

So ist der Sohn fröhlich gegangen
Durch die Türe hinaus auf den Weg,
Und der Weg hat gut angefangen,
Denn er kannte jeden Steg.
    Lang ist der Weg. Wo ist sein End?
    Ist kein Weiser, der's nennt?

Mit der Zeit wurde der Weg ihm fremd,
Und er kannte sich da nicht mehr aus.
Das Geld klang in der Tasche im Hemd,
Und er wünschte sich nach Haus.

  Lang ist der Weg. Wo ist sein End?
  Ist kein Weiser, der's nennt?

Sehr groß schien die Welt nach jeder Seit,
Und still war die Wolke hoch oben,
Und sie gab dem Sohn keinen Bescheid,
Wo sich Städte erhoben.

  Lang ist der Weg. Wo ist sein End?
  Ist kein Weiser, der's nennt?

Auch die Tannen schwiegen, die blauen,
Den Weg kannten sie sicherlich nicht.
Es schwiegen die Steine, die grauen
Und schwiegen mit viel Gewicht.

  Lang ist der Weg. Wo ist sein End?
  Ist kein Weiser, der's nennt?

Der Vater hat nicht den Weg gesagt,
Der hinein in die ferne Stadt führt,
Und der Sohn hat ihn danach nicht gefragt
Und ist sorglos fortmarschiert.

  Lang ist der Weg. Wo ist sein End?
  Ist kein Weiser, der's nennt?

Der Bunkermensch von Calais

An der Küste von Frankreich im Norden
Erhebt sich die Stadt Calais.
Sie ist einst errichtet worden
Wegen des Handels zur See.

Vom Orte entfernt zwei Meilen
Liegt ein gewaltiges Grab,
Gebaut aus Beton und eisernen Teilen
Und reicht bis in Tiefen hinab.

Leer sind des Bunkers Kammern
Und geräumt ist jedes Geschoß.
Nur manchmal bei Wind geht ein Jammern
Durch den sonst stummen Koloß.

Zur Nacht sah einmal ein Bauer
In einer Scharte ein Licht.
Er legte sich auf die Lauer,
Und bald ging um ein Gerücht:

Daß keine Ruhe finden,
Die im Bunker gefallen sind,
Und daß sie erst verschwinden,
Wenn ein Jahrhundert verrinnt.

Aus Calais ein paar mutige Leute
Haben drauf den Bunker durchsucht.
Und brachten ans Licht eine Beute,
Die hat wild gefletscht und geflucht.

Dazu noch in fremden Lauten,
Die keiner der Leute verstand;
Es schrie, daß sie sich davor grauten,
Doch dann schwieg es kurzerhand.

Es trug eine zerschlissene Mütze
Und im Futter ein Dokument:
Das bewies, er war Panzerschütze
Von einem deutschen Regiment.

Einer dort hat deutsch gesprochen,
Und so erfuhren sie des Mannes Los:
Siebenhundertundachtzig Wochen
Hauste er bereits im Erdenschoß.

Sie sagten ohne zu lachen:
Der Krieg ist lange aus.
Du brauchst hier nicht mehr zu wachen,
Soldat, nun ziehe nach Haus.

Der Soldat hat dazu geschwiegen
Und hat sie bloß angesehn;
Sie sagten, sie würden nicht lügen,
Und er könne nach Hause gehn.

Frieden, sagten sie zum Soldaten,
Und ob er das Wort nie gehört?
Sie möchten ihm jedenfalls raten,
Daß er ihren Frieden nicht stört.

Der Soldat hat den Arm gehoben
Und zeigte zum Himmel hinauf,
Denn in die Bläue da droben,
Stiegen die Jagdbomber auf.

Er zeigte auch auf den Hafen
Der schönen Stadt Calais,
Drin Kreuzer und U-Boote schlafen
Und schaukeln von Luv nach Lee.

Sie sahen der Panzer Ketten
Und sahen: Sie rollen an.
Und wußten, davor kann sich retten
Nicht Weib, nicht Kind, nicht Mann.

Sie sahen Geschützrohre schwenken
Von fern auf sich selber hin
Und auf sich Torpedos lenken
Mit tausend Toden darin.

Sie sahen Raketen gerichtet
Schon auf ein fernes Ziel,
Und sie sahen Völker vernichtet
Von dem, was aus Wolken fiel.

Es schien, als währte es Stunden,
Bis, was sie sahen, zerrann.
Der Soldat war schon verschwunden,
So sacht, wie es einer nur kann.

Sie gingen heim in Schweigen
Und frierend trotz Sommerglut.
Erneut in den Bunker zu steigen,
Fehlte ihnen jeglicher Mut.

Sie wußten ja, leer sind die Kammern
Und geräumt ist jedes Geschoß.
Nur manchmal bei Wind geht ein Jammern
Durch den sonst stummen Koloß.

Als ich ein Baum war

1
Als ich noch ein Baum gewesen,
Hielt ich mich mit Wurzeln
In der guten Erde fest
Und liebte die Erde, weil diese
Mich aus sich kommen läßt.

2
Nahm auf, was sie mir geboten,
Und schützte dafür vor den Strahlen
Der Sonne sie mit jedem Blatt:
Daß nicht zur Wüste werde,
Die mich einst geboren hat.

3
Weil ich aufwuchs, ragte ich endlich
Über Sträuche und Bäume hinaus:
Die Welt ward mir größer und weiter,
Zeigte Gaskammern, Galgen und Zellen
Und sah wie ein Schlachthof aus.

4
Damals habe ich mich entschlossen,
Nicht länger Baum mehr zu sein;
Und zog mich aus dem Boden mit Macht
Und mischte mich in das Leben der Menschen
Ganz unauffällig ein.

5
Hoffe heimlich, daß sie mich erkannten
Am Blut, das an den Wurzeln mir blieb:
Ihnen zu Hilf hat sich losgerissen
Ein Baum! den der Anblick der Kämpfe
Aus den friedlichen Wäldern trieb.

Wolf Biermann
geb. 1936

Berlin, du deutsche deutsche Frau

Berlin, du deutsche deutsche Frau
Ich bin dein Hochzeitsfreier
Ach, deine Hände sind so rauh
Von Kälte und von Feuer
Ach, deine Hüften sind so schmal
Wie deine breiten Straßen
Ach, deine Küsse sind so schal
Ich kann dich nimmer lassen

Ich kann nicht weg mehr von dir gehn
Im Westen steht die Mauer
Im Osten meine Freunde stehn
Der Nordwind ist ein rauher
Berlin, du blonde blonde Frau
Ich bin dein kühler Freier
Dein Himmel ist so hundeblau
Darin hängt meine Leier

Warte nicht auf bessre Zeiten

Manchen hör ich bitter sagen
‚Sozialismus – schön und gut
Aber was man uns hier aufsetzt
Das ist der falsche Hut!'
Manchen seh ich Fäuste ballen
In der tiefen Manteltasche
Kalte Kippen auf den Lippen
Und in den Herzen Asche

  Wartest du auf beßre Zeiten
  Wartest du mit deinem Mut
  Gleich dem Tor, der Tag für Tag
  An des Flusses Ufer wartet
  Bis die Wasser abgeflossen
  Die doch ewig fließen

Manche raufen sich die Haare
Manche seh ich haßerfüllt
Manche seh ich in das Wolltuch
des Schweigens eingehüllt
Manche hör ich abends jammern
‚Was bringt uns der nächste Tag
An was solln wir uns noch klammern
An was? An was? An was?'

Wartest du auf beßre Zeiten ...

Manche hoffen, daß des Flusses
Wasser nicht mehr fließen kann
Doch im Frühjahr, wenn das Eis taut
fängt es erst richtig an
Manche wollen diese Zeiten
wie den Winter überstehn
Doch wir müssen Schwierigkeiten
Bestehn! Bestehn! Bestehn –

  Warte nicht auf beßre Zeiten
  Warte nicht mit deinem Mut ...

Viele werden dafür sorgen
daß der Sozialismus siegt
Heute! Heute, nicht erst morgen!
Freiheit kommt nie verfrüht
Und das beste Mittel gegen
Sozialismus (sag ich laut)
ist, daß ihr den Sozialismus

Aufbaut!!! Aufbaut! (aufbaut)

Wartet nicht auf beßre Zeiten
Wartet nicht mit eurem Mut
Gleich dem Tor, der Tag für Tag
An des Flusses Ufer wartet
Bis die Wasser abgeflossen
Die doch ewig fließen
die doch ewig fließen

Ballade auf den Dichter François Villon

1
Mein großer Bruder Franz Villon
Wohnt bei mir mit auf Zimmer
Wenn Leute bei mir schnüffeln gehn
Versteckt Villon sich immer
Dann drückt er sich in' Kleiderschrank
Mit einer Flasche Wein
Und wartet bis die Luft rein ist
Die Luft ist nie ganz rein

Er stinkt, der Dichter, blumensüß
Muß er gerochen haben
Bevor sie ihn vor Jahr und Tag
Wie'n Hund begraben haben
Wenn mal ein guter Freund da ist
Vielleicht drei schöne Fraun
Dann steigt er aus dem Kleiderschrank
Und trinkt bis Morgengraun

Und singt vielleicht auch mal ein Lied
Balladen und Geschichten
Vergißt er seinen Text, soufflier
Ich ihm aus Brechts Gedichten

2
Mein großer Bruder Franz Villon
War oftmals in den Fängen
Der Kirche und der Polizei
Die wollten ihn aufhängen
Und er erzählt, er lacht und weint
Die dicke Margot dann
Bringt jedesmal zum Fluchen
Den alten alten Mann

Ich wüßte gern was die ihm tat
Doch will ich nicht drauf drängen
Ist auch schon lange her
Er hat mit seinen Bittgesängen
Mit seinen Bittgesängen hat
Villon sich oft verdrückt
Aus Schuldturm und aus Kerkerhaft
Das ist ihm gut geglückt

Mit seinen Bittgesängen zog
Er sich oft aus der Schlinge
Er wollt nicht, daß sein Hinterteil
Ihm schwer am Halse hinge

3
Die Eitelkeit der höchsten Herrn
Konnt meilenweit er riechen
Verewigt hat er manchen Arsch
In den er mußte kriechen
Doch scheißfrech war François Villon
Mein großer Zimmergast
Hat er nur freie Luft und roten
Wein geschluckt, gepraßt

Dann sang er unverschämt und schön
Wie Vögel frei im Wald
Beim Lieben und beim Klauengehn
Nun sitzt er da und lallt
Der Wodkaschnaps aus Adlershof
Der drückt ihm aufs Gehirn
Mühselig liest er das „ND"
(Das Deutsch tut ihn verwirrn)

Zwar hat man ihn als Kind gelehrt
Das hohe Schul-Latein
Als Mann jedoch ließ er sich mehr
Mit niederm Volke ein

4
Besucht mich abends mal Marie
Dann geht Villon so lang
Spazieren auf der Mauer und
Macht dort die Posten bang
Die Kugeln gehen durch ihn durch
Doch aus den Löchern fließt
Bei Franz Villon nicht Blut heraus
Nur Rotwein sich ergießt

Dann spielt er auf dem Stacheldraht
Aus Jux die große Harfe
Die Grenzer schießen Rhythmus zu
Verschieden nach Bedarfe
Erst wenn Marie mich gegen früh
Fast ausgetrunken hat
Und steht Marie ganz leise auf
Zur Arbeit in die Stadt

Dann kommt Villon und hustet wild
Drei Pfund Patronenblei
Und flucht und spuckt und ist doch voll
Verständnis für uns zwei

5
Natürlich kam die Sache raus
Es läßt sich nichts verbergen
In unserm Land ist Ordnung groß
Wie bei den sieben Zwergen
Es schlugen gegen meine Tür
Am Morgen früh um 3
Drei Herren aus dem großen Heer
Der Volkespolizei

„Herr Biermann" – sagten sie zu mir –
„Sie sind uns wohl bekannt
Als treuer Sohn der DDR
Es ruft das Vaterland
Gestehen Sie uns ohne Scheu
Wohnt nicht seit einem Jahr
Bei Ihnen ein gewisser
Franz Fillonk mit rotem Haar?

Ein Hetzer, der uns Nacht für Nacht
In provokanter Weise
Die Grenzsoldaten bange macht"
– ich antwortete leise:

6
„Jawohl, er hat mich fast verhetzt
Mit seinen frechen Liedern
Doch sag ich Ihnen im Vertraun:
Der Schuft tut mich anwidern!
Hätt ich in diesen Tagen nicht
Kurellas Schrift gelesen
Von Kafka und der Fledermaus
Ich wär verlorn gewesen

Er sitzt im Schrank, der Hund
Ein Glück, daß Sie ihn endlich holn
Ich lief mir seine Frechheit längst
ab von den Kindersohln
Ich bin ein frommer Kirchensohn
Ein Lämmerschwänzchen bin ich
Ein stiller Bürger. Blumen nur
In Liedern sanft besing ich."

Die Herren von der Polizei
Erbrachen dann den Schrank
Sie fanden nur Erbrochenes
Das mählich niedersank

*Bilanzballade im
dreißigsten Jahr*

Nun bin ich dreißig Jahre alt
Und ohne Lebensunterhalt
Und hab an Lehrgeld schwer bezahlt
Und Federn viel gelassen
Frühzeitig hat man mich geehrt:
Nachttöpfe auf mir ausgeleert
Die Dornenkrone mir verehrt
Ich hab sie liegen lassen
    Und doch: Die Hundeblume blüht
    Auch in der Regenpfütze
    Noch lachen wir
    Noch machen wir nur Witze

Warum hat mich mein Vater bloß
Mit diesem folgenschweren Stoß
Gepflanzt in meiner Mutter Schoß
– vielleicht, damit ich später
Der deutschen Bürokratensau
Balladen vor den Rüssel hau
Auf rosarote Pfoten hau
Die fetten Landesväter
    Und doch: Die Hundeblume blüht ...

Ich hab mich also eingemischt
In Politik, das nützte nischt
Sie haben mich vom Tisch gewischt
Wie eine Mücke
Und als ich sie in' Finger stach
Und mir dabei den Stachel brach
Zerrieben sie mich ganz gemach
In kleine Stücke
    Und doch: Die Hundeblume blüht ...

Dies Deutschland ist ein Rattennest
Mein Freund, wenn du dich kaufen läßt
Egal, für Ostgeld oder West
Du wirst gefressen
Und während man noch an dir kaut
Dich schlecht bezahlt und gut verdaut
Bevor der nächste Morgen graut
Bist du vergessen
    Und doch: Die Hundeblume blüht ...

Ich segelte mit steifem Mast
Zu mancher Schönen, machte Rast
Und hab die andern dann verpaßt
Es gibt zu viele
Jetzt hat mein schönes Boot ein Leck
Die Planken faulen langsam weg
Es tummeln sich, ich seh mit Schreck
Die Haie unterm Kiele
    Und doch: Die Hundeblume blüht ...

Die Zeit hat ungeheuren Schwung
Paar Jahre bist du stark und jung
Dann sackst du langsam auf den Grund
Der Weltgeschichte

So manche Generation
Lief Sturm auf der Despoten Thron
Und wurd beschissen um den Lohn
Und ward zunichte
    Und doch: Die Freiheitsblume blüht
    Auch in der Regenpfütze
    Noch lachen wir
    Noch machen wir nur Witze
    Und doch: Die Hundeblume blüht
    Auch in der Regenpfütze
    Noch lachen wir.

*Großes Gebet der alten
Kommunistin Oma Meume in
Hamburg*

1
Gott, lieber Gott im Himmel, hör mich betn
Zu Dir schrei ich wie in der Kinderzeit
Warum hat mich mein armer Vater nicht zertretn
Als ich noch selig schlief in Mutters Leib
Nun bin ich alt, ein graues taubes Weib
Mein kurzes Leben lang war reichlich Not
Viel Kampf, mein Gott, viel für das bißchen Brot
Nach Friedn schrie ich in die großn Kriege
Und was hab ich erreicht? Bald bin ich tot
O Gott, laß Du den Kommunismus siegn!

2
Gott, glaube mir: Nie wird der Mensch das schaffn
Ich hab mich krumm gelegt für die Partei
Erinner Dich, wie ich Karl Scholz mit Waffn
Bei mir versteckt hab und bekocht dabei!
Auf Arbeit Tag für Tag die Schinderei
Dann dieser Hitler, das vergeß ich nie
Wie brach unsre Partei da in die Knie
Die Bestn starbn im KZ wie Fliegn
Die Andern sind verreckt im Krieg wie Vieh
O Gott, laß Du den Kommunismus siegn!

3
Mensch, Gott! Wär uns bloß *der* erspart gebliebn
Der Stalin, meinetwegen durch ein Attntat
Gott, dieser Teufel hat es fast getriebn
– verzeih – wie ein Faschist im Sowjetstaat
Und war doch selber Kommunist und hat
Millionen Kommunisten umgebracht
Und hat das Volk geknecht mit all die Macht
Und log das Aas, daß sich die Balkn biegn
Was hat der Hund uns aufn Hund gebracht
O Gott, laß Du den Kommunismus siegn!

4
Stoßgebet

Mach, daß mein herznslieber Wolf nicht endet
Wie schon sein Vater hinter Stachldraht!
Mach, daß sein wirrer Sinn sich wieder wendet
Zu der Partei, die ihn verstoßn hat
Und mach mir drüben unsern Friednsstaat
So reich und frei, daß kein Schwein mehr abhaut
Und wird dann auch die Mauer abgebaut
Kann Oma Meume selig auf zum Himmel fliegn
Sie hat ja nicht umsonst auf Dich gebaut
Dann, lieber Gott, wird auch der Kommunismus siegn!

Die Stasi-Ballade

1
Menschlich fühl ich mich verbunden
mit den armen Stasi-Hunden
die bei Schnee und Regengüssen
mühsam auf mich achten müssen
die ein Mikrophon einbauten
um zu hören all die lauten
Lieder, Witze, leisen Flüche
auf dem Clo und in der Küche
– Brüder von der Sicherheit
ihr allein kennt all mein Leid

Ihr allein könnt Zeugnis geben
wie mein ganzes Menschenstreben
leidenschaftlich zart und wild
unsrer großen Sache gilt
Worte, die sonst wärn verscholln
bannt ihr fest auf Tonbandrolln
und ich weiß ja! Hin und wieder
singt ihr im Bett ihr meine Lieder
– dankbar rechne ich euchs an:
die Stasi ist mein Ecker
    die Stasi ist mein Ecker
        die Stasi ist mein Eckermann

2
Komm ich nachts allein mal
müd aus meinem Bierlokal
und es würden mir auflauern
irgendwelche groben Bauern
die mich aus was weiß ich für
Gründen schnappten vor der Tür
– so was wäre ausgeschlossen
denn die grauen Kampfgenossen
von der Stasi würden – wetten?! –
mich vor Mord und Diebstahl retten

Denn die westlichen Gazetten
würden solch Verbrechen – wetten?! –
Ulbricht in die Schuhe schieben
(was sie ja besonders lieben!)
dabei sind wir Kommunisten
wirklich keine Anarchisten
Terror (individueller)
ist nach Marx ein grober Feller
die Stasi ist, was will ich mehr
mein getreuer Leibwäch
    mein getreuer Leibwäch
        mein getreuer Leibwächter

3
Oder nehmen wir zum Beispiel
meinen sexuellen Freistil
meine Art, die so fatal war
und für meine Frau ne Qual war
nämlich diese ungeheuer
dumme Lust auf Abenteuer
– seit ich weiß, daß die Genossen
wachsam sind, ist ausgeschlossen
daß ich schamlos meine Pfläumen
pflücke von diversen Bäumen

Denn ich müßte ja riskiern
daß sie alles registriern
und dann meiner Frau serviern
so was würde mich geniern
also spring ich nie zur Seit
spare Nervenkraft und Zeit
die so aufgesparte Glut
kommt dann meinem Werk zugut
– kurzgesagt: die Sicherheit
sichert mir die Ewig
    sichert mir die Ewig
        sichert mir Unsterblichkeit

4
Ach, mein Herz wird doch beklommen
solltet ihr mal plötzlich kommen
kämet ihr in eurer raschen
Art, Genossen, um zu kaschen
seis zu Haus bei meinem Weib
meinen armen nackten Leib
ohne menschliches Erbarmen
grade, wenn wir uns umarmen
oder irgendwo und wann
mit dem Teufel Havemann

Wenn wir singen oder grad
Konjak kippen, das wär schad
ach, bedenkt: ich sitz hier fest
darf nach Ost nicht, nicht nach West
darf nicht singen, darf nicht schrein
darf nicht, was ich bin, auch sein
– holtet ihr mich also doch
eines schwarzen Tags ins Loch
ach, für mich wär das doch fast
nichts als ein verschärfter
    nichts als ein verschärfter
        nichts als ein verschärfter Knast

Nachbemerkung und Zurücknahme

Doch ich will nicht auf die Spitze
treiben meine Galgenwitze
Gott weiß: es gibt Schöneres
als grad eure Schnauzen

Schönre Löcher gibt es auch
als das Loch von Bautzen

Lied von den bleibenden Werten

1
Die großen Lügner, und was – na, was
Wird bleiben von denen?
Von denen wird bleiben
  daß wir ihnen geglaubt haben
Die großen Heuchler, und was – na, was
Wird bleiben von denen?
Von denen wird bleiben
  daß wir sie endlich durchschaut haben

2
Die großen Führer, und was – na, was
Wird bleiben von denen?
Von denen wird bleiben
  daß sie einfach gestürzt wurden
Und ihre Ewigen großen Zeiten – na, was
Wird bleiben von denen?
Von denen wird bleiben
  daß sie erheblich gekürzt wurden

3
Sie stopfen der Wahrheit das Maul mit Brot
Und was wird bleiben vom Brot?
Bleiben wird davon – na, was? –
  daß es gegessen wurde
Und dies zersungene Lied – na, was
Wird bleiben vom Lied?
Ewig bleiben wird davon
  daß es vergessen wurde

Steine-Lied

1
Steine Steine Steine, mein Lieb, und Steine
All meine Wahrheiten sind mir ja
Steine geworden:
Steine im Weg und
  Steine in der Kehle und
    Stein auf der Seele und
      Stein in der Brust, in den
Leeren, den wehrenden Händen:
Steine Steine Steine, mein Lieb, und Steine

2
Wie, ach wie soll ich die Zeit dir der Kirschen
Wie soll ich singen, wenn mir das Gesindel
Mit all dem Schwindel mein armes Maul stopft
Mit meiner Wahrheit
  Blindheit und Klarheit
    mein Stein und dein Stein
      in jeder Faust ein', so
Spiele ich dir die Gitarre:
Steine Steine Steine, mein Lieb, und Steine

3
Meine Genossen, die Götter, die Schweine
werfen auf mich ihren Spott. Ihre Steine
Hab ich gefressen und gut verdaut, habe
Tränen geschluckt
  und Blut gespuckt
    nichts wird vergessen
      von all dem Morden
Genossen, das seid ihr mir worden:
Steine Steine Steine, mein Lieb, und Steine

4
Au! meine Birne! die Stirn! meine Steine
Warf ich und traf mich und straf mich alleine
Daß ich kein' Weg find, über die Augen
Rinnt mir der Saft
  rot, dieser Haß
    wie blind macht das!
      Liebe macht Spaß, Mädchen
Laß das! wisch ab das! und weine:
Steine Steine Steine, mein Lieb, und Steine

5
Und meine Worte, die alle nicht trafen
Und all die Stummen und Dummen und Braven
Zu wessen Glück, sag! schlafen die Steine dort
Wo wir uns finden, mein
   Lieb, Untern Linden
     wo wir uns fassen
       und uns nicht lassen
         und uns verpassen
           mang all die Massen
             bin ich alleine
               zu wessen Glück, sagt mir!
             schlafen die Steine dort
           wo graue Furcht ist
         und laues Hassen
       – die Pflastersteine, sie
Träumen noch tief in den Straßen:
Steine Steine Steine, mein Lieb, und Steine

Ballade vom preußischen Ikarus

1.
Da, wo die Friedrichstraße sacht
Den Schritt über das Wasser macht
  da hängt über der Spree
Die Weidendammerbrücke. Schön
Kannst du da Preußens Adler sehn
  wenn ich am Geländer steh

  dann steht da der preußische Ikarus
  mit grauen Flügeln aus Eisenguß
    dem tun seine Arme so weh
  er fliegt nicht weg – er stürzt nicht ab
  macht keinen Wind – und macht nicht schlapp
    am Geländer über der Spree

2.
Der Stacheldraht wächst langsam ein
Tief in die Haut, in Brust und Bein
  ins Hirn, in graue Zelln
Umgürtet mit dem Drahtverband
Ist unser Land ein Inselland
  umbrandet von bleiernen Welln

  da steht der preußische Ikarus
  mit grauen Flügeln aus Eisenguß
    dem tun seine Arme so weh
  er fliegt nicht hoch – und er stürzt nicht ab
  macht keinen Wind – und macht nicht schlapp
    am Geländer über der Spree

3.
Und wenn du wegwillst, mußt du gehn
Ich hab schon viele abhaun sehn
  aus unserm halben Land
Ich halt mich fest hier, bis mich kalt
Dieser verhaßte Vogel krallt
  und zerrt mich übern Rand

  dann bin ich der preußische Ikarus
  mit grauen Flügeln aus Eisenguß
    dann tun mir die Arme so weh
  dann flieg ich hoch – dann stürz ich ab
  mach bißchen Wind – dann mach ich schlapp
    am Geländer über der Spree

Deutsches Miserere
(Das Bloch-Lied)

Hier fallen sie auf den Rücken
Dort kriechen sie auf dem Bauche
Und ich bin gekommen
   ach! kommen bin ich
     vom Regen in die Jauche

1
Und als ich von Deutschland nach Deutschland
Gekommen bin in das Exil
Da hat sich für mich geändert
So wenig, ach! und so viel
Ich hab ihn am eigenen Leibe
Gemacht, den brutalen Test:
Freiwillig von Westen nach Osten
Gezwungen von Ost nach West

2
Die Völker drumrum um Deutschland
Die haben vielleicht ein Glück!
Großdeutschland, es ist zerbrochen
In zwei verfeindete Stück
Die beiden häßlichen Helden
Sie halten einander in Schach
Der Kleinere gibt nicht Ruhe
Aber der Größere gibt nicht nach

3
Und im Osten kosten die Schrippen
Fünf Pfennig – und zwanzig hier.
Ein großes Bier kost ne Mark dort
Und Zweimarkfünfzig hier
Und drüben hältst du beim Bierchen
Dein Maul, hier darfst du schrein
– allein, es ändert die Welt sich
Mit Schweigen nicht, noch mit Schrein

4
Und im Westen die Zeitungsschreiber
Sie lügen frech, wie sie wolln
Aber ihre Kollegen im Osten
Die lügen korrekt, wie sie solln
Und weil er von beiden Seiten
Getäuscht wird im Television
Drum glaubt der Deutsche Michel
Er wisse die Wahrheit schon!

5
Und die Wahrheiten werden gehandelt
Frech auf dem Lügenmarkt
Zur Ware wird jede Wunde
Im Westen. Der Herzinfarkt
Der Aufrechte Gang wird selber
Zur Pose und zum Geschäft
Der Mensch macht sich zum Affen
Der sich noch selber äfft!

6
Und Kernkraftwerke in Sachsen
Und Kernkraftwerke am Rhein
Und hüben und drüben heucheln sie
Das soll für den Fortschritt sein
Ich scheiß was auf solchen Fortschritt
Der macht uns nur sterbenskrank
Der führt uns fort von der Menschheit fort
Und führt in den Untergang

7
Und wer im Westen das Geld hat
Der hat damit auch die Macht
Aber wer im Osten die Macht hat
Der hat es zu Reichtum gebracht!
Die Arbeiter aber verkaufen
Wie eh und je ihre Kraft
Und schlagen, als wäre es ihre:
Die große Wohlstands-Schlacht

8
Und wie die einen heißen
So sehen die anderen aus!
Die einen sind mir ein Schrecken
Aber die andern sind mir ein Graus:
in NATO und W<small>ARSCHAUER</small> P<small>AKT</small> sind
Sie beide treu-deutsch, bis in' Tod
Und sind gegen ihre Herren
Halb frech und halb devot

9
Und die Linken hassen einander
Mehr als den Klassenfeind!
Eh wir uns nicht selber einen
Wird Deutschland auch nicht geeint
Und ein Linker nennt den andern
Verräter! und recht! und schlecht!
Sie schlagen sich in die Fressen
Mit MAO und MARX und BRECHT

10
Und im Osten bleibt dir die Luft weg
Im Bürokratenmuff
Aber der Westen ist ein Nepplokal
Ein kalt gekachelter Puff
Hier bist du erschossen wie Robert Blum
Ohne genügend Geld
Sie lassen dich kalt verrecken
Und sagen: So ist die Welt
   Hier fallen sie auf den Rücken
   Dort kriechen sie auf dem Bauche
   Und ich bin gekommen
     ach! kommen bin ich
       vom Regen in die Jauche

11
Das wird sich noch alles ändern!
Das bleibt nicht so, wie es ist:
Die Mauer wird fallen. Und fallen
Wird manch einer auf den Mist
Der Weltgeschichte: da drüben
Die Bonzen – die Bosse hier!
Sie werden fluchen und flennen
– aber lachen werden mal wir

12
Da wird sich noch vieles ändern
Und du dich und ich mich auch
Wir werden aufrecht gehen
Wir werden aufrecht gehn
Paar eckige Runden drehn
Mit neuen Augen sehn: Exil

Was ist das: Exil?
Ich will dir zu viel
Nicht klagen
Will lieber sagen
Die Wahrheit:
Scheißselbstmitleid!
Bin ich nun ein „Heimatloser Gesell"?
Was ist das: Heimat – Polizeimat?
Ach was! es wird schon hell
Ich sitz nicht mehr wie ein nacktes Kind
Im Schneematsch
Heimat. Quatsch! Heimat ist ja da
Mein Freund, wo ich dich find
Und wo Genossen sind. Genossen
Was ist das: Genossen?

Pardon

1
Ich lebe noch
   pardon, will sag'n
     bin noch nicht tot
Hab alles was ich brauch
   pardon
     und bin in Not
Ich bin noch frisch
   pardon, will sag'n
     noch nicht verfault
Hier bin ich gern
   pardon, das heißt
     noch nicht vergrault

2
Ich fall nicht um
   pardon, will sag'n
     ich liege schon
Ich mach den Held
   pardon, will sag'n
     und bin ein Clown
Ich hab die Macht
   pardon, will sag'n
     am Leib verspürt
Hab mit Vernunft
   kein Mensch, pardon
     kein Schwein verführt

3
Die Welt ist schön
   pardon, will sag'n
      ganz schön am Rand
Ich bau auf euch!
   pardon, will sag'n
      ich bau auf Sand
Auf dem Planeten hier
   will sagen
      Feuerball
Wird Großer Friede sein
   pardon
      erst nach dem Knall

4
Ich hab euch lieb
   pardon, will sag'n
      ich halt euch aus
Mein Heim ist hier
   pardon, will sag'n
      ich hab 'n Haus
Ich sing ganz gern
   pardon, will sag'n
      sonst müßt ich schrein
Ich geh mit euch
   pardon, das heißt
      ich bleib allein

Dideldumm

1
Nun endlich ist mein Land wieder eins
Und blieb doch elend zerrissen
Aus Geiz und Neid. Kein Aas will im Grund
Vom andern da drüben was wissen
Der Todesstreifen, man sieht kaum noch
Wo gestern die Wachtürme standen
Wir Deutschen, wir haben uns wieder verloren
Noch eh wir einander fanden
   dideldumm dumm dumm
   dideldumm schrumm schrumm

2
Vier Meter hoch, die Mauer hat uns
Den Himmel zerschnitten. Wir haben
Nun vier Meter tief durch die Erde ein' Riß
Ein deutschdeutscher Raubtier-Graben
Ein Graben teilt unser schönes Land
Darin ist schon mancher ersoffen
Er fiel in die Kotze aus Resignation und
In Jauche aus falschem Hoffen
   dideldumm dumm dumm
   dideldumm schrumm schrumm

3
Kein Stacheldraht, kein Minenfeld mehr
Kaputt sind die Selbstschußanlagen
Kein Hänschenklein muß nun auf dem Weg
Nach Westen sein Leben mehr wagen
Man schießt nicht mehr weiches Blei ins Fleisch
Man zahlt jetzt in harter Währung
In Leipzig wird rigoros umgestellt
Auf Westwaren alle Ernährung
   dideldumm dumm dumm
   dideldumm schrumm schrumm

4
Ob Wurst, ob Milch, ob Brot, ganz egal
Was Birnen vom Havelland kosten
Man schmeißt doch in Weimar kein Westgeld raus
Für Salzgurken aus dem Osten
Sie saufen nicht mehr ihr eignes Bier
An *Coca-Cola*-Zitzen
Da hängen sie nun. Ach die Trottel, sie sägen
Den Ast ab, auf dem sie sitzen
    dideldumm dumm dumm
        dideldumm schrumm schrumm

5
Die LPG wird gar nichts mehr los
Kein Schlachthof kauft so fette Schweine
Nun machen die Ossis sich arbeitslos
Und hoffen auf Hilfe vom Rheine
Der Westen powert und boomt und jauchzt
Der Osten jammert und humpelt
Kohl hat die Proleten in Erfurt geprellt und
Jetzt schmeißt er sich ran und kumpelt
    dideldumm dumm dumm
        dideldumm schrumm schrumm

6
O Treuhand! Ach, das Wörtchen treu
Gehörte in Deutschland verboten
Vonwegen Hände! Bei Treuhand seh ich
Nur krumme Finger und Pfoten
Die Stasihyänen fressen sich satt
Beim Raub an den toten Betrieben
O Gauck, armer Pastor, wärst du bloß ein Hirte
In Rostock den Schafen geblieben
    dideldumm dumm dumm
        dideldumm schrumm schrumm

7
Provinzganoven, Graf Rotze im Benz
Die letzte verbrannte Asche
Sie fingern dem nackten Mann in Schwerin
Das druckfrische Geld aus der Tasche
Manch Dichter greint jetzt in Ostberlin
Ihm fehlt der vertraute Kitzel
Er fürchtet den Terror der Marktwirtschaft heute
Viel mehr noch als gestern die Spitzel
    dideldumm dumm dumm
        dideldumm schrumm schrumm

8
Die Glücksritter, die von der schnellen Mark
Sie preschen in jede Lücke
Sie ziehn in Dresden über den Tisch
Die sächsischen Hänse im Glücke
Kreditverträge – Lug und Betrug
Und alles nach Recht und Gesetze
Die Dummenfänger, sie schleppen durchs Land
Wie Hochseefischer die Netze
   dideldumm dumm dumm
     dideldumm schrumm schrumm

9
Ein Porsche für ein Bauernhaus
Paar Mark für'ne schnelle Nummer
Und wo ein dummer Schlaukopf winkt
Da wartet ein schlauer Dummer
Zurück will keiner ins alte Joch
Nach vorn sind die Wege verrammelt
Der Karren, er geht nicht mehr vor noch zurück, ach
Und all unsre Hoffnung vergammelt
   dideldumm dumm dumm
     dideldumm schrumm schrumm

10
Der Deutsche Michel zog übers Ost-
Und Westohr sich tief seine Mütze
Er mag nichts von der Welt mehr sehn
Und hockt in der Tränenpfütze
Mir aber lacht das Herz, ich weiß
Bald heilt auch die deutsche Wunde
Nur eines ist dumm, ganz nebenbei
– die Menschheit geht grade zugrunde
   dideldumm dumm dumm
     dideldumm schrumm schrumm

Nur wer sich ändert,
bleibt sich treu

für Arno Lustiger

Ich schwamm durch Blut in das große Licht
Neugierig kam ich aus dem Bauch
Ich war ein Tier. Und ich war ein Mensch
Von Anfang an und lernte auch
Bei der Gestapo im Verhör
Soff ich am Busen ohne Scheu
Die Wahrheit mit der Muttermilch:
Nur wer sich ändert, bleibt sich treu

Von Hamburg bin ich dann abgehaun
Mit Sechzehn ins Gelobte Land
Da sind Millionen den gleichen Weg
Wie ich, bloß umgekehrt gerannt
Ich wollte von zuhause weg
Nach Haus! Die Reise ist nicht neu:
Wer jung ist, sucht ein Vaterland
Nur wer sich ändert, bleibt sich treu

So kam ich drüben an: ohne Arg
Und blindbegeistert wie ein Kind
Bald sah ich, daß rote Götter auch
Nur MenschenSchweineHunde sind
Mein Vater hat mich nicht gemacht
Damit ich Lügen wiederkäu
Drum schrie ich meine Wahrheit aus:
Nur wer sich ändert, bleibt sich treu

Mit Weibern habe ich nichts! als Glück
Gehabt. Ich war so grün und blind
Und wußt nur vorne im Hinterkopf
Daß auch die Weiber Menschen sind
Nun weiß ich bis ins kleinste Teil
Mit dem ich meine Frau erfreu:
Die Männerherrschaft stinkt mich an
Nur wer sich ändert, bleibt sich treu

Ich war verzweifelt von Anfang an
Und immer hab ich neu gehofft
– so kann man leben. Bald kommt der Tod
Ich kenn Freund Hein, ich traf ihn oft
Er bleibt mein Feind, dem ich auch nicht
zum Schluß gereimte Rosen streu
Mit letzter Puste krächze ich:
Nur wer sich ändert, bleibt sich treu

Worterklärungen

Vorbemerkung

Da dieses Verzeichnis nicht annäherungsweise vollständig sein kann, habe ich mich auf folgende Lese- und Verständnishilfen beschränkt: knappe Erläuterungen zu Figuren aus der ägyptischen, griechischen und römischen Mythologie, zu geschichtlichen Ereignissen und Personen sowie zu Verfassern, Werken und fiktiven Gestalten aus dem Bereich der deutschsprachigen, englischen und romanischen Literatur. Daneben wurden fremdsprachige Begriffe, die dem heutigen Leser nicht mehr vertraut sind sowie fremdsprachige Redewendungen kurz aufgeschlüsselt. Die mit einem Zeichen* versehenen Stellen verweisen auf das jeweilige Stichwort.

Achilles: griech. Achilleus, Sohn des Königs Peleus und der Thetis; schönster, schnellster und tapferster der griechischen Helden vor Troja. Thetis soll A., um ihn unverwundbar zu machen, in das Wasser des Styx getaucht haben, so daß nur die Ferse, an der sie ihn hielt, verwundbar blieb (Achillesferse). A. besiegte Hektor im Trojan. Krieg, wurde später von Paris getötet.

Ägis: lat. Aegis, schildartige Schutzwaffe des * Zeus, trug in der Mitte das Haupt der * Gorgo als Sinnbild schirmender Obhut der Götter.

Äsop: Held einer frühgriech. volkstümlichen Erzählung (6. Jh. v. Chr.), sodann eines Romans aus dem 1. Jh. n. Chr., ausgezeichnet durch seine Fähigkeit, Fabeln zu erfinden. Die sogen. Äsopischen Fabeln stammen aus dem 1.–6. Jh. n. Chr.

Ajax: griech. Aias, Sohn des Königs von Salamis, Heerführer vor Troja, galt als stärkster Held nach * Achill.

Ahasver: im Buch Esther hebr. Namensform des Perserkönigs Xerxes; auch Name für „Ewigen Juden", eine Sagengestalt aus Volksbüchern des 17. Jhs.; dort als Gestalt, die Christus auf seinem Kreuzweg abwies und fortan zur ewigen Wanderschaft verdammt wurde; dichterische Verarbeitung des Themas der ewigen Verdammnis vor allem in der dt. Romantik.

Alanen: iran. Steppenvolk nördl. des Kaukasus, wurde um 350 n. Chr. von den Hunnen unterworfen.

Alarich: König der Westgoten, um 370–410 n. Chr., besetzte Rom, plünderte die Stadt, starb auf dem Weg nach Afrika, wurde im Fluß Busento bei Consentia (Cosenza) begraben.

Ambra: auch Amber, wohlriechendes Stoffwechselprodukt des Pottwals. Im Mittelalter Schutzmittel gegen Seuchen.

Ammon: urspr. ägypt. Windgott, verschmolz später mit der ägypt. Fruchtbarkeitsgottheit zu einer Person. Griechen und Römer setzten A. ihrem höchsten Gott, * Zeus, gleich. Hauptkultstätte westlich von Memphis.

Amor: lat. Name des * Eros, des griech. Liebesgottes.

Aphrodite: von „aphros", Schaum, die aus dem Meer Geborene; griech. Göttin der Liebe, Anmut, Schönheit und Verführung; die Römer setzten ihr Venus gleich.

Apollo: griech. Apollon, Sohn des * Zeus und der Leto, Bruder der Artemis; Inbegriff der Vollkommenheit, Gott der Helle, des Maßes, mit Gabe der Weissagung; später Gott der Musen.

Aristophanes: griech. Komödiendichter, um 445–385 v. Chr.; Hauptwerke: *Die Vögel* (414), *Lysistrata* (411), *Die Frösche* (405).

Asgard: in altnord. Mythologie Sitz der Asen, der Götter des german. Heidentums; höchster Gott der A.: * Odin (Wotan).

Atreus: im griech. Mythos Enkel des Tantalos, Sohn des Pelops und der Hippodameia, Vater des Agamemnon und Menelaos, der Atriden; herrschte in Mykene, tötete seinen eigenen Sohn, wurde nach vielen Greueltaten von Ägisth ermordet.

Atropos: griech. Name für eine der drei * Parzen.

Attila: mhd. Etzel, Hunnenkönig, dessen Reich im Osten bis zum Kaukasus, im Westen bis zum Rhein reichte. Fiel 451 in Gallien ein, wurde vom König der Westgoten, Theoderich I., auf den Katalaunischen Feldern geschlagen, starb im Jahr 453.

Aurora: * Eos.

Bacchus: röm. Gott der Fruchtbarkeit und des Weines, griech. * Dionysos.

Bajadere: ind. Tänzerin; die im Tempeldienst beschäftigten Dewadasis (Dienerinnen eines Gottes) üben auch religiöse Prostitution aus.

Bake: Seezeichen mit Leuchtfeuer.

Bannockburn: schott. Kleinstadt, wo die Schotten am 23. 6. 1314 über die Engländer in einer für ihre Unabhängigkeit wichtigen Schlacht siegten.
Barbarossa: ital. Rotbart, Beiname des Kaisers * Friedr. I.
Barth: Karl B., geb. 1886, Schweizer ref. Theologe, gilt als Wortführer der Dialektischen Theologie.
Baschu: Stamm der Burjaten, eines mongol. Volkes in Südsibirien; die alte Religion der B. war der Schamanismus, ab dem 18. Jh. wurde er durch den Lamaismus verdrängt.
Baudelaire: Charles B., 1821–1867, frz. Dichter, Kunsttheoretiker und Essayist, Vorläufer des literar. Symbolismus. Sein bekanntester Gedichtband: „Les fleurs du mal", 1857 („Die Blumen des Bösen").
Baumbach: Rudolf B., 1840–1905, Verfasser volksliedartiger Wander- und Studentenlieder sowie von Erzählungen im Stile V. v. Scheffels; von den Naturalisten als „Butzenscheibenpoet" verspottet.
Belial: im Hebr. „Bosheit". Im Neuen Testament (2. Kor. 6,15) und in der spätjüd. Literatur Name des Teufels (Antichrist).
Benn: Gottfried B., 1886–1956, einflußreicher Lyriker, Erzähler und Essayist, lebte als Arzt in Berlin. Neben seinen Ges. Gedichten sind vor allem die Essays bekannt: „Nach dem Nihilismus" (1931), „Der neue Staat und die Intellektuellen" (1933), „Kunst und Macht" (1934), „Ausdruckswelt" (1949).
Bernauer: Agnes B., Tochter eines Baders in Augsburg; die Ehe, die Herzog Albrecht III. von Bayern-München heimlich mit ihr einging, mißbilligte Albrechts Vater aus Gründen der Staatsraison. Er ließ Agnes als Zauberin 1435 in der Donau ertränken. Der Stoff wurde in Volksliedern, Gedichten und Dramen aufgegriffen.
Bertran de Born: frz. Troubadour, etwa 1140–1215, Vicomte d'Hautefort, verwickelt in die Kämpfe Heinrich II. von England gegen seine Söhne Heinrich und Richard Löwenherz.
Bloch: Ernst B., 1885–1977, Philosoph, 1933–1948 im Exil, dann Prof. in Leipzig, ab 1961 Prof. in Tübingen. Seine wichtigsten Werke: „Geist der Utopie" (1918), „Das Prinzip Hoffnung" 3 Bde (1954–59), „Verfremdungen" 2 Bde (1962/64).
Blücher: G. L. Fürst B. von Wahlstatt, 1742–1819, preuß. Generalfeldmarschall, Heerführer in den Freiheitskriegen. 1813 Oberbefehlshaber der Schles. Armee, die die Franzosen an der Katzbach schlug und zum Sieg bei Leipzig beitrug; siegte 1815 gemeinsam mit Wellington über Napoleon bei Belle Alliance.
Bonifacio: Stadt an der Südspitze der Insel Korsika; wurde von Alfons V. 1420 belagert.
Bourbon: Heinr. v. B., Herzog von Bordeaux, Graf v. Chambord, 1820–1833, letzter Vertreter der älteren Linie der Bourbonen.
Bothwell: James Hepburn Graf von B., etwa 1536–1578, dritter Gemahl Maria Stuarts; ermordete 1567 ihren Ehemann Lord * Darnley; floh nach dem Sturz Maria Stuarts, wurde von den Dänen auf Dragsholm gefangen genommen; starb dort vermutlich im Wahnsinn.
Brahmanen: Mitglieder der obersten Kaste der Hindus, benannt nach dem Brahman, der in der kult. Opferformel wirkenden Kraft; B. wirken als Priester, Dichter, Gelehrte und Politiker und genießen großes relig. Ansehen.
Brissot: Jacques Pierre B., 1754–1793, frz. Politiker, war in der Nationalversammlung 1791 Führer der Brissotins (* Girondisten), wurde 1793 in Paris hingerichtet.
Brod: Max B., 1884–1968, Prager Schriftsteller, Theater- und Musikkritiker des Prager Tagblatts; enger Freund Franz Kafkas und Herausgeber seiner Werke.
Bülow: Bernhard v. B., 1849–1929, Sohn Bernhard Ernst v. B's, des Staatssekr. und engen Vertrauten Bismarcks; von 1900–1909 Reichskanzler und preuß. Ministerpräs., kennzeichnender Vertreter der Wilhelminischen Ära.
Buhle: in ält. Volkspoesie Name für die (den) Geliebte(n).
Byssus: durchsichtiges Leinengewebe, bekannt aus Grab- und Reliquienfunden; diente in der Pharaonenzeit als Mumienhülle.

Cadiz: Hauptstadt der span. Provinz C.; eine der ältesten Städte Spaniens, um 1100 v. Chr. von den Phönikern gegründet; für die Karthager Mittelpunkt ihrer Angriffe gegen Rom. Nach der Niederlage der Karthager ergab sich C. 206 v. Chr. freiwillig den Römern.
Cajus: altlat. Schreibweise für * Gaius.
Canossa: Felsenburg, südwestl. von Reggio nell'Emilia, im 10. Jh. erbaut. Hier löste Papst Gregor VII. 1077 König Heinrich IV., der ihn durch Selbstdemütigung dazu zwang, vom Bann (Gang nach C.).
Cassel: Ernest Joseph C., 1852–1921, brit. Finanzpolitiker, von Eduard VII. vor 1914 mehrfach mit inoffiziellen Vermittlungen in der dt.-brit. Flottenfrage betraut.
Ceres: altital. Göttin des Wachstums der Ackerfrüchte, im Kult mit der Erdgöttin Tellus verbunden. Seit dem 6. Jh. v. Chr. mit der griech. Göttin Demeter gleichgesetzt.

Charybdis: bei * Homer ein dreimal täglich aufbrechender gefährlicher Strudel im Westlichen Meer; in seiner Nähe die Scylla, ein sechsköpfiges Ungeheuer, das jeden in ihrem Bereich verschlang, häufig den, der der Ch. entkommen war; Redensart: zwischen Scylla und Charybdis, d. h. ohne Ausweg.
Chios: griech. Insel vor der Westküste Kleinasiens, ursprüngl. von Ioniern besiedelt, ab Mitte des 6. Jhs. im Besitz der Perser; im Mittelalter gehörte C. zum Byzantinischen Reich.
Chlamys: Schultermantel griech. Soldaten und Reiter.
Chunchong Pukto: koreanische Provinz.
Corvisart: Jean Nicolas Baron de C. des Marest, 1755–1821, frz. Mediziner, Leibarzt Napoleon I.
Courths-Mahler: Hedwig C.-M., 1867–1950, Unterhaltungsschriftstellerin, verfaßte mehr als 200 Romane und erzielte höchste Auflagenziffern (27 Mill.).

Danton: George D., 1759–1794, frz. Revolutionär, gründete 1790 mit Desmoulins und * Marat den Radikalen Klub der Cordeliers. Als Mitglied des Konvents schuf er einen außerordentlichen Gerichtshof, das spätere Revolutionstribunal. Wurde 1794 vom Wohlfahrtsausschuß angeklagt und mit 13 Anhängern hingerichtet.
Darnley: Henry Stuart D., 1545–1567, heiratete 1565 die Königin Maria Stuart und wurde von ihrem Geliebten * Bothwell getötet. D. ist der Vater Jakob I. von England.
Darwin: Charles Robert D., 1809–1882, brit. Biologe, Begründer der Selektions- und Evolutionstheorie. Sein Hauptwerk: „Die Entstehung der Arten" (1859).
Daudet: Alphonse D., 1840–1897, frz. Schriftsteller, vom Naturalismus beeinflußt. Hauptwerke: „Lettres de mon Moulin" (1869) und die Trilogie „Tartarin de Tarrascon" (1872).
Daun: Leopold Josef Graf von D., 1705–1766, österr. Feldmarschall, siegte im 7jähr. Krieg gegen Friedr. d. Gr. bei Kolin (1757) und Hochkirch (1758).
Dessau: Leopold v. D., 1676–1747, preuß. Feldherr, entschied durch die Schlacht bei Kesselsdorf am 15. Dez. 1745 den Zweiten Schles. Krieg.
Diana: altital. Göttin der Wälder, galt als Beschützerin der Skaven und als Mondgöttin. Häufig mit der griech. Göttin Artemis gleichgesetzt.
Dionysos: lat. * Bacchus, Sohn des * Zeus und der Semele. Gilt als Gott der Ekstase (Gegenspieler * Apolls), der Fruchtbarkeit und des Weins. Hauptfeste: die Dionysien, von Theateraufführungen und Maskierungen begleitet. D. oft in der Maske dargestellt.
Dithmarschen: Marsch-, Geest- und Moorlandschaft in Schleswig-Holstein. D. wurde von Karl d. Gr. unterworfen und christianisiert. Im Mittelalter freie Bauernrepublik. 1474 Einverleibung in Holstein durch Christian I. von Dänemark und Holstein. Beim Versuch der Aufrechterhaltung des Rechtsanspruchs durch seine Söhne jedoch 1500 Niederlage bei * Hemmingstedt.
Durindane: auch Durandarte, Schwert des Helden Roland im altfrz. * Rolandslied. Enthielt in seinem Knauf angeblich Reliquien mit Wunderkraft.

Edda: Name zweier Werke der altisländ. Literatur aus dem 13. Jh., der „Prosa-E." (Lehrbuch für junge * Skalden) und der „Lieder-E." (Sammlung von etwa 30 Liedern aus Mythologie und Heldensage).
Eden: Garten E., Bezeichnung für das himmlische Paradies.
Edenhall: mittelalterl. Schloß in der nordengl. Grafschaft Cumberland.
Edmund: seit 855 König von Anglien, wurde 870 von den Dänen erschlagen, später heilig gesprochen.
Elysium: griech. Elysion, Insel der Seligen. Später mit dem Ort der Frommen in der Unterwelt identifiziert.
Emir: Titel der arab. Stammesführer. Bei den Persern auch in der Bedeutung von Fürstensohn, Prinz.
Enzyklopädisten: die Herausgeber und Mitarbeiter der großen frz. Enzyklopädie (1751–1780) von Diderot und d'Alembert; auch Anhänger der in der Enzyklopädie vertretenen philosophischen Auffassungen.
Eos: röm. Aurora; „rosenfingrige" Göttin der Morgenröte und des Tages; nach griech. Mythos fährt sie jeden Morgen mit ihren Rossen aus der Tiefe des Meeres herauf; Inbegriff der Jugendlichkeit und des Schönen.
Ephesos: lat. Ephesus, antike Stadt in Kleinasien, urspr. eine ionische Kolonie mit dem Heiligtum der kleinasiatischen Muttergöttin, dem Artemision.
Epitaph: Grabschrift und Grabmal; seit dem 14. Jh. häufig als Gedächtnismal für einen Verstorbenen an Außenwänden von Kirchen.
Erebos: die Finsternis, bes. die der Unterwelt, des * Hades. * Hesiod personifiziert den E. und macht ihn zum Sohn des Chaos.
Erinnyen: Dienerinnen der Gerechtigkeit, Rächerinnen des Frevels und der Blutschuld, Fluchgöttinnen; nach * Hesiod geb. aus den Blutstropfen des Titanen * Uranos. Bei den Römern Furien genannt.

Eris: Göttin der Zwietracht und des Streits, Tochter der Nacht (Erisapfel: Zankapfel).
Eros: lat. Amor, Cupido; Liebesgott, für die Griechen einer der schönsten und mächtigsten Götter; kommt als Sohn von Ares und Aphrodite wie als Sohn von Zephyros und Isis vor; in der archaischen Kunst oft geflügelt mit Pfeil und Bogen sowie Liebesgeschenken dargestellt.

Fei: volkstümliche Form für Fee.
Ferge: Fährmann, Schiffer.
Fichte: Johann Gottlieb F., 1762–1814, Philosoph; Versuch einer systematischen Grundlegung der gesamten Philosophie; Hauptwerk: die „Wissenschaftslehre".
Flora: röm. Göttin des blühenden Getreides und der Blumen; Festspiele (Floralia) zu ihren Ehren seit dem 2. Jh. v. Chr.; noch heute in vielen Kulturen Maibräuche und -spiele.
Freud: Sigmund F., 1856–1939, Begründer der Psychoanalyse, 1902 Prof. in Wien, 1938 Emigration nach London. Seine analyt. Methode führte zu völlig neuen Einsichten in die Triebdynamik und die Entwicklung von Neurosen.
Friedrich I.: etwa 1125–1190, auch Barbarossa (Rotbart) genannt, Staufer; wurde 1152 in Frankfurt zum König gewählt; auf seinem ersten Italienzug 1155 zum Kaiser gekrönt. Unternahm 1189 einen Kreuzzug, um das von Saladin eroberte Jerusalem zu befreien; ertrank unterwegs an der Südküste Kleinasiens im Fluß Saleph.
Fugger: Jakob II. F., 1459–1525, schuf die Weltstellung und das Vermögen des Hauses F., war Bankier der Päpste und der Kaiser Maximilian I. und Karl V., finanzierte u. a. die Kaiserwahl 1519.
Furien: * Erinnyen.

Gaia: lat. Tellus, Terra; Erdgöttin; nach * Hesiod gebar sie den Himmel (Uranos), die Berge, das Meer und die * Titanen; wird oft mit Füllhorn, Früchten und Kindern dargestellt.
Gaius: röm. Jurist in der Mitte des 2. Jhs. n. Chr.; sein „corpus iuris" war Grundlage der Gesetzgebung und des Rechtsunterrichts.
Galathea: nach griech. Mythos eine Nereide, die sich mit dem Kyklopen Polyphem vermählte; ihr Sohn: Galates. Beliebtes Thema in der Barockmalerei.
Gans: Eduard G., 1798–1839, Jurist und Rechtsphilosoph, Schüler G. W. F. Hegels und Lehrer von K. Marx; Begründer der vergleichenden Rechtswissenschaft in Deutschland.
Gauthier: Théophile G., 1811–1872, frz. Dichter und Kunstkritiker; verfaßte 1872 die Geschichte der romantischen Bewegung, der er selbst angehörte; Vorläufer der „Parnassiens".
Ghibellinen: *Guelfen.
Giraudoux: Jean G., 1882–1944, frz. Schriftsteller und Diplomat (teilweise Pressechef des Außenministeriums in Paris, 1939/40 Propagandaminister); in seinen Dramen Wegbereiter des surrealistischen und absurden Theaters der 60er Jahre.
Girondisten: frz. Partei während der Revolutionszeit, benannt nach dem Département Gironde; G. stürzten zusammen mit den Jakobinern das Königtum, gerieten jedoch in Gegnerschaft zu ihnen. Der Aufstand der Sansculotten vom 31. Mai bis 2. Juni 1793 führte zur Verhaftung und Hinrichtung der führenden G.
Goliath: Philister-Recke, der nach der Sage vom späteren König David erschlagen wurde.
Gorgo: ein Ungeheuer, dessen gräßliches Haupt sich in der Mitte der * Ägis befand. Bei * Homer ist G. weiblich. In Darstellungen an Tempeln galt der Kopf der G. als Götterschrecken und enthielt Abwehrzauber. In der Mythologie gibt es drei Gorgonen, die bekannteste ist Medusa, deren Anblick den Betrachter versteinert.
Gorm: G. der Alte, dän. König in Jütland, gest. 935, galt lange Zeit als erster König ganz Dänemarks.
Gray: Johanna G., von König Eduard VI. (gest. 1535) zu seiner Nachfolgerin ernannt. Seine Halbschwestern Maria (1516–1558) und Elisabeth (1533–1603), die spätere Königin Englands, fochten die Thronfolge an. Maria ließ Johanna G. 1554 hinrichten.
Grazien: im röm. Altertum die drei Göttinnen der Dichtung und der bildenden Kunst, Sinnbilder jugendlicher Anmut.
Grosz: George G., 1893–1959, Maler und Graphiker, emigrierte 1932 nach New York. Hauptthemen seiner satirischen Zeichnungen: Militarismus, Kapitalismus und das Gesicht der herrschenden Klasse.
Guelfen: G. und Ghibellinen: zwei große ital. Parteien, zwischen 1212 und 1218 entstanden während des Kampfes zwischen den Anhängern des Welfen Otto IV. und des Staufers Friedrich II.; Guelfen: Gegner des Kaisertums, Ghibellinen: Anhänger des Reiches; im 14. Jh. Bezeichnung für zwei soziale Parteien: G. (Volkspartei), Ghibellinen (Adel).

Hades: Sohn des * Kronos, Bruder des * Zeus und des * Poseidon, Herrscher über die Unterwelt, das Totenreich.

halcyonisch: windstill, friedlich; nach altgriech. Sage herrscht während der Brutzeit des Eisvogels (griech.: alkyón) um die Wintersonnenwende auf der See Windstille.

Halys: antiker Name eines türk. Flusses; bildete im 6. Jh. v. Chr. die Grenze zwischen Lydien und Persien. Daher Spruch des delph. Orakels an den Lyderkönig Kroisos, er werde beim Überschreiten des H. sein großes, eigenes Reich zerstören.

Hambach: Hambacher Fest 1832: Versammlungsort liberaler, demokr. und republik. Kräfte, um Deutschlands „Wiedergeburt in Einheit und Freiheit" zu verkünden. Reaktion des Bundestages: Unterdrückung der Versammlungs- und Pressefreiheit.

Hamen: sackartiges Fischfangnetz.

Harfager: Harald H. (Schönhaar), etwa 863–930, unterwarf die norweg. Stammesfürsten und gründete Ende des 9. Jhs. ein norweg. Königreich.

Harpyien: in griech. Mythos weibl. Unheilsdämonen mit Flügeln und Vogelkrallen, die Menschen raubten; Windgeister.

Hastings: Stadt an der engl. Kanalküste. Am 14. 10. 1066 besiegte Herzog Wilhelm von der Normandie den angelsächs. König Harold II. bei H., begründete damit die Normannenherrschaft in England.

Haswell: engl. Industriestadt; in den Kohlegruben von H. kamen Mitte des 19. Jhs. hundert Menschen ums Leben.

Haubitze: Geschütz für Flach- und Steilfeuer.

Hebe: griech. Göttin der Jugend, Tochter des * Zeus und der Hera; vermählte sich * Herakles nach dessen Aufnahme unter die Unsterblichen.

Hebron: Stadt 30 km südl. von Jerusalem; eine der vier Heiligen Stätten des Talmud.

Heinrich von Ofterdingen: sagenhafter dt. Minnesänger um 1200; soll beim legendären Sängerwettstreit auf der Wartburg (um 1260) als Gegner Wolframs von Eschenbach und Walthers von der Vogelweide aufgetreten sein.

Hekate: urspr. aus Kleinasien stammende Göttin; bei * Hesiod allumfassende Göttin; meist dreigestaltig oder dreiköpfig dargestellt; oft mit Artemis oder Persephone gleichgesetzt.

Hektor: Sohn des Königs Priamos und der Hekabe, vermählt mit Andromache; Hauptheld der Trojaner, Lieblingsgestalt in * Homers „Illias".

Helios: griech. Sonnengott; nach * Hesiod Sohn des Hyperion und der Theia; oft als Wagenlenker mit Strahlenkranz auf einem vierspännigen Wagen dargestellt.

Hellespont: griech.: Meer der Stille; antiker Name der Dardanellen.

Heloten: leibeigene Bauern der Spartaner; dienten im Krieg als Waffenknechte; Bezeichnung für Ausgebeutete.

Hera: höchste aller Göttinnen, Schwester und Gemahlin des * Zeus, galt als Beschützerin der Ehe, Herrin auf dem * Olymp. Ihre Attribute: Zepter, Diadem, Schleier und Pfau.

Herakles: lat. Herkules, Sohn des * Zeus und der Alkmene aus dem Geschlecht des Perseus. Berühmter Held der griech. Sage; vollbrachte 12 große „Arbeiten" (u. a. Rückführung der Alkestis aus der Unterwelt), wurde von *Zeus als einziger Sterblicher in die Unsterblichkeit erhoben und mit Hebe vermählt.

Hero: Priesterin der * Aphrodite, Geliebte des Leander, der jede Nacht beim Licht ihrer Lampe über den * Hellespont zu ihr schwamm bis er in einer Sturmnacht, als die Lampe erlosch, ertrank. H. stürzte sich daraufhin von ihrem Turm; beliebter literarischer Stoff (vgl.: Es waren zwei Königskinder).

Herodot: etwa 490–425 v. Chr., Begründer der griech. Geschichtsschreibung; Hauptthema seines Geschichtswerks die Perserkriege.

Hesiod: griech. Dichter, geb. 700 v. Chr.; sein erstes Werk: Die „Theogonie": ordnet die Fülle von Abstammungen in der griech. Götterwelt und rechtfertigt die Herrschaft des * Zeus als eines Gottes der Gerechtigkeit.

Hesperos: Abendstern, Sohn oder Bruder des Atlas; bei griech. Hochzeiten Führer des Brautzuges; als fliegender Knabe mit Fackel dargestellt.

Heydt: August Freiherr von der H., 1801–1874, preuß. Minister für Handel, Gewerbe und öffentliche Arbeiten, später Finanzminister.

Hierophant: griech. Priester, leitete die Mysterien in Eleusis.

Hiersau: Benediktinerkloster in Württemberg, gegründet um 830.

Holofernes: Name des Feldherrn Nebukadnezars II., wurde von Judith ermordet.

Homer: griech. Dichter, 8. Jh. v. Chr., Verfasser der beiden großen Epen „Ilias" und „Odyssee".

Hood: Thomas H., 1799–1845, engl. Schriftsteller, Hrsg. mehrerer Zeitschriften.

Horaz: röm. Dichter, 65–8 v. Chr., gilt zusammen mit * Vergil als Klassiker der lat. Dichtung. Seine Hauptwerke: die Satiren, Oden und Episteln.
Horváth: Ödön v. H., 1901–1938, österr. Schriftsteller und Dramatiker. Seine bekanntesten Dramen: „Geschichten aus dem Wienerwald" (1931), „Italien. Nacht" (1931), „Kasimir und Karoline" (1932), „Glaube, Liebe, Hoffnung" (1936).
Husserl: Edmund H., 1859–1938, Philosoph; 1906 Prof. in Göttingen, 1916 in Freiburg; von großem Einfluß auf die Philosophie in Deutschland (M. Scheler, M. Heidegger) und Frankreich (M. Merleau-Ponty).
Hutten: Ulrich von H., 1488– etwa 1523, Reichsritter und Humanist, wurde 1517 von Maximilian I. in Augsburg zum Dichter gekrönt; kämpfte gegen das Papsttum und für nationale Forderungen; zusammen mit Luther und Franz von Sickingen Versuch der Durchsetzung einer Reichsreform unter Ausschaltung der Fürsten.
Hymenäus: griech. Hochzeitsgott, Sohn des * Apollon und der Muse Kalliope; dargestellt als Jüngling mit Brautfackel und Kranz.

Ichthyosaurier: Fischsaurier der Trias- bis Kreidezeit; ausgestorbene Reptilien.
Iden (des März): im röm. Kalender der 13. Tag des Monats. Im März, Mai, Juli, Okt. der 15. Tag des Monats.
Ignatius von Loyola: 1491–1556, Gründer des Ordens der Gesellschaft Jesu (Jesuiten); 1609 selig gesprochen.
Iguanodon: Pflanzenfresser, der zur Gattung der Dinosaurier gehört.
Ilion: lat. Ilium, antiker Name für Troja.
Isis: ägypt. Göttin, gilt als Gemahlin und Schwester des Osiris; nach dessen Tod fand sie Eingang in das Totenritual; spielte als „zauberreiche" Göttin der Magie eine wichtige Rolle; dargestellt mit Kuhgehörn und Sonne auf dem Kopf.

Jarl: engl. Earl, hoher königl. Beamter.
Jul: in Skandinavien Bezeichnung für das Weihnachtsfest; Julfest: altgerm. Feier der Wintersonnenwende.
Jung: Carl Gustav J., 1875–1961, Schweizer Psychologe, Prof. in Zürich und Basel; nach seiner Trennung von S. * Freud Begründer der Züricher Schule der analyt. Psychologie; bekannt durch seine Lehre vom kollektiven Unbewußten und von den Archetypen menschl. Bewußtseins.
Juvenal: Decimus Iunius Iuvenalis, etwa 60–140 n. Chr., röm. Redner und Satirendichter.

Kalchas: im griech. Mythos der Seher.
Kartätsche: im 16. Jh. aufkommendes Artilleriegeschoß; wurde im 19. Jh. durch das Schrapnell ersetzt.
Kassandra: in griech. Mythos Tochter des Priamos. * Apoll verlieh ihr die Gabe der Weissagung; wurde nach Trojas Fall Geliebte des Agamemnon und mit ihm von Klytämnestra erschlagen.
Kastellan: Aufsichtsbeamter von Schlössern und öffentl. Gebäuden; im Mittelalter Burgvogt.
Kavallett: österr. Dialektbezeichnung für einfaches Bettgestell.
Kiautschau: von 1897 an dt. Pachtgebiet und dt. Flottenstützpunkt in China; am 7. 11. 1914 an die Japaner übergeben, fiel im Dez. 1922 an China zurück.
Kisch: Egon Erwin K., 1885–1948, Prager Schriftsteller, Mitbegründer des Bundes proletar.-revolut. Schriftsteller.
Klerisei: Bezeichnung für Klerus; gelegentlich für Clique, Anhang.
Kof: Nordsee-Küstenfahrzeug.
Kolin: Stadt in Mittelböhmen; in der Schlacht bei K. (18. 6. 1757) siegte das österr. Heer unter * Daun über das preuß. Heer und zwang dadurch Friedr. d. Gr., die Belagerung von Prag aufzuheben und Böhmen zu räumen.
Kommune: frz. „commune", Gemeinde; K. von Paris: Pariser Stadtrat, während der Frz. Revolution Organ der Radikalen.
Koprolith: steinerne Exkremente der Saurier, Kotsteine.
Kormorane: Scharben (Ruderfüßer), Vogelarten von Tauben- bis Gänsegröße; wurden in Vorderasien zum Fischfang verwendet.
Korydon: Figur aus * Vergils „Bukolica", 2. Buch; dort: der Hirte, dessen Liebe zum Knaben Alexis nicht erwidert wird. Später stehende Figur in der Schäferdichtung; häufig in der Bedeutung eines „schmachtenden Liebhabers".
Kragebeen: Krähenfuß.
Kroniden: Kinder des * Kronos.

Kronos: Mächtigster der 12 * Titanen, Sohn des * Uranos und der * Gaia; Vater u. a. von * Zeus und * Hera. Entmannte seinen Vater Uranos, bemächtigte sich der Weltherrschaft; verschlang seine eigenen Kinder; Zeus, durch eine List gerettet, besiegte und verbannte ihn mit den anderen Titanen in den * Tartaros.
Ktesiphon: antike Stadt am linken Tigrisufer, Hauptresidenz der Sassanidenkönige.

Laotse: chines. Philosoph, dem das taoistische Werk „Tao-te-king" zugeschrieben wird. Entstehungszeit ungewiß: zwischen dem 6. und 3. Jh. v. Chr.
Laren: altröm. Gottheiten, Schutzgeister der Familien, auch Penaten genannt.
Laura: * Petrarca.
Leander: * Hero.
Lethe: nach griech. Mythos Fluß in der Unterwelt, aus dem die Seelen Vergessen trinken.
Leukothea: auch unter dem Namen Ino; nach griech. Mythos Schwester der Semele, wurde als hilfreiche Meeresgottheit verehrt.
Lombok: eine der Kleinen Sunda-Inseln in Indonesien.
Lützen: in der Schlacht bei L. (16. 11. 1632) fiel König Gustav Adolf von Schweden.
Luna: röm. Mondgöttin; wurde in Verbindung mit dem Sonnengott (Sol) verehrt.

Macbeth: Tragödie von William Shakespeare, entst. 1601/2.
Malthus: Thomas Robert M., 1766–1834, engl. Sozialforscher, führender Theoretiker der klass. Nationalökonomie.
Mameluck: nachträgl. freigelassene Kaufsklaven, die im 12./13. Jh. in Ägypten und Syrien Kriegsdienst leisteten und in den folgenden Jahrhunderten die Herrschaft über diese Gebiete ausübten.
Marat: Jean L. M., 1744–1793, frz. Revolutionär, einer der radikalsten Volksführer in der Frz. Revolution; 1793 Präsident des Jakobinerklubs; Kampf gegen die * Girondisten; wurde von Ch. Corday erstochen.
Marketenderin: Person, die in Krieg und Manöver den Truppen folgte und Waren verkaufte.
Martial: lat. Dichter, etwa 40–100 n. Chr.; Klassiker des lat. Epigramms.
Medina: arab. Stadt des Propheten Mohammed; neben Mekka wichtigster Wallfahrtsort der Moslems.
Melville: Herman M., 1819–1891, amerikan. Schriftsteller; bekannt vor allem sein Roman „Moby Dick" (1851).
Merlin: Zauberer und Prophet der Artus-Dichtung.
Met: Honigwein, weinähnliches Getränk aus Honig und Wasser; in german. Mythologie ist M. Trank der Götter und Helden in Walhall, ähnl. dem griech. Nektar.
Meteor: strahlende, kugelförmige Lichterscheinung.
Metternich: Klemens Fürst von M., 1773–1859, österr. Staatsmann; sicherte Österreich auf dem Wiener Kongreß die Vormachtstellung im Dt. Bund und in Italien, wurde 1821 Staatskanzler.
Miller: Henry M., geb. 1891, amerikan. Schriftsteller. Hauptwerke: „Im Zeichen des Krebses" (1953), „Wendekreis des Steinbocks" (1953); Erzählungen.
Minotaurus: nach griech. Mythos ein Ungeheuer mit Menschenleib und Stierkopf, wurde von Theseus besiegt.
Mirza: pers. Titel für einen Prinzen, Literaten oder Schreiber.
Moiren: die drei griech. Schicksalsgöttinnen: Klotho (Spinnerin des Lebensfadens), Lachesis (teilt den Menschen das Schicksal zu), Atropos (zerschneidet den Lebensfaden); von den Römern den Parzen gleichgesetzt.
Monmouth: James M., 1649–1685, illegitimer Sohn Karl II. von England und seiner Geliebten Lucy Walters, rebellierte gegen Jakob II., wurde bei Sedgemoore gefangen genommen und hingerichtet.
Montaigne: Michel M., 1533–1592, frz. Philosoph und Moralist. Sein Hauptwerk: „Die Essais" (1588 in drei Büchern).

Neher: Caspar N., 1897–1962, Bühnenbildner des Antiillusionismus; Jugendfreund B. Brechts.
Nero: röm. Kaiser und Tyrann, 37–68 n. Chr.; leitete im Jahr 64 eine große Christenverfolgung ein.
Nestor: nach griech. Mythos Sohn des Neleus, nahm am Kampf der Lapithen und Zentauren teil. Ratgeber der Griechen vor Troja.
Nibelungenlied: anonymes mittelhochdt. Heldenepos, entst. Ende des 12. Jhs.
Niobe: Tochter des Tantalos, Gemahlin des theban. Königs Amphion; * Apoll und Artemis töteten die Kinder der N., die daraufhin zu Stein erstarrte.
Nornen: Schicksalsgottheiten der altnord. Mythologie. Durch ihren Spruch bestimmen die N. bei der Geburt des Menschen sein Schicksal und Lebensende.

Odin: gleichbedeutend mit Wotan, der höchste der germ. Götter (Asen). In literar. Quellen erscheint O. als Gott der Ekstase sowie als Toten- und Kriegsgott.
Odysseus: nach griech. Mythos König von Ithaka, Sohn des Laertes, Gemahl der Penelope und Vater des Telemach; Schicksale und Gefahren auf seiner 10 Jahre dauernden Rückkehr aus dem Trojan. Krieg schildert die „Odyssee" von * Homer.
Oger: menschenfressender Riese und Dämon in roman. Märchen und Sagen; dort als Gegenspieler des Helden.
Oileus: König der Lokrer, Vater des Aias.
Olymp: im griech. Mythos der Göttersitz, namengebend für Zeus' Heiligtum Olympia.
Orpheus: Sohn des Oiagros oder * Apoll und der Muse Kalliope, vermählt mit Eurydike. Sänger und Leierspieler, der wilde Tiere, Steine und Bäume bezauberte. Er suchte durch seinen Gesang die Götter der Unterwelt dazu zu bewegen, ihm Eurydike zurückzugeben, verstieß jedoch gegen das Gebot der Götter, sich nicht nach ihr umzuschauen, bevor beide das Tageslicht erreicht hatten.
Ossian: schottisch-gälischer mytholog. Held, wurde durch den schott. Dichter Macpherson, 1736–1796, in Europa bekannt, der eigene Gedichte als angebliche Übersetzungen der Dichtungen von O. veröffentlichte.
Oxus: im Altertum Name des Amu-Darja, des wasserreichsten Flusses Westturkestans.

Pallas: griech. Beiname der Göttin Athene.
Panisbrief: Brotbrief; eine vom 14. bis 18. Jh. vorkommende Anweisung dt. Könige an ein Kloster, einen Laien auf Lebenszeit zu versorgen.
Paria: sozial, wirtschaftlich und bisweilen rechtlich unterprivilegierte Gruppe einer Gesellschaft; vor allem in Indien.
Parnaß: mittelgriech. Gebirge, galt in der Antike als Sitz des * Apoll und der Musen.
Parzen: * Moiren.
Patroklos: Freund des * Achill, nahm mit ihm am Trojan. Krieg teil, wurde von * Hektor getötet.
Pelide: Name für * Apoll, den Sohn des Peleus.
Penaten: * Laren.
Petrarca: Francesco P., 1304–1374, ital. Dichter, Humanist und Philologe, einer der größten Lyriker Italiens. Sein Hauptwerk, der „Canzoniere", eine Sammlung von Sonetten, thematisiert seine Liebe zu Laura. Seine Lyrik jahrhundertelang Vorbild der ital. und europ. Liebesdichtung (Petrarkismus). Durch seine lat. Werke Begründer des Humanismus.
Pfordten: Ludwig von der P., 1811–1880, Jurist und Politiker, ab 1849 bayr. Ministerpräsident.
Phiole: bauchiges Glasgefäß mit langem, engem Hals.
Phöbus: * Apoll.
Planck: Max P., 1858–1947, bedeutender Physiker, Begründer der Quantentheorie, erhielt 1918 den Nobelpreis für Physik.
Pluto: griech. Gott der Unterwelt, oft mit * Hades gleichgesetzt.
Plutokratie: Geldherrschaft im Staat, d. h. die politische Vormachtstellung der Herrschenden ist allein durch ihren Besitz begründet.
Pollak: Oscar P., 1893–1963, österr. Publizist, Chefredakteur der Wiener „Arbeiterzeitung".
Polykrates: im 6. Jh. v. Chr. Tyrann von Samos, zog viele Dichter und Künstler an seinen Hof.
Poseidon: griech. Gott des Meeres, Sohn des * Kronos und der Rhea. Seine Attribute: Dreizack, Fisch und Delphin.
Potiphar: im AT (1. Mose 37), Frau eines hohen ägypt. Staatsbeamten, die Joseph zu verführen suchte.
Priamos: in griech. Mythos König von Troja, Vater u. a. von Hektor und Paris.
Proserpina: griech.: Persephone, Tochter des * Zeus und der Demeter. Von * Hades, dem * Zeus sie versprochen hatte, geraubt. Herrin der Unterwelt.
Proteus: weissagender Meergreis, mit der Fähigkeit, sich in verschied. Gestalten zu verwandeln.
Pyramus: P. und Thisbe der Sage nach ein babylon. Liebespaar, dessen Geschichte in Ovids „Metamorphosen" erzählt wird als Beispiel für Liebestreue und Liebesnot.
Pythia: Prophetin des Orakels in Delphi.

Quästor: in der Frühzeit Roms Richter in Mordprozessen, in der röm. Republik Provinzialstatthalter.
Quiriten: Bürger des antiken Roms; Name abgeleitet von Quirinus, einem legendären röm. Heiligen und Märtyrer.

Rabbiner: urspr. der jüd. Gelehrte, der an einem Lehrhaus die Thora und das Religionsgesetz auslegt. Heute Religionslehrer, Prediger und Seelsorger.
Racine: Jean R., 1639–1699, frz. Dramatiker, vom Jansenismus geprägt; zusammen mit P. Corneille, Klassiker des frz. Dramas; R. schöpft aus den griech. Tragikern, vor allem aus Euripides.
Rajah: bis ins 19. Jh. die nichtmuslim. Untertanen der Türkei.
Rechberger: Name eines berüchtigten oberschwäb. Raubrittergeschlechts.
Rembrandt: holländ. Maler, 1606–1669, griff vor allem auf Stoffe aus dem AT und NT zurück; berühmt durch seine Licht- und Farbgebung (Hell-Dunkel), die in der Geschichte der Malerei unvergleichlich blieb.
Remus: * Romulus.
Rhampsenit: ägypt. König, vielleicht Ramses III., von dessen Schatzhaus das Märchen vom klugen Baumeister und seinen diebischen Söhnen erzählt wird.
Rimbaud: Arthur R., 1854–1891, bedeutender frz. Lyriker, von großer Wirkung auf die europ. und außereurop. Poesie des 20. Jhs.
Robespierre: Maximilien de R., 1758–1794, frz. Politiker; während der Revolutionszeit Führer der Bergpartei, bekannte sich zur Schreckensherrschaft als Mittel zur Überwindung der Krise von 1793. Ließ im Frühjahr 1794 seine radikalen (Hébert) und gemäßigten (* Danton) Gegner hinrichten; wurde am 27. 7. 1794 gestürzt und kurz darauf hingerichtet.
Robin Hood: Held vieler engl. Volksballaden aus dem 14./15. Jh.; Verkörperung des Grolls der unterdrückten Angelsachsen gegen den normann. Adel und Klerus.
Röhm: Ernst R., 1887–1934; 1931 von Hitler zum Stabschef der SA ernannt, unterlag im Machtkampf gegen die SS, wurde unter dem Vorwand, einen Putsch geplant zu haben, mit anderen SA-Führern am 30. 6. 1934 erschossen.
Roland: Gestalt aus dem Sagenkreis Karls d. Gr.; der bekannteste seiner 12 Paladine; Hauptheld des altfrz. * Rolandsliedes.
Rolandslied: altfrz. Heldenepos; die älteste überlieferte Fassung stammt aus Nordfrankreich, um 1100 aufgezeichnet.
Romulus: R. und Remus der Sage nach Zwillingssöhne des Mars und der Rea Silvia. Nach ihrer Geburt ausgesetzt, wurden sie von einer Wölfin ernährt und von einem Hirten aufgezogen. Auf R. führten die Römer die Grundlagen der politischen und militärischen Verfassung ihrer Stadt zurück.
Roncevalles: nach dem * Rolandslied wurde Roland im Tal von R. im Jahr 778 mit der Nachhut des Heeres Karls d. Gr. von den Basken geschlagen.
Roon: Albrecht von R., 1803–1879, preuß. Generalfeldmarschall; ab 1859 Kriegsminister; seine Heeresreformen schufen die Voraussetzung für die Feldzüge von 1866 und 1870/71.
Rousseau: Jean-Jacques R., 1712–1778, einflußreicher frz. Schriftsteller des Aufklärungszeitalters. Sein „Contrat Social" (1762) entwickelt als Gegenentwurf zum absolutistischen Machtstaat Grundlagen der modernen Demokratie. Seine Schrift „Emile" (1762) von großem Einfluß auf neuzeitliche Erziehungstheorien.
Runen: Schriftzeichen der Germanen vor und z. T. noch neben der lat. Schrift.

Sarazenen: im Altertum Araber, die einen Teil der Steppe des nordwestl. Arabiens und der Sinai-Halbinsel bewohnten. Bezeichnung im Mittelalter auf das ganze Volk der Araber, speziell die Gegner der Kreuzfahrer, ausgedehnt.
Sartre: Jean Paul S., geb. 1905, frz. Philosoph und Schriftsteller. Aufgrund seines Buches „Das Sein und das Nichts" (frz. 1943, dt. 1952) als Mitbegründer des frz. Existentialismus angesehen. Neben vielen Theaterstücken neuerdings eine dreibänd. Studie über G. Flaubert.
Sassaniden: pers. Dynastie, Nachkommen Sasans, eines Fürsten und Vorstehers des Heiligtums der Göttin Anahita bei Persepolis.
Satrap: im Perserreich Titel eines Großstatthalters; auch in der Bedeutung von Despot.
Scharnhorst: Gerhard Johann David Sch., 1755–1813, preuß. General; führte im Zusammenhang mit den Stein'schen Reformen die Heeresreform durch, begründete die 1813 eingeführte allgem. Wehrpflicht.
Scheherezade: die Märchenerzählerin in Tausendundeine Nacht.
Schill: Ferdinand von Sch., 1776–1809, preuß. Offizier, fiel beim Zug gegen die Festung Magdeburg im Straßenkampf.
Schwerin: Kurt Christoph von Sch., 1684–1757, preuß. Generalfeldmarschall; siegte im 1. Schles. Krieg 1741 bei Mollwitz.
Scipio: Publius Cornelius S. (S. d. Jüngere), um 185–129 v. Chr. röm. Senator, eroberte und zerstörte Karthago, Gegner der Gracchen; schuf wichtige Voraussetzungen für die neue griech.-röm. Bildung.

Scylla: * Charybdis.
Simplicissimus: Titel eines Romans von H. J. Ch. Grimmelshausen (1622–1676); schildert die Abenteuer des Simplicius in den Wirren des 30jährig. Krieges.
Simson: ein mit übermenschlichen Kräften ausgestatteter Kämpfer des israelit. Volkes, kämpfte gegen die Philister; oft in Nähe zum * Herakles-Mythos gebracht.
Skalden: altnord. Dichter; ihr Leben ist in einer Reihe von Sagas geschildert.
Skamander: bei * Homer Hauptfluß der Ebene von Troja; als Flußgott personifiziert mit dem Namen Xanthos.
Smum: auch Samum, trocken-heißer Wüstensturm in Afrika und Vorderasien.
Spiraea: lat., Spierstrauch.
Spranger: Eduard S., 1882–1963, Philosoph, Psychologe und Kulturpädagoge, Schüler W. Diltheys. Hauptwerke: „Lebensformen" (1914), „Psychologie des Jugendalters" (1924).
Styx: im griech. Mythos Fluß der Unterwelt.
Sudermann: Hermann S., 1857–1928, Schriftsteller; Erfolge als Dramatiker mit den Schauspielen „Ehre" (1889), „Heirat" (1893).
Sulpicius: Publius S. Rufus, röm. Volkstribun, 88 v. Chr.
Sylphe: in mittelalterl. Magie der männl. Luftgeist.
Syringe: Flieder.

Talleyrand: Charles Maurice de T.-Périgord, 1754–1838, frz. Diplomat, zunächst Bischof von Autun, hatte unter Napoleon, Ludwig XVIII. und Karl X. verschiedene hohe Staatsämter inne; Gesandter Frankreichs auf dem Wiener Kongreß.
Tannhäuser: mhd. Lyriker, etwa 1205–1270; nahm 1228/29 am Kreuzzug Friedr. II. teil; wurde später zum Helden der Volkssage vom Venusberg; seit dem 15. Jh. in vielfältigen literar. Ausprägungen verbreitet.
Tartaros: Abgrund, in den * Zeus seine Gegner, bes. die * Titanen, stürzte.
Tell: Wilhelm T., Held der bekanntesten Schweizer Sage; wird vom Landvogt Geßler gezwungen, einen Apfel vom Kopf seines Sohnes zu schießen; ruft als Anführer des Volkes zur Vertreibung der Vögte auf; T. Inbegriff des Freiheitskampfes der Schweizer.
Templer: Templerorden: einer der drei großen geistlichen Ritterorden, gegr. 1119 von Hugo von Payens.
Thersites: nach * Homer der häßlichste der Griechen vor Troja; wurde von * Achill erschlagen, weil er dessen Liebe zu Penthesilea verhöhnte.
Thetis: in der griech. Sage eine Meeresnymphe, die fürsorgliche Mutter des * Achill.
Thisbe: * Pyramus.
Tilly: Johann T., 1559–1632, Feldherr im 30jährig. Krieg; gewann 1620 die Schlacht am Weißen Berg.
Titanen: nach griech. Mythos die 12 Kinder des * Uranos (Himmel) und der * Gaia (Erde). Mächtigster der T.: * Kronos, Vater von * Zeus und * Hera.
Titus: T. Flavius Vespasianus, 39–81 n. Chr., röm. Kaiser.
Trense: einfachste Zäumung des Pferdes.
Tudor: engl. Königshaus, 1485–1603; der Älteste der T. kämpfte in den Rosenkriegen auf der Seite des Hauses Lancaster.
Tydeus: in griech. Mythos Diomedes; gehörte zu den Sieben gegen Theben.

Ulysses: * Odysseus.
Uranos: in griech. Mythos der Himmel; U. Sohn und Gemahl der * Gaia (Erde), wurde von * Kronos entmannt.
Urban IV.: 1200–1264, verbündete sich mit Karl von Anjou gegen die stauf. Herrschaft in Süditalien; wurde 1261 zum Papst gewählt.
Utitz: Emil U., 1883–1956, Prager Kultur- und Kunstphilosoph.

Venus: * Aphrodite.
Vercingetorix: Keltenfürst aus dem Stamm der Arverner; leitete 52 v. Chr. die letzte große Erhebung der Gallier gegen Cäsar im Gall. Krieg.
Vergil: röm. Dichter, 70–90 v. Chr.; sein Werk von außerordentlichem Einfluß auf die abendländische Literatur und Kultur; Verfasser der „Bucolica" (Hirtendichtung), „Eclogae" und des „Äneis"-Epos.
Vergniaud: Pierre V., 1753–1793, frz. Politiker, einer der Führer der * Girondisten.
Verlaine: Paul V., 1844–1896, frz. Lyriker, Freund * Rimbauds; veröffentlichte zahlreiche Gedichtbände, von großem Einfluß auf die frz. Symbolisten.

Verne: Jules V., 1828–1905, frz. Schriftsteller, Begründer des utop.-techn. Abenteuerromans.
Voltaire: eigentl.: François-Marie Arouet, 1694–1778, frz. Philosoph, Schriftsteller und Historiker; eine der großen Autoritäten des 18. Jhs.; bekannt vor allem seine „Philos. Briefe" (frz. 1733).

Walhalla: dorischer Marmortempel, von König Ludwig I. von Bayern zu Ehren großer Deutscher errichtet, eingeweiht im Jahr 1842.
Wallenstein: Albrecht von W., 1583–1634, Herzog von Friedland (1625) und Mecklenburg (1627); Feldherr im 30jährig. Krieg.
Waller: in älterer Volkspoesie Name für Wallfahrer.
Warbeck: Perkin W., 1472–1499, Thronprätendent gegen Heinrich VII. von England.
Warwick: Edward Graf W., 1475–1499, Sohn des 1478 im Tower angeblich durch Ertränken getöteten Herzogs George von Clarence; der letzte York.
Washington: George W., 1732–1799, Sieger im amerikan. Unabhängigkeitskrieg und erster Präsident (1789–1797) der Vereinigten Staaten.
Weinsberg: Stadt im Neckarkreis, berühmt durch die Sage von den „Treuen Weibern zu Weinsberg". Eroberung der Stadt durch Konrad III. am 21. Dez. 1140.
Wesir: Minister islam. Staaten; bei den Osmanen seit dem 14. Jh. gebräuchlich.
Wiechert: Ernst W., 1887–1950, Schriftsteller, Verfasser vieler Romane, Erzählungen, Novellen und Märchen.
Wilhelm I.: 1027–1087, auch der Eroberer genannt; ermöglichte die Eroberung Englands durch den Sieg bei * Hastings im Jahr 1066.
Wrangel: Carl Gustav von W., 1613–1676, schwed. Reichsadmiral und Reichsmarschall während des 30jährig. Krieges.

Zephir: griech. Zephyros; im Mythos Sohn des Astraios und der * Eos; Westwind.
Zeughaus: früher Gebäude zur Aufbewahrung von Vorräten und Kriegsmaterial; aus mittelalterl. Rüstkammern hervorgegangen.
Zeus: der höchste der griech. Götter, Sohn des * Kronos und der Rhea; Stammvater vieler Götter und Heroen. Seine Symbole: Zepter und Blitz.
Ziet(h)en: Hans Joachim v. Z., 1699–1786, preuß. Reitergeneral in der Armee Friedr. d. Gr.

Alphabetisches Verzeichnis der Autoren

Adler, Hans	732	Delius, Friedrich Christian	856
Alexis, Willibald	289	Dingelstedt, Franz	356
Arendt, Erich	710	Droste-Hülshoff, Annette von	249
Arndt, Ernst Moritz	198		
Arnim, Achim von	175	Ehrenstein, Albert	550
Arnim, Bettina von	189	Eichendorff, Joseph Freiherr von	189
Arp, Hans	582	Endler, Adolf	816
Artmann, Hans Carl	774	Engelke, Gerrit	566
Asmodi, Herbert	785	Enzensberger, Hans Magnus	803
Ausländer, Rose	720	Ernst, Otto	478
Avenarius, Ferdinand	477		
		Falke, Gustav	476
Bachmann, Ingeborg	792	Fontane, Theodor	420
Bächler, Wolfgang	786	Fouqué, Friedrich Freiherr de la Motte	158
Ball, Hugo	584	Freiligrath, Ferdinand	347
Barth, Emil	696	Freytag, Gustav	382
Bartsch, Kurt	850	Fried, Erich	758
Bauer, Walter	718	Fuchs, Günter Bruno	800
Bayer, Konrad	820	Fürnberg, Louis	729
Becher, Johannes R.	632	Fussenegger, Gertrud	739
Bergengruen, Werner	599		
Bienek, Horst	810	Gan, Peter	605
Bierbaum, Otto Julius	495	Geerk, Frank	857
Biermann, Wolf	864	Geibel, Emanuel	384
Bingel, Horst	833	George, Stefan	500
Blass, Ernst	556	Gilbert, Robert	690
Bobrowski, Johannes	755	Ginzkey, Franz Karl	510
Born, Nicolas	850	Glassbrenner, Adolf	354
Brambach, Rainer	757	Gleim, Johann Wilhelm Ludwig	37
Braun, Volker	847	Goeckingk, Leopold Friedrich Günther von	46
Brechbühl, Beat	854	Goes, Albrecht	728
Brecht, Bertolt	644	Goethe, Johann Wolfgang	86
Brentano, Clemens	160	Goll, Ivan	574
Britting, Georg	595	Grass, Günter	796
Brun, Friederike	151	Graßhoff, Fritz	734
Bürger, Gottfried August	61	Grillparzer, Franz	236
Burkart, Erika	771	Groth, Klaus	375
Busch, Wilhelm	452	Grün, Anastasius	345
Busta, Christine	753	Günderode, Caroline von	173
		Guttenbrunner, Michael	758
Chamisso, Adelbert von	180		
Claudius, Matthias	44	Hacks, Peter	802
Conz, Carl Philipp	153	Hädecke, Wolfgang	808
Csokor, Franz Theodor	564	Hagelstange, Rudolf	741
		Handke, Peter	855
Dahn, Felix	454	Hardekopf, Ferdinand	545
Degenhardt, Franz Josef	822	Hartmann, Moritz	447
Dehmel, Richard	492	Hauff, Wilhelm	292

Alphabetisches Verzeichnis der Autoren

Hauptmann, Gerhart	480
Hausmann, Manfred	694
Hebbel, Friedrich	376
Hebel, Johann Peter	152
Heine, Heinrich	320
Heiseler, Bernt von	726
Heißenbüttel, Helmut	772
Heller, André	858
Henckell, Karl	490
Herder, Johann Gottfried	79
Hermlin, Stephan	745
Herrmann-Neisse, Max	590
Herwegh, Georg	360
Hesse, Hermann	528
Heym, Georg	547
Heyse, Paul	448
Hoddis, Jakob van	548
Höllerer, Walter	783
Hölty, Ludwig Christoph Heinrich	48
Hoffmann von Fallersleben, August Heinrich	343
Hofmannsthal, Hugo von	524
Holthusen, Hans Egon	743
Holz, Arno	483
Huch, Ricarda	498
Huchel, Peter	706
Huelsenbeck, Richard	589
Immermann, Karl	282
Jandl, Ernst	777
Juhre, Arnim	790
Kästner, Erich	682
Kaiser, Georg	592
Kaléko, Mascha	721
Kanehl, Oskar	560
Kaschnitz, Marie Luise	697
Keller, Gottfried	408
Kerner, Justinus	204
Kessel, Martin	708
Kesten, Hermann	644
Kinkel, Gottfried	373
Kipphardt, Heinar	771
Kirsch, Rainer	858
Kirsch, Sarah	836
Klabund (Alfred Henschke)	612
Kleist, Heinrich von	156
Körner, Theodor	224
Kolmar, Gertrud	607
Kopisch, August	290
Kramer, Theodor	681
Kraus, Karl	515
Kreisler, Georg	763
Krolow, Karl	752
Kunert, Günter	861
Kunze, Reiner	834
Kurz, Herrmann	371
Lange, Horst	720
Lasker-Schüler, Else	520
Leip, Hans	603
Lenau, Nikolaus	294
Lenz, Jakob Michael Reinhold	84
Leonhard, Rudolf	561
Lernet-Holenia, Alexander	692
Lichtenstein, Alfred	552
Liliencron, Detlev von	455
Lingg, Hermann	446
Lobe, Jochen	853
Loerke, Oskar	590
Ludwig, Otto	381
Marti, Kurt	761
Matthisson, Friedrich	150
Meckel, Christoph	840
Mehring, Walter	676
Mell, Max	594
Meyer, Conrad Ferdinand	390
Mickel, Karl	839
Miegel, Agnes	540
Miller, Johann Martin	51
Mörike, Eduard	310
Morgenstern, Christian	511
Mühsam, Erich	556
Müller, Heiner	809
Müller, Wilhelm	226
Münchhausen, Börries Freiherr von	536
Nietzsche, Friedrich	468
Nordau, Max	473
Novak, Helga M.	843
Novalis (Friedrich von Hardenberg)	156
Pfau, Ludwig	370
Pfeffel, Gottlieb Konrad	42
Piontek, Heinz	791
Platen, August Graf von	241
Prutz, Robert	357
Raabe, Wilhelm	450
Rausch, Jürgen	738
Reinig, Christa	793
Reuter, Fritz	374
Rilke, Rainer Maria	525
Ringelnatz, Joachim	577

Roth, Eugen	679
Rückert, Friedrich	228
Rühm, Gerhard	818
Rühmkorf, Peter	813
Saar, Ferdinand von	454
Sachs, Nelly	696
Sallet, Friedrich von	355
Schack, Adolf Friedrich Graf von	373
Schaukal, Richard	523
Scheffel, Joseph Victor von	447
Schenkendorf, Max von	198
Scherenberg, Christian Friedrich	286
Schickele, René	573
Schiller, Friedrich	113
Schlegel, August Wilhelm	154
Schönaich-Carolath, Emil von	475
Schubart, Christian Friedrich Daniel	43
Schwab, Gustav	239
Schwitters, Kurt	585
Simrock, Karl	307
Spitteler, Carl	469
Stadler, Ernst	545
Steinbach, Walter	709
Stolberg, Friedrich Leopold Graf zu	52
Storm, Theodor	404
Strachwitz, Moritz Graf von	442
Strauß und Torney, Lulu von	531
Süverkrüp, Dieter	828
Susman, Margarete	519
Thoma, Ludwig	506
Törne, Volker von	848
Trakl, Georg	552
Tschudi, Fridolin	733
Tucholsky, Kurt	616
Uhland, Ludwig	207
Vogl, Johann Nepomuk	308
Voss, Johann Heinrich	59
Wackernagel, Wilhelm	319
Walser, Robert	530
Walter, Silja	753
Wedekind, Frank	502
Weerth, Georg	365
Weinert, Erich	624
Weinheber, Josef	596
Werfel, Franz	567
Wetzel, Friedrich Gottlob	174
Weyrauch, Wolfgang	724
Wiens, Paul	767
Wildenbruch, Ernst von	475
Wolf, Ror (Raoul Tranchirer)	830
Wolken, Karl Alfred	814
Zech, Paul	558
Zedlitz, Joseph Christian Freiherr von	235
Zollinger, Albin	611
Zuckmayer, Carl	691

Alphabetisches Verzeichnis der Balladenüberschriften und Balladenanfänge

Abendschau	783
Abfahrt	403
Abigail	522
Abraham baute in der Landschaft Eden	521
Abraham und Isaak	521
Absaloms Abfall	527
Abschaffung	681
Abschied	314
Ach! die Republik (Scipio)	803
Ach, sehn'se, das war so	800
Adams erste Nächte	519
Adelstan und Röschen	48
Adjüs, Herr Leutnant	374
Adolf schlief bei seinem Neuvermählten	666
Adolf war der Sprosse guter Leute	510
Adornos Zunge	799
Ah! Unter dem Stroh im Stall	855
Ahasver (Am Hafen ist's)	480
Ahasver (Am Walde lag unser Hof allein)	534
Ahoi! Klaas Nielsen und Peter Jehann	488
Alabama-Lied	692
Albrecht Dürer	383
Aldonza, von gnomen gefangen	776
Alles-für-die-Nix-Lied	813
als alles schon vorüber war	843
Als Arthur gelb auf weiß	560
Als dazumal Herr Potiphar	369
Als der Abend übers Schlachtfeld wehte	644
Als der Bischof Leo seinen Imbiß nahm	472
Als der deutsche Herrgott in Frankreich gehaust	517
Als der König Rhampsenit	333
Als der Regen senkte sein Haar	611
Als der Trauerbaum in den Himmel wuchs	841
Als der Trommler dreizehn Jahre	664
Als die Extreme zusammenstießen	687
Als die greise Uhr die letzten Schläge keuchte	569
Als die Karren durch die Straßen fuhren	609
Als die Latiner aus Lavinium	219
Als die Preußen marschierten vor Prag	36
Als die Wiese stand im weißen Schaum	698
Als einer ausritt, da fielen sechs	676
Als Elisa der Prophet erkrankte	727
Als er Siebzig war	668
Als er zerfleischt war	759
Als Gott am ersten Wochenende	685
Als Gott der Herr geboren war	36
Als ich ein Baum war	863
Als ich ein kleiner Knabe war	18
Als ich noch ein Baum gewesen	863
Als ich still und ruhig spann	100
Als ihm die luft wegblieb	794
Als jüngst im grünen Hage	442
Als Kaiser Rotbart lobesam	215
Als Magdalena kam zur Gruft	599
Als noch, verkannt und sehr gering	93
Als Ostern wiederkam	574
Als sie einander acht Jahre kannten	682
A. M.	585
Am Felsenbruch im wilden Tann	405
Am Fenster stand die Mutter	323
Am Gestade Palästinas	392
Am Hafen ist's	480
Am Kreuzweg weint die verlassene Maid	407
Am siebten Tage unter leichten Winden	649
am 17. august kam ich zur welt	821
Am Sonntag aß er Braten	634
Am Sonntag fällt ein kleines Wort im Dom	613
Am schiefen kleinen Fenster	543
Am Ufer des Stromes	416
Am Walde lag unser Hof allein	534
Am Weihnachtsabend	738
Am Weihnachtsabend flog plötzlich die Tür auf	738
An dem Tag der Sonnenwende	232
An der Küste von Frankreich im Norden	862
Andenken	232
An einem deutschen Wintertag	845
An einem Juninebeltag	802
An einem Zollhaus	291
Anekdote und Auslegung	356
An jedem Fenster der Welt	576
An M.	839
Anna	302
Anna Bullen	544
Anna steht in sich versunken	302
Anna zog mit dreizehn Jahren nach dem Osten	844
Anno Domini 1812	494
Arbeitslosen-Ballade	562
Archibald Douglas	429
Arm am Beutel, krank am Herzen	92
Aroleid	413
Attila's Schwert	446
Auf Blut und Leichen	456
Auf dem Rhein	160
auf der Bank sitzt ein Pfau	785
Auf der Hauptwacht sitzt geschlossen	346
Auf des Braunschweigers eherner Stirne schwoll	531
Auf grüner grüner Heide	151
Auf hohem Gerüst am Turme	577
Auf hohem Gerüste	577
Auf Rolltreppen steigen die Bräutigame	850
Auf seinem Thron schlief der Despot	590
Auf seiner langen Wanderschaft	42
Auferstehung	599
Auschwitz (1953)	771
Aus dem schlesischen Gebirge	351
Aus des Volkes lauten Wogen	398

Alphabetisches Verzeichnis der Balladenüberschriften und Balladenanfänge

Auszog das Fürchten zu lernen	858
Bajla Gelblung, entflohen in Warschau	755
Ballade (Da sprach der Landrat unter Stöhnen)	622
Ballade (Die Dämmerung sah ihn)	545
Ballade (Ein Narre schrieb drei Zeichen in Sand)	554
Ballade (Er hat sich in ein verteufeltes Weib vergafft)	520
Ballade (Es klagt ein Herz)	555
Ballade (Herein, o du Guter)	107
Ballade (Ich träumt, ich wär ein Vögelein)	50
Ballade (In fremder Stadt, im Hospital)	591
Ballade (Mond schlug in mich seine Kralle)	752
ballade (sie der regen die motorräder)	818
Ballade (Sie schrie)	860
Ballade (Und die Sonne machte den weiten Ritt)	200
Ballade an Bord	814
Ballade auf den Dichter François Villon	865
Ballade mit Fahrrad + VW	853
Ballade nach Shakespeare	744
Ballade um zwölf	696
Ballade vom begrabenen Zweifel	815
Ballade vom braven Mann	849
Ballade vom Brennesselbusch	538
Ballade vom chinesischen Maler	611
Ballade vom 30. Juni	666
Ballade vom dürren König	418
Ballade vom Goldstück	726
Ballade vom Hans Kohlhas	767
Ballade vom jungen erschossenen Arbeiter	718
Ballade vom Klassiker	529
Ballade vom kleinen Mann	596
Ballade vom kranken Kind	525
Ballade vom Land der ungesprochenen Worte	745
Ballade vom Lauf der Welt	842
Ballade vom Lügenberg	639
Ballade vom Mann, dem es immer besser ging	634
Ballade vom Mazeppa	654
Ballade vom preußischen Ikarus	872
Ballade vom Sommer	594
Ballade vom Tod der Anna Gewölkegesicht	647
Ballade vom toten Landstreicher	709
Ballade vom traurigen Ehepaar	733
Ballade vom Tropfen auf den heißen Stein	664
Ballade vom twöfalten Schock	845
Ballade vom Vergeltsgott	510
Ballade vom verlornen König	364
Ballade vom Warten	800
Ballade vom Wind	599
Ballade vom Winterfrost	570
Ballade vom Zionskirchplatz	816
Ballade von Cäsars Ende	592
Ballade von den Abenteurern	648
Ballade von den alten und den neuen Worten	748
Ballade von den Geliebten in den Großen Städten	750
Ballade von den großen Stunden der Kindheit	841
Ballade von den Kindern	562
Ballade von den Osseger Witwen	668
Ballade von den schlaflosen Nächten	786
Ballade von der Billigung der Welt	658
Ballade von der Freundschaft	650
Ballade von der großen Pulververschwörung	861
Ballade von der großen Rechnung	636
Ballade von der Hanna Cash	652
Ballade von der Kleeblatt-Division	640
Ballade von der Königin Bitterkeit	745
Ballade von der Krankheit	570
Ballade von der reisenden Anna	844
Ballade von der Selbsthilfe	712
Ballade von der Soldatenmarie	605
Ballade von der Überwindung der Einsamkeit in den Großen Städten	747
Ballade von der Zivilisation	624
Ballade von einem Traum auf der Flucht	574
Ballade von Hiobs Misthaufen	840
Barbara Chlum	681
Barbarossa	231
Barbarossas erstes Erwachen	347
Barbarossas letztes Erwachen	362
Barrabas	565
Bauernballade	643
Bayreuth	631
Begegnung	332
Bei Dichters	629
Bei einem Meister stand ein Bursch	528
Beim Metzger erschien ein alt Weiblein	510
Belsatzar	322
Bergwerkstraße	810
Bergwindballade	710
Bericht (Bajla Gelblung)	755
Bericht (Die Purgau zerstört den Pfau)	810
Berlin, du deutsche deutsche Frau	864
Berliner Gerüchte	616
Berliner Jungen scharten sich	420
Berliner Republikaner	420
Bertran de Born	218
besuch von auswärts	781
Biblische Ballade	753
Bilanzballade im dreißigsten Jahr	867
Bis unter den grünen Lindenbaum	228
Bladdy Groth war ein Mädchen	548
Böt mir einer, was er wollte	502
Botenart	345
Bothwell	388
Brigitte B.	504
Bülows Ende	508
Burg Niedeck ist im Elsaß	184
Charlotte Corday	607
Chidher	230
Chidher, der ewig junge sprach	230
Chronik	728
corporal, mein corporälchen	774
Couplet	548
Courths-Mahleriana	729
C. R. D. (1809–1882)	804

Da begann das Beil mit feinem Klirrn	607	Das Mädchen aus der Fremde	135
Da ging ich hin	837	Das Mädchen und die Haselstaude	22
Da hat er gelernt was Krieg ist sagt er	850	Das Mägdlein, braun von Aug' und Haar'	59
Da kam ein Geist zu Marg'reths Tür	79	Das Märchen vom Reichtum und der Not	354
Da kroch einer mit zerbrochenem Rücken	518	Das Riesenspielzeug	184
Da nahm ich meinen Becher	708	Das schlimme Märchenschloß	590
Da sitz' ich wiederum	448	Das Schloß am Meere	207
Da sprach der Landrat unter Stöhnen	622	Das schöne Mädchen kam vorbei	530
Da, wo die Friedrichstraße sacht	872	Das Siegesfest	145
Dada-Gedicht II	589	Das Spiel ist aus	792
Damals, so in den achtziger Jahren	617	Das Turngedicht am Pferd	577
Dank des Paria	113	Das unendliche Spiel	771
Dantons Ende	608	Das Veilchen	87
Das Abenteuer des Gymnasiallehrers	506	Das verschleierte Bild zu Sais	120
Das arme Mädchen	502	Das war der Gottesfreund aus dem Oberland	573
Das arme Opfer	644	Das Wasser rauscht', das Wasser schwoll	90
Das Bahrrecht	373	Das Wasser rinnt, das Wasser spinnt	512
Das Bild der Mutter	399	Das wirkliche Messer	803
Das Bild in Gelnhausen	198	Das Wunderbild	174
Das bleiche Kind	357	Das Wunderhemde	46
Das Einmaleins	720	Dein Schwert, wie ist's von Blut so rot	83
Das Fegefeuer des westfälischen Adels	258	Denk an! das Büblein ist einmal	228
Das Feuerbesprechen	23	Denn: Aller Anfang ist schwer	678
Das Fräulein von Rodenschild	251	Den Namen Stauffenberg vernahm ich erst	758
Das Führerproblem, genetisch betrachtet	685	Den weißen Himmel schaukelte der Wind	559
Das Fürchten wollte er erlernen	691	Der Abend kommt gezogen	323
Das Gebet der Witwe	184	Der Abt von Waltham	337
Das Genie bricht sich Bahn	463	Der Alpenjäger	150
Das Gewitter	240	Der alte Balthasar Wenger konnte es nicht fassen	854
Das Glück kam auf die Erde	857	Der alte Barbarossa	231
Das Glück von Edenhall	222	Der alte Fontane	617
Das Grab im Busento	244	Der alte Jakob starb	363
Das große Schillerfest	417	Der alte Narr	452
Das Herz von Douglas	445	Der alte Zieten	421
Das hungernde Kind	21	Der Altrastheniker, vom alten Stil	585
Das ist das Haus am schwarzen Moor	368	Der Amtmann von Tondern, Henning Pogwisch	462
Das ist die Geschichte von Tonio Schiavo	822	Der anachronistische Zug oder Freiheit und Democracy	674
Das ist die Mär vom Ritter Manuel	541	Der Anger dampft	259
Das ist ein guter Harfner traun	444	Der Asket	452
Das jüngere Hildebrandslied	1	Der Bauer bat	516
Das Kartenspiel	580	Der Bauer, der Hund und der Soldat	515
Das Kind am Brunnen	376	Der bethlehemitische Kindermord (Die Soldaten des Herodes)	596
Das Kind ist schlafen gegangen	563	Der bethlehemitische Kindermord (Weil man vielleicht ein Weinen)	692
Das Kindlein am Himmelstor	839	Der Bettler und sein Hund	181
Das Kindlein kam zum Himmelstor	839	Der bleiche Weber sitzt am Stuhl	370
Das Kind mit fiebernden Wangen lag	525	Der blinde König	420
Das Köhlerhaus	286	der Bootsmann und die Krähe	845
Das Köhlerweib ist trunken	409	Der Bremberger	7
Das letzte Kind	454	Der Bundschuh zieht Land aus, Land ein	371
Das letzte Zimmer/Couplet	817	Der Bunkermensch von Calais	862
Das Lied (Es fuhr ein knecht hinaus)	501	Der Damm zerreißt	103
Das Lied vom armen Kind	503	Der den Tod auf Hiroshima warf	704
Das Lied vom braven Mann	65	Der Deserteur	346
Das Lied vom eifersüchtigen Knaben	21	der dieb	761
Das Lied vom Hemde	352	Der Dorfteich	714
Das Lied vom Hemdelein	189		
Das Lied vom Schill	201		
Das Lied von der Bernauerin	381		
Das Mädchen am Ufer	80		

Alphabetisches Verzeichnis der Balladenüberschriften und Balladenanfänge

Der dunkle Wald	297
Der edle Moringer	3
Der ehrliche roßkamm Hans Kohlhas	767
Der Eine wird angehört	760
Der Enkel	593
Der erste Hohenstaufen	187
Der Feuerreiter	317
Der Fischer	90
der Flakschütze und Kommunist Otto Gerber	843
Der Förster	177
Der folgsame Heini	708
Der Freier	59
Der Frost frißt sich ins öde Land	720
Der Führer sagte	626
Der Fundator	269
Der Gang nach dem Eisenhammer	132
der gang zur stadt	783
Der Gefangene und der Sänger	173
Der Geierpfiff	249
Der Geiger zu Gmünd	205
Der getreue Eckart	105
Der Gingganz	511
Der Girondist	607
Der Glaube	514
Der gleitende Purpur	395
Der Glockenguß zu Breslau	226
Der goldene Tod	477
Der Gottesfreund aus dem Oberland	573
Der Gott und die Bajadere	96
Der Graf kehrt heim vom Festturnei	345
Der Graf von Habsburg	147
Der grausame Bruder	14
Der gütige Wandrer	453
Der Hagedorn	451
Der Handschuh	130
Der Heidebrand	458
Der Heidemann	263
Der heilige Petrus steht am Himmelstor	523
Der Heimgekehrte	681
Der henker	793
Der Herbstwind zieht	412
Der Herr und Petrus	156
Der Herr von Falkenstein	10
Der Himmel ist jetzt immer mauve	736
Der Hosenschnüffler	620
Der hübsche Schreiner	17
Der Hummer liebte die Languste	530
Der Hund ist krank	515
Der Hunger und die Liebe	467
Der Ichthyosaurus	447
Der junge Piramus in Babel	85
Der Justizpalast brennt	758
Der Kaiser spricht zu Ritter Hug	391
Der Kaiser und der Abt	75
Der kalte Michel	43
Der Kampf mit dem Drachen	138
Der Kapitän	766
Der Kapitän steht an der Spiere	267
Der Kehraus	196
Der Ketzer	472
Der kleine Lehrer Manuel	847
Der Knabe Heinz aus Gelsenkirchen	625
Der Knabe im Moor	262
Der Knecht hat erstochen den edeln Herrn	211
Der König Harald Harfagar	332
Der König in Thule	87
Der König ohne Volk	175
Der König von Burgund	198
Der König von Siam	334
Der Krämer von Ispahan	234
Der Künstler und sein Publikum	233
Der Küster nackt im Laken	858
Der Lattenzaun	511
Der Leib verflucht	743
Der Leineweber	370
Der letzte Redakteur hieß U. N. Stern	551
Der letzte York	431
Der Mann, der nicht wollte	804
Der Meistertrunk	309
Der Mörder	464
Der Mond ging unter	193
Der Müllerin Verrat	99
Der Mutter Wiederkehr	252
Der Nachtwind durch die Luken pfeift	342
Der Narr des Grafen von Zimmern	414
Der Nervenschwache	556
Der patriotische Holländer	495
Der Pfalzgraf	32
Der Pfeil	727
Der Pilgrim vor St. Just	243
Der Polenflüchtling	294
Der polizeiliche Gegenbeweis	344
Der Rächer	493
Der Rattenfänger (Ich bin der wohlbekannte Sänger)	100
Der Rattenfänger (In Hameln fechten Mäus und Ratzen)	307
Der Rattenfänger von Hameln	25
Der rechte Barbier	188
Der reiche Mann von Köln	387
Der Reiter reitet durchs helle Tal	239
Der Reitersmann	191
Der Reiter und der Bodensee	239
Der Rektor trat, zum Abendbrot	684
Der Renegat	358
Der Revoluzzer	557
Der Ring des Polykrates	122
Der Ritter Richard sah einmal	51
Der Sänger	92
Der Satan wurde Staatsanwalt	491
Der Schatten	318
Der Schatzgräber (Arm am Beutel)	92
Der Schatzgräber (Wenn alle Wälder schliefen)	194
Der Schenke trübes Kerzenlicht	399
Der Schloßelf	254
Der schöne Maienmond begann	48
Der Schöngeist	411
Der 6. November 1632	435

Alphabetisches Verzeichnis der Balladenüberschriften und Balladenanfänge

Der sechzehnjährige Lehrer Manuel Ascunce	847
Der Sommer kommt	664
Der späte Gast	289
Der Spielmann	175
Der Spielmannssohn	18
Der Spiritus familiaris des Roßtäuschers	273
Der Star und das Badwännelein	33
Der sterbende Republikaner	361
Der Strandwächter am deutschen Meere und sein Neffe vom Lande	265
Der Strudel im Kruge bleibt stehen	753
Der Student von Prag	284
Der Stumme sprach zum Blinden	233
Der Tag von Hemmingstedt	422
Der Tannhäuser	328
Der Tantenmörder	506
Der Taucher	127
Der Taugenichts	410
Der Tod des Erzbischofs Engelbert von Köln	259
Der Todesengel	548
Der Tod und das Mädchen im Blumengarten	24
Der Tod und Frau Laura	392
Der tote Dichter	473
Der Totentanz	106
Der traurige Mönch	300
Der treue Walther ritt vorbei	208
Der Türmer, der schaut zu Mitten der Nacht	106
Der ungebetene Hochzeitsgast	762
Der unschuldige Tod des jungen Knaben	28
Der untreue Knabe	87
Der Vater wirft in die Hütte die Wucht	284
Der verirrte Jäger	193
Der Versuch der alten Damen	733
Der vorwitzige Engel	523
Der Wächter	481
Der Walfafisch oder Das Überwasser	512
Der Wanderer	470
Der Wassermann	13
Der Weg geht hier zu Ende	678
Der weiße Elefant	334
Der Welt Lauf	156
Der Wind, der Wind, der geht ums Haus	724
Der Wind geht ums Haus	724
Der Wintermorgen glänzt so klar	193
Der Wirtin Töchterlein	210
Der Zauberhain	378
Der Zauberlehrling	98
Der Zauberleuchtturm	313
Der Zigarette Ende	586
Der Zoologe von Berlin	505
Des Braunschweigers Ende	531
Des Dichters Geist	796
Des Heizers Traum	735
Des Pfarrers Tochter von Taubenhain	71
Des Ritters Herz	153
Des Sängers Fluch	214
Des Woiewoden Tochter	384
Des Zauberers sein Mägdlein saß	313
Deutsche Literaturballade	487
Deutsches Miserere (Das Bloch-Lied)	873
Deutschland, ein Kindermärchen	721
Dezember 1942	707
Dicht am Nationalheld vorbei	625
Dideldumm	875
Die Abendstille kam herbei	245
Die Ache	739
Die Alte wacht	184
Die Attacke	457
Die Audienz	339
Die Aufklärung	42
Die Bäuerin Raymonde Cortot	725
Die Balinesenfrauen auf Lombok	442
Die Ballade danach	790
Die Ballade des Vergessens	614
Die ballade vom blutigen Bomme	794
Die Ballade vom großen Zechpreller	626
Die Ballade vom Herrn Steinherz	685
Die Ballade vom Highwayman auf der Hounslowheide	676
Die Ballade vom lyrischen Wolf	469
Die Ballade vom Mißtrauen	684
Die Ballade vom Nachahmungstrieb	686
Die Ballade vom Papagei	516
Die Ballade vom Sporttoto	854
Die Ballade von den Brückenbauern	558
Die Ballade von den Glasbläsern	559
Die Ballade von den Hofsängern	613
Die Ballade von den Kesselheizern	558
Die Ballade von der schwarzen Wolke	796
Die Blütenfee	471
Die Braut von Korinth	94
Die Bringer Beethovens	834
Die Brück' am Tay	436
Die Bürgschaft	135
Die Büßende	53
Die Dämmerung sah ihn, den Anwalt	545
Die deutsche Einheitspartei	687
Die Drei	302
Die drei Eisheiligen sind übers Land gezogen	691
Die drei Eisheiligen	691
Die drei Gesellen	235
Die drei Indianer	295
Die drei Soldaten und die Justiz	662
Die drei Soldaten und die Reichen	661
Die drei Wanderer	700
Die dürre Linde	228
Die Ehegatten	698
Die Eh' ist für uns arme Sünder ein Marterstand	37
Die Eichen klüften auf vom Frost	177
Die Entführung, oder Ritter Karl von Eichenhorst und Fräulein Gertrude von Hochburg	67
Die Erde war uns eine Last	643
Die ersten Veilchen waren schon erwacht	410
die ersten zehn jahre der e. p.	858
Die Exekution	287
die folgen großer kälte	831
Die fremde Stadt durchschritt ich sorgenvoll	404
Die Füße im Feuer	395

897

Die Gefangnen im Turm	720
Die Geister am Mummelsee	311
Die Geschichte der Dreizehn	690
Die Geschichte von Goliath und David, in Reime bracht	45
Die G'schichte ist traurig	508
Die Glocke im Meer	492
Die Glocke von Hadamar	537
Die Glocken dröhnen ihren vollsten Ton	762
Die Glücksjagd	632
Die Goldgräber	388
Die Gottesmauer	170
Die Granitschale	382
Die Grenadiere	321
Die große Kraft will für den Größten sein	527
Die großen Lügner, und was – na, was	870
Die Gründung Karthagos	247
Die grünen Blätter sind gefallen	164
Die guten Bekannten	679
Die heilige Drei	377
Die Heinzelmännchen	290
Die Hirten	603
Die Hochzeitsnacht	190
Die Hunde	504
Die hundert Männer von Haswell	367
Die Hund' und Katzen die stritten sich	343
Die Hütte vom einfachen Leben und Sterben	717
Die in Schleiern schwebend	607
Die Judentochter	29
Die junge Magd	552
Die Jungfrau und der Ritter	197
Die Kapelle zum finstern Stern	455
die karte kommt ins haus	781
Die Katze wollte fischen	759
Die Kinder dieser Welt	703
Die Kinder dieser Welt hab ich gesehen	703
Die Kindesmörderin (Joseph, lieber Joseph)	19
Die Kindsmörderin (Horch – die Glocken weinen)	115
Die Königin	611
Die Königin steht im hohen Saal	103
Die Königin und der Gärtner	695
Die Kraniche des Ibykus	125
Die Lampe	447
Die lichte zucken auf	500
Die Liebe auf dem Lande	84
Die Luft ist brüchig	708
Die Mär vom Ritter Manuel	541
Die Magd	492
Die Mitternacht zog näher schon	322
Die Moritat vom Reichstagsbrand	664
Die Mühle steht stille	206
Die Mutter hielt mich an der Hand	696
Die Nacht am Strande	324
Die Nibelungen	540
Die Nixe	587
Die Nonne	49
Die Ossegger Witwen im Witfrauenkleid	668
Die Pest	478
Die Prager Schlacht	36
Die prüfung des lächlers	794
Die Purga zerstört den Pfau	810
Die Rache	211
Die Reichen saßen in ihrem schönen Haus	661
Die Retter	761
Die Riesen	194
Die Rose	152
Die Rose von Newport	397
Die rostigen Angeln knarrten	544
Die Schatzgräber	79
Die Schenke dröhnt	415
Die Schlacht	117
Die Schlacht bei Reutlingen	216
Die Schleichhändler	284
Die schlimme Greth und der Königssohn	315
Die Schnitterin	476
Die schwarze Köchin	726
Die schwarze Köchin kam ins Haus	726
Die Schwestern	271
Die See war wild im Heulen	80
Die sieben Hügel	151
die sieben schwaben	777
Die Söhne Haruns	391
Die Soldaten des Herodes	596
Die Sonne bringt es an den Tag	180
Die Sonne stand wohl auf	189
Die Sonne will zerfließen	362
Die späte Hochzeit	193
Die Spinnerin (Als ich still und ruhig spann)	100
Die Spinnerin (Ich saß und spann vor meiner Tür)	60
Die Springburn hatte festgemacht	579
Die Sünder in der Hölle	647
Die Stasi-Ballade	869
Die Still auf unsern Straßen	344
Die Straßen der Schlaflosigkeit	786
Die Teilung der Erde	122
Die Tochter der Heide	319
Die Tomsker Straße	756
Die tote Erde	470
Die traurige Hochzeit	204
Die traurige Krönung	310
Die Trommeln schallen am Schafott	547
Die Trompete von Vionville	353
Die veränderte Lage	517
Die Vergeltung	267
Die verlorene Braut	194
Die Verstreuten	791
Die versunkene Burg	185
Die Wahl	42
Die wahre Tugend	236
Die Waldkapelle	297
Die Wallfahrt nach Kevlaar	323
Die wandelnde Glocke	107
Die Warnung	154
Die wartende Frau	789
Die Weiber von Weinsberg	64
Die Weiber von Winsperg	187
Die Weihnachtsfeier des Seemanns Kuttel Daddeldu	579
Die Wiederholung	725

Alphabetisches Verzeichnis der Balladenüberschriften und Balladenanfänge

Die Winde spielten müde mit den Palmen noch	522	Ein Mädchen ritt ihren Schimmel	581
Die Wirtschafterin	613	ein mädchen wollte auf der haut	820
Die Zeitschrift geht ein	551	Ein männlicher Briefmark	577
Die Zigarette lag im Gras	586	Ein Märchen	442
Die Zwillingsgeschwister	465	Ein Mann der Tat	743
Die Zwitter und die Zitterer	355	Ein Mann verfolgte einen andern	513
Donna Alda	197	Ein Mensch begegnet einem zweiten	679
Donna Clara	326	Ein Mensch – ich hab das nur gelesen	680
Dorfmusik	755	Ein Narre schrieb drei Zeichen in Sand	554
Draus vor Schleswig an der Pforte	170	Ein Rabbi war im alten Prag	447
Drei Hasen	514	Ein Ritter an dem Rheine ritt	161
Drei Hasen tanzen im Mondschein	514	Ein Schifflein auf der Donau schwamm	312
Drei Irre gingen in den Garten	621	Ein schönes Lied	826
Drei Knaben sangen im Wiesengrund	567	ein Silberhaar das borstig war	783
Dreimal	705	Ein Stiefel wandern und sein Knecht	511
Dreimal ging die Witwe übers Oedland	705	Ein Totenmahl um Mitternacht	469
Drei Mohren stehn im felde	775	Ein totes Kind spricht	696
Drei Reiter nach verlorner Schlacht	302	Ein Veilchen auf der Wiese stand	87
Drei Schwestern: Glaube, Liebe, Hoffnung	29	ein volksfest mit lampionen	775
Drei Tage und drei Nächte lang	705	Ein Wahrheitslied	36
Drei Taler erlegen für meinen Hund	181	Ein Weib	331
Drei Wochen hinter Pfingsten	613	Ein Winzer, der am Tode lag	79
Dreizehn deutsche Soldaten	650	Ein wohlgenährter Kandidat	84
Droben auf dem schroffen Steine	218	eine einfache Geschichte	772
Du frägst mich immer von neuem, Marie	252	Eine Fliege war am Ertrinken	761
Durch die schlafende Lagune	493	Eine Jungfrau wandert' einsam	197
Durch eine Hintertür	721	Eine kleine Geburt	623
Durch einsame Straßen	357	Eine Leichenphantasie	113
Du sendest, Freund, mir Lieder	221	Eine Prager Ballade	572
		Eine Rose hat geblühet	171
Edward	83	Eine Wiege hat machen lassen	282
Een Boot is noch buten	488	Eine Zeitlang trugen Tausende	807
E. G. de la S. (1928–1967)	807	Einer sagte: O ja	800
Eia Weihnacht	395	Eines schönen Abends	683
Ein Abschied	489	Eines Tags bei Kohlhasficht	514
Ein alt-neues Weihnachtslied	730	Einst ein Kirchlein sondergleichen	205
Ein anderer Orpheus	444	Einst hat ein Mann die Pest gesehn	478
Ein Bettler steht gebückt am Wege	420	Einst trieb sich noch ein weißer Schwan	558
Ein edelkind sah vom balkon	500	Emigrantenballade	563
Ein Ehepärchen stand	531	Englische Eröffnung	802
Ein eigener Kerl war Krischan Bolte	452	entlang der straße ging die mutter	783
Ein Fischer hatte zwei kluge Jungen	492	Entsinnst du dich, als die Flucht begann	745
Ein Fischer saß im Kahne	160	Er erzählt mir ohne Absicht im Winter	838
Ein Fräulein klagt' im finstern Turm	150	Er fiel in einen Narrenstall	585
Ein frommer Knecht war Fridolin	132	Er hat den kragen freigemacht	793
Ein harter Bückling war das Abendbrot	562	Er hat eine Ahnung von Nichtwiederkommen	850
Ein heraldischer Schwan	798	Er hat sich in ein verteufeltes Weib vergafft	520
Ein junger Mann in einem fleckigen Anzug	583	Er kam in das blühende Land	594
Ein junges Mädchen kam nach Baden	504	Er läßt auf seinen Knien den Enkel hocken	593
Ein Jüngling, den des Wissens heißer Durst	120	Er meckert vor sich hin	547
Ein Kindlein kam im Stall zur Welt	730	Er nickt mit seinem großen Haupt	390
Ein kleiner Junge lief durch die Straßen	683	Er ritt vorbei, sie stand am Hag	451
Ein Knabe wandert über Land	402	Er saß in dem geheizten Zimmer	799
Ein König auf dem Throne	175	Er sprach zu ihm	364
Ein König war verrückt und blöd	355	Er stand an dem Kupfergraben	354
Ein Künstler auf dem hohen Seil	452	Er stand auf seines Daches Zinnen	122
Ein letztes Glühn	365	Er stand gefangen da in ihrem Haufen	635
Ein Lied von der Weibertreue	182	Er war ein Er von Verstand und Talenten	764
Ein Mädchen besaß ich	497		

er war gewesen ihr	772
Erlaubt mir, daß ich 'mal berichte	360
Erlkönig	91
Erlkönigs Tochter	82
Erst achtzehn Jahr	365
Erzählung	497
Es fiedeln die Geigen	196
Es flammt der Horizont des heißen Tages	461
Es fließen Ströme querweltein	731
Es flog ein muntres Vögelein	159
Es freit' ein wilder Wassermann	13
Es fuhr ein knecht hinaus	501
Es ging ein Mägdlein zarte	24
Es ging verirrt im Walde	163
Es glühte der Tag	327
Es ist nicht lange, daß es geschah	26
Es ist schon spät	191
Es ist schon wahr	686
Es kam das zarte Fräulein Luft	230
Es klagt ein Herz	555
Es klippt auf den Gassen im Mondenschein	404
Es lag die goldne Aue	347
Es lebte an der Mündung der Dobrudscha	577
Es lebt einmal in niedrer Hütte	236
Es lehnten einst zwei Männer	383
Es liebt' in Welschland irgendwo	49
Es liegt ein Schloß in Österreich	28
Es liegt eine Leiche an dem Strand	550
Es ödete uns an mit langen Regentagen	815
Es ragt, umkrönt von Türmen	185
Es rauscht in den Schachtelhalmen	447
Es reit der Herr von Falkenstein	10
Es reitet die Gräfin weit über das Feld	32
Es reit't mit stolzem Prangen	198
Es ritt ein Jägersmann über die Heid'	14
Es ritt einst Ulrich spazieren aus	81
Es roch so warm nach den Schafen	603
Es rollten ihr drei Äpfel aus dem Korbe	753
Es schlug der Sturm um's Köhlerhaus	286
Es sprach der Priester ihm Verrat ins Ohr	450
Es stand eine Linde in diesem Tal	19
Es stand in alten Zeiten	214
Es stehen drei Stern' am Himmel	21
Es steht ein Spielmann vor der Tür	175
Es steht im Wald	384
Es trieb ein Hirt in Wald hinein	30
Es tritt ein Wandersmann herfür	154
Es war auch eine Jüdin	29
Es war die Nacht zum Lillebummer Schützenfest	587
Es war ein alter König	327
Es war ein armer Schneider	367
Es war ein Buhle frech genung	87
Es war ein dürrer König	418
Es war ein Kind, das wollte nie	107
Es war ein König in Thule	87
Es war ein König Milesint	310
es war ein mann in schwaben	777
Es war ein reicher Mann	463
Es war einmal ein armes Kind	503
Es war einmal ein großer Lügenberg	639
Es war einmal ein Kapitän	766
Es war einmal ein Lattenzaun	511
Es war einmal ein Mädchen	729
Es war einmal ein Mann	587
Es war einmal ein Zimmergesell	17
Es war in Avignon am Karneval	392
Es war in der Zeit der Depression	849
Es war in einem Bienenstaat	371
Es waren aber Abertausend	803
Es waren drei Gesellen	235
Es waren einmal zwei Hunde	504
Es waren wieder nur Regensträhnen	789
Es waren zwei Königskinder	12
Es wohnte in seines Grundherrn Schutz	482
Es wollt ein Jäger jagen	29
Es wollt ein Mädchen Rosenbrechen gehn	22
Es wütet der Sturm mit entsetzlicher Macht	468
Es zieht sich eine blutige Spur	432
Es zog aus Berlin ein tapferer Held	201
Es zogen drei Bursche wohl über den Rhein	210
Et wassen twee Künigeskinner	11
Ferne ist dein Sinn, dein Fuß	524
Fing man vorzeiten einen Dieb	453
Finsterer Himmel, pfeifender Wind	536
Fire, but don't hurt the flag	441
Flaumflocken flüstern vom Himmel leis	470
Frankensteins Monsters Monster Frankenstein	855
Frau Amme, Frau Amme	376
Frau Bertha saß in der Felsenkluft	208
Frau Finkenstein an ihre Tochter Eva	490
Frau Schmidt	763
Frau von Weißenburg	8
Frauenballade	561
Freude war in Trojas Hallen	144
Friedrich Rotbart	385
Frohe Erwartung	618
Frühe schon zum Klassiker berufen	529
Frühlingslüfte lispelten im Haine	469
Frühlingsnacht	176
Frühling wurd's in deutschem Land	674
15. Juli 1927	758
Früh sechs Uhr dreißig	624
Funeral Home	741
Gebt Raum, ihr Völker	455
Geheißen hat der Vater den Sohn	861
Geht, Kinder, nicht zu weit ins Bruch	263
Geld gehört zum Ehestande	453
Gemächlich in der Werkstatt saß	180
Geographie	631
Geraubet war ihm das Fräulein sein	176
Gericht	721
Geschrieben steht auf einem von den Blättern	728
Geschwisterblut	406
Gethsemane	545
Getrennte Liebe	178
Getreuer Gärtner, tritt herzu	695

Alphabetisches Verzeichnis der Balladenüberschriften und Balladenanfänge

Gorm Grymme	435
Gotenzug	455
Gott grüß dich, junge Müllerin	315
Gott, lieber Gott im Himmel, hör mich betn	868
Gräßliches Unglück	509
Graf Douglas, presse den Helm ins Haar	445
Graf Eberhard der Greiner von Württemberg	119
Graf Eberstein	213
Graf Fridrich wolt ausreiten	15
Graf Friedrich	15
Graf Hunerich, ein deutscher Mann	42
Graf und Nonne	18
Graulockig ein Mann und ein blonder Kam'rad	416
Grimm	757
Grimmige Märchen	691
Große Liebe	587
Großer Brahma, Herr der Mächte	111
Großer Brahma! nun erkenn' ich	113
Großes Fest beging der Kaiser	319
Großes Gebet der alten Kommunistin Oma Meume in Hamburg	868
Großmutter Schlangenköchin	22
Großmutter und Enkel	524
Gustav Renner war bestimmt die beste Kraft	688
Guter Rat kommt über Nacht	179
Ha, nun ist es schon das achte	454
Hagar und Ismael	521
Hagel oder Flug in die freiheit mit untauglichen mitteln	769
Hakenkreuz am Hute	849
Halber abschied	770
Halb tot geschunden	677
Haltet rein das edle Blut	344
Hamlets Geist	688
Hans Huttens Ende	292
Hans Steutlinger	30
Harald Schönhaar	202
Harmosan	244
Harras, der kühne Springer	225
Hartnäckige Liebe	479
Harun sprach zu seinen Kindern	391
Hast du das Schloß gesehen	207
Hat der alte Hexenmeister	98
Heidenröslein	86
Heine-Denkmal auf Korfu	473
Heinrich der Vogler	308
Heinrich Frauenlob	345
Herberts blaue Augen	766
Herein, o du Guter	107
Hermann des treuen Gottschalks Sohn	165
Hero und Leander	141
Herr Hardesvogt, vom Whisttisch weg	458
Herr Heinrich sitzt am Vogelherd	308
Herr Irrwing reitet nachts durchs Tal	206
Herr Joseph und Frau Potiphar	369
Herr Konrad war ein müder Mann	33
Herr König, ich bin Steffens Kind	394
Herr Meyer, Herr Meyer – und hörst du es nicht	616
Herr Oluf reitet spät und weit	82
Herr Rechtsanwalt, presse den Helm ins Haar	619
Herr Steinherz aus Kecskemet	685
Herr und Knecht	379
Herr von Ribbeck auf Ribbeck im Havelland	440
Herr Wávra, alter Kutscher	572
Herüber zog eine schwarze Nacht	368
heulend und nackt in den hügeln	761
Heut bin ich über Rungholt gefahren	459
He, Väterchen Franz	825
He wak	375
Hier fallen sie auf den Rücken	873
Hier steht die Hütte des Negers Pedro Farrón	717
Hiroshima	704
Hitlers kleine Friedens-Chronik	641
Hoch klingt das Lied vom braven Mann	65
Hoch über blauen Bergen	194
Hoch über den stillen Höhen	191
Hochrädrige, überdachte Wagen	619
Hochsommer im Walde	460
Hochverehrtes publikum	794
Hochzeit	850
Hochzeitlied	100
Höllisches Recht	30
Höre, Kind, und laß dir sagen	490
Hört, ihr Kinder, wie es jüngst ergangen	505
Hört, ihr lieben deutschen Frauen	53
Horch – die Glocken weinen dumpf zusammen	115
Horch die Zithern	358
Horten liegt flach	856
Huldigung der schlesischen Stände vor König Friedrich II. von Preußen in Breslau 1741	475
Hunde und Katzen	343
Hungerwinter der Ardennen	714
Hunnenzug	536
Hutten	359
Ich bin der wohlbekannte Sänger	100
Ich bin nicht ungerecht	658
Ich denk meiner böhmischen Mutter	785
Ich gab mein Herz einem blonden Kind	524
Ich hab' es getragen sieben Jahr	429
Ich hab gesehn ein Hirschlein schlank	193
Ich hab' meine Tante geschlachtet	506
Ich hör noch die Loks	810
Ich hört ein Sichlein rauschen	30
Ich kam, ein Gefangener, spät erst nach Haus	681
Ich kam von Alabama	692
Ich kenn' ein Haus, ein Freudenhaus	169
Ich laß nicht die Kindlein	339
Ich lebe noch	874
Ich lebte mit Frau Sobernheimer	623
Ich liebte zwanzig Mädchen	293
Ich pfeif' meinen Sparren	813
Ich reise, Freund	403
Ich saß und spann vor meiner Tür	60
Ich schwamm durch Blut in das große Licht	878
Ich steh' auf einem hohen Berg	18
Ich träumte hinab in das dunkle Tal	166

901

Ich träumt, ich war ein Vögelein	50
Ich wallte mit leichtem und lustigem Sinn	173
Ich wäre ein Verbrecher	766
Ich war erst sechzehn Sommer alt	44
Ich war Kurt Tucholskys Käthchen	733
Ich weiß, daß sie nicht mehr genügen	748
Ich weiß nicht was	156
Ich weiß nicht, was soll es bedeuten	322
Ich weiß nicht, was war Tag und Nacht	758
Ich will euch aber singen	8
Ich will euch erzählen	75
Ich wil zu Land ausreiten	1
Ich wollte meinen König töten	838
Ihr alle	747
Ihr guten Christen	328
Ihr – ihr dort außen in der Welt	119
Ihr Vater war – wie man erzählt	732
Ik hebbe gewaket eine winterlange Nacht	7
Im Abendschein am Fenster saß	296
Im afrikanischen Felsental	408
Im alten Dome zu Bregenz	734
Im bahnhof sitz ich	770
Im Bayerland	364
Im Beginn der Zeiten	709
Im ersiegten Ungarlager	236
Im Garten des Pfarrers von Taubenhain	71
Im Garten sah ich frisch und schön	152
Im Gasthaus Zum Bruder Abel	759
Im Gefängnis	469
Im grauen Schneegestöber	264
Im Hochgebirg vor seiner Höhle	452
Im Irrenhause	349
Im Jahre achtundvierzig	340
Im Kleid der Hirtin	522
Im November zu einer trüben Stund	861
Im quellenarmen Wüstenland	294
Im Sand, den die Maurer gelassen hatten	796
Im Schloß zu Düsseldorf am Rhein	336
Im Sommer im Jahr achtundvierzig	809
Im Sturm	705
Im süßen Traum, bei stiller Nacht	320
Im Tannengrund, um Mitternacht	468
Im Wald, in der Köhlerhütte	339
Im Wallis liegt ein stiller Ort	413
Im Westen schwimmt ein falber Strich	269
Im Wirtshaus sitzt der Vater	509
Im Zimmer, klein und enge	361
In allen Gymnasien	631
In alten Zeiten ritt ein Ritter	46
In Bulemanns Haus	404
In dem abendlichen Garten	326
In dem kleinen Café	828
In den Lüften schreien die Geier schon	614
In der dunkelnden Halle saßen sie	540
In der Freude der Hallen zechte	202
In der Väter Halle ruhte	52
In einem Stück von Sudermann	620
In einem Tal bei armen Hirten	135
in einer fanatischen Nacht	845
In erster Morgenfrühe	377
In Freising lebte ein Professor	506
In fremder Stadt, im Hospital	591
In Hameln fechten Mäus' und Ratzen	307
In Ispahan, ein Zoll	234
In jener Nacht, in Sanct Marien	724
In Ludwigslust stunn bi de Granedier	374
In Mainz ist's öd und stille	345
In monderhellten Weihers Glanz	254
In Paris saß Donna Alda	197
In Polen, im Jahr Neununddreißig	670
In Schweden steht ein grauer Turm	300
In üppig lauter Residenz	299
In Wien entkam ein Papagei	516
Inventar oder die Ballade von der zerbrochenen Vase	798
Jammertal	342
Jan Bart	439
Jan Bart geht über den Vlissinger Damm	439
Jan Reimers hatte vor gar nichts Furcht	479
Ja, wenn der Senator erzählt	823
Jasmin und Rosen	464
Jenseits	537
Jenseits des Tales standen ihre Zelte	537
Jesuitenbeichte	293
Jesus und der Äser-Weg	567
Jimmy Gray bekam im vergangenen Jahr	828
Joachim Hans von Zieten	421
Johanna Gray	428
Johanna Sebus	103
Johann Ohneland befährt nun das Meer	575
Johann Ohneland singt die Ballade von allen Müttern	576
Johann Ohneland trotzt dem Sturm	575
John Maynard	438
Joseph floh aus Budapest	790
Joseph, lieber Joseph, was hast du gedacht	19
Joseph wird verkauft	522
Josephslegende	790
Jüngst als Lisettchen im Fenster saß	156
Jüngstens ist im Hoftheater	356
Junge Liebe	264
Jung gewohnt, alt getan	415
Jung-Musgrave trat in die Kirche	432
Jung-Musgrave und Lady Barnard	432
Jung Sigurd	454
Jung Sigurd war ein Wikinger stolz	454
Jung Tirel	393
Jung Tirel, fuhrest über See	393
Jung Volkers Lied	314
Jusuf und Suleicha	233
Kärntnerstraße	518
Kain	564
Kaiser Albrechts Tod	189
Karl I.	339
Karl der Zwölfte von Schweden reitet in der Ukraine	525
Karriere	560

Karsamstaglegende	645
Kassandra	144
Kassina im Exil	845
Kaum hatten wir dem Mann die Hosen abgezogen	589
Kawenz oder Das Objekt im Grab	734
Kein Mittagessen fünf Tage schon	460
Kein Wind im Segel	477
Kennst du die Blassen im Heideland	256
Kennt ihr alle die Geschichte	508
Kennt ihr das Lied, das alte Lied	487
Kinder	758
Kinderkreuzzug	670
Kinderlied für Florian gegen Wut zu singen	785
Kirschen auf Sahne	828
Klaggesang von der edlen Frauen des Asan Aga	88
Kleine Moritat	848
Kleiner Roman	557
Klein Roland	208
klock drei: der Heizer träumt	735
Knabenliebe	530
Knapp', sattle mir mein Dänenroß	67
Kobes I.	340
König Darnley liegt erschlagen	421
König Erich, die Faust auf den Widerrist	455
König Etzels Schwert	391
König Gorm herrscht über Dänemark	435
König Harald Harfagar	332
Könige in Legenden	525
Könige vor der Sintflut	582
Königseid	450
Königskinder	11
Kolonne	619
Komm, sing uns mal ein schönes Lied	826
Konsul Cunningham	441
Krachen und Heulen und berstende Nacht	478
Krieg	516
Kurzgefaßter Lebenslauf	689
La Blanche Nef	394
Lady Gray fährt auf vom Schlummer	428
Lady Lindsays Page	532
Lancaster herrscht	431
Landpfleger, wir können den Mann nicht ertragen	565
Landstreicher	759
Lange haben wir hier gehaust	739
Lange her ist's	233
Lars Jessen, der ist vor siebzehn Jahren	533
Laß rauschen, Lieb, laß rauschen	30
Laut rufet Herr Ulrich	292
Leben und Sterben F. K.s	731
Lebens-Lauf	513
Lebewohl noch schnell zu sagen	189
Legende (Als noch, verkannt und sehr gering)	93
Legende (Drei Knaben sangen im Wiesengrund)	567
Legende (Es wohnte in seines Grundherrn Schutz)	482
Legende (Vom Dreißigjährigen Krieg berannt)	475
Legende (Vor einem hellen Marienbild)	584
Legende (Wasser holen geht die reine)	111
Legende nach Hans Sachs	156
Legende über Lilja	836
Legende vom toten Soldaten	645
Legende von der Entstehung des Buches Taoteking auf dem Weg des Laotse in die Emigration	668
Lehrhaftes Gedicht	510
Lenore	61
Lenore fuhr ums Morgenrot	61
L. E. oder das Loch im Strumpf	809
Lerchenkrieg	223
Lerchen sind wir	223
Letzte Fahrt	706
Letzte Heimkehr	193
Letzter Ritt	581
Letztes Boot darin ich fahr	755
Leute, hört! Ich singe	848
Liebe fragte Liebe	538
Liebesprobe	19
Liebesromanze von Fräulein Luft und Junker Duft	230
Liebeszauber	401
Lied	159
Lied auf der Landstraße	528
Lied des James Monmouth	432
Lied im Schutt	603
Lied vom Drohnenkönig	371
Lied von den apokalyptischen Reitern	849
Lied von den bleibenden Werten	870
Liegt ein Dörflein mitten im Walde	489
Lindenschmid	26
Louis Capet	547
Luca Signorelli	245
Ludwig der Fünfzehnte	468
Lützows wilde Jagd	224
Lureley	161
Lutherlied	402
Mächt'ger Sultan Scheherban	401
Mächtig zürnt der Himmel	295
Märchen	694
Märchenende	759
Märchen im Schrank	837
Mahadöh, der Herr der Erde	96
Maiblumen blühten überall	492
Maien auf den Bäumen	471
Majestätsbeleidigung	491
Man hat mich glücklich eingesperrt	552
Man hatte sich mit allen guten Dingen	495
Man sagt es einem Kaiser nach	356
Manche Nacht im Mondenscheine	311
Manchen hör ich bitter sagen	864
Maria und Bothwell	421
Maria, wo bist du zur Stube gewesen	22
Marianne	37
Marie Farrar, geboren im April	655
Marie und Wilhelm	296
Marschieren	720
Maskenball im Hochgebirge	683
Matrosen-Ballade	752
mein famili	830
Mein Flieger, mein kühner	494
Mein großer Bruder Franz Villon	865

Mein lieber Bruder	792
mein schwester strickt am grünen strumpf	830
Mein Vater besaß einen Esel	801
Mein Vater kam im Weidengrau	706
Mein Weib lief mir im Krieg davon	644
Meine Schwester nahm einen Künstler zum Mann	763
Melusine	555
Menschlich fühl ich mich verbunden	869
Merlin der Wilde	221
Mirakel des Heiligen Bürokratius	677
Mißheirat	344
Mit blankem Schuh, gesteiftem Hemd	847
Mit dem Rock von Kattun	652
Mit des Bräutigams Behagen	101
Mit eigenem Strick	654
Mit einer Stirn, die Traum und Angst zerfraßen	556
Mit erstorbnem Scheinen	113
Mit Fingern mager und müd	352
Mit Muscheln spielten Abrahams kleine Söhne	521
Mit offner Brust marschiert der Wind	710
Mit Trommelwirbeln geht der Hochzeitszug	548
Mit unsern geretteten Hälsen	813
Mit zwei Worten	392
Mitten in der Stadt	662
Moderne Großstadtballade	483
Moderne Legende	644
Mond schlug in mich seine Kralle	752
Moritat auf Helmut Hortens Angst und Ende	856
moritat vom tätowierten mädchen	820
Moritat vom wolfsburger Stempler	847
Morsche Fäden	582
Moses	556
Mrázek hieß der Winterfrost	570
Mr. Barker wich aus dem Menschenstrom	741
Müllerballade	801
Mutter, ach Mutter, es hungert mich	21
Mutter im Krieg	753
Nach der Schlacht bei Lützen	158
Nach Frankreich zogen zwei Grenadier	321
Nach Korinthus von Athen gezogen	94
Nach siebzehn Jahren in »U.S.A.«	721
Nacht ist's	243
Nachts durch die stille Runde	190
Nachts fiel ein Glücksschein	632
Nadowessische Totenklage	448
Nächtlich am Busento	244
Napoleon im Kreml	390
Napoleons Sonnenwende	232
Nehmt hin die Welt	122
Neujahrsnacht	264
Neulich war ich bei Dichters eingeladen	629
Neunzehnhundertsiebzehn an einem Tag unter Null	757
Nicht jeden packt mit jähem Ruck	570
Nis Randers	478
Noch harrte im heimlichen Dämmerlicht	225
Normannenherzog Wilhelm sprach einmal	211
Novelle	448
Nun bin ich dreißig Jahre alt	867

Nun endlich ist mein Land wieder eins	875
Nun geht, Graf Otto	373
Nun noch in diese Kammer tritt	349
Nun still – Du an den Dohnenschlag	249
Nun werden grün die Brombeerhecken	351
Nun wil ichs aber heben an	6
Nur wer sich ändert, bleibt sich treu für Arno Lustiger	878
O Königskind, o Schwesterlein	694
O quarrendes Gequak	550
O schaurig ist's übers Moor zu gehn	262
O wären wir weiter	105
O welch ein Duften, Rosalinde	411
Oberlehrer Schrimm, als Antirepublikaner	630
Oberlehrers Sonntagnachmittag	630
ob sie schön war ist nicht zu verbürgen	836
Odysseus	449
Oft am Brunnen, wenn es dämmert	552
Ohneland zieht in den Krieg	575
Olivenbäume vor Castellón	712
Osterlied	574
Ostern 1525	371
Palmström weigert sich	512
Palmström wird Staatsbürger	512
Panther-Ballade	569
Parabel	360
Pardon	874
Paria	111
Paul	757
Pfalzgräfin Jutta	333
Pfalzgräfin Jutta fuhr über den Rhein	333
Phidile	44
Philaidilis	40
Philaidilis, die jüngste Schülerin der Grazien	40
Philosophie	764
Pidder Lüng	462
Piepels Ende	736
Piramus und Thisbe (Der junge Piramus in Babel)	85
Platz da, und Ziethen aus dem Busch	457
Plötzlich fühlte er: Ich muß hinüber	684
Poetentod	412
Pogrom	613
Preist den Wind	599
Priams Feste war gesunken	145
Primaner in Uniform	684
Prinz Eugen, der edle Ritter	348
Prinz Louis Ferdinand	434
Prinzessin Tyril	586
Psychoanalyse	621
Psychologie	530
Pyramus und Thisbe (Seht ihr dort das Denkmal)	241
Qallade	550
Querkopf	452
Racine läßt sein Wappen ändern	798
Rapunzel, laß uns dein Haar herunter	757

Rein zur Höh, rein zu Tal	468	Sehet ihr am Fensterlein	317
Rembrandt	543	Seht ihr dort das Denkmal	241
Rhampsenit	333	Seht ihr dort die altergrauen Schlösser	141
Rief der Page: Danke mir reichts	842	Sein Freund, der Türmer	489
Ritter Kurts Brautfahrt	101	Seine Dornenkrone nahmen sie ab	645
Ritter Olaf	331	Se keem ant Bett in'n Dodenhemd	375
Ritter Richard	51	Semele	697
Ritter Toggenburg	131	sie der regen die motorräder	818
Ritter, treue Schwesterliebe	131	Sie haben, seit sie in der stinkenden Bucht	562
Ritterromantik	531	Sie haben Tod und Verderben gespien	353
Ritualmärchen von den zwei Judenkindern	676	Sie haben zwei Tote zur Ruhe gebracht	182
Robespierre	547	Sie hatten auf luftigem Söller geruht	449
Romanze (Ein Fräulein klagt')	150	Sie hatten, sachlich und modern	733
Romanze (In der Väter Halle ruhte)	52	Sie hatten sich beide so herzlich lieb	331
Romanze für den Berliner Musenalmanach	246	Sie hatten sich langsam zusammengefunden	709
Rom hieß eine Stadt	592	Sie hoben sie mit Geblitz	527
Rudolf und Ottokar	236	Sie kannten sich beide von Angesicht	448
Rühmlicher Tod	508	Sie lag vor dem herbstlichen Wald	558
Rue Saint-Honoré	609	sie lebte zwischen frühstück und dem nachtmahl	819
Ruine in Lübeck	724	Sie lernte Stenographin	557
		Sie nannte sich die Kleeblatt-Division	640
Sachliche Romanze	682	Sie sah ihn einst	697
Sacht pochet der Käfer	271	Sie saßen sich genüber bang	406
Sage	680	Sie schrie	860
Sah ein Knab' ein Röslein stehn	86	Sie spielten Skat	817
Salome	595	Sie töteten drei Mägdelein	545
Salome tanzte vor ihrem Herrn	595	sie war eine schwer geprüfte frau	762
Salzige und blaue Wasser	752	Sie waren gezogen über das Meer	388
Sankt Christofferus	527	Sie zogen aus, Beethoven zu bringen	834
Saß da ein Vogel im Baume	771	sie zogen blank	796
Saul	498	sieben doktors stehen um mein bett	831
Schau dort den Mann	373	Sieben Jahre vergingen	647
Schelm von Bergen	336	Sieben Nächte stand ich am Riff	265
Schiff ahoi	533	Siebenschläfer	109
Schlachtfeld bei Hastings	337	Siegeslied nach der Schlacht bei Prag	41
Schlaf ein, du weißt ja nicht	245	Sind denn so schwül die Nächt im April	251
Schlaf mein Kindchen	813	Sir Walter Raleigh sitzt und sinnt	425
Schlafwandel	408	Sir Walter Raleighs letzte Nacht	425
Schnee, Schnee	611	's ist Mitternacht	376
Schnee und Regen floß hernieder	417	So Einer war auch Er	489
Schnee verwehte auf dem Bergesgrat	700	So hat er sich umsonst gequält	273
Schnell vorüber, junger Ritter	378	Soldatenfriedhof	708
Schön Klärchen	56	Soll ich die Märe bringen	381
Schön lächelt der Mond uns aus himmlischem Zelt	56	Sonnenaufgang	833
Schön-Rohtraut	317	Spanische Inquisition	635
schöne welt	821	Spielmannslohn	319
Schon war gesunken	244	Sporenwache	500
Schrei herüber	756	Sprecht, ihr Stimmen	745
Schwäbische Kunde	215	Sprengende Reiter	397
Schwarzer Rauch hängt bis zur Erde	790	Sprich, Vater, warum wir die dunkle Nacht	235
Schwedische Heide, Novembertag	435	St!	355
Schwer und dumpfig	117	Städte-Ballade	709
Schwört mit mir	750	Standbild an einer Grenze	678
schwüler Tag heut früh	853	Staub und Asche aller Wesen	840
Scipio	373	Steine-Lied	871
Scipio (Ach! die Republik)	803	Steine Steine Steine, mein Lieb, und Steine	871
Sechs Begünstigte des Hofes	109	Sternlos und kalt ist die Nacht	324
Sechs Fuß hoch aufgeschossen	434	Stille Nacht, heilige Nacht	590
Seemanns Lied	550	's war einmal Bruder und Schwester	354

Taillefer	211
Tannhäuser (Nun wil ichs aber heben an)	6
Tannhäuser (Wie wird die Nacht so lüstern)	386
Tannkönig	405
Tarandone	601
Tief im Schoße des Kyffhäusers	385
Tiefer Trunk	759
Tonio Schiavo	822
Traum und Leben	327
Traurige Mär	524
Trümmer und Asche	465
Trutz, Blanke Hans	459
Tunkomar und Teutelinde	467
Über dem breiten, massiv stabilen	483
Über dem Brünnlein nicket der Zweig	264
Über den Knüppeldamm	179
Über der Erde Wundmalen	574
Über Rußlands Leichenwüstenei	494
Ulrich und Ännchen	81
Ultimatum	364
Um die Stunde war's	545
Una ex hisce morieris	461
Unangeklopft ein Herr tritt abends bei mir ein	314
Und als der Krieg im vierten Lenz	645
Und als er an der Reling stand	678
Und als ich über die Brücke kam	603
Und als ihr siebtes Weihnachten war	838
und als in der stadt, die paris heißt	858
Und als sie zogen in den Krieg	612
Und als wir gingen von dem toten Hund	567
Und die mich trug	314
Und die Sonne machte den weiten Ritt	200
Und es erstand die erste Nacht	519
Und Kain frug Abel	564
Und Moses blickte ins Gelobte Land	556
Und soll ich nach Philisterart	188
Und so rissen sie das Tor auf	718
Und über Johann von Dänemark kam seine finstre Stunde	422
Und wieder zieht nach Oberfranken	631
Unerhört, auf Lombok hat man sich empört	442
Unser kleiner Herr Rimbaud	808
Unser kleiner Herr Rimbaud ist gestorben	808
Unterm Eichbaum auf der Heide	446
Urahne, Großmutter, Mutter und Kind	240
Väterchen Franz	825
Vater ist auch dabei	612
Vater und Kind gestorben	194
Vater und Sohn	380
Vater Wrangel	618
Verblichenes Silber	586
Vercingetorix	398
Vergänglichkeit	585
Verheißung	857
verlier nicht den kopf aus liebe	819
Ver sacrum	219
Versammelt waren einst die Herrn der Welt	636
Verwunschen	453
Verzweiflung Nr. 1	683
Veteranenlied	800
Victoria! mit uns ist Gott	41
Vier Freunde waren wir	816
Vier Männer zogen sich zurück	580
Vision	301
Vogel Greif	494
Vom armen Jakob und von der kranken Lise	363
Vom Berge was kommt dort um Mitternacht spät	311
Vom Büblein, das überall mitgenommen hat sein wollen	228
Vom Dreißigjährigen Krieg berannt	475
Vom heiligen Eremiten Wilhelm	196
Vom Himmel strahlt der Mond so klar	301
Vom Himmel war ein Bild gefallen	174
Vom Sieben-Nixen-Chor	311
Vom treuen Walther	208
Vom verirrten Sohn	861
Von Bläue und Wolkenschatten durchdunkelt	566
Von der Kindesmörderin Marie Farrar	655
Von den Sündern in der Hölle	647
Von des Cortez Leuten	649
Von Dienern wimmelt's früh vor Tag	318
Von Edenhall der junge Lord	222
Von Jerusalem die Warten	196
Von Köllen war ein Edelknecht	165
Von Sonne krank	648
Von Wassern geklärt	814
Von wem ich es habe, das sag' ich euch nicht	90
Von zweien die Frauen	561
Vor dem Dome stehn zwei Männer	331
Vor der Goldbegier des Bruders	247
Vor der Sintflut lebte in der Stadt Schuruppak	582
Vor der Schönen Pforte von Cassano	601
Vor des Museums Säulen	382
Vor einem hellen Marienbild	584
Vor Gericht	90
Vor seinem Löwengarten	130
Vorgeschichte (Second sight)	256
Vorstadtballade	732
Waldgespräch	191
Wallonisches Lied	545
Walpurgishexen tanzen	246
Walpurgisnacht	407
Wann treffen wir drei wieder zusamm	436
War einmal ein Revoluzzer	557
War einst ein deutscher Junker	43
War einst ein Glockengießer	226
War einst ein Knecht	476
War einst ein Riese Goliath	45
War nicht der Himmel noch eben so trüb	726
Warnung im Traume	299
Warte nicht auf bessre Zeiten	864
Warum wird Hamlet nimmermehr	744
Was glänzt dort vom Walde	224
Was hör' ich draußen vor dem Tor	92

Was Hutten hin! was Hutten her!	359	Willst du nicht das Lämmlein huten	150
Was ist Weißes dort am grünen Walde	88	Windstimme, die mit schwarzem Regen spricht	696
Was klingt daher für Tosen	284	Wir haben Wind unter den Sohlen	791
Was klirrt, was wirbelt	603	Wir singen und sagen vom Grafen so gern	101
Was klopft an's Tor	289	Wir standen aufm Eis	839
Was rennt das Volk	138	Wir wollen dies Jahr die Felder am Rhein	537
Was rollt so zierlich, klingt so lieb	414	Wir wollen exportieren	833
Was treibst du nur in Bukarest	605	Wir wollen uns wieder vertragen	798
Was wollen wir singen	30	Wir wollen weiterspielen	771
Wasser holen geht die reine	111	Wir ziehen dahin von Hof zu Hof	613
Wasch dich, mein Schwesterchen	319	Wirbal (Mit dem Blutspeer)	566
Weg das Gesicht	379	Wirkung in die Ferne	103
Weihnacht	171	Wo der selige Himmel	258
Weihnachtabend	404	Wofür man Krieg führt	641
Weihnacht! Die kranke Lise schreitet durch's Faubourg hin	363	Woher der Freund so früh und schnelle	99
Weihnachtslied	590	Wohl heute noch und morgen	31
Weil man vielleicht ein Weinen	692	Wohl unter der Linde erklingt die Musik	332
Wenn alle Wälder schliefen	194	Wolt ir horen fremde Mer	3
Wenn bleich der Mond	481	Wo's schneiet rote Rosen, da regnet's Tränen drein	31
Wenn der Senator erzählt	823	Wovon bin ich nur aufgewacht	555
Wer da wiederbringt den Desertuer	287		
Wer hat die Kohle ins Dach gesteckt	380	Zelte, Posten, Werda-Rufer	348
Wer ist der bunte Mann im Bilde	25	Zigeuner sieben von Reitern gebracht	23
Wer nicht zur Welt kommt	689	Zollfreiheit	291
Wer reitet so frisch und singt so hell	158	Zu Aachen in seiner Kaiserpracht	147
Wer reitet so spät durch Nacht und Wind	91	Zu Achalm auf dem Felsen	216
Wer sagt mir an, wo Weinsberg liegt	64	Zu Augsburg in dem hohen Saal	204
Wer wagt es, Rittersmann oder Knapp	127	Zu Bacharach am Rheine	161
Wer weiß wo	456	Zu Breslau waren im Rathaussaal	475
Wert des Lebens	354	Zu der heil'gen Heerfahrt mahnen	153
Western-Ballade	828	Zu Dionys, dem Tyrannen, schlich	135
Wie bebte Königin Marie	388	Zu Edinburg scheint weit und spät	532
Wie heißt König Ringangs Töchterlein	317	Zu einem Trödler kam ein Greis	582
Wie jeden Tag durch die zwanzig Jahr	596	Zu Gelnhausen an der Mauer	198
Wie ungeheuere Fliegen	583	Zu Hüffelsheim in der Schenke	309
Wie unterm Sternenheer der Morgenstern	498	Zu Köln ein reicher Kaufherr saß	387
Wie war zu Köln es doch vordem	290	Zu Potsdam unter den Eichen	657
Wie Wintergewitter ein rollender Hall	707	Zu Speier im Saale	213
Wie wird die Nacht so lüstern	386	Zu unrecht des mordes bezichtigt	769
Wie zwei Kürbisse abwärts schwimmen	650	Zum Bayerland, im Bayerland	364
Wiegenlied einer polnischen Mutter	245	Zum Kampf der Wagen und Gesänge	125
Wiegen- oder Aufklärelied	813	20. Juli 1944	758
Wiege und Traum	282	Zwei Kindlein – krausgelockt	676
Wild zuckt der Blitz	395	Zwei Liebchen	312
Wilhelms Geist	79	Zwei schöne, liebe Kinder	178
Wilhelm Tell	235	Zwei schreien	760
Wilhelm von Abfundien	619	Zwei tragikomische Geschichten	355
		Zwölf Engel hielten am Himmelstor	470

Helmut Arntzen
Ursprung der Gegenwart
Zur Bewußtseinsgeschichte der
Dreißiger Jahre in Deutschland
1995, 554 S., Gebunden
ISBN 3-89547-064-3

Gerhard Härle
Männerweiblichkeit
Zur Homosexualität bei
Klaus und Thomas Mann
2., überarbeitete Auflage
416 S., Broschur
ISBN 3-89547-806-7

Hans Höller
Ingeborg Bachmann
Das Werk
2. Auflage
367 S., Broschur
3-89547-873-3

Dieter Borchmeyer
Weimarer Klassik
Portrait einer Epoche
1994, 614 S., zahlr. Abbildungen
Gebunden
ISBN 3-89547-056-2
Studienbuchausgabe:
614 S., Broschur
ISBN 3-89547-014-7

Heinz Liesbrock
Die Suche nach dem Menschen
R. Chandlers Sprachkunst
305 S., Broschur
ISBN 3-89547-891-1

Helmut Schmiedt
Karl May
Leben, Werk und Wirkung
3., aktualisierte Auflage
303 S., Broschur
ISBN 3-89547-915-2

„Jetzt merken wir erst so recht, daß sie uns gefehlt hat: eine Epochendarstellung der literarischen Klassik in Deutschland, die mit sicherem Griff die enormen Stoffmassen bewältigt (wozu auch die schier unübersehbare Sekundärliteratur gehört), die sich mit Mut zur Lücke auf das Wesentliche konzentriert und dies in anschaulicher, auch dem Laien zugänglicher Form tut. Vorbildlich ist dies dem Heidelberger (früher Münchner) Germanisten und Theaterwissenschaftler Dieter Borchmeyer mit seiner „Weimarer Klassik" gelungen." *Kölner Stadtanzeiger*

Geschichte der deutschen Literatur vom 18. Jahrhundert bis zur Gegenwart
Herausgegeben von Viktor Žmegač
Studienausgabe in 6 Bänden, Broschur
Band 1/1, 446 S., ISBN 3-89547-850-4
Band 1/2, 376 S., ISBN 3-89547-851-2
Band 2/1, 288 S., ISBN 3-89547-852-0
Band 2/2, 280 S., ISBN 3-89547-082-1
Band 3/1, 384 S., ISBN 3-89547-015-5
Band 3/2, 500 S., ISBN 3-89547-016-3